Otto Piper
Burgenkunde

Otto Piper

BURGENKUNDE

Bauwesen und Geschichte

Anaconda

Die Originalausgabe erschien zuerst 1895 unter dem Titel *Burgenkunde. Bauwesen und Geschichte der Burgen zunächst innerhalb des deutschen Sprachgebietes* bei R. Piper in München. Die vorliegende Ausgabe ist ein unveränderter Nachdruck der dritten, vielfach verbesserten Auflage München: Piper 1912.

Die Deutsche Nationalbibliothek verzeichnet diese Publikation in der Deutschen Nationalbibliographie; detaillierte bibliographische Daten sind im Internet unter http://dnb.d-nb.de abrufbar.

Umschlagmotiv: Port D'Aude d. Cité in the night, Carcassonne, Frankreich,
© Fridmar Damm / zefa / Corbis
Umschlaggestaltung: dyadesign, Düsseldorf, www.dya.de
Satz und Layout: GEM mbH, Ratingen
Printed in Germany 2007
ISBN 978-3-86647-148-1
info@anaconda-verlag.de

Vorwort zur ersten Auflage.

Der romantische Reiz, welchen unsere Burgruinen auf jedes nicht allzu prosaisch beanlagte Gemüt auszuüben pflegen, hat mich schon seit früher Jugend die zu einem Besuche solcher gebotenen Gelegenheiten mit Vorliebe benutzen lassen. Mit der wachsenden Zahl der mir so bekannt gewordenen Baureste wuchs das Interesse an ihrer Erklärung und Vergleichung. An die Stelle zielloser Schwärmerei trat mehr und mehr ein ernstes Studium und, nachdem ich erkannt hatte, wie unverhältnismässig dies Forschungsgebiet bisher vernachlässigt sei, wurden aus den zunächst nur zu eigenem Gebrauche gesammelten Aufzeichnungen und Skizzen die umfänglichen Vorarbeiten zu einem eigenen Werke, welches bestimmt war, diese Lücke in befriedigender Weise auszufüllen[1]).

Um dies Ziel, welches sich mit der Zeit zu einer Hauptaufgabe meines Lebens gestaltet hat, zu erreichen, glaubte ich mich nicht — wie bis in die jüngste Zeit noch mehrfach geschehen ist — damit begnügen zu sollen, die bequemer erreichbaren Ruinen eines enger umgrenzten Bezirkes zu besuchen, um dann aus den gangbarsten bisherigen Fachschriften eine neue, durch eigene unhaltbare Behauptungen mehr oder weniger bereicherte zusammenzustellen, sondern ich hielt es für erforderlich, neben möglichst erschöpfendem Studium der gesamten, ungewöhnlich zerstreuten Fachliteratur, in allen Teilen des deutschen Sprachgbietes und darüber hinaus die für meinen Zweck interessanteren Burgreste aufzusuchen, indem nach meiner Erfahrung nur die eigene ausreichliche Kenntnis von vielen hundert über dies ganze weite Gebiet zerstreuten Beispielen einen genügenden Ueberblick und ein einigermassen sicheres Urteil über alle bemerkenswerten Erscheinungen unseres Burgbauwesens gewähren kann. Wie heute besonders noch bei ländlichen Profanbauten, so waren eben auch beim mittelalterlichen Burgenbau in den verschiedenen Gegenden des alten Deutschen Reiches mehr oder weniger provinzielle Eigentümlichkeiten ausgebildet, so dass das auf einen begrenzten Abschnitt dieses Gebietes beschränkte Burgenstudium zu einer hinlänglichen Kenntnis der d e u t s c h e n B u r g als solcher keineswegs ausreichen kann.

Solches pflichtmässig und ohne Rücksicht auf Wanderlust und Wetter betriebenes Burgenstudium ist freilich weniger lohnend und vor allem viel weniger bequem als das von unseren Baukunst-Schriftstellern fast ausschliesslich und immer

[1]) Nachdem ich mit der Ausarbeitung dieses Werkes begonnen, ist freilich die bezügliche Fachliteratur in bis dahin ungewohntem Masse bereichert worden. Die neuen Arbeiten haben indessen im wesentlichen, ohne neue schätzenswerte Forschungsergebnisse zu bringen, nur den Teil meiner Arbeit sehr vermehrt, der die Zurückweisung haltloser Behauptungen zur Aufgabe hat.

wiederholt betriebene der Kirchen, die, wenige Schritte von Bahnstation und Gasthaus entfernt, zugleich ein gegen Hitze und Regen schützendes Obdach zu bieten pflegen. Wie oft muss der gewissenhafte Burgenforscher eine halbtägige Bergwanderung auf nicht selten ungebahntem Pfade machen, um dann eine Ruine zu finden, die ihm nichts anderes bietet als eine (freilich auch nicht wertlose) Bestätigung schon längst erkannter Regeln, oder solchen Weg ein- und selbst mehrmals wiederholen, weil bei früherem Besuche Uebersehenes oder Versäumtes ihm nachträglich wichtig geworden war! Dass dabei neben den Burgen im engeren Sinne auch ihre Vorläufer, die römischen wie die, kurz bezeichnet, altgermanischen Befestigungen, gebührend zu berücksichtigen waren, versteht sich von selbst.

Nach solchen Vorstudien, wie sie anscheinend auf diesem Forschungsgebiete bisher so umfassend nicht gemacht worden sind, glaube ich, dass das vorliegende Werk besonders nach zwei Richtungen hin wesentlich anderes bietet als die bisherigen denselben Stoff behandelnder Schriften, und zwar in Richtung einesteils auf Vervollständigung, andernteils auf Berichtigung.

In ersterer Beziehung geht mein Ziel im wesentlichen etwa dahin, dass dem aufmerksamen Besucher unserer Burgreste keine irgendwie berechtigte Frage solle aufstossen dürfen, über welche er hier nicht ausreichliche Belehrung fände. Es hat das freilich dahin geführt, dass ich, um den reichen Stoff einigermassen zu erschöpfen, oft genug für einen Gegenstand, der bisher mit einigen Zeilen, ja Worten abgetan zu werden pflegte, ebenso viele Seiten gebrauchte, darüber hinaus aber auch noch manche Materie eingehender behandeln musste, welche (wie die des 5., 13. und 24. Kapitels) anscheinend mit Bau und Geschichte unserer Burgen nur in lockerem Zusammenhange stehen.

Eine Vervollständigung wird mein Buch aber auch insofern bieten, als bei Streitfragen — in erster Linie kommt ja da die alte bezüglich des römischen Ursprunges unserer Burgen in Betracht — die beiden feindlichen Parteien sich bisher darauf zu beschränken pflegten, in voreingenommener und absprechender Weise ihre Meinung als die allein richtige zu behaupten, ohne eine tunlichst unparteiische und erschöpfende Untersuchung über Werth und Haltbarkeit der beiderseits aufgestellten Sätze auch nur zu versuchen. Solche hier von mir vorgenommene Untersuchung hat in der Regel zu dem Ergebnis geführt, dass die Wahrheit ungefähr in der (bisher fast von niemand vertretenen) Mitte liege.

Streife ich damit schon das Gebiet der Berichtigungen, so bot sich mir für solche freilich ausserdem noch ein weit reicheres Feld, als erwünscht sein konnte.

Hauptsächlich ist es offenbar den unzureichenden Vorstudien zuzuschreiben, wenn schwerlich auf einem anderen Forschungsgebiete eine solche Menge ganz haltloser Behauptungen aufgestellt worden sind, als auf dem der Burgenkunde. Wenn ich nun in diesem Buche der Anführung und Zurückweisung von abweichenden Meinungen und Angaben, die sich bei anderen Fachschriftstellern finden, einen vielleicht ungewöhnlich breiten Raum gegönnt habe, so ist das nicht geschehen, um selbstgefällig auf Irrtümer anderer aufmerksam zu machen, sondern nur deshalb, weil ich meiner Ansicht nach die (vermeintliche) Richtigkeit meiner eigenen tatsächlichen Angaben und der daraus gezogenen Folgerungen ohne eine Widerlegung des sich anderwärts findenden Abweichenden nicht vollständig und überzeugend hätte dartun können. Ich musste mich dazu um so mehr veranlasst finden, als infolge des kritiklosen Nachschreibens, wie es bei diesem noch wenig gepflegten Zweige der Altertumsforschung besonders beliebt ist, von den meinigen abweichende Meinungen — auch diese „wie eine alte Krankheit fortgeschleppt" — sich vielfach übereinstimmend bei den übrigen Fachschriftstellern wieder finden und daher Ansehen und Gewicht der Mehrheit für sich haben. . . .

Auf alle Fälle glaube ich, dass wenn meine Arbeit überhaupt einiges Verdienst haben sollte, nicht der geringste Teil desselben in der Zurückweisung dieser überaus zahlreichen haltlosen, oft aber mit wahrhaft naiver Ungeniertheit vorgebrachten Behauptungen liegt. Ein grosser Bruchteil derselben bezieht sich, abgesehen von der „Römerfrage", auf die von den meisten Fachschriftstellern spielend gelöste, in Wirklichkeit aber sehr schwer und zumeist gar nicht zu lösende Aufgabe, aus der Mauertechnik, der Gesamtanlage einer Burg und der Gestaltung ihrer Einzelheiten auf die Erbauungszeit zu schliessen. Bei diesen und anderen Fragen hat mir nicht selten die unzutreffende Behauptung eines anderen Schriftstellers zur Behandlung jener überhaupt erst Anlass gegeben.

Wie wenig eine ausreichende Kenntnis des Burgbauwesens auch unter unseren Altertumsforschern von Fach verbreitet ist, zeigt sich u. a. in der unbeanstandeten Aufnahme von bezüglichen, offenbare und erhebliche Unrichtigkeiten enthaltenden Aufsätzen selbst in die angesehensten Vereinszeitschriften, sowie vielfach bei der Behandlung der Burgreste in den neuerdings fast überall veröffentlichten Kunst- und Altertumsinventarien der einzelnen Länder. —

Mein Werk hat es im wesentlichen nur mit der „Ritterburg" zu tun. Die bei uns errichteten römischen, wie die alten germanischen und slawischen Befestigungen werden daher nur insoweit behandelt, als sie als Vorläufer der späteren Burgen in Betracht kommen. Es hat mich das freilich dazu geführt, besonders der römischen Befestigungs- und Mauerweise in Vergleichung mit mittelalterlichen eine umfassendere Untersuchung und Darstellung zu widmen, als meines Wissens bisher veröffentlicht worden ist. Andrerseits musste hiernach meine Arbeit im wesentlichen vor den Schlössern und den bastionierten Festungswerken der Renaissancezeit schliessen. Als Endpunkt ist so im ganzen das Jahr 1550 angenommen. Während ferner Krieg v. Hochfelden, Köhler und v. Essenwein auch den französischen, die ersteren beiden auch den englischen Burganlagen in ihren Darstellungen einen verhältnismässig breiten Raum gewähren, beschränke ich mich in allem wesentlichen auf die Burgen des deutschen Sprachgebietes. Jene Bauten sind bereits durch de Caumont und Viollet-Le-Duc bzw. Britton und Clark nahezu erschöpfend erforscht und dargestellt worden, und ich konnte es um so weniger für geboten halten, auch meinerseits abermals Auszüge aus diesen Schriftstellern zusammenzustellen, als solche zum Verständnis der in selbständiger Weise entwickelten deutschen Burgbauten keineswegs nötig sind. Ich würde damit auch von meinem Grundsatze, nur Selbsterforschtes zu geben, zu weit haben abweichen müssen.

Aehnlich verhält es sich mit den mittelalterlichen Burgresten in Syrien, über welche G. Rey fast erschöpende Studien, „Étude", veröffentlichte. Diese Ruinen würden für die Geschichte unseres Burgbaues von hervorragendem Interesse sein, wenn sie uns zeigten, was die Kreuzfahrer seinerzeit in Kleinasien vorfanden; jedoch handelt es sich dabei fast ausschliesslich um Bauten, welche nichtdeutsche Eroberer dort während der Zeit ihrer Herrschaft neu aufführten.

Es würde nun an sich nahegelegen haben, entsprechend jenen, das englische bzw. französische Reich behandelnden Werken, in meinem Buche die Burgen des mittelalterlichen deutschen Kaiserreiches zusammenzufassen; doch musste ich davon absehen, da dieses — man denke an Italien und die Niederlande — zu wenig ein beständiges, einheitliches und in sich geschlossenes Gebiet darstellte. Wohl aber erscheint das deutsche Sprachgebiet auch in bezug auf die Entwicklung des Burgenbaues als ein einheitliches, mehrfach sogar auffallend scharf abgegrenztes. —

Meine Arbeit zerfällt in zwei Teile: einen systematischen (und kritischen), der die bisher bezeichnete Aufgabe in zusammenhängender Darstellung zu lösen hat, und einen lexikalischen, in welchem der Versuch gemacht wird, ein möglichst vollständiges alphabetisches Verzeichnis aller innerhalb des deutschen Sprachgebietes noch in nennenswerten Resten vorhandenen Burgen mit zumeist kurzer Angabe der Lage dieser Baureste, der Geschichte und der Literatur zusammenzubringen. Beide Teile stehen miteinander im Zusammenhang. Der lexikalische Teil gibt die in gedachten Beziehungen wünschenswerte nähere Auskunft auch über die zahlreichen im ersten angeführten und zum Teil behandelten Burgen, während die Beschreibung derselben im zweiten Teil durch Verweisung auf ihr Vorkommen im ersten ergänzt wird.

Wenn hie und da einzelne Burgen oder Teile derselben durch besonders eingehende Behandlung — u. a. auch wohl bezüglich ihrer fraglichen Erbauungszeit — auffallend bevorzugt erscheinen, so ist das nicht einer ungewollten Ungleichmässigkeit der Arbeit zuzuschreiben, sondern dem Wunsche, dem Leser belehrende Beispiele für eigene ähnliche Untersuchungen zu bieten.

Die im systematischen Teile behandelten Gegenstände und Themata pflegen miteinander so eng zusammenzuhängen, dass sie trotz guten Willens ohne unzulässige Wiederholungen nicht wohl je an einer Stelle erschöpfend erledigt werden könnten. Es wird deshalb ein fleissiger Gebrauch des Registers anempfohlen. . . .

Ueber die (als Anhaltspunkt für Altersbestimmungen vielfach überschätzte) Mauertechnik hinaus das eigentlich Bautechnische sowie die ornamentale Ausschmückung eingehender zu behandeln, musste ausserhalb meiner Aufgabe liegen. Auch nach den neuen Arbeiten von Essenweins auf diesen Gebieten ist in unseren Burgresten freilich noch ein viel reicheres unbenutztes Studienmaterial vorhanden, als unsere Architekten und Kunstschriftsteller zu ahnen scheinen. Auch das Hausgerät und das Leben der Burgbewohner war, zumal im Hinblick auf die darüber schon vorhandenen erschöpfenden Arbeiten anderer, hier nicht näher zu behandeln.

Dass ich mich auch da, wo ein Fremdwort gebräuchlicher sein mochte, tunlichst deutsch zu schreiben bemühte, wird besonderer Rechtfertigung nicht bedürfen. Die Wahl lateinischer Lettern ist ein notgedrungenes Zugeständnis an nichtdeutsche Leser. —

Das Kgl. Preussische Kultusministerium hat die Herausgabe des Werkes sehr dankenswerterweise durch Bestellung einer grösseren Anzahl von Exemplaren unterstützt.

Im übrigen liegen das Verständnis wie, gutenteils auch an massgebenden Verwaltungsstellen, das Interesse für unsere Burgruinen noch sehr im argen. Möge meine Arbeit zu einer Besserung beitragen! Zu dem gleichen Ziele hoffe ich auch ferner in einer oder der anderen Weise nach meinen Kräften nützen zu können. —

(Folgte eine kritische Uebersicht über die damals nennenswerte Fachliteratur,)

Während die ziemlich zahlreichen älteren und neueren Sammlungen von Burgbeschreibungen von Gottschall, Hormayr, Koch, Schönhuth, Lehmann, Schwab, Schulte vom Brühl usw in bezug auf Bau und Anlage über ganz oberflächliche Angaben nicht hinauszukommen pflegen, ist dies anders bei den seit einigen Jahrzehnten vielfach veröffentlichten bzw. angefangenen Inventarisationen der Bau- und Kunstdenkmäler der einzelnen deutschen Länder. Vielfach lässt jedoch in diesen sonst sehr schätzenswerten Werken gerade die Behandlung der Burgreste eine ausreichliche Vorbildung der Bearbeiter speziell auf diesem Forschungsgebiete vermissen.

Aeltere Abbildungen von Burgen sind leider sehr unzuverlässig, derart, dass es uns, an die sorgfältigeren Aufnahmen unserer Zeit Gewöhnten, schwer verständlich ist, wie geringes Gewicht man früher und noch weit in unser Jahrhundert hinein[1]) auf eine naturgetreue Darstellung legte. Zahlreiche Burgenbilder im Merian, Braun, Valvasor, Anicett usw., selbst wenn in grösserem Massstabe und scheinbar sorgfältig aufgenommen, sind, was Landschaft, wie Bauten betrifft, offenbar so wenig naturgetreu, dass sie fast an die noch älteren illustrierten Werke erinnern, in welchen dasselbe Bild hier Rom und wenige Seiten weiterhin Alexandrien usw. vorstellen soll. Diese älteren Abbildungen von Wehrbauten haben daher vielfach nur insofern Wert, als sie uns zeigen, wie zu jener Zeit Wehrbauten überhaupt aussahen.

München, im Mai 1895.

Vorwort zur zweiten Auflage.

Der überhaupt erste durch brauchbare Vorarbeiten anderer nicht wesentlich unterstützte Versuch, ein tunlichst vollständiges und zuverlässiges Handbuch der „Burgenkunde" auszuarbeiten, musste ein in mehrfacher Beziehung mangelhafter bleiben.

Die vorliegende neue Bearbeitung des Buches unterscheidet sich auch über die angestrebte Beseitigung solcher Mängel hinaus von der ersten.

Bei jener musste ich es als einen nicht unwesentlichen Teil meiner Aufgabe ansehen, unsere Burgenkunde von den darauf bezüglichen überaus zahlreichen unhaltbaren Behauptungen zu befreien, die von Fachschriftstellern teils neu aufgestellt, teils den anderen kritiklos nachgeschrieben waren. Zu solchem Ziele durfte ich mich offenbar nicht damit begnügen, das meiner Ueberzeugung nach Richtige vor-

[1]) Das zeigt u. a. die gräfl. Stollbergsche Sammlung im Germanischen Museum, bei welcher zahlreiche selbst neuere Abbildungen derselben Burg nicht selten kaum Aehnlichkeit miteinander haben.

zutragen, so lediglich die Menge der vorhandenen Behauptungen vermehrend, sondern es war eine tunlichst unanfechtbare Widerlegung der abweichenden Angaben und Lehrsätze unerlässlich, und so hat dieser Teil — nicht der angenehmste — meiner Arbeit besonders bei einigen Kapiteln einen verhältnismässig weiten Raum einnehmen müssen[1]).

Nach den mir bekannt gewordenen beachtlicheren Beurteilungen meines Buches, sowie der Häufigkeit und der Art und Weise, in welcher es zitiert wird, darf ich annehmen, dass diese Aufgabe in dem Masse erfüllt ist, dass ich mich bei dieser neuen Auflage im wesentlichen darauf beschränken durfte, das meiner Ansicht nach Richtige vorzutragen, und von abweichenden Behauptungen nur die noch jetzt bemerkenswerteren nebensächlich anzuführen. Für Leser, welche sich ausnahmsweise noch dafür interessieren sollten, was ich zur Widerlegung jener beizubringen wisse, mag eine beigefügte Verweisung auf die bezüglichen Stellen der ersten Auflage (welche ja, besonders in Bibliotheken, immer noch zu haben sein wird) genügen. . . .

Den durch den annähernd völligen Verzicht auf die Polemik gesparten Raum habe ich nun dazu benutzt, eine Menge neuen sachlichen Materials unterzubringen, so dass ich das mir schon bei der ersten Ausarbeitung gesteckte Ziel, „dass dem aufmerksamen Besucher unserer Burgreste keine irgendwie berechtigte Frage solle aufstossen dürfen, über welche er hier nicht ausreichliche Belehrung fände", jetzt annähernd erreicht zu haben hoffen darf.

Dabei hat auch das örtliche Gebiet der behandelten Wehrbauten eine zweckmässige Erweiterung erfahren. Infolge besonderen Zufalles hatten fast alle selbständigeren Autoren unserer Burgenkunde (ich selbst nicht ausgeschlossen) weit überwiegend Gelegenheit gehabt, im Westen — und hauptsächlich dem Südwesten — des deutschen Sprachgebietes Burgbauten zu studieren, was denn auch in ihren bezüglichen Schriften, wie in den darauf gestützten anderer zum Ausdruck kommen musste. Während des nach Erscheinen der ersten Auflage verflossenen Jahrzehnts habe ich nun (besonders in Anlass meines bezüglichen Werkes[2]) Hunderte von Burgen in allen Teilen Oesterreichs aufgenommen und ausserdem auf mehrfachen Reisen in Italien neben einem eingehenderen Studium der römischen Mauertechnik mittelalterliche Wehrbauten von Aosta bis Syrakus hinab kennen gelernt. So war ich in den Stand gesetzt, weite in dieser Beziehung bisher nur ganz unzulänglich bearbeitete Gebiete hinzuzuziehen, und somit meine Bearbeitung, wenn auch unter vorzugsweiser Berücksichtigung des deutschen Sprachgebietes, gewiss sinngemässerweise auf das zur Burgenzeit einheitliche „Heilige römische Reich deutscher Nation" zu erstrecken.

Merkwürdigerweise haben freilich zwei Kritiker der ersten Ausgabe[3]) unabhängig voneinander gleichmässig es statt dessen zu tadeln gewusst, dass ich nicht

---

[1]) Zur Beurteilung dieses „müssen" mag bemerkt werden, dass u. a. ein J. Näher, dessen viele haltlose Ideen heute kaum noch irgendwie geteilt werden, derzeit — also auch noch zu Lebzeiten v. Cohausens — als „gegenwärtig die erste Autorität in der Militärarchitektur der Römer und des Mittelalters" (Baudenkm. der Pfalz III, 1894, S. 149) hat bezeichnet werden können.

[2]) Siehe das Literaturverzeichnis.

[3]) Dr. A. Roeschen (Laubach) in den Quartalblättern des hist. Vereins f. d. Gzt. Hessen, 1896 und Dr. H. Kelleter (Düsseldorf) im Korrespbl. der Westd. Ztschr. desgl.

auch die französischen, bzw. „südfranzösischen" Burgen behandelt habe, da diese nach Roeschen „vornehmlich in den früheren Bauperioden von bestimmendem Einfluss waren", nach Kelleter „für die spätere Gesamtentwicklung in mancher Hinsicht massgebend gewesen sind". Man könnte für einen genügenden Beweis dieser Behauptungen unbedenklich jede beliebige Prämie aussetzen. Während der ganzen Burgenbauzeit waren bekanntlich im Vergleich mit Italien unsere Beziehungen mit Frankreich verschwindend geringe, und auch unter den Militärschriftstellern des 14. bis 16. Jahrhunderts spielen die französischen eine ganz untergeordnete Rolle. Man darf auch nicht etwa ohne weiteres annehmen, dass Frankreich auch schon in bezug auf den Burgenbau das für uns massgebende Land der Mode gewesen sei.

Dr. Kelleter wäre freilich auch mit der Hinzuziehung französischer Burgen noch nicht zufrieden gewesen. Obgleich mein Buch es erklärtermassen (S. VII) nur mit der sogenannten „Ritterburg" zu tun haben sollte, war ich ihm zufolge sogar „verpflichtet, auch dem germanischen Holz- und Wallbau eine besondere Aufmerksamkeit zu schenken", und hätte „füglich auch die städtischen Burganlagen in eine vergleichende Darstellung ziehen sollen". Wenn sonach diesem Kritiker zufolge mein Werk auch in dieser neuen Ausarbeitung sehr der Vollständigkeit mangelt, so darf ich mich damit trösten, dass es ja auch sonst kaum eine wissenschaftliche Arbeit gibt, die nicht ein inhaltlich begrenztes Thema zum Gegenstand hätte.

Auch wenn mir von anderer Seite eine nicht glückliche Anordnung in Einteilung, Zusammenstellung und Reihenfolge der verschiedenen behandelten Einzelheiten getadelt ist, so habe ich in dieser Beziehung trotz guten Willens etwas Besseres von Belang nicht zu finden gewusst; doch wird der etwaige Mangel durch eine wesentliche Vervollständigung des Sachregisters zu einem tunlichst wenig fühlbaren gemacht worden sein. . . .

Die Hinzufügung eines ganz neuen Schlusskapitels über „Umbau, Verfall, Erhaltung und Wiederherstellung" der Burgen entspricht dem in jüngster Zeit so sehr gewachsenen Interesse für die Denkmalpflege.

Auch das den zweiten Teil des Werkes bildende Burgenlexikon bedurfte, ausser allen zu verändernden Zitaten aus dem ersten Teil — bis zu 42 bei einer Burg —, einer mühsamen, verbessernden Durcharbeitung, besonders auch auf Grund der inzwischen so sehr angewachsenen beschreibenden Schriften (Inventare und andere), wogegen die früheren Angaben mancher älteren Quellen zurücktreten konnten. Wenn sich trotzdem noch Lücken und einzelne Unrichtigkeiten finden, so wird man das als den Umständen nach nicht wohl vermeidlich zugeben müssen.

Eine wesentliche Verbesserung haben auch die annähernd 700 Illustrationen sowohl der Auswahl wie der Ausführung nach erfahren. Eine Beschränkung wurde mir da durch die Rücksicht auf len nicht zu erhöhenden Preis des Buches auferlegt. . . .

Da das vorliegende Werk in erster Linie das „Bauwesen" der Burgen behandelt, würde alle meine Arbeit eine fast nutzlose geblieben sein müssen, wenn einige Gegner meiner Bemühungen, die unersetzliche Hohkönigsburg vor ihrem gegenwärtigen Neu- und Umbau (s. am Schlusse des ersten Teiles) zu bewahren, mit dem von ihnen mit Vorliebe vorgebrachten Satze recht hätten, dass ich als

Doctor juris von Bausachen nichts verstehen könne[1]). Es ist mir jedoch nicht bekannt, dass man mir, obgleich ich ja eingehenden Erörterungen auf diesem Gebiete durchaus nicht aus dem Wege gegangen bin, in dieser Richtung bisher einen Irrtum oder eine Blösse habe nachweisen können. Ohne mich aber auf die Männer berufen zu wollen, welche, wie die Juristen Schnaase, Stieglitz, Puttrich, der Theologe Otte etc., sich als Schriftsteller speziell über Baukunst einen berühmten Namen gemacht haben, kann ich darauf hinweisen, dass es sich in meinen Schriften zur Burgenkunde teils um solche Elemente der Baukunst handelt, zu deren hinlänglichem Erlernen und Verstehen der Besuch einer Akademie gewiss nicht erforderlich sein kann, vielfach aber um Dinge, die — wie mittelalterliches Wohn- und Wehrbauwesen, Geschichte der Mauertechnik, Denkmalpflege usw. — auf solcher gar nicht gelehrt werden. . . .

München, im Mai 1906.

Vorwort zur dritten Auflage.

Nach dem Erscheinen der vorigen Auflage hat ein fortgesetztes Burgenstudium, besonders meine jetzt mit dem achten Bande abgeschlossene Bearbeitung der „Oesterreichischen Burgen", mir fortwährend Anlass gegeben, die „Burgenkunde" im Hinblick auf etwa wünschenswerte Verbesserungen nachzuschlagen, und das hat dann dazu geführt, dass, abgesehen von den ersten Kapiteln, verhältnismässig wenige Seiten ohne eine oder mehrfache Aenderungen geblieben sind.

Es handelt sich bei diesen um die Beibringung weiteren tatsächlichen Materials, Erweiterung von Beweisführungen, um eine präzisere Fassung manches Satzes, mitunter auch um wirkliche Berichtigungen. Einige Themata — so die Doppelkapellen und die Hohkönigsburg — haben eine im wesentlichen neue Bearbeitung erfahren. Die Illustrationen sind um ein Viertelhundert besonders belehrender vermehrt worden. Von dem Burgenlexikon gilt wiederum das auf S. XI dazu bemerkte.

Da, wie im ersten Teile, glaube ich auch die inzwischen sehr angewachsenen amtlichen Inventarienwerke ziemlich vollständig berücksichtigt zu haben. Das über diese im Vorwort zur ersten Auflage (S. IX) Bemerkte lässt sich jetzt der Regel nach nicht mehr aufrechterhalten. Zu wünschen wäre, dass manche Bearbeiter nicht, wie das der Fall ist, besonders auch aus jedem gewöhnlichen Mauerwerk eine bestimmte Bauzeit erkennen könnten. Ich habe dem Erkennen aus diesem wie auch aus anderen Merkmalen (s. „Erbauungszeit" im Sachregister) wohl eine seiner Wichtigkeit entsprechende Aufmerksamkeit zugewandt, doch werden

[1]) So u. a. B. Ebhardt in einem 1900 zu Dresden gehaltenen Vortrage (Berlin, Ernst u. Sohn, 1901 S. 13) „verliert sich, ohne bauverständig zu sein oder auch nur die Geschichte der Baukunst und der Bauformen im allgemeinen oberflächlich zu kennen, in eine unerträgliche Zänkerei mit solchen, die Falsches oder Richtiges früher behauptet haben".

manchen darüber in dem Buche Belehrung Suchenden die gutenteils nur gefundenen negativen Ergebnisse unbefriedigt lassen.

Die besonders in der ersten Auflage unerlässlich gewesene umfängliche Polemik (S. VI und IX) ist auch in der dritten weiter nicht unwesentlich beschränkt worden. Nur bei besonders angesehenen Fachschriftstellern, wie v. Essenwein und v. Cohausen, musste es mir nach wie vor von Wert sein, zu zeigen, dass ich bewusst und aus welchen Gründen ich Abweichendes vortrage. Bei anderen, wie Näher, kam es darauf an, ob von ihnen aufgebrachte Irrtümer noch jetzt in der Fachliteratur eine Rolle spielen. Einiges an Polemik ist deshalb nicht gestrichen worden, weil es Anlass zu notwendigen sachlichen Angaben und Erörterungen bot. Ausserdem waren noch Behauptungen zu widerlegen, welche erst in den letzten Jahren besonders gegen mich selbst vorgebracht worden sind.

Die mir wieder (vgl. S. XI) gelegentlich getadelte Anordnung der Reihenfolge im ersten, systematischen Teile ist wie bisher die folgende. Ein erster Abschnitt (Kapitel 1—5) handelt von dem den Burgen überhaupt, sowohl ihren Wehr- wie den Wohnbauten Gemeinsamen und deshalb am Schlusse auch von den Steinmetzzeichen etc. Kapitel 6—14 behandeln dann im einzelnen die Burg als Wehrbau und zuletzt die damit in Zusammenhang stehenden Waffen, und ein dritter bis Kapitel 19 reichender Abschnitt dieselbe als Wohnbau. Nachdem so alle einzelnen Bestandteile dargestellt worden sind, enthält in Verwendung derselben ein letzter Abschnitt Näheres über besondere Arten von Burgen, über ihre Gesamtanlage, baugeschichtliche Entwicklung, Erhaltung und dergleichen. Wenn die sonach jedenfalls nicht willkürlich beliebte Reihenfolge doch noch zu wünschen übrig lassen sollte, könnte dieser Uebelstand doch bei dem zu Anfang des Buches zu findenden eingehenden Inhaltsverzeichnisse und dem wieder sehr vervollständigten Sachregister an seinem Schlusse kaum ein den Gebrauch des Werkes erschwerender sein.

Wenn von meinem Buche verhältnismässig bald die dritte Auflage nötig geworden ist, so habe ich das gewiss nicht mehreren Rezensenten der vorigen zu verdanken, die — ich weiss nicht, wie weit das etwa mit meinem „Dr. jur." (S. XI f.) zusammenhängen mag — kein Bedenken getragen haben, mir in gewiss ungewöhnlicher Weise unrecht zu tun. Hätten sich die betreffenden Redaktionen von letzterem nicht selbst überzeugt gehabt, würden sie mir schwerlich zu einer in zwei Fällen geschriebenen Abwehr (Denkmalpflege 1907 S. 32 und Zeitschr. d. histor. Vereins f. Niedersachsen 1907 H. 2) ausnahmsweise Platz eingeräumt haben. In der „Zeitschrift" hat freilich der Kritiker, wie ich erst einige Jahre später zufällig gefunden, eine Rechtfertigung versucht, in welcher Weise jedoch, mögen beispielsweise hier S. 112 Anm. 1 und S. 125 Anm. 3 zeigen.

In dem Korrespondenzblatt des Gesamtvereins schrieb ferner (1908 S. 131) ein Beurteiler frischweg: „Auch sind der Gelegenheiten viele, wo Piper irrt, wo er gegen den allgemeinen Konsensus eigensinnig an Vorurteilen festhält, wo er ganz unberechtigte Zweifel äussert." Als es sich mir aber bei der Vorbereitung der dritten Auflage für den Druck darum handelte, diese „vielen", von mir selbst bis dahin noch immer nicht gefundenen Irrtümer kennen zu lernen, erklärte mir der Rezensent brieflich, dass er bei näherer Prüfung auch auf den Versuch verzichten müsse, solche anzugeben. Zum Ueberflusse hatte die Redaktion des Korrespondenzblattes bei Abdruck seiner Kritik ungewöhnlicherweise in einer

Schlussanmerkung auch noch auf die vorhin gekennzeichnete Rezension der Zeitschr. d. hist. Vereins f. Niedersachsen als auf „das, was der Historiker an dem Werke etwa (also mit Recht) vermisst", hingewiesen.

Dass mein Buch endlich in dem vom Architekten der neuen Hohkönigsburg redigierten „Burgwart" (1906 S. 37 f. in einem längeren Aufsatze) in besonders gehässiger und spöttischer Weise besprochen ist, kann wohl nicht überraschen. Wie dabei verfahren wurde, mag nur ein Beispiel hinlänglich illustrieren. Es heisst da S. 38: „Was hat ihm z. B. Schlie getan? Mag für Herrn Piper in seiner bajuvarisch-österreichischen Abgeschiedenheit eine erhebliche Einseitigkeit halb zu entschuldigen, halb zu erklären sein, aber er war doch früher selbst ein Mecklenburger. Er muss doch auch wissen, wie schlecht die betreffenden Nachrichten darüber, und überhaupt über Nordostdeutschland, sind, die Piper gibt. In Schlies dickem fünfbändigem Inventar stehen jetzt die allerbesten Burgen in grosser Anzahl erschöpfend beschrieben. Sie dürfen nicht fehlen in einem Buche, das sich benennt: „Burgenkunde, Bauwesen und Geschichte der Burgen zunächst innerhalb des deutschen Sprachgebietes"!"

In Wirklichkeit verhält sich die Sache folgendermassen. Von den Tausenden von deutschen Burgresten liegen nur vier unbedeutende in dem von Schlie inventarisierten Mecklenburg-Schwerin, und gerade diese sind schon in der ersten Auflage meines Buches (ausser besonders den Ordensschlössern in „Nordostdeutschland") mehrfach — so S. 154, 235, 244, 261, 371, 376, 484, 497, 515, 538, 552 und 571 — behandelt. Aber freilich nicht nach dem erst später erschienenen Inventarienwerke, sondern nach meinen eigenen Aufnahmen, und so hat dann auch Schlie bei seinen Beschreibungen der Burgen nie unterlassen — so III 287, IV 596, V 245 und 452 —, die meinigen als Quelle anzuführen.

Nach solchen Erfahrungen mag der Wunsch gerechtfertigt sein, dass die neue Auflage nur öffentliche Beurteiler finde, die, wenn auch streng, so doch ihrer Verantwortlichkeit sich hinlänglich bewusst sind.

Wenn ich bei meinem schon hohen Alter schwerlich noch eine weitere Auflage erleben werde, so kann ich mich damit getrösten, dass ich solche doch nicht wohl zu einer abermals „vielfach verbesserten" würde gestalten können.

München, im Oktober 1911.

Der Verfasser.

Inhalts-Verzeichnis.

Erster Teil.

Zweiter, neuer Teil von Werner Meyer

Erstes Kapitel.

Allgemeines über die Burgen.

(Das Wort „Burg". Herleitung und Begriff. Besitzverhältnisse. Höhen- und Wasserburg. Gesamtanlage. Bestandteile. Gelände und Lage. Angriffsseite. Hauptburg, Vorburg, Zwinger. Palisaden und Gebück. „Turnierhof." Garten. Hofburg und Burgstall. Die „Ritter". Mannigfaltigkeit der Einzelbauten. Bauzeit und Entwicklungsperioden. Ende der Burgenzeit. Besondere „Stilrichtungen". Namen. Wehrkirchen.)

Das Wort „Burg" ist indogermanischen Ursprunges und findet sich in geringer Veränderung bei allen Völkern dieses Sprachstammes wieder. Im Sanskrit heisst es purî, pura, indisch pur[1]), griechisch πύργος (makedonisch βύργος), lateinisch burgus, keltisch bwr (spr. bur), bei Ulfilas baúrg, althdeutsch purc, puruc, mittelhd. burc, altsächsisch burug, angelsächsisch byrig, englisch borough, altnordisch, schwedisch und niederländisch borg, italienisch borgo, spanisch und portugiesisch burgo, provençalisch borc, französisch bourg.

Das der lateinischen Sprache nicht ursprünglich angehörende Wort burgus ist meiner Ansicht nach aus dem Griechischen, nicht, wie andere meinen[2]), aus dem Deutschen übernommen. Es bedeutet nach Vegetius (IV. 10) eine kleine Art von Kastellen *(castellum parvulum)*. Auch πύργος bedeutet ja zunächst nur einen Turm und erst in zweiter Linie eine Befestigung überhaupt und wird so auch neben den grösseren φρουρίοις gebraucht[3]). Was die Römer aber von den deutschen „Burgen" kennen gelernt haben mögen, können nur die mehr oder weniger umfänglichen umwallten Bergkuppen gewesen sein, also wesentlich andere Befestigungen als die von ihnen burgi genannten. Zudem haben die Römer bekanntlich ihr Befestigungswesen überhaupt von den Griechen überkommen, und wenn burgus eine lediglich durch Vertauschung des υ und ο mit dem lateinischen *u*

---

[1]) In Ostindien ist bekanntlich diese Endung der Ortsnamen, z. B. Kanhpur, Dschodhpur, nicht minder häufig als in Deutschland diejenige auf = burg, in altslawischen Gebieten die gleichbedeutende auf = gard, = grad usw.

[2]) Peuker, Deutsches Kriegswesen II 48. Georges, Lat.-deutsches Lexikon s. v. burgus. G. Baist (Erlangen), Deutsche Literaturztg. Jahrg. IX, Nr. 24, S. 873: „Aus der Zeit vor der Völkerwanderung ist uns durch schriftliche Ueberlieferung die Aufnahme von 6 oder 7 germanischen Worten (darunter burgus) bezeugt." Die Zuverlässigkeit dieses (nicht genannten) Zeugnisses ziehe ich aus den weiterhin vorgetragenen Gründen in Zweifel.

[3]) Zosimus, *histor. II, 34:* πόλεσι καὶ φρουρίοις καὶ πύργοις.

bewirkte Latinisierung des makedonischen βύργος ist[1]), so wurde andrerseits Makedonien schon 146 v. Chr. endgültig von den Römern unterworfen, während diese erst etwa ein Jahrhundert später zuerst nach Deutschland kamen, und auch das Wort, welches die Deutschen damals für ihre sehr primitiven Befestigungen gehabt haben mögen, jedenfalls (vgl. oben) noch nicht die (dem Lateinischen entsprechende) Form burg hatte.

Die Verfechter der germanischen Herkunft des Wortes pflegen sich darauf zu berufen, dass Tacitus in Deutschland den *Teutoburgiensis saltus*, ein *Asciburgium* anführt, und dass nach Orosius VIII 32. die Burgundionen daher ihren Namen haben sollen „*quia crebra per limitem habitacula (!) constituta burgos vulgo vocant*“. Dort handelt es sich aber offenbar um ganz latinisierte Namen[2]), hier um eine von Orosius nur erwähnte („*ut ferunt*“) etymologische Vermutung, deren Richtigkeit mindestens unverbürgt ist.

Was den Gebrauch des Wortes burgus (in den zusammengesetzten Namen: burgium, z. B. Asciburgium) bei den Römern betrifft, so reicht derselbe, wie Prof. E. Hübner (Bonner Jahrb. 53, S. 80 f.) nachgewiesen hat, bis in den Anfang des 1. Jahrh. n. Chr. zurück. Es wurde nach aufgefundenen Inschriften für kleine Kastelle am Rhein, wie in Pannonien, Arabien usw. gebraucht[3]). Ebenso übrigens im 4. und 5. Jahrh. nach Erlassen des Honorius und Arcadius (de fundis rei privatae) in Spanien und Gallien. Die sesshaften Verteidiger eines *burgus* hiessen *burgarii*.

In der Tat könnte das griechisch-lateinische burgus, wie in unsere romanischen Sprachen[4]) (vgl. oben) eher in unser deutsches „Burg“ übergegangen sein, als umgekehrt[5]). Wir haben den Burgenbau von den Römern gelernt, auch die auf den Steinbau überhaupt bezüglichen Ausdrücke — Kalk (calx χάλιξ), Mauer (murus), Ziegel (tegula) — aus dem Lateinischen übernommen, und auf alle Fälle ist die Ableitung von burgus in jeder Beziehung wahrscheinlicher, als die von

---

[1]) Vgl. übrigens Cyrillus, Glossar. graec. πύργος, *turris, burgus*. Auch Hadr. Junius (Animadv. V cap. 6) bringt βύργος mit Burg in Verbindung. Forcellini, Lex.: *Burgus videtur esse a Graeco* πύργος, *turris* unde et Germ. Burg. Nach Grimms Wörterb. Abkunft von *baurgs* aus *bairgan* und Urverwandtschaft mit πύργος, maked. βύργος. Nach Graff. Althochd. Sprachschatz (1837) III „doch wohl nicht das griech. πύργος oder mit sanskr. pura (domus, urbs) zusammenzustellen“.

[2]) Mit demselben Recht würde man nach unserer Umformung von Mediolanum, Milano behaupten können, „Land“ sei ein ursprünglich lateinisches Wort.

[3]) Eine Inschrift aus einem zwischen Schlossau und Hesselbach aufgedeckten Wachtturm lautet: *I. O. M. Vexil(latio) Coh(ortis) I Seq(uanorum) et Raur(acorum) eq(uitatae) sub cur(a) Anton(ii) Natalis leg(ionis) XXII P(rimigeniae) P(iae) F(idelis) ob burg(um) explic(atum). V. S. L. L. M.* In einer anderen unweit El-Kantara am Suezkanal gefundenen von 188 n. Chr. heisst es: — *burgum speculatorium inter duas vias ad salutem commeantium nova tutela constitui possit.*

[4]) Man meint auch, z. B. Jähns (Gesch. der Kriegsw. S. 610), dass diese das Wort von dem deutschen „Burg“ übernommen hätten; schwerlich mit Recht, zumal die romanischen Völker uns im Burgenbau zeitlich voraus waren.

[5]) Du Cange, Glossar. I 816 bemerkt zu beiden Meinungen: *Sed haec ita concilianda existimo, ut Burgus Latini, vel etiam Galli ac Germani primitus appellarint domorum congregationes, cujusmodi majores villas et vicos hodie appellamus; atque adeo non tam Graecorum quam Gallorum et Theutonum vocem esse: postmodum vero exstructis ad Burgos militum Germanorum, qui per limites Rheni et Imperii Romani dispositi fuerant ad illorum custodiam turribus et praesidiis, iis etiam Burgorum appellationem inditam.*

anderen (vgl. Müller-Mothes, Archäol. Wörterb. „Burg") angenommene direkte von dem griechischen πυργος.

In Deutschland, wo die ältesten, Familien und Habe in Kriegszeiten bergenden Burgen, die Wallringe, zumeist auf Bergkuppen lagen, sind deshalb „Burg", „bergen" und „Berg" verwandte Begriffe geworden[1]), wie denn auch hier bei Städtenamen ohne erkennbaren Anlass die Endungen = burg und = berg miteinander wechseln[2]), und bei Burgen vielfach beide einander so ähnliche zugleich in Gebrauch sind[3]). Aehnlich bedeutet das italienische rocca zugleich Feste und Felsen.

Im Mittelalter wurde eine Burg auch häufig als „Veste", „Haus" (besonders in Norddeutschland) oder „Schloss" bezeichnet. So nebeneinander im Eltzer Burgfrieden von 1430: *„Were von uns den andern . . . binnen dissen Burch . . dot schlüge . . . derselbe sal von Stont an das Huss rumen, und hie, noch sine Erben sollen sich nummer keins Rechten an Schlosse Eltze vermessen."* Auch die Bezeichnungen „Burgstall" (s. S. 18 f.) und „Kemenate" kommen vor, letzteres z. B. 1331 urkundlich für die Burg Hindenberg in Pommern. Vgl. hierzu S. 6 bzw. Kap. 14. —

Unter einer „Burg" im engeren Sinne des Wortes hat man zunächst hauptsächlich den mittelalterlichen befestigten Einzelwohnsitz eines Grundherrn zu verstehen. Unerlässlich für den Begriff einer solchen ist es besonders, dass sie baulich dazu eingerichtet ist, bewohnt und verteidigt zu werden; von dem ursprünglichen und einfachsten Verhältnisse jedoch, dem, dass der (einzelne) Grundherr zugleich selbst der Bewohner war, kommen so vielerlei Ausnahmen vor, dass jenes zuletzt selbst zur Ausnahme geworden sein mag. Die dem Reiche als solchem, den Landesherren, geistlichen Korporationen, Städten und auch einzelnen Rittern (im weiteren Wortsinne) gehörenden Burgen waren vielfach zur Wohnung und Hut bezahlten Burgvögten übergeben, häufiger noch anderen zu Lehen übertragen, oft auch unter Einräumung des Besitzes ver-

---

[1]) Im Altdeutschen wird daher „Berg" wohl auch geradezu für „Burg" gebraucht. Es liegt aber kein hinlänglicher Grund vor, „Burg" (älteste german. Form baúrg) von „bergen" (pěrkan) abzuleiten, wie viele wollen. Noch weit entfernter liegt die Ableitung vom angelsächs. byrgia, schliessen (vgl. Müller-Mothes a. a. O.). Gleichsam vermittelnd H. Weininger (Oesterr. milit. Zeitschr. 1863, 321): „Die Wurzel des Wortes ist Birge, eine sichere Berge, einen Verschluss bezeichnend." In Kluge, Etymol. Wörterb. der deutschen Sprache, 5. Aufl. heisst es unter „Burg": In den altgermanischen Dialekten war Burg was uns Stadt ist; Wulfila übersetzt πόλις mit baurgs. Das altgerman. Wort begegnet auffälligerweise im Armenischen als burgn und im Arabischen als burg, welche wahrscheinlich zunächst dem nachklassisch latein. burgus (woher das gemeinroman.-ital. borgo, franz. bourg „Flecken"; dazu altirisch borg „Stadt") entstammen. Das Wort ist in dieser Bedeutung spezifisch germanisch und gehört mit Berg zu einem indogerm. bhrgh —, das auch im altirischen bri (Gen. brig) „Berg, Hügel" steckt, kaum zu dem Verbalstamm von bergen. Erst als die einzelnen indogerm. Stämme zu wandern aufhörten und sesshaft wurden, bildeten sich die Worte für „Stadt".

[2]) Auf = berg endigen auch die Namen von Städten, die — mit oder ohne dazu gehörige Burg — keineswegs auf einem Berge liegen, so Wesenberg und Fürstenberg in M.-Strelitz, Colberg usw.

[3]) So auch schon in alter Zeit, wie denn in lateinischen Urkunden des 12. und 13. Jahrh. die Burg Zenoberg bald mons, bald castrum St. Zenonis genannt wird. Von Auersberg in Krain bemerkt Valvasor 1679, dass der Name des Städtchens richtig Weichselburg und derjenige der darüber liegenden Burg Weichselberg laute.

pfändet, viele waren auch gemeinsames Eigentum von Ganerben und dann Sitz eines gemeinschaftlichen Vertreters derselben oder, bei durchgeführter Realteilung, der Miteigentümer zugleich[1]). Die siebenbürgisch-sächsischen Burgen sind gutenteils von den im 12. Jahrh. ins Land gerufenen Bauern erbaut worden und stets deren gemeinsames Eigentum geblieben.

Von diesen verschiedenartigen Besitzverhältnissen konnte lediglich das Ganerbentum bei durchgeführter Realteilung auf den Burgbau selbst von Einfluss sein, indem dann eine Burg über eine Mehrheit von Wohngebäuden hinaus selbst gewissermassen zu einer Gesamtheit von Einzelburgen mit je einem eigenen Berchfrit, Palas usw. werden konnte.

Rein juristischen — vertrags- und unter Umständen staatsrechtlichen — Inhalts war besonders das Lehensverhältnis, in welches ja eine bisher als freies Allod besessene Burg jeden Tag mit oder wider den Willen des Besitzers kommen, ebenso wie es jederzeit wieder aufhören konnte. Wenn solcher Wechsel nachweislich auch tatsächlich bei unseren Burgen etwas ganz Gewöhnliches war, so ist es um so eigentümlicher, welcher Einfluss auf die Gestaltung unserer Burgbauten (besonders bezüglich des Berchfrits) diesem Lehensverhältnis von Fachschriftstellern — so Krieg v. H., Köhler, v. Essenwein, Näher — zugeschrieben zu werden pflegt. Die vom Letztgenannten aufgebrachte Einteilung der Burgen in (angeblich der Lage, Grösse und auch Gründungszeit nach verschiedene) Dynasten- und Lehensburgen beruht auf unzulänglicher Kenntnis unserer Burgen sowohl als der Geschichte und Natur des Lehenswesens, besonders auf der Idee, dass nur der „niedere Adel" Lehensträger und Vasall gewesen wäre, während tatsächlich auch Landesherren und selbst der Kaiser Burgen u. a. von Bistümern zu Lehen trugen und z. B. Neuleiningen, die Residenz der gleichnamigen Dynastie, sogar seit 1468 zur Hälfte Wormsisches Lehen, also halb „Dynasten-", halb „Lehensburg" war. (Vgl. 1. und 2. Aufl. S. 19.)

Die Befugnis, eine Burg zu bauen oder die Erlaubnis dazu zu erteilen, war ein Vorrecht des Königs bzw. später der weltlichen oder geistlichen Landesherren, welches jedoch tatsächlich oft genug missachtet wurde. —

Die Befestigung einer Burg war nahezu ausnahmslos zugleich eine natürliche und eine künstliche. Die erstere bestand entweder darin, dass der Burgplatz höher lag als die nächste Umgebung — möglichst mit steil abfallenden Wänden — oder aber darin, dass sie von Wasser umgeben war. In bezug auf diese beiden Arten einer von Natur festen Lage ist die Einteilung der Burgen in Höhenburgen und Wasserburgen mit Recht allgemein gebräuchlich.

Die letztere Bezeichnung ist eine althergebrachte[2]). Einige Schriftsteller, so Mone und Näher, glauben jedoch der Höhenburg anstatt dessen die „Tiefburg" gegenüberstellen zu sollen. Es ist das entschieden verfehlt. Es handelt sich darum, das Charakteristische einer Burganlage in bezug auf ihre natürliche Befestigung zum Ausdruck zu bringen, und dies ist bei Burgen, welche nicht eine den Angreifenden überhöhende Lage haben, eben das Wasser. Eine Lage in der „Tiefe" würde ja nur den Angreifer begünstigt haben, und überdies gibt es Wasserburgen auf Hochebenen — z. B. Frauenstein in Kärnten und Baldenau auf dem Hunsrück —, die höher liegen als ganz nahe Höhenburgen und auf welche die Bezeichnung Tiefburg auch deshalb nicht passen würde. Dasselbe gilt von dem sich auch findenden Ausdruck „Niederburg". Ueber die in der Ebene liegenden Burgen mit (ausnahmsweise) trockenen Gräben siehe Kap. 20.

---

[1]) Vgl. weiterhin und Kap. 22.

[2]) Schon nach Ekkehard, Mon. Germ. h. II 105, hatten 924 die Mönche von St. Gallen jenseits des Bodensees eine *wazzirburc* (der heutige Ort Wasserburg), *wazzerfeste* kommt vor bei Tristan 5538, *wierhûs* in Städtechron. I (Nürnberg) 275, 38, *wazzerhûs* ebendas. 157, 36, *Wasserhaus* Zimmerische Chron. I 413 usw. In der Schweiz war dafür die Bezeichnung Weyer- (Weiher-)haus gebräuchlich. Das schwäbische Geschlecht der Alfingen sass bis 1545 in den beiden Burgen Hohenalfingen und Wasseralfingen.

Die — auch den uns erhaltenen Ueberresten nach — weitaus zahlreichsten Burgen waren die Höhenburgen, die auch zugleich landschaftlich, wie baulich interessanter zu sein pflegen als die Wasserburgen. Der allgemeinen Anschauungsweise entsprechend wird daher, wo in diesem Buche von Burgen im allgemeinen gehandelt wird, zunächst darunter eine Höhenburg verstanden sein, während es für ein eigenes Kapitel (20) vorbehalten bleibt, die Besonderheiten der Wasserburgen zu behandeln. Auch die „Ausgehauenen" und die „Höhlenburgen", Abarten der Höhenburg, erfordern eine gesonderte Darstellung (Kap. 21). —

Hiernach soll eine einleitende Uebersicht über die Gesamtanlage der Burgen gegeben werden, während nähere Ausführungen zu derselben im Kap. 23 folgen.

Was nun zunächst die baulichen Bestandteile einer Burg betrifft, so ist es bis in die jüngste Zeit der bekannten Abhandlung Prof. Leos besonders häufig nachgeschrieben worden, dass jede Burg wenigstens enthalten müsse 1. eine Ringmauer, 2. einen Palas, d. h. den Saalbau, 3. eine Kemenate, d. h. die Familien- und besonders Frauenwohnung, 4. eine Küche und 5. einen Berchfrit, d. h. den Turm. Da aber Palas, Kemenate und Küche nötigenfalls auch in den verschiedenen Geschossen des Berchfrits angebracht werden könnten, so sei in der Tat zu der kleinsten Burg nichts nötig gewesen als solcher Berchfrit und eine Umfassungsmauer. — Richtiger wäre der Satz, dass jede Burg wenigstens ein bewohnbares, wehrhaftes Gebäude und eine Ringmauer enthalten muss, wobei die letztere allerdings auch noch durch andere Bauten ersetzt oder bei besonders beschränktem, möglichst ringsum sturmfreiem Burgplatze überhaupt entbehrt werden kann[1]). Zunächst sind nur in verhältnismässig wenigen Burgen Kemenate und Küche besondere, vom Palas getrennte Gebäude, und andrerseits ist zwar der Berchfrit in den meisten und weiten Gegenden des deutschen Sprachgebietes ein wesentlicher und unerlässlich scheinender Bestandteil jeder Burg, aber es gibt auch Gebiete, in welchen dies nicht der Fall ist. So tritt besonders im Stromgebiet des Neckar (mit einigen Ausläufern nach Norden und Westen) an seine Stelle häufig der selbständige Verteidigungsbau der Schildmauer, bei anderen Burgen sind Palas und Berchfrit zu einem wehrhaften Palas bzw. zu einem Wohnturm gewissermassen zusammengezogen, in späterer Zeit wurde er durch Rondelle ersetzt, oder auch ohne solchen Ersatz ist auf ihn von Anfang an als entbehrlich oder weil sich kein schicklicher Platz für ihn fand, einfach verzichtet worden. In Oesterreich fehlt er etwa bei einem Drittteil der Burgen.

[1]) Gewiss fehlsam ist daher die von v. Essenwein (Kriegsbaukunst S. 127 Anm.) als seine Theorie bezeichnete Idee, „den Begriff Burg in der befestigten Umfassung, nicht in den Gebäuden zu sehen, welche in der Befestigung stehen". Eine Burg ohne solche Gebäude ist undenkbar; wohl aber gibt es deren, die — wie die Brömserburg am Rhein, Oberjuvalta in Graubünden, Gilgenberg in der Schweiz und die meisten Höhlenburgen — lediglich aus einem Gebäudekomplex oder selbst nur aus einem Wohnbau ohne Ringmauer bestehen. Auch v. Cohausens Erklärung einer Burg (Befestigungsweisen S. 137) als „eines mit Turm, Mauer und Graben befestigten Hauses" muss als eine bei vielen Burgen nicht zutreffende bezeichnet werden.

Andrerseits hatte eine einigermassen vollständige Burganlage auch an Bauwerken wesentlich mehr als die fünf vorhin aufgeführten, so — abgesehen von einer besonders bei Ganerbenburgen (s. das.) vorkommenden Vervielfältigung des Wohngebäudes — besonders mehrere Torbauten, Mauertürme, eine Kapelle, einen Brunnen und allerlei Nebenbauten für Gesinde, lebendes wie totes Inventar, wirtschaftliche und darauf bezügliche Handwerksbetriebe. In der Vorburg fehlte mitunter — so auf der Hohkönigsburg — sogar nicht

Fig. 1
Burgbild aus Kyesers Bellifortis

ein Wirtshaus (Wurczhusz, Würtzhuss) für niedere Leute, welche der Burgherr nicht selbst beherbergen wollte. Ausserdem aber schloss sich da an die Hauptburg, die stets den Palas enthielt und fast immer auf der höchsten oder sonst sichersten Stelle des Burgplatzes lag, unmittelbar eine oder mehrere Vorburgen an, und die Ringmauer — bzw. die an ihrer Stelle stehenden Bauten — war ausserdem in geringem Abstande von einer zweiten oder noch dritten Mauer umgeben, die dann den oder die mehreren Zwinger einschloss. Zumeist mussten da Vorburg oder Zwinger, oder auch beide vom Belagerer erst eingenommen sein, ehe er an die Hauptburg kommen konnte. Zahlreiche Beispiele solcher Burgen bieten die weiterhin mitgeteilten Grundrisse. **Fig. 1** aus Konrad Kyesers 1405 beendigtem Werke „Bellifortis“ gibt die Abbildung einer Burg, die auch bei kleinerem Umfange die meisten der bisher aufgeführten Bestandteile enthält. (S. dazu Fig. 557.)

Wie sich nun aus diesen Bestandteilen eine Burganlage im einzelnen gestaltet, dafür ist vor allem das Baugelände nach Umrissfigur, Grösse und etwaigen Niveauunterschieden bestimmend; in diesen Beziehungen aber ist das Gelände, so gleichförmig es bei oberflächlichem Blick erscheinen mag, im einzelnen fast bei jeder Burg ein anderes. Da handelt es sich darum, wieviel und wo zweckmässigerweise Platz für die einzelnen Burgteile geboten, vor allem aber darum, wie die besondere Gestaltung des Bauplatzes am besten für die Sicherheit der Bewohner bzw. zur Verteidigung auszunutzen war.

Für eine Höhenburg suchte sich der Bauherr innerhalb des ihm zur Verfügung stehenden Gebietes einen Platz aus, der durch seine die Umgebung überhöhende Lage mit steil abfallenden Rändern, soweit möglich, seinem ganzen Umfange nach schon von Natur gegen Beschiessung und Erstürmung gesichert erschien.

Dem Ideal eines solchen Burgplatzes kommt u. a. der bekannte Phonolithkegel von Hohentwiel nahe, der, auf seinem Gipfel hinlänglich Platz für eine umfänglichste Burganlage bietend, nach allen Seiten fast senkrecht und nur zu der Vorstufe, auf welcher später die untere Festung erbaut wurde, minder tief abfällt. In ähnlicher Weise entsprachen diesen Anforderungen die isolierten Felsen von Trosky, Habstein und Bürgstein in Böhmen, Hochosterwitz in Kärnten, Duino in Görz und andere.

Derart günstige Burgplätze sind jedoch verhältnismässig selten, zumal auch in Gebirgsländern die Burgen nur in mässiger Höhe über der Talsohle errichtet wurden, und für dieselben somit die in höherer Lage häufigeren, schwer zugänglichen Spitzen nicht in Betracht kommen konnten. Die mancherlei — friedlichen wie feindseligen — Beziehungen, welche die Burginsassen zu den Talbewohnern und zu den unten hinziehenden Strassen hatten, die Beschaffung der Lebensbedürfnisse, und auch wohl die Notwendigkeit, auf oft schwierigem Terrain einen, wenn auch nicht fahrbaren Weg bis zur Burg hinaufzuführen, das waren die hauptsächlichsten Gründe, welche es veranlassten, dass die Burgplätze nicht höher hinauf gewählt wurden, als es die Sicherheit der Inhaber eben erheischte.

Daher gehören Höhenlagen von etwa 500 bis 550 m über dem Tale schon zu den Seltenheiten und wurden in der Regel nur gewählt, weil sich hier ein besonders günstiger Bauplatz fand. Beispiele solcher Höhenlage bieten Hohkönigsburg im Elsass (752 m ü. M.), Brigittenschloss in Baden (762 m), Burgstall (Hohenbogen) im Bayerischen Walde, ein unvollendet gebliebener Burgbau der Grafen von Bogen (986 m), Sauschloss oder Greifenstein und Hocheppan, beide am Etschufer vor Bozen (837 bzw. 720 m). Wo sich Ortschaften und Strassen höher hinaufziehen, finden sich freilich auch nahe Burgen in grösserer Höhe über dem Meer. So liegen in Tirol Thurn und Welsberg an der Pustertalerbahn etwa 1100 m und im Vintschgautal Fürstenberg 1250, Naudersberg 1370 m hoch. Noch höher hinauf steigen die Burgen in der Schweiz, wo die Burgruine beim Dorfe Splügen mit 1450 m und im Engadin Schloss Tarasp mit 1497 m und Guardaval, 1790 m hoch, und am Ofenpass eine Ruine gar in 2000 m Höhe, jedenfalls zu den höchstgelegenen Burgen unseres ganzen Gebietes gehören.

Um hiernach auf die Beschaffenheit der Burgplätze an sich zurückzukommen, so musste man, da, wie bemerkt, ein ringsum sturmfreier[1]) Platz selten zu finden war, sich in den weitaus meisten Fällen damit begnügen, dass derselbe doch nur eine Angriffsseite[2]), d. h. eine Seite hatte, auf welcher der Belagerer am besten, wenn nicht ausschliesslich versuchen konnte, in die Burg einzudringen. Wenn also, was ja besonders häufig der Fall ist, die Burg auf einer Felsnase liegt, die, von einem grösseren Bergmassiv vorspringend, steil zum Tale abfällt, so liegt natürlich die Angriffsseite da, wo sich die Anhöhe hinter der Burg fortsetzt. Von hier aus bietet sich zumeist der bequemste, oft der allein mögliche Zugang zur Burg, und fast immer findet der Feind nur hier einen geeigneten Platz zur wirksamen Aufstellung seiner Belagerungsgeschütze; hier wurden ihm daher auch vor allem starke und hohe Verteidigungsbauten — besonders ein Berchfrit, hoher Mantel oder eine Schildmauer — entgegengestellt. Es ist dabei eben wohl zu berücksichtigen, dass zu der Zeit, da der Burgenbau im Schwange war, für Angriff und Verteidigung nicht, wie im heutigen Festungskriege, die wagerechte, sondern die senkrechte Linie massgebend war.

Selbst nach allgemeinerer Einführung der Pulvergeschütze verstand man es zunächst noch kaum, Geschosse einigermassen weithin mit beträchtlicher Durchschlagskraft zu schiessen, und vollends vorher war es hauptsächlich nur die Fallkraft dieser Geschosse aus der Höhe, welche dieselben wirksam machte; gehörte es doch auch zu den wesentlichen Abwehrmitteln des Belagerten, dem andringenden Feinde mit den Händen Steine auf den Kopf zu werfen oder ihn mit kochenden oder brennenden Substanzen zu überschütten. Unsere hochaufstrebenden Burgbauten zeigen daher unverkennbar, dass es damals vor allem galt, die Höhe über dem Feinde zu gewinnen[3]), während unsere heutigen Befestigungen lieber in die Erde eingegraben werden, um vor der rasanten Wirkung der so wesentlich vervollkommneten Geschütze gesichert zu sein. Da die Ureinwohner unseres Landes, des Steinbaues unkundig, gleichfalls hinter niedrigeren Wällen Schutz suchen mussten, hat auf solche Weise unser Befestigungswesen gewissermassen einen Kreislauf durchgemacht. Zwischen die Deckung durch niedrige Wallgürtel als Anfangs- und Endpunkt schiebt sich — etwa vom 10. bis zum 16. Jahrh. — die Periode der hohen Burgbauten.

Die Angriffsseite liegt also fast ausnahmslos da, wo, wie bei den weitaus meisten Höhenburgen, der Burgplatz mit einem umfänglicheren Bergmassiv zusammenhängt. An den der Ebene zugekehrten Rändern eines Bergzuges, an den

---

[1]) Dieser Ausdruck war schon im Mittelalter gebräuchlich, kommt z. B. in der Zimmerischen Chronik wiederholt vor.

[2]) Die „Seite“ einer Figur oder eines Körpers kann nicht etwas ausserhalb derselben Befindliches, von ihnen Getrenntes sein; die Angriffsseite einer Burg ist somit die Seite der Burg selbst, auf welcher diese zunächst einem Angriffe ausgesetzt ist (die „wahrscheinliche Angriffsfront“ unserer Festungen), nicht etwa der ausserhalb der Burg liegende Platz, von welchem der Angriff des Belagerers ausgeht: das Angriffsgelände. Die Fachschriftsteller pflegen jedoch in einer der Klarheit ihrer Darstellung nicht förderlichen Weise mit dem Ausdrucke bald das eine, bald das andere zu bezeichnen.

[3]) Es wurde daher auch bei gemeinsamem Besitz einer Burg öfter bestimmt, dass kein Ganerbe seinen Anteil höher baue (vgl. Ganerbenburg und Burgfrieden Kap. 22) und auch bei landesherrlich erteilter Bauerlaubnis wohl festgestellt, wie hoch etwa der Berchfrit sein dürfe.

hohen Ufern eines Flusses sind ja mit Vorliebe die nicht seltenen vorgebirgs- oder nasenförmig vorspringenden und steil abfallenden Ausläufer dieser Anhöhen zu Burgplätzen gewählt.

Aehnliche günstige Burgplätze wurden häufig durch die (besonders spitzwinkelige) Einmündung eines Seitentales in ein weiteres gebildet. Es handelt sich dabei nicht sowohl um den seitlichen Vorsprung als um das Ende eines Bergrückens, welches um so lieber als Burgplatz benutzt wurde, wenn letzterer damit nach mehreren Seiten Land- oder Wasserstrassen beherrschte.

Bei den Höhenburgen, deren Bering sich nicht (als Vorsprung) an ein umfänglicheres Bergmassiv anschliesst und die daher keine „Bergseite" haben, liegt die Angriffsseite da, wo der Aufstieg auf den isolierten Burgberg vom Tale aus allein oder doch am bequemsten tunlich war. Hier waren nicht sowohl hohe Deckungsbauten, als vielmehr Vorburgen und Zwinger am Platze, die das Empordringen zu der auf dem Berggipfel liegenden Hauptburg hinderten. Beispiele bieten u. a. die Burgen Hohentwiel, Hohenkrähen, Mägdeberg usw., die auf den vereinzelten steilen Bergkegeln des Hegau liegen.

Burgen, welche auf der Berg- wie auf der Talseite unschwer zugänglich sind, wie Hohenfels in Südbaden, oder auf der Mitte eines von beiden Seiten zugänglichen Bergrückens liegen, wie Landskron auf der Südgrenze des Elsass, haben somit zwei Angriffsseiten[1]).

Ausser diesen mehr regelmässigen und zumeist besonders häufigen Bildungen sind die zu Höhenburgen benutzten Erhebungen im Mittel- und niedrigen Gebirge bis zur Ebene hinab — vom steilen Felsen bis zur sanften Kuppe, von dem selbst für eine grosse Hofburg fast zu weiten Platze bis zu der nur einem turmartigen Baue Raum bietenden Klippe — so mannigfaltige, dass eine irgend erschöpfende allgemeine Darstellung unmöglich erscheint. Die Besprechung einzelner Burganlagen wird ohnehin genugsame Gelegenheit geben, zahlreiche Beispiele dieser mannigfachen Geländebildung zu geben.

Oberst v. Cohausen hat Bergfriede, S. 3 (und fast ebenso Wehrbauten, S. 20) für das „Bergland" den Versuch einer systematischen Zusammenstellung dieser Formen gemacht, indem hier „die geognostische Unterlage", je nachdem solche z. B. aus Basalt oder aber aus Sandstein, Schiefer usw. bestehe, den Burgplätzen bestimmte Formen (Kegel, Plateau, Grat) gebe, die dann wieder zur ganzen Anlage, sowie zu allen Einzelheiten ein „gewichtiges Motiv abgäben". Seine Ausführung (1. Aufl. S. 9) mit den sie erläuternden schematischen Abbildungen ist dann auch von anderen Schriftstellern (so Cori und Otte) wiedergegeben worden. Die Idee ist jedoch unhaltbar. Mag ja immerhin die geognostische Unterlage gewisse Terrainbildungen im grossen und ganzen begünstigen, so ist es andrerseits nicht minder wahr, dass in demselben Gesteinsgebiet überall die allerverschiedensten Formationen nebeneinander vorkommen. Welche Aehnlichkeit miteinander haben noch im Sandsteingebiet des Hardtgebirges die Felsklippen von Dahn und der breite Burgberg der Madenburg, oder die nebeneinander liegenden Burgplätze von Meistersel und Ramberg, im Granitgebiet des Wasgau die ebenso benachbarten Burgplätze von Ortenberg und Ramstein, oder im Kalkstein des oberen Donautales diejenigen von Werenwag und Alt-Gutenstein? Noch weniger ist zuzugeben, dass die gleiche Gesteinsart des Burgplatzes auch im wesentlichen u. zw. bis in alle Einzelheiten hinein ähnliche Burganlagen mit sich bringe. Wie weiterhin näher zu zeigen, war schon, von dem verschiedenen Umfange abgesehen, eine dem

---

[1]) Bei Landskron fällt auch die südliche Breitseite des westöstlichen Bergrückens so wenig steil ab, dass hier von einer dritten Angriffsseite gesprochen werden kann, auf welcher man denn auch später noch ein bastioniertes Aussenwerk vorzulegen für gut befunden hat.

ungeübteren Auge kaum bemerkbare Abweichung des einen Bauplatzes von dem anderen hinreichender Anlass, der gesamten Burganlage eine wesentlich andere Gestalt zu geben. Um von unzähligen Beispielen nur eines zu geben: wie in allem verschiedene Burganlagen tragen nicht die drei vorhin genannten im Hegau nebeneinander aufsteigenden Phonolithkegel des Hohentwiel, Hohenkrähen und Mägdeberg! —

Die „Vorburg" war, wie der Sache, so auch dieser ihrer Bezeichnung nach von alters her bekannt. So heisst es in Wolfdietrich 722: *er hiez frou S. in di vorburc gân*, Magdalenenleg. 703: *den berg uff dem diu vorburg lit*, und 1372 trägt Herman von Velen *desse selve borch, beyde, overste huys und vorborchte* dem Bischof Florenz zu Lehen auf[1]).

Von der Vorburg scheint in der Regel nur die „Burg" selbst, nicht, wie heute gebräuchlich, eine „Hauptburg" unterschieden worden zu sein. Wenn 1280 bei der Burg Gemen ein *castrum inferius* und *superius* (vgl. vorhin *overste huys)* unterschieden werden, so lässt das auf einen entschieden hervortretenden Unterschied in der Höhenlage und wohl auch auf eine über das bei einer Vorburg gewöhnliche Mass hinausgehende Selbständigkeit dieser „unteren Burg" schliessen.

Wenn Näher an Stelle der Einteilung in Haupt- und Vorburg ganz allgemein diejenige in „die obere" und „die untere Burg" setzt, so ist das verfehlt erstens, weil sehr wohl die erstere auf gleicher Höhe, ja sogar ausnahmsweise etwas niedriger liegen kann als die letztere[2]), und zweitens weil dadurch durchaus nicht die Zusammengehörigkeit beider Teile zu ein und derselben Befestigung ihren Ausdruck findet, wie solches bei der Bezeichnung Vor- und Hauptburg der Fall ist. Von einer oberen und unteren Burg kann daher auch nur da gesprochen werden, wo es sich bei nicht unwesentlichem Höhenunterschied der Lage — wie bei den Schlössern Pfirt im Oberelsass und Steinkallenfels am Hunsrück — um zwei selbständige Burgen oder doch wenigstens — wie bei Nideck im Unterelsass und Falkenstein im Schwarzwald — um zwei ganz voneinander getrennte Teile einer und derselben Burg handelt[3]).

Noch mehr kommt die Zusammengehörigkeit beider Burgteile zum Ausdruck, wenn statt von einer Haupt- und einer Vorburg nur von dem „Vorhof" einer Burg gesprochen wird, wie ja denn auch die Vorburg wohl immer einen hofartigen Raum umschliesst, während solches bei der Hauptburg nicht durchaus notwendig ist. Der Ausdruck „Vorhof" kommt denn auch nicht nur (vgl. die bei Lexer, Handwörterb. angeführten Stellen) im Mittelalter mehrfach im Sinne eines „befestigten Hofraumes vor einem Schlosse" vor;

---

1) Die angeführten Belagstellen nach Lexer, Handwörterb. III 462 bzw. Schultz, Höf. Leben I 49 und Nordhoff, Holz- und Steinbau 288. Letzterer führt Anm. 851 noch weitere urkundliche Belege an.

2) Die Vorburg liegt höher als die Hauptburg z. B. bei Rabenstein in der Fränk. Schweiz, Rudelsburg a. d. Saale, Nippenburg im Schwarzwald, Blumenegg in Vorarlberg, Wehrburg, Greiffenstein und Neuhaus in Tirol.

3) Vgl. Zimmerische Chronik I 238: *„Es ist zu wissen, das es zu Wildenstain an der Tonaw vor jharen zwai schlösser gehabt, zugleich wie auch Falkenstain, das ober schloss und das under, welches iezund ain burgstall und gar zerbrochen."* Auch die beiden auf zwei einzelnen ungleich hohen Felsen gelegenen Teile von Wasigenstein im Wasgau wurden in die „obere" und die „untere Burg" geschieden, die im 15. Jahrh. auch verschiedene Besitzer hatten. — Besonders in mehr dilettantischen Burgbeschreibungen sind auch die Ausdrücke „Hochburg", „Hochschloss", beliebt, ohne dass es sich um eine höhere Lage handelte und ohne dass ein irgendwie feststehender Begriff damit verbunden würde. So wird in K. Rosner, Ruinen Oberösterreichs, der Ausdruck bald (S. 66) auf die gesamte Burg mit Ausnahme eines abgesonderten Vorwerks, bald (S. 51) auf eine Abteilung der Burg und bald (S. 33) nur auf den (gewöhnlichen) Palas derselben angewendet.

er scheint gegen Ende desselben sogar der gebräuchlichere gewesen zu sein. So wird er regelmässig in der Zimmerischen Chronik (im Gegensatz zu dem „rechten Schloss"[1]) gebraucht, u. a. auch von der überwiegend als vorliegende Befestigung in Betracht kommenden Vorburg von Wildenstein an der Donau, und in dem anonymen Kriegsbuch von 1450 wird gleichfalls empfohlen, bei hinlänglichem Bauplatze vor dem Torhause der Hauptburg noch einen „Vorhof" anzulegen.

Das Wort „Zwinger" (auch „Zwenger", „Zwingel", mhd. *Zwingaere)* — von „zwingen" gebildet[2]) — wird in vielerlei Bedeutungen gebraucht, die nur das miteinander gemein haben, dass es sich dabei um einen irgendwie, besonders aber durch Mauern umschlossenen Raum handelt. Demnach hiess bei den alten Stadtbefestigungen so der Raum zwischen zwei Umfassungsmauern (Rondengang), sowie die Erweiterung desselben an Toren zu einem Vorplatz und speziell der häufig hier stehende, besonders dicke, zu Geschütz eingerichtete Turm[3]). Hiernach wurde die Benennung auch auf andere Türme, und da solche oft zu Gefängnissen dienten, auf Gefängnisse überhaupt ausgedehnt. Spricht man so heute besonders noch von einem „Bärenzwinger", so findet sich unsere Benennung auch gebraucht von dem Graben, der eine Burg ganz oder zum Teil umschloss und besonders in späterer Zeit als Tiergehege benutzt wurde. Andrerseits wurde im Mittelalter auch — und wohl ohne dabei auf das Moment einer Einsperrung besonderes Gewicht zu legen — das Frauengemach überhaupt der Frauenzwinger genannt. In diesem Buche wird das Wort Zwinger nur von dem — dem städtischen Rondengange entsprechenden — Teil der Burganlage gebraucht, der, nach aussen durch eine Mauer — „*Zwingermûre*" 1464 — (oder Palisaden) begrenzt, gürtelartig ganz oder zum Teil die Hauptburg umgab. Der Zwinger unterscheidet sich so von der Vorburg. Diese ist der Regel nach eine vordere Abteilung der Burg selbst, in welcher untergeordnete Gebäude Platz fanden, während hierfür der Zwingerraum schon zu eng war[4]).

---

[1]) Auch der Ausdruck das „recht Haus" findet sich anderwärts für die Hauptburg (so in einer auf Hohenwerfen bezüglichen Urkunde von 1563), sowie die „rechte Mauer" für die Hauptringmauer im Gegensatz zu der äusseren Zwingermauer (so in bezug auf Grüningen in einer Chronik des 15. Jhdts.).

[2]) Nicht aus „Zingel" (cingulum, umzingeln), wie die äussere Umschliessung selbst besonders bei Städten hiess. Die schwankende Bedeutung der alten technischen Ausdrücke zeigt sich freilich auch hier. So hat man nach der Kleinen Thanner Chronik S. 33 daselbst 1507 „angefangen, den Wall oder Zwingolf aufzuwerfen"; ebenso Grosse Chronik S. 712: „den Wall oder Zwinger zwischen beiden Toren". Der Zwinger wurde besonders im Deutsch-Ordensgebiet auch Parkam, Parcham genannt, d. h. eingehegter Ort, Umzäunung, mit „Park" und „Pferch" zusammenhängend.

[3]) Z. B. der bekannte „Zwinger" in Goslar. Auch von einem festen Hause überhaupt findet sich der Ausdruck gebraucht. So Jahrb. d. Mecklenburg. Geschichtsvereins VII, S. 30.

[4]) Ein zwingerartiger Hofraum, aber immerhin kein eigentlicher Zwinger, kann auch da entstehen, wo die einzige Ringmauer in geringem Abstande den für sich stehenden Palas oder Wohnturm umgibt, wie bei Hohandlau, Hohenberneck, Altbodman. Bei Kraus, Kunst u. Altert. in Elsass-Lothr. II 545, werden auf dem Grundriss von St. Ulrich einige der inneren Höfe ohne erkennbaren Grund von anderen als „Zwinger" unterschieden. Vgl. dagegen Zimmerische Chronik I 371: „*Da erstigen sie den*

Nach v. Essenwein, Kriegsbauk. S. 192, „ist der Hauptzweck dieser Anlage, dass der Belagerer nicht so leicht mit Sturmböcken oder Rolltürmen an die eigentliche Mauer gelangen konnte, sondern schon an der niedrigeren äusseren Mauer Halt machen musste, sowie dass den herannahenden Feind zwei Reihen Bogenschützen hinter- und übereinander empfangen konnten". Der Zwinger wurde jedoch nicht einmal der Regel nach dadurch gebildet, dass um die Ringmauer noch eine zweite, äussere lief. Es wird aber auch selten zutreffen können, wenn v. Cohausen zu betonen pflegt[1]), dass der Zwinger nicht sowohl „eine Verdoppelung der Mauer, als ein vorbereitetes Kampffeld sei, welches den Vorteil gewährte, dem schon dort eingedrungenen Angreifer von beiden Seiten mit bewaffneter Hand in die Flanken fallen zu können"[2]).

Je nach der Beschaffenheit des Bauplatzes kann nun eine Burg mehr als eine Vorburg und auch mehr als einen Zwinger haben; ebenso kann aber auch jene oder dieser, ja beide zugleich ganz fehlen. Bei der Wartburg, Hohkönigsburg (im Wasgau) und Schreckenstein an der Elbe liegt auf beiden Seiten der Hauptburg je eine Vorburg (wobei freilich immer nur durch deren eine der gewöhnliche Zugang führt), bei Neideck (Fränk. Schweiz) liegen deren zwei nacheinander, bei Althohenems (Vorarlberg) noch mehr und bei Burghausen gar fünf vor der Hauptburg, bei Grevenstein (Rheinpfalz) und Gars (Niederösterreich) schliesst sie die Hauptburg ganz ein. Sie fehlt bei vielen kleineren Burgen, aber auch bei grösseren (Steinsberg in Baden, Salzburg in Franken, Taggenbrunn in Kärnten), nimmt aber dagegen bei anderen (Stauffeneck in Württemberg, Liebenfels in Kärnten, Freudenberg bei Ragaz, Neideck in Bayern, St. Michaelsburg in Tirol) einen viel grösseren Raum ein als die Hauptburg. Der Zwinger fehlt z. B. bei Eckartsberg in Thüringen, Freudenberg und Sargans im schweizerischen Rheintale, Forchtenstein in Steiermark und Plixburg im Wasgau. Zwinger sowohl wie Vorburg fehlen bei Novihrad in Mähren. Im übrigen kann ersterer verdoppelt und selbst verdreifacht vorkommen (Steinsberg) und seiner Lage nach die Vorburg mit umschliessen (Hohkönigsburg), sich zwischen diese und die Hauptburg einschieben (Rudelsburg in Thüringen, Lützelburg im Wasgau, Hornberg am Neckar) oder jenseits derselben liegen (Mägdeberg im Hegau).

Seit Krieg v. Hochfelden (vgl. Militärarch. S. 366) pflegt der Zwinger als eine erst durch die Kreuzfahrer in das Abendland verpflanzte Anlage bezeichnet zu werden. Auch bei v. Cohausen heisst es, Befestigungsweisen S. 184: „Die Zwinger kamen bei deutschen Burgen nicht früher als im 12. Jahrh. vor, werden aber vom 13. bis ins 16. und 17. Jahrh. geradezu als

---

zwinger und darnach den vorhof, darin die stell, keller und andere officia waren, volgends demnach das recht schloss Geroltzegk, uf ainem selbs gewachsenen und werlichen felsen gelegen." Ganz verfehlt ist es, wenn Lehfeldt (Bau- u. Kunstdenkm. Thüringens 19, S. 10) „Zeiten" kennen will, „da man die Zwinger noch breit, an einer Seite und ohne die Nebenabsicht der Zersplitterung und Irreführung des Feindes anlegte". Es handelt sich a. O., bei Greiffenstein, um einen annähernd quadratischen Vorhof an einem Ende der Burg.

[1]) Wehrbauten S. 26, Altertümer im Rheinland S. 59, Befestigungsweisen S. 184.

[2]) Wenn B. Ebhardt, Die Hohkönigsburg (1908) S. 34, bezüglich der Zwingermauern dieser Burg meint, dass „sie (mit elf Türmen!) vielleicht von dem Grafen Thierstein als erste Vorsichtsmassregel eilig errichtet worden sind, um den Bauplatz zunächst notdürftig zu sichern", so ist solches schwerlich jemals bei einem Burgbau vorgekommen.

Erfordernis angesehen, und wo sie fehlten, nachträglich angelegt." Diese Angaben sind nicht zutreffend. Es gibt genug selbst noch im vierzehnten Jahrhundert erbaute Burgen, welche keinen Zwinger haben, so Ardeck südlich des Lahntales, Baldenau auf dem Hunsrück, ferner Pfalzgrafenstein, Altbodman, Kriebstein, Haineck und andere. Andrerseits fehlt es auch nicht an vor dem 12. Jahrh. erbauten Burgen, die allem Anscheine nach schon von Anfang an einen solchen hatten, wie z. B. Rudelsburg in Thüringen, Frankenburg im Wasgau und Castel im Thurgau[1]). Es ist da zu berücksichtigen, dass ja der Zwinger, wie auch die Vorburg als deutlich ausgeprägte Bestandteile unserer alten Wallburgen schon ganz gewöhnlich sind, und dass ersterer auch schon bei späteren römischen Befestigungen vorkam. (So errichtete nach Procop Justinian um die Ringmauer von Dara eine zweite Mauer, προτείχισμα, so dass ein 50 Fuss breiter Zwinger, μεσοτείχιον, gebildet wurde.) Ob ein Zwinger erst später der Burganlage hinzugefügt ist oder nicht, wird man, abgesehen etwa von der Bauweise, Schiessscharten u. dgl., mit ziemlicher Sicherheit daraus schliessen können, ob (wie bei Hohennagold in Württemberg und Homburg im Hegau) der Raum für einen solchen tiefer an dem Abhange des Burgberges erst durch hinterfüllte Futtermauern gewonnen wurde, oder ob die Zwingermauer noch auf dem gleichsam von der Natur gebotenen oberen, ebeneren Burgplatze steht, hier den Rand desselben umgrenzt, während die Hauptmauer der Burg dann selbstverständlich entsprechend weit von demselben abgerückt blieb (Rudelsburg). Andrerseits wird man auch da eine ursprüngliche Anlage des Zwingers annehmen müssen, wo (wie bei Castel und Frankenburg) der Burgweg sich zweifellos von jeher in einem solchen zu der mehr oder weniger höher gelegenen Hauptburg hinzog. — Ueber die Barbakane siehe Kap. 10.

Bei Krieg v. H.s Burgenuntersuchungen pflegt regelmässig der von ihm sogenannte „innere Abschnitt" — öfter freilich nur ein gedachter, „auch von einer geringen Besatzung in kurzer Zeit herzustellender" — eine Rolle zu spielen und zwar zum Nachweise dessen, dass auch damit römische Vorbilder nachgeahmt wurden[2]). Das eine erscheint jedoch so verfehlt wie das andere. Bekanntlich boten die römischen Kastelle in ihrem Innern keinerlei defensible, durch Zwischenmauern hergestellte besondere Abschnitte, sondern einen einheitlichen, zumeist von zwei breiten Strassen durchkreuzten Raum, und wenn Krieg v. H. in Vegetius IV 25 die „Hinweisung auf solchen inneren Abschnitt" findet, so ist diese vermeintliche Hinweisung eine mehr als unsichere[3]). Bei der vermeintlich gleichfalls „römischen" Iburg

---

[1]) Eine besondere Stellung zu dieser Frage nimmt v. Essenwein ein, indem er (Kriegsbauk. S. 65 und 73) überall — und so auch bei Münzenberg (6. Kap.) und dem mit besonders entwickelten Zwingeranlagen ausgestatteten Steinsberg — annimmt, dass an Stelle der Zwingermauern von Anfang an wenigstens „Palisadenzäune, vielleicht Wall und Graben" hergestellt waren. Es ist das jedoch nicht nur unbeweisbar, sondern auch an sich sehr unwahrscheinlich.

[2]) Milit.-Arch. S. 90, 101, 263.

[3]) Die auch von Krieg v. H. a. O. S. 10 Anm. mitgeteilte Stelle lautet: *Innumerabilibus declaratur exemplis, saepe caesos ad internecionem hostes, qui invaserant civitatem, quod sine dubio evenit, si oppidani muros ac turres obtinuerint, vel altiora loca occupaverint. Tunc enim de fenestris ac tectis omnis aetas et sexus irrumpentes, obruunt saxis aliisque generibus telorum, quod ne sustineant irrumpentes portas civitatis aperire consueverunt, ut resistere desinant fugiendi potestate concessa. Unum oppidanis auxilium est, sive per diem sive per noctem hostis intraverit, ut muros turresque teneant, locusa ac periora conscendant, hostesque per vicos et plateas undique obruant dimicantes.*

soll dieser Abschnitt durch das vormals zwischen den beiden Berchfriten vorhandene Hauptgebäude — „hier ein wahres Interturrium" — gebildet worden sein[1]). Solche Abschnitte hatten fast alle Burgen, aber sie waren hervorgerufen durch die Einteilung des Beringes in Zwinger, Vor- und Hauptburg, eine Einteilung, welche den römischen Befestigungsbauten durchaus der Regel nach fremd ist, wohl aber sich schon bei den uralten Ringwallburgen findet. Inwieweit darüber hinaus bei manchen Burgen der Zugang zum Kern der Anlage noch durch Quermauern mit Toren gesperrt wurde (Hornberg am Neckar, Hohlenfels im Nassauischen, Frankenburg im Wasgau etc.), wird bei Beschreibung derselben gezeigt.

Auch bei den in verschiedene Abschnitte zerfallenden Burganlagen lässt sich freilich keineswegs immer eine deutlich erkennbare Einteilung gerade in „Hauptburg", „Vorburg" und „Zwinger" feststellen. Es ist das um so weniger der Fall, je weniger der Burgplatz ein ebener ist, vielmehr die zweckmässige Ausnutzung und Bebauung unregelmässiger Felsgebilde eigenartige Anlagen veranlasste. —

Zur äusseren Befestigung einer gemauerten Burg konnten auch nicht im Steinbau ausgeführte Anlagen gehören: besonders Gräben und Palisaden.

Ueber erstere — oft auch durch natürliche Bildung (Flussläufe, Schluchten) ersetzt — s. weiterhin Kap. 10 und 20.

Palisaden[2]), d. h. Zäune, die im wesentlichen aus nebeneinander eingegrabenen, oben zugespitzten und durch Flechtwerk oder angenagelte Bretter fest miteinander verbundenen Pfählen bestanden, wurden bei uns in der Vorzeit, da das Material fast überall zur Hand war, sowohl von den Römern als von den Germanen, besonders auch zur Verstärkung eines Walles angewandt und scheinen seitdem fortwährend in Gebrauch geblieben zu sein. „Erdwerke mit Palisaden, aus deutscher Urzeit beliebt, beherrschten die Festen und Burgen der Franken inmitten der römischen Steinfesten zur Zeit der Merowinger ausschliesslich, spielten in der Zeit der Karolingischen Periode noch eine grosse Rolle und scheinen sich in belgischen Gegenden bis ins 12. Jahrh. noch in bedeutenden Werken fortgesetzt zu haben"[3]). Pfahlzäune wurden nicht nur hie und da vorläufig an Stelle der Steinmauern errichtet[4]), sondern dienten auch noch später, wie wir besonders

[1]) Nach Kriegs Meinung (a. O. S. 10, Anm.) wäre interturrium der spätere technische Ausdruck der Römer für einen solchen inneren Abschnitt, auf welchen Vegetius in der vorhin angeführten Stelle hinweise. Es soll das aus einer nicht näher bezeichneten „leider nicht im Originale auf uns gekommenen Steinschrift des IV. Jahrh." sich ergeben, die aber nichts weiter besagt, als dass irgendwo „*milites turrim cum interturrio fecerunt*". Diese Behauptung steht sonach auf ebenso schwachen Füssen als die ganze Idee der angeblich von Vegetius geforderten „inneren Abschnitte".

[2]) Lat. palacium, palancatum, palangatum, palitium, palissata, palada, paldus. Die bisher gebräuchliche Schreibweise „Pallisaden" war dem Stammworte nach (z. B. auch franz. palis, der Pfahl) unrichtig. Aelterer Ausdruck: *planken* als Haupt- wie als Zeitwort, mittelhd. *getülle, getull*. Nach einer Urkunde sind 1531 im Schlosse Admontbühel (Steierm.) „die Ringmauern, Schreckzäune und Graben verbessert". Auch „Zaun" allein bedeutet im Mittelalter Palisaden.

[3]) Nordhoff, Holz- und Steinbau, S. 129.

[4]) Vgl. v. Eye u. Falke, Kunst und Leben der Vorzeit. Bd. I („Mittelalterl. Burg"): „Aus den Umzäunungen der Höfe wurden mit der Zeit zum Zwecke stärkerer Befestigung Palisadenreihen und endlich Mauern, die sog. Zingeln". Zu weit geht auch hier (vgl. S. 13, Anm. 1) v. Essenwein, der (Kriegsbauk. S. 71—77) geneigt ist, anzunehmen, dass auch später immer und überall an Stelle von Aussenmauern zuerst nur Palisaden errichtet gewesen seien.

von Städten wissen, zur Ergänzung dieser Ummauerung. So erhielten 1332 die Komture von Nürnberg vom Kaiser die Erlaubnis, aus dem Markte Eschenbach eine Stadt machen und dieselbe „mit Steinwerk, Holzwerk und Gräben" umgeben zu dürfen; nach dem Lübeckschen Urkundenb. IV, 347 ermächtigte ein Graf v. Holstein den Rat von Lübeck, an dem ihm verpfändeten Schlosse Trittau *dat se moghen planken laten de vorborgh van der schûne wente to deme dore, also by ander syden des dores planket is,* und 1440—1450 wurde zu Stralsund „der Störtenwall verpalisadiert"[1]). Nach Müller und Mothes, Archäol. Wörterb. S. 723 scheinen kleine Palisadenzwinger als vorgeschobene Werke seit dem 9. Jahrh. in Gebrauch gewesen zu sein. Bei Wallburgen, welche der deutsche Orden im 13. Jahrh. in Preussen errichtete, finden sich längs des oberen Randes Kohlenreste, augenscheinlich von verbrannten Pfahlzäunen, und so erscheinen die letzteren auch nicht selten noch auf den uns aus dem 16. und 17. Jahrh. überkommenen Abbildungen fester Plätze. Nach dem anonymen Kriegsbuch von 1450 (Jähns, Geschichte der Kriegswissenschaften, I, S. 425 ff.) ist bei Bergschlössern vor die Ringmauer ein Zwinger zu legen, der nicht immer ummauert zu sein braucht, sondern auch mit Planken oder einem hohen, starken Zaun umfangen werden kann. Nach einem am Ende des 17. Jahrh. erstatteten Gutachten sollten zur besseren Befestigung von Alt-Pernstein trotz der Einfachheit und Beschränktheit der Anlage an nicht weniger als sechs Stellen derselben Palisadenreihen („Pälissäten") gesetzt werden[2]).

Wenn uns nun auch bei den Resten mittelalterlicher Burganlagen Palisaden nicht erhalten sind, so wird doch der aufmerksame Beobachter jener nicht gar selten in der nächsten Umgebung des noch vorhandenen Mauerwerks durch Gräben oder Böschungen begrenzte Abschnitte des Geländes finden, bei welchen es auffällt, dass sich dort keine Spur einer vormaligen Mauerumschliessung zeigt. Wo da den Umständen nach nicht wahrscheinlich ist, dass solche Mauer später bis auf die letzte Spur abgetragen worden sei, werden wir die vormalige Einschliessung dieses Platzes nur durch Palisaden anzunehmen haben. Eines der auffälligsten Beispiele bietet die Salzburg in Franken (22. Kap.). Hier ist der Ringgraben auf der nordöstlichen Bergseite nicht am Fusse der turmbewehrten Ringmauer, sondern in einer Entfernung von durchschnittlich etwa 10 m von derselben gezogen. Der zwischen beiden liegende zwingerartige Raum entbehrt aber jeder äusseren Umfassung am inneren Grabenrande[3]). Andere Beispiele bieten Stein in Steiermark[4]), Hohenklingen am Rhein (ebendas.) auf seiner nördlichen Längsseite und die schräg gegenüber liegende Neuenburg auf der Nordwestspitze der Vorburg.

Oberst v. Cohausen bemerkt bei seinen allgemeinen Burgbeschreibungen regelmässig — z. B. Altert. im Rheinl. S. 59 —, dass „ausser den Quergräben, welche das Angriffsgelände durchschneiden, die Burg auch auf den minder gefährdeten Stellen durch ein Gebück, durch ein Heckendickicht geschützt ist". Mir sind keine örtlichen oder schriftlichen Spuren bekannt, welche auf solche angeblich bei Burgen regelmässig vorhanden

---

[1]) Fock, Rügen-Pommersche Gesch. Leipzig 1866. S. 159.

[2]) Meine Oesterr. Burgen IV, S. 12.

[3]) Unlängst wurde da am westlichen Ende tief unter der Erde ein langer Mauerrest gefunden.

[4]) Näheres in meinen Oesterr. Burgen II, S. 253.

gewesene Anlage hindeuten[1]), und ich würde sie nicht einmal für zweckmässig halten, da eine Belagerung der Burg dadurch kaum irgendwie hätte erschwert werden können, während sie dagegen einem Feinde leicht als Versteck und Hinterhalt für eine Ueberrumpelung des Tores dienen konnte[2]). Lexer, Mittelhochd. Wörterb., kennt das *gebucke* nur als „ein zur Bezeichnung der Waldgrenzen ineinander gebogenes oder geflochtenes Gebüsch", es wurde indessen bekanntlich auch als Befestigung von Grenzen in umfassender Weise angewendet[3]). Zu solcher Befestigung langer Strecken, genügend, räuberische Ueberfälle immerhin einige Tage aufzuhalten, eignete sich das Gebück allerdings um so mehr, als das Material in den Zeiten grösseren Waldreichtums sich fast überall ungesucht darbot.

Wie der „Vorhof" (oder die mehreren), so kann auch der Hof der Hauptburg[4]) von sehr verschiedener Grösse sein. (Ueber den ganz vom Palas umschlossenen siehe im 15., seine Ausgestaltung im 16. Kapitel.) Bei so manchen mehr oder weniger erhaltenen Burganlagen, besonders in Oesterreich, wird uns gern ein Hofraum als der „Turnierhof" bezeichnet. Gewiss in den seltensten Fällen mit Recht. Das Turnier im alten, eigentlichen Sinne der Zeit bis etwa zum 14. Jahrh. war bekanntlich wesentlich ein festliches Kampfspiel, in welchem zwei Haufen Berittener gegeneinander fochten, und zwar kam es dabei viel auf die Gewalt des Zusammenstosses an, wozu denn wieder die Pferde auf beiden Seiten eines hinlänglich weiten Anlaufes mit wachsender Geschwindigkeit bedurften. Es liegt auf der Hand, dass zu solchem Kampfspiel — gewissermassen einem Manöver mittelalterlichen Zuschnitts — ein so weiter ebener Platz nötig war, wie er in oder auch neben den Burgen, und zumal Höhenburgen, kaum jemals gefunden werden möchte. In der Tat wurde denn ja auch zu einem Turnier in der Regel vorübergehend ein weiter Platz neben einer Stadt abgesteckt, welche letztere dann zugleich, wie nie eine Burg, zur Unterbringung und Atzung der zusammengeströmten Scharen, nicht selten vieler Tausende und zumeist Berittener, Gelegenheit bot.

Die einzige mir bisher überhaupt bekannt gewordene eigens für Turniere hergestellte bauliche Anlage ist auf der Rosenburg am Kamp noch erhalten: ein von der eigentlichen Burg nur durch einen Halsgraben getrennter viereckiger 46 zu 86 m weiter ebener Platz, der auf den drei Aussenseiten von gemauerten zweistöckigen Zuschauergalerien (mit Eck- und Tortürmen) umgeben ist (Fig. **1a**). Es handelt sich aber auch hier nicht um eine Anlage für Turniere in der alten eigentlichen Bedeutung des Wortes, denn sie stammt erst aus dem Anfange des 17. Jahrh., also aus einer Zeit, in welcher man längst nicht mehr an solche

---

[1]) Nur in Seb. Münsters Kosmographie (1544) findet sich ein Gebück am Fusse der Ringmauer der Stadt Simmern auf dem Hunsrück abgebildet.

[2]) Bei der (Altert. Fig. 165) von v. Cohausen beigefügten Musterdarstellung einer Burg zieht ein solches Gebück seitlich bis unmittelbar an das Burgtor hinan. v. Essenwein verlangt dagegen auch (vgl. unten Kap. 10), dass in der Umgebung der Burg vielmehr „Alles absolut kahl sein musste".

[3]) Eingehendes darüber in Jähns Gesch. d. Kriegsw. S. 462 ff. und Thudichum im Anz. f. Kunde der deutschen Vorzeit 1860. Um solche Grenzwehr handelt es sich auch, wenn es z. B. in einem Teilungsvertrage von 1288 zwischen den Runkelschen Linien Runkel und Westerburg heisst: *Also . daz wir Runkel sulen behalden . mit deme gebuke fon dem hayne bit deme dale . mit mulen . mit berchfriden . mit garten . und mit allen deme daz da ume bevangen ist . bit offe die loene (Lahn).*

[4]) Dieser wurde besonders am Ausgang des Mittelalters „Ballei" (eigentlich umpfählter Ort, auch Bollwerk) genannt.

dachte, die ja nur unter Kaiser Max, dem „letzten Ritter", um 1500 eine kurze Nachblüte erlebt hatten. Um 1600 war aber ein neues Spiel, das Karussell, aufgekommen, bei welchem die gewöhnlich nach Art der alten Ritter gekleideten Teilnehmer allerlei Reit- und Stechübungen ausführten. Auch dies Karussell wurde aber wohl „Turnier" genannt, und wenn in Furttenbachs Architectura civilis von 1618 sogar von einem Saale die Rede ist, „welcher auch zu begebender occasion zu thurnieren — Ritterspielen — dienen könne", so konnten freilich Turniere in dieser späten Bedeutung des Wortes auch fast auf jedem freien Platze innerhalb einer Burg ausgeübt werden, während sich zu mehr Raum erheischenden Reiterübungen ausserhalb mancher Burgen ein geeigneter Platz — so z. B. neben Seebenstein eine ziemlich ebene Waldblösse, auch als „Turnierplatz" geltend, — finden mochte[1]). —

Fig. 1a Turnierhof von Rosenburg

Bezüglich der Gartenanlagen in oder bei der Burg ist, wie so häufig, das, was die Minnesänger gelegentlich von grösseren Hofburgen oder fürstlichen Sitzen vorbringen, von Fachschriftstellern unserer Zeit — so hier Cori, a. O. S. 32 — sehr mit Unrecht als für „jede Burg" zutreffend angenommen worden. Zumal der so arme, wie rohe in engem Felsenneste hausende Raubritter und „weite Lustgärten mit Wasserbecken, von Rosenwänden umgeben", lassen sich nicht entfernt in Zusammenhang bringen. In sehr vielen Fällen hätte ja auch die Umgebung der Burg nicht einmal Platz oder tauglichen Boden zu einem Garten von nur einigem Umfang geboten. Wenn uns freilich die mittelalterlichen Dichter einstimmig den hohen Genuss preisen, den es — wohl begreiflicherweise — den Burginsassen bot, sich nach langer Winterzeit mit Behagen im Freien aufhalten zu können, so genügte dazu der Burghof mit seiner Linde, der offene Söller oder ein anderer schattiger Platz in oder bei der Burg, und zu einem „Wurzgarten"

---

[1]) Ueber den Turnierhof in Rosenburg Näheres in meinen Oesterreich. Burgen VIII S. 118, in Starhemberg daselbst I S. 205, Seebenstein II S. 216, Wigstein S. 262 und Raabs VIII S. 117.

für die Küchenkräuter oder zur Zucht einiger Rosen und anderer Blumen bedurfte es ja keiner weiten Flächen.

Vornehmere und nicht lediglich dem Kriegshandwerk zugetane Burginhaber mochten bei vorhandenem Raume, und in wachsendem Masse gegen Ausgang des Mittelalters, auch für eine minder beschränkte und einfache Gartenanlage Sorge tragen. So liess z. B. Graf Zimmern im 16. Jahrh. bei seinem neuerbauten Schlosse Herrenzimmern, um grösseren Platz für einen Garten zu gewinnen, umfängliche (noch vorhandene) mit Erde hinterfüllte Futtermauern aufführen, und wohl um 1550 wurde gar zu dem Zwecke auf Rappottenstein neben dem auf einem Felsen liegenden Wohngebäude eine bis zu 30 m weite, von mächtigem Gewölbe getragene Plattform erbaut. In der späteren Zeit gehörten zu grösseren Schlössern regelmässig umfängliche steife Lustgärten. —

Manche Burgen hatten innerhalb einer weiteren Umfassung auch einen Begräbnisplatz. —

Auf den Umfang besonders der Höhenburgen war vor allem die Gestaltung des Geländes insofern von bestimmendem Einfluss, als man, um dem Feind nicht unmittelbar neben dem Mauerberinge ebenen Platz zu lassen, diesen überall, soweit tunlich, an den Rand des den Burgplatz begrenzenden Abhanges rückte. Deshalb ist, wie schon gezeigt, der Umfang der Burgen ein sehr verschiedener: von dem eines mässig grossen Bauwerkes wächst er bis zu Anlagen, welche Hunderte von Metern lang sind[1]) und so auch mitunter grösseren unbenutzbaren Raum umschliessen[2]). Wenn damit selbstverständlich auch die Vollständigkeit und in gewissem Masse die Grossartigkeit der baulichen Anlage eine entsprechend verschiedene ist, so hat das auch zu mehrfachen darauf bezüglichen Einteilungen der Burgen Anlass gegeben, deren älteste und bekannteste die von Professor Leo beliebte in Hofburgen und Burgställe ist.

Obwohl nun eine solche Scheidung bei den zahlreichen, von beiden Extremen ungefähr gleich fernen Burganlagen undurchführbar ist, wird man doch den schon ziemlich eingebürgerten und nicht wohl misszuverstehenden Ausdruck Hofburg zur Bezeichnung einer für einen grösseren Hofhalt eingerichteten Burg annehmen können. Anders ist es mit dem Ausdruck Burgstall.

Ueber die Bedeutung dieses Wortes zeigt sich schon unter den Fachschriftstellern eine besondere Meinungsverschiedenheit. Prof. Leo gebraucht dasselbe, wie angedeutet,

---

[1]) Die längste deutsche Burg ist wohl jedenfalls das vormals herzoglich bayerische Residenzschloss Burghausen. Die ganz burgmässig, zuletzt nach 1480 ausgebaute Feste nimmt mit ihren fünf Vorburgen einen schmalen, einen Kilometer langen Felsrücken ein. Danach mag mit ca. 360 m Lichtenberg an der preussisch-pfälzischen Grenze kommen, von dem Ordensschlosse Marienburg mit 600 m Länge abgesehen, da dieses nicht zu den Burgen im engeren Sinne gezählt werden kann. Lichtenberg nahe kommt Hohenems in Vorarlberg mit ungefähr 340 m Länge, ungerechnet freilich einen jenseits des Tores liegenden, etwa 200 m langen Bergrücken, der, weil der Angreifer sich hier hätte festsetzen können, soweit zugänglich, auch noch von einer Mauer eingefasst war. In Niederösterreich hat Hardegg einen Umfang von 600 m. Aehnlich (einschliesslich der „Unterburg") der Kyffhäuser. Die Burg Hochwald in Mähren ist nahezu 400 m lang, und die einen isolierten Felsen einnehmende Riegersburg umfasst weite Gärten, Acker und Weide.

[2]) In besonderem Masse ist das bei Hammershuus auf Bornholm und Arco in Tirol der Fall. S. meine Oesterr. Burgen I, S. 7. Andere Beispiele bieten in Tirol Pergine (ebendas. S. 173) und St. Michaelsburg (Bd. III).

um im Gegensatze zur Hofburg „die enger zusammengedrängten festen Häuser", „die kleineren, bloss auf Verteidigung eingerichteten Burgen" zu bezeichnen u. zw. mit der zusätzlichen Bemerkung: „Es ist zwar ein Ausdruck, der nur lokal gang und gäbe war (?), der aber doch den Unterschied von Hofburgen zweckmässiger bezeichnet, als wenn wir uns der Ausdrücke „Felsenburg" oder „Stein" bedienten, denn es gab ja solche eng zusammengenommene Burgen auch in völliger Ebene." Leo führt dann weiter aus, dass zur kleinsten Burg nichts weiter nötig war als Umfassungsmauer und Turm.

Während andere Schriftsteller Aehnliches angeben, ist auch die Ansicht verbreitet, dass „Burgstall" nicht sowohl eine kleine, als vielmehr eine nur noch in Ruinen vorhandene Burg bedeute. Man könnte sich dafür u. a. auf die im 16. Jahrh. geschriebene Zimmerische Chronik berufen, wo dieser Ausdruck ebenso häufig als ausschliesslich angewandt wird, um eine schon „abgegangene" Burg im Gegensatz zu einer noch wohlerhaltenen zu bezeichnen. Wenn aber andrerseits Scheiger, Burgen und Schlösser (Wien 1837), S. 1 als „Burgställe" zur Unterscheidung von Burgruinen nur solche völlig abgegangene Burgen bezeichnet, „wo keine Gebäude oder Mauerreste, sondern nur noch Vertiefungen u. dgl. übrig sind", so erscheint das wieder insofern gerechtfertigt, als im Süden des deutschen Sprachgebiets diese Bedeutung des Wortes — auch „Burstel", „Buschel" etc. — eine volkstümliche ist[1]).

Bei Cori, Bau u. Einrichtg. a. O. S. 159 findet sich folgende Erklärung für die beiden ersten hier angegebenen Anwendungen des Ausdruckes: „Dieser kleine wehrhafte Wohnbau des niederen Adels hiess gewöhnlich das Burgstall, manchmal auch Bürgl . . . . Das Burgstall ist wohl von Burgstadl herzuleiten. Der Burgstall wird für den Ort, wo ehemals eine Burg gestanden — Burgstelle — oder für eine verfallene Burg genommen." Auch bei Müller und Mothes, Archäol. Wörterb., wird Burgstall als Burgstadel gedeutet[2]).

Gehen wir nun auf den mittelhochdeutschen Sprachgebrauch zurück, so bedeutet (z. B. nach Lexer) *stal* allerdings sowohl Stall (zum Einstellen des Viehes) als Stelle; aber gleichwohl ist der Ausdruck in der Wortverbindung *burgstal, purkstal* lediglich in letzterem Sinne, als Stelle, Standort einer Burg und danach als Burg überhaupt angewendet worden[3]), ähnlich wie noch heute das Wort „Bauerstelle" für Bauernhof gebräuchlich ist.

Für die erstere Bedeutung mögen folgende Belegstellen angeführt werden:

In dem bis 1336 fortgeführten Züricher Jahrbuch[4]) heisst es vom Bau der Burg Rapperswil: *und besâchent den büchel und daz burgstal und gefiel in wol, und bevalch der herre dem vogt ain guot vesti dâ ze machen.* Aehnlich ebendas. bei Erzählung vom Bau der Habsburg und in Stetters Konstanzer Chronik vom Ende des 14. Jahrh.[5]). *„Es warent och gar viler schöner burgen umb Pfin; wo nomen ain gut burgstal was, es wâr von gebirg oder von wasser, da ward ain vesti hingebuwen."* In einem Vertrage von 1363 verkauft Hugo Thumb v. Neuburg an Oesterreich *das burgstal, da die nuwe von Montfort uff lit*, d. h. den Platz, auf welchem die nicht ihm gehörende, erst unlängst erbaute Burg Neumontfort lag.

---

[1]) So auch Generalm. Popp (Verhandl. d. histor. Vereins f. Niederbayern, 1891, S. 116, und Oberbayer. Archiv S. 169) mit Bildung der Mehrzahl „Burgstalle" „zur Vermeidung des Anklingens an Vieh- und andere Ställe". Vgl. auch v. Cohausen, Grenzwall. Nachtrag S. 8 ff. Hiernach willkürlich und unrichtig Näher (Deutsche Burg S. 9 und Burgen in Elsass-Lothr. S. 2), wenn danach Burgställe die vorgeschichtlichen „Bauern- oder Wallburgen" heissen sollen, welche im Gegensatz zu den „Völkerburgen" nur den Umwohnenden als Zufluchtsort dienten.

[2]) Seyler bringt es in seiner Schrift „Burgställe" (1903) fertig, nachzuweisen, dass das Wort eine Anlage bedeutet, die aus einer Burg und einem Viehstall oder Pferch zusammengesetzt ist, ausserdem dasselbe wie der römische „burgus" und zugleich das „Burghuss" des Anonymen Kriegsbuches von 1450 bedeutet, wie denn in dem letzteren Ausdruck sogar das Wort „burgus" erhalten geblieben sei (!).

[3]) So auch Lexer, Wörterb. „*burcstal*" und Grimms Deutsches Wörterbuch.

[4]) Herausgeg. v. d. Antiqu. Gesellsch. das. 1844.

[5]) Ruppert, Das alte Konstanz. 1891. S. 1.

Zahlreiche Belege lassen sich aber auch dafür anführen, dass *burgstal* eine noch keineswegs im Verfall begriffene Burg selbst bezeichnete. So war „Burgstall" von Anfang an der Name u. a. für ein am Schweizer Bodenseeufer erbautes, bis um 1578 von einem Konstanzer Vogt bewohntes Schloss[1]) und für die später Hohenberneck oder Neuwallenrode genannte Burg im Fichtelgebirge. Auch sassen seit 1221 urkundlich die v. Crailsheim auf dem gleichnamigen „Burgstalle", jetzt württemb. Oberamtsstadt[2]), und die von eigenem Adel bewohnte, noch zu Anfang des vorigen Jahrhunderts ziemlich erhaltene Burg Neu- oder Hoch-Altstätten wird in der ersten Hälfte des 15. Jahrh. in von dort datierten Urkunden mehrfach abwechselnd „Burgstall" und „Veste" genannt[3]). In einer Langensteiner Urkunde von 1497[4]), welche von einer Teilung über fünf dort aufgeführte „Burgställe" unter den Brüdern von Husen handelt, sind damit (zumal vor dem verderblichen Bauernkriege) gewiss nicht ebensoviele Ruinen bezeichnet. Ebenso handelte es sich, als 1399 „Burg und Burgstall zu Bötzach, der man spricht Niedergöskon", zu Lehen vergeben wurde, um die damals noch wohlerhaltene Burg Niedergösgen, Kant. Solothurn. In der Ruine Aggstein an der Donau lautet eine gleichzeitige Inschrift über dem dritten Tore: *Das purkstal hat angvangen tze pauen her Jörig der Schreck von Wald* . . . . MCCXXVIII. Endlich führt Lexer a. O. noch an: Monum. Wittelsb. (München 1857—61) 102, 18: *in locis munitis vel burcstallis* (a. 1272) und Monum. Zollerana (Berlin 1852) 4, 187: *das purkstal schol meins herren offen haus sein.*

Erst am Schlusse des Mittelalters — und auch wohl nicht allgemein — scheint das Wort die Bedeutung einer schon verfallenen Burg erhalten zu haben. Anscheinend im alten Sprachgebrauch vollends unbegründet, und wohl nur durch den vollen Gleichklang des Wortes mit dem neuhochdeutschen „Stall" veranlasst, ist es aber, wenn man mit das oder der Burgstall[5]) lediglich die kleine Burg des niederen Adels bezeichnen will[6]). Bei der Verschiedenheit der Bedeutungen, welche der Ausdruck in alter Zeit hatte und auch noch neuere Schriftsteller mit demselben verbinden, wird man gut tun, denselben ganz zu vermeiden. —

Burgmänner vornehmerer Burgherren hatten mitunter auch innerhalb oder nahe bei der Burg jener ihre eigenen d. h. zu Lehen empfangenen beschränkten Wohngebäude. So gehörte in der Burg Plesse (Hannover) ein auf der Grenze der Vor- und der Hauptburg stehendes Torgebäude, welches bei nur 4,5 zu 5 m lichter Weite wohl turmartige Höhe gehabt haben muss, den von Ludolphshausen als Plessischen Burgmännern, und das Bischöflich Würzburgsche Homburg am Main wurde mit mehreren adeligen Dienstmannen besetzt, welche abwechselnd gegen bestimmte Einkünfte in Naturalien den Schutz der Burg übernahmen.

Ein „Burglehen" (castrense servitium) konnte schliesslich auch aus verliehenen Einkünften etwa in irgendeinem Dorfe bestehen mit der Auflage, dafür nötigenfalls bei Verteidigung einer Burg mitzuwirken.

Geeigneten Falles liegt als Zubehör der Burg neben ihr oder auch am Fusse des Burgberges ein Meierhof, der jedoch, auch meistens unbefestigt, keine Vorburg ist, durch welche der Weg zur Hauptburg führte. In anderen Fällen jedoch — so bei den am Ottilienberge im Wasgau gelegenen Burgen Birkenfels und Kagenfels — besassen die Erbauer in der Gegend nachweislich überhaupt nichts weiter als eben ihre Burgen.

---

1) Schönhuth, Führer um den Bodensee 1851 S. 56. Andere Burgen hiessen ja auch einfach „Burg".

2) Königr. Württemb. III 5. S. 456.

3) Naef, Manuskr. in St. Gallen. Bd. III.

4) Bodenseevereins-Schriften XVIII. Anh. S. 21.

5) Nach Lexer a. O. ist das (heute gebräuchlichere) Maskulinum im Mittelhochdeutschen überhaupt nicht erweislich.

6) Weder die Habsburg noch Aggstein (vgl. oben) waren Burgställe in diesem Sinne.

Nach der fehlsamen landläufigen Auffassung ist jede Burg eine „Ritterburg", der Saal ihres Palas wird mit Vorliebe der „Rittersaal" genannt, und diesen Palas selbst bezeichnet man auch wohl als das „Ritterhaus" oder die „Ritterwohnung"[1]). Auch „Ritterstiege" und „Ritterweg" kommen vor. In Wirklichkeit bestand jedoch zwischen Burgen und Rittern kaum ein weiterer Zusammenhang als der, dass (vgl. S. 3) tatsächlich viele von jenen in Händen der letzteren waren. Die mittelalterlichen Standesverhältnisse, über welche besonders in nichtfachmännischen Kreisen grosse Unklarheit herrscht, mögen nachstehend in ihren Grundzügen kurz dargelegt werden.

Der Ritterstand war ursprünglich lediglich ein Berufsstand: derjenige eines als Reiter Kriegsdienste tuenden. Die Ritterwürde war eine rein persönliche, die allerdings auch (wenigstens im Prinzip) von jedem erteilt werden konnte, der selbst ein Ritter war. Die Ritter gehörten nicht zum Adel; ihnen gingen sogar die angeseheneren der im Grunde unfreien Ministerialen (die Hofbeamten, Dienstleute der hohen Herren) im Range vor und standen die schöffenbaren Freien gleich[2]). Erst in allmählicher etwa vom Ende des 12. bis zum Ende des 14. Jahrh. dauernder Entwicklung wurde durch das auf ritterbürtige Abstammung gelegte Gewicht aus dem Berufsstand ein Geburtstand, der als niederer Adel vom Stande der Bürger und Bauern sich unterschied[3]). Unter den Hohenstaufen wurde 1187 zuerst der Versuch gemacht, die Söhne von Bauern und Geistlichen von der Ritterschaft auszuschliessen, aber noch im 13. Jahrh. wurde die Würde auch Bauernsöhnen für Geld erteilt[4]) und bis in das folgende Jahrhundert hinein wurde eine scharfe Scheidung der nichtadeligen Stände nicht beobachtet[5]). Bürgerliche Wappen erscheinen neben denen der Ritter. Letztere hatten mit den bürgerlichen Schöffengeschlechtern selbst kleiner Städte connubium und sie begaben sich vielfach in dienende Stellung selbst bei den zu Ansehen und Gut gekommenen Ministerialen. Sowohl die Ritterbündnisse des 13. und 14. Jahrh., wie die burglichen Ganerbschaften bestanden keineswegs nur aus rittermässigen Mitgliedern.

Das heute zur Bezeichnung des Adels dienende „von" (lat. *a*, *de*) war bis zum Ausgange des Mittelalters lediglich eine jedem zustehende Bezeichnung seiner

---

[1]) Ausnahmsweise kommen freilich auch in einem Inventar von Badenweiler von 1422 neben Kammern für den „Schreiber", „Keller" etc. auch eine „Ritterkammer" und eine „Ritterstube" vor, wie auf der Wartburg zu Anfang des 16. Jahrh. neben dem fürstlichen Palas das „Ritterhauss". Auch das Schloss Lenzburg hat 1597 ein „rytterhus", wie desgleichen Schwanow.

[2]) Vgl. Glosse zum Sachsenspiegel II, 12: „Dienstleute und schöppenbarfreye sind in der ritterschaft oder ritterlicher wirdigkeit oder heerschild gleich geachtet."

[3]) Zugleich trat die formelle Erwerbung der Ritterwürde in den Hintergrund. So hat der von allen deutschen „Rittern" vielleicht der volkstümlichste gewordene: Götz von Berlichingen in Wirklichkeit nie die Ritterwürde erworben. Auch schon früher konnte man es ohnedies zu hohem Range selbst als Krieger bringen, so der 1389 (bei Senkenberg, Sel. Jur. II 677) genannte „edel veste knecht (!) Wilhelm von Waldeck hauptman".

[4]) Freytag, Bilder a. d. deutschen Vergangenheit II. 1. S. 9.

[5]) Roth v. Schreckenstein, die Ritterwürde (Freibg. 1886), S. 396 ff. Korr.-Bl. d. Gesamtvereins 1883, S. 57.

örtlichen Herkunft oder des Wohnsitzes[1]) und noch in nachmittelalterlicher Zeit stellten viele Adelige ihrem nicht von einem Wohnorte hergeleiteten Geschlechtsnamen auch kein ,,von" vor[2]).

Es bedurfte — was hier vor allem von Belang ist — durchaus nicht der Ritterwürde, um eine Burg zu Lehen zu besitzen. Angesehene und alteingesessene Stadtbürger konnten dies zweifellos überall; vielfach aber wurde im 13. und 14. Jahrh. den ,,Bürgern" eines Ortes überhaupt vom Kaiser das Recht, Lehengüter zu erwerben, ausdrücklich zugesichert[3]). Auch Dienstmannen konnten ihrerseits wieder an Vasallen Burgen zu Lehen geben[4]). Vollends bedurfte es keinerlei ständischen Ranges (also auch nicht der Ritterwürde), um Burgen durch Erbgang, Kauf (öfter mit vereinbartem Rückkaufsrecht) oder Pfandvertrag zu erwerben, oder gar nur zur Hut in eine solche eingesetzt zu werden[5]).

Andrerseits wohnen die Ritter, auch soweit sie sich nicht einem fürstlichen Hofhalte angeschlossen hatten, keineswegs nur auf vereinzelt gelegenen Burgen. Besonders nachdem ihre Zahl eine immer grössere geworden und die nach und nach befestigten Städte zu grösserer Bedeutung gediehen waren, nahmen häufig Ritter und selbst höhere Adelige das dortige Bürgerrecht an und bauten sich, soweit sie das vermochten, dort ihre Sitze[6]). Letzteres fand aber auch in Dörfern statt, und zwar ausser Süddeutschland[7]) besonders im südlichen Tirol[8]). Solche

---

[1]) Erst im 11. Jahrh. begannen die Inhaber von Burgen nach diesen Geschlechtsnamen anzunehmen. Wenn das nach vorhandenen Listen von Teilnehmern an Turnieren schon viel früher der Fall gewesen zu sein scheint, so beruhen diese Berichte bekanntlich auf einer dreisten Fälschung, wie denn das erste nachweisliche deutsche Turnier 1127 in Würzburg stattgefunden hat.

[2]) Vgl. Roth v. Schr. a. O. 548 f.

[3]) Selbst den Bürgern kleiner Orte, wie Breisach, Rheinfelden, Sursee, andrerseits (1350) allen Bürgern in Thüringen. Roth v. Schr. a. O. S. 114, Anm.

[4]) Ebendas. S. 372.

[5]) So gehörte nach v. Zahn, deutsche Burgen in Friaul (1883) S. 27, die dortige Burg Rabenstein im 13. bis 15. Jahrh. einer Anzahl von Geschäftsleuten (Wechslern u. dgl.) in Glemaun, und nach Mitteil. d. antiqu. Ges. 1895 S. 343 u. 391 wurde 1393 die vergantete Burg Manegg des Ritters Manesse dem Juden Visli in Zürich zugeschlagen, dessen Witwe dieselbe bis 1400 besass. Kaiser Maximilian übertrug die Burg Klamm am Semmering für ein Darlehen von 1000 fl. seinem Tafeldiener Christoph Baldhauser zum Pfandbesitz. Als solchen haben übrigens die Grafen Hendl die ausgebrannte Burg Kastelbell seit 1531 noch heute inne.

[6]) So werden z. B. in der Limburger Chronik, erster Anh., 7 Ritter aufgezählt, die 1347 in Limpurg in ihren ,,*burgsessen*" (Burgsitzen) wohnten. Das Städtchen Rheinau hatte zwölf solcher Ritterhäuser (Pupikofer, Gesch. des Thurgau 1884, I 483).

[7]) So führt Dr. A. Hessler, 296 Burgen etc. (Würzbg. 1909), zahlreiche im Mittelalter in Dörfern von Unterfranken und angrenzenden Gebieten begründete Schlösser an.

[8]) Hier ist es neben Obermais bei Meran besonders das wunderbar gesegnete Gelände von ,,Ueberetsch" zwischen Bozen und dem Mendelgebirge, welches mit solchen burgähnlichen Ansitzen förmlich übersät ist. Die Landgemeinde Eppan daselbst zählte unter ihren 560 Wohngebäuden nicht weniger als 156 solche adelige Ansitze. Wenn dieselben heute gutenteils, baulich vernachlässigt, in bäuerlichen Besitz gekommen sind, so ist es doch ganz irrtümlich, wenn v. Essenwein, Wohnbau, S. 3 meint, sie seien schon von karolingischer Zeit her die Höfe freier ,,Kriegerbauern" (?) an diesem wichtigen Passe nach Italien gewesen. Wie Staffler, der zuverlässige Kenner seines Heimatlandes, Tirol, Bd. II 817 ff. ausführt, handelt es sich hier in der Tat um Edelsitze, die erst in den letzten Jahrhunderten des Mittelalters begründet wurden.

adeligen „Ansitze" hatten wohl zur gelegentlichen Verteidigung eine Ringmauer und Graben, auch ein „Steinhaus" (15. Kap.), jedoch ohne die feste Lage und die sonstige umfassendere Befestigung einer Einzelburg. Sie bilden gewissermassen den Uebergang von dieser zum nicht wehrhaften Wohnbau und werden hier zu eingehenderer Behandlung kaum Anlass geben.

Manche Ritter mussten sich auch (siehe vorhin) mit einer engen Burgmannenwohnung etwa in der Vorburg einer grösseren Hofburg begnügen oder zogen gar wohnungslos als „elende, arme, nothafte Ritterschaft", Abenteuer, Dienst oder selbst Almosen suchend umher[1]).

Nach allem diesem war zwischen dem Innehaben einer Burg und dem Rittertum kein weiterer Zusammenhang als der, dass Kriegsdienste — und solche wurden ja in alter Zeit hauptsächlich zu Pferde, von „Rittern", geleistet — vielfach durch Belehnung mit Grundbesitz belohnt wurden und dass andrerseits, zumal nach den ursprünglichen Grundsätzen des Lehenrechts, solche Belehnung, also auch die mit einer Burg, den Vasallen wiederum zu ferneren Reiterdiensten im Kriegsfalle verpflichtete[2]). —

Manche Burgen sind erst im Laufe der Jahrhunderte zu dem Umfang erweitert worden, den sie bzw. ihre Ruinen heute zeigen, sei es, weil die Familie des Besitzers später eine grössere und mächtigere war als zur Zeit der ersten Anlage, sei es, weil eine zahlreichere Ganerbschaft das Bedürfnis und zugleich die Mittel zu anschliessenden Neubauten bot, besonders aber, weil (siehe Kap. 23) die wirksamere Verwendung der Pulvergeschütze eine Erweiterung der alten Anlage durch entsprechend vervollkommnete Wehrbauten erforderte.

Solche nachträgliche Erweiterung wird zunächst immer da als nicht unwahrscheinlich anzunehmen sein, wo — ein vorzügliches Beispiel bietet da Gleiberg — ein höher gelegener und daher für sich verteidigungsfähiger Abschnitt des Burgterrains Berchfrit, Palas und Ringmauer enthält, während sie umgekehrt ausgeschlossen erscheint, wo das Terrain so gestaltet ist, dass (S. 18) der ganze gegenwärtige Burgbering offenbar von vornherein in die Verteidigung hineingezogen werden musste. Die Verschiedenheit der Bauweise, der Stärke von Mauertürmen, besonders auch die Gestaltung der Schiessscharten u. dgl., werden im übrigen zumeist ziemlich sicher erkennen lassen, ob Vorhöfe und Aussenwerke einer neueren Zeit angehören oder nicht.

Die verbreitete fehlsame Voraussetzung, dass unsere grösseren Burgen sich regelmässig erst allmählich von bescheidenstem Anfange zu ihrem späteren Umfang entwickelt hätten, hat in Dr. Wibels Burg Wertheim (Freibg. 1895) eine seltsame Blüte getrieben. Es wird da S. 295 ff. in Grundrissen und Ansichten dargestellt, wie die Burg vor ihrer Vollendung um 1628 immer mehr erweitert um 1100, um 1200, 1250, 1400, 1450, 1490, 1550 und 1570 gestaltet gewesen sein soll. Es können das vielfach nur Phantasiegebilde sein, von denen grösstenteils nur so viel feststeht, dass sie jedenfalls Unrichtiges, in manchem Unmögliches darbieten. Gleichwohl hat diese Darstellung (abgekürzt) mit den Illustrationen auch in den amtlichen „Kunstdenkmälern des Grossherzogtums Baden"

---

[1]) Es war schon im 12. Jahrh. ein Ritterproletariat entstanden. Freitag a. O. S. 4 u. 39.

[2]) Nicht wohl verständlich ist es mir, wenn Dr. Zeller-Werdmüller in der Histor. Zeitschr., N. F., Bd. XLI, S. 284 unter völligem Zugeben der dafür von mir angegebenen Gründe es gleichwohl als „juristische Spitzfindigkeit" tadelt, wenn ich „Rittertum und Burgen auseinanderhalten will", indem „die Burgen dennoch die Denkmäler der ritterlichen Feudalzeit seien und blieben".

nochmaligen Abdruck gefunden, und ebenso auch jüngst noch wieder in Dehio, Handbuch der deutschen Kunstdenkmäler Bd. III S. 551, obgleich dabei meine Schrift Die Burgruine Wertheim (Würzbg. 1890), in welcher ich die Haltlosigkeit der Wibelschen Angaben nachgewiesen habe, als Quellenschrift angeführt wird.

Wie nun die Burgen nach Umfang und Einteilung der Anlage äusserst verschieden sein können, so ist auch die Ausgestaltung ihrer einzelnen Bauwerke eine nicht minder verschiedene und flüssige, derart, dass Ringmauer, Schildmauer, Berchfrit, Palas, Mauerturm, Torbau durch verbindende Zwischenglieder ineinander unmerklich übergehen können. Die einfache Ringmauer wird durch ihre Erhöhung zum hohen Mantel (Ortenberg im Wasgau), dann durch einen Wehrgang zwischen doppelter Zinnenreihe (Dhaun am Hunsrück) und etwa Hinzufügung innerer Hohlräume zur Schildmauer (Thomasberg, Wasenburg im Wasgau)[1]. Die von zwei berchfritartigen Türmen flankierte Schildmauer (Ehrenfels am Rhein) schrumpft zum Doppelberchfrit (Ehrenberg an der Mosel) oder zum einfachen (Sporkenburg bei Bad Ems) zusammen. Der einfache Berchfrit, bis zu den Zinnen nur enge und finstere Räume enthaltend, wird durch weiteren Innenraum und ein oder mehrere hinlänglich helle und heizbare Geschosse zum bewohnbaren, dieser durch noch weitere Wohnräume zu dem zwischen Berchfrit und Palas die Mitte haltenden Wohnturm. Der wehrhafte, aber nicht mehr turmartige Palas unterscheidet sich dann wenig vom einfachen[2]. Die Ringmauer geht auch durch die Mittelglieder einer blossen Ausbauchung derselben und eines Mauerturmes in den Berchfrit über. In anderen Fällen (Neuleiningen in der Rheinpfalz, Deutschordensburg Schwetz) erscheint der Berchfrit nur als ein verstärkter (Ring-) Mauerturm oder er ist wie bei Trifels (Rheinpfalz) und Düben (Sachsen) zugleich Torbau. Hierzu kommt noch, dass auch die Küche und die Kapelle hier eigene Gebäude bilden, anderwärts in anderen Bauten — die Kapelle in besonders mannigfacher Weise — untergebracht sind. —

Nach allem Vorstehenden liegt es auf der Hand, dass es ganz untunlich sein muss, wie trotzdem häufig genug geschehen ist, eine angeblich allgemeingültige Beschreibung der Burg als solcher einschliesslich der Lage und Gestalt ihrer einzelnen Bestandteile zu geben; abgesehen von ausnahmsweise ganz einfachen und regelmässigen Anlagen, wie etwa dem umbauten Viereck mit Ecktürmen, gibt es kaum zwei einigermassen vollständige Anlagen, die in allem Wesentlichen einander gleich wären. —

Nur in seltenen Ausnahmefällen wissen wir bei älteren Burgen mit Sicherheit, wann ein burgliches Bauwerk, welches uns etwa als belehrendes Beispiel dienen könnte, errichtet wurde. Weitaus der Regel nach müssen wir schon mit der Kunde zufrieden sein, dass die betreffende Burg, soweit bekannt, in einem gewissen Jahre zuerst genannt wird, indem in einer Urkunde ein Zeuge dieses Zunamens auftritt, oder der Ort sonstwie gelegentlich angeführt wird[3]. Kann man

[1]) Ein noch wieder eigenartig gestaltetes Mittelglied zwischen hohem Mantel und Schildmauer bietet Hohlenfels im Nassauischen. Vgl. Kap. 9.

[2]) Gewissermassen ein Mittelglied zwischen Schildmauer und Palas direkt bietet der Palas von Homburg im Hegau.

[3]) Ausnahmen bilden die (z. B. im Bistum Trient) noch zahlreich vorhandenen Urkunden, in welchen der Landesherr die Erlaubnis erteilt, an bestimmter Stelle eine Burg zu erbauen. In günstigem Ausnahmefalle lässt sich auch ohne urkundliche Nennung einer Burg

ja im allgemeinen annehmen, dass eine Burg — und von ihren Bestandteilen besonders der Berchfrit als der wichtigste und solideste Teil der Wehrbauten[1]) — etwas älter als ihr erstes urkundliches Vorkommen ist, so bleibt doch der damit gegebene Anhaltspunkt ein sehr unsicherer. Ein wie geringer Bruchteil der einst in den Archiven der Städte, Klöster und Burgen aufbewahrten Urkunden ist uns erhalten geblieben und vollends nach der fraglichen Richtung hin bereits hinlänglich durchforscht bzw. veröffentlicht worden! Ausserdem aber, wie sehr war es von vornherein dem Zufalle unterworfen, wie lange Zeit nach der Gründung einer Burg dieselbe einmal in oben bezeichneter Weise in einer Urkunde erwähnt wurde! Dazu kommt noch in manchen Fällen die verwirrende Gleichheit des Namens — wie es denn mehr als ein Viertelhundert Namens Falkenstein gegeben hat — oder die Ungewissheit, ob ein ohne nähere Bezeichnung vorkommender Ortsname auf einen offenen Platz oder eine dort schon vorhandene Burg schliessen lässt[2]), und für die ältere Zeit noch die Ungewissheit, ob, wenn selbst ein „castrum" oder dgl. genannt wird, dasselbe schon und inwieweit etwa ein Mauerbau war. Ja, wenn selbst die Erwähnungszeit der Annahme eines Mauerbaues nicht entgegenstehen würde (vgl. Kap. 4), so ist damit immer noch nicht die Gewissheit gegeben, dass selbst der älteste Teil des noch von der betreffenden Burg Vorhandenen aus jener Zeit herstammt. Ein bemerkenswertes Beispiel hierfür bietet Steinsberg in Baden. Von 1109 ab treten Herren „de Steinsberg" unter anderen Nobiles als Zeugen auf, deren Name zweifellos von dieser Burg herrührt; gleichwohl kann selbst der älteste vorhandene Kern der Burg noch nicht aus dieser Zeit sein, da er (selbst am Berchfrit) überall den Spitzbogen zeigt. (Vgl. Kap. 22.) Umgekehrt wird die zum Teil schon in der Uebergangsperiode erbaute Burg Leonfels erst im 14. Jahrh. genannt.

Lässt sich nun aber trotz alledem ausnahmsweise einmal die Erbauungszeit einer Burg mit Sicherheit feststellen, so ist damit oft genug für die einzelnen Bauteile derselben noch kaum viel gewonnen. Verhältnismässig günstig liegt da natürlich die Sache bei den Burgen, die schon früh zerstört und nicht wieder aufgebaut wurden, sowie andrerseits bei den überhaupt erst in späterer Zeit errichteten[3]), um so ungünstiger aber da, wo es sich um vor alters gegründete Burgen handelt,

---

ihre Erbauungszeit genügend feststellen. So wird nichts dagegen einzuwenden sein, wenn (Mitteil. d. hist. Vereins d. Pfalz XI S. 72) K. E. Graf zu Leiningen aus den Umständen, dass in einer Teilungsurkunde von 1237 über sämtliche Leiningensche Besitzungen Neuleiningen noch nicht aufgeführt ist, 1242 aber die ältere Burg Leiningen zuerst Altleiningen genannt wird, den Schluss zieht, dass jenes Neuleiningen zwischen 1237 und 1242 erbaut worden sein müsse.

[1]) Sehr ausnahmsweise kann der Berchfrit auch jünger sein als die erste Erwähnung der Burg. So ist auf der schon 1158 urkundlich vorkommenden Burg Grötzingen der Berchfrit zu Ende des 13. Jahrh. durch einen neuen, daneben errichteten, die „Durlacher Warte" ersetzt worden. Andere Beispiele erst später hinzugefügter Berchfrite bieten Wartburg, Strakonitz und Klingenberg. Ueber verfehlte spätere Datierungen des Berchfrits s. meine „Oesterr. Burgen" III S. 159 und 168.

[2]) Nicht selten kommt der Ort, über welchem eine Burg liegt, in den erhaltenen Urkunden früher vor als diese. Steht sie auf einem für eine Burg besonders günstigen Platze, wird es in der Regel wahrscheinlich sein, dass sich der Ort erst später in ihrem Schutze angesiedelt hat.

[3]) Beispiele der ersteren Art Tannenberg an der Bergstrasse und Schopfeln in Südbaden, beide im 14. Jahrh. zerstört — der letzteren Art Nippenburg und Karlstein.

welche bis zum Ende des Mittelalters oder darüber hinaus in baulichem Zustande erhalten worden sind. Da ist oft genug fast in jedem Jahrhundert Zerstörtes oder Verfallenes wiederhergestellt oder Erhaltenes den veränderten Wohnungs- und Verteidigungsbedürfnissen entsprechend umgeändert und erweitert worden. Hierüber sind uns aber fast nie genügende schriftliche Nachrichten erhalten[1]), während die Verwertung der spärlich und zerstreut uns aus dem Mittelalter überkommenen noch durch die ausserordentliche Vieldeutigkeit und Unbestimmtheit der meisten für die einzelnen Bauten, Bauteile und Vorrichtungen gebrauchten Kunstausdrücke wesentlich erschwert wird. Es darf schon als ein glücklicher Umstand gelten, wenn wir einmal gelegentlich aus einer Pfandverschreibung erfahren, dass zu einer gewissen Zeit eine verhältnismässig hohe Summe auf eine Burg überhaupt verbaut worden ist.

Bei der hier sonach herrschenden Ungewissheit sind um so zahlreicher die von den Fachschriftstellern aufgestellten Behauptungen gewisser Merkmale für die verschiedenen Erbauungszeiten. Zu diesen Merkmalen gehören die Güte des Mauerwerks und eine Anzahl von Besonderheiten desselben, die Lage, Form und Ausstattung des Berchfrits, die Stelle des Burgtores und des Palas, die Form der Schiessscharten, Zinnen und Steinmetzzeichen, das Vorkommen von Zwingern und Mauertürmen, die Gesamtgestaltung der Anlage usw. Freilich gehen die bezüglichen, zumeist willkürlichen Behauptungen dementsprechend auch nicht selten weit auseinander. Ihre etwaige Berechtigung wird in den betreffenden Kapiteln zu untersuchen sein[2]). Ganz fehlsam ist es auch der Regel nach, wie oft geschieht, Schlüsse auf die Bauzeit allgemein daraus herzuleiten, dass eine Anlage, ein Bauwerk in dieser oder jener Beziehung einen „Fortschritt" gegen gewisse andere zeige. Weitaus meistens wird dabei übersehen, dass ja selbstverständlich stets und überall irgendwie besseres gleichzeitig mit weniger gutem hergestellt worden ist. Auch heutzutage baut man nach einem Hause mit hydraulischem Aufzuge wieder ein anderes mit unbequemster Treppe. —

Die Geschichte der Baukunst, besonders in ihrem vornehmsten Zweige: dem kirchlichen, ist im wesentlichen eine Geschichte der verschiedenen nacheinander angewandten Baustile; das Befestigungsbauwesen hat jedoch eine einheitlichere Entwicklung durchgemacht, für welche der Wechsel des Baustils

---

[1]) Eine Ausnahme bilden besonders einzelne grosse Hofburgen, bezüglich deren, wie z. B. bei der Wartburg, noch alte Baurechnungen vorhanden sind.

[2]) Dafür, mit welcher Leichtigkeit und Sicherheit öfter die Fragen nach dem Alter unserer Burgbauten entschieden werden, nur ein Beispiel anstatt vieler. Generalm. Köhler bemerkt a. a. O. S. 415 von dem achteckigen Berchfrit von Steinsberg in Baden: „Die vollendete Technik des Turms und die innere Einrichtung (der Hohlzylinder des inneren Raumes) stimmt so sehr mit den Türmen, die Philipp August zu Anfang des 13. Jahrh. erbauen liess, überein, dass er nur dieser Zeit angehören kann." Als ob die von einem französischen Könige in seinem Lande aufgeführten Türme irgendwie für deutsche Wehrbauten massgebend, und als ob nicht bei uns Berchfrite in vollendeter Mauertechnik und solche mit Hohlzylindern u. a. auch schon im 12. Jahrh. — man denke an diejenigen von Trifels und Besigheim — (und ebenso viel später) errichtet worden wären! Weit näher würde es ja gelegen haben, für die seltene achteckige Form des Steinsberger Turmes ähnliche sicher datierte Beispiele zu suchen. Andrerseits weiss Seyler („Burgställe" S. 61), dass „der Charakter des Einheitlichen und Wuchtigen, der das Bauwerk des Turmes von Steinsberg auszeichnet, sich nirgend im Mittelalter wiederfinden lässt" (?!), und „dazu nur unter der Römerherrschaft die Voraussetzungen gegeben waren" (sic!).

nur von sehr nebensächlicher Bedeutung, vielmehr die Vervollkommnung der für den Belagerungskrieg in Betracht kommenden Angriffs- und Verteidigungsmittel, besonders der Schusswaffen, fast der allein treibende Anlass war. Wie somit dort eine Einteilung in die Zeitperioden des romanischen, Uebergangs-, gotischen Stiles usw. sich von selbst ergibt, so hier eine Einteilung besonders nach der Epoche machenden Einführung neuer Schusswaffen und damit zusammenhängender baulicher Neuerungen. So haben wir in der Geschichte des Burgbauwesens besonders z w e i bedeutungsvolle Abschnitte: die mit den Kreuzzügen erfolgte Einführung der Armbrust und wirksamerer Belagerungsmaschinen, sowie dann die allgemeine Verwendung vervollkommneter Feuerwaffen. Die Kreuzfahrer mussten auf ihren Zügen, und besonders in Syrien selbst, ungewöhnlich reiche Erfahrung in Belagerung und Verteidigung, sowie im Bau fester Plätze nach morgenländischen Mustern gewinnen und liessen, zurückgekehrt, ihre bauliche Erfahrung in bezug auf Schiessscharten, Gusslöcher, Flankierungstürme, Zwinger, Zugbrücke usw. dem heimischen Burgenbau zugute kommen. Die allgemeine Einführung schon verbesserter Pulvergeschütze und Handfeuerwaffen nötigte dann wieder zu durchgreifenden baulichen Neuerungen, bis der Regel nach die „Burg" als solche aufhört und Festungen einer- oder unbefestigte Schlösser andrerseits an ihre Stelle treten.

Für die Entwicklungsgeschichte der Steinburgen ergeben sich somit folgende drei Perioden:

I. vom ersten Vorkommen gemauerter Burgen bis zur Einführung der Armbrust in Anlass der Kreuzzüge, d. h. vom Ausgang des ersten Jahrtausends bis ungefähr 1200;

II. von da ab bis zu den Folgen der Pulverwaffen in der zweiten Hälfte des 15. Jahrh.;

III. bis zum Ende der eigentlichen Burgenzeit gegen die Mitte des 16. Jahrh.

Um die Zeit von 1200 vollzog sich bekanntlich zugleich der Uebergang vom romanischen zum gotischen Baustil, während das Ende der Burgenzeit mit dem Beginne der Renaissance zusammenfällt, und ich ziehe es in allem Folgenden deshalb meistens vor, die Bauperioden nach diesen allgemeinen und allgemein bekannten Stilperioden zu bezeichnen. Sie machen sich besonders bei den nicht wehrhaften Burgbauten geltend.

K r i e g v. H o c h f e l d e n teilt die von ihm allein behandelte Periode vom Beginn des Mittelalters bis zu den Kreuzzügen ein in die f r ä n k i s c h e und in die f e u d a l e, welche letztere das 10. und 11. Jahrh. umfassen soll, während seiner Ansicht nach (M i l i t ä r - a r c h. S. 3) das spätere Mittelalter dann in die Zeiträume der Kreuzzüge (12. und 13. Jahrh.) und des Ueberganges von der alten zu einer neuen Zeit (14. und 15. Jahrh.) zu scheiden sein würde. N ä h e r hat in seinen verschiedenen Schriften eine schwankende Abschnitteinteilung. Nach einer seiner jüngsten (D i e O r t e n a u, 1888, S. 6) „sind bezüglich der baugeschichtlichen Entwicklung der Burgen drei Perioden zu unterscheiden: 1. die der G r ü n d u n g, 11. bis 13. Jahrh., 2. die des U m b a u e s infolge Anwendung der Feuergeschosse, 15. bis 16. Jahrh., und 3. die der B a s t i o n i e r u n g d e r A u s s e n w e r k e nach dem System Vauban, 17. und 18. Jahrh". Nach einer „Uebersicht über die Bau- und Kulturperioden", zunächst der pfälzischen Burgen, die Dr. M e h l i s in seiner Schrift „V o n d. B u r g e n d. P f a l z" (Freibg. 1902) S. 25 gegeben hat, soll die „vorromanische Ringwallburg" mit „Zentralanlage" das Charakteristische einer bis zur „Hohenstaufenzeit" gehenden „Fränkischen Periode", „Zwinger, Palas, Kapelle" die „Besonderheit" einer erst auf die Hohenstaufen folgenden Zeit sein u. dgl. m. Ueber die Unhaltbarkeit der vorstehenden Einteilungen s. 2. Aufl. S. 25 f.

Von den oben festgestellten Entwicklungsabschnitten müssen uns die Folgen der Pulverwaffen als viel wesentlicher erscheinen als diejenigen der Kreuzzüge. Zwinger und Mauertürme waren auch schon vor den letzteren von den alten Wallburgen bzw. den römischen Befestigungen her im Abendlande nicht unbekannt, und die schon unter Karl dem Grossen begonnenen Römerzüge hatten — was bisher kaum beachtet worden zu sein scheint — den Deutschen immer hinlänglich Gelegenheit geboten, die weitere Entwicklung des altrömischen Befestigungswesens und den Festungskrieg kennen zu lernen. Zudem haben wir kaum noch viel Anlass, bei uns Burgbauten aus der Zeit vor und nach den Kreuzzügen zu unterscheiden. Weit augenfälliger tritt dagegen — soweit sie bei unseren Burgen überhaupt noch ausgeführt worden ist — die neue, den Pulverwaffen Rechnung tragende Befestigungsweise mit ihren Feuerscharten, Batterietürmen, Aussenwerken etc. in die Erscheinung.

Gilt das vorstehende von den Wehrbauten der Burg, so können die im Laufe der Zeit gesteigerten Ansprüche an dieselbe als Wohnsitz zu einer Einteilung der Baugeschichte in Abschnitte keinen Anlass geben. Besonders bei den Wohnbauten kommen hauptsächlich die gewöhnlichen Perioden der Baustile in Frage.

Wie in der lebenden Natur wohl schädlichen Tieren so vielerlei Feinde erstehen, dass dadurch ihrer übermässigen Verbreitung Schranken gesetzt sind, so war Aehnliches auch bei den dem Gemeinwohl selten nützlichen Burgen der Fall. Vom Anfang der Steinburgen an bis über das Mittelalter hinaus spielte die Zerstörung jener in der Spezialgeschichte der deutschen Länder eine grosse Rolle, sei es, dass ein Landesherr in ihnen die festen Sitze widerspenstiger Vasallen zu brechen hatte, sei es, dass ein Bund vornehmlich von Städten gegen gemeinschädliche Raubnester auszog, dass ein aufsässiges Landvolk die Zwingburgen zerstörte, dass Nachbarn vom Westen oder Südosten Verwüstungszüge ausführten oder dass in einem endlosen Kriege, wie der Dreissigjährige, fast jeder Wehrbau vernichtet werden musste. Manche früh zerstörte Burg ist in ihren Ruinen liegen geblieben und heute nur noch an spärlichen, oft selbst namenlosen Schutthaufen erkennbar; die meisten wurden selbst nach wiederholter oberflächlicher Zerstörung (vgl. Kap. 13) wiederhergestellt, bis am Ende des Mittelalters die Uebermacht der Pulvergeschütze solches vielfach nicht mehr als zweckmässig erscheinen liess, somit auch die Unbequemlichkeit des Bewohnens der Höhenburgen durch den Vorteil der Sicherheit nicht mehr aufgewogen wurde.

So beschloss 1552 die Stadt Ulm, die eben eroberte Burg Helfenstein bei Geislingen, deren Wiederherstellung ohnehin grosse Kosten verursacht haben würde, völlig abbrechen zu lassen, „*dieweil fürnehmlich diejenigen, so darin gelegen und sich für sonderbare Kriegsleut erachtet, sich nicht halten konnten*“[1]), und um dieselbe Zeit wurde die Schalzburg, „*wiewohl einest in aim grossen ruef gewesen*“, aufgegeben, weil „*herzog Christof von Würtemberg sovil an rath bei den kriegsverstendigen erfunden, das es im fall der nott nit zu erhalten. Also* — fügt die Zimmerische Chronik (II 467) hinzu — *was ainest nit zu erobern gewesen, das getrawt man iez nit wol zu erhalten, sic mutantur tempora et mores*“.

Aber auch die Bequemlichkeit der Burgherren veranlasste die Vernachlässigung der Höhenburgen. So heisst es weiterhin in derselben Chronik (II 481): *Do* (um 1517) *sprach ain alter ritter, hiess herr Fritz Jacob von Auweil, vor menigclichen ; „Unsere vorfaren haben ainest uf den hochen bergen in iren heusern und schlössern gewonet, do ist auch traw und glauben bei inen gewest, iezunder aber so lassen wir unsere bergheuser abgeen, bewonnen die nicht, sonder vilmehr befleissen wir uns in der ebene zu wonnen, damit wir nahe zum badt haben.*“ Die Nähe

[1]) v. Löffler, Geschichte der Festung Ulm S. 96.

des Bades war freilich gewiss nicht die einzige Bequemlichkeit, welche die Burgherren in der Ebene suchten.

Wo dann ausnahmsweise noch eine so feste Burg vorhanden war, wie das fast neuerbaute Wildenstein a. d. Donau, da wurde solche wohl in Zeiten der Gefahr mit der kostbareren Habe wieder bezogen. Auch hiervon gibt die Zimmerische Chronik aus der Zeit des Schmalkaldischen Krieges (1546) ein Beispiel (III S. 535): *Zu Anfang des kriegs und als gar nahe die ganz deutsch nation gegen einander zu veld zoge, do war Zimbern rüewig*[1]) *und nam sie, sovil verantwurtlich, keiner parthei sonderlichen an. Es enthielten sich die alten herren alle drei in iren heusern, grave Johann Wernher zu Falkenstain, grave Wilhelm Wernher zu Zimbern, sodann graf Gottfridt Wernher der war zu anfang der entpörung mit aller seiner haushaltung von Mösskirch geen Wildenstain gewichen. Da enthielt er sich den ganzen sommer und den volgenden winter biss nach Ostern, das er sich wider geen Mösskirch begabe. Es wurde zu anfang des kriegs ein gross guet dahin geflöhnet, von den graven von Helfenstain, den truchsessen von Walpurg, dem landcommenthur von Altshausen, etlichen epten und eptissinnen und von gar vilen vom adel user dem Algew und dem viertel an der Tonaw und andern. Das ward da biss gar nahe zu usgang und entschaft der vede behalten.*

Während schon im 16. Jahrh. manche (Höhen-) Burg als nicht mehr haltbar dem Zerfalle preisgegeben wurde, wurden doch andere damals zerstörte noch wiederhergestellt, und besonders mit grösseren Machtmitteln ausgerüstete Herren bemühten sich, grössere und günstiger gelegene Burgen durch Hinzufügung umfänglicher und starker Aussenwerke zu kleinen Festungen umzugestalten, die auch den Belagerungsmitteln jener Zeit Widerstand leisten konnten. Von solchen ist u. a. besonders das auch im Dreissigjährigen Kriege unbezwungen gebliebene Hohentwiel bekannt geworden, während als vereinzelte Ausnahmen Bitsch und Lützelstein im Wasgau noch während des Krieges von 1870 eine entsprechende Rolle gespielt haben. (Näheres siehe am Schlusse des 23. Kap.)

Weniger hat die Zeit der Pulvergeschütze den Wasserburgen ein Ende bereitet. Sie waren die jetzt bevorzugten und fast unentbehrlichen Wohnsitze der Grundherren, und selbst die bis in das 17. Jahrh. in der Ebene neuerbauten Schlösser wurden zumeist mit schützenden Gräben und selbst sternförmigen Aussenwerken umgeben, deren Einebnung in späterer Zeit dann die offenen Herrenhäuser übriggelassen hat. So sind u. a. in der Rheinprovinz noch manche adelige „Häuser" als unverkennbare vormalige Wasserburgen erhalten[2]). Andrerseits hat das ganze Norddeutschland vergleichsmässig nur noch wenige Burgreste aufzuweisen. Man hatte hier nach dem Mittelalter keinen Anlass, die in Kriegs- oder Friedenszeiten unbewohnbar gewordene Burg ihrem Schicksal zu überlassen, denn der Platz, welchen sie neben dem Wirtschaftshofe einnahm, war zugleich der für die Wohnung des nunmehrigen „Rittergutsbesitzers" bestgeeignete, und so trug man die alten Reste ab, füllte (mit seltenen Ausnahmen) den sie umgebenden Wassergraben aus und baute auf dem alten Burgplatze ein zweckmässig nüchternes Herrenhaus auf. Nicht wenige Höhenburgen dagegen, für deren Umgestaltung zu kleinen Festungen die Mittel, oft auch der nötige Raum fehlten, haben mit mehr oder weniger Beschädigung die Stürme selbst des Dreissigjährigen Krieges überstanden und sind, mit bequemeren vielfensterigen Neubauten wieder hergestellt,

---

[1]) D. h. die Grafen Zimmern verhielten sich ruhig.

[2]) Sehr vereinzelt wurden auch bis in das 17. Jahrh. hinein noch Gesamtbauten neu aufgeführt, die nur als den veränderten Umständen entsprechende Höhenburgen bezeichnet werden können. So baute 1604 bis 1607 der Bischof von Paderborn auf älterem Burgplatz die Wefelsburg neu auf, die — im wesentlichen ein Gebäudedreieck mit starken runden Ecktürmen — im Dreissigjährigen Kriege als fester Platz diente.

zu offenen Bergschlössern geworden, die den verschiedensten Zwecken, vom fürstlichen Lusthause bis zur Strafanstalt dienen. So — hie und da auch im Wege friedlicherer Entwicklung — sind auf den Höhen, wie in der Ebene die Schlösser wie die einfacheren Gebäude zahlreich geworden, die, im übrigen modern, nur noch etwa in einem starken Turme oder in den Grundmauern bis in das Mittelalter zurückgehen.

Mit der Vernichtung unserer alten Bauten, die in kriegerischer Zerstörung, Schadenfeuer und allmählichem Verfall ihre Ursachen hatte[1]), ging von alters her einher die friedliche Zerstörung durch Menschenhand. Wie viele nichtkirchliche Baudenkmäler sind in den langen Jahrhunderten, da man für sie weder Verständnis noch Interesse hatte, um des Steinmaterials willen mit Bedacht verwüstet worden! Vom Jahre 1211, wo ein Trierer Erzbischof den Hemmeroder Mönchen zu ihren Klosterbauten die „unnützen“ Mauern des dortigen Amphitheaters schenkte, bis 1814, wo Hanauische Rentbeamte die Ruine der Gelnhauser Kaiserpfalz, ein Juwel romanischen Profanbaues, zum Teil abtragen liessen, weil sie Steine zu einem Wasserbau nötig hatten oder in eine noch neuere Zeit, da die wohlerhaltenen Schweizerischen Rheinburgen Schwarzwasserstelz und Eglisau um des Strassenbaues willen abgebrochen wurden. Manche andere wohlerhaltene Burgen sind um ein Spottgeld auf Abbruch verkauft worden, besonders zur Zeit der Napoleonischen Kriege, da die Länder von einem Jahr zum andern den Herrn zu wechseln pflegten, und diese, um die leeren Kassen zu füllen, den flüchtigen Besitz nach Möglichkeit auszunutzen suchten. Ging doch eine stumpfe Pietätlosigkeit jener Zeit so weit, dass z. B. noch 1820 die prächtige Stammburg des Niederländisch-Luxemburger Königshauses, V i a n d e n , von Staats wegen zum Abbruch versteigert und für den Wert etwa des im Dachstuhl steckenden Eichenholzes zugeschlagen wurde! In manchem Falle haben auch die Beamten, denen der ihnen angewiesene Sitz auf einer Höhenburg zu unbequem war, eifrig zu deren Zerstörung mitgewirkt, oder man machte eine Burg durch Abtragung der Dächer zur Ruine, um die Gebäudesteuer zu sparen.

Das wenig Erfreuliches bietende Thema von der Erhaltung und Wiederherstellung unserer Burgreste wird am Schlusse in einem besonderen Kapitel (24) behandelt werden.

Während vorzugsweise der burgenreiche, aber auch besonders oft zum Schauplatz verheerender Kriege gemachte Westen des deutschen Sprachgebietes: das Stromgebiet des Rheines und seiner Zuflüsse, Luxemburg, Hardt- und Wasgaugebirge und die nordwestliche Schweiz — fast nur noch Ruinen zeigt, haben andere Landstriche, so (ausser dem französischen) der mittlere Teil der nördlichen Schweiz und die meisten Gegenden von Deutschösterreich noch eine erhebliche Anzahl bewohnter Burgen aufzuweisen. Zum Teil handelt es sich dabei freilich um Halbruinen, überwiegend auch um Burgen mit wesentlichen nachmittelalterlichen Bauteilen.

Die bis heute bewohnten oder doch bewohnbar erhaltenen mittelalterlichen Burgen liegen zum guten Teil abseits der grossen Heer- und heutigen Touristenstrassen und ihre Zahl ist daher immerhin noch grösser, als in der Regel ange-

[1]) Als ein besonderer Fall ist hier auch zu bemerken, dass 1356 durch ein Erdbeben „in den Bistümern Basel, Costenz, Losen und Bisentz“ hundertzwanzig Burgen zerstört wurden.

nommen werden mag. Das nachstehende, einen ungefähren Ueberblick über dieselben gewährende Verzeichnis macht auf Vollständigkeit um so weniger Anspruch, als die Grenze zwischen der erhaltenen Burg und der Ruine einer-, dem neueren Schlosse andrerseits zumeist schwer zu ziehen ist, ein Umstand, der auch schon bei manchem der hier aufgeführten Bauwerke zu einem Fragezeichen Veranlassung geben möchte.

Deutsche Schweiz. Angenstein, St. Anna, Baldenstein, Bechburg, Burgdorf, Girsberg, Gottlieben, Greifensee, Grüningen, Habsburg, Hallwyl, Hegi, Heidegg, Hohenklingen, Kastelen, Kyburg, Laupen, Lenzburg, Liebegg, Liebenfels, Marschlins, Mörsburg, Mötteli, Murten, Nidau, Ortenstein, Pfäffikon, Rapperswyl, Rietberg, Salenstein, Sargans, Spiez, Weinfelden, 2 Wildenstein.

Deutsch-Oesterreich. Asparn, Auer, Bäreneck, Bideneck, Bruck, Bruneck, Bürglitz, Carneid, Churburg, Clam, Dornsberg, Ehrenburg, Elbogen, Enn, Feistritz, Forchtenstein, Forst, Frauenstein, Freudenstein, Friedberg, Fürstenburg, Gabelkhofen, Gloggnitz, Glopper, Goyen, Greilenstein, Groppenstein, Heidenreichstein, Heimfels, Herberstein, Hochnaturns, Hochosterwitz, Hohenwerfen, Hollenegg, Kaprun, 2 Karlstein, Kehlburg, Kranichberg, Krempelstein, Krumbach, Landeck, Landsberg, Lebenberg, Lichtenberg, Lichtenwerth, Liechtenstein, Mannsberg, Matzen, Mauterndorf, St. Michaelsburg, Mosham, Neuschloss, Offenstein, 2 Petersberg, 2 Pernstein, Persen, Plankenwart, Purgstall, Raabs, Rabenstein, Rappottenstein, Reifenstein, Reineck, Richenburg, Riegersburg, Rosenberg, Rosenburg, Rotenburg, Runkelstein, Schattenburg, Schönna, Seebenstein, Sommersberg, Sternberg, Stein, Strechau, Taufers, Thalberg, Trostburg, Valèr, Veldes, Welsberg, Wiesberg, Wildberg, Wildeck, Wöllan, Wurmberg.

Elsass. Bollweiler, Osthausen, Rosenburg.

Luxemburg. Ansemburg, Hollenfels.

Bayern. Abensberg, Aufsess, Burghausen, Cadolzburg, Egg, Falkenstein, Freienfels, Füssen, Gailenreuth, Harburg, Hardeck, Lichtenstein, Lisberg, Mainberg, Mespelbrunn, Miltenberg, Neunburg, Nürnberg, Prunn, Rabeneck, Reisensburg, Rothenfels, Saldenburg, Seefeld, Trausnitz, Wernberg, Wernstein, Wörth.

Württemberg. Altensteig, Dörzbach, Gaildorf, Hoheneutringen, Hornberg, Horneck, Jagsthausen, Katzenstein, Laubach, Leipheim, Lichtenberg, Maienfels, Möckmühl, Nagelsberg, Rechenberg, Schilzburg, Soden, Stetten, Thalheim, Thannenburg, Thierberg, Unterschüpf, Vellberg, Waldburg, Waldenburg, Weissenstein, Wildeck.

Baden. Fridingen, Gamburg, Guttenberg, Langenstein, Meersburg, Neidenstein, Rothwasserstelz, Werenwag, Wildenstein, Zwingenberg.

Sachsen. Altschönfels, Burgk, Colditz, Gnandstein, Hirschstein, Hohnstein, Kriebstein, Lauenstein, Mildenstein, Mylau, Nossen, Reinsberg, Rochlitz, Rochsburg, Sachsenburg, Scharfenstein, Schwarzenberg, Stein, Vogtsberg, Wettin, Wolkenstein.

Thüringen. Coburg, Dornburg, Heldburg, Kallenberg, Kreuzburg, Kranichfeld, Leuchtenburg, Lichtenberg, Posterstein, Seeburg, Wartburg, Wendisch-Leuba.

Hessen. Breuberg, Büdingen, Hohlenfels, Ludwigseck, Ronneburg, Schaumburg, Spangenberg, Tannenberg.

Waldeck. Nordenbeck.

Preussen. Bentheim, Biedenkopf, Berlepsch, Brömserburg, Bürresheim, Cleeberg, Cransberg, Cronberg, Dehrn, Dietz, Düben, Eisenhart, Eltz, Falkenstein, Flechtingen, Frankenberg, Hamm, Heringen, Idstein, Kempen, Lagow, Landsberg, Langenau, Liessem, Ludwigstein, Marienburg, Marburg, Marksburg, Mayen, Nettersheim, Neuwallenstein, Neuenburg, Oberlahnstein, Ostrau, Pfalzgrafenstein, Rittersdorf, Spangenberg, Strauweiler, Westerburg.

Mecklenburg. Stargard.

Mag innerhalb des deutschen Sprachgebietes die Zahl der mit wesentlichen mittelalterlichen Resten bewohnbar erhaltenen Burgbauten etwa vierhundert betragen, so ist das doch immer nur noch ein sehr geringer Bruchteil der vormals vorhanden gewesenen. So hatte, vom burgenreichen Westdeutschland abgesehen, z. B. Niederösterreich nach Scheiger auf seinen 360 Quadratmeilen Grundfläche — etwa dem 35. Teile des deutschen Sprachgebietes — einst urkundlich mehr als 600 Burgen, und Böhmen nach Heber deren 800, von welchen noch 180 in Resten vorhanden sind. Aus Vorarlberg und dem deutschen Teil Tirols führt Staffler noch 316 Schlösser auf, ungerechnet die zum Teil auch burgartigen Edelsitze, selbst die Rauhe Eifel soll an 200 Burgen gehabt haben, und in dem zumeist mit Hochgebirge bedeckten Kanton Graubünden sind noch 136 Ruinen nachzuweisen. Die örtliche Verteilung der Burgen war freilich eine verschiedene. So sind z. B. in Bayern an der Altmühl in einem Umkreise von sechs Stunden noch 28 vormalige Burgen nachweislich[1]), während trotz der günstigen Oertlichkeit das oberbayerische Gebirgs- und Hügelland an solchen verhältnismässig arm ist. Dasselbe gilt von dem grössten Teile des nördlichen Deutschland.

Dichte Reihen von Burgen werden gern damit erklärt, dass es sich um den Schutz einer Verkehrsstrasse oder der Landesgrenzen gehandelt habe[2]). Dabei ist jedoch nicht zu übersehen, dass 1. die Burgen der Regel nach Privatbesitz waren, dass sie 2. vielfach eher das Gegenteil, als den Schutz des Verkehrs bezweckten, und dass 3. die Verkehrsstrassen und noch mehr die Landesgrenzen vielfach mit Flusstälern oder auch Gebirgsrändern zusammenfielen, die auch sonst des günstigen Geländes wegen eine Häufung der Burgbauten zu veranlassen pflegten[3]). Auch die politische und staatsrechtliche Entwicklungsgeschichte der Einzelländer und Gegenden war auf das Blühen des Burgenwesens von Einfluss. So wird es wohl mit Recht[4]) der zeitig befestigten Landeshoheit der Markgrafen von Meissen zugeschrieben, dass sich im Königreich Sachsen verhältnismässig wenig Burgen finden.

Der Massenhaftigkeit der vorhanden gewesenen Burgen entspricht es, dass die geschichtliche Bedeutung der einzelnen mit seltensten Ausnahmen — so etwa die Marienburg, Wartburg, Hohentwiel, Tirol — völlig belanglos gewesen ist[5]). — Durchaus der Regel nach ist von ihnen nichts weiter zu melden als der Wechsel der Besitzer und etwa eine oder einige Belagerungen aus verschiedensten Anlässen und mit oder ohne Erfolg. In diesem Rahmen ist

---

[1]) Aufgezählt von Kugler, Die Altmülalp, Ingolstadt 1868, S. 137.

[2]) So stellt v. Essenwein (Kriegsbauk. S. 12 ff.) eingehend die Besetzung des Rheintales mit Burgen, Städten und selbst Dörfern als eine zusammenhängende Verteidigungsanlage gegen das Vorrücken eines feindlichen Heeres dar, und gutenteils ebenso unbegründet (s. oben) weist Scheiger (Burgen und Schlösser S. 12) den allseitigen Grenzschutz Niederösterreichs durch Burgenreihen nach. Vgl. auch Kap. 22. Anders lag die Sache ja z. B. beim Deutschen Orden. Auch im frühen Mittelalter wurden die Grenzen neu eroberter Gebiete durch Wallburgen befestigt.

[3]) So der Rand des Wasgau- und Hardtgebirges und ausser der Altmühl das Tal der Lauter auf der Rauhen Alb.

[4]) Mitteil. d. Freiberger Altertumsvereins 14, S. 127.

[5]) So auch bei der Hohkönigsburg, welche freilich, seit es sich um den Wiederaufbau der kaiserlich gewordenen Ruine handelte, interessierte wie gefällige Federn zu einem alten bedeutsamen Palladium des Reichslandes zu machen versucht haben.

die Geschichte der einzelnen Burgen die verschiedenste. Während manche in häufigstem Wechsel von einer Hand in die andere gingen, fehlt es auch nicht an solchen, die von Anfang an bis jetzt in denselben (zumeist nach ihnen genannten) Familien geblieben sind, so Brandis, Bodmann, Hanstein, Hohenrechberg, Hohensolms, Neipperg, Schauenburg im Schwarzwalde, Schweinsberg, Trostburg und Welsberg. Nicht wenige Burgen haben nie einen feindlichen Angriff erfahren, während in freilich seltenem Gegensatze dazu Fürstenburg im Vintschgau, dem Bischof von Chur gehörig, in wenigen Jahrhunderten achtmal gewaltsam eingenommen worden ist. —

Die mittelalterlichen Burgen wurden der Regel nach nicht, wie die städtischen Kirchen, von kunstmässig geschulten und weitgereisten Baumeistern errichtet. Sie waren im wesentlichen Bedürfnisbauten, bei denen der Bauherr und die Bauleute sich, wie naheliegt, auch wohl besonders nach dem richteten, was sie bei anderen Burgen der Gegend kennen und vielleicht als zweckmässig schätzen gelernt hatten. Hier also noch mehr als bei den Kirchenbauten konnten sich leicht in den einzelnen Gegenden, in mehr oder weniger weiten Landstrichen bestimmte Eigentümlichkeiten nach verschiedenen Richtungen hin ausbilden. So waren beispielsweise beliebt: Die runde Form der Berchfrite und die Kapelle über dem Eingangstore im Hessischen, Berchfrite mit gemauerten Helmen in Mitteldeutschland, die „Butterfasstürme" im Taunus, die meistens blinden Maschikulis mit zierlichem Masswerk am Mittelrhein, der Durchschuss in der Rheinprovinz, die Schildmauer im Stromgebiet des Neckar, Bauten aus groben Findlingen in der Nordostschweiz, ganz von pyramidenförmigem Schlot überdeckte Küchengebäude, von oben wehrhafte Palase und Gruppen kleinster Fenster in Deutsch-Oesterreich, Schwalbenschwanzzinnen im Alpengebiet und Italien usw. Dabei laufen jedoch die geographischen Grenzen dieser Besonderheiten öfter sehr durcheinander; was hier vorzugsweise Gebrauch ist, findet sich vielleicht in einer entlegenen Gegend ebenso wieder, oder die eine Erscheinung erstreckt sich über ein weiteres Gebiet, welches wieder in anderen Beziehungen mannigfache Verschiedenheiten aufweist[1]). —

Die Namen der Burgen waren im deutschen Sprachgebiet, soweit nicht die undeutschen eines danebenliegenden Ortes angenommen wurden, gut deutsch. Sie waren in der Regel zusammengesetzte und bezogen sich zumeist irgendwie auf den Burgplatz oder die Burg selbst. Daher sind bei Höhenburgen die Endsilben -stein, -fels, -eck (egg), -burg, -berg besonders beliebt mit bezeichnenden Vorsilben aus den Worten: hart (Harden-), schroff, hohl, gut, mild, schön, hoch, reich, stark, frei, lieb oder den, Farben bezeichnenden: schwarz, weiss (blank), grün, rot, licht, braun, oder Tiere: Geier (Gier-), Greif, Falke, Rabe, Sperber,

---

[1]) Bei einer beschränkten Anzahl von Burgen gefundene Unterschiede in der Form der Gesamtanlage, in der Stellung, Grösse und Gestalt der Bauten, auch wohl in der Bautechnik u. dgl. haben mehrere Fachschriftsteller veranlasst, daraus besondere Burgbautypen oder „Stilrichtungen" bei den verschiedenen Volksstämmen herzuleiten. So soll es „schwäbisch-alemannische", „rheinisch-fränkische", „burgundische", „lombardisch-toskanische", auch allgemein „deutsche" im Unterschied von „italienischen", „böhmischen" oder allgemein „slawischen" Burgbauweisen gegeben haben. Die angeblichen Merkmale derselben finden sich aber durcheinander gemischt meistens überall vor, so dass von bestimmt abgegrenzten weiten Gebieten, deren jedes sich durch eine gewisse Gesamtheit von Besonderheiten im Burgenbau von anderen unterschiede, nicht die Rede sein kann. (Näheres über diese unhaltbaren Einteilungen s. 1. Aufl. S. 33 und 623.)

Krähe, Sperling, Kranich, Löwe, Hirsch, Katze usw.[1]). Die Zusammensetzungen mit Haag-, Hagen- (in Frankreich La Haye) beziehen sich auf eine alte Befestigung durch einen Hag, die vielen mit Eibe, Tanne, Esche, Eiche, Buche, Linde, Weide und Wald überhaupt zeigen, dass die Umgebung der Burgen nicht so kahl war, wie wohl behauptet wird. Nicht selten gab auch der Erbauer der Burg seinen Vornamen (Adolfseck, Carlstein, Albrechtseck, Wernerseck, Balduinstein, Sigmundskron[2]), Bertholdsburg, Geroldstein), mitunter wurde auch die besonderen Heiligen geweihte Burgkapelle für das Ganze namengebend, so bei St. Annaschloss, St. Ulrich, Mägdeberg (die 11 000 Jungfrauen), Marksburg, Valèr, Zenoberg *(castrum sancti Zenonis)*. Wenn ein Burgherr oder Sprösslinge desselben sich eine neue Burg erbauten, so gaben sie derselben gern den gleichen Namen, unterschieden aber beide Burgen durch die Vorsilben Alt- und Neu-. Auch die Vorsilbe hoch (Hohen-) war ursprünglich nur zum Zweck der Unterscheidung gebräuchlich; in der Zimmerischen Chronik I 484 wird indessen dazu bemerkt: „*Jedoch hab ich gefunden, das man den grafen von Zollern vor 160 jaren von Hohen-Zoller geschriben, welches mich doch halb verwundert, seitmals nur das Zollern und sonst kains in deutschen oder welschen landen mag angezaicht werden, derhalben man zu underschid das wertlin „hoch“ brauchen müst, als mit Hohen-Hewen, Hohen-Geroltzeck, Hohen-Neifen, Hohen-Aurach und ander mehr. Hernach ist das wertlin ander schlösser mer bei unser zeiten zugeben worden, gleichwol mer usser hochfart und bracht, dann notwendigkait halben.*“

Mitunter hatten die gewählten Burgnamen eine spottende Bedeutung. So baute (nach Merian, Top. Hassiae S. 70) 1374 die ritterliche Sterner-Gesellschaft unter Herzog Ottos von Braunschweig Leitung gegen Landgraf Hermann den Sichelstein unweit Kassel, indem sie darauf einschneiden wollte, was die Gegner gesät hätten, wogegen Hermann dann den Sensenstein erbaute. Eine bekannte ähnliche Veranlassung haben die freilich nur volkstümlichen Burgnamen „Katz“ und „Maus“ am Rhein, während die in der Rheinpfalz in Anlass von Grenzstreitigkeiten zwischen Leiningen und Kurpfalz errichteten kleinen Burgen mit den eigentümlichen Namen „Murr mir nicht viel“, „Schau dich nicht um“ und „Kehr dich an nichts“ überhaupt erst nachmittelalterlichen Ursprunges sind.

In einer Zeit übrigens, da Schreiben und Lesen eine seltene Kunst war und daher die Namen der Burgen fast nur mündlich überliefert wurden, machten Klang und Schreibweise dieser (wie freilich auch aller sonstigen Orts-) Namen solche Wandlungen durch, dass man angesichts derselben mitunter zweifeln möchte, dass es sich dabei um ein und dieselbe Burg handle. So findet sich das heutige Rheinstein als Vouts-, Fritz-, Fautz-, Fodes-, Foyes-, Vogts-, Bauz- und Pfalzberg, die Boyneburg bei Eschwege als Bomene-, Bemmelburg und ähnlich, Girs-

---

[1]) Gewiss mit Unrecht wird freilich auch behauptet (Dr. K. Radinger im Burgwart 1904, S. 17), diese Namen stammten vielmehr von den Eigennamen Grifo, Falko, Rabo, Chazo usw. Solche altdeutschen Namen waren zur Zeit des Burgbaues nicht mehr gebräuchlich. Andrerseits gab der durch die Lage gewährte Umblick Anlass zu Burgnamen, so, von den vielen Schauenburg (Schaumburg) abgesehen, zu den niederdeutschen Kiekindeelve, Kiekindepen (d. h. Guck in die Elbe, die Peene).

[2]) Ausserdem gab es in Tirol nach demselben Erzherzog Sigmund genannt ein Sigmundsburg, -eck, -freud, -fried, -lust und -ried.

perg im Wasgau als Girenberc, Girisperch, Geisberg, Geyersperg und Goigersbourg, Adelebsen als Adeleifshusen, Athelebesse, Adelwesen, der Kyffhäuser als Kuffese und Ghöfhusen usw.[1]). Auch ein völliger Namenswechsel trat mitunter ein. So hiess die eben erwähnte Maus eigentlich Deuerburg, Theuernburg, aber auch Thurmberg, Peterseck und Kunoberg, letzteres nach ihrem einstigen Besitzer, Erzbischof Kuno von Trier[2]). Dagegen waren andrerseits, wie schon früher bemerkt, einzelne Burgnamen, wie Falkenstein, Hohenstein, Greifenstein etc., so häufig, dass bei ihrem Vorkommen in alten Schriften es nicht selten unmöglich ist, zu erkennen, welche der betreffenden Burgen gemeint sei. —

Wenn wir gewohnt sind, den auf „burg" und „schloss" endigenden Namen (seltener den mit „stein", „fels" u. dgl. zusammengesetzten) den bestimmten Artikel vorzusetzen (z. B. „die Wartburg"), so entspricht das nicht dem Sprachgebrauche während der Burgenzeit. (Alte Ausnahmen sind selten, wie z. B. Matzen auch in Urkunden „die Matz" genannt wurde.) —

Es kann nicht wundernehmen, dass die Burgen, uns aus längst vergangener Zeit und meistens nur noch als romantische und geheimnisvolle Ruinen überkommen, bevorzugte Schauplätze von Sagen geworden sind. Wie gleichfalls naheliegt, handeln diese vorzugsweise von verborgenen unterirdischen Räumen, in welchen Schätze oder auch der nur noch in seiner „Haut" liegende Wein verborgen sind, von verzauberten früheren Burgbewohnern und sonstigem Gespensterspuk. Solche Sagen, wie auch die von dem Ritter auf einem Pferde mit verkehrt untergenagelten Hufeisen, von dem aus einer Burg zur benachbarten gesandten todbringenden Pfeile, von den Frauen, die aus der eroberten Burg die Männer als „ihr Liebstes" heraustragen, von dem Ritter, der dem zu einer Gasterei geladenen Nachbarn dessen inzwischen hinterlistig eingenommene und in Brand gesteckte Burg zeigt, von den Belagerten, die zur Täuschung des Feindes letzte Nahrungsmittel über die Mauer hinabwerfen — pflegen in gleicher Weise von einer ganzen Anzahl von Burgen erzählt zu werden. Auch wird dabei oft von ledernen Brücken und der Oertlichkeit nach unmöglichen unterirdischen Gängen (Kap. 18) gefabelt. Zu besonderen Sagen gab mitunter (so bei der Wartburg und Achalm) der Name einer Burg Anlass. —

Mit den Burgen sind die Wehrkirchen nahe verwandt. Sie unterscheiden sich von jenen kaum anders als dadurch, dass sie nicht dazu eingerichtet sind, bewohnt zu werden.

Schon an sich pflegen ja die Kirchen, besonders der ländlichen Ortschaften, wenn möglich, auf einer die Umgebung beherrschenden Anhöhe erbaut zu sein und aus einem geräumigen steinernen Gebäude nebst Turm, umgeben von einer Ringmauer, zu bestehen. Es lag also nahe und war auch leicht auszuführen, sie

[1]) So lässt auch mehrfach die spätere Form die ursprüngliche Zusammensetzung des Namens kaum noch erkennen. Wie aus Geiersberg Girsperg, so wurde aus Bäreneck Pernegg, aus Gräfenstein Grevenstein usw.

[2]) Wie bei der „Maus" und den vorhin genannten „Sigmund"burgen wurden manchmal auch sonst, besonders in späterer Zeit, Burgen von neuen Inhabern nach deren Namen umgetauft, so Schramberg in Nippenburg, Griesenstein in Fröhlichsburg (letzteres, wie es in einem alten Manuskript heisst, weil die Fröhlich „dadurch ihrem Geschlecht einen alten Ursprung geben" wollten).

vollends zu einer Feste umzugestalten, in welcher in Kriegszeiten die Umwohner sich und ihre Habe bergen und verteidigen konnten[1]). Zunächst war nur die Ringmauer mit Schiessscharten und eventuell mit Zinnen und einem Wehrgang[2]) zu versehen, mitunter (so in Dörrenbach, Rheinpfalz) kamen ein Torgebäude, Mauertürme und selbst ein vorgelegter Zwinger hinzu. Der Kirchturm findet sich durch Schiessscharten und durch Vorkragung eines hölzernen Obergeschosses oder des Dachstuhles wehrhaft, oder auch durch einen Abschluss mit Zinnen ganz einem Berchfrit ähnlich gemacht. In Heckenranspach (Lothringen) hat der runde Turm ein viereckiges oberstes Geschoss mit Gusslöchern in den vorgekragten Ecken. Beim Kirchenschiff kommt eine Pechnase über dem Eingang, selten (Chazelles ebendaselbst) ein Zinnenkranz vor. Ein befestigter Kirchhof findet sich auch als Vorburg einer Burg (Gars in Niederösterreich). Kaum irgendwo sind Kirchhof und Kirche zugleich befestigt. Der Bau der Wehrkirchen beginnt und nimmt ab zugleich mit dem der Burgen. Sie kommen hauptsächlich im mittleren und südlichen Teile des deutschen Sprachgebietes, jedoch auch im Norden vor, wie denn in den Freiheitskämpfen der Friesen gegen Ausgang des Mittelalters die Wehrkirchen eine hervorragende Rolle gespielt haben. Durch Grossartigkeit der Anlage sowie Stärke und Mannigfaltigkeit der Befestigung zeichnen sich die Kirchenkastelle Siebenbürgens besonders aus. Sie sind, abgesehen eben von der Bestimmung des Hauptgebäudes, völlig burgmässig ausgestaltet und infolge der günstiger als bei den Burgen liegenden Umstände mit ihren bis ins 16. Jahrh. hinein hergestellten Wehrbauten vielfach als wertvolle Musterbeispiele solcher wohlerhalten[3]).

Auch die Klöster waren jedenfalls zumeist wenigstens mit einer wehrhaften Ringmauer umgeben[4]). Mächtige Batterietürme hat noch jetzt die Abtei Melk an der Donau. Besonderheiten bietet eine klösterliche Befestigung als solche nicht.

---

[1]) Daher wurde auch mitunter eine eigentliche Burg an Stelle einer früheren Kirche erbaut. So Fürstenburg im Vintschgau und Kirberg im Lahngebiet.

[2]) Ein hölzerner ist u. a. noch bei der Kirche des Stiftes Griffen in Kärnten erhalten.

[3]) E. Sigerus, Burgen- und Kirchenkastelle im siebenb. Sachsenlande. Hermannst. 1900. Eine (weiterhin noch benutzte) Sammlung von 50 Ansichten in Lichtdr. mit kurzem Text. — Ueber Wehrkirchen u. a. H. Bergner in d. Zeitschr. f. christl. Kunst, 1901.

[4]) So wurde, wie öfter eine Burg in ein Kloster (z. B. Arnstein an der Lahn), auch wohl, so Schönrain und Schloss Tirol, ein Kloster in eine Burg verwandelt.

Zweites Kapitel.

Römischer Ursprung der Burgen.

Erster Teil.

Römische Befestigungsweise verglichen mit mittelalterlicher.

(Die Verfechter des römischen Ursprunges und die Gegner desselben. Heutiger Stand der Streitfrage. Offenbare Irrtümer Krieg von Hochfeldens. Zutreffende Angaben des Vegetius über die Kastelle. Nach Form und Lage ähnliche Burgen. Die Heidenmauer des Ottilienberges und ähnliche westdeutsche Befestigungen spätrömischer Zeit. Drususkastelle. Ammianus Marcellinus. Umfang der Kastelle und Burgen. Speculae, Monopyrgien und Berchfrite. Ueberreste römischer Kriegsbauten. Nachweislich aus solchen entstandene Burgen. Schildmauern und Palasbauten nicht römisch. Nachträglich ummantelte Türme. Fundstücke und Namen als Anhaltspunkte.)

Unsere Burgen spielen ihre Rolle während einer wenig weiteren Zeitperiode als der zweiten Hälfte des Mittelalters. Eine Unzahl von denen des deutschen Sprachgebietes ist nachweislich erst in dieser Zeit von Grund auf neuerbaut worden, und die Menge derselben überhaupt ist in den weiten Gegenden, in welche die Römer nie vorgedrungen sind, durchaus keine geringere gewesen als innerhalb des vormaligen Okkupationsgebietes dieses Volkes. Sonach ist es offenbar an sich durchaus nicht wahrscheinlich, dass diese oder jene Burg ausnahmsweise einen vielleicht um ein Jahrtausend vor ihrer ersten Erwähnung zurückliegenden, und zwar römischen Ursprung haben sollte. Gleichwohl hat die Neigung, unsere alten Wehrbauten, zumal die Berchfrite der Burgen, in weitestgehendem Masse den Römern zuzuschreiben, in der wissenschaftlichen Forschung besonders der älteren Zeit sowie im Volke in kaum erklärlichem Masse Verbreitung gefunden[1]).

Was die Fachliteratur dieser Richtung betrifft, so ist da schon von 1811 L. v. Hallers „Helvetien unter den Römern" zu nennen. Der schon hergebrachten Ansicht von dem römischen Ursprunge besonders der Buckelquadertürme entsprach bezüglich Bayerns Mutzel in seiner Schrift „Ueber die römischen Warttürme besonders in Bayern", welche 1850 in den Abhandlungen der dortigen Königl. Akademie veröffentlicht wurde, und hinsichtlich Badens 1845 Mone in einer Urgeschichte des badischen Landes. Selbst berühmte Architekten wie Heideloff († 1865)

[1]) Sie ist eine schon althergebrachte. So schrieb z. B. Merian 1654 von Dreieichenhain: „zween alte grosse Thürme sollen vor Zeiten die Römer gebawet haben".

stehen (Ornamentik des Mittelalters H. 25 zu Pl. 1) ganz auf diesem Standpunkt. Dann ist aber des badischen Generals Krieg v. Hochfelden Geschichte der Militärarchitektur in Deutschland von der Römerherrschaft bis zu den Kreuzzügen (Stuttg. 1859) für die Verbreitung und Befestigung dieser romanistischen Lehre besonders verhängnisvoll geworden[1]). Mit dem bestechenden Anscheine gründlicher wissenschaftlicher Untersuchung werden da nicht nur eine beträchtliche Anzahl unserer Burgen als Römerbauten, sondern auch die ganze Entwicklung des deutschen Burgbauwesens als auf römischen Mustern und Vorschriften beruhend behandelt, bis dann erst infolge der Kreuzzüge einige Modifikationen hinzukamen.

Bald nach Veröffentlichung des Kriegschen Werkes sind dann dieser Lehre auch entschiedene Gegner erstanden. In den Generalversammlungen des „Gesamtvereins der deutschen Geschichts- und Altertumsvereine" wurde sie mehrfach angefochten[2]), hauptsächlich unter Führung des Obersten z. D. v. Cohausen, der auch in seinen „Wehrbauten" und „Grenzwall" dagegen auftrat, versichernd, dass im Gegenteil niemals auch nur auf demselben Grunde, wo früher eine römische Befestigung gestanden, eine mittelalterliche Burg errichtet worden sei. Ihm folgten andere (so Näher, K. v. Becker, Christ) in ebenso absprechender Weise.

Trotzdem findet jedenfalls noch bis zum Ende des verflossenen Jahrhunderts in der bezüglichen Literatur die alte Lehre der Romanisten sich überwiegend vertreten, auch abgesehen von der nicht speziell das Burgen- und Befestigungswesen behandelnden Büchern, die — wie Reisehandbücher, Orts- und Landesbeschreibungen — noch fast ausschliesslich auf diesem Standpunkte zu stehen pflegen[3]).

---

[1]) Bis zu einem völlig sinnlosen Extrem wurde später (1868) die Mone-Kriegsche Lehre in einer auf badische Staatskosten gedruckten Schrift des Registrators Vetter, „Ueber das römische Ansiedlungs- und Befestigungswesen", getrieben.

[2]) Näheres darüber s. 1. Aufl. S. 38, Anm. 2.)

[3]) So ist Krieg v. Hs. Militärarchitektur dem Prof. A. Schultz auch noch in neuer Auflage des „Höfischen Lebens", 1889 (S. 8 Anm.) das bisher unübertroffene Werk für den darin behandelten Zeitraum, Dr. P. Salvisberg gibt in seiner deutschen Kriegsarchitektur 1887 gutenteils nur einen Auszug aus demselben Buche, Oberstleutnant M. Jähns folgt in seiner Geschichte des Kriegswesens 1880 unbedenklich derselben Autorität gleichfalls unter Wiedergabe seitenlanger Auszüge. C. Winkler, Architekt der historischen Denkmäler des Elsass, will in einer Schrift, Beitrag zur Kunstgeschichte, speziell der elsässischen Burgen, Strassburg 1881, „zugeben, dass viele unserer Burgen heute noch Ueberreste römischer Bauten in sich besitzen, so namentlich Warttürme", und auch Generalmajor Köhler, Entwickelung des Kriegswesens, 1887, ist (III 1. S. 412) der Meinung, dass u. a. das südwestliche Deutschland noch eine grosse Zahl einzelstehender römischer Warttürme, die bedeutend grösser sind als die am Limes stehenden, aufzuweisen hat (ebendas. S. 406 u. 418), dass über den römischen Ursprung des „castrum Egisheim" und der Burg Badenweiler „kein Zweifel sein kann" u. dgl. mehr. In den Mitteilungen der k. k. österr. Zentralkommission zur Erforschung und Erhaltung der Denkmale gelten bis in die jüngere Zeit unentwegt die Buckelquader als „fast sichere Kennzeichen römischer Herkunft". Dagegen pflegen die deutschen Kunst- und Altertumsinventarien schon vorsichtiger abgefasst zu sein, und in v. Essenweins Kriegsbaukunst (Darmst. 1889) wird (S. 16) die Lehre von dem römischen Ursprung unserer Burgen mit wenigen Sätzen sogar zu entschieden als eine irrtümliche zurückgewiesen.

Wenn solches Festhalten an demselben selbst in Fachschriften vielfach nicht sowohl einem bewussten Verwerfen als vielmehr einer mangelnden Kenntnis der entgegengesetzten Lehre und der dafür sprechenden Gründe zuzuschreiben sein mag[1]), so gilt das natürlich um so mehr von dem im Volke (einschliesslich der nicht sachverständigen Gebildeten) verbreiteten Glauben, der wohl noch auf lange Zeit hinaus von seinen „Römertürmen“ ebensowenig lassen wird als von seinen dem Gelände nach selbst undenkbarsten „unterirdischen Gängen“.

Eine nähere Prüfung der einander so gegenüberstehenden Behauptungen und ihrer Begründung wird dann auch von selbst zur Beantwortung der Frage führen, ob man nicht vielleicht auf beiden Seiten zu weit gegangen sein und die Wahrheit vielmehr annähernd in der Mitte liegen möge.

Fassen wir hiernach zunächst die von Krieg v. Hochfelden als dem Führer vertretene Lehre in Kürze zusammen, so ist dieselbe folgende:

„Die Römer hatten auf dem rechten Rheinufer ausser ihren in der Nähe des Limes gelegenen Kastellen eine Anzahl von „Burgen“ und zwar da, wo ein Heer zum schnellen Entsatz nicht nahe genug stand. Diese *burgi* waren daher — anders als die Kastelle — zur längeren Verteidigung durch die eigene Besatzung, die *burgarii*, bestimmt und wurden deshalb bei der stets zunehmenden Entfernung des aktiven Heeres aus dem offenen Gelände immer mehr an solche Stellen gelegt, wo die Terrainbildung, den feindlichen Angriff erschwerend, die Befestigung erleichterte und den passiven Widerstand, auf den es nun hauptsächlich abgesehen war, förderte, mithin auf dominierende, womöglich felsige Anhöhen, auf Inseln, an Flussufern usw. Auf diese Weise, viel mehr als früher an die Terraingestaltung gebunden, musste die Umfassung dem Rande der scharf bezeichneten Stellen folgen, und die alte rechteckige Kastralform gegen einen meist unregelmässigen Umzug (Veget. III 8 u. IV 1) vertauschen. Den früheren, mit Mauerwerk verkleideten Erdwall von nur geringer Höhe ersetzte eine mächtige gezinnte, mit breitem Mauergange versehene und die inneren widerstandsfähigen Wohngebäude stützende Ringmauer, vor welche, je nach dem Terrain, ein Graben zu liegen kam. Im Innern erhoben sich nach Massgabe des Raumes ein oder mehrere Türme.“ Krieg v. H. glaubt dann bei einer Anzahl von ihm behandelter römischer Befestigungsbauten diejenigen Grundsätze besonders in bezug auf Ausnutzung des Terrains, innere Verteidigung mit Hilfe eines wehrfähigen Reduits, die Mauertechnik etc. konstatiert zu haben, die sich bei den von ihm weiter behandelten Burgen gleicherweise angewendet finden und daher deren römischen Ursprung nachweisen sollen. Diese Burgen sind besonders der Bischofshof zu Chur, dann in Baden Alt-Eberstein, Iburg, Badenweiler, Steinsberg, ferner Egisheim, Kyburg, Kemnathen, Liebenzell und

[1]) In neuer Zeit hat sich nur vereinzelt noch wieder ein Fachschriftsteller, Hauptmann a. D. Em. Seyler, gefunden, der es unternimmt (u. a. in „Burgställe“, Berlin 1903), „die unglaublichen Irrtümer der Römer-, Limes- und Burgenforschung aufzudecken“ und nachzuweisen, „dass die geschichtliche Wahrheit uns unerbittlich zwingt, den Anteil unserer Vorfahren an den vorhandenen Burgbauten auf ein sehr bescheidenes Mass zu reduzieren“ (sic!). Er findet in ihnen römische „Agrarien und Exkubien“ (d. h. befestigte Anlagen in Beziehung auf die „Postkurse“ und den sonstigen Strassenverkehr) überall und so auch ausserhalb des römischen Gebietes, in welchen letzteren Fällen „die unterirdischen Gänge, wie sie u. a. von der (auch römischen) Burg zu Nürnberg bekannt sind, ihre bedeutsame Rolle als Vorratsräume und Verbindungswege spielten“. Noch erheblich selbst über Krieg v. H. hinaus werden fünf- und achteckige Berchfrite wie nachmittelalterliche Batterietürme ohne weiteres für römisch erklärt, desgleichen kleine und grosse Erdburgen, und ein am Rande des Umzuges stehender Berchfrit oder auch ein gewöhnlicher Graben sind charakteristische Kennzeichen eines römischen „Burgstalles“. Da das Vorgehen des Genannten anscheinend in der sonstigen Literatur unbeachtet geblieben ist, darf auch hier von einem näheren Eingehen darauf abgesehen werden.

Rothwasserstelz[1]). Ausserdem finden sich nach Krieg v. H. auf dem ganzen Gebiete römischer Herrschaft Einzeltürme — mit einem Ausdruck aus der Zeit Justinians „Monopyrgia" genannt — deren ursprüngliche, vielleicht nur hölzerne Umfassung verschwunden ist und die später besonders als Kirch- oder Burgtürme benutzt wurden.

Auch ohne gegen die Lehre v. Kriegs und Genossen ungünstig voreingenommen zu sein, wird man bei näherer Prüfung seiner Ausführungen nicht umhin können, dieselben als schon an sich wenig beweiskräftig bezüglich des römischen Ursprunges der von ihm besprochenen Burg- und Turmbauten zu erkennen.

Wenn da zur Erklärung der „zahlreichen" römischen Burgen und Einzeltürme zwischen Limes und Rhein vier befestigte Grenzlinien angenommen werden, welche im Zehntlande zeitlich und örtlich aufeinander gefolgt sein sollen (Krieg S. 13 f.), so steht das mit geschichtlichen Ueberlieferungen geradezu im Widerspruch[2]). Noch weniger begründet aber erscheint die Annahme, dass die burgi im Unterschied von den Kastellen auf natürlich festen Plätzen und deren Rande mit unregelmässigem Umzug folgend, da angelegt worden seien, wo ein Entsatz durch ein nahes Heer nicht zu erwarten war. Nach der (von Krieg v. H. S. 10 Anm. 3 selbst zitierten) Worterklärung des Vegetius (IV, 10) war burgus lediglich ein castellum parvulum, unterschied sich also von sonstigen Kastellen nur durch seine Kleinheit[3]), und es ist daher vielmehr keineswegs wahrscheinlich, dass solche burgi gerade in weiterer Entfernung von dem Standlager eines Heeres für zweckmässig gehalten worden sein sollten. Dass aber der geringe Umfang eines Befestigungswerkes und dessen Lage auf einem von Natur festen Platze keineswegs einander notwendig bedingen, bedarf ja nicht erst des Nachweises durch Beispiele, die sich sonst zahlreich genug böten. Unter anderem haben wir

[1]) Wie leicht sich der Verfasser auch im übrigen den Nachweis römischen Ursprungs macht, zeigt besonders der Wohnturm der letztgenannten Burg, welcher so wenig als nur denkbar etwas einem Römerbau Aehnliches hat. Sein Grundriss bildet angeblich (siehe über denselben weiterhin im 7. Kap.) eine regelmässige Ellipse, „was allein schon hinreichend wäre, seinen römischen Ursprung ausser Zweifel zu setzen, denn das frühere Mittelalter kam nicht immer auch nur mit der Aussteckung eines regelmässigen Quadrats zurecht". Der Steinverband soll unten „die bekannte (!) römische Rustika mit rauhen Flächen" sein, und als Zweck des Baues wird „die Ueberwachung des Stromes gegen feindliche Unternehmungen auf die (11 km flussabwärts liegende!) Brücke von Zurzach (Forum Tiberii)" angegeben. Nebenbei hat ausser dem Grundriss die gegebene Abbildung des Baues und seiner Lage mit der Wirklichkeit nahezu nichts gemein.

[2]) Prof. Miller, Die römischen Kastelle in Württemb., 1892, S. 5: „Das römische Militär war mit ganz geringen Ausnahmen nur in den Grenzprovinzen stationiert. In diesen treffen wir kleinere Kastelle mit einer gewissen Regelmässigkeit an der Grenze selbst verteilt, die wenigen grossen Lager (Zentralplätze) aber weiter zurückliegend, und ausserdem bei grösserer Entfernung der ersteren einzelne Zwischenkastelle." Solche „in zweiter Linie" hinter den Kastellen des rechtsrheinischen Limes liegenden Zwischenkastelle sind am Neckar: Neckarmühlbach, Böckingen, Wahlheim, Benningen und Cannstadt.

[3]) An der angeführten Stelle bei Vegetius geht auch aus dem Zusammenhang klar hervor, dass burgi keineswegs eine ganz besondere Art von Befestigungswerken waren, welche Krieg v. H. daraus machen will. Es wird da nämlich geschrieben, dass, wenn die Quelle am Abhange der Stadt ausser Schussweite liegt, zwischen beide zum Schutz der Wasserträger ein *castellum parvulum quod burgum vocant* zu errichten sei. Wohl mit Bedacht hat Krieg v. H. von dieser Stelle lediglich die hier lateinisch wiedergegebenen Worte zitiert. Auch bei Orosius, lit. VII, c. 22 heisst es einfach: *crebra per limitem habitacula constituta Burgos vulgo vocant.*

auch am Limes selbst eine Anzahl parvula castella, ohne dass sie sich jedoch vor den grösseren durch ihre Lage und unregelmässige Form irgendwie auszeichneten. Ebenso steht es mit den von Krieg v. Hochfelden herbeigezogenen Beispielen anerkannt römischer oder gallo-römischer Bauwerke. Denn mag auch die Befestigung gallo-römischer Städte dem Umzug des Bergplateaus folgen, so ist doch damit noch nicht gesagt, dass die Römer in Deutschland in derselben Art Kastelle oder Burgen angelegt haben. Die Torbauten und Mauern von Trier, Rom, Aosta und Carcassonne bieten ferner offenbar kaum irgend etwas unsern Burgbauten und zumal den Berchfriten Aehnliches, und was der Verfasser aus den von ihm besprochenen Kastellen nachweisen will, kann, näher betrachtet, nicht überzeugend sein[1]).

Dagegen beruft sich Krieg v. Hochfelden in bezug auf das Vorkommen einer unregelmässigen Form und von Natur festen Lage auch schon bei römischen Kastellen mit Recht auf das von Vegetius gegen das Ende des 4. Jahrh. geschriebene Buch Epitoma rei militaris[2]), und wenn v. Cohausen

[1]) Zu der bis in unsere Tage hinein noch immer vorgetragenen Ansicht, dass ähnlich wie bei unseren Burgen der Berchfrit, in den alten Kastellen das Prätorium als das Kernwerk und letzter wahrhafter Zufluchtsort gedient habe, schreibt v. Cohausen (freilich im Widerspruch mit dem von ihm selbst — Bergfriede S. 9 — früher Vorgetragenen) im Römischen Grenzwall (1884) S. 342): „Ziemlich in der Mitte des Kastells lag das Prätorium, eine um einen oder zwei innere Höfe gruppierte Anzahl von Gebäuden. Besonders schön ist diese Anlage in der Saalburg entwickelt, indem sie dem normalen römischen Hause, wie wir es namentlich im Hause der Pansa in Pompeji dargestellt finden, selbst in den Massen gleicht. Nie ist das Prätorium zu einer inneren Befestigung, einem letzten Refugium gemacht, etwa mit Wall und Graben umgeben worden. Wo man das glaubt gesehen zu haben, hat man germanische Schanzen, mittelalterliche und spätere Umbauten vor sich gehabt, und die Idee von Bergfrieden, Zitadellen, Reduits aus der mittleren und neueren Zeit auf das römische Kriegswesen übertragen, auf das sie weder passt, noch, wie alle notorisch römischen Kastelle beweisen, tatsächlich vorhanden war."

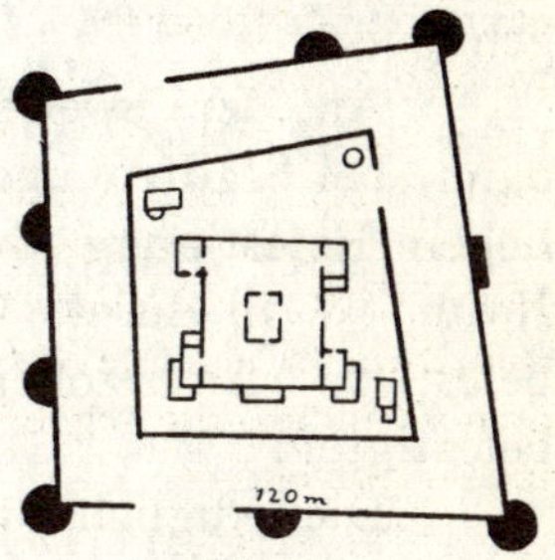

Fig. 2
Kastell Jublains

Das Kastell von Jublains (Fig. 2) macht wohl nur scheinbar eine Ausnahme. Innerhalb einer zweifachen, viereckigen Mauerumfassung enthielt es einen Wohnbau von 22 und 32 m Seitenlänge mit einem Innenhofe und turmartigen Vorsprüngen an den Ecken. Es dürfte sich da um den Umbau eines römischen Kastells in eine Burg etwa aus merowingischer Zeit handeln. v. Cohausen bezweifelt (Befestigungsweisen S. 123) nach dem Mauerwerk — Granitquadern und Säulentrümmer des Unterbaues, dann Handquadern mit Ziegeleinlagen — nicht das Römertum oder Gallorömertum der Bauanlage, möchte es aber nicht für eine Staatsanlage, sondern für die Burg eines Grossen der damaligen Zeit halten. Wenn das Kastell nach einer Zerstörung um 285 nicht wieder aufgebaut worden sein soll, so ist das schwerlich eine feststehende Tatsache.

[2]) Die betreffenden Sätze lauten (III, 8): *Pro necessitate loci vel quadrata, vel rotunda, vel trigona, vel oblonga castra constitues, nec utilitati praejudicat forma. Tamen pulchriora creduntur, quibus ultra latitudinis spatium tertia pars additur longitudini.* Und (IV, 1): *Urbes atque castella aut natura muniuntur aut manu, aut utroque, quod firmius dicitur. Natura, aut loco edito vel abrupto, circumfuso mari sive paludibus vel fluminibus manu, fossis aut muris.*

Nach Polybius († 112 v. Chr.) hatte das römische Lager gewöhnlich die Gestalt eines gleichseitigen Rechteckes, Hyginus, der unter Trajan (also zur Zeit der höchsten Entwicklung der römischen Kriegswissenschaft) lebte, hält ein längliches im Verhältnis von 2 zu 3 für die beste, indem er für ein grösseres Lager 1600 : 2400 Fuss vorschreibt. Die letztere, sog. jüngere Hyginische Lagerform empfiehlt also auch Vegetius als die Regel.

das (Grenzwall S. 335) für „Kathederweisheit“ erklärte, „welche wohl später die Byzantiner angewandt hätten“, so steht dem schon entgegen, dass jenes Buch im wesentlichen nur ein Auszug aus älteren römischen Fachschriftstellern ist[1]). Während v. Cohausen „Grenzwall“ S. 335 noch behauptet, dass weder in Frankreich noch England noch bei uns jemals andere als rechteckige Kastelle mit gerundeten Ecken gefunden worden seien, teilt er doch in dem „Nachtrag“ S. 2 selbst mit, dass der Trajanswall in der Dobrudscha ein achteckiges und ein dreieckiges Kastell aufweise. Es hätte auch hinzugefügt werden können, dass nach den Abhandlungen der Ungarischen Akademie der Wissenschaften (IX 13) von 1880[2]) längs des nördlichen Grenzwalles der dacischen Provinz dreiundzwanzig kleinere runde Römerkastelle festgestellt worden sind. Erwähnt er nun ferner noch selbst (a. O.), dass das Kastell Altenburg ein Trapez ist und ergibt sich aus seinen Aufnahmen, dass die kleinen Kastelle Heidenkringen (Fig. **3**, vgl. Limesblatt S. 809) nur einen, Eichelgarten (Fig. **4**) gar keinen rechten Winkel enthalten, berücksichtigen wir endlich noch die ganz eigentümlichen Gestalten der Kastelle Waldmössingen (Fig. **5**) (nach dem amtlichen Bericht: Der obergermanisch-rätische Limes, Lief. VI, Taf. III) besonders in seiner ursprünglichen Form und Osterburken (Fig. **6** nach ebendas. Lief. II, Taf. III), so haben wir in der Tat schon hier neben der gewöhnlichen rechteckigen eine Sammlung anderer Kastellformen, auch an römischen Grenzwällen, wie sie mannigfaltig genug ist.

Fig. 3

Fig. 4

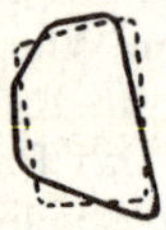

Fig. 5

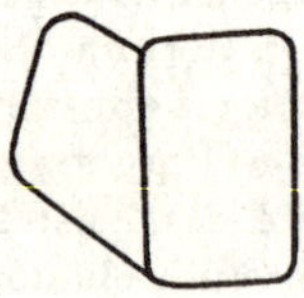

Fig. 6

Römische Kastellformen

An der zweiten oben angeführten Stelle des Vegetius heisst es dann, bei Städten und Kastellen begnüge man sich entweder mit einer künstlichen Befestigung durch Gräben und Mauern, oder dieselben seien durch die Natur, d. h. durch hohes oder abschüssiges Terrain oder Wasser und Sumpf befestigt. Am sichersten seien jedoch die zugleich durch Natur und Kunst befestigten.

Die lediglich künstliche Befestigung bildet ja nun bei unseren Limeskastellen durchaus die Regel und findet sich u. a. auch bei verschiedenen auf der linken Rheinseite festgestellten Kastellen. Dass man aber auch Verteidigungsbauten auf natürlich festen Plätzen anlegt, ist ja etwas so Selbstverständliches, überall und

---

Vgl. Ann. des Vereins f. Nassauische Alth. XI (1871), S. 267. — H. Droysen, Die Polybianische Lagerbeschreibung, in den Comentationes Mommsenianae S. 35 ff. nimmt mit Recht an, dass in Rom allgemeine Normen, reglementarische Vorschriften über die Einrichtung eines Lagers erlassen waren, damit bei Beziehung desselben zur Vermeidung von Unordnung und Zeitverlust jeder sofort darin Bescheid wusste. Prof. Hübner findet (Bonner Jahrb. LXIII, 36) selbst bei dem Saalburgkastell, dass „nur diese allgemeinen Dienstvorschriften eingehalten, in allen Einzelheiten aber Masse und Formen frei dem Bedürfnisse und den gegebenen Verhältnissen angepasst wurden“.

[1]) Näheres über dasselbe siehe M. Jähns, Gesch. der Kriegswissenschaften. (München 1889) S. 109 ff.

[2]) Wie Hübner a. O. anführt.

selbst von wilden Naturvölkern Geübtes[1]), dass es meiner Ansicht nach geradezu undenkbar wäre, dass nur das krieggewohnte Kulturvolk der Römer davon ganz abgesehen haben sollte. Wiederholt doch auch Vegetius a. a. O. im Grunde nur das, was schon Polybius hist. IV, 32 über die von den Griechen beim Aufschlagen ihrer Standlager beobachteten Grundsätze berichtet.

Was nun zunächst die Limeskastelle betrifft, so lag doch auch da so manches Kastell (nach v. Cohausen selbst) immerhin auf einer Anhöhe[2]), und von einigen minder auffälligen Beispielen abzusehen[3]), beschreibt doch der Verfasser, Grenzwall S. 76, die Lage des Kastells Arnsberg selbst dahin, dass das Terrain, nach Norden steil, nicht fahrbar zum Welsbach, östlich gleichfalls steil zu den „Altenburger Wiesen und südlich zu einem Hohlweg abfällt“. Nur „von Westen her ist [illegible] flach und zugänglich“. Die sich diesem dann südöstlich ans[illegible]liegen zwischen dem Walde und dem daneben hinlaufe[illegible]hrscheinlich noch unpassierbarer gewesenen [illegible] XVII ebenda abgebildete Kastell Feld[illegible] einem natürlichen Wasserlauf nebst Wiese[illegible]n und Jagsthausen lagen je in einer scharfe[illegible]agst und vor allem auch die Grenzwal[illegible]gstens zum Teil unmittelbar am Main ode[illegible]flusses in denselben und waren deshalb, äh[illegible]n, auf mehr als einer Seite durch einen Flu[illegible]age hatten endlich die (im „Grenzwall“ nich[illegible]d Pfünz (Obergerm. = rät. Limes Lief. VI[illegible] Talsohle. Nach Westen und Norden fällt da[illegible]d es durch eine Klinge mit Bächlein abges[illegible]h, 42 m hohen Ufer der Altmühl auf einer [illegible]rgzunge, die westlich in

Dr Wibels
Burg Wertheim 1895
Burgruine Wertheim
Würzburg 1890

[1]) Vgl. beispi[illegible]egsw.: S. 23 und 29 (Urzeit). Neben den „Wasser[illegible]bmondförmigen Erdwälle am häufigsten. Sie liege[illegible] S. 76 (Orient): „Von den sparsamen Resten altägyptischer [illegible]n von Syene hervorzuheben, welche dort die Gipfel der Gebirgszüge kron[illegible]as) „die Akropolen (ἀκρόπολις = Hochstadt), verschanzten Lager oder feste Burgen, die a[illegible] Felsen, isolierten Hügeln, Vorgebirgen oder Bergzungen angelegt wurden, bezeichnen den weiten Weg, welchen die Pelasger in Kleinasien und Südeuropa gewandert sind, und in der Folge wurden die primitiven Anlagen Zitadellen der Städte“.

[2]) So „nimmt (Grenzwall S. 105) das Kastell „Lochmühle“ (vgl. Limesbl. S. 324) auf hohem Talufer eine kleine Hochfläche ein“, das Kastell „Auf dem grauen Stein“ liegt (S. 219) „auf dem höchsten Rücken und hat freie Uebersicht in die Abhänge des Lahntales“ und ebenso Alteburg Hillscheid (S. 233) „auf dem Rücken der Montabaurer Höhe, der ihm eine prachtvolle Aussicht gewährt“. Dasselbe wird (S. 242) von Alteburg über Heimbach-Weiss gerühmt und gilt (nach dem Obergerm.-rät. Limes Lief. II u. 14) von Osterburken und Neckarburken.

[3]) Bei dem in voriger Anm. genannten Kastell Alteburg steht (S. 241) die eine „etwas gebogene Mauer auf der Kante des steilen Abfalles gegen das Wallbachtal“, eine andere Seitenmauer „steht auf der höchsten Kuppe gegen den Heidengraben“ und hat (doch wohl, weil deshalb weniger dem Angriff ausgesetzt) nicht wie die beiden noch übrigen Seiten noch einen inneren Graben nebst Wall.

[4]) „Wehrbauten“ S. 12. Das Vorhandensein des Wassers scheint auch v. Cohausen, Grenzwall (S. 138), nicht ganz unbedenklich gewesen zu sein.

das Altental, östlich in das des Pfünzer Baches abfällt, während gegen Norden die Spitze in eine 12 m niedrigere Kuppe ausläuft.

So nehmen immerhin mehrere Limeskastelle Plätze ein, wie solche auch bei unseren selbständigen Burganlagen — also von den meistens minder festen innerhalb von Ortschaften liegenden abgesehen — mit Vorliebe benutzt wurden. Wenn aber jene zumeist nahezu allein „manu munita" sind, so kommen verschiedene Umstände zusammen, um uns diese Erscheinung ebenso ungezwungen als befriedigend zu erklären.

Die einzelnen Limeskastelle waren nicht auf eine andauernde Verteidigung gegen überlegene Feindesmassen berechnet, zumal (etwa durch die Turmwächter herbeigerufen) die Besatzung der nächsten Kastelle schnell zum Entsatze da sein konnte. Brauchte aber schon deshalb auf die Wahl von Natur fester Orte kein irgendwie besonderes Gewicht gelegt zu werden[1]), so waren durch den ganzen Plan der zusammenhängenden Limesanlagen selbst weitere wesentliche Beschränkungen in der Auswahl solcher Orte gegeben. Nachdem nämlich unabhängig von der Rücksicht hierauf der Zug des Walles — wie seine geraden Linien erweisen — zunächst für sich festgestellt worden, waren die Kastelle nur auf der einen (der dem Rhein zugekehrten) Seite desselben, und zwar weder von diesem noch von den nächsten Kastellen zu weit entfernt[2]), da anzulegen, wo eine alte Strasse den Wall durchschnitt, wie auch endlich noch auf das Vorhandensein von Trinkwasser Rücksicht zu nehmen war. Unter allen diesen Umständen durfte, ja musste bei der Anlegung dieser Limeskastelle die Rücksicht auf natürlich feste Orte im allgemeinen so sehr in den Hintergrund treten, dass es selbst nicht besonders auffallen kann, wenn bei einigen derselben das Gelände vor der Angriffsfront ansteigt, was Vegetius (l. c.) mit Recht als unvorteilhaft bezeichnet[3]).

Erweitern wir hiernach den Kreis unserer Untersuchung über die Limeskastelle hinaus, so ist, was zunächst wieder die Gestalt des „Umzuges" betrifft, längst bekannt[4]), dass z. B. die schweizerischen Kastelle Vitudurum (Oberwinterthur), Altenburg bei Windisch und Turicum (Zürich) vollends als unregelmässige Polygone dem Umrisse des Terrains folgten. Von letzterem Kastell gibt Fig. **7** den, wie man wohl mit Recht meint, noch überall in Resten erhaltenen alten Mauerumzug. Das Altstadtkastell zu Rottweil hat ausser einem rechten Winkel ganz unregelmässig krummen Umriss[5]), ein aus spitzen und stumpfen Winkeln zusammengesetztes Polygon bildet nach dem in Miller, Röm. Kastelle in Württemb. 44, mitgeteilten

[1]) Es war hier den angegebenen Umständen nach vielmehr geraten, mehr Gewicht auf die Vorschrift des Vegetius (III, 8) zu legen, dass Standlager nicht an steilen und wegelosen Stellen angelegt werden sollen, weil solches den Belagerern gegenüber das Ausrücken der Besatzung erschwere.

[2]) Nur zwei Kastelle liegen mehr als 600 m von dem Walle entfernt. Der Abstand zwischen den einzelnen Kastellen selbst beträgt etwa 8 km.

[3]) Auch die Erbauer unserer Burgen sind sich jedenfalls des Unvorteilhaften solcher Lage voll bewusst gewesen, und doch sind bekanntlich auf der Angriffsseite überhöhte Burgen durchaus nicht selten.

[4]) Dr. F. Keller in den Mitteil. der Züricher Antiquar. Ges. XII (1860), Heft 7.

[5]) Vgl. hierüber Miller, Die röm. Kastelle in Württemb. Stuttg. 1892, S. 9.

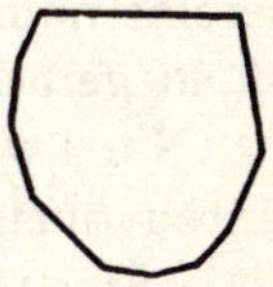

Fig. 7
Kastell Turicum

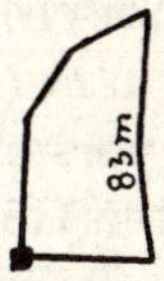

Fig. 8
Kastell Vemania

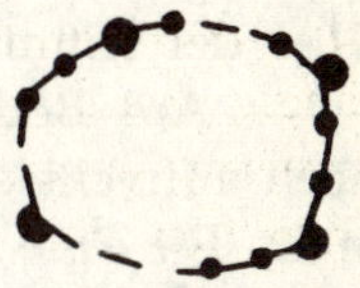

Fig 9
Mansio Neumagen

genauen Grundriss das Römerkastell Vemania bei Isny im Algäu (Fig. 8), das Kastell Alteburg bei Cöln, soweit festgestellt, eine eben so unregelmässige, aus geraden und krummen Linien zusammengesetzte Figur[1]), die Burghalde zu Kempten (s. weiterhin), eine unregelmässig dreieckige Form und ebensolche römische Befestigung, lag nach den Mitteilungen der Altertumskommission für Westfalen 1901, H. 2 auf dem hohen Annaberg über der Lippe, während nach Professor Hettners Feststellung (Westd. Zeitschr. 1891, S. 284 ff.) die „befestigten Mansionen" von Neumagen an der Mosel (Fig. 9), Bitburg und Jünkerath in der Eifel als unregelmässig kreisförmig erscheinen. Bei zahlreichen anderen ist der Umzug ja nicht mehr festzustellen oder doch bisher nicht festgestellt worden. Derjenige der Befestigung auf dem Ottilienberge und ähnlicher wird weiterhin besonders zu behandeln sein. Hier ist nun zunächst noch festzustellen, wie wenig es zutrifft, wenn die weiter vorn angeführten Germanisten die Unmöglichkeit der Uebereinstimmung einer mittelalterlichen Burg mit einem römischen Kastell in bezug auf diesen Mauerumzug hervorheben.

Auch für den Komplex rechteckiger Gebäude, wie solcher eine Burg zu bilden pflegt, war ja ein rechteckiger Gesamtumriss zunächst der natürlichste, während zugleich die Lage von Vor- und Hauptburg hintereinander eine längliche Form veranlasste. Deshalb finden wir „die römische Kastralform", d. h. das längliche Rechteck[2]), bei welchem es auch an abgerundeten Ecken nicht fehlt, auch bei unseren Burgen als Grundform bevorzugt, soweit nicht, was allerdings besonders bei den Höhenburgen die Regel bildet, die Gestaltung des Baugrundes und deren zweckmässige Ausnutzung eine Abweichung veranlasste. Einige Beispiele solcher westdeutschen Burgen, die jedenfalls keine grössere Abweichung von der rechteckigen Grundform zeigen, als solche selbst bei unseren verhältnismässig regelmässigen Limeskastellen vorkommen, sind folgende: Sporkenburg, Lahneck und Burgschwalbach im Gebiet der Lahn, Gelnhausen und Cronberg im Taunus, Wachtenburg, Schlosseck, Neuscharfeneck und Altbaumburg in der Rheinpfalz, Wasenburg, Grossgeroldseck, Greifenstein, Plixburg, Landsberg, Liebenstein, Hohlandsberg und Hugstein im Wasgau[3]).

So kommt es, dass die beiden letztgenannten Burgen (von den Zwingern abgesehen) sowohl der Grundrissfigur, wie auch der Grösse nach mit den völlig regelmässigen Limeskastellen Alteburg bei Heftrich bzw. Kaisergrube fast genau

---

[1]) Generalm. Wolf, Kastell Alteburg (Cöln 1889), Bl. 2.

[2]) Dass dabei die vier einander gegenüberliegenden Tore keineswegs unerlässlich waren, ist ja durch Aufnahme der Reste hinlänglich festgestellt, ebenso wie die Verschiedenartigkeit in bezug auf die Mauertürme, die, vorspringend oder nicht, hier rund, dort viereckig sind oder auch ganz fehlen.

[3]) Auch bei Lehfeldt, Bau- und Kunstdenkm. Thüringens II, 26 wird auf dem Rollenberge in Sachsen-Altenburg eine gemauerte Befestigung, Rechteck von 25 : 64 m Durchmesser mit völlig geraden Seiten und abgerundeten Ecken, vielleicht eine alte Burg der v. Meusebach, erwähnt.

übereinstimmen, während der vieleckige Umzug der „*statio Turicensis*“ (Fig. 7) sich in geradezu auffallender Weise ebenso bei den Burgen Wineck im Wasgau, Neuwolfstein in der Rheinpfalz und Nowihrad (Neuenburg) in Mähren (meine Oesterr. Burgen IV) wiederfindet.

Sehen wir uns hiernach auch nach römischen nicht zum Limes gehörenden Befestigungen in natürlich fester Lage um, so bietet zunächst wieder die deutsche Schweiz deren Beispiele u. a. in dem castrum Vindonissa (Windisch) auf hoher Landspitze zwischen Aar und Reuss, im Kastell Vitudurum (Oberwinterthur) auf einem auf drei Seiten durch Abhänge geschützten Bergvorsprung, in dem Kastell Ad fines (Pfyn) auf einem von der Thur bespülten Hügel, in dem steil über dem Rhein[1]) gelegenen Kastell Burg gegenüber Stein, in den ähnlich belegenen beiden Kastellen Burg und Sidelen bei Zurzach, im Kastell Irgenhausen auf freistehendem, steil zum Pfäffikersee abfallenden Hügel und in der statio Turicensis auf einer 80 Fuss hoch über der Limmat aufsteigenden Anhöhe[2]).

Am Bodensee sind weiter anzuführen die Inselstadt Lindau mit ihrer noch aufrecht stehenden „Heidenmauer“[3]) und die auf steiler Höhe liegende Altstadt Bregenz (Brigantium), „mit vier Ecktürmen, Gräben und Toren noch das treue Bild eines Römerkastells darbietend“[4]). In Württemberg lag dann das Kastell von Samulocena auf dem Platze der jetzigen Altstadt von Rottenburg „in einer von Natur sehr festen Lage über dem Neckarufer“[5]), diejenigen von Altstadt Rottweil (Arae Flaviae) „nur auf der westlichen Seite nicht von Natur geschützt“, Vemania am Argen-Flusse „auf einem von Natur leicht zu verteidigenden Moränenhügel“[6]), dasjenige in Passau mit noch erhaltenen Mauerresten auf der hohen Landspitze zwischen Donau und Inn, und in Baden bei der gleichnamigen Bäderstadt ein Kastell auf dem Bergvorsprunge Hettich[7]).

---

[1]) Das in seinem Umzug noch gut erhaltene Kastell nimmt auf weitere Strecken stromab- wie -aufwärts die höchste Stelle auf dem linken Rheinufer ein, fällt nordöstlich tief und steil zum Flusse ab, etwas minder steil nordwestlich, senkt sich auch südöstlich und mag nur an der vierten, dem Rhein gegenüberliegenden Eingangsseite lediglich durch einen Aussengraben geschützt gewesen sein. Jetzt gehen hier tief eingeschnittene Strassen vorüber.

[2]) Vgl. über diese Kastelle und befestigten mansiones Keller, Die röm. Ansiedelungen der Ostschweiz (Zürich 1860 und 1864), eine auf sorgfältigen Lokaluntersuchungen begründete Arbeit, in welcher auch besonders dem allzu unkritischen Vorgehen des Romanisten Haller (vgl. S. 37) entgegengetreten wird.

[3]) Dieselbe wird im zweiten Teil dieses Kap. als Römerbau nachgewiesen.

[4]) Bonner Jahrb. XIX, 29. Nach Mitteilungen eines Augenzeugen, des R.-A. Dr. Kaiser ist dort vor längeren Jahrzehnten als Unterbau eines dieser Ecktürme ein anderer von abweichendem Grundriss und Mauertechnik, jedenfalls römisch, festgestellt worden. Die bürgerliche Niederlassung lag, wie zahlreiche Römerfunde bestätigen, am Fusse des Kastells.

[5]) Prof. Schmid, Graf A. v. Hohenberg, 381 ff. u. Westd. Zeitschr. III, 4, S. 326.

[6]) Prof. Miller, Die röm. Kastelle in Württemb. Stuttg. 1892. Ueber die Lage des letztgenannten, auch ganz unregelmässigen Kastells (Fig. 8) heisst es das. S. 45: „Gegen Osten fällt der Hügel hoch und schroff 12 bis 14 m in das Argental ab. Die Nord- und Westseite liegen 5 bis 6 m erhöht. Nur die Südseite musste durch einen Graben noch künstlich vom übrigen Terrain losgetrennt werden.“ Das 1882 ausgegrabene Kastell unterscheidet sich also nach Gestalt und Lage in nichts von einer mittelalterlichen Burg.

[7]) Bonner Jahrb. LXXIX, 29.

Sehen wir von den befestigten Höhen des Wasgau vorläufig noch ab, so hatten die Römer in dem nördlich angrenzenden Hardtgebirge — abgesehen von der mindestens streitfähigen Behauptung eines nichtrömischen Ursprunges der Heidelsburg — nach der (in dieser Beziehung freilich nicht immer ganz zuverlässigen) Bavaria (IV, 2, S. 591 ff.) Befestigungen u. a. auf der sogenannten Hohenburg zwischen Mussbach und Deidesheim, in Blieskastel und auf dem Donnersberge, dem *mons Jovis* des Tacitus[1]), anscheinend auch auf der Höhe der Ruine Limburg[2]), ferner nach neueren Feststellungen auf der Heidenburg bei Oberstaufenbach[3]), auf der Heidenburg bei Kreimbach[4]) und selbst auf dem Drachenfels[5]). An der Saar haben wir dann besonders den ungewöhnlich festen Platz von Castel *(castra Sarrae?)*, welcher, wie ihn Oberstleutnant Schmidt zutreffend beschreibt, von drei Seiten durch senkrechte Felsen begrenzt wird, während die vierte Seite, auf welcher das gleichnamige Dörfchen liegt, durch tiefe, von beiden Seiten ausgehende Felsenschluchten bis auf einen schmalen, noch künstlich durch Wall und Graben befestigten Zugang gesperrt wird, so dass der Ort fast unangreifbar war[6]).

Derselbe Forscher führt a. O. dann noch eine Reihe durch Strassen, Mauerreste und Fundstücke als römisch nachgewiesener Befestigungen an, welche offenbar mit Bedacht auf leicht zu verteidigenden Anhöhen angelegt waren, so Zülpich, wo das „Castellum Tolbiacum" auf der Höhe lag, welche jetzt Schloss und Kirche einnehmen, ferner den mit steiler Nase vorspringenden Schlossberg von Cleve[7]), den besonders festen späteren Burgberg von Nymwegen, den Monterberg, den Schauenberg bei Tholey, die Herappel

[1]) Baudenkm. i. d. Pfalz I, 156 mit Berufung auf die vorhandene Spezialliteratur: „Aller Wahrscheinlichkeit nach hatten die Römer den Wall (auf dem Donnersberge) nicht nur zeitweise besetzt, sondern auch durch ein Kastell befestigt."

[2]) Bonner Jahrb. LXIII. Darüber, dass die auf solchen Höhen gefundenen römischen Reste der Regel nach nicht wohl auf friedliche Ansiedlungen schliessen lassen, siehe weiterhin.

[3]) Die Ausgrabungen d. histor. Vereins d. Pfalz im Jahre 1884/85 und 1885/86, S. 28 ff.

[4]) Korresp.-Bl. d. Westd. Zeitschr. 1891, S. 245 ff.

[5]) Ebendas. S. 134 f.

[6]) Hinterl. Forschungen ebendas. XXXI, 23. Dort werden noch die (inzwischen verschwundenen) „den ganzen Raum des kleinen Plateaus einnehmenden Ruinen des römischen Lagers" erwähnt. v. Cohausen gibt (Wester m. Monatsh. Bd. LX, 437 ff. mit Abbild. und Befestigungsweisen, S. 55 f.) zu, dass durch Funde aller Art hinlänglich nachgewiesen ist, dass die Römer hier gewohnt und den Platz als eine willkommene Berge vor den Franken benutzt haben, doch hätten sie dort keine militärischen Bauten errichtet, nirgend Ziegel mit Legions- oder Kohortenstempeln verwandt. Meines Wissens ist das etwa 1000 zu 1500 Schritte weite Terrain bisher noch nie irgend ausreichend durchforscht worden. Der Graben und Wall, beide von grossartigen Massen, mögen allerdings kaum den Römern zuzuschreiben sein, wohl aber (wie beim Ottilienberg, siehe weiterhin) die Sperre am Ende eines von der Saar hinaufführenden Weges. „Hier sieht man auf beiden Seiten in die (3,76 m voneinander abstehenden) senkrechten Felswände 15 bis 20 cm breite und ebenso tiefe Falzen eingehauen, welche nebst einer kastenartigen Verbreiterung als Vorrichtungen zur Verrammelung durch Holzbalken und zur Aufnahme eines Fallgatters (?) zu deuten sind."

[7]) Siehe darüber Kunstdenkm. d. Rheinprov. I, 4, S. 92.

genannte Anhöhe unweit Forbach[1]), das nach drei Seiten steil abfallende Plateau des Wörschweiler Klosters usw. (Ueber den „Casselt" s. weiterhin.)

Bezüglich der Moselufer erwähnt der 392 gestorbene Dichter Ausonius in seiner Mosella Vers 454—457 der von ihnen herabschauenden Vesten *(antiquis muris prospectantia castra)*, und (nach dem Korresp.-Bl. d. Gesamtvereins 1890, S. 5) lag das römische Kastell Heidenheck bei Idar (Birkenfeld) auf einer steilen Anhöhe zwischen den Tälern des Idarbaches und des Vollmersbaches.

Am Rhein ferner lag noch beispielsweise das Kastell Bingen, wie jetzt wohl allgemein angenommen wird, der Stadt gegenüber auf der hohen Terrasse zwischen diesem Strome und der Nahe, das Kastell von Remagen ist am jetzigen Nordwestende der Stadt nachgewiesen, wo die höchste Erhebung des Terrains „bastionartig vortretend steil zu einem Bache abfällt und dadurch von hoher Bedeutung für die Verteidigung war"[2]), und das bis 20 m über dem Strome ansteigende Terrain des Kastells Alteburg bei Cöln beherrschte weithin die Umgebung in günstiger Weise[3]).

Der Dos Trento bei Trient, auf welchem nach Paulus Diaconus († um 800) das römische Kastell Verucca lag, ist ein vereinzelter, ringsum steil aufsteigender Felsen. In Siebenbürgen liegt u. a. das römische Kastrum bei Varfala über dem Goldflusse auf einem „nach allen Seiten steil abfallenden Vorberge des Felsengebirges", und eine römische Turmruine bei Hátzeg „auf der höchsten, fast vertikal abgeschnittenen Kuppe eines steilen Berges"[4]). In England wurde u. a. bei South Shields ein römisches Kastell aufgedeckt, welches eine hohe, weithin herrschende Lage, nach Norden und Osten steil abfallend, hat[5]).

Andrerseits würde es doch auch wieder sehr verfehlt sein, anzunehmen, dass auch nur unsere Höhenburgen lediglich auf mehr oder weniger unzugänglichen Bergspitzen oder Felsklippen gelegen hätten. Selbst am rechtsrheinischen Grenzwall hatte das Kastell Arnsberg nach v. Cohausens eigener Beschreibung (s. vorhin) gewiss eine von Natur festere Lage als z. B. Bürglen im Thurgau, Wyden im Kanton Zürich, Neuwindeck in Baden, die obere Burg von Besigheim, die Wevelsburg bei Paderborn, Pux in Steiermark oder die Salzburg bei Neustadt a. d. Saale. Die Burg Jagsthausen (das „alte Schloss") hat auf dem Jagstufer wesentlich dieselbe natürliche Lage wie das daneben gelegene gleichnamige Römerkastell.

---

[1]) Dieselbe ist auf drei Seiten durch senkrechte Felsen und steile Abhänge begrenzt, längs deren die Reste einer starken, mit Türmen vollbewehrten römischen Umfassungsmauer in Dreieckform hinlaufen; nur östlich hängt sie durch einen schmalen Sattel mit der Hochfläche zusammen. Der hier befindliche Eingang war wie bei Castel noch durch einen z. T. erhaltenen beträchtlichen Erdwall geschützt, vor welchem der Gräberplatz der Besatzung lag. Siehe auch Kraus, Kunst u. Altert. in Elsass-Lothr. III, 201 ff., wo auch Angaben der umfänglichen Literatur über den Herappel, dessen Bedeutung als römisches *castrum stativum* besonders angesichts der Reste eines Apollotempels und mannigfaltiger, dort seit lange gemachter Römerfunde anscheinend bisher noch von keiner Seite hat angezweifelt werden können. Ueber neuerliche Nachforschungen daselbst siehe Korresp.-Bl. d. Westd. Zeitschr. 1894, S. 66.

[2]) Reuleaux in Bonner Jahrb. LXXX, S. 161 ff.

[3]) Generalm. Wolf, Kastell Alteburg (Cöln 1889), S. 8.

[4]) Ackner, Die röm. Altert. u. deutschen Burgen in Siebenbürgen (Wien 1857), S. 9 u. 27.

[5]) Bonner Jahrb. LXIV (1878), S. 27.

Eine besondere Beachtung erheischen die hauptsächlich von Dr. J. Schneider[1]) untersuchten spätrömischen refugienartigen Befestigungen auf dem westlich das Mittelrheinbecken begrenzenden Gebirgszuge, zunächst die vielumstrittene „Heidenmauer" auf dem Ottilienberg[2]).

So heisst bekanntlich ein südwestlich von Strassburg der Wasgaukette quer vorgelagerter 800 m hoher Bergrücken, dessen Oberfläche eine bunt ausgezackte und zumeist steilrandige Ebene von 3 km Länge bildet und der auf der in der Mitte gegen Osten weit vorspringenden Felsnase das uralte und vielbesuchte Ottilienkloster trägt (Fig. **10**). Die Heidenmauer umzieht, nur sehr ausnahmsweise

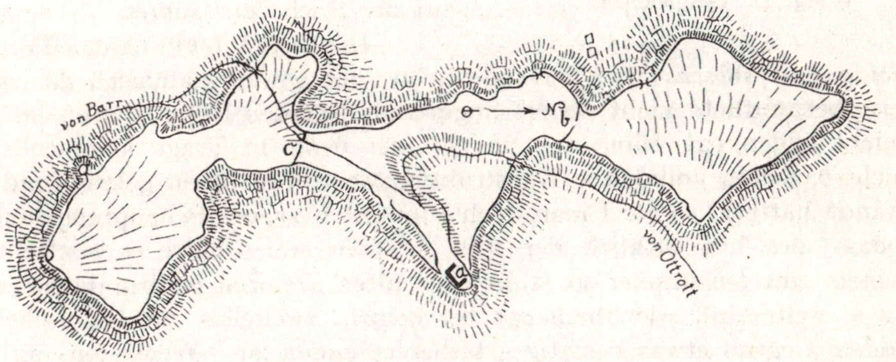

Fig. 10
Die Heidenmauer auf dem Ottilienberg

durch den natürlichen Fels ersetzt, den Rand dieser Hochebene in einer Gesamtlänge von 10 500 m und sollte bei dieser Ausdehnung jedenfalls zugleich der Bevölkerung eine Zufluchtsstätte bieten. Zumeist 1,70 m dick und bis zu 3,50 m hoch, ist sie zum Teil aus grossen Blöcken mit Einfügung kleinerer Steine, zum weitaus grössten Teil aber aus oberflächlich zugerichteten ca. 75 bis 150 cm langen und 25 bis 50 cm hohen Quadern errichtet, welche durch sogenannte doppelte Schwalbenschwänze aus Eichenholz, 16 bis 30 cm lang, 3 bis 6 cm breit und 2 cm hoch, in dazu ausgemeisselten Vertiefungen liegend, zusammengehalten wurden[3]). Eine idealisierte Abbildung dieser Konstruktion gibt Schoepflin a. O. (Fig. **11**).

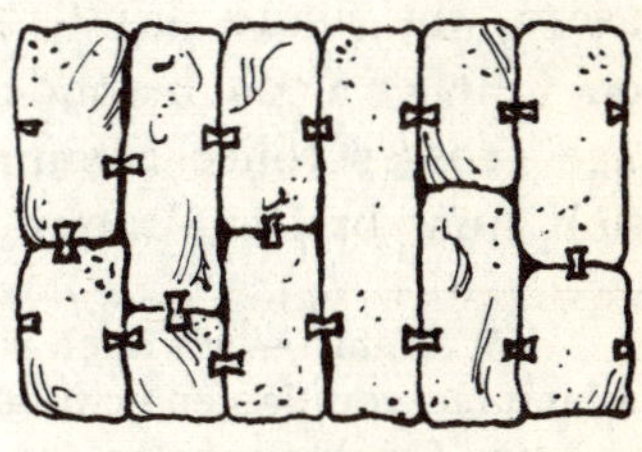

Fig. 11 Desgleichen

---

[1]) Beiträge zur Geschichte des römischen Befestigungswesens auf der linken Rheinseite. Trier 1844.

[2]) Ich gebrauche die deutschen Namen Ottilienberg und Wasgau anstatt der mit der französischen Herrschaftszeit aufgekommenen „Odilienberg" und „Vogesen". Die Hauptquelle der Legende ist eine in vielen Abschriften vorhandene „Vita Otiliae" aus dem 10. Jahrh., und auch Goethe kennt in „Wahrheit und Dichtung" nur noch den Ottilienberg.

[3]) *Schoepflin, Alsatia illustrata (1751) t. I. pag. 533: „Murus . . . nonnullis iu partibus IX imo XI pedes altitudinis, VI ad VIII pedes latitudinis habet . . . Inter saxa reperi, quae sex pedes longa, tres lata, atque duos pedes sunt alta.*" Einige der Schwalbenschwänze sind noch in den Museen von Strassburg, Colmar und Nancy sowie im Ottilienkloster vorhanden.

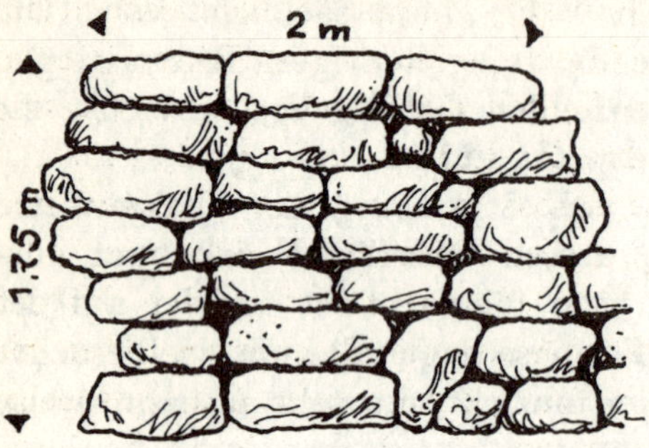

Fig. 12 Desgleichen

Fig. **12** bietet eine Seitenansicht der Mauer an einer besser erhaltenen Stelle nahe ihrem südöstlichen Ende. An den beiden schmalsten Stellen der Hochebene (c und b) sind ausserdem minder starke Quermauern über dieselbe gezogen. Die Eigenschaft dieser Befestigung als eines Römerwerkes wird nun hauptsächlich erwiesen 1. durch die angegebene Mauertechnik, sowie 2. durch die Römerwege, welche auf die Hochebene führen.

Die bei Vitruv (Arch. IV, 7) als *securicula* und *subscus* vorkommende Schwalbenschwanzklammer[1]) ist von den Römern bekanntlich nicht selten angewandt worden[2]), und wenn es ja an sich nicht undenkbar wäre, dass in der hier etwa in Frage kommenden Zeit ein nichtrömisches Volk diese Konstruktionsweise von ihnen gelernt und selbst angewandt hätte[3]), so wird man doch schwerlich zu der Behauptung berechtigt sein, dass dies hier wirklich der Fall gewesen sei, solange es feststeht, dass bei keinem einzigen unserer so zahlreichen alten Steinringe (über die Frankenburg s. weiterhin), wie überhaupt bei keinem zweifellos nichtrömischen Bau in anderer Gegend etwas derartiges bisher gefunden ist. Wenigstens an einem Tore der Ringmauer zeigen die steinernen Laibungen noch die eingemeisselten Löcher und Rinnen für Riegelbalken, ein im Mittelalter sehr gebräuchlicher Verschluss, welchen wir offenbar auch nur von den Römern gelernt haben.

Vollends zur Gewissheit aber wird meiner Ansicht nach der römische Ursprung der Heidenmauer durch die beiden Römerstrassen erhoben, die von Ottrott und von Barr auf den Ottilienberg hinaufführen, hier auf zwei einander entgegengesetzten Seiten in die Ringmauer eintreten und bei der Felsnase a, die heute das Ottilienkloster trägt, ausmünden. Die Ottrotter Strasse, von welcher noch besonders grössere Strecken wohlerhalten sind, zeigt auf einer Lage grosser roher Steinmassen eine Schicht groben Kieses und darüber einen zwölf Fuss breiten Damm aus sorgfältig behauenen und ebenso gefügten zumeist

---

[1]) Wenn — wie auch wohl hervorgehoben wird — Vitruv dies „Doppelbeil" nur bei der Verbindung von Säulen erwähnt, so ist das belanglos. Bei ihm kommt auch das opus spicatum nur beim Fussbodenbelag, der Buckelquader gar nicht vor.

[2]) In Deutschland u. a. bei den Brücken zu Trier und Mainz und im Elsass selbst bei den schon 1780 zu Horburg (dem römischen Argentovaria) aufgedeckten castrum (Kraus, Kunst u. Altert. II, 170), ebenso in Metz (ebendas. III, 397) und bei den römischen Sandsteinquadern von Augusta Rauracorum und Aventicum in der Schweiz. Nach Prof. Durm, Baukunst der Römer, S. 133 sind „hölzerne, bleierne und bronzene Schwalbenschwänze in Aegypten, Lydien, auf Samothrake, in Italien und im Elsass nachgewiesen", nach K. Sittl, Archäologie der Kunst (1895), S 285 speziell Holzdübel zur Verbindung der Steinblöcke miteinander in ägyptischen Tempeln, dem Parthenon und dem pergamenischen Athenatempel. v. Cohausen, Altert. im Rheinland, S. 25: „An anderen (römischen), z. B. Brückenbauten, geschah die Verbindung durch hölzerne Schwalbenschwänze."

[3]) Bei einer im 13. Jahrh. von den Hospitalitern in Saïda (Syrien) erbauten Brücke weist Rey, Étude (Paris 1871), S. 156 einen Steinverband durch *queues d'aronde probablement en bois* nach.

viereckigen Sandsteinen von 1½ bis 6 Fuss Grösse[1]). Diese ausschliesslich und direkt auf das hohe Felsplateau führenden Strassen — deren römischer Ursprung jetzt wohl allgemein anerkannt ist — können füglich nur durch eine dort befindliche wichtige Befestigung derselben Römer ihre Erklärung finden[2]), und zwar ist das meines Erachtens so unabweislich, dass selbst wenn man die dort noch vorhandenen Befestigungswerke einem nichtrömischen Volke zuschreiben könnte, man um eben dieser Strassen willen noch andere römische dort annehmen müsste. Beiläufig bemerkt, hätte diese römische Befestigung dann des obenbezeichneten Strassenzuges wegen auf der Stelle des jetzigen Ottilienklosters liegen müssen und damit gerade auf einem schmalen, am „Halse" leicht zu durchschneidenden, überall völlig senkrecht abfallenden Felsen, wie er für eine mittelalterliche Burg nicht trefflicher gewählt werden konnte. (Vgl. darüber weiterhin.)

Abgesehen von dem Vorhandensein ähnlicher römischer Anlagen in dem Höhenzuge der westdeutschen Grenze (siehe weiterhin) wird der Beweis römischen Ursprunges der Heidenmauer noch durch manche Umstände unterstützt, zunächst durch die auf dem Ottilienberge gemachten römischen Funde, besonders von zahlreichen Münzen aus dem 3. und 4. Jahrh., Löffeln u. dgl., und der althergebrachte Name „Heidenmauer" — „gentilis murus" in einer Bulle des im Elsass geborenen Papstes Leo IX. von 1050 — weist, wie ähnliche Bezeichnungen (vgl. Keller in Mitteil. d. Züricher antiquar. Ges. XII, 7, S. 269), in der Regel auf römischen Ursprung hin. Wenn in der vita Otiliae von dem Berge gesagt wird: „cui nomen ob altitudinem urbium Hoenburc (noch jetzt „Hohenburg") erat", so ist das wohl nur durch römische Hochbauten daselbst zu erklären[3]). In der „Vita" wird die Befestigung ferner als „propter defensionem ingruentium bellorum constructus tempore Marcelliani" —? Die Münchener Handschrift hat dafür Maximiani — bezeichnet, und die Königshofener Chronik (um 1400) schreibt: „Die von Strosburg hettent och vil heidenscher burge und vesten uffe dem berge zu Hohenburg und anderswo do sü und dis lantvolg sich inne enthielt." Endlich spricht dafür meiner Ansicht nach nicht wenig die Erwägung, dass ein so ungewöhnlich grossartiger, verhältnismässig kunstreicher und nach einheitlichem Plane durchgeführter Bau nicht wohl durch das mehr oder weniger freiwillige Zusammenwirken vieler einzelner, sondern nur durch einen festen obrigkeitlichen Willen, der zugleich mit voller Autorität über zahlreiche, nicht ungeschulte Arbeitskräfte verfügte, ins Leben gerufen werden konnte. Diese Voraussetzungen fanden zu den in Betracht kommenden Zeiten ihre Erfüllung[4]), aber nur in der römischen Herrschaft bzw. deren auch im Befestigungsbauwesen geübten Heere, neben welchem die einheimische Bevölkerung mehr oder weniger umfassend zur Arbeit mitzugezogen worden sein mag.

---

[1]) Vgl. Kraus a. O. I, 222.

[2]) Sie wären nicht wohl hinlänglich durch eine Kultusstätte zu erklären. Eine solche kann hier aber schon nach der Weite und Stärke der Mauerumschliessung auch gar nicht ernstlich in Frage kommen.

[3]) Vgl. Pfister (siehe weiterhin) S. 47: „Les termes urbs, urbes ne nous choquent pas davantage. Des ruines d'une forteresse romaine s'élevaient à l'emplacement où Adalric bâtit son monastère."

[4]) Dr. Schricker ist (Gemeindeztg. f. E.-L. 1879 Nr. 8) der Ansicht, dass die Heidenmauer „gleichsam eine entferntere Zitadelle für die grosse gallo-römische Garnisons- und Industriestadt Hellelum (Ehl bei Benfeld) war".

Die Befestigung des Ottilienberges weicht nun nach Form, Lage und Bauart so sehr von der gewöhnlichen Schablone römischer Kastelle ab, dass mehrere neuere Schriftsteller sich bemüht haben, besonders im Widerspruch gegen Schneider deren römischen Ursprung zu widerlegen. Allein trotz der Mannigfaltigkeit der dagegen vorgebrachten Gründe — ein jeder hat deren andere gefunden — wird Gehalt und Art dieser Gegenbeweisführung auf Unbefangene schwerlich überzeugend wirken können.

Oberst v. Cohausen hebt (Befestigungsweisen S. 42, in übertriebener Weise früher in Altertümer im Rheinland S. 17) die Ungleichheit und das (n. b. jetzt!) vielfach mangelhafte Zusammenpassen der Schwalbenschwänze hervor und glaubt danach, dass es sich um einen „nach dem Aufhören des Römerschutzes" von der ungeübten Bevölkerung „in grosser Hast eilig geschaffenen Zufluchtsort" handelt[1]). Weshalb etwa die ebendort beschriebenen Zugangswege nicht römisch sein sollten, wird nicht angedeutet.

Ueber dieselben schreibt Kraus (Kunst u. Altert. II, S. 221): „Triftiger als jedes andere Argument für den Charakter der Hohenburgischen Befestigung ist die Existenz einer Römerstrasse, welche aus der Ebene nach derselben führt." Er meint aber, dieselbe mit ihren Sperrvorrichtungen „müsste, was vielfach nicht geschehen, als etwas in ihrer Anlage, ihrem Ursprung und ihrer Bestimmung ganz Verschiedenes von der Heidenmauer betrachtet werden". Weshalb und inwiefern aber hier diese seltsame Ausnahme stattfinden müsse, darüber findet sich nichts bemerkt.

Auch Oberstleutnant Schmidt meint (Bonner Jahrb. 1845, S. 133), die Annahme, dass an Stelle des späteren Klosters ein römisches Kastell gestanden habe, müsse dann „zur Gewissheit werden", wenn die beiden von Ottrott und Barr hinaufführenden Strassen „unzweifelhaft römische" seien. Er bezweifelt letzteres aber nur, weil er irrtümlich meint, römische Strassen wären nur mit einer Kiesdecke, nie, wie hier, mit Plattenstücken belegt gewesen[2]). Ebenso völlig unhaltbar sind seine Bedenken bezüglich der Heidenmauer selbst, welche als Römerbau seiner Ansicht nach eiserne Klammern statt der hölzernen Schwalbenschwänze, sowie Türme zur Seitenbestreichung haben müsste. Wie hätte man alle Steine der 10 500 m langen Mauer mehrfach durch Eisenklammern miteinander verbinden können! (Siehe über die hölzernen auch oben S. 50, Anm. 2.) Selbst die verhältnismässig winzigen eigentlichen Kastelle der Römer hatten bekanntlich vielfach keine Türme, oder doch keine „zur Seitenbestreichung" über die Ringmauern hinausgerückten; wie viele derselben hätte man hier zur Beherrschung aller zugänglichen Stellen erbauen sollen!

Wieder einen anderen Grund gegen den römischen Ursprung der Heidenmauer findet Prof. Durm. Es heisst in dessen Baukunst der Etrusker S. 12: „Was sollten die Römer hier oben mit der stundenlangen Umwallung gemacht haben? Ein Luginsland, von dem man 300 Tage im Jahr nichts als Nebel sah? (St. Ottilien ist bekanntlich ein vielbesuchter Aussichtspunkt, und zu einem „Luginsland" bedurfte man keiner „stundenlangen Umwallung!") Ich möchte eher ein gallisches Oppidum vermuten, eine letzte gesicherte Zufluchtsstätte, in der man bei Auszügen Hab und Gut sowie kampfunfähige Leute zurückliess. Gallier und Etrusker machten schon früh im italienischen Küstenland Bekanntschaft durch das Schwert. Können nicht kriegsgefangene Etrusker Lehrmeister oder Ausführende gewesen sein?" — Gewiss eine fernliegende Vermutung.

Prof. Ch. Pfister (Le duché mérovingien d'Alsace, Paris 1892) kommt auf Grund seiner Untersuchung (S. 206—264) zu dem Ergebnis, dass es sich um ein Oppidum der Mediomatriker aus dem 3. oder 4. Jahrh. v. Chr. handle, in welches jedoch an der Stelle des jetzigen Klosters die Römer ein Kastell bauten.

Dr. R. Forrer (Die Heidenm. v. St. Odilien, Strassb. 1899) lässt die Anlage aus ungefähr dem 2. Jahrh. v. Chr. stammen. Die beiden Hauptargumente für den

---

[1]) Wenn Forrer (s. weiterhin) S. 32 Anm. dem Argument von der Ungleichheit der Klammer unter besonderem Ausdruck der Entrüstung entgegensetzt: „Als ob bei der verschiedenartigen Grösse und Form der Quader überhaupt einheitlich grosse Riegel möglich gewesen wären!", so ist das, da es sich immer um ungefüge Blöcke handelt, gewiss unbegründet.

[2]) Dass letzteres, besonders auch in Tälern, vorkam, bezeugt für Gallien *De Caumont, Abécédaire p. 30*, für Baden u. a. Näher, Bonner Jahrb. 1885, S. 50. Sie ähneln samt ihren tief ausgefahrenen Geleisen durchaus den Strassen von Pompeji.

römischen Ursprung werden mit wenigen Worten erledigt, die Schwalbenschwänze mit der Hinweisung darauf, dass vor den Römern auch schon die (hochkultivierten!) Aegypter und Etrusker dieselben gekannt hätten, und der irrtümlichen Behauptung, dass sie bei keiner erwiesen römischen Mauer in Deutschland oder Frankreich vorkämen (S. 32 u. 34); die Römerstrassen sollen sich (S. 10) als prähistorisch dadurch ergeben, dass die Ottrotter beim Aufstieg von einem künstlichen Walle begleitet werden, während der entscheidende Plattenbelag unberücksichtigt bleibt (!). Um so ausführlicher (S. 16—30), aber nicht überzeugend, wird versucht, die vorrömische Herstellung durch die Art der Steinsprengung mittels metallener Instrumente nachzuweisen. Wenn Cäsar später (B. G. VII, 23) die gallischen Wehrmauern als eine wechselnde Aufschichtung von Balken und Steinen beschreibt, so meint F. (der übrigens aus den saxis Cäsars ohne weiteres „Steinquader“ macht) S. 35, dass in der Technik der Ottilienmauer „der Kenner unschwer eine ältere Form erkennen werde“ (?!). Auch an anderem bedenklichen Vorbringen (so S. 29 zusammengehalten mit S. 38) fehlt es nicht.

Wenn übrigens, wie auch schon Niebuhr und andere vermutet haben, die Heidenmauer schon in vorrömischer Zeit bestanden hätte, würden Cäsar oder Ammian dies ungewöhnlich grossartige und so eigenartig hergestellte „oppidum“ schwerlich unerwähnt gelassen haben. Dass man schon vor den Römern den so günstigen Platz als Zufluchtsort benutzt und zum Teil befestigt gehabt habe, braucht nicht bezweifelt zu werden.

Die römische Befestigung des Ottilienberges würde indessen noch immer sehr befremdlich erscheinen, wenn sie die einzige bekannt gewordene Anlage dieser Art wäre. Wie schon weiter vorn bemerkt, ist das jedoch keineswegs der Fall; Schneider weist vielmehr in seinen „Beiträgen“ eine Anzahl anderer Befestigungen nach, die sich zumeist durch Römerfunde, zum Teil in Kalk aufgeführte Mauern[1]), römische Strassen und eine durchweg einander ähnliche Anlage auszeichnen. Was die letztere betrifft, so handelt es sich dabei regelmässig um einen schwer zugänglichen mit Mauern umschlossenen Bergrücken wesentlich als refugium der Bevölkerung in Verbindung mit einem noch besonders festen und befestigten Punkte, der nach Schneiders Meinung als Kastell und zugleich specula von römischen Soldaten besetzt war. Solche Befestigungen liegen nun zunächst im nordwestlichen Frankreich, ferner z. B. auf einer noch heute „Casselt“ genannten steilrandigen Bergkuppe zwischen der Our und Sauer im Regierungsbezirk Trier[2]), besonders aber weiter in dem Wasgau

---

[1]) Dass die Römer besonders bei grösseren Mauereinschlüssen auch Trockenmauern aufführten, ist bekanntlich an anderen Beispielen hinlänglich nachgewiesen. So besteht die bayerische Strecke der „Teufelsmauer“ (des rechtsrheinischen Grenzwalles) zumeist aus einer 10' breiten Trockenmauer von minder grossen Steinen, und auch in der Nähe der Saalburg findet sich (v. Cohausen, Grenzwall S. 126) ein Stück desselben Limes, welches trocken mit fünf bis sechs Schichten grosser Steinblöcke steil aufgebaut ist.

[2]) Schmidt, der a. O. den römischen Ursprung aller von Schneider besprochenen Wasgaubefestigungen anzweifelt, bemerkt bezüglich des Casselt (S. 126): „Die Aehnlichkeit (zwischen diesem und der Hoch-Schanz) besteht bloss darin, dass beide auf hohen, von allen Seiten steil abfallenden Bergplateaus liegen und dass die schmale Felsrippe, welche diese mit der Fortsetzung der Höhe verbindet, bei beiden Durchschnitten und mit besonderer Sorgfalt befestigt war.“ Der Casselt war, wie auch sein Name und noch mehr die Menge von römischen Altertümern und Substruktionen römischer Gebäude beweisen, ein römisches Kastell von grösserer Ausdehnung und Wichtigkeit, das zunächst als befestigte Mansion den Uebergang der Heerstrasse deckte, die von Metz nach Mastricht *(Pons Mosae)* ging und hier über die Sauer führte und wovon sich zu beiden Seiten dieses Flusses und besonders auf der südlichen noch viele Ueberreste erhalten haben. Die vorzüglichste

selbst. Hier werden a. O. besonders die Hochschanz nebst Bigarrenköpfel[1]) am Zorntal, Dreiheiligenberg[2]) unweit Dagsburg, Castelsberg und Heidenschloss an der Mossig, der Ringelsberg unweit des Breuschtales, Girbaden am Mageltal und die Frankenburg zwischen dem Weiler- und Lebertal näher behandelt. Von diesen sind für uns besonders die drei letztgenannten Befestigungen deshalb wichtig, weil sie noch heute und zwar auf ihrer höchsten Erhebung, die nach Schneiders Darlegung seinerzeit den römischen Militärposten trug, die Ruinen mittelalterlicher Burgen zeigen.

Für die römische Befestigung des wichtigen Bergrückens von Girbaden[3]) spricht noch besonders die in geringen Resten erhaltene Römerstrasse, welche von dem Kastell zu Heiligenberg direkt auf diese Höhe führte[4]), sowie die mannigfaltigen Römerfunde daselbst, von welchen Specklin uns seinerzeit berichtet[5]), während wir bei der Frankenburg, wenn auch sehr zerstört, die aus grossen Sandsteinquadern mit Schwalbenschwanzeinschnitten bestehende Ringmauer des Ottilienberges wiederfinden. Innerhalb derselben (u. zw. ausserhalb der Burganlage) ist auch eine jetzt verschüttete aus glatten Hausteinen hergestellte Zisterne oder Brunnen noch deutlich erkennbar[6]).

Wird man hiernach immerhin einige der übrigen voraufgeführten Befestigungsanlagen, bei welchen hinlänglich sichere Beweise römischen Ursprunges fehlen, preisgeben können, so ist andrerseits auch wieder die Zahl der für römisch anzusehenden ähnlichen Befestigungen im Wasgau durch Schneiders Untersuchungen noch nicht erschöpft. So führt der in bezug auf die Römertradition

---

Bestimmung des Casselt war jedoch, den Hauptpass, das Sauertal, welches aus dem Waldgebirge der Ardennen nach dem Moseltale oberhalb Trier führte, zu sperren und dieses geschah durch eine feste Lage zwischen der Vereinigung dreier Täler — der Sauer, der Ur und des Gaibachs —, die sämtlich aus dem Ardennerwalde herabführen, vollkommen. Der Casselt musste daher von der zweiten Hälfte des 3. Jahrh. an — wo die Raubzüge und Ueberfälle der Franken begannen, die sie hauptsächlich unter dem Schutze dichter Wälder ausführten — für Trier und das obere Moseltal eine grosse militärische Wichtigkeit haben und hieraus erklärt sich auch die grosse Ausdehnung dieses Kastells und die Menge von römischen Altertümern, die hier gefunden werden.

[1]) Nach Pfister a. a. O. S. 231 ist hier die Befestigung, weil es sich um eine 2 m starke Mörtelmauer handelt, ohne Zweifel römisch. Schneider hat (S. 13) nur „hie und da Spuren von Kalk" gefunden.

[2]) Vgl. hierzu Kraus, Kunst u. Altert. in Elsass-Lothr. III, 80 ff.

[3]) Die umfänglichen Einschluss- und Quermauern, von älteren Forschern mehrfach bezeugt (vgl. Beiträge S. 49 f.), scheinen jetzt zumeist verschwunden zu sein.

[4]) Ueber diese Strasse s. auch Ann. du Bas-Rhin 1844, 98. In Heiligenberg sind seit lange verschiedene Spuren einer ansehnlichen römischen Niederlassung aufgedeckt. Nach Pfister a. a. O. S 230 stand da an Stelle der Kirche ein noch erkennbares Römerkastell.

[5]) Dessen ebenso bestimmte als unauffällige Angabe anzuzweifeln, wie wohl geschehen ist, liegt keinerlei ausreichlicher Grund vor. Der Anfang der jetzigen, später noch viel veränderten Burg scheint ein hohenstaufischer Bau zu sein. Hering führt jedoch (Schloss Girbaden, Strassb. 1881, Bull., S. 12 f.) aus, dass „mit Benützung des von dem mutmasslichen Römerkastell nach Vorhandenem spätestens um die Mitte des 10. Jahrh." daneben eine ältere Burg, zu welcher die noch vorhandene St. Valentinskapelle gehörte, errichtet worden sei. Vgl. auch *Garnier et Fröhlich, Voyage aux Chateaux hist.*, Paris 1889, S. 431: „*Quoiqu'il en soit, il est hors de doute, qu'il y avait une station militaire au sommet de la montagne, et que Girbaden était un point occupé par les Romains.*"

[6]) Vgl. Hering in den Mitteil. a. d. Vogesenklub, Strassb. 1885, Nr. 18, S. 31 f.

sehr vorsichtige Professor Kraus in „Kunst u. Altertümer in Elsass-Lothringen“ als römisch auf:

1. (Bd. II, S. 49.) Die von de Ring und Abbé Braun auf dem 581 m hohen Kastelberg über Gebweiler untersuchten Befestigungen, bestehend in zwei zum Teil an die steile Böschung angelehnten Kastellen mit einem Viereckturm in roher Rustika von 12 m Seitenlänge.

2. (Bd. I, S. 76.) Das befestigte Bergplateau des Gross-Limmersberg südlich von Zabern, auf welchem u. a. ein Merkur und andere Skulpturen gefunden wurden[1]).

3. In den Vorbergen den Heidenberg unweit Leutenheim (Kreis Hagenau), dessen etwa 3 Hektar grosse Befestigung (ebenso wie die von Schneider untersuchten Anlagen) in der Mitte das 30 m höhere „Schlössel“ trägt und „anscheinend zur Deckung der Römerstrasse von Brumath nach Seltz angelegt wurde“. —

Die gleichzeitigen Schriftquellen über die von den Römern bei uns ausgeführten Bauten sind höchst unzulänglich und dürftig. Ueber alle diese mehr oder weniger erhaltenen Römerwerke, deren Grossartigkeit unser Staunen erregt — ich nenne den rechtsrheinischen Grenzwall, die „Langmauer“, die *porta nigra*, die Wasserleitungen bei Zahlbach und in der Eifel usw. —, finden wir bei den römischen Schriftstellern günstigen Falles eine gelegentliche Andeutung, zumeist aber auch nicht einmal eine solche, und wir können daher keineswegs etwa zu der Folgerung berechtigt sein, dass eine bauliche Anlage irgendwelcher Art deshalb nicht römisch sein könne, weil in den alten Schriftstellern — die uns ja übrigens auch keineswegs vollständig erhalten sind — sich nichts findet, was sich darauf deuten liesse.

Um so mehr Wert müssen deshalb freilich auch die wenigen Ausnahmen von dieser Regel für uns haben.

Zu diesen Ausnahmen ist zunächst nicht die Nachricht des Florus über die „Drususkastelle“[2]) zu rechnen, so gern die Romanisten diese zu verwerten pflegen[3]). Wir wissen über diese Kastelle nichts Näheres und müssen den Umständen nach annehmen, dass sie aus flüchtigen, kaum gemauerten Befestigungen bestanden, die allerdings später zu festeren Werken entwickelt worden sein mögen.

Die wichtigste gleichzeitige Schriftquelle über die römischen Befestigungsbauten besonders auf der linken Rheinseite ist diejenige, in welcher uns Ammianus Marcellinus (lib. XXVIII cap. II) über die letzten grossen Anstrengungen zu

---

[1]) Wegen der Einfachheit der sich auf dem Plateau kreuzenden Trockenmauern hält Pfister a. a. O. S. 222 dieselben für die Reste von Wohnungen der Römerzeit und das Ganze nicht für einen Zufluchtsort. Auf eine Befestigung weisen aber die langen Strecken einer in 3 m Abstand sich hinziehenden Doppelmauer hin. Darüber auch A. Goldenberg, Castrum gallo-romain du Gross-Limmersberg im Bulletin de la Société des monum. hist. d'Alsace, I, 3, S. 127 ff.

[2]) *Epit. IV, 12: Praeterea in tutelam provinciarum praesidia atque custodias ubique disposuit, per Mosam lumen, per Albim, per Visurgim. Nam per Rheni ripam quinquaginta amplius castella erexit.*

[3]) Vgl. z. B. Bavaria IV, 2, S. 577: „Den von Drusus erbauten Kastellen haben zuverlässig (!) manche nachherige Burgen, wie man aus den Grundmauern derselben ersieht, bei denen die viereckige Gestalt der Römerkastelle beibehalten ist, z. B. die Kästenburg, die Madenburg usw., ihre Entstehung zu verdanken.“

Valentinians Zeit — a. 368[1]) — verhältnismässig genaue Mitteilungen macht. Sie lautet: *Valentinianus magna amimo concipiens et utilia Rhenum omnem a Rhaetiorum exordio adusque fretalem Oceanum magnis molibus communiebat, castra extollens altius et castella, turresque assiduas per habiles locos et opportunos, qua Galliorum extenditur longitudo: nonnunquam etiam ultra flumen aedificiis positis subradens barbaros fines . . . . Ratusque aptissimum ad id quod deliberabat implendum, trans Rhenum in monte Piri, qui barbaricus locus est munimentum exstruere disposuit raptim.*

Ich würde die Stelle etwa übersetzen: „In Verfolgung grosser und nützlicher Pläne befestigte Valentinian den ganzen Rhein vom Anfang Raetiens bis zur Flussmündung mit gewaltigen Bollwerken[2]), indem er Lager und Kastelle höher aufbaute, desgleichen eine zusammenhängende Reihe von Türmen an besonders geeigneten und zweckmässigen Orten, soweit sich Gallien erstreckt. Auch jenseits des die feindliche Grenze bespülenden Stromes liess er hie und da Bauwerke aufführen und glaubte seinen Plan am besten auszuführen, indem er jenseits des Rheines auf dem zum feindlichen Gebiete gehörenden Berge Pirus in Eile ein Befestigungswerk aufführen liess."

Schneider glaubt, in diesen Angaben des Ammian einen Schriftbeweis für die römischen Befestigungsanlagen auf den Wasgaubergen insofern zu finden, als er („B e i t r ä g e" S. 136 ff.) das *extollens altius* übersetzen zu dürfen meint durch „an erhöhten Punkten, als es bisher geschehen war, anlegend". Ich halte diese Deutung für nicht richtig. *Altius extollere,* von Bauwerken gesagt, kann schon an sich ungezwungen nicht wohl etwas anderes heissen, als m e h r i n d i e H ö h e b a u e n. Hier aber kommt noch hinzu e r s t e n s, dass (vgl. die letzte Anm.) damit die nähere Erklärung und Beschreibung der *magnae moles* gegeben werden soll — höhere Bauwerke mit deshalb stärkeren Mauern —, sowie z w e i t e n s, dass derselbe Satz eine Ortsbestimmung für die Bauwerke ausserdem schon in den Worten *per habiles locos et opportunos* enthält[3]). Die gewagte Deutung S c h n e i d e r s war aber insofern auch wohl u n n ö t i g, als meiner Ansicht nach die zuletzt angeführten (von S c h n e i d e r kaum beachteten) Worte schon ohne Zwang auf die erhöhte Lage der Bauwerke gedeutet werden können. Durch die Häufung zweier wesentlich gleichbedeutender Eigenschaftswörter — *habiles et opportunos* —

[1]) Zwischen den Bauten des Drusus (15 v. Chr.) und des Valentinian hatten besonders Kaiser Probus 276 bis zum Neckar und der Alb und Diocletian am Rhein und der Donau Befestigungen angelegt.

[2]) In der (überhaupt nicht sehr sorgsamen) Uebersetzung von W a g n e r wird *magnis molibus* durch „starke Dämme" wiedergegeben. Offenbar falsch, denn wie *moles* ebensowohl von grossen Gebäuden auf dem Festlande gebraucht wird, handelt hier der ganze Abschnitt von militärischen Anlagen und die Partizipialkonstruktion *extollens* zeigt noch speziell, dass in dem Folgenden näher angegeben wird, welche Art von *molibus* gemeint ist. Die doppelte Steigerung *magnae moles* rechtfertigt die Wiedergabe durch „gewaltige Bollwerke".

[3]) Ebenso deutet S c h n e i d e r (S. 132) in dem Satze Ammians (XXX, 7): *Ideo autem etiam Valentinianus merito timebatur, quod auxit et exercitus valido supplemento, et utrobique Rhenum celsioribus castris munivit atque castellis, ne latere usquam hostis ad nostra se proripiens poterit,* das *celsioribus* gleichfalls als „an höheren Punkten, als dies bisher geschehen war". Auch dies Wort (von cello abgeleitet) kann aber, von Bauwerken gesagt, kaum etwas anderes heissen, als h ö h e r gebaut und wurde auch sonst von Ammian in diesem Sinne gebraucht. Vgl. XXIII, 5: „*Cercusium munimentum tutissimum . . . Quod Diocletianus exiguum antehac et suspectum m u r i s t u r r i b u s q u e circumdedit c e l s i s.*"

hat der Schriftsteller allem Anschein nach auf die besonders zweckmässige Auswahl der zu befestigenden Punkte erhöhtes Gewicht legen wollen. Fragt man aber nach den für solche Orte wünschenswerten Eigenschaften, so werden es ausser gesichertem Wasserbezuge zunächst sein: weiter Ausblick besonders gegen das feindliche Land hin, eine von Natur geschützte Lage und, wenn möglich, noch die Beherrschung von Strassen und Pässen. Alle diese Eigenschaften bot aber nur die dem Strome zugekehrte Seite der linksrheinischen Gebirge — sie finden sich in hervorragender Weise vereint z. B. bei der Befestigung der Frankenburg —, während Ammian schwerlich die Wahl besonders zweckmässiger Punkte so betont haben würde, wenn Valentinian sich damit begnügt hätte, seine neuen oberrheinischen Befestigungen in der elsässischen und pfälzischen Ebene anzulegen, wo die Römer schon seit Jahrhunderten dasselbe getan hatten und der eine Ort kaum wesentlich zweckmässiger sein konnte als der andere[1]).

Das hier Hervorgehobene scheint mir ausschlaggebender dafür zu sein, dass die von Ammian bezeichneten Befestigungswerke vorzugsweise auf dem Ostrande des Wasgau- und Hardtgebirges zu suchen sind, als eine andere Erwägung Schneiders (a. O. S. 137 f.), welche wesentlich darauf hinausläuft, dass durch die von Drusus, Diocletians, Constantin und Julian erbauten Befestigungen das Land vom Rheine bis dahin schon mit solchen völlig besetzt gewesen sei.

Schliesslich lasse ich noch dahingestellt sein, ob nicht auch die Worte Ammians: *qua Galliorum extentidur longitudo* auf die Wasgaugrenze deuten mögen, da bis an dieses Gebirge die nur im weiteren Sinne zu Gallien zu rechnende obergermanische Provinz sich erstreckte.

Ueber diese hier bereits behandelten, von Ammian bezielten Befestigungen bemerkt Dir. Ohlenschlager (Westd. Zeitschr. 1892, S. 14):

„Ganz verschieden von den eben genannten Standlagern in Zweck und Anlage ist eine Art römischer (oder doch ganz frühmittelalterlicher)[2]) Befestigung, für welche im rechtsrheinischen Bayern bis jetzt mir nur ein Beispiel bekannt ist, die im Jahre 1836 abgetragene Befestigung des St. Lorenzberges bei Hofach, die aber in den rheinischen Gegenden in den letzten Jahren mehrfach gefunden wurden. Sie entbehren des regelmässigen geometrischen Grundplanes, den wir bei den bisher genannten beobachtet haben, sind in ihrer Ummauerungslinie dem Boden angepasst und besitzen eine unregelmässig runde oder vieleckige Gestalt. Ihre ganze Anlage entspricht einer Zeit, wo die Römer nicht mehr im Vertrauen auf die Kraft und Kriegstüchtigkeit ihrer Truppen an Ausdehnung ihrer Macht dachten, sondern wo sie sich begnügen mussten, den Besitz durch starke Mauern vor Ueberfall zu schützen. Daher wurde auch die Lage auf minder zugänglichen Höhen nicht mehr gemieden[3]). Ueber ihre Besatzungs- und Verteidigungsverhältnisse sind wir nicht unterrichtet."

---

[1]) Zu der Frage, wo die Befestigungen lagen, bemerkt Schneider a. O. S. 139 übrigens noch, „dass der Schriftsteller recht wohl von einer Befestigung des Rheines sprechen konnte, ohne dass diese Befestigungen so nahe am Ufer lagen, indem einerseits durch die Fortifikationsanstalten auf den Vogesen wirklich auch der Rhein befestigt wurde, andrerseits bei einem Schriftsteller, der in einer gewissen Entfernung schreibt, oft Gegenstände und Orte näher nebeneinander gedacht werden, als sie sich in Wirklichkeit befinden. So sagt z. B. Kaiser Julian (*opera ed. Spanh. Lips. 1690, p. 279*), *Argentoratum* liege am Fusse der Vogesen, und versetzt also dieses Gebirge dicht an den Rhein, während es doch noch 5—6 Meilen davon entfernt und das ganze Elsass noch dazwischen liegt."

[2]) Der Inhalt dieser Klammer wird durch das Nachfolgende stillschweigend zurückgenommen.

[3]) Nachgewiesenermassen wurde sie vielmehr mit Fleiss gesucht.

Auch andere Forscher sehen in diesen linksrheinischen Befestigungen auf den von Natur besonders festen Punkten die unter Diocletian beginnenden letzten römischen Anstrengungen gegen den Andrang der von Osten und Norden vordringenden Völker, so Dr. Mehlis, Korresp.-Bl. d. Westd. Zeitschr. 1887, S. 248[1]), Prof. Hettner, Westd. Zeitschr. 1891, S. 291 f. und Dr. Keller a. O. S. 312 (bezüglich des Schweizerkastelles Irgenhausen). —

Ausser der bisher behandelten Lage und der Umrissfigur wird auch die unverhältnismässige Grösse der Kastelle gegenüber unseren Burgen hervorgehoben, so von Prof. Miller, der (Die röm. Kastelle in Württemb., S. 5) meint, dass die Fläche derselben sogar bei den kleineren selten unter 2 ha betrage.

Muss zugegeben werden, dass die meisten Kastelle wesentlich grösser sind als eine Burg mittleren Umfanges, so ist doch auch das umgekehrte Verhältnis nicht sehr selten. Nach Oberst v. Cohausen[2]) sind unter den Kastellen des rechtsrheinischen Grenzwalles deren fünfzehn, welche nur $^4/_5$ bis hinab zu $^1/_{23}$ eines Hektars gross sind, und auch die von Prof. Miller selbst a. O. behandelten Kastelle gehen bis auf weniger als $^1/_3$ ha hinunter. Andrerseits sind bei uns Burgen von ungefähr einem Hektar und mehr Flächenraum nicht so selten (Hohkönigsburg und Girbaden im Wasgau, Lichtenberg in der Rheinprovinz, die fränkische Salzburg, Hohenems in Vorarlberg usw.), während die Marienburg mit etwa 15 Hektar auch das grösste Limeskastell noch um mehr als das Dreifache übertrifft. Es bleiben daher jedenfalls auch an Kastellen im engeren Sinne genug übrig, deren Umfang über den einer mittelgrossen Burg nicht hinausgeht. —

Zu den militärischen Bauten, durch welche die Römer den Besitz einer eroberten Provinz sich zu sichern suchten, gehörten nun ausser den bisher allein behandelten befestigten Plätzen aller Art — *castra, castella, burgi*, befestigte Zollstationen, *mansiones* usw. — auch die *speculae*, d. h. einzeln stehende Warten, welche an Grenzlinien und wichtigeren Strassen entlang auf weithin sichtbaren Anhöhen errichtet und mit Wächtern besetzt waren, die von bedrohlichen Ereignissen durch Alarmsignale schnelle Kunde bis zu den nächsten befestigten Plätzen zu geben hatten.

Es ist dies zunächst durch römische Schriftsteller hinlänglich bezeugt. So heisst es bei Hirtius, *De bello hisp. c. 8: Hic etiam propter barbarorum crebas excursiones, omnia loca, quae sunt ab oppidis remota, turribus et munitionibus retinentur. Simulque in his habent speculas, et propter altitudinem longe lateque prospiciunt* und ebenso bezüglich Afrikas *De bello afric. c. 37: In hoc jugo colles sunt excelsi pauci, in quibus singulae turres speculaeque singulae perveteres erant collocatae.* Vergil erwähnt dieser *speculae* wiederholt, so *Aen. III. 239 Dat signum specula Misenus ab alta Aere cavo*, und Cicero bezeichnet *(In Verrem)* mit den Worten: *Non enim sicut antea consuetudo erat, praedonum adventum significabat ignis e specula sublatis*, diese Signaleinrichtung als alten Gebrauch.

---

[1]) „Das Kastell Heidenberg bei Kraimbach hatte gleich dem bei Biebermühle gelegenen fast intakten „Steiner Schloss" (?), der Heidelsburg bei Waldfischbach, der Heidenburg bei Oberstaufenbach offenbar zwei Zwecke: 1. sollte es einen römischen Strassenzug decken, 2. der Bevölkerung gegen Einfälle der Franken und Alemannen Schutz gewähren."

[2]) Vgl. die Zusammenstellung Grenzwall Taf. XXXII.

Die Art des Signalgebens war verschieden. Dasselbe geschah entweder durch Blasinstrumente *(Veget. de re mil. III, 8, lib. I, VII)* oder Schlagen auf einem Kessel *(Vergil. l. cit.)*, durch rote, auf eine Lanze gesteckte Tuchlappen *(Appian. De bello Hisp.)* oder durch aufrechtstehende bzw. herabhängende Balken *(Veget. III, 5)*, hauptsächlich aber durch die in weitere Ferne wahrnehmbare Anwendung des Rauches bei Tage und des Feuers zur Nachtzeit. So heisst es bei *Caesar, De bello Gall. II, 33: Celeriter ut ante Caesar imperaverat, ignibus significatione facta, ex proximis castellis eo concursum est* und *De bello civ. III, 65: Neque multa post Caesar, significatione per castella fumo facta, ut erat superioris temporis consuetudo, deductis quibusdam cohortibus ex praesidiis, eodem venit.* Ebenso *Liv. lib. IV.* Daher bei *Vegetius De re mil. III, 8* als Regel: *Si divisae sunt copiae, per noctem flammis, per diem fumo significant sociis, quod aliter non potest, nunciari*[1]).

Abbildungen solcher *speculae* sind uns in den bekanntlich Szenen aus den dacischen Kriegen darstellenden Reliefs der Trajanssäule überliefert; mit Palisaden umgebene Einzeltürme, aus deren oberstem Geschoss eine grosse Fackel hinausgesteckt ist. Die Darstellungen der Bauwerke auf dieser Säule sind jedoch durchaus nicht als völlig naturgetreu anzusehen. Wenn schon bei allen älteren bildlichen Darstellungen anderer Nationen, und so auch unserer eigenen, eine oberflächliche, mehr schematische Behandlung und ein verhältnismässig viel zu kleiner Massstab bei Baulichkeiten durchaus die Regel bildet, so kommt hier noch hinzu, dass die Breite der sich um die Säule windenden Reliefbänder dem gewählten Masse der menschlichen Körper eben entsprach und daher für die Darstellung namentlich im Vordergrund stehender Türme keinen ausreichlichen Raum bieten konnte, während man doch tunlichst auch die vollständigen Bauwerke wiedergeben wollte. Daher sind denn bei den Abbildungen der Trajanssäule die Kastelle kleine turmlose (übrigens meist rundliche oder kreisrunde) Quaderbauten, deren Mauern auch auf ihrer Aussenseite den Kriegern überall nur bis an die Brust reichen und deren spärlich verteilte Zinnen danach als etwa 4 cm hohe Verzierungen erscheinen[2]), und vor allem fällt bei den Warttürmen die Verkürzung des Oberteils — bei Fig. **13** (nach v. Cohausen a. O.) sogar zwei Stockwerke hoch — besonders im Verhältnis zu der hohen Tür und der ausgesteckten Fackel sofort in die Augen. Die Darstellungen können also keineswegs als massgebend gelten[3]).

Fig. 13
Von der Trajanssäule

[1]) Diese und noch weitere Belegstellen finden sich zusammengestellt bei Schneider, Beiträge, S. 90 f.

[2]) v. Cohausen nimmt (Grenzwall S. 343) 1,60 m als wirkliche Höhe derselben an.

[3]) Wären diese Darstellungen durchaus zuverlässig und massgebend, so würde man beiläufig auch einen Teil der am Limes festgestellten speculae (von den Kastellen abgesehen) für unrömisch erklären müssen, da dieselben keine Quaderbauten sind und zum Teil keinen ebenerdigen Eingang haben. Bezüglich der Stärke der Befestigungen wäre auch noch zu berücksichtigen, dass das Stromgebiet des Rheines von den Römern sehr viel länger besessen und hartnäckiger verteidigt wurde als Dacien.

Wenn es ferner Limestürme von nur 4 m äusserer Seitenlänge gab[1]), so hatten doch andere bis zu mehr als doppelten Grösse, so ein solcher von v. Cohausen, Grenzwall S. 147 angegebener von 6,89 und 7,16 m, während (Limesbl. S. 621 und 642) der Turm auf dem Gaulskopf in Hessen (mit weiter Aussicht u. a. auf das vorliegende eng eingeschnittene Vogeltal) 8,50 m im Quadrat hatte. Diese geben also manchem unserer Berchfrite nichts nach und übertreffen andere, wie diejenigen von Schwarzenhorn in Vorarlberg (5,89 zu 6,25 m), Grünwald in Oberbayern (5,50 m), Welsberg und Telvana in Tirol (5 m), sogar noch nennenswert. Uebrigens lagen die Limestürme gutenteils (vgl. v. Cohausen a. O. S. 346) zum Signalgeben so untauglich, dass sie wohl nur als Unterkunftsräume für die Wächter anzusehen sind, welche die Schlagbäume der durch den Pfahlgraben führenden Wege zu öffnen und zu schliessen hatten.

Schon aus Livius lib. XXXI sehen wir ferner, dass die Römer z. B. in Spanien auf hochgelegenen Punkten zahlreiche Türme errichtet hatten, die so stark waren, dass sie neben ihrer Zweckbestimmung als Warte, zugleich als kleine Befestigungen gegen räuberische Banden dienen konnten[2]), und bei dem häufigen Wechsel der Besatzungstruppen wie besonders der Befehlshaber ist schon an sich nicht anzunehmen, dass diese Einrichtung gerade nur in jenem Lande beliebt worden sei.

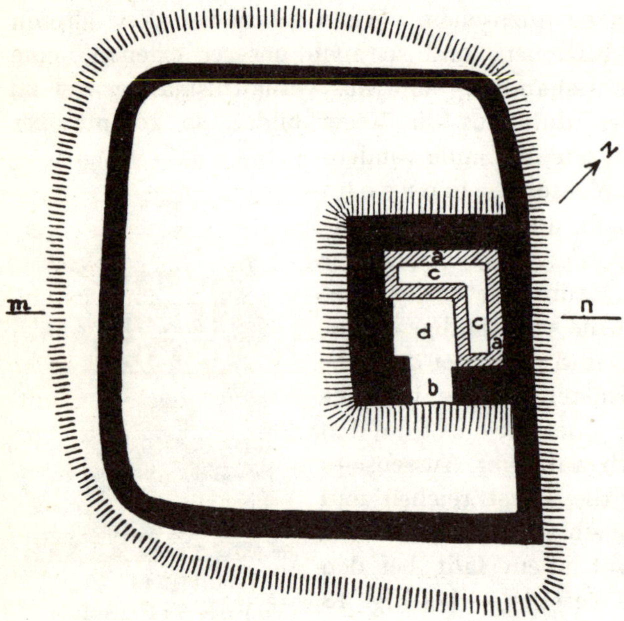

Fig. 14 Römische Warte auf dem Biberlikopf

In der Tat sind denn auch u. a. in der deutschen Schweiz Römerwarten dieser Art nachgewiesen worden.

Die Wichtigkeit dieser Bauten für die Frage unserer Römertürme rechtfertigt ein näheres Eingehen auf dieselben[3]).

Es ist zunächst zu nennen die Warte auf dem Biberlikopf (Fig. **14**). Der letztere ist ein von dem Massiv des Wesenerberges durch eine Schlucht getrennter, nahezu 500 Fuss über der Talsohle sich erhebender Gipfel westlich der Stadt Wesen. Derselbe gewährt einen weiten Blick östlich über den Walensee, südlich in das Tal von Glarus und die dasselbe sperrende, in ihrem Ursprung für römisch gehaltene Letzimauer,

---

[1]) v. Cohausen stellt (Grenzwall Taf. III), um die Romanisten lächerlich zu machen, einen so kleinen Turm und solche von der Trajanssäule mit dem (fälschlich) für römisch gehaltenen, fast 11 m starken Buckelquaderberchfrit von Hohentrüdingen zusammen.

[2]) *Multas et locis altis positas turres habet Hispania, quibus et speculis et propugnaculis adversus latrones utuntur.*

[3]) Keller, Röm. Ansiedelungen a. O.

westlich gegen das Tal der Linth, und die alte Römerstrasse zwischen Walen- und Zürichersee zieht an seinem Fusse vorüber. Die 1853 durch Ingenieur Legler ausgegrabene Turmruine auf diesem Hügel — ,,den sonderbarer- aber glücklicherweise das Mittelalter mit einem Burgenbau verschonte" (vgl. das Profil Fig. 15[1]) — zeigte nun ein Quadrat von 30′ 6″ N. Schw. M., dessen Wände, 7′ 4 bis 8″ stark, aussen grösstenteils aus oberflächlich zurecht geschlagenen ⅓ bis ½, selten einen ganzen Kubikfuss grossen Kalksteinen bestehen. Innen schliesst sich an dieselben eine 2′ dicke felsenharte Gussmauer (a) an, aus reinem Kalk, Kalksteinsplittern und viel feinem Ziegelmehl bestehend. Ausserdem aber ist der 15′ 5″ lange und breite Innenraum (d) des Turmes durch eine ebenso starke Gussmauer so eingeteilt, dass ein 3′ bis 3′ 5″ breiter Raum (c) von dem grösseren Raum abgetrennt ist. Dieser schmale Raum zeichnet sich vor dem grösseren dadurch aus, dass der Boden desselben aus 6″ dickem auf Steinplatten gelegten Ziegelzement besteht und die Wände mit einem Bestich sauber verputzt sind. Bei b befindet sich ein etwas zerstörter ebenerdiger Eingang. ,,Da eine Verbindung zwischen den beiden Räumlichkeiten c und d nicht vorhanden war, ist anzunehmen, dass man in die erstere kleinere vom ersten Stockwerk aus hinabstieg. Vielleicht war d mit einem Tonnengewölbe bedeckt, in welchem sich eine Oeffnung befand, durch die man vermittels einer Leiter, die bei einem Ueberfalle zurückgezogen werden konnte, in das erste Stockwerk hinaufstieg. Von diesem aus gelangte man wieder vermittels einer Leiter in den Raum c, wo die Lebensmittel aufbewahrt wurden." Drei Seiten des Turmes umgibt, der Gestalt der Bergkuppe folgend, im Abstand von 18 bis 36′ eine Ringmauer im wesentlichen viereckig, an den Ecken abgerundet und 3 bis 5′ stark aus dem gleichen Material erbaut. Dieselbe, noch bis 4′ Höhe erhalten, hat nirgend eine Oeffnung, musste alo mittels einer leicht zu entfernenden Leiter überstiegen werden. Der Hofraum enthält bis 4′ Tiefe vorzügliche, wohl zum Gemüsebau benutzte Erde, aber keine Spur sonstiger Gebäude. Gefunden wurden Scherben von Amphoren und anderen Gefässen.

Fig. 15 Desgleichen

Alles hier Aufgeführte nun, besonders aber die Lage des Bauwerkes auf der überallhin sichtbaren Anhöhe an der Römerstrasse und entfernt von jeder mittelalterlichen Befestigung, die Form der eingangslosen Ringmauer, die Verwendung zerstossener Ziegel zum Mörtel und Estrich usw. spricht ebenso für eine römische specula, als andrerseits gegen einen mittelalterlichen Bau. Entscheidend möchte schon allein der Einbau im Erdgeschoss sein, der so bei einem mittelalterlichen Turm nirgend vorkommt und auch nach der uns hinlänglich bekannten Verwendung dieses Raumes dort unerklärlich wäre. Es kann mithin auch dem vorsichtigen Forscher kein Zweifel daran übrigbleiben, dass wir es hier in der Tat (wie freilich auch nie bezweifelt worden ist) mit einem römischen Turmbau zu tun haben.

Ueber weitere, minder genau nachzuweisende Römerwarten an dieser Strasse vgl. a. O. 327 und 329. Dagegen haben einige der am linken schweizerischen

[1]) Auch der vorhin angeführte Turm auf dem Gaulskopfe würde wohl seiner Grösse wie seiner Lage nach zum Berchfrit einer Burg geeignet gewesen sein.

Rheinufer entlang gelegenen Warten näher festgestellt werden können, besonders die Warte bei Ellikon unweit Rheinau. Der Turm steht hier hart am Rande eines ca. 80′ zum Strome abfallenden, über die Umgebung ca. 8′ erhöhten Platzes und zeigt ein Quadrat von 33′ 5″ Seitenlänge. Die 6′ dicken Wände, Gussmauerwerk, sind aussen mit faustgrossen, am Rhein gesammelten Steinen, innen mit zugehauenen, 6″ hohen, 8—9″ langen Tuffsteinen (dem bei den Römern besonders beliebten Baumaterial) bekleidet. Auch hier ist das 21′ 5″ weite Erdgeschoss, übrigens ohne Eingang, durch eine 4′ dicke Mauer in zwei gleiche Räume geteilt[1]), von denen nur der eine glatt verputzte Wände hatte und anscheinend mit einem Estrich belegt war. Ein doppelter Wall und Graben und wohl eine Palisadenumzäunung umgaben den Turm auf den drei freien Seiten. Unter anderem fanden sich zahlreiche Scherben römischer Dachziegel[2]). Die hiernach gleichfalls unstreitig römische Warte korrespondiert stromaufwärts mit einer anscheinend ebenso umfänglichen Warte bei Martalen, während „die nächste rheinabwärts auf dem Ebersberge gestanden haben muss, auf welchem nebst keltischen Altertümern auch römische vorkommen und im Mittelalter die Burg der Edlen von Ebersberg sich befand“[3]).

Um noch einige Beispiele aus andrer Gegend zu geben, ist nach der Zeitschrift des Aachener Geschichtsvereins Bd. V, 311 ff. bei Friesenrath im Landkreise Aachen auf einer Anhöhe mit weiter Aussicht in der Nähe einer Römerstrasse und einer andren Warte eine Römerwarte in ihren Fundamentmauern erhalten, die 90—100 qm Bodenfläche bedeckt haben mögen. Am Fusse der Warte sind, dem Mauerwerk nach zu schliessen, einige Gemächer für Wächter vorhanden gewesen. Ebenda Bd. VII, 174 meint J. Schneider, dass bei Stolberg „auf der Anhöhe, wo jetzt die Burgruine liegt und die Reste des aus grossen Steinen bestehenden Unterbaues einer vorüberziehenden Römerstrasse vorhanden sind, wahrscheinlich eine Warte stand“. Im Hardtgebirge hat Dr. Mehlis seiner Angabe nach[4]) an drei hochgelegenen Punkten, dem Ebersberg, bei der Ruine „Murrmirnichtviel“ und auf dem sagenberühmten Drachenfels (572 m) die Reste alter speculae von 4—5 m lichter Weite gefunden. Im Allgäu stand u. a. eine Römerwarte „ohne allen Zweifel“[5]) bei Klamm unweit Buchenberg.

Wie bereits vorhin gezeigt, dienten die speculae auch als *propugnacula adversus latrones;* oft waren sie auch stark genug, um geradezu eine Grenz-

[1]) Kleine ummauerte aber vertiefte Sonderabteilungen in einer Ecke haben sich auch bei Wachttürmen des Rheinischen Grenzwalles gefunden (so z. B. Limesblatt 1894, S. 315). Vgl. übrigens den Berchfrit von Sargans, Kap. 6.

[2]) Bei der Warte auf dem Biberlikopf ist dies nicht der Fall und es wird daher a. O. angenommen, dass dieselbe flach gedeckt und mit Zinnen bekrönt war (?). v. Cohausen bemerkt (Grenzwall S. 344) von den speculis der Trajanssäule (siehe Fig. 13): „Sie sind mit Brettern, vielleicht auch mit Stroh gedeckt.“ Letzteres halte ich sowohl den Darstellungen nach als auch wegen der zu gebenden Feuersignale jedenfalls nicht für wahrscheinlich.

[3]) So nach Keller. Nach H. Zeller-Werdmüller (Histor. Zeitschr. N. F. Bd. XLI., S. 285) „hat da wohl eine Römerwarte, aber kein mittelalterliches Bauwerk gestanden“.

[4]) Dr. Mehlis im Korresp.-Bl. d. Westd. Zeitschr. 1891, S. 68.

[5]) Dr. Baumann, Gesch. des Allgäu I, 47, mit Lageplan S. 592.

befestigung darzustellen. So schreibt Procopius, De aedific. Justiniani lib. IV, c. 5: *Multa certe munimenta una admodum turri constabant, unde merito Monopyrgia dicebantur — nec nisi perpaucis Stationariis instructa erant,* und im Cod. Theodos. XV, 27, 13 heisst eine Verfügung Valentinians I: *In limite Gravitati tuae commisso, praeter eas Turres, quas refici oportet (si forte indigeant refectione), Turres administrationis tempore quotannis locis oportunis extrue.* Dass dieser Kaiser auf linker Rheinseite zur Befestigung ausser *castris* und *castellis* auch *turres assiduas per habiles locos et opportunos* errichten liess, ist schon oben S. 56 besprochen. Schon Cäsar erbaute zum Schutz der Rheinbrücke bei Cöln einen vier Stockwerke hohen Turm.

Endlich kommen auch noch andre Römertürme vor, deren Grundriss-Masse denen unserer stattlicheren Berchfrite nichts nachgeben. So führt v. Cohausen, Bonner Jahrb. L, S. 93 selbst an, dass die Türme der Römerkastelle Boppard[1]) 25, Cöln 28½ und Burg 34′ Durchmesser hatten. Die Flankierungstürme der Deutzer Porta praetoria (Fig. 24) hatten 36′ 6″, und ein „turmartiger Anbau“ am Kastell Gr. Krotzenburg 8 zu 9 m Seitenlänge[2]). Die unlängst ausgegrabenen Stadtmauertürme von Trier haben 8,70 bis 10,45 m Durchmesser bei 4,50 bis 5,24 m lichter Weite. Sie springen beiderseits über die Mauer vor und haben nach aussen die doppelte Mauerstärke als stadtwärts.

Diese Römertürme sind zum Teil rund. Solche sind auf der rechten Rheinseite kaum[3]), mehr als viereckige bisher überhaupt nicht nachgewiesen[4]). —

Die bei unseren Berchfriten nicht seltenen äusseren Absätze kamen auch schon bei den Römern vor. So sprang ein Turm des Castrum von Deutz in 2 m Höhe um 0,44 m und 1 m höher um 0,55 m zurück[5]). Auch die Pfeiler der Zahlbacher Wasserleitung haben mehrfach und zum Teil abgeschrägte Absätze von 8 bis 10 cm Breite. —

Der Gedanke an die römische Herkunft eines Burgturmes erscheint u. a. da von vornherein als ausgeschlossen, wo dieser nach Form oder Lage (oder nach beidem) Eigentümlichkeiten zeigt, die offenbar nur durch seine ursprüngliche Zugehörigkeit zu dem mittelalterlichen Burgbau ihre richtige Erklärung finden.

Ein Beispiel bietet die Ruine Castel im Thurgau. Dieser Name und die einen sehr weiten Umblick gestattende Lage in der Nähe der einst südlich des Bodensees sich hinziehenden Römerstrasse legen den Gedanken nahe, dass an Stelle der Burg vormals eine römische Befestigung oder doch specula vorhanden gewesen sei. Gleichwohl kann der noch vorhandene Stumpf des viereckigen Berchfrits schon seiner Lage wegen nicht römischen Ursprunges sein. Die alte bischöflich Konstanzer Burg lag am Nordrand der Hochebene, jedoch von dieser durch einen tiefen Tobel völlig abgetrennt. Der fragliche Turm aber ist, obgleich der Burgplatz überflüssig geräumig ist, so dicht an den äussersten Rand desselben vorgeschoben, dass sein Mauerwerk nach aussen noch beträchtlich tiefer an der Böschung hinabgeht, als auf der gegen

---

[1]) Vgl. die a. O. beigegebenen, z. T. ergänzten Abbildungen der Türme mit ihrem nach Art unserer Berchfrite das Erdgeschoss überdeckenden Gewölbe mit Einsteigeloch in der Mitte.

[2]) Limesblatt S. 168.

[3]) Eine Ausnahme unter den viereckigen Limestürmen macht ein in Oberhessen gefundener runder. (Limesblatt 1894, S. 262.)

[4]) In der Mitte des Ockstädter Limeskastells fanden sich die Reste eines regelmässigen „sechseckigen Baues“ von 1,05 m starken Mauern. (Ebendas. 1892, S. 21.)

[5]) Westd. Zeitschr. 1882, S. 49 ff.

das Burginnere gerichteten Seite. Unter und neben dem Turm zog sich der Weg hinauf zu dem Burgtor, welches, wie noch erkennbar, unmittelbar an jenen angebaut war. So zeigt also derselbe hinlänglich das gewohnte Muster eines mittelalterlichen Berchfrits, welcher, der Angriffsseite entgegengestellt, die Burgstrasse und das Burgtor beherrscht, während andrerseits diese seine Lage mit etwaigem römischen Ursprung schwerlich in Einklang zu bringen wäre.

Ein anderes lehrreiches Beispiel haben wir bei der noch erhaltenen Burg Werenwag, auf einem steil in das obere (hier badische) Donautal vorspringenden Felsen gelegen. Derselbe bietet im wesentlichen nur für den Palas Raum, und dem der Bergseite zugekehrten Giebel des letzteren ist ein länglich halbrunder Turm aus Bossenquadern vorgelegt, dem später zwei überputzte achteckige Stockwerke aufgesetzt worden sind. Von demselben bemerkt Baudirektor Prof. Durm (Kunstdenkm. Badens I, 408): „Von hohem Alter ist nur der Unterbau des, dem Bergrücken zugekehrten mächtigen halbrunden Turmes . . . er gilt allenthalben als Rest einer römischen Warte, für welche Annahme übrigens kein zwingender Grund vorliegt.“ Es ist mir jedoch unerfindlich, wie für die Richtigkeit dieser gemeinen Annahme überhaupt Gründe — nur eben keine geradezu „zwingenden“ — vorhanden sein mögen. Nicht viel Gewicht soll dabei darauf gelegt werden, dass die Scharten für Hakenbüchsen, welche der obere Teil des Halbrunds zeigt, auch in den (aus anderem Gestein hergestellten) vermeintlich römischen Unterbau hinabzureichen scheinen, und selbst nicht darauf, dass die Römer als Warten (speculae) keine halbrunden Türme zu errichten pflegten; entscheidend ist auch hier schon allein die Lage. Da nämlich, wie in ähnlichen Fällen regelmässig, die Mauern des Palas bis unmittelbar an den Rand des Burgfelsens vorgerückt sind, musste der halbrunde Turm, der zugleich den Uebergang über den ca. 16 m breiten (natürlichen) Halsgraben zu beherrschen hatte, in diesen selbst vorgerückt werden, während die Römer ihre Warte doch sicher auf den in das Tal vorspringenden Burgfelsen selbst und nicht in eine Schlucht hinter demselben gesetzt hätten. Es kommt noch hinzu, dass hier in dem weithin von Urwald umgebenen, noch jetzt zum Teil unwegsamen Donautale für diese schwerlich etwas Interessantes zu beobachten gewesen wäre; wagte doch selbst Vetter in seiner Karte zum „Römischen Ansiedlungs- und Befestigungswesen“ nicht, in dieser Gegend eine Römerstrasse einzuzeichnen! —

Mit noch weniger Berechtigung als bezüglich des Umfanges der Türme ist auch behauptet worden (z. B. von Näher, Deutsche Burg S. 15), dass die Stärke der römischen Mauern an sich mit derjenigen mittelalterlicher keinen Vergleich aushalte. So hatte von römischen Befestigungsbauten beispielsweise der Turm des Brückenkopfes bei Engers 8′ 9″ und die Türme der Deutzer porta praetoria 3,25 m Mauerstärke[1]). Die Dicke römischer Ringmauern beträgt bei Boppard[2]) fast 10′, bei Strassburg[3]) 3,75 m, bei dem alten Glevum (Gloucester) ebensoviel[4]), bei Metz[5]) 20—25′, bei der Servianischen Mauer am mons Aventinus in Rom im ganzen 4 m. Am Rheinischen Grenzwall hatte das Kastell Osterburken 1,50—2,70 m starke Mauern[6]), andere von gegen 10 und bis 11′ Dicke führt v. Cohausen a. O. S. 241 und 243 an, während die Mauer des Kastells Burg bei Stein a. Rh. 11—16′, diejenige von Horburg im Elsass[7]) 7 und 13′ misst. Es sind das Mauerstärken, welche selbst von denen unserer Schildmauern (Kap. 9) nur ausnahmsweise übertroffen werden. —

[1]) Westd. Zeitschr. 1882, S. 49 ff.
[2]) Bonner Jahrb. L, 93.
[3]) Major v. Apell, Argentoratum (1884).
[4]) Bonner Jahrb. LIX, 146.
[5]) Kunst u. Altert. in Elsass-Lothr. III, 339.
[6]) Limesbl. 1892, 41.
[7]) Kunst u. Altert. in Elsass-Lothr. II, 170.

Für die Untersuchung des etwaigen römischen Ursprunges unserer Burgen ist auch die Frage von Interesse, was denn überhaupt bei Beginn des Burgbaues von benutzbaren römischen Bauresten noch vorhanden gewesen sein mag.

Es wird da wohl behauptet[1]), dass die Römer ihre festen Plätze, als sie dieselben gegen die ungestüm andringenden Alemannen nicht mehr halten konnten[2]), selbst zerstört und jenen nur die Ruinen überlassen hätten. Eine historische Quelle für diese Nachricht ist mir nicht bekannt. Jedenfalls aber ist die Behauptung in sich unwahrscheinlich. Denn wer im Kampfe mit ungestüm andrängenden Feindesmassen aus dem Lande geworfen wird, lässt sich dabei schwerlich Zeit zu der mühsamen Arbeit, feste Bauten wie die der Römer (natürlich ohne Anwendung von Sprengpulver) zu zerstören. Und welchen Grund auch sollten die Römer hierzu gehabt haben? Gleichviel, ob sie hofften, in das Land zurückkehren zu können, oder ob sie dies für aussichtslos hielten; in jedem Falle hätten sie mit der Zerstörung ihrer festen Plätze eine ihnen selbst schädliche oder andernfalls wenigstens unnützliche Arbeit verrichtet.

Aber auch die Barbaren werden nicht entfernt alle Römerbauten gründlich zerstört haben, wenn auch zuzugeben ist, dass die halbwilden Eroberer der vormals römischen Provinzen am Rhein in diesen zerstörungswütig genug gehaust haben.

Zunächst wäre ihnen dies auch beim besten Willen wohl so gut wie unmöglich gewesen; das bis zu drei Meter und darüber starke Mauerwerk musste den höchst unzureichenden Zerstörungsmitteln der Sieger geradezu unüberwindlichen Widerstand bieten. Eben dieser tatsächlichen Unmöglichkeit wegen werden wir es daher auch ohne Bedenken für eine starke Uebertreibung halten dürfen, wenn Julian (*Ep. ad Athen.*) berichtet, am Niederrhein habe man nach einem Einfalle der Franken keine Stadt, kein Kastell ausser Coblenz, Remagen und dem halbverbrannten Cöln gesehen und ähnlich Ammianus Marc. XVI, 3, 1, die Alemannen hätten zwischen Coblenz und Cöln alles niedergelegt ausser demselben Rigomagus und einem Turm bei Cöln. Die Barbaren mögen bei ihren Einfällen allerdings das Verbrennbare verbrannt und die leichter aufgeführten Gebäude zumeist zerstört haben; allein — und darauf kommt es hier ja an — die massiven Ringmauern und Türme werden ihre fast unbewehrten Hände kaum erheblich haben beschädigen können. Hätte es sich um eine gründlichere Zerstörung gehandelt, so würden auch nicht, wie uns wiederholt berichtet wird, die Römer das Zerstörte in kurzer Frist wieder herzustellen vermocht haben. Wird doch auch selbst aus dem Mittelalter, wo den Belagerern Bliden und Mauerbrecher, später aber Kanonen zu Gebote standen, oft genug von der „Zerstörung" einer Burg berichtet, die schon alsbald danach wieder als bewohnter und wehrhafter Bau ihre Rolle spielt.

Dazu kommt nun aber die Menge der von den Römern während ihrer im ganzen mehr als vierhundertjährigen Besetzung bei uns errichteten Bauwerke. Beispielsweise gibt v. Cohausen selbst (Grenzwall 340) für die verhältnismässig kurze Zeit behauptete oberrheinische Provinz (rechts des Stromes) 64 Kastelle an ohne die „spurlos verschwundenen" und für den

[1]) Vgl. Schriften des Bodenseevereins, Heft X, S. 91.

[2]) Nach 378 hat kein römischer Feldherr mehr den Boden Alemanniens betreten, und zu Anfang des 5. Jahrh. wurde auch die Rheinprovinz dauernd den Römern entrissen.

Limes von Lorch bis Rheinbrohl und auf der Odenwaldlinie „wohl 500 Warttürme“. Orte, an welchen allein in Württemberg römische Niederlassungen vorhanden waren, werden — von dem Statistischen Bureau in Stuttgart — 532 aufgezählt[1]), selbst für das (seinerzeit gutenteils mit unwegsamem Waldgebirge bedeckte) Baden gibt der hierin gewiss vorsichtige Näher (ebendas. S. 100 ff.) 121 an, und wenn daher Kraus (Kunst und Altertum in Elsass-Lothr.) für das Elsass nur etwa reichlich 200 solcher Orte aufführt, so dürfte auf der Hand liegen, dass — wie ja auch durch die Umstände sehr wohl zu erklären — damit die Zahl derjenigen, an welchen Römerfunde einmal gemacht sein mögen oder noch gelegentlich zutage treten werden, kaum annähernd erschöpft sein wird. Was aber allein die Kriegsbauten des Elsass betrifft, so glaubt J. Schneider die neuen Werke des Valentinian schon deshalb im Wasgau suchen zu müssen, weil nach den Angaben der Schriftsteller, besonders Zosimus Hist. II, 34, die vorliegende Ebene schon vorher so dicht mit Befestigungswerken besetzt war, dass für neue kaum noch geeignete Plätze sich fanden[2]).

Es liegt nun in den Umständen, besonders in dem Mangel einer gleichzeitigen Altertumsforschung begründet, wenn wir wenig genügende Nachrichten darüber haben, wie weit bei uns Römerbauten zu Anfang der Burgenzeit — etwa gegen Beginn des zweiten Jahrtausends nach Christo — erhalten waren. Eine Ausnahme bietet uns in erster Linie Trier, das „zweite Rom“. Wie dort noch heute die Porta nigra fast unversehrt, der Ziegelbau der Basilika noch zum guten Teile erhalten ist, so dienten die sogenannten „Römischen Bäder“ um 1030 als Kastell und trotz ihres teilweisen Abbruches im Jahre 1240 noch wiederholt bis ins 17. Jahrh. hinein bald als Kirche, bald als Kriegsbau. Das Amphitheater war 1211 einer bekannten gleichzeitigen Abbildung nach noch fast wohl erhalten, als es den Hemmeroder Mönchen zum Abbruch geschenkt wurde, und die Ruine in dem Vorort St. Barbara hatte noch zu Merians Zeiten stattliche Höhe und Umfang. Die aufgeführten Römerbauten — denen auch die Ruine des nahen Dorfes Conz beizuzählen ist — sind also gutenteils erst in nachmittelalterlicher Zeit fast der Erde gleich gemacht, wie denn noch ein Hontheim († 1790) das Verschwinden römischer Baureste aller Art zu seinen Lebzeiten bitter beklagt[3]). Wenn aber trotz der Zerstörung durch Menschenhände und Witterung bis in die neuere Zeit hinein so viel Material an Römerbauten übriggeblieben war, wie viel

---

[1]) Vgl. Bonner Jahrb. LXXIX, 104.

[2]) Wo in neuerer Zeit römische Baureste ausgegraben wurden, zeigen sich dieselben ja oft genug „mit vandalischer Wut zerstört“; allein es fragt sich doch wohl, wie viel davon der friedlichen Zerstörung durch allmählichen Verfall sowie durch die späteren Geschlechter zuzuschreiben ist, welche letztere das Baumaterial oder auch den Bauplatz, sei es zum Acker- oder zu neuem Häuserbau, brauchten.

[3]) „Ich gedenke so vieler Bruchstücke, die ich gesehen und zum Teil noch sehe; deren teils andere gegen mich gedacht, und von denen ich teils glaubwürdige Nachrichten gelesen habe. Da war ein Zirkus, Amphitheater, Thermen, Bogen, Säulen, Kapitäle, Hallen, Bäder, Gewölbe, Vorhöfe, Tempel, Altäre, Statuen, Paläste, öffentliche Gebäude, Bibliotheken, Getreidehäuser, Brücken, Tore, Wasserleitungen, Begräbnisse, Pyramiden, Obelisken, Hügel, Lager, Kastelle, Mauern, Türme, Konsularstrassen und Inschriften aller Art, von deren vielen man die Stelle nicht mehr kennt.“ Vgl. Leonardy, Panorama v. Trier (ebendas. 1868).

musste hier noch vor etwa acht Jahrhunderten vorhanden sein? Und doch ist im Ausgang der Römerzeit wohl kaum ein Ort so oft von Barbarenhorden „zerstört" worden als gerade Trier — nicht weniger als sechsmal in der kurzen Zeit von 407 bis 464!

Sehen wir uns an anderen Orten um, so wurde das starke Deutzer Kastell noch zu Beginn der Burgenzeit notdürftig wiederhergestellt[1]). In Boppard ist das betürmte Mauerviereck des Römerkastells während des Mittelalters sorgsam erhalten und erst in neuerer Zeit durch Häuser- und Strassenbauten zum guten Teil zerstört worden. Aehnlich in Cöln, während in Strassburg einzelne Teile der alten römischen, von den Franken bei der ersten Erweiterung wieder benützten Ringmauer, so die Türme, bis zur Mitte des vorigen Jahrhunderts standen[2]). Von dem Steinmaterial des rechtsrheinischen Kastells zu Niederbieber wurde im 12. Jahrh. der dortige Kirchturm erbaut, ebenso vom römischen Castrum des Gr. Limmersberg in Lothringen[3]) gutenteils die jetzigen Gebäude der Orte Garberg und Hültenhausen, gleichfalls erst um die Mitte des 19. Jahrh. sind die bis dahin noch bis 20' Höhe erhaltenen Mauern des Kastells Alteburg um eines daraus zu errichtenden Wirtschaftshofes willen abgebrochen worden[4]), und so haben überall, vom Trajanswall an der Donaumündung[5]) bis zu dem Aquädukt von Zahlbach die Römerbauten trotz des ausserdem waltenden zerstörenden Einflusses von etwa 1500 Wintern bis in unsere Zeit hinein den Umwohnern als fast unerschöpfliche Steinbrüche gedient. Dessenungeachtet ist aber ausser den schon erwähnten noch heute mancher ansehnliche römische Baurest erhalten, so die betürmten Mauerumzüge der „Mansionen" Bitburg, Jünkerath und Neumagen in der Rheinprovinz[6]), der Kastelle von Stein a. Rh., Bürgel und der Saalburg, die „Heidenmauern" von Wiesbaden und Lindau, der Eigelstein zu Mainz, die Porta praetoria zu Regensburg, Heidentor und Rotunde zu Petronell usw. —

Die v. Cohausensche Behauptung (z. B. Wehrbauten S. 16), es stehe völlig fest, dass nie ein römisches Kastell zu einer Burg umgebaut worden sei, ist unhaltbar[7]). Obgleich für jene um mehr als ein Jahrtausend zurückliegende Zeit, in welcher solcher Umbau am wahrscheinlichsten sein würde, eine genaue Forschung und Nachweisung in mehrfacher Beziehung sehr erschwert ist, fehlt

---

1) Westd. Zeitschr. 1882, S. 49 ff.

2) Kraus, Kunst und Altert. in Elsass-Lothr. I, S. 313.

3) Kraus, ebendas. III, 154 u. 225.

4) v. Cohausen, Röm. Grenzwall 254 u. 241 f.

5) Schenkhardt, Die röm. Grenzwälle in der Dobrugea, Wien 1885.

6) Korresp.-Bl. des Gesamtvereins 1891, S. 284.

7) Dass es den streitbaren Herren des Mittelalters überhaupt durchaus nicht fernlag, Römerbauten zu ihren Burgen zu benutzen, zeigen besonders jene zu Trier. Hier wurde die „Basilika", mit Zinnen und Türmchen ausgebaut, zum Sitz zunächst der fränkischen Burggrafen, dessen spätere Inhaber darin wiederholt dem Erzbischofe Trotz boten, die sog. „Bäder" waren zu Anfang des 11. Jahrh. eine Burg der Herren von Montclair, im 16. ein erzbischöfliches Kastell, und in den Thermen von St. Barbara „hatten sich spätestens seit dem 13. Jahrh. die streitbaren Herren von der Brucken angesiedelt". (Hettner, Westd. Zeitschr. X, Heft III. Leonardy, Panorama von Trier. Ebendas. 1868, S. 61 ff.) Aehnlich wurden im Mittelalter ja auch in und bei Rom selbst Triumphbögen und Grabmäler, so gut es ging, in Burgbauten umgewandelt.

es doch nicht an Fällen, für welche dieser Nachweis gleichwohl geliefert werden kann. Es sind das besonders folgende:

Cambodunum (Kempten im Algäu) war eine civitas, welche noch in späterer Kaiserzeit eine Legionsbesatzung unter einem Präfekten hatte. Die römische Burg stand, durch Funde nachgewiesen, auf der heutigen „Burghalde". Von der Königin Hildegarde scheint die Burg Kempten als Teil des altschwäbischen Herzogsgutes an das dortige Kloster gekommen zu sein. Das Kastell Kempten bildete im 8. Jahrh. das älteste Klostergebäude, bis diese später an eine andere Stelle der Stadt verlegt wurden. Das Stift hatte dann an Stelle des Kastells eine Burg, welche durch ihre natürliche Lage die am Fusse der Anhöhe gelegene Stadt beherrschte und die 1363 von den Bürgern eingenommen und zerstört wurde[1]).

Der gräflich Nesselrodesche Hof Bürgel, (jetzt) auf dem rechten Rheinufer oberhalb Düsseldorfs gelegen, ist noch zum guten Teil von einer Mauer umgeben, welche unbestritten die Ringmauer eines römischen Kastells — in Form eines 195 zu 207' langen Vierecks mit abgerundeten Ecken — war, mag dasselbe nun das alte, im Itinerarium Antonini genannte Burungum oder ein anderes gewesen sein[2]). Der Hof enthält u. a. in der Nordostecke einen nur im oberen Teile mittelalterlichen Turm und ein Herrenhaus (Neubau 1837) und wird in Urkunden des 12. bis 15. Jahrh. als castrum bezeichnet, war also eine Burg, nach welcher sich im 12. bis 14. Jahrh. ein eigenes Adelsgeschlecht benannte.

Der von der Waal bespülte stattliche Hügel, auf drei Seiten steil abfallend und auf der vierten durch einen schmalen Sattel mit der Stadt Nimwegen — dem Noviomagum der Peutingerschen Tafel — zusammenhängend, hat, wie besonders zahlreiche Funde aller Art beweisen, jahrhundertelang ein römisches Kastell getragen, dessen Gründung eine während des Mittelalters lebendig gebliebene Ueberlieferung dem Julius Cäsar zuschrieb[3]), und von welchem man (Hermann a. O.) noch Mauerreste nachweisen zu können glaubt. 777 erbaute hier Karl der Grosse eine Pfalz, welche von Zeitgenossen als sehr prächtig, zugleich aber als ein *opus fortissimum* bezeichnet wird, wiederholt mit wechselndem Erfolge belagert und 1155 von Friedrich Barbarossa erneuert wurde. Die von Anfang an vielfach als fürstlicher Wohnsitz benutzte Burg wurde noch mehrfach verstärkt und nach mancherlei Schicksalen, inzwischen niederländisch geworden, 1796 abgetragen.

Das zum rechtsrheinischen Grenzwall gehörende Altstadtkastell bei Miltenberg am Main zeigt, soweit es von Kreisrichter Conrady bisher erforscht worden ist, mancherlei mittelalterliche Wiederherstellungs- und Umbauten. Unter anderm wurde die porta praetoria zugemauert und statt dessen je einer der vormaligen Mauertürme der Südost- und Südwestseite zur Anlegung zweier neuer Tore benutzt, deren erstbezeichnetes dann später wiederum zugemauert wurde. Neben jedem dieser beiden Tore war ein Bau von etwa 10½ m lichter Weite und 1,15 m starken Mauern errichtet. Ein 30 m weiter Bau mit noch stärkeren Mauern war der nördlichen Ecke angefügt und in der Mitte an Stelle des Prätoriums erhob

---

[1]) Dr. Baumann, Gesch. d. Allgäu (Heft I, 24, 39, 40, 158, 223 und II, 22, 274); Erster Ausgrabungsbericht des Altertumsver. Kempten (ebendas. 1888), S. 16.

[2]) Kunstdenkm. d. Rheinprov. 3. Bd., II, 87 ff. und die dort angegebene Literatur.

[3]) Hermann, Bonner Jahrb. LXXVI, S. 93 u. 95 ff. F. W. Schmidt ebendas. XXXI, S. 118.

sich ein ebenso langer Kirchenbau, wie auch in der Mitte des Kastells Bürgel eine Kapelle steht. Ausser noch nicht verfolgten Spuren weiterer mittelalterlicher Innenbauten ist auf der ganzen Nordost- und Nordwestseite eine wesentlich gleich starke Ringmauer auf die vorher zerstörten Reste der alten römischen wieder aufgemauert. Als Baumaterial ist überall das an Ort und Stelle vorgefundene benutzt worden; der Innenwall musste an Stelle der späteren Gebäude entfernt werden. Nach Ansicht Conradys[1]) hat das Kastell wesentlich in seiner ursprünglichen Form als fester Platz, und zwar am wahrscheinlichsten als burgartiger Sitz eines kleineren Grundherrn gedient, dessen Wohngebäude das in der Nordecke errichtete war.

Auch das Kastell Neumagen an der Mosel, „*Nivomagum, divi castra inclyta Constantini*" des Ausonius — 1887 von Dr. Hettner-Trier ausgegraben, der darüber in der Westd. Zeitschr. (u. a. X, Heft 3) berichtet hat — wurde im Mittelalter von einem Rittergeschlecht (den Vögten von Hunolstein?) unter geringen Umbauten als Burg benutzt[2]).

Nach Oberstleutnant F. W. Schmidt (a. O. S. 116 und 211) wurden ferner in der Rheinprovinz — abgesehen von der Zitadelle von Jülich und Schloss Rimburg (ebenda S. 126 und 132) — ein Schloss der Herzöge von Cleve auf dem Monterberge[3]) und eine Burg der Grafen von Schauenburg auf dem Schauenberge bei Tholey, wie noch nachzuweisen, auf bzw. in den Resten römischer Befestigungen errichtet. Dasselbe dürfte bei dem im 16. Jahrh. zerstörten Schlosse zu Horburg (Argentoravia) im Elsass der Fall sein[4]). Auch mag hier das in der nördlichen Spitze der Heidenmauer auf dem Ottilienberge gelegene Hagelschloss erwähnt werden, dessen Ringmauer eine Fortsetzung der Heidenmauer — beide Mauern sind hier nur zum Teil noch vorhanden — bildet.

Die „Schwanenburg" bei Cleve wurde nach 1021 auf der Stelle eines Römerkastells erbaut[5]).

Nach dem Korresp.-Bl. des Gesamtvereins 1900, Nr. 12 ist jetzt nachgewiesen, dass die Burg Nassenfels an der Schutter in ein römisches Kastell eingebaut wurde.

Nach Feststellungen der Limeskommission ist die mittelalterliche Burg Friedberg in Hessen, die auf dem festesten Punkte des nach drei Seiten steil abfallenden Stadtweichbildes lag, auf Grundlage eines römischen Kastells erbaut worden, und wird der Platz des Kastells Heldenbergen unmittelbar oberhalb der Nidda von einer späteren Burg (jetzigem Schlosse) eingenommen. (Limesblatt 1894, 12 bzw. S. 583.)

Auf der Höhe über Baisweil, an der Römerstrasse Kempten-Augsburg liegend, wo ein vormaliges römisches Castrum noch deutlich sichtbar ist, wurde eine Burg für ein sich danach nennendes Ministerialengeschlecht erbaut[6]). Die

---

1) Brieflicher Bericht desselben, dem auch das Vorstehende entnommen ist.

2) F. W. Schmidt in Bonner Jahrb. XXXI, S. 180. v. Stramberg, Moseltal (1837), S. 387 ff., wo noch fälschlich angenommen wird, dass die Petersburg des Erzbischofs Boemund auf dem Römerkastell errichtet worden sei.

3) Kunstdenkm. d. Rheinprov. I, 4, S. 133.

4) Kunst u. Altert. in Elsass-Lothr. II, 171.

5) Kunstdenkm. d. Rheinprov. (1892), Kreis Cleve, 109.

6) Steichele, D. Bist. Augsburg (ebendas. 1864), II, 301 u. 317 ff.; v. Raiser, Der Oberdonaukr. unter d. Römern I, 63.

Burg von Druisheim, einst Sitz eines gleichnamigen Geschlechtes, im Lechtal südlich von Donauwörth, ist in ein römisches Kastell, wahrscheinlich das Drusomagus des Ptolemäus eingebaut[1]).

Nach F. Wolff, Elsäss. Burgenlexikon (1908) S. 208 lag das zerstörte frühmittelalterliche Schloss Lauterburg an der Stelle eines solchen Kastells. Das Kastell Vindonissa (S. 46) wurde später zu einer Burg umgebaut[2]).

Auf dem Doss Trento, einem Felsen bei Trient, der (S. 48) das römische Kastell Verucca trug, lag zu Theoderichs Zeit, wie auch jetzt ein „castellum civitatis".

Unlängst auf dem Platze des Schlosses Chillon am Genfersee gemachte Funde weisen auf einen früheren Römerbau hin[3]), welcher der Oertlichkeit nach nur ein Wehrbau gewesen sein kann.

Der Lindenhof in Zürich, durch einen 80' hohen Steilhang und einen auf der Angriffsseite über den Hügelrücken gezogenen Graben geschützt, trug (Fig. 7) das römische Kastell, dessen Ringmauer noch 10 bis 15' hoch erhalten ist, und später mit Benutzung derselben eine von deutschen Königen wiederholt bewohnte Burg[4]).

Ueber die Burgen Frankenburg, Girbaden (und Ringelsberg) im Wasgau und die römische specula auf der Burg Uetelenberg (Schweiz) siehe an andren Stellen dieses Kapitels.

Krieg v. Hochfelden geht in seiner Vorliebe für den römischen Ursprung so weit, solchen nicht nur bei Türmen und Ringmauern, sondern auch bei Schildmauern und Palasbauten — so bei den Burgen Liebenzell und Badenweiler — zu finden. Zu seinen gutgläubigen Nachfolgern gehört in bezug auf den Palas der letzteren Burg sogar noch Generalmajor Köhler, der, Entw. d. Kriegswesens a. O. S. 416, schreibt: „Das wehrhafte Haus war schon eine von den Römern angewendete Reduitform und tritt in einfachster Gestalt bei Badenweiler, der römischen Burg im Grossherzogtum Baden, hervor . . . Nach Krieg v. Hochfelden ist der Mörtel mit dem der nahen römischen Bäder identisch, so dass über den römischen Ursprung der Anlage kein Zweifel sein kann." (!) Der Bau ist indessen mit seinem Mörtel unzweifelhaft ebenso mittelalterlich[5]) als der der hier anstossenden, von Krieg gleichfalls für römisch erklärten Schildmauer und derjenigen von Liebenzell. Unsere Kenntnis römischer Wehr- und Wohnbauten ist eine mehr als genügende, um es ausser Zweifel zu setzen, dass darunter irgend ähnliche, wie die hier aufgeführten, nicht vorkommen. —

Bei Behandlung der Streitfrage, ob römisch oder nicht, sind, soviel ich finde, bisher — und besonders auch bei Türmen — regelmässig nur die ganzen Bauwerke bzw. deren unterer Teil[6]) in Betracht gezogen worden, während die Möglichkeit, dass etwa nur ihr innerer Kern römisch sein möge, ausser Erwägung blieb. Und doch ist solche Möglichkeit um so weniger ausgeschlossen, als, wie schon

---

[1]) H. Arnold in Beil. der A. Z. vom 29. Aug. 1895.

[2]) Die Mauer des Wohngebäudes setzt mit deutlichem Absatze auf dem römischen ursprünglich 5 m dicken Unterbau auf. Merz, Die mittelalterl. Burganlagen des Kantons Aargau 1904, S. 1.

[3]) J. R. Rahn, Wieder aus Chillon. Basel 1899.

[4]) F. Keller, Röm. Ansiedl. in d. Ostschweiz I, 285 ff.: 853 kommt urkundlich das *castrum Turicinum* vor.

[5]) Kunstdenkm. d. Grossherzogt. Baden, 5. Bd., S. 93 f. Ueber die Mörtelfrage siehe weiterhin im 2. Teile dieses Kapitels.

[6]) Als Beispiel siehe über den Berchfrit von Gross-Steinheim im 2. Teile dieses Kapitels.

gezeigt, eine specula sehr wohl auf einem für einen Burgbau geeigneten Platze stehen konnte, andrerseits ihre Mauerdicke noch nicht die eines Berchfrits zu haben pflegte, und endlich (siehe Kap. 4) die Verstärkung einer Mauer durch eine angebaute auch sonst bei unseren Burgen vorkam. Für ein Beispiel solcher mittelalterlicher Verstärkung eines Römerturmes gilt der „Pulverturm" bei Meran.

Wo zwischen diesem Kurorte und Obermais die Passer aus dem Passeier- in das Etschtal einmündet, steht auf dem südöstlichen Ende des rechts derselben zu einem niedrigen breiten Rücken sich erhebenden Küchelberges dieser Turm, im Mittelalter durch eine noch zum Teil erhaltene Mauer mit dem unten liegenden Meran verbunden. Eine ebenerdige, neuerdings durchgebrochene Tür führt in das 4,75 zu 7 m messende Innere, und hier zeigt sich — indem im unteren Teile die Bekleidsteine (die *crusta internae frontis* des Vitruv) fortgebrochen sind — zwischen Partien regellosen Füllwerks mehrfach in einer Reihe von Lagen ein opus spicatum genau in der Weise, welche v. Cohausen (Grenzwall S. 180 und Wehrbauten S. 14) auf Grund seiner Untersuchung der Wiesbadener Heidenmauer als die den Römern eigentümliche hervorhebt, nämlich (Fig. 16) Reihen schräg gestellter Findlingssteine, getrennt durch Lagen von Mörtel, der so steif aufgetragen wurde, dass die Zwischenräume zwischen jenen zumeist unausgefüllt geblieben sind[1]). Zum Teil sind die Reihen der schrägen Steine noch durch je eine solche wagerecht liegender, durch Schieferbrocken ausgeebnet, unterbrochen.

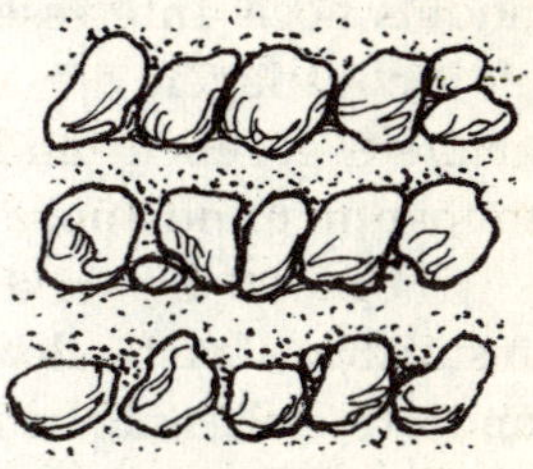

Fig. 16
Pulverturm bei Meran

Um den ursprünglichen Bau von 1,43 m Mauerdicke ist nun bei unserm Turm später eine 1,67 m dicke Verstärkungsmauer gefügt — wie an zwei Durchbruchstellen bemerkbar ist, trennt ein durchlaufender bis zu 20 cm weiter Spalt, wohl durch das Setzen der jüngeren Mauer entstanden, beide voneinander, auch ist deren Mörtel ein ganz anderer —, so dass die äussere Bekleidung des Turmes aus roh zugerichteten mittelgrossen Steinen denselben in keiner Weise von mittelalterlichen Türmen unterscheidet. Wie weit hinauf in dem (vormals in drei Geschosse mit Holzböden geteilten) Turme das ältere Mauerwerk reicht, ist bei dem Verputz der Innenwandung nicht ohne weiteres zu erkennen.

Der Pulverturm wäre nun auch als eine ursprünglich römische specula an dieser Stelle sehr wohl denkbar und erklärlich. Obermais, im Mittelalter Majes genannt, steht nämlich, wie aus dem Namen und durch zahlreiche Römerfunde (Baureste, Münzen etc.) sich ergibt, auf dem Boden der inschriftlich vorkommenden römischen statio Majensis, die noch zur Zeit des hl. Valentin († um 471) als „castrum" oder „castellum" bestand. Die wenig aussichtsreiche Lage dieser Militärstation hätte es nun durchaus gerechtfertigt, wenn auf der unmittelbar daneben liegenden Anhöhe eine specula errichtet wurde, von welcher aus sowohl die das breite Etschtal verfolgende via Claudia Augusta als auch das hier mündende Passeiertal überblickt werden konnte, durch das, wie nicht ohne Grund vermutet wird, eine Seitenstrasse über den Jaufen nach Vipitenum (Sterzing) führte. Im Mittelalter könnte man es dann sehr wohl als zweckmässig eingesehen haben, durch Verstärkung dieses Römerturmes und eine Verbindungsmauer die unmittelbar über Meran liegende Anhöhe mit in die Befestigung der inzwischen herangewachsenen

[1]) So auch u. a. in den Kastellmauern von Gross-Krotzenburg und Boppard.

Landeshauptstadt zu ziehen. Da nun aber keineswegs die Römer allein diese Art des Füllmauerwerks hergestellt haben[1]), der Turm auch als Bestandteil der erst mittelalterlichen Befestigung Merans an dieser Stelle wohl erklärlich und für seine dann noch nachträgliche Verstärkung mehr als ein Grund denkbar wäre, so wird, was ja immer das an sich weitaus unwahrscheinlichere ist, auch hier ein römischer Ursprung nicht anzunehmen sein. Die nachträgliche Verstärkung von Mauern kann übrigens meistens nicht anders ins Auge fallen als, wie hier, bei unverkleidet gebliebenen Durchbrechungen der Doppelwand.

Nicht um eine vormalige specula handelt es sich, wenn allem Anscheine nach der viereckige Berchfrit von Castelfondo aus einem römischen Turme durch Verstärkung der Wandung und Erhöhung hergestellt worden ist[2]). —

Wenn wir keinerlei Nachricht darüber hätten, dass jemals von römischen Fundstücken innerhalb eines Burgberings etwas bekanntgeworden wäre, so könnte das nicht auffallen und auch nicht etwa als Beweisgrund gegen den hie und da römischen Ursprung unserer Burgen verwertet werden, denn im Mittelalter hatten die Erbauer oder Bewohner der letzteren weder Verständnis noch Interesse für solche Dinge, und in späterer Zeit, da fast ausnahmslos tiefe Schuttlagen die alten Burgstellen bedecken, ist wohl nur höchst selten Gelegenheit gegeben und benutzt worden, solche nur dem Sachverständigen erkennbaren Fundstücke zu entdecken.

Um so bemerkenswerter dürfte es sein, wenn trotz solcher denkbar ungünstigsten Umstände immerhin eine grössere Anzahl alter Burgstellen als solche Fundorte bekanntgeworden sind. So wurden (den dabei angegebenen Nachweisen zufolge) römische Altertümer gefunden auf Burg Rheineck (unweit Brohl am Rhein)[3]), auf dem Burghügel von Godesberg[4]), im Bering der Schwanenburg zu Cleve, Geräte und Waffen in Burg Klopp bei Bingen[5]), neben anderem Reste eines Hypocaustum bei dem Turm der Ruine Tomberg (bei Rheinbach), Reste eines Römerbaues und 7 Hermen auf dem Burghofe von Welschbillig[6]), römische Ziegel auf der Nürburg (Eifel)[7]), Münzen von Trajan bis Marc Aurel auf der Schrotzburg (am Bodensee)[8]), anderes bei der in der Nähe gelegenen Homburg[9]), ein Bronzeschlüssel auf dem Hohenkrähen, ein Votivstein, Tonscherben und Münzen auf dem mons Brisiacus, Festung Altbreisach, Mosaikfussboden und Münzen auf dem Schlossberge bei Freiburg, Münzen im badischen Geroldseck[10]), Münzen, Waffen

---

[1]) Dasselbe kommt z. B. bei Nieder-Juvalta in Graubünden und (mit weniger entschieden ausgeprägtem opus spicatum) bei den Steiermärkischen Ruinen Gonobitz und Obwildon vor.

[2]) Meine Oesterreich. Burgen IV, S. 16 ff.

[3]) Bonner Jahrb. VII und XXVI.

[4]) Ebendas. LXXV, 176.

[5]) Zeitschr. d. V. zur Erforschung d. rhein. Gesch. I (Mainz 1845—51), S. 304.

[6]) Jahresber. der Gesellsch. für nützl. Forschungen, Trier 1867, 1877.

[7]) Rhein. Antiquar. 3, 10, 287.

[8]) Kraus, Kunstdenkm. im Grossherzogt. Baden I, 60.

[9]) Ebendas. 467: „Die Homburg war, nach Funden in deren Nähe zu urteilen, schon römische Niederlassung."

[10]) Ueber diese badischen Orte siehe Grossherzogt. Baden (Karlsr. 1885), Seite 167 ff.

und Inschriften auf Girbaden im Wasgau[1]), zwei römische Münzen, deren eine von Diocletian (286—305) in einer Mauer des Turmes von Freudeneck daselbst[2]), die bekannte Weihinschrift auf der Wasenburg, anderes auf Liebenstein[3]) und Hohnack ebenda, noch nicht näher untersuchte Baureste „vielleicht eines Castrums", auf dem Schlossberge bei Forbach in Lothringen[4]), Ziegel und Münzen auf der Burgstelle von Schwanau am Rhein[5]), Münzen auf der Brunnenburg bei Meran[6]), Waffen, Geräte und Münzen im Unterengadin auf dem Burghügel Caschinas bei Süs, andere Münzen zu Luzein im Prättigau auf der Stelle einer vormaligen Burg der Edlen von Stadion[7]), römische terra sigillata im Berchfrit von Zwingenberg am Neckar[8]), Scherben auf dem Hohenstaufen[9]), eine römische Lampe auf der Burg Staufen (Schwarzwald)[10]), mancherlei andere Römerfunde auf Castelberg bei Waldkirch[11]), Mauerwerk und Geräte einer Römerwarte in der Ruine der Burg Uetelenberg auf dem Uetliberg bei Zürich[12]).

In dem hier zuletzt bezeichneten Falle handelt es sich um römische Grundmauern, Ziegel, Heizröhren, Münzen, Pfeil- und Lanzenspitzen, Metall- und Töpfergeräte, welche tiefer als die Schuttschicht der 1268 zerstörten Burg lagen. Es steht also fest, dass die letztere auf den Trümmern eines Römerbaues errichtet wurde, und zwar da es sich um die fast isolierte, unwirtliche höchste Felskuppe des Berges handelt, dass dieser Bau kein Landhaus, sondern eine Warte war, welche eine freie Uebersicht der Seeufer und des Limmattales bot, von der Statio Turicensis aus besetzt wurde und durch andere Stationen mit der Warte auf dem Biberlikopf und mit Vindonissa in Verbindung stand[13]).

Es ist hiermit zugleich ein Beispiel dessen gegeben, was etwa verlangt werden muss, wenn „Römerfunde" auf einem mittelalterlichen Burgplatze den aus-

---

[1]) Hering, Schloss Girbaden (Strassb. 1881), 12.

[2]) Dieser 1870 gemachte Fund dürfte besonders beachtlich sein. Das (als Burg im 14. Jahrh. erbaute) Freudeneck beherrscht mit dem gegenüberliegenden Castelberg (römische Befestigung, siehe S. 54) das Tal, durch welche eine festgestellte Römerstrasse von Strassburg ins Dagsburgische Land führte. In der Zeit, zu welcher noch die Münzen der schon vertriebenen Römer in Gebrauch waren, kann der Turm sicher nicht errichtet worden sein. (Vgl. Beil. z. Elsass-Lothr. Gemeindeztg. 1883, Nr. 76.)

[3]) Auch dieser Fall scheint noch besonders beachtenswert und zwar deshalb, weil die Burg nach dem (von Näher, Burgen in Elsass-Lothr. II, Bl. 5, mitgeteilten) Grundrisse in auffallender Weise die regelmässige römische Kastralform — längliches Rechteck mit abgerundeten Ecken — zeigt. Vgl. auch Quiquerez, Bull. sér. II, III, 57.

[4]) Kraus, Kunst und Altert. in Elsass-Lothr. III, 146.

[5]) Ebendaselbst I, 71.

[6]) Amthor, Tirol, 4. Aufl., 234.

[7]) Gem. d. Schweiz XV, St. Gallen 1438, S. 98.

[8]) Heidelberger Jahrb. 1872, S. 250. Prof. Christ bemerkt dort hierzu: „wonach es scheint, als ob die Römer auch an diesem Orte eine Station hatten."

[9]) Das Königr. Württemberg, herausg. v. statist. Landesamt III, 5, S. 689.

[10]) Jensen, Schwarzwald II, 184. Vgl. Schauinsland, Jahrg. 7, S. 8: „Sicherlich hatten schon die Römer die Silbergruben des Münstertals bebaut; denn dahin führte ein römischer Steinweg und römische Kastelle lagen auf dem Staufen, dem Regelsberge und Scharfensteine, welche das silberreiche Tal militärisch bewachten."

[11]) Jensen, ebendas. II, 129.

[12]) Keller, Röm. Ansiedl. der Ostschweiz I, 329.

[13]) Dr. Keller a. O.

reichlichen Beweis vormals da vorhandener römischer und zumal irgendwie militärischer Bauten gewähren sollen. Am wenigsten besagen natürlich vereinzelte Funde von Münzen, da diese auch über die Grenzen des römischen Gebietes hinaus allgemeines Zahlungsmittel waren. Andrerseits wächst die Wahrscheinlichkeit einer irgendwie militärischen Anlage, je weniger der Platz für die Ansiedlung eines Landmannes geeignet erscheint. Für solche wurden sanfte Abhänge oder Bodenanschwellungen bevorzugt, die ausser Quellwasser und Wiesengründen genügenden Ackerboden, freie Aussicht und gesunde, nicht zu rauhe Luft boten. —

Hat man sich auch im allgemeinen zu hüten, aus dem Namen eines Ortes gewagte Schlüsse bezüglich seiner Urgeschichte zu ziehen — ein Punkt, in welchem bekanntlich die ältere örtliche Forschung das Wunderlichste zu leisten pflegte[1]) —, so scheint mir doch das Vorkommen des Ortsnamens Castell samt seiner Ableitungen und Zusammensetzungen, und zwar in der Regel als Namen mittelalterlicher Burgen, für unsere Römerfrage keineswegs ohne Bedeutung zu sein.

Bezüglich einer Anzahl von Orten dieses Namens steht es mehr oder weniger fest, dass daselbst eine römische Befestigung gestanden hat[2]), mithin der Name von diesem Umstande hergeleitet ist. Die hieraus sich ergebende Vermutung, dass auch bei den übrigen Orten gleichen bzw. davon abgeleiteten Namens wenigstens in der Regel dasselbe der Fall sei, wird durch folgende Reihe von tatsächlichen Umständen unterstützt:

1. Orte dieses Namens scheinen auf deutschem Sprachgebiet nur innerhalb der vormaligen Grenzen des römischen Reiches vorzukommen[3]).

2. Die Ortschaften römischen Ursprungs haben bekanntlich ihre altrömischen Namen vielfach mit verhältnismässig geringen Aenderungen bis heute behalten.

3. Obgleich im mittelalterlichen Latein die Bezeichnung castrum für „Burg“ ungleich gebräuchlicher war als castellum, gibt es doch keinen irgendwie mit castrum zusammenhängenden Burgnamen. Andrerseits kommen auch Orte des Namens Castell usw. vor, die, soviel bekannt, keine nachrömische Befestigung hatten. Aus beidem ergibt sich, dass es zur Burgenzeit keineswegs Gebrauch war, befestigte Orte (zunächst Burgen) als solche mit einem entsprechenden lateinischen Ausdruck neu zu benennen, und der Ortsname Castell etc., wo er vorkommt, wenigstens die Wahrscheinlichkeit römischen Ursprungs für sich hat. (Ein grosses „castrum“ konnte wohl kaum jemals Anlass zu einem Burgbau bieten.)

---

1) Beispielsweise soll (wie Ganier et Fröhlich, Voyage aux Chateaux hist. Paris 89, S. 7, erwähnt wird) nach J. Beyerlein der Trifels seinen Namen daher haben, dass er von einem Triboque, Befehlshaber unter Drusus, erbaut wurde!

2) Castell an der Saar und die gleichnamige Stadt gegenüber Mainz, der Castelberg bei Gebweiler, Castelsberg an der Mossig und Casselt an der Sauer (über diese siehe weiter vorn). (Im Schwarzwald wird auf dem Kastelberg bei Sulzburg der Rest eines Turmes den Römern zugeschrieben, auf dem Kastelberg bei Gengenbach sollen nach Kolb noch zu Anfang des vorigen Jahrhunderts römische Baureste vorhanden gewesen sein, und die gleichnamige Ruine bei Waldkirch steht nach Jensen, Schwarzwald II, 129, mancherlei Römerfunden zufolge „zweifellos auf dem Gemäuer eines römischen Kastells“.)

3) Nur in Bayern finde ich zwei Orte derartigen Namens ausserhalb des Limes. Die Ableitung dieser Namen von castellum dürfte indessen keineswegs feststehen.

4. Die mehrbezeichneten Orte liegen durchweg an Flusstälern oder sonstigen bekannten Strassen der Römer, also da, wo diese zur Anlage von Kastellen wohl Anlass haben konnten. So liegt in der Rheinprovinz die Burg Kasselburg (ältere Formen Kastelburg, Kastelberg) und Burg und Stadt Bernkastel in den von den Römern engbewohnten Tälern der Kyll und der Mosel, Burg und Städtchen Kastellaun an der Römerstrasse vom „Stumpfen Turm" (Belginum) nach Coblenz[1]). In der Bayerischen Rheinpfalz liegt Blieskastel, Fundort zahlreicher römischer Altertümer, im Bliestal, und die Burg Nikastel unweit der am Hardtgebirge entlang führenden Römerstrasse, Burg Kastel im Thurgau unweit der römischen „Hochstrasse" des südlichen Bodenseeufers. In Graubünden, wo nicht weniger als vier der von den Römern benutzten Alpenpässe (Bernardin, Splügen, Julier und Septimer) ausmünden, finden sich ungewöhnlich viele Burgen, deren Namen anscheinend von castellum abzuleiten sind, nämlich: Surcasti oder Obercastel, Castelberg (zweimal), Castrisch, Castellatsch, Castell St. Luccii, Castellaccio, Castel Calanca, Castion, Chiastelg (zweimal), Castellant oder Castelsur, Castelsott, Castellazzo, Castelmur, Caste, Castlins (zweimal), Castels, Caschlum —, doch bemerkt Dr. F. Keller (Mitteil. der Züricher antiquar. Ges. XV, 3, S. 68 (30) Anm.), dass „im romanischen der so häufig vorkommende Ausdruck Castels nur (?) eine über die Umgebung frei hervortretende Lokalität bezeichnet", während H. Zeller-Werdmüller (Histor. Zeitschr. N. F. Bd. XLI, S. 285) darauf hinweist, dass „diese Landschaft erst im späteren Mittelalter von der romanischen zur deutschen Sprache übergegangen ist".

In Bayern deuten die Orts- und Flurnamen Altstadt und Biburg in der Regel, Altenberg oft und Kastenfeld manchmal die Stellen römischer Castra an[2]). In der Schweiz pflegen die mit Alt-, Alten-, Heiden-(vor-stadt, -burg, -schloss, -dorf) zusammengestellten Namen auf römische Ansiedlungen hinzuweisen[3]).

Ueber antike unterirdische Gänge siehe Kap. 18.

---

[1]) Vgl. Dr. Wirtgen, Hochwald (1867), S. 42.

[2]) Ohlenschlager in Westd. Zeitschr. 1892, S. 9.

[3]) Keller a. O. XII, 269.

Zweites Kapitel.

Römischer Ursprung der Burgen.

Zweiter Teil.

Römische Mauertechnik verglichen mit mittelalterlicher.

(Angaben des Vitruv. Die Materialien: Naturstein (Trockenmauern). Ziegel. Mörtel (dessen Verwendung, Verputz). Lehm. Die Aufmauerung: Sorgsamkeit? Findlinge. Quader. Buckelquader mit Randschlag. Kleinschichtmauerwerk. Kyklopische Mauern. Bruchstein. Opus spicatum. Ziegelmauerwerk. Der Mauerkern. Fundament. Gesamtergebnisse des 2. Kapitels.)

(Vorbemerkung. In diesem Abschnitt sind zunächst die römischen Mauerweisen, soweit erforderlich, vollständig zu behandeln, während manches auf die mittelalterlichen, besonders auf deren Geschichte bezügliche des besseren Zusammenhanges wegen erst im vierten Kapitel erledigt wird.)

Bei den Romanisten spielt die Mauertechnik eine hervorragende Rolle, indem dieselbe (Krieg, Militärarch. S. 132) „die meisten und die bedeutendsten Unterscheidungszeichen“ zwischen römischen und mittelalterlichen Bauwerken gewähren soll. Man stützt sich in dieser Richtung einesteils auf die bezüglichen Sätze des Vitruv, andernteils auf die — unbekannt, seit wann — überlieferte Lehre von den Bossenquadern.

Bei Vitruv heisst es lib. II, cap. VIII *Structurarum genera sunt haec, reticulatum quo nunc omnes utuntur, et antiquum, quod incertum dicitur. Ex his venustius est reticulatum . . . Incerta vero cementa alia super alia jacentia, inter seque imbricata, non speciosam, sed firmiorem quam reticulata, praestant structuram. Utraque autem ex minutissimis sunt instruenda, uti materia ex calce et arena crebriter parietes satiati, diutius contineantur . . . Itaque non est contemnenda Graecorum structura: non enim utuntur e molli cemento polita, sed cum disceperunt a quadrato, ponunt de silice seu de lapide duro ordinariam, et ita (uti lateritia struentes) alligant eorum alternis coriis coagmenta, et sic maxime ad aeternitatem firmas perficiunt virtutes: Haec autem duobus generibus struuntur, ex his unum Isodomum, alterum Pseudoisodomum appellatur. Isodomum dicitur cum omnia coria aequa crassitudine fuerint structa, Pseudoisodomum cum impares et inaequales ordines coriorum diriguntur. Ea utraque sunt ideo firma, quod ipsa caementa sunt spissa et solida proprietate . . . . ipsaque eorum cubilia primum plana et librata posita, non patiuntur ruere materiam, sed perpetua parietum crassitudine religata continent ad summam vetustatem. Altera est, quem* ἐμπλεκτός *appellant, qua etiam nostri rustici utuntur. Quorum frontes poliuntur, reliqua ita, uti sunt nata, cum materia collocata alternis alligant coagmentis. Sed nostri celeritati studentes, erecta coria locantes, frontibus serviunt, et in medio farciunt fractis separatim cum materia cementis, ita tres suscitantur in ea structura crustae, duae frontium et una media farturae. Graeci vero . . . . praeter cetera interponunt singulos crassitudine perpetua utraque parte frontatos, quos* διατόνους *appellant, qui maxime religando confirmant parietum soliditatem.*

Diese Sätze, als die ausführlichste und fast einzige gleichzeitige Schriftquelle über römische Mauertechnik viel beachtet, haben unserer Kenntnis derselben mehr geschadet als genützt. Sie sind weder erschöpfend noch überall hinlänglich klar. Vor allem hat das da über das Isodomum und Pseudoisodomum Angegebene viel Unheil angerichtet, indem man nach dem Vorgange Krieg v. Hochfeldens daraus Kennzeichen für römisches Mauerwerk herleitete und wohl noch herleitet, dabei aber nicht nur verschiedener Meinung darüber ist, inwiefern sich das Pseudoisodomum von dem Isodomum unterscheide, sondern auch meiner Ansicht nach beide Arten dadurch, dass man sie auf den Quaderbau bezieht, von jeher ganz unrichtig aufgefasst hat.

Während völlige Uebereinstimmung dahin herrscht, dass das Isodomum aussen sich als Quaderverband von lauter gleich hohen Steinen (also auch Schichten) zeige, ist nach Krieg v. Hochfelden (a. O. S. 123 ff.) das Pseudoisodomum nicht nur da vorhanden, wo die Werkstücke von ungleicher Höhe die durchlaufenden Lager unmöglich machen, sondern auch wohl, wie der Turm von K i s s l a u und der Bergfrit der I b u r g zeigen, da, wo „die rechteckig zugerichteten Steine in der Art zusammengefügt sind, dass sie wohl horizontale, aber nicht gleich hohe, somit auch nicht durchlaufende Lager bilden, indem oft zwei niedrige Steine zwischen zwei höheren aufeinander gelegt, andere wieder in einem einwärtsgehenden, genau rechten Winkel zugehauen sind, in welchem dann der zunächst anstossende auf das Genaueste passt (Fig. **17** aus dem Steinverband der Iburg). Vgl. hierzu weiter unten. Während andere sich diese Werkweise noch wieder anders denken[1]), wird der Ausdruck Pseudoisodomum a m g e w ö h n l i c h s t e n da gebraucht, wo es sich — was ja sehr häufig vorkommt — um Quaderbau mit durchlaufenden Lagerfugen, aber (anders wie beim Isodomum) ungleich hohen Schichten handelt.

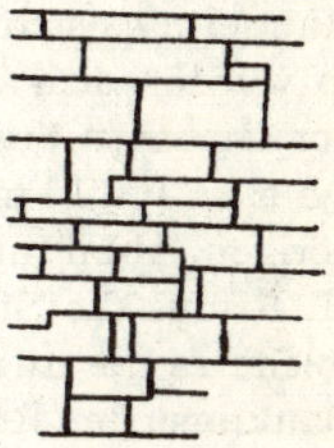

Fig. 17
Steinverband von Iburg

In dieser Bedeutung finden sich die beiden Ausdrücke von unseren Fachschriftstellern weitaus am häufigsten bei Berchfriten angewendet[2]), deren dicke Mauern ja annähernd ausnahmslos a u s F ü l l w e r k z w i s c h e n z w e i B e k l e i d s c h i c h t e n h e r g e s t e l l t s i n d. Zunächst ist aber d i e s e Anwendung jedenfalls unrichtig, denn Vitruv spricht beim Isodomum und Pseudo-

[1]) So zeigt eine erläuternde Abbildung in der Uebersetzung und Erklärung des Vitruv von G u a l t h e r u s H. R i v i u s (Basel 1548) Quader untermischt mit zerbrochenen Steinen und vereinzelten kleinen Partien schräg gestellter. — Die seltsamste Erklärung des Ps. hat Dr. Mehlis im Kampfe für sein „Walahstede" vorgebracht. Danach soll (Pfälz. Museum 1902, 24) dasselbe darin bestehen, dass zwei Steinschichten, welche zusammen so hoch sind wie eine dritte, so v e r p u t z t sind, dass sie „denselben täuschenden Eindruck machen, wie die eine aus doppelt so hohen Quadersteinen bestehende Schicht".

[2]) So z. B. v. C o h a u s e n, B e f e s t i g u n g s w e i s e n S. 163, Anm. 1.

isodomum ausdrücklich von der perpetua[1]) parietum crassitudine und bezeichnet danach das ἐμπλεκτὸν, d. h. das Mauerwerk, welches die „tres crustae, duae frontium et una media farturae" hat, ebenso ausdrücklich als „altera structura". Ausserdem aber beziehen sich die beiden Ausdrücke offenbar überhaupt nicht, wie bisher anscheinend ausnahmslos angenommen worden ist, auf einen Bau mit Quadern. Nach Vitruv bauen die Griechen so, cum discesserint a quadrato — „wenn sie von Quadern abgehen" — und weiterhin werden ja caementa, welche der Schriftsteller (so Kap. VII am Ende) als Bruchsteine den Quadern entgegensetzt, als das Steinmaterial dieser Bauweise angeführt. Es kann sich da sonach nicht wohl um etwas anderes als um gleichmässig und ungleichmässig nach Art des Ziegelmauerwerks (uti latericia) durch die Mauer gehende Lagen von Bruchsteinen handeln[2]).

Es liegt somit auf der Hand, wie wenig uns das seit Krieg v. Hochfelden so beliebt gewordene Operieren mit diesen beiden gelehrt klingenden Ausdrücken bzw. Begriffen in der Erkennung römischen Mauerwerks gefördert hat[3]), und dass man daran wohl täte, endlich davon abzusehen[4]).

Andere für uns wichtige Werkweisen, so die der Buckelquader mit Randschlag erwähnt Vitruv aber gar nicht und das opus spicatum nur an anderer Stelle (VII, 1) gelegentlich als (Tiburtinischen) Fussbodenbelag aus Ziegelsteinen, während das opus reticulatum und opus incertum[5]) für uns nicht in Betracht

---

[1]) D. h. „ununterbrochen", und so auch von Lorentzen (Gotha 1857) und Prof. Reber (Stuttg. 1864) übersetzt.

[2]) Dazu stimmt es auch, wenn es bei Plinius (Hist. nat. XXXVI, 22, sect. 51) heisst: *Graeci ex lapide duro ac silice aequato construunt veluti lateritios parietes. Cum ita fecerint, isodomum vocant genus structurae. At quum inaequali crassitudine structa sunt, pseudoisodomum.* Handelte es sich um einen gewöhnlichen Quaderbau mit gleich oder ungleich hohen Schichten so würden sich beide Schriftsteller anders ausgedrückt, auch das nicht als eine Besonderheit der Griechen bezeichnet haben, für welche es nur griechische Fachausdrücke gab. Quaderbau ohne Füllmauerwerk zeigen übrigens auch meistens die zu dieser Textstelle gehörigen Abbildungen der alten Kommentare des Vitruv. (Dabei übersetzt freilich Gualtherus H. Rivius die Stelle bei Vitruv *non enim* bis *quadrato* gerade umgekehrt: „Denn sie brauchen solche rauhe ungehauene Stein nit, sondern wann sie Quaderstein gebraucht.") Auch Durm, Baukunst der Römer S. 131 und 133 bezieht die Ausdrücke auf die gleich oder ungleich hohen Schichten des Quadergemäuers, wie ich selbst noch in der 1. Aufl. dieses Buches getan habe.

[3]) Das vermeintliche Pseudoisodomum, wie es Krieg v. H. bei Beschreibung des Berchfrits der Iburg als „vollwichtiges Zeugnis" römischen Ursprungs durch Wort und Bild veranschaulicht (vgl. oben), findet sich einschliesslich der nicht durchlaufenden Lagerfugen genau ebenso u. a. im Innern des nordwestlichen Berchfrits von Saaleck in Thüringen, die durch kleinere Steine ausgefüllten eingehenden rechten Winkel der Quadern allein kann man auch sonst oft genug beobachten, so z. B. am Berchfrit von Landsberg im Unterelsass. Alle sind mittelalterliche Bauwerke. Die Iburg wird 1328 zuerst genannt, während Saaleck seit 1140 urkundlich vorkommt.

[4]) Es scheint seit der 1. Auflage dieses Buches schon merklich seltener geworden zu sein.

[5]) Es ist auch schwerlich richtig, wenn gewöhnliches Bruchsteinmauerwerk (auf alle Fälle sehr überflüssigerweise) als „opus incertum" (oder antiquum) bezeichnet wird. Nach dem Zusammenhange bei Vitruv wird es vielmehr gewissermassen eine Abart des opus reticulatum aus ebenso kleinen, aber gar nicht regelmässig viereckigen Steinen sein, so dass sich nicht (wie beim ausgespannten „Netz") liniengerade Fugen in regelmässigen (diagonal gestellten) Quadraten durchschneiden. Diese Mauerweise (so auch a. a. O. als op. inc. bei Reber abgebildet) findet sich bei den Römern nicht selten, z. B. am Vestatempel zu Tivoli, am Venustempel bei Terracina und (Fig. **18**) am Theater von Pompeji.

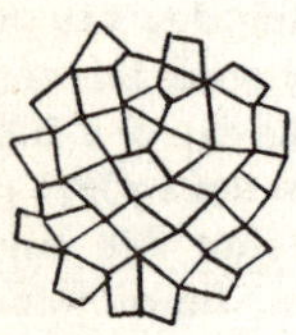

Fig. 18
Mauerwerk aus Pompeji

kommen. Ueberdies kann das Buch, wahrscheinlich 13 v. Chr. geschrieben, für die folgenden Jahrhunderte nicht als unbedingt massgebend angesehen werden. Allem dem nach erscheint also die Methode, den römischen Ursprung eines Bauwerkes wesentlich danach bestimmen zu wollen, ob und inwiefern das Mauerwerk den Angaben dieses Schriftstellers entspreche oder nicht, als eine verfehlte. Der einigermassen sichere Ergebnisse versprechende Weg kann vielmehr nur der sein, zunächst an unzweifelhaft römischen Bauwerken die dort angewandte Technik festzustellen und damit diejenige der noch fraglichen Bauten zu vergleichen.

Was nun zunächst das Material an sich betrifft, so benutzten die Römer von den Arten der natürlichen oder gewachsenen Steine zumeist die in der Nähe sich bietenden, so an „weichen" Steinen — welche nach Vitruv II, 6, zwei Jahre vor der Verwendung an geschützten Orten gelagert werden sollten — Tuff-, Kalk- und Sandstein, an „harten" Basalt, Lava, Granit etc. Doch holten sie, wenn es ihnen darauf ankam, geeignetes oder besonders beliebtes Steinmaterial auch aus weiter Ferne herbei. Zu dem letzteren gehörte ausser dem besonders in der Schweiz viel angewendeten Jurakalk und Muschelsandstein überall vorzugsweise der Tuffstein, welcher für den Mittel- und Niederrhein hauptsächlich im Brohltal gewonnen wurde.

Xanten trieb urkundlich im ganzen Mittelalter Handel mit den Tuffsteinen von den Türmen der Castra vetera, wie auch ebenso Dr. Keller (Röm. Ansiedl. der Ostschweiz) vielfach den Gebrauch von Tuffstein bei oberirdischem Mauerwerk konstatiert. Aus'm Weerth glaubt deshalb, dass „romanische Tuffsteinbauten sichere Zeichen seien, dass an ihrer Stelle oder in ihrer Nähe ehemals römische Tuffsteinbauten gestanden, deren Material benutzt wurde", während Keller (a. O. S. 49) bemerkt, dass „die schwunghafte Anwendung des Tuffsteins (der fast in allen Tälern der Schweiz anzutreffen sei) durch das Mittelalter sich fortsetzte". (Hiernach wäre die Beweiskraft des von P. Immler hervorgehobenen Arguments zu beurteilen, wenn derselbe (vgl. Keller a. O. II, 69) den in abweichender Konstruktion aus grossen Tuffsteinquadern ausgeführten Unterbau der Burg Saargans (Graubünden) deshalb für römisch hält.) — Nach v. Cohausen (Befestigungsweisen S. 144) wurde der zur Herstellung leichter Gewölbe beliebte Tuffstein (Trass) bei Mauern da, wo diese unter 2 m Höhe dem Mauerbrecher ausgesetzt waren, durch die härtere Grauwacke ersetzt. Ausserdem gibt er ebendaselbst an, dass im Trierischen Lande zur Römerzeit graue Sandsteine zu Hausteinen, ein versteinerungsreicher weisser Jurakalk zu Bildwerken beliebt gewesen seien; letzteres auch in romanischer Zeit, bis in gotischer ein weisslicher oder grünlicher Sandstein an seine Stelle getreten sei. Am Rhein unterhalb Bingens habe hiernach im 11. bis 13. Jahrh. der Trachyt zu Steinmetzarbeiten gedient, bis die gotische Zeit zu den Sandsteinen vom Main, Neckar und der Nahe gegriffen habe. Solche in ihrer Ausschliesslichkeit kaum zu beweisenden Angaben sind jedenfalls, soweit daraus Schlüsse auf die Bauzeit gemacht werden sollen, nur mit aller Vorsicht aufzunehmen.

Die lediglich aus gewachsenen Steinen ohne Bindemittel bestehenden „Trockenmauern", bei denen in der Regel das Gewicht der ersteren zur Festigkeit wesentlich beiträgt, haben die Römer bei uns mehrfach errichtet. So am rechtsrheinischen Limes als Teile des Grenzwalles selbst (S. 53, Anm. 1), bei den Kastellen Welzheim und „Am Maisel" als Umfassungsmauer und bei den Kastellen Eulbach, Würzburg und Hesselbach sich hinter dieser hinziehend, links des Rheines bei den schon im ersten Teile dieses Kapitels behandelten spätrömischen Wehrbauten, besonders der Heidenmauer des Ottilienberges. Ueber nichtrömische Trockenmauern bei uns siehe das 3. Kapitel.

Die römischen Ziegel wurden bei uns vielfach von den in Kastellen usw. stationierten Soldaten (auch zum Privatgebrauch), ausserdem aber auch in anderen Ziegeleien hergestellt und zumeist mit einem erhabenen Stempel, z. B. LEC-XI versehen. Oft sind sie gleichmässig hart gebrannt, von reinem Material und schöner roter Farbe, doch kommen auch sehr ungleichmässig gebrannte, solche, die zwischen den härteren Mörtelstreifen ganz ausgewittert sind (Theater in Taormina), und auch hellfarbige vor. Ein irgend sicheres Kennzeichen, die Masse an sich von derjenigen mittelalterlicher Backsteine zu unterscheiden, gibt es nicht[1]).

Anders steht es mit der Form. Sie ist bei den Römern eine viel mannigfaltigere als im Mittelalter. Eigentümlich ist ihnen dabei oft die plattenförmige Gestalt, die völlige oder annähernde Quadratform und die ungewöhnliche Grösse. Während bei uns zwischen Stärke, Breite und Länge das Verhältnis von ungefähr 1 : 2 : 4 (jetziges Normalmass bekanntlich 6,5 : 12 : 25 cm) fast von jeher gebräuchlich war, kommen ähnliche Formen bei den Römern zwar auch vor; wenn man dagegen dort Mauerziegel von 4 : 60 : 60 cm findet, so sind auch nur annähernd ähnliche Steine uns völlig fremd geblieben. Uebrigens wechseln die Masse von Länge und Breite zwischen 15 und 60, die der Dicke zwischen 2 und 12 cm, wobei freilich die äussersten Zahlen nur selten vorkommen.

Die dann bei uns anscheinend zuerst unter Karl dem Grossen von Einhard wieder zur Anwendung gebrachten Ziegel hatten bei 5 cm Dicke Seitenlängen von 33 zu 27, 27 zu 15 und 40 zu 25 cm[2]), ausserdem bestellte er bei einem Ziegelbrenner Egmulenus Steine, die 2' lang und breit und 4 Finger (Zoll) dick waren, also etwa 51 zu 7 cm massen, und andere von einem halben Fuss und 4 Fingern Breite und Länge und 3 Fingern Dicke. In Holland wurden schon im 10. Jahrh. am Schlosse Bladel Steine von durchschnittlich 32 cm Länge, 16 cm Breite und 8 cm Dicke, also solche, die doppelt so lang als breit waren, verwandt, dagegen 1279 am Mainzer Dom noch solche von 25 × 15 × 5½ cm[3]). Weiter wurden dann u. a. zu Ende des 15. Jahrh. zu Meseritz (Provinz Posen) Steine von 28 × 13 × 9 cm verwendet[4]), bei der Befestigung von Ulm bis zum 16. Jahrh. solche von 34 und 17 cm Länge und Breite, aber nur 4 bis 6 cm Dicke und bei dem, wohl um 1500 erbauten Palas von Hohenkrähen im Hegau solche von 26 zu 13 cm, deren Stärke 5, 4½ und selbst nur 3 cm

---

[1]) Nach Krieg v. H., Militärarch. S. 124, „unterscheiden sich die römischen gebrannten Steine im allgemeinen von allen andern durch ihr feineres Korn und ihre dunklere Farbe". Ebenso ist nach Prof. Schäfer (Kunstdenkm. im Grossherzogt. Hessen, Kr. Erbach, S. 254) „eine bekannte Tatsache die grosse Sorgfalt, womit die Römer die Fabrikation der Backsteine betrieben haben, sowohl in Auswahl vortrefflichen Tonmaterials, als auch in bezug auf den Grad des Brennens zur Erzielung der Härte des Materials und seiner schönen roten Farbe". Im Rosgartenmuseum zu Konstanz sind u. a. römische Dachziegel von ganz hellgrauer Farbe vorhanden. Die Konstantinsbasilika zu Rom zeigt ganz weissliche Mauersteine, untermischt mit dunkelroten.

[2]) Nach Müller und Mothes, Archäol. Lexikon („Baustein"), wären neben solchen von Einhard besonders bestellten Ziegeln deren auf Vorrat etwa 30 bis 34 cm lang, 15 bis 17 cm breit und 10 cm dick gearbeitet worden. Ueber die besondere Verschiedenheit der Masse s. O. Stiehl, Der Backsteinbau romanischer Zeit, 1898, S. 37 f.

[3]) Nach Dr. Otte, Kirchl. Kunstarchäologie I, 43, waren die Ziegel des 12. Jahrh. 0,265 bis 0,282 m lang, 0,111 bis 0,137 m breit und 0,078 bis 0,084 m dick, seit dem 13. Jahrh. grösser, nämlich 0,288 bis 0,301 m lang, 0,131 bis 0,137 m breit und 0,081 bis 0,101 m dick.

[4]) Dies ungefähre Verhältnis von 3 : 1½ : 1 war auch in der Renaissancezeit üblich, in welcher die Steine zwischen 30×15×10 und 36×18×12 cm massen.

beträgt[1]). Derartig plattenförmig dünne Steine kommen bei uns aber immer nur ausnahmsweise vor. Grössere, mehr plattenförmige Ziegel finden sich u. a. an der Palasruine von Kaiserswerth. Solche von verschiedener Stärke (2½ bis 6 cm) untereinandergemischt hat z. B. die Konstantinsbasilika in Rom.

Die römischen Dachziegel zeichnen sich oft durch ihre Grösse — bis 36 cm Breite und 49 cm Länge — und die entsprechende Schwere von 9 bis 10 kg aus, ausserdem aber durch die an den beiden Längsseiten aufgebogenen 3 bis 4 cm hohen Ränder, welche bei der Dachdeckung da, wo sie zusammenstiessen, durch einen nach oben verjüngten Hohlziegel von gleicher Länge und 4,5 kg Schwere überdeckt wurden (Fig. **19**). Beide Formen waren ohne Nasen[2]). Ausserdem kamen (Durm, Bauk. der Etrusker S. 117) Dachziegel auch trapezförmig vor, flach gewölbt oder eben und sehr verschieden lang und breit, auch besondere First- und Traufziegel, Warzenziegel mit vier vortretenden Zacken zur Wandbekleidung usw. —

Fig. 19
Römisches Ziegeldach

Ueber die Bereitung des Mörtels finden wir bei Vitruv II, Kap. 4 bis 6 im wesentlichen folgendes: Zur Mischung eignet sich am besten Grubensand, der nicht mit Erde vermischt ist und, in der Hand gerieben, knirscht *(quae in manu confricata fecerit stridonem)*. Sind keine Sandgruben vorhanden, so ist der Sand aus Flüssen oder aus Kies auszuscheiden *(de fluminibus aut e glavea erit excernenda)*. Noch weniger ist der Meersand zu empfehlen[3]). Nach dem Löschen des Kalkes ist ein Teil desselben entweder mit drei Teilen Grubensand oder mit zwei Teilen Fluss- oder Meersand zu mischen[4]). Den aus diesen letzteren Sandarten bereiteten Kalk verbessert man, indem man ihm zum dritten Teile zerstossene Stücke von Ziegeln oder Tongefässen beimischt *(si quis testam tusam et succretam ex tertia parte adjecerit)*. Der aus hartem Gestein gebrannte Kalk wird besser zum Bauen, der aus lockerem besser zum Mauerstuck sein. Besonders fester und zu Wasserbauten geeigneter Kalk wird aus Puzzolanerde (pulvere puteolano) aus der Umgegend der Vulkane bereitet.

---

[1]) Es ist daher nicht ganz zutreffend, wenn v. Cohausen, Mauerverbände S. 234, meint, es sei anzunehmen, dass nach dem Ende des 10. Jahrh. „am Rhein und überhaupt in West- und Norddeutschland die dicke Form der Ziegel nicht mehr mit der dünnen vertauscht worden sei". — Durch seine a. O. S. 234 u. 238 angeführten Beispiele des Gegenteils ist wohl die Angabe in den (älteren) „Wehrbauten" S. 18, dass die Anwendung der Mauerziegel nach Einhard bis zum Ende des 14. Jahrh. am Rhein abermals in Vergessenheit geraten sei, stillschweigend zurückgenommen.

[2]) Stücke solcher Dachziegel sollen immer zweifellos römischer Herkunft sein, doch sind bei der neuerdings vorgenommenen Untersuchung des Karolingischen Klosterbaues zu Lorsch (veröffentlicht von Prof. Adamy-Darmstadt) ebensolche Falzziegel vielfach ausgegraben worden. Wenn diese nach Müller u. Mothes, Archäol. Lex. („Baustein") gar „namentlich in Oberitalien, Krain, Steyermark, Bayern und Schwaben im Mittelalter vielfach vorkommen", so möchte das doch vor weiterem des Nachweises bedürfen.

[3]) Besonders des anhaftenden Salzes wegen. Gleichwohl ist z. B. der Mörtel des antiken Theaters von Taormina offenbar mit dem dunkelgrauen groben Sande der nahen Meeresküste angemacht, wie das schon seine mit diesem übereinstimmende Färbung zeigt. Er enthält einen auffallend geringen Bruchteil Kalk und ist doch steinhart.

[4]) Dasselbe schreibt Plinius lib. 35, 52 vor. Für den Bau von Zisternen empfiehlt er bei guten Materialien fünf Teile Sand und zwei Teile Kalk.

Diese Anleitung zur Mörtelbereitung enthält — von den testis tusis vorläufig abgesehen — nichts, welches dem danach hergestellten römischen Mörtel besonders charakteristische, ihn von dem mittelalterlichen unterscheidende Eigenschaften gegeben hätte, um so weniger noch, als auch bei der allgemeineren Wiederaufnahme des Mörtelbaues zur Karolingischen Zeit auch in dieser Beziehung Vitruv sicher der massgebende Lehrmeister gewesen sein wird. Die Römer wussten hiernach den Vorzug guten Materials zur Mörtelbereitung, speziell auch reinen und scharfen (nicht gerundeten) Sandes, sehr wohl zu schätzen; gleichwohl ist es unbegründet, wenn hervorragende Güte als ein Kennzeichen römischen Mörtels bezeichnet zu werden pflegt. Nicht nur begnügte man sich besonders bei den massenhaften militärischen Bedürfnisbauten auch mit dem minder guten, in der Nähe gebotenen Material[1]), sondern auch in Rom selbst kann man bei den unlängst wieder ausgegrabenen niedrigen Mauerresten des Forums (also bei Bauten, welche im wesentlichen ganz dieselbe Geschichte haben) neben steinhartem Mörtel anderen finden, der sich zwischen den Fingern leicht wie Sand zerreiben lässt. Selbst die Verarbeitung der Materialien war nicht immer eine sorgfältige. v. Cohausen erklärt (Mauerverbände S. 592) die Mischung für oft sehr schlecht, so als ob der Sand zugesetzt worden wäre, ehe der Kalk vollkommen gelöscht war; es finden sich danach „oft bis faustgrosse Knollen nichtgelöschten Kalkes“.

Krieg v. Hochfelden hebt (Militärarch. S. 130) hervor, dass es bei den Römern Regel gewesen sei, den gelöschten Kalk vor dem Gebrauche drei Jahre in der Kalkgrube eintrocknen zu lassen, und dass sich infolgedessen in dem Mörtel der Gussmauern mitunter kleine unvermischte zerreibliche Bohnen von Kalk fänden. Auf Kriegs Autorität hin hat man dann diese Erscheinung auch als ein Kennzeichen römischen Mörtels genommen. Vitruv erwähnt betreffenden Ortes (lib. II) von solchem „Einsumpfen“ nichts. Auf alle Fälle werden die Römer bei Wehrbauten, wie denen des Limes, gar nicht in der Lage gewesen sein, so lange vorher vorbereiteten Kalk verwenden zu können, und dasselbe darf man gewiss bei unseren Burgbauten als die Regel annehmen. Das Einsumpfen hat hauptsächlich den (nur bei Verputzmörtel nicht unwesentlichen) Nutzen, dass kleine etwa ungelöscht gebliebene Kalkstücke nachträglich gelöscht werden, wozu es jedoch nicht entfernt so langer Zeit bedarf[2])

Auch an anderen Merkmalen hat man bei alten Bauresten „echt römischen“ Mörtel erkennen und von späterem unterscheiden zu können, bis in die Jetztzeit vielfach geglaubt oder doch vorgegeben. Abgesehen von der vermeintlichen steten Vortrefflichkeit soll besonders die Beimischung von Ziegelstückchen ein Kennzeichen desselben sein, diejenige von Kieselsteinen dagegen nichtrömischen Ursprung beweisen.

Die Verwendung und der Nutzen ziegelhaltigen Mörtels ist von Vitruv (siehe vorhin) in auffallender Weise zu eng gefasst worden. Wesentlich ist seine

---

[1]) v. Cohausen schreibt (Grenzwall S. 182) das „viele sehr schlechte römische Mauerwerk“ zum Teil dem zum Mörtel benutzten „schlechten Sande“ zu. Auch die jetzt aufgedeckte römische Ringmauer von Trier zeigt „mageren Mörtel mit wenig Kalk und lehmigem Sande“. (Hettner im Koresp.-Bl. der Westd. Zeitschr. 1892, S. 46.)

[2]) Nach H. Müller, Maurerkunst 1875, S. 43 und 55, wird er dadurch auch fetter und speckiger, während magerer Kalk durch das Einsumpfen schlechter wird. Nach Plinius durfte der Pächter eines Landgutes gesetzlich nicht frischeren als drei Jahre eingesumpften Mörtel verwenden, nach v. Cohausen, Mauerverbände, war diese Frist bei den Polen auf sechs Jahre erstreckt. Löffler, Gesch. der Festung Ulm (1881), S. 21, erwähnt, dass die dort 1140 erbaute Ringmauer auch grössere Stücke reinen, unvermischten Kalkes enthielt.

hydraulische Eigenschaft, und er wurde deshalb von den Römern hauptsächlich da angewandt, wo es sich darum handelte, Feuchtigkeit abzuhalten, so zum Estrich, Wandverputz und Sockelbau oder wasserdichte Räume, wie Bäder, herzustellen[1]). So kommt er auch da vor, wo keinerlei Ziegelbauten vorhanden waren, z. B. beim Kastell Alteburg bei Cöln[2]), während andrerseits da, wo Ziegelbrocken, wie das Bauwerk (z. B. die Zahlbacher Wasserleitung) zeigt, vorhanden gewesen, diese keineswegs immer als Zusatz zum Mörtel benutzt wurden. Letzteres geschah auch bei der Mauerspeise, u. a. bei dem castrum Rauracense bei Kaiser-Augst[3]) und bei Bauten des Rheinischen Limes[4]).

Handelte es sich, wie bei Bruchsteinen und unbearbeiteten Findlingen, um die Ausfüllung grösserer Lücken, so sparten die Römer am eigentlichen bindenden Mörtel dadurch, dass sie ihm groben Kies oder Kieselsteine bis etwa zu Walnussgrösse beimengten. Beispiele bieten bei uns u. a. die römische Umfassung Boppards[5]), das Gussmauerwerk der Zahlbacher Wasserleitung und das Kastell bei Stein a. Rh.

Ausserdem wurden dem römischen Kalk bzw. Kalkmörtel noch andere Stoffe beigemischt. So besonders (siehe vorhin) Puzzolanerde (oder Posilippotuff), eine verwitterte Lava von gleichfalls hydraulischer Wirkung. Am Venustempel über Terracina und auf dem Forum zu Rom (da u. a. an der Konstantinsbasilika) ist der Mörtel mehr oder weniger massenhaft mit zerstossenem rotbräunlichen Sandstein vermischt, bei den „Römischen Bädern" zu Badenweiler ziemlich reichlich mit kleinen Stückchen von Holzkohle[6]).

Alles dies findet sich bei unserem nachrömischen Mörtel im ganzen ebenso.

Was zunächst die Beimischung zerstossener Ziegel betrifft, so bestand z. B. der Estrich der karolingischen Kirche in Hirsau aus Sand und reichlich mit Ziegelmehl vermischtem Kalk[7]), und die Zisterne der Burg Branzoll ist durch stark ziegelhaltigen Verputz wasserdicht gemacht[8]). Als Mauerspeise kommt so gemischter Mörtel u. a. vor bei den Berchfriten von Saarburg („wahr-

---

[1]) Nach Architekt Schmidt (Jahresber. der Ges. f. nützl. Forschungen, Trier 1869, S. 60) wurde ziegelhaltiger Mörtel bei Römerbauten in Trier nur da angewandt, wo entweder rein mit Ziegeln oder mit diesem und anderem Material abwechselnd gemauert ist. „Bei schwächerem Mauerwerk, wie es bei Privatwohnungen gewöhnlich vorkommt, sind aber diese Ziegelstückchen im Mörtel des Mauerwerks nur selten zu finden, wogegen sie in dem Mauerputz gewöhnlich, in den Estrichen mit wenig Ausnahmen immer und in Baderäumen und Wasserleitungen immer und zwar ohne Sand angewendet sind. Sie geben dem Kalkmörtel eine hydraulische Eigenschaft, weshalb diese Mischung bei in der Feuchtigkeit stehendem oder sehr dickem Mauerwerk stets mit Nutzen angewendet wird, indem die zum Erhärten des Mörtels nötige Kohlensäure in solchem Mauerwerk nur sehr langsam aus der Luft eingesogen wird."

[2]) Generalm. Wolf, Kastell Alteburg (Cöln 1889), S. 39.

[3]) Dr. Keller, Röm. Ansiedelungen der Ostschweiz (Zürich 1860), S. 277.

[4]) Limesblatt 1894, S. 374.

[5]) Bonner Jahrb. 1871, S. 94.

[6]) So nach Kunstdenkm. d. Grossherzogt. Baden, Bd. V (1901), S. 93, und „wahrscheinlich vom Brennen des Kalkes herrührend". Die Beimengung würde dann jedoch wohl öfter vorkommen. Meines Erinnerns ist übrigens die Substanz eine härtere.

[7]) Kunst- u. Altertumsdenkm. Württemb. II, 44.

[8]) Meine Oesterr. Burgen I, 26. Vitruv, der die Mischung sonst auch zur Abhaltung von Feuchtigkeit empfiehlt, schreibt (VIII, 6) für Zisternen nur Sand- und Kalkmörtel mit zerschlagenen Basaltsteinen vor.

scheinlich aus der Zeit von 964")[1]) und Freudenberg, Kanton St. Gallen[2]), bei der Burg von Badenweiler (siehe weiterhin) und der zu Anfang des 12. Jahrh. erbauten Ringmauer von Ulm[3]). Im ganzen mag ziegelhaltiger Mörtel von unseren Vorfahren seltener als von den Römern angewendet worden und wenigstens als Mauerspeise nach der romanischen Zeit überhaupt nicht mehr nachzuweisen sein.

Die Verwendung von Kieseln oder grobem Kies findet sich bei unserem Mörtel so häufig, dass sie, wie bemerkt, geradezu als ein Kennzeichen desselben gegolten hat. Auch die Beimischung anderen Materials kommt im Mittelalter gleichfalls vor. So bei der Burg Badenweiler ausser dem ziegelhaltigen Mörtel anderer mit schwarzen Partikelchen, „wohl glasige Schlacken eines metallurgischen Prozesses, vielleicht eines Holzkohlenhochofens"[4]), und bei den Burgen Landstein, Freienstein und Kreuzen[5]) hat man zum guten Teil den Baustein, eine hauptsächlich aus Quarzkörnern und Glimmer zusammengesetzte graubraune Breccie, zerkleinert statt des Sandes zur Mörtelbereitung verwendet.

Nach den in Mothes, Baulexikon III, S. 408 f. mitgeteilten chemischen Analysen vollzieht sich eine langsame Umwandlung des Mörtels überhaupt und zwar besonders dahin, dass bei solchem, der so alt ist, wie das Ende der römischen Herrschaft bei uns, das Kalkerdehydrat, welches bei frischem Mörtel bis zu etwa 12 Gewichtsprozent beträgt, verschwunden und an seine Stelle Kalkerdesilikat in Kristallform erschienen ist, dessen Gewichtsprozente bis zum Alter von 2000 Jahren auf etwa 20 steigen. Diese Hinweisung scheint eine weitere praktische Anwendung behufs der Erkennung römischen und mittelalterlichen Mörtels bisher nicht gefunden zu haben. Wohl aber hat die Behauptung (zuerst Krieg v. Hochfeldens), dass der Mörtel der Burgruine und der Römischen Bäder zu Badenweiler (s. vorhin) miteinander identisch sei, zu einer Untersuchung durch die chemisch-technische Prüfungs- und Versuchsanstalt zu Karlsruhe Anlass gegeben. Danach enthielt der Kalk (I bedeutet den Mörtel der Bäder, II a den mit Schlacken und II b den mit Ziegelstücken vermischten der Burg):

	I	II a	II b
Kohlensaurem Kalk	88,84%	84,02%	93,66%
Tonerde und Eisenoxyd	8,19 „	10,78 „	4,59 „
Kieselsäure	2,97 „	5,02 „	1,75 „

Im übrigen war das Verhältnis des Kalkes zu den beigemengten Materialien bei I 1:2, bei II a 1:2⅓ und bei II b 1:1½, während von 100 Teilen dieser Materialien grober Kies bei I 19,76, bei II a 15,91 und bei II b 71,33 Prozent ausmachte. Von Interesse ist da der verhältnismässig hohe Prozentsatz des Kalkes und bei II b des groben Kieses.

Was die Art der Verwendung des Mörtels betrifft, so hat (entgegengesetzten Behauptungen zuwider) dieselbe bei den Römern sowohl im steifen wie im dünnflüssigen Zustande dieses Bindemittels stattgefunden, und zeigt römisches Mauerwerk sowohl dickste wie kaum sichtbare Mörtelfugen, während bei grossen Quadern gar kein Mörtel aufgezogen wurde. So haben z. B. die (meistens ausgebrochenen) 15 cm hohen Blendquader der Zahlbacher Wasserleitung nur 3 mm starke Fugen, während diese bei den ca. 9½ cm hohen Quadern des Amphitheaters zu Trier 1½ cm dick sind. Ebenso zeigen von deutsch-schweize-

[1]) v. Cohausen, Bergfriede S. 18.

[2]) Der Turm wird deshalb auch für römisch gehalten. Keller a. O. S. 69 bezeugt, dass man Ziegelmörtel an mittelalterlichen Gebäuden der Ostschweiz sonst nicht findet.

[3]) v. Löffler, Gesch. der Festung Ulm S. 16.

[4]) Kunstdenkm. d. Grossherzogt. Baden a. O.

[5]) Meine Oesterr. Burgen III, 124.

rischen Kastellen, bei gleichmässiger Stärke der Bekleidsteine von 7—13 cm Höhe und 13—25 cm Länge, dasjenige von Burg und Pfyn zollbreite, das Kastell Vitodurum wenige Linien starke Fugen[1]). Bei dem Mittelverband der Umfassung von Boppard — rechtwinklig zugerichtete Steine von 13—15 cm Höhe und bis zur doppelten Länge — sind die Fugen durchschnittlich 2 cm stark. Als eine Besonderheit römischer Mauertechnik wird man freilich die bei Ziegelbauten nicht seltenen besonders dicken Mörtelfugen bezeichnen können, wenn z. B. bei der Basilika in Trier die nur 3—4 cm dicken Steine durch ebenso breite Fugen getrennt sind oder bei der spätrömischen Konstantinsbasilika zu Rom gar bis 5 cm breite Mörtelstreifen zwischen Ziegeln, deren Dicke bis auf 2,5 cm hinabgeht, vorkommen. Nur ausnahmsweise sind bei den Pfeilern der Einhardsbasilika in Steinbach (von 827) in noch annähernd römischer Weise Steine von nur 3,5—5 cm Dicke mit bis 2,5 cm dicken Mörtelfugen versetzt worden.

Wenn solche bis 5 cm dicke Fugen ja einen ganz steifen Mörtel voraussetzen, so war dagegen beispielsweise bei dem römischen Mauerwerk von Neumagen „der Mörtel in reichlichster Menge in dünnflüssigem Zustande verwendet worden"[2]).

Prof. Durm bemerkt (Baukunst d. Römer S. 119): „Wenn wir heutzutage beim Quaderversetzen feinen Mörtel oder reinen Kalk aufziehen, so dient dies mehr zur Ausgleichung von Unebenheiten und der dadurch ermöglichten gleichmässigen Druckverteilung, weil wir die Lagerflächen der Steine nicht mehr so sorgfältig zu bearbeiten gewohnt sind, wie dies die Alten taten. Wir müssen deshalb mit offenen Fugen versetzen, während die Quaderfugen der Alten oft kaum sichtbar sind."

Nach meinen Beobachtungen scheint mir der wahre Sachverhalt der zu sein, dass sowohl bei unseren mittelalterlichen Burgbauten, wie bei den römischen der Mörtel, in entsprechender Stärke aufgetragen, um so mehr als notwendiges Bindemittel in Betracht kommt, je weniger es sich um gewichtige und vor allem an den Seitenflächen glatt gemeisselte Quadern handelt, während im umgekehrten Falle die Fugen kaum sichtbar sind. Beispiele der einen wie der anderen Art nebeneinander bieten u. a. die thüringischen Burgen Rudelsburg, Saaleck und Lobdaburg. Auch anderwärts, so am Main, im Wasgau und Hardtgebirge, bei Schilteck im Schwarzwald und Werenwag an der Donau, beim Schwarzen Turm von Eger usw. kann man bei den sorgfältigen aus Quadern hergestellten Burgbauten überall genug des „feinen, kaum sichtbaren Fugenschnittes" sehen, der bei den Romanisten als Beweis echt römischen Mauerwerkes (z. B. beim Steinsberg und dem Schwarzen Turm von Brugg) eine so grosse Rolle zu spielen pflegt. —

Als für die Römer charakteristisch werden auch — so beim Trierer Wasserleitungskanal — die als Wulste (Viertelrundstäbe) vertretenden Mörtelfugen bezeichnet[3]). Dieselben finden sich aber auch im Mittelalter, z. B. an der Stadtkirche von Meran.

---

[1]) Keller, Röm. Ansiedelungen (Zürich 1860), S. 277, 282 u. 293. Das Prätorium des Castrums zu Deutz zeigt zum Teil regelmässiges Mauerwerk aus Hausteinen, anderwärts Basaltsteine mit dicken Mörtelfugen (Westd. Zeitschr. 1882, 49 ff.).

[2]) Prof. Hettner in Westd. Zeitschr. 1891, S. 290.

[3]) Korresp.-Bl. d. Gesamtvereins 1897, S. 111.

Ein Mörtelverputz der Aussenwände war bei den römischen Befestigungs- (und Monumental-) Bauten so wenig gebräuchlich, wie im allgemeinen bei den mittelalterlichen. Eine Ausnahme scheinen besonders die Wachttürme des rechtsrheinischen Grenzwalles gemacht zu haben. Aus den hie und da gefundenen Resten hat man geschlossen[1]), dass sie sämtlich aussen wie auch innen weiss verputzt waren und, ohne auch weiss angestrichen zu sein, mit eingerissenen, rot nachgemalten Stoss- und Lagerfugen, die sich nicht an den wirklichen Steinverband kehrten, verziert waren[2]). — Auch bei mittelalterlichen Befestigungsbauten kommt ein Verputz der Aussenwände nicht selten vor, so z. B. bei dem Wohnturme der Lobdaburg und bei der 1140 erbauten Ringmauer von Ulm (Löffler a. O. S. 21), fast überall bei Hohenklingen am Rhein usw. Der Verputz eines Teiles der Aussenseite lässt besonders bei scharfen Grenzen auf einen ebenda angefügt gewesenen Bau schliessen, so auch bei Berchfriten eventuell auf einen hölzernen Umgang (Beispiel Schroffenstein im Inntal). Siehe auch Kap. 4.

Von einem in anderer Weise teilweisen Verputze, der nämlich die mittlere Fläche der nur oberflächlich vierkantig zurecht geschlagenen Steine freilässt, schreibt Krieg v. Hochfelden (Militärarch. S. 126), dass die Römer, so z. B. bei den Bädern von Badenweiler, „den Mörtel dick auftrugen, den Stein mit leichten Schlägen des Hammers antrieben, den aus den nicht genauen Fugen heraustretenden Mörtel aber mit dem Polierbrett an die zunächst gelegenen Flächen andrückten und einebneten und sodann mittels der Kelle die Lager- und Stossfugen nach dem Lineale einritzten". Dieses Verfahren[3]) „wurde gegen Ende des 10. und im Anfange des 11. Jahrh. häufig, und zwar in sehr roher Weise nachgeahmt". — Wohl auf die Autorität Kriegs hin wird diese Technik denn auch mehrfach als eine Besonderheit der romanischen Zeit bezeichnet. Sie findet sich aber — eben nicht mit linealgeraden Fugen, Fig. 20 — unter anderm öfter sehr gut erhalten auf österreichischen Burgen an schwerlich so alten Bauteilen. Beispielsweise auf Bidenegg im Oberinntal, welches erst im 15. Jahrh. genannt und auch kaum viel älter ist. —

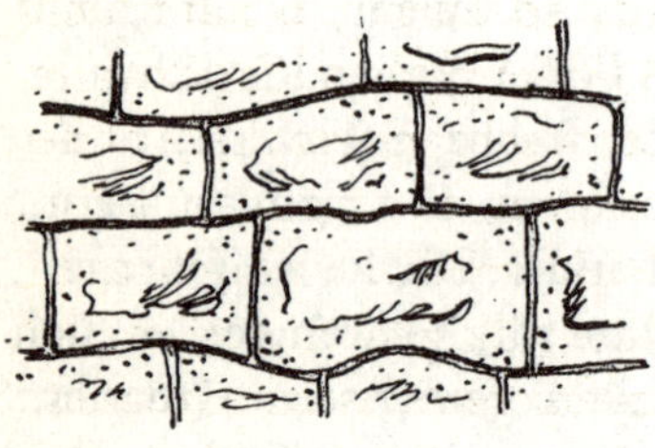

Fig. 20
Steinsichtiger Verputz mit eingeritzten Fugen

Auch Lehm wurde von den Römern mitunter verwendet. Wie auf der Saalburg nachgewiesen, schlossen sie die Fachwerksfelder ihrer leichten Bauwerke mit Flechtwerk und beschlugen dieses von beiden Seiten mit Lehm[4]), und bei der Befestigung von Neumagen wurden die zu unterst aufgeschichteten (römischen Grabmonumenten entnommenen) Quadern zunächst mit einer Lehm-

---

[1]) v. Cohausen, Grenzwall S. 122 u. 223.

[2]) So auch bei dem Kastell von Holzhausen. Vom Turm Nr. 9 am Klingekopf heisst es Limesbl. 1894, S. 326: „An einzelnen Stellen der Aussenseite ist der Putz mit eingeritzten rot gemalten Fugen erhalten geblieben." Nach ebenda 1896, S. 473 war das besonders bei den Taunustürmen angewandt. Im hessischen Odenwald wurde nur an den Fugen etwa 5 cm breit feiner Mörtel mit schmalen eingeritzten Fugenlinien aufgebracht. Bekanntlich sind von den Limestürmen nur geringfügigste Reste, oft nur Spuren erhalten.

[3]) Auch „steinsichtiger Verputz" genannt.

[4]) v. Cohausen, Mauerverbände S. 242. Ebenso u. a. Limesblatt 1893, S. 153.

schicht bedeckt[1]). Bei mittelalterlichen Burgen kommt der Lehm ausnahmsweise als Mauerspeise vor, so (v. Cohausen a. O.) bei den Ringmauern von Adolfseck (Prov. Nassau) und Fürstenberg am Rhein, sowie bei den Gebäuden in den alten norddeutschen Wallburgen. Hier wurden die Fachwerksfelder, wie noch heute hie und da, durch aufrecht zwischen die Riegel geklemmte, mit Strohlehm umwickelte Staken ausgefüllt. —

Was nun die Verwendung dieses Stein- und Bindematerials[2]) zur Herstellung von Mauern betrifft, so gehen die Romanisten, unter ihnen also auch besonders Krieg v. Hochfelden, wie wir gesehen haben, von dem Satze aus, dass die sorgfältige und kunstmässige Ausführung eines Baues ein Kennzeichen seines römischen Ursprunges sei im Gegensatz zu den älteren Bauwerken der Deutschen, welche letzteren (Militärarchit. S. 105) „nicht immer auch nur mit der Aussteckung eines genauen Quadrats zurechtgekommen" seien. Römisch sollen sein (ebenda S. 132) die genau senkrechten und glatt gemeisselten Borden an den Kanten des Baues und der feine kaum sichtbare Fugenschnitt, nicht römisch die ungenau bearbeiteten Kanten, die roh und unregelmässig ausgeführten Konstruktionen, bei denen auch Lager- und Stossfugen ein Kreuz bilden etc.[3]).

Das eine ist so wenig haltbar, wie das andere. Die römischen Kriegsbauten in Deutschland waren — von monumentalen Toren, wie die Porta nigra, und allenfalls von den Kastellen in der Sandsteinregion abgesehen — durchweg einfache Bedürfnisbauten, anscheinend zumeist von gewöhnlichen Soldaten ausgeführt, und was die „Aussteckung eines genauen Quadrats" betrifft, so zeigen bekanntlich gerade die Kastelle und selbst die Wachttürme am rechtsrheinischen Grenzwalle vielfach Abweichungen von der geraden Linie bzw. vom rechten Winkel, ohne dass ein Anlass zu einer etwa gewollten Unregelmässigkeit zu erkennen wäre. Auch da, wo es sich nicht um einen, von den Römern bekanntlich vielfach ausgeführten, reinen Bruchsteinbau handelte, waren die rechteckigen Steine nicht selten nur ganz oberflächlich zugerichtet und von den verschiedensten Grössen, und die Regel, dass die Stossfugen nicht aufeinander treffen (mit den Lagerfugen ein Kreuz bilden) sollen, findet sich keineswegs überall durchgeführt. Das Beispiel eines solchen wenig sorgfältigen Baues bietet u. a. die Römerwarte auf dem Biberlikopf. Die Bekleidsteine, an Grösse etwa zwischen ⅓ und 1 Kubikfuss wechselnd, sind zum Teil auf einer oder mehreren Seiten, zum Teil gar nicht zurechtgeschlagen

---

[1]) Hettner, Westd. Zeitschr. 1891, S. 290.

[2]) Als noch ein anderes Bindemittel erwähnt Vitruv I, 5, dass in Babylon die Mauer aus Ziegeln mit flüssigem Asphalt (liquido bitumine) aufgeführt wurde.

[3]) Auf die angeblich unvergleichliche Vortrefflichkeit der Mauertechnik laufen auch im wesentlichen die Gründe hinaus, aus welchen Prof. Rziha-Wien (Mitteil. d. k. k. Centralcomm. 1879, S. CLXIX Korresp.-Bl. d. Gesamtvereins 1880, S. 33, Schriften des Bodenseevereins H. 12) ausser der Heidenmauer zu Lindau den „Schwarzen Turm" zu Eger, den „Heidenturm" und den „fünfeckigen Turm" zu Nürnberg, den „Heidenturm" zu Regensburg und den Berchfrit der Iburg in Baden für Römerbauten erklärt. Dass diese letzteren fünf Türme zweifellos nicht römisch sind (nach Nürnberg und Eger sind die Römer nie gekommen, der Heidenturm zu Regensburg hat in seinem Unterbau mittelalterliche Kropflöcher und bei dem Berchfrit der erst 1245 genannten Iburg spricht nichts für einen römischen Ursprung), ist zugleich der beste Beweis für die Haltlosigkeit des ganzen Lehrsatzes.

und zeigen die verschiedenartigsten Formen[1]). Zudem ist das Aufeinandertreffen der Stossfugen keineswegs vermieden. Letzteres war auch anderwärts bei römischen Quaderbauten nicht selten, findet sich z. B. in Rom an der Servianischen Mauer und bei den Unterbauten der Tempel Castorum und Divi Julii, an der Stadtmauer und am Apollotempel von Pompeji und der noch etruskischen Ringmauer von Fiesole.

Gegenüber solchen wenig sorgfältig und kunstgemäss ausgeführten antiken Bauten waren bekanntlich schon zu Karls des Grossen Zeit deutsche Bauwerke, wie der Aachener Münster, die Kirchen zu Lorsch und Seligenstadt, von den Kaiserpfalzen abgesehen, Werke, die an die Kunstfertigkeit der Bauleute wahrlich ganz andere Anforderungen stellten als die zumeist einfachen Bauten der erst Jahrhunderte später beginnenden eigentlichen Burgbauperiode.

Gegenüber der (siehe weiterhin) von manchen Schriftstellern mit mehr Entschiedenheit als Berechtigung vorgetragenen Idee, dass die Römer — auch dem Steinmaterial nach — gewissermassen nur zierliches Mauerwerk hergestellt hätten, führt der genaue Kenner römischen Bauwesens, Prof. Durm, nicht nur die Lindauer „Heidenmauer" als (notorischen) Römerbau an[2]), sondern ist auch eben um des Mauerwerks willen geneigt, den bekannten „megalithischen" Turm von Mammertshofen für römisch zu halten. Dieser, ein Quadrat von 13,50 m äusserer Seitenlänge und bis zu dem späteren, hölzernen Aufsatz ebensohoch, ist aussen aus unbehauenen Blöcken, die unten bis 7½' lang sind und bis zu 3' über die Mauerflucht vorspringen, im oberen Bauteile ohne erkennbare, durchlaufende Lagerfugen errichtet. Eine Bearbeitung der Steine zeigt sich nur in dem glatten Randschlage an den Ecken des Baues und den Sandsteineinfassungen der Lichtschlitze. (Fig. **21** nach Rahn, Arch.- u. Kunstdenkm. d. Kant. Thurgau 1899, S. 281.) Durm bemerkt (a. O. S. 138) hierzu: „Der römische Ursprung des megalithischen Gemäuers wird zwar nicht mehr festgehalten, indem speziell für Mammertshofen das Ende des 9. Jahrh. als Erbauungszeit angenommen wird[3]); indes dürfte das letzte

Fig. 21
Steinverband von Mammertshofen

[1]) Einzelne messen nach den drei Dimensionen 33, 11 und 15, dann 23, 14 und 22, ferner 14, 8 und 11 cm usw.

[2]) Baukunst d. Etrusker S. 8.

[3]) Dies beruht auf einem Missverständnis der auch von Durm zitierten Abhandlung des Prof. Meyer von Knonau „Burg M." in XVII, 5 der Mitteil. der Züricher Antiquar. Gesellsch. Danach (S. 5 bzw. 93) wurde M. „vielleicht nicht gar lange Zeit" vor seiner ersten Nennung als „Maynbretzhofen" um 1250 aufgerichtet. Ist der Bau auch gewiss mittelalterlich, so bleibt deshalb nicht weniger wahr die von Durm a. O. hieran geknüpfte Bemerkung: „Wir sehen hieraus wiederum, dass Gleichartiges nicht immer auch Gleichzeitiges ist, und dass nur die gleichartigen, natürlichen Verhältnisse zu allen Zeiten und sogar unabhängig voneinander an verschiedenen Orten wieder Gleiches hervorbringen können. Zu Altersbestimmungen taugen deshalb derart verwandte Erscheinungen auf technischen Gebieten ebensowenig, oder sind mindestens nicht zuverlässig oder entscheidend, gleichwie die Steinmetzzeichen."

Wort in dieser Sache noch nicht gesprochen sein.... Den Mörtel weggedacht, erinnert das Gemäuer noch am meisten an das von Tyrinth und die Mauern von Messene...... Das eigentümliche A /|\ der Steinmetzzeichen an der porta nigra zu Trier findet sich auch an den Fenstereinfassungen von Mammertshofen."

Dass die Römer bei uns auch mit unbehauenen Findlingen bauten, zeigt u. a. eine in Obermais (Tirol), dem alten Maja, neben zweifellos römischen Dachziegeln ausgegrabene, aus solchen Steinen mit vielem Mörtel 55 cm stark errichtete „Grundmauer". (Korresp.-Bl. des Gesamtvereins 1887, S. 20.) Auf dem Plateau Wasserwald in Lothringen, einer Fundstätte römischer Reliefs und Säulenreste, finden sich (nach Kunst u. Altert. in Elsass-Lothr. III 225) gleichfalls für römisch gehaltene 0,80 bis 1,80 m dicke Mauern aus unbehauenen Steinen. (Ueber diese Mauerweise im Mittelalter siehe 4. Kap.) —

Quader haben die Römer in Deutschland in fast allen denkbaren Abmessungen, von den grössten bis zu den kleinsten, verwandt. Was zunächst die ersteren betrifft, so finden wir in Trier an der Ueberwölbung eines Einganges zum Amphitheater Blöcke von mehr als 7 m Länge. Die Bausteine der Porta nigra daselbst erreichen annähernd die Hälfte dieses Längenmasses bei 50—65 cm Höhe und ähnlicher Tiefe, während die Porta praetoria zu Regensburg nur Quadern bis 180 cm Länge bei halber Höhe aufweist.

Quaderbauten im Mittelverband, an den Gesimsen und Sockeln sorgfältig profiliert, haben sich bei den in der Sandsteinregion belegenen Kastellen und Wachttürmen des rechtsrheinischen Grenzwalles gefunden[1]). Die im Park von Eulbach im Odenwald wieder aufgemauerten Quader von zweien dieser Kastelle zeigen folgende Steingrössen in der Ansichtsfläche: 31 zu 12, 38 zu 11, 50 zu 20, 57 zu 17, 72 zu 19, 80 zu 24 cm usw. Die Tiefe der Steine beträgt zumeist 13 cm oder etwas mehr, steigt aber auch auf das doppelte Mass. Mehrfach kommen auch Quader vor, die, im übrigen wie die anderen glatt gearbeitet, nach hinten, gegen das Innere der Mauer in ihrer ganz unregelmässigen Form belassen sind. Auch Steinplatten u. a. von 1,12 zu 1,33 m und ähnlichen Seitenlängen kommen vor. Regelmässiges Mauerwerk aus Hausteinen ist u. a. mehrfach beim Deutzer Castrum festgestellt worden[2]). Bei den römischen Bädern zu Badenweiler kommen grössere Quader nur vereinzelt, wenn auch nicht selten, besonders an den Mauerecken vor. Solche haben dann 29 zu 11, 42 zu 17, 60 zu 30 etc. cm Gesichtsfläche und 26 bis 29 cm Tiefe. Auch hier finden sich Steinplatten von 1 m Seitenlänge. Eine durchlaufende Reihe 2' hoher und bis zu 5' langer Quadern schliesst den Sockel der römischen Ringmauer von Boppard ab[3]). Römische Fundamente aus grossen Quadern sind u. a. festgestellt bei den Ringmauern von Gloucester (Glevum)[4]), Metz (Mediomatricum)[5]) und der Kastellmauer von Horburg (Argentoravia?)[6]).

---

[1]) v. Cohausen, Grenzwall S. 29 (Kastell Mainhard). Limesblatt 1893, S. 117 (Murrhardtkastell), S. 169, 1894, S. 265 (Alteburg) u. a. m.

[2]) Westd. Zeitschr. 1882, S. 49 ff.

[3]) Bonner Jahrb. 1871, S. 53 ff.

[4]) Ebendas. 1859, S. 146.

[5]) Kraus, Kunst u. Altert. in Elsass-Lothr. III, 338.

[6]) Ebendas. II, S. 170.

Bei dem letzterwähnten Bau waren die Quadern durch hölzerne Schwalbenschwänze[1]) und sehr starken Mörtel verbunden. Im übrigen liebten die Römer es, bei grösseren Quaderbauten die Lager- und Stossflächen so sorgfältig abzuglätten, dass für die Anwendung von Mörtel in den kaum sichtbaren Fugen sozusagen kein Raum blieb. Anstatt dessen wurde — ein bekanntes Beispiel bietet die Porta nigra — die durch Verband und Gewicht der schweren Steine an sich bewirkte Festigkeit des Mauerwerkes hie und da besonders durch eingelassene Metallklammern zu einer vollkommenen gemacht[2]).

Bei unseren Burgbauten ist mir ein Gleiches bisher nicht bekanntgeworden[3]), ausgenommen etwa den Pfalzgrafenstein bei Caub, bei welchem die Sandsteinquader der stromauf gerichteten Spitze zum besseren Widerstande gegen die Gewalt winterlichen Eisganges aussen durch zahlreiche Kreuzklammern miteinander verbunden sind. —

Wenn Vitruv (siehe oben) empfiehlt, das Quadermauerwerk mit Füllwerk (ἔμπλεκτος, das lat. *implicitus)* nach griechischer Art mittels durchgehender Binder (διατόνοι) zu befestigen, so ist das bei römischen wie mittelalterlichen Bauten im ganzen wenig befolgt worden, wie man vielfach an den ihrer Bekleidsteine beraubten Mauern erkennen kann. Mit Unrecht pflegen wohl bei noch vorhandener Bekleidung mit grösseren Quadern die kürzeren Steine ohne weiteres für Binder gehalten und auch als solche bezeichnet zu werden. Unter anderm wird jedoch auch bei der Mauer von Gloucester a. O. ein mit seiner Länge von 7 engl. Fuss durch dieselbe liegender Stein, 1' 9" dick, erwähnt. Bei den im übrigen ihrer Bekleidsteine beraubten (bzw. ursprünglich) massiven Mauermassen des Eigelsteines in Mainz und des Unterbaues des Grabmales der Caecilia Metella ragen die Bindersteine noch aus denselben hervor. Ueber zugespitzte Bekleidsteine siehe weiterhin. —

Was nun unter den hier zunächst behandelten grösseren und mittleren Quadern die Buckel- oder Bossenquader mit glattem Randschlag[4]) betrifft, welche der Mone-Kriegschen Schule und ihren noch nicht ganz ausgestorbenen Jüngern zumeist als ein sicheres Kennzeichen römischen Bauwerkes gelten, so ist in der verdienstlichen Bekämpfung dieser sehr fehlsamen Idee besonders v. Cohausen so weit gegangen, zu behaupten (so noch in

[1]) Ueber diese s. S. 50, Anm. 2.

[2]) Wenn andrerseits v. Cohausen, Mauerverbände S. 57, schreibt: „Nie haben die Römer ihre Quader in Mörtel versetzt," so ist das doch nur bei Bauten aus ganz grossen Quadern zutreffend.

[3]) Anderes gibt freilich A. Schultz (Höf. Leben 2. Aufl., S. 30) auf Grund einer Stelle (v. 7848) aus dem Erek Hartmanns von der Aue an.

[4]) Von den Schriftstellern, welche gelehrt klingende Fremdwörter lieben, wird die Buckelquadertechnik gern „Rustica", „Opus rusticum" genannt. Es würde das Sinn haben, wenn es auf Quader beschränkt bliebe, die auf der ganzen Ansichtsfläche unbearbeitet geblieben sind, und zugleich *rusticus* im Bauwesen die übertragene Bedeutung „roh, ungeschliffen" hätte. Beides ist aber nicht der Fall. Bezüglich des letzteren ist zu bemerken, dass man anstatt *opus rusticum* auch „bäurisches Werk" sagt (so z. B. Müller u. Mothes, Archäol. Wörterb. S. 214), die Bauern aber überhaupt nicht mit grösseren Quadern zu bauen pflegten, und bei Vitruv, wie auch besonders später bei den Franken für die mit dem Meissel geglätteten oder nicht geglätteten Steine *politus* und *impolitus* die feststehenden technischen Ausdrücke waren.

seinen hinterlassenen Befestigungsweisen S. 163), dass die Römer im Gegenteil diese Bauweise nirgend angewendet hätten.

Das wäre aber schon an sich keineswegs anzunehmen, einesteils weil Buckelquader mit Randschlag schon vor der römischen Zeit in Aegypten, Kleinasien und Griechenland — da z. B. am Denkmal des Lysikrates und den Stadtmauern von Messene — gebräuchlich gewesen sind[1]), andernteils weil es durchaus unwahrscheinlich wäre, dass unsere Vorfahren diese durch ihre Eigentümlichkeit hervorstechende Bauweise ganz ausnahmsweise nicht von den Römern übernommen haben sollten. So sind denn auch wirklich Buckelquader mit Randschlag[2]) an unbezweifelt römischen (wie auch schon etruskischen) Bauten in Italien selbst noch genug zu finden[3]), und wenn auch im Gegensatz zu der alten Lehre keiner unserer Buckelquaderberchfrite als römisch zu erweisen ist, so können doch anderweitig wirklich römische Buckelquader auch im deutschen Sprachgebiet noch mehrfach nachgewiesen werden.

So ist ein vereinzelter noch an seiner alten Stelle liegender 1883 im Kastell Oberscheidenthal (Baden) gefunden worden[4]). (Fig. 22.) Die Masse desselben — Höhe 0,51, Breite des Randschlages 0,045 m und Bossenhöhe, von a nach b steigend, 7 cm — stimmen mit den bei grösseren mittelalterlichen Bossenquadern durchschnittlich gebräuchlichen überein. (Abweichend ist nur allenfalls, dass an zwei Stellen der Saumschlag nach unten da, wo das Pflaster anfing aufhört. Es scheint danach, als ob man denselben erst abmeisselte, nachdem man den Eckstein an Ort und Stelle gelegt hatte, aber gewiss bevor der nächstobere Quader aufgebracht wurde.) Ebenso hat Kreisrichter a. D. Conrady seinerzeit in dem Altstadt-Kastell bei Miltenberg auf dem jetzt einige Meter hoch mit Anschwemmung überlagerten römischen Baugrunde eine Anzahl unvermauerter Buckelquader mit Randschlag gefunden, die zum Bau der Eisen-

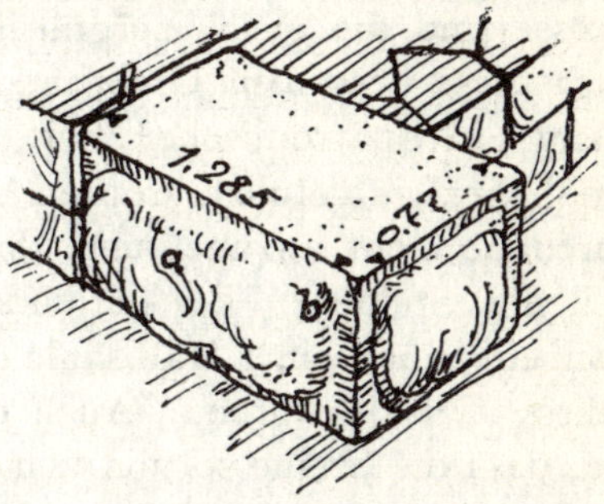

Fig. 22 Römischer Buckelquader

[1]) Durm, Baukunst der Etrusker und Römer S. 128; K. Sittl, Archäologie der Kunst (München 1895), S. 285; G. Rey, Étude S. 117.

[2]) Buckelquader ohne Randschlag sind verhältnismässig selten und nicht von besonderem Interesse. Es sind daher in folgendem auch ohne den ausdrücklichen Zusatz immer nur solche mit Randschlag gemeint.

[3]) Stellen, an welchen ich dieselben dort gesehen habe: Altes Theater von Fiesole; in Rom: Servianische Mauer am Aventin, Stadtmauer aussen neben der Porta Maggiore, Wasserleitungspfeiler neben der Porta Tiburtina und Arcus Augusti auf dem Forum; ferner die Ponte della catena in Cori, Venustempel über Terracina, etruskische Stadtmauer von Perugia usw. (Was auf dem Palatin von der alten „Roma quadrata" freigelegt ist, scheint mir Buckelquader m. R. nicht zu haben, ein als Beispiel dessen bei Durm a. a. O. abgebildetes nischenförmiges Mauerstück nnw. neben den „scalae caci" mit Unrecht jener zugeschrieben zu werden.)

[4]) So jetzt auch in dem amtlichen Obergermanisch-rätischen Limes, Lief. VI, T. III, abgebildet. Es handelt sich nur noch um diesen einen Quader, weil der übrige Teil dieses Tores, sowie die drei anderen Kastelltore vollständig in Trümmern lagen bzw. die Steine nicht mehr vorhanden waren.

bahnbrücke verwendet worden sind[1]). Auch bei der neuerlichen Ausgrabung des österreichischen Donaukastells Carnuntum sind sieben solche Buckelquader, alle ungleichen Masses, gefunden worden[2]). Dass sie auf diesen Trümmerstätten so nur noch vereinzelt erhalten sind, kann nicht auffallen. Haben erstere bis in die Neuzeit als willkommene Steinbrüche gedient, so versteht es sich von selbst, dass dabei die Hausteine das am ersten begehrte Material bildeten, wie ja auch von den da verwendeten glatten Quadern nur noch geringfügige Reste übriggeblieben sind.

Weiter kommt da der „Schwarze Turm“ in Betracht, der in dem Aargauischen Städtchen Brugg an der Aarbrücke steht. Derselbe ist — abgesehen von dem späteren obersten, etwa $1/8$ des Ganzen messenden Teile — aus mittelgrossen Quadern mit sorgfältigem Fugenschnitt errichtet, die zumeist ungleichartige Buckeln haben, zum Teil völlig glatt gemeisselt sind und zum Teil auch (auf der Aussen- wie der Innenseite) verwitterte Skulpturen und römische Inschriften zeigen. Die letztbezeichneten Steine stammen unzweifelhaft aus Vindonissa, welches auf der im Südosten der Stadt zwischen Aar und Limmat sich erhebenden Anhöhe lag. Aber das gleiche dunkelgraue Steinmaterial, die gleiche Grösse und die gleich sorgfältige Bearbeitung der übrigen Quadern zeigen, dass auch diese desselben Ursprunges sind. Mag nun der Turm, wie man gewöhnlich meint, in spätrömischer Zeit, oder, was viel wahrscheinlicher ist, in mittelalterlicher aufgeführt worden sein[3]), in dem einen wie dem anderen Falle ist durchaus nicht anzunehmen, dass man sich dabei die Mühe machte, den grössten Teil der Steine zu Buckelquadern zu verarbeiten, während man die übrigen — auch ein Stück einer Halbsäule und eine ganze Büste wurden aussen eingemauert — beliess wie sie waren. Auch die Ungleichartigkeit der Buckeln deutet darauf hin, dass die Steine so von verschiedenen Bauten des alten Vindonissa zusammengetragen worden waren[4]).

Aber auch noch ein nachweislich von den Römern selbst zum Teil aus Buckelquadern mit Randschlag erbauter Turm ist uns, wie ich glaube, erhalten: die „Heidenmauer“ zu Lindau[5]). Indem ich wegen des sehr eingehenden Nachweises ihres römischen Ursprunges auf meinen bezüglichen Aufsatz im Jahrgang 1892 der Schriften des Bodenseevereins verweisen muss,

[1]) Briefliche Mitteilung desselben.

[2]) Zum Teil abgebildet in Bericht des Vereins Carnuntum, Wien 1897, S. 31.

[3]) Krieg v. H., Militärarch. S. 106 f., Dr. Keller, Mitteil. der antiquar. Gesellsch. 1864, S. 140. Seinen ganzen Massverhältnissen, besonders auch der Höhe nach erscheint der Turm eher als ein mittelalterlicher. Brugg war schon im 10. Jahrh. ein ummauerter Ort, während Vindonissa im 6. Jahrh. ein angesehener Bischofssitz war, also wohl noch lange namhafte Reste römischer Bauten bewahrt hat.

[4]) Vgl. Krieg v. H. a. O. S. 107: „Da man die Quader nehmen musste, wie man sie in der Eile bekam, und sich zufrieden gab, für die einzelnen Lagen gleich hohe zusammenzufinden, so konnte hier von gleichmässigen Buckeln nicht die Rede sein und dies um so weniger, als man sich mitunter auch zu ehemals in anderer Weise verwendeten, durch Skulpturen verzierten oder ganz glatten Werkstücken bequemen musste.“

[5]) Abgesehen von Krieg v. H. a. O. S. 110 und seinen Nachschreibern gilt auch, wie bemerkt, dem Prof. Durm die Heidenmauer als ein unstreitiger Römerbau. Aus ungewöhnlich haltlosen Gründen freilich (siehe S. 87 Anm. 3) hat Prof. Rziha ihren römischen Ursprung in Jahrgang 12 der Schriften des Bodenseevereins nachzuweisen versucht. Siehe auch darüber meinen im Text angeführten Aufsatz.

mögen hier nur die hauptsächlichsten der dort entwickelten Gründe angegeben werden: Die ,,Heidenmauer", ein nach allen Richtungen hin ca. 11 m messender Mauerwürfel, ist bis zur obersten Steinlage hinauf aus gleichmässig ungewöhnlich grossen Quadern errichtet; dieser ihrer Bauart, Massverhältnisse, wie auch ihrer Lage nach kann sie mit der Lindauer Stadtbefestigung oder auch einem sonstigen dortigen mittelalterlichen Baue in keinerlei Zusammenhang gebracht werden, während sie als Befestigungsbau der Römer wohl zu erklären ist; sie ist, wie sich nur bei unseren Römertürmen, und zwar nicht selten, findet, mit Sand und Steingerölle ausgefüllt; sie wurde endlich schon als ,,Heidenmauer" bezeichnet zu einer Zeit, da die Bewohner des erst spät zu einer Stadt entwickelten Ortes noch sehr wohl genauere Kenntnis seiner mittelalterlichen Befestigung haben mussten.

Der Randschlag ist freilich — abgesehen von einem durchlaufenden an der allein freiliegenden Turmecke — selten und hebt sich besonders von den unbearbeiteten Buckeln wenig scharf ab[1]). Ebensolcher findet sich aber auch bei einem unbestritten römischen Bau, dem halbrunden Seitenturm der Porta praetoria in Regensburg[2]).

Nach allem vorstehend Ausgeführten mag es sogar nicht nur zufällig sein, dass mit einigen darüber hinaus versprengten Ausnahmen — so in Böhmen Berchfrite von Eger und Klingenberg, nordwestlich Oberaltwied und Calsmunt — die mittelalterlichen Buckelquaderbauten sich nur in dem Teile des deutschen Gebietes finden, der seinerseit zum römischen Reiche gehörte. —

Was nun hierneben unsere mittelalterlichen Buckelquader betrifft, so ist es nicht der Mühe wert, hier zu wiederholen (siehe übrigens 1. Aufl. S. 83 f.), was Mutzel und Krieg v. Hochfelden, unter sich nicht ganz übereinstimmend, als Unterscheidungsmerkmale der römischen von denselben anzugeben gewusst haben, da beide ihre bezüglichen Studien nur an irrtümlich für ,,römisch" gehaltenen Bauwerken gemacht haben. Beispielsweise mag hier nur bemerkt werden, dass Krieg v. Hochfelden u. a. die durchlaufenden ,,glatt gemeisselten Borden an den genau senkrechten Kanten des Baues" als ein Merkmal römischen Ursprunges bezeichnete, während ich umgekehrt gerade das Fehlen dieser Borde nur bei römischen Buckelquadern gefunden habe, so z. B. an der schon bezeichneten Stelle bei der Porta Maggiore in Rom (Fig. 23).

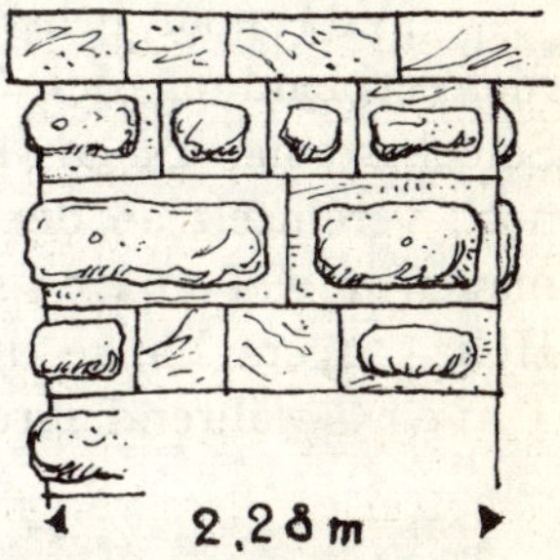

Fig. 23
Von der Stadtmauer Roms

Im übrigen würden die mir bekanntgewordenen römischen Buckelquader auch ebensogut mittelalterliche sein können, nur etwa mit der Einschränkung, dass ein Randschlag von 15 und mehr cm Breite, wie er sich in Rom mehrfach findet, bei uns kaum vorkommen dürfte. Beiden Arten oder Zeitaltern gemeinsam ist es besonders, dass Quader mit stark und solche mit kaum bemerkbar sich abhebenden Randschlage unter sich und mit ganz glatten Quadern gemischt vorkommen. Nur bei mittelalterlichen Bauwerken sind mir bisher bekanntgeworden: Mauern, welche ausschliesslich oder nur an den Gebäudeecken

[1]) Krieg v. H. behauptet danach (a. O. S. 110) sogar das Nichtvorhandensein eines solchen.

[2]) Besonders an einem in Manneshöhe an die glatte Torwand anstossenden Quader.

aus Buckelquadern errichtet (mit solchen bekleidet) sind, Quader auch auf den Innenseiten von Türmen, solche, deren Buckel in anderer Form als der einer ebenen Tafel bearbeitet sind und Hausteine, die, z. B. an Türrahmen, mehr als zwei Buckeln haben, siehe 4. Kap. (Buckeln, welche tafelförmig und ohne Randschlag polster- oder kissenförmig bearbeitet sind, u. a. in Rom und Pompeji.) Eigentümlicherweise findet sich eine besondere, in der Renaissancezeit vorkommende Form, bei welcher der Randschlag noch von einer schmalen Fase umgeben ist (Mothes, Baulexikon Fig. 822), auch schon auf dem Forum Roms an einem Unterbau beim Arcus Augusti. Wenn beim alten Theatrum von Fiesole ganz unregelmässig gestaltete Buckelquader vorkommen (Fig. **24**), so haben wir ein mittelalterliches Seitenstück dazu an dem romanischen Palas von Münzenberg (Fig. **25**). In beiden Fällen handelt es sich um sehr seltene Ausnahmen[1]).

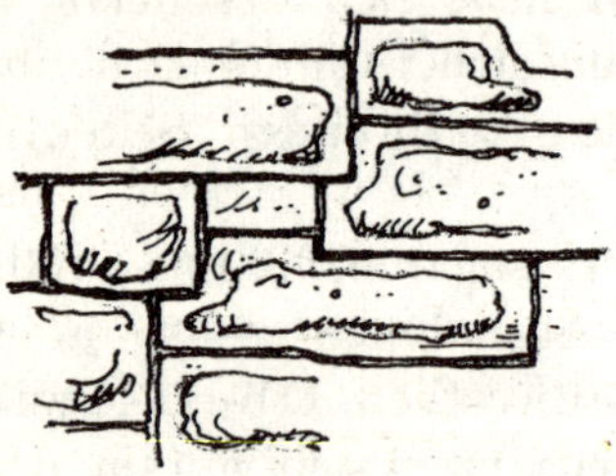

Fig. 24
Vom Theatrum zu Fiesole

Fig. 25
Vom Palas auf Münzenberg

Viel mehr beliebt als die bisher behandelten Quader war bei den Römern die Verblendung des Gusswerkes durch wesentlich kleinere Hausteine[2]). Solche Schichtsteine, 15 cm hoch bei 50—75 cm Länge und 33 cm Tiefe, finden sich noch vereinzelt an der Wasserleitung von Zahlbach-Mainz. Eine Römermauer in Gloucester (Glevum) zeigt behauene Frontsteine von ca. 13 cm Höhe, 31 cm Länge und 29 cm Dicke[3]), andere, 18 cm hoch, zeigt der Dom zu Trier, während ihre Höhe beim Amphitheater daselbst, bei der Heidenmauer zu Wiesbaden und den Bädern von Badenweiler bis auf durchschnittlich 12, anderwärts auf 8 cm hinabgeht. Das Limes-Kastell von Holzhausen hat „eine Bekleidung aus ziemlich rechtwinklig zugerichteten z. B. 20 à 10 cm grossen Grauwackesteinen, welche wagerecht durchgeführte Zeilen einhalten"[4]). Die Zurichtung und Vermauerung dieser kleinen Bekleidsteine ist bei den hier aufgeführten nichtmilitärischen Bauten zumeist eine ebenso sorgfältige und kunstmässige, als bei dem reinen Bedürfnisbau der Wiesbadener Mauer (Fig. **26** nach v. Cohausen,

Fig. 26
Römermauer zu Wiesbaden

---

[1]) Ebenso, wenn sich bei der Cyklopenmauer in Knidos (Kleinasien) sogar ein sorgfältig den unregelmässigen Polygonen folgender Randschlag findet. (Durm, Bauk. der Griechen S. 45.)

[2]) Vgl. v. Cohausen, Altert. im Rheinland S. 32: „Der römische Handquaderverband besteht in wagerechten Zeilen von rechtwinkligen Steinen, deren Höhe regelmässig 9—16 cm und deren Länge 16—80 cm beträgt und welche 9—12 cm eingreifen."

[3]) Bonner Jahrb. 59, S. 146.

[4]) v. Cohausen, Grenzwall S. 203.

Grenzwall) eine flüchtige und nachlässige, wie denn auch hier die unteren Lagen der Aussenwand, wie oft bei spätrömischen Mauern, zum Teil aus Bautrümmern und Architekturstücken errichtet sind.

Einer nicht seltenen Behauptung nach soll dies Kleinschichtmauerwerk eine Besonderheit römischer Bauweise sein.

So führt v. Cohausen (Bonner Jahrb. 1871, S. 94) unter den Beweisen dafür, dass die Ringmauer von Boppard römisches Bauwerk sei, u. a. folgendes an: „Wenn man auch noch ins Mittelalter hinein bis zum 13. Jahrh. Mauern in rechtwinklig zugerichteten Bruchsteinen, deren Länge häufig die Höhe nicht überschritt, und in wagerechter Schichtung erbaute, so sind doch die Steine grösser als hier und die Schichtung ist nicht so genau durchgeführt"[1]).

Diese Ansicht ist, was zunächst die Steingrösse betrifft, nicht haltbar. Die a. O. auf Taf. II beigegebene genaue Abbildung eines Musters des Bopparder Mauerwerkes zeigt auf einem Flächenraum von 22" Höhe zu 5' 3" Länge, d. h. etwa 57,5 zu 164 cm, vier Steinlagen zu je 5 bis 7 Steinen, zusammen 24 ganze und 2 halbe Steine. Wenn dagegen an mittelalterlichen ebenso aus rechteckig zugerichteten Bruchsteinen erbauten Mauern eine solche z. B. in der Burg Badenweiler auf einer Quadratfläche von 50 cm Seitenlänge 20 ganze und mehrere Steine zum Teil, in Plixburg (Wasgau) innerhalb eines Quadratmeters sechsmal sieben Steine und in Castel (Thurgau) auf derselben Fläche 6 und auch 7 Lagen zu je 7 bis 8 Steinen zeigt, so ist damit die spätere Verwendung noch kleinerer Steine dieser Art — übrigens auch in völlig gleichmässiger Schichtung — hinlänglich nachgewiesen. Dass ferner Mauern dieser Art bei uns nur bis ins 13. Jahrh. hergestellt worden sein sollten, wäre aus bekannten Gründen jedenfalls schwer zu beweisen. —

Von dem Quadermauerwerk unterscheidet sich der Cyklopische Verband nur dadurch, dass bei den behauenen Steinen des letzteren die Ansichtsfläche mit den angrenzenden Seiten nicht ein Rechteck, sondern ein ganz unregelmässiges und nie den übrigen gleiches Vieleck selbst mit eingehenden Winkeln bildet. Die dementsprechend behauenen Steine schliessen sich auch hier überall (bei der reinsten Form des Mauerwerks ohne Zwicksteine) genau aneinander an. Mächtiges Cyklopenmauerwerk dieser Art zeigen besonders die antiken Umfassungen der mittelitalienischen Bergnester, wie Cori, Alatri, Segni und Norba[2]). Heute besonders beim Eisenbahnbau wieder vielfach gebräuchlich, ist diese Werkweise bei unseren Burgen nur sehr ausnahmsweise zur Anwendung gekommen. Mir sind als Beispiele bisher nur Mauertürme der Wachtenburg, der 10 m hohe Unterbau des

---

[1]) Aehnlich z. B. Archivdir. Dr. Wolfram im Jahrb. der Gesellsch. f. lothr. Gesch. 1901, S. 352: „Das Mittelalter hat kleine Handquader in regelmässigem Verbande nicht mehr zum Mauerbau verwendet." Näher findet darin sogar „einen gewaltigen Unterschied zwischen römischer und mittelalterlicher Bauweise".

[2]) Es handelt sich hier genauer um den Japygischen Verband. Das älteste Cyklopische Mauerwerk besteht aus mächtigen unbehauenen und daher mehr rundlichen Steinen, die in ähnlicher Weise, aber zum Teil mit Zwickern, miteinander verbunden sind. So gleichfalls in Cori bei Vicolo del vento.

Palas von Falkenstein, beide in der Rheinpfalz[1]), und die Innenseiten des Berchfrits von Stein am Ritten bekanntgeworden. Die Steine, nur zur Bekleidung verwendet, haben, unter sich sehr verschieden, bis zu etwa einem Meter Durchmesser. Türme und Palas stammen aus dem 14. bis 15. Jahrh., wenn nicht bei letzterem der Unterbau älter ist.

Wie naheliegt, sind in der langen Zeit von Beginn der Römerherrschaft bis zum Ende des Mittelalters wohl alle Mauerweisen ausgeführt worden, die als Uebergangsstufen zwischen sorgfältigem Quaderbau und regellosem Bruchsteinwerk nur erdacht werden können. Bei den römischen Limesbauten, wie später zu aller Zeit, war da zunächst das „hammerrechte" Bruchsteinwerk aus nur mit dem Hammer (besonders länglich) annähernd quaderförmig mehr oder weniger zugerichteten Steinen sehr gewöhnlich. Bei sorgfältigerer Glättung derselben kamen natürlich die Vorderseite (Ansichtsfläche), um eine möglichst glatte Wand herzustellen, und andrerseits die obere und untere des festen und sicheren Auflagers wegen, vorzugsweise in Betracht. So sind bei Figur **27**, Wand des

Fig. 27 Aus Pompeji

Fig. 28 Von Eppenstein

Fig. 29 Von Falkenstein

Fig. 30 Von Habsburg

Venustempels zu Pompeji, Fig. **28**, von Eppenstein (Steiermark), und Fig. **29**, von Falkenstein (Oberösterreich) nur die Ansichtsflächen, beim Berchfrit von Habsburg (Aargau) nur die Lagerflächen geglättet, und zwar bei letzterem Baue (Fig. **30**) derart, dass die Lagerfugen sehr fein und geradlinig sind. Die Zwicksteine, an sich bestimmt, den grösseren eine feste Lage zu geben, helfen — anders als bei Fig. 29 — bei Fig. 28, mehr plattenförmig, zugleich zur Herstellung durchlaufender Lagerfugen. Ein Seitenstück zu Fig. 27 auch hinsichtlich des Verputzes bietet u. a. der Berchfrit der Schattenburg in Vorarlberg.

Wenn u. a. die runden Berchfrite von Ziesar und Troyenstein („Gescheibter Turm") gleichmässig mit etwa kopfgrossen, kaum bearbeiteten, rundlichen Feld- bzw. Flusssteinen mit durchlaufenden Lagerfugen bekleidet sind, so ist mir dazu ein ebensolches römisches Mauerwerk nicht bekannt.

Das eigentliche Bruchsteinmauerwerk findet man zu allen Zeiten sehr verschieden, in regelmässig abgeglichenen Schichten (so beim Kastell Alteberg bei

[1]) Baudenkm. der Pfalz II, 41 u. 248 mit Abbildung.

Walldürn) — Fig. **31** von einem Limesturm südlich der Lahn nach v. Cohausen, Grenzwall Taf. 22 — oder als ganz regellos aufgeführt, Fig. **32** von der „Villa des Catull" auf Sermione. Bei dem Amphitheater von Verona sind die

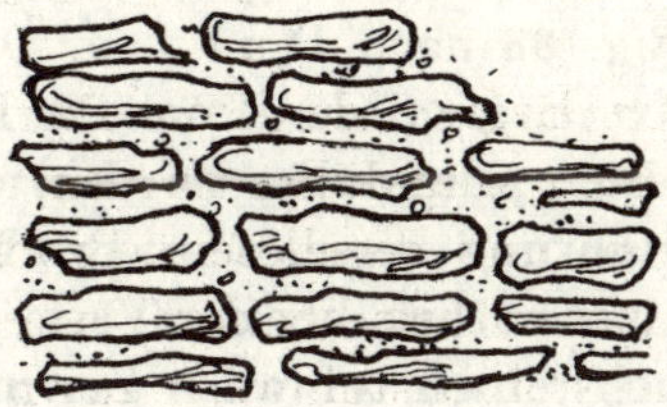

Fig. 31 Von einem Limesturm

Fig. 32 Villa des Catull

Seitenwände meistens mit einem ganz ungeordneten Gemisch von Waken und Ziegelbrocken bekleidet. —

Ein eigentümlicher Mauerverband ist das opus spicatum oder (spica, die Aehre) der Aehrenförmige, auch Fisch- oder Heringsgrätenverband genannt. Er bestand darin, dass die Steine hochkantig schräg gestellt wurden, und zwar, um einen nachteiligen Seitenschub zu vermeiden, schichtenweise abwechselnd nach rechts und links geneigt. Dazwischen kam dann wohl eine wagerechte Schicht oder Reihe dünnplattiger Steine. Der Verband wurde hauptsächlich bei Steinen angewendet, die, wie die länglich runden Flussgeschiebe oder Waken, sich wenig zur wagerechten Vermauerung eigneten, in der angegebenen Weise sich aber fester verpacken liessen. Ausserdem wurden kleinere Partien dieses Verbandes zwischen anderem Mauerwerk auch wohl dadurch veranlasst, dass auf solche Weise die mit dickeren Steinen begonnene Schichtenhöhe weitergeführt werden konnte[1]). Ausnahmsweise diente er endlich auch zur äusseren Zierde. Dies ist besonders bei der Ausführung des Verbandes in Ziegeln der Fall, wie es mitunter (neben so gestaltetem Fussbodenbelag) bei den Römern[2]), aber auch im Mittelalter vorkam. Letzteres z. B. in glasierten Ziegeln bei einigen nord-

[1]) Es geht gewiss zu weit, wenn v. Cohausen (Wehrbauten S. 14) dies als „den" (also einzigen) „Entstehungsgrund des opus spicatum" bezeichnet. Es kommt ja keineswegs nur aushilflich bei lagerhaftem Mauerwerk vor. Ebenso kann ich nach Obigem die Ansicht Prof. Durms (Bauk. der Etrusker, S. 137) nicht teilen, dass es sich dabei nur um „eine schlechte Spielerei" handle. Die Mauerweise würde sonst auch überhaupt nicht so vielfach und (s. weiterhin) oft so ganz versteckt angewendet worden sein. Prof. v. Oechelhäuser bemerkt freilich in einer Besprechung meines Buches (Repert. f. Kunstwissensch. 1896, 3, 197), er könne sich da nur Durms Ansicht anschliessen. Eine Begründung derselben wird an keiner Stelle gegeben. Dagegen Prof. Frizzi, Il castello medioevali (Turin 1894) S. 10: „Per quanto questi (grossi ciottoli di fiume) abbiano di per sè forme liscie e fondeggianti poco adatte per eseguire murature molto stabili, mediante una particolare et accurata disposizione secondo certe determinate linee, vediamo qui come gli antichi sapessero utilizzarli con profitto ed economia . . . . Nè meno importante è il fatto come con una adeguata scelta e disposizione dei ciottoli stessi possano ottenersi alcuni motivi di decorazione".

[2]) So Der röm. Limes in Oesterr. (Wien 1901) H. III, S. 81, ein Beispiel aus den modernen ähnlichen Ziegeln. Dazu Oberst v. Groller: „Die Anwendung des opus spicatum in Ziegeln liefert einen neuen Beleg dafür, dass die ziemlich verbreitete Meinung, diese Mauertechnik bezwecke die Herstellung gleich dicker Scharen aus ungleich dicken Steinen, hinfällig ist." Dazu Abbildung.

deutschen Stadttortürmen, aber auch in Kleinasien bei den später den alten römischen Toren von Nicaea angefügten Türmen[1]).

Soweit wir noch darüber urteilen können, war das opus spicatum bei den Römern weniger gebräuchlich[2]) als im Mittelalter. Römisches zeigen bei uns u. a. die Ansiedlung der Altstadt bei Messkirch (Fig. **33** nach Durm a. O.), die alte Umfassung von Boppard und manche Limesbauten, so die Saalburg und Osterburken. Was die spezielle Ausführung dieses Mauerverbandes betrifft, so findet sich namentlich bei der Verwendung von Sammel- und Bruchsteinen zu allen Zeiten dasselbe. Besonders auch hier und da die eigentümliche Erscheinung, dass die schrägen Steine nicht einzeln in Mörtel versetzt wurden, sondern dass erst über je eine trocken fertig gesetzte Steinschicht eine Lage Mörtel gebreitet wurde, der so steif war, dass er keineswegs die Lücken ganz ausfüllte (siehe zu Fig. 16)[3]). Ferner die hauptsächliche Anwendung nur in kleineren Partien, so auch in Füllmauerwerk, und eine auffallende Nachlässigkeit bezüglich einer regelmässigen Ausführung, die sich u. a. auch in der ohne Grund bald vorhandenen, bald fehlenden Ueberdeckung der schrägen Steine mit wagerechten mehr plattenförmigen zeigt.

Fig. 33
Römisches opus spicatum

Als die gewissermassen klassische Gegend des nachrömischen opus spicatum — und des besonders aus Ziegeln hergestellten Durchschusses (siehe weiterhin) — kann die von Verona bezeichnet werden. In der Stadt ist, wie auch an älteren Gebäuden nicht selten, fast die ganze „Ringmauer des Theoderich" mit Waken bekleidet, die, besonders nach unten bis 30 cm lang, regelmässig nach drei in wechselnder Richtung schräg gestellten Reihen mit (zwei und drei Lagen breiten) Ziegelbändern durchschossen sind. Noch ausgedehnter, ausschliesslicher und regelmässiger ist dieselbe Technik an der Burg der Scaliger bei Villafranca (15 km südwestl. von Verona), besonders der hohen und 800 Schritte langen Ringmauer derselben, durchgeführt. Fig. **34** zeigt zugleich die dabei nötige Eckverfestigung, gleichfalls aus Backsteinen. Die Feldsteine (wohl Flussgeschiebe) haben nur einfache bis doppelte Faustgrösse. Auch die Torre di Bramafam, ein mittelalterlicher Burgbau in Aosta, hat ausgedehnte Flächen regelmässigen Aehrenmauerwerks mit Plattendurchschuss.

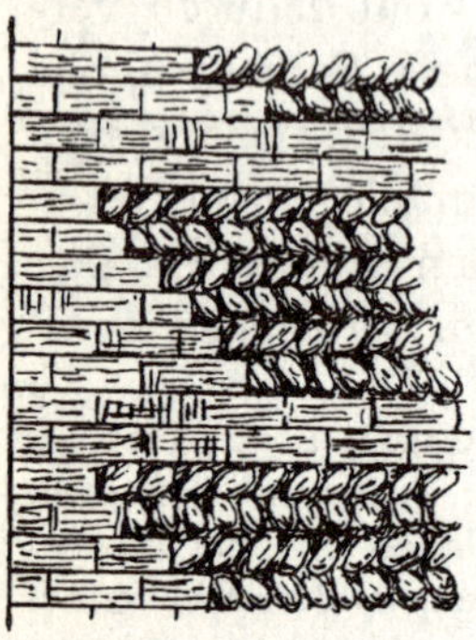

Fig. 34
Burg bei Villafranca

Ausnahmsweise findet sich bei unseren Burgen Aehrenmauerwerk auch aus grossen, annähernd quaderförmig zurechtgeschlagenen Bruchsteinen. So

[1]) Texier, Description de l'Asie Mineur. Paris 1839. Mit Abbildungen.

[2]) So erinnere ich mich nicht, es (neben dem sehr beliebten, immerhin damit verwandten opus reticulatum) in den Ruinen Pompejis überhaupt gesehen zu haben.

[3]) Hiernach ist die sonst wohl plausibel erscheinende Idee E. Seylers (Der Römerforschung Leistungen, 1907, S. 25) zu beurteilen, die Schrägstellung von glatten Geschiebsteinen habe den Zweck, dass der dünnflüssig aufgetragene Mörtel sich gleichmässig verteile.

bei der Ringmauer von Tosters in Vorarlberg mehrfach in grösseren Partien (ohne wagerechte Zwischenlagen) aus Steinen von etwa 10 zu 30 cm Ansichtsfläche, während die bezüglichen Masse bei der Ruine Aggstein an der Donau gar ungefähr doppelt so gross sind. Andrerseits ist der Verband beim Berchfrit von Freiberg in Kärnten auch bei ganz kleinen plattigen Bruchsteinen angewandt[1]). —

Was endlich den Mauerbau mit Ziegeln betrifft, so kommt derselbe für unsere Untersuchung weniger in Betracht, weil die Römer, abgesehen von der Basilika zu Trier, reine Backsteinbauten bei uns nicht hinterlassen zu haben scheinen. Sie benutzten hier die Ziegel ausser zu Heizanlagen und zur Trockenlegung von Mauern und Böden besonders nur zum Durchschuss und zur Ueberwölbung von Tür- und Fensteröffnungen. Manches Ziegelmauerwerk, wie man es in den Ruinen Roms findet — so Gusswerk, verblendet mit nach aussen voll erscheinenden, in Wirklichkeit aber dreieckig zurechtgeschlagenen Ziegeln oder umgeben und durchschossen von grössten Platten, scheitrechte oder bis zu fünf übereinander gespannte Backsteinbögen etc. —, würde man bei uns überhaupt vergebens suchen.

Ziegeln waren ein besonders taugliches und bequemes Material, um mittels Durchschusses glatte und gerade Schichten herzustellen, so besonders beim opus spicatum (siehe vorhin). Solcher Durchschuss kommt aber auch in regelmässigem Wechsel mit Lagen quaderförmig zugerichteter Felssteine vor. So sehr häufig in Pompeji, ähnlich bei Römerbauten zu Trier und als Eckverfestigung der schlechten Bruchsteinmauern der Ruinen von Sermione. Es geschah das da gewiss schon gutenteils zur äusseren Zierde. Ueber die spätere Nachahmung dieser Werkweise siehe Kap. 4. —

Hinsichtlich der Sicherung ist es mit dem Durchschuss verwandt, wenn in Abständen von je etwa einem bis anderthalb Metern das Bruchsteinmauerwerk anscheinend durch die ganze Dicke wagrecht abgeglichen und darüber auch wohl zunächst mit einer Reihe besonders grosser Steine wieder fortgeführt wird. Es findet sich das u. a. bei der noch römischen Ringmauer von Aosta, im Mittelalter bei dem Berchfrit von Windeck an der Bergstrasse und den Ringmauern von Wernstein, Maidstein, Trosky und Hardeck. S. auch Kap. 4.

Wie wir oben bei Vitruv gesehen haben, begnügten sich die Römer, *celeritati studentes*, zumeist damit, den Raum zwischen den beiden sorgfältiger aufgemauerten Stirnseiten ihrer Mauern mit einer *farctura*, dem „Gusswerk“, auszufüllen. Ebenso heisst es bei Plinius, hist. nat. XXXVI, 22, S. 51: *Medios parietes farcire fractis cementis, Diatoichon* (oder *Diamicton*) *vocant*, also

[1]) Meine Oesterreichische Burgen IV, II und VII.

Das ährenförmige Mauerwerk pflegt man (nach Krieg v. H. a. O. S. 160 und 243) für den Verband zu halten, der besonders den Comacinischen Maurern eigen war, jenen lombardischen Bauhandwerkern besonders vom Comersee *(lacus Comacinus* mit der Insel *Comacina)*, die schon seit frühromanischer Zeit weithin auf Arbeit wanderten. Ohne Grund; unter den Mauerarten, welche in noch erhaltenen Statuten der Comaciner genannt werden, findet sich das opus spicatum nicht, und dieses war auch in Westfrankreich und England sehr gebräuchlich. Ueber die Comaciner s. u. a. noch die Mitt. der k. k. Centralcommission, Jahrgang 1871, und Mothes, Bauk. d. Mittelalters in Italien (1882) S. 237 ff.

„mit zerstückelten Bruchsteinen vollstopfen". Natürlich mit Mörtel als Bindemittel, woraus dann entstand, was in den longobardischen Baugesetzen des 8. Jahrh. bezeichnenderweise *massa* genannt wurde.

Solches Gussmauerwerk, als regellose Mischung von Steinbrocken und Mörtel[1]), kann man sich auf dreierlei Weise hergestellt denken. In den zwischen den *duae crustae* übriggebliebenen Raum konnte (in nicht zu hohen Schichten) zuerst der Mörtel oder zuerst die Steinbrocken oder drittens das schon fertige Gemenge hineingeschüttet werden. Alle drei Herstellungsarten scheinen zur Anwendung gekommen zu sein. (Vgl. darüber 1. Aufl. S. 108.) Beispiele römischen Gussmauerwerks ausserhalb Italiens u. a. die Zahlbacher Wasserleitung, das Kastell Alteburg bei Cöln[2]), die Warte auf dem Biberlikopf und die Schweizerischen Kastelle Stein und Irgenhausen. Als solche mittelalterlichen Gussmauerwerks wären etwa zu nennen: Normannenbauten[3]), ein Mauerturm in Augsburg[4]), die Ruine Heilsberg in Südbaden und die Berchfrite von Kyffhäuser und Rothenburg[5]). Der Kern unserer Burgmauern ist ja selbst bei schon zerfallenen keineswegs immer ohne weiteres sicht- und erkennbar. Mit dieser Einschränkung wird man sagen können, dass Gussmauerwerk mit so kleinen Steinbrocken, wie es nicht selten bei den Römern vorkommt, bei uns kaum gebräuchlich gewesen ist. Das also hergestellte römische Gusswerk hat oft Aehnlichkeit mit Nagelfluh (abgesehen hier von der rundlichen Form der Steine), und wurden aus derselben ausnahmsweise auch Wände ohne Bekleidsteine hergestellt[6]). Dasselbe kommt auch im Mittelalter vor[7]), sowie da die Benutzung von römischen Gusswerkblöcken als

---

[1]) Irrtümlich pflegte v. Cohausen zu versichern (so Grenzwall S. 180, Wehrbauten S. 14, Mauerverbände S. 59), dass das Gussmauerwerk in diesem Sinne, „also Beton", weder die Römer noch das Mittelalter gekannt hätten. Bezüglich der ersteren beruft er sich da mit Unrecht auf die Darstellungen der Trajanssäule. Vgl. 1. Aufl. S. 105 f.

[2]) Generalm. Wolff, Kastell Alteburg (Cöln 1889). Daselbst wird auch mehrfach geradezu „Beton" erwähnt.

[3]) Nach Knight, Entw. der Archit. unter d. Normannen 10. bis 14. Jahrh. (Leipzig 1841), wurde bei diesen zwischen die „kleinen Steine der Füllung heisser (?) Mörtel gegossen, wonach die ganze Masse sich zur Festigkeit von Felsen verhärtete".

[4]) Nach Deutsche Städtechroniken V, 5. „*was der turn mit groszen quadranten auszen gemauert und innen auch und in der mitte Kislingstain mit morter ein gerent und gegoszen*". (Rennen = gerinnen machen, über etwas schütten.)

[5]) Stapel, Mitteil. d. Königl. Sächs. Vereins 1837, S. 597: „Steinschutt, wild in eine grosse — bzw. „überflüssige" — Menge Gipsmörtel eingeworfen."

[6]) Auf der Halbinsel Sermione stehen in der römischen Bäderruine noch die 65 cm dicken und ca. 3 m hohen Mauern eines kleinen Gebäudes, lediglich aus Gussmauerwerk, und sind, wie auch sonst, daselbst in der „Villa des Catull" die Gewölbe mit ebensolchem ca. 40 cm dicken, bestehend aus Mörtel, Kiesel und kleinen Brocken von Back- und Bruchstein, überdeckt. Ein etwa 3 qm grosses Stück ist unzerbrochen mit Einsturz des Gewölbes herabgefallen. Bei dem aus Gusswerk bestehenden Unterbau eines Turmes von Carnuntum sind noch die Abdrücke der Balken und Bretter des Kastens deutlich erkennbar.

[7]) So bei der 1471 erbauten Burg Schachenstein in Steiermark (meine Oesterr. Burgen II, S. 186). Bei J. Scheiger, Burgen u. Schlösser Oesterreichs u. d. E. heisst es S. 34 allgemein: „Die Mauern wurden bisweilen sogar durch einen Guss von Bruchsteinen mit Mörtel zwischen Bretterwänden erzeugt, wie man auch oft Gewölbe bildete." Von dem „Mauerwerk" von Bodenlaube wird angegeben (Hessler, Burgen S. 106), dass „der Raum zwischen Bretterwänden abwechselnd mit Mörtel und Lagen kleinerer und grösserer Steine ausgefüllt wurde".

Bausteine[1]). Auch Gusswerk nur aus etwa walnussgrossen Ziegelbrocken kam bei den Römern vor[2]).

Wenn ferner Vitruv V, 12 schreibt, dass die Aussenmauern *ruderatione sive structura* auszufüllen seien, so gilt das nicht bloss, wie zunächst an dieser Stelle bezielt, für Wasserbauten. Das römische Füllmauerwerk bestand auch sonst aus diesen beiden Arten. Neben dem völlig regellosen Gemenge von Steinen und Mörtel kommt ein regelmässig in Schichten, besonders auch im ährenförmigen Verbande (siehe darüber weiterhin) „geordnetes" Mauerwerk vor, ja beides findet sich wechselnd in derselben Mauer, z. B. bei dem Kastell von Oberwinterthur (Fig. 35)[3]).

Fig. 35
Römisches Füllmauerwerk

Ebenso verschiedenartig wurde das Füllwerk auch bei mittelalterlichen Burgbauten hergestellt. Vielfach erscheint dasselbe durchweg lagerhaft, ja so sorgfältig geschichtet, dass ein mehr oder weniger vollständiges opus spicatum hinter den Bekleidsteinen zutage tritt[4]), oder auch ohne dass einzelne völlig gerade durchlaufende Lagerfugen auffallen[5]), während der Mauerkern anderwärts ein absolut regelloses Durcheinander zeigt[6]).

Als eine Besonderheit kann man es bezeichnen, dass die Römer bei den Mauern mit Füllmauerwerk zwecks besserer Verbindung der Bekleidsteine mit diesem es liebten, dieselben nach hinten mehr oder weniger zuzuspitzen. Abgesehen von den ganz keilförmigen Steinchen des opus reticulatum, kam das, wie schon bemerkt, bei der Verkleidung mit Backsteinen vor. Desgleichen aber auch bei anderen quaderförmigen Verblendsteinen[7]) und selbst bei grossen Buckelquadern[8]).

Nicht so selten freilich ist das Mauerwerk unserer mittelalterlichen Burgen auch in der Weise hergestellt worden, dass man einfach die Wand ihrer ganzen Dicke nach gleichförmig aufmauerte und dabei nur die zur Herstellung glatter Aussenflächen, eventuell auch durchlaufender Lagerfugen am meisten geeigneten Steine nach aussen, das übrige zur Stelle geschaffte Material an Bruch- oder auch Feldsteinen minder geordnet in der Mitte verwandte. Bei

---

[1]) Beispielsweise bei der Burg Münchhausen (Kunstdenkm. d. Rheinprovinz IV, 2, S. 16.

[2]) So ca. 20 cm dick an dem Theater von Taormina. Ebensolche Bruchstücke liegen beim Venustempel über Terracina.

[3]) Nach Keller, Röm. Ansiedl. in d. Ostschweiz I, Taf. II. Mehr oder weniger ausgedehntes opus spic. in der Füllmauer, ausserdem u. a. in der Ringmauer des Kastells Gross-Krotzenburg und in der römischen von Boppard.

[4]) Lagerhaft z. B. Scharfenberg (Rheinpfalz) und Hoher Schwarm (Thüringen) opus spic. bei Saaleck ebendas., Reussenberg, Rieneck und Reicheneck in Nordbayern, Hammerstein und Brömserburg am Rhein, Altbaumburg (Rheinpfalz), Esch (Luxemburg), Königstein (Taunus), Niederjuvalta (Graubünden) usw.

[5]) So besonders bei dem aussen aus ungefügen Findlingen aufgerichteten Berchfrit von Grünenberg, Kanton Luzern.

[6]) So besteht das Füllwerk der Buckelquaderringmauer von Gelnhausen aus „lückenlos mit Mörtel vergossenem, zum Teil fischgrätenartig angeordnetem Bruchstein". (Bickell, Bau- und Kunstdenkm im Reg.-Bez. Cassel I.)

[7]) Dr. Anthes „Ueber die Mauertechnik" etc. im Korresp.-Bl. des Gesamtvereins 1900.

[8]) Bericht des Vereins Carnuntum. (Wien 1897), S. 30.

der beispielsweise so hergestellten Ringmauer von Freudenberg im St. Gallenschen Rheintale reichen mehrfach einzelne Bruchsteine durch die ganze nur etwa 80 cm starke Wand. Aehnlich sind auch dünne römische Mauern, bei welchen für die volle Scheidung in die *tres crustae* des Vitruv *(duae frontium et una media farcturae)* kein rechter Raum war, hergestellt worden.

Bleibt dabei jedoch immer noch eine gewisse Minderwertigkeit des Mauerkernes übrig, so gab es bei den nicht aus blossen Bruchsteinen aufgeführten Mauern aus Felssteinen auch solche, bei welchen dieselbe ganz fortfiel. So gehen bei der Ringmauer von Falerii grössere quaderförmig zugerichtete Steine völlig schichtenmässig durch die ganze 2,20 m betragende Dicke, indem die Binder und Läufer der beiden Aussenseiten je nachdem durch einen oder zwei Steine in der Mitte miteinander verbunden sind. Aber auch die nur 5×14×18 cm messenden oberflächlich zugerichteten Quader des „Carcer Mamertinus" in Rom gehen lagerhaft durch die ganze 75 cm starke Mauer. Bei der nur anderthalb Meter dicken Mauer von Lobdaburg in Thüringen stossen die beiderseitigen Quader in der Mitte zusammen[1]).

Bei Mauern aus Basaltsäulen (Kap. 4) gehen diese, wenn sie in der entsprechenden Länge gebrochen werden konnten, meistens durch die ganze Mauerdicke. So bei der Palasruine von Kaiserswerth.

Gewissermassen den Gegensatz zu den Mauern mit Füllwerk bilden endlich diejenigen, bei welchen ein starkes, gutenteils aus schwersten Findlingen aufgeführtes Mauerwerk nur zur Erzielung einer glatten Aussenseite mit kleinen Steinen verblendet ist. Römische Beispiele bieten da die Kastelle von Burg a. Rh. und Pfyn (Ad fines), mittelalterliche die mit Ziegeln verkleideten Berchfrite von Stuer und Galenbeck in Mecklenburg, wie überhaupt in Norddeutschland — nicht jedoch bei den Deutschordensburgen — das, was äusserlich als reine Backsteinmauer erscheint, nicht selten solchen völlig anders gearteten Kern hat.

Ein Gussmauerkern kommt auch bei hinlänglich starkem Bruchsteinmauerwerk vor.

Auch noch sonstige charakteristische Kennzeichen römischer Mauertechnik wollen einige Forscher gefunden haben. So zeugt es bei der Lindauer Heidenmauer nach Ansicht des Prof. Rziha von einer nur den Römern zuzutrauenden Sorgfalt, dass dort kein Stein „auf dem Sturze stehe, d. h. dass seine Spezialschichtung senkrecht anstatt horizontal liege". Andrerseits weiss es Archivrat Eltester als ein „sprechendes" und „charakteristisches Beispiel echt römischer Mauertechnik" anzuführen, dass bei der Bopparder Ringmauer über den Sockelquadern zuerst eine Lage rechteckiger und zwar auf der kurzen Seite (auf dem Kopfe) stehender Bruchsteine 6" hoch aufliege, darauf eine Schicht ebensolcher Steine liegend (der Länge nach gelagert) von 4" Höhe, darauf wieder eine Schicht stehend folge usf. Bei den auf dem Kopfe stehenden wird auch die „Spezialschichtung" zumeist eine „senkrechte" sein. Im übrigen kann weder das eine noch das andere als Kennzeichen speziell römischer Bautechnik gelten.

Als Beispiel eines Versuches neuer Zeit, aus dem Mauerwerk die vermeintlich wohl römische Bauzeit zu bestimmen, mag schliesslich noch folgendes dienen:

In Kunstdenkm. des Grossherzogt. Hessen, Kr. Offenbach, S. 557 bemerkt Prof. Schaefer zu dem runden Berchfrit von Gross-Steinheim:

„Das Vorhandensein von Spuren vermauerten Gesteins aus gebrannter Erde in den unteren Teilen des Bergfriedes ist schon von der älteren Forschung als ein Zeichen für den

[1]) Nach Näher, Burgen in Elsass-Lothr. II, 5 u. Bl. 3, liegt bei dem Buckelquaderberchfrit von Hohnack in der Mitte der 2,6 m starken Wand (wie bei Falerii) nur je ein Quader von derselben Schichthöhe. Kraus, Kunst u. Altert. in Elsass-Lothr., erwähnt nichts davon.

römischen Ursprung des Turmes angesehen worden. Wir haben an den von Verputz freien Mauerstellen gefunden, dass der Bergfried auf der etwas vortretenden Substruktion eines älteren Bauwerkes sich erhebt. Die Substruktion lässt zum einen Teil eine geregeltere, vermutlich spätere Basaltverkleidung erkennen, zum anderen Teil aber ein ungefüges Gemäuer, welches den Eindruck von Gussmauerwerk macht und schon darum nicht wohl als ein gewöhnliches Füllmauerwerk angesehen werden kann, weil es in der Flucht der benachbarten Basaltverkleidung liegt. Es kommt hinzu, dass das Gemäuer Bruchstücke aus gebranntem Ton enthält, deren gebogene Formen unzweifelhaft auf Gefässscherben hindeuten, worauf auch die dünnen Wandungen schliessen lassen. Die Erscheinung ist für die Lösung der Ursprungsfrage der Substruktion des Bergfriedes deshalb von Wichtigkeit, weil technische Momente dieser Art nur an Römerwerken und in der karolingischen Baukunst vorkommen, für welch letztere die Ueberlieferungen der römischen Architektur grundlegende Bedeutung hatten. Der Bergfried selbst gehört nach der tektonischen Beschaffenheit der Untergeschosse dem 14. Jahrh. an."

Vorher wird a. O. auseinandergesetzt, dass gewichtige Gründe für die „wehrhafte Benutzung" der Oertlichkeit von Gross-Steinheim „durch die Römer" im Zusammenhange mit dem Limes sprächen. Ein so starker römischer Rund turm ist aber nach dem früher von mir Ausgeführten an diesem Orte so unwahrscheinlich, dass er ohne triftigste Beweisgründe nicht angenommen werden darf. Ebenso wird die Errichtung des Unterbaues schon in karolingischer Zeit an sich recht unwahrscheinlich (s. 4. Kap.), dies noch mehr dadurch, dass die Burg erst kurz vor 1300 genannt wird, und aus der angegebenen Beschaffenheit des Mauerwerks (abgesehen vom Mörtel) kann vielleicht geschlossen werden, dass da, wo die Bekleidung fehlt, ursprünglich anderes Mauerwerk sich angeschlossen haben mag. —

Bezüglich des Fundamentes kann man bei den Römern neben sorglos auf den gewachsenen Boden gestellten Mauern die denkbar verschiedenartigste Herstellung finden. Bei dem einen Bau begnügte man sich mit einer Lage von trockenen Rollsteinen, bei einem anderen wurde ein regelrechtes Mauerwerk aufgeführt, das sich wohl mit einem oder mehreren Absätzen nach unten verbreiterte. In Carnuntum liegt mehrfach über einer ca. 80 cm hohen Mauerung von grossen, teils schräg hochkantig stehenden Bruchsteinen noch erst eine 50 cm dicke Platte von Gusswerk[1]). Auch ein Pfahlrost wurde geeignetenfalls hergestellt u. dgl. mehr.

Strebepfeiler, wie vortretende Sockel kommen schon bei den Römern, so am Rheinischen Grenzwall, vor. Ueber die von Gerüsten und Ankerbalken veranlassten Löcher im Mauerwerk und eine nachträgliche Verstärkung der Mauern siehe Kap. 4 am Ende. —

Die Ergebnisse des bisher in diesem Buche über den römischen Ursprung unserer Burgen Ausgeführten sind, zusammengefasst, im wesentlichen etwa folgende:

Die älteren, bei der ersten Okkupation unseres Landes von den Römern angelegten Kastelle haben der Regel nach eine so wenig von Natur feste Lage, als solche zumal für Höhen burgen nicht geeignet erscheint. Es fehlt auch hier nicht an Ausnahmen, indessen wird die Wahrscheinlichkeit, dass an der Stelle einer Burg ein Kastell gestanden habe, um so geringer, je mehr es sich dabei um einen hohen und annähernd allseitig schwer zugänglichen, einen in sich unebenen oder eng beschränkten Platz handelt. In der letzten Zeit ihrer Herrschaft wurden von den Römern besonders im Westen des Rheines Befestigungen auf besonders von Natur festen Plätzen angelegt.

Die bei den Kastellen häufige Form eines Rechtecks mit abgerundeten Ecken kommt ausnahmsweise auch bei Burgen vor. Nicht selten finden sich aber auch Kastelle und andere römische Befestigungen von unregelmässig rund-

[1]) Bericht des Vereins Carnuntum (Wien 1897), S. 29 und 37. Vgl. auch v. Cohausen, Grenzwall S. 173 f.

licher, vier- und vieleckiger Form. Die rechtwinklige Durchschneidung der Kastelle durch zwei Strassen mit je zwei Toren, sowie die Besetzung ihrer Ringmauer mit Türmen in regelmässigem Abstande ist den Burganlagen fremd, aber auch bei den Kastellen keineswegs immer vorhanden.

Die Kastelle hatten keine Schildmauern, Zwinger, Vorburgen oder innere Abschnitte, letztere kommen nur bei den späteren linksrheinischen Befestigungen vor[1]).

Auf Plätzen, wie sie auch für mittelalterliche Höhenburgen beliebt waren, hatten die Römer einzelne Wacht- und Signaltürme angelegt, die, wenn sie geringere Masse hatten, was die Regel war, durch einen Mauermantel verstärkt als Kern eines Berchfrits dienen konnten.

Die Stärke bzw. der Umfang, den die Mauern und Türme unserer Burgen zeigen, kam auch bei Römerbauten vor, wenngleich besonders bei den Türmen nicht als Regel.

Die Römer hatten im Innern der Kastelle keine Türme. Ein inmitten eines von der Natur gegebenen Burgplatzes stehender Berchfrit könnte daher nur etwa in einer specula oder einem monopyrgium seinen Ursprung haben, wie anderseits dies bei einem auf der Bergseite in die Ringmauer vorgeschobenen Burgturme ausgeschlossen erscheint.

In einigen Ausnahmefällen lässt sich nachweisen, dass auf der Stelle einer römischen Befestigung eine Burg errichtet worden, und selbst, dass solches mit Benutzung der römischen Mauern geschehen ist. Einen den Bauteilen oder auch nur dem Platze nach römischen Ursprung einer Burg darf man aber nicht ohne die triftigsten, sich speziell auf den Einzelfall beziehenden Beweisgründe annehmen, die nur selten vorhanden sind. Der noch immer gern vorgebrachte Beweisgrund, dass die Römer nicht unterlassen haben würden, den bezielten, natürlich festen und die Umgegend beherrschenden Punkt militärisch zu besetzen, ist um so nichtssagender, als solche Taktik den von den Römern bei uns geübten Gepflogenheiten im ganzen keineswegs entsprach.

Kastelle (im weiteren Sinne) wie Einzeltürme sind nur in der Nähe einer Römerstrasse zu suchen. Römische Funde auf einer mittelalterlichen Burgstelle sind nur dann von Belang, wenn sie auf eine dauernde Niederlassung deuten und wenn zugleich nach Lage und Beschaffenheit des Ortes unwahrscheinlich ist, dass dieselbe nur eine bürgerliche war.

Je weniger sich eine Burganlage bzw. ein Bauteil derselben irgendwie von dem im Mittelalter auch sonst gewöhnlichen unterscheidet, um so weniger hat man Ursache, einen römischen Ursprung derselben zu vermuten.

Da der sehr verschiedenartige mittelalterliche Mauerbau sich auf Grundlage des römischen entwickelt hat, können Mauertechnik und die Art des Mörtels und Steinmaterials nur ausnahmsweise unterstützende Beweisgründe für römischen Ursprung liefern. Buckelquader mit Randschlag haben die Römer nachweislich auch bei uns angewandt; dieselben waren jedoch im Mittelalter so gebräuchlich, dass sie in keiner Form einen Wahrscheinlichkeitsschluss auf älteren Ursprung rechtfertigen. Die Trefflichkeit des Mauerwerks ist im allgemeinen keineswegs ein Beweis seines römischen Ursprungs.

[1]) H. Arnold bemerkt hierzu in d. Beil. d. Allg. Ztg. v. 29. Aug. 1895, dass „in den namenlosen Römerkastellen bei Aislingen a. d. Donau ein innerer Abschnitt und bei Echt östlich von Oberdorf im Algäu eine Vorburg vorhanden ist“.

Drittes Kapitel.

Entwicklung der Burgen aus alteinheimischen Befestigungen.

(Gemeinsame Grundzüge aller Befestigungsbauten. Mannigfaltige Formen alteinheimischer Befestigungen. Deren Entwicklung zu gemauerten Burgen. Die Lehre von der „*motte*".)

Das gesamte Befestigungsbauwesen hat eine Anzahl durch Zweckbestimmung und Natur der Sache so von selbst sich ergebender Elemente, dass es nicht überraschen kann, wenn wir dieselben fast bei allen Völkern und zu allen Zeiten in gleichartiger Weise — nur mehr oder minder entwickelt — wiederfinden.

Da lag am nächsten die Wahl eines schon von Natur, also entweder durch Wasser und Sumpf oder aber durch Höhenlage und steile Abhänge möglichst geschützten Platzes. Die künstliche Befestigung desselben geschah dann besonders durch Erdwälle oder Steinmauern, einesteils um Leib und Gut des Angegriffenen gegen die feindlichen Geschosse zu decken, andernteils um demselben den natürlich schon früh erkannten — übrigens auch schon bei der Wahl eines hochgelegenen Platzes bezielten — Vorteil einer überhöhenden Stellung zu verschaffen. Als weitere Befestigungsmittel boten sich dann das Ziehen eines wenn möglich mit Wasser zu füllenden Grabens und lebendiges oder trockenes Zaunwerk dar.

Wollte man diese künstliche Befestigung noch verstärken, so lag eine Vervielfältigung der geschaffenen Hindernisse nahe. Das konnte geschehen, indem man erstens in geringem Abstande vor der Umwallung einen zweiten Wall und Graben zog und zwar hauptsächlich an der Stelle des Beringes, wo die natürliche Festigkeit des Platzes die geringere war, und zweitens, indem man einen — wenn möglich höher gelegenen — Teil des befestigten Beringes mittels eines quer durch denselben gezogenen Walles nochmals absperrte. (Zwinger, Vor- und Hauptburg.)

Aber auch für das schon kunstmässiger entwickelte Mauerwerk — also von trockenen Steinwällen abgesehen — ergaben sich gewisse Einzelheiten von selbst. Zunächst die, dass man die Oberkante der Ringmauer zackenartig gestaltete, so dass der durch die Lücken kämpfende Verteidiger jederzeit hinter den höheren Zacken bequem Deckung fand. Dies sich von selbst ergebende Prinzip führte dann später auch dazu, dass nur enge Schiesslöcher in der Mauer ausgespart wurden.

Endlich lag es nahe, eckige oder runde T ü r m e zu errichten, die (wenn auch nur für eine kleinere Zahl von Verteidigern) durch die Festigkeit und Höhe des Bauwerkes die Zwecke der Ringmauer in erhöhtem Masse erfüllten und zugleich weitere Umschau gestatteten.

So findet man denn die Ausnützung von Wasser oder Höhenlage zum Schutze überall und von der ältesten bis in die neueste Zeit, die Errichtung von Pfahlbauten und Ringwällen in gleicher Weise bei den Urvölkern Europas wie anderer Weltteile, und eine altägyptische Festung ähnelt selbst bis in die Einzelheiten des Mauerwerkes einer drei bis vier Jahrtausende später errichteten deutschen Burg. (Fig. **36**, altägyptisches Bild aus dem Palast von Theben, darstellend die Festung Kades, vom Flusse Oxontes und einem inneren Wassergraben umgeben. Aus Faulmann, Illustr. Kulturgesch. S. 235. Vgl. hiermit Fig. 40.)

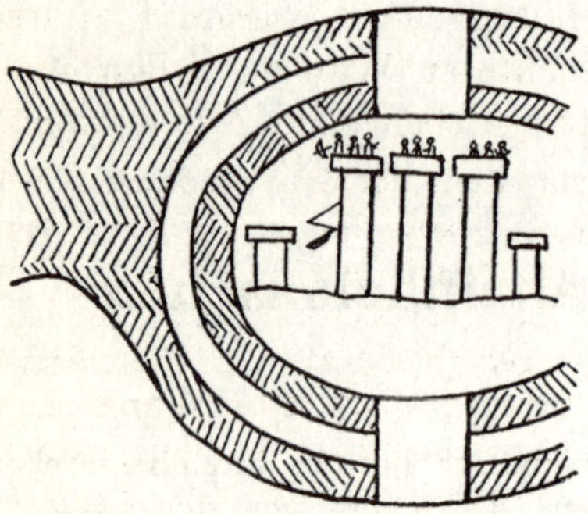

Fig. 36 Altägyptisches Burgbild

Im deutschen Sprachgebiet beruht nun die Burg der letzten Hälfte des Mittelalters ihrer Gesamtanlage nach offenbar im wesentlichen auf den ursprünglichen Befestigungen der hier einheimischen bzw. eingewanderten Barbarenvölker; sie ist eine durch die Kunst des Mauerbaues ermöglichte Weiterentwicklung dieser älteren Anlagen. Bei ihrer Unkenntnis der Baukunst und ihren unzureichenden Waffen waren jene Völker mehr als die Römer darauf angewiesen, schon von Natur feste Plätze sich zunutze zu machen, und sie haben das in ausgiebigster und, bei aller Einfachheit der Mittel, wie zumeist der einzelnen Anlagen an sich, in der mannigfaltigsten Weise getan.

Was diese Mannigfaltigkeit betrifft, so hat beispielsweise das östliche Mecklenburg auf einen Landstrich von etwa 5 Meilen Länge — von Feldberg bis Mölln — an alten Befestigungen 1. künstlich aufgetragene Inseln, die (entgegen der Ansicht von Lisch Anm. 2) schwerlich jemals umwallt waren, 2. einen halbmondförmig einen Bergvorsprung abschneidenden Erdwall, 3. ein kreisförmiges Plateau mit künstlich ergänztem Steilrande, 4. einen Ringwall auf einer natürlichen Halbinsel (2—4 bei Penzlin), 5. eine Insel, zu welcher eine lange Brücke führte (bei Wustrow), 6. eine Sumpfburg mit verdoppelten Wällen (bei Lapitz)[1], 7. eine andere durch Gräben geschützte und geteilte (bei Passentin), 8. eine Burg auf einem Berge ohne noch vorhandene Spur alter Umwallung (Stargard), 9. einen künstlichen abgeplatteten „Spitzwall“ mit Ringgraben (Fig. 45), 10. eine durch tiefe Bachbette, dann durch Wall und Graben geschützte Burgstelle (bei Stolpe) und endlich 11. einen kolossalen eine Halbinsel abschliessenden Steinwall (bei Feldberg). Dabei war dies Land bekanntlich von etwa 550 bis weit in die Zeit der steinernen Burgbauten hinein ausschliesslich von Slawen bewohnt, und es dürfte daher der wissenschaftlichen Forschung schwerlich jemals gelingen, diese älteren Befestigungen je ihrer Art nach überall verschiedenen bestimmten Zeiten und Völkern zuzuweisen[2].

---

[1]) Solche finden sich in Mecklenburg sowohl von runder als von viereckiger Form. Ein Beispiel der letzteren die wendische Burganlage Stuer.

[2]) Nach Lisch war es kennzeichnend für die slawischen (wendischen) Befestigungen, dass sie immer in Wasser oder Sumpf künstlich aufgeschüttet waren und einen Wallring hatten. Dem ersteren widersprechen schon die Burgen auf Rügen, letzteres ist für die wendischen Burgen in Mecklenburg jedenfalls nicht mehr erkennbar. Nach Köhler a. O. S. 375 „unterscheidet sich der (sächsische) künstlich hergestellte abgeplattete Spitzwall mit Graben wesentlich von der Kesselform der Urzeiten und den künstlich aufgeworfenen Hügeln

Jedenfalls reichen die Anfänge solcher Befestigungen auch auf deutschem Boden in eine fernste vorgeschichtliche Zeit zurück. In Wallburgen Thüringens hat man Steinwerkzeuge und Feuersteinspitzen, sowie Pfeilspitzen von Knochen gefunden[1]). Neben den etwaigen Funden lässt auch die Wahrnehmung, dass die Errichtung einer Befestigung bereits mehr oder weniger vollständiges Schanzgerät erforderte, einen ungefähren Schluss auf die Entstehungszeit zu, während andrerseits ein etwa nur aus Sammelsteinen aufgeschichteter Wall natürlich nicht notwendig auf eine ältere, solchen Gerätes noch entbehrende Zeit hinweist.

Nur in Ausnahmefällen hat man für eine nähere Feststellung der Erbauungszeit sichere Anhaltspunkte. Hierhin gehört der Steinringwall auf dem Greinberge südlich nächst Miltenberg a. Main. Derselbe durchschneidet den damit zerstörten römischen Limes und ist also später als dieser, vielleicht am Ausgange des 3. Jahrh. n. Chr. von den den Römern nachgerückten Alemannen errichtet worden[2]). Ein interessantes Gegenstück dazu bildet die „Römerschanze" bei Grünwald südlich Münchens. Dass dieselbe ein gemauertes Römerkastell umschloss, hat Generalmajor Popp mittels Ausgrabungen unzweifelhaft nachgewiesen, während mir andrerseits die mehrfachen Wälle und Gräben, welche konzentrisch in Kreisabschnittform das vorspringende steile Isarufer von der Hochfläche abschneiden, mit Sicherheit auf eine schon ältere (keltische) Burganlage hinzudeuten scheinen[3]).

Meine Arbeit hat sich im wesentlichen nur mit den gemauerten Burgbauten der „Ritterzeit" zu beschäftigen. Die älteren Befestigungen[4]) sind daher nur insoweit zu behandeln, als eine Entwicklung des späteren Burgbaues aus denselben nachzuweisen ist. Von dem umfänglichen Material derselben sind also hier auch auszuschliessen die ausgedehnten Befestigungen grösserer Terrainabschnitte, die Land- und Grenzwehren, die übrigens auch aus einer zusammenhängenden Reihe geschlossener Einzelwerke bestehen konnten[5]).

---

der Slawen"; S. 389 bemerkt derselbe aber, dass die „aus der Mitte des 12. Jahrh." stammenden (?) slawischen Burgen Mecklenburgs wie diejenigen Rügens die „Kesselform" haben. Gewiss wäre es übrigens auch schwer verständlich, weshalb die Slawen die vorhandenen natürlichen Hügel verschmäht haben sollten, um künstliche selbst mühsam aufzuschütten. Die im Text unter 2, 3 und 4 aufgeführten Burgen liegen in etwa halbstündiger Entfernung voneinander und sind trotz ihrer wesentlichen Verschiedenheit gewiss alle slawischen Ursprungs. Auch die Virchowsche Lehre, dass Töpfe mit Henkeln auf nichtslawische Niederlassung hinwiesen, ist jedenfalls nicht für alle Gegenden begründet. (Vgl. zu vorstehendem auch Korresp.-Bl. des Gesamtvereins 1890, S. 135 ff.) Auch auf diesem ganzen Forschungsgebiete spielen unbeweisbare Vermutungen und Behauptungen noch eine grosse Rolle.

[1]) Zschiehe in Vorgeschichtl. Altert. der Prov. Sachsen 1889, S. 8. Vgl. auch Prof. Regel, Thüringen II 1895, S. 466.

[2]) Generalm. Popp in Verhandl. d. histor. Vereins f. Niederbayern 1891, 115.

[3]) Oberbayer. Archiv 1895, S. 187 ff. Die mancherlei Funde deuten nicht darauf hin, dass etwa umgekehrt das Römerkastell nachträglich verstärkt und als Wallburg benutzt worden wäre. Popp lässt es freilich „in Ermanglung diesbezüglich signifizierender Funde" dahingestellt sein, ob hier eine ältere Wallburg von den Römern adaptiert worden sei. Meiner Ansicht nach war die durch einen Graben abgeschnittene Spitze des senkrecht abfallenden Kiesufers ein früher umfänglicheres Reduit derselben.

[4]) Eine eingehende Uebersicht derselben, soweit bis 1880 Untersuchungen darüber veröffentlicht waren, gibt Jähns, Gesch. d. Kriegswesens S. 452 ff. Die Zahl der trotz aller Bodenkultur noch in ihren Resten erhaltenen beläuft sich innerhalb des deutschen Sprachgebiets immerhin auf Tausende. So sind auf dem preussischen Teile des Deutschordenslandes 543, in Livland über 300 heidnische Burgberge festgestellt worden.

[5]) Solche Landwehren überhaupt gab es bekanntlich zu allen Zeiten und fast bei allen Völkern. Vgl. Jähns a. O. und v. Cohausen, Grenzwall S. 313 ff. Wenn v. Co-

Wie wir nun oben gesehen haben, wusste man die natürliche Festigkeit eines Ortes im allgemeinen in der mannigfaltigsten Weise auszunützen. Aber auch bei den Einzelheiten dieser Befestigungsanlagen zeigt sich zumeist eine wohlüberlegte und zweckmässige Ausgestaltung derselben zu einem möglichst festen Platze, und zwar nach denselben naturgemässen Grundsätzen, die, wie überall, so auch später bei den Steinburgen sich befolgt finden.

Während sehr viele dieser alten Befestigungen nur einen, und zwar einfach — ohne Verdoppelung der Wälle — befestigten Raum enthalten, zeigt doch wohl die Mehrzahl derselben ein zusammengesetztes, künstlicher entwickeltes Befestigungssystem. Da hier die künstlichen Befestigungsmittel beschränkter waren als bei den späteren gemauerten Burgen, hängt noch mehr als bei diesen die Gestaltung der alten Wehranlagen in ihren Einzelheiten von derjenigen des Geländes ab und ist daher besonders bei den zahllosen minder einfachen eine unendlich verschiedene, während überall dieselben Regeln befolgt wurden. Es sind hier daher nur einige Beispiele einfacherer Anlagen zu geben:

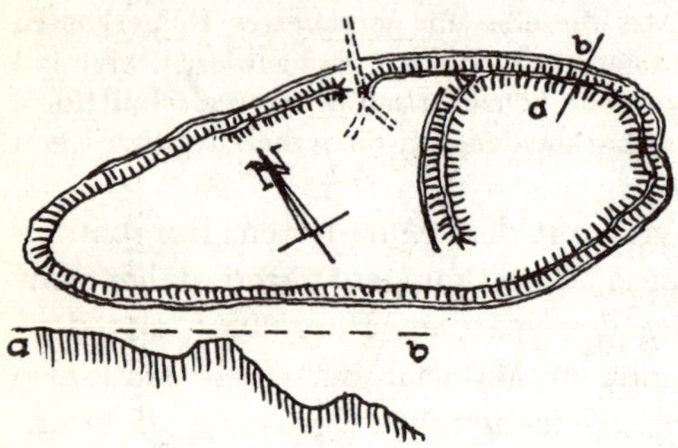

Fig. 37 Das „Sachsenlager"

1. Das sog. Sachsenlager, auch „Römerschanze" genannt, 8 km südl. Osnabrück, Fig. **37**[1]). Das östliche, höher gelegene Drittel des Beringes ist als Hauptburg nach aussen, wie gegen die westliche Vorburg durch einen Erdwall mit vorliegendem Graben abgeschlossen, während diese Umwallung

---

hausen, Altertümer im Rheinland S. 16, schreibt: „Nirgend aber können wir behaupten, dass diese Stein- oder Erdanlagen zu einem höheren strategischen Zwecke, zur Sperrung einer Landesgrenze oder eines Passes angelegt wären," so kann sich das (trotz des „nirgend") wohl nur eben auf das „Rheinland" beziehen sollen, wenngleich auch hier andere (s. Jähns a. O. S. 454 f.) das Gegenteil nachweisen zu können meinen. Anderwärts, so zwischen Elbe und Weichsel (v. Ledebur, Nordthüringen und die Hermunduren, Berlin 1852), in Niedersachsen (v. Oppermann, Atlas vorgesch. Befestigungen, Hannover 1888) und Mecklenburg, sind diese zusammenhängenden Systeme von Stein- und Erdwällen unzweifelhaft nachgewiesen, während z. B. die Wallburgen an der Porta Westphalica und bei Sachsenburg a. d. Unstrut ebenso zweifellos der dortigen wichtigen Pässe wegen angelegt wurden. (Ueber spätere Grenzburgen s. S. 32 und Kap. 22.) Im übrigen dienten diese alten Wallburgen in einzelnen Fällen nachweislich (z. B. in Mecklenburg und Rügen) als fürstliche Wohnsitze, in anderen als heidnische Kultusstätten (Tempelburg des Swantewit auf Arkona. Vgl. auch Prot. der Generalvers. zu Sigmaringen 1891, S. 68—81), in den meisten Fällen aber als Zufluchtsstätten der Bewohner bei feindlichen Einfällen, Refugien, auch „Fliehburgen" und wenig passend „Bauernburgen" genannt (vgl. auch weiterhin). Mitunter handelte es sich auch wohl nur um ein zu vorübergehender Benutzung befestigtes Heerlager. Nach den Mitteil. d. Anthropol. Gesellsch. in Wien XI, 61 f. sind es Kennzeichen einer Kultstätte, wenn, wie bei Schrick in N.-Oe., die Ringwälle zu dem kleinen geschützten Raume in keinem Verhältnisse stehen und auch nach aussen amphitheatralisch höher werden, sowie wenn eine Margaretenkirche darin steht.

[1]) Nach A. v. Oppermann, Atlas vorgesch. Befestigungen in Niedersachsen (Hannover 88), Taf. VIII.

sich nach Westen und Süden verliert, da sie hier durch einen fast senkrechten Absturz ersetzt wird. Der nördliche Eingang wird durch die zwingerartig rückwärts gebogenen Wallenden verteidigt. (Nach v. Oppermann a. O. stand die Befestigung mutmasslich mit dem sächsisch-fränkischen Kampffelde von 783 bei Osnabrück in Beziehung.)

2. Der Ringwall auf dem 798 m hohen Altkönig im Taunus (Fig. **38** nach v. Cohausen). Der innere 1155 m lange Wall umzieht den von da noch etwa 30 m höher aufsteigenden Berggipfel. Ihn umschliesst in 50 bis 70 m Abstand ein zweiter 1520 m langer Wall, während südwestlich noch ein weiter absteigender Vorhof vorgelegt ist. Auch hier sind die Eingänge *a* und *c* (in etwas anderer Form) so angelegt, dass sie beiderseitig von einem Walle herab verteidigt werden konnten. Der Eindringende musste dabei der Hauptburg seine rechte, vom Schilde nicht bedeckte Seite zuwenden (vgl. 10. Kap.). Die aus Sammelsteinen bestehenden Wälle waren anscheinend früher durch Holzeinlagen zu höheren und steileren Mauern aufgebaut. Man glaubt eine ursprüngliche Höhe von 6 m bei 9—10 m Breite annehmen zu dürfen. Im Innern war noch 1771 ein fundamentierter Kernbau wahrzunehmen.

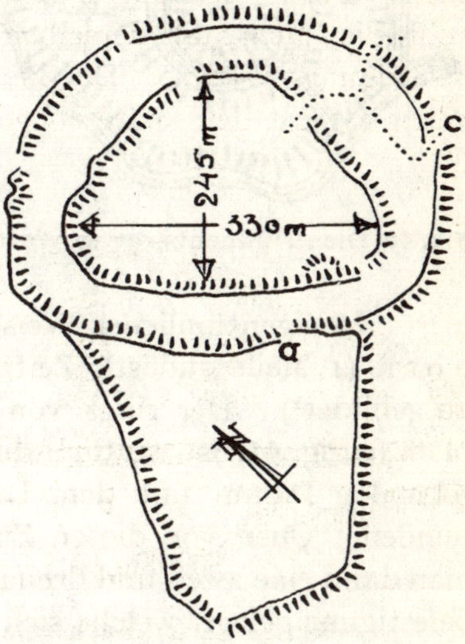

Fig. 38 Ringwall auf dem Altkönig

Auch bei den alten Höhenburgen, bei welchen — wohl in Ermangelung in der Nähe sich bietenden Materials — an Stelle der kunstlosen Trockenmauern die Befestigung der Hauptsache nach durch Gräben hergestellt wurde, finden wir dabei dieselben Grundsätze befolgt.

Ein Beispiel bietet der kleine „Schlossbühel" oberhalb Emmishofen (Konstanz) im Thurgau. Der Platz (Fig. **39**) fällt fast seinem ganzen Umkreise nach steil zu einem tiefen Tobel, d. h. einer Schlucht, durch welche ein Bach zu Tal läuft, ab und war daher nur auf der nordwestlichen Seite, wo er in der waldbedeckten Hochebene seine Fortsetzung findet, zu befestigen. Hier entspricht der äussere, minder beträchtliche Graben *e* der schwächeren Mauer einer Vorburg oder eines Zwingers, der zweite *rr*, von dessen Sohle aus der Burgplatz steil etwa 4 bis 5 m ansteigt, der stärkeren und höheren Ringmauer der Hauptburg. Von der etwa 20 Schritte weiten Fläche *a* dieser letzteren erhebt sich gegen diese Bergseite noch etwas der rundliche kleinere Platz *b* gleich einem der Angriffsseite entgegengesetzten Berchfrit, während neben ihm der schon auf der Höhe selbst gelegene kleine Graben *cc* weiter diese Seite gegen die Angreifer schützt. Der Zugang zur Burg lief (vgl. die punktierte Linie) nur am Rande des Tobels neben den Ausläufern dieser Gräben hin und war durch Palisaden und Gebücke, die auch noch auf der Bergseite angebracht sein mochten, leicht zu versperren.

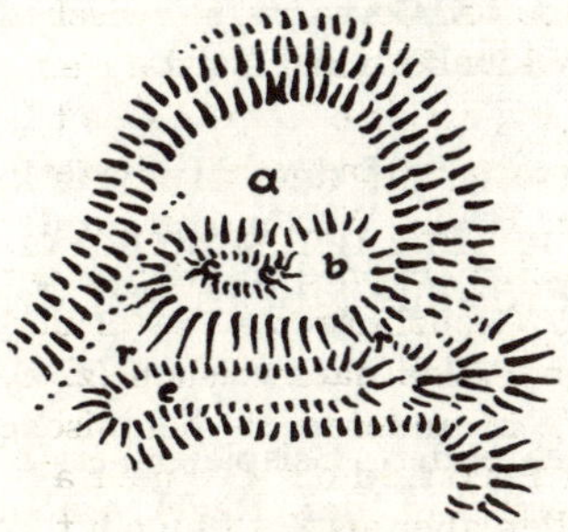

Fig. 39
„Schlossbühel" bei Konstanz

Nach demselben Grundsatze eines vermehrten Schutzes der Hauptburg durch vorgelegte Aussenwerke finden sich auch schon alte W a s s e r b u r g e n angelegt. Ein Beispiel bietet die H ü h n e n b u r g bei Lippberg in Westfalen (Fig. **40** nach N o r d h o f f, H o l z - u. S t e i n b a u). An einer Stelle, wo der Brögelbach eine fast halbkreisförmige Ausbiegung nach Süden macht, hat man durch nördliche Herumleitung des Wassers mittels eines breiten Grabens *m* eine Insel hergestellt und einem zweiten inneren Ringgraben *n* gleichfalls das Wasser des Baches zugeleitet. Der Auswurf der Gräben diente zugleich zur wallartigen Erhöhung der zwingerartigen Vorburg *aa*, wie der Hauptburg *b*[1]).

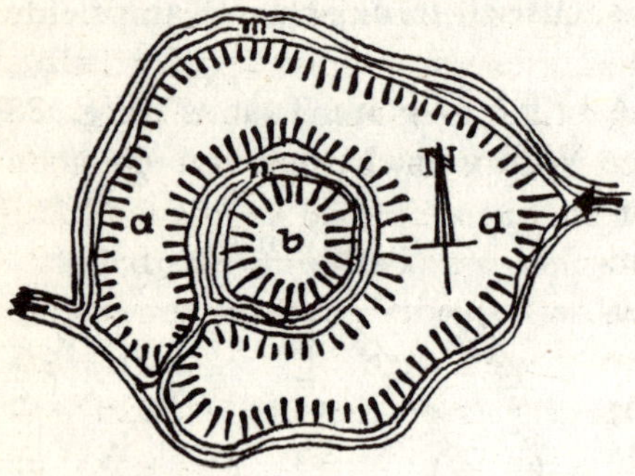

Fig. 40 Die „Hühnenburg“ in Westfalen

In eigentümlicher Weise ist dies bei der alten Burganlage von W i l d e n b o r n (1 Meile südöstl. Zeitz) zu einer Verbindung von Wasser- und Wallburg ausgebildet[2]). Der rings von einem teichartigen Wassergraben umgebene Burgplatz (*c* Fig. **41**) ist westlich durch einen schmalen Damm mit dem Lande verbunden. Quer vor diesen Zugang hat man dann eine zwei- und dreifache Wallbefestigung gelegt, welche sich an ihrem Vorderende steil bis etwa 8 m erhebt, während noch zugleich Erweiterungen des Wasserbeckens nach Westen, jetzt nur noch in kleineren Tümpeln (*a* und *b*) übrig, ein seitliches Eindringen in diese Vorbefestigung verhinderten.

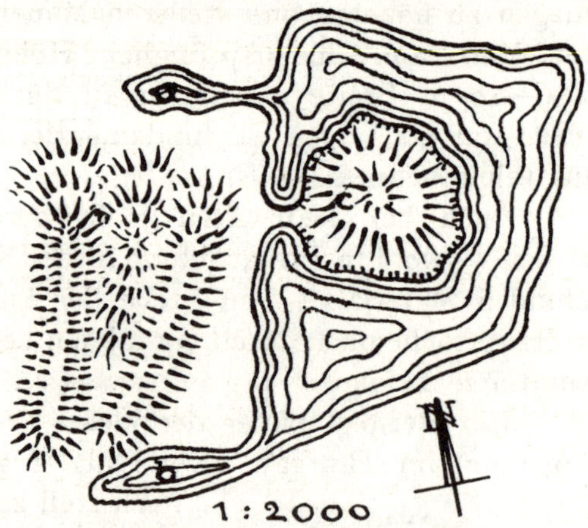

Fig. 41 Wildenborn bei Zeitz

Die Masse der alten Wallburgen sind sehr verschieden; von einem kaum noch erkennbaren Erdaufwurf, der nur für ein kleines Haus Raum böte, bis zu den grossartigsten Anlagen, wie der Ring von O t z e n h a u s e n auf dem Hunsrück, dessen Steinwall von 42 m Breite und bis noch 10 m Höhe ohne den weiten Vorzwinger eine Grundfläche von 120 000 qm umschliesst. Erdwälle gibt es von der doppelten Höhe.

---

[1]) Aus den bisherigen, noch leicht vielfach zu vermehrenden Beispielen ergibt sich, dass auch bei den alten Wallburgen häufig ein kleinerer, in der Regel erhöht gelegener Teil des Beringes besonders befestigt war. Nur beschränkt ist es daher als richtig zuzugeben, wenn v. C o h a u s e n, A l t e r t. i m R h e i n l a n d S. 16, von den Wallbefestigungen schreibt: „Bei all diesen Anlagen kommt es nicht vor, dass irgendein Punkt in deren Innern besonders ausgezeichnet und fester gemacht worden wäre, um etwa bei Verlust des Ganzen einem Vornehmeren als letzte Zuflucht zu dienen. Nein, die Anlage ist ein Ganzes, für alle Flüchtlinge ein Gleiches, eine wahre Bauernburg.“

[2]) Dr. A. B r i n k m a n n, D i e B u r g a n l a g e n b e i Z e i t z (Halle 1896), welcher Schrift auch der (verkleinerte) Lageplan entnommen ist.

Was den Aufbau der Steinwälle betrifft, so berichtet Cäsar (b. G. VII, 23) näher über die zweckmässige Mitverwendung vieler die Steinpackung durchziehender Balken, und auch in Deutschland hat man mitunter die Spuren von Holzeinlagen gefunden. Ebenso eigentümlich als weitverbreitet — von Schottland bis Oesterreich — sind die Schlackenwälle, bei welchen besonders Steine, welche sich durch ihren Gehalt an Feldspat auszeichnen, nach ihrer Aufschichtung durch die lange Einwirkung starken Feuers mehr oder weniger mit einem glasigen Ueberzug versehen und zusammengebacken worden sind[1]). Auch finden sich — so in Thüringen — Wälle, welche mit (bis 1 m dicken) gebrannten und verschlackten Lehm- und Tonmassen bedeckt sind[2]). Der Wall von Otzenhausen hat im Innern eine ebenso starke Lehm- und Erdschicht, und bei einem solchen auf der Rotenay (Württemb.) besteht der etwa die Hälfte ausmachende Kern aus gebranntem Kalk und zu Ziegelklumpen gebranntem Ton[3]).

Wie es nicht an gemauerten Burgen fehlt, welche Zwinger oder Vorburg, oder beides nicht haben, oder bei welchen die Teile nicht deutlich als solche ausgeprägt sind, so findet sich, wie schon bemerkt, dasselbe auch vielfach bei den älteren Befestigungen, so dass auch in dieser Beziehung ein besonderer Unterschied nicht hervortritt.

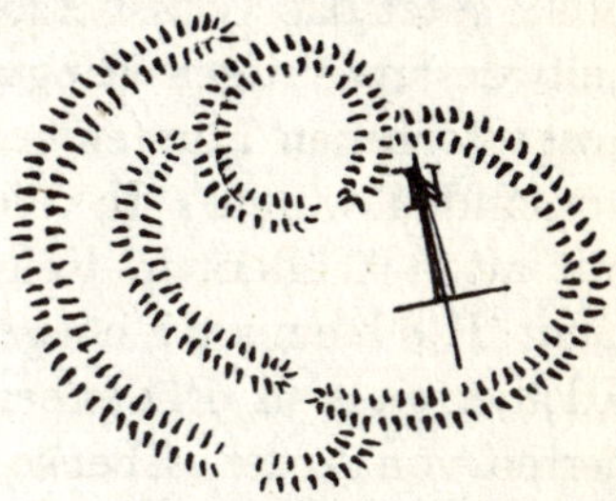

Fig. 42
Die Ravensburg in Mecklenburg

Der Uebergang von den alten Erd- und Steinburgen zu den gemauerten Steinburgen war denn auch — anders als bei der römischen Grundlage der letzteren — ein ganz unmittelbarer, wenn auch nur sehr allmählich sich vollziehender. So wurde die in Mecklenburg-Strelitz in einem Sumpfe liegende „Ravensburg" (Fig. **42**), die noch ganz die Art der alten Wallburgen ohne die Spur eines Steinbaues zeigt, noch 1248 von dem Ritter Herbord Raven bewohnt[4]), also zu einer Zeit, da man im ganzen südlicheren Teil unseres Gebietes schon seit lange allgemein nur noch gemauerte Burgen kannte. (Vgl. Kap. 4.)

---

[1]) Ueber die Schlackenwälle (Vitrified forts) ist schon seit dem 18. Jahrh. viel geschrieben worden. Besonders eifrig hat v. Cohausen (so noch „Befestigungsweisen" S. 57 ff.) die meiner Ueberzeugung nach unrichtige Ansicht verfochten, dass die Verschlackung dadurch hervorgerufen worden sei, dass Angreifer die (gewiss nur ausnahmsweise vorhandenen und dann eng von Steinen umgebenen) Holzeinlagen angezündet hätten, um dadurch eine Bresche zu bewirken. Wenn die Verschlackung sich hauptsächlich auf der Angriffsseite findet, so spricht das wenigstens ebensogut für eine Verteidigungsmassregel. Glasburgen kommen auch schon in ältesten Dichtungen vor.

[2]) Korresp.-Bl. d. Gesamtvereins 1891, S. 41.

[3]) Oberamtsbeschr. von Ehingen, Stuttg. 1893, S. 280. Der gelöschte Kalk, den man auch sonst schon in alten Steinsetzungen gefunden hat, ist wohl dem Regen zuzuschreiben.

[4]) Derselbe erhielt in diesem Jahre vom Markgrafen Johann von Brandenburg den Auftrag, die nahe gelegene Stadt Neubrandenburg zu begründen. Vgl. Boll, Chronik v. Neubrandenburg S. 5 ff. Der innere Wall der Ravensburg ist 294 Schritte lang. Aus ganz unzureichenden Gründen glaubt Köhler a. O. S. 393 zu erkennen, dass sie erst um 1244, wenn auch auf Grund einer älteren slawischen Anlage als Brandenburgische Burg, erbaut worden und geradezu als „Norm der märkischen Burgen des 12. und 13. Jahrh." anzusehen sein werde. Die Wälle sind vielmehr überall mit slawischen Topfscherben durchsetzt, und die Norm der Burgen des 12. und 13. Jahrh. war auch in der Mark gewiss schon die gemauerte Burg.

Andrerseits fehlt es nicht an späteren gemauerten Burgen, als deren Grundlage eine ältere Wallburg noch nachgewiesen werden kann[1]).

So lag die nach 1277 nicht mehr genannte Steinburg Thieleberg bei Aken in Anhalt auf einem alten Walle, mit Wall und Graben umgeben[2]). Die beiden Sachsenburgen an der Unstrut (Prov. Sachsen) sind noch auf der Bergseite mit einem System vorgeschichtlicher Wälle umgeben[3]). Ebenda hat eine andere Sachsenburg zwischen Walkenried und Sachsa eine alte Wallburg zur Grundlage und Altenburg bei Eckartsberga von einer solchen noch dreifache Querwälle[4]). Desgleichen ist die Oedenburg (Schwäb. Alb) auf der minder steilen Seite des Burgberges durch zwei alte Rundwälle befestigt. In Mecklenburg wurde auf dem schon von den Wenden Stargard, d. h. alte Burg, genannten Burgberge nach alten Chronisten 1248 die jetzt noch zum Teil erhaltene gleichnamige Burg erbaut[5]), ebenso auf einer Anhöhe bei Weisdin innerhalb umfänglicher slawischer Umwallung von den Herren von Peccatel eine noch als Ruine vorhandene Burg[6]), und bei Schwerin entstand auf einer Insel, welche die 1161 verbrannte wendische Burg Niklots trug, die Stammburg der Grafen von Schwerin, an deren Stelle jetzt das Grossherzogliche Residenzschloss steht[7]). Auf Rügen wurde innerhalb des mächtigen Ringwalles des Rugard die Burg der einheimischen, 1325 ausgestorbenen Fürsten erbaut, von welcher noch um 1650 ansehnliche Mauerreste vorhanden waren. In Westfalen wurde die 775 genannte Sachsenfeste Sigiburg mit alten Wällen, in welchen eine Trockenmauer steckt, zu der 1287 zerstörten Burg Hohensyburg[8]), die Alteburg bei Arnsberg zur Stammburg der Edelherren von Rüdenberg, die Wallburg bei Dalhausen solche der Edelherren von Ardei. Ebenso waren die Iburg bei Driburg und die Brunsburg bei Höxter altsächsische Volksburgen[9]) und die spätere Burg Desenberg

[1]) In einer Kritik der vorigen Auflage (vgl. Vorwort zur jetzigen) behauptet Museumsdirektor Prof. Dr. Schuchardt (Ztschr. d. histor. Vereins f. Niedersachsen 1907, S. 85) zu vorstehenden (nebst den folgenden), unverändert aus derselben übernommenen Ausführungen in offenbarem Gegensatze zu ihnen, ich „hege noch die alte grundfalsche Auffassung, dass die Wallburgen nur von Erdwällen, die nie viel anders ausgesehen hätten als heute, mehr umzirkt als umwehrt gewesen wären und daher immer nur als Verstecke für die Nichtkämpfer und die bewegliche Habe oder als Heiligtümer angesehen werden könnten". S. 87 heisst es dann weiter: „Er weiss nicht einmal, was längst ausgemacht ist, dass sie alle (sic) schon feste Mauern oder steile Bollwerke gehabt haben," und nachdem ich letztere Behauptung (S. 164 das.) „auch auf Grund eigener Lokalforschung sogar entschiedenst bestritten" habe, beruft er sich (S. 169 f.) darauf, dass schon mehrfach bei Wallburgen Spuren, die auf eine hölzerne Front hinwiesen, gefunden seien, was ja — zumal auch bei den vielen Tausenden dieser Anlagen — zum Beweise jenes Satzes so viel wie nichts besagt.

[2]) Mitteil. d. Anhalt. Vereins IV, Heft 3.

[3]) Vorgeschichtl. Altert. der Prov. Sachsen (Halle 1892), Heft 11 mit Grundriss.

[4]) Bau- und Kunstdenkm. der Prov. Sachsen. Eine Uebersicht über die Wallburgen in Thüringen in Mitteil. des Erfurter Geschichtsvereins 1902.

[5]) Vgl. Mecklenb. Jahrb. LI.

[6]) Korresp.-Bl. des Gesamtvereins 1890, 135.

[7]) Lisch, Mecklenburg in Bildern I, S. 7. Als weitere vormalige Burgen in älteren Burgwällen werden in Mecklenburg erwähnt Ramelow, Schwichtenberg, Galenbeck, Schönhausen, Fürstenhagen, Feldberg.

[8]) Atlas vorgesch. Befestigungen in Niedersachsen H. VI, S. 53 mit Grundriss.

[9]) Ebendaselbst H. VIII, S. 65.

gleichfalls schon 776 fränkische Feste[1]). In der Prov. Brandenburg wird u. a. eine Ruine bei Mohrin als Beispiel solcher nachweislichen Entwicklung genannt[2]), im Grossherzogt. Hessen die Glauburg an der Nidder[3]), in Anhalt Burg-Kühnau, in Braunschweig Elmsburg[4]), in Württemberg Rosenstein[5]), im Allgäu die von dreifachem Ringwalle umgebene Burg Kipfenberg[6]), in Tirol die Ruine Hohenburg, in deren Bering Waffen und Geräte aus rätischer Zeit, wie auf der Schalksburg in Württemberg vorgeschichtliche Scherben und Steinwaffen gefunden wurden. Ueber „Walahstede" siehe weiterhin.

Ein eigentümlicher Bau dieser Art ist die Grenzlerburg, 25 km nördlich von Goslar in einer Längstalmulde gelegen (Fig. 43[7].) Das Hauptwerk besteht aus einem 7—14 m dicken Erddamme *r*, welcher eine quadratische, mit Wasser gefüllte ummauerte Vertiefung einschliesst, aus deren Mitte die Grundmauern eines Gebäudes von 10 zu 16 m Seitenlänge, also wohl einst von turmartiger Höhe, als verschobenes Viereck inselartig hervorstehen. Ein breiter, teilweise versumpfter Graben *c* mit hohem Aussenwall umgibt ringsum den Erddamm. Nordwestlich schliesst sich ein unregelmässig fünfseitiges Aussenwerk *A* von etwa 5600 qm Innenraum an, seinerseits von einem Erdwall mit Aussengraben umschlossen. Es wird vermutet, dass im 13. Jahrh. der Gaugraf des Saltgaues in die „altgermanische Grenzfeste" hinein seine Burg baute.

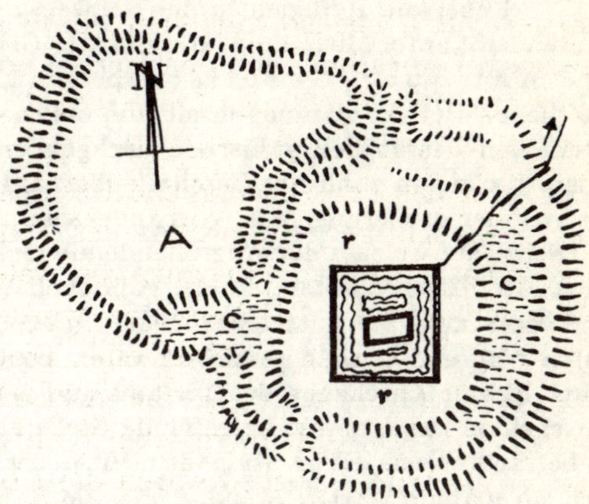

Fig. 43 Die „Grenzlerburg"

Eine verwandte Anlage bietet der Ringwall bei Breitenbach unweit Zeitz. An einen starken, zum Teil doppelten Ringwall, der auf zwei Seiten von einem schluchtartigen Bachbett begrenzt wird, schliesst sich ein anscheinend natürlicher Hügel an, der auf seiner minder steilen Ostseite durch Wall und Graben

[1]) Manche Schriftsteller sind freilich auch mit der gleichen Sicherheit und Leichtigkeit allzu geneigt, unseren Burgen diesen Ursprung zu geben, mit welcher die Romanisten bezüglich des angeblichen römischen Ursprunges vorzugehen pflegen. So heisst es beispielsweise in Prof. Lehfeldt, Bau- u. Kunstdenkm. Thüringens I, S. 70: Die Hausbergburgen bei Jena waren „ohne Zweifel anfänglich deutsche Grenzburgen, zum Schutze gegen die Sorben dienend und vielleicht schon in der Karolinger-Zeit errichtet". Inwiefern „ohne Zweifel", da doch keine schriftliche oder örtliche Spur eines solchen Ursprunges vorhanden ist und die „Gruppe" von drei so unmittelbar nebeneinander liegenden Burgen viel eher auf die Zeit der gemauerten Burgen als auf diejenige Karolingischer Grenzfesten hinweist? (Vgl. 22. Kap.)

[2]) Mitteil. d. histor.-stat. Vereins Frankf. a. O. 1861 (71), S. 47.

[3]) Arch. f. Hess. Gesch. XI, S. 39.

[4]) Zeitschr. d. Niedersächs. Vereins 1864, 362 ff.

[5]) Kunst- und Altertumsdenkm. Jagstkreis S. 441 mit Grundr. und Durchschn.

[6]) Baumann, Gesch. d. Allgäu II, 152.

[7]) Grundriss und Beschreibung nach v. Oppermann a. O.

befestigt ist und dessen ganze Oberfläche ein wehrhaftes Haus, die sogenannte Kempe, wohl eine 1138 urkundlich genannte „regalis curia", einnahm[1]).

Eine andere sehr bemerkenswerte Anlage aus der Zeit des Ueberganges von der nur aus Erdwerken bestehenden Befestigung zur gemauerten Burg ist das „Räuberschlösschen" oder die „Teufelsburg" bei Freudenberg am Main. Auf einer steilrandigen Bergnase finden sich da innerhalb einer unregelmässigen Anlage von vervielfachten Gräben, zu welchen früher Palisaden und ein Gebück hinzugekommen sein mögen, besonders eine 2,50 m starke mörtellose Art von Schildmauer und die Kellerräume zweier kleiner Gebäude. Auch nach Fundstücken scheint die Anlage der spätkarolingischen Zeit anzugehören[2]).

Ueber die Refugien in der Schweiz und deren teilweise Benutzung zu späteren Burgbauten hebt unter Mitteilung interessanter Grundrisse Dr. F. Keller in Bd. 16 der Mitteil. der Antiquar. Gesellsch. hervor, „wie sehr die Anlage der Refugien und der mittelalterlichen Burgen übereinstimmt und um so eher die Annahme berechtigt ist, dass die mittelalterlichen Festen den gallischen nachgebildet seien, als die römische Kriegsbaukunst (dort) keine Werke von ähnlicher Beschaffenheit aufweist. In der Tat sind die Wahl der Oertlichkeit, die Art der Isolierung, das Vorhandensein von Reduits, die Verlegung des Zuganges nach der Seite, auf welcher der Angreifende die rechte, vom Schild entblösste Seite den Verteidigern zuwandte, Eigenschaften, die der gallischen Vorzeit und dem Mittelalter in dem Masse gemein sind, dass man bei mittelalterlichen Burgen, welche nicht auf Felsspitzen standen, sondern durch Wall und Graben geschützt waren, nach Wegräumung der Bauerde in sehr vielen Fällen durch blosses Anschauen des Terrains und der Umrisse der Schutzgräben mit Sicherheit nicht entscheiden kann, ob die betreffende Stelle als ein Refugium oder als die Baustelle einer Burg zu betrachten sei. Es ist übrigens nicht nur wahrscheinlich, sondern ganz gewiss, dass mancher Ort, wo später eine Burg stand, früher als Refugium benutzt wurde. Den Beweis hierfür leisten die oft bei Grabungen an solchen Stellen neben mittelalterlichen Dingen zutage kommenden Gegenstände unzweifelhaft gallischer Abkunft."

Bezüglich der Unterscheidungsmerkmale zwischen blossen Wallburgen und den Stellen („Burgstallen", vgl. oben S. 19), auf welchen eine in Ruinen nicht mehr sichtbare gemauerte Burg gestanden hat, bemerkt Generalm. Popp (Oberbayer. Archiv 1895, S. 170) mit Recht, „dass letztere sich von den ersteren hauptsächlich unterscheiden durch das Vorherrschen der meist ziemlich tief unter den Bauhorizont bzw. das Bodenprofil eingeschnittenen, mehr breitsohligen Gräben, über welche sich lediglich die Plattformen, welche einst den Bering und die Gebäude getragen haben, sowie allenfalls vorhandene Mauerschutthalden nur mässig erheben. Bei den Wallburgen dagegen ragen die Wallreste, insbesondere auf den Zugangsseiten — Angriffsseiten — meist sehr beträchtlich über das Bodenprofil empor und ihre Wälle und Gräben, sowie sonst vorhandene Einschneidungen, mit Ausnahme der Eingänge, haben vorzugsweise, wenn auch mehr oder minder verflösstes, immerhin aber noch kennbares spitzes Profil. Bei den Burgstallen findet man hie und da das Grabenmaterial, soweit es nicht zur Erhöhung der Plattformen oder, wenn die Gräben aus den Felsen herausgebrochen werden mussten, als Baumaterial Verwendung fand, hangabwärts beseitigt, bei Abschnittsbefestigungen dieser Gattung in der Verlängerung der Grabensohlen als Schuttkegel abgelagert. Bei den Wallburgen ist der Aushub stets vollständig zu den unmittelbar dahinter liegenden Wällen verbraucht, manches Mal waren sogar noch rückwärtige Einschneidungen bzw. Aushebungen nötig, um den Wall in gewünschter Höhe herstellen zu können."

---

[1]) Brinckmann a. O. S. 2 mit Grundriss und Ansicht.

[2]) Nähere Darstellung in der 1. Aufl. S. 122 f. Nachdem die Anlage inzwischen auch in den Kunstdenkm. d. Grossherzogt. Baden IV, 1, S. 118 ff. veröffentlicht ist, kann hier um so mehr darauf verwiesen werden, als es sich nicht sowohl um den „Sitz eines Herrengeschlechts" (also eine Burg) als um eine „Grenzfeste und eine Art Sperrfort" gehandelt zu haben scheint.

Auch da, wo ein ausserhalb des Mauerbaues einer Burg sich findender Wall nur aus Erde besteht[1]), wird ein geübteres Auge zumeist unschwer erkennen, ob dieser älter ist als die Burg, oder aber derselben erst am Ausgang der Burgenzeit hinzugefügt wurde. Wesentlich wird da in der Regel die Frage sein, ob der Wall (nach Ausdehnung, Mächtigkeit, etwaiger Verdoppelung usw.) geeignet war, eine für sich (bzw. durch Palisaden verstärkte) genügende Befestigung des Platzes zu bilden. Andrerseits deuten besonders scharfe, die Seitenbestreichung ermöglichende Ecken anstatt der rundlichen Linienführung — so bei Wernberg in Bayern — und einspringende Winkel auf spätere Anlagen (vgl. darüber Kap. 23 am Ende). Bei diesen pflegt zudem, soweit sie einigermassen erhalten sind, die Innenseite einen fortlaufenden Einschnitt zur Herstellung eines Bankettes oder Auftrittes mit vorliegender Brustwehr zu haben, während auf der Aussenseite zur Vermeidung des toten Winkels wohl ein Glacis vorgeschüttet ist. Alles das gilt natürlich auch von Wall- und Schanzanlagen, die mit einer Burg nicht in Beziehung stehen. Speziell für römische Kastelle oder leichtere vorübergehende Lagerbefestigungen pflegen dabei noch die regelmässig viereckige Form mit abgerundeten Ecken und symmetrisch angeordneten Eingängen zu sprechen[2]). Auf die volkstümlichen Bezeichnungen „Römer"- und „Schwedenschanze" darf dabei gewöhnlich nicht viel Gewicht gelegt werden.

In neuerer Zeit will man mehrfach den Ursprung unserer Burgen auf die hauptsächlich von *de Caumont* behandelten und sogenannten *Châteaux à motte* zurückführen. Unter anderen widmet v. Köhler, Entw. des Kriegswesens, Bd. III, 1, S. 366 ff. unter eingehender Ausnutzung der darüber vorhandenen Literatur den *châteaux à motte*, den befestigten abgeplatteten „Spitzwällen", etwa ein Drittel des in seinem Werke dem mittelalterlichen Burgbau überhaupt zugemessenen Raumes, ohne jedoch die Benutzung natürlicher Terrainerhöhungen und die Ringwallburgen genügend damit auseinander zu halten. v. Essenwein, der anstatt des für „nicht ganz richtig" erklärten Ausdruckes „Spitzwall"[3]) das spätlateinische „*mota*" gebraucht, geht in seiner Kriegsbaukunst (Darmstadt 1889) insofern noch weiter als seine Vorgänger, als er bei seiner Besprechung von Ritterburgen (auch verhältnismässig jüngeren Datums) fast immer wieder auf diese *mota* zurückkommt, die auch nach ihm (S. 47) „doch die Grundlage des monumentalen mittelalterlichen Burgbaues bildet". Ich vermag weder die Berechtigung noch den Nutzen dieser Auffassungs- und Darstellungsweise einzusehen. Im ganzen richtig bemerkte auch schon Krieg v. H., Militärarch. S. 213, dass die Befestigungsweise der *Châteaux à motte* uns fremd sei. Ebenso erklärt sich v. Cohausen, Befestigungsweisen S. 28, gegen die motte v. Essenweins, während

[1]) An die Ruine Wildenburg auf dem Hunsrück schliesst sich z. B. ein zerstörter Steinwall an.

[2]) Freilich nicht unbedingt. So findet sich u. a. ein „vorslawischer" rechteckiger Wall mit abgerundeten Ecken (80 : 140 Schritte gross) bei Königsbrunn in Kujavien. (Verhandl. d. Gesellsch. f. Anthropol., Ethnogr. u. Urgesch., Berl. 97, 171.) Ein anderes Beispiel eines Walles dieser Form bietet die Quitzowburg, eine im 16. Jahrh. und später von den Quitzows bewohnte Wasserburg in Mecklenburg. (Schlie, Kunst- u. Geschichtsdenkm. Mecklenb. II, 408.)

[3]) In der Tat erscheint derselbe als besonders unzutreffend. Ein „Wall" ist eine in die Länge gezogene Erd- (oder Stein-) Aufschüttung zum Schutze des hinter, nicht des auf ihm gelegenen Platzes und anstatt einer „Spitze" hat die *motte* vielmehr eine Abplattung, weit genug, um wenigstens ein wehrhaftes Gebäude zu tragen. So bezeichnen denn auch andere Fachschriftsteller vielmehr die gewöhnlichen (Lang-) Wälle mit spitz anstatt abgerundet zulaufendem Profil als „Spitzwälle". Da die motte regelmässig die Gestalt eines wenn auch sehr abgestumpften Kegels hat, erscheint der von Dr. Brinckmann, Burganlagen bei Zeitz (Halle 1869) gebrauchte (zugleich gut deutsche) Ausdruck „Kegelburg" als durchaus annehmbar.

Nordhoff in seiner ebenso selbständigen als eingehenden Darstellung der ersten Entwicklung unseres Burgbaues (Holz- u. Steinbau, S. 104—148) dessen, was man unter motte versteht, nicht einmal erwähnt. — Es mag dabei immerhin bemerkt werden, dass die Slawen auch bei uns von Wasser und Sumpf umgebene Erdaufschüttungen liebten und u. a. bei den älteren Ordensburgen im Flachlande des östlichen Preussen die Motte auch als Unterlage für den „Turm" mehrfach vorkommt[1]).

Seit *de Caumont* ist es übrigens gebräuchlich, zum Nachweise dessen, wie bzw. wie vielfach die alten *châteaux à motte* errichtet wurden, eine Stelle aus der *Vita Joannis Morinorum Episcopi* († 1130) von *Joannes de Colomedio*, abgedruckt bei Bouquet, Scriptores XIV, 240, anzuführen. Dieselbe lautet: *mos namque est ditioribus quibusque regionis hujus hominibus et nobilioribus eo quod maxime inimicitiis vacare soleant exercendis et cædibus, ut ab hostibus eo modo maneant tutiores, et potentia majore vel vincant pares, vel premant inferiores terrae, aggerem, quantae praevalent celsitudinis congerere eique fossam quam late patentem multamque profunditatis altitudinem habentem circumfodere et supremam ejusdem aggeris crepidinem vallo ex lignis tabulatis firmissime compacto undique vice muri circummunire, turribusque, secundum quod possibile fuerit, per gyrum dispositis, intra vallum domum vel, quae cuncta despiciat, arcem in medio aedificare, ita videlicet, ut porta, introitus ipsius villae nonnisi per pontem valeat adiri, qui ab exteriori labro fossae primum exoriens, est in processu paulatim elevatus colummisque binis vel etiam trinis altrinsecus per congrua spatia suffixis innixus, eo ascendendi moderamine per transversum fossae consurgit, ut supremam aggeris superficiem coaequando, oram extremi marginis ejus et in ea parte limen, prima fronte contingat.*

Krieg v. Hochfelden a. O. und nach ihm ebenso u. a. Jähns (Gesch. d. Kriegsw. S. 601) geben nun diese Stelle deutsch dahin wieder, dass die Adligen einen möglichst hohen Erdhügel aufwerfen — Köhler schreibt (Entw. d. Kriegsw. S. 364) statt dessen „Spitzwall" und in einer Anm. „*motte*" —, ihn an seinem Fusse mit einem Graben umschliessen und an seinem inneren Rande — Köhler: auf der oberen Kante des Hügels — eine Palisadenwand errichten, in der Mitte dieses Umzuges oben auf dem Hügel aber ein Haus oder eine Burg (Turm) erbauen. Nun bedeutet aber *agger* bekanntlich (vgl. z. B. Georges, Lat. Lex.) Damm, Schanze, Schutzwall (ursprünglich das Material zu solchen) und kann nur poetisch auch für eine andere Erhöhung, etwa einen Hügel gebraucht werden, *vallum* aber bedeutet zunächst, wie auch mit deutlichen Worten hier, „die Gesamtmasse der Palisaden, die um das Lager auf dem Schanzwalle eingeschlagen wurden", und *intra vallum . . in medio* kann unmöglich heissen „oben auf dem Hügel". Sonach handelt es sich nach dem völlig klaren lateinischen Text bei dieser Anlage lediglich um einen Ringgraben, dessen Auswurf zur Aufschüttung eines mit Palisaden bekrönten Ringwalles benutzt ist, während in der Mitte dieses Palisadenzaunes die wohl turmförmige Wohnung *(domus vel arx)* errichtet war. Dass der Raum dieses inneren Beringes über dem Niveau ausserhalb des Grabens irgendwie erhöht war, ist mit keinem Worte angedeutet, und die ganze nur von einer Ringwallburg handelnde Beschreibung hat daher mit den *châteaux à motte* nichts zu tun. v. Essenwein übersetzt (Kriegsbaukunst S. 46) *agger* richtig mit Wall und *vallum* mit (Palisaden-) Zaun, und er führt daher die Stelle bei Besprechung der *motae* auch nur als Beschreibung eines mit Holz ausgebauten Erdwerkes an[2]).

Uebrigens spricht für meine Auffassung der vielbehandelten Angaben des Colomedio auch noch eine wesentlich ältere Quelle. In einem arabischen Reisebericht des Ibrahîm ibn

[1]) v. Boenigk, Ueber ostpreussische Burgwälle, Königsb. 1880. Vgl. auch Töppen in Altpreuss. Monatsschr. 1876, 13, 147.

[2]) Köhler a. O. übersetzt freilich *arx* ohne weiteres mit „steinerner Turm", meiner Ansicht nach wenig konsequent, da es sich hier um eine Burg (Merchem in Flandern) des 11. Jahrh. handelt, nach S. 404 seines Buches aber der „Berchfrit" der Burg Frechem 1320 noch ein hölzerner Turm gewesen sein soll.

Jakûb (Abraham Jakobsohn) um 965 (Koresp.-Bl. d. Gesamtvereins 1891, S. 9) heisst es: „Wili-Grâd" (das heutige Dorf Mecklenburg) „ist an einem Süsswassersee, wie die meisten Burgen der Slawen, erbaut. Wenn sie nämlich eine Burg errichten wollen, so suchen sie ein Bruchland aus, das reich an Wasser und Schilfmorast ist, und stecken da einen runden oder viereckigen Platz ab nach der Gestalt und dem Umfang, den sie der Burg geben wollen. Dann heben sie einen Graben aus und häufen die ausgegrabene Erde auf. Mit Planken und Balken wird diese Erde so fest gestampft, bis sie die Festigkeit einer Lehmmauer erhält. Wenn der Wall bis zur gewünschten Höhe aufgeführt ist, wird in den Rand, wo man es begehrt, ein Tor angebracht und von diesem eine hölzerne Brücke über das Wasser gebaut." — Auch hier handelt es sich also um einen „Wall", der einen „Rand" bildet und als eine „Mauer" dient.

Die Anhänger der châteaux à motte berufen sich auch wohl auf die Wiedergabe einer Burg (Fig. **44**) auf der berühmten „Tapete von Bayeux", einer grossen Leinwandstickerei des 11. Jahrh., welche die Eroberung Englands durch Wilhelm den Eroberer darstellt und schon danach für uns nicht massgebend sein kann.

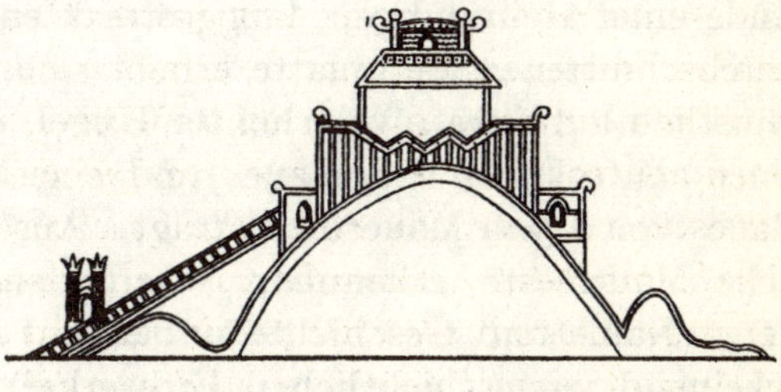

Fig. 44 Burg auf der Tapete von Bayeux

Unter den so mannigfaltigen Arten und Formen deutscher Burgen kommt freilich auch diesen Aehnliches vor, so u. a. ein Beispiel (Fig. **45**), nur unter dem bezeichnenden Namen die Marodei auch Maledei bekannt, in Mecklenburg-Strelitz beim Pachthofe Schlicht nördl. Feldberg. Auf ebenem Felde ist hier an einen Teich *(b)* anstossend ein tiefer Ringgraben gezogen, mit dessen Auswurf innerhalb desselben ein abgeplatteter Hügel unbedeutenden Umfangs aufgetragen wurde. Auf demselben und zwar in der Mitte steht nur ein turmartiger Bau *(a)* von 4,50 zu 8,20 m innerer Weite, der, beiläufig bemerkt, das Eigentümliche zeigt, dass die beiden Wände der Schmalseiten ganz gleichförmig in etwas geringerer Stärke aber in ihrer vollen Höhe um 1,20 m über die Ecken des Rechtecks fortgeführt sind, offensichtlich ohne dass sich hier anderweitiges Bauwerk angeschlossen hätte. Die Mauern sind in verschiedener Stärke von 1,10 bis 1,80 m aus unbehauenen Findlingen, wie solche die Feldmark in ungewöhnlicher Menge bietet, aufgeführt und zeigen, bis zu etwa 5 m Höhe erhalten, keine andere Oeffnung, als auf der fast ganz zerstörten Südostseite, die Steinstufen zu einem Eingange. Der enge Innenraum des Baues scheint noch einen Brunnen enthalten zu haben. Von einer Ringmauer ist keine Spur erkennbar. Anscheinend konnte der Ringgraben mit Wasser gefüllt werden, und schloss sich ein gleichfalls von Gräben umgebener Vorhof (*c*) an den Burgkern an. Da die Slawen derartige Mauerbauten nicht kannten und das Land erst nach 1160 germanisiert wurde, wird dieser geschichtlich nicht bekannte Wehrbau frühestens in die Zeit um 1200 zu setzen sein. Es ist das aber eine Zeit, in welcher — nach dem Eindringen der Normannen und selbst nach den ersten Kreuzzügen — man in Frankreich nicht mehr an die primitiven *Châteaux à motte* dachte[1]), und selbst Deutschland schon seit etwa einem Jahrhundert ganz

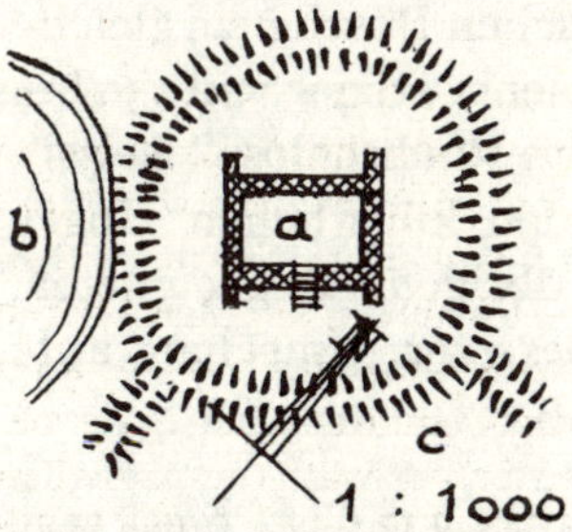

Fig. 45 Die Marodei

[1]) Der Bau derselben in Frankreich und England wird in das 10. und 11. Jahrh. gesetzt.

anders entwickelte Burgbauten hatte. Von einem aus geschichtlicher Entwicklung sich ergebenden Zusammenhange dieser Anlage mit jenen französischen kann daher nicht wohl die Rede sein. Vermutlich ist zu diesem Bau eine ältere wendische Anlage benutzt worden, und wenn es deren mancher Orten noch ähnliche gibt, so wird man es dabei im Grunde zumeist nur mit einer kleinen Art von Wasserburgen zu tun haben, bei welchen letzteren ja auch oft genug der Auswurf des Ringgrabens zur Erhöhung des von ihm umschlossenen Burgterrains benutzt wurde[1]).

Um eine Höhenburg dieser Art handelt es sich allem Anscheine nach bei der „Schlössel"-Ruine bei Klingenmünster (Rheinpfalz). An dem Ende einer steilrandigen, langgestreckten, in der Mitte von einem breiten Graben durchschnittenen Bergplatte erhebt sich, von einem Graben umgeben, ein gewiss künstlich auf etwa 9 m erhöhter Hügel, dessen 13,5 m weite Oberfläche die Reste einer achteckigen Ringmauer und eines viereckigen wohl turmförmig gewesenen Baues von 2,5 m Mauerdicke trägt. Ausserhalb dieses Kernwerkes sind noch spärliche Mauerreste erkennbar. Gefundenen Skulpturstücken nach war die Burg, deren Name und Geschichte unbekannt sind, ein romanischer Bau auf einem anscheinend vorgeschichtlichen Erdwerke[2]).

Als hierher gehörende Beispiele mögen noch folgende erwähnt werden. Bei dem Dorfe Althegnenberg (Bahnstation München—Augsburg) war ein künstlicher, von einem Graben umgebener Hügel, 20' hoch und oben 80 Schritte im Umfang messend, nach Akten von 1679 „der Burgstall, allwo vorzeiten das Schloss gestanden". Dreiviertel Stunden von Gröna in Anhalt liegt im Pfuhlschen Busche ein gleichfalls künstlicher und von einem Graben umgebener, überwachsener Hügel von 150 bis 200 Schritten im Umfange, der „die Pfuhlsche Burg", „das alte Raubschloss" heisst.

Von dem zum Reduit, oder festen Wohnsitz dienenden künstlichen Hügel sind die in, neben und auf alten Umwallungen nicht selten, übrigens an geeigneten Stellen auch ganz abgesondert vorkommenden, zwecks besserer Umschau aufgeworfenen Wart- oder Spähhügel zu unterscheiden[3]).

---

[1]) Vgl. die ca. 6 Meilen östl. in der Prov. Brandenburg bei Schmöllen gelegene Ruine (s. Burgenlexikon). Zahlreiche „Burstel" genannte Anlagen dieser Art, jedoch von mehr oder weniger regelmässiger viereckiger Form, gibt es z. B. in dem württemb. Oberamt Ellwangen entweder auf Anhöhen oder an einem Wasserlaufe. Ueber ihren (vorgeschichtlichen, römischen oder mittelalterlichen) Ursprung sind die Meinungen geteilt. (Kunst- u. Altertumsdenkm. in Württemb. 1900, S. 90.)

[2]) Dr. Mehlis, der die Ruine mit Unterstützung der Bayer. Akademie der Wissensch. zum Teil ausgegraben hat, hat sich viel bemüht (u. a. in der Schrift Walahstede, Kaiserslautern 1901), daraus die sensationelle Entdeckung einer „Merowingischen Pfalz Walahstede", wahrscheinlich sogar einer Residenz König Dagoberts (!) zu machen. Auf erfahrenen mehrfachen Widerspruch (u. a. mein Aufsatz in d. Beil. d. Allg. Ztg. 1901, Nr. 210) scheint er (Mehlis, Von d. Burgen d. Pfalz, 1902, S. 25 ff.) das doch nicht mehr aufrechterhalten zu wollen.

[3]) Solche werden u. a. von A. v. Oppermann, Atlas vorgesch. Bef. in Niedersachsen, mehrfach erwähnt. Bei Penzlin (Mecklenb.) findet sich ein solcher auf einem breiten halbmondförmigen Abschnittswalle.

Viertes Kapitel.

Aelteste Burganlagen.
Entwicklung des Holz- und Mauerbaues im Mittelalter.

(Allmähliches Vergessen der römischen Mauerkunst. Die Burg des Nicetius. Benutzung römischer Bauten. Die Burg zu Egisheim. Merowingische Bauten. Die Salzburg in Franken. Wiederaufleben der Baukunst unter den Karolingern. Mauertechnik. Anfang des Burgenbaues. Holz- und Steinbau. Der „Söller". Altersbestimmung nach der Mauertechnik. Ziegelbau. Durchschuss. Buckelquader. Mauerzange. Bauten auf Felsen. Hölzerne Binder und Rüstriegel. Verzahnung. Verstärkung der Mauern. Verputz.)

Auf dem linksrheinischen Gebiete scheint nach Vertreibung der Römer die von denselben überlieferte Kunst des Steinbaues sich noch wenigstens ein Jahrhundert lang einigermassen erhalten zu haben. Dem Bischof Nicetius zu Trier (527—566) wird nicht nur die erste Wiederherstellung der dortigen Kirchen zugeschrieben, sondern wir wissen auch aus des Venantius Fortunatus gleichzeitigem Gedicht *De castello Nicetii, episcopi Treverensis, super Mosellam*, dass derselbe an der Mosel eine grossartige Burg errichten liess[1]).

Aus des Dichters nach eigener Anschauung[2]) gegebener Beschreibung geht hervor, dass ein über die benachbarten Ufergestade sich erhebender, von der Mosel und dem Rhodanus umflossener Berg von einer Mauer mit 30 Türmen umgeben war. Zwei Mauern erstreckten ausserdem ihre „Arme" vom Gipfel bis zur Mosel hinab[3]). Das auf der Höhe erbaute um-

---

[1]) Aus einer Reihe hier nicht zu erörternder Gründe bin ich (mit Hontheim und v. Stromberg) überzeugt, dass die Burg des Nicetius auf der Anhöhe über Niederemmel stand, während Brower und Krieg v. H. dieselbe an der Stelle der Ruine Bischofstein (wo u. a. gar kein Nebenfluss der Mosel vorhanden ist, vgl. unten), andere sie gar in der ¾ Stunden vom Strome entfernt in einem Seitentale liegenden Ehrenburg suchen.

Es mag hier nicht unerwähnt bleiben, dass in den Kunst- u. Altertumsdenkm. Württemb., Neckarkreis, eingehend nachgewiesen wird, dass schon Theoderich der Grosse († 526) bei uns im Hohenneuffen eine grossartige Burg erbauen liess. Besonders die Batterietürme — in Wirklichkeit Dürersche „pasteien" aus dem 16. Jahrh. — sollen das unzweifelhaft machen. Vgl. meine Entgegnung besonders in Blätter d. Albvereins 1898, Nr. 8. Beiläufig bemerkt, haben nach neuerer Feststellung auch die „Theoderichspaläste" über Terracina (ein Venustempel), in Ravenna und auch wohl der bei Verona mit dem Genannten nichts zu tun, während andere ihm dort und in Trient zugeschriebene Bauten als solche immerhin nicht mehr zu beweisen sind.

[2]) Aus seinem Gedichte *De navigio suo* wissen wir, dass Venantius die Mosel selbst bereist hat.

[3]) In dem Gedichte heisst es V. 21: *Turribus incinxit ter denis undique collem*, und V. 27: *Complacuit latum muro concludere campum.* Ich glaube, diese beiden getrennten Verse vereinigen und so verstehen zu sollen, wie im Text angegeben.

fängliche Wohngebäude, dreistöckig und auf marmornen Säulen ruhend, „konnte fast allein als ein Kastell gelten". Auf einer nahe gegenüberliegenden Anhöhe stand ein Turm, eine Kapelle und zugleich Waffen, besonders eine Doppelballiste enthaltend.

In bezug auf den dreistöckigen, auf Marmorsäulen ruhenden Palas — derselbe wird als *aula*, gleich darauf aber nur als *casa* bezeichnet —, sowie auf die verhältnismässig hohe Zahl von 30 Türmen werden wir wohl (ähnlich wie bei mancher Burgbeschreibung unserer Minnesänger) dichterische Uebertreibung annehmen dürfen. Bezüglich des zuletzt erwähnten Turmes und besonders seiner Stellung zur Burg gibt die Beschreibung des Dichters[1]) nur ein unklares Bild. Nordhoff (Holz- und Steinbau S. 15) sieht darin „am Zugange zur Burg einen Verteidigungsturm mit einem Oratorium, dem ältesten Beispiele einer Schlosskapelle". Wir werden uns darunter also auf naher Anhöhe einen grossen Turm zu denken haben, der zur weiteren Umschau, als von der Burg aus möglich, und zugleich zur Verteidigung — und zwar des Zuganges zur Burg — diente. Solche vorgeschobenen Turmwarten kommen aber bei unseren späteren Burgen gleichfalls vor, wie auch, wenn der der Nicetiusburg zugleich eine Kapelle enthielt, in späterer Zeit die Burgkapelle nicht selten ausserhalb der Ringmauer lag.

In dem schon erwähnten Gedichte *De navigio suo* lesen wir dann weiter (vers. 63 und 72) von einem in *arce Antonnavensis castelli sedens rex*. Es war König Siegbert I. († 576), der in dem Präfektensitz des von Julian neu befestigten Kastells Andernach, einem im Mittelalter öfter erwähnten fränkischen Königshofe, residierte[2]).

Es entsprach dies nur der in fränkischer Zeit auch sonst sich zeigenden Gewohnheit[3]). So war, wenn wir uns auf das deutsche Gebiet beschränken, Metz, das *Divodurum Mediomatricorum*, seit 512 der eigentliche Königssitz des Austrasischen Reiches[4]), und in der Feste Coblenz, *Confluentis castrum*, wohnte 585 ein Neffe König Gunthrams[5]). König Childebert II. († 596) bewohnte in Strassburg die römische Burg[6]) und baute in Kirchheim auf den Trümmern eines Römerkastells eine Pfalz, die, 83 m breit und 105 m lang, von Gräben umgeben war, und noch im 12. Jahrhundert baulich verändert wurde[7]). In Trier richteten sich fränkische Grafen in der Constantinischen „Basilika" ein, die dann noch 6 Jahrhunderte lang als feste Burg diente.

In Gregor v. Tours bis 591 fortgeführter Geschichte der Franken spielt die Belagerung von festen Plätzen mehrfach ihre Rolle, und so befahl König Chilperich seinen Herzogen und Grafen, die Mauern der Städte instand setzen zu lassen[8]). Wie wohlbefestigt sie solche zum Teil von den Römern überkommen hatten, ersehen wir aus der Feste Dijon *(castrum Divionense)*[9]),

---

[1]) V. 33—35: *Turris ab adverso quae constitit obvia clivo Sanctorum locus est, arma tenenda viris. Illic est etiam gemino ballista volatu.*

[2]) Vgl. Ed. Böckings Kommentar, Bonner Jahrb. VII, 116.

[3]) Die fränkischen Könige reservierten sich die grössten und bestgelegenen, namentlich durch Weinkultur oder grosse Waldungen ausgezeichneten römischen Stationsorte im Rhein- und Moseltal als königl. Kammergüter *(fisci regii, villae regales)*. Eltester in Bonner Jahrb. L, 66.

[4]) Vgl. Schmidt, Hinterl. Forschungen. Bonner Jahrb. XXXI, S. 23.

[5]) Gregor v. Tours Fränk. Gesch. ib. VIII., cap. 13.

[6]) Krieg v. H., Milit.-Arch., 182, Anm. 2.

[7]) Nach Dr. Plaths Ausgrabung. Wolff, Elsäss. Burgenlexikon (1908) S. 186.

[8]) A. O. lib. 6 cap. 41.

[9]) Wenn Giesebrecht in seiner sonst trefflichen Uebersetzung (Berlin 1851) — ebenso Krieg v. H. a. O. S. 183 — castrum regelmässig durch „Burg" wiedergibt, so entspricht das insofern jedenfalls nicht unserem Sprachgebrauche, als es sich bei Gregor dabei um umfängliche volkreiche Ortschaften handelte.

welche Mauern von 30' Höhe und 15' Stärke, bis zur Höhe von 20' aus Quadersteinen errichtet, und 33 Türme hatte, während „ein Fluss (Luzon) die gesamten Befestigungen umströmte“.

Wie die Franken sich so die festen Römerbauten zunutze machten, ist es andrerseits eine durch Funde hinlänglich nachgewiesene und bekannte Tatsache, dass diese wie die Alemannen nach Vertreibung der Römer auch nicht wenige ihrer mehr oder weniger zerstörten Villen für sich wieder als bevorzugte Wohnplätze einrichteten[1]). Dass die wichtigeren derselben auch entsprechend — wenn auch nur mit Palisaden oder mit einem starken Hag — befestigt wurden, versteht sich für jene Zeiten wohl von selbst[2]). Hie und da mochten sie auch nur die Umfassungsmauern wieder herzustellen haben, durch welche bekanntermassen schon die Römer ihre Villen nicht nur gegen Diebe, sondern auch gegen feindliche Ueberfälle zu sichern liebten[3]).

Als Musterbeispiel dafür, „wie die merowingischen Grossen sich auf den römischen Trümmern einzurichten wussten“, gilt Krieg v. Hochfelden (Milit.-Arch. S. 184) und denen, die ihm nachgeschrieben haben, die Burg inmitten des elsässischen Städtchens Egisheim, bestehend aus einem gegen 1800 abgebrochenen Turm mit einer ca. 9 m hohen Ringmauer, beides acht- (nicht, wie Krieg v. Hochfelden angibt, sechs-) eckig und vormals einem Ringgraben. Der Genannte erklärt den 5—6 m hohen unteren Teil dieser Ringmauer seines regelmässigen Grundrisses und sorgfältigen Aufführung in Bossenquadern wegen für römisch, den höheren Bruchsteinbau für eine Arbeit, die um 720 Eberhard aus dem Geschlechte der Etichonen habe ausführen lassen[4]). — Für diese Geschichte des Baues lässt sich jedoch selbst ein Wahrscheinlichkeitsbeweis nicht führen. Speziell gegen die Annahme römischen Ursprungs sprechen (von der Bossenquaderfrage abgesehen) die Umstände, dass wohl nirgend ein ähnlicher Römerbau — das regelmässige, einen kongruenten Turm umschliessende Polygon — bekannt, und dass auch keinerlei Römerfunde in oder bei diesem Platze gemacht worden sind. Man weiss nur, dass nach dem Aussterben des nach dem Orte benannten Etichonischen Grafengeschlechtes 1144 der Besitz an die Grafen von Dagsburg übergegangen ist, und wir haben gar keinen Anlass, hier etwas anderes anzunehmen als eine kleine, in dem alten Orte in romanischer Zeit erbaute Burg des Grundherrn, dessen ursprünglicher Palas noch in den Fundamenten nachzuweisen ist[5]).

---

[1]) Beispielsweise wurde 1887 in Thirimont bei Beaumont in Belgien eine grosse römische Villa aufgedeckt, in welcher sich Menschengebeine mit Beigaben aus dem 8. Jahrh. fanden.

[2]) Vgl. Jähns, Kriegsw., S. 596 und die dort Angeführten.

[3]) Vgl. Mitteil. d. antiquar. Gesellsch. Zürich XV, 106, und v. Cohausen, Grenzwall. Nachtrag S. 5. In desselben Grenzwall S. 73 wird ein römisches Gehöft erwähnt, das „selbst eine Art Warte oder Bergfried besass, welcher (8 zu 9 m weit) aus einem eingangslosen Unterstock und höher aufgeführten Fachwerkgeschossen mit hochliegendem Eingang bestanden haben mag.“

[4]) v. Essenwein (Kriegsbauk. S. 52) findet in der Anlage eine sehr merkwürdige monumentale Mota. „An Stelle dieser Steinburg stand ehemals ein Wall mit Palisaden und hölzernem Blockhaus in der Mitte, das der Herr oder, vielleicht richtiger ausgedrückt, der Befehlshaber der kleinen Burg bewohnte, während im inneren Hofe Baracken für die Besatzung (?) und deren Pferde errichtet worden sein mögen. Wann der Umbau erfolgte, ist also nicht sehr bedeutungsvoll. Als der Turm an Stelle des Blockhauses getreten, an Stelle des Walles die hohe Mauer, mögen, an letztere angelehnt, hölzerne Gebäude rings im Kreise herum gestanden haben, so dass nur eben ein schmaler Streifen Hofes rings um den Turm frei blieb.“ — Schon das regelmässige Vieleck — hier bei dem ebenen und trockenen Gelände beliebt und ausführbar — spricht gegen die Entstehung aus einem alten Erdwalle.

[5]) Wolff, Elsäss. Burgenlexikon (1908) S. 53, wo auch die weitere sehr reichhaltige Literatur angegeben ist.

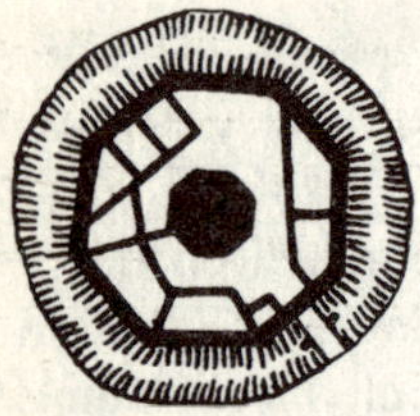

Fig. 47 Burg zu Egisheim

Die erst spät nach dem beigefügten Grundriss aus 1790 (Fig. 47 im Massstab 1 : 500) innen angebauten Wohnungen sind jetzt beseitigt. Im Hofe der jetzt dem Bistum Strassburg gehörenden Burg ist eine neue Kapelle erbaut worden.

Die von Krieg v. Hochfelden a. O. gleichfalls als ständiger Wohnsitz eines fränkischen Grossen genannte „Burg der Etichonen auf dem Ottilienberge" kommt lediglich in der nachweislich viel später entstandenen und unbegründeten Legende von der Entstehung des dortigen Klosters vor.

Wenn auch unter den Merowingern in beschränktem Masse die Kunst des Mauerbaues — besonders bei Kirchen- und Klosterbauten auf dem Boden Frankreichs — weiter ausgeübt worden ist, so sind zu der Zeit selbständige, zumal steinerne Wehrbauten von irgendwelchem Belang in ihrem Reiche kaum errichtet worden[1]).

Der Volksglaube kommt freilich den Liebhabern merowingischer wehrhafter Mauerbauten zu Hilfe. So bringt man in Frankreich mit dem Namen der gewaltigen und bösen Königin Brunhilde († 613) als der Erbauerin verschiedene alte Türme in Beziehung[2]), und wie dort diese „*tours de Brunehaut*", so hat man bei uns z. B. den „Dagobertsturm" der alten Meersburg am Bodensee, dessen Erbauung eine auf ebenso schwachen Füssen stehende Ueberlieferung Dagobert I., König von Austrasien und Neustrien (622—638), zuschreibt. In der Zimmerischen Chronik I, 245, heisst es sogar: „*Von diesem Dagoberto sollen die schlösser Dagxpurg, Dachstein und Dachstul iren namen bekommen haben, insonderhait aber die mechtigen und fürnemen grafen von Daxspurg . . . entsprungen sein.* Auf der Burg Mürlenbach in der Eifel soll schon im 7. Jahrhundert Bertrada gewohnt haben, welche mit ihrem Sohne Charibert das Kloster Prüm stiftete[3]). Karlsburg am Main gehörte schon zu den Königsgütern, mit welchen das 741 gegründete Bistum Würzburg dotiert wurde. Ueber „Walahstede" des Dr. Mehlis siehe S. 118.

Auch noch vorhandene nicht unbeträchtliche Mauerreste eines ursprünglichen merowingischen Burgbaues glauben Krieg v. Hochfelden (Milit.-Arch. 187 ff.) und seine Nachfolger nachweisen zu können, und zwar in der Ruine Salzburg bei Neustadt an der fränkischen Saale.

Ueber die vorkarolingische Geschichte der Burg heisst es da: „Wahrscheinlich unter Karl Martell zur Feste erhoben, sah die Salzburg in den Jahren 741, 742 zwei Synoden des hl. Bonifazius; hier feierte im Jahre 768 nach seinem aquitanischen Feldzug König Pipin das Osterfest." Jene Wahrscheinlichkeit ist aber durch nichts zu begründen[4]) und die Abhaltung der Synoden an diesem Orte unerweislich, während das castrum Sellus, in welchem Pipin 768 das Osterfest beging, vielmehr das heutige Selles im Departement Loire et Cher ist.

Liegt also hiernach auch nicht einmal ein Wahrscheinlichkeitsnachweis vor, dass die Salzburg schon zu merowingischer Zeit ein befestigter Königshof war, so ist der vermeintliche Nachweis noch aus jener, wenigstens aber karolingischer Zeit stammender Mauerreste ein zweifellos völlig verfehlter. Auf Grund

[1]) Was von solchen Krieg v. H. (a. O. S. 181 ff.) und Näher (Deutsche Burg S. 14) allgemeinen Inhalts anzugeben wissen, ist ganz unbeachtlich. Dass die Porta nigra in Trier kein merowingischer Bau (wie in Mothes, Baulexikon III, 391 angegeben wird) sondern ein römischer ist, steht hinlänglich fest.

[2]) Mit Anführung der Gewährsmänner aufgezählt bei Jähns a. O. S. 595.

[3]) G. Bärsch zu Schannat, Eiflia illustrata 1825, I, 2, S. 893 ff.

[4]) Näheres bei Dr. Reininger, Die Kaiserburg Salzburg. (Würzburg 1879).

von Behauptungen, die gar nicht der Wirklichkeit entsprechen, wird ebenso willkürlich angenommen, dass der untere Teil der Ringmauer auf der Angriffsfront dahin gehöre, und ebenso sollen von dem „alten Palastbau" noch in der abgestumpften Südwestspitze die Keller und Fundamente erhalten sein, während keinerlei Grund vorliegt, aus welchem dieselben nicht ursprünglich dem darüberstehenden, in seinen Ringmauern noch erhaltenen Wohngebäude der Voite von Salzburg (mit den Resten eines gewiss nicht karolingischen Kamines) angehören sollten[1]).

Auch die uns mehrfach überlieferten Nachrichten über die Oertlichkeit des von Karl dem Grossen wiederholt besuchten *Palatium Saltz, Salt, Salce* sind mit derjenigen der Salzburg nicht wohl vereinbar[2]), und wenn überhaupt die alten Königspfalzen nicht wie diese auf Bergen angelegt zu werden pflegten, so werden denn auch mit mehr oder weniger Wahrscheinlichkeit an ihrer Stelle als Orte der hier gesuchten ausserdem (dem Ursprung der Saale wesentlich näher liegenden) Königshofen[3]), ein unweit gelegener Ort Saal[4]), eine Insel zwischen der Salzburg und Neustadt[5]), oder auch eine solche bei dem Dorfe Salz unterhalb Neustadt[6]) vermutet.

Einen nichtburglichen merowingischen Bau im Deutschen Reiche glaubt Prof. X. Kraus nachweisen zu können. Nach Kunst und Altert. in Elsass-Lothr. III, S. 431 zeigt ein Mauerrest von St. Pierre en Citadelle „die wechselnden Ziegel- und Steinschichten des merowingischen Zeitalters mit der charakteristischen kreuzweisen Strichelung . . . Das Mauerwerk ist entschieden (!) als merowingisch zu bezeichnen und zählt als solches zu den allerältesten Resten frühmittelalterlicher Architektur, die auf deutschem Boden erhalten sind. Eine grosse Aehnlichkeit hat der Bau in seiner technischen Beschaffenheit mit dem alten, wahrscheinlich auch der merowingisch-karolingischen Zeit angehörenden Turm in der Dietrichstrasse zu Trier." — Ich halte auch diesen Nachweis für nichts weniger als „entschieden". Kraus bemerkt a. O. S. 430 selbst, dass die älteste sichere Erwähnung des Klosters St. Pierre en C. die Bestätigungsurkunde Kaiser Ottos v. J. 960 ist, über den angeführten Trierer Bau aber siehe zu Fig. 48.

Die Karolinger, zunächst nur als tatsächliche Beherrscher des Frankenreiches, treten seit dem ersten Hausmeier dieses Geschlechtes, Pipin von Landen (622—639), mehr und mehr in den Vordergrund. Ihr Königtum beginnt bekanntlich 752 mit Pipin dem Kleinen, um 911 mit Ludwig dem Kinde in der deutschen Linie zu erlöschen. Während der Schwerpunkt des merowingischen Frankenreiches westlich des Rheines lag, war zur Zeit des Teilungsvertrages von Verdun 843 durch Kriege mit den Sachsen, Thüringern und Alemannen die östliche Reichsgrenze wieder etwa bis zu dem alten römischen Grenzwall, im Norden Deutschlands bis an die Elbe vorgeschoben.

In diese karolingische Zeit fällt die Wiedererweckung der Baukunst auf deutschem Boden und zugleich der Anfang unserer Burgbauten im engeren Sinne.

Von dem bedeutendsten Vertreter dieses Herrschergeschlechtes, Karl dem Grossen, wissen wir durch unverdächtige gleichzeitige Aufzeichnungen, dass er

---

[1]) Beschreibung und Grundriss der auch sonst in mehrfacher Beziehung interessanten Burganlage siehe im 22. Kap.

[2]) Ueber alles vorstehend Berührte nähere Ausführung in 1. Aufl. S. 134 ff.

[3]) Fischer u. Kohl, Annalen d. fränkischen Reiches (1885, S. 115), unter Berufung auf andere.

[4]) Ideler, Komment. zu Einhards Leben Karls d. Gr. 1839, II. S. 261.

[5]) Eckhart, Gründl. Nachrichten über die Salzburg, S. 27.

[6]) Ebhardt, Deutsche Burgen 1901, S. 91.

durch Neubauten von Kirchen und Palästen besonders den selbständigen kunstmässigen Steinbau wieder ins Leben rief. Bezeichnend jedoch für die damaligen Zustände, den völligen Niedergang des Bauhandwerks seit etwa zwei Jahrhunderten, ist es, dass er für den Bau besonders des Aachener Münsters Arbeiter „aus allen Teilen des Abendlandes", in welchen die Ueberlieferung römischer Kunst noch einigermassen erhalten war, und ebenso aus Italien schon bearbeitete Bauglieder und plastische Werke kommen lassen musste. Als selbst sachverständiger Bauherr wirkte neben Karl dem Grossen besonders dessen Biograph Einhard (Eginhard), der besonders auf seinen Domänen im Odenwald, zu Michelstadt und Seligenstadt, Kirchen errichtete, deren Reste noch erhalten sind. Das Mauerwerk zeigt zum Teil flache Ziegel mit breiten Mörtelfugen, in denen der Mörtel mit Ziegelmehl angemacht ist[1]), sowie Profilierungen der Pfeilerkämpfer und Basen nach der Antike. So zeigen uns diese Bauten, dass bei diesem Wiederanfange des Steinbaues unmittelbar die römischen Beispiele und Lehren massgebend waren.

Wenn man gewissen Schriftstellern aufs Wort glauben dürfte, wären uns aus Karls des Grossen Zeit sogar zahlreiche feste Steintürme erhalten. Nach Einhards Vita Carol. Magn. c. 17 liess der genannte Herrscher u. a. Wachttürme und Schanzen gegen die Normannen und Sarazenen an den Mündungen der Flüsse errichten. Unter Berufung auf Blesson, Grosse Befestigungskunst II, 59, lesen wir nun u. a. bei Jähns a. O. S. 599, dass diese Warttürme in den Niederlanden und im nordwestlichen Deutschland besonders häufig vorkommen und fast die einzigen Ueberbleibsel massiver Bauten aus dieser Zeit sind. Eine genaue Beschreibung lehrt uns, dass diese Türme bald viereckig, bald rund, im unteren Teile fast massiv waren, schon Treppen in der Mauerdicke und Maschikulis (!) hatten usw. Wo aber nur einer dieser angeblich noch zahlreich vorhandenen Türme zu finden sei, wird nirgend angegeben. Glücklicherweise lesen wir in Ann. Lauriss. A. 789 noch ausdrücklich, dass die Kastelle, welche Karl d. Gr. in diesem Jahre (789) zum Schutz einer Elbbrücke anlegte, *ex ligno et terra* hergestellt waren[2]), und so werden wir gut tun, auch nach jenen massiven Warttürmen nicht weiter zu suchen; sie sind nie vorhanden gewesen.

Auch die karolingischen Pfalzen waren durchaus der Regel nach keine Festen, sondern friedliche Wohnungen in ebener, bequem zugänglicher Lage[3]). Zu den seltenen Ausnahmen gehörte die auf Grundlage eines römischen Kastells errichtete Pfalz von Nimwegen (S. 68).

Während auf rechtsrheinischem Gebiet noch ziemlich zahlreiche karolingische Reste an kirchlichen Gebäuden aufgeführt werden[4]), stehen Profanbauten dagegen zurück. Aus unzulänglichen Gründen wird u. a. die Wasserburg Lauffen

---

[1]) „Also altrömische Tradition." Dohme, Gesch. der d. Baukunst 1887, S. 15.

[2]) So auch de Caumont, Abécéd. S. 308.

[3]) Ideler, Comment. zu Einhards Leben Karls des Grossen I, 249, führt 129 Pfalzen auf, deren sich Karl und seine unmittelbaren Nachfolger nachweislich bedient haben, fast alle in Deutschland und in der Ebene belegen. So stand auch die 839 zuerst urkundlich vorkommende Kaiserpfalz Bodman an der Ueberlinger Bucht des Bodensees nicht auf einer der beiden hohen Ufernasen, die später Burgen trugen, sondern am Fusse derselben am Seeufer. Ihre noch nachweisbaren Fundamente bestanden aus einer 3 m dicken Mauer von unbehauenen Waken und einer anderen halb so starken aus roh zugehauenen Bruchsteinen. Das Ganze war jedoch von einer Mauer und einem Zaune (Planken?) umgeben *(muro saepeque circumdata)*. (Vgl. Uhland in Pfeiffers Germania 1859; Kraus, Kunstdenkm. Badens I, 461; v. Bodman in Schriften d. Bodensee-vereins 1891.)

[4]) Solche an 19 Stellen führt Stephani (Wohnbau II, 280 Anm.) mit Angabe der Literatur auf. Eine volle Beweisführung wird da freilich immer schwierig sein.

am Neckar für eine fast wohlerhaltene karolingische Pfalz erklärt[1]) und der zwölfeckige „Flohturm" in Diedenhofen für einen ebenso alten Bau gehalten[2]).

Für eine Burg aus spätkarolingischer Zeit (gegen 900) gilt besonders auf Grund verschiedenartiger Funde die unlängst von Dr. K. Plath ausgegrabene Hünen- oder Frankenburg bei Rinteln. Die Höhenburg hat eine annähernd kreisrunde Ringmauer, die zugleich Aussenmauer für die an der Peripherie verteilten Palas, Berchfrit und Kapelle war[3].)

Bestimmte Kennzeichen einer Mauertechnik gerade der karolingischen Zeit lassen sich (mancherlei Behauptungen zuwider) schwerlich mit wohlbegründeter Sicherheit angeben. Wir haben da, auch im Beihalt der nachweislich dahin gehörigen Bauten, nur im allgemeinen bei der Aufführung von Mauern aus gewachsenem Stein eine gewisse Ungeschicklichkeit anzunehmen, welche dann bei weiterer Uebung mit der Zeit verschwand. —

Bezüglich der Frage nun, wann der Mauerbau unserer Burgen im engeren Sinne begonnen habe, steht es vor allem fest, dass noch sehr lange nach Karl dem Grossen Wallburgen und hölzerne Wehren und Gebäude errichtet und dass diese Anlagen nur sehr allmählich und in den verschiedenen Gegenden zu verschiedener Zeit durch gemauerte völlig verdrängt wurden.

Die Einzelforschung auf diesem Gebiet wird durch die Unzulänglichkeit alter Nachrichten sehr erschwert. Wenn eine in Resten noch vorhandene Steinburg

---

[1]) Paulus in Kunst-u. Altertumsdenkm. im Königr. Württemb. I, 80. Vgl. 1. Aufl.

[2]) Kraus, Kunst u. Altert. in Elsass-Lothr. III, 93, hält nicht daran fest.

[3]) Grundriss und Abbildung in Stephani, Wohnbau II, 419 f. Bei einem aus Funden hergeleiteten Schlusse auf die Erbauungszeit wird ja meistens — so bei den da besonders oft in Betracht kommenden Scherben — auch die Frage wesentlich sein, ob es denn feststehe, dass dieselben einer anderen (also etwa späteren) Zeit keinenfalls zugehören könnten. Einen Anhaltspunkt, wenn auch nicht in eben engen Grenzen, gewährt es ja, wenn hier noch nicht abgegriffene Münzen Heinrich IV. († 1106) über einer schon bis zum Fundament verfallenen Palasmauer gefunden wurden.

Nach brieflicher Mitteilung des Dr. Plath, der sich bekanntlich eine gründliche Erforschung merowingischer und karolingischer Profanbauten zur Aufgabe gemacht hat, können wir uns nach den Quellen (abweichend von der bisher herrschenden Meinung) jene Zeit nicht reich und prächtig genug denken, und wird ebenso auch die Baulust des Adels besonders der spätkarolingischen Zeit gerade für Burgen bezeugt und die Pracht derselben hervorgehoben. Eingehendere Veröffentlichung der Forschungsergebnisse des Genannten steht noch aus. An einer hinlänglichen Prüfung der vollen Zuverlässigkeit jener alten Quellen wird es ja voraussichtlich dabei nicht fehlen.

[Zu vorstehender (unverändert aus der vorigen Auflage übernommener) Ausführung, welche offenbar die angebliche Pracht der Burgen des karolingischen Adels in Zweifel zieht, schreibt (s. das Vorwort) Museumsdirektor Prof. Dr. Schuchhardt in einer Kritik des Buches (Zeitschr. d. Histor. Vereins f. Niedersachsen 1907, S. 86), sie zeige, wie ahnungslos ich dieser Periode gegenüberstehe, und er verweist in einer weiteren Erläuterung (S. 167) unter spöttischen Bemerkungen über mich darauf hin, dass „allein — die Denkmäler jener Zeit (San Vitale in Ravenna, Aachener Dom, Miniaturen Karls des Kahlen) von ihrer Pracht genug erzählen". Ich kann es freilich auch jetzt noch durchaus nicht für zulässig halten, von einigen wegen ihrer besonderen Pracht berühmten Hofkirchen und Miniaturen auf Goldgrund auf die Ausstattung der gleichzeitigen Burgen — von der „Periode" im allgemeinen gar nicht zu reden — zu schliessen. Dazu wurde noch das zunächst genannte San Vitale bekanntlich einige Jahrhunderte vor der hier in Rede stehenden karolingischen Zeit erbaut!]

auch frühzeitig urkundlich als ein „castrum" vorkommt, so kann dies castrum doch damals sehr wohl nur aus Trockenmauern, Erde und Holz bestanden haben, und selbst die Bezeichnungen *lapideus* und *murus* in bezug auf Befestigungen überhaupt können gleichfalls sehr wohl Trockenmauern aus Sammelsteinen event. mit Holzeinlagen bedeuten und sie tun das mit um so grösserer Wahrscheinlichkeit, je älter die Anlagen sind[1]).

Bezüglich des Anfanges des Burgenbaues in Deutschland wird gern behauptet — mit Unrecht, wie weiterhin gezeigt wird —, dass solcher Bau hiei „überhaupt erst im 10. und 11. Jahrh. zur Unterwerfung der Sachsen und zum Widerstand gegen die Normannen und Ungarn beginne"[2]). Wenn hiermit offenbar in erster Linie die betreffende Tätigkeit Kaiser Heinrichs I. (919—936) bezielt ist, so wissen wir aus Widukinds v. Corvey *Res gestae Saxon.*[3]), dass es sich dabei um befestigte Grenzstationen (hier urbes genannt) handelte, in denen ein acht ackerbauenden Kriegern vorgesetzter neunter seinen Wohnsitz hatte. Es ist, wie bemerkt, nicht gerechtfertigt, diese eigentümlichen, anscheinend altrömischer Einrichtung ähnlichen Militärstationen, von welchen wir so wenig wissen und schwerlich uns nachweislich noch etwas erhalten ist[4]), ähnlich wie sonst die *motte*[5]) als „den", das heisst den einzigen und bestimmten, Anfang unseres Burgbaues zu bezeichnen. Feste Plätze, die nach ihrer Lage und zum Teil selbst nach der Führung der wenn auch nur trockenen Mauerzüge ganz den späteren Ritterburgen glichen, hatte es schon lange vorher gegeben, vor allem aber auch schon früher solche, die, wie die späteren Burgen in erster Linie, die festen Einzelwohnsitze der Grossen waren[6]). Die Belagerung von Steinburgen der ersteren Art spielte schon in den Kämpfen Karls des Grossen mit den Sachsen eine grosse Rolle, und manche von ihnen ist (vgl. S. 112 f.) später zur Ritterburg weiter

---

[1]) Die Ruine der erst 1334 genannten oberen Erlinsburg an der Bern-Solothurner Grenze ist auf der allein zugänglichen Schmalseite durch eine 5 m hohe Trockenmauer von meterlangen Blöcken gesperrt. (Kunstdenkm. d. Kant. Solothurn S. 54.)

[2]) v. Cohausen, Bergfriede S. 46, und wörtlich ebenso v. Ritgen, Münzenberg S. 3.

[3]) Lib. I, cap. 35 *(Monum. Germ. hist. III) · Igitur Heinricus rex, accepta pace ab Ungariis ad novem annos, quanta prudentia vigilaverit in munienda patria et in expugnando barbaras nationes, supra nostram est virtutem edicere, licet omnimodis non oporteat taceri. Et primum quidem ex agrariis militibus nonum quemque eligens, in urbibus habitare fecit, ut caeteris confamiliaribus suis octo habitacula extrueret, frugum omnium tertiam partem exciperet servaretque; ceteri vero octo seminarent et meterent frugesque colligerent nono et suis eas locis reconderent. Concilia et omnes conventus atque convivia in urbibus voluit celebrari, in quibus exstruendis die noctuque operam dabant, quatinus in pace disserent, quid contra hostes in necessitate facere debuissent. Vilia aut nulla extra urbes fuere moenia.*

[4]) Vgl. den Hohen Schwarm, Kap. 7 und S. 113, Anm. 1.

[5]) Beides ist übrigens wohl schwer miteinander zu vereinen. Auch abgesehen von der Verschiedenheit von Zeit, Ort und Zweck liegt die Befestigung bei den *mottes* eben in dem Hügel, bei den Stationen Heinrichs I. in den starken Ringmauern *(„moenia")*.

[6]) Vgl. auch Lamprecht, Deutsche Geschichte (1893) III, S. 80 (Zeitraum des 10. bis 12. Jahrh.): „Ueber mehreren Fronhöfen alten Stils, namentlich in der Gegend wichtiger Vogteien, hatten sich schon vor alters Burgen zum Schutz der herrschaftlichen und hörigen Interessen erhoben." Schon Heinrich II (1002—1024) liess viele adelige, das Volk bedrückende Burgen zerstören. (Giesebrecht, Gesch. d. Kais. II.)

entwickelt worden[1]), feste burgliche Wohnsitze aber hatten nach den Stammesherzögen jedenfalls schon im 9. Jahrh. manche Gaugrafen. So gehörte beispielsweise in dieser Zeit Hohenasberg dem Glemsgaugrafen Gozbert, 806 wurde nach dem Chronicon Moissiacense *ad locum, qui vocatur Halla* eine Burg (wohl das „Schwarze Schloss", an dessen Stelle 1484 die Moritzburg kam) erbaut, und die Wasserburg Lauffen im Neckar wurde 832 von Ludwig dem Frommen dem Markgrafen Ernst übergeben. Am Ende des 9. Jahrh. gehörten den alemannischen Kammerboten Erchanger und Berthold die Burgen Hohentwiel, Diepoldsburg, Stammheim und Oferdingen[2]). Andere Wohnsitze der Grossen jedenfalls schon vor 900 waren Weilburg im Lahntal, Gleiberg bei Giessen (genannt 905) und Desenberg in Westfalen, die Karlsburg und die Wallburg am Main[3]), die Wasenburg im Wasgau werden als solche schon im 8. Jahrh., Mühlberg (drei Gleichen) 704 genannt, die Isenburg daselbst kommt als Wohnsitz schon im siebenten vor[4]). Diese alle sind zugleich Plätze in durchaus fester Lage, welche noch jetzt die Reste gemauerter Burgen aufweisen und daher mehr Anspruch darauf haben, als die Anfänge unseres Burgenbaues in Betracht zu kommen, als die späteren für die milites agrarii errichteten urbes Heinrich I.[5]). Freilich wenn die letzteren bereits mit starken Mauern umgeben waren — „*Vilia aut nulla extra urbes fuere moenia*" —, so dürfen wir bei jenen Wohnburgen den Mauerbau überhaupt keineswegs ohne weiteres annehmen. Wir sind hierbei, wie schon angedeutet, lediglich auf Vermutungen angewiesen, die sich auf vereinzelte uns aus verschiedenen Zeiten überkommene Nachrichten stützen.

Was die gegen die Normannen und Ungarn erbauten Burgen betrifft, so kommen bezüglich der ersteren für uns wohl nur einige Raubzüge im Rheingebiet am Ende des 9. Jahrh. in Betracht, welche Raubzüge dort zumal bei den vielfach noch erhaltenen römischen Ringmauern zur Gründung von Burgen kaum viel Anlass geboten haben dürften. Die Ungarn suchten in der ersten Hälfte des 10. Jahrh. besonders das südliche Deutschland heim. Wir wissen aus Ekkehard (Casus monasterii St. Galli), dass die Mönche von St. Gallen aus solchem Anlass teils in ihrer schon vorhandenen „wazzirburc" am Bodensee (dem heutigen Wasserburg), teils in einer eilig hergerichteten, im Walde versteckten Verschanzung Zu-

---

[1]) Angeblich hatten die Thüringer schon 531 die Burg Scheidungen mit Mauern und einer Vorburg. Vgl. Nordhoff a. O. S. 205: „nachweislich die älteste Steinfeste im Norden". Uebrigens versuchen besonders ältere Schriftsteller gern, ein verhältnismässig fabelhaftes Alter der von ihnen behandelten Burgen nachzuweisen.

[2]) Nach Ekkehard (Monum. Germ. hist. II, 105). „Onfridinga." Vgl. Anz. f. Schweiz. Gesch. 1877, S. 285 f. Nach anderen (Kunstdenkm. Badens I, 64) handelt es sich um Friedingen. Ueber das angeblich 811 erbaute Alt-Montfort s. meine Oesterr. Burgen I, S. 160.

[3]) Ueber letztere beide vgl. Bavaria IV, 1, 494 und 471.

[4]) Tradit. possessionesque Wizenburg ed. Zeus (Spir. 1842) Nr. 12 ann. 739 „*in foreste dominico fasenburgo*" und Monum. Germ. Dipl. Imp. Han. I, 142 ann. 630 „*datum in arce nostra Isenburg*".

[5]) Auch das Kloster Lorsch scheint wenigstens schon im 9. Jahrh. zum Schutze der ihm 773 geschenkten Heppenheimer Mark Burgen an der Bergstrasse errichtet zu haben. So wird die Burg Bickenbach (Alsbacher Schloss) 874 genannt.

flucht suchten, und ähnlich wird man es, soweit tunlich, auch wohl anderwärts gemacht haben[1]).

Besonders wichtig für die älteste Geschichte unseres Burgenbaues ist der Erlass Karl des Kahlen vom Jahre 864. „*Et volumus et expresse mandamus, ut quicumque istis temporibus castella et firmitates et hajas sine nostra verba fecerunt, Kalendis omnes tales firmitates disfactas habent, quia vicini et circummanentes exinde multas depredationes et impedimenta sustinent. Et qui eas disfacere non voluerint, comites in quorum comitatibus facta sunt, eas disfaciant.*“ (Pertz, Monum. Germ. III, 499.) Also musste schon damals von Reichs wegen auf die Zerstörung von unerlaubterweise errichteten Raubburgen Bedacht genommen werden. Dass hier neben den „Kastellen“ zugleich „Befestigungen“ überhaupt und selbst „Hage“ genannt werden, lässt freilich um so weniger darauf schliessen, dass es sich dabei schon um Steinburgen gehandelt habe.

Bezüglich der kirchlichen Bauten wissen wir, dass trotz der Anfänge schon zu Karls des Grossen Zeit bis etwa zum Jahre 1000 Steinbauten noch die Ausnahme bildeten, jedoch schon zu Anfang des 11. Jahrh. viele ältere Holzkirchen durch steinerne ersetzt wurden[2]). Ausnahmen erhalten sich freilich so lange, dass z. B. noch 1312 die Stadt Rostock sich verpflichtete, „*in opido Werneminden* (Warnemünde) *reedificare pulcram ecclesiam ligneam*“[3]).

Was die Befestigung der Städte betrifft, so wurden nach denjenigen besonders rheinischen Städten, die ihre römische Ringmauer bewahrt bzw. durch Wiederherstellung erhalten hatten[4]), wohl zuerst von Heinrich I. u. a. Tangermünde (919) und Merseburg mit solcher umgeben, dann Hildesheim von Bischof Bernhard (992—1022) mit Mauern und Türmen befestigt[5]). Dagegen erhielten z. B. Fulda, Niederingelheim, Münster, Aachen erst in der zweiten Hälfte des 12. Jahrh. steinerne Ringmauern, Prenzlau solche (28' hoch mit mehr als 60 Wykhäusern) 1287, Coesfeld und Danzig solche erst im 14. Jahrh., Zerbst war bis 1430 grösstenteils nur mit Planken umgeben, und das im 15. Jahrh. zur Stadt entwickelte Schneeberg in Sachsen hatte noch in der ersten Hälfte des 17. anstatt derselben nur hölzerne

[1]) Dass auch eigentliche „Ritterburgen“ gutenteils damals und aus diesem Anlass erbaut worden seien, scheint freilich eine schon alte und darum beachtliche Ueberlieferung zu sein. So heisst es in der Zimmerischen Chronik II, 459: „*Ausser allen anzeigen und vermuttungen nach ist zu achten, das schloss Falkenstain an der Tonaw seie der uralten schlosser ains an der Tonaw, das zu zeiten des überfalls der Hunger erbawen worden, deren dann gar vil gewesen, also das user denselben allen nit mehr, dann sechs, in bewlichem wesen ; die andern alle sein zu burgstellen worden, das ain billichen verwundern sollte, wie sich doch sovil adels in aim sogar kleinen bezirk hat erhalten könden.*“

[2]) Nordhoff a. O. 73. Otte, Kirchl. Kunstarchäol. I, S. 32.

[3]) Mecklenb. Urkundenb. V, 3577.

[4]) U. a. wissen wir von Pipin († 768), dass er in den von ihm eroberten Orten die zerstörten Befestigungen wiederherstellte (Richter u. Kohl, Ann. d. Fränk. Reiches 1885, 24. Anm.). In Metz wurde die nach Zerstörung der Stadt durch die Hunnen 451 wieder ausgebesserte römische Ringmauer vom Bischof Robert (883—916) genau auf Grundlage dieser derart wiederhergestellt, dass man massenhaft Skulpturreste der römischen Bauwerke besonders in den untersten Teilen teils vermauerte, teils selbst ohne Mörtel zusammenwarf. (Kunst u. Altert. in Elsass-Lothr. III, 341.) Die in Resten erhaltene Stadtmauer von Trient wird wohl mit Recht einem Wiederherstellungsbau durch Theodorich den Grossen zugeschrieben.

[5]) Thangmari Vita Bernwardi ap. Leibnit. I, 445.

Schranken[1]). Die Zahl der überhaupt befestigten deutschen Städte war um die Mitte des 11. Jahrh. noch eine geringe.

Ueber die nichtkirchlichen Bauwerke der Klöster bemerkt v. Essenwein, Wohnbau S. 28, dass hier „schon im 11. Jahrh., als noch allenthalben Holzbauten genügten, vereinzelt, dann immer häufiger Steinbauten vorkommen". Beides würde indessen richtiger vom 10. Jahrh. gesagt sein. Das anscheinend den Steinbau schon früher in ausgedehnterer Weise pflegende Kloster Lorsch errichtete bekanntlich schon um 880 seinen berühmten, zum guten Teil noch erhaltenen Torbau und auch unter Abt Gerbodo (915—72) schon im „*castellum Michlenstat*" ein „steinernes Haus". Vor 950 erhielt das Kloster St. Gallen eine steinerne Ringmauer mit 13 Türmen, und um dieselbe Zeit beschreibt ein Hersfelder Mönch (Miracula St. Wiegberti, cap. 5), wie es bei solchem Baue zuging[2]).

Sonst werden hölzerne nichtkirchliche Bauten aus dieser Zeit ausdrücklich erwähnt[3]). So umgab nach Fredegars um 850 geschriebenen Leben des hl. Dyonis Abt Folrad sein Kloster mit einer hölzernen Mauer (ligneus murus), und in des Tartarius Miracula St. Benedicti († 821) c. 16 heisst es: „Das Haus war ein hölzerner Turm (lignea turris), denn „der Herr war mächtig und aus den vornehmen Familien des Ortes (Chatillon sur Loire). Der Turm hatte oben einen Söller (solarium), den *Sequinus* (der Besitzer) mit seiner Familie bewohnte. Unten befand sich der Vorratsraum mit verschiedenen Behältern für die Aufbewahrung des Lebensbedarfes. Den Boden des Söllers bildeten, wie gewöhnlich, nur leicht befestigte Bretter von geringer Stärke"[4]).

Nach Adam v. Bremens hist. eccles. II, 68, hatte noch der Erzbischof Unwan von Bremen (1013—29) dort eine hohe Burg von Holz errichtet, sein Nachfolger Alebrand aber erbaute den Dom von Quadersteinen und dann daneben für sich ein Steinhaus, gar stark befestigt mit Türmen und Torwerken, auf der anderen Seite des Domes baute sich darauf Herzog Bernard gleichfalls ein festes Steinhaus. Nach Saxo (Monum. Germ. hist. VIII, 725) weilte in einem solchen in Goslar 1088 Bischof Buco von Halberstadt. Der Boden desselben war mit Steinziegeln gedeckt und durch Balken und einen Estrich gegen Feuer gesichert[5]).

Was nun die Burgen selbst betrifft, so hatte u. a. Geseke in Westfalen, die Burg des Grafen Haold, schon gegen die Mitte des 10. Jahrh. eine urkundlich erwähnte Ringmauer, die dann gewiss schon eine Mörtelmauer

---

[1]) Bau- u. Kunstdenkm. des Königr. Sachsen VIII, 29.

[2]) Die „*familia*" (Hörige) des Klosters wurde in Partien eingeteilt und jeder ein Stück der Ringmauer zu errichten übertragen. Die Steine wurden nötigenfalls auf hölzernen Rampen herbeigewälzt. Wenn nach Das Grossherzogt. Baden (Karlsr. 1885) S. 831 die Steine der im 8. Jahrh. zerstörten Gisenburg zum Bau des nahen Klosters Ettenheimmünster verwandt wurden, so ist, falls es sich um damalige Mörtelmauern handeln soll, die (nicht genannte) Quelle wohl jedenfalls sehr unzuverlässig.

[3]) Das „Graue Haus" zu Winkel im Rheingau, welches der 850—856 dort lebende Erzbischof Rhabanus Maurus bewohnt haben sollte, wird jetzt richtiger dem 10. oder 11. Jahrh. zugeschrieben. Stephani, D. älteste deutsche Wohnbau II, 532 ff. und die dort angegebene Literatur. Anders wieder P. Eichholz, 84. H. der Studien z. deutschen Kunstgesch., Strassburg 1907. Dazu Denkmalpflege 1908, S. 48.

[4]) Krieg v. H., Milit.-Arch. S. 213 mit dem lat. Urtext. Auch von der Burg Kunietitz unweit Pardubitz in Böhmen wird ausdrücklich erwähnt, dass sie 832 nur aus Holz errichtet war. (Sartori, Burgvesten VI, 110.)

[5]) Nordhoff a. O. S. 207 f.

war[1]). Ludwig der Springer ersetzte 1067 auf der nicht lange vorher von ihm gegründeten Wartburg die hölzernen Bauten durch steinerne und baute (nach Rothes Thüringischer Chronik) sein „*Mushaus herlich und die anderen Kemenaten und Thörme*". Die auf ihre Wahrheit nicht mehr zu prüfende Sage erklärt freilich hier den früheren Holzbau damit, dass es sich dem Erbauer darum handelte, auf dem ihm nicht gehörenden Burgplatze schnell die anderwärts zurecht gezimmerten Bauwerke aufzurichten. Kurz vorher, unter Heinrich III. (1039—56), war wahrscheinlich auch das Kaiserhaus zu Goslar erbaut worden. Andrerseits enthielten die bis gegen das Ende des 12. Jahrh. benutzten Wohnburgen der wendischen Fürsten Mecklenburgs nur Bauten aus Holz, Stroh und Lehm. Ermoldus Nigallus bezeugt aus dem 11. Jahrh., dass auch die bedeutendsten Burgen der Bretagne der Regel nach nur mit Gräben und Palisaden befestigt waren[2]), und noch zur Zeit Eduards I. von England (1272—1307) hatten gesetzlich die königlichen Vasallen sich zum Burgbau lediglich mit einem Beile einzufinden. Die obwaltenden besonderen Umstände veranlassten es, dass auch der Deutschorden seine im Weichselgebiet und weiter fortschreitenden Eroberungen zunächst noch durch hölzerne Befestigungen sicherte, doch ist solcher ersten Gründung (1230—1300) immer binnen wenigen Jahren der Ausbau der Burgen in Stein gefolgt[3]). Desgleichen hat es sich um einen schnell auszuführenden Bau gehandelt, als 1260 der Graf Heinrich II. von Zweibrücken, um sich vor einem Ueberfall des ihm feindlichen Wildgrafen Emich v. Kyrburg zu sichern, den Remigiusberg in der Rheinpfalz durch eine „hölzerne Burg" befestigte[4]), welche später zu der Michelsburg ausgebaut worden ist. Wenn die Törzburg in Siebenbürgen 1212 durch den Kreuzritter Teodoricus von Holz erbaut und erst 1311 durch einen Steinbau ersetzt wurde[5]), so entspricht das dem, dass der ungarische König Andreas II. den damals zum Schutze der Reichsgrenzen berufenen deutschen Rittern zunächst nur die Anlage hölzerner Wehrbauten gestattete.

Soviel scheint nach allem vorstehenden sicher zu sein, dass auch bei einer Burg des 10. Jahrh. wir noch keineswegs ohne weiteres den Mauerbau voraussetzen dürfen, erst im 11. mag das mehr und mehr überwiegend wahrscheinlich sein, während vom 12. ab hier kaum noch wesentliche Holzbauten vorgekommen sein dürften. Die Kunst des Mauerbaues war, wie wir besonders an den kirchlichen Bauten sehen, zu dieser Zeit denn doch schon eine so allgemein bekannte geworden, dass man auf die grössere Festigkeit, Dauerhaftigkeit und Feuersicherheit, welche der Steinbau bot, gerade bei Burgbauten nicht länger verzichtet haben wird. Eine Ausnahmestellung ist hierbei, wie bemerkt, dem Norden unseres Gebietes einzuräumen[6]),

---

[1]) Seibertz Urkundenb. I, 9.

[2]) Carmina de rebus gestis Ludovici Pii III, 93, bei Bouquet VI.

[3]) C. Steinbrecht, Preussen zur Zeit der Landmeister (Berlin 1888) S. 129.

[4]) Gewiss mit Unrecht wird das in „Baudenkmale der Pfalz" III, 236, durch die treuga Dei erklärt.

[5]) J. Ackner, „Die röm. Altertümer" etc. in Jahrb. der k. k. Centralcomm. Bd. I.

[6]) Auch in dem steinarmen Holland kam bei Burgen der Holzbau (in welchem Umfange?) sogar bis ins 14. Jahrh. vor (Nordhoff a. O. 442). Dem Steinmangel ist es auch wohl zuzuschreiben, wenn (vgl. ebendas.) nach einer völlig vereinzelten Mitteilung in dem benachbarten Herzogtum Cleve noch 1344 „ein Burgturm von Holz" erbaut wurde, vorausgesetzt, dass es sich dabei überhaupt um einen ausschliesslichen Holzbau handelt.

während anderseits in Gegenden, wo — wie z. B. im Gebiet des Klosters Lorsch — nachweislich schon frühe der Mauerbau im Schwange war, auch um so früher gemauerte Burgbauten angenommen werden dürfen. —

Zu einer Stelle aus den Lorscher Urkunden 836, Nr. 2337, wo von einem *mansus indominicatus* (d. h. Allodialhufe oder -gut) *cum solario lapideo et casa lignea* die Rede ist, bemerkt schon Krieg v. H. (Milit.-Arch. S. 214), da das steinerne solarium (ein zu oberst über andern Gemächern befindlicher Raum) nicht wohl über einem hölzernen Erdgeschoss habe errichtet sein können, so werde man darunter einen neben dem Wohnhause stehenden Turm zu verstehen haben. Ebenso schliesst Nordhoff[1]) aus der bei den kaiserlichen Pfalzen und den grösseren Klosterbauten so häufigen und nachdrücklichen Betonung des solarium, dass dieser Söller, über, an oder neben dem Hauptbaue angebracht, in Höhe, Form und Steinmaterial dem Turm entsprach, zu Fernsichten und gewiss nicht minder zur Verteidigung benutzt wurde, wozu ihn Aufbau und Festigkeit vorzugsweise befähigten. Seiner Ansicht nach „scheint bezüglich des Söllers und des Turmes eine scharfe Trennung der Begriffe ebensowenig möglich, wie der Sachen selbst".

Wo in alten Schriftstellen das unter einem solarium Verstandene näher angedeutet ist, erscheint dasselbe freilich regelmässig — siehe auch S. 129 — als ein erhöht belegener, keineswegs selbständiger Teil eines anderen Bauwerkes[2]). So bezeichnet man mit diesem Ausdruck in Kirchen mehrfach die innere Empore, bei Pfalzbauten eine äussere Galerie (z. B. „*tota casa circumdata solariis*"), bei dem Bauplan von St. Gallen liegt das solarium über dem Wohnzimmer des Abtes und in der alten Burg von Ardres lagen (neben dem hölzernen Wohnhause) im dritten — obersten — Stockwerk des Küchengebäudes solariorum diversoria (etwa Söllerzimmer), in denen die Kinder des Burgherrn schliefen[3]). In Tirol wird „Soler" noch für die Aussengalerie des Bauernhauses gebraucht[4]).

Kommt so das solarium auch als Teil eines Turmes vor, so findet sich doch auch, dass dabei pars pro toto gebraucht wird. So führt Stephani (Aeltester Wohnbau I, S. 274, wo noch sonst Eingehendes zu diesem Thema beigebracht ist) an „*solarium altum aedificium, solare*" (bei Steinmeyer III, 288, 32) und aus Chron. Salern. c. 113 ff. III p. 330: *Agareni . . . . fremebant intantum, et machinam . . . . construerent mirae magnitudinis, et valde turrem unam, quae nunc dicitur Solarata.*

---

[1]) Holz- und Steinbau S. 309 ff.

[2]) *Solarium* bedeutet zunächst einen der „Sonne" (sol) ausgesetzten, daher erhöht oder doch zu oberst liegenden Ort. Dass das Wort mit *sol* zusammenhängt, kann ja nicht zweifelhaft sein, da nach Ausweis jedes lateinischen Lexikons *solaris* „zur Sonne gehörig", *solarium* die „Sonnenuhr" bedeutet. Söller wird auch provinziell (seiner sonstigen Bedeutung entsprechend) für den Boden über einem Hause (Kluge, Etymol. Wörterb. 1894) oder wenigstens dem Erdgeschoss desselben gebraucht. Ueber H. Kelleters unrichtige Deutung des Wortes im Korresp.-Bl. d. Westd. Zeitschr. 1896, S. 94 siehe 2. Aufl. S. 123, A.

[3]) Lambertus Ardensis Hist. Com. Ard. et Ghisnens. c. CXXVII. Vgl. Schultz, Höf. Leben S. 98.

[4]) Nach Schultz' (a. O. 86) Ansicht ist der Söller „wahrscheinlich eine Plattform, auf der man bequem sitzen und die Aussicht geniessen konnte". Er führt dazu aus den Minnesängern u. a. an: Guill. de Palerne (8872) „*Por es garder estoient tuit Monte as loges et as estres Et as soliars et as fenestres.*" Gregor v. Tours erwähnt VIII, cap. 42, dass in einem Stadthause viele vornehme Personen auf dem „Söller" speisten, als plötzlich das Gebälk des Hauses einbrach. — So unbestimmt als die Bedeutung des Wortes im Mittelalter war, so verschieden ist seine Bedeutung nach heutigen Schriftstellern. Es mag da noch angeführt werden, dass v. Ritgen (Münzenberg S. 7) vom grossen Saal des Palas als „Sal, Solarium" spricht, während nach v. Cohausen (Bergfriede S. 34) „Söller" eine der Bezeichnungen für den schmalen Wehrgang hinter den Zinnen war. Ein Beleg hierfür ist mir jedenfalls nicht bekannt. Wenn in der Beschreibung karolingischer Landgüter (Stephani a. O. II, 100) mehrfach eine porta et desuper solarium vorkommt, so liegt die gewöhnliche Bedeutung eines oberen Raumes am nächsten.

Untergeordnete Gebäude und oberste Stockwerke auch vom Palas und Türmen wurden, wie wir an seiner Stelle sehen werden zu allen Zeiten, wenn auch nicht in allen Gegenden auch öfter im Holzverband errichtet und ausserdem bedurfte man zu Böden, Dachstühlen, Wehrgängen usw. natürlich vielen Holzes. Daraus ist es auch zu erklären, wenn (Nordhoff a. O. S. 442) sich noch 1277 vertragsmässig das Recht eingeräumt findet, *succidendi ligna, que ad edificationem et reparationem castri et domorum castrensium in Jburg intra castrum morantium necessaria fore dinoscuntur*, und wenn Einhard berichtet, dass er ein auffallendes Krachen im Gebälk der *aula regia* zu Aachen als Vorzeichen von Karl des Grossen Tode aufgefasst habe, so ist ebenso daraus nicht notwendig zu schliessen (wie auch geschehen), dass der Oberstock derselben ein reiner Holzbau gewesen sei. Die Betonung eines ausschliesslichen Steinbaues werden wir darin zu sehen haben, wenn 1280 ein *domus lapidea sub castro Limpurch* bei Schwäbisch Hall erwähnt, noch 1356 zu Buchenbach an der Jagst eine ausdrücklich „Steinhaus" benannte Burg erbaut wird, und noch 1407 in einem Teilungsvertrage über Meistersel ein „Steinhus" vorkommt. Ueber diese s. im 15. Kapitel. —

Bezüglich der mittelalterlichen Entwicklung der Mauertechnik im allgemeinen kann man in Schriften über unsere Burgen nicht selten Schlüsse auf die Bauzeit nach der mehr oder weniger bestimmt ausgedrückten Meinung gezogen finden, dass solche Technik von der gut romanischen Zeit ab stetig gesunken sei. Dieser Satz ist in seiner Allgemeinheit entschieden unrichtig. Die Baukunst überhaupt hat in und mit der gotischen Zeit gewiss keine Rückschritte gemacht, und gerade der Mauerverband musste bei der Beschränkung und vielfachen Unterbrechung der Mauermassen, bei den schlanken Fialen, Strebebögen und mannigfachen Verzierungen, die dieser Baustil mit sich brachte, ein um so sorgfältigerer und rationellerer sein. Bezieht sich das auch zunächst auf kirchliche Bauwerke, so muss doch schon an sich angenommen werden, dass die bei diesen gelernte und geübte Kunst auch bei Profanbauten entsprechend zur Anwendung kam. Aber auch mit dem ausgehenden Mittelalter kann ja von einem allgemeinen Sinken der Baukunst nicht entfernt die Rede sein. Wesentlich dem 14. und 15. Jahrh. gehören — bzw. in ihren bewundernswertesten Teilen — der Dom zu Regensburg, St. Sebald und St. Lorenz zu Nürnberg, St. Stephan zu Wien, die Münster zu Strassburg, Ulm, Ueberlingen usw. an, und so sind denn auch aus der ganzen gotischen Zeit bis zu ihrem Ende hin zahlreiche Profanbauten zu nennen, die auch ihrerseits von der Tüchtigkeit und hohen Blüte des Baugewerbes Zeugnis ablegen. In den Städten besonders Norddeutschlands haben wir da eine Reihe architektonisch berühmter Rathäuser und Tortürme, und wenn man speziell Burgbauten ins Auge fassen will, so gehören da zu den technisch tüchtigsten und gutenteils grossartigen Bauten, welche wir überhaupt haben, beispielsweise im Nordosten Deutschlands an der Spitze der gediegenen Deutschordensbauten die berühmte Hochmeisterwohnung der Marienburg (1351—82), in Böhmen das grossartige Karlstein (1348—57), in Mähren Pernstein (1415—1522), der Turm zu Perchtoldsdorf bei Wien (15. Jahrh.), in Mitteldeutschland die Albrechtsburg zu Meissen (1471—83), Hainecke in Thüringen (1385) und der Wohnturm von Hermannstein bei Wetzlar (1377) an, und nahe dem Rhein die Bischofsburg von Eltville (1330), die „Maus" (um 1370), Reichenberg (1284) und Burg-Schwalbach (1368), in Luxemburg Beffort (wohl um 1400), im Schwarzwald die Nippenburg bei Schramberg (nach 1452), an der oberen Donau Wildenstein (um 1500), in Tirol Sigmundskron (nach 1473), in der Schweiz Thierstein und Dornach und im Wasgau neben Ortenberg und Spesburg (um 1250) Hohandlau (1340), Nauwinstein (nach 1332), Wangenburg (im 14. Jahrh. zuerst genannt) und die grossartige Hohkönigsburg (1480). Besonders auch diese Wasgauburgen sind zumeist mit kunstreichen Fenstern ausgestattete Quaderbauten, die an sorgfältigem Mauerverband den besten der romanischen Zeit keineswegs nachstehen.

Andrerseits ist schon an sich anzunehmen, dass in der Zeit, etwa um das 12. Jahrh., da durch innere deutsche Kämpfe und Wirren begünstigt, Fehde und Strassenraub in höchster Blüte standen und allerorten die Burgen in geradezu unglaublicher Menge erstanden, im ganzen schlechter weil flüchtiger gebaut wurde als später, da neue Burgen nur noch verhältnismässig selten errichtet wurden, und zugleich auch die Rücksicht auf die Pulvergeschütze einen solideren Bau wohl veranlassen konnte.

Nur einige Beispiele dessen, dass man in der Tat auch in dieser angeblichen Blütezeit trefflichen Mauerwerkes keineswegs immer tadellos baute, sind folgende:

Der Berchfrit des 1150 zuerst genannten Chillon am Genfer See zeigt[1]) „ziemlich rohes Mauerwerk aus horizontal gelegten Bruchsteinen von mittlerer Grösse ohne Eckverfestigungen und irgendein grösseres regelmässig zugerichtes Werkstück". Bei der Ruine Castel, Kanton Thurgau, hat die noch dem ursprünglichen um das Jahr 1100 errichteten Bau angehörende[2]) Südseite des Berchfrits nebeneinander Steine von allen erdenklichen Formen und Grössen, so dass an solchen Stellen von durchlaufenden Lagerfugen kaum die Rede sein kann, und in der noch erhaltenen Aussenwand des Palas finden sich unten Bögen eingesprengt, welche nicht etwa erst durch ungleiches Setzen des Mauerwerks die unregelmässigsten Formen angenommen haben. Die 1110 genannte kleine Burg Nolling am Rhein ist nur aus ungleichen schieferigen Bruchsteinen, vielfach nicht einmal von Handgrösse aufgeführt, ein Mauerwerk, welches so wenig solide erschien, dass man (siehe darüber weiterhin), um ihm mehr Halt zu geben, ihm ein vollständiges Gerippe von Holzfachwerk einfügen musste. Die Höhlenburg Kronmetz in Südtirol, im 12. Jahrh. genannt, ist augenscheinlich nur infolge des unsorgfältigen Bruchsteinmauerwerks mit schlechtem Mörtel fast völlig zusammengefallen.

Sehen wir endlich neben der stattlichen Ruine des schon genannten prächtigen Ortenberg den unscheinbaren Rest der gleichzeitigen Burg Ramstein, eines rohen, wenig soliden Bruchsteinbaues, so bietet uns das nur eine treffliche Illustration zu dem im Grunde selbstverständlichen Satze, dass zur gotischen, wie zur romanischen Zeit ebenso wie schon zur Zeit der Römer und noch in unseren Tagen da gut gebaut wurde, wo Neigung, Zeit und Geld, auch tüchtige Bauleute und Materialien vorhanden waren, während

---

[1]) Mitteil. d. antiquar. Gesellsch. zu Zürich XXII, 108, 136.

[2]) Die 1109 genannte Burg wurde 1128 von ihrem Besitzer, Bischof Ulrich II. von Konstanz, selbst ausgebrannt, aber alsbald wiederhergestellt und ist, nie erobert, später allmählich zerfallen.

minder gut gebaut wurde, wo eine oder mehrere dieser notwendigen Voraussetzungen fehlten[1]).

Dabei soll nun freilich andrerseits nicht in Abrede genommen werden, dass die uns überkommenen Burgbaureste minder guten Mauerwerks überwiegend aus den letzten Jahrhunderten des Mittelalters und noch späterer Zeit herstammen.

Es ist das aus zwei Ursachen zu erklären. Zunächst sind in der Zeit von dem Vorgehen Rudolfs von Habsburg gegen die Raubburgen bis zu den Bauernkriegen eine besonders grosse Menge von Burgen „zerstört" worden, und deren Wiederherstellung wie andrerseits mit dem Ende des 14. Jahrh. die Einführung der Pulverwaffen veranlassten vielfache Erneuerungs- und Erweiterungsbauten, bei welchen man sich zumeist begnügte, einem dringenden Bedürfnis zu entsprechen, ohne auf Luxusmauerwerk überflüssig Zeit und Geld zu verwenden[2]). Hierzu aber kommt zweitens der wesentliche Umstand, dass es für die Erhaltung wenig soliden Mauerwerks bis zu unseren Tagen, also bis zum 20. Jahrh., doch einen grossen Unterschied macht, ob dasselbe aus dem 11. und 12. oder etwa aus dem 14. bis 16. Jahrh. stammt. Wenn man etwa in Beihalt älterer Abbildungen beobachtet, wie bemerkbar unsere Burgruinen schon im Laufe von Jahrzehnten weiter verfallen, so wird man überzeugt sein müssen, dass von den jetzt noch vorhandenen, soweit nicht für ihre Erhaltung gesorgt wird, in etwa zwei Jahrhunderten nur noch wenig, und zwar besonders solides Mauerwerk übrig sein wird. Ebenso aber dürfen wir unbedenklich annehmen, dass die sehr zahlreichen älteren Burgen, von denen wir heute nur noch spärliche Trümmerhaufen, Spuren oder selbst nur noch den Namen wissen, vielfach deshalb nicht besser erhalten sind, weil sie aus zu geringem und schlechtem Mauerwerk aufgeführt waren. Auch hat man ja Gediegenes gewiss eher der Konservierung für wert gehalten. Nicht also, weil in späterer Zeit durchweg weniger gut gebaut wurde, sondern weil das schlechte Mauerwerk aus der früheren, also auch romanischen Zeit schon ungleich mehr verschwunden ist[3]), spricht eine gewisse Wahrscheinlichkeit dafür, dass das uns noch erhaltene aus der jüngeren Zeit stammen werde.

Völlig ungerechtfertigt ist nach vorstehendem eine mechanische Altersbestimmung nach dem einfachen Satze, dass von der romanischen Zeit ab das Mauerwerk immer schlechter geworden sei, noch um so weniger, als sowohl bei Türmen wie bei Ringmauern ein der Zeit nach einheitlicher Bau verschiedene ungleich gute Mauertechnik zeigen kann.

---

[1]) Vgl. auch Dr. Otte, Kirchl. Kunstarchäologie I, 40: „Die mittelalterliche Bautechnik wird häufig auf Kosten der modernen gepriesen, verdienter- oder unverdienterweise, weil man damals wie auch heute verschieden baute, gut und schlecht, und namentlich fehlt es aus älterer Zeit keineswegs an Beispielen von Wiedereinstürzen neuer, kaum fertiger, oder noch im Bau begriffener Gebäude."

[2]) Zu den nicht seltenen Beispielen dieser Art gehört die Rudelsburg a. d. Saale, wo die die Hauptburg umschliessenden Zwingermauern mit drei runden und halbrunden Türmen durch ihr ungleich roheres Bruchsteinmauerwerk von dem älteren sorgfältigen Quaderbau sich wesentlich abheben. Siehe auch weiterhin.

[3]) So werden z. B. in der Zeitschr. f. Württembg. Franken VIII, 112, allein aus dem Oberamt Crailsheim elf nur noch in geringfügigen Resten oder Spuren vorhandene Burganlagen aufgeführt, von denen man nicht einmal mehr den Namen weiss und die also wohl jedenfalls noch in die vorgotische Zeit gehören.

Ein Beispiel dessen[1]) bietet die Ruine Mägdeberg im Hegau (Grundriss Fig. 590). Hier ist zunächst die die Vorburg *B* östlich begrenzende Ringmauer wenigstens in ihrer südlichen Hälfte offenbar einheitlich aufgeführt, wie der Mangel jedes erkennbaren Abschnittes und die auffallende Gleichheit des Steinmaterials ergeben. Das letztere besteht aus Bruchsteinen von durchschnittlich 20 cm Seitenlänge und einer oder zwei besonders glatten Bruchflächen, ausserdem aus zumeist kleinem platten Brockenwerk desselben (Phonolith-) Steines und von Mauer- und Dachziegeln. Dabei ist nun das dem Batterieturme *x* nächste Mauerwerk, besonders bei dem als hohler Strebepfeiler erscheinenden Anbau *v*, ein äusserst sorgfältiges, indem die grösseren Bruchsteine mit der glatten Seite nach aussen zu durchaus geraden und wagerechten Lagerfugen mit Ausfüllung der nicht grossen Lücken durch das Brockenwerk geordnet bzw. aus denselben wohlbefestigte, scharfe, rechtwinklige Ecken gebildet sind, während weiter nach Norden zwar noch dieselben Eckverfestigungen vorkommen, im übrigen aber unter seltener und unregelmässiger Verwendung der grösseren Steine zumeist nichts mehr von durchlaufenden Lagerfugen zu erkennen ist. Die südliche Ringmauer dagegen zeigt sich als ein durchaus rohes Mauerwerk aus durchweg kleineren Bruchsteinen mit Ziegelbrocken, und geradezu liederlich ist der obere Teil des Batterieturmes *z* — wieder im Gegensatz zu seinem offenbar gleichzeitigen weit solideren Gegenstück *x* — aufgeführt: eine nur etwa 25 cm starke, stellenweise schon durchsichtig gewordene Wand lediglich aus ganz kleinen Brocken von Felsen und Backsteinen. Aus der Verwendung der Ziegelbrocken ergibt sich, dass die Ringmauern wohl beim Wiederaufbau der Burg nach ihrer Zerstörung im Jahre 1378 aufgeführt worden sind[2]), während die beiden Batterietürme zu der „Neubefestigung" gehören werden, welche 1479 Eberhard von Württemberg hier vornehmen liess.

Einen besonders belehrenden anders liegenden Fall bietet — so wenigstens vor dem Ebhardtschen Neubau — die westliche Vorburg der Hohkönigsburg. Da hebt sich auf der Innenseite der südlichen Ringmauer eine Strecke als Bau aus grossen, sorgfältigst bearbeiteten glatten Quadern so sehr von dem Thiersteiner Neubau von 1480 ab, dass er, zumal auch an solcher Stelle, auch ohne ein darin vorhandenes Rundbogenfensterchen mit Sicherheit als ein Rest der älteren romanischen Burg zu erkennen sein würde. Wenige Schritte weiterhin aber hat man den nach innen offenen südwestlichen „Turm" des Thiersteiner Baues durch eine dicke Mauer geschlossen, welche im Gegensatz zu dem romanischen Baureste durch ihre ungleich rohere und schlechtere Ausführung sich von dem gotischen Turmmauerwerk unterscheidet, aber auch durch sonstige in die Augen fallende Umstände als ein Zubau aus späterer Zeit erwiesen wird. Es liegt jedoch auf der Hand, dass dieser Fall für eine allgemeine Verschlechterung der Mauertechnik seit der romanischen Zeit nichts beweisen kann.

Wie oben angedeutet, liegt der Schluss nahe, dass Bruchsteinmauern, welche mit Brocken von Backsteinen, besonders von Dachziegeln ausgezwickt sind, einem Wiederherstellungs- oder einem späteren Zubaue angehören. Auch der Bruchstein selbst pflegte ja genug zu Zwicksteinen taugliches Material zu liefern, so dass nicht wohl anzunehmen ist, dass man dazu die Backsteinbrocken anders nahm, als wenn und weil sie von zerstörten (vielleicht auch ausserhalb der Burg gelegenen) Bauten eben in hinreichender Menge zur Hand waren. Auch eine unter Verwendung von Backsteinbrocken überputzte Mauer kann sehr wohl eine an sich alte sein, wie z. B. die nördliche Ringmauer von Hohenklingen am Rhein, wie auch die Verwendung einzelner Backsteine in Mauern aus natürlichem Gesteine ausnahmsweise schon früh vorkam, so

[1]) Ueber Berchfrite und die Verschiedenheit der Mauertechnik an einem Bauwerke an sich siehe weiterhin.

[2]) In den Kunstdenkm. Badens I, 42, kann man lesen, dass diese Mauern „den Charakter der Renaissancezeit tragen". Als Seitenstück sei erwähnt, dass nach Mitteil. der k. k. Centralcomm. 1871, S. CLXV der obere Teil des „Römerturms" zu Regensburg den Bauformen des 13. Jahrh., „d. i. Bruchsteine mit Mörtelverputz", entspricht. Meiner Ansicht nach ist die eine Zeitbestimmung so willkürlich wie die andere.

(v. Loeffler, Gesch. d. Festung Ulm, 21) bei der dort 1140 erbauten Ringmauer[1]).

Was die mittelalterliche Mauerung mit Ziegeln betrifft, ist über ihren Anfang und die Masse der Steine bereits S. 80, über einige bei uns nicht vorkommende Besonderheiten römischer Technik S. 85, 99 und 137 das Nötige bemerkt.

Nach dem Untergange des weströmischen Reiches scheint der Ziegelbau zunächst hauptsächlich in der beschränkten Weise des Durchschusses in Uebung geblieben zu sein. Ueber die Ringmauer Theoderichs zu Verona siehe S. 98. Die für einen Rest seines Palastes gehaltene Ruine auf dem Hügel des Castello San Pietro ebendaselbst zeigt ebensolchen Ziegeldurchschuss sowohl zwischen nicht ährenförmig gestellten Bruchsteinen als auch zwischen Kalksteinquadern und ausserdem einen von Backsteinbögen getragenen Wehrgang an der aus Felssteinen aufgeführten Ringmauer.

Fig. 48
Der „Frankenturm" in Trier

Ein noch direkt an die römische Werkweise anknüpfender Profanbau zum Teil aus Ziegeln ist uns dann zunächst in der alten Residenzstadt Augusta Treverorum erhalten: Der „Frankenturm" in der Dietrichstrasse (Fig. **48**). Derselbe, allein von vier derartigen in der Stadt ziemlich erhalten[2]), hat 8,8 zu 16,3 m Seitenlängen bei noch 13,8 m Höhe. Seine 1,25 m starken Mauern bestehen aus glatt behauenen Kalksteinen mit Zwischenlagen von doppelten, aus Römerbauten entnommenen Ziegelplatten[3]) und einem inneren Gusswerk von Bruchsteinen und Ziegelstücken. Die Kanten sind mit Sandsteinquadern eingefasst. Im zweiten Stockwerke hat er nebeneinander zwei offenbar nicht erst später eingesetzte romanische Kuppelfenster. Jedes der übrigen Stockwerke enthält nur zwei kleine Luftlöcher. Der Turm gehört zu den befestigten Adelssitzen, deren besonders die italienischen, zum Teil auch noch die deutschen Städte aus dem Mittelalter aufzuweisen haben. Seine Bauzeit wird jetzt mit Recht in das 10. oder 11. Jahrh. gesetzt, in eine Zeit also, zu welcher (nach 1016) Erzbischof Poppo in ganz ähnlicher Weise den Erweiterungsbau des Trierer Domes ausführen liess[4]).

---

[1]) Nach vorstehendem sind Zeitbestimmungen zu beurteilen wie die folgende (Prof. Dr. Kraus in Kunst und Altert. in Elsass-Lothr. II, 403 über Landskron an der Schweizer Grenze): „Die Ruine trägt (abgesehen vom alten Donjon) durchaus (!) den Charakter des 15. und 16. Jahrh., Bruch- und Ziegelwerk, nirgend Buckelquadern." (Ueber die letzteren siehe weiterhin.)

[2]) Ein anderer ist zum Teil im dortigen Regierungsgebäude verbaut. Aeltere Abbildungen der Türme in Dr. Stephani, Aeltester Wohnbau II, wo auch eine besonders eingehende Aufnahme des Frankenturmes.

[3]) Ein doppelter Türbogen aus wechselnden Hau- und Backsteinen ist noch bei einem Portal zu Lorch am Rhein anscheinend aus karolingischer Zeit erhalten. (Annalen d. Ver. f. Nassauische Altertumsk. 1873.) In der Krypta der Einhardsbasilika bei Steinbach wechseln Ziegel- und Bruchsteinschichten.

[4]) Die ältere Ansicht, er sei ein römisches „propugnaculum", wird, abgesehen von den romanischen Fenstern, schon dadurch widerlegt, dass die ursprüngliche Tür mit der Tritt-

Basalt mit Ziegeldurchschuss zeigt noch die Ringmauer von Zons am Rhein aus 1373. Backsteine und Tuffsteine in wechselnden Schichten vereinzelt noch aus dem 16. Jahrh. die Kirche von Stommeln (Kunstdenkm. d. Rheinprov. III, 3, S. 115, und ebendas. Landkr. Cöln S. 180). Ein Vorkommen bei eigentlichen Burgbauten ist mir nicht bekannt[1]).

Der Ziegelbau überhaupt tritt bei uns, anscheinend aus Oberitalien, wo er seit dem Altertum in Gebrauch geblieben war, eingeführt[2]), nach Einhards Zeit erst wieder im 12. Jahrh. auf. Gleich zu Anfang kommt er da (Nonnenkirche zu Krewese 1157) als Wölbung in einem Bau aus Natursteinen vor, während solche gewissermassen aushilfliche wie überhaupt alle irgendwie nur ergänzende Verwendung des bequemen Materials bei den Burgbauten der Gegenden, in welchen dasselbe sonst nicht besonders gebräuchlich war, vielmehr ziemlich sicher (entsprechend der vermehrten Anlegung von Ziegeleien) auf den Ausgang des Mittelalters oder eine noch spätere Zeit hinweist. (Beispiele u. a. Bürgstein, Engelhaus, Eger, Mitterberg, Schreckenstein, Heidenreichstein, Laa, Matzen. (Siehe meine Oesterr. Burgen I—VIII.) Solche aushülfliche Verwendung von Backsteinen war ja besonders da zweckmässig, wo — wie bei vorgekragten Maschikulis (Berchfrit von Strakonitz) oder Ecktürmchen (Schwertberg) — ganz dünne Mäuerchen herzustellen waren.

Während bei römischen Ziegelbauten auf die Abwechslung von Bindern und Läufern und das Nichtaufeinandertreffen der Stossfugen augenscheinlich kein Gewicht gelegt wurde, hat der Umstand, dass die deutschen Ziegeln fast immer ziemlich genau doppelt so lang als breit waren, es veranlasst, dass unter Einhaltung wechselnder Stossfugen, bezüglich der Zusammenstellung der Läufer und Binder sich gewisse Ordnungen herausgebildet haben, aus welchen man in beschränktem Masse Schlüsse auf die Bauzeit ziehen kann. Es kommen da besonders folgende in Betracht: 1. der wendische Verband (Fig. **49**), auf zwei Läufer folgt immer ein Binder; 2. der gotische oder polnische (Fig. **50**), ein Läufer und ein Binder in jeder Schicht wechselnd; 3. der Blockverband (Fig. **51**), eine Läufer- und eine Binderschicht miteinander abwechselnd und so übereinander angeordnet, dass immer nach einer Zwischenschicht Läufer über Läufer und Binder über Binder liegt, und 4. der Kreuzverband (Fig. **52**), dasselbe, aber so

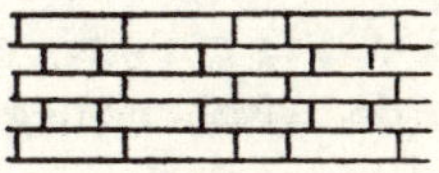

Fig. 49

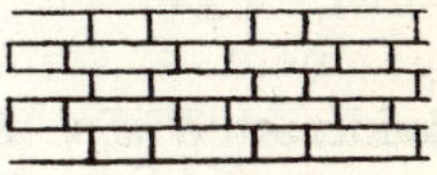

Fig. 50

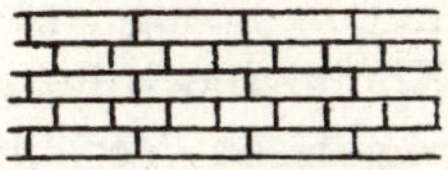

Fig. 51

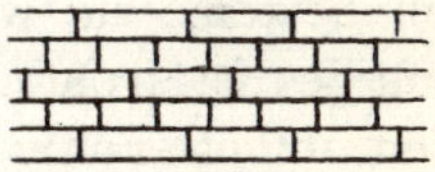

Fig. 52

Ziegelverbände

stufe ebenerdig mit der Strasse liegt, während die römischen Bauwerke in Trier sonst 1—4 m unter dem jetzigen Niveau liegen. Wenn Kraus (Kunst u. Altert. in Elsass-Lothr. III, 431) den Bau in die „merowingisch-karolingische" Zeit setzt, so steht dem schon entgegen, dass man nicht ohne zwingende Gründe in so früher Zeit steinerne Privatwohngebäude annehmen darf.

[1]) Ueber die bezügliche Restauration eines Bopparder Mauerturmes siehe 1. Aufl., S. 152 und 153, Anm. 2. Nach v. Cohausen, Mauerverbände S. 233, wäre der Ziegeldurchschuss bei ährenförmig vermauerten Flusskieseln bis in die neueste Zeit vorgekommen. Mir sind Beispiele bisher nicht bekanntgeworden.

[2]) Gegen die Meinung, er sei in Norddeutschland durch holländische Kolonisten eingeführt worden, führt O. Stiehl (Der Backsteinbau romanischer Zeit,

angeordnet, dass die Stossfugen der Läufer erst nach drei Zwischenschichten gerade übereinander stehen. Von diesen Verbänden ist der erste der älteste, die Zeit des zweiten wird schon durch seinen Namen angegeben, der dritte kommt erst seit der Spätgotik vor, und der vierte ist seit zwei Jahrhunderten allgemein gebräuchlich geworden.

Das Vorstehende (so zunächst nach Ad. Bötticher, Bau- u. Kunstdenkm. d. Pr. Ostpreussen) mag im ganzen der am meisten geteilten Meinung entsprechen. Die Sache liegt jedoch minder einfach, als es danach scheint. Es herrscht schon keine Uebereinstimmung bezüglich der verschiedenen Verbände an sich. Von Konservator Dr. Haupt und anderen wird der gotische und der wendische umgekehrt als hier angegeben, nach Baurat Dr. Mothes (Baulexikon III, 374) heissen polnischer oder gotischer Verband „alle Backsteinverbände, bei welchen in jeder Schicht Läufer und Binder nebeneinander vorkommen, wobei der sonstige Verband verschieden sein kann", nach Müller (Maurerkunst S. 151) besteht derselbe Verband vielmehr aus einer Bekleidung von Läufern und Bindern nebeneinander um ein Füllmauerwerk aus Bruchstein-, Ziegelstücken und Feldsteinen. Ebenso weichen die Angaben über die Zeit der verschiedenen Verbände voneinander ab. So soll[1]) in Mecklenburg nach 1350 der gotische Verband neben den älteren wendischen treten und um 1400 auch der Block- und Kreuzverband hinzukommen. Die zwischen 1240 und 1270 erbauten Deutschordensschlösser zeigen[2]) sowohl den wendischen wie den gotischen als auch ganz regellosen Verband. Baurat Dr. Mothes lässt endlich in (Müller u. Mothes, Archäol. Wörterb. 665) die vier Verbände in Deutschland schon im 12., den polnischen gar schon im 11. Jahrh. (!) vorkommen und bemerkt zu einem 5. holländischen Verbande — die erste, dritte etc. Schicht Binderschichten, die dazwischen liegenden nach dem polnischen Verbande —, dass dieser „in Deutschland den polnischen (oder gotischen) Verband ablöste und dann durch Block- und Kreuzverband verdrängt wurde". Es zeigt das wohl am besten, wie wenig in bezug auf die Ziegelverbände Sicheres und Allgemeingültiges feststeht. Kommt noch hinzu, dass man vielfach, besonders aus gotischer Zeit, einen völlig regellosen Verband (nur mit Vermeidung eines Aufeinandertreffens der Stossfugen) findet, so wird man nur in sehr beschränkter Weise auf Grund umfassender Beobachtung daraus innerhalb einzelner Landstriche vorsichtige Schlüsse auf die Bauzeit machen können[3]). Interessant ist es, dass die in dem Verputz eines alten Mauerstückes des Römischen Forums (vor dem Bogen des Septimius Severus) nachgemachten Fugen den „wendischen" Verband zeigen.

Ueber Ziegeln als Verblendsteine siehe S. 102. Eine Verzierung durch farbig glasierte, in den verschiedensten Mustern zusammengestellte Ziegel war besonders bei den Deutschordensschlössern beliebt — siehe Schloss Rheden und den Klimek bei Graudenz Kap. 23 —, kommt aber auch sonst, z. B. beim Berchfrit von Neustadt (Fig. 148), vor. —

1898, S. 69 und 81) aus, dass auch in den Niederlanden der Ziegelbau in der Frühzeit des Mittelalters unbekannt gewesen und erst in der spätromanischen Periode dort eingeführt worden sei.

[1]) Briefliche Mitteilung des † Konservators Dr. Schlie.

[2]) Nach Abbildungen in Steinbrecht, Preussen z. Z. der Landmeister.

[3]) Vielleicht ist deshalb in Kunstdenkm. der Rheinprov. bei den dortigen zahlreichen Ziegelbauten der Verband anscheinend unbeachtet geblieben.

Was das bei Burgbauten verwendete Natursteinmaterial betrifft, so ist es durchaus der Regel nach das durch eine entsprechende Herrichtung des felsigen Burgplatzes (Aushauen der Gräben, Planierung etc.) gewonnene. Daneben wurde jedoch auch öfter, und besonders zu den Hausteinteilen, von ferner her herbeigeschafftes Gestein anderer Arten benutzt. So sind sehr ausnahmsweise die Eckquaderketten auf Auersberg und Stein am Ritten von einem anderen ganz hellen Gestein, und Pernstein in Mähren zeichnet sich durch besonders ausgiebige Verwendung von weissem Marmor aus einem naheliegenden Bruche aus.

Besonders im Rheinlande waren auch die wechselnden Lagen verschiedenartigen Naturgesteins beliebt. So sind bei dem Berchfrit von Heimburg am Rhein wohl aus dem 13. Jahrh. zwischen das dünnschieferige Grauwackegestein Bänder von fast quaderförmigen, weissen Quarzblöcken eingelegt (Fig. **53**)[1], Haus Hemmerich etwa aus derselben Zeit zeigt wechselnde Lagen von Basalt und Tuff, und dasselbe der „Rheinturm" des 1373 befestigten Zons[2]. Auch in der Schweiz waren an dem Berchfrit der erst 1322 genannten (jetzt abgebrochenen) Burg Pfungen die Findlingssteine mit Bändern von Tuffsteinquadern durchzogen[3]. Hierhin ist es auch zu rechnen, wenn bei einem Mauerturme von Freudenberg bei Ragaz das ährenförmige Mauerwerk mit zum Teil mehrfachen Schichten annähernd kreisrunder Steine abwechselt (Fig. **54**).

Fig. 53
Durchschuss aus Heimburg

Bei solchen verschiedenen Arten des Durchschusses — siehe dazu auch S. 98 — handelte es sich neben der Sicherung des Mauerwerks durch Herstellung fester wagerechter Lagen auch um Verzierung derselben. Um letztere nach der in Italien beliebten Art gewiss, wenn bei der Burg Acicastello an der Ostküste Siziliens schöne glatte Lavaquader mit Kalksteinquadern abwechseln.

Die Absicht einer äusseren Zierde wird mitunter auch in anderer Weise mit den einfachsten Mitteln erreicht. So steht bei dem Palas von Wartau im St. Gallener Rheintale unter den Fenstern des 4. Stockes ein durchlaufendes schmales wagerechtes Band von dünnen Steinplatten etwa 15 cm weit über die Mauerfläche heraus und über diesen Fenstern zwei ebensolche Plattenbänder in etwa 30 cm Abstand voneinander. Der Zwischenraum zwischen diesen ist dann in gleichmässigem Abstande durch Bruchsteinwerk, wechselnd mit viereckigen Felswürfeln, ausgefüllt. Alles ist unbehauen.

Fig. 54
Mauerwerk
von Freudenberg

Besonders bei sorgfältigeren Hausteinbauten waren, wie hier eingeschaltet werden mag, die unter dem oberen Rande hinlaufenden Bogenfriese

[1]) Der auch an der Genovevaburg zu Mayen vorkommende „regelmässige Wechsel von Schichten mächtiger Quadern und kleinerer Bruchsteine" wird von Prof. Lehfeldt, Bau- u. Kunstdenkm. des Rbz. Coblenz S. 411, irrtümlich für eine „der fränkischen Zeit eigene Technik" erklärt.

[2]) Ebendas. Landkr. Cöln S. 13 und III, 3, S. 115.

[3]) Anz. f. Schweiz. Altertumskunde 1875, S. 627.

sehr beliebt, die auch in gotischer Zeit vielfach den Rundbogen behielten, oft auch — besonders am Rhein — durch Einfügung kleinerer Nasen mannigfach verziert wurden. —

Zu den hie und da jederzeit angewandten Mauerweisen gehört das Bauen aus unbehauenen (nur an den Mauerecken etwa mit einem Kantenbeschlag versehenen) grösseren Findlingen. Beispiele bieten der Turm von Mammertshofen (Fig. 21) und im Westen des Bodensees die im 12. Jahrh. genannte Wasserburg Schopfeln, die um 1250 erbaute Neuenburg, der 1320 errichtete Turmhof zu Steckborn und die schon mit Kanonenscharten versehene Ruine Heilsberg. Die Bauweise war auch bei den Burgen der norddeutschen Tiefebene, wo der gewachsene Fels fehlt, beliebt[1]).

Besonders bei den Bauten mit nicht oder nur oberflächlich bearbeiteten Findlingen finden sich in den unteren Lagen der Ecken ungewöhnlich grosse Steine verwandt, so bei dem Berchfrit von Neuenburg solche von 1,50 m Länge und 0,60 m Höhe, bei der Schildmauer von Kräheneck im Nagoldtal von 2 m Länge und 0,55 m Höhe, während bei dem Bruchsteinbau des Schlosses Münichau in Tirol, ähnlich wie bei dem Turm von Mammertshofen diese Ecksteine die Länge von 3,50 m erreichen. — Mitunter scheute man bei Bauten dieser Art nicht, die zu unregelmässig geformten Enden der Steinblöcke weit — bis zu 30 cm — über die Mauerflucht vorstehen zu lassen. So bei einem (wohl deshalb) „Alemannenturm“ genannten berchfritartigen Turm des Schweizer Rheinstädtchens Kaiserstuhl, beim Berchfrit von Neufalkenstein im Kanton Solothurn und besonders auffallend beim Palas von Pfeffingen (Kap. 16). Beim Schlosse Meersburg am Bodensee sind die (zum Teil auffallend hoch) aus grossen Findlingen errichteten Bauteile zweifellos die ältesten des im übrigen zumeist nachmittelalterlichen Baues. —

Ueber die Anwendung des Fischgrätenverbandes im Mittelalter siehe S. 98 f.

Ueber Buckelquader, auch mittelalterliche, siehe oben S. 90 ff[2]). Letztere waren bei uns fast nur im Südwesten des deutschen Sprachengebiets, und auch da keineswegs überall gebräuchlich[3]). Sie kamen bei Burgen in erster Linie nur beim Berchfrit, in zweiter an der Ringmauer, überhaupt aber fast nur bei Sandsteinbauten vor, seltener bei Granit, Nagelfluh u. dgl., nie aber bei solchem Gestein, das nach der Art seines Gefüges und Bruches nur für Bruchsteinmauerwerk geeignet ist[4]).

Ueber die Zeit der Buckelquaderbauten pflegt ziemlich übereinstimmend angegeben zu werden, dass sie vom 12. oder 11. bis einschliesslich 13. Jahrh. — nach v. Cohausen (Befestigungsweisen S. 163 und vordem vielfach)

---

[1]) Beispiele in der Mark Brandenburg Beuten, Liebenwalde mit 8′ starken Mauern aus dem Anfang des 13. Jahrh. und Stolzenburg, erst 1368 genannt, in Mecklenburg die Marodei (Fig. 45). Ueber diese Mauerweise bei den Römern vgl. S. 89.

[2]) Wie dort, sind auch im folgenden bei nicht besonderer Bezeichnung solche mit Randschlag zu verstehen.

[3]) Die Gruppe der Buckelquaderbauten endet gegen Norden etwa mit Altwied und Kalsmunt. Berchfrite finden sich vereinzelt auch in Böhmen, so Klingenberg und Eger.

[4]) Bei dem Berchfrit von Kalsmunt bei Wetzlar ist der aus Basalt errichtete Bau nachträglich mit Buckelquadern aus Sandstein umkleidet worden. Vgl. am Schluss dieses Kapitels.

„zur Hohenstaufenzeit" — gebräuchlich waren[1]) und dann erst wieder in der Renaissancezeit aufkamen. Wenn sie nun in Wirklichkeit auch weitaus meistens aus dem 11. bis 13. Jahrh. stammen, so kann das ja insofern nichts Auffälliges haben, als eben weitaus die Mehrzahl unserer Berchfrite überhaupt in dieser Zeit gebaut wurde. Wir werden aber auch fast immer finden, dass, wo später noch eine Burg gebaut wurde, bei welcher Buckelquader nicht vorkommen, dieselbe in einer Gegend liegt, in welcher diese Bauweise auch früher gar nicht oder nicht überwiegend gebräuchlich war, oder dass sie einen Berchfrit nie hatte bzw. nicht mehr hat, oder endlich, dass sie aus einem Steinmaterial erbaut ist, welches auch früher nicht zu Buckelquadern verwandt wurde. Es hat ja auch an sich wenig Wahrscheinlichkeit für sich, dass eine sehr beliebte und zweckmässige Mauerweise (siehe darüber weiterhin) in einer Zeit, welche weder in der Geschichte der Baustile noch in der Entwicklung des Befestigungsbauwesens irgendwie einen besonderen Abschnitt bedeutete, ganz ausser Anwendung gekommen sein sollte, um erst etwa zwei Jahrhunderte später wieder aufgenommen zu werden.

In Wirklichkeit verhält sich die Sache so, dass allerdings spätere Burgen und Burgteile zu nennen sind, bei welchen, sei es der völlige Mangel, sei es die spärliche Anwendung von Buckelquadern, auch bei Berücksichtigung der vorhin bezeichneten einschränkenden Umstände immerhin die Folgerung zu rechtfertigen scheint, dass etwa vom Ende des 13. Jahrh. ab der Gebrauch der Buckelquader überhaupt auch in dieser späteren Zeit nie, wenn auch nur vorübergehend, ganz aufgehört hat.

Als eine Burg, bei welcher das Fehlen der Buckelquader bemerkenswert erscheint, ist u. a. die Hartenburg in der Rheinpfalz zu nennen. Die Burg wird schon 1214 urkundlich genannt und wurde dann 1471 bis 1510 und weiter um 1500 durch neue feste Bauten wesentlich erweitert. Von der ersten Anlage, siehe zu Fig. 167, ist wenig, besonders kein Berchfrit erhalten, und es kann daher aus dem Bau nicht der Satz hergeleitet werden, dass „in den Mittelrheinlanden der Buckelquaderbau mit dem Ausgang (?) des 13. Jahrh. verschwand"[2]). Von den Bauten des 16. Jahrh. zeigt der Turm *c* und die nördliche Ringmauer zahlreiche Steinbuckeln in Halbkugelform[3]). Keine Buckelquader zeigt auch der gesamte zwischen 1237 und 42 errichtete Bau von Neuleiningen. Erhellt hieraus, dass jedenfalls auch in der Rheinpfalz selbst im 12. und 13. Jahrh. keineswegs der Buckelquaderbau bei allen Burgen angewendet wurde, so findet sich dort andrerseits ein in dieser Technik errichteter Berchfrit auf der Burg Erfenstein, welche[4]) nicht lange vor 1380 erbaut zu sein scheint. Auch aus dem Elsass wird sich ein Verschwinden der Buckelquader im 13. Jahrh. jedenfalls nicht

---

[1]) Nach Prof. Dr. Schaefer (Kunstdenkm. im Grossherzogt. Hessen, Kreis Erbach, S. 101) wären „die mit Schlagrändern versehenen Bossenquadern . . . diesseits der Alpen . . . den ganzen karolingischen und romanischen Kunstkreis hindurch in Uebung gewesen". Aus der karolingischen Zeit sind sie meines Wissens bisher nicht nachgewiesen, auch schwerlich da schon vorgekommen. Zu den ältesten Buckelquaderberchfriten mag u. a. der wohl schon 940 vorhandene „Römerturm" von Pappenheim im Altmühltale gehören. An oberitalienischen Kirchen führt Dr. Mothes, Illustr. Baulexikon III, 373 freilich verschiedene bis um 700 zurückgehende Beispiele an.

[2]) Dr. Mehlis im Korresp.-Bl. des Gesamtvereins 1883, Nr. 8.

[3]) Vgl. Baudenkm. in der Pfalz II, 173.

[4]) Nach ebendas. S. 65.

nachweisen lassen. So werden von bezüglichen gotischen Burgbauten Wasichenstein 1272, Wangenburg und Waldeck im 14. Jahrh. und Wasenburg erst 1400 zum erstenmal genannt, wonach dann 1480 der Neubau der Hohkönigsburg folgt. Auch der 1343 erbaute Wohnturm von Glopper in Vorarlberg hat mehrfach Buckelquader[1]).

Nach v. Essenwein, Wohnbau S. 169, „erscheinen die Buckelquader fast allenthalben nur am Schlusse des 12. und der ersten Hälfte des 13. Jahrh.“ (tatsächlich kommen sie ja viel früher vor), „in Nürnberg z. B. aber gerade im 14. und 15. Jahrh.“. Die dortige Stadtmauer stammt aus der Zeit von 1345—1452. Besonders aber zeigen die sicher datierten Bauten der Stadt Konstanz, dass jedenfalls zu keiner Zeit der Buckelquaderbau ganz ausser Gebrauch gekommen war. Als solche Bauten sind (bzw. waren) dort vorhanden der Rheintorturm (zwischen 1198 und 1205 erbaut), der Schnetztorturm (Ende des 13. Jahrh.), der Pulverturm (um 1321), das gleichfalls zur Verteidigung eingerichtete Kaufhaus (1388), das Zunfthaus zur Katz (erstes Drittel des 15. Jahrh.), das abgebrochene Kreuzlingertor (1452) und das Vortor des Schnetztores (1459). Von diesen Bauten haben Rhein- und Schnetztorturm nach aussen ganz, gegen das Stadtinnere nur an den Ecken Buckelquadern, das Kaufhaus solche nur an den Ecken, die übrigen sind überall bzw. an den Stirnseiten mit solchen bekleidet.

Wie bedenklich es sein würde, nach dem Vorkommen bzw. Mangel von Buckelquadern mechanisch auf die Bauzeit zu schliessen, zeigt u. a. die untere Doppelburg der in der Uebergangszeit errichteten Dreistein-Burgen im Wasgau. Hier ist der Berchfrit ausschliesslich aus glatten Quadern errichtet, während anderes Mauerwerk ziemlich viele Buckelquadern zeigt, und doch ist durchaus nicht etwa anzunehmen, dass bei diesen, soviel bekannt, nie belagerten Burgen ausnahmsweise der Berchfrit, welcher überdies in den Palas der einen hineingreift, etwa erst später erbaut worden wäre. Ebenso ist bei dem ganz aus Buckelquadern erbauten Girbaden ebendaselbst der Berchfrit, der allgemein in das Ende des 12. oder Anfang des 13. Jahrh. gesetzt wird[2]), aus glatten Quadern errichtet[3]).

Andrerseits kommt es ja auch mehrfach vor, dass dieselben Türme nur zum Teil aus Buckelquadern errichtet sind. So haben die beiden nördlichen Ecktürme von Landsberg im Wasgau nur aus solchen bestehende Sockeln, während das übrige aus glatten Quadern erbaut ist, und bei den einander benachbarten Berchfriten von Freudenberg, Miltenberg und Wildenburg wurde gerade das Umgekehrte beliebt.

Wie vorhin erwähnt, zeigen Tortürme von Konstanz Buckelquader (auf ganzen Seiten und) nur an den Ecken, während bei der Dagsburg der Drei Exen im Wasgau der Berchfrit unten (9 Schichten) ganz, weiter hinauf nur an den Ecken mit Buckelquadern verkleidet ist. Der Berchfrit von Brandis (Südtirol), wohl 11. Jahrh., hat solche gar nur in den unteren Lagen der einen Ecke. An Wohngebäuden haben ferner solche auf

[1]) Meine Oesterreich. Burgen I, 133 f.

[2]) Hering, Girbaden 1881, S. 15, Woltmann, Gesch. d. deutschen Kunst im Elsass S. 197, Näher, Burgen in Elsass-Lothr. S. 23.

[3]) Hering a. O. S. 7 und 10.

Freudenberg und Nippenburg (Fig. **55**), laut Inschriften 1361 bzw. 1457 erbaut, sowie ein ungefähr derselben Zeit angehörendes auf Elbogen nur an einer bzw. mehreren Ecken Buckelquader. Durch diese Beispiele wird die hergebrachte Behauptung widerlegt, dass Buckelquader nur an den Ecken eines Baues (gewissermassen als eine Uebergangsstufe ihres Verschwindens überhaupt) eine Besonderheit des 13. Jahrh. seien[1]).

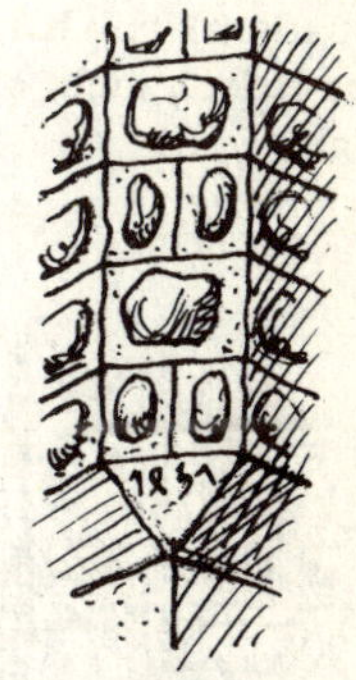

Fig. 55
Quaderecke von Nippenburg

Auch aus der verschiedenen Art der Buckelquadertechnik an sich wollen manche die Bauzeit erkennen können, und zwar anscheinend übereinstimmend in der Richtung, dass das Verschwinden dieser Quader im 13. Jahrh. schon in den bis dahin allmählich schwächer werdenden Buckeln seinen Ausdruck gefunden habe.

Wenn selbst, was nicht wahrscheinlich ist, eine zu gewissen Zeiten überall gleichmässige Ausführung der Buckelquadertechnik stattgefunden hätte, würde es doch einer Vergleichung zahlreicher sicher datierter Bauten bedürfen, um hierüber zuverlässige Regeln aufstellen zu können. Diese sichere Datierung ist aber ja bei fast allen älteren Buckelquaderbauten aus Mangel bestimmter Nachrichten unmöglich. Nach meiner Erfahrung lässt sich nur vielleicht sagen, dass die kräftiger vortretenden Bossen im allgemeinen mehr in der älteren Zeit bis etwa 1200 und dann wieder vom Ende des 15. Jahrh. an vorkommen, während andrerseits freilich ein Randschlag mit kaum bemerkbar erhöhten Buckeln sich ebenso schon bei dem um 1100 erbauten lothringischen Lützelburg als bei dem 1340 erbauten Hohandlau findet. Sehr sorgfältig kissenförmig bearbeitete Buckel finden sich u. a. am Trifels und dem Berchfrit von Prozelten am Main, beide dem 12. Jahrh. angehörend, sowie dann besonders später wieder da, wo die Buckelquader vereinzelt zum Schmuck vorkommen (siehe Fig. 55, sowie bei Umrahmung von Schiessscharten, Fig. 62)[2]). An der Nürnberger Stadtmauer (siehe vorhin) finden sich zwischen den ganz unbearbeiteten Buckeln einzelne in verschiedenen Formen sorgfältig gemeisselte.

Bei einigen Buckelquaderberchfriten — so Röteln und Cülsheim, beide in Baden — finden sich Steine, welche auf der Ansichtsfläche mit einander parallelen Rillen verziert sind. Schon bei römischen und fränkischen Särgen vorkommend, gilt dies (auf glatten

---

[1]) Hiernach wird es auch zu bewerten sein, wenn Prof. Dr. Schaefer (Kunstdenkm. im Grossherzogt. Hessen, Kr. Erbach, S. 101) schreibt: „Gerade die Ecksäume an solchen Wehrbauten, in der Form von abwechselnd übergreifenden Buckelquadern, deuten hierzulande mit Verlässlichkeit auf das 13. Jahrh."

Der Renaissance sind mehr die ganzen mit Buckelquadern besetzten Flächen eigen (Paläste Strozzi und Pitti in Florenz), während blosse Eckbuckelquadern immer und wohl schon in früher Zeit vorkamen. So schreibt Prof. Durm (Kunstdenkm. Badens I, 409) dem nur mit solchem versehenen Viereckturm des schon im 11. Jahrh. genannten Werenwag ein „hohes Alter" zu. Auch der ebenso erbaute Berchfrit von Hohenklingen stammt spätestens aus dem Anfang des 12. Jahrh.

[2]) Mitunter steht bei Buckelquadern die Höhe in auffallendem Missverhältnis zur Länge. So finden sich am (ehemaligen) Berchfrit des Schlosses Bürglen im Thurgau Steine von 1,50 m Länge und 26 cm Höhe und ähnlich bei dem (angeblich römischen) Turm Marsoeil in Chur 5—7′ lange und nur 12—14″ hohe. An dem von Kreuzfahrern in Syrien erbauten Schlosse Giblet finden sich Buckelquader, „provenant à coup sûr de quelque édifice antique", von 5 m Länge bei 1,5 und 2 m Dicke und Höhe. (Rey, Étude S. 118.)

Quadern) bei Kirchenbauten für ein Zeichen frühromanischer Zeit. Bei Berchfriten ist das jedoch nicht anzunehmen (Cülsheim wird erst 1144 genannt) und die Steine können auch so nicht wohl von Kirchenbauten herrühren, wo (Anm. 2) Buckelquader nahezu nie vorkamen.

Zur Technik dieser Bauweise ist noch zu bemerken, dass es Regel war, jede (senk- oder wagerechte) Ecke des Baues durch einen glatten Randschlag zu markieren (vgl. dazu Fig. 23), so dass hier die Ecksteine immer zwei Buckeln, unter Umständen auch deren drei (Stein *a b* in Fig. **56** Türumrahmung im Zwinger des Trifels) und vier (der oberste Eckstein am Sockel eines Berchfrits) haben. Der besonderen Form einzelner Steine folgte natürlich auch der Buckel in gleicher Figur (Fig. 56 und sonst).

Fig. 56
Buckelquader von Trifels

Etwas Aehnliches bietet die Art, wie bei den vorhin genannten Wohnbauten auf Nippenburg, Freudenberg und Elbogen, die mit Buckelquadern nur verzierten Ecken abgeschrägt sind, Fig. 55, sowie in meinen Oesterr. Burgen I, Fig. 65.

Bei bearbeiteten Buckeln kommt neben der Tafel- und der Polsterform die seit der Renaissancezeit beliebte Diamantform, anscheinend schon frühzeitig vereinzelt, vor. Der *Palazzo vecchio* in Florenz hat teilweise Quader, deren Buckel in eigentümlicher Abschrägung nur zum Teil behauen sind[1]).

Wenn man auf der Ansichtsfläche der Buckelquader nur ringsum einen Rand wie zu einem glatten Quader abmeisselte, so genügte das für den Maurer dazu, sich zu vergewissern, dass er eine nach Schnur und Lot gerade Wand aufführte, und man konnte sich die weitere Steinmetzarbeit um so mehr ersparen, als die Buckeln mit ihrer glatten, die Fugen markierenden Umrahmung zugleich für das Auge von hübscher Wirkung waren.

Als weitere, wenn nicht gar alleinige Zwecke dieser Technik geben andere — so v. Cohausen, v. Essenwein, v. Ritgen, Grueber, v. Becker — die an, dass die Buckeln „das Aufrichten von Leitern erschweren und die feindlichen Steinkugeln zerschellen und unschädlich machen" sollten[2]). Dagegen ist folgendes zu bemerken: Erstens

---

[1]) Auf der Altenburg bei Bamberg ist an einem Teile der Ringmauer eine vertiefte Umrahmung der Quader in der einfacheren Weise hergestellt worden, dass jedem nur auf der rechten und der unteren Seite ein Randschlag gegeben wurde. Es handelt sich da aber um Mauerwerk erst von 1860.

[2]) v. Cohausen, Burgfriede 36 und 46. Wenn daselbst dies zugleich als der Grund angegeben wird, dass wir Buckelquader nie bei Kirchenbauten finden, so ist das nicht ganz zutreffend. Sie finden sich, von älteren Kirchen in Italien abgesehen, z. B. an dem alten Südportal von Jung-St. Peter in Strassburg, am Unterbau der Marienkapelle bei Niederschlettenbach im südl. Hardtgebirge (Lehmann, Burgen der Pfalz I, 71), am Turm der alten Stiftskirche zu Boll (Württemb. Vierteljahrsschr. 1882, S. 17), an den Ecken der Kirchenruine zu Krosigk im Saalkreis (Bau- u. Kunstdenkm. d. Prov. Sachsen. N. F. I, 508), einer früheren gleichnamigen Burg entnommen, an den Ecken des Kirchturmes von Hirnsberg in Oberbayern und am ganzen Schiff der St. Gebhardskapelle bei Bregenz. Wenn die letztere auch aus einem alten Burgbau hervorgegangen ist, so widerlegt dies Beispiel doch wohl gleichfalls die von v. Cohausen wiederholt geäusserte Ansicht, dass die Buckelquadern für kirchliche Bauten unwürdig gehalten worden seien. Uebrigens gab es ja auch zahlreiche Kirchenkastelle. Mitunter, so z. B. in Günzburg in Bayern, wurden auch Buckelquadertürme später zu Kirchtürmen benutzt.

ist ja nicht die einzige, ja nicht einmal die zweckmässigste Methode, eine Leiter aufzurichten, die, dass man sie an der Wand in die Höhe schiebt. (Uebrigens pflegten Sturmleitern vorn kleine Räder zu haben.) Zweitens sind die Buckeln meistens ganz flach und aus weichem Stein bestehend. Drittens würde man sie, wenn sie die angegebenen Zwecke gehabt hätten, wenigstens bei der einen oder anderen Burg einmal vorzugsweise und etwa stark ausgeprägt da angebracht finden, wo sie diesen Zwecken am ersten entsprochen hätten, so besonders an der Ringmauer der Angriffsseite. Sehr bezeichnenderweise kommen sie aber da seltener als an der Innenwandung (!) von Türmen vor[1]).

Francesco di Giorgio Martini, der im 15. Jahrh. einen Trattato di Architettura civile e militare schrieb, wollte (nach Jähns, Geschichte der Kriegswissenschaften S. 437) die Aussenseite von Türmen „mit pyramidalen Erhöhungen besetzen zu dem Zwecke, den Flug der anschlagenden Kugel im letzten Augenblick zu winkeln und dadurch ihre Durchschlagskraft zu schwächen". Das Werk Francescos ist jedoch „durch vier Jahrhunderte fast unbeachtet geblieben". Andrerseits hatte schon Philo von Byzanz, der wahrscheinlich um 150 v. Chr. lebte, in seinem teilweise erhaltenen Werke über Poliorketik empfohlen (vgl. ebendas. S. 41), die äusseren Steinlagen der Mauern aus sehr hartem (!) Material und so zu konstruieren, dass jeder einzelne Block mit einer Spitze um etwa eine Palme (0,08 m) vor die Fläche vorspringe, um gleichfalls die Geschosse abzuleiten. Wie man sieht, handelt es sich in beiden Fällen um kaum beachtete und so nie ausgeführte Vorschläge, wie allerlei derartige in der Literatur der Befestigungskunde zu allen Zeiten zutage gefördert wurden. Von beiden Schriftstellern hat man auch jedenfalls bei uns zur Zeit, da die Buckelquaderbauten im Schwange waren, nichts geahnt.

Ein mitunter noch angegebener dritter Zweck der Buckeln, der, dass die atmosphärischen Niederschläge durch sie behindert werden sollten, in die Steinfugen zu treffen, hat noch weniger Sinn, abgesehen davon, dass gerade im Winter der Schnee mit Vorliebe zwischen den Buckeln haften musste.

Dass bei den Buckelquadern der Randschlag, und nicht die stehengebliebenen Buckeln das zunächst allein Gewollte waren, ergibt sich auch daraus, dass bei derartigen Bauten besonders aus Sandstein nicht selten ganze Partien einer Wandfläche den Beschauer darüber im unklaren lassen, ob man es eigentlich mit einem Bossenquaderbaue zu tun habe oder nicht, weil die umrandete Steinfläche kaum irgendwo über den Randschlag erhaben ist. Man hatte eben den mit glatten Seitenflächen aus dem Bruche hervorgegangenen Stein auch an der Gesichtsfläche fast oder völlig unbehauen gelassen, anstatt etwa durch vertieften Randschlag mit Fleiss Buckeln hervorzubringen. Der angegebene Zweck tritt auch vollends deutlich zutage bei den nicht seltenen Bauten, welche — im übrigen besonders aus unbearbeiteten Findlingen errichtet — ganz allein an den vier Kanten einen hinauflaufenden glatten Beschlag zeigen. Sollten hier gerade Wände aufgemauert werden, so musste man sich eben vor allem vergewissern, dass die vier Eckkanten lotrecht waren[2]). —

---

[1]) Beispiele: Der „schwarze Turm" zu Eger (meine Oesterr. Burgen II, 46), der „fünfeckige" der Nürnberger Burg, der (auch für „römisch" gehaltene) „Diebsturm" zu Harburg, die beiden Berchfrite von Lützelburg im Wasgau, die beiden halbrunden Batterietürme der Hohkönigsburg, der Berchfrit von Gelnhausen etc. Auch im Innern von Palasen kommen Buckelquader vor, und bezeichnenderweise hat die Ringmauer von Nürnberg (so beim Frauentor) auf der Innenseite durchweg Buckel-, nach aussen meistens glatte Quader.

[2]) Aus dem gleichen Grunde finden sich bei Bauten aus Findlingen auch wohl einzelne Ecksteine ringsum mit einem oberflächlichen Randschlage versehen, so bei Schopfeln am Bodensee, oder die Ecken aus ganz glatt behauenen Quadern gebildet, wie bei Brunnenburg bei Meran.

Die uralte Regel, die Ecken eines Baues durch Verwendung grösserer und wenigstens auf den Lagerseiten sorgsam abgeflächter Steine besonders fest und sicher aufzumauern, findet sich auch bei den Burgbauten, und da vorzugsweise beim Berchfrit, fast immer befolgt. Nahezu immer werden da längliche Steine verwendet, die, wie fast selbstverständlich, immer umschichtig ihrer Länge nach in das Mauerwerk der einen und der anderen der beiden aneinanderstossenden Seiten eingreifen (Quaderkette). Ausnahmsweise erhielten auch Backsteinbauten solche Quaderecken, so durchweg die zu Anfang des 14. Jahrh. erbaute Burg Lechenich, und wird ebenso auch wohl selbst ein ganz stumpfer Winkel einer Bruchsteinringmauer durch entsprechend behauene Quader gesichert (Rottenburg in Tirol)[1]). Auch bei der Hausteinumrahmung einer Tür u. dgl. liess man nicht selten einzelne Steine seitlich weiter in das Mauerwerk eingreifen.

Ein eigentümlicher Baustein ist der in vieleckigen Säulen zutage stehende Basalt. Er bricht vielfach in so langen Stücken, dass diese durch die ganze

Fig. 57 Palas zu Kaiserswerth

Mauerdicke reichen, und bedarf bei seinen regelmässigen glatten Flächen zu einer verhältnismässig festen Lagerung keiner Bearbeitung. Da jedoch, zumal bei der Ungleichheit der Durchschnittsfiguren, leicht ein Seitenschub eintreten kann, werden auch hier regelmässig die Ecken durch Quadern aus anderem Gestein befestigt. Gutenteils aus solchem Säulenbasalt sind u. a. die Burgen Münzenberg, Felsberg, Weidelburg und der Palas von Kaiserswerth erbaut. Bei dem letzteren sind, wie (Fig. **57**[2]) zeigt, die sichernden Quader in noch viel weiterem Masse angewandt. —

Grössere Quadern, sowie auch unbehauene Steinblöcke wurden mit Anwendung der anscheinend im 11. Jahrh.[3]) aufgekommenen Mauerzange —

---

[1]) Darüber, wie auf Schachenstein an der stumpfen Ecke eines Turmes nur rechtwinklige Quader verwandt sind, siehe meine Oesterr. Burgen II, 186.

[2]) Nach Bericht V über die Tätigkeit d. Provinzialkomm. in d. Rheinprov. (1900). Ueber das Bauwerk siehe weiter im 15. Kapitel.

[3]) Nach Prof. Schaefer (Kunstdenkm. Hessens, Kr. Büdingen S. 55) „pflegte man in gotischer Zeit mit der Mauerzange zu versetzen“. Nach v. Cohausen, Mauerverbände S. 57 wäre „die Mauerzange erst im 14. Jahrh. in Anwendung gekommen“, in Befestigungsweisn S. 145 wird jedoch statt dessen schon die Mitte des 12. angegeben. Richtiger Krieg v. H., Milit.-Arch. 294 f., wonach sie schon in der zweiten Hälfte des 11. Jahrh. in Gebrauch gewesen ist. Kropflöcher finden sich z. B. schon in der Ringmauer der Hauptburg von Landsberg im Wasgau aus dem Jahre 1200, an den Berchfriten der 1079 erwähnten Burg Hohnack daselbst, des 1144 genannten Cüls-

auch Adlerzange, Kropfzange, Teufelsklaue genannt — zu den oberen Lagen des Mauerbaues hinaufgewunden und dazu auf zwei einander parallelen Seiten mit Kropflöchern versehen, in welche die nach innen gebogenen Zangenspitzen hineinfassten. Mauern, deren Steine diese Kropflöcher zeigen, können also nicht aus römischer Zeit stammen[1]). Mitunter — so auf einzelnen Quadern der Hohkönigsburg und vielfach im obersten Stockwerk des Berchfrits von Trifels — findet sich auf der Ansichts- also gewiss auch auf der Rückfläche der Steine anstatt des einfachen, nicht tiefen Zangenloches eine Ausmeisselung, bestehend aus zwei — auch von gemeinsamer Mündung aus — auseinandergehenden, etwa 7 cm langen Löchern (Schnitte Fig. **58**). Welche Form das dazu gehörende Hebeeisen hatte, dürfte nicht ohne weiteres klar sein. Einer der betreffenden Quader auf der Hohkönigsburg hat ein spätgotisches Steinmetzzeichen. —

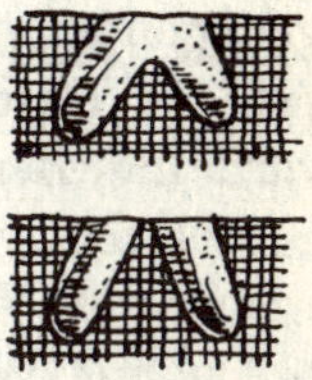

Fig. 58
Zangenlöcher von Trifels

Handelt es sich nun darum, ein zusammenfassendes Ergebnis der bisherigen Untersuchung über die Entwicklung der mittelalterlichen Mauertechnik zu gewinnen, so kann ich nur in beschränktem Masse zustimmen, wenn v. Cohausen, Mauerverbände S. 52 (in fast wörtlicher Wiederholung des schon Bergfriede S. 5 Bemerkten) schreibt: „Nicht wie der Steinmetz, der, den Stil seiner Zeit scharf ausprägend, rasch wechselt und plötzlich aus weiter Ferne eine neue Weise einführt, führt uns der Maurer trocken und stetig, dem Landesbrauch und Material treu, nur langsam wechselnd, von Jahrhundert zu Jahrhundert und gibt in seiner Werkweise, in der Bearbeitung und Lagerung seines Materials, in seinen Mauerverbänden, seinem Mörtel und den hinterlassenen Spuren seiner Rüstungen dem Bau ein nicht minder wahrhaftiges Taufzeugnis als der Steinmetz." Der Genannte hat sich auch in dieser Arbeit darauf beschränkt, „einiges Material" zu solcher „sehr wünschenswerten Geschichte der Mauertechnik"

heim in Baden und der Kyburg, welche für einen Bau aus dem Ende des 11. Jahrh. gilt (Mitteil. d. Züricher antiquar. Gesellsch. 1894, 329), sowie an der in dieselbe Zeit zu setzenden Buckelquaderringmauer der Pfalz zu Egisheim (siehe S. 122). Wenn die Kropflöcher erst am oberen Teile eines Baues vorkommen, erklärt sich das daraus, dass die Zange erst da notwendig wurde. Häufig haben übrigens keineswegs alle nebeneinander befindlichen Steine desselben Baustückes auf ihrer Ansichtsfläche die Kropflöcher. Es ist schon das ein Beweis, dass das durchgängige Fehlen derselben nicht einen Schluss auf eine noch ältere Bauzeit rechtfertigen würde. So zeigt z. B. die „Kaiserstallung" von 1495 neben der Nürnberger Burg auf ihren Quadern keine Kropflöcher.

[1]) Baurat Dr. Mothes bemerkt im Korresp.-Bl. des Gesamtvereins 1896, S. 18: „Die Mauerzange, scharf zu unterscheiden vom Kropfeisen oder Wolf, kam nicht erst im Jahre 1200 auf. Die bekannten Löcher für ihre Klauen kommen schon an Römerbauten etc. vor, sowie an Longobardenbauten des 7. und 8. Jahrh. Dass sie nicht überall erscheinen, hat einen sehr einfachen Grund. Ein sorglicher Bauführer leidet nicht, dass sie an den Frontseiten der Steine eingearbeitet werden, sondern verlegt sie in die Stossfuge." Sollten diese Sätze zutreffend sein — es wären manche Bedenken entgegenzusetzen —, so würden freilich die Zangenlöcher für eine Bestimmung der Bauzeit völlig untauglich sein. Dass die Römer den noch heute gebräuchlichen Wolf, behufs dessen Anwendung nur in der oberen Seite des Steines ein viereckiges, nach unten erweitertes Loch gemeisselt wird, schon gekannt haben, ist durch Fundstücke hinlänglich erwiesen. (So Schaaffhausen in Bonner Jahrb. 1877, S. 153.)

zu geben; meiner Ansicht nach könnte eine solche in dem Masse, dass danach überall die Bauzeit eines schlichten Mauerwerkes zu bestimmen wäre, überhaupt nicht geschrieben werden. Nach meiner auf vielfache Beobachtung gestützten Ueberzeugung konnten Maurer, die an Ort und Stelle ein gleichartiges Material vorfanden, in ganz gleicher Weise ein schlichtes Mauerstück in Südtirol, in Siebenbürgen und in Luxemburg aufführen, gleichviel ob das hier etwa im 12., dort im 14. Jahrh. geschah. Nur etwa für einen eng begrenzten Bezirk könnte aus einer genügenden Anzahl von Bauten, deren Zeit ganz sicher bekannt ist, eine solche örtliche Geschichte der Mauertechnik hergeleitet werden. Diese Voraussetzung wird indessen selten zutreffen, und auch dabei würde noch die Möglichkeit zu berücksichtigen sein, dass einmal von aussen zugereiste Maurer eine ganz abweichende Werkweise angewendet hätten. Inwieweit ausnahmsweise einzelne besondere Werkweisen mit einiger Sicherheit bestimmten, aber auch zumeist Jahrhunderte umfassenden Zeiträumen zugerechnet werden können, ist bereits gezeigt worden.

Ueber die Entwicklung der Mauertechnik bei den Kirchenbauten der älteren Zeit bemerkt Otte, Kirchl. Kunstarchäol. S. 42:

„Im 11. Jahrh. herrscht allgemein das „opus incertum“, Mauerwerk aus Bruchsteinen, an den Ecken (und zuweilen im Grundbau) durch Quaderschichten zusammengehalten. Bei den Tuffsteinbauten am Niederrhein, bei denen das Material in grossen, länglichen Stücken zur Anwendung kam, ist wenigstens die Horizontalität der Lager, die gewissermassen wellige Linien bilden, möglichst und dabei eine ängstliche Sauberkeit in den Fugen streng beobachtet, während seit dem 12. Jahrh. der Tuff in kleinem Format, backsteinähnlich zugehauen, im regelrechten Verbande vorkommt. In anderen Bruchsteinbauten zeigt sich in der Frühzeit (in der Krypta von St. Michael zu Fulda a. d. 12. Jahrh.) ebenfalls das Streben nach Horizontalität der Lager mit wechselnden Stossfugen. Am Dome zu Speier und an der Klosterkirche zu Limburg a. d. H. aus dem 11. Jahrh. erscheint Rauhmauerwerk aus rotem Sandstein in unregelmässigen Bruchstücken; doch sind die Steine ziemlich lagerhaft und möglichst in wagerechte Schichten gebracht, zwischen starken Mörtellagen zur Ausgleichung der Unebenheiten. Eine Anwendung des Hammers ist nirgend bemerklich, und die Steine liegen in der Mauer, wie sie aus dem Steinbruche kamen. An dem Bruchsteinmauerwerk von St. Michael zu Fulda aus dem 11. Jahrh. findet sich durch Fugenlinien, welche in die starken Mörtellagen eingekratzt sind, eine scheinbare Quadrierung hergestellt[1]). An der Westfront des Domes zu Trier besteht das Mauerwerk des 11. Jahrh. zum grössten Teil aus Werkstücken von Sandstein und Muschelkalk von zuweilen bedeutendem Masse, die indessen aus römischen Trümmern entnommen wurden. Sonst ist vollständiger Quaderbau in jener Frühzeit nicht nachgewiesen: Derselbe beginnt erst im 12. Jahrh.[2]), breitet sich allmählich aus und bleibt endlich vorherrschend, obgleich selbstverständlich im Innern der Quadermauern und bei minder kostspieligen Bauten das Bruchsteinmauerwerk stets gebräuchlich blieb.“

Die an kirchlichen Bauten beobachtete Mauertechnik ist insofern auch für Burgbauten von Interesse, als die Bauzeit jener sicherer nachweisbar zu sein pflegt, und andrerseits nicht anzunehmen ist, dass die Technik bei nichtkirchlichen Bauten eine kunstmässiger entwickelte war. Buckelquaderbauten scheinen hier allerdings, wie S. 140 f. gezeigt, schon im 11. Jahrh. vorgekommen zu sein. —

Bei den auf Felsen stehenden Burgen findet man nicht selten, dass das Mauerwerk nicht nur bis unmittelbar an den Rand des Abhanges hinausgerückt ist, sondern auch hie und da an diesem noch weiter hinabreicht, soweit er, noch

[1]) Dieselbe Technik stand bis um die Mitte des 12. Jahrh. in Mageburg und den Marken in Uebung. (Vgl. übrigens oben zu Fig. 20.)

[2]) v. Quast, Zeitschr. f. chr. A. u. K. I, 272.

nicht völlig senkrecht, für solches Mauerwerk noch irgend Platz und eine sichere Unterlage bieten mag. Da hier von der Oberfläche des Felsens aus nicht mehr anzukommen war, auch der Höhe desselben wegen an ein etwa von unten aus aufgeführtes Baugerüst in der Regel nicht zu denken ist, so bleibt nur übrig anzunehmen, dass die Arbeiten hier durch ein, der Oertlichkeit nach nicht eben einfach herzustellendes Hängegerüst ermöglicht werden mussten.

Ueberhaupt spielt zweckmässigerweise besonders bei Höhenburgen solche Futtermauer als unterer Teil einer Aussenmauer — siehe auch Kap. 23 — vielfach eine hervorragende Rolle. Der Verteidiger erhielt dadurch eine beträchtlichere Höhenstellung über dem Feinde, und durch ein von diesem unten in die Mauer gebrochenes Loch konnte weder ein Eingang in die Burg gewonnen, noch bei hinlänglich tüchtigem Mauerwerk das darüber befindliche zu Fall gebracht werden.

Andrerseits scheint es nicht gerade gebräuchlich gewesen zu sein, zur grösseren Sicherheit gegen das Ersteigen den Felsen dicht an dem Mauerumzug der Burg steil abzuschneiden. Die Zimmerische Chronik, Aufl. 2, III, 111 bemerkt in dieser Beziehung, dass Herr Gotfridt Wernher (von Zimmern † 1554) „*ain wunderbarliche art zu baueu an ime gehapt und merteils für steigen gebawen, derhalben er zu Zimbern den felsen beschrotten und mit hochen mauren einfassen wellen, allain für das steigen; also hat er Wildenstain auch gebawen und usser solchen bedenken den felsen so nahe abher gebrochen, das zu besorgen, wo das nit zeitlich underkommen, werde es in die harr nit guet thuon. . . Es lassen sich die Felsen nit zwingen, sonderlichen in unserer landsart, dann sie selten ganz und ohne gless und gallen*“. Das Hinausschieben des Baues bis unmittelbar an den Rand eines Felsens von nicht fester Gesteinsart hat ja denn auch mehrfach ein Hinabstürzen dieses Randes und des ihn belastenden Bauteiles veranlasst. Bekannt ist u. a., dass auf Runkelstein ein Teil der Vintlerschen Fresken auf solche Weise zerstört wurde. Wohl aus solchem Grunde ist als seltene Ausnahme der Bau der Rudelsburg nördlich etwa anderthalb Meter weit von dem Rande des hier senkrecht aus der Saale aufsteigenden Sandsteinfelsens abgezogen, obgleich der Bauplatz beschränkt und auf dieser durchaus sturmfreien Seite etwa ein freier (zwingerartiger) Raum für die Verteidiger unnötig war. —

Bei unregelmässigem felsigem Baugrunde musste nicht selten eine Gebäude- oder Ringmauer mittels eines mehr oder weniger weit gespannten Bogens über eine Lücke hinweggeführt werden. Solche Tragbögen finden sich u. a. bei den Wasgauburgen Girbaden, Hagelschloss, Dreistein und Hohrappoltstein. Bei letztgenannter Burg steht sogar ein Teil des Berchfrits auf solchem Bogen. Bei der mittleren der Dreisteinburgen ruht eine 2,65 m starke schildmauerartige Wand zum Teil auf zwei einander schneidenden Bögen (*a b* und *c d*. Fig. **59**). Eine schräg am Abhange hinablaufende Felsspalte ist auf Gutenstein (Niederösterr.) mit einem 5—6 m weiten Spitzbogen aus Ziegeln[1]) und war auf Hohengerhausen gar mit einem 10,50 m weiten Rundbogen aus Hausteinen[2]) überbrückt. Mitunter begnügte man sich damit, einfach Holzbalken von einem Felsen zum anderen zu legen. So ruht noch bei Habstein in

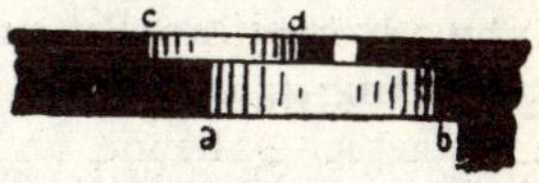

Fig. 59
Tragbögen von Dreistein

[1]) Meine Oesterr. Burgen II, 77 mit Abbild.
[2]) Mein Aufsatz in Blätter d. Schwäb. Albvereins 1900, 262 m. Grdr. u. Abbild.

Böhmen eine meterdicke Wand auf solchen. Mitunter, so auf Karlstein in Böhmen und Mauterndorf, findet man auch in höheren Teilen einer Mauer ohne erkennbaren Anlass Entlastungsbögen eingespannt. —

Bei einiger Aufmerksamkeit findet man in zahlreichen Burgruinen enge, wagerecht laufende Kanäle, welche die Mauern entweder im rechten Winkel durchschneiden oder inmitten derselben deren Längsrichtung folgen. Diese Kanäle sind entweder rund oder viereckig. Jene haben nur einen Durchmesser bis zu mässiger Armesdicke und finden sich lediglich quer die Mauerdicke durchschneidend, während die viereckigen zumeist die Dicke eines mässig starken Holzbalkens zeigen und längs, seltener quer durch die Mauern laufen.

Bedeutung und Zweck dieser Kanäle werden verschieden erklärt. Laien pflegen dieselben in einigermassen dazu geeigneten Fällen für Sprachrohre zu halten[1]), während sie, in einem Einzelfalle wenigstens, von wissenschaftlicher Seite auch als Ventilationskanäle gedeutet werden[2]). Nicht selten findet man sie jedoch mit unversehrtem oder mit mehr oder weniger verolmtem Holz angefüllt, und lässt diese Wahrnehmung über die Entstehung und Bedeutung auch der jetzt ganz leeren Kanäle keinen Zweifel übrig. Dieselben sind ursprünglich sämtlich mit fest eingemauertem Holz ausgefüllt gewesen.

Entstehung und Zweck dieser Holzbalken sind jedoch nicht immer durchaus dieselben. Es gilt das besonders von den quer die Mauer durchschneidenden.

Diese können zunächst Ueberreste des bei Errichtung der Mauer gebrauchten Gerüstes sein.

Schon die Römer bedienten sich, wie u. a. die Heidenmauer zu Wiesbaden zeigt, für ihre Gerüste sehr schwacher, 5 bis 6 cm dicker Ausleger, Rüstriegel oder Rüsthebel, welche, ganz durch die Mauer gehend, auf beiden Seiten derselben gleich weit, ca. 0,5 m vorstanden[3]). Ebenso bediente man sich beim mittelalterlichen Burgenbau weit häufiger als heutzutage des schwebenden Gerüstes. Die Ausleger wurden auf einer Mauergleiche in meist geringen Abständen dergestalt quer auf die Mauer gelegt, dass sie aussen und innen ziemlich gleichmässig vorstanden, und nur darüber noch einige Schichten aufgemauert. Unter den vorstehenden

---

[1]) Auch in Prof. Kraus, Kunst und Altert. in Elsass-Lothr. II, 7 findet sich bezüglich des (mir nicht bekannten) Berchfrits von Altschloss im Wasgau die Bemerkung: „An seiner nördlichen Innenmauer eine ca. 0,40 m im Durchschnitt messende, sorgfältig aus Hausteinen gemauerte Röhre, die entweder als Kamin oder bei Belagerungen usf. als Sprachröhre gedient hat." — Kamine waren in Berchfriten nicht selten, während Sprachrohre — hier an sich kaum von Nutzen — überhaupt zur Zeit der Buckelquaderberchfrite schwerlich schon im Gebrauch waren.

[2]) In den Mitteil. der k. k. Centralcommission v. 1870, S. 97 ff. heisst es von der Burgkapelle von Starhemberg bei Piesting: „Einer Eigentümlichkeit ist noch Erwähnung zu tun. In der Apsis nämlich befinden sich 3′ über dem Fussboden acht, 3″ im Durchmesser habende und durch die Mauer gehende Löcher. Nachdem wahrscheinlich die beiden Fenster eine feste Verglasung hatten, so können diese Röhren nur als Luftschläuche gedient haben."

[3]) Vgl. v. Cohausen, Wehrbauten S. 14 f. Der Verfasser bezeichnet seine (gewiss unbegründete) Behauptung, dass bei den Römern der „Materialientransport" über die dadurch erst festgetretene Mauer ging, als eine durch die geringe Stärke der Rüsthebel notwendig gewordene Massregel. Auch bei unseren Burgbauten waren indessen diese Hölzer wesentlich dünner als heute gebräuchlich ist, und gingen, wie man oft genug sehen kann, bis auf 6 cm Durchmesser hinab.

Enden[1]) wurden dann Spreizen, Bügen oder Steifen an- und dann die Streichstangen etc. aufgebracht. Beim Abrüsten sägte man die straff vermauerten Ausleger glatt an der Mauer ab[2]). Man verzichtete um so eher auf die Wiederbeseitigung derselben, als man damit zugleich feste, wenn auch nur hölzerne Binder für das zunächst noch nasse Mauerwerk gewonnen hatte.

Solche hölzernen Binder wurden nun aber auch ohne dass dieselben zum Baugerüst gedient hätten, eingemauert.

Wenn die Mauerkanäle zunächst von solchem herrühren, so erkennt man dies daran, dass sie in wagerechten Reihen und regelmässigem, nicht weitem Abstande sich zeigen. Andernfalls handelt es sich um Binder lediglich zur Befestigung des Mauerwerks.

Beispiele vom ersteren finden sich häufig. Die beiden den Mauerecken zunächst liegenden Ausleger sind dabei zweckmässigerweise regelmässig in schräger Richtung angebracht. Dagegen können beispielsweise die ähnlichen zum Teil noch mit Holz ausgefüllten Kanäle in dem Zinnenkranze des Berchfrits von Burg Schwalbach (Fig. **60**) keinenfalls von einem Mauergerüst herrühren, sowohl ihrer unregelmässigen Verteilung wegen, als auch weil bei solchem über der letzten Gewölbedecke nur noch manneshohen Mauerwerk ein Gerüst überhaupt nicht nötig war.

Fig. 60 Zinnen von Burg Schwalbach

Sind nun aber die quer die Mauer durchschneidenden Hölzer bzw. Holzlöcher zumeist Reste des Baugerüstes, so sind anders die in der Mauer entlang laufenden durchweg Ankerbalken zur Festigung des Mauerwerkes bzw. rühren die jetzt leeren Kanäle von solchen her.

Auszubescheiden sind hier nur die Balkenriegel zum Verschlusse der Türen. Diese Ausnahmefälle sind indessen leicht daran zu erkennen, dass die (häufig mit Brettern ausgefutterten) Löcher nach innen dicht vor der zu verschliessenden Tür liegen, wenig tiefer sind als die gesamte Türbreite und auf der entgegengesetzten Seite der Türlaibung eine ganz kurze Fortsetzung finden[3]).

Eigentümlicherweise läuft bei dem runden Berchfrit von Sannegg in der 2,70 m betragenden Mauerdicke des Verliesses ein 30 cm weiter Kanal wagerecht um den ganzen Turm. Es ist das meines Wissens das einzige bekannte Beispiel dieser Art, und der Zweck konnte (neben Ersparung an Mauerwerk) wohl nur der sein, die Austrocknung zu fördern. —

Bisher ist nur von wagerecht die Mauer durchziehenden Hölzern die Rede gewesen. Es finden sich aber auch, wiewohl ungleich seltener[4]), deren senkrechte

[1]) Es ist anzunehmen, dass bei grosser Mauerdicke die beiden vorstehenden Enden der Ausleger zu Gerüsten benützt wurden, um von aussen und innen zugleich mauern zu können. Durchaus nicht immer freilich gingen — wie v. Cohausen, Mauerverbände S. 239, anscheinend meint — die Rüsthebel durch die ganze Mauerdicke.

[2]) Vgl. Müller und Mothes, Baulexikon, Art. „Gerüste".

[3]) In den selteneren Fällen der dünneren Balkenriegel beim Verschlusse von Fenstern gilt natürlich entsprechend Aehnliches.

[4]) Die gebrochenen Mauern einer Ruine bieten von ihrer Bruchfläche zunächst nur die seitliche (von oben nach unten gehende), nicht so leicht die obere mehr oder weniger hoch-

und schräge. Indessen kommen diese allem Anschein nach nicht vereinzelt vor, wie die wagerechten, sondern nur mit diesen und unter sich derart zu einem vollständigen Holzfachwerk verbunden, wie solches ähnlich noch heute bei Gebäuden angewandt wird. Der Unterschied liegt im wesentlichen nur darin, dass in den hier behandelten Fällen das Holzwerk nicht dem Auge sichtbar blieb, sondern ihm besonders an der nach aussen gekehrten Seite eine mehr oder weniger dicke Steinschicht vorgemauert wurde.

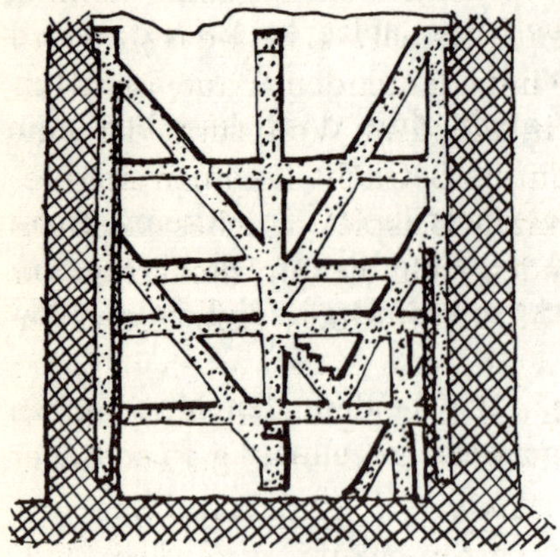

Fig. 61
Holzkonstruktion von Nolling

Das bemerkenswerteste Beispiel solcher Holzkonstruktion bietet wohl die Ruine Nolling am Rhein (Fig. **61**).

Die ungewöhnlich kleine Burg besteht nur noch aus einem engen Wohngebäude, dessen bergwärts gelegene Seite zu einer von zwei Rundtürmen flankierten Schildmauer erweitert und verstärkt ist. Diese vier Wände sind nun ganz von einem Holzfachwerk durchzogen gewesen, welches — heute nur noch die leeren Kanäle bietend — an der Innenfläche der Schildmauer flach zutage, bei den drei übrigen Wänden zumeist 30 bis 50 cm einwärts lag.

In Bezug auf Entstehung und Zweck solches vollständigen Holzfachwerks in Burgmauern ist v. Cohausen der Ansicht[1]), dass es sich dabei um tunlichst beschleunigte Aufrichtung eines von Feinden bedrohten Befestigungswerkes, die Erbauung desselben gewissermassen „im feindlichen Feuer“ um einen vorläufigen Holzbau gehandelt habe, welcher dann dem Steinbau als Gerüst und Schablone diente; die Bekleidungsbohlen wurden beseitigt in dem Masse, als die Mauern in die Höhe stiegen, das Zimmerwerk aber blieb im Innern ganz oder teilweise von der Mauerdicke umschlossen stehen; und so finden wir es hier und da, nachdem es vermodert ist, als Röhren und Kanäle in den Mauern. ... Die Entstehung (solcher Röhren) ist gewiss die genannte, wie man in Liebenstein und deutlicher am Nolling über Lorch am Rhein erkennen kann[2]).

---

liegende dem Auge des Beschauers dar, und überdies wird ein von hier aus nach unten gehendes Loch leicht mit Schutt usw. verstopft. Dies mag immerhin dazu mitwirken, dass man nicht so häufig die Oeffnung eines senkrechten oder schrägen Mauerkanals wahrnimmt als die eines wagerechten.

[1]) Bergfriede S. 41 ff. Den beigegebenen Abbildungen ist die obige Figur entnommen.

[2]) Ebendas. S. 44 wird dann allgemein bemerkt: „Selbst in dem Ausdruck eine „Burgk uff schlagen“ oder eine „Burg schlagen“, den die Limburger Chronik, wie wir „eine Brücke schlagen“ oft gebraucht, liegt der Begriff einer beginnenden Holzkonstruktion.“ — Man sagte auch *daz erzt*, eine *grûben ûf slahen* (Lexer, mhd. Wörterb.) und man hat heute auch „Steinschläger“ und „schlägt seinen Wohnsitz auf“ nicht bloss in einem Holzhause. Wenn Philipp v. Isenburg 1354 die Burg Gretenstein „auf einem Stein schlug“ — das einzige a. O. aus der Limburger Chronik angeführte Beispiel —, so ist nicht anzunehmen, dass er dabei nach der Mitte des 14. Jahrh. (!) noch mit einem Holzbau begonnen haben sollte. — Gewiss auf die Autorität v. Cohausens hin gibt dann auch v. Ritgen, Gesch. v. Münzenberg, S. 4 ohne alle Einschränkung an, dass man bei Burgbauten mit dem Aufschlagen eines hölzernen Turmes begonnen habe, „um sich schon während des weiteren Bauens gegen

Ich kann diese Ansicht nicht teilen. Zunächst liegt bezüglich Nollings keinerlei Nachricht vor, die zu der Annahme berechtigte, dass es sich da um einen eiligen Kriegsbau gehandelt habe. Zu demselben verneinenden Ergebnis kommt man bei dem anderen vom Verfasser angeführten Beispiel: Liebenstein, indem sich hier das Holzfachwerk nur in einem unbedeutenden Baue inmitten des Beringes zeigt, der neben dem starken Berchfrit und dem Wohnturm der umfänglichen Burg für die Verteidigung derselben kaum in Betracht kommen konnte. Ebenso ist es endlich mit einem dritten mir bekannten Beispiel, welches die Burg Ehrenfels unweit der Mosel bietet. Hier findet sich die Holzkonstruktion nur oben an dem Zinnenumgang des Doppelberchfrits an einer, dem Angreifer nicht zugekehrten Stelle, bei welcher nichts darauf hindeutet, dass es sich dabei etwa um eine eilige Ausbesserung oder Ergänzung dieses bekanntlich ebenso soliden als zierlichen, also mit aller Musse errichteten Bauwerkes gehandelt haben möge.

Wenn somit bei diesen Beispielen von Holzfachwerk es nicht einmal als wahrscheinlich nachzuweisen ist, dass die betreffenden Bauten wirklich unter den von v. Cohausen bezeichneten Umständen zustande gekommen sind, so zeigt sich andrerseits, dass die Burgbauten, bei denen letzteres in der Tat der Fall war, dieses Holzfachwerk nicht haben. Als Beispiele sind da u. a. anzuführen: Trutzelz, vielleicht die einzige verhältnismässig gut erhaltene der Angesichts eines belagerten Feindes und im Bereich seiner Geschosse errichteten Gegenburgen, ferner etwa Balduinstein an der Lahn oder Hartenburg in der Rheinpfalz, als auf ursprünglich fremdem Baugrunde errichtete Burgen. Hier wäre also die oben beschriebene Bauweise wohl am Platze gewesen, doch ist da nichts darauf Hindeutendes zu finden.

In der Tat bedarf es auch zur Erklärung dieser Holzkonstruktion nicht des Herbeiziehens besonderer Umstände, unter denen der Bau ausnahmsweise aufgerichtet worden. Die drei genannten, einander ziemlich nahe liegenden Burgen Nolling, Liebenstein und Ehrenburg haben das Gemeinsame, dass sie aus ungleichen, gutenteils in ihrer Kleinheit bis zu weniger als Handgrösse hinabgehenden schieferigen Bruchsteinen mit reichlichem Mörtel aufgerichtet sind, ein Material, mit welchem es schwer sein musste, eine ganz gerade Wand aufzumauern, welch letztere dann jedenfalls bis zur völligen Erhärtung des Bindemittels auch noch sehr der wünschenswerten Festigkeit entbehrte. Hierdurch allein aber erklärt es sich wohl zur Genüge, dass man es hier und da für dienlich hielt, bei Verwendung der kleinsten Steine sich nicht mit einzelnen Ankerbalken zu begnügen, sondern als Kern der Mauer zunächst ein vollständiges Holzfachwerk aufzurichten[1]).

---

feindliche Angriffe verteidigen zu können". Als ob ein Burgbau unzweckmässigerweise nur dann unternommen worden wäre, wenn der Bauherr gleichzeitig in eine Fehde verwickelt war oder als ob ein solcher immer ohne weiteres den Nachbarn Anlass zum Angriff geboten hätte! Auch bei v. Essenwein (Kriegsbauk. S. 190) heisst es freilich geradezu: „Da es sich überall (!) darum handelte, die Festungswerke so rasch als möglich benutzbar zu machen, so war allenthalben (!) die Befestigung mit Erde und Holz das erste, was geschah, und nur nach und nach entstanden an Stelle dieser Erdwerke oder hinter denselben massive Mauern." Eine so willkürliche als unbegründete Idee. Siehe auch S. 12 Anm. 2.

[1]) Diese Erklärung wird meiner Ansicht nach auch dadurch nicht widerlegt, dass andere mit gleichem Material aufgeführte Burgbauten solches Holzfachwerk nicht zeigen und letzteres sich andrerseits auch wieder in Bauten aus regelmässigeren Bruchsteinen findet. So mündet z. B. bei einem Fenster der Burgruine Taggenbrunn in Kärnten ein schräg aufwärts

Die Verwendung von Holz dazu, Bauwerken aller Art einen festeren Zusammenhalt zu geben, ist eine ebenso alte als verbreitete.

Mag dies bei der verhältnismässigen und leichten Zerstörbarkeit des Holzes zumal bei Bauten aus dicken Felsblöcken zunächst widersinnig erscheinen, so erklärt es sich doch hinlänglich daraus, dass ersteres nicht nur ungleich leichter als diese bearbeitet und miteinander verbunden, sondern auch vor allem in geradlinigen Stücken von einer Länge verwandt werden kann, welche den Durchmesser der noch versetzbaren Steine um ein fast beliebig Vielfaches übertrifft, während bei den Bauten, deren Festigkeit wesentlich auf der allmählichen Erhärtung des Bindemittels (Kalk etc.) beruht, die Holzbalken noch besonders während dieser bekanntermassen in dicken Mauern sehr langen Erhärtungszeit[1]) von Nutzen sein mussten[2]).

Die Zwecke wurden nun offenbar zum guten Teile schon erfüllt durch Einmauerung einzelner Balken, ohne dass dieselben an ihren Enden besonders befestigt oder mit anderen Balken verbunden wurden. Keines von beiden war der Fall bei den quer die Mauerdicke durchschneidenden Hölzern, auch da nicht, wo dieselben nicht Ueberreste des Gerüstes waren. Nicht so sicher aber ist diese Frage bezüglich der in der Mauerlänge horizontal liegenden Balken zu beantworten.

---

führender Balkenkanal, der auf anderes damit zusammenhängend in der Mauer vorhandenes Fachwerk hinweist. In dem starken Wohnturm von Kargeck in Baden zeigt sich vereinzelt eine ähnliche Bauweise wie bei Nolling, und eine der dortigen ganz gleiche (nach Mitteil. des Konservators Dr. Haupt-Eutin) an einem Giebel der Burg Prozelten am Main.

Konservator Prof. Luthmer meint (Bau- u. Kunstdenkm. d. Rheingaues 1902, S. 124), an die Stelle v. Cohausens und meiner Erklärung die dritte, richtige geben zu können, dass der kleine Wehrbau zuerst überhaupt als Holzbau errichtet worden sei. „Bei einer später als nötig befundenen Verstärkung der Burg hat man dann die steinerne Ummantelung nebst Schildmauer und Ecktürmen ausgeführt, wobei man natürlich (!) die alte Ausmauerung der Fachwerkwände herausschlagen und diese im Verband mit der Ummantelung neu ausmauern musste." — Wenn man an der Stelle eines Häuschens von 6 m innerer Seitenlänge und aus dünnen Fachwerkwänden eine wirkliche „Burg" bauen wollte — auch dieser spätere Bau kann noch kaum als eine solche bezeichnet werden —, hat man sich schwerlich die (wirklich notwendige?) Mühe gemacht, aus allen Fächern die Ausmauerung herauszuschlagen, sondern vorgezogen, sie samt dem (nach Luthmers Ansicht ja nun zwecklosen) Holzwerk zu beseitigen.

Endlich bemerkt Baurat Mothes (Korresp.-Bl. des Gesamtvereins 1496, S. 18) in einer Besprechung der „Burgenkunde": „Die den „Burgschriftstellern" so auffälligen „Blendwände" mit eingemauertem Riegelwerk sind den Baukundigen sehr bekannt und wurden noch vor kurzer Zeit vielfach verwendet, obschon sie wegen des Ausfaulens des Holzes sehr unzweckmässig sind. Man braucht zu ihrer Erklärung keineswegs das Märchen von sehr schnell nötiger Herstellung eines Bollwerkes etc." Auch nach des Genannten eigener Darstellung in seinem Illustr. Baulexikon I, 415 handelt es sich bei diesen Blendwänden doch um etwas wesentlich anderes als bei den 1,33 m dicken Umfassungsmauern von Nolling.

[1]) So wurde beim Abbruch einer achtzig Jahre alten Turmwand der Petrikirche in Berlin im Innern noch feuchter Mörtel vorgefunden. Befremdlicherweise hält freilich Vitruv es für die Festigkeit einer Mauer für wesentlich, dass der Mörtel noch feucht sei.

[2]) Wenn nach de Caumont (Abécédaire 1853, pag. 333) diese auch bei französischen Schlössern vorkommenden Balkenanker im Hinblick auf ein mögliches „affaissement du sol et les fissures ou crevasses, qui pouvaient en être la suite", eingemauert wurden, so ist damit der Zweck derselben zu eng gefasst. Sie finden sich vielfach auch bei Bauten auf festem Felsgrunde und haben freilich auch da mehrfach — so bei den Berchfriten der Tiroler Burgen Taufers und Fragenstein — sich als zu schwach erwiesen, das Zusammenstürzen eines erheblichen Bauteiles zu verhindern.

Viollet-Le-Duc führt in seinem Dictionnaire („Chainage") an, dass bei Abtragung des um 1150 erbauten Turmes der Abteikirche von St. Denis horizontale Balken in der Mauerdicke freigelegt wurden, die miteinander verbunden waren. Und ebenso wurden 1872 bei Restauration des (um 1200 erbauten) Ostchores des Mainzer Domes beim Uebergang des Viereckes in das Achteck Holzanker — Balken von 0,30 m im Geviert — aufgedeckt, deren Enden mit schweren eisernen Bolzen zusammengehalten waren. Hiernach ist indessen die obenerwähnte Befestigung und Verbindung derselben wenigstens in einzelnen entsprechenden Anwendungsfällen auch bei Burgbauten immerhin wahrscheinlich, wenn auch den Umständen nach noch schwer nachweislich.

Was nun die Geschichte dieser Holzkonstruktionen betrifft, so wurde schon in älterer Zeit bei Herstellung von Wällen, wenn auch keineswegs regelmässig, Holzmaterial neben Erde und Steinen verwandt.

Als ein Uebergang von diesen Wällen zu den ähnlich hergestellten Mauern im heutigen Sinne können die „muri" angesehen werden, welche zu Cäsars Zeit die festen Wohnplätze der Gallier umgaben. Dieselben werden im B. Gall. VII, cap. XXIII folgendermassen beschrieben:

Muri autem omnes Gallici hac fere forma sunt. Trabes directae perpetuae in longitudinem paribus intervallis, distantes inter se binos pedes, in solo collocantur. Hac revinciuntur introrsus et multo aggere vestiuntur; ea autem, quae diximus intervalla grandibus in fronte saxis effarciuntur. His collocatis et coagmentatis alius insuper ordo additur, ut idem illud intervallum servetur neque inter se contingant trabes, sed paribus intermissae spatiis singulae singulis saxis interjectis arte contineantur. Sic deinceps omne opus contexitur, dum justa muri altitudo expleatur. Hoc quum in speciem varietatemque opus deforme non est alternis trabibus ac saxis, quae rectis lineis suos ordines servant, tum ad utilitatem et defensionem urbium summam habet opportunitatem, quod et ab incendio lapis et ab ariete materia defendit, quae perpetuis trabibus pedes quadragenos plerumque introrsus revincta neque perrumpi neque distrahi potest.

Den Römern empfahl dann Vitruv (I, 5) bei Mauern mit Gusswerkfüllung beide Stirnseiten durch Balken von Olivenholz miteinander in feste Verbindung zu bringen[1]). Die Anwendung von Ankerbalken in der Länge der Mauern lässt sich indessen im Orient noch viel weiter zurück verfolgen. So kam sie nach der Bibel (I Könige 7, V. 12) bei dem Bau des Königs Salomo vor[2]) und ebenso — über einer Lage von Quadersteinen ein mit Bruchsteinen ummauerter Längsbalken —, wie 1889 festgestellt wurde, an dem Königspalast von Mykenä, dessen Erbauung etwa in die Zeit von 1500 v. Chr. fällt.

Im Anschluss an die vorhin angeführte Stelle aus Cäsar bemerkt dann Viollet-Le-Duc[3]) *Peut-être cet usage avait-il laissé des traces même après l'introduction des arts romains dans les Gaules. Ce que nous pouvons donner comme certain, c'est que l'on trouve, dans presque toutes les constructions merovingiennes et carlovingiennes, des pièces de bois noyées longitudinalement dans l'épaisseur des*

---

[1]) *„In crassitudine perpetuae taleae oleagineae ustilatae quam creberrimae instruantur, uti utraeque muri frontes inter se, quemadmodum fibulis, his taleis conligatae aeternam habeant firmitatem."*

[2]) Luther hat das bezügliche Wort (Reruthóth) irrtümlich durch „Bretter" wiedergegeben.

[3]) Dict. rais. II, 397.

murs, en élévation et même en fondation. Ces pièces de bois presentent un équarrissage qui varie de 0 m, 12 × 0 m, 12 à 0 m, 20 × 0 m, 20[1]). *Jusqu'à la fin du XIIe siècle, cette habitude persiste, et ces chaînages sont posés comme nos chaînages modernes, à la hauteur des bandeaux indiquant des étages, à la naissance des voûtes et au-dessous des couronnements supérieurs.* Der Verfasser hat jedoch diese Zeitgrenze zu eng gezogen. Er erwähnt selbst[2]), dass der gegen 1225 errichtete Donjon von Coucy inmitten seiner 5,50 m dicken Mauern einen komplizierten Holzverband hat. Wenn indessen diesem Schriftsteller zufolge man im übrigen schon vom Ende des 12. Jahrh. ab in Erkenntnis der geringen Haltbarkeit der Holzanker sie durch eiserne (chaînages de fer) zu ersetzen anfing, so scheint ein gleiches bei unserem Burgenbau jedenfalls nicht überall stattgehabt zu haben. Beispielsweise zeigt eine Mauer der Schlossruine Wildon in Steiermark, eines jedenfalls um Jahrhunderte späteren Baues, noch einen mehr als 5 m langen Balkenkanal, und solche Kanäle finden sich u. a. auch noch auf Hohenkrähen im Hegau in der Zwingermauer, welche mit ihren weiten halbrunden Türmen der letzten Burgenzeit angehören muss, sowie in dem Herrenhause zu Ankershagen in Mecklenburg, dem Palas einer früheren Wasserburg, dessen Bau in das 16. Jahrh. gesetzt wird. Andrerseits sollen in der (jetzt abgetragenen) Burg zu Wolgast in Pommern eiserne Maueranker vorhanden gewesen sein, welche die Jahreszahlen 1329 und 1330 darstellten. —

Ueber den Fachwerk- oder Riegelbau s. besonders Kap. 16. —

Die mittelalterliche Bauweise unterscheidet sich von der neueren häufig durch den Mangel eines Verbandes (Verzahnung) bei aneinanderstossenden Mauern. So findet man durchaus der Regel nach den Berchfrit und andere Türme, auch wohl den Palas als in sich völlig geschlossene Bauten, an welche andere Gebäude oder die Ringmauer nur stumpf anstossen, nicht selten aber auch ein gleiches selbst bei zusammenhängenden Teilen eines Bauwerkes. So zeigt in der Ruine Langhans (ähnlich in Plain) ein Teil der Ringmauer (sorgfältiger, wohlerhaltener Quaderbau) durch eine Treppe, ein gekuppeltes Fenster und einen Abtritt, dass da von Anfang an ein Palas gestanden hat, lässt aber gleichwohl von dem vormaligen Anschluss der nicht mehr vorhandenen (Giebel-) Mauern keinerlei Spur mehr erkennen[3]). Ebenso steht bei der grossartigen „Citadelle" der Burg Wertheim a. M., einem offenbar einheitlichen Baue des 16. Jahrh., das mittlere Bollwerk (Fig. 173 u. 174), soweit von aussen zu erkennen, mit den beiden Flügeln nicht in Verband. Man scheint bei den an sich starken Bauten diesen sogar absichtlich vermieden zu haben, damit nicht die Zerstörung eines Burgteiles den anstossenden in Mitleidenschaft ziehe.

---

[1]) Bei dem jetzt wiederhergestellten Wohnturm von Taufers in Tirol sah man inmitten der starken Umfassungsmauer einen Balken von 21 zu 23 cm, eine Stärke, die freilich nicht verhindert hatte, dass bei dem teilweisen Einsturze des Baues auch dieser Balken durchgebrochen war. Bei dem Berchfrit von Reschenstein in Bayern sind sogar (in einem Abstande von 40 cm) zwei Balken nebeneinander eingemauert.

[2]) A. O. S. 398 und IX, 268.

[3]) Ich kann daher auch — anders als K. Simon, Studien S. 198 — für die Frage, ob die Vorhalle des Goslarer Kaiserhauses mit diesem gleichzeitig sei, dem Umstande, dass beide nicht miteinander im Verband stehen, keinerlei Bedeutung zuschreiben. — Interessante bezügliche Fälle bieten ferner die Berchfrite von Werfenstein, Rauhenegg und Petersberg (meine Oesterr. Burgen III, 239 u. 161, VIII, 101). Auch beim Berchfrit von Gutenberg (Liechtenstein) stehen die Wände nur zur Hälfte miteinander in Verband.

Ebenso wie hier kann man auch aus einer Verschiedenheit der Mauertechnik bei ein und demselben Bauwerke (abgesehen von dessen Güte) oft ohne weiteres den Schluss gezogen finden, dass dasselbe dementsprechend in verschiedenen mehr oder weniger weit auseinander liegenden Bauzeiten errichtet sei. Ueberall ist da indessen alle Vorsicht geboten. Wenn beispielsweise ein Wehrturm unten sorgfältigen Bau aus grossen Quadern zeigt, weiter oben aber kleinere unbehauene Findlinge oder Bruchstein- oder gar Ziegelmauerwerk, so kann er gleichwohl ohne Unterbrechung der Arbeit so errichtet worden sein. Mit der wachsenden Höhe wäre die Verwendung schwerer Steinblöcke immer umständlicher und schwieriger geworden, die stärkere und gediegenere Bauweise war vor allem unten nötig, Mittel und Steinmaterial konnten beim Weiterbau gemangelt haben u. dgl. m. Aehnliches gilt von nicht turmartigen Bauwerken, bei denen sich eine Verschiedenheit der Mauerweise nicht über- sondern nebeneinander findet[1]).

Eine nachträgliche Verstärkung einer Mauer haben wir schon S. 71f. kennen gelernt. Sie kam bei unseren Burgen in verschiedener Weise vor. Bei einigen derselben handelt es sich nur um eine weitere Schicht von besseren Bekleidsteinen.

So hat bei Trifels die Felsstufe, auf welcher neben dem Berchfrit der Palas stand, zunächst eine Ummauerung mit kleineren glatten Bekleidsteinen, diesen ist dann eine Schicht von Buckelquadern angesetzt, die zum Teil nicht mehr vorhanden sind. Von der Ruine Olbrück bemerkt Dr. Lehfeldt, Bau- u. Kunstdenkm. d. Rheinprov. I, S. 76, dass der Berchfrit „aus Basalt, später mit Quadern bekleidet", und ebenda S. 714, von Kalsmunt bei Wetzlar, dass der „noch romanische Berchfrit, Gussmauerwerk mit Basaltquadern verkleidet, später mit einer Schicht von Buckelquadern aus Sandstein verblendet

---

[1]) Sicher unbegründeterweise ist z. B. dem Konservator Dr. Luthmer (Bau- u. Kunstdenkm. des Rheingaues 1902) der Umstand, dass der Berchfrit der Brömserburg mit anstossendem Mauerwerk nicht in Verband steht, ein Beweis seines höheren Alters. Sowohl aus diesem Mangel als wegen unbedeutender Verschiedenheit der Mauertechnik soll nach Kunstdenkm. d. Grossherzogt. Baden, 4. Bd., die Wertheimer Zitadelle zu drei verschiedenen, um je etwa 50 Jahre auseinanderliegenden Zeiten entstanden sein. (Vgl. darüber weiterhin Kap. 8.) Ueber den Berchfrit von Freudenberg siehe Kap. 6. Der in der zweiten Hälfte des 14. Jahrhunderts so erbaute Torturm des erzbischöflichen Schlosses Friedestrom in Zons a. Rh. hat unten grosse Trachytquader, im oberen drei Fünftel kleinere Tuffsteine und ein Sims von Ziegeln. Ueber obere Abschlüsse in Ziegeln siehe Kap. 6.

Dafür, wie wenig sicher sich von dem Mauerwerk an sich auf die Baugeschichte schliessen lässt, mag noch ein bezeichnendes Beispiel angeführt werden. Bei Branzoll in Tirol zeigt ein Teil der Ringmauer einen im ganzen sorgfältigen Verband von annähernd rechtwinklig zugerichteten Bruchsteinen, deren helle Farbe vollends den Anschein eines ganz jungen Mauerwerks erweckt. Der andere sich scharf abhebende Teil besteht aus länglichen, schwärzlich, wie schon verwittert aussehenden Bruchsteinen und ist in einem ziemlich regelmässigen opus spicatum aufgemauert. Wenn nun dieser Verband schon an sich als ein Merkmal höheren Alters zu gelten pflegt, so würde auch ein in diesen Dingen nicht ganz Unbewanderter gewiss sofort und mit aller Sicherheit den letztgenannten Mauerteil als vielleicht um Jahrhunderte älter als den anderen erkennen, wenn nicht dieses altertümliche und anscheinend schon ganz verwitterte Fischgrätenmauerwerk sich über dem anderen Mauerteil hinbreitete, woraus denn folgt, dass er auf jeden Fall umgekehrt eine jüngere, vielleicht sogar nicht unwesentlich jüngere Erhöhung der unteren Mauer ist. Dass die letztere etwa später neu verblendet worden sei, ist, wie eine Untersuchung ergab, ausgeschlossen; ebenso eine etwaige „Unterfahrung".

wurde"[1]). In der Ruine Kollmitz (Niederösterreich) hat man beim Neubau eines Palas an Stelle eines älteren die als Futtermauer an einer Felswand tief hinabgehende Aussenmauer des letzteren durch eine neue dünne Mauer verstärkt, die aber, obgleich durch (dreieckige geböschte) Strebepfeiler gestützt, mangels eines Verbandes vielfach wieder abgefallen ist.

Auf Schauenberg (Oberösterreich) ist der 2 m starken Ringmauer da, wo sie nach Einführung der Geschütze nicht mehr genügte, auf der Innenseite noch eine 3 m starke angebaut — zwischen beiden ein bis 10 cm weiter Spalt — und diese noch weit über die ältere erhöht, derartig, dass sie in ihrem oberen Teile zum Teil auf jener aufsitzt. (Von Interesse ist es, dass schon die Römer ein ganz Gleiches bei der Ringmauer von Remagen ausgeführt haben.)[2])

Zwei durch zu schwere Belastung schadhaft gewordene Aussenwände eines Wohnbauflügels der Hohkönigsburg haben um 1560 durch eine „Murstreb", eine gemauerte etwa 16 m hohe und unten 5 m starke Böschung verstärkt werden müssen. Ein solcher Anlass hat aber augenscheinlich bei ähnlichen geböschten Verstärkungsmauern nicht vorgelegen, welche ich als eine Besonderheit bei welschtiroler Burgen, so Castellalto, Telvana, Selva, San Pietro, Penede[3]), fast alle im Valsugana liegend, gefunden habe. Die Verstärkung kommt da befremdlicherweise auch bei Mauern vor, welche dem Angriffe abgekehrt und auf durchaus sicherem Felsboden stehen, hat fast immer eine sorgfältige Quaderverkleidung und ist zum Teil durch Eisenklammern festgehalten. —

Bei unseren Burgbauten war nicht verputztes Mauerwerk durchaus die Regel. Wesentlich erst in der Zeit, da Schlösser an die Stelle der Burgen traten, fand man es fast überall schöner, alles, und so selbst ehrwürdige Bauten noch aus romanischer Zeit, mit einem gleich- und einförmigen Putze zu überziehen[4]), wozu dann wohl selbst noch ein weisser Kalkanstrich und rot aufgemalte Quaderfugen, Fensterumrahmungen u. dgl. kamen. S. übrigens S. 86.

---

[1]) Wenn es über den letzteren Bau in den Mitteil. des Frankf. Geschichtsvereins 1881, S. 40 heisst: „Der Festigkeit halber ist aussen wie innen ein Mantel von rötlichem Sandstein in schöner, regelmässiger Bearbeitung, aussen mit Buckeln (Bossen) angebracht", so soll das wohl ebenso eine nachträgliche Verstärkung bedeuten, die nur danach auch selbst im Innern angebracht wurde. In gleichem Sinne kann es wohl nur verstanden werden, wenn Näher, Bonner Jahrb. 1883, S. 138 schreibt: „Der Bergfried der alten Burg in Thengen-Hinterburg im Höhgau zeigt um einen kreisrunden Kern eine aus massigen Bossenquadern hergestellte quadratische Umfüllung (Umhüllung?); diese seltene Anlage wurde bei Anlage eines neuen Eingangs erkannt." (In den Kunstdenkm. des Grossherzogt. Baden I, 49 ist freilich bei Beschreibung des Berchfrits nichts davon erwähnt.)

[2]) Bonner Jahrb. 107, 35. Ueber eine mehrfache Verstärkung beim Berchfrit von Saarburg siehe v. Cohausen, Bergfriede S. 18 und Befestigungsweisen S. 156.

[3]) Meine Oesterr. Burgen Teil I, II u. IV.

[4]) Der Vollständigkeit wegen entnehme ich dem Archäol. Wörterb. von Müller u. Mothes S. 772 zur Altersbestimmung folgendes: 1. Ausschweissung, wenig Mörtel bloss an die Fugen geworfen, älteste Art; 2. Berapp, mit grobkörnigem Mörtel angeworfen und zum Teil mit der Kelle wieder weggenommen, aus dem 11. und 12. Jahrh. erhalten und bis ins 14. gebraucht; 3. Spritzwurf, noch gröber und nichts mit der Kelle weggenommen, zuerst um das Ende des 13. Jahrh.; 4. Krausp., Tüpfelp. etc., gekünstelte Abarten des vorigen, erst im 16. Jahrh.; 5. zweischichtiger P, auf dem ersten Anwurf einen zweiten mit dem Brett geglätteten, 12. Jahrh. bis jetzt; 6. dreischichtiger P. Die dritte Schicht aus feinem Mörtel und wohl noch mit dem Putzeisen geglättet, besonders wenn die Fläche bemalt werden soll, nachweislich zuerst um 1200.

Fünftes Kapitel.

Steinmetzzeichen, Bauinschriften und alte Zahlzeichen.

(Bedeutung der Steinmetzzeichen. Rzihas Schlüssellehre. Buchstaben? Römische Zeichen. Gegenstände darstellende und punktierte Zeichen. Steinmetzzeichen auf Buckelquadern. Entwicklung der Form und Schlüsse auf die Bauzeit. Sammlung von Steinmetzzeichen auf Burgbauten. — Bauinschriften. Wappen. Alte Formen der Zahlzeichen.)

Bei unseren Burgbauten finden sich (wie auch bei Kirchen usw.) nicht eben selten auf den Steinen, welche nicht bloss oberflächlich mit dem Mauerhammer, sondern von Steinmetzen bearbeitet wurden, die hiernach sogenannten Steinmetzzeichen[1]) eingemeisselt, kleine aus geraden oder krummen Linien oder aus beiden zusammengesetzte Figuren, welche in beschränktem Masse zur Bestimmung der Bauzeit dienen können. Es sind ,,Urhebermarken", durch welche die Steinmetzen — wohl hauptsächlich zum Zwecke der Lohnberechnung — die von ihnen gefertigten Steine gezeichnet haben.

Nachdem die Steinmetzen in ,,Hütten" organisiert waren, wurde die Zuteilung bestimmter Zeichen nach bestandener Lehrzeit von diesen in die Hand genommen, damit aber — was oft übersehen worden ist — erst, als die Zeit des Burgenbaues schon dem Erlöschen nahe war. Während Steinmetzzeichen bis ins 11. Jahrh. zurück nachweisbar sind[2]), entstanden die Steinmetzhütten erst gegen das Ende des 13.[3]), und von den erst seit einem Jahrhundert später erhaltenen Hüttenordnungen ist die Rochlitzer von 1462 die erste, welche etwas von diesen ,,Zeichen" enthält[4]).

Wenn also wenigstens annähernd bis dahin der Gebrauch derselben der Willkür des Arbeiters überlassen gewesen ist, so erklärt sich daraus zunächst die auffällige Verschiedenheit in ihrem Vorkommen, für welche sich zugleich eine anderweite hinlängliche Erklärung wohl nicht finden liesse. Was diese Verschiedenheit betrifft, so weisen etwa die kleinere Hälfte der Buckelquaderberchfrite gar

[1]) Verzeichnis einer reichen zugehörigen Literatur in Mitteil. der k. k. Centralcomm. 1881, S. 105, und Wilhelmi, Burgruine Steinsberg (1857) 41, Anm. 38.

[2]) So, von Konservator Dr. Paulus nachgewiesen, an Bauteilen aus 1095—99 der Klosterkirche Alpirsbach. Nach Klemm (Württemb. Vierteljahrh. 1882, 17) waren sie in der zweiten Hälfte des 12. Jahrh. schon allgemeiner verbreitet.

[3]) Ueber ihre den Sagen nach in eine ferne Vorzeit zurückgehende Entwicklung s. u. a. Mothes, Baulexikon I, 303 f. Als Begründer der ersten vertragsmässigen Vereinigungen zur Ausführung jedoch nur eines bestimmten Baues gilt für Deutschland der Abt Wilhelm v. Hirsau (1080—91).

[4]) Näheres von Rziha in Mitteil. d. k. k. Centralcomm. 1881, 107.

keine Zeichen auf, einige nur sehr wenige, sich wiederholende und wieder andere deren zahlreiche[1]). Aehnlich ist es bei anderen Bauten und Bauteilen aus Haustein. Wenn bei solchen immer, und zwar in sehr ungleichmässiger Verteilung, ausser gezeichneten Steinen solche ohne Zeichen, einige der letzteren nur selten oder einmal, andere oft wiederholt vorkommen, so wird das also zum Teil daraus zu erklären sein, dass mitbeschäftigte Steinmetzen kein Zeichen gebrauchten, wie ja auch Lehrlinge solche überhaupt noch nicht hatten. Zum Teil aber auch etwa daraus, dass die anderen von ihren nach bestimmter Stückzahl in Haufen geschichteten fertigen Quadern nur einen oder einige der obenauf liegenden mit ihrem Zeichen versahen, während es nachher der Zufall fügte, in welcher Folge die den Haufen entnommenen Steine im Bau Verwendung fanden. Dass die Zeichen auch anderwärts als auf der Ansichtsfläche der Steine angebracht worden wären, ist meines Wissens bisher nicht nachgewiesen worden.

Aus der überall willkürlichen Annahme der Zeichen ist es ferner auch hauptsächlich zu erklären, dass, solange solche stattfand, eine stetige Entwicklung derselben, die dann zu Schlüssen auf die Bauzeit berechtigte, nicht festzustellen ist. Vielfach ist freilich und selbst von solchen, die diesen Gegenstand besonders erforscht haben, anderes behauptet worden.

Eingehende Studien über Steinmetzzeichen, welche Prof. Rziha (†) 1880 veröffentlichte[2]), haben seinerzeit ein gewisses Aufsehen gemacht. Sie enthalten besonders das Neue, dass die angeblichen „Schlüssel" mitgeteilt werden, in welche — zu den Hüttengeheimnissen gehörend — der Gesell das ihm erteilte Zeichen, eben nur Teile jener Schlüssel, zu „stellen" wissen musste. Diese sind eine Anzahl meistens auf Grund willkürlicher Annahmen ersonnener, gutenteils umfänglicher Figuren mit einer Menge sich durchschneidender gerader und krummer Linien. Zumeist im Zusammenhang mit dieser seiner Schlüssellehre bringt Rziha dann zahlreiche unhaltbare und vielfach seltsamste Behauptungen vor. Darunter folgende: Schon die „Marken" der vorgriechischen Zeit stehen mit diesen Schlüsseln in Beziehung. Die Strassburger Hütte konstruierte ihr Zeichen aus der Quadratur, die Cölner aus der Triangulatur, die Wiener aus dem Vierpass und die Berner aus dem Dreipass. Im übrigen passen die Zeichen der romanischen Periode, in welchen sich die Rundbogenform konstruktiv ausdrückte, hauptsächlich in den Vierpassschlüssel, gar nicht in den der Quadratur und Triangulatur, wogegen Quadratur und Vierpass bei den gotischen Zeichen überwiegen. Besonders bezüglich der Buckelquadertürme bildet die (angeblich freilich nur bei 5 Prozent derselben vorhandene) „Zeichenlosigkeit ein Kriterium für ihren römischen Ursprung", im übrigen aber soll „die eigentümliche phantasievolle Verschlungenheit" ihrer Steinmetzzeichen, sowie der Umstand, dass diese Türme einander fast wie ein Ei dem anderen gleichen — von allem dem kann in Wirklichkeit nicht entfernt die Rede sein —, darauf schliessen lassen, dass die Buckelquaderberchfrite lediglich von einer wandernden ausserdeutschen Baubrüderschaft errichtet wurden usw.

Zur sonstigen Widerlegung der Rzihaschen Lehre mag nur noch konstatiert werden, dass durchaus nicht etwa bei den Zeichen der Strassburger und der Cölner Gegend die krumme Linie ausgeschlossen und letztere auch bei den romanischen Zeichen nicht häufiger ist als bei den

[1]) So hat der Berchfrit von Staufeneck (Württemb.) und ebenso der Schnetztorturm zu Konstanz nur zwei Zeichen. Es ist jedoch wenig glaubhaft, wenn Klemm (a. O. S. 18) bezüglich des ersteren meint: „Offenbar sind es nur zwei Steinmetzen gewesen, die diesen gewaltigen Bau miteinander aufführten." Der nicht besonders bedeutende Berchfrit von Miltenberg hat dagegen wenigsten 20 verschiedene Zeichen, die Schildmauer von Blankenhorn deren 32 und der Buckelquaderberchfrit von Klingenberg mehr als 50.

[2]) Bericht über einen Vortrag im Koresp.-Bl. d. Gesamtvereins 1880 und eigene ausführliche Abhandlung in den Mitteil. der k. k. Centralcomm. 1881—1883 mit nicht weniger als 68 Tafeln Gr. 4°, enthaltend die „Schlüssel" und in diese eingezeichnete Steinmetzzeichen.

gotischen, sowie schliesslich, dass trotz der oben angegebenen Eigenschaften der Schlüssel eine Anzahl von Steinmetzzeichen nicht, der jederzeit sehr gebräuchlich gewesene „Drudenfuss“ nur in ganz verzerrter Gestalt in solchen unterzubringen ist[1]).

Dekan Klemm (†), welcher übrigens vor 1459 keine deutsche Baubrüderschaft annimmt, vertritt (a. a. O. und Bericht d. histor. Vereins Heilbronn 1891) die auch sonst sehr verbreitete Ansicht, dass von den Römern her „Buchstabenzeichen“ besonders während der romanischen Zeit gebräuchlich waren, wonach dann gegen die Mitte des 15. Jahrh. die reingeometrischen „Markenzeichen“ fast allein üblich wurden. Meiner Ueberzeugung nach haben wir jedoch gar keinen Anlass, die Zeichen, welche zugleich Buchstaben (grosse lateinische, auf die einfachsten Linien reduziert) vorstellen könnten, auch für solche zu halten. Die Bildung der einfachsten Steinmetzzeichen durch die Zusammenfügung weniger kurzer Striche musste notwendig vielfach auch zu Figuren führen, welche den auf gleiche Weise gebildeten lateinischen Buchstaben gleich waren, und so finden sich denn auch diese Steinmetzzeichen, die angeblich solche sind, regelmässig untermischt mit anderen gleich einfach gebildeten, die zwar nicht lateinischen, wohl aber zum Teil Buchstaben der älteren griechischen Schrift, zum Teil einer Anzahl (nordischer und angelsächsischer) Runenzeichen gleichen. Aus demselben Grunde könnten die Figuren an sich, der Linienführung nach auch die Hausmarken, sowie die Werkzeichen der Goldschmiede und (selten vorkommend) der Ziegler durchweg ebensogut Steinmetzzeichen sein, während oft diese Gleichheit aufhört, sobald es sich — hier oder dort — um minder einfache Zeichen (so die lateinischen Buchstaben G, Q, R) handelt. Schliesslich ist auch nicht zu übersehen, dass den Steinmetzen, die vermeintlich den Anfangsbuchstaben ihres Namens einmeisselten, der Gedanke an Schriftzeichen deshalb ferngelegen haben wird, weil der altrömische wie der mittelalterliche Handwerker des Schreibens unkundig zu sein pflegte[2]).

---

[1]) Eingehenderes in der 1. Aufl. S. 173 ff. In bezug auf das Vorhandensein solcher „Schlüssel“ überhaupt haben zwei seitdem verstorbene Hüttenmänner (soweit von solchen noch die Rede sein kann), Dombaumeister Fr. Schmidt und Baurat Dr. Mothes, Rziha recht gegeben. Mothes, der im Illustr. Baulexikon IV, 267 noch von einer „überaus wertvollen Arbeit“ Rzihas schreibt, bezeichnet sie in seiner Besprechung dieser „Burgenk.“ (Korresp.-Bl. d. Gesamtvereins 1896, 19) nur noch als „geistvolle Konjekturen“, während Prof. v. Oechelhäuser bei gleichem Anlass „die längst abgetane Rzihasche Schlüsseltheorie“ anführt. Andrerseits ist diese Lehre als in allem begründet jüngst noch wieder in Procops Markgrafsch. Mähren, 2. Bd., vorgetragen worden.

[2]) Näheres in 1. Aufl. S. 179. In einigen Ausnahmefällen handelt es sich freilich zweifellos um eingemeisselte Buchstaben. So finden sich bei den spätrömischen Bauten: Theater zu Orange, Porta nigra zu Trier und Sophienkirche zu Konstantinopel besonders Zusammenstellungen von drei Buchstaben, bei der Porta nigra auch Buchstaben nebst Zahlen, die man zum Teil als Kalenderdaten erklärt. Einige Kirchen (in Wien, Prag, Erfurt, Schwäb. Gmünd, Friedberg) haben unter ihren Steinmetzzeichen unverkennbar gotisch verzierte Initialen. Rziha meint, dass diese Zeichen (welche auch nicht in seine Schlüssel passen) von einer „Sekte“ (?) herrühren.

In beschränktem Masse kam es auch wohl vor, dass, wie Klemm a. O. ausführt, ein Meister sein Zeichen in etwas veränderter Weise seinen Schülern zuteilte. Zu grosses Gewicht legt auf solche „Zeichenfamilien“ Dr. G. Schönermark (Denkmalpflege 1902, S. 123), der ebendas. auch behauptet, die Zeichen der romanischen Zeit seien „Buchstaben und einfach dargestellte Geräte“ gewesen (s. dagegen die hier am Schlusse gegebene Sammlung). Entgegnungen Denkmalpflege 1903, S. 58 ff.

Die auf Steinen eingemeisselten Marken gehen bis in das fernste Altertum zurück. Hier kommen von den antiken nur die römischen wegen der vorhin schon berührten „Römerfrage“ in Betracht.

Die nachstehende Beispielsammlung ist grösstenteils der Arbeit von Prof. O. Richter, Ueber antike Steinmetzzeichen (45. Winkelmannsprogramm 1845) entnommen. (Die unter 1) mitgeteilten stammen aus Rom, und zwar zunächst von Rziha — Mitteil. der C.-C. — unter *b* von Richter gesammelt, 2) aus Pompeji in gleicher Weise geordnet, während die hier noch unter *c* verzeichneten ebendaher in Mothes' Baulexikon mitgeteilt sind, 3) nach Rziha vom diocletianischen Palaste in Spalato und 4) nach Richter aus Perugia.)

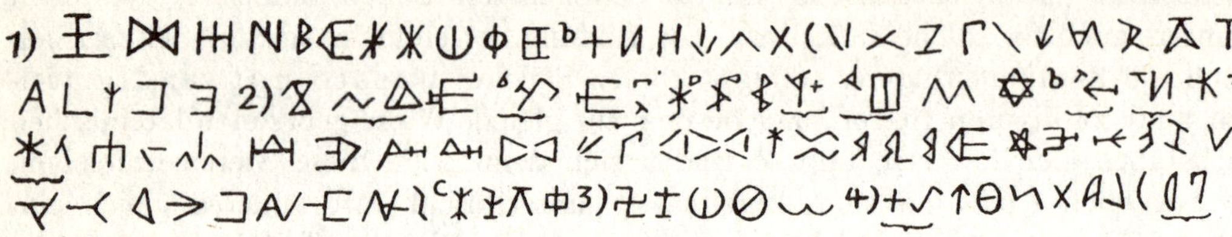

Ausserdem fand ich u. a. in Rom 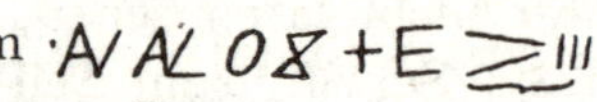 und an der Lindauer „Heidenmauer“ L, weniger sicher (und E.

Von diesen (ohne besondere Auswahl) als Beispiele mitgeteilten römischen Zeichen gleichen, wie das nach dem schon oben Ausgeführten nicht anders sein kann, die einfachsten zugleich den einfacheren lateinischen bzw. etruskischen Buchstaben, während andere auch auf fremden romanischen und gotischen Bauten sich wiederfinden. So sind die von Mone, Baier und besonders Krieg v. Hochfelden für „römisch“ erklärten Steinmetzzeichen an den älteren Bauteilen von Steinsberg

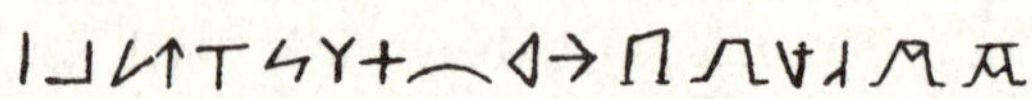

(von der bedeutungslosen Stellung bei einzelnen abgesehen) zufällig in der Tat grösstenteils völlig, im übrigen doch annähernd obigen römischen gleich[1]). Von anderen finden sich (zumeist nach der Rzihaschen Sammlung in den Mitteil. der C.-C.) 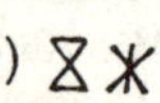 auch am Stephansdom zu Wien,  am Dom zu Regensburg, 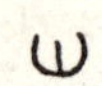 am Buckelquaderturm zu Pottendorf, ebenso zu Freudenberg, 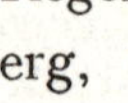 an St. Theobald in Thann,  am Mainzer,  am Wormser Dom, die Zeichen 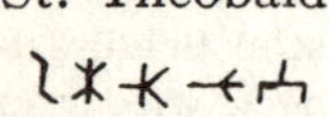 auf gotischen Bauten in Spanien usw., von den sonstigen überall vorkommenden einfacheren Zeichen, wie 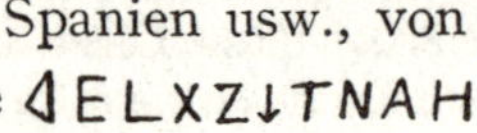 u. dgl. ganz abgesehen. Ausserdem zeigt sich aber auch bei den römischen und den mittelalterlichen Zeichen in allen begleitenden Umständen eine derartige Uebereinstimmung, dass diese geradezu als auffallend bezeichnet werden kann. Die einen wie die anderen sind bald auf der Mitte des Steines, bald den Kanten oder Ecken desselben nahe angebracht, ein und dasselbe Zeichen erscheint dabei bald aufrecht, bald liegend, bald schräge und ohne genaue Uebereinstimmung der Grösse wie der Winkel der Figur, hier vereinzelt neben einer Anzahl zeichenloser Steine, dort mehr in Gruppen,

[1]) Die Behauptung des römischen Ursprungs dieser Zeichen stützt jedoch Krieg v. H. lediglich auf angebliche, in Wirklichkeit nicht vorhandene Unterscheidungsmerkmale zwischen römischen und mittelalterlichen Steinmetzzeichen (1. Aufl. S. 181). Auch Richter, von Näher und anderen zu geschweigen, behauptet andere nur vermeintlich vorhandene Unterschiede.

und zwar allein oder mit anderen vermischt, der eine Bauteil hat nur eine oder wenige immer wiederkehrende Figuren, der andere deren eine grössere Mannigfaltigkeit, und endlich auch die Steine mit zwei und drei Zeichen — in der Regel eines bzw. zwei davon klein und einfacher neben einem grösseren[1]) — finden sich hier wie dort.

Hiernach unterscheiden sich die römischen Zeichen von den mittelalterlichen (bis zur Spätgotik) nur dadurch, dass, wie man sieht, die krumme Linie nur selten und in einfacher Weise angewendet wurde, ausserdem aber auch durch ihre im ganzen rohere Ausführung in grösserem Format. Das letztere wächst nicht eben selten auf 30 und mehr, einmal sogar 52 cm Durchmesser, während im Mittelalter Masse wie 27 cm beim Trifels und 35 an der Wildenburg schon zu den selteneren Ausnahmen gehören. Indessen kommen auch zierlichere römische Zeichen bis zur Grösse von 8 cm hinab vor, wogegen sich gotische freilich ausnahmsweise hinab bis zu nur 1½ cm grossen finden[2]).

Es gibt übrigens noch besondere Arten von Steinmetzzeichen, welche der vormittelalterlichen Zeit überhaupt fremd sind: Bloss punktierte Zeichen und solche, welche Gegenstände darstellen. Die ersteren, bei welchen die Linienführung nur durch flache Löcher angedeutet ist, z. B. , habe ich auf Gelnhausen, Hohbarr (Batterieturm), Wildenburg und an den Berchfriten von Miltenberg und Freudenberg gefunden, bei welchem letzteren sogar die Mehrheit der Zeichen so gestaltet ist. Rziha führt a. a. O. 1883, S. 40 eine Reihe von Erklärungsversuchen für diese Art der Ausführung an: Nichtvollendung, Zeichen einer Bestrafung, Marken fremder Gesellen oder Sektierer. Unbedenklicher als diese willkürlichen Annahmen wird auch hier die zugleich einfachste sein, dass den betreffenden Steinmetzen diese andersartige und vielleicht für hübscher gehaltene Manier so beliebte.

Die andere Art von Zeichen stellt in den einfachsten Umrisslinien entweder Handwerkszeuge — wie Hammer, Kelle, Zange — oder beliebig gewählte andere

---

[1]) Das kleinere Zeichen pflegt da als „Kontrollzeichen" des Aufsehers oder auch als „Versetzzeichen" gedeutet zu werden, d. h. als Kennzeichen, für welche Stelle im Bau der Stein gearbeitet worden ist. Anscheinend wird jedoch dabei übersehen, dass die mehrfachen Zeichen überwiegend, wenn nicht allein auf einfachen Quadern vorkommen, die in der Mauer überall da, wo zufällig ihre Grösse passte, ihre Stelle finden konnten. Wenig überzeugend ist auch die Erklärung dieser Zeichenmehrheit durch die Wiederverwendung eines älteren Bausteines oder die Bearbeitung desselben durch mehrere Steinmetzen. Wenn (s. S. 171, Anm. 3) B. Ebhardt, Deutsche Burgen S. 140 die vier Ziffern einer Jahreszahl als ebensoviel „Steinmetzzeichen" auf einem einfachen Quader abbildet, so hat es dergleichen schon an sich nie gegeben. — Die Zeichenlosigkeit von Mauern oder Mauerteilen erklärt Richter (a. O. S. 26 und 31) damit, dass die Bauleute geflissentlich vermieden hätten (?), die gezeichneten Steinseiten nach aussen zu legen. Meines Wissens sind, siehe vorhin, auch bei römischen Quadern Zeichen auf einer in der Mauer nach innen liegenden Seite bisher nicht nachgewiesen worden.

[2]) Allem Angegebenen nach liegt wohl kein ausreichlicher Anlass vor, für die römischen Zeichen eine besondere Erklärung zu suchen, die Richter (nach P. L. Bruzza 1876) dahin gefunden zu haben glaubt, dass dieselben Ursprungszeichen der Steinbruchlieferanten seien. Auch an sonstigen Bedenken hiergegen fehlt es nicht. So werden z. B. die Steinbrüche des Palatin, aus welchen die uralten, zum Teil mit Zeichen versehenen Staatsbauten auf demselben errichtet sind, nicht im Privatbesitz gewesen sein. Die durchweg zierlicheren Zeichen auf Säulentrommeln und anderen Architekturstücken erklärt Richter selbst (S. 30 Anm.) für „Versatzmarken". Warum nicht richtige Steinmetzzeichen?

Gegenstände — wie Schlüssel, Herz, Giesskanne, Becher, Eichel, Fisch — dar. Sie tritt besonders zugleich mit der Gotik auf, kommt aber über das 14. Jahrh. hinaus kaum noch vor.

Was nun die im ganzen ja vorhandene Entwicklung unserer Steinmetzzeichen zu minder einfachen und feiner ausgeführten Figuren betrifft, so ist vorweg zu bemerken, dass die Zeichen auf einfachen (besonders Buckel-) Quadern kaum daran teilhaben. So fand ich von sicher datierten Bauten in Konstanz am Schnetztor (um 1300) nur folgende Zeichen TV, am Pulverturm (um 1321) nur 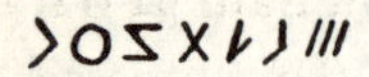 und am Zunfthause zur Katz (Anfang 15. Jahrh.) gleichfalls TV, ferner an den Bauten des Fleckenstein (glatte Quader ?) aus demselben Jahrhundert 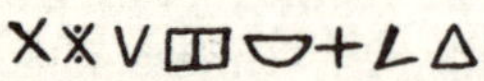, an der Hohkönigsburg vom Ende desselben Jahrhunderts 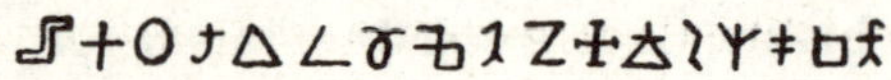, ähnliche auf den spätmittelalterlichen Buckelquadermauern von Nürnberg 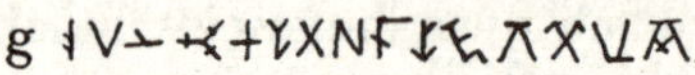 und bei Hohbarr auf Bauten aus 1583 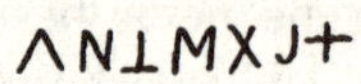. Man sieht beiläufig, dass hier die vermeintlichen „Buchstaben" DLMNOTVXZ noch immer eine hervorragende Rolle spielen.

(Anhänger der herrschenden Buchstabentheorie dürften geneigt sein, dies besonders bezüglich des letztgenannten Baues für unmöglich oder etwa aus einer Wiederverwendung älterer Bausteine zu erklären. Solcher Annahme scheint jedoch der Bau durchaus zu widersprechen, und, wie Fig. **62** zeigt, finden sich auch ausschliesslich alte Buchstabenformen auf den sorgfältig gemeisselten Wulsten, die unbestreitbar gleichzeitig mit der von ihnen eingerahmten Kanonenscharte von Hohbarr hergestellt worden sind.) —

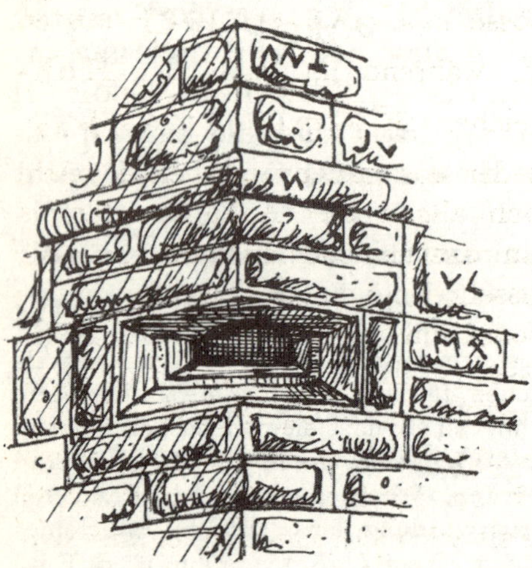

Fig. 62 Kanonenscharte von Hohbarr

Wenn da die Ausführung dieser einfacheren Zeichen zugleich (nach Grösse und Sorgfalt) eine rohere zu sein pflegt als bei den feiner bearbeiteten (wenn auch nur geglätteten) Bauteilen an Fenster, Tür, Kamin, Säule usw., so ist der Grund einfach der, dass auf einem rauhen Buckel eine mannigfach zusammengesetzte zierliche Figur kaum anzubringen und, was ohnehin oft genug vorkommt, von den natürlichen Vertiefungen der Fläche nicht überall sicher zu unterscheiden gewesen wäre, während man andrerseits feinere Bauteile nicht durch roh ausgeführte Figuren verunzieren wollte. Hiernach kann man bei einer Burg (z. B. der Hohkönigsburg) dasselbe Zeichen je nach seiner Stelle ganz verschieden ausgeführt und (so bei der mittleren Dreisteinburg) solche Unterscheidung selbst schon bei glatten und bei Buckelquadern beobachtet finden.

Vereinzelte Ausnahmen finden sich insofern, als auch auf Buckelquadern neben den ungeschlachtesten Zeichen ganz verwickelte und entsprechend sorgfältig ausgeführte vorkommen. So bei der Wildenburg ein 9, und 12 cm weit.

Annähernd Aehnliches zeigen auch römische Mauern. Wenn andrerseits der alte Buckelquaderberchfrit von Schilteck nur verhältnismässig zierlich ausgeführte Figuren von 3 bis höchstens 13 cm Grösse hat, die auch keinen Buchstaben gleichen, so ist das auch ein Beispiel dessen, wie vorsichtig man mit darauf gestützten Altersbestimmungen sein muss.

Eine sorgfältigere Ausmeisselung in tiefen Linien mit glatten Rändern, hie und da auch eckig oder rund verstärkten Enden, , wurde — und besonders letzteres — sonst hauptsächlich in späterer Zeit gebräuchlich und kommt da auch auf einfachen Bauquadern vor, so bei den am Fleckenstein und auf Hohbarr im 15. und 16. Jahrh. ausgeführten Erweiterungsbauten.

Was nun endlich die Entwicklung der Form selbst betrifft, so kann man für die Zeit bis zur Mitte der Gotik nur soviel sagen, dass auf Werkstücken die einfachsten (buchstabenähnlichen) Zeichen allmählich mehr zurücktreten. Auffallender tritt dann mit dem wachsenden Alter der Gotik (und somit in der Zeit, da die Steinmetzhütten die Zuteilung der Zeichen in die Hand nahmen) immer mehr eine senkrechte Linie, gewissermassen als Rückgrat der Figur, hervor, welcher Linie dann in der Renaissance u. a. besonders der gebogene Haken und der (einem Winkelmass ähnliche) rechte Winkel mit ungleichen Schenkeln in allen möglichen und mit der Zeit immer bunter werdenden Zusammenstellungen hinzugefügt werden.

Auch in der Renaissancezeit kommen freilich daneben noch immer ganz einfache Zeichen vor; so an dem Tübinger Schlosse u. a. 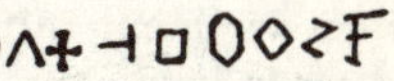 mitten unter den dieser Zeit eigentümlichen Zeichen, während im Palas der Hohkönigsburg kaum eines der vorhandenen Zeichen 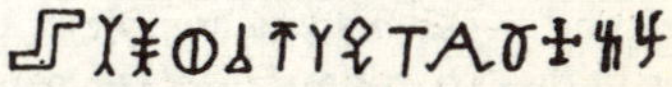 an seine spätgotische Bauzeit erinnert, und wieder das daneben stehende „Alte Schloss“, die kleine Hohkönigsburg, die nach allgemeiner Annahme damals schon in Trümmern lag, in einem Fenster ein anscheinend späteres , 3 cm hoch mit erweiterten Enden fein eingemeisselt, zeigt.

Bezüglich des aus den Zeichen auf die (sonst unbekannte) Entstehungszeit des betreffenden Baues zu machenden Schlusses stellt Klemm, Heilbr. Ber. a. O. S. 27, den (dort weiterhin praktisch angewandten) Satz auf: „Findet man eine Reihe derselben Zeichen wieder an anderen Bauten, deren Entstehungszeit bekannt ist, so hat man einen ziemlich eng begrenzten Rahmen dafür, in welcher Zeit der fragliche Bau, dessen Zeit wir nicht kannten, entstanden sein mag.“ Ich bin jedoch der Ansicht, dass — wie zumeist auch schon aus dem vorstehend Ausgeführten sich ergeben dürfte — dieser Satz, wenn ohne die äusserste Vorsicht angewandt, zu recht irrtümlichen Schlüssen würde führen können.

Sichere Schlüsse gestatten die Zeichen, wenn es sich um die Frage handelt, ob mehrere Teile eines Baues oder eines Gebäudekomplexes, z. B. einer Burg, gleichzeitig sind oder nicht. Ersteres darf — falls nicht etwa eine zu sehr verschiedene Bautechnik oder ein anderer Baustil dem entgegensteht — als sicher angenommen werden, wenn eine Anzahl gleicher Zeichen hier wie dort auf dieselben dabei tätig gewesenen Steinmetzen schliessen lässt. Die verschiedene Figur und Ausführung der Zeichen — auch wohl das vollständige Fehlen derselben bei einem der zu vergleichenden Bauten — lässt dann den umgekehrten Schluss zu. So wird man, wenn der obere Berchfrit von Besigheim (aus der 2. Hälfte des 12. Jahrh.) aussen an gebuckelten und innen an glatten Quadern die Zeichen 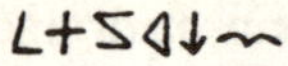, auf den fein geglätteten Quadern des Ganges zum Abtritt aber die sauber ausgeführten Zeichen 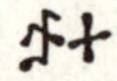 (mit verdickten Enden) zeigt, daraus den sicheren Schluss ziehen können, dass dieser Gang erst später und frühestens zur Zeit der Spätgotik hergestellt wurde[1]), und auch ohne sonstige Merkmale beweisen bei Hornberg am Neckar die sehr fein gemeisselten Zeichen 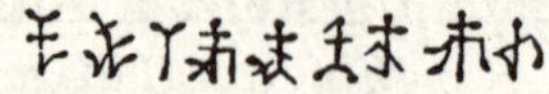 am Palas, dass derselbe erst in guter Renaissancezeit aufgeführt worden ist, wie bei dem Torbau von Prozelten am Main die Zeichen 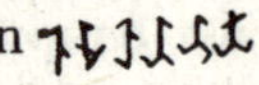 und bei den Gebäuden im Burghofe des Steinsberg die 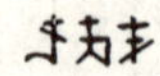 nach dem Angeführten auf die Zeit etwa von 1450 bis 1550 hinweisen.

Die Zeichen der letztgenannten Burg bieten schon wegen ihrer vielfachen Behandlung in Fachschriften besonderes Interesse. Die Aehnlichkeit der am grössten unteren Teile des Berchfrits vorhandenen mit altrömischen wurde bereits besprochen. Schon Krieg v. Hochfelden aber machte (Milit.-Arch. 94) darauf aufmerksam, dass der oberste Teil des Turmes, dessen Mauerwerk ein anderes sei, auch ganz andere Steinmetzzeichen zeige. Dieselben, im Innern des 5. Stockwerkes angebracht, sind nach Wilhelmi folgende: 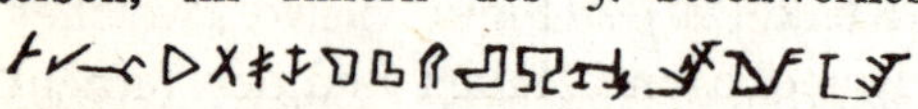 [2]). Diese Zeichen rechnet Pfaff[3]) mit den (schon weiter vorn mitgeteilten) am übrigen Teile des Turmes befindlichen zu den „für die Zeit des Uebergangsstiles kennzeichnenden" und die vorhin wiedergegebenen an den Hofgebäuden zu der „bekannten zusammengesetzten kleineren Art, die für das 14. und die folgenden Jahrhunderte kennzeichnend ist". Krieg v. Hochfelden dagegen erklärt diese obersten Turmzeichen vielmehr mit den an den Hofgebäuden befindlichen für gleichzeitig und zwar beide für „dem 16. Jahrh. angehörig". Jedenfalls dürften nun die letzteren Zeichen — ausschliesslich die senkrechte Mittellinie und eines bereits den krummen Haken zeigend — ebenso sicher nicht bis in das 14. Jahrh. zurück, als die oberen Turmzeichen nicht bis in das 16. hinaufzusetzen sein. Aber diese gehören auch schwerlich noch der Uebergangszeit an; es fehlen alle sog. Buchstabenzeichen und eines von ihnen (das siebente der Reihe) hat das Gepräge der schon entwickelteren Gotik. Der obere Turmausbau wird daher gleichzeitig mit dem ersten, die Jahreszahl 1436 tragenden Mauerturme unter der Herrschaft des tatkräftigen Pfalzgrafen Otto ausgeführt sein, während die Errichtung der Hofgebäude, auch dort vorhandenen Inschriften nach, in das 16. Jahrh. fällt.

Zur Ergänzung der schon im Text gegebenen Steinmetzzeichen und als Anhalt für Vergleichungen nachstehend noch weitere, der Zeit nach geordnete Beispiele, zum Teil anderen Quellen entnommen[4]).

Blankenhorn „frühromanische" Buckelquader-Schildmauer

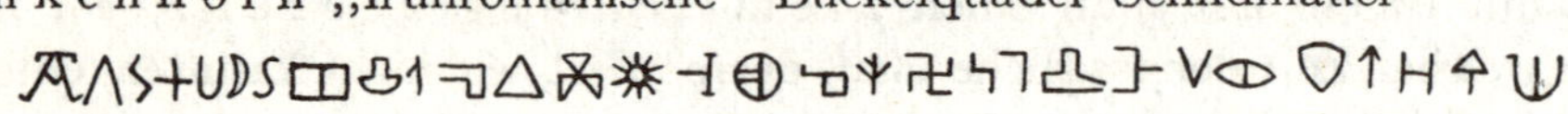

[1]) Beiläufig bemerkt, habe ich an dem unteren Berchfrit ebendaselbst nur spärlich die Zeichen 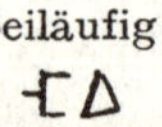 bemerkt, die auch auffallend gröber als bei dem oberen ausgeführt sind, und doch gleichen beide Türme einander auffällig und werden auch (Kunst- und Altertumsdenkm. im Königr. Württemb. S. 64) für gleichzeitig gehalten, ja, Näher glaubt sogar (Bonner Jahrb. 1883, 147) nachweisen zu können, dass der untere neuer sei (darüber an anderer Stelle). Ein weiteres Beispiel also von der Trüglichkeit mancher Erscheinungen bei den Steinmetzzeichen.

[2]) Bei den letzten Zeichen werden die kleinen Linien mehrfach auf Unebenheiten des Steines zurückzuführen sein, die es öfter unsicher machen, was zu der Figur gehöre oder nicht.

[3]) Zeitschr. f. d. Gesch. d. Oberrheins 1890, 103.

[4]) Die Mitteilung von Steinmetzzeichen in Fachschriften lässt nur zu oft insofern zu wünschen übrig, als bei Kirchen wie bei Burgen, an denen jahrhundertelang gebaut wurde, nicht angegeben wird, von welchem Bauteil bzw. aus welcher Zeit die Zeichen herstammen, geschweige denn, dass über Grösse und Ausführung derselben etwas bemerkt wäre.

Trifels, 1113 gen., Buckelquaderberchfrit

Freudenberg am Main, Ende des 12. Jahrh., desgl.

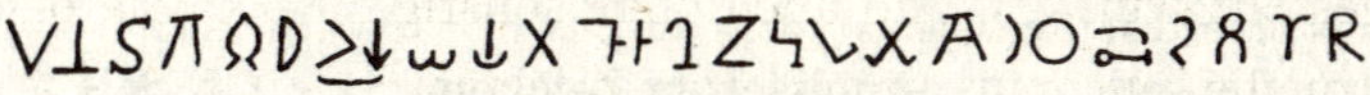 (zumeist 10—18 cm).

Rocca di Cassino glatte Quader des Berchfrits, anscheinend aus der Uebergangszeit 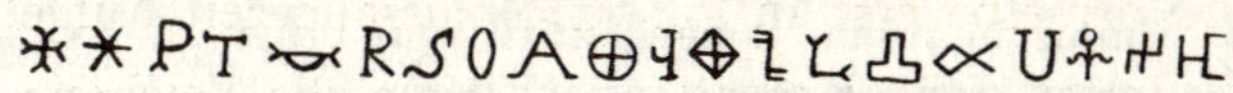 (5—14 cm).

Kreuzfahrerbauten in Syrien 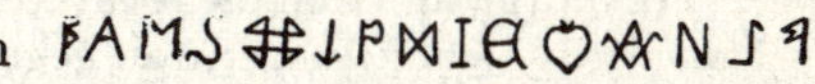

Klingenberg, gotischer Kreuzgang Buckelquaderturm 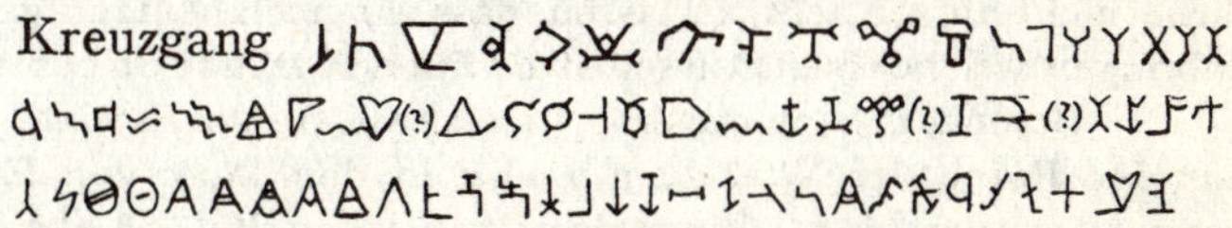

Eltville, Berchfrit, 14. Jahrh.  Treppenturm Ende des 15. Jahrh. 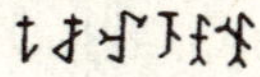

Büdingen, Torbau um 1500 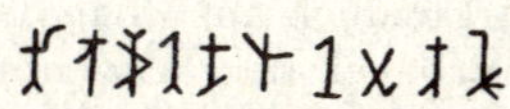

Hohentübingen, 1535—1540 (ausser den einfachen, schon mitgeteilten) 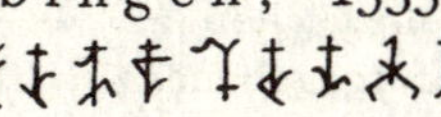. —

Besonders seit dem 15. Jahrh. wurden auf den Burgen in wachsendem Masse Bauinschriften beliebt, d. h. in der Regel über einem Tore auf einer Steinplatte angebrachte Angaben über Zeit und Urheber eines völligen oder teilweisen Neubaues. Mitunter begnügte man sich auch mit einer Andeutung durch Wappen und Jahreszahl oder selbst mit einem von beiden.

Es fehlt auch bei Burgen und sonstigen Wehrbauten nicht an einzelnen anscheinend viel älteren Bauinschriften[1]). So „soll" Berthold IV. von Zähringen über einem 1155 von ihm erbauten Tore zu Altbreisach die Inschrift angebracht haben: *Hanc dux Bertholdus portam struxisse notatur, A quo pro fraude Burgundia depopulatur.* Ferner befand sich der Ueberlieferung nach an der abgetragenen Dagsburg im Elsass über dem Tore die Inschrift: *Anno incarnationis dominicae millesimo ducentesimo decimo quarto constructum est hoc castrum ab Henrico a Veringen Argentinensi episcopo. Qui alienaverit anathema sit.*

Von grösserem Interesse sind einige noch vorhandene Inschriften.

Die Barbarossapfalz zu Kaiserswerth soll gleich mit drei versifizierten Inschriften ausgestattet gewesen sein. Eine allein vollständig erhaltene auf einem Türsturz lautet (wie vorhin von der Majuskelschrift und Abkürzungen des Originals abgesehen):

Anno ab incarnatione domini nostri Jesu Christi MCLXXXIIII
Hoc decus imperio Cesar Fridericus adauxit,
Justitiam stabilire volens et ut undique pax sit.

Eine zweite (mit der angenommenen Ergänzung):

Ab anno dominice incarn(ationis MCLXXXIIII)
Justicie cultor malefac(ti providus ultor)
Cesar adornandam Frider(icus condidit aulam).

Die dritte, auf das verwendete Material (Trachyt vom Drachenfels) bezügliche:

(Alcmari de) monte rui de rupe dr(aconis)
(Ostia pan)do bonis nautis simul at(que colonis).

Durch diese Inschriften will man hauptsächlich nachweisen, dass die jetzige Kaiserswerther Ruine ein Barbarossabau sei (siehe Kap. 14), während meiner Ansicht nach ein jede andere Möglichkeit ausschliessender Beweis dessen, dass dieser Bau schon zur Hohenstaufenzeit diese Inschriften getragen habe, nicht mehr zu führen ist.

---

[1]) Bei Kirchen sind sie, was jedoch hier nicht massgebend sein kann, bis in das 10. Jahrh. zurück nachweisbar. Otte, Handb. d. kirchl. Kunstarchäol. (1883) I, S. 395 ff.

Auch von Barbarossas Bautätigkeit bei der fast ganz verschwundenen Pfalz von Nimwegen gibt noch ein Stein mit einer Inschrift ähnlichen Stiles Kunde:

Anno mileno, postquam salus est data seclo,
Centeno juncto quinquageno quoque quinquo
Cesar in orbe situs, Fridericus pacis amicus
Lapsum confractum vetus in nihil ante redactum
Arte nitore pari reparavit opus Neomagi.
Julius in primo tamen extitit ejus origo
Impar pacifico reparatori Friderico.

Man wird solchen Inschriften gegenüber auf alle Fälle immer gut daran tun, die Tatsache nicht ausser acht zu lassen, dass wir noch heutzutage deren anbringen, welche einen Bau selbst als einen römischen bezeugen[1]).

Besonders bemerkenswert sind zwei Inschriftsteine, welche aus der Ruine der Wildenburg in den Park von Eulbach versetzt worden sind. Einer derselben ist in Fig. **63** abgebildet. Der andere, von ganz gleicher Art, trägt die Inschrift: DISE BVRHC MAHTE HER RVEPREHTD VON DVRN. Dieser Rupert v. Walldüren kommt urkundlich am Ende des 12. Jahrh. vor und wird auch sonst als Erbauer der Wildenburg genannt. Die besondere (getrennte) Fassung der Bauinschrift und ihre Stelle — es handelt sich (aktenmässig) um die beiden Seitenpfeiler, welche den inneren (!) Bogen eines Burgtores trugen — lassen sie eher als die private Arbeit eines Steinmetzen erscheinen. Deutsche Inschriften kamen zu jener Zeit kaum schon vor[2]). Besonders bedenklich ist aber, dass das Steinmetzzeichen (vgl. S. 165) wohl unabweislich dem Ende der gotischen Zeit angehört (wie minder entschieden auch ein auf dem anderen Steine befindliches), während die auf die Abschrägung hinübergreifende Inschrift offenbar erst nach Behauung des Steines eingegraben worden ist. So wird man auch (trotz einiger an sich auf eine ältere Zeit hindeutender Merkmale) die Schrift in eine so späte Zeit setzen dürfen.

Fig. 63 Inschrift von der Wildenburg

Wohl ohne Seitenstück ist es, wenn das um 1550 fast neu erbaute Hochosterwitz mit seinen vierzehn Torgebäuden wenigstens zwanzig in Stein gemeisselte Inschriften gutenteils auch religiösen Inhaltes hat.

Was die Art der angewandten Schriftzeichen betrifft, so scheinen die sonst im 14. Jahrh. aufgekommenen Inschriften in gotischen Minuskeln (kleinen Buchstaben) bei Burgen nie besonders gebräuchlich gewesen zu sein. Noch weniger die gotischen Majuskeln, vielmehr blieben anscheinend immer die einfacheren lateinischen grossen Buchstaben bevorzugt. Beispiele von lateinischen Inschriften in deutschen Minuskeln: Torbau auf Sigmundskron von 1474 und auf Kastell

---

[1]) Mit diesem Satze (2. Aufl. S. 158) behaupte ich nicht, dass die Barbarossainschriften gefälscht sein müssen. Wohl nicht überzeugend bemerkt zu ihrer Erklärung Bergner, Handb. d. bürgerl. Kunstaltertümer S. 567: „Offenbar hatte der Kaiser diese gute Sitte in Italien kennen gelernt, denn das dort erstarkte Herrscherbewusstsein klingt ganz vernehmlich durch die wenigen lapidaren Zeilen, denen Piper mit ganz unberechtigtem Zweifel zu nahe getreten ist.“ Wo in Italien der Kaiser „offenbar“ Inschriften dieser Art an Wohngebäuden kennen gelernt habe, wird nicht angegeben.

Wie unzuverlässig selbst eine Bauinschrift sein kann, zeigt ein besonderer jüngster Fall auf der Hohkönigsburg. Da befindet sich an einem von Ebhardt frei entworfenen und jedenfalls da nie ähnlich vorhanden gewesenen Gebäude beim westlichen Bollwerk (nach dem Reichsanzeiger) die Inschrift: „Dieser Bau ward errichtet durch Schweickhardt und Franz Conrad von Sickingen vor 1557 und erneut durch Wilhelm II. . . . im Jahre 1907.“

[2]) Ueber die „älteste bekannte deutsche Grabschrift“, die angebliche des kurz vor 1277 gestorbenen Minnesängers Ulrich v. Lichtenstein, siehe meine Oesterr. Burgen I, 118.

Verrés im Aostatal von 1390. (Da es sich dort um die alteinheimische Familie der Grafen von Challant als Erbauer handelt, nebenbei kennzeichnend für den damaligen Einfluss Deutschlands in Italien.) In späterer Zeit wurden auch nur aus den Anfangsbuchstaben der Wörter bestehende Bauinschriften beliebt. So findet sich eine aus neunzehn Einzelbuchstaben bestehende auf Rosenburg am Kamp. —

Der Gebrauch von Wappen zeigt sich (im Zusammenhang mit den Kreuzzügen) in vereinzelten Anfängen zuerst um die Mitte des 12. Jahrh., allgemeiner wurde er (mit den Turnieren) erst mehr als ein Jahrhundert später. Man brachte die Wappen, wie naheliegt, hauptsächlich an bevorzugten Stellen an. Ausgehauene über (selten neben) einem Tore und da auch an der Pechnase, beim Wohngebäude über der Eingangstür, auch an einem Erker, oder einfach an der Aussenwand, im Innern am Kaminmantel, auch oben an einem Fenster, gemalte auf Fensterscheiben, an der Holzdecke, auf Unterzugbalken, sowie in Verbindung mit anderer Wandmalerei und Inschriften, spät auch oben am Berchfrit.

Besonders seit dem Ausgange des Mittelalters wurde auf manchen Burgen (Trostburg, Beseno) das Wappen der Inhaber oft wiederholt angebracht[1]), oder sonst eine besondere Häufung von solchen beliebt. So zeigt auf Pernstein in Mähren ein Erker deren 24, und 40 grosse gemalte prangen zu Basedow in Mecklenburg auf dem Altaraufsatze der Schlosskirche. Pflegt es sich dabei hauptsächlich um die Wappen aller einst gesippten Familien zu handeln, so wurden für solche Wappenhäufungen doch auch andere Beziehungen und Gesichtspunkte gesucht. So wurden über einem Tore zu Tocnik diejenigen von zehn derzeit (um 1400) mit Böhmen verbundenen Staaten angebracht, in einem Saale auf Sargans die aller dort einst bestallt gewesenen eidgenossischen Landvögte, und an einer Zimmerdecke in Maretsch die der bis 1560 in Tirol abgestorbenen Geschlechter[2]). Schildhalter sind nicht vor dem Ausgange des 13. Jahrh. nachzuweisen. Tiere als solche kommen erst später auf[3]). Diese Tatsachen sind geeignetenfalls bei Bestimmung der Bauzeit nicht ausser acht zu lassen.

Fig. 64 Löwentor der Hohkönigsburg

So gehört auch das angeblich frühromanische „Löwentor" der Hohkönigsburg (Fig. **64** nach photographischen Aufnahmen) sicher erst dem Thiersteiner Neubau nach 1480 an.

[1]) Auf Neuhaus in Böhmen ist die fünfblätterige Rose aus dem Wappen der Rosenberg, Herren von N., besonders als Verzierung an Tür- und Fensterumrahmungen mehrhundertmalig angebracht.

[2]) Die Wappen betreffende Abbildungen verschiedener Art in meinen Oesterreichischen Burgen T. II, Fig. 144 (Mitterberg), T. III, Fig. 60 (Heidenreichstein), IV 149 (Riegersburg), V 125 (Osterburg), 166 (Tocnik), VI 23 (Finkenstein), 177, 186, 189 (Pernstein), VII 43 (Dornsberg), 163, 167, 168—170 (Maretsch), 243 (Trostburg), VIII 9 (Beseno).

[3]) Seyler, Gesch. der Heraldik zu Siebmachers Wappenbuch (1889), S. 463 f.

Der Torbogen an sich war ganz ebenso wie dieser auch während der gotischen Zeit bei Burgen gewöhnlich. Die beiden Löwen, als gleichzeitige Bestandteile desselben unbestritten, haben offenbar von Anfang an Beziehung zu einem zwischen ihnen befindlichen Wappen gehabt, an dessen Stelle später (wohl in Anlass eines Besitzwechsels) das jetzige flachere, auch schon durch Verwitterung unkenntlich gewordene ausgemeisselt worden ist. Sie sind „Schildhalter" im weiteren Wortsinne oder hier richtiger „Schildwächter", welche, was ja auch nicht unerlässlich war, das Wappen nicht „gehalten" zu haben scheinen[1]).

Es kommt noch folgendes hinzu: 1. Als 1462 die verbündeten Fürsten und Städte das gemeinschädliche Raubnest eroberten, war unter ihnen vereinbart worden, „*daz das slosz on gnade und fürwort verslöufft und gebrochen*, werde, was auch bekanntermassen geschehen ist, und es wäre also unverständlich, wenn dies kleine und leicht zu zerstörende Eingangstor so unberührt gelassen worden wäre. 2. Die offenbar nur von einem wenig geschickten Steinmetzen ausgehauenen Löwen — man beachte die Ungleichartigkeit beider, den kleinen, spitzen Kopf des linken etc. — haben keine für die romanische Zeit charakteristische Besonderheit. Sie scheinen nie die damals beliebte starke (annähernd in babylonisch-assyrischer Weise) stilisierte Mähne gehabt zu haben und anstatt der romanischen Gedrungenheit zeigt die unnatürliche Schlankheit des rechten Tieres offenbar weit eher den gotischen Stil[2]). 3. Eine derartige Ausschmückung zumal eines äusseren Tores ist zu romanischer Zeit und selbst noch lange nachher meines Wissens selbst bei ornamental besonders reich ausgestatteten Burgen nirgend vorgekommen, also hier als besondere Ausnahme höchst unwahrscheinlich. 4. Mehr als das ist es endlich, dass auf diesem hohen Wasgauberge in „frühromanischer" Zeit überhaupt schon irgendwelche Burg gestanden habe[3]). Das für die Hohkönigsburg gehaltene *castrum Estufin* kommt auch zuerst in der Mitte des 12. Jahrh. vor[4]).

Uebrigens zeigen viele noch mehr oder weniger wohlerhaltene Burgen keine Spur eines da jemals angebracht gewesenen Wappens. —

Als das älteste nachweisliche Beispiel einer Anwendung unserer arabischen Ziffern in Deutschland gilt eine 1207 beendete handschriftliche Regensburger Chronik des Domherrn v. Lerchenfeld, als die einzige bekannte noch in das 13. Jahrh. zurückgehende Jahreszahl in diesen Ziffern ein 1237

---

[1]) Grützner, Handbuch der Heraldischen Terminologie desgl. (1890), Taf. 36 Nr. 19 ff.

[2]) Nach B. Ebhardt, Die Hohkönigsburg 1908, S. 37 sollen umgekehrt beide Tiere durch „eine ihnen eigene gewisse Wucht der Erscheinung als romanische Arbeit ohne weiteres kenntlich" sein, und nach desselben Zur Baugesch. d. Hohkönigsbg. 1900, S. 1 f. „darf man in den beiden über dem romanisch rundbogig geschlossenen Tor ausgehauenen Löwen ein sicheres Kennzeichen (sogar) der früh romanischen Kunst ansprechen". Das stimmt nun freilich schlecht genug dazu, dass man (vgl. S. 32 Anm. 5) in neuerer Zeit — so in einem Aufsatz des amtlichen Reichsanzeigers von 1908 — die Löwen schier komischerweise zu dem „Wappen (!) der Hohenstaufen" gemacht hat, die bekanntlich erst um Jahrhunderte nach der frühromanischen Zeit zur Regierung gekommen sind.

[3]) Daran ändert nichts, dass Ebhardt nach den vorhin angeführten Schriften in der Hohkönigsburg auch sonstige „früh-" und sogar „vorromanische" Baureste gefunden hat, also aus Zeiten, in welchen man diesseits der Alpen überhaupt noch nicht an gemauerte Burgen dachte.

[4]) Meine so viel spätere Datierung (schon Burgenk. 1. Aufl., S. 324) haben seinerzeit die Interessenten des Neubaues der Burg als einen besonderen Beweis meiner Unwissenheit und völligen Unkenntnis der „Bauformen" betont (vgl. Vorwort zur 2. Aufl. und meine Schrift „Die angebl. Wiederherstellung der Hohkönigsb." 1902, S. 39, Anm.). Sicherem Vernehmen nach hat freilich auch eine 1901 im Anschluss an den Freiburger Denkmalpflegetag von Ebhardt auf die Burg geführte Anzahl namhafter amtlicher Sachverständiger in der Frage diesem gegen mich recht gegeben, in ihrem „Stilgefühl" wohl hauptsächlich durch die heute noch ebensogut mögliche Ungeschicklichkeit des schon verwitterten Bildwerkes geleitet. Ich glaube dagegen oben hinlängliche Gründe für mich angeführt zu haben.

auf einem Hohenloheschen Siegel[1]). Es hat dann noch lange, etwa bis zum 15. Jahrh. gedauert, bis diese Zahlzeichen den Steinmetzen etwas Gewöhnliches geworden sind. Ihre Formen standen gutenteils noch nicht fest, wie heutzutage, und man liebte es obenein — wie das auch bei den Schriftzeichen besonders auf kirchlichen Geräten stattfand —, ihnen eine möglichst eigentümliche Form zu geben[2]). Sie sind daher öfter nur unsicher zu lesen[3]). Eine bestimmte, stetige und für alle Fälle massgebende Entwicklungsgeschichte der einzelnen Zifferformen kann es den Umständen nach nicht geben. Im ganzen haben sich erst im 17. Jahrh. die heutigen Formen als die gewöhnlichen herausgebildet, wenngleich sie vereinzelt schon früher vorkommen. Die hauptsächlichen älteren sind die folgenden:

0 ist immer eine ganz geschlossene Figur, auch 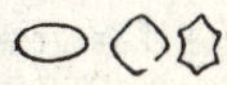. Sie wird auch ganz klein hoch angebracht oder als dritte Ziffer einer Jahreszahl ganz fortgelassen.

1 meistens ein aufrechter gerader oder gebogener Strich mit Anhängseln 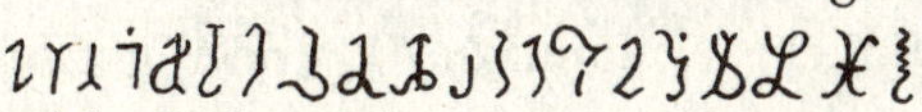, gotisch verziert . Der ganz einfache Strich findet sich u. a. noch 1533.

2 mitunter von der 1 und der 6 nicht sicher zu unterscheiden, kommt schon im 15. Jahrh. der heutigen Form ganz ähnlich vor. Sonst 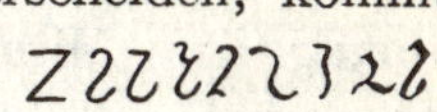.

3 schon früh der heutigen Form fast gleich. Daneben 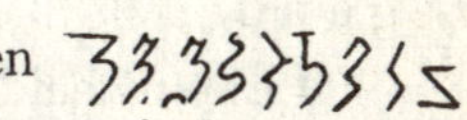, gotisch . Im ganzen, jedoch nicht völlig ausnahmslos, sind die zwei übereinander nach links gerichteten Oeffnungen zur Unterscheidung von der 5 kennzeichnend.

4 in den gewöhnlichsten Formen 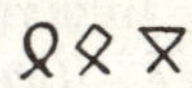 als die obere (grössere) Hälfte einer 8 erscheinend, ist danach in den Varianten, wie 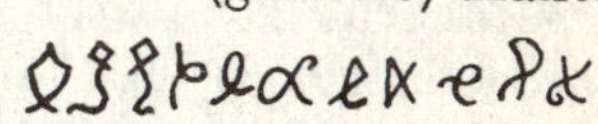, meistens unschwer zu erkennen. Die heutige Form — die liegende Ziffer  nach links aufgerichtet — findet sich schon zu Anfang des 15. Jahrh., die alte aber vereinzelt auch noch im 17.

5 Weitaus die meisten uns erhaltenen Jahreszahlen in altertümlichen Ziffern gehören dem 16. Jahrh. an, und so ist dieses auch seiner Form nach dazu noch

---

1) Dr. C. Mehlis will freilich an den Ruinen von Schlosseck, Wildenburg und Limburg, am Drachenfels und am Brunhildisstuhl bei Dürkheim Jahreszahlen in arabischen Ziffern (mehrfach ganz modernen) zwischen 1153 und 1249 gefunden haben. Dagegen F. X. Kraus, Die christl. Inschriften der Rheinlande II, 336 und mein Aufsatz im Korresp.-Bl. d. Gesamtvereins 1899, S. 197. Bei einem in Ulm aufbewahrten Konsolstein ist die Gleichzeitigkeit eines eingeritzten 1296 als zweifelhaft anerkannt.

2) Selbst dieselbe in einer Jahreszahl mehrfach vorkommende Ziffer kann man da in verschiedener Form finden.

3) Dass es sich überhaupt um alte Ziffern handelt, wird jedoch dem mit solchen Vertrauten (auch in Mitberücksichtigung des Ortes und der vierstelligen Jahreszahl) nie zweifelhaft sein können. Freilich ist in den Kunstdenkm. d. Grossherzogt. Baden IV, 1, S. 225 die auf Wertheim a. M. vorhandene Jahreszahl 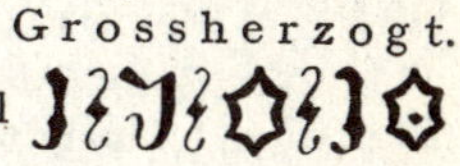 — auch den örtlichen Umständen nach zweifellos = 1510; der Steinmetz hat da eine 0 zu viel angebracht — von Dr. Wibel „zufolge eingehender kritischer Prüfung" vielmehr für die Majuskelinschrift 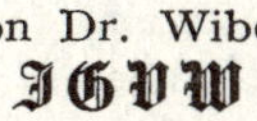 erklärt worden, und hat B. Ebhardt in Deutsche Burgen S. 140 die Jahreszahl 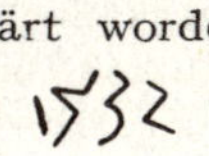 (1532) als vier „Steinmetzzeichen" abgebildet. (Vgl. oben S. 163, Anm. 1.)

besonders Gelegenheit bietende Zahlzeichen in ganz hervorragendem Masse verschiedenartig gebildet worden. Die Zeichenreihe 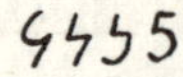 zeigt etwa den Gang der Entwicklung von der ältesten bis zur heutigen Gestalt. Eine der letzteren ähnliche kommt schon in der zweiten Hälfte des 15. Jahrh. vor. Vor und nachher finden sich u. a. folgende:

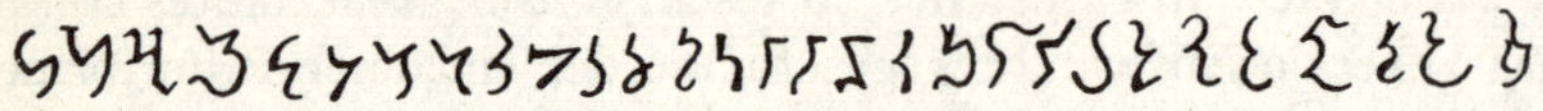, gotisch 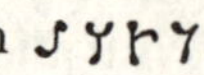.

Manches dieser Zeichen würde zweifelhaft sein, wenn es nicht an zweiter Stelle einer Jahreszahl jedenfalls des 16. Jahrh. stände.

6 oft schon im 14. Jahrh. der heutigen Zahl ganz ähnlich. Auch sonst ist dafür kennzeichnend eine längere krumme Linie, an welche sich unten eine nach rechts auslaufende Rundung anschliesst. So 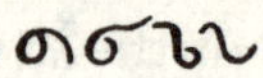, aber auch ausnahmsweise 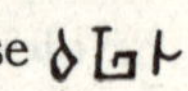.

7 Die ältere Form ist, ähnlich wie bei der 4, die heutige l i e g e n d , also ein mit der Spitze nach oben gerichteter Winkel ∧, dann 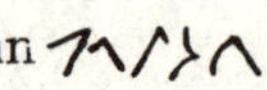 oder gotisch verziert 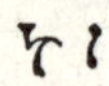. Die heutige Form kommt schon im 15. Jahrh. vor.

8 Neben den eckigen Formen  findet sich die heutige runde schon von Anfang an. Mitunter gotisch  und auch (so im 18. Jahrh.) die heutige Ziffer l i e g e n d.

9 unterscheidet sich immer wenig von der heutigen Form, so 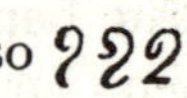, aber auch  und P, gotisch 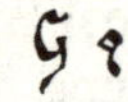. —

Als Inschriften in Burgen finden sich auch die in späterer Zeit beliebt gewordenen C h r o n o g r a m m e (wenn in Versen, Chronostichon bzw. Chronodistichon), bei welchen eine Jahreszahl sich durch Addieren aller durch ihre Grösse hervorgehobenen römischen Zahlzeichen ergibt. Von letzteren mögen nur noch einige der selteneren I = 50, Iɔ = 500, cIɔ = 1000, sowie das für M vorkommende 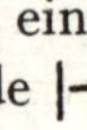 erwähnt werden.

Sechstes Kapitel.

Der Berchfrit.

(Herkunft und Bedeutung des Wortes. Zweck des Berchfrits. Bei Wasserburgen. Mehrheit von Berchfriten. Verschiedener Standort. Der einfache Berchfrit: Mannigfache Grundformen. Angebliche Regeln über Mauerstärke und Höhe. Einfluss der Bauzeit und der Gesteinsart auf die Grundform? Das Erdgeschoss. Vertiefung desselben. Burgverliess. Der Eingang in den Berchfrit (Hilfsmittel, Lage, Vorbau). Aufstieg im Innern. Die einzelnen Stockwerke. Zwischendecken. Aeussere Absätze. Ummantelung. Zinnen. Dach. Der bewohnbare Berchfrit. Beispiele, auch von Uebergängen.)

Für den Hauptturm der Burg ist nach Professor Leos Vorgang in der deutschen Sprache der Ausdruck „Berchfrit" (in verschiedener Schreibweise) allgemein gebräuchlich geworden[1]).

Das Wort hat im Mittelalter selbst wie nahezu alle technischen Ausdrücke des damaligen Befestigungswesens verschiedene Bedeutungen gehabt, während der Hauptturm der Burgen meistens einfach der Torn, etwa mit dem Zusatz der hohe oder dicke, genannt wurde. So war es besonders gleichbedeutend mit dem Wandelturm oder Ebenhoch, und wie alle Befestigungswerke vor alters gutenteils aus Holz waren, so bezeichnete es zunächst auch einen hölzernen Turm, hölzernes Gerüst überhaupt[2]), wurde dann aber auch für Turm gebraucht zu einer Zeit als man nirgend mehr an solche aus Holz dachte.

So verspricht in einer (von v. Cohausen angeführten) Urkunde von 1320 Ritter Wilhelm der Stadt Cöln sein Haus Frechem nicht zu befestigen, „*engeyne ringmure umbe den Hof*

---

[1]) Vgl. Rey, Étude, 150: *(les donjons) sont designées, en allemand, sous le nom de berch-frid: c'est en français le beffroi.* Der mit Leo gleichzeitig (1837) schreibende Scheiger wendet den Ausdruck noch nicht an, aber auch Krieg v. H. 1859 noch nicht, indem er erst durch v. Cohausen, der 1860 zuerst nähere Forschungen über diese Türme veröffentlichte („Die Bergfriede besonders rheinischer Burgen." Bonner Jahrb. und Sonderabdruck), allgemein üblich geworden ist. Gegen seine bezeichnete Verwendung ist in neuerer Zeit unter Köhlers Führung eine Gegnerschaft erstanden. Derselbe behauptet (Kriegswesen 1887, III, 1, S. 134 u. 404), ohne einen Beweis nur zu versuchen, dass jeder hölzerne Turm so genannt wurde und Berchfrit auch stets nur solchen hölzernen Turm bedeutet habe. Damit erklärt sich dann A. Schultz, Höfisches Leben, 2. Aufl. (1889), S. 42 einverstanden, und v. Essenwein hebt in seiner Kriegsbaukunst (1889) sogar an vier Stellen (S. 50 Anm., 152 Anm., 241 u. 249) hervor, dass er nach diesen angeblich geführten Beweisen den ganz falschen Ausdruck gleichfalls vermeide. Ebenso Fr. Pfaff in Zeitschr. f. d. Gesch. des Oberrheins 1890, S. 79, Anm. 2.

[2]) So kommt es 1375 in einer Kirchenbaurechnung von Xanten (ebenso wie das franz. beffroi und das engl. belfry, siehe weiterhin) für den Glockenstuhl im Turme vor: „in turri opus pro campanis, quod dicitur bergfrede", 1368 in Braunschweig als ein Kran zum Aufwinden von Werksteinen.

noch Bergfrit in den Hof zu machen". (Köhler behauptet freilich a. O. frischweg, auch dieser Berchfrit sei noch von Holz gewesen und danach ebenso Clemen, Tiroler Burgen, S. 113, Anm. 270.) 1253 wird vereinbart, dass Minden in der Burg Sassenhagen keinen Turm oder *Berchvrede* ohne Bewilligung Sachsens aufführen dürfe. Bei der Burg Wachtendonk im Kreise Geldern wird 1468 urkundlich der *Berchfrede* angeführt. Der 1684 abgetragene Hauptturm des Schlosses Eicholzheim bei Mannheim wurde 1353 urkundlich „*daz berchfrit Gonchelingen*" genannt. (K. Christ, Mannheimer Altertumsschr. 1891.) In mecklenburgischen Urkunden des 14. Jahrh. kommt der Ausdruck *propugnaculum, quod berchvrede dicitur* wiederholt vor und zwar im Sinne einer kleineren ständigen Befestigung für sich. So heisst es ebendas. V, 3084 ad ann. 1306: *mer enen bergchvrede van ver roden, ane grauen, uppe slichter erden, dar se vor er ghenoten velych* (d. h. sicher) *oppe wesen moghen, moten se wol buwen*, und hier kann den Umständen nach wohl wieder nur ein steinerner Turm von 4 Ruten (ca. 18,5 m) Höhe gemeint sein. Ebendas. Nr. 3190 aus dem Anfang des 14. Jahrh.: *Concedimus quod —— in ipsa uilla firmam curiam construere poterit et in ipsa curia propugnaculum edificare, quod berghvrede vulgariter appellatur.* Die Stadt Esslingen hatte ein der „äussere Bergfried" genanntes propugnaculum, welches aus zwei durch eine Mauer miteinander verbundenen Türmen (aus dem Anfang des 16. Jahrh.!) bestand, und die unweit der Stadt gelegene „Burg in Hainbach" wurde 1339 auch der Bergfried genannt, gewiss, weil sie hauptsächlich aus einem starken Steinturm bestand. (Kunst u. Altert. im Königr. Württemb. I, 213.) In der Limburger Chronik 194 in f. wird 1377 ein städtischer Befestigungsturm *Bergfrid* genannt, ebenso hiessen u. a. 1470 in Wismar die Wieckhäuser, d. h. Türme der Stadtmauer, *Berchfrede*, und vollends heisst es im Lübeckschen Urkundenbuch IV, 347: *wortmer mogen se den stenen berchvreden vort muren unde buwen, so begund is, unde waren den mid dake.* Um schliesslich auch ein ausserdeutsches Beispiel anzuführen, wurde in Verona im 13. Jahrh. verordnet, *ut non fiant turres de novo . . . neque Belfredum aut Bertesca.* (Die schiefen Türme von Bologna stammen schon aus den ersten Jahren des 12. Jahrh.)

Das Wort wird von mehreren Schriftstellern hergeleitet aus den Stämmen „Berg" und „fried" bzw. deren alten Formen *berc* und *vrit*, und findet man das damit Bezeichnete danach verschiedentlich gedeutet als „den Frieden bergend", eine „bergende Einfriedigung", eine „Umfriedigung auf einem Berge", ein „Frieden, in dem man sich birgt", ein Turm, in dem man sich „friedlich bergen" kann oder endlich als mit dem Begriff des „Burgfriedens" zusammenhängend. Alles das passt offenbar besonders zu der ursprünglichen Hauptbedeutung des Wortes, der einer Belagerungsmaschine, so wenig als möglich. Dass man aber auch im Mittelalter selbst von solcher Ableitung und Deutung nichts geahnt hat, ergibt sich aus der wohl beispiellosen lautlichen Verschiedenheit, in welcher das Wort da vorkommt. So fand ich bisher *perfrit, berefreit, bercfrit, pervrit, bervrit, perferd, berpferd, berchfrit, pürfrit, bürcfrit, bürkfride, purkfridt, barenfrid, berfride, perkchfrid, pechfrid* und *bärfried*. Aehnlich verschieden sind die spätlateinischen Formen, wie *bal-, bil-, bel-, ber-, ver-, berte-, baltefredus, bal-, per-, batifridus, belfragium, beti-, biti-, batifredum* usw. Es handelt sich da offenbar um ein Wort, mit welchem man in etymologischer Beziehung gar nichts anzufangen gewusst hat. Uebrigens heisst es in anderen Sprachen ähnlich, so — vom niederdeutschen *berchvrede, barchvred* abgesehen — altfranz.: *perfroi, bierfroit, baffraiz*, neufranz.: *beffroi*, englisch: *belfry*, schwedisch: *barfrid* und ital.: *belfredo*.

Die Herleitung aus *berc* und *vrit*[1]) hat dann auch in unseren Tagen die Bildung der neuhochdeutschen Wortform „Bergfried" veranlasst, die (besonders

[1]) Das Wort fehlt in den Etymologischen Wörterbüchern von Kluge und Jürgens, doch wird in Littré, Dictionn. (1863) *beffroi* vom deutschen *bercfrit* und dieses von

durch v. Cohausen bekanntgemacht), weil man sich dabei immerhin etwas, wenn auch nichts Sinngebendes, denken kann, besonders in Laienschriften wohl noch immer überwiegend gebräuchlich ist[1]). Die Schreibweise beruht auf den, wie vorhin gezeigt, mit der Sache selbst gar nicht zu vereinbarenden Deutungen einer von Leo beliebig aus vielen verschiedenen herausgegriffenen Wortform und gibt nur zu ferneren verfehlten Deutungen Anlass. Sie ist also in keiner Weise gerechtfertigt, vielmehr hat man es bei der alten Form „Berchfrit" zu belassen[2]).

Ueber den Berchfrit als ältesten Bestandteil der Burganlagen siehe oben S. 25.

Der Berchfrit war der Regel nach das höchste und stärkste Bauwerk der Burg und daher besonders geeignet, als Warte („Gucker") zu dienen, ferner, wenn er auf der Angriffsseite stand, als Schild für die dahinter liegenden Burgbauten und auch sonst als Standort für Verteidiger und als Rückzugsort für die Burginsassen[3]).

Was den Platz des Berchfrits innerhalb des Burgberings betrifft, so stellte man ihn zur Erhöhung seiner Wirksamkeit wie seiner Sicherheit vor allem gern noch auf den höchsten Punkt des Burgplatzes und zugleich tunlichst dahin, wo von ihm aus der Feind ausserhalb wie innerhalb der Burg wirksam bekämpft werden konnte.

Besonders wenn der Berchfrit auf der Zugangsseite seinen Platz hat, steht er entweder in geringem Abstande hinter der Ringmauer[4]), oder in dieselbe ein- oder zum Teil über sie hinausgerückt. Im ersten Falle gereichte ihm die Ringmauer noch zum Schutz, im zweiten lag der Fuss derselben vom Turme aus nicht im toten Winkel, im dritten konnte sie von diesem aus auch noch seitlich bestrichen werden.

„berc" *tour (?) hauteur* und „vrit" *conserver (?)* abgeleitet. Dann heisst es in Schoefensack, Franz.-etymolog. Wörterb. (1890): „Beffroi Turm, Glockenstuhl, Wartturm, entstellt aus dem mhd. *bercfrit, berchfrit, berfrit,* d. h. Bergschutz (?), Bergfestung (?) von „berc" Burg und ahd. „fridu", mhd. „vride" Schutz. Aus der mlat. Schreibung *balfridus, belfridus* erklärt sich die zweifache Bedeutung Bergfestung (?) und Glockenstuhl, ersteres aus *bercfrit,* letzteres aus dem ahd. *pella,* mhd. *belle,* die Glocke." Ich halte es nicht für wahrscheinlich, viel weniger für erweislich, dass beffroi von dem deutschen Ausdruck abzuleiten sei. Uebrigens bedeutet es hauptsächlich Glockenturm, *belfry* dasselbe neben Berchfrit, *belfredo* Scharwachttürmchen (*battifredo* hölzerner Turm). Der Hauptturm der Burg wird in den drei Sprachen gewöhnlich mit *donjon, keep* und *mastio* bezeichnet. Wenn einige der altdeutschen Ausdrücke zugleich „Pferd" bedeuten, so ist das um so mehr ein bedeutungsloser Zufall, als „Pferd" im Gegensatz zum (Streit-) „Ross" gerade das nicht im Kampfe benutzte Reittier bezeichnete.

[1]) Auch v. Cohausen leitet (Befestigungsweisen S. 148) das Wort (einschliesslich der fremdsprachlichen Formen) von Berg und Friede ab. Die Schreibweise Bergfried findet sich u. a. schon in Brinckmeier, Glosar. diplomat. 1856. (An beiden Stellen übrigens weitere Beispiele für die Bedeutung als steinerner Wehrturm.)

[2]) Dieselbe ist auch in der neueren Fachliteratur schon ziemlich gewöhnlich geworden. Leo schreibt übrigens „das Berchfrit", A. Schultz, Höf. Leben (1. Aufl.), „Bercfrit", Zeller, Burg Hornberg, „Bergfrit", Krieg v. H. (einmal) „Berchfried", Dehio, Handbuch, „Bergfrid" usw.

[3]) Die Behauptung (Köhler, Entw. d. Kriegswesens III, 1, S. 402), dass bei den Bergschlössern und andrerseits den Burgen im flachen Gelände ein Unterschied in der Bestimmung und danach auch in der Weite der Berchfrite „in die Augen springe", ist in jeder Beziehung unbegründet. Vgl. 1. Aufl. S. 198.

[4]) Auf Kühnburg in Kärnten und Schloss Tirol ist der Zwischenraum kaum für einen Mann passierbar.

Im ganzen seltener liegt der Berchfrit dem Zugange abgekehrt, am anderen Ende der Burg. Er kommt da hauptsächlich als Rückzugsort in Betracht jedoch auch als Schild wenn die Burg hier etwa von einer benachbarten Anhöhe aus wirksam beschossen werden konnte (Araberg in Niederösterreich).

Wo immer der Berchfrit als Schild zu dienen hatte, wurde der viereckige — über die drei-, fünfeckigen etc. siehe weiterhin — gern übereck dem Angriffsfelde entgegengestellt, weil dann die Schüsse von den schrägen Seiten fast wirkungslos abprallen mussten, die Deckung verbreitert wurde und schliesslich auch mehr Verteidiger des Turmes nebeneinander in Tätigkeit treten konnten.

Am meisten kam der Nutzen des Berchfrits zur Geltung, wenn er auf der Angriffsseite zugleich auf dem höchsten Punkte des Burgberinges und seitlich über dem Eingangstore lag; so dass man von diesem zu jenem aufsteigend mit einer Kehre zweimal wenigstens annähernd die ganze Länge der Burg (mit den entgegengestellten Hindernissen) durchmessen musste.

Bot sich kein Anlass für eine bestimmte, dem Berchfrit zu gebende Stelle — so bei ebenem und wenigstens von mehreren Seiten gleich zugänglichen Burgplatze —, so wurde er auch wohl, doch im ganzen selten, frei in die Mitte des Beringes gestellt (Starkenburg an der Bergstrasse, Godesberg bei Bonn). Häufiger hat er auch hinter der Vorburg am Anfange der Hauptburg seine Stelle.

Mitunter liegt er weitab von der übrigen Burg und mit dieser nur durch eine Ringmauer verbunden, auf einer höheren Stelle, wo er je nach der Oertlichkeit auch als Wehr- und Deckungsbau (Freienstein a. d. Donau) oder nur als Rückzugsort (Arco bei Riva) in Betracht kommen kann.

Einigermassen zuverlässige Schlüsse auf die Bauzeit lassen sich, wie man auch versucht hat[1]), aus dieser verschiedenen Stellung des Berchfrits nicht ziehen. Alle finden sich, wenn auch zum Teil verschieden häufig, zu jeder Zeit[2]), wie ja auch während der ersten beiden Burgbauperioden (S. 27) kein Anlass sich ergeben konnte, dem Berchfrit eine veränderte Stellung zu geben. Nur scheint etwa von 1300 ab (in welcher Zeit ja freilich Burgen überhaupt nur noch verhältnismässig selten neugebaut worden sind) ein Berchfrit, rund oder viereckig, nicht mehr hinter die Ringmauer der Angriffsseite gestellt worden zu sein, auffallenderweise aber bei fünfeckigen sich die entgegengesetzte Entwicklung zu zeigen. So steht ganz vorgerückt der fünfeckige Berchfrit von Bernstein (im Wasgau, schon 1227 eingenommen) und mit der Spitze in der Umfassung diejenigen der rheinpfälzischen Burgen Grevenstein (12. Jahrh.), Schlosseck (Ende des 12. Jahrh.) und Hoheneck (um 1150), während frei hinter derselben diejenigen von Hohlenfels (Fig. 602, 1353—63 erbaut), Orten-

[1]) So genau v. Cohausen „Bergfriede" S. 47 ff. (nicht in den hinterlassenen „Befestigungsweisen"). Durchweg abweichend dann v. Essenwein, Kriegsbauk. 48, 67, 172, 176, 178.

[2]) So, was alles den in der vorigen Anm. Angeführten zuwiderläuft, ist schon der Berchfrit von Eger, einer unserer ältesten, übereck in die Ringmauer vorgerückt, und die der im 12. Jahrh. genannten Burgen Kollmitz und Araberg (Niederösterreich) springen vor dieselbe vor. Bei dem schon 1100 vorkommenden Runkel steht der Berchfrit der Angriffsseite abgekehrt und bei Bentheim (Westfalen) steht der wahrscheinlich um 1200 erbaute ebenso, der erst 1418 erbaute auf der Angriffsseite.

berg (Fig. 204, 2. Hälfte des 13. Jahrh.) und etwa der Pfalz bei Caub (Fig. 561, 1327 erbaut) sich finden[1]).

Wenn manche Burgen zwei Berchfrite hatten, so braucht für solche Ausnahme ein besonderer Anlass deshalb nicht gesucht zu werden, weil ja in jedem Falle solche mit ihrem doppelten Innenraume und dem erweiterten von ihnen aus beherrschten Umkreise nützlicher sein mussten als nur ein solcher. Es tritt das besonders hervor, wenn bei einem länglichen Burgberinge jedem der beiden Enden nahe ein Berchfrit steht. So war auf Münzenberg (Fig. **65**) dem östlichen Berchfrit *a* seine Stelle durch die sich hier zum Tore herumziehende Burgstrasse gegeben, und danach auch dem westlichen *b* die seinige in der anderen Burghälfte da, wo hinter den beiden Palasen sich ein freier Raum dazu bot. Bei der Wartburg (Grundriss Fig. 427) steht der Hauptberchfrit (*r*) — an Stelle des alten jetzt neu erbaut — in der Mitte des langgestreckten Berings, zugleich die nördliche Vorburg und den Eingang in die Hauptburg beherrschend, während ein zweiter (*s*) nahe der südlichen Schmalseite zum Schutz dieser nicht sturmfreien Stelle hinzugefügt wurde. Bei der gleichfalls langgestreckten Eckartsburg in Thüringen steht der grössere, vornehmlich als Rückzugsbau dienlich, zu äusserst auf der Talseite, während der andere in der Vorburg ganz gegen die Bergseite vorgeschoben ist, hier zugleich als Schild den Eingang von der Vor- in die Hauptburg deckend. Bei Liebenfels in Kärnten[2]) ist der engen Hauptburg eine lange, von aussen leicht zugängliche Vorburg vorgelegt, deren spitzes Ende sehr zweckmässig in einen zweiten Berchfrit ausläuft. Auf Altwindeck in Baden hat man allem Anschein nach erst später für gut befunden, ausser dem älteren Berchfrit auch gegen die Bergseite einen zweiten zu errichten.

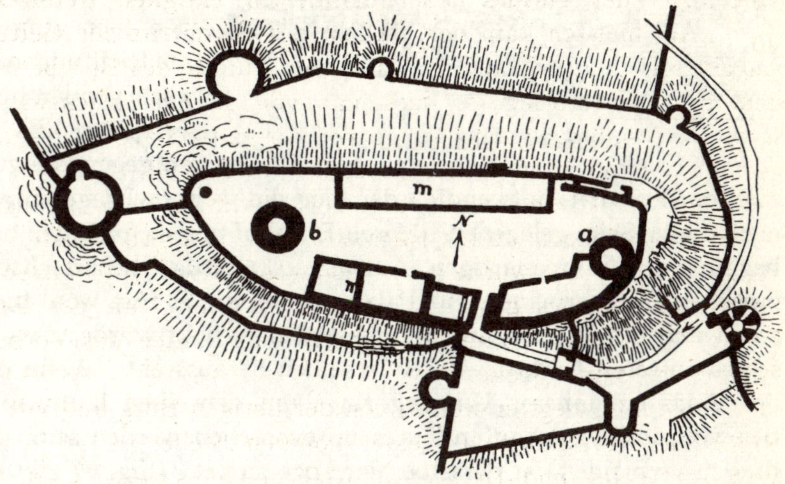

Fig. 65 Münzenberg

Wieder anders liegt die Sache bei Hohandlau und Saaleck. Das Gelände der ersteren Burg erhebt sich in seinem westlichen Teil als nicht hoher Felsklotz von länglicher Form. Auf diese höhere Stufe war also nach bekannten Grundsätzen sowohl der Palas wie der Berchfrit zu verlegen. Ersterer nimmt

---

[1]) Bei Burgbeschreibungen findet man öfter hervorgehoben, dass die Seiten des (viereckigen) Berchfrits „genau nach den vier Himmelsgegenden gerichtet" seien. Es kann sich da natürlich immer nur um etwas Zufälliges handeln.

[2]) Meine Oesterr. Burgen II, S. 125 ff.

nun, Fig. **66** (mit ca. 34 zu 11 m lichter Weite), diese Felsplatte schon so weit ein, dass nur an der nördlichen und südlichen Schmalseite für einen Berchfrit mässiger Platz übrigblieb, zumal wenn solcher ausserdem auch noch für einen engen Zwinger bleiben sollte. Empfahl sich nun zunächst die Errichtung eines Berchfrits am südlichen Ende, weil von hier aus zugleich der äussere Zugang zur Burg verteidigt werden konnte, so war doch den hier aufgestellten Verteidigern die Richtung nach Norden durch den vorliegenden hohen Palas fast völlig versperrt. Es war deshalb für die entgegengesetzte Schmalseite ein zweiter Berchfrit notwendig, der hier die weitere Umgebung, besonders aber den nach dieser Seite gelegenen tieferen Burghof und so auch den unfern des Turmfusses beginnenden rampenartigen Aufweg zum Palas beherrschte. Der enge Raum zwischen Zwingermauer und Palas veranlasste es nun wohl hier, dass der Berchfrit so an und in die Aussenmauer des Palas gerückt wurde, dass nur etwa Zweidrittel seines äusseren Umkreises aus derselben heraussteht. Wenn nun unter dem Dache des Palas ein innerer Umgang rings um denselben läuft, so würde dieser durch den vollrund ausgebauten Turm unterbrochen worden sein, und um dies zu vermeiden, ist derselbe hier abgeplattet. (Fig. **67** gibt den betreffenden Teil des Grundrisses in der Höhe dieses Umganges.) Eine hier in den Berchfrit führende Tür brachte die verschiedenen Verteidigungsbauten zweckmässig in noch engere Verbindung. Hätte nun die Südseite wohl noch hinlänglich Raum geboten, um den Berchfrit hier isoliert zwischen Palas und Zwingermauer zu stellen, so zog man doch auch hier — dadurch zugleich dem Baue mehr Symmetrie gebend — die gleiche enge Verbindung zwischen ersteren beiden vor. Liegt jedoch der Eingang in den Südturm erst ca. 3 m über dem erwähnten Umgang, so ergibt sich daraus, dass dieser Turm zugleich vorzugsweise zum Rückzugsort bestimmt war. — Aehnliches bietet Saaleck. Der beschränkte Burgplatz steigt auf der nördlichen Langseite steil zu einem schmalen Rücken an, um auf der Südseite fast senkrecht wieder abzufallen. Auch hier waren auf den Rücken der (kaum noch in Spuren vorhandene) Palas und der Berchfrit zu stellen. Letzterer zunächst westlich daneben (*a* Fig. **68**), da hier früher durch eine kleine Vorburg der Zugang hinaufführte. Zweckmässigerweise schützte man dann die nicht unersteigliche östliche Schmalseite durch einen gleichen zweiten Berchfrit *b*. Dieser war allem Anscheine nach an den Palas *P* direkt angebaut und mit demselben durch eine Tür verbunden, während der westliche Turm durch einen schmalen Zwischenraum isoliert war. Die Berchfrite messen 6 m lichte Weite bei 2 m Mauerstärke, der Palas ca. 8 zu 24 m.

Fig. 66 Hohandlau

Fig. 67 Desgleichen

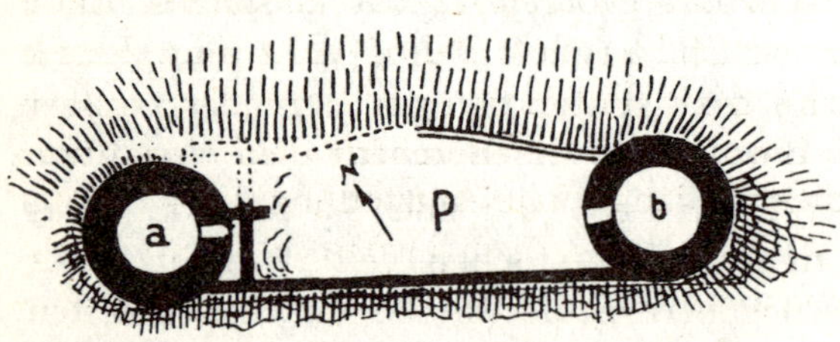

Fig. 68 Saaleck

An die beiden Giebelseiten eines Palas unmittelbar angebaute Berchfrite haben u. a. auch Landstein und Karlsberg[1]) in Böhmen, dieses erst 1361 erbaut, ersteres 1261 genannt. Desgleichen Cles in Südtirol, wo der eine der beiden Türme an den Palas übereck und dadurch (vgl. S. 76) ebenso gegen den Burgeingang gestellt ist.

Ueber die Doppelberchfrite, welche durch einen besonderen dazu gehörigen Bau miteinander verbunden sind, siehe im Zusammenhange mit der Schildmauer im 9. Kapitel.

Uebrigens sind nicht, wie man annehmen sollte, besonders die langgestreckten Burgen mit zwei Berchfriten ausgestattet; sie finden sich — wohin auch schon Hohandlau und Saaleck gehören — ebenso bei Anlagen bzw. Hauptburgen geringen Umfanges und nahe nebeneinander, auch von den durch eine Schildmauer miteinander verbundenen Türmen (8. Kap.) abgesehen. Beispiele: Bodenlaube bei Kissingen und Wehrburg in Tirol. Bei der St. Michaelsburg im Pustertale[2]) hat die enge Hauptburg zwei kaum 6 m voneinander entfernt stehende Berchfrite, von welchen der eine hauptsächlich den Weg in der Vorburg, der andere den inneren Hofraum beherrschte.

Oefter war jedenfalls auch die (reale) Teilung einer Burg unter mehreren Ganerben (22. Kap.) Anlass zu einer Mehrheit von Berchfriten. So bei dem zwischen Trier und Cöln geteilten Turant an der Mosel, welches damit einen ähnlichen Grundriss darbietet wie Münzenberg, Fig. 65, bei Schönberg am Rhein mit drei Berchfriten und besonders bei der fränkischen Salzburg (Fig. 582) mit doppelt so vielen. —

Eine von anderen Gebäuden abgesonderte Stellung des Berchfrits erleichterte besonders die Verteidigung seines Einganges. Sicher wurde sie, wenn überhaupt, nicht deshalb beliebt, „um nicht durch Anzündung zu benachbarter Gebäude herausgeräuchert und zur Uebergabe gezwungen zu werden", wie nach Prof. Leos Vorgang andere (v. Essenwein, v. Ritgen, vgl. S. 194 Anm.) angeben. Die Belagerten konnten in oder auf dem hohen und dicken, meistens nur mit engen Schlitzen versehenen Steinturme durch den Rauch eines um seinen Fuss brennenden Feuers kaum erheblich belästigt werden. Freilich findet man auch nicht selten, dass, erkennbar besonders durch zugebaute Licht- und Luftschlitze des Berchfrits, diesem zumal ein Wohngebäude erst später angebaut worden ist (vgl. Fig. 622). Besonders ein den Berchfrit ganz umschliessendes grösseres Gebäude dürfte kaum einer alten Anlage ursprünglich angehören; doch heisst es immerhin auch schon 1325 von Altbechburg mit fünfeckigem Berchfrit „der Turm und das Haus, das darum ist"[3]).

Unter den Burgbauten entsprach am meisten der Berchfrit dem Umstande, dass vor Einführung der Pulverwaffen die möglichst hohe Aufstellung der Kämpfer von fast entscheidendem Gewicht war. Wenn daher auch in dem anonymen Kriegsbuche von 1450 noch wenigstens bei den Burgen in der Ebene von einem alles überhöhenden Hauptturme die Rede ist, der „*von grund off bis vnder das Dach gelich dick vnd als fest seyn soll, dass er starken Buchsen widerstehen muge*", so ist mir doch bisher keine etwa vom 15. Jahrh. ab ganz oder wesentlich neu-

[1]) Meine Oesterr. Burgen III und IV.

[2]) Ueber Cles und Michaelsburg s. ebendas. V und III.

[3]) Kunstdenkm. d. Kant. Solothurn S. 17.

gebaute Burg bekannt geworden, in welcher man noch einen eigentlichen Berchfrit errichtet hätte[1]). An seine Stelle waren hauptsächlich die mit Geschütz- und Gewehrscharten ausgestatteten Rondelle getreten.

Noch zahlreicher hat es vom Anfang der Burgbauzeit an Burgen gegeben, die des Berchfrits entbehrten. Es ist das der Fall bei fast allen, welche (zumeist ausgehauen) auf vereinzelten Sandsteinklötzen, auf ähnlichen schroffen Felsen oder aber in Höhlen liegen, ferner bei manchen Burgen, die eine voll ausgebildete Schildmauer haben, oder bei welchen der wehrhafte Palas bzw. der einem solchen an Umfang ähnliche Wohnturm den Berchfrit ersetzt, oder wo letzterer (wie mehrfach im ostschweizerischen Rheintal) nur als ein etwas erhöhter Teil des Palas erscheint[2]). Auch die Deutschordens-Burgen im östlichen Preussen entbehren zumeist eines eigentlichen Berchfrits, der auch mit der grösseren Besatzung nicht recht im Verhältnis gestanden hätte (vgl. Kap. 22), und ausser den hier angeführten ganzen Gruppen von Burgen gibt es noch überall vereinzelt deren, welche — lange vor dem 16. Jahrh. — ohne solchen errichtet wurden[3]).

* * *

„Hat man einen dieser Türme gesehen und untersucht, hat man alle gesehen." Soll dieser Satz, den wir in einer Abhandlung B. Gruebers der Mitteil. der k. k. Centralcommission lesen, auch nur von den Berchfriten Böhmischer Burgen gelten, so sind doch oberflächlichere Beobachter gewiss geneigt, demselben allgemeine Geltung zuzuschreiben, und man wird ihnen insoweit allerdings auch recht geben müssen, als in der Tat wohl mehr als die Hälfte unserer Berchfrite keine bemerkenswerten Abweichungen von den gewöhnlichen, den gewissermassen normalen Eigenschaften eines solchen zeigt, und vielleicht noch ein weiteres Viertel derselben auch nur solche Besonderheiten bietet, die nur dem geübten Auge des genauen Kenners unseres Burgbauwesens nicht entgehen.

[1]) So fehlt solcher u. a. bei Schramberg im Schwarzwald (Fig. 604), Taggenbrunn in Kärnten, Hochwald in Mähren, Riegersburg in Steiermark (meine Oesterr. Burgen II, III u. IV). Aber auch der „Bergfried" (Kunstdenkm. Schlesiens III, 303) des 1473 neu aufgebauten Gröditzberg kann trotz seiner Mauerdicke von 4 m und eines vorgekragten Wehrganges bei 8,8 : 18,2 m lichter Weite nicht mehr zu den eigentlichen Berchfriten gerechnet werden, ebenso wie der fensterreiche Schlossturm des im 16. Jahrh. erneuerten Landskron in Kärnten (Oesterr. Burgen II). Nach obigem kann es nicht zutreffend sein, wenn nach v. Cohausen (Bergfriede 47 ff.) der Berchfrit erst im 16. Jahrh. ganz wegzubleiben beginnt oder umgekehrt nach v. Essenwein (Kriegsbauk. 178) derselbe schon im 13. Jahrh. seine Bedeutung so vollständig verlor, dass er nur noch die zweckmässigste Form für vereinzelt an einer Landstrasse stehende Häuser blieb (?).

[2]) Ein Teil der hier bezeichneten Burgen geht jedenfalls ins 11. Jahrh. zurück und es ist daher nicht zutreffend, wenn v. Essenwein, Kriegsbauk. S. 48 meint, dass „eine Burg des 11. Jahrh. ohne einen Hauptturm (Berchfrit) überhaupt gar nicht denkbar ist". — Aus verschiedenen der im Text angegebenen Gründe ist z. B. am oberen Ende des Bodensees: im Rheintal bis zum Anfang des Domleschg, wie am unteren Ende desselben: im Hegau, trotz zahlreicher Burgen der Berchfrit geradezu selten, und er fehlt etwa bei dem dritten Teile aller österreichischen Burgen.

[3]) Zu solchen gehören z. B. aus Teil 1—3 meiner Oesterr. Burgen: Adelsberg, Aggstein, Althohenems, Blumenegg, Egerberg, Emmerberg, Engelhaus, Frauenburg, Graupen, Hardegg, Ivano, Johannstein, Kaisersberg, Leichtenburg, Mitterburg, Mödling, Oberwallsee, Pergine, Schrattenstein, Stein (Kärnten), Wernstein, Wigstein und Wittingshausen.

Der einfache — also nicht „bewohnbare“ — Berchfrit nun, wie er sich in den meisten Burgen zeigt, ist (Fig. **69**) ein in der Regel von anderen Gebäuden abgerückt stehender, runder oder quadratischer Turm von etwa 27 m Höhe und 9,5 m Durchmesser. Sein unterstes ca. 6 m hohes Geschoss hat keinerlei Oeffnung als ein rundes Loch im Scheitel der öfter gewölbten Decke. Das darüber folgende minder hohe Geschoss hat der Angriffsseite abgewendet eine kleine Eingangstür. Die hier etwa 2,5 m betragende Mauerdicke nimmt mit jedem höheren Geschoss — deren es zwischen dem Erdgeschosse und dem Zinnenkranze zwei bis vier gibt[1]) — um etwa 0,4 m ab, und auf den dadurch an den Innenseiten gebildeten Absätzen ruhen die Balkendecken, welche diese meistens nur durch nach innen erweiterte Schlitze unzureichend erhellten Geschosse abschliessen. Dieselben, wiederum niedriger als das Eingangsgeschoss, stehen nur durch Leitern oder Holztreppen miteinander in Verbindung. Die oberste Decke (Plattform oder Wehrplatte) ist von mannesbreiten Zinnen umgeben, auf welchen ein zumeist nicht mehr erhaltenes ziemlich spitzes Dach ruhte.

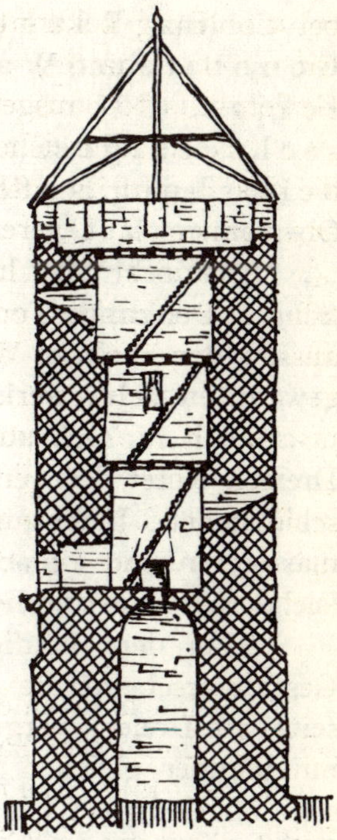

Fig. 69
Schema eines Berchfrits

Im folgenden sind nun alle hier berührten Eigenschaften des Berchfrits mit Berücksichtigung vorkommender Abweichungen näher zu erläutern. —

So weitaus die Zahl der einfach runden oder quadratischen Türme überwiegt, so finden sich doch auch fast alle erdenklichen Abweichungen von diesen beiden die Regel bildenden Grundrissfiguren[2]).

Von den regelmässigen und einfachen ist nach ihnen die fünfeckige am meisten verbreitet, besonders im Westen Deutschlands, aber auch in Oesterreich (Raabs, Finstergrün etc.). Dann folgen, der Häufigkeit des Vorkommens nach geordnet, die achteckige Grundform, z. B. Steinsberg in Baden, Stolberg am Harz, Weissenstein in Livland, Angermünde, Virneburg, Valèr in Südtirol[3]), die dreieckige (Grenzau

[1]) Berchfrite mit nur zwei solchen Stockwerken sind selten; ein Beispiel bietet der südliche von Altwindeck in Baden, bei welchem (vgl. auch weiterhin) von 27,5 m Gesamthöhe das Erdgeschoss allein 15,5 m hoch ist. (Nach Näher, Ortenau, Bl. 7 hätte der 20 m hohe Berchfrit der Iburg ebendas. über dem Verliess gar nur einen ungeteilten Raum gehabt; er hatte jedoch deren drei. Vgl. Krieg v. H. S. 73.) Als Gegensatz ist zu erwähnen, dass ein frühgotischer Wohnturm in Regensburg, sowie der erst 1487 vollendete Berchfrit der Wasserburg Nordenbeck in Waldeck und ein Turm der Nürnberger Burg nicht weniger als 9 Stockwerke haben, der Berchfrit des Deutschordensschlosses Strassburg (Fig. 121) gar einschliesslich des Verliesses und des Hohlraumes der gemauerten Spitze deren 12. Ihrer 6—7 finden sich u. a. auf Liebenstein, Sauerburg und Pfalzgrafenstein.

[2]) Ueber das etwaige höhere Alter der runden oder der eckigen Berchfrite, sowie über sonstige Anlässe für die Bevorzugung der einen oder der anderen Form siehe weiter unten.

[3]) Aus dem Achteck wurden später mit Vorliebe die Treppen- oder andere Nebentürme konstruiert.

bei Coblenz, Rauheneck in Niederösterreich, in Steiermark Schalleg, Gonobitz und Waldstein) und schon ganz selten die länglich viereckige (Olbrück im Rheinland, Freudenberg in Graubünden), sechseckige (Stauff in Oberösterreich, Moritzburg in Halle, Wilhelmsburg bei Schmalkalden) und siebeneckige Lobenstein in Oberösterreich, Grevenstein in der Pfalz, Pfannberg in Steiermark)[1]).

Die sehr verschiedene Häufigkeit des Vorkommens ist natürlich keine zufällige. Der runde Turm leistet, wie schon Vitruv hervorhebt[2]), dem Stosse von aussen den meisten Widerstand und zugleich bietet er im Verhältnis zum aufgewandten Mauerwerk den grössten Innenraum. Die rechteckige Grundform ist ja an sich für Gebäude aller Art die passendste und fast allein angewandte. Das Dreieck bietet den verhältnismässig geringsten und zur Benutzung am wenigsten schicklichen Innenraum. Ein Sechs-, Sieben- oder Achteck dem zweckmässigeren und einfacheren Rundbau vorzuziehen, konnte nur selten ein Anlass (siehe weiterhin) vorliegen.

Bei dem häufigeren fünfeckigen Berchfrit in seiner regelmässigen Gestalt erscheint die Grundrissfigur als ein Viereck, welchem (auf der Angriffsseite) ein Dreieck vorgelegt ist. Sie bildet nahezu niemals ein regelmässiges Vieleck miteinander gleichen (stumpfen) Winkeln und Seiten[3]), sondern die der Angriffsseite abgekehrte Basis (*b c* Fig. **70**) steht rechtwinklig zu den beiden anstossenden Seiten, und die vorstehende Spitze (*e*) des Dreiecks hat man ganz selbständig und ohne Rücksicht auf eine Symmetrie der Gesamtfigur bald recht- oder etwas stumpfwinklig (Hohlenfels Prov. Nassau) gestaltet, bald, und das ist die Regel, in spitzem Winkel noch weiter vorgeschoben. Ebenso zeigt auch das Innere in der Regel nur den Hohlraum (*f g h i*) eines viereckigen Berchfrits[4]), während das Dreieck (*a e d*) als kompakte Mauermasse davorliegt, wenn nicht, wie in der Pfalz bei Caub und in Laurenburg a. d. Lahn (Fig. 92) in demselben eine enge Wendeltreppe in die Höhe geführt ist.

Besonders selbständig vorgelegt erscheint das Dreieck — auch hier erst oben nicht mehr massiv — bei dem sogenannten fünfeckigen Turme der Nürnberger Burg, indem es nur die (nach aussen liegende) Hälfte der Turmseite deckt (Fig. **71**)[5]). Mehrfach Besonderes zeigt ferner das dem einen der beiden viereckigen

---

[1]) Nach Prokop, Markgrafsch. Mähren I, 79 hat die Burg Plumenau daselbst einen (grösstenteils abgetragenen) regelmässig vierzehneckigen Berchfrit, dessen quadratischer 5 m weiter Innenraum durch 2 m breite Fensternischen in den bis 4,40 m dicken Mauern wesentlich erweitert wird und der, dem Verfasser nach, anfangs oder in der Mitte des 13. Jahrh. erbaut worden sein dürfte. Ich halte es für durchaus wahrscheinlich, dass er mit dem anstossenden Renaissance-Schlossgebäude gleichzeitig ist.

[2]) De architectura X, I, V: „Turres itaque rotundae ant polygonae sunt faciendae; quadratas enim machinae celerius dissipant, quod angulos arietes tundendo frangunt; in rotundationibus autem uti cuneus ad centrum adigendo laedere non possunt.“

[3]) Eine Ausnahme dieser Art ist mir nur auf Hocheppan bekannt geworden.

[4]) Derselbe ist gleichfalls fünfeckig bei den westdeutschen Burgen Hohlenfels, Altenwied und Stolzenfels, sowie Raabs in Niederösterreich. Ueber andere siehe weiterhin.

[5]) Die Burg hatte auf dieser (östlichen) Seite eine am wenigsten von Natur feste Lage. Für die Gestalt des Turmes — freilich ein Unikum — hat v. Essenwein (Anz. des Germ. Museums 1878, Nr. 9, und Kriegsbauk. Fig. 40 u. 41) einen über-

Berchfrite auf Weitenegg angefügte Dreieck. Es reicht nur bis zur halben Höhe des Turmes hinauf und ist nicht in der Längsrichtung der sehr schmalen Burg aussen vorgelegt, sondern seitlich, so dass das Fünfeck gewissermassen quer vor derselben steht[1]).

Das Bild eines dem Rechteck hinzugefügten Dreiecks bilden freilich nicht mehr die Berchfrite, bei welchen ausnahmsweise die beiden an die Basis rechtwinklig anstossenden Seiten unverhältnismässig kurz sind. Die Grundrissfigur erscheint dann, wenn die Spitze wenigstens rechtwinklig ist (Finstergrün in Salzburg, Fig. **72**), vielmehr als ein Dreieck mit zwei abgeschnittenen Ecken, bei stumpfwinkliger Spitze (Rapottenstein in Niederösterreich und Altwolfstein in der Pfalz, Fig. **73**) als ein in die Breite gezogenes Rechteck mit etwas nach aussen geknickter Vorderseite. Im Gegensatz zu diesen ist dem verschoben rechteckigen Berchfrit von Alt-Bechburg im Kanton Solothurn die Spitze einer Schmalseite vorgelegt (Fig. **74**).

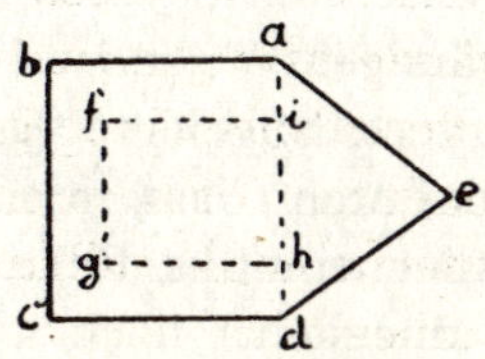

Fig. 70

Fig. 71

Fig. 72

Fig. 73

Fig. 74

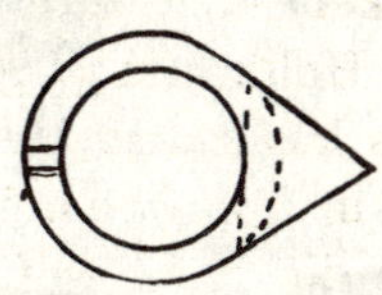

Fig. 75

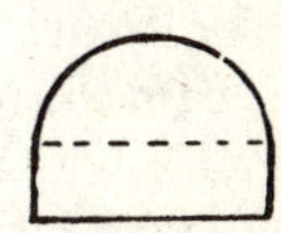

Fig. 76

Berchfritgrundrisse

Mitunter — so bei Falkenstein im Harz, Araberg in Niederösterreich, Strakonitz und Klingenberg in Böhmen — hat man auch dem (auch innen) runden Berchfrit auf der Angriffsseite noch eine scharfe Ecke vorgelegt[2]). Man kann das also (Fig. **75**) als eine Zusammensetzung von Kreis und Dreieck auffassen.

In anderen Fällen hat man den Doppelzweck, den Berchfrit auf der Angriffsseite zu verstärken und zugleich ihm eine für die feindlichen Geschosse möglichst ungünstige Figur zu geben, durch Vorlegung eines runden Teiles vor den viereckigen erstrebt, so dass der Grundriss die Gestalt eines stark überhöhten Halbkreises zeigt (Fig. **76**). Beispiele bieten Cleeberg (Reg.-Bez. Wiesbaden) und Füssen (Südbayern), während andere ähnliche Grundrissformen sich vielmehr als ein unvollständiger, d. h. an einer Seite abgeplatteter Kreis zeigen. So der Berchfrit von Hornberg am Neckar, dessen sonst fast 8 m langer Durchmesser

---

flüssigen besonderen und sicher unzutreffenden Erklärungsversuch mit zu weitgehender Phantasie gegeben. Nach Archivrat Mummenhof (Die Burg zu N. 1896) handelte es sich nur um eine Verstärkung des Mauerwerkes, um einem Ausweichen an der abschüssigen Stelle vorzubeugen. Es scheint mir das durch die Oertlichkeit nicht hinlänglich begründet zu sein, auch hätte man da wohl einen geböschten, minder hohen Strebepfeiler vorgezogen. Die Beschränkung der vorgelegten Spitze auf die eine Seitenhälfte könnte auch durch die (nicht zutage liegende) Gestaltung des felsigen Baugrundes veranlasst worden sein.

[1]) Näheres meine Oesterr. Burgen VI, S. 217.

[2]) Es kommt das auch bei anderen Türmen vor, so auf Hassenstein in Böhmen und Dürnstein in Steiermark.

(*a c* Fig. **77**) in der Richtung auf das Burginnere durch solche Abplattung um 1,5 m verkürzt ist[1]). Während diese Abplattung des sonst runden Turmes an einer Stelle, wo derselbe feindlichen Geschossen nicht ausgesetzt war, kaum irgendwie von Nachteil sein konnte, war sie in manchen Fällen (so auf Hohandlau, Fig. 67) durch Mangel an Platz oder ähnliche örtliche Ursachen bedingt. Auf Dreistein, gleichfalls im Wasgau, hat der Berchfrit, der auf der gemeinsamen Grenze der unteren Doppelburg steht, nach der nördlichen Aussen- (jedoch nicht Angriff-) Seite hin sogar durch eine etwas nach innen gebogene Linie abgeplattet werden müssen (Fig. **78**), weil der beschränkte Platz des Burgfelsens es hier gebot.

In zweckmässiger Weise ist bei Pfannberg und bei Grevenstein der sonst als Achteck angelegte Berchfrit zu einem unregelmässigen Siebeneck gemacht, dort dadurch, dass man (Fig. **79**) die gegen die Mitte des Burghofes gerichtete und daher unnütze Ecke durch eine gerade Wand abschnitt, hier dadurch, dass man umgekehrt nach aussen die Seiten *a c* und *e b* (Fig. **80**) über *c b* hinaus zur Spitze *d* verlängerte.

Eine dem Rechteck mit vorgelegtem Kreisabschnitt ähnliche Figur entsteht dann wieder durch Abrundung der beiden auf der Angriffsseite liegenden Ecken bei dem (nicht übereck gestellten) Viereck (Fig. **81**), wie solches sich ziemlich häufig findet. Ein Quadrat mit lauter abgerundeten Ecken bilden zwei Berchfrite der Kraiger Schlösser in Kärnten.

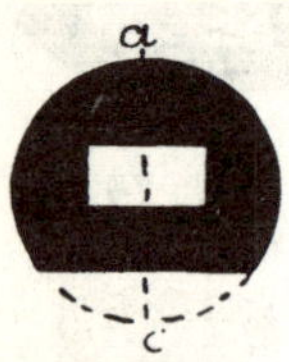

Fig. 77

Fig. 78

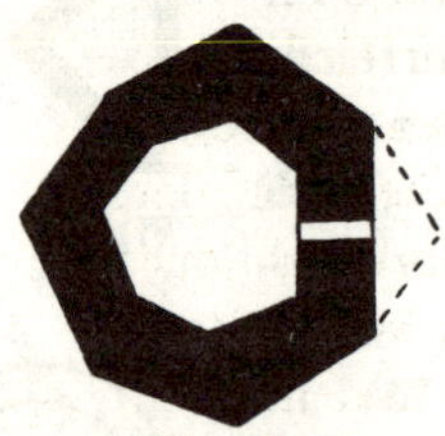
Fig. 79

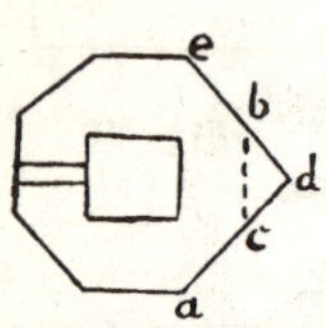

Fig. 80

Fig. 81

Fig. 82

Berchfritgrundrisse

Andere zusammengesetzte Figuren sind ferner entstanden durch die Anfügung von mehr oder weniger nach aussen vorstehenden Treppentürmen an den Berchfrit. So bei demjenigen von Olbrück in der Eifel (Fig. **82**) und noch mehr bei den rechtsrheinischen Burgen Reichenberg (Fig. 105) und Eigenberg, deren Berchfrite von drei halbrund vortretenden Seitentürmen flankiert werden. Nicht dahin zu rechnen sind jedoch die Fälle, wo — wie bei der „Katz" am Rhein — ein Treppenturm, der schon durch seine geringere Höhe sich als in gewissem Masse selbständiges Bauwerk zeigt, dem Hauptturm mit nur wenig eingebundenem Mauerwerk sich anschliesst.

In ähnlicher Weise ist dem als Kapelle dienenden Erdgeschoss des runden Berchfrits von Starhemberg (Niederösterreich) eine runde Apsis angebaut (siehe Kap. 19).

Bei der Absteckung eines Berchfritgrundrisses von an sich regelmässiger Figur pflegten die Erbauer (und mit Recht) auf volle Genauigkeit kein besonderes Gewicht zu legen. Nicht selten zeigt z. B. ein anscheinend quadratischer Berch-

[1]) Siehe S. 191 Anm. 2.

frit bei der Messung lauter (selbst bis um mehr als einen Meter) voneinander verschiedene Seitenlängen. Ebenso hat man es oft genug (z. B. Fig. 79) verschmäht, die Innenfigur der äusseren genau gleichzumachen.

Eine absichtliche Unregelmässigkeit der Gesamtfigur ist besonders bei den fünfeckigen Berchfriten öfter dadurch veranlasst worden, dass, wenn ein solcher der Mitte des Angriffsfeldes nicht gerade gegenüberstand, doch zweckmässigerweise seine Spitze dahin gerichtet wurde. So ist bei dem Berchfrit von Ortenberg im Wasgau (Fig. **83**) die Spitze deshalb mehr nach der einen Seite gerückt, weil das Angriffsfeld nicht von *a* bis *b*, sondern von *c* bis *d* liegt, während die Grundlinie des Berchfrits durch das Burggelände gegeben war. (Hier scheint auch die Verschiebung der Innenfigur durch denselben Umstand veranlasst zu sein.) Gegen ein nicht gerade gegenüberliegendes Angriffsfeld ist (vgl. v. Cohausen, Befestigungsweisen S. 156) dem Berchfrit zu Saarburg oder genauer: den diesen schon angefügten Verstärkungsmauern vollends noch ein massives Mauerfünfeck mit unsymmetrisch verschobener Spitze vorgelegt (Fig. **84**).

Völlig unregelmässige Figuren sind endlich auch durch Besonderheiten des Bauplatzes veranlasst worden. Wie wir Aehnliches schon vorhin bei Dreistein gesehen haben, so konnte der, eine Ecke der Lichtensteinschen Burg Gutenberg einnehmende Berchfrit deshalb nicht einen annähernd quadratförmigen Grundriss erhalten, weil an dieser Ecke (*a* Fig. **85**) der Burgfelsen selbst einen stumpfen Winkel bildet. Aus demselben Grunde (der unzulänglichen Baufläche) wurde z. B. bei Hohbarr und ähnlich bei dem benachbarten Greifenstein (Wasgau) der sonst quadratische Berchfrit durch Abschneiden einer Ecke zu einem unregelmässigen Fünfeck gemacht (Fig. **86**) und dieser Grund wird überall da vorliegen, wo der fünfeckige Berchfrit sich ausnahmsweise nicht als ein Rechteck mit angefügtem Dreieck, sondern als eine mehr oder weniger unregelmässige Figur — so auch auf Falkenstein in Oberösterreich[1]) — darstellt.

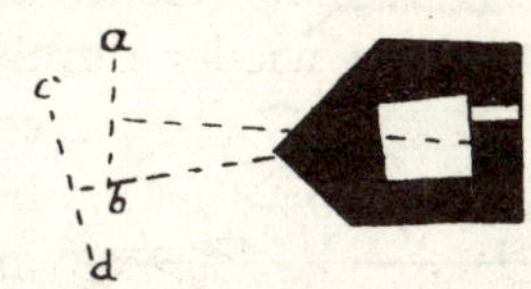

Fig. 83

Fig. 84

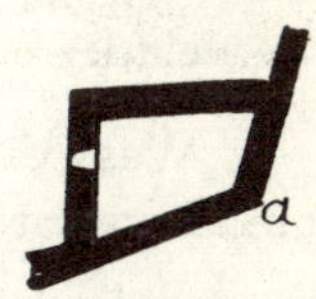

Fig. 85

Fig. 86

Fig. 87

Berchfritgrundrisse

Bei Randeck an der Altmühl liegt der Berchfrit (Fig. **87**) der Angriffsseite abgekehrt mit seiner Seite *a c* über einer sturmfreien Felswand *b d*. Die vorspringende Spitze *c* ist daraus zu erklären, dass man bei dem sonst recht beschränkten Burgterrain eine sich hier bietende Ausbuchtung der Felswand zur räumlichen Erweiterung des (sonst als überhöhter Halbkreis gedachten) Baues ausnutzte. Ebenso liegt auch bei dem Wohnturm von Hermannstein im Grossherzogtum Hessen (Fig. 150) die vorgeschobene Spitze auf ebenso geformten steil abfallenden Felsen. Auf der entgegengesetzten Bergseite ist dem Bau in ähnlicher Weise wie bei dem Nürnberger „Fünfeckigen Turme" zu seiner Verstärkung ein halbrunder massiver Anbau vorgelegt. Ein ganz unregelmässiges Vieleck haben wir bei dem Berchfrit

---

[1]) Siehe meine Oesterr. Burgen I, Fig. 98.

von Gonobitz in Steiermark (Fig. **88**), eine Zusammensetzung von geraden und krummen Seiten bei denjenigen von Krems ebendas. (Fig. **89**), Seebenstein in Niederösterreich (Fig. **90**) und Runkel a. d. Lahn (Fig. **91**). (Ueber Klamm am Semmering siehe zu Fig. 113 u. 114.)

Fig. 88

Fig. 89

Fig. 90

Fig. 91

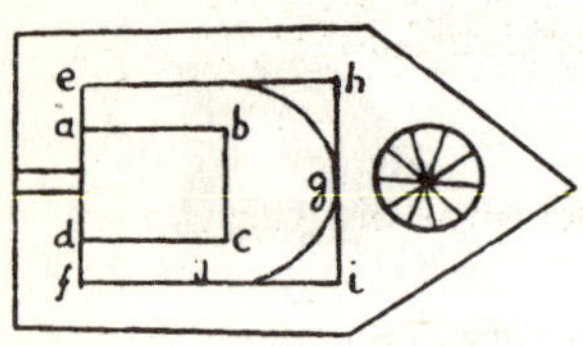

Fig. 92
Berchfritgrundrisse

Eine weitere Mannigfaltigkeit der Grundrissfiguren wird nun dadurch hervorgerufen, dass, wie wir schon gelegentlich beim Fünfeck gesehen haben, die Form des Turminnern — der lichten Weite — nicht immer der äusseren entspricht. Nicht so selten — nur in Westdeutschland? — zeigt ein runder Berchfrit sich inwendig viereckig und umgekehrt[1]). Sehr ausnahmsweise finden sich auch noch andere von der äusseren Gestalt abweichende Formen, wie z. B. ein achteckiges Gewölbe (mit ebensoviel Lisenen) in dem runden Berchfrit von Abbach bei Regensburg, ein sechseckiges Eingangsstockwerk in dem ebensolchen von Krautheim, und wie die Berchfrite aussen in den verschiedenen Stockwerken verschieden gestaltet sein können, so kommt solches auch — abhängig oder selbst unabhängig davon — bei dem Turminnern vor. So zeigt letzteres bei dem interessanten fünfeckigen Berchfrit von Laurenburg a. d. Lahn (Fig. **92**) im Erdgeschoss das enge Viereck *a b c d*, im Eingangsstockwerk den überhöhten Halbkreis *e f g* und darüber das weitere Viereck *e f h i* [2]).

Was den vorhin erwähnten Wechsel der äusseren Form in den verschiedenen Stockwerken betrifft, so nehmen die unten viereckigen Berchfrite von Ebersberg a. d. Rhön und Löwenstein in Württemberg oben eine runde bzw. — was sonst ohne Beispiel sein dürfte — halbrunde Form an, und derjenige von Falkenstein im Taunus zeigt einen Zylinder über zwei viereckigen Absätzen[3]). Ohne wagerechten Absatz ist u. a. bei den pommerschen Wasserburgen Wolfshagen, Pansin und Löcknitz in Pommern das untere Viereck in ein Rund bzw. Achteck übergeführt. Während solche Ueberleitung in eine andere Form dann aber durch wenige Steinlagen vermittelt zu werden pflegt, beginnt bei dem „Oedenturm" in Württemberg (Fig. **93**) eine Abschrägung, welche aus dem Viereck zunächst ein Achteck macht, schon in der halben Höhe des unteren Turmteiles, und das Vieleck ist dann ohne weitere Ueberleitung als ein Kreisrund fortgesetzt. Dabei ist aber

---

[1]) Es wird das zumeist nur durch eine Laune des Erbauers zu erklären sein, doch konnte dadurch freilich auch eine zweckmässige Verstärkung der dem Angriffe gegenüberliegenden Turmseite herbeigeführt werden.

[2]) Einfachere Beispiele der wechselnden Figur des Innenraumes bieten u. a. die Berchfrite der rheinischen Burgen Gutenfels und Lahneck. Der erstere, viereckig, hat nur im Verliess einen runden Innenraum, bei dem letzteren, fünfeckigen, geht das Quadrat des Innenraumes erst im obersten Geschoss gleichfalls in ein Fünfeck über.

[3]) Auch in der Schweiz hat es einige unten viereckige, oben runde Berchfrite gegeben. Vgl. Mitteil. d. Antiquar. Gesellsch. 1894, S. 339. Mit Unrecht (siehe Kap. 24) wird behauptet, dass der Berchfrit der Hohkönigsburg gleichfalls oben rund gewesen sei.

im Innern des runden Oberteils das Achteck zunächst noch beibehalten, um erst weiter oben gleichfalls in ein Rund überzugehen. (Siehe auch S. 188 Anm. 2.) Bei den beiden berchfritartigen Türmen von Rochlitz in Sachsen ist diese Form zu einer unbedeutenden Abschrägung der Ecken verschrumpft (Fig. 130) und aus dem fünfeckigen Berchfrit auf Raabs ist durch eine zweiseitige Abstumpfung der Spitze oben ein siebeneckiger gemacht[1]). Nicht zuzugeben ist, dass, wie bei v. Cohausen, Bergfriede (S. 15) angegeben wird, dieser Formenwechsel „bei den Burgen in der Ebene meist" stattfinde. Er ist wohl meistens nur der Zierde wegen beliebt worden und findet sich daher (mit Absatz) am häufigsten bei den reicher ausgestalteten städtischen Befestigungstürmen[2]). —

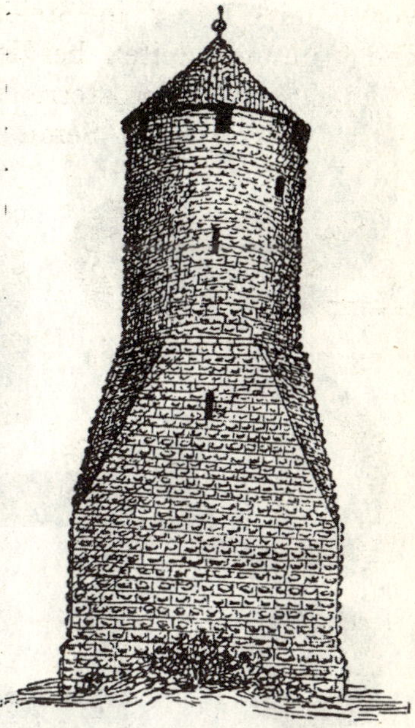

Fig. 93
Oedenturm bei Geisslingen

Vollends ins Endlose wächst schliesslich die Mannigfaltigkeit der Grundrissfiguren, wenn man dabei auch das Verhältnis der Mauerdicke zur lichten Weite mitberücksichtigt; denn in dieser Beziehung zeigen unsere Berchfrite keine andere Regel als die Regellosigkeit.

Es fehlt freilich auch nicht an entgegengesetzten Behauptungen. So pflegt v. Cohausen darüber Regeln anzugeben, welche in Wehrbauten S. 21 folgendermassen gefasst sind: „Der runde Bergfried hat die Hälfte des äusseren zum lichten Durchmesser; oder seine Mauerstärke beträgt den vierten Teil seines äusseren Durchmessers. Seine Höhe ist gleich seinem Umfang; d. h. etwas mehr als der dreifache Durchmesser. Die viereckigen Bergfriede sind in der Regel quadratisch, ihre Mauerstärke ergibt sich wie bei der Fialen-Konstruktion der kirchlichen Baukunst durch Ueberecklegen des Grundrissquadrates, indem die Katheten der dadurch abgeschnittenen Dreiecke die Mauerstärke geben. Auch hier ist die Höhe gleich dem dreifachen Durchmesser oder was dasselbe ist, der dreifachen Quadratseite." Erst in den hinterlassenen Wehrbauten wird das dahin eingeschränkt, dass „man diese Regeln nicht überall genau zutreffend finden dürfte"; man wird jedoch die danach berechneten Masse ganz genau so kaum bei einem Berchfrit finden. Zunächst ist es schon an sich unwahrscheinlich, dass bei den vielen tausend im Laufe der Jahrhunderte im alten deutschen Reiche errichteten oder sei es auch nur innerhalb eines beträchtlicheren Umkreises, ein und dieselbe zum Teil nicht einfache Berechnung den Massverhältnissen zugrunde gelegt worden wäre. Bei ihrer Feststellung hat man sich da jedenfalls wesentlich nach dem eigenen Gutdünken, sowie nach dem je nach den Umständen wechselnden Bedürfnisse gerichtet. Hier hatte etwa der Berchfrit durch breitere Masse gegen ein breiteres Angriffsfeld zu decken, dort forderte die Gestaltung des Geländes, ihm zum freien Ueberblick eine grössere Höhe zu geben[3]).

---

1) Meine Oesterr. Burgen VIII, Fig. 123.

2) Dass ein Berchfrit bei der Ueberführung in eine andere Aussenform umgekehrt durch Vorkragung irgend erheblich erweitert wird, dürfte kaum vorkommen. In Bau- und Kunstdenkm. d. Rheinprov. I., S. 417 wird ein Turm von Monreal erwähnt, „der unten viereckig, oben auf Rundbogenfries vorgekragt rund ist". Nach Stolberg, Mscrpt. soll derselbe „oben Maschikulis" (also in Wirklichkeit „blinde") haben. Augenscheinlich handelt es sich also nur um den obersten Teil, wie solcher bei Ehrenfels (Kap. 9) achteckig erweitert einem Rundturm aufgesetzt ist. Siehe auch Fig. 122. Bei den leichteren Aufsätzen aus Holzfachwerk war Aehnliches ganz gewöhnlich.

3) Aber auch letzteres ist keineswegs immer bestimmend. So hat z. B. der auf isoliertem, wenig umfangreichen Basaltkegel stehende Berchfrit von Felsberg die nicht gewöhnliche Höhe von ca. 35 m, und zwar bei nur unten ca. 9 m Durchmesser.

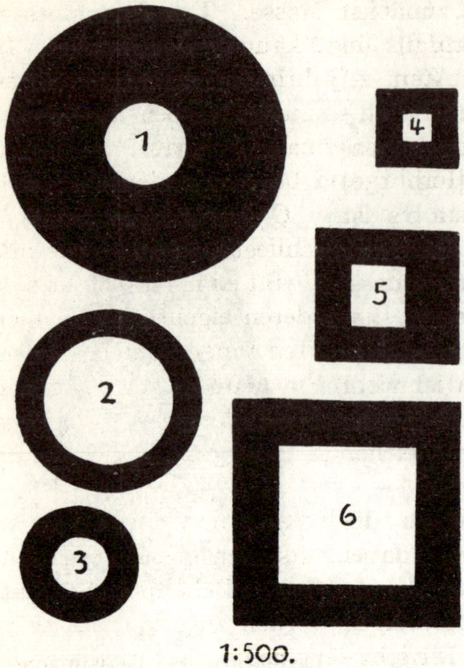

Fig. 94 Berchfritgrundrisse

Der eine Bauherr legte Gewicht auf eine möglichst dicke Mauermasse, während der andere, um den Turm wohnlicher zu gestalten, ihm einen weiteren Innenraum gab.

In der Tat habe ich unter Hunderten über das deutsche Sprachgebiet zerstreuten Berchfriten, deren Masse ich gesammelt, kaum zwei oder drei gefunden, bei welchen das Verhältnis zwischen Mauerdicke, lichter Weite und Höhe ziemlich genau übereinstimmte[1]). Zuzugeben wird nur sein, dass ungefähr die von v. Cohausen angegebenen Verhältniszahlen dem Durchschnittsmass des bei gewöhnlichen Berchfriten gebräuchlichen entsprechen. Bei den mehr als „Wohntürmen" gestalteten findet man dagegen das Verhältnis zwischen Mauerstärke und lichter Weite durchschnittlich wie 1 : 3.

Wenn weiter Näher (Deutsche Burg S. 23 und sonst) behauptet, dass die dem Angriffe entgegengestellte Seite des Berchfrits „stets um ⅓ stärker" sei, so ist davon nur soviel zutreffend, dass — wie ähnlich schon bei den Römern (S. 63) — beim Burgenbau überhaupt die der Angriffsseite zugekehrten Mauern zumeist stärker bemessen wurden als die derselben abgekehrten, und zwar nicht anders beim Berchfrit, als beim Palas, bei der Ringmauer oder bei dem Gange in der Schildmauer. Ein überall feststehendes Stärkeverhältnis gibt es aber auch hier nicht, wie an zahlreichen Beispielen nachgewiesen werden könnte[2]).

Fig. **94** führt an einigen Beispielen vor Augen, wie den Grundrissmassen nach verschiedene Berchfrite vorkommen können. Dieselben gehören zu den Burgen 1 Stolpe, 2 Steinenschloss, 3 Biedenkopf, 4 Telvana, 5 Liebenzell und 6 Mammertshofen. 3 und 5 zeigen da

---

[1]) Um nur einige Beispiele des Gegenteils zu geben, hat bei gleichmässig 3—3,1 m Mauerdicke der Berchfrit von Scharfenstein (Rheingau) 9,5 m, von Mayenberg (Tirol) 11 m und derjenige von Tosters (Vorarlberg) 13 m Durchmesser. Bei dem Berchfrit von Leonstein (Kärnten) messen Durchmesser und Mauerstärke 7 bzw. 1 m, bei demjenigen von Biedenkopf 7,5 bzw. 2,05 m, die Mauerstärke also das doppelte. Den schlagendsten Beweis von der Grundlosigkeit dieser Regel bieten wohl die beiden runden Berchfrite von Münzenberg, von denen gerade der an Durchmesser und Mauerdicke wesentlich stärkere um fast 8 m niedriger ist als der schwächere. Vermutlich sollte jener mehr als Rückzugsbau, dieser mehr zur weiten Umschau dienen. Das gleiche ist auf Kollmitz (Oesterr. Burgen III 104) der Fall. Der Berchfrit von Abbach (Heinrichsburg) a. d. Donau ist einschliesslich der Zinnen noch nicht doppelt, dagegen derjenige von Telvana mehr als fünfmal so hoch als dick. — Unrichtig nach vorstehendem auch, was Köhler a. O. S. 412 über Höhe und Stärke der Berchfrite bemerkt.

[2]) Eine Verstärkung der Angriffsseite hat man beim „Oedenturm" — das einzige mir bekannte Beispiel der Art — dadurch erzielt, dass man an seinem unteren eckigen Teile da durchweg auch der Höhe nach grössere (Buckel-) Quader verwandt hat als auf den übrigen Seiten. Auf den beiden anstossenden ist dann (Fig. **95**) in nicht gleichmässiger Weise die Bekleidung zu kleineren Steinen in entsprechend schmäleren Lagen übergeführt.

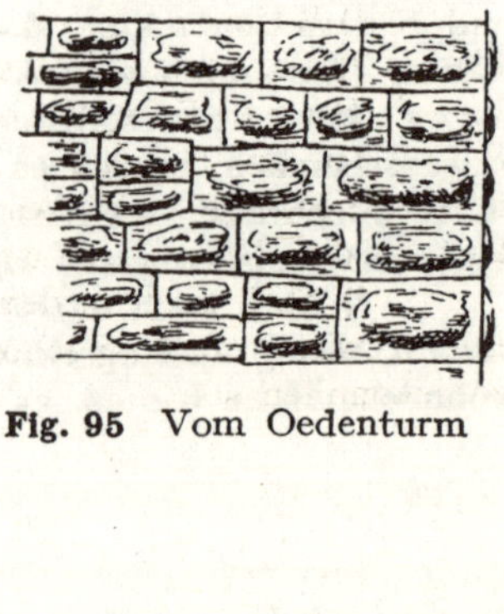

Fig. 95 Vom Oedenturm

die weitaus gewöhnlichsten mittleren (vgl. S. 181) Masse. Der Durchmesser des gewöhnlichen Berchfrits (vgl. auch Kap. 7) steigt kaum bis zu 13 m[1]). In einigen Fällen hat man jedoch schon in alter Zeit — Jahrhunderte vor derjenigen der mächtigen Rondelle (Kap. 8) — eigentliche (und so auch bis oben hinauf nur spärlich erhellte) Berchfrite von weit grösseren Mauermassen gebaut. Zu ihnen gehört Stolpe (siehe 1, Beschreibung weiterhin) und besonders der gleichfalls runde sogenannte „dicke Heinrich" auf dem Schlosse Querfurt mit 4,5 m Mauerdicke und 21 m Gesamtdurchmesser ausser der hochliegenden Tür ohne alle (alte) Oeffnung bis zur Wehrplatte. Der Turm von Steinenschloss, einer nur noch in spärlichen Resten erhaltenen Burg, deren eigentlichen Namen man nicht einmal kennt, zeichnet sich durch seinen weiten Innenraum besonders aus. Es wird sich da aber auch um einen alten Berchfrit handeln, da er gleich einer anstossenden Schildmauer mit Buckelquadern bekleidet war. Dagegen wird der Bau von Mammertshofen (6, siehe zu Fig. 524) freilich kaum zu den eigentlichen Berchfriten zu rechnen sein. —

Ueber Zeit und Alter der verschiedenen Grundrissformen der Berchfrite haben eine Anzahl Fachschriftsteller ebensoviele voneinander abweichende und selbst einander entgegengesetzte Behauptungen aufgestellt[2]). Es scheint dabei durchweg nicht beachtet worden zu sein, dass es ja bei den vielen tausend auf deutschem Gebiet errichteten, heute aber grösstenteils wieder verschwundenen Berchfriten, sowie bei der durchaus die Regel bildenden Ungewissheit ihrer Erbauungszeiten völlig unmöglich wäre, eine zur Entscheidung solcher Fragen entfernt ausreichliche und deshalb massgebende Statistik derselben aufzustellen. Es muss daher hier jede Behauptung zu gewagt, weil unbeweislich, sein, welche, wenn auch in bejahender Form, den verneinenden Inhalt hat, dass eine gewisse Art zu der oder jener Zeit noch nicht vorgekommen sei[3]), indem vielmehr nur ihr Vorkommen zu gewisser Zeit eventuell durch Beispiele festgestellt werden könnte. Wenn so die vorhin bezeichneten Behauptungen zumeist — mehrfach findet sich auch das Gegenteil — wesentlich darauf hinauslaufen, dass im ganzen der viereckige Berchfrit als die ältere Form später mehr dem runden habe weichen müssen, so mag es genügen, demgegenüber festzustellen, dass weder in der ältesten Burgbauzeit der runde, noch in der jüngsten der viereckige selten ist. Bezüglich des ersten Teiles dieses Nachweises muss man sich ja freilich meistens auf die Feststellung beschränken, dass sich der runde Berchfrit bei Burgen findet, die als Gesamtanlage sich durch hohes Alter auszeichnen, und da wären denn als Beispiele etwa zu nennen Zähringen und Hausach in Baden, Desenberg in Westfalen, Frankenburg im Elsass, Gleiberg bei Giessen, Altenburg im Reg.-Bez. Cassel, Mühlberg in Thüringen und Saarburg a. d. Saar (schon 964). Als viereckige Berchfrite bzw. Wohntürme

[1]) Klingenberg 12 m, Reichenberg (in Württemberg) 12,50 m, Tosters 12,70 m.

[2]) So v. Cohausen, Wehrbauten S. 22 und Bergfriede S. 15 u. 48; Cori, Bau u. Einrichtung S. 54 (52); Näher, Deutsche Burg S. 22 und Burgen in Elsass-Lothr. S. 7; Köhler, Entw. d. Kriegswesens III, 1, S. 411; Krieg v. H. Anm. zu Hefner u. Wolf, Burg Tannenburg S. 69 f.; Lehfeldt, Bau- u. Kunstdenkm. Thüringens I, 71 usw. Näheres 1. Aufl. S. 213 ff.

[3]) So liegt ja in dem Satze, dass eine Art jünger sei als eine andere oder dass sie erst einer gewissen Zeit angehöre, der verneinende, dass sie in früherer Zeit noch nicht vorgekommen sei.

aus dem 14. Jahrh., in welchem ja der Neubau von Burgen überhaupt schon verhältnismässig selten geworden ist, wären dagegen zu nennen diejenigen von Karlstein in Böhmen, Hermannstein bei Wetzlar, Elfeld im Rheingau und Neukraig in Kärnten[1]).

Ebenso irrtümlich ist die Behauptung, dass der fünfeckige Berchfrit, der schon „einen grossen Fortschritt in der Kriegsbaukunst zeige" (Näher), erst im 13. Jahrh. vorkomme (v. Essenwein). Abgesehen von Schlosseck erscheinen z. B. die mit solchem bewehrten Laurenburg a. d. Lahn und Hocheppan in Tirol schon im 11. Jahrh. als namengebende Stammburgen.

Mit Unrecht hat man auch verschiedene örtliche Umstände anführen zu können geglaubt, welche auf die Wahl der runden oder aber der (vier-) eckigen Grundform bestimmend eingewirkt hätten.

So heisst es bei v. Cohausen:[2]) „Der Bergfried steht der Angriffsseite entgegen, ist rund, wenn diese breit, und drei-, vier-, fünf- und siebeneckig — mit einer Ecke gegen sie gerichtet — wenn sie schmal ist." Selbst für die dabei wohl zunächst ins Auge gefassten Gegenden lässt sich das nicht als feststehende Regel behaupten. So liegt z. B. im Nassauischen der vier- bzw. fünfeckige Berchfrit von Freienfels und Hohlenfels durchaus breiten Angriffsseiten gegenüber und wenn im burgenreichen Moseltale der Rheinprovinz der runde und der viereckige Berchfrit fortwährend abwechseln, so würde es schwer sein, dabei jedesmal einen jenem Satze entsprechenden Unterschied in der Gestaltung der Angriffsseite herauszufinden. In Befestigungsweisen bemerkt derselbe (S. 154): „Bei Burgen in der Ebene, welche vom Gelände nur wenig beeinflusst sind und daher gewöhnlich eine rechtwinklige Gestalt haben, ist auch der Bergfried quadratisch und entwickelt sich nur oben manchmal zum Achteck oder Kreise." Dem entgegen sind als Beispiele solcher Burgen mit runden Berchfriten u. a. zu nennen: Wolfshagen und Galenbeck in Mecklenburg, Schwetz und Eisenhart in Preussen, die Fröhlichsburg im Tiroler Vintschgau und Marschlins und Zwingen in der Schweiz.

Eine gleichfalls mit Unrecht aus den Umständen hergeleitete angebliche Regel ist die, dass nach Näher (Deutsche Burg S. 22 und sonst) die eckigen Berchfrite wegen der nötigen „Eckverkleidung von mächtigen Quaderstücken" der Sandsteinregion, die runden, aus Bruchsteinen hergestellt, der Kalksteinregion eigen seien. Man findet genug mit schönen Quadern (auch aus Sandstein) bekleidete runde Berchfrite — so auf Saaleck und Mühlberg in Thüringen, Münzenberg in Hessen, Erbach im Odenwald, Besigheim in Württemberg, Frankenburg und Dreistein im Elsass, auf Querfurt (S. 189) sogar mit Quadern von 50 × 90 cm Ansichtsfläche — und andrerseits eckige aus nur oberflächlich oder gar nicht zugerichteten Bruchsteinen auch ohne eigentliche Eckquader — so Chillon in der Schweiz, St. Michelsburg in Tirol usw.

---

[1]) In einer Kritik dieses Buches schreibt gleichwohl H. Zeller-Werdmüller (Histor. Zeitschrift N. F. XLI, 285 f.), er müsse sich wenigstens für die schwäbisch-alemannischen Burgen auf die Seite Nähers stellen. Der viereckige Turm sei die althergebrachte Form, Rundtürme seien in genannten Gegenden erst im 13. Jahrh. aufgekommen. — Wie oben begründet, hätte man mir nur etwa entgegensetzen können, dass solche dort aus früherer Zeit nicht nachzuweisen seien. Aber auch das wäre unzutreffend. So sind gleich die beiden mit Recht bekanntesten des Gebietes, die noch gut romanischen von Besigheim, ebenso wie die benachbarten ebenfalls runden von Ebersberg und Reichenberg nach Kunst- und Altertumsdenkm. von Württemb. (Neckarkr. S. 66) in der Mitte des 12. Jahrh. erbaut und Näher selbst hält sie (Deutsche Burg S. 27) zum Teil noch für 11. Jahrh.

Zu der Bemerkung v. Cohausens (Bergfriede S. 49), dass im 15. Jahrh. die Berchfrite „vom quadratischen zum länglichen Rechteck übergehen", ist u. a. auf diejenigen von Birkenfeld im Harz und Freudenberg in der Schweiz hinzuweisen, welche — stark längliche Rechtecke — schon im 12. und 13. Jahrh. genannt werden.

[2]) Burgen in Nassau (Annalen des Nass. Vereins 1890), S. 72 und Alterthümer im Rheinland 1891, S. 57.

Wie hiernach kaum anders als von Anfang des Burgenbaues an die Grundrissform des Berchfrits nach freiem Belieben gewählt worden ist, so hat sich doch auch in gewissen Gegenden eine Ueblichkeit herausgebildet. Während wohlbegreiflich der quadratische Berchfrit sich überall und im ganzen weit überwiegend findet, ist der runde in weiten Gebieten — so im burgenreichen Tirol nebst Vorarlberg und Graubünden — nahezu unbekannt, dagegen in der Mitte des deutschen Rheingebietes häufig oder sogar (so in Niederhessen) durchaus vorherrschend. —

Hiernach sind nun die Einzelheiten des Berchfrits von seinem Fusse bis zur Spitze näher zu behandeln.

Der unterste Fussboden liegt, soweit man das in Ruinen oder bei ebenerdigen Eingängen wahrnehmen kann, in gleicher Höhe mit dem Baugrunde. Wie häufig etwa davon Ausnahmen — eine Vertiefung unter denselben oder eine Erhöhung durch massives Mauerwerk — vorkommen mögen, ist nicht anzugeben, da das bei den erhaltenen Türmen mit hochgelegenem Eingange nur durch besondere, bisher aber nur sehr ausnahmsweise vorgenommene Messungen festgestellt werden kann. Eine Vertiefung unter den äusseren Horizont wird sich besonders bei Wasserburgen mit wenig festem Baugrunde finden — so bei Wolfshagen und Stolpe —, kaum jemals bei Bauten auf Felsen[1]). Eine massive Aufmauerung in Höhe von 36 Fuss hat der Berchfrit der Heinrichsburg bei Abbach, eine bis zum 10 Fuss hoch gelegenen Eingang reichende derjenige von Hilpoltstein. Ausserdem werden Egg, Vohburg und Wolfstein, wie die vorigen im nordöstlichen Bayern gelegen, als Beispiele genannt[2]).

Bei den nicht direkt auf Felsgrund erbauten Berchfriten bestand der unterste Fussboden der Regel nach wenigstens aus einem stärkeren Estrich. Bei der Wasserburg Moosburg war er „über aufrecht gestellten Kieseln und einer Schicht roten Ziegelmehls" (vgl. S. 83) „mit einem glatten harten Kalkguss belegt"[3]). Bei der Burg von Chiusi (Mittelitalien) steht er gegen den abschüssigen Rand des Burgberges auf einem dicken Beton von Kalkmörtel und rundlichen, 3—7 cm dicken Kieseln.

---

[1]) Nach B. Grueber, Die Kaiserburg zu Eger (1864) S. 19 wäre allerdings der Berchfrit von Rosenberg im südwestlichen Böhmen „bedeutend in dem Felsen vertieft". Ganz fehlsamerweise meint Köhler (Entwicklung S. 414), die Berchfrite hätten (immer) in den Baugrund vertieft werden müssen, um das Erdgeschoss (mit Rücksicht auf dessen zulässige Höhe) „zur Aufnahme der Vorräte geräumig genug zu machen". Vgl. weiterhin S. 194. Mit Unrecht wird da auch der alte Berchfrit der Wartburg als (u. zw. 23 Fuss!) unter den Bauhorizont vertieft angegeben. Er steckt nur in späteren Schuttlagen (v. Ritgen, Wartburgführer S. 209), wie das auch bei anderen Burgen, besonders bei schon verfallenen, nicht selten sein wird. Ein vertieftes Verliess haben ausserdem sich findenden Angaben nach die Berchfrite von Tannenberg (Reg.-Bez. Cassel), Kaltenburg (Württemb.), Calw und Bolkoburg („2,10 m tief" unter dem Bauhorizont ausgemauert), Speckfeld, Reichenberg (trotz des erst ca. 22 m hoch liegenden Zuganges?) und anscheinend der eine Turm des Doppelberchfrits von Ehrenburg a. d. Mosel. Zu den bei Burgen beliebten Volksüberlieferungen gehört die, dass der Berchfrit ebenso tief in die Erde hinabgehe als er über derselben hoch ist.

[2]) Nicht hierher gehört der halbrunde Berchfrit von Hornberg a. Neckar, da (Fig. 591) die massive Mauerung unter seinem hochgelegenen Eingange zu einem sich seitlich noch weiter erstreckenden schildmauerartigen Bau gehört. (A. Zeller, Burg Hornberg 1903, Taf. IV u. V.)

[3]) Anz. f. Schweiz. Altertumsk. 1897, 1.

Die sehr dicken Wände dieses Erdgeschosses sind der Regel nach nirgend durchbrochen. Ziemlich häufig ist jedoch nahe der Decke ein zumeist nach aussen schräge aufwärts geführter Mauerkanal zum Einlassen spärlicher Luft und noch geringeren Lichtes ausgespart, gewöhnlich in Form eines aussen nur etwa 10 cm breiten, nach innen auch seitlich erweiterten senkrechten Schlitzes. Ausnahmsweise ist in dem einen Turm des Doppelberchfrits von Ehrenburg a. d. Mosel die Oeffnung nur 1 m hoch über dem Fussboden und mit einer Erweiterung nach innen bis zu 0,75 m Breite und 1,20 m Höhe angebracht. Aehnlich finden sich in dem Berchfrit von Blatten im St. Gallenschen Rheintale zwei innen bis zu 1 qm erweiterte Schlitze in zwei Seiten des Erdgeschosses in 1,70 bzw. 2,30 m Höhe[1]). Beim Berchfrit der Rudelsburg durchquert vom Hofe aus (Fig. 159) ein enger Kanal die Mauerdicke und mündet im Verliess in einer aus einem grösseren Quader ausgemeisselten Nische. Augenscheinlich sollte die Einrichtung dazu dienen, dass man den Gefangenen bequemer ihre Nahrung (die ja der Regel nach nur aus Brot bestanden haben wird) reichen konnte. Nur die gleiche Erklärung ist auch wohl dafür zu finden, wenn bei dem westlichen Berchfrit von Münzenberg (Fig. 65) in Manneshöhe ein nahezu einen halben Meter weiter, ungefähr 3 m langer Kanal beginnt, der in der Mauer zuerst wagerecht, dann schräg bis zum Boden des Verliesses läuft. Nur schlanke Knaben können sich hindurchzwängen, und erscheint es zudem als nicht unwahrscheinlich, dass die äussere Oeffnung durch eine Hausteinumrahmung noch weiter verengt gewesen ist[2]).

Das Geschoss ist häufig mit einem gemauerten einfachen (zumeist Kuppel-) Gewölbe überdeckt, in dessen Scheitel ein in der Regel kreisrundes, mitunter viereckiges, bis etwa 1 m weites Einsteigeloch ausgespart ist. Letzteres, auch wohl das Angstloch genannt, hat zum Einsetzen einer dasselbe schliessenden Steinplatte entweder eine Verengung nach unten oder einen Falz um den oberen Rand.

Anstatt der Steinplatte ist besonders dann, wenn das Verliess mit einer Balkendecke überdeckt ist, eine verschliessbare Falltür angebracht, und diese liegt in solchem Falle nicht immer in der Mitte, sondern auch wohl (so in Hohenklingen am Rhein) in einer Ecke des Bodens.

In dem Berchfrit von Mauterndorf hat die aus zwei Klappen bestehende Falltür eine eigentümliche Verschlussvorrichtung. Ueber derselben sind an der

---

[1]) Dagegen sollen hier bei dem Berchfrit der Habsburg für den spärlichen Luftzutritt nach Krieg v. Hochfelden a. O. S. 283 nur „hin und wieder kleine unregelmässige Spalten von der Höhe der einzelnen Steine und zwischen denselben" belassen sein, die sich auch „in allen Stockwerken des Turmes finden". Das letztere ist indessen, wie ich gesehen habe, nicht der Fall, würde hier auch völlig zwecklos sein, da diese Stockwerke ohnehin hinlänglich mit Fenstern versehen sind. Das Verliess war mir nicht zugänglich, indessen sind solche Spalten auch hier auf den Aussenseiten nicht zu finden und bei einer Mauerdicke von acht Fuss an sich sehr unwahrscheinlich.

[2]) In Günther, Bilder d. Hess. Vorzeit. 1853 S. 6 wird dazu bemerkt: „Wenn man auch annehmen wollte, dass ein nicht mehr vorhandenes Gebäude an den Turm anstiess, in dem sich diese Höhle öffnete und so einen geheimen Eingang und Ausgang bildete, so findet sich doch keine Spur eines Gebäudes hier vor." Ebenso unrichtig ist es jedenfalls, wenn nach Kunstdenkmäler im Grossh. Hessen, Kr. Friedberg „die (nicht erklärte) Oeffnung anscheinend nicht bei der Erbauung hergestellt" sein soll.

Decke des (Eingangs-) Stockwerkes je in einem Ringe zwei Balken aufgehängt, die, unten gerade bis auf die Falltür hinabreichend, im Zustand der Ruhe somit einem Oeffnen derselben sich entgegenstemmen. Dass in dem darunter befindlichen sehr hohen Verliesse ein Gefangener ohne Leiter bis an die Decke kommen konnte, ist freilich ausgeschlossen.

Sehr ausnahmsweise hat das Verliess des Berchfrits von Gleiberg (bei Giessen) ausser dem Einsteigeloch noch eine mit einer Falltür verschliessbare, aus dem Fussboden der tiefen Türnische schräg durch das Gewölbe hinabführende 1,50 m lange und 0,80 m breite Oeffnung (Fig. **96**). Zumal wenn die Eingangstür geöffnet war, konnte jene zunächst als Luft- und Lichtloch dienen, welches ja die Aussenwand des Erdgeschosses intakt gelassen hatte, daneben etwa auch, fast den ganzen Fussboden der Türnische einnehmend, als eine Falle für den unbefugt Eindringenden[1]). Uebrigens dürfte die ganz eigentümliche Einrichtung erst bei Gelegenheit einer nachträglichen Einspannung des Gewölbes in den (wohl schon 910 errichteten) Turm ausgeführt worden sein. —

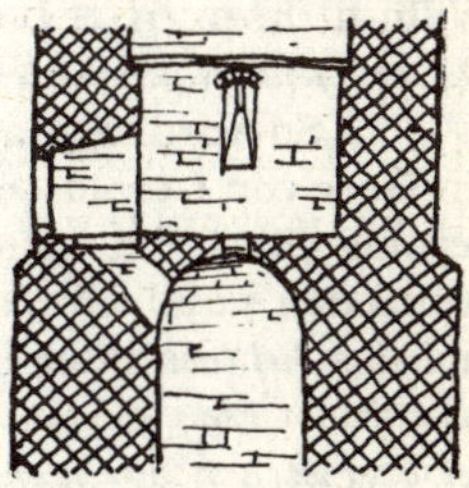

Fig. 96
Vom Berchfrit auf Gleiberg

Die Bestimmung und Benutzung der verschiedenen Stockwerke des Berchfrits ist nicht unbestritten.

Was das eigentümlich gestaltete Erdgeschoss betrifft, so lässt dessen bauliche Einrichtung allerdings auf einen bestimmten Zweck nicht zweifellos schliessen. Solche Einrichtung war aber auch nicht durch eine spezielle Zweckbestimmung dieses Geschosses, vielmehr offenbar von selbst gegeben durch diejenige des ganzen Berchfrits überhaupt, als eines möglichst festen nur aus der Höhe zu verteidigenden Bollwerks und Reduits. Dies führte eben von selbst dazu, den untern Teil desselben zu solcher blinden Mauermasse zu machen, die dem Angreifer auch keine Tür zum Eindringen in den Turm bot.

Gleichwohl weiss eine allgemeine Ueberlieferung von der Zweckbestimmung dieses Erdgeschosses, und zwar bezeichnet sie dasselbe als das „Verliess"[2]), in welches die Gefangenen mittels eines Seiles, an dessen Ende ein Knebel geknüpft war, hinabgelassen wurden. Das Ab- und Aufwinden geschah vermittels eines Haspels, wie solcher in einigen Berchfriten noch erhalten ist. (Fig. 116)[3]). Die

[1]) Wohl schwerlich hatte die Einrichtung den von v. Ritgen, Gesch. d. Burg Gleiberg, 1881, S. 7 angegebenen Zweck, dass im Belagerungsfalle die eindringenden Feinde von den Verteidigern durch die Oeffnung „in das Verliess hinabgeschoben wurden". Es wäre da schon gewiss einfacher gewesen, die auf hoher Leiter zum Eingang Hinaufgestiegenen rücklings wieder hinabzustossen.

[2]) Der Ausdruck kommt nach Grimms Wörterb. daher, dass der Raum „sich unter der Erde verliert". Die Annahme, dass die Berchfrite noch tief in den Boden hinabreichen, ist ja eine sehr gewöhnliche (siehe vorhin). Von den Minnesängern wird der Ausdruck nicht gebraucht.

[3]) Derselbe brauchte natürlich nur einfach über dem Loche aufgestellt zu werden. Anstatt dessen hat ihn v. Essenwein, Kriegsbauk. Fig. 87, bei einer Durchschnittsdarstellung des Wartburgturmes in dem zweiten Obergeschoss seitwärts aufgestellt und lässt das Seil erst über eine dort inmitten der Decke angebrachte Rolle hinauf und dann durch die beiden Obergeschosse hinab in das Verliess gehen. Anhaltspunkte dafür, dass solche unzweckmässige Einrichtung jemals gebräuchlich gewesen sei, sind schwerlich irgendwo vorhanden.

auch allgemein verbreitete Ueberlieferung von dieser Benutzung des Raumes[1]) ist eine wohlbegründete, wenngleich nicht unangefochtene[2]).

Beweise dafür sind in fast beliebiger Menge beizubringen.

A. Schulz, Höfisches Leben S. 37 f., führt aus unsern mittelalterlichen Ependichtern u. a. folgende Belegstellen an:

Ottokar v. Steyer CCVII: „Daz er den Zebisch liez . . . In den turm unden. Der Charicher ist übel genug, Ausgemawrt als ein krug, Niden weit und oben eng.“ Gr. Wolfdieter 490 bis 492: *„Er fand einen riemen wol zweinzig Klafter lank. Der hörte zu dem turme . . Ein scheit von einer buchen stricket er daran. . . Da zoch er uz dem turne sin eilf dienstmann.“* Ulr. v. d. Türl. Wilh. d. h. p. 61: *„Den Kerker hiez sie obene sliezen.“* Lanz 1860: *„In einen turn er in warf, Da er sunnen noch den manen sach“* usw.

So wird uns auch in der Zimmerischen Chronik S. 127 erzählt, 1398 sei ein Herr von Geroldseck auf der Jagd gefangen, und nachdem er lange mit verbundenen Augen herumgeführt, im nahen Schloss Lützelhardt *„in ain thurm gelegt. . . Nun lag er aber bei zwaien jaren im thurn, das er nie darauss kam, wist auch nit, wa er war. Wie aber etliche mal das luftloch oben im thurn offen stunde, damit der ungesunt und bös geruch zum tail usser dem thurn geen mocht, do hörte er zu zeiten ein gross horn plasen, das er sich bedunken liesh, er het dergleichen vor mehr gehört“*. Wie er dann durch den Turmhüter befreit worden, *„war er aber in den zwaien jaren in der gefengknus so gar abkommen, auch so ungestalt und verendert worden“*, dass es ihm Mühe machte, Gattin und Söhne von seiner Identität zu überzeugen. Noch unverkennbarer ist von diesem Turmverliess da die Rede, wo (ebendas. Bd. II, S. 350 f.) nach Art dieser Chronik verschiedene von *„besen gefengnusen“* überlieferte Historien aneinander gereiht werden. Im Schloss zu Bobenhausen hat der *Thurnhüeter* das in vielen Jahren nicht gesäuberte oder ausgeräumte Gefängnis *von weniger mühe und uncostens wegen ussgebrennt.* Als dann bald darauf vier Bauern haben darin eingelegt werden sollen, *wie man den ersten*

[1]) Ein Turm mit einem Verliess, der nicht immer ein Berchfrit zu sein braucht, wird deshalb vom Volke häufig der „Hungerturm“, auch „Fall-“ oder „Faulturm“ genannt.

[2]) Näher erklärt in seinen verschiedenen Schriften dieselbe bald für „romanhafte Vermutung“, bald ihre Richtigkeit für „sehr fraglich“, oder gibt auch an anderer Stelle zu, dass „in das Verliess die gefährlichsten Verbrecher (?) kamen“. Nach v. Essenwein (Kriegsbauk. S. 156) „mögen die kellerartigen Vorratsräume des Erdgeschosses später, als die ursprüngliche Bedeutung dieser Türme aufgehört hatte, allerdings als Gefängnisse gedient haben“. Lehfeldt endlich schliesst sich (Deutsche Zeitschr. f. Geschichtswissensch. 1896, S. 227) gegen mich „auf Grund zahlreicher Burgenuntersuchungen“ Wibel, sowie den Vertretern der gleichen Ansicht (Näher, v. Essenwein, Köhler, v. Ritgen) an, „dass nämlich das Bergfried-Untergeschoss zunächst als Vorratsraum angelegt ward und nur gelegentlich zur Unterbringung von Gefangenen diente. Durch meine Nachweisungen (in der ersten Auflage dieses Buches) sei „weder der regelmässige Gebrauch noch die Anlage zu diesem Zweck (des Gefängnisses) unwiderleglich bewiesen“. Wie durch eine Untersuchung der kahlen Mauern des Raumes seine vormalige Benutzung als Vorratsraum festgestellt werden konnte, ist mir unerfindlich. Dafür ist mir auch bisher keinerlei Nachweis (z. B. aus alten Schriften) bekanntgeworden gegenüber den so zahlreichen Beweisen der Benutzung als Gefängnis, wie denn auch jede nicht ganz ungewöhnlich beschränkte Burg zumal in friedlichen Zeiten für „Vorräte“ sicher weit geeignetere Räume enthielt als das unbequem zugängliche, enge und weder helle noch luftige Turmverliess. Einen sonderbaren Begriff von der Bedeutung dieses Vorratsmagazins zeigt freilich Köhler a. O. III, 1, S. 413, indem er schreibt, zu der „beständigen Besatzung der deutschen Bergfriede“ hätten ausser dem Wächter und Torhüter (?) vielleicht „einige Administrationsbeamte (!) zur Beaufsichtigung der Vorräte im Erdgeschoss“ gehört. Eine eigene Idee hat noch v. Ritgen mehrfach vorgebracht: „Wenn der Feind die Burg bereits eingenommen hatte und nun anfing, rings um den Turm Feuer zu legen, flüchteten die Insassen in das Verliess, setzten den Schlussstein wieder ein und waren so gegen das Ausräuchern geschützt.“ (Gesch. d. Burg Gleiberg 1881, S. 7.) Durch den Rauch konnten (vgl. S. 179) die Insassen gewiss nicht so belästigt werden, dass sie sich deshalb selbst in das Verliess einsperrten.

hinabgelassen, do ist er gleich vom dampf erstrumbt, vom Knebel hinabgefallen und dodt gewest. Also ist es auch dem ander und dem dritten ergangen. Der viert hat besser glick gehapt, dass er sich so stark erhalten und geschrüen hat. So ist er halb dodt und erstickt wieder hinaufgezogen worden. In Scharffeneck und Miltenberg sind wunderbare Tiere im Verliess gewesen, die den Gefangenen das Essen *so ihnen an einer schnur ist hinabgelassen worden*, aufgezehrt, auch jene selbst molestiert, ja in erstgenanntem Schloss sogar *erbermilich umbgebracht haben*, weshalb einem Gefangenen auf sein Bitten gestattet wird, *ain starken bengel, sich damit zu bewaren* „mit hinab zu nehmen" usw.

In einem Teilungsvertrage über die Burg Krautheim v. J. 1342 wird bezüglich des gemeinsamen Berchfrits bestimmt, dass es den Mitbesitzern freistehen soll, „*darein Gevangen ze legen und dor uzze ziehen ungeverlichen*". 1464 sagt ein Zeuge aus (Wiegand, Zur Gesch. d. Hohkönigsburg S. 9): „*Als sy ine gefiengen, furtend sy ine gen Hohenküngsperg und . . . legtend ine in den thurn und kam einer oben über das loch und redt zu diesem*"[1]).

Mitunter war das Verliess nach unten trichterförmig so verengt, dass der Gefangene sich nicht hinlegen konnte. So auf Liebenfels (Rahn, Architekturdenkm. d. Kant. Thurgau S. 251) und im Kesselturm zu Calw (Weininger in Oesterr. militär. Zeitschr. IV, 43). In Kunst- u. Altersdenkm. v. Württemberg, Schwarzwaldkr. 35 ff. wird nichts davon erwähnt). In einem der Berchfrite auf Buchlau bildet den Fussboden des Verliesses ein derartig unebener und zackiger Felsen, dass der Gefangene kaum einen Platz zum Liegen finden, geschweige denn in dem finsteren Raume da hin- und hergehen konnte.

Ueberdies hat man in neuerer Zeit mehrfach — u. a. in Ehrenberg am Neckar, Kynsberg und Bolkoburg in Schlesien, Egg im bayerischen Walde, Tollenstein in Böhmen, Neuleiningen in der Pfalz, Miltenberg am Main, Rathsamhausen im Elsass usw. — in diesem Erdgeschoss Menschengebeine, Sporen, Ketten, tönerne Gefässe und dergleichen gleichfalls unwiderlegliche Zeugen seiner Benutzung als Verliess gefunden.

Das in einigen Türmen vorhandene, im Boden des Erdgeschosses ausgemauerte Loch findet ebenfalls seine beste Erklärung in der Bestimmung, den Unrat der Gefangenen aufzunehmen, wie denn auch die hier ausserdem vorkommenden unverkennbaren Bedürfnisanstalten (siehe Kap. 16) zeigen, dass der Raum zum dauernden — und dann natürlich unfreiwilligen — Aufenthalt von Menschen bestimmt war.

Die bezeichnete Benützung des unter dem hohen Eingange des Berchfrits liegenden Raumes könnte vielleicht in den Fällen zweifelhaft erscheinen, in welchen ersterer ausnahmsweise noch wieder in mehrere Stockwerke geteilt war. Wenn bei Berchfriten mit neuen, vom Baugrund auf beginnenden hölzernen Treppenanlagen sich solche Teilung durch Balkendecken findet — so in Eger, Altwindeck, Liebenfels —, so mag dieselbe keineswegs immer der ursprünglichen Anlage entsprechen[2]). Dass solche Teilung des unteren Raumes

[1]) Weitere Nachweise u. a. Bau- u. Kunstdenkm. d. Kreises Pr. Stargard 395, Anm. 42 und Bau- u. Kunstdenkm. d. Prov. Sachsen 18, S. 68. — Ueber die gleiche Einrichtung in italienischen Burgen siehe Il borgo etc. in Torino, das. 1894 S. 313.

[2]) Selbst die damit verbundene absatzweise Verjüngung der Mauer mag nicht notwendig mit (ursprünglichen) Zwischenräumen in Beziehung gestanden haben (vgl. darüber weiterhin). Wenn bei Altwindeck die Absätze auch schon von jeher zu Zwischenböden

indessen auch schon im Mittelalter vorkam, beweisen wohl die Berchfrite, in welchen (sehr ausnahmsweise) hier sogar gewölbte Zwischendecken vorkommen — Ehrenburg an der Mosel und Grevenstein in der Pfalz —, da doch nicht wohl anzunehmen ist, dass man auch solche hier nachträglich eingefügt habe.

Mitunter kommen auch im hinreichend weiten Erdgeschoss des Berchfrits abgesonderte Gefängnisse vor. So enthält dasselbe auf Kaprun[1]) einen Vorraum, der durch eine gebrochene Steintreppe mit dem nächstoberen Geschoss verbunden ist, während den übrigen (halben) Teil des Erdgeschosses zwei nebeneinander liegende völlig lichtlose Gefängnisse einnehmen, in welche aus dem Vorraume je eine von da aus durch Balkenriegel versperrbare Tür führte. Jeder der drei Räume ist selbständig überwölbt. Im Berchfrit von Sargans wird ein ummauerter Raum von ungefähr 2,50 m Weite in einer Ecke des Erdgeschosses gleichfalls für eine Gefangenenzelle zu halten sein. Ueber Gefängnisse in der Mauerdicke eines Berchfrits s. zu Fig. 148.

Ueber Treppen, welche in das Erdgeschoss des Berchfrits hinabführen, siehe zu Fig. 109, über die in den Burgen ausserdem vorhandenen Gefängnisse Kap. 18. —

Mit verhältnismässig seltenen Ausnahmen hat der Berchfrit seinen Eingang über dem das Verliess bildenden Erdgeschosse und zwar (worüber weiterhin Näheres) in Gestalt einer rundbogigen Pforte, an deren Schwelle aussen auf Kragsteinen ein Podest oder ein überdachter Vorbau angebracht war. Der Eingang liegt damit bei freistehenden Türmen wenigstens in ca. 4 m Höhe über dem äusseren Fuss des Baues, doch wird sie auch durchaus nicht selten wesentlich überschritten. Sie beträgt z. B. bei Eger 10, bei Besigheim 11, bei Steinsberg 12 m usw., bis sie bei Brauneck 50, bei Gleiberg 57 Fuss oder 14, 25 m erreicht. Bei Berchfriten, welche von einem anstossenden oder nahen Bau aus zugänglich waren, liegt der Eingang zum Teil noch höher. So bei der Brömserburg 16 m, auf Liebeneck bei Pforzheim 19 m hoch.

v. Essenwein scheint für den Zugang zur hochgelegenen Berchfritpforte in allen Fällen einen Aufzug als das durchaus Gewöhnliche anzunehmen[2]). Dem stehen jedoch gewichtige Bedenken entgegen. Diese Art der Beförderung war bei sehr hochgelegenem Eingange gewiss nicht jedermanns Sache, wenn bei Gefahr im Verzuge eine Anzahl von Menschen zu befördern war, jedenfalls nicht zweckmässig und letzteres auch in Friedenszeiten insofern nicht, als sie wohl zu jeder Zeit die Mitarbeit eines auf dem Turme befindlichen Mannes vor-

---

dienten, würde von den drei so unter dem Eingang gebildeten Geschossen jedenfalls nur das mittlere einen Luft- und Lichtschlitz gehabt haben. Ueber das Erdgeschoss des südlichen Berchfrits der Wartburg bemerkt v. Ritgen, Führer S. 209: „In früheren Zeiten schieden zwei Balkenlagen den Raum in drei Etagen und konnte man mit Leitern bequem von einer zur anderen gelangen.“ In dem ebenda beigegebenen Durchschnitt des Turmes ist indessen ebenso wie bei dem von v. Essenwein, Kriegsbauk. Fig. 87, mitgeteilten von solcher Teilung kein Anzeichen vorhanden; derselbe hat auch nur oben den einzigen Luftschlitz. Ueber Petersberg bei Friesach siehe meine Oesterr. Burgen VIII Seite 98.

[1]) Ebendaselbst II, 102.

[2]) Derselbe bemerkt Kriegsbauk. S. 156, dass der vor der Eingangspforte angebrachte hölzerne Erker u. a. „in Friedenszeiten den Aufzug deckte, der zum Turm emporführte“, und lässt bei seinen ebendas. gegebenen Rekonstruktionsansichten von Berchfriten regelmässig einen Mann, der auf einem an ein Seil gebundenen Knebel reitet, hinaufgezogen werden, selbst bei Berchfriten, die daneben eine bequeme Verbindung mit einem Wohngebäude bieten und bei einer 18 m hoch liegenden Tür des Bayentores in Cöln.

aussetzte und mithin ihren Dienst versagte, wenn dieser etwa durch plötzliche Erkrankung verhindert war, als letzter allein den Turm verlassen wollte oder dgl. mehr. So kommt es auch wohl nur in der älteren Dichtung vor, dass ein Aufzug, der (wie noch heute bei Turmwächtern) jedenfalls im späteren Mittelalter bei Berchfriten zum Hinaufschaffen von Lebensmitteln u. dgl. auf die Höhe des Turmes mitunter aussen angebracht war[1]), auch zur Beförderung von Menschen benutzt wurde. Das gegen räuberische Ueberfälle befestigte Kloster auf dem Sinai hatte, wie einige ägyptische, einen solchen Aufzug auch für Menschen als Zugang zum Kloster überhaupt. Derselbe ist bei dem ersteren noch erhalten. Vor der hochgelegenen Tür ist ein hölzerner Erker ohne Boden angebracht, während dahinter im Innern des Gebäudes das Seil über mehrere an der Decke angebrachte Rollen mittels einer grossen, im Fussboden und der Decke eingefügten, um die senkrechte Achse von vier Männern zu drehenden Winde auf- und abgewunden wurde.

Es ist anzunehmen, dass eine solche oder ähnliche Aufzugsvorrichtung, wenn sie bei unseren Berchfriten gebräuchlich gewesen wäre, in den so zahlreich erhaltenen Eingangsstockwerken derselben irgendwelche Spuren zurückgelassen haben würde. v. Essenwein scheint sich die Winde lediglich unter dem Dache des hölzernen Vorbaues angebracht zu denken. Der Podest war aber (siehe weiterhin) keineswegs immer überbaut, und häufig (z. B. Fig. 102) war auch der Zwischenraum zwischen seinen Kragsteinen oder Tragbalken zu eng, um einen sitzenden Mann hindurchzulassen. Ueberhaupt scheint befremdlicherweise auch sonst oft übersehen zu werden, dass ein Vorbau unter der Türschwelle für einen Aufzug ja nur hinderlich sein kann und daher nicht für, sondern vielmehr nur gegen die Annahme eines solchen spricht. (Vgl. bezüglich der Kaiserswerther Ruine „Denkmalpflege" 1903, S. 54, Anm. 7.)

Der sonst in den Fachschriften mit Recht angenommene Aufstieg mittels einer Leiter[2]) oder etwa schmalen Treppe entspricht auch alten Abbildungen.

Hatten sich die Burginsassen vor dem Feinde in den Turm zurückgezogen, so wurde nach v. Cohausens Meinung (Befestigungsweisen S. 165) die Leiter aussen aufgezogen und an den Zinnen befestigt oder im Innern des Berchfrits geborgen. Eine Aufzugsvorrichtung dürfen wir freilich nur selten annehmen[3]) und ebenso selten lag (vgl. Fig. 69) der Eingang so niedrig und war zugleich der Turm innen weit genug, um die Leiter hineinbringen zu können.

---

[1]) Nach einer Baurechnung von Münzenberg wurden 1538 für 19 Schilling 5 Heller *„22 Klafter hänfen Seil auf den stumpfen Thurm aufs Schloss den Thurmhütern allerhand damit zu ihrer Nothdurft hinaufzuziehen"* angeschafft, ebenso für den „hohen" Turm ein 300 (?) Klafter langes Seil. (Günther, Bilder aus d. Hessischen Vorzeit 1853, S. 7.) Auf der Hohkönigsburg hat man 1560 *„für 3 scheiben, zu dem uffzug uff die guggen gehorig"*, 8 kr. bezahlt. Bei einem der Berchfrite von Kropfsberg besteht (in einer späteren Erhöhung des Turmes) der Aufzug lediglich aus einem über einer fensterartigen Oeffnung eingemauerten etwa einen Meter weit wagerecht herausstehenden Balken mit einer Rolle für das Seil an seinem Ende. Auf dem Berchfrit von Freundsberg steht in einer vormaligen Küche mit breitem Fenster noch ein Haspel für den Aufzug. Von einem kranartigen, mittels dessen von dem unten vorüberkommenden (danach eine scharfe Kehre machenden) Burgwege Lasten auf die Höhe des Burghofes geschafft wurden, ist auf Lenzburg noch ein grosses Rad vorhanden.

[2]) In einem älteren Manuskript der Züricher Stadtbibliothek heisst es von dem Berchfrit der nicht mehr vorhandenen Burg Tannegg: „Die Thür ist in der Höche wenigest zweyer gemächren, wohin man in höltzerner stägen ausswendig am Thurn hinaufgehen muss." (Rahn, Kant. Thurgau 382.) Auch auf Blatt 11 der Manesseschen Liederhandschrift steigt jemand da eine Leiter hinauf. Siehe auch Figur 557.

[3]) Günther bemerkt a. O. von Münzenberg: „An dem westlichen Turme finden sich oben unter dem Kranze desselben zwei Oeffnungen, an deren Seiten man starke eiserne Ringe bemerkt. Ich glaube annehmen zu können, dass durch diese Ringe Seile geführt wurden, mit welchen . . . auch die Leiter zum Ersteigen der Türöffnung erforderlichen Falles in die Höhe gezogen werden konnte." Die (von mir nicht gesehene) Vorrichtung dürfte jedoch der Beschreibung nach schwerlich ein Aufzug gewesen sein, die eisernen Ringe dienten vielmehr wohl zum Anbringen von Falladen. Vgl. Fig. 275 und 276.

Die für ungewöhnlich hoch gelegene Eingänge obwaltenden Schwierigkeiten dürften etwa in der Weise beseitigt gewesen sein, dass der untere Teil des Aufstiegs aus einem feststehenden Gerüst bestand, auf welches erst eine bewegliche bis zum Eingang reichende Leiter aufgesetzt wurde. (Um im Belagerungsfalle bei zerstörtem Gerüst wieder aus dem Turm hinabkommen zu können, mochte dann eine mitgenommene Strickleiter oder selbst das für das Burgverliess vorhandene Einsteigseil zunächst genügen.) In ähnlicher Weise hat der „Strafturm", ein starker Mauerturm in Rothenburg an der Tauber, Fig. **97**, unten zunächst eine auf aufsteigendem Mauerbogen ruhende steile Freitreppe, von welcher aus dann eine leicht zu beseitigende Holztreppe seitwärts vollends zu dem Eingangvorbau hinanführt.

Fig. 97
Turmeingang in Rothenburg

Einen solchen feststehenden (hölzernen oder steinernen) Unterteil des Aufstiegs für den bezeichneten Fall anzunehmen, mag um so unbedenklicher sein, als man nicht eben selten ganz auf eine leicht zu beseitigende Verbindung mit dem Turmeingange verzichtet hatte. So zeigt die Aussenwand des runden Berchfrits von Stargard (Mecklenburg) schräg zum Eingange hinaufführende Balkenlöcher, offenbar von einer hier vormals angebrachten festen Holztreppe herrührend und zwar eine allem Anscheine nach mittelalterliche Einrichtung, da in jüngerer Zeit, wie so vielfach beliebt, ein Aufgang durch eine ebenerdig eingebrochene Tür hergestellt wurde. Nach einer älteren Abbildung hatte auch der südliche Berchfrit der Wartburg solche überdachte, wie auch die rheinischen Berchfrite von Gutenfels und Grenzau aussen noch die Spuren von solchen zeigen. Ebensolche freistehend auf Pfosten ruhende zum oberen Berchfrit von Besigheim, sowie ein ähnlicher Aufgang zum Wohnturm von Taufers in Tirol dürften gleichfalls in derselben Art wie jetzt schon im Mittelalter vorhanden gewesen sein. Siehe auch Fig. 132. Ueber die Einrichtung des Aufstiegs auf Eibenstein siehe meine Oesterr. Burgen VIII, S. 17.

Fig. 98
Turmtür auf Falkenstein a. d. Ranna

Nach älterer Abbildung der Ruine Schroffenstein (Tirol)[1]) führte da ausnahmsweise zur Eingangspforte des auf der Angriffsseite stehenden Berchfrits von dem gegenüber zunächst minder steil ansteigenden Vorgelände aus eine schräge, etwa 12 m lange Brücke direkt (nicht seitlich) hinauf. Der dort noch jetzt vorhandene Rest eines Brückenpfeilers bestätigt diese Einrichtung.

Bei einem nahe vor der Eingangspforte stehenden Bau (Palas, Ringmauer) wurde die Verbindung durch einen Steg oder leicht zu beseitigende Brücke, öfter auch durch eine schmale Zugbrücke (Kap. 10) hergestellt[2]). Letzteres ist dann (Fig. **98**), wie sonst, erkennbar durch den die Türöffnung rechteckig umrahmenden

---

[1]) Ebendaselbst II, Fig. 223.

[2]) Diese Stellung des Berchfrits ist auch jedenfalls vorausgesetzt, wenn es in dem Büchlein Art de bien bastir par Mesir L. B. Albert, Paris 1553, heisst: *Le*

Falz zur Aufnahme der Brückenklappe, das an der Schwelle vorstehende Lager für die Achse derselben (Pfannensteine) und die oben an der Tür in der Wand liegende Rolle für die Aufzugkette. Mitunter, so auf den böhmischen Burgen Hasenburg und Roll, ist der Falz bis etwa doppelt so hoch als die durch die Klappe zu verschliessende Türöffnung[1]). Es war dann ein entsprechend grösserer Zwischenraum zu überbrücken gewesen.

Sonstige Beispiele einer Zugbrücke vor hochliegender Pforte bieten die Berchfrite der Deutschordensburgen Strassburg und Graudenz („Klimek"), bei verwandten Bauten der Wohnturm von Baierdorf (Fig. 156), die „Putna" auf Welhartitz (Fig. 168), die „Sternschanze" von Sauerbrunn (Fig. 169) und der vorgeschobene Turm von Falkenstein (Fig 98). Befremdlicherweise stehen die beiden letzten Bauten — wozu noch die über einer Felswand liegende Eingangspforte zur Hauptburg von Aggstein (Fig. 220) genannt werden mag — auch auf der Seite der Zugbrücke weithin frei. Man könnte in solchen Fällen ein davor freistehendes Holzgerüst mit einer bis zur Pforte eine Lücke lassenden Leiter oder schmalen Treppe annehmen; doch wird hier ausnahmsweise die Zugbrücke gar nicht eine Lücke überbrückt, sondern, nur niedergeklappt, den sonst festliegenden Podest ersetzt haben[2]), zu welchem man, wie sonst, auf einer seitlich angebrachten Leiter emporstieg. War die Klappe aufgezogen, so fehlte dem feindlich Vordringenden zugleich der feste Standplatz vor der dadurch geschlossenen Tür.

Fig. 99 Berchfrit von Freudenberg am Main

Auf Hohlenfels (Prov. Nassau) führt noch jetzt eine fast 5 m lange Brücke vom Palas zum Berchfrit, auf Pernstein in Mähren eine noch etwas längere überdachte von zwei da übereinander vorhanden gewesenen (Fig. 417). Bei Freudenberg a. Main (Fig. **99**) hört der auf den letzteren zulaufende Wehrgang des anstossenden Mantels kurz davor auf und war daher weiterhin durch einen Steg zu ersetzen.

In Hohenklingen am Rhein betritt man den Berchfrit unmittelbar von dem an seinem Eingange vorüberführenden hölzernen Umlaufe der Ringmauer aus und ähnlich ist das (nicht ursprünglich) bei der Schattenburg (Vorarl-

---

dongeon . . . n'ait hors une seule entrée par un petit pont mobil; dont il s'en faict deux manières, la première est le pont levis, servant de fermetur quand on le leve a mont; et la seconde est le volant, la quel se pousse et retire a plaisir quand les vends sont trop grandes, et celui la nous est la plus comode.

[1]) Abbildungen in Oesterr. Burgen VII, Fig. 82 und 208.

[2]) Bei dem gleichfalls weithin freistehenden Berchfrit von Hasenburg deutet ja der höhere Klappenfalz (siehe vorhin) sicher auf eine wirkliche Brücke hin.

berg) eingerichtet[1]). Aber auch ein gemauerter direkter Zugang, der also von den im Berchfrit letzte Zuflucht Suchenden hinter ihnen keinesfalls abzubrechen war, kommt hie und da vor. Abgesehen von den Fällen, in welchen — öfter ausser einem zweiten freiliegenden Eingange — der durch einen Mauerabsatz gebildete Wehrgang der Ringmauer durch eine Pforte mit dem Berchfrit in Verbindung stand (z. B. Thierberg in Württemb. Franken, Burg Schwalbach im Nassauischen und Windeck an der Bergstrasse, Fig. **100**), führt auch nicht eben selten unmittelbar aus einem anstossenden Wohngebäude der Eingang in denselben (Beispiele St. Annaschloss am Bodensee und Reissenstein in Württemb.). Bei der Sauerburg (Reg.-Bez. Wiesbaden) hat die anstossende Ringmauer, deren Innenseite jedenfalls später ein Gebäude angefügt war, in einem oberen Stockwerk eine tiefe Blende und in der Seitenwand derselben den Eingang zu einer in der Mauerdicke liegenden Treppe (mit hofwärts noch auf Kragsteinen vorspringender Aussenwand), die den Zugang zum Berchfrit bildet.

Fig. 100 Berchfrit von Windeck

Von den beiden Berchfriten, die auf Hohandlau, wie oben (Fig. 66) gezeigt, den beiden Giebelseiten des Palas angebaut sind, war, wie erwähnt, der eine von dem Dachboden des letzteren unmittelbar zugänglich, während die Pforte des anderen (als Rückzugsbau gedachten) noch 3 m höher liegt, also von da aus nur mittels einer Leiter zu erreichen war. Ueber den Zugang zu den beiden Berchfriten von Reichenberg von dem sie verbindenden Zwischenbau aus siehe Kap. 9. —

Wie schon gelegentlich bemerkt, hat der Berchfrit mitunter mehrere Ein- bzw. Ausgänge. Es kommt das zumeist in der Weise vor, dass der eine mit einem nahen (zumeist Wohn-) Gebäude oder auch einem Wehrgange in Verbindung gesetzt werden konnte, während der andere ganz freiliegt, und können dabei die beiden Pforten einander gegenüberliegen, wie bei dem runden Berchfrit von Vetzberg bei Giessen, oder nicht, wie bei dem achteckigen des Steinsberg. Den Belagerten war auf diese Weise der Rückzug in den Turm (erwünschten Falles auch ein Wiederentkommen aus demselben) um so mehr erleichtert und gesichert, während auch zwei dieser hochgelegenen engen Pforten gegen Eindringlinge leicht zu verteidigen waren. Bei mehreren ganz freiliegenden Pforten wird die obere regelmässig die Verbindung mit einem Umgang herstellen, der, wie die Kragsteine oder die Reihen dichter und grosser Balkenlöcher ergeben, den Turm ganz oder zum Teil umschloss. Bei dem Berchfrit von Olbrück in der Eifel führte die obere schräg über der Einsteigpforte gelegene nur zu einem etwa ein Drittel der Turmseite langen hölzernen Vorbau, der wohl besonders zur Verteidigung des Einganges bestimmt war. Auf Kaprun standen die Wehrgänge der hohen Ringmauer, welche beiderseits an den eine Ecke der Gesamtanlage einnehmenden Berchfrit stossen, durch diesen hindurch miteinander in Verbindung. Derselbe hat daher,

[1]) Oesterr. Burgen II, S. 193.

u. zw. erst im dritten Stockwerk über dem Verliess, zwei Eingänge, dazu aber noch (vgl. S. 196) einen ebenerdigen. Man findet auch Berchfrite, die, so hoch ein anstossendes Gebäude reicht, in jedem Stockwerke mit diesem verbunden waren. Es wird das jedoch kaum anderwärts vorkommen, als bei solchen, die nie lediglich Berchfrite im eigentlichen und engeren Sinne gewesen sind — wie beim Trifels und dem ähnlichen Petersberg[1]) (über Friesach in Kärnten) — oder nicht mehr solche waren, wie bei Altwallenstein im Hessischen und Peggau in Steiermark. Der viereckige Berchfrit der letztgenannten, erst im vorigen Jahrhundert verlassenen Burg, eine Ecke derselben bildend, hat drei mit Kreuzgewölben überdeckte Geschosse, die, ohne Verbindung miteinander, immer abwechselnd ihren Eingang von dem einen und von dem anderen der an die beiden übrigen Seiten angebauten Wohngebäude haben. Eine Verfolgung der etwa auf die Höhe des Turmes geflüchteten Verteidiger konnte durch solche Einrichtung allerdings wesentlich verzögert werden.

Mitunter wird der Eingang in den Berchfrit erst durch einen angebauten Wendeltreppenturm vermittelt, und kann auch hier der Eingang zu dem letzteren, wie bei der „Katz" am Rhein, erst wieder mittels einer Leiter erreichbar sein. Bei den Rundtürmen der „Katz" und von Hornberg am Neckar geht dieser Treppenturm nicht höher hinauf als bis zum Berchfriteingange, bei den viereckigen von Nassau im Lahntal und Elfeld am Rhein vermittelt er bis zur Spitze zugleich die Verbindung zwischen den einzelnen Stockwerken desselben. Bei letztgenannter Burg (Fig. 133) überragt er in Gleichförmigkeit mit den übrigen vorgekragten Ecktürmchen noch den Zinnenkranz[2]), bei Nassau springt er — unten vier-, dann achteckig — aus der Mitte der Hofseite des Berchfrits vor, während er bei den viereckigen von Landsberg (Kr. Düsseldorf), an einer Ecke angebaut, aus dem Viereck weiter oben in fünf Seiten des Achtecks übergeführt ist.

Es liegt nahe, dass zu den Aenderungen, die man in späterer Zeit nicht selten mit den älteren Berchfriten vornahm (vgl. darüber weiterhin), auch der Anbau eines bequemeren Treppenturmes gehörte. Bei manchen Berchfriten steht dieser Treppenturm als ein späterer Anbau fest[3]), wie ja denn solche bei nichtkirchlichen Bauten überhaupt erst in gotischer Zeit aufkamen und erst in der Renaissancezeit besonders beliebt wurden.

Bei den Berchfriten mit einem oder mehreren Wehrgangabsätzen ist der Zugang gleichfalls verschieden angeordnet. Bei Leonstein in Kärnten, wo die unterste Staffel aus dem gewachsenen Felsen besteht, ist der Eingang zu ebener Erde des Turmbaues, bei Sterrenberg am Rhein musste man auf den beim Burgbau ausgesparten Felskopf mittels einer Leiter und von da auf einer zweiten zum Eingang emporsteigen. Ueber den in besonderer Weise angeordneten Aufstieg und Zugang bei dem Berchfrit von Freudenberg am Main siehe weiterhin.

[1]) Beide haben über dem Eingangsgeschoss eine Kapelle und darüber einen Wohnraum.

[2]) Diese Höherführung verstand sich beim Vorhandensein der drei anderen Ecktürmchen geradezu von selbst. Ganz ungerechtfertigt ist es aber, wenn auch ohne dies bei modernen Burgbauten der dem Berchfrit angefügte Treppenturm vereinzelt noch über jenen um ein oder zwei Stockwerke hinausgeführt wird, wie solches öfter beliebt worden ist.

[3]) So bei Durlach, Hornberg am Neckar (laut Inschr. 1573), Schwarzenberg in Sachsen (Anf. 16. Jahrh.) und Altenburg bei Bamberg (1578). Eine gemauerte Freitreppe zum Eingang des runden Berchfrits von Zähringen in Baden wurde erst 1852 hergestellt.

Der Eingang in den Berchfrit war zweckmässigerweise da anzulegen, wo er den Burginsassen, ungehindert von aussen, erreichbar war. Der Regel nach finden wir ihn daher dem Hofraume zugekehrt. Lag der Turm selbst dann der Angriffsseite abgewendet, so konnte es allerdings leicht kommen, dass der Eingang den Schüssen des Feindes direkt ausgesetzt war, und das ist auch da keineswegs immer vermieden worden, wo es unschwer möglich gewesen wäre[1]). In einigen Fällen findet sich die Rücksicht auf gesicherte Zugänglichkeit des Berchfrits in ganz befremdlichem Masse ausser acht gelassen. So liegt z. B. bei Hohentrins im Vorderrheintal der Eingang ganz unverdeckt dem seitlichen Abhange zu, auf welchem allem Anscheine nach der Pfad zur Burg sich von jeher hinaufzog, konnte also von dem noch ausserhalb befindlichen Feinde ungehindert beschossen werden, und die beiden (bei 8,10 m Seitenlänge) völlig berchfritartigen Türme, die auf Hohenrhätien an der Via mala die beiden Endpunkte der hier allein möglichen Angriffsseite bilden, haben ihre Zugangspforten direkt gegen das sanft ansteigende Angriffsgelände gekehrt.

Was nun die Gestaltung dieses Einganges an sich betrifft, so ist derselbe, wenn hochgelegen, regelmässig so eng, dass nur ein Mann zur Zeit ihn passieren konnte, und dies öfter nicht in aufrechter Haltung. So ist derselbe auf Brauneck „kaum 3 Fuss hoch“[2]), eine Einrichtung, welche die Verteidigung des Zugangs natürlich wesentlich begünstigte. Zu den Ausnahmen gehört die Eingangspforte von Tirol, mit 1,25 m Breite und 3,08 m Höhe.

Die Pforte ist, wie schon eingangs bemerkt, zumeist rundbogig überwölbt, indem die meisten Berchfrite in romanischer Zeit gebaut wurden und auch während der gotischen beim Burgenbau keineswegs immer der Spitzbogen Anwendung fand. Fig **101** von Waldau[3]). (Bei dem erst 1409 genannten Bau ist der gediegene Steinschnitt mit Entlastungsbogen beachtenswert.)

Fig. 101
Berchfriteingang auf Waldau

Fig. 102
Desgl. auf Schilteck

Fig. 103
Desgl. auf Neuhaus

[1]) Es ist daher nicht richtig, wenn sich nach v. Cohausens Vorgange (Bergfriede 29) regelmässig angegeben findet, dass der Eingang „immer der Angriffsseite abgewendet liegt“. Offenbar sinnlos ist die auch mehrfach geäusserte Idee, dass „man ihn, wenn möglich, gegen die mildere Windseite legte“.

[2]) Schönhuth, Württemb. Burgen V.

[3]) Nach Kunstdenkm. Badens II, 71.

Ausser dem Spitzbogen (Fig. **102** von Schilteck) kommt auch der Türsturz in gerader, selten in gebrochener Linie (Fig. **103** von Neuhaus[1]), erst 1319 genannt) oder mit Kleeblattbogen (Kronsegg) vor. Vgl. auch Fig. 98.

Die Türumrahmung ist nahezu immer aus Haustein hergestellt, doch kommt eine verzierende Profilierung derselben, die über einen einfachen Wulst hinausgeht, in romanischer Zeit noch nicht, das Anbringen von Jahreszahl und Wappen (Fig. 98) erst seit dem Ausgange des Mittelalters vor.

In der Regel liegt die Tür bei viereckigen Berchfriten nicht in der Mitte der Wand, sondern so an die Seite gerückt, dass ihr äusseres Gewände hier mit der Innenseite der einen Turmwand ganz oder nahezu bündig ist. (Fig. **104** von Lützelburg im Wasgau, Innenseite.) Im ersteren, viel häufigeren Falle wurde dadurch die Bauarbeit vereinfacht, immer aber dadurch Raum gewonnen, um an der äusseren Wandfläche (s. hernach) event. auch weiter aufwärts an der inneren eine Treppe oder Leiter anbringen zu können.

Fig. 104 Desgl. auf Lützelburg

In der Regel findet man dicht unter der äusseren Türschwelle in gerader Linie nebeneinander die mehr oder weniger erhaltenen Reste von zwei bis vier einfachen oder zusammengesetzten Kragsteinen (vgl. Fig. 97, 98 und 102) oder doch die Löcher für an deren Stelle eingemauert gewesene kurze Balken. Beide dienten, wie schon bemerkt, zunächst dazu, dass hier eine vorgeschobene Stufe, eine Art von Podest angebracht wurde, an welche die Leiter anzulehnen war. Die Vorstufe war nötig, wenn die Leiter nicht in Richtung des Eingangs, sondern seitlich an der Turmwand entlang aufgerichtet war, und dieses, auf alle Fälle zweckmässig, konnte aus Mangel an Platz wiederum notwendig werden. So war das der Fall u. a. bei Hohentrins, wo (s. vorhin) der Eingang nach aussen über einem schrägen Abhange liegt und mehr noch bei Hohrappoltstein, bei dessen rundem, am Rande eines senkrechten Absturzes stehenden Berchfrit der Eingang wohlbedacht so weit nach aussen gelegt ist, dass er unmittelbar über diesem Absturze liegt, wie ebenso bei dem viereckigen von Thierberg in Tirol, anstatt auf der dem Hofe zugekehrten Seite, auf einer anstossenden über tiefem Abhange liegenden. Siehe auch zu Fig. 107[2]).

Oft aber begnügte man sich nicht damit, auf diesen Tragsteinen oder -balken eine Vorstufe anzubringen, sondern gestaltete dieselbe weiter zu einem erkerartigen hölzernen Vorbau aus. Wo dies der Fall gewesen, ist solches zunächst durch die Reste bzw. Spuren zu erkennen, welche von diesem Vorbau über der Eingangspforte gleichfalls nachgeblieben sind. Häufig finden sich hier gleichfalls Kragsteine, in deren Oberseite eine der Turmwand parallelle weite Rille ausgearbeitet ist (z. B. bei Schönberg a. d. Saale, Steinsberg usw.), bestimmt, den Firstbalken des Pultdaches aufzunehmen, wodurch der Vorbau auch oben an dem Turm befestigt wurde. Anderwärts findet man auch hier nur Balkenlöcher, so bei Lützelburg mit dazwischen ausgehauener Rille behufs engeren Anschlusses des Daches. Wieder anders geartete Reste des Vorbaues zeigt der mehrerwähnte Berchfrit von Hohentrins. Jener, fast die ganze Breite der Turmseite ein-

---

[1]) Nach Cori a. O., Fig. 31.

[2]) Es musste bei dieser Anordnung für die Angreifer um so verhängnisvoller werden, den von innen verteidigten Turmeingang auf einer angelegten Leiter ersteigen zu wollen.

nehmend, ruhte auf vier Holzbalken; über der Pforte steht gleichfalls wagerecht eine parallele Reihe dünnplattiger Steine etwa 15 cm weit heraus, offenbar seinerzeit unmittelbar über dem Anschlusse des Daches, und, anscheinend um dem Vorbaue auch seitlich mehr Halt zu geben, findet sich zu beiden Seiten der Pforte zwischen den Endpunkten der oberen und der unteren Reihe noch je ein schmaler Kragstein eingemauert. Aber auch wo die bisher angeführten Merkmale fehlen, ist ein ehemaliger erkerartiger Vorbau nicht immer ausgeschlossen. Als eine zweifellose Spur desselben erscheint es beim Berchfrit von Schilteck (Fig. 102), dass zu beiden Seiten der Pforte für je einen an der Turmwand hinaufzuführenden Balken die betreffenden Stellen der Steinbuckeln weggemeisselt sind.

Häufig hat man es (siehe dieselbe Fig.) zweckmässig befunden, den Vorbau oder Podest so anzulegen, dass der Berchfriteingang nicht in der Mitte desselben lag. —

In der Regel war die Eingangstür inwendig durch einen Balkenriegel versperrbar. (Bei dem viereckigen Berchfrit von Lützelburg waren, wie Fig. 104 zeigt, deren drei angebracht.) Sehr selten schlug sie, wie das auch bei anderen Gebäuden vorkommt, nach aussen. So auf Steinsberg[1]). Eine so ringsum an das gemauerte Türgestell stossende Tür war nicht so leicht einzustossen als eine nach innen aufgehende, während ein auch hier an der Innenseite vorhandener Balkenriegel, an dem Türflügel durch eine gebogene Krampe befestigt, den Widerstand gegen den Versuch, denselben durch Ziehen zu öffnen, vermehrte.

Mitunter lag — wie ich meine, nicht eben zweckmässigerweise — die Eingangstür einige Meter über dem Fussboden des Eingangsstockwerkes. So bei den im nördlichen Niederösterreich liegenden Heidenreichstein und Kolmitz[2]).

In neuerer Zeit hat man häufig zu ebener Erde einen Zugang durchgebrochen, zum mühsamen Durchkriechen genügend (und dann wohl meistens von Schätze Suchenden ausgeführt), oder zum bequemen Zugang zu einer neuen auf die Plattform führenden Holztreppe. Eine ebenerdige Tür als ursprüngliche Einrichtung kommt erst mehr in späterer Zeit vor, ausnahmsweise indessen auch schon ganz früh, z. B. bei der 1112 genannten Alteburg an der Mosel, dem um dieselbe Zeit vorkommenden Arras ebendaselbst und dem wohl dem Ende desselben Jahrhunderts angehörenden Freienfels. Mitunter haben Berchfrite ausser dem hochgelegenen Eingange noch einen ebenerdigen, so die von „Katz" am Rhein, Randeck und Burg Schwalbach. Bei der Wasserburg Hagenwyl (Kap. 20) wurde der letztere laut Inschrift 1551, bei Weissenthurm 1420 hinzugefügt. Siehe auch wegen Kaprun S. 196 und Langenau S. 207. —

Zur Verbindung der Stockwerke miteinander dienten, besonders wenn diese überwölbt waren, in der Mauerdicke ausgesparte Steintreppen, bei einfacher ausgestatteten Türmen, wie sie besonders in Oesterreich die Regel bilden, am Innern an einer Wand hinaufgeführte hölzerne Blocktreppen (Kap. 16), oder aber man begnügte sich — und naturgemäss besonders bei nicht bewohnbaren Berchfriten — mit einfachen Leitern (Fig. 116). Ueber freitragende Treppen siehe weiterhin.

---

[1]) Denkm. der Kunst u. Gesch. Karlsruhe 1851.

[2]) Meine Oesterr. Burgen III, S. 55 und 105.

Eine einfache Treppe in der Mauerdicke geht durchaus der Regel nach vom Gewände der Eingangstür, mitunter, so auf Sannegg, wo ausnahmsweise ausserdem eine Fensternische vorhanden ist, auch von dieser aus.

Ueber die Anordnung der Treppen in Beziehung auf eine innere abschnittweise Verteidigung des Berchfrits bemerkt v. Cohausen (Bergfriede S. 32):

„Gern sind die Treppen so angeordnet, dass der Verteidiger von Stockwerk zu Stockwerk sich zurückziehen und den Angreifer immer im darunterliegenden mit Pfeilen und Steinen überschütten kann, da hierfür Oeffnungen in den Gewölben und Balkendecken gelassen waren. Diese Verteidigungsweise ergab sich, wo die Kommunikation auf Leitern geschah, von selbst, wo aber Treppen in der Mauerdicke oder Wendelstiegen angebracht sind, finden wir diese so gelegt, dass, um von einem untern zu einem obern Geschoss zu gelangen, man immer das Dazwischenliegende von einem Treppenausgang zum nächsten Treppeneingang durchschreiten und sich den Geschossen des höheren Verteidigers aussetzen muss; — dass also die Treppen nicht kontinuierlich fortliefen und etwa nur seitliche Ausgänge hatten, sondern durch defensible Räume unterbrochen waren. Scharfenstein am Taunus und Reichenberg belegen dies mit unzweifelhaften Beispielen."

Neuere Schriftsteller tragen dasselbe danach wohl als eine immer und überall befolgte Einrichtung vor[1]). Mit Unrecht, denn nach meiner Erfahrung bildet es vielmehr durchaus die Regel, dass die in der Mauerdicke befindlichen Treppen in der Tat „kontinuierlich fortlaufen und nur seitliche Ausgänge haben". Es muss das schon überall da der Fall sein, wo für eine Wendeltreppe nicht, wie sehr ausnahmsweise bei Reichenberg (Fig. **105** nach v. Cohausen a. O.), mehrere Seitentürme, sondern nur einer vorhanden ist. Man wird dasselbe aber der Regel nach auch da finden, wo dieser zwingende Grund nicht vorhanden ist, sei es, dass die Treppe, wie bei dem Rundturm von Hohenbodman, sich in ununterbrochener Schraubenlinie vom Eingangsgeschoss bis zum obersten um den inneren Hohlraum herumwindet[2]) oder in einem in der Mauerdicke liegenden zylindrischen Hohlraum aufsteigt (Burg-Schwalbach, Besigheim, Fig. **106**), oder aber bei eckigen Türmen geradläufig in derselben Seitenwand hin und her geführt ist.

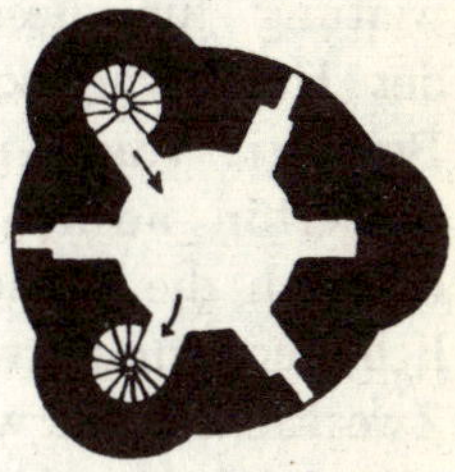

Fig. 105 Berchfrit auf Reichenberg

Das anscheinend ziemlich selten vorhanden gewesene Loch in der Decke, ohnehin nicht wohl für mehrere (Armbrust-) Schützen Raum bietend, findet sich auch (so in Hohenklingen) da, wo die Holztreppe — wie das regelmässig der Fall ist — an einer und derselben Innenwand übereinander aufsteigt. (Ueber dasselbe in Batterietürmen siehe Kap. 8.)

Einen anderen Anlass für die behandelte Einrichtung (die in französischen Donjons häufiger vorkommen mag) findet Viollet-le-Duc in seinem Dict. III, 114, wo es zu „Château" heisst:

On remarquera, que les escaliers à vis ne montent pas de fond, mais s'interrompent, à partir du premier étage, pour reprendre de l'autre côté, de l'entrée de la tour. C'est la une disposition fréquente dans les tours de cette époque, afin d'éviter les trahisons et de forcer les personnes, qui veulent monter sur les parapets de passer par l'une des salles. C'était un moyen de rendre la surveillance facile, et de reconnaître les gens de la garnison qui montaient aux parapets pour le service ; car les parapets des courtines n'étaient accessible que par les tours, et les escaliers des tours desservaient, par conséquent toutes les défenses supérieures.

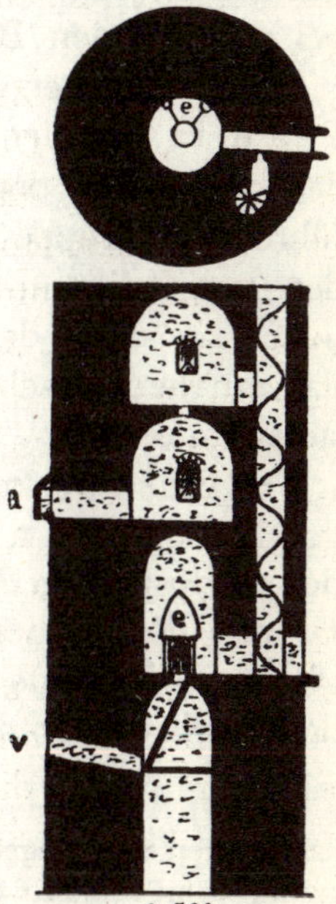

1:500

Fig. 106 Berchfrit in Besigheim

Ich kann auch diesen Zweck einer Unterbrechung der Treppen für einen jedenfalls wenig wesentlichen halten; denn ein Verräter

[1]) So ist es freilich später auch in v. Cohausens Wehrbauten S. 23 dargestellt.

[2]) Eine Unterbrechung derselben in der von v. Cohausen angegebenen Weise findet sich in dem runden Berchfrit von Scharfenstein im Rheingau.

wird dem Belagerer von der Höhe der Zinnen aus kaum in einer Weise dienlich sein können, deren Vorhaben schon bei seinem Hinaufsteigen offen erkennbar wäre.

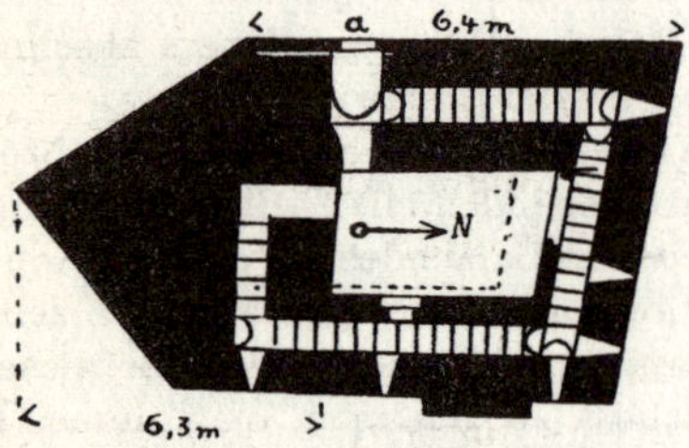

Fig. 107
Berchfrit auf Castello di Calanca

Bei dem fünfeckigen Berchfrit liegt die Wendeltreppe regelmässig in der zumeist sonst massiven vorgelegten Spitze (Fig. 92), während eine geradläufige beim Castello di Calanca (Graubünden)[1]) sich (wie bei Hohenbodman, siehe vorhin) vom Eingangsgeschoss bis zur Wehrplatte um den Innenraum herumzieht (Fig. **107**). Auch runde (Besigheim, siehe Fig. 106, Graudenz) und viereckige Berchfrite (Brömserburg, siehe Fig. 110) hatten Wendeltreppen in der Mauerdicke. Erschien diese nicht genügend stark, so findet sich ganz ausnahmsweise auch eine Ausweitung für dieselbe, von unten auf, wie bei Olbrück (Fig. 82), oder in der Höhe vorgekragt, wie bei Windeck (Fig. 100). Bei dem bewohnbaren Berchfrit von Brandis (Südtirol) hat man eine Wendeltreppe in einer der immerhin noch am meisten Mauerdicke darbietenden Ecken angebracht, jedoch dadurch die Wand nach aussen bis auf 55 cm Stärke geschwächt, augenscheinlich der Grund, weshalb denn auch auf dieser Ecke der Turm eingestürzt ist[2]). Zweckmässigererweise daher hat man bei einem der Berchfrite von Gottlieben (Kant. Thurgau) die (nur die mittleren der im ganzen sechs Stockwerke verbindende) Wendeltreppe nur zu einem Teile ihres Umfanges in die Mauerdicke gelegt, während der übrige, von einem dünnen Mantel umkleidet, nach innen hineinragt. Aehnlich bei dem runden Berchfrit der „Katz".

In eigener Art findet sich die Treppe in dem runden Berchfrit von Plau in Mecklenburg angeordnet, indem hier beim senkrechten Durchschnitt der obere Teil der vom Eingangsgeschoss in das zweite führenden Treppe (*a* Fig. **108**) unter dem unteren Teil der von diesem in das dritte Geschoss führenden *c* liegt, so dass der Hinaufsteigende auf kurze Strecke das mittlere Geschoss (in der Richtung des Pfeiles) passieren muss.

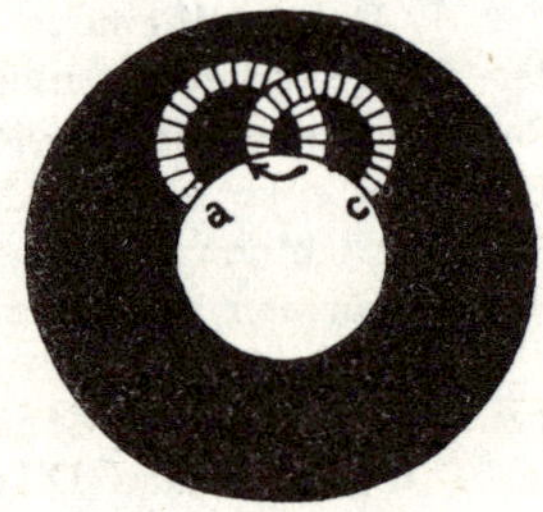

Fig. 108
Berchfrit auf Plau

Eine zweckmässige Einrichtung bietet der Berchfrit von Langenau im Lahntal. Hier führt in der Mauerdicke der nordöstlichen Seite eine Treppe — und zwar schon vom Grunde des Verliesses aus bis in das über dem Eingangsgeschosse liegende Stockwerk, dann aber erst wieder von dem nächsthöheren bis auf die Plattform. In dem dazwischen liegenden Stockwerk

---

[1]) Aufnahme von E. Probst in der Denkmalpflege II, 99. Die obige Figur ist aus den dort gegebenen Einzelgrundrissen der Stockwerke zusammengesetzt. (Der Innenraum, zum Teil mit punktierten Linien, entspricht dem Eingangsgeschoss. Darüber hat die Westwand die Dicke der nördlichen.) Ausnahme ist hier auch, dass die Eingangstür *a* nicht der Spitze gegenüber, sondern seitlich über einem steilen Abhange liegt. — Ueber die Treppe in einem fünfeckigen vorgeschobenen Turme bei Böhmisch-Sternberg siehe im 8. Kapitel.

[2]) Nach einer Grabmalinschrift auf dem Friedhofe des am Fusse der Ruine liegenden Dorfes am 21. Nov. 1807.

(*m* Fig. **109**) ist daher der Aufstieg nur durch eine bewegliche Leiter möglich, eine Einrichtung, die offenbar zur vermehrten Sicherheit der bis in den Berchfrit verfolgten Verteidiger getroffen wurde. Unterbrechung der Steintreppen durch eine ca. 4,5 m hohe Leiter ist auch im Berchfrit von Reiffenberg im Taunus angeordnet. Bei demjenigen von Windeck an der Bergstrasse führt (Fig. 100) eine Steintreppe in den Turm; zum Anfang der in der Mauerdicke liegenden, nach oben führenden Wendeltreppe muss man aber im Eingangsgeschoss erst eine 4 m hohe Leiter hinaufsteigen.

1:500

Fig. 109 Berchfrit auf Langenau

Wenn bei Langenau, wie bemerkt, die in der Mauerdicke liegende Treppe bis in das Verliess hinabführt, so ist das jedenfalls eine grosse Seltenheit. (Ein ebenerdiger Eingang scheint erst später durchgebrochen worden zu sein. Die bezeichnete, von da hinaufführende Treppe konnte zweckmässigerweise vom Eingangsstockwerk aus durch eine Tür mit Balkenriegel versperrt werden.) Bei dem viereckigen Berchfrit von Eckartsberg in Thüringen führt von einer ebenerdigen Türe aus, die denselben mit einem anstossenden Wohnbau verbindet, eine Treppe in der Mauerdicke — ebenso wie die vordere beim Trifels, siehe weiterhin — in das darüberliegende Stockwerk. Der Zweck war hier der einer direkten Verbindung des Wohnbaues mit dem oberen Stockwerk unter Umgehung des untersten (4,65 m breiten und nicht eben hohen) Turmgeschosses, welches als Verliess dienen konnte. Um diesen Zweck handelte es sich offenbar auch, wenn beim „Klimeck" (Graudenz) hinter der ähnlich wie bei Besigheim, Fig. 106, angeordneten Wendeltreppe die in das Eingangsstockwerk führende Tür von aussen versperrt werden konnte. Eine noch eigentümlichere Anordnung ist es, wenn bei dem Berchfrit der Brömserburg in Rüdesheim die von dem Eingangsstockwerk (*a* Fig. **110** nach v. Cohausen) aus in der Mauer aufsteigende Wendeltreppe von da ebenso nach unten führt, um in etwa halber Höhe des Verliesses seitlich in der Wand desselben auszumünden. Es würde naheliegen, hier einen ehemaligen Zwischenboden anzunehmen, wie er in der Figur angedeutet ist[1]).

Fig. 110
Berchfrit der Brömserburg

Aehnliches kommt freilich auch bei der eigentümlichen Treppenanlage des Berchfrits von Heidenreichstein vor. Von dem Innenraum unter dem Eingangsstockwerk ist da ein oberes Geschoss abgetrennt. Beide Stockwerke sind durch eine zehnstufige Treppe (*n* Fig **111** und **112**) in der hofwärts liegenden Ostwand miteinander in Ver-

[1]) Nach Lehfeldt, Bau- und Kunstdenkm. Thüringens V, 57 führte beim Berchfrit des Kyffhäuser südöstlich eine innere runde Wendeltreppe, zur Hälfte in einem vortretenden runden Anbau liegend, von dem nordöstlich 7 m hoch liegenden Eingangsstockwerk in das Erdgeschoss hinab. Treppe und Anbau sind zerstört.

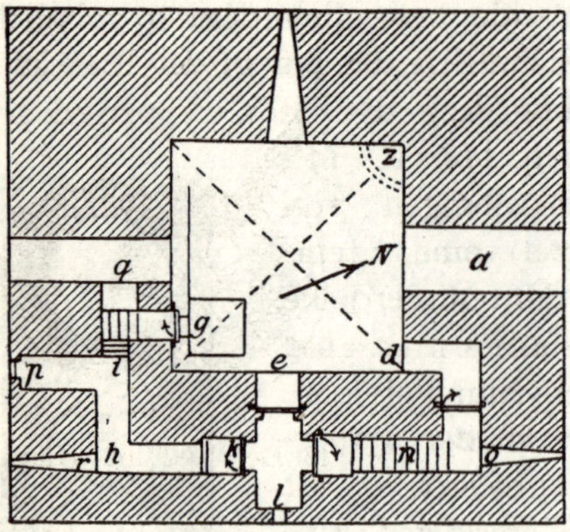

Fig. 111 Berchfrit auf Heidenreichstein

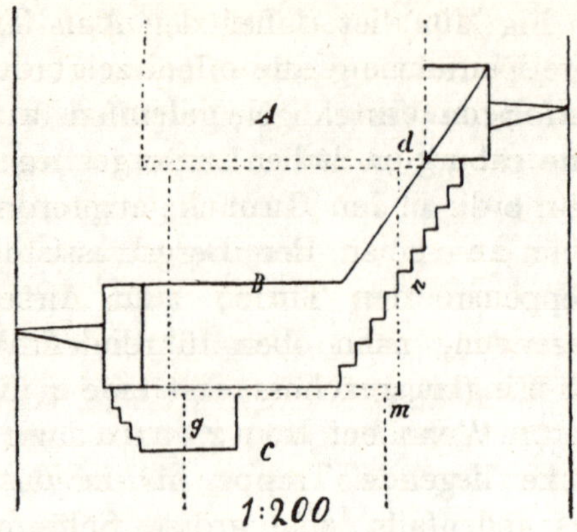

Fig. 112 Desgleichen

bindung gesetzt, welche Treppe mit einem anschliessenden Gangstücke oben (Fig. 112) bei *d*, unten (Fig. 111) bei *e* mündet[1]). Von dem Gange *e l* zweigt sich gegenüber ein anderer nach *h*, und von da, in rechten Winkeln gebrochen, nach *i* und *g* ab, wobei er bei *i* auf Stufen nur 1,8 m tiefer hinabsteigt. Er endet so unter dem Balkenboden, der auf dem Mauerabsatz auflag[2]). Gänge und Treppen erhielten bei *o*, *l*, *r* und *p* durch Schlitze und kleine fensterartige Oeffnungen Licht. Die Treppen sind ausserordentlich unbequem. Die Stufen der grösseren haben bei 45 cm Höhe nur 20—25 cm Trittbreite, und von *i* nach *g* kann man vollends nur kriechend und kletternd gelangen, da die rechtwinklig zueinander gestellten Stufen sich bis auf 10 cm verschmälern und auch die Türöffnungen an den beiden Endpunkten nur 98 und 90 cm hoch sind. Ueberhaupt aber war die vom Eingangsstockwerk *A* bis in das zweituntere *C* hinabreichende Verbindung, wie Fig. 111 zeigt, mit einer Anzahl von Zwischentüren versehen, die mit Riegelbalken, die noch vorhandene bei *K* mittels einer Krampe versperrbar waren, und zwar alle gegen einen Aufstieg aus dem Verliesse. Es kann daher nur bezweckt gewesen sein, einen solchen tunlichst unmöglich zu machen, sei es nun, dass es sich um da eingesperrte Gefangene oder um da etwa eingedrungene Feinde gehandelt habe[3]).

Während bei überwölbten Stockwerken natürlich fast immer die Treppe in der Mauerdicke angebracht war, haben Berchfrite mit rundem Hohlraum da mitunter „f r e i t r a g e n d e" (d. h. auf der engeren, inneren Seite nicht gestützte) Steintreppen. So der eine Turm des Doppelberchfrits von E h r e n b e r g an der Mosel im 2. und 3., der Berchfrit von L u d w i g s t e i n im 1. Stockwerk über dem Verliess, derjenige von S t a r h e m b e r g (meine O e s t e r r. B u r g e n I, Fig. 226) im Erdgeschoss. In den letzteren beiden Fällen tritt die Treppe unterhalb der gewölbten Decke in die Mauerdicke ein.

---

[1]) Der Durchschnitt Fig. 111 zeigt die gesamte Anlage im Zusammenhange ohne Berücksichtigung der verschiedenen, durch den senkrechten Schnitt Fig. 112 verdeutlichten Höhenlage. Danach gehört *a* zu dem oberen Stockwerk *A* Fig. 112, *q* bildet einen Eingang zu dem mittleren Geschoss *B* (an den Berchfrit schliesst sich jetzt beiderseits ein Wohnbau an), während *g* unter dessen Fussboden liegt.

[2]) Jetzt ist in dem an seiner Stelle eingespannten Gewölbe ein entsprechend tiefes und einen Quadratmeter weites Loch ausgespart. Auch der Ostseite des Berchfrits ist eine Wand vorgesetzt.

[3]) Meine O e s t e r r. B u r g e n III, 57 ff.

Mit diesen freitragenden Treppen und andrerseits mit dem angebauten Treppenturme Verwandtes zeigt der ganz eigentümliche Berchfrit von Klamm am Semmering. Nachdem man vom Hofraum der Hauptburg 91 Stufen emporgestiegen und bei *c* Fig. **113** ebenerdig in den Turm eingetreten ist, findet man rechts eine an seiner Innenwand aufsteigende Treppe von 18 gemauerten Stufen. Da diese auf voller Untermauerung ruhen, konnte die Treppe nur einmal im Kreise (bis zur linken Seite der Eingangstür) herumgeführt werden, von wo ab dann noch einige Holzstufen vollends auf die heutige Höhe des Turmes bringen. Nun ist aber diesem Treppenturme der grössere Teil eines zweiten Rundturmes, *b*, derart angefügt, dass das Ganze der äusseren Umrisslinie nach als (fast genau) aus zwei gleichen einander durchschneidenden Kreisen konstruiert erscheint. Beide Räume sind ebenerdig, also zum Teil unter den Treppenstufen, durch einen Gang miteinander verbunden, dessen (übrigens nicht verschliessbare) Oeffnung bei 90 cm Höhe und 40 cm Breite nach der ersten Turmhälfte hin, nur ein Hindurchkriechen gestattet. Im Innern des Turmes hat die dem östlichen Teile des Turmes zugekehrte Mauer des westlichen in Stockwerkshöhe einen starken Absatz. Ausserdem sind (Fig. **114**, Südansicht) die eingehenden Winkel in den Schnittpunkten der beiden Kreise nach oben durch allmählich ausgerücktes Mauerwerk so weit ausgefüllt, dass sie hier kaum noch als flache, rundliche Einbuchtungen erscheinen. Der aussen überputzte Bruchsteinbau ist anscheinend[1] ein späterer, in sich einheitlicher Bau auf dem Reste eines älteren ovalen Berchfrits, *a*, der, mit soliderem quaderförmigen Mauerwerk bekleidet, jetzt als ein etwa 1 m breiterer Unterbau jenes erscheint. —

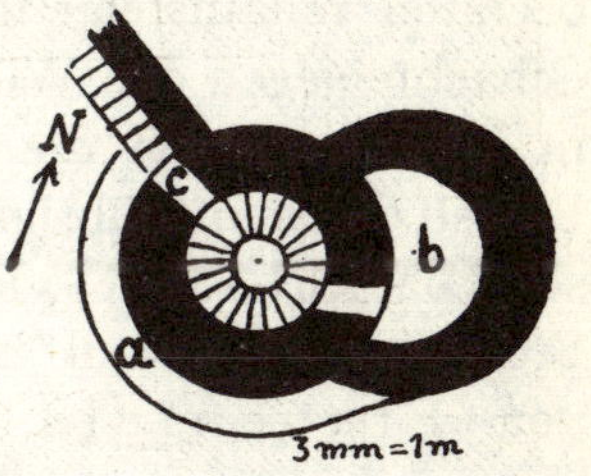

Fig. 113 Berchfrit auf Klamm

Fig. 114 Desgleichen

Ein ganz eigentümlicher, zweckmässig zur leichten Abwehr Eindringender berechneter Aufstieg findet sich in den beiden vorletzten Stockwerken des Hauptturmes von Schwarzenberg in Mittelfranken. Im drittobersten Stockwerk (welches vom Dachboden des anstossenden Wohnbaues früher nur mittels einer Leiter erreichbar war) tritt man durch eine Türöffnung in einen senkrechten, 66 cm breit und 1,38 m tief in der Mauerdicke ausgesparten Schacht ein und hat da (Fig. **115**) zu beiden Seiten übereinander lauter wagerechte, gegen den Schacht hin offene Kanäle, in welche die Füsse setzend man in die Höhe steigt. Mit anderen Worten, als Stufen dienen hier rechteckige Steinbalken, die, 15 cm stark, in Abständen von je 20 cm übereinander in das Quadermauerwerk eingefügt sind, und zwar derart, dass immer je ein Balken und eine Lücke in gleicher Höhe einander gegenüberliegen. Da man sich zugleich durch die auf den höheren Balken aufgelegten Unterarme stützen kann, ist der Auf- und Abstieg

Fig. 115
Aus dem Berchfrit von Schwarzenberg

[1]) Begründet in meinen Oesterr. Burgen I, 141.

vorletzte

ziemlich bequem und sicher. Wieder durch eine Türöffnung in das vorletzte Stockwerk ausgetreten, findet man da gegenüber einen zweiten, ebenso zum obersten hinaufsteigenden Schacht. Offenbar war ein Eindringen durch diese Schachte gegen den Willen oben befindlicher Verteidiger kaum denkbar, während in dem Turme für die gewöhnlichen Blocktreppen reichlich Raum gewesen wäre. Derselbe scheint übrigens nachmittelalterlich, eine ähnliche Einrichtung jedoch sonst auch schon viel früher vorgekommen zu sein. Von dem obersten Stockwerk des wohl mit Unrecht schon in das 10. Jahrh. gesetzten Berchfrits von Frauenfeld heisst es in Rahn, Archit.- und Kunstdenkm. des Kantons Thurgau S. 143: „Am Südende der Ostwand befand sich ein 2—3 Fuss breiter Einschnitt, zu dem 2—3 Stufen hinaufführten. Von da bewerkstelligte sich der Aufstieg zu der Wehrplatte vermittels mehrerer an der Nordwange des Einschnittes ausgehauener Steiglöcher."

Fig. 116 Desgleichen von Neuhaus

Begreiflich kommt es höchst selten vor, dass die Verbindung zwischen zwei Stockwerken des Berchfrits völlig unterbrochen ist. Siehe darüber weiterhin bei Neustadt (Fig. 148) und wegen Pernstein in Mähren meine Oesterr. Burgen VI, S. 167.

Es fehlt keineswegs an (einfachen) Berchfriten, deren zwischen dem Verliess und dem Zinnenkranz gelegene Stockwerke aus kahlen Räumen bestehen, deren völlig glatte Wände nur ausnahmsweise durch einen nach innen erweiterten Licht- und Luftschlitz durchbrochen sind (Fig. **116**. Eingangsstockwerk von Neuhaus in Oberösterreich nach Cori). Soweit dieselben ausnahmsweise mit einem Kamine und einem Abtritt bedacht sind[1]), ist regelmässig das Eingangsstockwerk damit ausgestattet, so in Stargard (Mecklenburg), Nürburg (Eifel), Schönburg (Thüringen), Lützelburg (Wasgau) nnd Habsburg (Schweiz). Bei den Türmen von Besigheim ist ausnahmsweise ein Abtritterker erst in dem nächstoberen Geschosse angebracht. (*a* in Fig. 106, *e* ist der Kamin, *v* ein von dem anstossenden Hause in das Verliess durchgebrochener Durchgang. Darüber Durchschnitt in der Höhe des ursprünglichen Einganges.) Das Eingangsstockwerk der Berchfrite war durch solche Ausstattung schon bei dem gewöhnlichen Mangel an Raum und Licht noch keines-

[1]) Ueber beide siehe Kap. 16. Aus einem Kamin im Berchfrit von Freienfels, der nur das Besondere haben mag, dass der vertiefte Feuerraum unten muldenförmig ausläuft, hat (Lotz und Schneider, Baudenkm. im Reg.-Bez. Wiesbaden S. 181) die Phantasie eine ganz eigentümliche Vorrichtung zur Verteidigung des Einganges gemacht, die auch v. Cohausen mehrfach (Wehrbauten S. 21, Befestigungsweisen S. 166) erwähnt. (Siehe 1. Aufl. S. 236 f.)

wegs zu einem ständig bewohnbaren geworden; seine Bevorzugung durch dieselbe erklärt sich daraus, dass die Belagerten, welche sich in den Turm zurückgezogen hatten, hier vor allem zur Verteidigung des Zuganges zu weilen hatten und so auch der Feuerstelle, abgesehen von der Erwärmung des Raumes und der Bereitung von Speisen, dazu bedurften, um gegen die Angreifer Pech und Wasser heiss zu machen. Selten finden sich Kamin und Abtritt im obersten Turmgemach unter den Zinnen, wo doch der ungehinderten Umschau wegen die Wohnung eines Wächters zu vermuten wäre. Solche Ausnahme bietet der Berchfrit von Hohlenfels, Prov. Nassau, doch war hier auf der Spitze desselben höchst ausnahmsweise zugleich eine Windmühle angebracht.

Der bei Erbauung eines Berchfrits ursprünglich verfolgte Hauptzweck: der, einen hochgelegenen und sicheren Raum für die Verteidigung und als Rückzugsort zu gewinnen, kommt besonders bei den nicht zahlreichen Berchfriten zur Erscheinung, die sich im wesentlichen nur als ein enger und finsterer, von starken Wänden gebildeter Schacht darstellen, um erst in der Höhe, dieser Zweckbestimmung entsprechend, sich beträchtlich zu erweitern.

Ein Beispiel bietet der Berchfrit der (im übrigen bis auf Erdwälle verschwundenen) Burg Stolpe, welche neben dem gleichnamigen Orte auf einem der Oder nahen Hügel die Pommerschen Herzöge im Anfang des 13. Jahrh. zur Beherrschung des Stromes und gegen die Markgrafen von Brandenburg errichteten. Der runde Turm ragt 25 m über den Gipfel des Hügels auf und steht dann noch 15 m tief in der Erde, seine Mauerdicke beträgt 6 m bei reichlich ebenso weitem Innenraum. Das achteckig angelegte ganz finstere Verliess ist etwa 10 m über der Erde mit einem Kuppelgewölbe überdeckt, in dessen Mitte sich das 60 cm weite Einsteigeloch befindet. Den Eingang in den darüber gelegenen Turmteil vermittelt zunächst in Höhe von 6,50 m eine Tür, die nur zu einer in der Mauerdicke aufsteigenden Wendeltreppe führt, und etwas seitwärts der ersten ca. 4 m höher eine zweite, die, ein wenig ansteigend, direkt in den Innenraum mündet. Dieser, um 4 m weiter als das Verliess, und etwa 7 m hoch, hat eine Mauernische und war durch drei Spalten, deren eine mit Stufen versehen ist, jedenfalls mässig erhellt. Er war vermutlich mit einer hölzernen Decke überdeckt, und über ihm erstreckte sich dann der abermals zweimal um 3 bzw. 2 m erweiterte, nur 4 m hohe oberste, hauptsächlich zur Verteidigung bestimmte Raum. Der in sorgfältiger Technik errichtete Bau zeigt unten Granit-, darüber drei Schichten Sandsteinquadern und ist im übrigen aus Findlingen, beiderseits mit Ziegeln verblendet, errichtet. Oben ist derselbe mit einem Rundbogenfries verziert, wie auch die Oeffnungen im Rundbogen überwölbt sind[1]).

Der gleichfalls runde Berchfrit der Wasgauburg Hohrappoltstein zeigt einen ganz ähnlichen Aufbau, nur dass da auch das Eingangsstockwerk noch den oberen kaum etwas erweiterten Teil des ebenso lichtlosen Schachtes bildet, dessen Weite übrigens nebst der Mauerstärke gerade die Hälfte der bei Stolpe kennen gelernten Masse aufweisen. Vollends erscheint der rings unmittelbar umbaute viereckige Buckelquaderberchfrit der Wasserburg Ried unweit Bozen nur als ein hoher, mit einem finsteren, rund 2½ m weiten Schacht für die Leiter ver-

[1]) Nach einem im Märkischen Museum zu Berlin vorhandenen Modell und einer mir vorliegenden (anonymen) Beschreibung des Baues. In neuerer Zeit ist ein unten im Verliess mündender unterirdischer Gang hergestellt worden.

sehener Unterbau für einen obersten, zur wachsamen Umschau und zur Verteidigung bestimmten Raum. Dieser, allseitig um 1,75 m erweitert und wohl ganz mit einem Dache überdeckt gewesen, hat (Fig. **117**) nach jeder Seite zwei bis zu 1,50 m weite Zinnenlücken und darunter ein Fenster, von welchen die zwei in der Angriffsrichtung liegenden bezeichnenderweise mit Seitenbänken ausgestattet sind. Solche in dem Plattformstockwerk unter den Zinnen noch vorhandenen Fenster sind freilich durchaus ungewöhnlich. Die Zinnenlücken werden dadurch so hoch hinaufgerückt, dass sie von unten aus nicht zu benutzen waren, während andrerseits bei einer etwa auf dem Absatze liegenden Balkendecke Zinnen und Lücken zu niedrig gewesen sein würden[1]). Vielleicht haben wir uns daher unter ihnen einen hölzernen Aufbau zu denken der Art, wie solcher, durch die Ansicht Fig. **118** hinlänglich klar gemacht, in dem Berchfrit von Mauterndorf noch vorhanden ist. Auch bei demjenigen von Bidenegg in Tirol liegen die Zinnen mehrere Meter über dem obersten Zwischenboden.

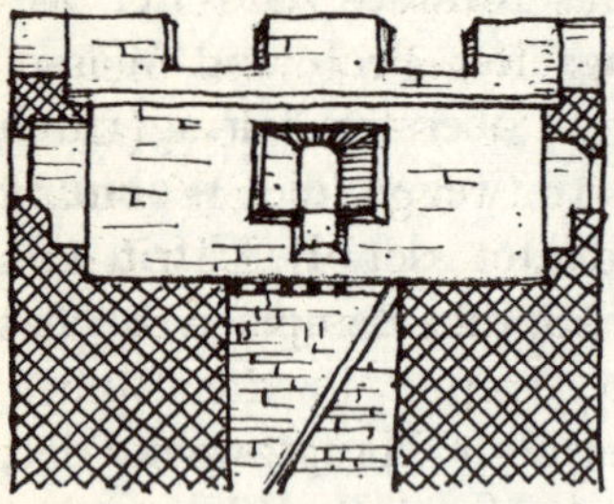

Fig. 117 Berchfrit von Ried

Fig. 118 Aus dem Berchfrit von Mauterndorf

Was die Ueberdeckung der einzelnen Stockwerke betrifft, so ist da, wo Gewölbe im Berchfrit überhaupt gebräuchlicher waren — so in Westdeutschland —, besonders das Verliess und danach am häufigsten

[1]) Wie auch schon an dem Aufhören der Buckelquaderverkleidung erkennbar, reicht der ursprüngliche Turmbau nur fast bis zum Sturz der (später hergestellten?) Fenster (nach Clemen in Mitteil. der k. k. Centralcomm. 1893, 181 nur bis zur halben Turmhöhe, nach Prof. A. Schneider, Zur Topogr. südtiroler Burgen 1902, 139 bis zur Erweiterung). Der letztgenannte meint (a. O. S. 42), aus dem Umstande, dass die Mauerstärke der Seiten 2,62, 2,72 und 2,85 misst, trotz „auch sonst am Bau vorkommender grosser Unregelmässigkeiten" (unter näherer Ausführung) „den Nachweis einfach erbringen" zu können, dass der Berchfrit ursprünglich ein vereinzelter Turm war, und während Clemen an seinem römischen Ursprunge nicht zweifelt, ist er gleichfalls dieser Ansicht zugeneigt. Jene geringe, auch sonst nicht seltene Ungleichheit der Mauerstärken kann aber wohl als unabsichtlich nichts beweisen, und es liegt m. E. keinerlei Grund vor, weshalb der Turm nicht ebenso wie so gut wie ausnahmslos alle anderen Berchfrite unserer Burgen mittelalterlich sein sollte.

das oberste Geschoss damit überdeckt, während die Zwischengeschosse Balkendecken haben. Bei den „Butterfasstürmen" (s. weiterhin), so bei den mittelrheinischen Burgen Idstein, Cronberg und Felsberg, pflegt auch der untere, weitere Turmteil mit einem Gewölbe abgeschlossen zu sein. Abgesehen davon, dass das Umgekehrte der hier angegebenen Regeln gewiss niemals vorkommt, finden sich doch mancherlei Abweichungen. So ist bei dem (alten) Berchfrit der Wartburg, bei demjenigen von Gösting in Steiermark und öfter ausser dem Verliess nur das Eingangsgeschoss, u. a. bei Liebenzell, Krautheim, Iburg sehr ausnahmsweise überhaupt nur das oberste Stockwerk überwölbt (und daher nur hier eine Treppe in der Mauerdicke). Ebenso selten ist — wie bei Schaumburg in Oberösterreich[1]) — dasselbe nur bei dem Eingangsstockwerk der Fall[2]). Auf Reisensburg hat von den drei obersten aus Ziegeln erbauten Stockwerken das mittlere ein Kreuzgewölbe mit einfach rechteckigen Hausteinrippen, während die beiden übrigen von einer Tonne überdeckt sind. Bei Langenau (Fig. 109) und sonst ist das oberste Gewölbe durch eine gleichsam eingeschobene Balkendecke in zwei Stockwerke geteilt, bei Hermannstein unweit Wetzlar war dies bei den beiden Gewölben des Turmes der Fall. Ausserdem sind die Berchfrite nicht eben selten, die, wie Besigheim (Württemberg), Arnstein (Harz), Bentheim (Westfalen) und die Pfalz im Rhein ausschliesslich überwölbte Stockwerke, viel häufiger aber diejenigen, welche nur Balkendecken haben. Letzteres war besonders bei den bewohnbaren und daher einen weiteren Innenraum bietenden Berchfriten, überhaupt aber in der Nordostschweiz und in Oesterreich, wo die einfacher ausgestatteten Berchfrite weit überwiegen, durchaus die Regel.

Wenn mit der Ueberwölbung des obersten Stockwerkes besonders die Feuersicherheit bei Belagerungen bezweckt wurde, so suchte man das bei anderen Berchfriten auch ohne ein Steingewölbe dadurch zu erreichen, dass man da den Balkenboden noch mit einem dicken Estrich, Mauerschutt und Steinen bedeckte. So finden wir solchen 40 cm dicken Auftrag bei Hohenklingen, einen doppelt so dicken bei der Schattenburg, und auf Tarasp ist gar auf der aus dicht aneinander stossenden Balken gefügten Decke — wie solche auch sonst vorkommt — eine halbmeterhohe Lage von Steinblöcken und Kalkguss aufgetragen, auf welcher bis unlängst noch eine wohl 80 cm hohe Lehmschicht gelagert haben soll[3]). Bei dem Wohnturm von Thun hat man hier einen starken Estrich über Ziegelplatten aufgetragen.

Fig. 119
Aus dem Berchfrit von Gottlieben

Auch sonst wurde wohl beim Mangel eines Steingewölbes der Berchfrit hier oben durch Balkenwerk besonders festgemacht. Der Berchfrit von Hagenwyl (Kant. Thurgau) hat da mehrere starke Balkenlagen übereinander, der eine der beiden von Gottlieben ebendaselbst zeigt in Mauerwerk eingebettet die in Fig. **119** wiedergegebene,

[1]) Meine Oesterr. Burgen IV.

[2]) Bei einigen Berchfriten, so Nürburg in der Eifel, Strakonitz und Klingenberg in Böhmen, ist das Eingangsstockwerk durch ein hübsches Rippengewölbe, bei den beiden letztgenannten auch durch verzierte gotische Fenster (Abbildungen in Oesterr. Burgen V und VIII) ausgezeichnet, doch fehlen da Kamin und Abtritt.

[3]) Mitt. d. antiquar. Ges. in Zürich. 1909. S. 28.

das Ganze kräftig zusammenhaltende strahlenförmige Balkendecke, und der Berchfrit von Hohenklingen ist (wohl nach allgemeiner Einführung der Pulvergeschütze) auf den beiden dem Angriffe ausgesetzten Seiten hinter dem Mauerwerk noch durch eine aus unmittelbar aneinander stehenden dicken Balken bestehende Wand verstärkt.

Als man steinerne Berchfrite zu bauen begann, hatte man auch bei uns bekanntlich schon seit Jahrhunderten bei Kirchenbauten den Gewölbebau angewandt (Aachener Münster 796—804), und so hat denn auch einer der ältesten anscheinend sicher datierbaren Berchfrite, derjenige der Wartburg, wie angegeben, Gewölbedecken. Mit Recht bemerkt daher auch v. Cohausen, Bergfriede S. 47, dass bei denjenigen des 10. und 11. Jahrh. schon „Kuppel- und Klostergewölbe ohne Rippen vorkommen, während im 12. Gewölbe mit wulstförmigen Rippen sich finden mögen". Es ist nur die Form und Ausstattung der Gewölbe, welche auch hier den sich entwickelnden Baustilen gemäss einen Schluss auf die Bauzeit zulassen[1]). —

Man konnte in der Bauzeit der Berchfrite das stärkere Mauerwerk der Wände in ihren oberen Stockwerken füglich ersparen, da sie bei den unzureichenden Angriffsmitteln jener Zeit hier weniger gefährdet waren. Das einfachste war daher, die Balkendecken der Zwischenstockwerke auf inneren Mauerabsätzen aufzulegen, welche letzteren sich häufig — und dann wohl in den Stockwerken wechselnd — nur je auf den beiden Seiten finden, auf welchen die Balkenköpfe zu ruhen hatten. Dass indessen die hierdurch veranlasste Verjüngung der Wandstärke nicht immer erwünscht schien, ergibt sich daraus, dass dieselbe sich mehrfach mit Fleiss vermieden zeigt. In einigen Berchfriten finden sich die Balken auf Kragsteinen aufgelegt[2]), wie bei den übrigen Burggebäuden, in anderen sind ihre Enden einfach in die Wand geschoben bzw. dort eingemauert — unzweckmässig freilich für den Fall einer notwendig gewordenen Ergänzung. Unter anderen haben die Berchfrite von Saaleck in Thüringen und Liebenfels in Kärnten, die der meisten Burgen in Graubünden und Südtirol keine inneren Absätze. In der Ruine Castel (Thurgau) bilden auf den beiden Langseiten des länglich rechteckigen Innern einige vorgekragte Steinlagen eine genügend starke Tragleiste, welche sich bei den Berchfriten von Wildenburg im Odenwald und Kirkel in der Rheinpfalz als sauber behauen und unten abgerundet findet, und bei Stuer (Mecklenburg) ist die durch den Absatz veranlasste Verjüngung dadurch zumeist wieder

[1]) Es darf dabei ndessen auch die Möglichkeit nicht übersehen werden, dass ein Gewölbe erst später einem älteren Berchfrit eingefügt wurde. So hat derjenige der 1167 genannten Nürburg in der Eifel im Eingangsstockwerk ein Gewölbe aus Tuffstein, „dessen sechs Basaltrippen auf Blätterkonsolen des Uebergangsstils ruhen", also nicht der ersten Anlage des Turmes — wohl im Anfang des 12. Jahrh. — angehören können. (Vgl. auch Bau- und Kunstdenkm. des Reg.-Bez. Coblenz S. 21.) — Ganz willkürlich (siehe 2. Aufl. S. 199 Anm.) ist die Behauptung Köhlers (a. O. S. 117 u. 474), dass erst „die Bergfriede seit der 2. Hälfte des 12. Jahrh. sich durch gewölbte Etagen vor den früheren auszeichnen und dass eine Ueberwölbung sämtlicher Geschosse vor dem 13. Jahrh. nicht vorkommt".

[2]) Der sechsstöckige Berchfrit von Gross-Geroldseck im Wasgau hat nur einmal in der Mitte einen Absatz, sonst Kragsteine. Zu den Ausnahmen gehört es, wenn im Berchfrit von Wertheim am Main nur in den 4 Ecken je ein solcher Kragstein angebracht ist.

beseitigt, dass über demselben die nächsten Lagen der den Feldsteinbau verblendenden Backsteine wieder vorgekragt sind[1]).

Die Stärke dieser Mauerabsätze ist eine sehr verschiedene. Neben solchen von nur etwa 15 cm finden sich auch weit bedeutendere Masse. So wird dadurch bei den Berchfriten von Plesse und Eisenhart die Mauerstärke von 4 m auf 2,80 bzw. nur 1 m verjüngt. Die Absätze können auch bei demselben Turme lauter verschieden starke sein. Sie messen z. B. bei Stargard von unten nach oben 85, 27, 34 und 39 cm. Der „Schwarze Turm" zu Eger hat ausnahmsweise über dem Verliess auf allen Seiten einen doppelten Absatz von je 75 cm.

Mitunter wurde die Verjüngung des Mauerwerkes nach oben auch in Form äusserer Absätze beliebt, die jedoch nicht entfernt breit genug waren, um etwa als Wehrgänge dienen zu können. Dieselben waren also nur angebracht, um ein in der Höhe überflüssig starkes Mauerwerk zu sparen, und vielleicht zugleich, um den sonst einförmigen Umrisslinien des Baues eine gefälligere Mannigfaltigkeit zu geben[2]). Zu ihnen gehört auch der Sockel, der nach römischem Vorbilde (S. 103) schon in romanischer Zeit verschiedentlich vorkommt. So mit gegliedertem Sims, ähnlich wie Fig. 99, bei der Mauerbekleidung des Felsens auf Trifels.

Auch diese Bauform hat man zu Altersbestimmungen nutzen zu können geglaubt. Bei Besprechung des in zwei solchen Absätzen aufsteigenden Berchfrits der Oberburg zu Rüdesheim (Fig. 125) schreibt v. Cohausen, Nass. Ann. 1887, S. 18: „Diese Art, auf der Aussenseite die Mauern abzusetzen und nicht, wie es mindestens schon seit dem XIII. Jahrh. in kirchlichen und Profanbauten ganz allgemein geschieht, nach innen, gibt dem Turm eine in das XII. vielleicht XI. Jahrh. hinaufreichende Bauzeit. Sie ist z. B. dem nordwestlichen Portalturm des Domes von Wetzlar, dem Kirchturme von Neuenahr (Beul 990), dem Bergfried der Siersberg an der Saar und anderen eigen"[3]). Offenbar ist die hier gemachte Schlussfolgerung keine notwendige und überzeugende, da ja nicht ausgeschlossen ist, dass neben einem allgemein üblichen inneren Absetzen der Turmwandung auch gleichzeitig Ausnahmen vorkommen konnten[4]). Gerade das Burgbauwesen weiss ja durchweg in seinen Einzelheiten nichts von solchen starren, überall schablonenmässig befolgten Regeln. So fehlen denn auch nicht nur, wie vorhin gezeigt, die inneren

[1]) Nachweislich unbegründet ist die Angabe Nähers (Burgen in Elsass-Lothr. II, 4), dass die inneren Mauerabsätze, weil „einen Fortschritt in der Architektur bedeutend" (vgl. S. 26), eine spätere Bauzeit „leicht erkennen" lassen.

[2]) An einem hohen Backsteinturme in der via Sant' Alo zu Bologna ist solcher Absatz nicht wagerecht, sondern spitzwinklig gezackt.

[3]) In den älteren „Wehrbauten" desselben Verfassers S. 30 heisst es, dass diese äusseren Absätze „überhaupt ein dem 12. und früheren Jahrhunderten eigenes Merkmal sind" und „sich an den meisten sog. Römertürmen aus der Hohenstaufenzeit in Bayern und in der Rheinpfalz finden". Uebrigens zeigt schon die Umrahmung eines Initialbuchstabens in dem Sacramentarium des Drago, Bruders Karl des Grossen (abgebildet in Hanne am Ryn, Kulturgesch. 1886, I, S. 94) Türme mit äusseren Absätzen.

[4]) Die Behauptung v. Cohausens hat übrigens noch eigentümliche Folgen gehabt. Gewiss auf Grund derselben behauptet Luthmer (Bau- u. Kunstdenkm. d. Rheingaues 1902, S. 52) bei Behandlung der Oberburg sogar, dass diese äusseren Absätze „eine ziemlich seltene und nur älteren Türmen aus dem 10. oder 9. Jahrh. eigene Art" sei, und schrieb v. Essenwein (Kriegsbauk. S. 50), dass sich die „besonders charakteristische (?) Form des Turmes bei späteren Bauten nicht finde". Nur hierauf kann es sich dann wieder beziehen, wenn unter Berufung auf S. 48 ff. des letzteren Buches in Zemp, Die Schweizerischen Bilderchroniken S. 173, ebendieser Berchfrit geradezu „der älteste unter den erhaltenen deutschen Türmen" genannt wird. Man könnte das von einer Menge anderer mit ebenso vielem, von so manchem mit mehr Recht behaupten. Die Oberburg wird 1276 zuerst genannt.

Absätze bei nicht wenigen älteren wie späteren Berchfriten; auch die (mehrfachen) äusseren kommen noch lange nach dem Beginn des 13. Jahrh. vor, so z. B. bei dem Berchfrit des erst 1350 erbauten Rauenstein in Thüringen, wie auch von nichtburglichen Bauten bei dem um 1321 errichteten „Pulverturm" zu Konstanz.

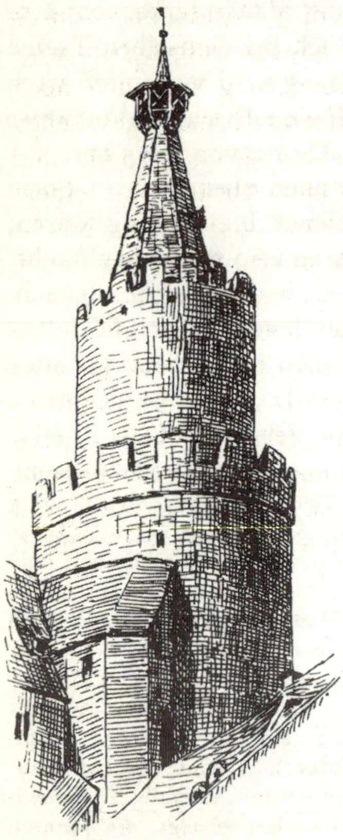

Fig. 120
Berchfrit von Osterburg

In anderen Fällen erweitern sich diese Absätze zu wehrhaften Umgängen. In besonders grossartiger Weise sind diese Wehrgänge bei dem Berchfrit von Freudenberg am Main entwickelt (Fig. 99). Die 2,25 m starken Absätze waren mit gezinnten Brustwehren umgeben, aus welchen beim unteren hofwärts eine doppelte Pechnase (auf welche wir im 13. Kap. zurückkommen), an den Ecken der oberen runde, gleichfalls mit Gusslöchern versehene Ecktürmchen vorsprangen. Man gelangte, wie schon oben bemerkt, vom Wehrgange des anstossenden Mantels über eine Brücke zum ersten Absatz, von da mittels Leiter zur darüber liegenden Pforte, von welcher aus beiderseits fünf Stufen in der Mauerdicke auf den zweiten Absatz führen, und erst von diesem aus konnte wieder auf einer Leiter der im obersten Absatz befindliche Eingang in den Turm erreicht werden. Der von der unteren Abfassung an aus Buckelquadern errichtete Bau misst unten 14,65 m Seitenlänge bei (angeblich) 6 m lichter Weite. Ein noch grossartigerer Berchfrit dieser Art etwa aus dem 12. Jahrh. ist die runde „Sorbenwarte" der Osterburg in Thüringen (Fig. **120**). Der untere Teil, 14 m dick und 30 m hoch, ist wie der zweite sehr zurücktretende ca. 22 m hohe mit Zinnen umgeben. Ueber dem letzteren erhebt sich noch ca. 20 m hoch eine spätere, schlanke achteckige Pyramide mit in der Höhe vorgekragter zierlicher dritter Galerie. Wie hier, ist auch sonst mitunter ein zurücktretender oberer Teil des Berchfrits erst in späterer Zeit aufgebaut worden, so bei Schloss Büdingen um 1500, bei Falkenstein im Harz 1592[1]).

Meistens hatten eben die Berchfrite (wie auch hier ursprünglich) nur einen solchen Absatz bzw. Wehrgang, so Felsberg im Hessischen, Idstein, Kronberg, Homburg, alle im Taunus. Ausserdem waren (nach Bau-

[1]) Bezüglich des Berchfrits von Freudenberg (siehe oben) heisst es in den Kunstdenkm. d. Grossherzogt. Baden IV, 106: „Die geringe Wandstärke und die gänzlich abweichende Technik (Quader mit Putzmauerwerk) lassen keinen Zweifel über die spätere Hinzufügung dieses (obersten) Teiles. O. Piper hat diesen Umstand merkwürdigerweise übersehen." Darauf ist zu entgegnen: Die geringe Mauerdicke — übrigens ist auch der Verfasser des Artikels gar nicht bis auf den zweiten Absatz gelangt — und die abweichende Mauertechnik sind jedenfalls (vgl. S. 157) kein Beweis für eine spätere Bauzeit des obersten Teiles (eine Frage, die ich in den obigen unverändert aus der ersten Auflage übernommenen Sätzen offenbar überhaupt nicht berührt habe). Gegen die erst spätere Hinzufügung spricht entschieden der ganz eigentümliche Umstand, dass, soviel von aussen erkennbar, der Bau erst hier oben einen Eingang hat. Der mittlere Podest soll (ebendas.) event. zu einem Personenaufzug gehört haben. Vgl. S. 196.

u. Kunstdenkm. d. Prov. Sachsen, Kr. Zeitz, S. 10) diese sogenannten „Butterfasstürme“ auch vorzugsweise im Vogtlande (ausser Osterburg Greiz, Haynsburg), im übrigen bei städtischen Wehrbauten beliebt. Vereinzelt finden sich in Tirol Reichenberg und Matzen. Bei dem letzteren Berchfrit ist jedoch die Verjüngung durch spätere Verstärkung der Mauer[1]) wieder aufgehoben worden. Nicht ohne weiteres erkennbar, mag das auch noch bei anderen ursprünglichen Butterfasstürmen geschehen sein. Mehrfach, so auf Idstein, Kronberg und Felsberg, waren bzw. sind die Absätze mit einem sich an den verjüngten Turmteil anschliessenden Pultdache überdeckt[2]). Ueber ihre Verbreiterung mittels Kragsteinen oder Tragbalken und die dadurch ermöglichten Gusslochreihen siehe bei Fig. 369.

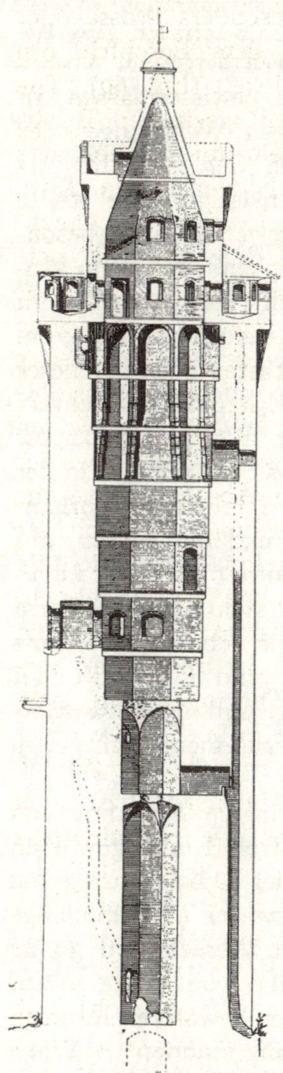

Fig. 121
Berchfrit von Strasburg

In so eigentümlicher wie gediegener Weise ist eine Verjüngung des Mauerwerks bei dem Berchfrit des Deutschordensschlosses Strasburg ausgeführt. „Vom dritten Geschoss an kragen (Fig. **121**) innen starke Pfeiler vor, welche im fünften mit Rundbogen verbunden sind und eine achteckige schmale Turmfortsetzung tragen. Durch diese Einziehung der Turmspitze wird an ihrem Fuss ein Rundgang gewonnen, welcher noch dadurch erweitert ist, dass die äussere Brüstung mit dem umschriebenen Kreise des unteren Turmachteckes in das Sechzehneck übergeht. Die über das Achteck heraushängenden Punkte des Sechzehneckes werden (Fig. **122**) durch allmählich vorkragende Spitzbögen gestützt und sind durch Eisenanker an den Turmkern geknüpft. Die Brüstung hat 16 breite Luken und wird von einem ringförmigen Pultdach bedeckt. Die obere schmale Turmfortsetzung wiederholt noch einmal den Uebergang vom Achteck ins Sechzehneck und gibt mit Hilfe innerer und äusserer Verkragungen um den Fuss des massiven Turmhelms einen zweiten Rundgang, dessen Brüstung gezinnt war. In dem gedeckten unteren Rundgange war ein Wächterstübchen mit Kocheinrichtung. Der jetzige Kuppelaufsatz stammt aus der Renaissancezeit“ [3]).

Fig. 122 Desgleichen

---

[1]) Näheres darüber in meinen Oesterr. Burgen VIII.

[2]) Abbildungen und Schnitte in v. Cohausen, Befestigungsweisen, Bl. 31.

[3]) Steinbrecht, Preussen z. Z. der Landmeister, 1888, S. 79, welchem auch die verkleinerten Figuren (mit Ergänzungen des Genannten) entnommen sind.

Ganz ähnliches wie hier bei dem unteren Absatz zeigt der Abschluss des runden Berchfrits von Richenburg (Böhmen). Er bildet einen runden, bloss vom Dache bedeckten „Saal", dessen 7 Fenster auf einen ihn umgebenden, „in der Mauerdicke angebrachten" Gang gehen, der seinerseits nach aussen 10 Fenster hat[1]). Diese sonst wohl beispiellose Einrichtung dürfte sich daraus erklären, dass es sich auch hier um einen verjüngten Oberteil des Turmes handelt, der bei einer Restauration so verkürzt worden ist. Die halb zerfallen gewesene Burg ist nach 1794 wiederhergestellt worden.

Fig. 123
Der „steinerne Beutel"

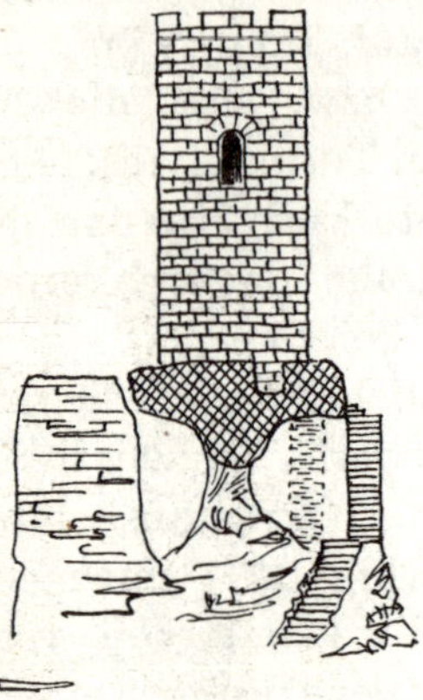

Fig. 124
Berchfrit von Erfenstein

Mitunter trat gewissermassen an die Stelle des unteren Wehrganges der Felsen, auf welchem der Berchfrit errichtet war. Zweckmässigerweise stellte man den letzteren gern auf einen besonderen, sei es natürlichen oder beim Absprengen der Bausteine ausgesparten, im Burgberinge sich erhebenden Felskopf. Eines der eigentümlichsten Beispiele dieser Art bildet der „steinerne Beutel" (Fig. **123**), fast der alleinige Ueberrest einer der über Waischenfeld in der Fränkischen Schweiz ehemals vorhandenen Burgen, während der Felsen, auf welchem der Berchfrit von Erfenstein (Rheinpfalz) steht, gar die Form eines Kelchglases hat (Fig. **124**) [2]). Bot nun solcher Felskopf neben dem Turme noch hinlänglich Platz, wie bei Sterrenberg am Rhein und Leonstein in Kärnten (vgl. weiterhin), so wurde derselbe — event. mit einer Futtermauer umkleidet — gleichfalls durch eine Brüstungsmauer zu einem Wehrgange ausgestaltet[3]).

Mitunter war der unterste Teil des Berchfrits in geringem Abstande von einem Mantel umgeben, der sich in mehreren Stockwerken mittels Tonnengewölben an jenen anschloss. Ein Beispiel bietet die Boosen- oder Oberburg zu Rüdesheim[4]). Der Turm, 38 m hoch mit 9,90 bis bzw. 11 m Seitenlänge und 3,50 m dicken Mauern, fast in der Mitte der nur ein Viereck von 30 zu 33 m bildenden Burg stehend, war (Fig. **125**) bis zur Höhe von ca. 11 m auf drei Seiten von durchschnittlich 2 m weiten, in drei Stockwerken gewölbten Räumen umgeben, welche mit dem Turminnern in keinerlei Verbindung standen[5]). Einen

[1]) Heber, Böhmens Burgen I, 189.

[2]) Nach Baudenkm. der Pfalz II, 64, mit Fortlassung eines neuen Stützpfeilers. Unter dem Berchfrit Durchschnitt einer „Cisterne" (?).

[3]) Ueber eine gleiche Einrichtung bei dem Donjon von Montrichard in Frankreich siehe De Caumont, Abécédaire S. 322, über die den Berchfrit für sich umgebenden Zwinger weiterhin Kap. 11.

[4]) v. Cohausen, Nass. Annalen XX, 1, S. 17 ff., nach welchem Aufsatze auch Fig. 125. Ein Modell wohl 17. Jahrh. befindet sich in Wiesbaden.

[5]) Ein besonderer Anlass zu solchem Verstärkungsbau ist bei dieser Burg nicht erfindlich. Wenn v. Cohausen a. O. die Nähe des ansteigenden Berges hervorhebt, auf welchem mit Leichtigkeit die Wurfgeschütze des Belagerers aufgestellt werden konnten, so würde derselbe Anlass ja bei den zahlreichsten Burgen in wenigstens gleichem Masse vorgelegen haben.

ähnlichen, offenbar erst nachträglich angebauten Mantel hat der Berchfrit von Wertheim am Main. Derselbe besteht aus zwei im Lichten je etwa 2,5 m hohen und 1,7 m breiten tonnengewölbten Stockwerken, die, mit einzelnen ziemlich weiten Fenstern versehen, zur Verteidigung nicht eingerichtet sind[1]), doch scheint über dem oberen Stockwerk ein mit einem Pultdach überdeckter Wehrgang mit gezinnter Brustwehr vorhanden gewesen zu sein. Von diesem aus ist später ein Eingang in den Berchfrit durchgebrochen worden. Letzterer ist, auf der Angriffsseite stehend, dem überhöhenden (später noch mit einer Zitadelle bewehrten) Bergrücken entgegengesetzt. An seinem Fusse ragt der Burgbering, mit einer polygonen Futtermauer bekleidet, in den schluchtartigen Halsgraben hinein. Wenn diese, wie anzunehmen, gleichfalls ursprünglich zu einer wehrhaften Mauer erhöht war, stellten sich hier so dem Angreifer zwei über- und hintereinander liegende Schützenlinien entgegen, zu welchen als dritte noch unter der Plattform des Berchfrits ein auf Kragsteinen ruhender hölzerner Wehrgang kam.

Fig. 125 Berchfrit der Oberburg Rüdesheim

Eine derartige aber grösstenteils unterirdische Ummantelung nimmt v. Essenwein (Wohnbau 33 f.) auch bei dem „Gescheibten Turm" bei Bozen, einem Rest der Burg Troyenstein, an. Dieselbe soll nebst dem nur schachtartigen Turme selbst zudem die Wohnung des Burgherrn gewesen sein. Es handelt sich da um eine phantasievolle Rekonstruktion, die (siehe meine Oesterr. Burgen II, 251) weder an sich noch der Oertlichkeit nach auf irgendwelche Wahrscheinlichkeit Anspruch machen kann[2]).

Daran wird nichts geändert durch eine einigermassen ähnliche, ganz eigentümliche Einrichtung des achteckigen Turmes des alten Schlosses von Jagsthausen (Württemb.), der, nahezu 14 m stark, um 1500 auf den Grundmauern eines älteren Turmes erbaut wurde. In ihm befindet sich[3]), unter dem Niveau des Schlosshofes gelegen, das sehr tiefe Burgverliess,

[1]) Dr. Wibel bestreitet das in seinem Buche Die alte Bg. W. 1895, S. XV gegen mich, indem er ohne weiteres wissen will, dass nach 1556 frühere Schiessscharten zu Fenstern erweitert und so (in den engen Gängen) „neue, besonders gut beleuchtete Wohnräume" hergestellt worden seien. Dagegen meine Schrift Die Burgruine W. 1896, S. 9.

[2]) Ebenso entbehrt desselben in Kriegsbauk. S. 49 „auf Grundlage der Aufnahmen von A. v. Cohausen" gegebene Rekonstruktion der Oberburg in Rüdesheim (siehe vorhin), abgesehen von dem nicht bewohnbaren Berchfrit, jedes Wohnraumes. Diese Rekonstruktionszeichnung der stets bewohnt gewesenen Burg findet sich dann anderwärts „als Beispiel einer nur für Besatzungszwecke dienenden Anlage" weiter verbreitet.

[3]) Nach einem Vortrage des mit der Wiederherstellung des Schlosses betrauten Prof. Beyer (Schwäb. Chronik, Beilage des Schwäb. Merkur, 1878, Nr. 87).

welches einen runden engeren Turm innerhalb des grossen bildet, so dass zwischen ihm und den Umfassungsmauern ein Raum bleibt, welcher durch ein in halber Höhe angebrachtes Gewölbe in zwei Stockwerke geteilt ist. Hier bildet also die äussere Turmwand selbst und zwar nur unterirdisch (vermutlich zum Schutz gegen Untergrabung) einen mehrstöckigen Mantel um einen engeren inneren Turm. Das Erdgeschoss und das nächstfolgende des achteckigen Turmes wird durch je eine grosse Halle auf einem auf 4 Säulen ruhenden Kreuzgewölbe eingenommen. —

Die äussere Verjüngung der Berchfrite findet sich auch, und zwar fast allein bei Rundtürmen und besonders im mittleren Westdeutschland allmählich, d. h. ohne Absätze durchgeführt. Dieselbe ist öfter so gering, dass sie nur durch Messung wahrzunehmen ist, bei anderen Türmen indessen sehr augenfällig. Beispiele solcher „anlaufenden" Berchfrite bieten Fürstenberg, Diez, Vetzberg, Windeck, Strahlenburg, Scharfenstein, Frankenburg, Plixburg, Stargard, Steinsberg, Wolfstein (Böhmen) usw. Bei Rheinfels erstreckt sich die Verjüngung nur auf die untere Hälfte, bei Münzenberg auf einen mittleren Teil des Berchfrits. Ausnahmsweise findet sie sich auch in starkem Masse bei dem viereckigen Wohnturm von Roppershausen. Mit Unrecht wird das wohl auch (so Baudenkm. im Reg.-Bez. Cassel S. 229) für ein besonderes Kennzeichen romanischer Bauzeit erklärt. (Berchfrite aus gotischer Zeit gehören ja überhaupt zu den Ausnahmen.)

Mitunter kommt auch anstatt der Verjüngung eine äussere Erweiterung nach oben vor. In der Regel, so bei mittelrheinischen Berchfriten, aber auch auf Schaumburg in Oberösterreich, handelt es sich da nur um eine geringfügige des obersten Teiles in Anlass eines verzierenden, wenig ausladenden Bogenfrieses (vgl. Fig. 132)[1]. Ein Beispiel einfach hergestellter stärkerer Ausladung zwecks Erweiterung der Wehrplatte bietet ganz seltenerweise Churburg in Tirol, Fig. **126**[2].

Fig. 126
Berchfrit von Churburg

Die Berchfrite waren auch mehr oder weniger häufig mit vorgekragten Wehrgängen, Gusslochreihen und Pechnasen ausgestattet. Darüber wird in den diesen Wehrvorrichtungen gewidmeten Kapiteln im Zusammenhang gehandelt werden.

Ueber die Zinnen siehe Kap. 11. Quadratische Berchfrite hatten zwei, höchstens drei Zinnenlücken auf jeder Seite, runde dementsprechend in der Regel im ganzen acht[3]. Einen wohlerhaltenen Zinnenkranz hat unter vielen der runde Berchfrit der 1368—71 erbauten Burg-Schwalbach (Fig. 60). Zweckmässigerweise ist da die Brüstungsmauer unter den Lücken wesentlich verdünnt, während am Fusse derselben noch eine Stufe angebracht ist. Die Durchbrechung der Zinnen mit je einer einfachen Scharte, die auch als Spähloch dienen konnte,

---

[1]) Bei italienischen Berchfriten ist öfter eine erhebliche Erweiterung durch mehrfache Bogenfriese, auch untermischt mit einfachen Kragsimsen herbeigeführt. Beispiele: Torre Embriaci in Genua und Castello di Drosio in der Prov. Turin.

[2]) Das Dach ist jüngst zur Verminderung der Feuersgefahr abgebrochen worden. Ueber den neuen Aufbau auf der Hohkönigsburg siehe Kap. 24.

[3]) Wenn (nach Abbildung) der Berchfrit von Bruck in Tirol auf jeder Seite vier Zinnenlücken hat und dem entgegengesetzt der 9 m im Quadrat messende von Frauenfeld im Thurgau (ob so ursprünglich?) nur eine 2,5 m breite, so gehört das zu den ganz seltenen Ausnahmen.

ist bei Berchfriten ungewöhnlich. Ebenso besondererweise hat auf Matzen die dünnere Brüstung der Zinnenlücken je eine nach innen halbkreisförmig erweiterte, aus Ziegeln (also später) hergestellte Schiessscharte.

Mitunter waren, wie öfter bei wehrhaften Palasen, die Lücken durch einen gemauerten Sturz zu Fenstern gemacht[1]). Verschiedenste Formen von Zinnenlücken nebeneinander zeigt der Berchfrit von Hohenklingen (s. zu Fig. 140): zum Teil mit dünner Brüstungsmauer und Holzladen, zum Teil bis auf ein enges Fenster — nicht ausgeprägte Schiessscharte — zugemauert und zum Teil wieder — auf den Angriffsseiten — bis zum Fussboden hinab offen; letzteres eine Einrichtung für Kanonen, deren eine aus 1526 auf nur 50 cm hoher Lafette noch dort steht. Die Zinnenlücken des Berchfrits der Schattenburg haben die Form grosser, seitlich und unten nach aussen stark erweiterter Scharten. Siehe auch Fig. 149.

Fig. 127
Berchfrit von Ehrenburg

In späterer Zeit durchbrach man, besonders im Süden, den Berchfrit in den oberen Stockwerken auch mit Scharten für Handbüchsen. Ehrenburg (Fig. 127), Wehrburg, Planta und Cles, alle in Südtirol, Bürglen und Neuenburg im Thurgau, ferner Rheinfels zeigen solches in verschiedener Art. Handelt es sich dabei der Regel nach nur um wenige Scharten, so hat dagegen der ersichtlich ebenso einer späteren Zeit angehörende obere Teil des auffallend schmalen[2]) Berchfrits von Veldenstein (Bayern) im obersten Stock (ausser einem Abtritt) neun Fenster- und zum Teil Schartenöffnungen und in dem darunter liegenden sieben Schiessscharten.

Mitunter wurde die Wehrplatte auch zur Armierung mit Kanonen baulich umgeändert. Ein Beispiel bietet das Kastell Monjovet im Aostatal (Fig. 128). Aehnlich Landskron im Elsass. Der „Schwarze Turm" der Burg Eger ist zu dem Zweck durch einen neuen Aufsatz von Ziegeln (mit unterwölbter Wehrplatte) entstellt worden. Der dreiviertelrunde Berchfrit der Wasserburg Laa hat schon in dem unteren, nicht verjüngten Teile Geschützscharten.[3]) Eine ausserdem vorkommende Aenderung in einer Zeit, da die Höhe der Berchfrite nicht mehr von besonderem Werte war, ist deren erhebliche Verkürzung, so auf Hohkönigsburg und Hohenwerfen. Ueber spätere Schiessscharten in Wohntürmen siehe Kap. 7. —

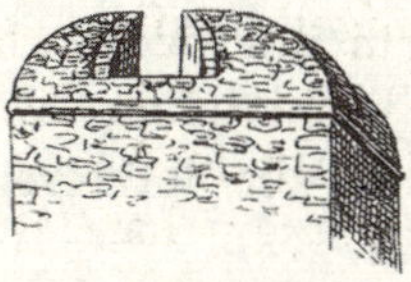

Fig. 128
Desgleichen von Monjovet

Die Form des Daches — welches ja meistens nicht mehr erhalten ist, bei deutschen Berchfriten aber wohl nie nachweislich gefehlt hat — war jedenfalls in den weitaus meisten Fällen die den Umständen nach einfachste, indem dasselbe, sich der Grundrissform des Berchfrits anschliessend, ohne Ein- oder

---

[1]) So bei Liebenfels (Kärnten), Welsberg (Tirol), Erbach (Fig. 134, Hessen), Langenstein (Baden) und Sargans (Schweiz). Sicher ist es unzutreffend, wenn nach v. Cohausen (Bergfriede S. 33) dies gar bei den meisten Berchfriten der Fall gewesen sein soll (vgl. 1. Aufl. S. 241). Bei den drei zuletzt genannten Türmen ist zudem eine nachträgliche (späte) Aenderung des obersten Teiles nachweislich. Siehe auch Fig. 122.

[2]) Im Eingangsstockwerk 2,8 zu 5,6 m lichte Weite, bei 1,10 m Mauerdicke.

[3]) Zu Eger und Laa siehe Oesterr. Burgen II, Fig. 41 und IV, Fig. 72.

Ausbiegung in eine Spitze auslief (Zelt- und Kegeldach), oder — fast nur bei länglicher Grundform[1]) — einen First hatte (Giebel- und Walmdach).

Nach v. Cohausen wäre es (Nass. Annalen XXIII, 100) immer, oder (Befestigungsweisen S. 172) doch nach der romanischen Zeit allgemein üblich gewesen, den Berchfritdächern einen First (event. Walmdach) im Gegensatz zu den Helmdächern der Kirchtürme zu geben. Es hat jedoch zu allen Zeiten, und zumal in gewissen Gegenden, auch das Umgekehrte genug stattgefunden.

Neuere, unter ihnen besonders v. Essenwein, lieben es, bei ihren „Rekonstruktionen" dem Gefälle der Turmdächer einen einwärts gehenden Winkel zu geben, und zwar auch da, wo sich ihnen unten nicht etwa ein vorgekragter Wehrgang anschliesst. Es kam das (auch nach den alten Abbildungen) sicher nur ausnahmsweise vor, wie ihm gewiss auch schon die Erwägung entgegenstand, dass dieser Knick das Abgleiten der Brandpfeile aufhalten konnte[2]). Aehnlich verhält es sich mit einwärts gebogenen Dächern oder „Hüten".

Vereinzelt kommen auch noch ähnliche, minder einfache Dachkonstruktionen bei Berchfriten vor, so (Fig. **129**) bei dem (ganz schwärzlichen) der Burg von Elbogen an der Eger und (Fig. **130**) bei den 1390 errichteten, das Schloss zu Rochlitz auf der Landseite flankierenden Vierecktürmen. Inwieweit es sich dabei um nachmittelalterliche Aenderungen handelt (vgl. weiterhin), dürfte meistens kaum noch festzustellen sein.

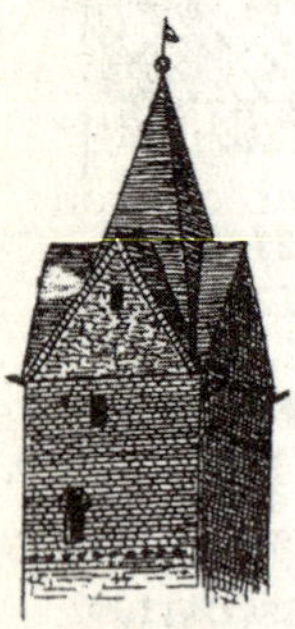

Fig. 129
Desgl. von Elbogen

Fig. 130
Desgl. von Rochlitz

Das Halbwalmdach, wie Fig. 127 und auf Freundsberg, scheint nur bei späterem Turmabschlusse vorzukommen. Alte Darstellungen von Türmen (besonders auf Städtewappen) zeigen so häufig ein Kuppeldach, dass anzunehmen ist, diese Dachform sei wenigstens zu jener Zeit neben den spitzen beliebt gewesen. —

Wenn das die ganze Plattform überdeckende Dach durchaus der Regel nach mit seiner unteren Balkenlage unmittelbar auf den Zinnen auflag, so erscheint dies da als nicht wohl tunlich, wo die letzteren langseitlich abgewässert oder schwalbenschwanzförmig ausgezackt sind. Durch diese Gestaltung der Zinnen war aber ein derartiges Dach nicht etwa unmöglich gemacht. Wie dasselbe in solchen Fällen konstruiert werden konnte, zeigt uns das sog. „Nassauer Haus" in Nürnberg. Der Dachstuhl ruht auf Pfosten, die, durch Kapphölzer verbunden, hinter den Zinnen stehen[3]). Aehnliche Konstruktionen teilt Merian von einem Torturme von Gemar (Fig. **131**) und Mauertürmen der Nürnbergischen Feste Lichtenau mit, und sind auf italienischen Türmen noch mehrfach erhalten. Man wird sich solche auch immer denken müssen, wenn bei einem Berchfrit ein Dach Zinnen von vorhin bemerkter Gestaltung nach aussen überragte, und wird man letzteres da anzunehmen haben, wo etwa, was durchaus

Fig. 131
Torturm von Gemar

---

[1]) Abbildung siehe meine Oesterr. Burgen VIII, Fig. 91.

[2]) In Ottokar v. Hornecks Reimchronik wird erzählt, dass man es sich bei Belagerung von Martinsdorf in Böhmen so zunutze machte, dass ein Dach durch die mancherlei Kehlen und Falten nicht jäh genug abfiel.

[3]) Schnitt in v. Essenwein, Kriegsbauk. S. 251.

die Regel bildet, für den Ablauf des innerhalb derselben niedergehenden Regenwassers keine Vorkehrung getroffen war[1]).

Wenn — wie es bei norddeutschen Stadttürmen beliebt ist, bei Berchfriten sich aber nur vereinzelt findet — das Dach nicht auf der dünneren gezinnten Brustwehr, sondern (in einem zur freien Bewegung hinter derselben genügenden Abstande) auf der Mauermasse der Turmwandung selbst ruht (Fig. 132), ist es durchaus der Regel nach aufgemauert. So auf den mitteldeutschen Berchfriten von Rudelsburg, Saaleck und Ziesar. Bei den viereckigen von Karlsberg in Böhmen (S. 179 u. Kap. 13) besteht ausnahmsweise der aus Ziegeln aufgemauerte 6 x 7 m weite Aufsatz aus 1,30 m hohen geraden Wänden, über welchen erst er sich in Pyramidenform zuspitzt[2]). Bei den gewöhnlichen engen Aufsätzen handelt es sich hauptsächlich um eine Ueberdachung des Ausganges der Turmtreppe auf der Wehrplatte.

Vorrichtungen zum Wasserablauf hinter der Brüstungsmauer lassen auf ein so zurücktretendes Dach schliessen. Jedoch nicht immer mit Sicherheit. So ist (bzw. war) auf dem Berchfrit von Churburg (Fig. 126), der schon auf alten Abbildungen ein vollständiges Dach hat, solche Vorrichtung (einschliesslich zweier kurzer Wasserspeier) vorhanden, wohl für den Fall, dass das Dach einmal fehlte. Die Regenrinnen, wie auch die hier und da vorkommenden Wasserspeier pflegen sorgfältig in Stein ausgehauen zu sein[3]).

Mit einem einseitigen sog. Pultdache gedeckte Berchfrite finden sich selten, obgleich solches Dach, immer der Angriffsseite abgewendet, den Vorteil bot, von Wurfgeschossen kaum getroffen werden zu können. Beispiele: Schroffenstein im Inntale und Hochnaturns im Etschtale. Bei beiden liegt (bzw. lag) das Dach hinter den schwalbenschwanzförmigen Zinnen, und es versteht sich wohl von selbst, dass auch die Türme selbst einen entsprechenden schrägen Abschluss haben, wobei die höhere Seite auf der Bergseite liegt. (Ueber diese Dächer bei Palasen und gesenkte Satteldächer siehe Kap. 16, über zeitweilig oder immer unbedachte Türme Kap. 14.) —

Gegen das Ende der gotischen Periode wurden flankierende Ecktürmchen, besonders in der Höhe vorgekragte, sowohl bei Palasen als bei Berchfriten (bekannt-

---

[1]) v. Essenwein will (Wohnbau S. 34) auch den „Gescheibten Turm" (vgl. S. 219) mit einem Dache überdecken, welches, frei über den ausgezackten Zinnen schwebend, den oberen Teil derselben in einen nicht weniger als 2 m breit ausladenden Wehrgang einschliesst. Es sind da allerdings an den Zinnen schwache Absätze (nicht, wie a. O. bildlich dargestellt ist, vorspringende, unten abgerundete Gesimse), auf welchen ein leichtes, nicht vorragendes Dach geruht zu haben scheint. Der wohl wenig sturmfeste Aufbau v. Essenweins ist auch an sich in solcher Form und hier oben an den Zinnenspitzen angebracht durchaus unwahrscheinlich. (Meine Oesterr. Burgen II, 255.) — Nach Bau- u. Kunstdenkm. d. Rbz. Wiesbaden III 241 haben auf Burgschwalbach die Zinnen des Berchfrits am oberen Ende der Schiessschlitze „innen je zwei Kragsteine zum Auflager für die Pfetten der Dachkonstruktion". (? Die seinerzeit von mir abgezeichnete Zinne, Fig. 60, hatte solche Kragsteine jedenfalls nicht.)

[2]) Abbildung in meinen Oesterr. Burgen IV, Fig. 52. Ueber den neuen Berchfrit der Wartburg siehe zu Fig. 623.

[3]) Bei dem jetzt ganz überdachten Berchfrit der Ruine Sprechenstein am Brenner sind die mehrfachen, die Brüstungsmauer durchbrechenden Löcher gleichfalls für den Wasserablauf bestimmt und nicht etwa Schiessscharten, da sie unmittelbar am Fusse der Mauer angebracht sind.

lich auch bei Kirchtürmen) beliebt. Sie waren bei diesen besonders da zweckmässig, wo das auf den Zinnen liegende Dach die Möglichkeit freien Umherschauens beschränkte.

Solche die Plattform flankierende Ecktürme sind, wie naheliegt, bei runden Berchfriten seltener als bei viereckigen. Ungewöhnlich stark entwickelt erscheinen sie bei dem runden Berchfrit von Grosssteinheim am Main (Fig. **132**). Wie der beigefügte Grundriss der (9,5 m Durchmesser haltenden) Plattform[1] zeigt, sind sie nicht ganz gleich konstruiert. Wenigstens dieser obere Teil des Turmes ist gewiss nicht jünger als aus der Zeit des Neubaues des Schlosses durch Erzbischof Konrad III. von Mainz 1425—31. Nach Baudenkm. im Reg.-

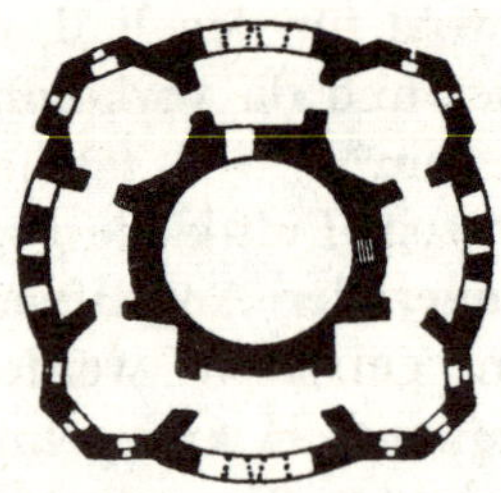

Fig. 132 Grosssteinheim

Fig. 133 Elfeld

Bez. Wiesbaden 246 liess Graf Philipp zu Nassau, † 1509, dem runden Berchfrit von Idstein einen hohen Helm mit 4 Ecktürmchen aufsetzen, wie letztere (jetzt nicht mehr vorhanden) noch bei Dilich abgebildet sind. Der Berchfrit der um 1340 erbauten Bischofsburg von Elfeld (Eltville) im Rheingau (Fig. **133**) gibt ein Beispiel eines schon ursprünglich mit Ecktürmchen versehenen Turmbaues. (Vgl. auch oben S. 201.)

Etwa vom Ende des 15. Jahrh. an begannen überhaupt besonders grössere Herren in den von ihnen bewohnten Burgen dem Berchfrit, der seine alte Bedeutung als Wehrbau gutenteils verloren hatte, einen reicheren und schmuckvolleren Abschluss zu geben. Ein wohlerhaltenes und sicher datiertes Beispiel bietet u. a. der nicht weniger als ungefähr 45 m hohe Berchfrit der Wasserburg

---

[1]) Beide Figuren nach Kunstdenkm. im Grossherzogt. Hessen, Kr. Offenbach, S. 56 f.

Erbach im Odenwald. Ueber einer Galerie stichbogiger Fenster erhebt sich, aus dem Kreisrund in ein Sechseck übergeführt, der ungemein schlanke, schiefergedeckte Helm, durch eine Laterne unterbrochen und mit kleinen Dachfenstern versehen, während an seinem Fusse drei erkerartige Ausbauten mit Treppengiebeln vorspringen. Nach Prof. Schaefer, Kunstdenkm. im Grossherzogt. Hessen, Prov. Starkenbg., S. 51 — dem auch die Abbildung **134** entnommen ist — wären bei diesem, 1497 erfolgten Umbau „die Lucken der Schartenzeile in Lichtöffnungen verwandelt worden"; allem Anschein nach schliesst jedoch der ältere Turmbau mit den Kragsteinen für einen Umgang über den Buckelquadern ab, und gehört schon die in glatten Quadern ausgeführte Fenstergalerie (über welche auch die langen Konsolen der Erker hinabreichen) dem Neubau an. Die von Erbach kommen zuerst gegen 1150 urkundlich vor. Der vormals freistehende Berchfrit ist später zu einem Treppenturm des 1736 angebauten Schlosses umgeändert worden.

Fig. 134 Erbach

Wir haben hier ausnahmsweise wenigstens annähernd ein so hohes und spitzes Dach, wie solche uns die alten Bilderwerke von Merian, Vischer u. a. nicht selten in wohl übertriebener Weise — von gleicher Höhe wie den gemauerten Turm selbst — zeigen. Ob so eine der auch nach sonstiger Ausgestaltung originellsten Darstellungen — Fig. **135**, Berchfrit von Eppstein nach Merian, vergrössert — genau der Wirklichkeit entsprochen haben mag, muss wohl dahingestellt bleiben. Im übrigen waren danach und sind noch zum Teil besonders häufig die hässlichen Zwiebeldächer (Fig. 142), weniger zwei oder vier Giebel, in der „Katzentreppen"-Form ausgezackt (Staffelgiebel). Fig. **136** von Liebenfels, wohl so im 16. Jahrh. umgestaltet[1]). Vier solche Giebel hat u. a. der „Dagobertsturm" der Meersburg am Bodensee. Man wird ziemlich unbedenklich alle Oberbaue der Berchfrite, welche nicht ein einfacheres Dach auf — vom Pultdache abgesehen — wagerechtem Mauerrande (allenfalls mit Ecktürmchen) haben, als nach- oder wenigstens spätmittelalterliche Aufsätze ansehen dürfen.

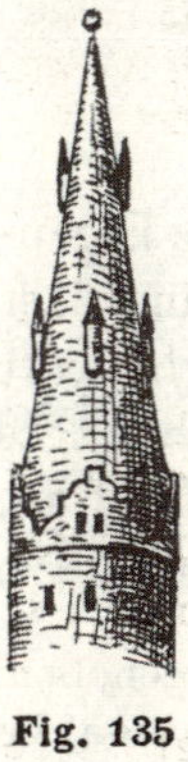

Fig. 135 Eppstein

Fig. 136 Liebenfels

Bei den Schlossbauten der Renaissancezeit zeigen die oben reich und mannigfaltig — unter bevorzugter Anwendung geschweifter Dachformen — ausgestalteten Haupttürme vollends, dass sie nur noch zur Zierde und etwa der weiteren Aussicht wegen erbaut wurden.

Auch alte Berchfrite sind in späterer Zeit mit Aussichtsgalerien an Stelle der Zinnen (Gutenberg am Neckar) oder des Umganges (Greifenstein an der Donau) versehen worden. Um eine solche, gegen Regen ge-

[1]) Rahn, Archit.- u. Kunstdenkm. des Thurgau 250.

Fig. 137
Heidenreichstein

schützte handelt es sich gewiss hauptsächlich auch bei dem eigentümlichen, übrigens nach Vischers Topographie von Niederösterreich 1672 schon vorhanden gewesenen Abschlusse des Berchfrits von Heidenreichstein (Fig. **137**). Der verjüngte Aufsatz und die etwas ausladende Brüstung sind auch gutenteils aus (überputzten) Ziegeln aufgeführt. —

Ein bemerkenswertes Beispiel dessen, wie wenig bei Berchfriten die vorhandenen (an sich mehr oder weniger begründeten) Regeln über die Merkmale ihrer Bauzeit in allen Fällen zu sicheren Schlüssen berechtigen, bietet die Burg Hagen oder Hain in der Dreieich, Fig. **138** (nach Kunstdenkm. Hessens, Kr. Offenbach, S. 20, verkleinert). Die Burg, die nordöstliche Ecke der sich bei *SS* erstreckenden, jetzt Dreieichenhain genannten Stadt einnehmend, hat einen runden (innen achteckigen) Berchfrit *a* und einen viereckigen *b*. Der erstere steht zunächst bei der Brücke *m*, welche über den Stadt und Burg trennenden Graben *n* den Zugang zu letzterer vermittelt; der Turm *b*, von welchem nur noch die südwestliche Wand übrig ist, steht am entgegengesetzten Ende des Beringes, von einem Teiche bespült, der hier die Burg nach aussen deckt. Dieser Berchfrit ist also — da ja der Teich die Stelle des steilen Abhanges bei Höhenburgen vertritt — der Angriffsseite ab-, hier aber so völlig hinausgerückt, dass er auch zur Bestreichung der sich beiderseits anschliessenden Ringmauern dienlich war. Ausserdem aber unterscheidet er sich von dem vorderen Berchfrit durch minder sorgfältige Mauertechnik, gotische Lichtöffnungen, wohnliche Einrichtung und einen alten Eingang auch schon im Erdgeschoss[1]). Alle diese Eigenschaften wären nun nach vorhandenen Regeln ebensoviele Merkmale dafür, dass der Turm zweifellos der weitaus jüngste von beiden sein müsste[2]). Gleichwohl ist das umgekehrte der Fall. Bauverständige schliessen aus der Art des Einganges und des Gewölbes im Erdgeschoss mit besonderer Entschiedenheit, dass der Bau, und nur dieser Turm, der ersten, ins 11. Jahrh. zurückgehenden Anlage angehöre[3]);

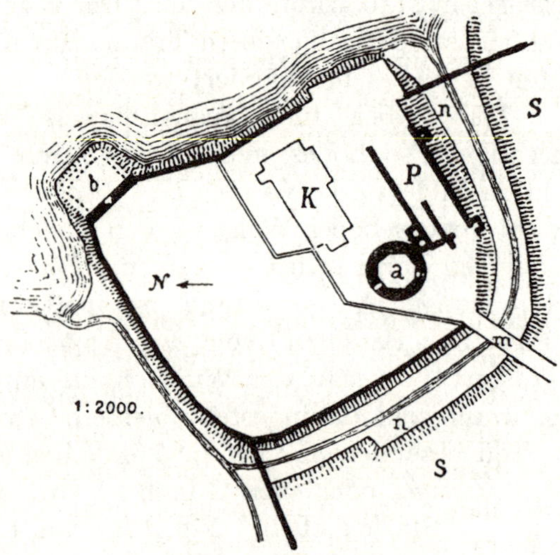

Fig. 138 Dreieichenhain

---

[1]) Diese Besonderheiten werden u. a. „Kunstdenkm. Hessens" a. O. hervorgehoben.

[2]) Vgl. u. a. v. Cohausen, Bergfriede S. 49: „Im 15. Jahrh. . . . werden die Bergfriede, der Angriffsseite abgekehrt, immer wohnlicher. . . . Der Eingang wird schon häufiger zu ebener Erde verlegt."

[3]) Vgl. a. O. S. 21 (Prof. Schaefer): „Für die frühmittelalterige Zeitstellung des Werkes spricht mit aller Stilbestimmtheit die . . . kellergradähnliche Rundbogenöffnung des Verliesses und dessen Tonnengewölbe von tektonisch tadelloser Anordnung der Gewölbefächer mit Schildkappen." Aehnlich („unwidersprechlich") Dompräbendat Schneider-Mainz, Korresp.-Bl. d. Gesamtvereins 1877, Nr. 10. Die gotischen Fenster werden, was ja nichts Bedenkliches hat, für spätere Aenderung erklärt.

völlig erwiesen erscheint das höhere Alter desselben durch den Umstand, dass nach Urkunden von 1425 und selbst schon 1341 für ihn die Bezeichnung „der alte Torn" im Gegensatz zu dem „neuen", dem ebenfalls noch romanischen runden Berchfrit, gebräuchlich war. Man würde, und selbst in einem die Burg teilenden Ganerbenvertrage, sich mit diesen Bezeichnungen nicht begnügt haben, wenn es nicht, wie wohl erklärlich, eine noch allbekannte und feststehende Tatsache gewesen wäre, dass der viereckige Turm der ältere war. —

* * *

Zu den allgemeinen Bemerkungen über unsere Burgen (S. 24) gehört die, dass der Berchfrit gewissermassen durch zwei Zwischenstufen, den „bewohnbaren Berchfrit" und den „Wohnturm", zu dem Palas überleite.

Der bewohnbare Berchfrit bleibt in erster Linie eben ein Berchfrit, d. h. der Hauptwehrturm der Burg, der auch in seinem Umfange nicht über das gewöhnliche Mass eines solchen — ungefähr 9,5 m Durchmesser — hinausgeht. Seine Bewohnbarkeit ist somit etwas Nebensächliches und kann entweder nur für den Fall der Not (Rückzugsbau!) vorgesehen oder etwa dadurch veranlasst worden sein, dass für einen zweiten Besitzer oder auch nur für einen „Burgmann" eine Wohnung ausser dem Palas nötig war. Man wird daher auch nicht leicht in einer Burg einen bewohnbaren Berchfrit ohne ein anderes Wohngebäude finden. Der „Wohnturm" (Kap. 7) dagegen ist mit anderen Worten ein mehr oder weniger turmartiges festes Wohngebäude von meistens wesentlich grösserem Umfange als der einfache Berchfrit und alle zu einer ständigen Wohnung nötigen Räume (Wohn- und Schlafräume, Küche usw.) enthaltend. Er ersetzt zugleich den Palas und den Berchfrit, und wenn trotzdem es nicht an Burgen fehlt, die beides noch ausserdem haben, z. B. Reifenstein und Taufers in Tirol, so gibt es ja eben auch Burgen, die mehrere Palase und mehrere Berchfrite hatten. Uebrigens sind nicht alle ungewöhnlich umfänglichen Türme zugleich als bewohnbare Bauten eingerichtet. So nicht derjenige von Kisslau in Baden mit 15 m Seitenlänge, (anscheinend) auch nicht der aussen 13 m starke Berchfrit von Tosters in Vorarlberg und der einen (jetzt) völlig leeren, fensterlosen Hohlraum von 5,60 zu 11,80 m Weite zeigende Berchfrit von Goyen bei Meran. Wie also diese nur zu den einfachen „Berchfriten" gehören können, wird man andrerseits ganz bewohnbar eingerichtete Türme, welche den gewöhnlichen Umfang der Berchfrite kaum oder gar nicht überschreiten, füglich dann auch zu den „Wohntürmen" zu rechnen haben, wenn sie das hauptsächliche oder gar das einzige Wohngebäude der Burg bilden. Siehe darüber das folgende Kapitel. Wie andere Wohnbauten, so haben erklärlicherweise auch die bewohnbaren Berchfrite wie die Wohntürme fast ausnahmslos viereckige Grundrisse[1]).

Wie wir Aehnliches fast bei allen sonstigen Burgbauten finden, ist auch der bewohnbare Berchfrit keineswegs immer von dem gewöhnlichen einfachen einer-, wie von dem Wohnturme andrerseits bestimmt zu unterscheiden. Er kommt dem ersteren da am nächsten, wo sich seine bezügliche Einrichtung auf ein Stockwerk beschränkt.

[1]) Die Geyersburg (Württemb.) zeigt einen achteckigen Turmrest, der anscheinend „das Hauptwohngebäude der Burg" war. Letztere bestand einer Chronik nach nur aus einem ummauerten „kleinen Steinhause". (Schönhuth, Württemb. Burgen I, 430.) Ueber Rothwasserstelz siehe zu Fig. 154.

Bei dem Berchfrit der Wasserburg Langenau (Fig. 109 und 196) ist das sehr ausnahmsweise bei dem Eingangsstockwerk der Fall. Der 5,50 m weite Raum hat (Fig. **139**) auf der einen Seite zwischen zwei schmalen Fenstern mit Stufennischen einen Kamin (jetzt ohne Mantel) und auf den drei übrigen noch ein Fenster bzw. je eine erhöhte weite Nische für ein Nachtlager. (Die Fenster sind durch den späteren Anbau eines Wohnhauses verbaut worden.)

Fig. 139 Langenau

Etwas häufiger findet man, und zwar der Regel nach als eine spätere Aenderung, im obersten Turmgeschoss mittels dünner Zwischenwände eine mehr oder weniger vollständige Wohnung hergestellt. So bei den im Tiroler Inntale einander benachbarten Burgen Freundsberg und Friedberg. Bei ersterer mündet in dem Vorraume *a* des Grundrisses Fig. **139 a** die von unten kommende Treppe und steigt eine andere zum Dachboden hinauf. Ausserdem ist da ein Abtritterker angebracht. *b* war eine Küche, der Feuersicherheit wegen mit einem (nicht mehr vorhandenen) Tonnengewölbe aus Ziegeln überdeckt. Das Gemach *c*, 5,20 m im Quadrat messend, hat einen weiten, auf drei Kragsteinen ruhenden Erker, vormals mit zwei Gusslöchern über dem Berchfriteingange. Hübsche Wandmalerei in dem Gemache *d* macht es (neben anderen Gründen) wahrscheinlich, dass Herzog Sigmund nach 1467 dies Turmgeschoss zu seinem zeitweiligen Quartier aufgebaut hat. Auf Friedberg, wo der Vorplatz als Küche diente, ist das gleichfalls später aufgesetzte Geschoss durch dünne Wände, zum Teil aus Brettern, in vier gleich grosse Räume geteilt, deren jeder durch einen übereck stehenden Erker erweitert und zugleich belichtet ist[1]).

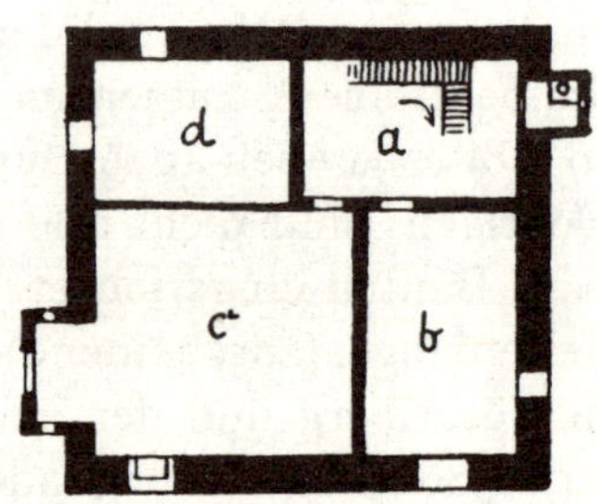

Fig. 139 a
Freundsberg

Auf Reisenstein hatder obere etwa halbe, aus Ziegeln aufgeführte Teil unter der von Ecktürmchen umgebenen Wehrplatte ein in drei Räume geteiltes, von einer Tonne überdecktes Stockwerk. Vgl. auch S. 211.

Wenn (vgl. S. 180) gegen das Ende der Burgenzeit eigentliche Berchfrite mit dunklen und engen, von ellendicken Mauern umschlossenen Innenräumen nicht mehr errichtet worden sind, so hat es doch, wie weiterhin behandelte Beispiele zeigen, auch schon in romanischer Zeit an völlig wohnlich eingerichteten Berchfriten nicht gefehlt.

Ein wohlerhaltenes Musterbeispiel eines solchen bietet derjenige von Hohenklingen am Rhein, welches im 12. Jahrh. ein Stammsitz der Freiherren von Klingen war. Der Grundriss des Turmes bildet ein — wie gewöhnlich ungenaues — Quadrat von nördlich 10 m, östlich 9,20, südlich 9,33 und westlich 9,65 m äusserer Seitenlänge. Seine vier Stockwerke haben nur Balkendecken

[1]) Abbildungen von beiden Berchfriten siehe meine Oesterr. Burgen VIII.

und sind vom Eingange ab durch einfache Blocktreppen, welche an der Ostwand übereinander aufsteigen, miteinander verbunden. Der 9 m hoch gelegene Eingang wird von dem hölzernen Wehrgange aus betreten, der von dem Oberstocke des nahen Wohngebäudes aus an der Ringmauer entlang und hier vorüberführt. Das Eingangsgeschoss, 4,95 zu 5 m weit, hat (Fig. **140**) in der gegen den Burghof gerichteten Westseite ein schmales Fenster mit wagerecht überdeckter Stufennische und nördlich daneben in der Ecke einen gemauerten, von einem Holzrahmen getragenen Rauchfang. Unter diesem Stockwerk, welches man als Küche und nötigenfalls Aufenthaltsort für das Gesinde wird ansehen dürfen, liegt das 8,54 m tiefe Verliess, zu welchem in der Nordostecke eine Falltür (Einsteigeloch) führte. Anstatt einer nach aussen gehenden Spalte hat das Verliess inmitten seiner Balkendecke noch zwei in dem Bohlenbelag ausgeschnittene Löcher von 20 cm Seitenlänge im Geviert. Das zweite Obergeschoss, am wohnlichsten eingerichtet, hat auf der völlig gesicherten und eine weite Aussicht über das Rheintal bis zu den Alpen bietenden Südseite (Fig. **141**) zwei in tiefen Nischen mit Seitenbänken liegende Fenster,

Fig. 140 Hohenklingen

Fig. 141 Desgleichen

auf der westlichen (Hof-) Seite ein drittes in weiter Nische, die, ohne Seitenbänke, für die Bettstatt bestimmt war. In der Nordwestecke hat das hier in der Wand aufsteigende Rauchrohr eine seitliche Oeffnung, vor welcher wohl jedenfalls ein Ofen gestanden hat. In einer Seitenwand des Hauptfensters befindet sich, von flachen Rosetten umgeben, einer der beliebten kleinen, in der Mauerdicke ausgesparten Behälter (Kap. 16). Der Fussboden ist mit quadratischen Ziegeln belegt[1]). Das nächstobere Stockwerk bildet einen Raum mit nur einem, aber gekuppelten Südfenster gleichfalls in einer Nische mit Seitenbänken, wie die darunter gelegene 2,40 m breit und 1,87 m hoch. Ueber das Plattformstock-

[1]) Die Decke hat (Fig. 141) zum Teil später gestützt werden müssen. Für eine Teilung des Stockwerkes in zwei oder selbst drei Räume, wie vermutet wird, liegen keine hinlänglichen Anhaltspunkte vor. (Vgl. 1. Aufl., S. 256, Anm. 1.)

Fig. 142 Seeburg

werk siehe S. 214 und 221. Die Burg hat ausserdem einen Palas und ein zweites Wohngebäude.

Wenn hier wie auf Langenau Wandnischen vorkommen, so werden solche, sowohl in Form von Wandschränken als für die Bettstellen bestimmt, bei allgemeinen Burgbeschreibungen häufig als zur Einrichtung jedes Berchfrits überhaupt gehörig angegeben. Leo, dem man dabei wohl gefolgt ist, behauptet das nur von den Burgen, deren einziger Wohnbau zugleich der Berchfrit war, allein selbst bei bewohnbaren Berchfriten oder Wohntürmen waren solche Nischen sogar selten.

Ein grösserer bewohnbarer Berchfrit ist noch von Haag in Oberbayern erhalten. Er hat 12 m Seitenlängen und über dem Verliess noch fünf Stockwerke. Das Eingangsgeschoss hat einen Kamin und die drei darüberliegenden sind durch Fenster mit Seitenbänken ausreichlich belichtet. Das oberste Geschoss mit vieleckigen Ecktürmen ist später aus Backsteinen aufgebaut[1]).

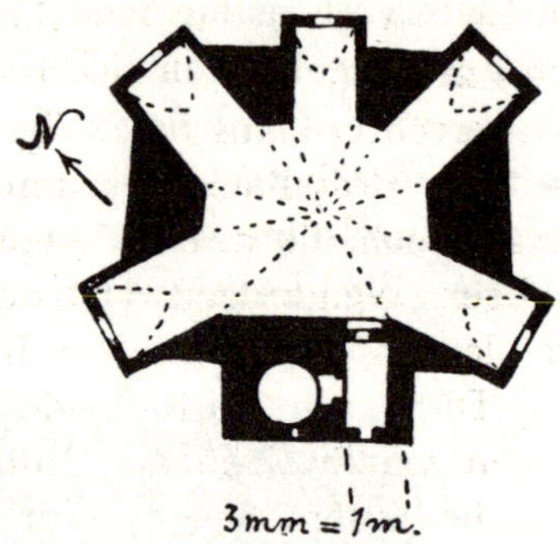

Fig. 142a Pernstein

Mitunter suchte man den Berchfrit durch Ausbrechen grösserer Fenster wohnlich zu machen. (Ueber solche siehe weiterhin und im 7. Kap.) Wie solches durch Erker geschah, haben wir schon bei Friedberg gesehen. In weiterem Masse ist das bei Seeburg an der Saale geschehen, indem man (Fig. **142**) den oberen Teil des wohl aus dem 12. Jahrh. stammenden runden Berchfrits von 50 Fuss Durchmesser und 20 Fuss Mauerdicke zu Anfang des 16. Jahrh. durch den Anbau von vier drei Stockwerke hohen Erkern erweiterte. In noch eigentümlicherer, mannigfach ungleichmässiger Weise ist der Berchfrit von Pernstein (Fig. 417 rechts) nicht erst nachträglich durch Erker erweitert worden. Fig. **142a** gibt den Grundriss des vierten Stockwerkes wieder[2]).

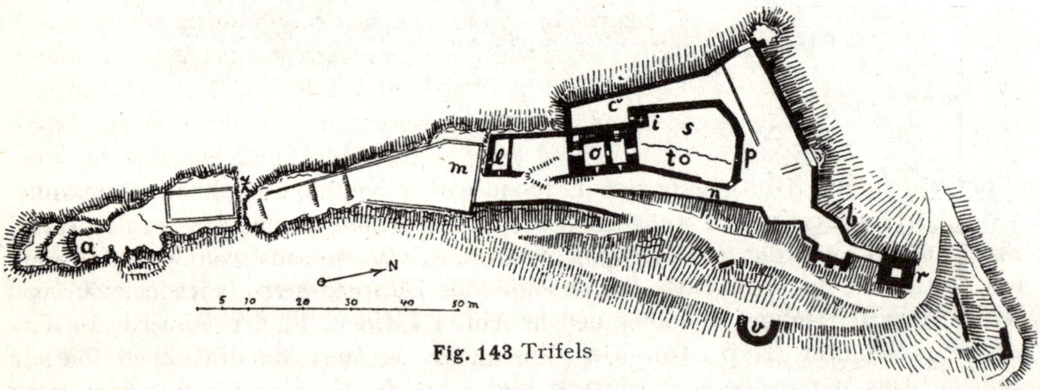

Fig. 143 Trifels

Ein mehrfach eigentümlicher bewohnbarer Berchfrit ist derjenige von Trifels. Aussen 9 zu 12,30 m messend, steht er (*o*, Fig. **143**) in der Mitte

[1]) Näheres mit Abbildungen in Kunstdenkm. d. Kgr. Bayern II, S. 1964.

[2]) Genauere Ansichten des Turmes und über sonstige Besonderheiten derselben s. meine Oesterr. Burgen VI.

der oberen Staffel *l p* des Burgfelsens und bildete bzw. versperrte zugleich den einzigen Zugang zu dem Palas *s t.* Sein auf dem Felsboden aufstehendes (nicht unterkellertes) Erdgeschoss (Fig. **144**) bildet so zwei, durch eine Zwischenmauer getrennt, hintereinander liegende, mit Kreuzgewölben überdeckte Torhallen, die, wohl zugleich als Wachtstuben dienend, durch je eine schmale Scharte in der östlichen Turmwand spärliches Licht erhalten. Das vordere Tor wurde später (laut Inschrift 1524) zu einer Pforte mit wagerechtem Sturze verengt. Eine Eigentümlichkeit dieses Baues nun, zu welcher mir bisher kein Seitenstück bekanntgeworden ist, sind die zwei Treppen, welche hintereinander, in der Westwand aufsteigend, das Erdgeschoss mit dem nächstoberen verbinden. Die erste derselben nimmt schon in der Laibung der äusseren Tür ihren Anfang, um, nachdem sie mit 20 Stufen die Höhe des Oberstockes erreicht hat, als wagerechter Gang bei *i*, Fig. **145**, in die hintere kleinere Abteilung desselben auszumünden. Daneben bei *a* mündet auch die zweite Treppe, die in kürzeren rechtwinkligen Wendungen von der hinteren Abteilung der Torhalle aus gleichfalls hier hinaufführt.

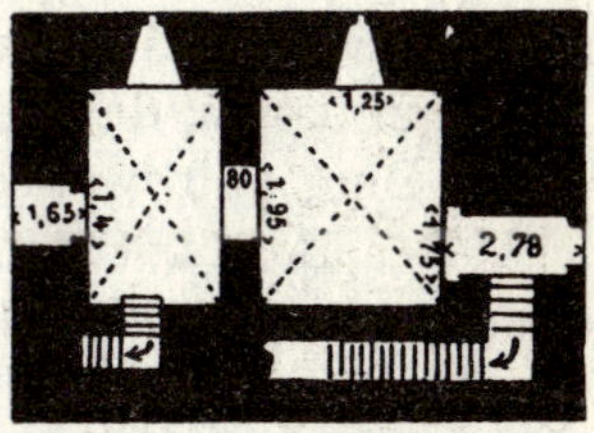

Fig. 144 Desgleichen

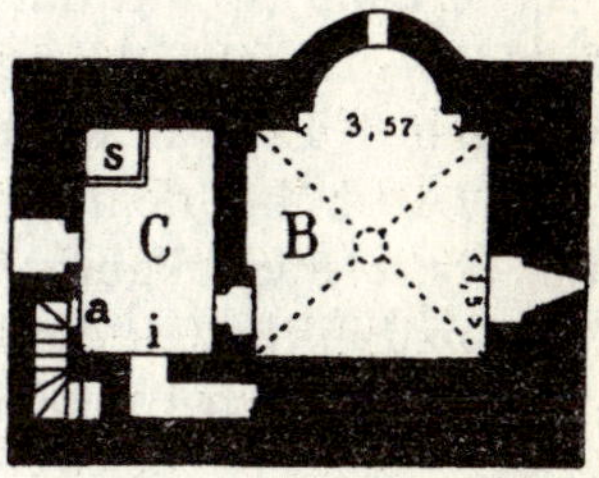

Fig. 145 Desgleichen

Diese sehr auffallende Einrichtung[1]) wird durch die Besonderheiten zu erklären sein, welche die bauliche Gesamtanlage von Berchfrit und Palas zeigen. Wenn die hintere Ausgangstür der Torhalle (vgl. Kap. 15) nur in den engen, tieferen und daher als Keller benutzten Raum *t* des anstossenden Palas führte, so ist nicht anzunehmen, dass der hauptsächliche Aufgang in die Wohnräume und den grossen Prachtsaal des letzteren durch diesen Kellerraum führte; hierzu dienten vielmehr die beiden in der Mauerdicke des Berchfrits liegenden Treppen. Der Raum *C* des Oberstockes, in welchen dieselben münden, war aber nicht allein so ein Vorraum für den Palas, sondern auch ein Gleiches für die Kapelle *B* (Kap. 19). Berücksichtigt man nun weiter, dass auf Trifels öfter der deutsche Kaiser mit entsprechendem Gefolge Hof hielt, so liegt auf der Hand, dass für diesen viel und von Leuten verschiedensten Ranges benutzten Aufstieg nur eine 1 m breite Mauertreppe nicht ausreichen konnte, und mag dabei denn die Annahme naheliegen, dass die vordere der beiden, welche ohne ein Durchschreiten der Wachtstuben zu benutzen war, dem Kaiser und den Vornehmsten vorbehalten war.

Fig. 146 Desgleichen

Ueber den Kamin *s* Fig. 145 siehe die im Burgenlexikon angegebenen Stellen in Kap. 16 und 24.

Das mit seiner Decke nach Verfall jetzt notdürftig wiederhergestellte oberste (dritte) Stockwerk hatte zwei Kreuzgewölbjoche und gleichfalls einen Kamin. Fig. **146** Schnitt mit Innenansicht gegen Osten[2]).

[1]) Als solche scheint sie freilich keinem der zahlreichen Schriftsteller, welche die Burg behandelt haben, zum Bewusstsein gekommen zu sein.

[2]) Wie zum Teil auch Fig. 143, nach Baudenkm. in der Pfalz, Bd. I.

Seit Krieg v. Hochfeldens Milit.-Arch. S. 305 pflegt mit aller Sicherheit angegeben zu werden, dass dies Stockwerk die Wohnung des Kaisers, und der Vorraum der Kapelle der ständige Aufenthaltsort des Kapellans gewesen sei, der mit der Hut der in jener aufbewahrten Reichskleinodien betraut war. Abgesehen davon, dass letztere nachweislich von 1126 bis 1273 überhaupt irgendwo auf der Burg aufbewahrt worden sind[1]), beruht das nur auf Vermutungen.

Der Berchfrit deckte, wie bemerkt, den nur durch ihn hindurch zugänglichen Palas und beherrschte ausserdem gegen Osten den Aufstieg auf die untere Felsenstufe *a* bis *b*, wie von da weiter auf die zweite und auch gegen Westen wenigstens den südlichen Teil des vor Leitersteigung nicht gesicherten Zwingers *c*. Wenn zunächst die Ausgangstür seines Erdgeschosses zum Palas hinlänglich gesichert war, so war das mittlere Stockwerk nur auf engen, leicht zu verteidigenden Treppen, das oberste nebst der Wehrplatte nur vom anstossenden Palas aus zu erreichen. Er war daher auch zum Rückzugsbau sehr geeignet[2]).

Auch bei dem Berchfrit von Gutenstein in Niederösterreich[3]) bildet, was sonst noch kaum vorkommt, das Erdgeschoss den alleinigen Zugang zum Palas und enthalten die beiden darüber befindlichen nur von letzterem aus zugänglichen Stockwerke eine (hier freilich wohl erst später eingerichtete) Kapelle und anscheinend ein Wohnzimmer.

Fig. 147 Neuenburg

Mehrfache Besonderheiten zeigt auch der Berchfrit der Neuenburg, welche um die Mitte des 13. Jahrh. im Thurgau unweit des Rheines von den Herren von Klingen errichtet wurde. Seinem Grundrisse nach ein Viereck von 4,50 zu 5 m Innenraum und 2 bis 2,60 m starken Wänden, zeigt der Turm auf seiner dem Burginnern zugekehrten Nordseite (Fig. **147**) zu ebener Erde eine weite Tür mit nach innen aufwärts, und daneben eine kleinere (1,60 m breite), mit abwärts steigendem (also in einen vertieften Raum führenden) Rundbogen überdeckt. Die nördliche Turmwand steigt nur noch etwa 2 m über diesen Türen auf; darüber aber zeigen, soweit das Mauerwerk nicht abgebröckelt ist, die beiden Seitenwände nach innen so glatte, mit Mörtelputz übersetzte Ecken, als ob hier der Turm nie mit Mauerwerk geschlossen gewesen wäre. Nur auf der westlichen Seite ist diese Ecke zweimal (je etwa 2 m hoch) abgeschrägt, und der schwache Ansatz eines dazwischen nach Osten übersteigenden Mauerbogens lässt hier auf das frühere Vorhandensein grosser Fenster schliessen. Jedenfalls kann die Nordseite über dem noch stehenden 2 m starken Mauerrest nur durch eine

[1]) In Kyburg sollen sie unter Rudolf v. Habsburg und später in der Sakristei der Burgkapelle aufbewahrt worden sein, fest steht dies für die Zeit Karl IV. in bezug auf eine der Turmkapellen auf Karlstein in Böhmen.

[2]) Gewiss unzutreffend meint v. Essenwein, Kriegsbauk. S. 164, er sei, abgesehen von der Wehrplatte, nichts als ein Wohnhaus, und zur letzten Zuflucht der Brunnenturm *r* weit tauglicher gewesen. Dieser, tiefer gelegen, war, wenn der Feind schon bis zum Berchfrit vorgedrungen war, nicht wohl mehr zu erreichen und bot, auch viel kleiner, gar keinen verteidigungsfähigen Raum dar. (Vgl. Kap. 17.)

[3]) Meine Oesterr. Burgen II, 78.

ganz schwache Wand mit grossen Oeffnungen unmittelbar an den beiden Seitenwänden geschlossen gewesen sein.

Nicht minder auffallend ist, dass die 4,50 m lange Südwand im Erdgeschosse durch eine seltsam grosse Fensteröffnung durchbrochen ist, die bei 3 m Höhe sich von 1,20 m aussen nach innen auf 3,50 m Breite erweitert, während auch die Sohle zwischen zwei dem Grundrisse nach dreieckigen Seitenbänken sich noch ziemlich steil nach unten senkt.

Endlich ist der Turm auf der Innenseite seiner westlichen und östlichen Wand befremdlicherweise nachträglich und zwar bis etwa zur Hälfte seiner Höhe um 40 cm durch geringes mit grossen Ziegelbrocken reichlich vermischtes Mauerwerk verstärkt und dadurch u. a. in der Ostwand die innere Oeffnung eines aussen sichtbaren Mauerschlitzes vermauert[1]). Eine Vermehrung der Widerstandskraft der sehr festen Turmwände kann durch dies zum Teil wieder abgefallene Mauerwerk nicht beabsichtigt gewesen sein. Durch dasselbe wird daher nur der Eindruck verstärkt, dass die vorhin hervorgehobenen eigentümlichen Erscheinungen an diesem Turmbau durch Umänderungen zu erklären sind, die bei dieser bis ins 17. Jahrh. bewohnten Burg zu einer Zeit vorgenommen wurden, da der Berchfrit nur wesentlich noch als benutzbarer (und dazu hinreichend erhellter) Wohnraum in Betracht kam. Auch die Fenster der Südseite dürften später durchgebrochen oder doch erweitert worden sein. Die Zinnen sind gleichfalls später in Mauersteinen aufgeführt.

Ganz Aehnliches in bezug auf die nur unten durch festes Mauerwerk geschlossene Rückseite und grosse Fenster zeigen übrigens der „Römerturm" zu Grosskemnath[2]) und ein wohnturmartiger Bau auf Arco[3]).

Eine durchweg eigentümliche Anordnung und Einrichtung hat der 11 m starke runde Berchfrit der zu Anfang des 14. Jahrh. genannten landesfürstlichen Burg zu Neustadt in Mecklenburg-Schwerin, dessen Ansicht von der Hofseite aus Fig. **148** (nach Lisch, Mecklenburg in Bildern, 1842) bietet.

Fig. 148 Neustadt

Eine ebenerdige Tür (links sichtbar) führt nur zu einer nach rechts in der Mauerdicke etwa um den halben Umkreis des Verliesses herum aufsteigenden Treppe, welche in das über diesem liegende Stockwerk mündet. Letzteres hat in der Mitte des Fussbodens das übliche 70 zu 80 cm weite Einsteigeloch in das lichtlose (allein quadratische) Verlies, ausserdem aber hof-

[1]) Auf derselben Seite ist die Hintermauerung später wieder in Form einer aufsteigenden Rinne fortgehauen, anscheinend um eine Treppenwange in dieselbe einzulassen. (Dies, sowie Teile der grossen Fensternische auf Fig. 147 sichtbar.)

[2]) Darauf weist C. Frank in der Zeitschr. „Deutsche Gaue", Kaufbeuren 1904, S. 137 hin.

[3]) Meine Oesterr. Burgen I, Fig. 11.

wärts in der Mauerdicke von ca. 3,5 m Stärke nebeneinander, aber in verschiedener Höhe ausgespart zwei schmale Gefängnisse, deren höher gelegenes nur mittels einer Leiter zu erreichen ist. Das Stockwerk ist einschliesslich dieser beiden Gefängnisse durch kleine Fenster hinlänglich erhellt.

Von demselben aus ist nun keinerlei Kommunikation mit dem höheren Teil des Turmes vorhanden. Zu dem nächsten Geschoss führt vielmehr vom Hofe aus eine besondere Tür, und zugleich ist dies Geschoss (anstatt des obersten, wie sonst fast überall) vorzugsweise, wenn nicht allein für die Verteidigung eingerichtet. Es hat zu dem Zweck nicht nur nach aussen eine Anzahl eigenartiger Doppelschiessscharten (Fig. 311), sondern steht auch durch zwei weitere Türen mit den (auf der Ansicht sichtbaren) Wehrgängen der beiden anstossenden Ringmauern in Verbindung. Das darüberliegende oberste Turmgeschoss endlich zeigt einen saalartigen Raum von 8,90 m lichter Weite, gegen 4 m über dem Verliess. Derselbe ist durch sieben grosse Fenster mit Seitenbänken und spätgotischen Vorhangbogen (Fig. 464) reichlich erhellt und ausserdem mit einem Kamin und einem vorgekragten Abtritt ausgestattet. Die Form der Schiessscharten und dieser Fenster sind wohl jedenfalls einer späteren baulichen Aenderung zuzuschreiben. — Die Mauertechnik ist die hier gewohnte: Feldsteine mit Mauerziegeln verblendet. Durch glasierte Ziegel sind dabei über jedem Stockwerk die verschiedenartigen Zierstreifen angebracht, welche die Abbildung zeigt[1]).

Aehnlich wie der Berchfrit auf Hohenklingen kann der ungefähr 11 m im Quadrat messende der erzbischöflich Mainzischen Wasserburg Elfeld (Eltville) am Rhein als ein Musterbeispiel eines bewohnbaren Berchfrits aus der Mitte des 14. Jahrh. bezeichnet werden. Um die Zeit des Dreissigjährigen Krieges im Innern mehrfach verändert, hatte er über einem gewölbten Keller mit besonderem Eingange die Küche, darüber ein durch zierliche Hausteinornamente ausgezeichnetes Stockwerk mit Kamin und vorgekragtem Abtritt und noch zwei weitere bewohnbare Geschosse, deren oberstes wieder gewölbt ist. Die gezinnte Wehrplatte nebst drei Ecktürmchen (siehe zu Fig. 133) sind mittels Stichbögen mit eingesetzten Kleebögen vorgekragt. Die regelmässigen grossen Fenster (siehe darüber Kap. 16) und ein im vorigen Jahrhundert beliebter rosenfarbiger Anstrich geben dem Bau ein besonders modernes Aussehen[2]).

Einen mit gewissem Luxus unter vielfacher Anwendung von Hausteinen erbauten bewohnbaren Berchfrit, einem „Wohnturm" nahekommend, hat die wohlerhaltene Burg Hohlenfels (Hollenfeltz) im Eischtal (Grossherzogtum Luxemburg) aufzuweisen. Der Angriffsseite abgekehrt, liegt er, von anderen Gebäuden flankiert, über einer nach hinten steil abfallenden Felswand. Die ebenerdige, durch ein Fallgitter geschützte Tür führt über einem Verliesse (?) in einen niedrigen, mässig hellen, überwölbten Raum, und eine in der Mauerdicke liegende Treppe dann aufwärts in ein saalartiges Gemach von etwa 8 zu 10 m lichter Weite. Derselbe ist mit einem grossen Kamin und schönen, auf einer Mittelsäule ruhenden Kreuzgewölben ausgestattet, deren Konsolen kunstreiche Steinmetz-

---

[1]) Schnitte und Grundrisse in Kunst- u. Geschichtsdenkm. Mecklenburgs, Bd. III.

[2]) Aufnahme von P. Eichholz in den Annalen des Nassauischen Vereins XXXIII, 99 ff., mit mehrfacher Berichtigung der Darstellung Luthmers in Bau- u. Kunstdenkm. des Rheingaus.

arbeit, besonders Karikaturen, zeigen. Je zwei Fenster liegen auf der Berg- und auf der Talseite, die letzteren, weil angriffsfrei, doppelt so gross und zweigeteilt. In jedem Fenster führen drei Steinstufen zu den Seitenbänken empor. Auf der Talseite ist die Wand ausserdem durchbrochen durch einen Wasserausguss und eine kleine Tür, vor welcher Kragsteine anscheinend einen Abtritt getragen haben. Das darüberliegende Stockwerk wird von der Kapelle eingenommen, in deren durch ein gotisches Fenster erhellter Apsis noch der Altarstein vorhanden ist. Mit dieser Bestimmung des anscheinend immer ungeteilten Raumes steht allerdings wenig in Einklang der dort vorhandene Kamin und noch weniger die (ebenso wie darunter) hier befindliche Abtrittanlage. Ueber der Kapelle befand sich noch ein weiteres niedriges Stockwerk, von welchem aus man auf den weit vorgekragten (im 13. Kap. näher beschriebenen) Umgang gelangt. (Bis hier hinauf 107 Treppenstufen.) Die Balkenböden der oberen Stockwerke sind nicht mehr vorhanden.

Wehrburg in Tirol hat ausser einem schlankeren Berchfrit einen (unlängst wiederhergestellten) bewohnbaren (S. 221) mit zwei Tonnengewölben über dem ebenerdigen Eingange und darüber auf zwei Seiten je einem Erker.

Auf der Riesenburg in Böhmen findet sich ein Bau seltener Art, der von einem Berchfrit die Lage auf einem Felssockel, den durchschnittlichen Umfang eines solchen und eine gezinnte Wehrplatte hat, im übrigen aber nur aus drei bewohnbaren Stockwerken bestand, von welchen schon das Erdgeschoss durch zwei Spitzbogenfenster mit Seitenbänken hinlänglich belichtet war[1]). Ein ähnlicher Bau in der Ruine Rauschenberg — in Baudenkm. d. Reg.-Bez. Cassel, 222 als „Wohnturm (Donjon)“ bezeichnet — liegt nach drei Seiten auf der ebenen Fläche des inneren Burghofes. Gleichwohl führt auch hier ebenerdig eine Tür in einen Saal von 4,90×7,40 m Weite mit weiten und niedrigen Fenstern nach zwei Seiten hin. Darüber ist noch ein zweiter etwas grösserer und wie der untere vormals mit Kreuzgewölben überdeckter Saal und ein halb zerstörtes drittes Geschoss vorhanden. Der zierlich mit Hausteinen ausgestattete Bau stammt aus dem Anfang des 13. Jahrh. In der Gestaltung des Geländes ist ebensowenig für seinen geringen Umfang wie für seine Wehrlosigkeit eine Erklärung zu finden.

Mancher Berchfrit wurde auch dadurch in gewissem Masse zu einem „bewohnbaren“ gemacht, dass man ihm, wie das besonders in der Schweiz vorkam, oben ein allseitig ausladendes Stockwerk besonders von Fachwerk aufsetzte. Siehe auch Kap. 7 und 16.

---

[1]) Meine Oesterr. Burgen III, 177, mit Abbildung.

Siebentes Kapitel.

Der Wohnturm.

(Begriff. „Donjon." Bauzeit. Beispiele. Normannenbauten.)

Ueber den Unterschied zwischen dem bewohnbaren Berchfrit und dem Wohnturm — sehr verkehrterweise besonders früher auch gern „Donjon" genannt[1]) — siehe S. 227, der letztere ist auch nicht ausnahmelos wie der erstere ein wehrhafter Bau.

Die meines Erachtens hiernach wohlbegründete Unterscheidung zwischen einem bewohnbaren Berchfrit und einem Wohnturme wird freilich in den Fachschriften nicht überall beobachtet. So sind dem Dr. Zeller-Werdmüller (Mitteil. d. antiquar. Gesellsch. XXIII, S. 276) Berchfrite wie der vorhin behandelte von Hohenklingen trotz der richtigen Bemerkung, dass sich „der Wohnturm durch seinen grossen Umfang kennzeichne", ebenso „Wohntürme" wie der 16,30 m im Quadrat messende, nicht wehrhafte von Mörsburg. Ebenso bezeichnen andere die Berchfrite von Hohlenfels und Elfeld (Fig. 133) als Wohntürme, wie Prokop in Markgrafsch. Mähren so überhaupt fast jeden Burgturm, während in Kunstdenkm. d. Rheinprovinz der Wohnturm von Lechenich und selbst der ganz palasartige von Nideggen (siehe 15. Kap.) einfach „Bergfride" genannt werden. Die Grenze kann sich hier freilich ebenso verwischen als andrerseits diejenige zwischen dem Wohnturme und dem Palas.

Bis in die Neuzeit ist Krieg v. Hochfelden der sehr unzutreffende Satz nachgeschrieben worden, dass Wohntürme sich in Mitteleuropa nur in dem vormals burgundischen

[1]) Das französische Wort bedeutet an sich jeden turmförmigen Bau, so auch einen Dachreiter. In der dortigen Fachliteratur wird es von De Caumont (Abécédaire II, 305) 1. für den alleinstehenden Hauptturm der Burg und 2. für eine mit der Ringmauer verbundene Warte gebraucht, während es nach Rey (Étude 150) mit unserem „Berchfrit" gleichbedentend ist. Viollet-Le-Duc versteht (Dict. rais. V, 34) nur einen starken umfänglichen Rückzugsbau darunter. Aehnlich soll er nun in deutschen Fachschriften selbst von v. Cohausen (Befestigungsweisen S. 149 und 299) bald einen gewöhnlichen Berchfrit, bald gerade im Gegensatze dazu einen Wohnturm (nach Näher unter Umständen auch einen ganzen Gebäudekomplex) bedeuten. Um so mehr darf es als geradezu abgeschmackt bezeichnet werden, wenn für diese zwei verschiedenartige Bauteile unserer mittelalterlichen Burgen, für welche wir je einen hinlänglich bekannten deutschen Ausdruck haben, ein und dasselbe (vermeintlich sich besser ausnehmende) französische Wort gebraucht wird. Uebrigens kommt noch hinzu, dass nach Viollet-Le-Duc a. a. O. ein „Donjon" nur im Falle der Not bewohnt wird und dass er daher „immer — ein wesentliches Merkmal, welches ihn von einem „tour" unterscheidet — einen besonderen Ausgang ins Freie hat". Unsere deutschen Burgen würden also danach einen rechten „Donjon" überhaupt gar nicht kennen. Seit meinem schon in der 1. Auflage an dieser Stelle erhobenen Widerspruche scheint übrigens der Gebrauch dieses Wortes bei uns schon ziemlich aufgehört zu haben. Es mag noch erwähnt werden, dass in der aufgelassenen Festung Silberberg die vieldeutige Bezeichnung „Donjon" ein selbständiger, Kasematten, Bastionen und Gräben umfassender Teil derselben trug.

Teile der Schweiz fänden[1]). Ebenso unrichtig ist es freilich auch, wenn B. Ebhardt, Burgenfahrt 1901, S. 24 von einem „vieleckigen Wohnturm" schreibt, „wie er in fast keiner älteren österreichischen Burg fehlt". Selbst der einfach viereckige ist dort wie anderwärts immer nur eine verhältnismässig seltene Ausnahme.

Die sich auch findende Meinung, dass der Palas und Berchfrit in sich vereinende Wohnturm wesentlich dem Anfange des Burgenbaues angehöre, ist wohl nur durch die Einfachheit dieser Form veranlasst worden. Wie wir sehen werden, sind Wohntürme während derselben Jahrhunderte gebaut worden, wie gemauerte Burgen überhaupt.

Ueber die Normannischen Wohntürme siehe am Schluss des Kapitels.

Wie die nachstehend beschriebenen Beispiele zeigen werden, hat der Wohnturm als ein Mittelding zwischen Palas und Berchfrit nicht selten eine besonders interessante Ausbildung erfahren.

Der gediegene, im Mauerwerk fast noch ganz erhaltene Wohnturm der Ruine Laudeck in Tirol von 10,6 und 14 m äusseren Seitenlängen hatte ursprünglich wohl vier Stockwerke unter der Wehrplatte mit rechteckigen Zinnen. Die ungleichmässig verteilten gekuppelten Rundbogenfenster sind zum Teil vermauert, verändert oder ausgebrochen. Das Erdgeschoss hat später zwei Tonnengewölbe und Schiessscharten erhalten. Der unlängst wiederhergestellte Wohnturm von Taufers mit 16 und 17 m Seitenlängen ist in jedem Stockwerk in vier Räume, darunter eine Kapelle, geteilt, bei demjenigen von Petersberg in Kärnten, 14,80 und 9,80 m stark, liegt solche (Kap. 19) zwischen zwei bewohnbaren Stockwerken. Der Wohnturm von Reiffenstein in Tirol, innen 9×11 m weit, hat über einem ungewöhnlich hohen Stockwerke ein anderes mit hübschem Kuppelfenster, durch eine Säule mit Knospenkapitäl geteilt. Durch gediegene Hausteinornamente zeichnet sich der Wohnturm von Hainburg an der Donau mit Treppen in der Mauerdicke aus. Diejenigen von Taufers, Reiffenstein und Heimfels sind an engere Berchfrite angebaut. Der gewaltige Hauptturm der Burg Karlstein (Fig. 592, 624 und 625), auf der höchsten Staffel des Burgfelsens gelegen und von einer Ringmauer mit Wehrgängen und Ecktürmen umgeben, war ursprünglich nur durch eine (im 16. Jahrh. abgebrochene) besondere Zugbrücke mit zwei Toren zugänglich. Bei 17 zu 25 m Seitenlänge hat er 40 m Höhe und unten bis zu 7 m starke Mauern. Von den drei unteren mit schönen Kreuzgewölben überspannten Stockwerken enthält das dritte die kostbar ausgestattete heil. Kreuzkapelle, darüber befinden sich noch zwei Stockwerke mit Balkendecken und (jetzt) unter dem neuen Walmdache ein vorgekragter hölzerner Wehrgang. Auch die beiden unteren Stockwerke sind durch Fenster hinlänglich belichtet. Auch in dem nach 1380 erbauten Wohnturm von Kronburg im Inntale waren von den fünf ca. 10 m weiten Stockwerken die beiden unteren und die Hälfte des dritten überwölbt. Dieser enthielt u. a. die Küche. Die drei obersten Stockwerke haben hinlänglich Fenster mit Seitenbänken[2]). Der 1350 aus Ziegeln erbaute Wohnturm der Wasserburg Lechenich in der Rheinprovinz hat 13,5 und 15 m Seitenlängen und gleichfalls fünf Stockwerke mit innen noch deutlich erkennbaren Wohneinrichtungen. Im dritten Geschoss sind grössere Fenster, am obersten zwei Pech-

---

[1]) v. Essenwein kommt (Kriegsbauk. S. 153) gar zu dem seltsamen Satze, dass „die andere soziale Stellung der Lehensträger (?) in Deutschland die Entwicklung des Burgturmes zum Donjon verhinderte".

[2]) Ueber die bisher angeführten Wohntürme Näheres mit Abbildungen in meinen Oesterr. Burgen.

nasen. Als Seitenstück zu diesen mag dann noch der Wohnturm der Burg Pischâtz erwähnt werden, die in Steiermark an der Grenze von Kroatien und Krain auf einem Felsen inmitten einer Waldschlucht liegt. Er hat 15 m Seitenlänge, bis zu 3 m dicke Mauern und nach Zerstörung seines fünften Stockwerks noch 36 m Höhe.

Der in seinen Ringmauern noch völlig erhaltene Turm von Angenstein, in der nordwestlichen Schweiz an der Birs wenig erhöht gelegen, hat annähernd 10 zu 12 m lichter Weite. Später sind an denselben fast ringsum, zum Teil auch inwendig, Wohngebäude angebaut worden, über welche seine Masse breit und hoch hinausragt (Fig. **149**). Zwei Treppen in einem dieser Anbaue führen zu dem Felsboden des Turmes empor, von da ein ihm auf der einen Ecke angebauter Treppenturm vier Stockwerke hoch zu dem auf der dicken Mauer umlaufenden Wehrgange. Dieser, auch nach innen mit einer niedrigen Brüstungsmauer versehen und mit einem dahin abfallenden Pultdache überdeckt, hat in der äusseren Brüstung auf jeder Seite nur drei Fenster, von denen je die beiden der Ecke nächstliegenden als Schiesslöcher stark nach aussen erweitert sind. Im übrigen hat der Turm zum guten Teil gekuppelte und mit Seitenbänken versehene Spitzbogenfenster in Sandsteinumrahmung und in etwa $^2/_3$ seiner Höhe über einem kleinen Absatze die Balkenlöcher für einen aussen umlaufenden Wehrgang.

Fig. 149 Angenstein

Zehn Kilometer weiter südlich liegt auf einem senkrechten Felsvorsprunge, eine Talsperre am Lüsseinbache (Kant. Solothurn) bildend, der ähnliche und in gleichem Masse erhaltene Wohnturm von Thierstein, ein Rechteck mit abgerundeten Ecken von ca. 8 zu 13 m lichter Weite mit nur zum Teil nach aussen vorstehendem Treppenturm und vier Stockwerken mit zierlichen Spitzbogenfenstern und einem Wehrgange in der Höhe[1]). 20 und dann im Zickzack 40 in den Fels gehauene Stufen führen zum Eingang empor. Der Felsen bietet ausserhalb des Turmes nur noch wenig Platz.

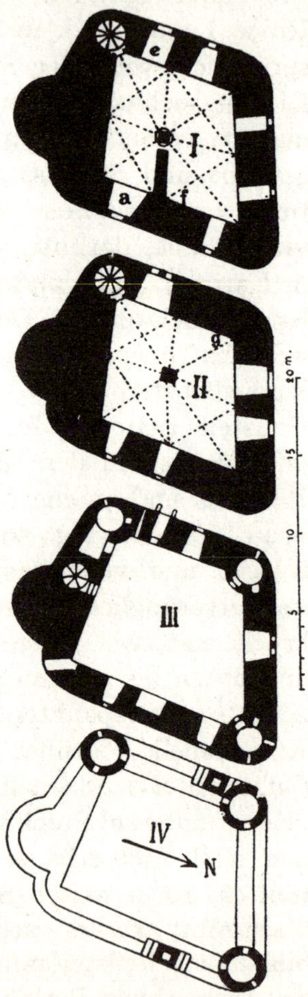

Fig. 150 Hermannstein

1377 unternahm es Landgraf Hermann I. von Hessen, mitten zwischen die festen Plätze seiner Gegner die nach ihm Hermannstein genannte Burg zu errichten. Der auf Grund und Boden der ihm feindlichen Solmser und nicht ohne anfänglichen heftigen Widerstand derselben zustande gebrachte Bau war also nicht zu einem friedlichen Wohnsitz bestimmt. Er bestand zunächst im wesentlichen nur aus dem im Mauerwerk noch wohlerhaltenen Wohnturm (Fig. **150**), auf einem um die Nordseite herum

1) Abbildung vor dem Verfall in Kunstdenkm. d. Kant. Solothurn S. 229.

steil abfallenden Felskopfe errichtet. Erst etwa zu Anfang des 15. Jahrh. wurde westlich neben diesen Felsen ein Palas erbaut, aus dessen (einschliesslich des Erdgeschosses) dritten Stockwerk seitdem der Zugang zu dem in gleicher Höhe liegenden untersten Geschosse des Turmes stattfindet.

Der beschränkte Raum, den der Felsen für den Turmbau darbot, ist durch Hinausschieben der nordöstlichen Ecke voll ausgenutzt. Auf der südlichen Seite, wo das höher liegende Gelände sanft zur Burg abfällt, ist die Aussenmauer des Turmes gegen die am meisten gefährdete südöstliche Ecke hier nicht nur an sich, sondern auch noch ungewöhnlicherweise durch einen davorgelegten halbrunden Ausbau, anscheinend ohne Hohlraum, und damit bis auf eine Mauerdicke von 6 m verstärkt.

Der Turm (aus Bruchstein mit Sandsteingewänden) enthielt bis zum obersten, unter einem Satteldache liegenden Geschosse drei gewölbte Stockwerke, von denen die beiden unteren entsprechend hohen (Fig. 150 I und II)[1]) durch je eine Balkendecke wieder in deren zwei geteilt waren. Das oberste Gewölbe wie die beiden Balkendecken sind nicht mehr vorhanden. Die beiden noch übrigen Gewölbedecken setzen sich aus je vier spitzbogigen Kreuzgewölben mit Rippen, die im unteren Stockwerk auf einem achteckigen, oben quadratischen, im zweiten auf einem schlanken viereckigen Mittelpfeiler ruhen.

Das Erdgeschoss (dessen Eingang *e*) war zum Teil durch eine gemauerte, im übrigen durch Holzwände anscheinend in drei Abteilungen eingeteilt, deren eine bei *f* durch einen sehr grossen Kamin als Küche gekennzeichnet ist. Ein zweiter Kamin liegt über dem ersten Gewölbe bei *g* (ebendas. II). Die beiden dazugehörigen Schornsteine, nach unten in Absätzen verbreitert (vgl. IV), erheben sich noch hoch über die (seit 1780) dachlosen Mauern. Die rechteckigen, zumeist weiten und ungeteilten Fenster fehlen nur auf der Angriffsseite.

Der Aufstieg in Form einer Wendeltreppe liegt in der südwestlichen Ecke der Mauer, weiter oben, um hier im fünften Stockwerk für ein Ecktürmchen Raum zu lassen, näher dem halbrunden Ausbau (vgl. ebendas. III). Solche, nach aussen und oben nicht hervortretenden Türmchen liegen von hier ab auch in den übrigen Ecken mit Ausnahme der südöstlichen, da hier der halbrunde Ausbau zu nahe lag. Dieselben sind in Höhe des Umganges mit flachbogigen Gewölbekappen geschlossen und haben je eine kleine Mauerblende, der südwestliche noch einen in der Mauerdicke sich anschliessenden Raum für den Wächter. Das fünfte Stockwerk enthält ausserdem den Zugang zu zwei Kragsteinen für eine senkrecht über dem Turmeingange angebrachte Pechnase und in der Ecke neben dem Halbrund einen desgleichen anscheinend zu einem hier vorgekragt gewesenen Abtritt[2]). Der Halbturm hat einen Kranz kleiner unten abgekehlter Kragsteine. Das fünfte Stockwerk des Wohnturmes ist in einfacher Weise vorgekragt. Von dieser Erweiterung, sowie dem Halbturme abgesehen, beträgt die äussere Seitenlänge 14 zu 15, die lichte Weite 8,10 zu 9,30 m.

---

[1]) Nach vorhandenen, von Günther, Bilder a. hess. Vorzeit 1853, mitgeteilten Aufnahmen.

[2]) Nach Lotz u. Schneider, Baudenkm. d. Reg.-Bez. Wiesbaden, liegt „eine zweite Pechnase beim südöstlichen Ecktürmchen", deren letzterer auch vorher vier gezählt werden. Was die Frage, ob Pechnase oder Abtritt, betrifft, vgl. die bezüglichen Ausführungen im 16. Kap.

Bei einigen anderen Wohntürmen, zu Thun und Saalfeld, treten runde Ecktürme, bis obenhin massiv, nach aussen vor[1]).

Der 1182 erbaute Wohnturm des alten Zähringen-Kyburger Schlosses Thun über der Stadt gleichen Namens ist auch durch seinen Umfang von 57 zu 75 Fuss Seitenlänge bemerkenswert. Ueber einer 14 Fuss hohen massiven Mauerung enthält er drei Stockwerke mit auf Holzpfeilern ruhenden Balkendecken und je zwei breiten Rundbogenfenstern auf den Langseiten. Das mittlere Stockwerk war durch Balkenwände in vier Kammern geteilt, von dem darüber liegenden „Rittersaal" führt in der einen Ecke eine Wendeltreppe in die unteren Stockwerke, in der gegenüberliegenden eine solche auf die Wehrplatte. Die Zinnenlücken der letzteren wurden später mittels stichbogigen Sturzes in Fenster und die Wehrplatte in ein bedecktes Stockwerk mit hohem Dache umgewandelt. Ein Aehnliches geschah mit den achteckigen die vier Eckpfeiler bekrönenden Zinnenkränzen. Vor der Plattform lief ein hölzerner Umgang hin.

Fig. 151 Hoher Schwarm

In mehrfacher Beziehung von hervorragendem Interesse ist der Hohe Schwarm[2]) in der Meiningenschen Stadt Saalfeld, ein dem wehrhaften Palas nahekommender Wohnturm, Fig **151**. Gern noch der Zeit Karl des Grossen zugeschrieben, ist er, abgesehen von späteren Aenderungen besonders der Fenster, allem Anscheine nach noch das 1057 urkundlich vorkommende Salvedon castellum und vielleicht noch auf König Heinrich I. (919—936 zurückzuführen, der auch ein „Bodfeld" gründete[3]).

Was nun den Bau selbst betrifft, so erhebt sich derselbe, auf dem erhöhten linken Ufer der Saale dicht hinter der Stadtmauer und nach der Stadtseite hin durch einen noch erkennbaren Graben geschützt, als ein turmartiges Wohngebäude von 13 bzw. 14 m innerer Weite, 2 m Mauerdicke und ca. 20 m Höhe, an den beiden erhaltenen Ecken noch um ca. 9 m durch je einen Rundturm überragt. Die Ruine lässt mit fast völliger Sicherheit erkennen, dass von dem Gebäude die grössere Hälfte erhalten ist, welcher die andere einschliesslich zweier weiterer Ecktürme genau entsprach. (Fig. **152**)[4]). Ueber dem Keller erheben sich fünf Stockwerke, deren

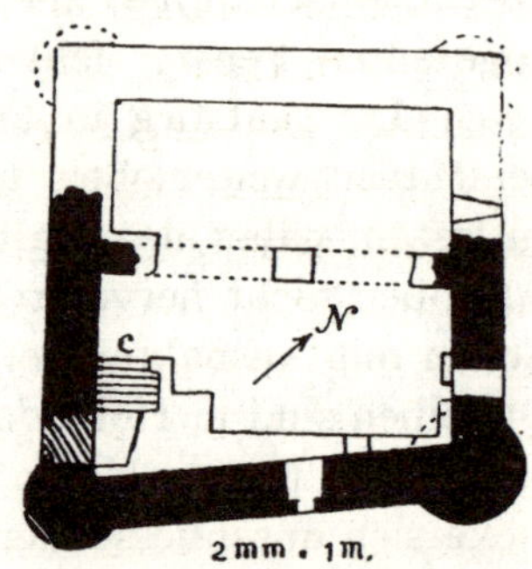

Fig. 152 Desgleichen

---

1) Auch bei Hermannstein zeigen freilich zwei von Günther a. O. mitgeteilte Ansichten von 1606 und 1851 dasselbe.

2) So lautet die älteste und noch heute volkstümliche Bezeichnung anstatt des Namens „Sorbenburg", welchen anscheinend zuerst der Saalfelder Chronist Sylv. Liebe († 1645) aus jenem herausgeklügelt hat.

3) Eingehende Untersuchung über das Alter des Baues in 1. Aufl. S. 266 ff.

4) Mehr noch als des Gleichmasses wegen ist das frühere Vorhandensein auch dieser Ecktürme deshalb anzunehmen, weil gerade die nicht mehr vorhandene Hälfte dem Angriffe zugekehrt war. Das Fehlen eines nahezu senkrecht abgeschnittenen Bauteiles neben der fast unversehrt gebliebenen anderen Hälfte desselben macht die überlieferte Nachricht, dass der

drei unterste durch eine starke in ihren Ansätzen erhaltene Wand geteilt waren. Diese drei Stockwerke, von welchen das unterste nach Südosten eine von 1,2 bis 1,93 m sich nach innen erweiternde Tür und nach Nordosten eine schmalere Pforte enthält, hatten Balkendecken, welche nur zum Teil auf geringen Mauerabsätzen auflagen. Die Fenster, unten in einem nach innen erweiterten Schlitze bestehend, nehmen bis zum vierten Stockwerk, welches einen durch das ganze Gebäude gehenden Saal enthielt, an Grösse zu. Dieser Saal war, wie noch erkennbar, mit einem später eingespannten gotischen Kreuzgewölbe überdeckt. Erst im fünften Geschoss — niedriger und fensterreicher wohl hauptsächlich zur Verteidigung bestimmt — entwickeln sich die Türme vollständig als solche, während sie bis da hinauf nur eine massive Verstärkung der Ecken des Gebäudes bilden. Diese Entwicklung zu vollrunden und hohlen Türmen ist in der Weise bewerkstelligt, dass aus den beiden hier zusammenstossenden Innenseiten des Gebäudevierecks ein Tragebogen aufwächst, der zugleich einen unten breiten, nach oben erheblich gegen den Gebäudemittelpunkt überhängenden Eingang in den Turm bietet. Darüber zeigt das Mauerwerk noch einen flacheren Entlastungsbogen. Die nur etwa 4 m starken Türme bieten so engen Hohlraum, dass die beiden Stockwerke desselben nur durch fast senkrechte Leitern miteinander in Verbindung gestanden haben können, und haben daher schwerlich (wie Puttrich a. O. vermutet), abgesehen von einem Zinnenkranz, noch eine grössere Höhe gehabt. Der völlig dunkle Keller, von welchem der Ueberlieferung nach zwei unterirdische Gänge ausgegangen sein sollen, ist mit vier rundbogigen Kreuzgewölben überdeckt, zwischen welchen zwei Gurtbogen die oberirdische Scheidewand trugen. — Das Mauerwerk des Oberbaues besteht durchweg aus oberflächlich zugerichteten Bruchsteinen von der durchschnittlichen Grösse eines Mauerziegels, jedoch auch mit beträchtlich grösseren Stücken in den tieferen Lagen. Der sehr feste Kalk ist mit Kieseln bis zur Nussgrösse angemacht. Die Lagen gehen zumeist ganz durch die Wand, nur ausnahmsweise zeigt das Innere mehr gussmauerartige Füllung von kleineren Brocken. Ueber das schlitzartige Fenster im Erdgeschoss und die Kragsteine eines Kaminmantels siehe zu Fig. 456 und 494. Ausser diesen letzteren und bei den Saalfenstern findet sich in einfachster Weise hergerichteter Haustein nur da, wo ganz ausnahmsweise — bei der Eingangstür und einem der Turmfenster — der Spitzbogen vorkommt. Wahrscheinlich ist er also überhaupt erst viel später bei einer Neueinfassung und wohl teilweisen Aenderung dieser Oeffnungen zur Anwendung gebracht worden. —

Die Wohntürme, welche ja in erster Linie Wohngebäude sind, haben dementsprechend fast immer eine viereckige Gestalt. Als vieleckige sind M a n n s b e r g und W i l d b e r g in Niederösterreich, G e y e r s b u r g in Württemberg zu nennen. Durch eine ganz unregelmässige Figur zeichnet sich der Wohnturm der auf badischem Rheinufer gegenüber dem Aargauischen Städtchen Kaiserstuhl belegenen Burg R o t h w a s s e r s t e l z oder R ö t e l n aus. Er nimmt die ganze ca. 9 zu 19 m messende Oberfläche eines wenige Schritte vom Strome entfernten mässig hohen Felsblockes ein, dessen Form es veranlasste, dem Bau-

Bau zu diesem Teile (um 1600) abgetragen worden sei, zu einer durchaus wahrscheinlichen. Auf dem Grundrisse Fig. 152 (nach Aufnahmen des herzogl. Baumeisters Eichhorn daselbst) bezeichnet der schwarze Teil den erhaltenen Oberbau, die übrigen Linien den Keller mit dem Eingange und der Treppe *c*.

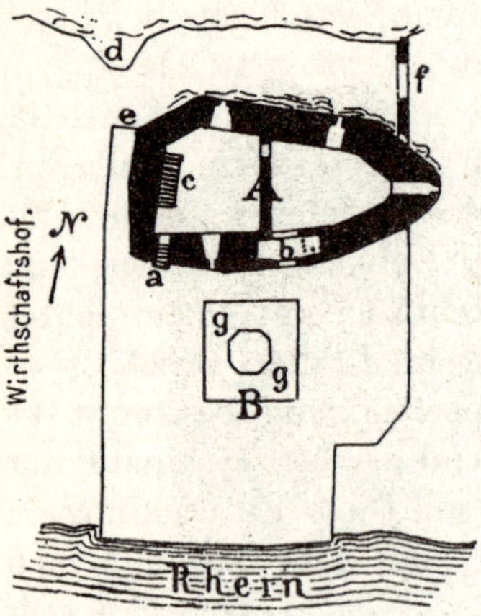

Fig. 153 Rothwasserstelz

werke die Grundrissfigur *A* Fig. **153** zu geben. In seiner langgezogenen Form deckt der Turm gegen die mässig ansteigende Landseite vortrefflich ein Wohngebäude, welches später — einen kleinen Brunnenhof *g* umschliessend — derart an denselben angebaut ist, dass sein südliches Ende direkt aus dem Wasser des Rheines auf- und mit seinen Kellerräumen erheblich unter dasselbe hinabsteigt. (*B* derselben Figur, nur der Form nach angedeutet.) Der im zweiten Stockwerk des Wohnturms befindliche Eingang ist später vom Dachstuhl des Anbaues bei *a* durchgebrochen, während der Raum des wohl ursprünglichen, etwas tiefer gelegenen Einganges *b* zu einer Küche mit noch rauchgeschwärztem Herd in der Dicke der Mauer benutzt wurde. Ueber den Zugang *d-e* siehe Kap. 10. Während die beiden unteren Stockwerke durch eine Querwand geteilt sind, bieten die beiden darüber befindlichen (zu welchen eine Holztreppe *c* hinaufführt) je einen Saal von ca. 7 zu 15 m Innenraum mit Spuren eines grossen Kamins und 9 bzw. 10 ringsum befindlichen nicht grossen Fenstern, welche Seitenbänke und zum Teil gekuppelte Spitzbogen zeigen. Aus dem Dachstuhl springt auf der östlichen Schmalseite 1,75 m weit ein zur Verteidigung bestimmter Erker mit noch vorhandenen in die Höhe zu klappenden Fensterladen hervor. Derselbe beherrscht den Zugang zu der unmittelbar neben der Burg liegenden Rheinbrücke, sowie zu dem Tor *f*, welches zu dem sich westlich anschliessenden Wirtschaftshofe führt. Die Zwischendecken des Baues bestanden, wie noch zum Teil erhalten, aus starken unmittelbar aneinanderliegenden Eichenbalken.

Ein gleichfalls unregelmässig ovaler Wohnturm, 13 m lang, wurde 1343 als Hauptbau der Burg Glopper in Vorarlberg (*t*, Fig. **154**) errichtet. Die Innenfigur weicht von der äusseren fast überall ab. Von den drei Stockwerken ist das Erdgeschoss wohl erst später zu einer Kapelle eingerichtet worden. Die auf einem Tonnengewölbe ruhende Wehrplatte hat rechteckige Zinnen und einen Abtritterker[1]).

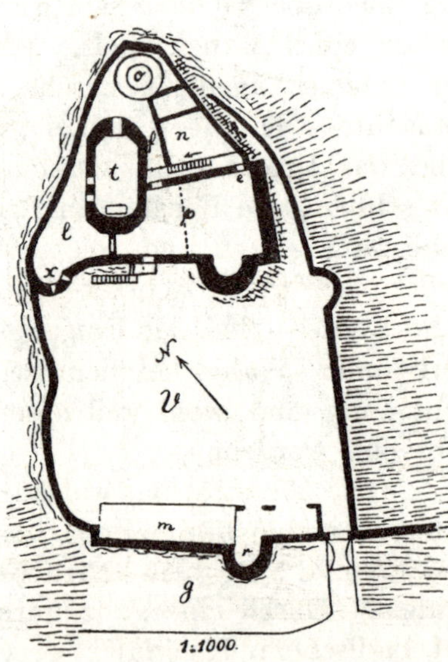

Fig. 154 Glopper

Meistens sind unsere Wohntürme einfache Bauwerke, welche nur durch Höhe und Umfang und zum Teil auch durch ihre Mauerdicke imponieren.

Zu diesen gehören besonders die im Kanton Zürich liegenden Mörsberg und Greiffensee. Der erstere Turm, um 1100 aus Findlingsblöcken erbaut, hat bei 16,30 m Seitenlänge und bis zum Dach 19 m Höhe bis zu 4,60 m Mauerdicke, auf welcher oben um 1250 auf der Nordostseite eine Kapelle (siehe Kap. 19) errichtet worden ist. Der wohl wenig später in derselben Weise erbaute Wohnturm von Greiffensee

[1]) Näheres in meinen Oesterr. Burgen I, 131, aus welchen auch der Grundriss.

ist aussen 14,80 zu 21,30 m weit und hat bis zu 4,45 m starke Mauern. Im Keller befindet sich ein Brunnen. Beide Bauwerke[1]) sind nicht ohne erhebliche Aenderungen auf unsere Zeit gekommen.

Fig. 155 Federaun

Das Dach des Wohnturmes ist regelmässig ein einfaches Zelt- oder (Fig. 156) Walmdach. Derjenige von Karlstein hatte (Fig. 624) vor der Wiederherstellung zwei Staffelgiebel. Der „Turmhof" in Steckborn, ein um 1330 am Ufer des Boden- (Unter-) Sees errichteter Bau von 9,30 und 12 m Seitenlängen und 13,42 m Höhe hat (auch im übrigen modernisiert) später besondererweise ein mächtiges Zwiebeldach erhalten, von dessen Basis an den vier Ecken hölzerne Türmchen mit ihren schlanken einwärts gebogenen, achteckigen Dächern fast ebenso hoch aufsteigen.

Fig. 155a Topplerschlösschen

Die Ausdehnung eines Baues in die Höhe anstatt in die Weite, also die Erbauung eines Wohnturmes, ist zunächst, jedoch seltener, als man annehmen möchte, durch die Beschränktheit des Bauplatzes (bzw. einer zu solchem ausgewählten felsigen Erhebung) veranlasst worden. Beispiele bieten Thierstein (S. 238), der Hauptbau der prächtigen Ruine Andraz in Welschtirol und der fünfstöckige mit dreien seiner Wände erhaltene Wohnturm von Neumontfort in Vorarlberg, welcher fünf bewohnbare 8,1 × 9,2 m weite Stockwerke gefasst hat[2]). Bei Mattsies (Bayern) nimmt das turmförmige Wohngebäude einen künstlichen Hügel ein, bei Federaun, Fig. **155**, wo es die gesamte Burg ausmacht, einen kleinen, vereinzelt aufsteigenden Felsen. Der letztere noch bewohnte Bau von nur 7,5 und 9,5 m Seitenlängen ist durch niedrige Stockwerke mit Treppen und leichten Zwischenwänden in eine Anzahl sehr enger Räume geteilt, in denen ein Feuerherd und unten selbst eine Viehstallung nicht fehlen.

In ganz anderer Weise machte die ganze Burg das Topplerschlösschen (Fig. **155a**) aus, welches 1388 im Taubertale bei Rotenburg in einem jetzt trockenen

[1]) Dargestellt von Zeller-Werdmüller in Mitteil. der antiquar. Gesellsch. XXIII, H. 6 u. 7.

[2]) Abbildungen in meinen Oesterr. Burgen I, 157.

Weiher von dem berühmten Bürgermeister Heinrich Toppler erbaut wurde. Wie noch zu erkennen ist, war es ursprünglich nur mittels einer Zugbrücke zugänglich. (Die ganze Steinbrücke scheint jünger zu sein.) Die über dem nur mit Lichtschlitzen versehenen Unterbau etwa 50 und 15 cm ausladenden Wohngeschosse enthalten die Treppenvorplätze, vier Gemächer und eine Küche. (Vgl. auch Fig. 422.)

Die zu turmförmigen Wohngebäuden nötigende Beschränktheit des Bauplatzes konnte auch dadurch veranlasst sein, dass auf einem an sich genügend weiten Raume eine Anzahl von Ganerben (siehe Kap. 22) Platz finden mussten. Beispiele Eltz (Rheinprovinz), Montfort (Rheinpfalz), Salzburg (Franken, Fig. 582) und Schauenburg (Baden).

Meistens hat ohne solche Nötigung die Zweckmässigkeit an sich zu solcher Bauform geführt. Der Wohnturm, welcher die Höhe und Mauerstärke des Berchfrits mit der Geräumigkeit eines Palas verbindet, war offenbar zur passiven Verteidigung und so zu einem Kern- und Rückzugsbau besonders geeignet, mochte er solchen für eine grössere Burganlage bilden, oder, wie besonders in der Ebene, mit einer Ringmauer, unbedeutenden Anbauten derselben und etwa noch einem Ringgraben die ganze Burg ausmachen.

Fig. 156 Wehrturm von Baierdorf

Ein Beispiel der ersteren Art bietet besonders Rabi in Böhmen[1]). In der grossen und besonders durch ihren Mauerbau festen Burg nimmt der innen 11 : 15,5 m weite und anscheinend als ständige Wohnung nicht benutzt gewesene Wohnturm die höchste Stelle des Beringes ein und ist er noch durch eigenen Zwinger und hohe Lage des (ursprünglichen) Einganges besonders bewahrt.

Beispiele der zweiten angegebenen Art finden sich u. a. in Riedheim (Baden) und Baierdorf (Steiermark). Der zuerst bezeichnete Bau von 8,70 und 12,25 m Seitenlänge hat über dem 4,5 m hoch gelegenen Eingange vier Stockwerke, deren oberstes mit fehlenden Eckbuckelquadern später als das anscheinend aus dem 15. Jahrh. stammende übrige ist. Der 11 : 13 m messende Turm zu Baierdorf (Fig. **156**)[2]) hat sechs Stockwerke, von welchen nur die beiden obersten hinlänglich belichtet sind. Das fünfte Geschoss hat einen Ausguss, das oberste einen vorgekragten Abtritt. Darüber deuten die Balkenlöcher auf einen vorgekragten hölzernen Ueberbau hin, vermutlich von der Art des auf dem unfernen Mosham (Fig. 323) noch erhaltenen.

---

1) Meine Oesterr. Burgen IV.

3) Ebendas. II, 24.

Ein besonders eigentümlicher Bau ist das für sich auf einem Felsen liegende Hauptgebäude der kleinen Burg Lobenstein in Oberösterreich, ein ganz unregelmässiges ungefähr 16 m langes und halb so breites Siebeneck bildend. Fig. **156a**, die dem Burghofe zugekehrte Langseite darstellend. Der imposante Bau besteht bis hinauf zu den drei da nebeneinander liegenden Fenstern aus einer massiven Mauermasse, in welcher nur die Räume für enge, steile Treppen und zwei kleine Kammern ausgespart sind. Darüber liegen zwei nur noch zum Teil erhaltene 5,5 × 11,5 m weite, hinlänglich belichtete Stockwerke, und darüber war nach alter Abbildung wenigstens noch ein ringsum auf langen Kragsteinen gewiss mit Gusslöchern ausladendes Geschoss. Der Bau, nach aussen über noch tieferem sturmfreien Abhange liegend, dürfte als Wohngebäude von ausserordentlicher Festigkeit für die erste Burgbauperiode (S. 27) ohne Seitenstück sein[1]).

Fig. 156a Lobenstein

Wohntürme von zwanzig und mehr Metern Seitenlänge unterscheiden sich kaum von mehr oder weniger wehrhaften Palasen („Steinhäusern") und sind daher im betreffenden Kap. 15 im Zusammenhange zu behandeln.

Wenn man auch den Wohnturm „römischen Ursprungs" sein lässt, sein Vorbild in den Prätorien römischer castra finden will, so bedarf das keiner Widerlegung.

Besonders hergebracht ist es andrerseits, diese Bauten auf die Donjons zurückzuführen, welche die Normannen vom 9. bis in das 12. Jahrh. in England, Nordfrankreich und Unteritalien aufführten[2]) und welche nach Krieg v. Hochfeldens Vorgange in unseren Fachschriften eine bevorzugte Rolle zu spielen pflegen. Diese Donjons bzw. die in den bezeichneten Ländern nach

[1]) Meine Oesterr. Burgen VI, 113 ff.

[2]) Besonders Näher findet in den verschiedenartigsten Bauten — von den engen Berchfriten von Besigheim bis zu dem späten Batterieturm von Hartenburg und dem Schleglerschloss zu Heimsheim — Nachahmungen der „französischen Donjons", und selbst v. Cohausen lässt (Befestigungsweisen 150, A. 2) den Turm von Hohlenfels in Luxemburg „wahrscheinlich unmittelbar nach dem Muster" derselben erbaut sein.

ihrem Muster noch ferner erbauten, zeichnen sich fast ausnahmslos durch grossen Umfang und Höhe — derjenige von Coucy hat einen Durchmesser von mehr als 90 bei einer Höhe von über 160 Fuss — sowie eine bis zu 7 m gehende Mauerdicke und gediegene, öfter kostbare Ausführung aus. Lisenen, hochgelegener Eingang, Wendeltreppen, ein Brunnen finden sich häufig. Wie unsere Vorfahren (vgl. Vorwort z. 2. Auflage) kaum Anlass und Gelegenheit haben konnten, französische oder englische Burgbauten nachzuahmen, so haben die, wie wir gesehen haben, so mannigfaltig ausgestalteten Wohntürme mit jenen Donjons kaum irgend einmal eine bemerkenswerte Aehnlichkeit. Aber auch bezüglich der italienischen gilt dasselbe. Die betreffenden, besonders auf Sizilien von mir aufgenommenen Normannenbauten haben überwiegend die Gestalt wehrhafter Palase. Von diesen meines Wissens bisher nicht veröffentlichten Bauten möge eine eigenartige Ausnahme in dem Wohnturm von A d e r n ó am südwestlichen Fusse des Aetna hier zum Vergleiche eine Stelle finden.

Fig. 157 Wohnturm von Adernó

Der Roger I. († 1101) zugeschriebene Bau liegt am Südende der genannten Stadt auf völlig ebenem, auch durch Wasser nicht geschütztem Gelände. Der Turm (Fig. **157**) ist deshalb auf einem erweiterten einstöckigen und stark geböschten Unterbau errichtet, der früher noch mit einem Graben umgeben sein mochte und dessen Plattform ringsum noch einen zwingerartigen Wehrgang (*a a*, Fig. **158**) übrig lässt. Die Brüstungsmauer hat auf der stadtwärts belegenen Eingangsseite rechteckige Zinnen. Von dem Eingange *b* führt gegen Westen eine Freitreppe auf den Wehrgang, und erst nachdem man hier drei Ecken des Oberbaues umschritten hat, kommt man östlich (Fig. 157 links) durch eine Tür und über eine Treppe in der Mauerdicke bei *n*, Fig. 158, in das unterste der eigentlichen Wohngeschosse, das mittelste des Gesamtbaues. Ueber die Kapelle *C*, den einzigen hier oben noch überdeckten Raum, siehe Kap. 19. Das Gemach *D*, wie der Saal *F* haben Kamine, die rundbogigen über 3 m hohen Fenster durchweg Seitenbänke. Von der Fensternische *e* aus führt eine enge Wendeltreppe,

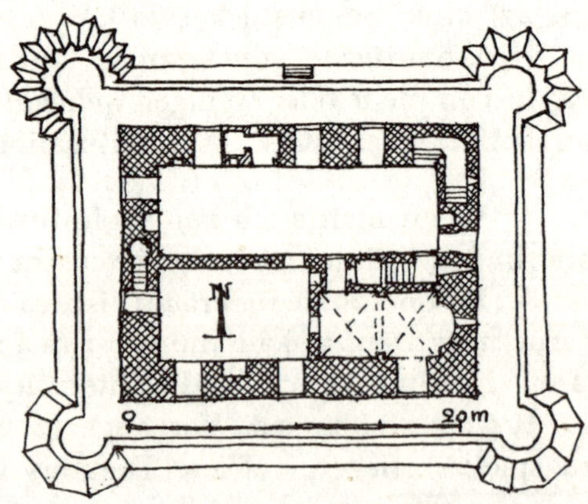

Fig. 158 Derselbe

von *d* aus eine geradläufige in die oberen Stockwerke. Ueber den (nur noch zum Teil erhaltenen) eigentümlich ausgestalteten Zinnenkranz siehe Fig. 348 (2). Das wenig belichtete unterste Turmgeschoss (jetzt Gefängnis) war wohl zumeist für die Besatzung bestimmt. Der noch dunklere Innenraum des Unterbaues hat an der Nordostecke (Fig. 157 Mitte) seinen Eingang, der von dem Wehrgange aus durch einen kleinen Vorbau, anscheinend mit Pechnase, verteidigt wurde. Eigentümlich ist die dem Durchschnitt nach sternförmige Gestalt der Eckvorsprünge auf der Nordseite. —

Zum Nachweise dessen, wie weit der Wohnturm verbreitet war, mag schliesslich erwähnt werden, dass u. a. ein solcher sehr stattlicher Art auch auf der dänischen Insel Bornholm inmitten der weitläufigen Ruinen der am Meeresufer malerisch gelegenen Bischofsburg H a m m e r s h u u s sich erhebt.

Achtes Kapitel.

Mauertürme. Rondelle. Vorgeschobene Wehrbauten.

(Einführung der Mauertürme bei Burgbauten. Scharwachttürmchen. „Schalen." Wiekhäuser. Entwicklung nach Einführung der Pulvergeschütze. Rondelle und Basteien. Vorgeschobene Einzeltürme und umfänglichere Wehrbauten.)

In bezug auf die schon von alters her bei Befestigungen gebräuchlichen Ringmauertürme befolgten die Römer bei uns keine feste Regel. Von ihren Kastellen am rechtsrheinischen Grenzwall hatten diese (z. B. Alteburg bei Heimbach und bei Heftrich) gar keine Türme, jene (so Saalburg und Holzhausen) solche nur an den vier Toren, andere (wie Wiesbaden) zahlreiche nur nach innen vorstehende. Waren diese viereckig, so hatten z. B. das Kastell von Stein a. Rhein und die Mauerumfassung von Boppard halbrunde, nur nach aussen vorstehende, und die Befestigungen von Neumagen, Bitburg und Jünkerath in der Rheinprovinz[1]) vollrunde, nach beiden Seiten vorspringende, und zwar zum Teil hohle, zum Teil volle Mauertürme[2]). Bei sehr verschiedener Stärke (vgl. oben S. 63) — ihre Höhe ging jedenfalls bis über 10 m hinaus — sind ihre Abstände voneinander hier gleichmässige, dort wechselnde, z. B. bei Neumagen zwischen 21,50 und 40 m.

Wenn sonach die Befestigung durch Mauertürme — so werden kürzer die Ringmauertürme genannt — unseren Vorfahren von Anfang an aus den römischen Bauten bekannt war, und selbst eine Anzahl besonders linksrheinischer Städte diese Hinterlassenschaft der Römer fortwährend als Bestandteil ihrer Umfassung aufrecht erhielten, so scheint doch zumal bei Burgen — bei welchen die Festigkeit der Lage und zugleich die geringe Zahl verfügbarer Verteidiger in Betracht kam — diese Befestigungsweise zunächst nicht in Anwendung gebracht worden zu sein.

In der Tat wüsste ich keine deutsche Burg zu nennen, welche nachweislich Mauertürme überhaupt — wenn auch nicht Flankierungstürme, die zur äusseren Bestreichung der Ringmauer vor diese hinausragen — aus der Zeit vor den Kreuzzügen aufzuweisen hätte. Die älteren Burgen, wie Gelnhausen, Wartburg, Münzenberg, Steinsberg, Schlosseck, Hohenklingen, Scharfenberg (Rheinpfalz), Hohenegisheim, Tirol, Kyburg usw., haben entweder keine Mauertürme oder offenbar nur später (besonders bei Neuanlegung eines Zwingers) hinzugefügte.

[1]) Westd. Zeitschr. 1891, 284 ff.

[2]) Ueber „nach aussen vorzuschiebende" Türme heisst es bei Vegetius lib. I, cap. V: *Item turres sunt projiciendae in exteriorem partem, uti, cum ad murum hostis impetu velit appropinquare, a turribus dextra ac sinistra parte lateribus apertis telis vulneretur.*

Ein belehrendes Beispiel der letzteren Art bietet u. a. die Rudelsburg (Fig. **159**). Schon bei der ersten Anlage hatte dieselbe (vgl. S. 13) auf der der Vorburg V zugekehrten Ostseite den schmalen Zwinger *zz* und anscheinend einen gleichen auf der nur durch ein flaches Tälchen geschützten Südseite. Jedenfalls nun nicht vor der ersten Zerstörung der Burg 1348 (eine zweite fand 1450 statt) wurde (vgl. S. 134 Anm. 2) die Befestigung auf diesen beiden fast allein zugänglichen Seiten durch die drei Ecktürme *a*, *b* und *c* verstärkt, von welchen der stärkste auf der von beiden Seiten bedrohten Südostecke seinen Platz fand, während der kleine halbrunde, nach innen offene deshalb so weit nach Norden hinausgerückt wurde, um einen Zugang von der Ost- auf die sonst sturmfreie Nordseite unmöglich zu machen. *a* und *b* wurden durch eine neue, im Bogen weiter hinausgerückte Zwingermauer verbunden, allem Anscheine nach auch *b* und *c* durch eine solche, die allerdings durch das auf anstehendem Felsen in den Graben *D* vorspringende Torgebäude *t* unterbrochen war.

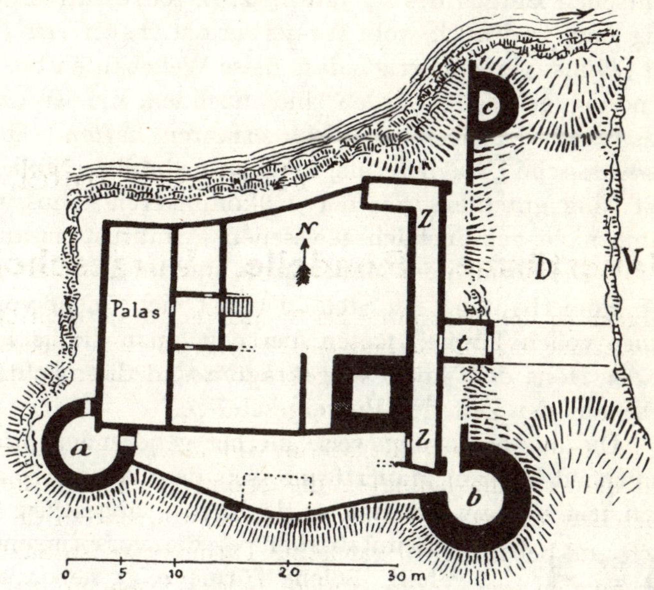

Fig. 159 Rudelsburg

Die Erkenntnis, dass Mauertürme um so wirksamer waren, wenn sie nach aussen vorsprangen (die Ringmauer flankierten), scheint erst allmählich eine allgemeine geworden zu sein. Während später nach Einführung der Pulvergeschütze schwerlich noch andere Mauertürme gebaut wurden, stehen z. B. bei der seit 1226 zerstörten Isenburg (Westfalen) der Berchfrit und in der Vorburg drei runde und viereckige Türme an der Ringmauer, ohne vor dieselbe vorzuspringen. Wenn die kleine Burg Hohnack im Wasgau, bei deren innerer Ringmauer starke Flankierungstürme eine hervorragende Rolle spielen, schon im 11. Jahrh. genannt wird, so gehört sie doch in dieser Gestalt dem Ende des 13. Jahrh. an, aus welcher Zeit ein Ritter von Gundolsheim als ihr Wiedererbauer genannt wird, und bei Salzburg in Franken ist es jedenfalls nicht nachweisbar (S. 122 und Fig. 582), dass die von starken Vierecktürmen unterbrochene Frontmauer noch in das 12. Jahrh. zurückreicht, abgesehen von der Frage, ob die Türme (ausser dem Torturm) nicht vielmehr als Berchfrite der anstossenden Ganerbenteile der Burg zu betrachten sind. Bei dem im 11. Jahrh. genannten Hohenrätien (Graubünden) standen die an den Grenzen des Beringes errichteten berchfritartigen Türme jedenfalls mit der Ringmauer nicht in unmittelbarem Zusammenhange (vgl. Krieg v. H. a. O. S. 240), und so werden sich auch andere anscheinende Ausnahmen als eben nur scheinbare erklären lassen.

Wenn wir nun andrerseits bei den von den Kreuzfahrern in Syrien ausgeführten Befestigungsbauten — vgl. die von Rey, Étude mitgeteilten Grundrisse — flankierende Mauertürme aller Art, innen offen oder geschlossen, rund, halbrund und viereckig, und ebenso solche, offenbar der ersten Anlage angehörende bei deutschen Burgen des 13. Jahrh., z. B. Reichenberg (Fig. 185), Neuleiningen (Fig. 600) und auch wohl Wasserburg Marschlins (Fig. 552) finden, so erscheint der Schluss gerechtfertigt, dass diese Wehrbauten bei unseren Burgen erst zur Anwendung gebracht worden sind, nachdem die Kreuzfahrer im Orient die Zweckmässigkeit derselben praktisch erfahren hatten. Dies Wehrbausystem war dort als klassische Ueberlieferung stets in Gebrauch geblieben, und seine Zweckmässigkeit hing gutenteils mit der vollkommneren Schusswaffe, der im Abendlande bis dahin nicht gebräuchlich gewesenen Armbrust zusammen. (Vgl. hierüber S. 27.)

Die Formen der Mauertürme sind im Mittelalter noch mannigfaltigere als bei den Römerbauten. An Stelle der fast nicht mehr vorkommenden bis zum Mauergange vollen Türme[1]) treten hier neu hinzu die nach innen ganz offenen, die nur in der Höhe der Mauer vorgekragten und die mächtigen Batterietürme und Rondelle aus der Zeit der Pulvergeschütze.

Die nur bedingungsweise hierher gehörenden in der Höhe vorgekragten (entsprechend kleinen) Mauertürme, seit dem Ausgange des 14. Jahrh. beliebt, findet man fast nur an den Ecken, da hier — abgesehen von der dadurch erweiterten Benutzbarkeit — die vorspringende Mauerecke die Last tragen half. Solche Türme zeigt neben anderen Mauertürmen Reichenberg, deren ausschliesslich Hohlandsberg. Erscheinen dieselben zum Teil nur als eine Ausbuchtung der gezinnten Mauerbrustwehr, auch „Erkundigungsstuhl" genannt — ev. mit Gusslöchern zwischen den Kragsteinen (siehe darüber Kap. 13) —, so entwickeln sie sich andrerseits, wenn mit Decke und Dach versehen, zu ein- oder zweistöckigen Scharwachttürmchen, Echauguettes[2]) — Fig. **160**[3]) —, unter welchen man auch die auf der Höhe der Türme vorgekragten Ecktürmchen versteht.

Fig. 160 Vom castello di Montalto

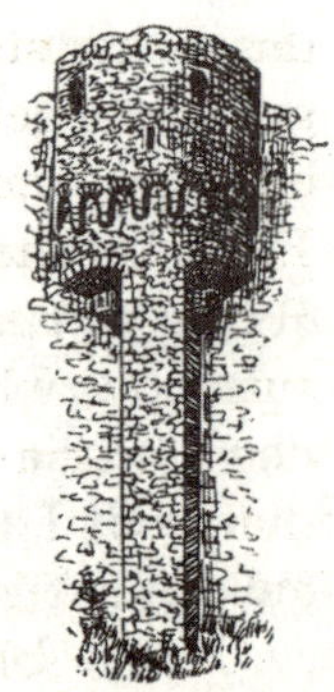

Fig. 161 Von Wertheim

Ueber hölzerne Dacherker und Scharwachttürmchen mit Gusslöchern siehe zu Fig. 360 und folgende.

Sind diese vorgekragten Mauertürme inmitten einer Ringmauer angebracht, so wurde wohl der überstehende Teil von einem Mauerpfeiler und zwei seitlichen „Pendentifs" getragen, so bei den beiden Main-Burgen Wertheim (Fig. **161**) und Prozelten. (Die Ringmauer ist hier wesentlich nur Futtermauer.)

[1]) Hoch hinauf massive Ecktürme an Gebäuden haben wir im vorigen Kapitel kennen gelernt. Ueber spätere Rondelle der Art siehe weiterhin. Vgl. hierzu auch meinen Aufsatz über die Lindauer Heidenmauer im Jahrgang 1892 der Schriften des Bodenseevereins.

[2]) Échauguette, altfrz. échargüette, lat. escharguaita, scaraguayta, wird von Schaarwacht (zunächst gleich dem modernen Patrouille) abgeleitet.

[3]) Vom castello di Montalto im Aostatal. Sie finden sich sonst beispielsweise auf dem Heidelberger Schloss und Seebenstein, hier wohl erst 1604 wesentlich zur Zierde angebracht.

Diese auf einen lisenenartigen Mauerpfeiler aufgesetzten Mauertürme bilden gewissermassen den Uebergang von den nur vorgekragten zu den vom Boden ab als Turm ausgebauten[1]).

Zwei solche noch mit Armbrustscharten versehene runde Mauertürme stehen an den beiden Ecken des auf der Bergseite gelegenen tieferen Teiles von Landsberg im Wasgau. 3,50 m im Lichten und 2 m Mauerstärke messend, hat speziell der nördliche fünf Stockwerke ohne innere Absätze aber mit zahlreichen Kragsteinen für die Balkenböden, von unten an in jedem Stockwerk Schiessscharten und in den vier unteren Eingänge nach dem Hofe (wo sich ein Wohngebäude anschloss) sowie in der Mitte eine auf die östlich anstossende Ringmauer führende Tür. Ein anderer, mit Scharten für Handfeuerwaffen versehener runder Eckturm auf Prozelten am Main misst bei gleicher Mauerstärke nur 2 m im Lichten und hat vier Stockwerke, von welchen jedoch nur das oberste über dem — entsprechend höher als der äussere Zwingerraum liegenden — Baugrunde der Burg sich erhebt. Die Stockwerke sind mit Kuppelgewölben, die ein rundes Loch im Scheitel haben, überdeckt und durch Treppen in der Mauerdicke miteinander verbunden. Aehnliche an der Futtermauer in den tiefer liegenden Zwinger hinabsteigende Türme aus der Zeit der Pulverwaffen finden sich u. a. in Wertheim am Main und Leuchtenburg in Thüringen, aber auch da, wo aussen bzw. unten kein Zwinger mehr vorgelegt ist, wie bei Hornberg am Neckar. Es dürfte mit diesem Umstande zusammenhängen, wenn bei dem letztbezeichneten Mauerturme der untere Teil als das bei Berchfriten gewohnte Verliess gestaltet ist.

Wie ebendieses Beispiel zeigt, wurden die Mauertürme, soweit sie nicht an den Ecken standen, doch zweckmässigerweise gern da angebracht, wo die Mauer einen nicht einspringenden Winkel oder Knick machte. Ein ähnliches Beispiel bietet Fig. 162 von Prozelten, doch ist hier an dem Mauerturme *a* nach aussen ein dort hoch über dem Boden liegender, vom Burghofe aus durch die Mauerpforte *e* zugänglicher Wehrgang auf Kragsteinen angebracht.

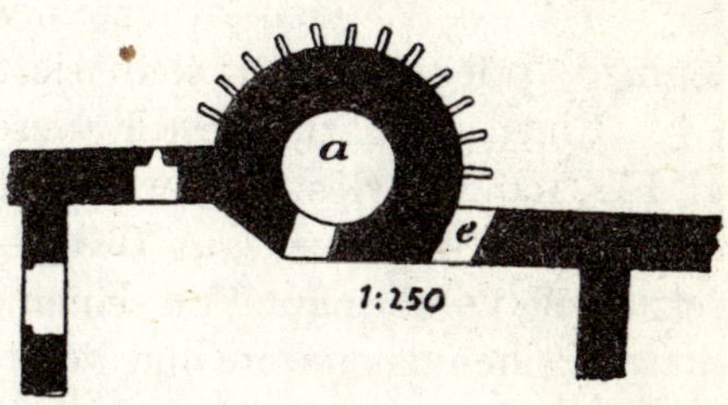

Fig. 162 Mauerturm von Prozelten

So sehen wir mitunter auch einen Mauerturm gewissermassen an die Stelle eines auf der Angriffsseite vorgeschobenen Bergseite treten. Bei Rauhenstein südl. Wien und Neuhaus in Südtirol steigt der Burgbering in Form eines schmäleren Felsrückens gegen die Bergseite an und endet hier in einem nach innen offenen viereckigen Turm, während der Berchfrit tiefer innerhalb der breiteren Hauptburg steht.

Wie hier, sind rechteckige und halbrunde Wehrtürme (von den Berchfriten abgesehen) häufig auf der burgwärts gerichteten Seite durch eine Wand nicht geschlossen. Man verhinderte dadurch, dass die in solche schon eingedrungenen Feinde sich in denselben festsetzen und sie gegen die Burg selbst benutzen konnten und sparte obenein beim Bau. Auch Violett-Le-Duc gibt (Essai sur

[1]) Es finden sich auch wohl Ecktürmchen, deren Erweiterung nach oben durch mehrere übereinander vorgekragte Bogenfriese bewirkt wurde, so ein solches mit drei Friesen aus dem Anfang des 16. Jahrh. auf Gutenfels am Rhein. (Nass. Annalen 1891, mit Abb.)

l'archit. milit. S. 43) als Grund an: *afin de rendre leur possession inutile pour l'assiégeant*[1]).

Bei diesen Bauteilen kommen alle Abstufungen vor: von ganz flachen, weder durch Mauerstärke noch durch grössere Höhe sich abhebenden Ausbuchtungen der Mauer selbst, die also gar nichts selbständiges und turmartiges haben, bis zu den mächtigen halbrunden Batterietürmen und Rondellen aus der Zeit der Pulvergeschütze, wie denn z. B. ein solches viergeschossiges Halbrund auf Küssaberg in Baden (Fig. 207) bei 3,55 m Mauerdicke etwa 9 m Innenweite misst. Die erstbezeichneten, auch Schalen genannt, sind nur ausnahmsweise, so auf Klingenberg in Böhmen, rechteckig, oder, so auf Wittigshausen daselbst, mehrwinklig.

Ausnahmsweise ist solcher Mauerturm nur unten offen, Fig. **163** von Hohennagold. Verwandtes damit zeigt der in besonderer Weise auf der Innenseite vorgekragte von Hohenlimburg, Fig. **164**[2]).

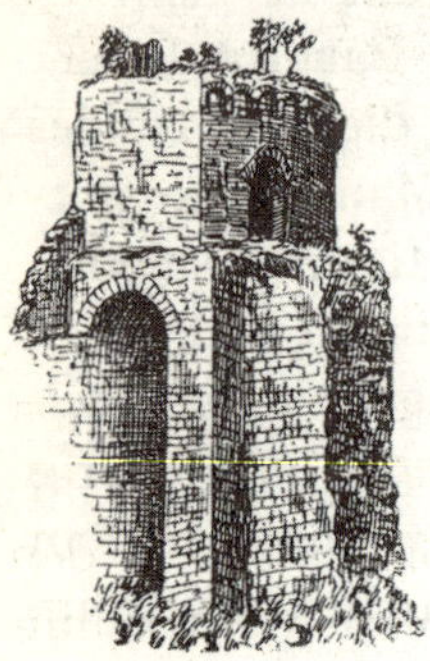

Fig. 163
Von Hohennagold

Fig. 164
Von Hohenlimburg

Es ist wohl zumeist erst in einer späteren Zeit, in welcher diese Türme ihre Bedeutung verloren hatten, geschehen, dass man auch die innere Seite derselben mit leichterem Mauerwerk meistens im Holzverbande schloss, um die Türme dadurch für friedliche Zwecke benutzbar zu machen. So zunächst in den Städten; auf Burgen — so Hohkönigsburg[3]), Reiffenstein in Kärnten und Arco — meistens nur im unteren Teile. Die berchfritartigen viereckigen Mauertürme, welche auf Burgen, z. B. Pfannberg, vorkommen, pflegten jedenfalls, wie die Berchfrite selbst, rings geschlossen zu sein.

Einen eigenartig gestalteten Mauerturm hat die Wasserburg Langenau, vgl. Fig. 196. In Gestalt eines stark überhöhten Halbkreises überbrückt er von der verfallenen Ringmauer aus den vorliegenden Zwinger, vor dessen Mauer er halbkreisförmig vorspringt. Von seinen beiden Stockwerken flankiert mit seinen Schiessschartenreihen das untere nur die Aussenseite der Zwingermauer, das obere auch den Zwinger selbst, zu dem man auf einer Leiter hinabsteigen kann. Der darüber umlaufende Wehrgang stand mit dem gleich hohen der Ringmauer in Verbindung[4]).

Kleinere Türme, also auch besonders in der Mauer stehende, wurden auch wîchûs[5]), Wiekhaus genannt, von wîc = Kampf, Krieg, also eigentlich Kriegshaus[6]).

---

[1]) Offenbar brauchte nicht die ganze Wand zu fehlen, um, wie andere (so Näher und v. Ritgen) als Grund angeben, leichter Geschütze bzw. Wurfmaschinen (?) etc. in den Turm zu bringen. Für den Aufzug ersterer pflegten in den Batterietürmen die Zwischendecken eine Oeffnung zu haben.

[2]) Nach G. A. Fischer, Schloss Burg, Düsseldf. 1892.

[3]) So vor dem jetzigen Neubau, der aus dem Rondell einen „Mühlenturm" gemacht hat. (Vgl. Kap. 24.)

[4]) v. Cohausen, Befestigungsweisen. S. 185 mit Abb.

[5]) Wolfram, Parz. 183, 24: „*Türn oben kemenâten, wîchûs, perfrit, ärkêr.*" Mitteil. d. antiquar. Gesellsch. XVI, S. 16 (Baseler Urkunde v. 1180): „*Nullae personae licere munitionem aliquam novam, que vulgo dici posset Wicborg . . . erigere.*"

[6]) Vgl. Beneke und Müller, Mittelhochd. Wörterb. 1854, I, 740.

In einer etwa von 1450 bis 1700 gehenden Entwicklung suchte man nach Einführung der Pulvergeschütze deren rasanter Wirkung zunächst durch rundliche zur Flankenbestreichung hinausgeschobene Werke aus Balken, Flechtwerk und Erde — Bollwerke oder Bastione — zu entsprechen, später vorzugsweise durch starke Mauerbauten, von welchen vorzugsweise die fünfeckigen Bastione oder Basteien, die mehr turmartigen rundlichen Rondelle hiessen[2]).

Beispielsweise werden die beiden Frontecken von Sigmundskron (Südtirol) durch solche Batterietürme oder Rondelle gebildet, von deren einem Fig. **165** den Durchschnitt gibt.

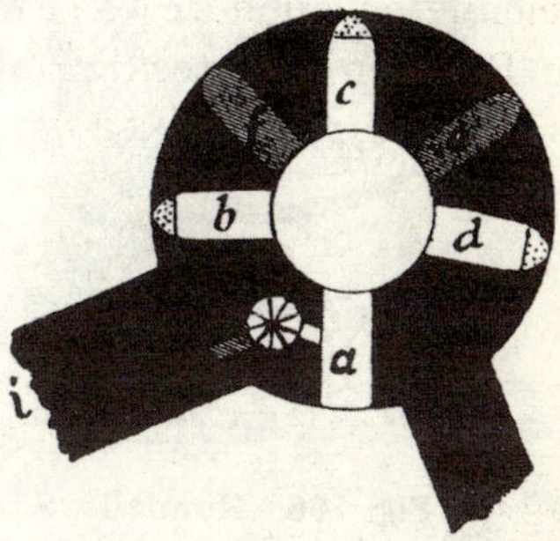

Fig. 165
Rondell von Sigmundskron

Vom Hofe aus führt der ebenerdige Eingang *a* in den 6 m weiten Innenraum, von welchem die drei Schiessscharten *b*, *c* und *d* ausgehen. Das darüberliegende Stockwerk enthält die beiden Scharten *e* und *f*, während die drei Scharten des folgenden, wie die vorigen für Geschütz bestimmt, wieder gerade über den drei ebenerdigen liegen. Das vierte und oberste Stockwerk dagegen enthält neun in eigentümlicher Form sorgfältig ausgemeisselte Doppelscharten (Fig. 331) und vor ihnen zieht sich ein Absatz hin, der die (unten 4,50 m starke) Mauer um 1,65 m verjüngt, so dass auch ohne einen die beiden oberen Stockwerke trennenden Boden (solche sind in den beiden Türmen überhaupt nicht mehr vorhanden) auf diesem Mauerabsatz hinlänglich Raum zu freier Bewegung sich bot. Eine enge Wendeltreppe verbindet den Eingang mit der starken Frontmauer *i* (vgl. Kap. 9). Oben sind in der Mauerdicke zwischen *a* und *d* zwei Kammern, wohl für das Pulver, ausgespart.

Es ist gewiss nur zufällig und nicht, wie v. Ritgen, Münzenberg S. 5 meint, etwas für diese „Wiekhäuser" wesentliches, wenn sie auf der Innenseite offen sind.

Uebrigens fehlt es auch bei diesem alten Ausdruck nicht an unrichtigen Erklärungen. So in Bonner Jahrb. 31, S. 80 (Anm. zu Schmidts Hinterl. Forschungen): „Die Benennung Wichhaus, welche fast sämtliche in Cöln erhaltene Mauertürme führen, kommt von dem lateinischen vigilia = Wache, folglich ist Wichhaus gleichbedeutend mit Warte", und Pupikofer, Gesch. v. Kyburg in den Mitteil. d. antiquar. Gesellsch. a. O.: „Wichhus wurde genannt der hinter dem Eingangstor einer Burg erweiterte, zu dem zweiten Tore in den Hof führende, durch ein Fallgitter abschliessbare Raum." Nach Maurer (Einl. S. IV zu Näher u. Maurer, Burgen des Breisgaues 1884) nannte man (was ich dahingestellt sein lasse) „Wighus" = Kriegshaus auch die Steinhäuser, aus denen einige Burgen, wie Alzenach bei Gundlingen oder die zu Thunsee allein bestanden. Wiekhäuser heissen auch anderwärts, z. B. in Neubrandenburg, noch die unbedeutenderen Mauertürme. Wich bedeutet aber (vgl. Lexer, Wörterb.), wenn es nicht für wie gebraucht wird, weichen, geweiht, oder die Stadt (Weichbild), was hier ja nicht passt. Es ist daher auch verfehlt, wenn in Dehio, Handb. d. deutschen Kunstdenkm. regelmässig „Weichhaus" geschrieben wird.

[2]) *Bol* = Bohle, *bastone (bâton)* = Stock, das veraltete *bastire (batir)* = bauen, *Bast* mundartlich = Holz. Wie nahezu bei allen älteren technischen Ausdrücken der Burgenkunde stand auch eine bestimmte Bedeutung der oben angeführten nicht fest. So werden schon 1386 in Stadtrechnungen von Geldern vorspringende Mauertürme neben „Rondeln" auch „Bolwerke" genannt, und ein mit Geschützscharten ausgestatteter alter Wohnturm auf Rodeneck hiess zu Merians Zeit die „hohe Pastei", während Valvasor 1689 sogar eine Ringmauer „eine rund umher sich erstreckende Pastey" nennt. Ueber „Streichwehren" siehe Kap. 9. Das Rondell hatte in der älteren Schreibweise nur ein l und wurde auch demgemäss ausgesprochen.

Die Ansicht eines ähnlich gestalteten Turmes gibt Fig. **166**, einer im German. Museum befindlichen Abbildung der Plassenburg bei Kulmbach von 1554 entnommen.

In der Regel hat bei den Rondellen das Erdgeschoss oder noch etwa ein zweites — die öfter auch bis zur Wehrplatte die einzigen sind — einfache Kuppelgewölbe mit einem Loch in der Mitte (S. 252 Anm. 1). Die Geschützscharten fangen mitunter erst in diesem zweiten Stockwerk an. Sehr gewöhnlich ist bei diesen späteren Wehrbauten besonders österreichischer Burgen der Cordonstein, ein aus einem Rundstab bestehendes Gesims aus Haustein, mitunter auch Formziegeln, in der Regel als Abschluss des mit steilem Böschungswinkel anlaufenden Erdgeschosses. Siehe Fig. 621.

Fig. 166 Rondell von der Plassenburg

Dürer empfahl in seinem „Etlichen vnderricht zu Befestigung der statt, schloss vnd flecken" (Nürnberg 1527) u. a. die Rondelle oder Basteien bis zur Wehrplatte mit starken Strebemauern zu durchziehen und die Zwischenräume auszumauern oder auch nur „mit ertrich gantz auszufüllen". Nach dieser Vorschrift sind Basteien auf Hohenneuffen (S. 119 Anm. 1) ausgeführt worden[1]). Auch die mächtigen Rondelle am Eingange zu Stein (Steiermark) und Dorneck (Schweiz) sind allem Anscheine nach unten ebenso massiv, vielleicht zum Teil von gewachsenem Felsen ausgefüllt.

Ausnahmsweise hatte das halbrunde Rondell (wie Berchfrite, siehe S. 223) ein nach innen geneigtes Pultdach. Beispiel: Mägdeberg im Hegau. Mitunter ist auch den sonst vollrunden, so auf Pernstein in Mähren und Dürnstein in Steiermark, eine Spitze vorgelegt. Ueber die Ausstattung der Rondelle mit Gusslochreihen siehe Kap. 13.

Die hier behandelten Bauwerke zeichnen sich häufig durch grossen Umfang und Mauerdicke aus. So hat z. B. der vorgeschobene Turm der Hartenburg (*d*, Fig. 167) 22,5 m Durchmesser bei 9 m lichter Weite, und der bis zum Dachanfang 37 m hohe „Dicke Turm" des Heidelberger Schlosses (gleichfalls Ruine) bei 14,66 m innerem 28,5 m äusseren Durchmesser. Besonders gestaltet ist das Rondell („Kaiserturm"), welches, auf dem höchsten Punkte des Beringes stehend, den Kernbau der Feste Gerolstein (Kufstein) bildet. Bei 29 m Durchmesser hat es unten 6 m Mauerstärke und durch seine drei gewölbten Geschosse geht ein sehr dicker Mittelpfeiler. Das oberste Stockwerk enthält (ob ursprünglich?) in der Runde 13 Gefangenenzellen. Noch eigentümlicher ist der gewaltige 1562—84 als Zitadelle von Schaffhausen aufgeführte „Munot". Bei nicht weniger als 48 Metern Durchmesser hat er über dem mit Hilfe von 9 Pfeilern gewölbten Erdgeschoss eine Plattform für Geschütze[2]).

Eine andere Besonderheit bietet ein grosses Rondell auf Ehrenburg unweit der Mosel (Fig. 188 in der Mitte). In demselben führt rampenartig ein Weg zum höheren Burgteile hinauf. In der sehr dicken Mauer sind Treppen ausgespart.

---

[1]) Siehe meinen Aufsatz in Blätter des Albvereins 1889, S. 382.

[2]) Grundriss und Durchschnitt in Näher, Die militärarchitekt. Anlage. 1894. 92

Die Rondelle spielten neben den selteneren Basteien beim Burgbau nach Einführung der Geschütze eine hervorragende Rolle. Das Hinzufügen solcher war der Regel nach die einzige bauliche Massregel, durch welche man die vorhandenen Burgen auch gegen Geschütz verteidigungsfähig zu machen suchte, und auf ihnen beruhte wesentlich das Wehrbausystem der danach noch ganz oder hauptsächlich neu gebauten (siehe Kap. 9, 10, 20 und besonders 23).

Vorgeschobene vereinzelte Warttürme waren bei den Städten an den auch wohl noch durch Wall und Graben geschützten Grenzen der Feldmark nicht eben selten. Sie dienten wesentlich nur dem Schutze der städtischen Herden gegen Viehräuber. Die Annäherung solcher wurde vom Wächter durch Schüsse oder andere Zeichen den Hirten, wie dem Turmwächter der Stadt angezeigt, und bis von dort Hilfe kam, wurden die Herden in die zu den Türmen gehörenden ummauerten Pferche getrieben. Solche Warten, meistens aus dem Ende des Mittelalters (zum Teil näher beschrieben in v. Cohausen, Befestigungsweisen S. 232), sind u. a. erhalten bei Frankfurt a. M. (deren vier), Fritzlar (deren sechs), Nierstein, Parchim in Mecklenburg, Bienstädt in Thüringen[1]) etc. Um eine ähnliche Einrichtung handelt es sich, wenn Markgraf Friedrich v. Bayreuth 1498 auf den Höhen des obergebirgischen Landes gar 18 Warttürme erbauen liess, von welchen in Zeiten der Gefahr Wächter Feuerzeichen gaben[2]).

Bei den auch bei Burgen sich ausnahmsweise findenden vorgeschobenen Türmen konnte es sich nicht wohl um den Schutz von Herden handeln. Ihre Zweckbestimmung war eine mehrfach andere. Sie sollten den Feind am Sichfestsetzen auf einem benachbarten für den Angriff günstigen Gelände hindern, oder den Weg zur Burg verteidigen, wenn nicht sperren. Je den örtlichen Umständen nach konnten beide Zwecke zugleich verfolgt werden, und konnte es sich auch um eine Warte zu weiterem Ausblick handeln[3]). In einigen Fällen scheint es auch besonders darauf angekommen zu sein, dass man den gegen die Burg vorgehenden Feind im Rücken bekämpfen konnte.

Die Lage der vorgeschobenen Wehrbauten ist eben, wie schon angedeutet, eine vielfach verschiedene. Oefter nahe vor dem Burgtore stehend, sind sie mitunter — so bei Berwartstein in der Rheinpfalz (siehe weiterhin), Helfenstein in Württemberg (der „Oedenturm") und Scharnstein in Oberösterreich — von da nur auf weitem Umwege zu erreichen. Ein solcher kann ferner

---

[1]) Bau- u. Kunstdenkm. Thüringens X., 199.

[2]) Hühnlein, Führer durch Bayreuth 1889, S. 107.

[3]) Nur eine Warte ist freilich bezielt, wenn Alb. Dürer a. O. empfiehlt, bei Erbauung eines in der Ebene liegenden festen landesherrlichen Schlosses „auf das nahe Waldgebirge einige dem Feinde schwer zugängliche, mit geheimen Aus- und Eingängen versehene Warten zu setzen, von denen man die ganze Gegend übersehen und Zeichen mit Rauch, Feuer oder durch Büchsenschüsse geben lassen kann". Zu weit geht es, auch bezüglich Norddeutschlands, wenn es in Fock, Rügensch.-Pommersche Gesch. III, Teil III, 16 heisst: „Vorgeschobene Burgwarten zum besseren Umherschauen, „Auskieke" genannt, befanden sich bei jeder Burg, deren Lage nicht schon an sich dazu geeignet war." Verfehlt ist es auch, wenn v. Essenwein, Kriegsbauk. 127 meint, dass „zwischen den einzelnen Burgen Warttürme als Zwischenposten standen", deren Besatzung u. a. die Aufgabe hatte, „die Annäherung eines Feindes rasch auf der nächsten Burg zu melden". Es handelt sich immer nur um als Zubehör einer Burg vorgeschobene Türme.

beträchtlich höher liegen als die Burg (z. B. Trostburg in Tirol) oder auch, besonders wenn er zu der Burgstrasse in Beziehung steht, gleich hoch oder unterhalb jener.

Mitunter hat eine Burg zwei solche Werke. Beide liegen bei Waxenberg (siehe weiterhin) unterhalb, bei Böhmisch-Sternberg ober- und unterhalb und bei dem am Fusse eines steilen Berghanges liegenden Alt-Pernstein übereinander an demselben.

In einigen Fällen stehen Einzeltürme zwar ausserhalb des Beringes, aber doch demselben so nahe, dass sie zur unmittelbaren Verteidigung der Burg dienten und daher dieser auch im engeren Sinne zuzurechnen sind.

Ein Beispiel bietet Landskron im südlichen Elsass. Der Felsrücken des westlichen Angriffsgeländes ist von dem Felsen, auf welchem, ihm entgegengesetzt, der Berchfrit der Burg steht, durch zwei tiefe und schroffe Einschnitte getrennt. Auf der Höhe des hierdurch gebildeten mittleren Felsens ist der vorgeschobene Turm errichtet. Derselbe deckt als Schild den Berchfrit und zunächst dessen (ausnahmsweise nach aussen angebauten, die höheren Stockwerke miteinander verbindenden) Treppenturm, und seine Besatzung konnte sowohl das Angriffsgelände und die Burgstrasse unter Schuss nehmen, als auch die gegen das Burgtor Anstürmenden im Rücken beschiessen. Ueber der mittleren Burg von Steinkallenfels am Hunsrück steht auf einem vereinzelten ansehnlichen Felsen ein nicht starker runder Einzelturm, der anscheinend nur durch mehrere Leitern zu erreichen war.

Ueber den auch in gewissem Masse hierher gehörenden Berchfrit von Freienstein siehe S. 176.

Bemerkenswert ist, dass bei dem anscheinend einzigen Burgbau, welchen der Deutsche Orden in Syrien aufgeführt hat: Montfort oder Starkenberg, der 16 m starke, aus ungeheuren bis zu 5 m langen Blöcken erbaute Berchfrit ausserhalb des Burgberinges auf der Angriffsseite auf einem (wie bei Landskron, siehe vorhin) zwischen zwei Schluchten sich erhebenden Felskopfe errichtet ist[1]). Rey a. O. vermutet, dass dieser Turm mit der Burg durch eine hölzerne Brücke verbunden war, wie auch v. Essenwein, Kriegsbauk. S. 131 dasselbe bei Landskron annimmt. In beiden Fällen handelte es sich jedoch um eine Entfernung von etwa 10 bzw. 12 m. Ein frei schwebender Steg erscheint da nahezu unmöglich, während auch eine aus der Tiefe der dazwischen liegenden Schlucht bis zur Höhe des Einganges im Turme aufgezimmerte Brücke gewiss sehr unwahrscheinlich ist. Ueberdies würden die Belagerer solche nach aussen ungedeckten Brücken alsbald durch Schüsse oder durch Feuer zerstört haben. Bei Landskron ist denn auch solche oberirdische Verbindung, wie das auf der Burgseite noch ganz erhaltene Mauerwerk zeigt, jedenfalls nicht vorhanden gewesen. Dagegen stand nach Koch, Württemb. Ritterburgen I, bei der Schalksburg südlich des Schlosses ganz von dem Flüsschen Eiach umgeben, ein das Verliess enthaltender Turm, der, wie (1828) noch die Reste zeigten, in seiner Mitte

---

[1]) Rey, Étude sur les monuments etc. S. 143 ff. mit Grundr. Derselbe bezeichnet diesen Turm gleichfalls als den Donjon der Burg. v. Essenwein, der die Anlage nur aus dieser Quelle kennt, bezeichnet gleichwohl einen Saalbau von 25 m Seitenlänge (!), der innerhalb des Beringes auf einer für den Berchfrit ganz ungeeigneten Stelle steht, als den „Hauptturm".

durch einen 22 Fuss langen Balkensteg mit einem oberen Gemache des Schlosses verbunden war.

Einigermassen ähnlich wie bei Starkenberg ist auf dem Kyffhäuser der am westlichen höchsten Ende der Hauptburg (und zugleich des ganzen Beringes) belegene Berchfrit von dieser durch einen 20 Fuss breiten, tiefen, zum Teil in den Felsen gehauenen Graben getrennt. Eine weitere ähnliche Anlage war anscheinend bei der Lobdaburg vorhanden.

Eine eigentümliche Anlage der hier behandelten Art zeichnet die Hartenburg im Hardtgebirge aus. Diese (Fig. **167**)[1]) liegt auf einer sich staffel-

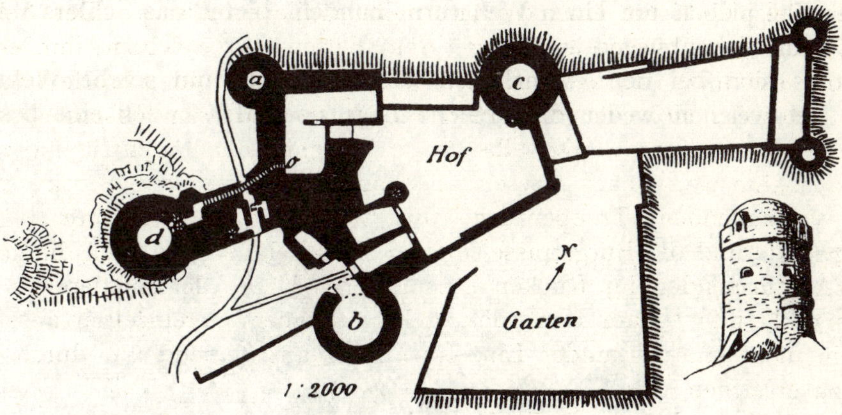

Fig. 167 Hartenburg

förmig etwas abdachenden, in das (von NW nach SO streichende) Isenachtal vorgeschobenen Bergnase. Die erste, 1214 genannte Burganlage nahm nur die mittlere, von den (späteren) Ecktürmen *a*, *b* und *c* begrenzte Staffel ein, an und auf deren am höchsten ansteigender Bergseite die Wohngebäude liegen. Bei einer gegen die Mitte des 16. Jahrh. vorgenommenen Neubefestigung wurden nun nicht nur die eben bezeichneten drei Türme, sondern auch auf einem vorspringenden Felskopfe des noch etwas höher ansteigenden südwestlichen Angriffsgeländes selbst der besonders starke Turm *d* errichtet und dieser dann in eigenartiger fester Weise mit dem Burgbaue verbunden. Zu dem Zwecke wurde die ganze dazwischen liegende Schlucht (der Halsgraben) durch einen massiven, 15 m breiten Mauerbau ausgefüllt, der ebenerdig nur den Torweg *n* und zwei kleine Wachträume mit nach oben führender Wendeltreppe enthält. Ueber diesem Zwischenbau führt dann aus dem (ebenerdigen) Raum *o* des höheren Wohnbaukomplexes ein fast finsterer treppenartiger Gang zu dem Turme *d* aufwärts und darüber aus dem ersten Stockwerke des Wohnbaues eine kürzere Treppe auf die durch das Gewölbe jenes Ganges gebildete Plattform und so in das erste Stockwerk desselben Turmes. Zwei in der Mauerdicke des letzteren nebeneinander liegende Wendeltreppen stellen die Verbindung zwischen seinen Geschossen her. (Derselbe, sehr zerfallen, ist in neuer Zeit notdürftig wieder hergestellt.) Eine bis auf die sparsamen Geschützscharten anscheinend zuverlässige Abbildung aus 1600 ist der obigen Figur beigefügt.

[1]) Verkleinert nach Baudenkm. in der Pfalz II, 167 ff.

Hieran anknüpfend, mag noch die damit verwandte, jedoch ganz eigenartige Anlage von Welhartitz in Böhmen angeführt werden, bei welcher (Fig. **168**) ein zwar nur innerhalb der Ringmauer vorgeschobener freistehender Wehrbau von 9,2 zu 17,5 m äusseren Seitenlängen in seinem gegen 10 m hoch gelegenen Eingange mit dem 38 m entfernten Palas (rechts) durch eine grossartige und gewiss seinerzeit wehrhaft ausgestaltete Brücke, und zwar an ihren beiden Enden nur durch eine Fallbrücke, verbunden war. —

Ueber vorgeschobene und mit der Burg durch einen Mauergang verbundene Brunnentürme siehe Kap. 17, über die ähnlichen, fälschlich zu den Wehrbauten gerechneten Danzker Kap. 16. Eine diesen ähnliche Anlage, bei welcher es sich jedoch um einen Wehrturm handelt, bietet das Schloss Vayda-Hunyad in Siebenbürgen. —

Da es sich bei den eigentlichen vorgeschobenen um solche Wehrbauten handelte, bei welchen weder die örtliche Lage noch der Zweck eine bestimmte

Fig. 168 Welhartitz

gleichartige Gestaltung bedingten, ist solche — und besonders bei österreichischen Burgen[1]), wo solche ungleich häufiger vorkommen als anderwärts — auch eine mannigfaltigere als bei einer sonstigen Art burglicher Wehrbauten.

Die einfachste Form war, so bei Ortenburg in Kärnten, Waldstein in Steiermark, Unterreichenberg in Tirol und Schrankenfels im Wasgau, die eines Turmes mit oder ohne Zwingermauer. Bei Hocheppan und Fragenstein in Tirol war noch ein kleines Wohngebäude hinzugefügt. Bei Hassenstein in Böhmen und Trostburg hat der sonst runde Turm eine Spitze.

Bei Böhmisch-Sternberg besteht der obere vorgeschobene Bau innerhalb einer Ringmauer aus einem Fünfeck der gewöhnlichen Form, dessen Basis aber zu ihrer grösseren Hälfte eine unregelmässig viereckige Erweiterung hinzugefügt ist. In dieser führt eine Wendeltreppe zu dem über dem Verliess liegenden Geschoss, welches annähernd ähnlich wie bei Falkenstein, Fig. 172, mit Schiessscharten ausgestattet ist. Darüber ist eine gezinnte Plattform.

---

[1]) Ueber die nachstehend von diesen angeführten Beispiele siehe durchweg Näheres mit Abbildungen in meinen Oesterreichischen Burgen I—VIII.

Ein kleiner fester, mehr hausartiger Bau lag an dem Wege zur Ruine Gallenstein, ein anderer von ganz unregelmässiger Form und 16 m Durchmesser noch ziemlich erhalten ebenso bei Waxenberg. Ueber dem Erdgeschoss mit vormaliger Zugbrücke hat er zwei obere, mit Maul- und Schlüsselscharten ausgestattete.

Fig. 169 „Sternschanze“

Fig. 170 Desgleichen

Ein besonders eigenartiger Bau ist ferner die „Sternschanze“, welche auf einem von der Natur wenig begünstigten Gelände etwa 100 Schritte von dem steiermärkischen Schlosse Sauerbrunn entfernt liegt. (Fig. **169**, die dahin gerichtete [westliche] Zugangsseite.) Innen vor dem (alten) ebenerdigen Eingang führt eine Falltür und Treppe in ein Kellergeschoss hinab. Das Eingangsstockwerk nebst dem darüber liegenden sind überwölbt. Vom ersteren aus führt (ausser späteren geradläufigen Holztreppen) eine enge Wendelstiege in der südwestlichen Mauerecke in die drei darüber liegenden Geschosse (Fig. **170**, I bis III). Ueber den besonderen Eingang des vorletzten siehe S. 199. Unter den zahlreichen Schiessscharten, welche ursprünglich allein das Innere notdürftig erhellten, sind besonders die röhrenförmigen (darüber Kap. 12) bemerkenswert. Die über einem Kordonstein liegende Wehrplatte hat als Zinnenkranz eigenartige, nicht völlig klare Aufbauten, die nicht mehr ganz erhalten, auch vielleicht überhaupt nicht ganz fertig geworden sind. Darüber zwei parallele Halbwalmdächer. Von einem Abort oben in der südöstlichen Mauerecke (vgl. Kap. 16) abgesehen, ist keine auf einen dauernden Aufenthalt von Menschen hinzielende Einrichtung vor-

Fig. 171 Falkenstein

handen. Der um 1552 errichtete Bau scheint auch immer nur als Magazin gedient zu haben.

Unter anderm gleichfalls durch eine eigenartige Anbringung zahlreicher Schiessscharten zeichnet sich der wohl gegen 1500 erbaute Turm aus, der abgesondert auf der halben Höhe einer von Falkenstein in Oberösterreich aufsteigenden Berglehne steht.

Zunächst ist der Zugang besonders verwahrt (Fig. **171**, Turmdurchschnitt, und Fig. **172** oben links, Grundriss des Eingangsstockwerks). Hinter der auch hier hoch und frei liegenden Brückenklappe (S. 199) sind noch, was sonst wohl ohne Beispiel ist, bis zum eigentlichen Innenraum des Turmes nicht weniger als vier durch Balkenriegel versperrbare Türen angebracht gewesen. Vor der letzten steigt rechts die Treppe *o* in der Mauerdicke nach oben, von dem Mittelraum eine andere, *p*, nach unten und dahinter führt ein niedriger Gang, *n*, zu der Schiesskammer *t*. Im nächstoberen Stockwerk (Fig. 172 unten) mündet die vom Eingange aufsteigende Treppe bei *o*. Rechts daneben führen einige Stufen aufwärts in die Schiesskammer *z*. Gegenüber liegt die Kammer *r*, mit der dritten, *m*, durch einen Gang verbunden. Die von *r* aus weiter aufsteigende Treppe *i* mündet im obersten Stockwerk (ebendas. oben rechts) bei *q*. In diesem gehen von dem Mittelraume zunächst die sechs Kammern *a* bis *f* aus, welche (alle verschieden gestaltet) in je eine Pechnase von besonderer Art (siehe Fig. 351 f.) auslaufen. Ausserdem ist hier

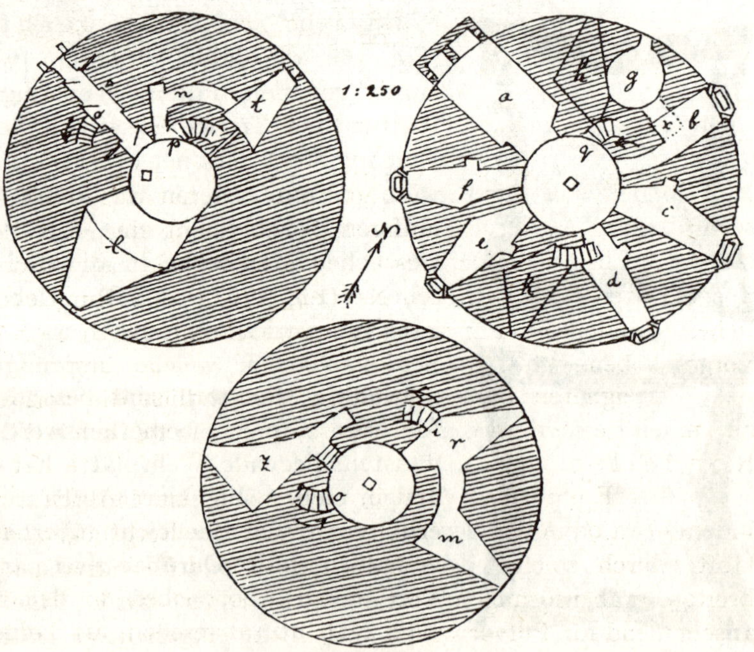

Fig. 172

von *b* aus noch die Schiesskammer *g* und von der hinaufführenden Haupttreppe *q* aus die etwas tiefer liegende Kammer *h*, von *d* abwärts die Kammer *k* zu erreichen. Die beiden letzteren liegen also zwischen diesem und dem nächstunteren Geschoss.

Unter dem Eingangsstockwerk hat der Turm nach aussen keine Oeffnung. Man steigt in der Mauerdicke noch zwei Stockwerke hinab, deren unteres ein Brunnenbecken mit ein- und unterirdisch wieder ablaufendem Quellwasser enthält. (Darüber Kap. 17.)

Hier wie bei der Sternschanze entspricht die besonders wehrhafte Ausstattung dem Umstande, dass die beiden Gebäude ihrer Lage nach allseitig dem Angriff unmittelbar ausgesetzt waren. —

Der bei Berwartstein vorgeschobene Wehrbau (S. 255), den nicht wohl mehr zu erklärenden Namen Klein-Frankreich führend, liegt, von der Burg durch ein weites Tal getrennt, auf dem Ende eines höheren Bergrückens.

Fig. 173 Desgleichen

Ein Rondell von 13,70 m im Durchmesser, hat er in den 3—20 m dicken Mauern seiner beiden noch vorhandenen Geschosse je drei Geschützscharten und wurde sonach höchst wahrscheinlich zugleich mit der am Ende des 15. Jahrhunderts ausgeführten umfassenden Neubefestigung der Burg erbaut. Ein ganz ähnliches Rondell ist auf fast ebenem Gelände bei Lichtenberg in Hessen vorgeschoben. —

Geeigneten Falles erweitern sich endlich die vorgeschobenen Wehrbauten zu mehreren duich Mauern miteinander verbundenen Rondellen.

Bei Eppenstein in Steiermark ist dadurch die Burgstrasse gesperrt, indem etwa 90 m vor dem äusseren Tore der Bergrücken, auf welchem sie entlang läuft, durch solche, drei halbrunde Rondelle umfassende Anlage hinter einer breiten, grabenförmigen Vertiefung überquert wird. Eine ähnliche Anlage ist die anscheinend für Pulverwaffen noch nicht eingerichtete „Böhmische Mauer", welche 400 m vor der Burg Kollmitz in Niederösterreich die Burgstrasse sperrt.

Hier führt ein Tor, vormals mit Zugbrücke, durch den mittleren von drei viereckigen, nach hinten offenen Mauertürmen. Allem Anscheine nach ist ein der Oertlichkeit nach beabsichtigt gewesener Maueranschluss an die Burg nicht zur Ausführung gekommen. Eine ganz unbedeutende abgesonderte „Bastei" ist ausserdem auf dem der Burg gegenüberliegenden Flussufer errichtet.

Bei einigen der zahlreichen Burgen, welche durch einen anstossenden Berghang überhöht werden, hat man auf einem dazu passenden Absatze desselben gleichfalls starke und umfängliche für Geschütz eingerichtete Wehranlagen vorgeschoben. Der Mittel- und Kernbau derselben besteht bei Rattenberg (Tirol) aus einem vollrunden Turme von 10 m Innendurchmesser und 3 m Mauerdicke, bei Wertheim a. Main aus einer besonders gross- und eigenartigen Bastei, deren Ansicht von der Burg aus und Grundriss Fig. **173** und **174**[1]) zeigen. Hier ist die „Zitadelle" von der Burg durch den schluchtartigen vormaligen Halsgraben getrennt und schliessen sich, wie bei Rattenberg, zunächst beiderseits, durch Mauerstücke damit verbunden, halbrunde Eckrondelle an.

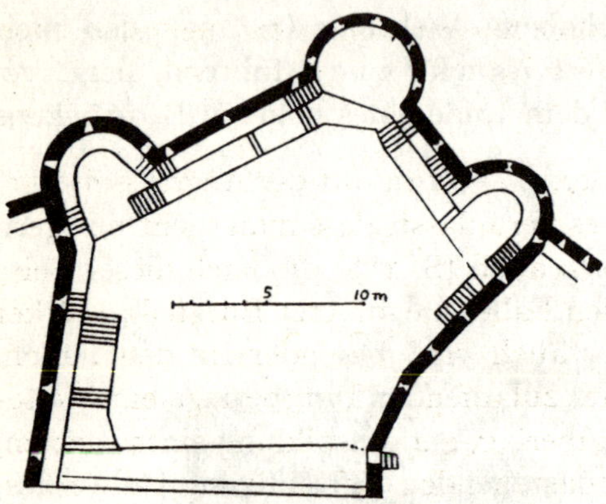

Fig. 174 Desgleichen

Weniger einfach dem Grundrisse nach und nur mittels einer Leiter zu erreichen, ist diese Wehranlage bei der Haderburg (Salurn), wo die Rondelle und mit Schiessscharten bewehrten Mauern auf und zwischen hohen turmförmigen Vorsprüngen des wandsteilen Etschufers ihren Platz gefunden haben[2]).

---

[1]) Nach Dr. Wibel, Burg W. 1895.

[2]) Ueber Haderburg und Rattenberg meine Oesterr. Burgen II und IV.

Neuntes Kapitel.

Schildmauer und Hoher Mantel.

(Wesen der Schildmauer. Beispiele verschiedenartiger Ausgestaltung. Der Doppelberchfrit. Verwandte Bauten. Der Hohe Mantel.)

Das naheliegende Bestreben der Erbauer, ihre Burg auf der Angriffsseite besonders zu decken und stark zu machen, hat es veranlasst, dass man nicht nur gern hier den Berchfrit als Schild vorsetzte, sondern auch (S. 188) die nach dieser Seite gelegene Wand desselben, sowie vorkommenden Falles die anderer Burgteile, stärker als die übrigen aufführte[1]). Es hat das aber auch, und besonders in den Fällen, wo auf der Angriffsseite einem nicht eben spitz zulaufenden Burgberinge ein breites und dazu ansteigendes Aufstellungsfeld gegenüberlag, zur Ausbildung eines eigenen, neben Berchfrit und Ringmauer selbständig dastehenden Verteidigungsbauwerkes, der Schildmauer[2]), geführt. Dieselbe hält ihrer Form und Einrichtung nach zwischen beiden etwa die Mitte und könnte auch, wenn man lieber will, als ein in die Breite ausgezogener, unten massiver Berchfrit gedacht werden.

Sie bildet eine in ihrer Höhe und Stärke sich von der Ringmauer entschieden abhebende[3]), meistens auch im Grundriss gerade Wand von der vollen oder doch annähernden Höhe, etwa der viertel bis halben Stärke und der durchschnittlich etwa dreifachen Breite eines normalen Berchfrits. Zumeist unten und überhaupt ihrem weitaus grössten Teile nach massiv, enthält sie in der Regel von dem hofwärts hochgelegenen Eingange aus eine in der Mauerdicke gelegene Treppe, welche auf die Plattform führt, und diese letztere, meistens auf beiden Enden mit mehr oder weniger turmartigen Aufbauten versehen, hat, was für eine „Schildmauer" besonders unerlässlich ist, auf den beiden Langseiten, also auch burgwärts, eine Brüstung mit Zinnen oder Schiesslöchern.

Unsere namhafteren Fachschriftsteller und ihre Nachfolger pflegen eine Schildmauer gar nicht oder kaum zu erwähnen. Näher hat sie zuerst eingehender behandelt, jedoch dies Verdienst dadurch geschmälert, dass er mancherlei unhaltbare Behauptungen bezüglich derselben aufstellte und, wie das auch sonst geschieht[4]), von „Schildmauern" handelt, wo solche im eigentlichen Sinne nicht vorhanden sind.

---

[1]) So beträgt z. B. bei Reussenstein (Württemb.) die Mauerstärke des Palas auf der unmittelbar dem Angriff zugekehrten Seite 2 m, auf den übrigen Seiten 1,2 m.

[2]) Der Ausdruck gehört erst der neueren Burgenkunde an. Im Mittelalter hatte man dafür nur das mehrdeutige Wort „Mantel".

[3]) Ueber mehr als 4 m dicke Ringmauern siehe Kap. 11.

[4]) Ein besonderer Fall in Bau- u. Kunstdenkm. d. Prov. Sachsen H. 26 (und wohl danach auch Dehio, Handb. I), wo bei Saaleck die dünnen Mauern der beiden Langseiten des Palas (siehe oben Fig. 68) als „Schildmauern" bezeichnet werden.

Im allgemeinen kommt dieser Wehrbau fast nur im Stromgebiet des Neckar vor mit einigen Ausläufern nach Norden (besonders am Rhein zwischen Bingen und Oberwesel[1])) und Westen. Ausserdem habe ich ihn bisher nur ganz vereinzelt bei österreichischen Burgen gefunden[2]).

Wie so nicht entfernt (nach Nähers Meinung) „alle Burgen auf Bergvorsprüngen, an welche sich rückwärts ein höherer Berg anschliesst", eine Schildmauer hatten, so finden sich andrerseits auch durchaus schildmauerartige, mit doppelseitigem Wehrgange gekrönte Bauten bei Burgen, die keineswegs einem überhöhenden Angriffsfelde vorliegen, so bei Dhaun im Hunsrück und besonders bei Badenweiler am Schwarzwald. Letztere Burg liegt auf einem frei sich erhebenden Hügel. Die bezeichnete Mauer ist in stumpfem Winkel geknickt und 2,68, gegen den Eingang hin 3,75 m stark. Fernere Beispiele siehe weiterhin. —

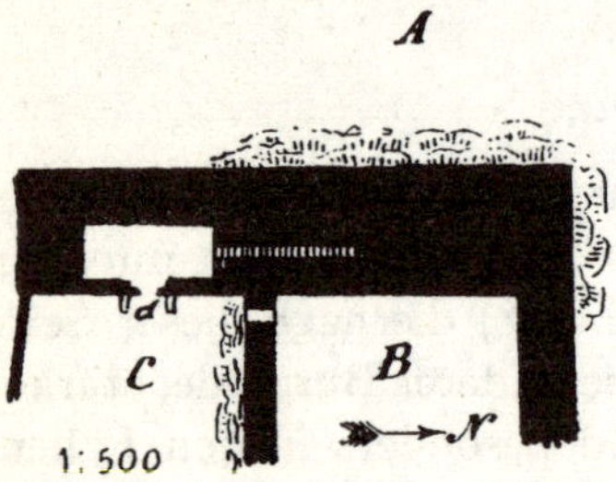

Fig. 175
Schildmauer von Wasenburg

Anscheinend die einzige Schildmauer der alten einfachen Form, welche sich im burgenreichen Wasgau findet, bietet die Wasenburg bei Bad Niederbronn. Von der Bergseite (*A*, Fig. **175**) noch durch einen breiten und tiefen Einschnitt getrennt, hat die Mauer in ihrer nördlichen Hälfte den durch die Böschung desselben gebildeten Fels zum Sockel und erhebt sich besonders an ihrem südlichen Ende, da hier der Baugrund stark abfällt, zu beträchtlicher Höhe des Mauerwerks. Sie deckt nicht nur den angebauten dreistöckigen Palas (*B*) mit dem dahinter liegenden Teile der Hauptburg, sondern auch die wesentlich tiefer daneben gelegene Vorburg *C*. Bei 4,50 m Mauerstärke beträgt ihre Gesamtlänge 19,50 m, von welchen die grössere Hälfte zugleich die Hinterwand des Palas bildet. Die kleinere hat oben in der Mauerdicke ein unbelichtetes, gewölbtes Gemach, 1,8 m breit und 4,5 m lang, von welchem eine enge und steile Treppe von 19 Stufen auf die mit Brustwehren nicht mehr versehene Plattform führt. Der Raum hat nach Osten eine Tür mit den beiden Kragsteinen für einen Podest, *d*. Diese Einrichtung wäre ja für eine Verteidigung der Vorburg mehr als überflüssig gewesen, und es kann sich daher ebenso wie beim Berchfriteingang hier nur um eine Verbindung (mittels Steges) mit dem Palas handeln. Die Schildmauer diente so auch als Rückzugsbau, wenn der Feind schon bis dahin vorgedrungen war, während sonst ein direkter Zugang vom Palas auf die Plattform benutzt worden sein mag.

Durch ihre Höhe und ihren wohlerhaltenen Oberbau zeichnet sich die mit Buckelquadern bekleidete Schildmauer von Berneck im Nagoldtale aus. Die 22,3 m lange Mauer ist in einer Stärke von 2,6 m fast 24 m hoch aufgeführt und erhebt sich bis zur höchsten Dachspitze des Oberbaues zu einer Höhe von 32 m.

---

[1]) Nordwärts hat auch noch Burg a. d. Wupper eine Schildmauer (siehe weiterhin) und Broich im Kreise Mülheim a. d. Ruhr eine solche mit tonnengewölbten „kasemattenartigen Gelassen". (Bau- u. Kunstdenkm. der Rheinprovinz 1893, 35.)

[2]) Was Italien betrifft, so hat die Fortezza von Terracina der Bergseite einen (von mir nicht näher untersuchten) annähernd schildmauerartigen Bau entgegengesetzt, vor ihr und in Verbindung damit übereck — wie bei Duino (siehe weiterhin) dahinter — einen starken Turm.

Der rundbogige Eingang in das Innere der Mauer liegt über dem Dache des angebauten, in seinen Grundmauern gleichzeitigen Palas 22 m hoch (Fig. **176**), und führen von da Stufen weiter zu dem reichlich 1 m breiten gezinnten Wehrgange. Noch weiter als dieser ausgekragt sind die an den beiden Enden angebrachten, noch ein Stockwerk höheren Aufbauten, die Innenräume von 2 zu 3,5 m bieten und nach den beiden Schmalseiten der Schildmauer noch eine zu Tragsteinen für

Fig. 176 Berneck

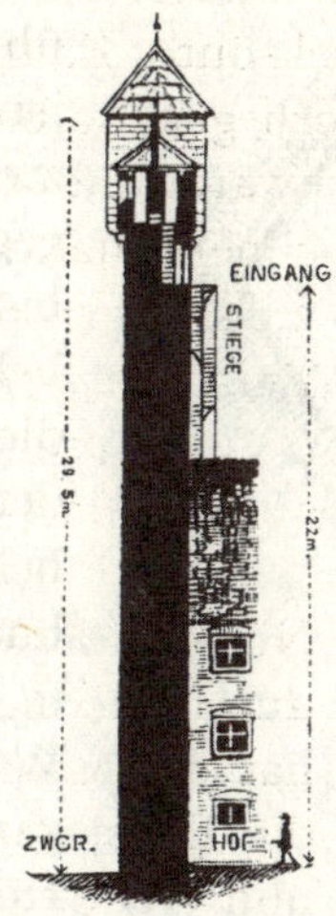

Fig. 177 Desgleichen

Fig. 178 Desgleichen

einen hölzernen Vorbau führende Tür haben. Wehrgang wie Ecktürme sind mit Satteldächern überdeckt. Auf der Aussenseite ein vorgekragter Abtritt. (Fig. **177**, Schnitt, aus Näher, Deutsche Burg, Fig. **178**, oberer Teil der Rückseite, nach ebendas.) Den Bergrücken, gegen welchen die Schildmauer das Schloss bzw. das dahinter gelegene Städtchen schützt, überquert ein zur Ortsbefestigung gehöriger tiefer Graben nebst Rest einer betürmten Ringmauer. Jene dürfte der ersten Anlage nach der 1150 zuerst genannten Burg angehören, der Oberbau später wenigstens zum Teil ergänzt sein.

Eine 4 m starke Schildmauer, welche zwei in der Renaissancezeit erneuerte Ecktürme trägt, hat das gleichfalls württembergische Thannenburg. Mehrfache Abweichungen zeigt diejenige des gleich dieser Burg im Jagstkreise belegenen Amlishagen (Fig. **179** nach einer Abbildung des 18. Jahrh.). Von der hochgelegenen Eingangstür führt hier eine Wendeltreppe in den tonnengewölbten Wehrgang hinauf, der durch Querwände mit gotischen Schlupfpforten in vier Kammern geteilt und auf beiden Langseiten mit Schusslöchern versehen ist. Der ausladende Aufbau aus Riegelwerk ist nicht mehr vorhanden. Ritter von Amelungshagen werden 1262 genannt[1]).

Fig. 179 Amlishagen

Die Schildmauer von Kräheneck am Nagoldtal, 32,6 m lang, fast 3,5 m stark und noch 20 m hoch, hat hofwärts in der Höhe Eingänge zu zwei überwölbten Wachtkammern, von deren einer, mit einem Abtritt versehenen (Grundriss Fig. 512) eine Wendeltreppe auf die Plattform führt.

[1]) Kunst- und Altertumsdenkm. im Königr. Württemb. 1903, 237.

Einen minder einfachen Bau bietet die Schildmauer von S c h a d e c k („Schwalbennest"), der hintersten der über Neckarsteinach gelegenen Burgen der Landschaden von Steinach. Hoch über dem Neckar, zwischen steil ansteigendem Gelände und zumeist senkrechten Abstürzen (*m m* Fig. **180**) auf eine mässig grosse Felsplatte hingedrängt, ist die Burg nur von der einen Seite zugänglich, wo der schmale Bergrücken schon mit den drei übrigen Burgen der Landschaden besetzt ist. Die Burgstrasse zieht sich dann zwischen der Berglehne und der ihr gegenüberstehenden Schildmauer *(b c)* bis zu dem erst jenseits der letzteren belegenen Eingangstor *(a)* hin, so dass die Schildmauer auch diesen letzten Teil der Burgstrasse seiner ganzen Länge nach beherrschte. Entsprechend einer Einbuchtung der hinteren Bergwand, ist sie in ihrer Mitte in einem s t u m p f e n W i n k e l g e b r o c h e n. Der Eingang in die Mauer liegt etwa in ¾ ihrer Höhe und zwar auch hier über dem angebauten dreistöckigen (jetzt völlig verschwundenen) Palas. Eine Treppe führt nunmehr von unten hinauf und von der Eingangstür eine weitere (im ganzen 82 Stufen) in der Mauerdicke auf den Wehrgang. Dieser, auf Tragsteinen vorgekragt und nicht überdeckt (Fig. **181**), ist zwischen den Brüstungsmauern 1,78 m dick und wird von zwei ebenso vorgekragten runden Ecktürmen von 2,65 m lichter Weite begrenzt, von welcher der eine *(c)* zwei, der zunächst gegen die Burgstrasse gerichtete *(b)*, oben in ein Achteck übergehend, des weiteren Ausblickes wegen drei Stockwerke hoch aufgeführt ist. Das Ganze ist aus behauenem Sandstein sorgfältig und, wo es angebracht, zierlich hergestellt. Wurde die Burg, wie angegeben wird, schon von Rudolf von Habsburg zerstört, so kann sie jedenfalls nicht lange vorher errichtet worden sein.

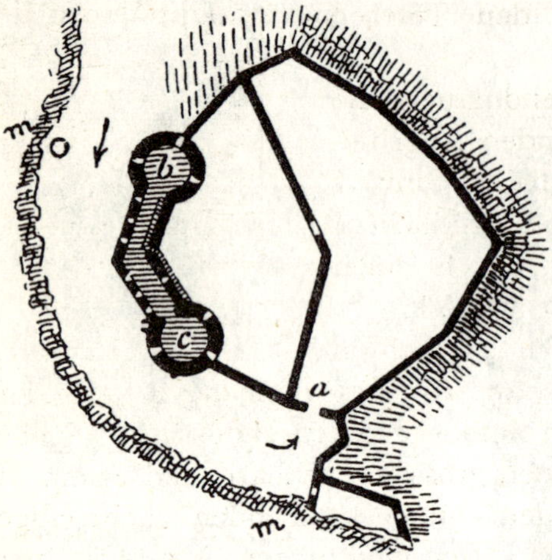

Fig. 180 Schadeck

Fig. 181 Desgleichen

Die hier nur oben aufgekragten Ecktürme sind bei anderen Schildmauern vollständiger entwickelt. So sind sie bei derjenigen, welche das um 1215 erbaute E h r e n f e l s gegen den steilen Abhang des Niederwaldes deckt, ungefähr in der halben Höhe des Baues voll zu einander nicht gleichen Türmen ausgestaltet. (Im übrigen enthält die 4,6 m starke und ca. 15 m hohe Mauer unter dem gezinnten Wehrgange gleichfalls einen überwölbten Gang mit zwei langen und schmalen, unten dreieckigen Schiessscharten gegen die Bergseite.) Fig. **182** mit nach Merian ergänzten Dächern[1]). Von unten auf voll ausgestaltet sind dagegen die beiden Rundtürme, welche die Schildmauer von Frauenburg an der Nahe (gegen 1350 erbaut) abschliessen. Ueberall bei diesen Burgen ist, wie naheliegt, der Wehrgang durch Pforten direkt mit den Türmen in Verbindung gebracht.

Fig. 182 Ehrenfels

Ein Beispiel einer zweitürmigen Schildmauer, die keineswegs dem noch etwas höher ansteigenden Angriffsgelände gegenübersteht, bietet Hohenstein unweit Langenschwalbach, vor 1190 erbaut. Dieser (südlichen) Bergseite gegenüber ist die Burg vielmehr durch einen Hohen Mantel *a e*, Fig. **183** — siehe darüber weiterhin — gedeckt, während die etwas höher mit diesem im rechten Winkel stehende Schildmauer *c d* nur den Zugang zu der Hauptburg *H* verteidigt. Jene ist von zwei starken vieleckigen Türmen flankiert, deren südöstlicher *d* oben überwölbt und mit einer grossen Pechnase und einem auf vorgekragten Spitzbogen übereckstehenden achteckigen Türmchen versehen ist. Den vormaligen Abschluss zeigt Fig. **184** nach Dilichs Aufnahme von 1607[2]). Der Turm hiess damals der grosse Gefangenturm. Die beiderseits mit Zinnen bekrönte starke Schildmauer hat oben Türen nach den beiden Türmen. In dem nordwestlichen gelangt man von da aus mittels einer Wendeltreppe in der Mauerdicke auf die Plattform. Das Gesamtbauwerk beherrscht ausser dem hindurch führenden Tore *m* den engen vor ihr gelegenen Zugang zu demselben, sowie noch einen etwas tiefer davor liegenden Zwinger *n* mit dem Nebentore *b*. Zu ihrer Errichtung an dieser sonst ungewöhnlichen Stelle wird ein hier vorhandenes Felsenriff, aus welchem das Massiv der Zwischenmauer zum guten Teile besteht, den Anlass gegeben haben.

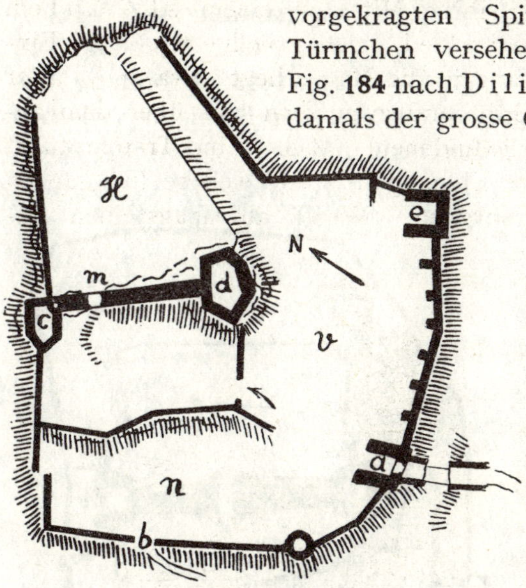

Fig. 183 Hohenstein

Fig. 184 Desgleichen

[1]) Wenn v. Cohausen (Wehrbauten 34 und noch Befestigungsweisen 142) angibt, dass die „Mantelmauern" von Ehrenfels und dem gegenüberliegenden Rheinstein deshalb unten massiv sein mussten, um gegen sie herabgerollten Felsblöcken Widerstand zu leisten, so ist das nur dadurch zu erklären, dass ihm der besondere Wehrbau der „Schildmauer" nicht hinlänglich bekannt war. Ueber die Schiessscharten von Ehrenfels und einen von v. Essenwein an der Aussenseite angenommenen hölzernen Wehrgang siehe Kap. 12 und 13.

[2]) Herausgegeben von C. Michaelis, Berlin 1901. Der Lageplan daselbst ist auch bei Fig. 183 benutzt. Dasselbe wie bei Hohenstein gilt bzw. von den Figuren 185—187.

Noch verschiedenartiger als auf Hohenstein (und Ehrenfels) sind die beiden Ecktürme der in fast unmerklich stumpfem Winkel gebrochenen, 3,40 m starken und ganz massiven Schildmauer von S e n f t e n b e r g in Niederösterreich. Der eine ist ein starker, unten gleichfalls massiver Viereckturm, der andere ein zum Teil auf einem Pendentif ruhender runder, der jedoch durch Einziehung und Vorkragung mehrfach seine Form wechselt[1]).

Fig. 184 a Schildmauer von Thalheim

Noch in anderer Weise hatte ihr Besonderes eine Schildmauer des (siehe auch zu Fig. 582 *b*) jetzt sogenannten Judenschlosses zu T h a l h e i m. Fig. **184a**, Abbildung aus dem 16. Jahrhundert. Sie erstreckt sich vor einer ansteigenden Berglehne zwischen dem (jetzt bis auf das Verliess abgetragenen) Berchfrit und dem „Schneck", einem engen hohen, nach aussen nur auf einer Verkragung ruhenden Treppenturme. Der grösste Teil hatte oben einen Wehrgang mit Brüstung auch nach innen[2]). Daran schliesst sich ein höheres, ganz massives Mauerstück, auf welchem, von dem Schneck aus zugänglich, ein 30′ langes und halb so breites Häuschen stand, auf beiden Langseiten weit über Bögen ausladend, die sich auf Reihen von Kragsteinen stützten. (Zu beachten sind auch die Balkenlöcher beiderseits zur Verbindung der Wehrgänge miteinander, sowie die Aufstiege zu den beiden Türmen.)

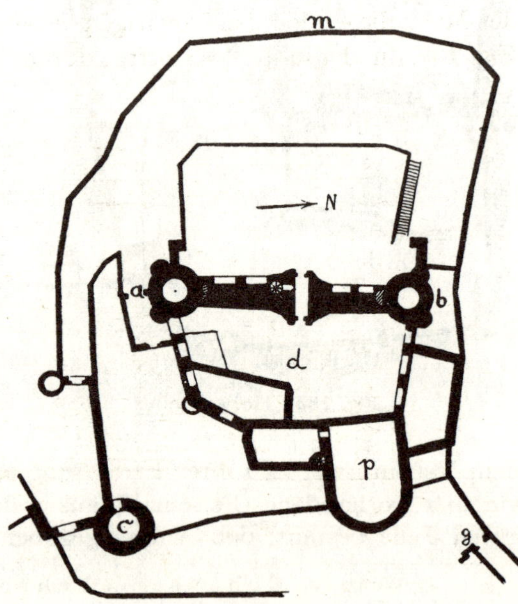

Fig. 185 Reichenberg

Auf der Burg R e i c h e n b e r g unweit Goarshausen steht, nicht auf der Angriffsseite, ein dem Hohensteiner ähnlicher Bau, der jedoch mit Unrecht zu den Schildmauern gezählt zu werden pflegt. Der umfängliche Burgfelsen (Fig. **185**) fällt besonders auf seiner westlichen Hälfte, gegen welche der bezüg-

[3]) Abbildung in O e s t e r r. B u r g e n IV.

[1]) Von ihr ist auf der grösstenteils zerfallenen Mauer noch ein Rest vorhanden. Die alte Ansicht ist hier nicht richtig.

liche Bau *a b* gerichtet war, steil zu einem tiefen Tale *m* ab, während der Zugang g auf der Bergseite im Nordosten liegt, Fig. **186**, im Vordergrunde rechts. Von hier zog sich der Weg zu dem Burghof *d* um den südöstlichen Eckturm *c* herum, und von dem Baue *a b* konnte daher, abgesehen von den oberen Teilen der beiden Berchfrite (deren südlicher 1814 beseitigt wurde), der auf diesem Wege vordringende Feind erst auf dem Burghofe selbst beschossen werden. Dementsprechend bildet denn auch der Verbindungsbau zwischen den beiden Berchfriten nicht eine so massive Mauermasse wie bei den eigentlichen Schildmauern, was besonders von seiner annähernd in der Mitte liegenden beiderseitigen Ausweitung gilt, während auch die Westseite, Fig. **187**, in der unteren Hälfte durch Rundbogenblenden geschwächt ist. Die Ausweitung, je dreiseitig, wird auf der Hofseite erkerartig von zwei Säulen getragen, während sie auf der Westseite von unten gleichmässig aufsteigt. Ebenerdig führt hier ein Torweg durch den Verbindungsbau. Ueber diesem Durchgang und mit demselben sowohl durch ein weites Loch in der Zwischendecke als durch eine südlich in der Mauerdicke liegende Wendeltreppe in Verbindung stehend, liegt die tonnengewölbte Kapelle[1]), darüber andere Räume, deren einer mit den Resten eines Kamins. Von der beiderseits mit einer gezinnten Brustwehr eingefassten Plattform des Baues führte nicht (wie bei den gewöhnlichen Schildmauern) je eine Tür unmittelbar in die Ecktürme, sondern die Verbindung war (bzw. ist) durch einen ein Stockwerk tief im Mauerwerk ausgesparten Schacht unterbrochen und die Eingangspforte des Turmes hier noch so viel höher an-

Fig. 186 Desgleichen

Fig. 187 Desgleichen

[1]) Ueber die angebliche dreistöckige Kapelle im Palas siehe Kap. 15.

Fig. 188 Ehrenburg

gebracht, dass sie nur mittels einer über den Schacht hinweg angelegten Leiter zu erreichen war. Dieser Aufstieg war gegen Schüsse von ausserhalb beiderseitig durch halbe Katzentreppengiebel, die von der Brustwehr zum Turme aufsteigen, geschützt. Es handelt sich bei dem Mittelbau sonach nahezu gar nicht um einen Deckungsbau[1]), sondern um einen eigentümlichen, den beiden Berchfriten als der Hauptsache hinzugefügten Bau, der den Aufstieg zu denselben und zugleich ihre Verbindung miteinander gewährte und der auch im übrigen — Verbindungstor, Kapelle, Kammern und nach beiden Seiten wehrhafte Plattform — zweckmässig ausgenutzt und ausgestaltet war. Ueber die Türme selbst siehe S. 205.

In Nordwestdeutschland schrumpft in einigen Fällen die zwei wirkliche Berchfrite bis zu deren Spitze hinauf verbindende Doppelwehrmauer zu einer Ausdehnung von wenigen Metern zusammen, so bei K a s s e l b u r g in der Eifel und E h r e n b u r g an der Mosel. Auch hier diente der Bau nicht zur Deckung gegen das Angriffsgelände. Es gilt das besonders von Ehrenburg (Fig. **188**), wo dieser „Doppelberchfrit" — so kann man ihn füglich bezeichnen — in der Art eines einfachen der Angriffsseite abgekehrt auf dem höchsten Punkte des Beringes steht. Die Verbindungsmauer, durch welche auch hier unten ein Torweg führt, ist bis auf einen beide Türme verbindenden Gang massiv. Mit mehreren gewölbten Turmgeschossen und der auf Kragsteinen erweiterten Wehrplatte war der alles weit überragende Gesamtbau — 1396 und 1413 „Hengst" genannt — zum Kern- und Rückzugsbau der Burg besonders geeignet. Bei Kasselburg ist der Gesamtbau hinten geradseitig abgeschlossen.

Fig. 188a Greifenstein

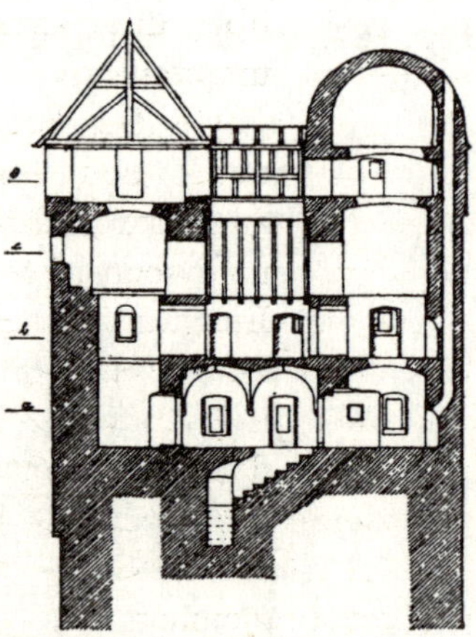

Fig. 188b Desgleichen

In besonderer Weise ist solcher Doppelberchfrit auf G r e i f e n s t e i n im Westerwald ausgebildet. (Fig. **188 a** Ansicht von aussen, **b** Längs-

[1]) Es würde das auch nicht anders sein, wenn nicht nach D i l i c h a. O. die westlich an die beiden Berchfrite sich anschliessenden Mauerstücke zu einem „neuen Bau" gehörten.

schnitt[1]).) Ueber einem ca. 12 m hohen massiven Unterbau setzt der Zwischenbau in zwei Stockwerken und dem Dachgeschoss die beiden Türme miteinander in Verbindung, während darüber noch eine überdachte Holzbrücke demselben Zwecke dient.

Die bei der Schildmauer von Schadeck gefundene Abweichung von der geraden Grundrisslinie kommt übrigens auch sonst, und zwar in verschiedener Gestalt, vor. Nur aussen ist in zwei stumpfen Winkeln die 11 m lange und im Mittel 4 m starke Schildmauer von Runkel an der Lahn[2]) gebrochen. Ueber diejenige von Sterrenberg siehe zu Fig. 246.

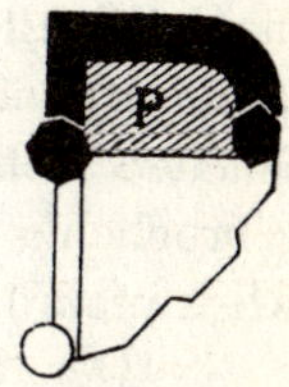

Fig. 189 Rheinstein

Bei Rheinstein hat dieser Bau (Fig. **189** nach v. Cohausen, Bergfriede) einen im Bogen und einen im rechten Winkel zurückstehenden Flügel, so mit den beiden Ecktürmen den Palas auf drei Seiten umfassend, während er bei Schönburg am Rhein in drei stumpfen Winkeln gebrochen ist. Hier (Fig. **190**) erhebt sich die Schildmauer über dem tiefen Graben, der die Burg von der Bergseite trennt. Das enge rundbogige Burgtor führt seitwärts durch die Schildmauer. An die Rückseite schlossen sich Baulichkeiten an, von welchen jetzt ausser dem Keller nur noch zwei an der Innenseite der Schildmauer übereinander befindliche Reihen von Spitzbogenblenden mit grossen Schiessscharten zeugen. Von dem hochliegenden Eingange aus führen 50 Stufen in der Mauerdicke auf die Plattform, welche noch Reste stattlicher Zinnen trägt.

Fig. 190 Schönburg am Rhein

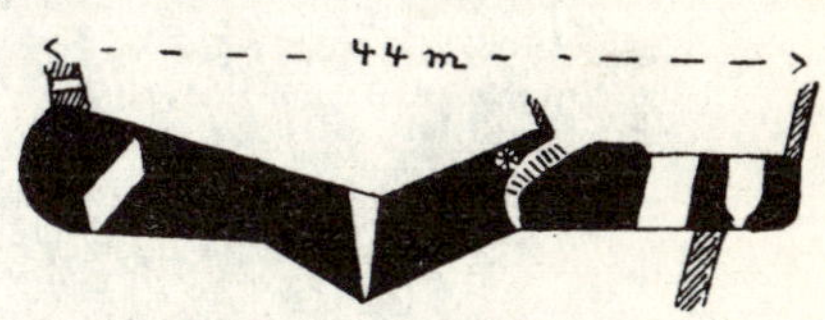

Fig. 191 Madenburg

Die nach rückwärts schon sehr zerfallene Schildmauer von Madenburg hat (nach dem den fünfeckigen und den übereck gestellten Berchfriten zugrunde liegenden Prinzip) in der Mitte einen spornartig ausspringenden Winkel. Fig. **191**. Soweit erhalten, wird sie nur von einzelnen Schiesskammern durchquert.

„welcher nicht volnzogen". Ganz verfehlt ist es jedenfalls, wenn B. Ebhardt (in dem S. 246 Anm. 1 angeführten Buche S. 74) aus dieser Bezeichnung Dilichs über „die Wehrmauer, die nichts zu schirmen hat", dahin Aufklärung erhalten hat, dass man sie „nur als einen Teil einer grösseren Anlage anzusehen hat". Der vermeintlich dazu gehörige und angefangene Bau, nach Ebhardts Meinung vielleicht schon 1301 zerstört, wäre sicher ein „neuer", d. h. überhaupt erst in (wohl um Jahrhunderte) späterer Zeit projektierter Zubau der „Wehrmauer" gewesen, die, wie auch die Westansicht, Fig. 187, ergibt, auch hierhin durchaus als ein freistehender Bau gedacht und ausgeführt ist.

[1]) Nach Aufnahme von Regierungsbaum. Ebel im Burgwart.

[2]) Die da nordwestlich vorspringend sich anschliessende dicke Mauer ist nicht, wie Ebhardt, Deutsche Burgen Lief. 1, meint, gleichfalls eine Schildmauer, sondern nur die Aussenwand des verfallenen Palas.

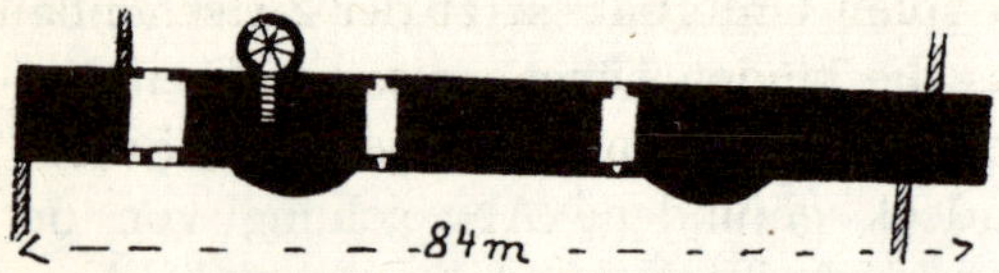

Fig. 192 Helfenstein

Rundliche Ausbauchungen scheinen eine Besonderheit österreichischer Schildmauern zu sein. Deren eine in der Mitte hat da Duino in Istrien, zwei Helfenstein in Mähren, Fig. **192**, und drei Thomasberg in Niederösterreich, Fig. **193**. Von diesen Schildmauern[1]) hat auch nur die der letztgenannten Burg einen durchlaufenden überwölbt gewesenen Wehrgang unter der mit Zinnenfenstern versehenen Wehrplatte[2]). Eine zum Teil in scharfen aus- und einspringenden Winkeln gebrochene Schildmauer hat, ausser einer geraden, Wilenstein in der Rheinpfalz[3]).

Der Regel nach vertritt die Schildmauer, gewissermassen als ein verbreiterter Berchfrit, diesen selbst. In anderen Fällen, und besonders bei grösseren Anlagen,

Fig. 193 Schildmauer von Thomasberg

ist solcher ausserdem vorhanden, wie denn Schönburg trotz der bedeutenden Schildmauer noch gerade eine ungewöhnliche Anzahl von Berchfriten und dem ähnlichen Türmen aufzuweisen hat (vgl. S. 179). Abgesehen von dem besonderen Bedürfnisse im Falle des Vorhandenseins von Ganerben, konnte in der Tat der Berchfrit mit seiner die Schildmauer überragenden Wehrplatte und als weiteres Rückzugswerk auch neben und nach ihr noch von wesentlichem Nutzen sein.

[1]) Näheres über dieselben in meinen Oesterr. Burgen II und III.

[2]) Nach B. Ebhardt, Burgenfahrt 1901, S. 20, hätte die „merkwürdige, durch drei Türme (?) verstärkte Schildmauer in vier Stockwerken gewölbte Verteidigungsgänge", was bei solchem hauptsächlich auf seiner massiven Mauermasse beruhenden Wehrbau schon an sich ausgeschlossen wäre.

[3]) Grundriss in Baudenkmale in d. Pfalz III.

Die Verbindung derselben mit zwei bis zu vollen Berchfriten entwickelten Ecktürmen ist bereits vorhin behandelt worden. Es findet sich aber auch, dass ein Berchfrit auf der Innenseite der Schildmauer unmittelbar an und eventuell auf diese gebaut ist.

Ein Beispiel bietet Liebenzell im Nagoldtal, wo die ca. 20 m hohe, annähernd 30 m lange und fast 3 m starke Schildmauer schon ihren durchlaufenden Quaderschichten nach als ein selbständiges Bauwerk erscheint, an bzw. auf welches in seiner Mitte der quadratische ca. 34 m hohe Berchfrit — wenn auch nicht als erst nachträgliche Ergänzung — gebaut wurde. Die mit besonders grossen Buckelquadern bekleidete Schildmauer hat vom hochgelegenen Eingang aus in der Mauerdicke eine Wendeltreppe und einen am Berchfrit vorbeilaufenden Gang, zu welchem von diesem aus erst in späterer Zeit eine Verbindungspforte durchgebrochen wurde. Von der Bergseite ist die Schildmauer noch durch einen Graben und eine niedrige Zwingermauer geschieden. Ihrer Innenseite ist auf beiden Seiten des Berchfrits je ein Wohnbau angefügt[1]).

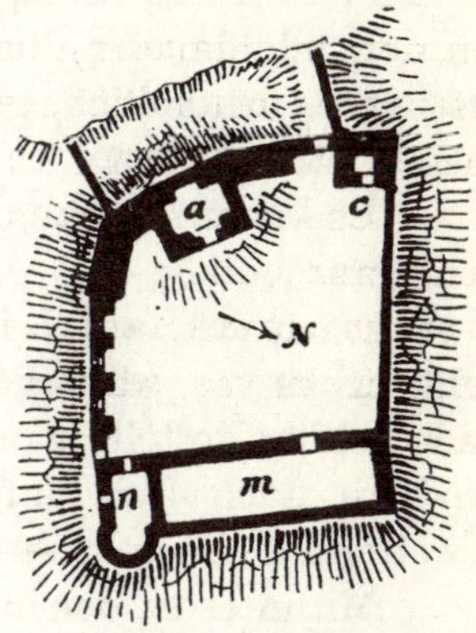

Fig. 194 Freienfels

Mehrfach anders ist die Schildmauer von Freienfels im Weiltal (Lahngebiet) gestaltet. Hier umschliesst ein nicht überhöhendes Angriffsfeld bogenförmig die Südwest- und Südostseite der Burg, von dieser durch einen gegen Osten hin schluchtartigen Graben getrennt. Der Berchfrit *a* Fig. **194** erscheint hier als selbständiger Bau, an den sich beiderseits eine Schildmauer u. zw., demRande des Burgberings folgend, in stumpfen Winkeln anschliesst. Von ihnen ist die längere südöstliche nochmals in stumpfem Winkel gebrochen. Aus dem dritten, mit einem Kamin versehenen Stockwerke des Berchfrits führt seitlich eine Tür in einen oben in der Mauer entlang laufenden Gang, der nach aussen mit vier, nach dem Hofe zu mit einer Schiessscharte versehen ist. Bei der ebenso mit dem Berchfrit verbundenen südwestlichen Schildmauer sind nur noch die Seitenmauern dieses Ganges zum Teil erhalten; unter demselben liegt hier aber in der Mauer noch ein zweiter, zu welchem der Zugang mittels einer Tür, bzw. Leiter vom Hofe aus sich bot (Fig. **195**, Ansicht vom Hofe aus). Die Breite

Fig. 195 Desgleichen

[1]) Aus natürlich ganz unhaltbaren Gründen erklärt Krieg v. H. (Militär-Arch. 102) auch diese Schildmauer nebst Berchfrit für römisch. Die Römer haben nie einen derartigen Wehrbau errichtet.

des oberen Ganges beträgt 1,60 m, während die Brüstungsmauern 1, bzw. nach aussen 1,10 m stark sind. — An dieses, der am meisten gefahrdrohenden Strecke des Angriffsfeldes gegenübergestellte Verteidigungswerk schliesst sich nach Osten ein mit Schiessscharten in hohen Spitzbogenblenden versehener Mantel, nach Westen ein kürzeres Mauerstück an, welches das von je einer Schiessscharte flankierte und noch von einem Eckturm *c* verteidigte Eingangstor enthält. Wie auch bei Ehrenfels (S. 245), liegt hier der Palas (*m*, nebst anstossender Kapelle *n*), von der Schildmauer durch den Hof getrennt, über einem sturmfreien Abhange. Erst 1327 urkundlich genannt, soll sie um 1195 vom Grafen Walram I. von Nassau erbaut sein.

Es kommt auch vor, dass der Berchfrit mit der Aussenseite der Schildmauer nicht ganz bündig ist. Auf Wachtenburg, wo er in der Mitte steht, springt er etwas zurück, auf Lichtenberg in Württemberg, wo er an einem Ende steht, etwas vor, während hier ein zweiter ebenso starker Viereckturm am anderen Ende schräg gestellt ganz nach aussen vorspringt. In anderen Fällen steht der Berchfrit auch frei hinter der Schildmauer (Zavelstein, Hohlenfels s. weiterhin), auch wohl übereck (Duino[1]).

Mitunter ist der in der Mitte der Schildmauer stehende Berchfrit ein fünfeckiger, mit seiner Spitze mit der Aussenflucht jener ganz (Hohenecken) oder beinahe (Schöneck, Schlosseck) bündig. Die runde Turmform wäre da unzweckmässig gewesen. Auf Steinenschloss berührt daher der mächtige Rundturm (Fig. 94. 2) auch nur eben die 5,4 m starke Schildmauer, während ein geringerer sich ihrem einen Ende anschliesst[2]). Ebenso selten stösst die Schildmauer nur mit ihrem einen Ende an einen wirklichen Berchfrit an, wie bei Kocherstetten, wo der letztere etwas übereck dazu gestellt ist.

Eine wesentlich spätere Vervollständigung der Befestigung der Angriffsseite sowohl durch nachträgliche Erhöhung der Schildmauer als durch den An- und Aufbau eines Berchfrits haben wir bei Alteberstein unweit Baden-Baden, wobei es sich freilich nicht um eine „Schildmauer" im engeren Sinne, sondern nur um eine ca. 4 m dicke Mauer ohne jeden inneren Hohlraum handelt, deren älterer Teil, aus schwersten Quadern mit zum Teil weit vorstehenden Buckeln errichtet, auch gutenteils nur „Futter- und Verkleidungsmauer" war. Der Bodengestaltung und der Führung der Burgstrasse entsprechend, ist auch hier der Berchfrit ganz auf das eine Ende der Mauer gerückt.

Eine ganz isolierte, d. h. ohne seitliche Verbindung frei vor dem Burgberinge stehende Schildmauer hat angeblich[3]) die oberste der am Westabhang des Ottilienberges (Wasgau) liegenden Burgen Dreistein gehabt. Wäre das schon an sich höchst un-

---

[1]) Ganz unbegründet ist die Behauptung Nähers, dass diese freie Stellung des Berchfrits ebenso wie die Vermeidung eines Tores durch die Schildmauer Besonderheiten der „schwäbischen" im Gegensatz zur „fränkischen Bauart" seien. Ersteres kommt bei wirklichen Schildmauern fast nie vor, die Durchbrechung derselben durch ein Tor eben überall da, wo der Zugang zur Burg durch die entsprechend lange Schildmauer sonst versperrt sein würde.

[2]) Ein Beispiel eines in geringem Abstande hinter der Schildmauer stehenden runden Berchfrits würde nach Näher Hohennagold bieten; doch ist die 2,4 m starke Mauer nicht besonders hoch und hat anscheinend auch nur nach aussen eine Brüstung gehabt, ist also nicht zu den „Schildmauern" zu zählen.

[3]) So schon Lotz, Kunsttop. II, 100, dann Kraus, Kunst u. Altert. in Elsass-Lothr. I, 48. Nähere Ausführung Burgenk. I. Aufl., 296.

zweckmässig und der Oertlichkeit nach unverständlich, so hat es sich auch allem Anscheine nach bei der hier sehr zerfallenen (und durch Neumauerung zum Teil ergänzten) kleinen Ruine in Wirklichkeit nur um einen gewöhnlichen Palasbau gehandelt, der auf der schmalen Angriffsseite in einen Rundturm auslief, wie einem solchen ähnlich bei dem am Südabhang des Grünten (Bayern) liegenden Fluhenstein ein halbrunder Turm vorgelegt ist.

Das sehr seltene Beispiel einer Schildmauer bei einer Wasserburg im flachen Gelände bietet Langenau, oberhalb Nassau in einer beträchtlichen Ausweitung des Lahntales belegen, Grundriss Fig. **196**. Eine gleichfalls starke Mauer *a b* (jetzt oben abgebrochen und mit angebauten Ställen unter ein Dach gebracht) deckt die Burg auf der Eingangsseite. Die Schildmauer *c d*, ein starkes, innerhalb der Ringmauer isoliert stehendes Werk, ist wie jene von zwei viereckigen Türmen flankiert, deren südlicher hier übereck steht. Dieselben haben Ausgänge auf den Wehrgang, welcher hofwärts zum Teil auf vier Rundbogenblenden ruht, die zum Teil durch eine darüber in der Mauerdicke mit geradem Lauf aufsteigende Treppe verkürzt sind. Der Bau ist mit Rundbogenfriesen versehen. Der Turm *d* hat nordöstlich einen Abtritt[1]). — Von den beiden, durch diese Werke nicht geschützten Seiten der Burg ist die nördliche durch den Gelbach, ein Nebenflüsschen der Lahn, gedeckt, während auf der südlichen das Gelände sich zu einer kleinen Wiesenfläche vertieft. Von einer Ueberhöhung des Burgterrains kann aber auch auf der Ost- und Westseite nicht die Rede sein, unbeschadet eines kleinen auf letzterer Seite wenige Meter hoch sich aus dem Plateau erhebenden Felskopfes *(e)*. Vgl. über die Burg auch Kap. 20. —

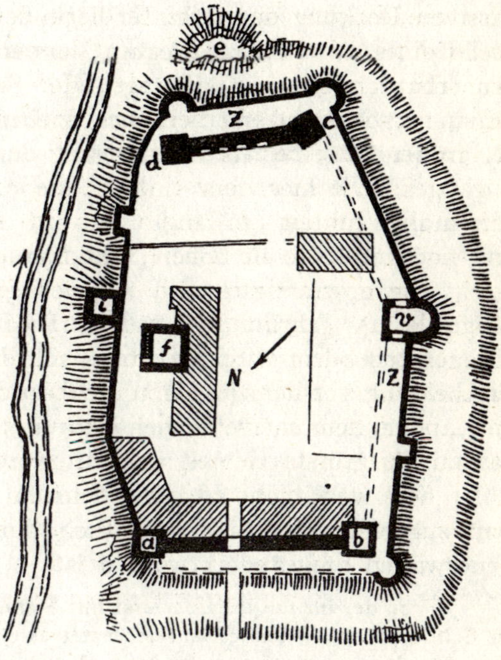

Fig. 196 Langenau

Die Schildmauer entsprach auch nach allgemeiner Einführung des Geschützes dem Bestreben, solchem starke Mauermassen entgegenzustellen, und es wurden daher mitunter ältere Schildmauern für den Geschützkampf eingerichtet und selbst neue wenigstens ähnliche Werke errichtet, wobei man, wie bei den späteren Befestigungsbauten allgemein, auf die Höhe kein besonderes Gewicht mehr legte.

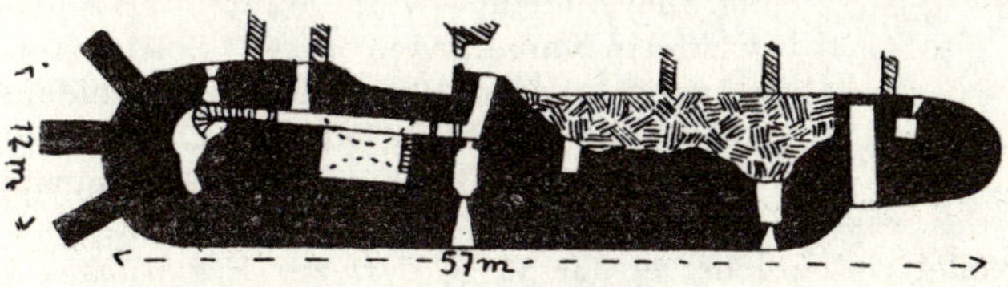

Fig. 197 Neuscharfeneck

Eines der wenigen Beispiele dieser Art bietet Neuscharfeneck in der Rheinpfalz. Die Schildmauer, Fig. **197**[2]), zum Teil auf der noch in dieselbe

[1]) Dieser Lage nach (vgl. Kap. 15) wohl jedenfalls ein solcher, nicht eine Pechnase, wie Baudenkm. im Reg.-Bez. Wiesbaden 273 angegeben wird.

[2]) Nach Baudenkm. der Pfalz Bd. II.

hineinragenden felsigen Böschung des Halsgrabens aufstehend, ist durchweg auf Sandsteinblöcken aufgeführt. Sie enthält mit ihren zum Teil aus den Felsen gehauenen Kammern mit Geschützscharten, Gängen und Treppen verhältnismässig doch nur wenig Hohlräume, und der mächtige Bau diente daher bis zu seiner Plattform hinauf — er schliesst da jetzt mit einem Gesims ab — hauptsächlich zur passiven Deckung der dahinter liegenden Burg. Neuscharfeneck wurde 1450 an Stelle eines um 1212 angelegten Vorwerkes des nahen Altscharfeneck wesentlich neu erbaut. Aeltere Oeffnungen der Schildmauer wurden bei dem Umbau zugemauert, vielleicht erst bei einer Wiederherstellung nach dem Bauernkriege auch der früher dieselbe als Burgeingang durchquerende Torweg unter Verlegung des Zuganges. Die hier dem einen Ende angefügten Strebepfeiler kommen minder befremdlich (unten 5 m lang) auch auf der äusseren Langseite der 4 m starken und noch etwa 20 m hohen Schildmauer von Michelsburg vor.

Die grossartigste und zugleich eigentümlichste Schildmauer ist am Ausgange des 15. Jahrhunderts auf der Hohkönigsburg (Fig. 612) erbaut worden. In nachstehendem wird dieselbe (nach der vorigen Auflage dieses Buches) in ihrer Erscheinung vor dem jüngsten Neubau der Burg dargestellt, durch welchen (siehe im Kap. 24) dem unersetzlichen Unikum unter Hinzufügung unmöglicher Phantasiebauten die grösste Gewalt angetan worden ist.

Wie wohl nicht zu bezweifeln ist, liegt auch dieser Schildmauer ein älterer Bau zugrunde, der hier wesentlich durch Hinzufügung zweier Eckrondelle für Feuerwaffen umgeändert worden ist.

Von der im 12. Jahrh. zuerst mit Sicherheit vorkommenden Burg sind noch fast bis an die Schildmauer reichende Baureste nachzuweisen und es ist der Oertlichkeit nach wahrscheinlich, dass hier jene schon mit einem derartigen breiten Deckungsbaue abgeschlossen gehabt habe. 1462 nach mehrtägiger Beschiessung erobert und danach vertragsmässig „verslöufft und gebrochen", wurde die Burg 1480 von den Grafen Thierstein wieder aufgebaut, und wenn danach (1558 und 1560) der „grosse thurn, den der graf zu Tierstein an den mantel puwen lassen", erwähnt wird, so ist das ungezwungen nicht anders zu verstehen als dahin, dass bei dem Neubau des Turmes — es ist das grosse südliche Rondell (Fig. **198**) gemeint — der „Mantel" als schon vorhanden vorgefunden war[1]). Solche Hinzufügung starker Rondelle war ja zudem (S. **255**) bei der baulichen Einrichtung der Burgen für den Geschützkampf etwas ganz gewöhnliches. Wenn der Gesamtbau des westlichen Bollwerkes — besonders auch in seiner Buckelquaderverkleidung — als ein völlig einheitlicher erscheint, so darf zur Erklärung angenommen werden, dass der ältere Teil erheblich zerstört gewesen war. Auch die Lage besonders des südlichen Rondells auf und an schon steil und tief abfallendem Abhange spricht für die hier begründete Annahme.

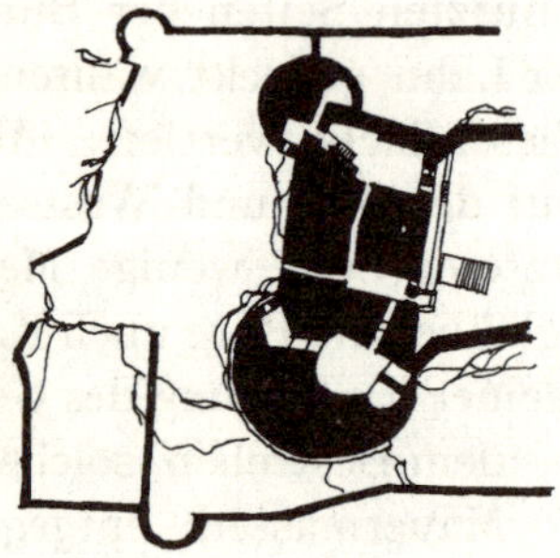

Fig. 198 Hohkönigsburg

An die bis 6,7 m starke und aussen 12 m lange eigentliche Schildmauer schliesst sich auf der Innenseite noch eine Felserhebung an, über welche hin

[1]) Gewiss also mit Unrecht „vermutet" B. Ebhardt, die Höhkönigsburg 1908 S. 9 f. hier anstatt dessen einen „vierten Bergfried", wofür gar keine Anhaltspunkte vorliegen.

— und das ist gewiss ohne Seitenstück[1]) — zum bequemen Aufstieg für die Verteidiger eine aus 43 breiten Stufen bestehende Freitreppe *(a)* auf die Plattform der Schildmauer führt. (Fig. **198a** Ansicht der jetzt abgebrochenen (!) vor dem Neubau.) Ebenerdig ist ein Verbindungsgang, *e*, zwischen den beiden Eckrondellen durch den Felsen gehauen. Die Mauer selbst ist im wesentlichen eine wohl

Fig. 198a Treppe zur Schildmauer auf Hohkönigsburg

zum Teil auch aus dem gewachsenen Felsen bestehende blinde Masse, welche nur zu ebener Erde durch einen etwas gekrümmten Gang mit aussen schon hoch liegender Mündung durchquert wird. Die anschliessenden Rondelle sind entsprechend ihrer Lage und Bestimmung wesentlich von einander verschieden. Der nördliche, dem hier steilen Bergabhange naheliegende, ist wesentlich kleiner und ohne einen in der Mitte aufsteigenden Hohlraum. Er enthält vielmehr nur in drei miteinander nicht verbundenen Geschossen zur Bestreichung des Zwingers *b* und der Schildmauer je eine, bzw. zwei Schiessscharten, vor denselben die zum Aufenthalt der Schützen nötigen Kammern von etwa 3 m Durchmesser und die beiden zur Verbindung derselben und zum Eingang nötigen Gänge. Dem sich senkenden Felsboden entsprechend, führen zu diesen Räumen im untersten Stockwerk Steinstufen ausser- und innerhalb des Turmes hinab. Ueber den äusseren erhebt sich dann, von einem weiten Bogen getragen, die zwölfstufige Freitreppe zu dem zweiten Geschoss (Fig. **199**), während ein drittes nur durch eine Leiter zugänglich ist.

Fig. 199
Desgleichen

[1]) Näher schreibt (Burgenk. f. d. südwestl. Geb. 76): „Wir finden auch Schildmauern mit massiven Anbauten an der Rückseite bis zur Höhe des Wehrganges, um hier die Aufstellung von Wurfmaschinen zu ermöglichen oder eine grössere Anzahl von Verteidigern zu vereinigen, so bei der Burg Hofen am Neckar mit 5 m Länge und 3 m Breite, und bei Schauenburg an der badischen Bergstrasse." Zu Hofen bemerkt aber derselbe (Kunst- u. Altertumsdenkm. in Württemb. 1889, 150), dass der Anbau „nach oben ohne Zweifel als ein schlanker Spähturm aufstieg", und auf Schauenburg schlos ssich nach Ebhardts Aufnahme (Deutsche Burgen 178) an die 3,7 m dicke und noch 8,2 m hohe Schildmauer rückwärts nur die ganz zerstörte Kapelle an.

Auf der südlichen Langseite des (gesamten) Burgberges fällt das Gelände zunächst minder steil ab und zieht sich hier die Burgstrasse hin. Aus beiden Gründen wurde da der Eckturm zu einem umfänglicheren Bollwerke gestaltet als der nördliche. Das unterste Stockwerk, welches — übrigens innen von dem oberen nicht abgeteilt — an Höhe den beiden unteren des Nordturmes gleichkommt, hat gegen den Halsgraben *c c* nur eine weite Scharte, zu welcher auf dem unregelmässig abfallenden Felsboden eine weite vieleckige Kammer, *d*, hinabführt, und in der Mauer der Ostseite nur zwei hohe, nischenartig nach innen offene Seitenräume (*f* und *g*) von ca. 3 m Tiefe. Die Wand durfte da in solcher dem hohen Mantel Fig. 202 annähernd ähnlichen Weise geschwächt werden, weil sie auf dieser Seite einer Beschiessung durch Geschütz nicht ausgesetzt war. Von da führte eine Leiter in einem schachtartigen Raume zu weiteren Schiessscharten hinab, welche bei dem steil abfallenden Felsen noch erheblich tiefer darunter angebracht werden konnten. (Fig. **200**[1]) unten rechts.)

Fig. 200 Desgleichen

Zu dem obersten Stockwerk führen dann von aussen auf felsiger Grundlage freiliegende Stufen (*b*, Fig. **201**)[2]) und hier zugleich zu einer weiteren auf die Plattform bringenden Treppe (*a* daselbst) und einem daneben in der Mauerdicke laufenden Gange mit drei Schiessscharten. Dieser Gang (13 m lang) führt zunächst zu der weiten, gegen den Hohlraum offenen Vorkammer *c* für eine gegen das Angriffsfeld gerichtete Scharte, die, nur bis auf 60 cm nach innen verengt, für ein grösseres Geschütz bestimmt war. Dann setzt sich der Gang noch 4,80 m weiter bis zu einer in der Schildmauer selbst liegenden Scharte fort.

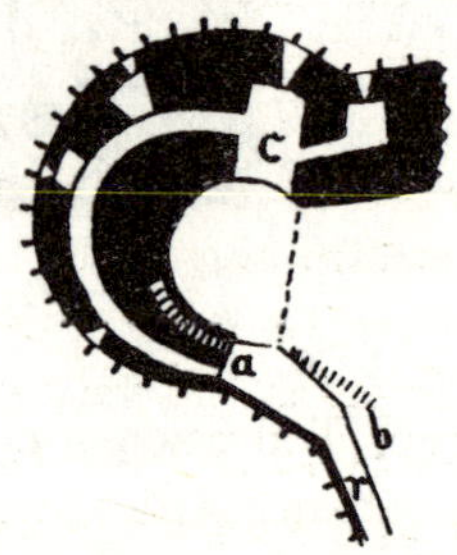

Fig. 201 Desgleichen

Von besonderem Interesse ist noch die Art und Weise, in welcher das Rondell oben nach Osten hin ohne einen Abschluss allmählich in die sich da anschliessende Ringmauer übergeleitet ist. Das oberste Stockwerk ist (Fig. 200) in eigentümlich rundlicher Weise um 2 m eingezogen, die Richtung des Baues ist (Fig. 201) in ganz stumpfen Winkeln zu einer nördöstlichen gemacht, und der aus einem Mauerabsatz mit Brüstung bestehende Wehrgang *r* der Ringmauer ist noch bis *a*, Fig. 201, in den eigentlichen Rondellbau hinein fortgeführt, hier zum Teil noch (s. vorhin) nach Art des „Hohen Mantels" auf den überwölbten Nischen liegend.

Von *a* ab — wo erst (Fig. 200) das obere Stockwerk des Rondells beginnt — bildet die Oberfläche des Gesamtbaues einschliesslich des Nordrondells eine einheitliche ebene Plattform, von welcher ringsum zahlreiche Kragsteine (s. darüber zu Fig. 379) einen halben Meter weit hinausstehen. Im übrigen fehlen uns bezüglich

[1]) Nach Aufnahme der Königl. Preuss. Messbildanstalt.

[2]) So wenigstens in der Ruine vor ihrer Ausgrabung.

eines etwaigen Oberbaues zumal aus der Zeit der Thierstein (bis 1519) alle Anhaltspunkte.

Wenn in Inventarien um 1530[1]) ein „*gewelb*", auch ein „*wachthüsslin*" (also ein kleiner Einzelbau) „*uff dem mantel*" erwähnt wird, so ergibt sich aus anderen Belegstellen unabweislich dass „uff" nicht mit „oben auf" gleichbedeutend sein soll, sowie dass man unter dem „Mantel" der Hohkönigsburg der Regel nach die Schildmauer nebst den beiden Eckrondellen, ja später auch einem Erweiterungsbau und anscheinend selbst dem anstossenden Felsen (der auch eine hernach teilweise überbaute Platte hatte) verstand.

Was diesen Erweiterungsbau betrifft, haben 1557 die Brüder v. Sickingen, welche damals im Lehenbesitz der Burg waren „*an den alten usswendigen manntel ain anstoss . . . und uf denselben ain Hüttin gebauwen, under welcher das Geschütz vor dem ungewitter erhalten würdet, unnd inn denselben anstoss ain Badstuben, ain stuben darneben, dergleichen ain bachstuben)Backstube(mit irer zugehördt daran unnd unden in den anstoss etliche gewölbte gemächtlin gemacht.*" Von diesem anstossenden Baue ist ausser Resten der Abschlussmauer *n m* vor allem die Mauermasse *v* übrig, welche — in Fig. 198 nur schraffiert — das südliche Rondell gegen die Burg hin schloss (S. 135)[2]). Durch dieselbe führt eine enge Treppe in das Rondell hinab. — Wenn ferner 1562 das Mauerwerk zweier Dachgiebel „*auff dem mantel*", jeder 35 „*schuch*" lang, 12 hoch, nebst 7 Pfeilern je 6 *schuch* hoch und ebenso breit verdingt wird, so kann sich das, selbst von den angegebenen Massen abgesehen[3]), auch nur auf den „Anstoss", bezogen haben; denn wo sollten auf der Schildmauer selbst solche geraden Giebelmauern ihre Stelle gehabt haben? —

Wie hier auf dem südlichen Ende durch einen rondellartigen Bau[4]) vermittelt, so wurde in anderen Fällen die Schildmauer in einfachster Weise durch absatzlose Verdünnung in die sich im Winkel anschliessende Ringmauer übergeleitet[5]).

In das System der Schildmauern im weiteren Sinne — als selbständiger Verteidigungswerke, die durch ihre breite Masse die dahinter liegende Burg decken — gehören auch die Bauten, die noch später, in der ersten Hälfte des 16. Jahrh., auf Wildenstein an der Donau und Burgk in Thüringen errichtet wurden. (Fig. 607—611.) —

Uebergänge von der Schildmauer zu der dicken und völlig oder fast fensterlosen Aussenmauer eines ausnahmsweise dem Angriff entgegengestellten Palas zeigen u. a. die rheinpfälzischen Burgen Bärbelstein, Dahn und Ramberg sowie das badische Homburg (Kap. 15). Eigenartig ist da auf Emmerberg (Niederösterreich) die einer Beschiessung ausgesetzte Ecke eines Wohnbaues, welche, in vier stumpfen Winkeln gebrochen, bei turmartiger Höhe eine Mauerstärke von vier bis zu fünf Metern hat[6]). Siehe hierzu auch Sporkenburg, Fig. 420f.

---

[1]) Wiegand, Zur Gesch. der Hohkönigsb. (Strassb. 1901).

[2]) Der roh ausgeführte Bau erreicht nicht die Höhe des beiderseits anstossenden Thiersteiner, kann aber nie höher gewesen sein als jetzt, da er noch einen Rest des darauf stehenden „Hüttin" trägt. Zu der Eingangstür *n* ist noch der Sturz mit dem Sickingenschen Wappen vorhanden.

[3]) Auch sonst finden sich in den Bauurkunden der Burg mehrfach ganz unverständliche Massangaben in „schuch", d. h. Fuss. Beispielsweise soll eine Strebemauer am Küchenbau 60 Schuh stark, ein Dachstuhl auf den Wohntrakten deren 550 lang sein.

[4]) Eine diesem ähnliche unregelmässige Grundrissfigur findet sich auch bei anderen um jene Zeit hinzugebauten Rondellen, so auf Hohenburg (Fig. 244) und Landstuhl.

[5]) So bei Schlosseck und Burg (a. d. Wupper). Die niedrigen Reste, in welchen beide erhalten sind, genügen an sich nicht zur Feststellung, ob es sich um eine eigentliche Schildmauer handelt. Ueber den Wiederaufbau der letztgenannten Kap. 24.

[6]) Meine Oesterr. Burgen I, Fig. 69 und 75. Ueber einen eigentümlichen, damit verwandten Bau auf Egerberg sowie näheres über die weiterhin angeführten österreichischen Burgen siehe ebendas. in anderen Teilen.

Nach dem beim Burgbauwesen Gewohnten versteht es sich fast von selbst, dass wir auch Wehrbauten haben, die, einer Schildmauer mehr oder weniger nahe kommend, Zwischenstufen zwischen dieser und der gewöhnlichen R i n g m a u e r darstellen.

Ein besonderes Beispiel bietet da die Burg N o v i h r a d in Mähren, welche, einer Vorburg wie eines Zwingers entbehrend, in unregelmässiger Figur von einer starken, noch etwa 8 m hohen Ringmauer umgeben ist, die in Art einer Schildmauer einen beiderseits verteidigungsfähigen, 1—3 m weiten Wehrgang trägt. Wieder anders gestaltete derartige Mauern haben G l a n e g g in Kärnten und T o l l e n s t e i n in Böhmen, letztere ähnlich dem Hohen Mantel Fig. 202.

Wie schon die Schildmauer der Hohkönigsburg nicht alle Besonderheiten einer solchen aufweist, so erscheint die zu derselben Zeit (nach 1473) erbaute von S i g m u n d s k r o n noch mehr nur als ein besonders dickes Stück einer Ringmauer, 45,5 m lang und 5,10 m stark, ist sie von zwei Eckrondellen flankiert, deren eines Fig. 165 dargestellt ist. —

Von den bezeichneten Zwischenstufen hebt sich noch wieder als eine selbstständigere der ,,H o h e M a n t e l"[1]) heraus, d. h. eine Mauer, welche sich zwar durch ihre Höhe zunächst als Deckungsmauer kennzeichnet, jedoch bei mangelnder besonderer Stärke, der inneren Hohlräume und eines eigenen Eingangs zu denselben, wie auch eines zweiseitig gezinnten Wehrganges entbehrt und sich so in der Regel auch nicht als selbständiges Verteidigungswerk von den übrigen Burgteilen abhebt. Vielleicht noch häufiger oder wesentlicher als den Zweck der Deckung des dahinter liegenden Burgraumes hat freilich solche hohe Mauer denjenigen zu erfüllen, in der vollen Höhe der Aussenmauer eines mehrstöckigen Palas weiter um die innere Burg einen nach aussen durch eine Brüstungsmauer gedeckten Verbindungsgang zu bieten (siehe darüber Kap. 11) oder auch den, dass an ihr (Kap. 16) darunter Arkaden angebracht werden können, welche die vor den anstossenden Gebäudeflügeln hinlaufenden miteinander verbinden.

Fig. 202 Hohlenfels

Einen besonderen, wiederum erst zu dem Hohen Mantel überleitenden Wehrbau hat H o h l e n f e l s im Nassauischen aufzuweisen, indem er auf dem Unterbau eines solchen den Oberbau einer Schildmauer trägt. (Fig. **202**, Ansicht der Innenseite, Grundriss Fig. 602.) Der untere Teil zeichnet sich durch die unregelmässige Grundrissform, sowie dadurch aus, dass die beiden äussersten Strebepfeiler noch wieder durch einen schmäleren Ansatz zur Mitte hin verstärkt sind. Die Bekrönung besteht aus einem beiderseitig von gezinnter Brustwehr eingefasstem Wehrgang in der Mitte und (ähnlich wie bei Berneck) zwei noch um ein Stock-

[6]) Vgl. Z i m m e r i s c h e C h r o n i k I, 277: ,,*Hiezwischen lagen die baid grafen von Württemberg mit macht vor Albeck dem schloss, ob der stadt Sulz, und hatten das heftig beschossen, auch die im Schloss mit werfen vast genöt, also auch, das ain ganze bastei uf dem hals vor dem h o c h e n m a n t e l nider geschossen.*"

werk aufsteigenden turmartigen Erhöhungen[1]) auf den beiden Enden, die mit je einem kleinen Kamin versehen sind und deren Bedachung jetzt auf noch über dem Mauerwerk offen aufstehendem Zimmerwerk ruht. Der Aufgang besteht in seinem oberen Teile aus 21 Stufen, die auf der sich östlich anschliessenden halbgiebelförmig aufsteigenden Ringmauer hinter deren Brustwehr liegen. Der Zugang zu dieser Treppe, jetzt nur auf einer hohen Leiter zu erreichen, mochte früher von dem östlich anstossenden Gebäude ausgehen.

Einen bemerkenswerten Hohen Mantel hat Ortenburg im Wasgau (Fig. **203**). Während bei der benachbarten Burg Bernstein der fünfeckige Berchfrit direkt dem Angriffsfelde entgegengestellt ist, hat man ihm hier in einem Abstande von durchschnittlich 1,5 m noch den Mantel vorgelegt, weil (Fig. 204), anders wie dort, die Deckung des dahinter liegenden Palas noch verbreitert werden musste. Ausserdem aber war der Mantel zugleich in trefflicher Weise zu einem fast selbständigen Verteidigungswerk ausgestaltet. Die Mauer zeigt sich nämlich fast von unten auf durch drei übereinander liegende Reihen grosser Schiessscharten durchbrochen. Darüber führen zwei Türen zu einem aussen angebrachten hölzernen Umgang, über welchem dann noch für eine fünfte Reihe von Schützen eine gezinnte Brustwehr sich erhoben zu haben scheint. Ein längs der Innenseite der Mauer errichtetes fünf Stockwerke hohes Gerüst von Brettern und Balken war jedenfalls notwendig, um den Zugang zu diesen Schartenreihen zu vermitteln und das Ganze wurde dann, wie bei Hohlenfels, noch von dem Berchfrit überragt, der ausser den Zinnen gleichfalls noch die Schiessscharten und Balkenlöcher für einen Umgang zeigt[2]).

Fig. 203 Ortenburg

Vorzugsweise als Deckungsmauer gegen die überhöhende Bergseite erscheint auch der geradlinige Hohe Mantel auf Hirschhorn am Neckar, der mit seiner Mauerdicke von 2,25 m derjenigen einer Schildmauer nahe kommt. Zugleich bietet er aber auf seiner Höhe einen Verbindungsgang zwischen dem Palas und dem als eine enge Warte erscheinenden „Hexenturm". Auf der Angriffsseite sind diesem Mantel noch in geringen Abständen hinter einander zwei niedrige Zwingermauern vorgelegt.

Der zur Deckung gegen die Berchfrite errichtete Hohe Mantel von Hohenstein ist bereits zu Fig. 183 erwähnt. Von zwei nach innen offenen Türmen[3]) flankiert, ist er dazwischen auf der Innenseite durch starke Strebepfeiler verstärkt,

---

[1]) Dieselben scheinen früher auf der Aussenseite noch je ein Ecktürmchen oder Pechnase gehabt zu haben. Jedenfalls hat da der südwestliche (linke) einen entsprechenden Mauerabsatz.

[2]) Die Mauerdicke gestattete hier nicht wie bei der äusserlich ähnlich gestalteten Schildmauer von Schönburg (Fig. 190) eine Treppe in und einen zweiseitigen Wehrgang auf derselben.

[3]) Mit 5, bzw. 6 Balkengeschossen. Der westliche ist zugleich Torturm, s. 10. Kap.

auf deren rundbogiger Verbindung in der Höhe der Wehrgang hinter der Brustwehr hinlief. Zwischen den Strebepfeilern hat die Mauer je zwei Schiessscharten übereinander.

Ein besonders stattlicher Hoher Mantel schützt, an den mächtigen Berchfrit sich anschliessend, bei Freudenberg am Main, 1196 erbaut, die Hauptburg — nicht, wie bei Hohenstein, die Vorburg — auf der Bergseite (Fig. 99). Die 1,70 m breiten Strebepfeiler verstärken sich in Absätzen nach unten bis zu der gleichen Tiefe von 1,70 m, während ihr Abstand voneinander ein sehr verschiedener, von 3,30 m ab wachsender ist. Zwischen ihnen sind nicht, wie bei Hohenstein, Schiessscharten angebracht, dagegen die Zinnen des oben hinlaufenden Wehrganges mit Schlüsselscharten durchbrochen.

Zehntes Kapitel.

Burgstrasse, Graben, Brücke und Tor.

(Bezügliche Vorschriften des Vitruv und ihre Befolgung. Erschwerter Aufstieg. Kahle Umgebung? Die verschiedenen Arten der Gräben. Ueberbrückung. Niedere Grabenbestreichung. Gestalt und Einrichtung der Torbauten. Flankierung. Nebentor. Riegelbalken. Fallgitter und ihre Verwendung. Verschiedene Arten der Zugbrücken. Barbakane. Deren Anwendung als Brückenkopf.)

Auch auf die Höhenburgen führte in der Regel ein mehr oder weniger bequem fahrbarer Weg, der wenn eingeleisig, hie und da tiefer eingeschnitten und streckenweise gedämmt, auch wenn jene längst zerfallen sind, öfter noch als die alte Burgstrasse (burcstrâze, burcwëc) erkennbar ist.

Es gehörte zu den, freilich durchaus nicht immer ausgeführten, Sicherungsmassregeln, diesen zumeist einzigen Zugang zum Tore der Burg tunlichst so anzulegen und mit solchen Sperr- und Verteidigungsvorrichtungen zu versehen, dass er möglichst wenig auch dem Feinde zugute kam.

Auch in bezug auf Anlegung der Burgstrasse fanden unsere Altvordern schon Vorschriften bei ihrem Lehrmeister in Bau- und Befestigungssachen, Vitruv. Es heisst da (I, 5): *Curandumque maxime (!) videtur, ut non facilis sit aditus ad oppugnandum murum: sed ita, circumdandum ad loca praecipia et excogitandum, uti portarum itinera non sint directa sed σκαιά. Namque cum ita factum fuerit, tum dextrum latus accedentibus, quod scuto non erit tectum, proximum erit muro.*

Die hier am Schlusse gegebene besondere Vorschrift, den Zugang so anzulegen, dass der Ankommende dem Wehrbau seine rechte, vom Schilde nicht gedeckte Seite zukehre, lag ja freilich für die alte Zeit so nahe, dass es nicht befremden kann, wenn wir sie, wie im Kap. 3 gezeigt worden, auch schon früher bei den alten Wallburgen offenbar mit Bedacht angewendet finden.

Macht der Weg im Schlussbereiche der Verteidiger eine Kehre, so kommt die Regel natürlich für die letzte Strecke in Betracht.

Indessen ist sie nicht entfernt immer, wie auch wohl behauptet wird[1]), befolgt worden. Es ist das vielmehr so wenig der Fall, dass bei Mitberücksichtigung

---

[1]) So v. Cohausen, Nass. Ann. 1890, S. 94, Altert. im Rheinl. S. 59 und Befestigungsweisen S. 186. Näher Wehrbauten S. 28: „Wenn wir unsere auf den Höhen gelegenen Burgen besteigen, so finden wir, dass der Weg so angelegt ist, dass die Burg uns stets zur Rechten bleibt und dass diese Regel selbst durch die Gräben, Zwinger und Vorhöfe durchgeführt ist; stets bleibt die Burg und zuletzt noch der Bergfried dem Ankommenden zur Rechten."

derjenigen Burgen, bei welchen der Weg in gerader Linie auf das Tor zulief, die Zahl derjenigen, bei welchen wir die Regel angewendet finden, kaum die Mehrheit der Gesamtzahl ausmachen dürfte[1]).

Bei aufmerksamer Prüfung der Einzelfälle wird man wahrnehmen, dass die zufällige Gestaltung des Geländes, wie im übrigen, so auch bei der Anlegung des Zugangsweges bestimmend war, ohne dass man sich dabei besonders bemüht gehabt hätte, denselben der alten Vorschrift gemäss zu führen. Ja, man kann sogar ausnahmsweise finden, dass dieselbe unberücksichtigt geblieben ist, obgleich dem Gelände nach ein anderer sehr wohl ausführbar gewesen wäre. Bei der Burg Laudeck habe ich in „Oesterr. Burgen" II, 113, einen solchen Fall erörtert.

Es braucht das aber auch nicht wunderzunehmen. Der Belagerer richtete seine Unternehmungen durchaus nicht immer gegen das Burgtor, und — anders als wie etwa in älterer Zeit — wurden die Burgen anscheinend in den seltensten Fällen in der Weise bezwungen, dass der Feind zuhauf gegen dieses anstürmte. Uebrigens kam mit Einführung der Handfeuerwaffen der Schild auch ausser Gebrauch, und wurde damit die Befolgung der Regel vollends zwecklos.

Von dieser Sondervorschrift abgesehen, musste sich freilich die Führung der Burgstrasse und ihrer Fortsetzung innerhalb des Berings um so mehr anders gestalten, als Vitruv solche im Sinne gehabt haben konnte, je mehr im Einzelfalle die Burganlage charakteristische Verschiedenheit von dem römischen Kastell zeigt. Es handelt sich da bei uns zumeist darum, dieselbe auf ihrem tunlichst verlängerten Laufe hintereinander durch eine Reihe von Hindernissen: verteidigungsfähige Tore, Gräben u. dgl. zu sperren.

Indem die Führung des Zuganges zu dem Kernbau der Burg in die Darstellung der Gesamtanlage (Kap. 23) gehört, wird man zu dem „Burgwege" doch füglich auch den Aufstieg auf den eigentlichen Burgfelsen rechnen können, wenn etwa auch am Fusse desselben schon eine Vorburg zu passieren war.

Unter den hierher gehörigen Beispielen bietet Hochosterwitz in Kärnten das vollkommenste einer solchen Burganlage, bei welcher der Schwerpunkt der Befestigung in der Sperrung der Burgstrasse ganz ausserhalb des eigentlichen Burgberinges liegt. An dem ganz freistehenden und steilen, 250 m hohen Kalkfelsen steigt die Strasse, durch nicht weniger als vierzehn Tore und drei Gräben gesperrt, in mehrfachen Windungen zu der mässig grossen die eigentliche Burg tragenden Gipfelplatte hinauf. (Die Anlage, einem fast völligen Neubau der Burg aus dem Jahre 1575 angehörend, reicht damit freilich über die eigentliche Burgbauzeit schon etwas hinaus. Grundriss in Oesterr. Burgen VII.)

Beispiele anderer Sperrungen des Burgweges durch vorgeschobene Werke sind im 8. Kap. mitgeteilt worden.

---

[1]) Als Beispiele des Gegenteils mögen folgende angeführt werden: Hornberg (Fig. 591) und Schwalbennest (Fig. 180) am Neckar, Girbaden und Hohkönigsburg (Fig. 612) im Elsass, Hohlenfels (Fig. 602) und Marxburg im Nassauischen, Reissenstein (Fig. 544 a) in Württemberg, Riesenburg und Tollenstein in Böhmen, Hohenstoffeln und Hohenkrähen im Hegau, Gutenberg in Liechtenstein, Waisenberg und Mittertrixen in Kärnten, Schachenstein in Steiermark, Rauhenstein und Klamm in Nieder-, Wildenstein in Oberösterreich, Schattenburg in Vorarlberg, Schönburg in Böhmen, Neuhaus, Penede, Telvana, Bidenegg, Landegg und Kronburg in Tirol. (Die Grundrisse der hier genannten Oesterreichischen Burgen s. in meinem gleichnamigen Werke.)

Besonders bei manchen im Gebirge liegenden Burgen bestand der kürzeste Zugang vom Tale aus, meistens sogar der einzige, nur aus einem steilen Kletterpfade, welcher hier und da nur mittels einer Leiter, ausgehauener Stufen, Durchbrechung des Felsens oder Ueberbrückung einer Schlucht fortzuführen gewesen war. Beispiele sind Facklenstein und Oberjuvalta im Graubünder Rheintale, Festenstein, Haderburg und Uttenheim in Tirol, Epprechtstein und Luxburg im Fichtelgebirge, Pottenstein in der Fränkischen Schweiz, Reissenstein in der Schwäbischen Alb, Karlstein bei Reichenhall, Scheuchenstein in Niederösterreich und andere. So konnte man bei der letztgenannten Burg nur auf der Westseite des Felsens auf steilem Zickzackpfade emporklimmen, der unterwegs noch durch eine Mauer zwischen zwei aus dem Abhange anstehenden Felsköpfen gesperrt war, gelangte dann auf der Nordseite auf einen schmalen Absatz der da senkrechten Felswand und von da aus nur auf einer steilen etwa 5 m hohen Leiter an die Eingangspforte der oben liegenden Burg. Es liegt auf der Hand, dass da schon ein Verteidiger genügen mochte, ein gewaltsames Eindringen in dieselbe zu verhindern[1]).

Ueber den Aufstieg bei ausgehauenen und Höhlenburgen siehe Kap. 21.

Im übrigen konnte auch schon die Schmalheit der Burgstrasse an sich genügen, dieselbe zu einer σκαιά zu machen, und wurde begreiflich die Verteidigung dadurch wesentlich begünstigt. So führt bei Kammerstein in Steiermark der Zugang zur Hauptburg an steiler Felswand wesentlich nur auf einer Futtermauer entlang und ein schmaler Zugang zu Schroffenstein in Tirol war nur ähnlich herzustellen. Die Schalksburg (s. S. 289) war nur über einen beiderseits senkrecht abfallenden etwa 540 m langen und nur 1,5 m breiten gebogenen Grat zu erreichen, der den Burgplatz mit dem Massiv der Schwäbischen Alb verbindet[2]). Aehnlich bei Untermontani in Tirol, und zur Burg Duino, auf einem aus dem Meere steigenden Felsen belegen, führte ein schon auf dem Festlande leicht sperrbarer Weg über eine schmale, steilrandige Landzunge und dann 26 ausgehauenen Stufen an der Felswand hinauf[3]).

Ueber die Burgstrasse bei Höhenburgen bemerkt v. Essenwein, Kriegsbauk. S. 43: „Der Gegner durfte nirgends auf seinem Wege den Augen der Verteidiger entzogen sein; er musste vollständig in jeder seiner Bewegungen beobachtet werden können; nirgends durfte er aber auch einen Gegenstand finden, hinter welchem er sich den Beunruhigungen des Verteidigers gegenüber leicht decken könnte. Kein Gebäude durfte in der Nähe sein, welches dem nahenden Angreifer hätte Schutz gewähren können; jede Schlucht und Tiefe musste von der Burg selbst und deren Verteidigern beherrscht werden. Die Umgebung der Burg bot auch nicht den romantischen Anblick herrlicher Wälder, wie sie heute die Ruinen schmücken. Alles musste vielmehr absolut kahl sein. Kein Baum durfte die Aussicht aus der Burg hemmen, aus der stets überall hin wachsame Augen spähten. ob nicht etwas Verdächtiges sich zeige, ob nicht ein Feind nahe[4]). Kein Strauch durfte sich etwa so entwickeln, dass ein Feind, auch nur ein einzelner Mann, sich dahinter verstecken konnte. . . Nur was als Hindernis diente, wurde gepflanzt und gepflegt. Pflanzen, die den aufsteigenden Boden glatt und schlüpfrig machten und den Gegner, der dessen nicht achtete, zu Fall brachten, Pflanzen, die eine Grube verdeckten, Gestrüpp und Dornen, in welche er sich verwickeln konnte,

---

[1]) Meine Oesterr. Burgen Bd. II.

[2]) Die Schmalheit der Burgstrasse findet sich auch bei den Minnesängern hervorgehoben. So Iwein 1075: *Nû was diu burcstrâze Zwein mannen niht ze mâze.*

[3]) Zu Kammerstein, Schroffenstein, Untermontani und Duino näheres in meinen Oesterr. Burgen Bd. II, III und IV.

[4]) Auch wenn man ringsum weder von Krieg noch von Fehde etwas wusste?

waren willkommen; aber auch diese durften, so wenig als Hecken und Gebücke, solche Höhe haben, dass man sich dahinter verstecken konnte."

Vorstehendes stellt im wesentlichen nur dar, was man sich heute als zweckmässig erdenken mag, nicht was in Wirklichkeit vorhanden war oder befolgt wurde. (Zumal hat man sicher nie an die „den Boden glatt und schlüpfrig machenden Pflanzen" (!) gedacht.) Wenn hie und da die Gestaltung des Geländes es mit sich brachte, dass — z. B. bei Oberjuvalta und Aggstein — der Aufstieg zur Burg ganz im Schussbereiche derselben lag, so findet doch oft genug das Gegenteil statt. So ist bei dem hoch über dem Etschtal liegenden „Sauschloss" (Greiffenstein) und ähnlich bei der benachbarten Burg Neuhaus der mit Mühe hinaufgeführte alte Burgweg nicht am wenigsten in unmittelbarer Nähe der Burg gegen diese gedeckt. Dasselbe ist u. a. bei Schreckenstein an der Elbe der Fall, und beispielsweise bei Johannstein in Niederösterreich, Hauenstein in Tirol und Pietra pelosa in Istrien konnte man sich unmittelbar vor dem Burgtore hinter Felsen verbergen. Wie oft schloss sich ferner nicht an die Burg eine Ortschaft an, von den inmitten einer solchen liegenden zu geschweigen! Ueberdies nützte ja das Ueberblicken der Burgstrasse nichts, wenn der Feind die Dunkelheit der Nacht zum Aufstieg benutzte. Wenn wir ferner die heute in dichtem Walde liegenden Ruinen auf alten Abbildungen als noch wohlerhaltene Burgen und Schlösser in waldfreier Umgebung zu sehen pflegen — es fehlt auch nicht am Gegenteil —, so liegt es ja nahe, dass den Bewohnern eine solche mit freiem Ausblick auf die Strasse oder eine nahe Ortschaft von Wert war, auch mochte der nächste Waldbestand schon als Brenn- und Bauholz verbraucht sein. Wir haben aber deshalb nicht anzunehmen, dass allseitig weithin der mittelalterliche Urwald ausgerodet war. Oswald von Wolkenstein beklagt sich in einem Gedicht darüber, dass die von ihm bewohnte Burg Hauenstein (wie jetzt die Ruine) rings von dichtem Walde umgeben sei, und Merian, Top. Bohemiae etc. bemerkt von Eulenburg in Mähren, dass es „vmb und vmb, wie man berichte, mit Holtz vmbgeben" sei. Ueber die vielen mit „Wald"- oder den Namen von Baumarten zusammengesetzten Burgnamen siehe S. 34. Ferner wurde auf und rings um den Schlossberg bei Teplitz, noch ein Jahrhundert später als Festung dienend, um 1560 ein Tiergarten angelegt, wie solcher u. a. auch ein Annex der Hohkönigsburg war. Wenn von den Fachschriftstellern des 16. Jahrh. freilich J. Thoma eine von Busch und Strauch freie Umgebung der Festung fordert, so will dagegen der bedeutendere Marchi zur Erschwerung feindlicher Erdarbeiten das Glacis mit Maulbeerbäumen bepflanzen. Waldige Umgebung hinderte auch im Gebrauch von Belagerungsmaschinen. Ein Gebück endlich (S. 15) so niedrig, dass man sich dahinter nicht verstecken konnte, ist einfach undenkbar.

Bei der Verschiedenheit des, wie bemerkt, auch auf die Anlegung des Burgweges bestimmend einwirkenden Geländes kann man bezüglich des Laufes desselben nicht, wie auch wohl sonst noch geschehen ist, bestimmte, bei allen Burgen zutreffende Angaben machen. So kam es auch auf die Oertlichkeit an, ob der Weg auf der Angriffs- oder der ihr abgekehrten Seite[1]), bei Höhenburgen auf der Berg- oder der Talseite oder zwischen beiden in den Burgbering führte. Letzteres z. B. bei den Wasgauburgen Hohkönigsburg, Wasenburg, Hohbarr, Bernstein und Landsberg.

In manchen Fällen musste den örtlichen Umständen nach für eine Burg ein Zu- und Ausgang auf zwei Seiten von Wert sein. So besonders bei sich anschliessender Ortschaft ausser der Verbindung mit dieser eine zweite direkt nach aussen (Burgen zu Nürnberg und Dürnstein an der Donau). Auf Hornberg am Neckar (Fig. 591) hat die Hauptburg ein Tor nach Norden, die Vorburg ein (jetzt vermauertes) nach Osten und ausserdem ein (später angelegtes) gegenüber, zur nächsten Verbindung mit den am Fusse des Burgberges gelegenen Neckarzimmern. Frauenburg in Steiermark hatte ausnahmsweise jedenfalls gleichzeitig drei vollständige Torgebäude an verschiedenen Stellen des Beringes[2]). Bei anderen Höhenburgen

[1]) Ueber das Zusammenfallen der Angriffs- und der Zugangsseite siehe S. 8.

[2]) Meine Oesterr. Burgen I, 113 und III, 248.

handelte es sich darum, ausser dem sich hinaufwindenden Fahrwege einen kürzeren Zugang herzustellen, der dann in dasselbe Tor oder auch in ein an anderer Stelle angebrachtes Nebentor ausmündete. Bei der Riegersburg zieht sich der Fahrweg vom gleichnamigen Markte aus auf der flacheren Abdachung des Burgfelsens durch die Befestigungswerke zu der über senkrechten Abstürzen liegenden Hauptburg hinauf, während (Fig. 621 links) direkt zu dieser von aussen her ein breiter Stufenpfad — auch seinerseits wohlverwahrt — an der Felswand und meistens aus dieser gehauen, hinaufführt. Aehnlich hat Hochosterwitz (siehe vorhin) einen abkürzenden, aber bis vor kurzem beschwerlichen und nicht unbedenklichen Nebenaufstieg. Hier „Narrensteig“ genannt — weil nur ein Narr ihn begehen konnte? — pflegt solcher sonst der „Eselsweg“ zu heissen, weil auf ihm Esel oben fehlendes Quellwasser hinauftrugen. Nach dem anonymen Kriegsbuch von 1450 soll zu dem Tore von der einen Seite ein Fahrweg, von der anderen ein Steig zum Reiten oder Gehen führen.

Wohl erst in neuerer oder wenigstens nachmittelalterlicher Zeit hat man besonders bei manchen österreichischen Burgen (Frauenburg in Steiermark, Heimfels in Tirol, Veldes in Krain etc.) zur Abkürzung des Zuganges für Fussgänger überdachte, meistens auch seitlich geschlossene Holztreppen angelegt, die, soweit nötig, auf Pfosten oder Mauerpfeilern ruhend, in den Burgbering münden.

Ueber geheime Ausgänge s. Kap. 18.

Bei den Höhenburgen, deren Befestigungsprinzip ja hauptsächlich darauf beruht, dass — soweit sie nicht wegen Steilabfalles völlig sturmfrei sind — der Belagerer auf mehr oder weniger unbequemem Wege zu ihnen empordringen musste, spielt deshalb das künstliche Terrainhindernis des Grabens im ganzen eine weit geringere Rolle als bei den Wasserburgen. Wie bei letzteren die ausgehobene Erde zumeist zur Aufhöhung des Baugrundes benutzt wurde, so mag bei den auf Felsen erbauten Höhenburgen nicht selten die Gewinnung des zum Baue nötigen Steinmaterials sogar der erste Anlass zur Anlegung des Grabens gewesen sein. Er konnte übrigens auch als Annäherungshindernis für Wandeltürme und Mauerbrecher (Kap. 14) nützlich sein.

Form, Lage und Zweck des Grabens können hier verschiedene sein. Man kann unterscheiden:

1. den Halsgraben, welcher den Burgplatz auf der Bergseite von dem grösseren Massiv abtrennt,

2. den Ringgraben, welcher die Burg ganz oder zum Teil umgibt,

3. den Torgraben, welcher unmittelbar den Zugang zu einem (äusseren oder inneren) Tor versperrt, und

4. den Abschnittgraben, der innerhalb des Burgberings einen wehrhaften Abschnitt herstellt.

Eine seltene Besonderheit ist es ausserdem, wenn bei Landskron in Kärnten hinter der Ringmauer der Hauptburg ein aus dem Felsen gehauener Graben (siehe Fig. 619) hinläuft, wie bei Raby in Böhmen hinter der besonders starken Zwingermauer und ebenso die sehr bedeutenden Gräben auf Pernstein in Mähren[1]).

---

[1]) Wenn Macchiavelli 1521 in seinen Sette libri dell'arte della guerra empfiehlt, den Graben hinter anstatt vor der Mauer zu ziehen, so konnte das beim Burgenbau ja kaum noch Anwendung finden.

Der bei Höhenburgen gewöhnlichen Lage nach ist hier der Halsgraben der weitaus am häufigsten vorkommende; er fehlt kaum jemals, wenn nicht die Burg auf einem ganz vereinzelten Felsklotze oder auf einer ebensolchen Bergkuppe liegt. Freilich wird derselbe oft genug auch durch eine natürliche Vertiefung ersetzt, die dann wohl noch künstlich erweitert, vertieft oder mit steileren Borten versehen wurde, hie und da aber auch schon an sich so weit und tief ist, dass der Burgplatz nicht sowohl einen nasenförmigen Vorsprung des Bergmassivs, als vielmehr einen selbständigen, diesem vorgelagerten Felskopf bildet. Bei dem (künstlichen) Halsgraben handelt es sich darum, einen schmalen Bergrücken, den „Berghals"[1]), in kürzester, gerader Linie zu durchschneiden. Wo dagegen der Burgplatz von zwei ungefähr im rechten Winkel zusammenstossenden Abhängen begrenzt wird, musste er mehr in Form eines nicht geschlossenen Ringgrabens (der auch hier ein natürlicher Einschnitt sein konnte) aus dem Bergmassiv nicht sowohl ab-, als herausgeschnitten werden. Beispiele von letzterer Form bieten Castel im Thurgau, Kagenfels und Ramstein im Wasgau, Freienfels (Fig. 194) usw.

Da bei einer Höhenburg anderes als Brunnen- und Zisternenwasser kaum jemals vorhanden, auch der Halsgraben durchaus der Regel nach an beiden Seiten offen ist — siehe jedoch Figur 194 —, so ist derselbe ohne Wasser. Als Ausnahme ist Adolfseck im Taunus zu nennen, wo der nicht hohe Felsen auf drei Seiten von der Aar umflossen ist, und nun der Halsgraben so tief ausgehauen wurde, dass das Flüsschen auch da hindurchgeleitet werden konnte.

Wie schon bemerkt, diente das Aushauen eines Grabens bei felsigem Baugrunde zugleich wesentlich dazu, für den Burgbau das nötige Steinmaterial zu gewinnen. Im Mittelalter ist so ein der Burg vorliegender Wall lediglich die notwendige Folge mehrerer einander parallel laufender Gräben oder mit anderen Worten einer Verdoppelung des Halsgrabens[2]). Während diese beiden Gräben bei

---

[1]) Das Wort „Hals" war für diesen, den Burgplatz mit der hinterliegenden Höhe verbindenden Bergrücken im Mittelalter eine ebenso gebräuchliche als entsprechende Bezeichnung. An Beispielen aus der Zeit der Minnesänger wird bei Schultz, Höfisches Leben S. 13, Anm. 5 mitgeteilt: Eneit p. 118, 34: *Einhalb dar zû gienk Ein hals, der ne was niht breit. Daz was doch diu meiste arbeit, Daz der hals durchbrochen wart, Want der vels der was hart;* p. 119, 16: *Dorch den hals si grûben Zû der selben zîte Graben vile wîte Tiefe und werehaft.* — Virginal 188, 1: *Durch den hals so gienc ein grabe lewederhalp geschrôten abe; Durch ganzen vels gehouwen Was er wol hundert Klâftern tief. Dar inne ein snellez wazzer lief.* Aber auch noch Zimmerische Chronik 1, 277: „*eine bastei uf dem hals vor dem hochen mantel*" des Schlosses Albeck. Danach wird der (nach meinem Vorgange anscheinend schon überall angenommene) Ausdruck „Halsgraben" als ein ohne weitere Erklärung verständlicher und diese Art des Burggrabens deutlich bezeichnender gerechtfertigt sein, auch wenn in einigen Fällen der zu durchschneidende Bergrücken nicht gerade die Form eines engen, das Bergmassiv mit dem Burgplatz (wie Rumpf und Kopf) verbindenden Halses hat.

[2]) Abweichend ist freilich v. Essenwein, Kriegsbauk. S. 190 f., der Ansicht, dass, wie angeblich überhaupt jeder Befestigungsbau mit Errichtung einer vorläufigen Schutzwehr aus Graben, Wall und Palisaden begann, man auch die bei Aushauung eines Grabens „weggearbeiteten Steinbrocken" vielmehr zur Aufschichtung von Wällen benutzte. Er lässt in Fig. 131 daselbst den Ringgraben der fränkischen Salzburg aussen wie innen von je einem solchen Walle begleitet sein, „welche Wälle, von Palisaden bekrönt, jedenfalls (!) die ursprüngliche Einfassung der Burg bildeten". Vgl. hierzu S. 153, Anm Auch durch eine — freilich nicht immer vorgenommene — Ebnung des Felsbodens innerhalb des Beringes wurde Baumaterial gewonnen. Jedenfalls verfehlt ist es auch, wenn nach ebendas. S. 57 der Graben der Salzburg „auf der Westseite nicht mit zu grosser Regelmässigkeit aus dem

Hohenberneck im Fichtelgebirge dicht hintereinander liegen, sind sie bei der Lobdaburg durch einen 50 Schritte langen Zwischenraum voneinander getrennt. Die ohnehin nur über einen besonders langen und schmalen Hals (S. 285) zugängliche Schalksburg war hier durch drei sehr breite und tiefe in den Felsen gehauene Gräben geschützt, deren Wände da, wo der Fels Lücken bot, durch Mauerwerk beglichen wurden. Auf den Rückseiten der Gräben steigen noch schirmende Mauern (die stärkste hinter dem dritten) auf, da das Gelände ansteigt, drei übereinander emporragende Bollwerke. Bei (Hohen-) Waldeck durchschneiden nicht weniger als sechs Gräben den ganzen Burgrücken von einem Steilhange zum andern, davon fünf vor der Hauptburg[1]).

Der Ringgraben, einen wesentlichen Bestandteil fast jeder Wasserburg bildend, kommt bei Höhenburgen nur ausnahmsweise vor, und zwar hier naturgemäss fast nur da, wo das neben der Burg minder steil abfallende Gelände eine solche Anlage nicht nur möglich, sondern zur Erschwerung des Zuganges auch wünschenswert machte. Wenn andrerseits bei Wasserburgen nicht selten ein dieselbe berührendes stehendes oder fliessendes Gewässer dem steilen Abhang bei den Höhenburgen entspricht, so folgt daraus, dass bei beiden der Ringgraben keineswegs immer (siehe auch vorhin) die ganze Burg zu umschliessen braucht. Beispiele an Höhenburgen: Frankenburg im Wasgau, Scharfenberg in der Rheinpfalz, Rudelsburg (Fig. 159), an Wasserburgen: Dreieichenhein (Fig. 139), Langenau (Fig. 196). Zum Teil verdoppelte Ringgräben finden sich auch bei den Höhenburgen Hassenstein in Böhmen und Schellenburg in Oesterr. Schlesien. Solcher Graben war ja auch notwendig bei den ausnahmsweise in trockener Ebene liegenden Burgen, aber ganz ausnahmsweise haben ihn auch Höhenburgen über mühsam zu ersteigenden Abhängen, so in Nordböhmen Egerberg, Schönburg und Kostenblatt. In allen diesen Fällen musste ja auch zugleich ein Wall entstehen und in manchen — so bei Schellenburg, Mährisch-Aussee, Alt-Cimburg und Klingenberg in Böhmen — hat es sich augenscheinlich wesentlich um die Herstellung eines solchen gehandelt. Ringgraben und Wall wird übrigens bei Höhenburgen in der Regel eine nachmittelalterliche Verstärkung derselben sein.

Da wo der Torgraben nicht zugleich Hals- oder Ringgraben ist — so zieht sich bei Wertheim am Main auf der Talseite der Burg ein Torgraben hin —, kommt er weit seltener vor, als in der Regel angenommen wird. Wenn auch von Fachschriftstellern herkömmlich gelehrt wird, dass das äussere Burgtor immer durch einen vorliegenden Graben mit Zugbrücke geschützt wurde, so scheint solcher Sperrgraben in Wirklichkeit bei Höhenburgen nicht einmal die Regel gebildet zu haben. Jedenfalls gibt es eine Menge von Burgresten, bei welchen auffallenderweise keine Spur eines solchen Grabens zu finden ist, ohne dass dabei abzusehen wäre, weshalb man solchen etwa später so vollständig wieder beseitigt haben sollte. Besonders da, wo das Gelände unmittelbar bis zum äusseren Tor einigermassen steil ansteigt, fehlt der Graben regelmässig[1]). Wie so nicht vor einem Tor immer ein Graben

---

Felsen gehauen ist, ohne Zweifel in der Absicht, das Gehen im Graben so schwierig als möglich zu machen". Der Feind konnte schwerlich Anlass haben, unter den Mauern und Türmen der Burg im Graben hin und her zu gehen.

[1]) Kunst- und Altertumsdenkm. in Württemb. 1897, S. 25 und 76.

lag, so auch nicht immer hinter einem Graben ein Tor. Letzteres ist besonders bei den Höhenburgen der Fall, deren Zugang auf der Talseite lag. (Siehe auch weiterhin.)

Bei der Frankenburg im Wasgau ist das äussere Burgtor nicht durch einen Graben gesperrt, wohl aber in dem am Fusse des Burgfelsens liegenden Zwinger, in welchem sich der Burgweg aufwärts zieht, vor einer Quermauer mit Tor ein kurzer Sperrgraben ausgehauen.

In einigen Fällen, in welchen nur der Burgbering entsprechend höher als die Umgebung lag, wurde vor dem Tore eine grabenartige Lücke dadurch geschaffen, dass eine ausserhalb in Richtung auf das Tor aufgeschüttete Rampe einige Meter vor demselben mit senkrechter Wand abbrach, um in einer (Zug-) Brücke ihre Fortsetzung zu finden. Beispiele: Taggenbrunn in Kärnten, Plain in Salzburg und Montclair an der Saar. Bei Egerberg und Schönburg (siehe vorhin) liegt diese Rampe parallel mit dem Torbau. Hier ist somit auch ein „Torgraben" hergestellt, der nichts ist als ein solcher.

Ein ähnlich angeordneter Zugang zur Hauptburg findet sich bei Ortenburg im Wasgau (Fig. **204**). Hier liegt das äussere Tor *t* wesentlich tiefer als der aus dem Berchfrit *r* nebst hohem Mantel bestehende Burgkern, welcher sich auf der nordwestlichen Angriffsseite über steilem Felsen erhebt (vgl. Fig. 203). Der Zugang zum Tor *o* der Hauptburg führt nun allmählich ansteigend auf eine an der Mauer des Palas entlang weiter steigende Rampe *m*, welche unmittelbar vor dem Tore derart unterbrochen ist, dass jenseits desselben nur der Teil *n* in Form eines quadratischen Pfeilers von gleicher Höhe übrigbleibt. Allem Anschein nach war diese Lücke. gewöhnlich nur durch einen Bohlenbelag überdeckt, welcher im Fall der Not leicht entfernt werden konnte[2]).

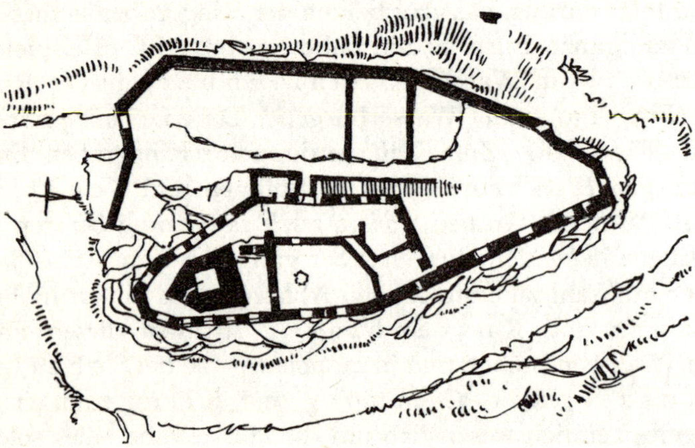

Fig. 204 Ortenburg

Der Abschnittgraben findet sich naturgemäss am häufigsten zwischen der Vor- und der Hauptburg. Ein den Zwinger durchquerender wurde bei der Frankenburg erwähnt. Er wird fast immer zugleich ein Torgraben sein.

[1]) Als Burgen, welche auch ohnedies des Grabens vor dem äusseren Tor entbehrten, sind z. B. zu nennen: Neuhaus und Fürstenburg in Südtirol, Ortenberg und Landskron im Elsass, Hohenklingen in der Schweiz, Landstuhl, Grevenstein, Neudahn in der Rheinpfalz, Merkenstein in Niederösterreich, Glanegg in Kärnten und viele andere.

[2]) Näher macht (Burgen in Elsass-Lothr. Bl. 8 und nach ihm auch v. Essenwein, Kriegsbauk. S. 129) aus diesem massiven Pfeiler einen „Torturm" (mit Schiessscharten), durch welchen angeblich der Eingang in die Hauptburg führte.

Breite und Tiefe der Gräben und die Steilheit ihrer Ränder waren ausserordentlich verschieden. Während sich hier ein bequem zu durchschreitender Graben findet, ist dieser z. B. bei Salzderhelden etwa 30 m breit und 8 m tief oder ist bzw. wäre er anderwärts bei steileren Borten ohne eine Brücke gar nicht zu passieren. Besonders in der dritten Burgbauperiode (S. 27) suchte man bei manchen Burgen dies Hindernis zu einem bei fehlender Brücke schwer zu überwindenden auszugestalten und mauerte zu diesem Behufe auch wohl (z. B. auf Wernberg in Bayern) die Böschungen als senkrechte Wände auf. Auch wurde bei wenig festgelegenen Burgen durch einen oder mehrere Abschnittgräben solcher Art einem weiteren Vordringen der Feinde ein wirksames Hindernis entgegengestellt. So bei Thun in Südtirol und Hochwald in Mähren[1]). Bei erstgenannter Burg ist solcher Graben 14 m breit und entsprechend tief. (Ueber Wildenstein und Burg s. zu Fig. 607 und 611.

Eine Brücke über den Abschnittgraben wird kaum jemals fehlen können, noch weniger solche über einen Torgraben; während bei dem auf der Zugangsseite liegenden Hals- oder Ringgraben der Weg zum Burgtore nur sehr ausnahmsweise entweder den Graben durchquerte (Castel im Thurgau), oder durch diesen der Länge nach geführt war (Burg Schwalbach) oder (Kühnburg in Kärnten und Stein Fig. 211) neben dem einen Grabenende hinlief.

Mitunter führt eine lange Brücke durch eine nur flache Mulde zu dem wenig erhöht liegenden Burgplatze. So 25 m lang über vier gemauerte Zwischenpfeiler bei Ortenburg in Kärnten. In anderen Fällen — so Fig. 609 — mussten ganz hohe Pfeiler aufgeführt werden. Die Brückenbahn wurde entweder von Mauerbögen getragen oder war aus Holz aufgezimmert. Ueberdachte Brücken kamen der ungehinderten Verteidigung wegen bei Burgen wohl nicht vor. Ueber Brücken bei Wasserburgen siehe Kap. 20. Eine durch den ganzen Graben geführte gemauerte Brücke oder ein solcher Damm hob natürlich den Nutzen jenes fast völlig auf und stammt daher regelmässig aus einer Zeit, in welcher man darauf keinen Wert mehr legte[2]). Die Zugbrücke ist fast ausnahmslos ein baulicher Bestandteil des Tores und daher weiterhin bei diesem zu behandeln.

Während der eigentlichen Burgenzeit diente der Graben bei Höhenburgen wesentlich nur durch seine Breite und Tiefe als totes Hindernis. Auch die nach den Kreuzzügen hinzukommenden flankierenden Türme haben ebenso wie die auf dem inneren Grabenrande stehenden Schild- und Ringmauern keineswegs immer niedrig gelegene Schiessscharten zur Bestreichung des Grabens. Erst der Zeit, da die Burgen zum Teil in Festungen umgewandelt wurden, gehören die Anlagen an, welche eine wirksamere Bestreichung der Grabensohle bezweckten. Diese Grabenverteidigung war entweder eine frontale durch eine „Eskarpengalerie" oder eine flankierende durch eine „Kaponniere".

Beispiele für beide Arten finden sich bei den am Main einander benachbarten Burgen Prozelten und Kollenberg. Bei ersterer, deren Bering durch einen schluchtartigen halbkreisförmigen Graben aus der Hochplatte des nördlichen Stromufers herausgeschnitten ist, hat man auf der Bergseite längs

[1]) Meine Oesterr. Burgen III, Fig. 90.

[2]) Also nicht wie v. Cohausen, Wehrbauten 28 befremdlicherweise ganz allgemein meint: „Der Graben ist am Tor meist überdämmt, oder der Weg zum Tor führt selbst durch den Graben."

der Eskarpe[1]) auf der Grabensohle eine 150 Schritt lange gewölbte Galerie mit Schiessscharten vorgelegt, die auf ihren beiden Enden und in der Mitte durch rund vorspringende Türme verstärkt ist.

Kollenberg liegt, wenig fest, auf demselben Mainufer an der Mündung eines flachen (östlichen) Seitentales. Ein beträchtlicher, zumeist natürlicher Graben (*m m* Fig. **205**) trennt die Burg von dem gegen Norden sich noch etwas höher erhebenden felsigen Gelände *f*, um westlich in eine gegen den Strom gewendete natürliche Rinne auszulaufen. Während nun auf dem östlichen Ende die steinerne zweibogige Brücke zum Burgtor den Graben durchschneidet, ist letzterer gegen Westen nicht durch eine einfache Mauer, sondern durch eine auf beiden Langseiten mit Schiessscharten versehene und mit einem spitzbogigen Tonnengewölbe überdeckte Galerie *(e)* ganz gesperrt. Dieselbe endet auf der Bergseite in einem doppelt so hohen und demgemäss mit zwei Reihen Schiessscharten übereinander versehenen, mit einem Kreuzgewölbe überspannten Raum *r*, dessen nördliche Wand durch den glatt abgearbeiteten Felsen gebildet wird und in dessen Fussboden sich ein viereckiges (jetzt mit Schutt gefülltes) Loch befindet. Auf der Burgseite ist die Galerie noch eine kurze Strecke lang unterirdisch weitergeführt bis zu einer gemauerten Wendeltreppe, die, 28 Stufen aufwärts steigend, im oberen Burghofe (jetzt) unter freiem Himmel mündet. (Vgl. den Seitendurchschnitt Fig. 205.) Es ist dies eine der Formen der „austretenden Streichwehre zur niederen Grabenverteidigung“[2]), von welcher Dürer („Etliche vnderricht“) bemerkt, dass sie „nit fast hoch sein vnd heimlich ein vnnd ausgang haben sollen“. —

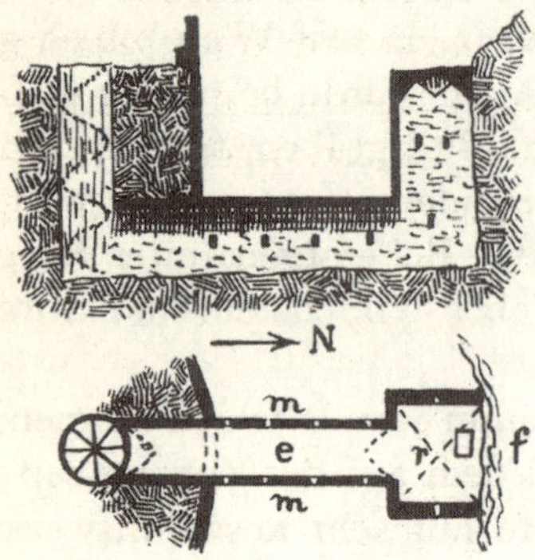

Fig. 205 Kollenberg

Wenn der Torbau der Burgen in den Fachschriften übereinstimmend als ein immer besonders fester Bau dargestellt wird — z. B. v. Essenwein (Kriegsbauk. S. 205): „Jedes Tor war eine Burg für sich“ —, so ist damit weit mehr etwas angegeben, was, als eine zweckmässige Einrichtung, von den Verfassern ohne weiteres angenommen worden ist, als etwas der Wirklichkeit Entsprechendes. Da bildet eben diese Gestaltung des Burgtores zu einem festen Bau — Torturm oder zwei Seitentürme und, wie noch zumeist behauptet wird, nur über eine Zugbrücke zugänglich — bei unseren Burgen ebensowenig die Regel, als auch nur ein Wehrgang oder Vorrichtungen für Gusslöcher über dem Tore oder selbst zu diesem gehörige Schiessscharten. Fehlt dann auch noch der Graben vor demselben, so macht es oft genug den Eindruck eines nur für friedliche Zeiten berechneten Hoftores. Wir werden uns solche nicht seltene geringe Wehrhaftigkeit des Torbaues damit zu erklären haben, dass bei Belagerungen ein nachhaltiger

[1]) So nennt man die innere, Contreeskarpe die äussere Grabenböschung.

[2]) Die heutigen Kaponnieren pflegen nur bastionartig in den Graben vorzuspringen. — Auch das Wort Streichwehre scheint ganz verschiedene „Wehren zur Bestreichung“ bedeutet zu haben. So ist in einer Urkunde von 1558 bei zwei vorspringenden Türmen der Hohkönigsburg von „zusammenreichenden Streichwehren“ die Rede, und in Zemp, Schweiz. Bilderchroniken S. 318, wird die Bezeichnung für „halbrund vorspringende Steinercker, deren Boden keine Gusslöcher hat“, gebraucht.

Ansturm gegen dasselbe kaum eine Rolle zu spielen pflegte. Die schweren, oft eisenbeschlagenen und von innen verrammelten[1]) Torflügel boten schon an sich erheblichen passiven Widerstand dar, und der Feind musste darauf gefasst sein, sich nach Ueberwindung desselben vor einem zweiten und selbst nacheinander wohl noch vor mehreren Toren zu finden, und zwar in einem engen Raume, etwa dem Zwinger, in welchem er mehrseitig von der Höhe der einschliessenden Mauern herab, häufig auch vom Torbau aus im Rücken, aufs wirksamste bekämpft werden konnte. Die uns überkommenen Beschreibungen von Belagerung der Burgen zeigen daher auch regelmässig, dass, nachdem etwa eine Ueberrumpelung misslungen war, der Feind die Feste durch Beschiessung, Aushungerung oder durch Ersteigung der Ringmauer mit Umgehung des Tores zu erobern suchte.

Fig. 206 Heimfels

Das die einfache Ringmauer durchbrechende Tor wird zwar oft durch einen in der Nähe stehenden Berchfrit oder anderen Turm bestrichen, aber der letztere ist nicht selten auch erst in der Zeit der Pulvergeschütze der älteren Anlage hinzugefügt und oft fehlt überhaupt jeder zur Seitenbestreichung des Tores verwendbare Bau, als welcher ja übrigens auch eine seitlich vortretende Ring- oder Zwingermauer dienen konnte. Solcher Bau fehlt z. B. bei der Rudelsburg (erstes Tor), Hohlandsberg und Landsberg im Wasgau, Sauschloss in Tirol, Hohenkrähen im Hegau, Altbodman am Bodensee, Sargans im Schweizer Rheintal, Hohenberneck im Fichtelgebirge, Balduinstein an der Lahn usw. Von Burgtoren zwischen zwei als Bestandteile des Torbaues anzusehenden Flankierungstürmen — eine bei Stadttoren nicht seltene Anlage — sind mir bisher kaum weitere als Alten-

[1]) Nach der Eroberung von Hohenkrähen im Hegau zeigte sich das äussere Burgtor derart mit Felsen verrammelt, dass ihre Forträumung eine halbtägige Arbeit verursachte.

stein in Franken, Bilstein in Westfalen und Rappottenstein in Niederösterreich bekannt geworden.

Beispiele eines durch einen daneben liegenden Eckturm verteidigten Tores bietet Payrsberg und Heimfels in Tirol (Fig. **206**, zu welcher weiteres im 12. und 13. Kapitel. Siehe auch wegen der Scharten Fig. 225).

Fig. 207 Küssaburg

Gern wurde das Tor auch neben einem mächtigen halbrunden Rondell angelegt. So auf Küssaburg in Südbaden (Fig. **207**), Dorneck in der Schweiz, Stein in Steiermark (Fig. 212). Bei Pfeffingen (Schweiz) liegt das Tor zwischen einem Eckturme und einer gebogenen Schildmauer (*a* und *b* Fig. **208**), bei Schrankenfels (Wasgau) führt es (Fig. **209**) neben dem fünfeckigen Berchfrit durch eine ähnliche Mauer mit zweiseitigem Wehrgange.

Als „eine Burg für sich“ könnte allenfalls das Eingangstor von Taufers bezeichnet werden. An den fast seinem ganzen Umfange nach gegen den Halsgraben vorspringenden Torturm schliesst sich (also entsprechend zurückgerückt) auf der einen Seite ein hoher Rundturm, auf der anderen ein halbrundes Rondell an. Die drei Bauten haben nach aussen zahlreiche Schiessscharten und Gusslöcher und ausserdem sind Fig. **210** bei dem nach hinten offenen Torturm an den Innenseiten der drei Wände über der Durchfahrt noch schmale zweistöckige, ringsum durch dünnes Mauerwerk geschlossene Wehrgänge mit Schlüsselscharten vorgekragt. An das Tor schliesst sich ein Zwinger an, der, nach kurzer Strecke wieder (vormals) durch Tor und Zugbrücke gesperrt, auch von der Seite her beschossen werden konnte.

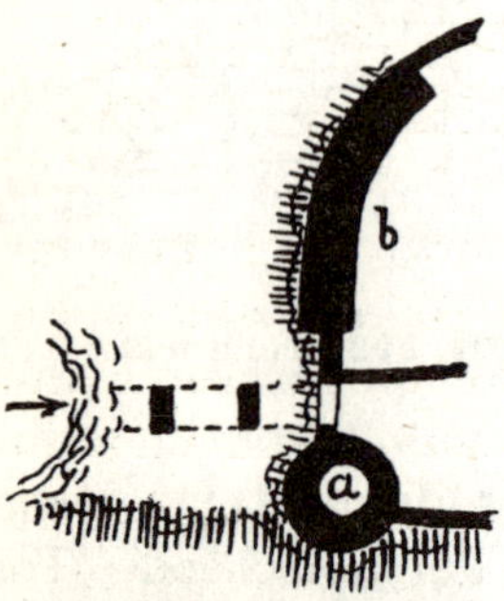

Fig. 208 Pfeffingen

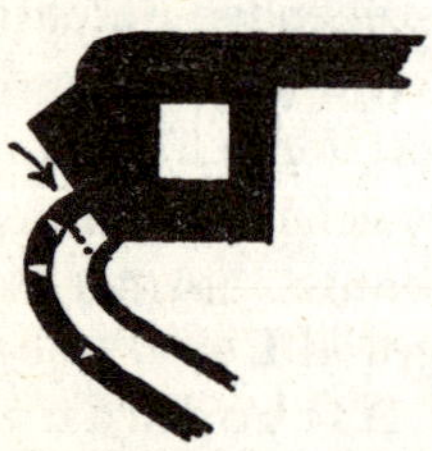

Fig. 209 Schrankenfels

Fig. 210 Taufers

Das Torgebäude selbst in Gestalt eines Turmes pflegte sich sonst der Regel nach — so bei der Salzburg in Franken — nicht weiter von einem gewöhnlichen Berchfrit zu unterscheiden, als dass er eben anstatt des Verliesses eine niedrigere nach beiden Seiten verschliessbare Torhalle hatte. Auch das Loch inmitten des Fussbodens des ersten Oberstockes war wohl regelmässig vorhanden, nur hier nicht als „Einsteigeloch“, sondern um eine Beschiessung der etwa schon in die Halle

Eingedrungenen von oben herab zu ermöglichen[1]). Ein in der Regel rundes Loch zu solchem Zweck findet sich auch in nicht turmartigen Torbauten in der Wölbung, so auf Seebenstein, Hochwald und Pietra pelosa. Der Torturm vor Prössels in Tirol ist burgwärts offen, der siebenstöckige von Hohenstein bei Langenschwalbach da wohl erst später (nach der Aufnahme von Dilich), wie auch mancher Stadttorturm, mit Fachwerk geschlossen worden.

Wenn der Torbau in den Graben vorspringt — dann wohl dadurch eine turmförmige Gestalt annehmend —, pflegt er unterhalb der Brückenbahn ausser etwa dem Brückenkeller (siehe weiterhin) keinen Hohlraum zu haben, so auf Thomasberg und Schaumburg (Nieder- bzw. Oberösterreich). Eine beachtenswerte Ausnahme bietet Hohenrechberg (Fig. **211**). Neben der Durchfahrt (siehe Grundriss) führt in einem nördlichen Anbau eine enge gewundene Steintreppe in das darunter liegende Stockwerk, welches, mit Schiessscharten für Hakenbüchsen versehen, zugleich zwei kleine Gefängnisse umfasst. Ein unterstes Stockwerk hat dann noch von der Grabensohle aus einen besonderen Eingang. Im übrigen hat der Bau auch einen seitlichen Ausgang nach dem Zwinger *n* und über der Durchfahrt (nebst Mannsloch) auf der beträchtlichen Mauerdicke einen Wehrgang mit, gleich den übrigen, auffallend grossen Schiessscharten nach Osten und Süden.

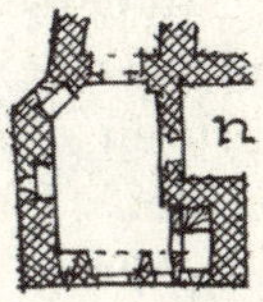

Fig. 211 Hohenrechberg

Bei Stein in Steiermark (Fig. **212** im Massstabe von 1 : 1000) ist das Tor ausnahmsweise seitlich durch einen halbrund vorspringenden Flankierungsturm geführt. Ebenso auf Altdahn in der Rheinpfalz zwei innere Tore, dagegen auf Pürnstein in Oberösterreich solches in gerader Richtung durch die äussere Rundung des Turmes.

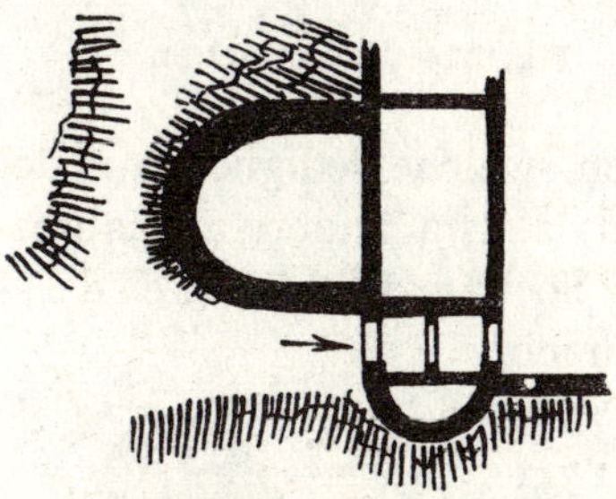

Fig. 212 Stein

Oefter hat man darauf verzichtet, das Torgebäude auf der Burgseite durch ein zweites Tor zu schliessen. Bei dem äusseren Torturm von Persen in

[1]) Bei Beschreibung des Eschenheimer Torturmes in Frankfurt a. M. (in Erbkam, Zeitschr. f. Bauwesen 1868, S. 71, und Befestigungsweisen S. 219) meint von Cohausen, das Loch in dem Scheitel des Torgewölbes sei bestimmt gewesen, die Einfahrt mit Erde zu verschütten. — Abgesehen davon, dass nicht ersichtlich ist, weshalb hier das bezeichnete Loch nicht denselben Zweck (Beschiessung der Feinde) haben sollte, den ihm der Verfasser, Bergfriede S. 32, bei den Berchfriten selbst beimisst, wäre es doch wohl sehr unzweckmässig gewesen, Erde in den Torweg erst auf dem Umwege über das darüber liegende Stockwerk zu bringen. 1631 wurde zu Ulm in der zweiten Etage der Donaubastion mitten im Boden eine Oeffnung zur Beschiessung der darunter schon Eingedrungenen gemacht. (Löffler, Gesch. der Festung Ulm 1881, S. 157.) Ueber den sonstigen Zweck solchen Loches siehe S. 252 Anm. 1. Sicher irrtümlich bemerkt B. Ebhardt, Deutsche Burgen S. 115, dass die vier Stockwerke eines Rondells auf Prozelten „untereinander durch Oeffnungen im Scheitel der Gewölbe zum Abzug des Pulverrauches verbunden sind". In dem oben geschlossenen Turme hätte sich der Rauch dahin nur immer dichter sammeln müssen.

Welschtirol ist (Fig. **213**) eigentümlicherweise ausserdem die freiliegende rechte Wand unten gleichfalls in einen unverschliessbaren Mauerbogen aufgelöst, vermutlich weil von da aus der kürzeste Weg zu einer Nebenpforte der Hauptburg führte. Wie noch zu erkennen ist, hatte der Bau auf der Innenseite zwei vorgekragte und überdachte hölzerne Wehrgänge übereinander, während auf der Ankunftsseite besondere Wehrvorrichtungen fehlen.

Der Torbau der Hauptburg ebendaselbst stösst (Fig. **214** rechts) seitlich an eine Felsstufe von der Höhe der Durchfahrt an und hat von da aus besondere Eingänge zu den beiden gewölbten Stockwerken unter der Wehrplatte.

Fig. 213 Persen

Fig. 214 Desgleichen

In derselben Weise hat auf G e i e r s b e r g in Kärnten die über der gewölbten Durchfahrt zur Hauptburg liegende Kapelle ihren Zugang. Auf W a i s e n b e r g daselbst ist der Torweg mit der ebenso seitlich daneben liegenden höheren Terrainstufe zweckmässigerweise durch eine enge Wendeltreppe verbunden.

Im Gegensatz zu den angegebenen Torgebäuden, welche lediglich auf der Ankunftsseite durch einfache Torflügel geschlossen sind, zeigen andere ausnahmsweise eine besondere Häufung der Sperrvorrichtungen. So hat auf dem H e i d e l b e r g e r S c h l o s s e der noch hinter einem Torhause stehende fünfstöckige Torturm von 1531 ausser einer Zugbrücke hintereinander noch vier Holztore und dazwischen ein Fallgitter. (Ueber andere mit drei Toren siehe weiterhin.)

Fig. 215 Hornberg

Fig. 216 Desgleichen

Oefter hat der Torbau höchstens zwei Obergeschosse und ist daher nicht eigentlich als Turm zu bezeichnen. Fig. **215** und **216** zeigen einen solchen von H o r n b e r g am Neckar. Der turmartige höhere Teil ist gegen das Burginnere nicht geschlossen und hat hier vor dem ersten Oberstock nur eine hölzerne, durch eine Seitenpforte mit dem Wehrgange der Ringmauer (links) verbundene Brustwehr, von welcher aus der hier zwingerartig verengte Burghof beschossen werden konnte, während oben mittels leichterer Fachwerkwand eine Wohnung für den Wächter hergestellt ist. Später wurde nach aussen der niedrigere Vorbau mit Scharten für Feuergewehre angefügt. Sein Dach verdeckt eine spitzbogige Pforte, welche zu einem hölzernen Verteidigungserker über dem ursprünglichen (jetzt in der Mitte des Baues befindlichen) Aussentore führte. — Im Hauptbau ähnlich ist das Torgebäude von Rabeneck in der Fränkischen Schweiz.

Eigenartig ist das Aussentor von Frauenburg in Steiermark gestaltet[1]). Dem in der Ringmauer (*b d* Fig. **217**) liegenden Tore ist schief eine Art von Haus (*a e*) zweistöckig, jedoch ohne Zwischenboden und Bedachung, vorgebaut, mit Schiesslöchern nach vorn und Nordwesten, von wo sich der Burgweg hinaufzieht. Neben der Durchfahrt liegt, durch eine Pforte und ausgehauene Stufen zugänglich, auf dem ansteigenden Burgfelsen erhöht, der Nebenraum *e*, von welchem aus der ankommende oder auch schon in *a* eingedrungene Feind zu beschiessen war. In *a* ragen ausserdem von der höheren Ringmauer aus zwei über dem Torbogen angebrachte dreieckige Pechnasen (Fig. 340a) hinein. Ueber die letzteren wie die Gusslöcher bei Toren überhaupt s. Kapitel 13.

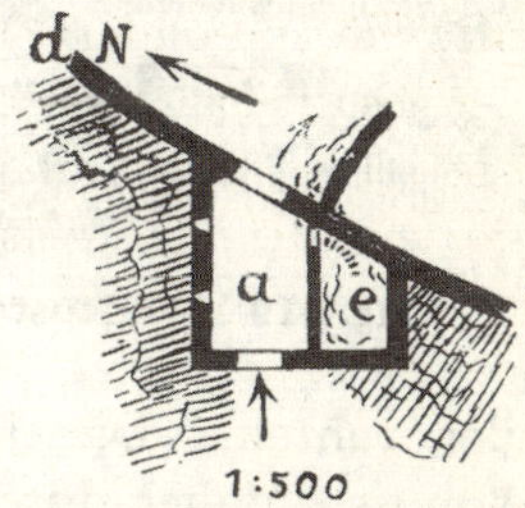

Fig. 217 Frauenburg

Des öftern ist ein besonders wehrhafter Torbau erst innerhalb des Beringes vor der Hauptburg. So auf Dornsberg (Fig. 376) ein mit Scharten und Gusslöchern versehener hinter einem tiefen Abschnittgraben und auf Landskron in Kärnten ein starkes wohnturmartiges Gebäude, während das erste Tor nur eine Oeffnung in der Mauer ist. Auf Pfannberg in Steiermark hat man dem Torturm der Hauptburg (ähnlich wie bei Hornberg) später einen Anbau mit Schiessscharten, hier jedoch einen halbrunden vorgelegt. Der Zugang zu derselben führte — Fig. **218** — erst an ihr vorüber und dann auf einer Rampe aufwärts.

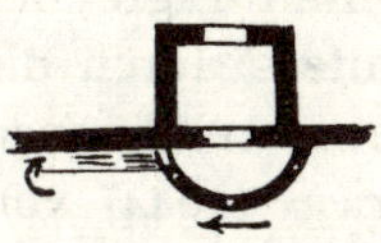
Fig. 218 Pfannberg

Wie hier der Eindringende innerhalb des Torbaues sich im rechten Winkel wenden musste, so ist auf Hohenstein in der „Nürnberger Schweiz" im Torturme selbst der Durchgang rechtwinklig geknickt. (Siehe auch Pietra pelosa S. 300.) Die im Ausgang etwa schussbereit stehenden Verteidiger waren dadurch jedenfalls vor den Angreifenden begünstigt.

Die Befestigungen vom Ausgange der Burgenzeit führten auch zu tunnelartig langen Torgewölben, wie sie sich u. a. bei Landskron im Südelsass, Rodenegg in Tirol und Arva in Ungarn finden. Auf Rodenegg ist die mittlere Torhalle, mehrfach in stumpfem Winkel gebrochen, 16 m lang, auf Arva, im Halbkreis unter einer Wehrplatte ansteigend, noch länger. Auch die langen unter nicht wehrhaften Gebäuden hindurchführenden Torwege scheinen, durch spätere Ueberbauung des Weges enstanden, nicht vor dem Ende des Mittelalters vorzukommen. So auf Dornsberg und Buchlau.

Besonders bei vereinzelten Sandsteinfelsen führte der Aufstieg auf die Platte durch Pforten, welche durch einen Vorsprung desselben gebrochen sind. In besonderer Weise hat man auf Wildenstein im südlichen Wasgau die Felsbildung zur Herstellung eines festen Tores ausgenutzt. Der Burgplatz

---

[1]) Ueber diese und die anderen voraufgehend angeführten Oesterr. Burgen näheres in meinem so betitelten Werke I bis IV.

ist (Fig. **219**) nach Westen (wie auch Süden) durch einen natürlichen Felsenwall begrenzt, an dessen nördliches Ende sich östlich ein breiterer Felsen minder hoch anschliesst. Jenseits desselben schneidet in den Gesamtrücken eine breite Kluft ein, die bei der Entnahme des Baumaterials noch zweckmässig ausgearbeitet wurde. Die von Norden her sich allmählich hinaufziehende Burgstrasse *s* überschritt nun diese Kluft auf einer langen Brücke, deren Joche auf einem dazu ausgesparten Felsblocke mit ergänzendem Mauerwerk und weiterhin auf einem Mauerpfeiler ruhten. Dieselbe lag aber nur in etwa halber Höhe des Felsens *a*—*e*, und musste daher durch diesen ein 50 Schritte langer Tunnel gehauen werden. Der so durchbohrte Felsen versah also die Stelle eines fast unzerstörbaren Torbaues, und man hat das offenbar einer Umgehung des Felsens, welche ja unschwer möglich gewesen wäre, vorgezogen. (Auffallenderweise geht von diesem Tunnel noch ein ausserhalb des Burgberings ins Freie ausmündender kurzer, aber ebenso hoher und breiter Seitentunnel östlich ab, dessen Zweck jetzt nicht mehr völlig klar ist.) Am innern Ausgange des Haupttunnels sind Rinnen für ein Fallgitter ausgehauen. Westlich über dem Torfelsen ragte der Wachtturm *a* auf, östlich neben demselben, wo die Burg des Schutzes durch die Felsbildung am meisten entbehrte, war sie durch einen Rundturm *e* und einen starken Mantel geschützt. Die Burg wurde erst im 30jährigen Kriege (1644) von den Schweden eingenommen und zerstört.

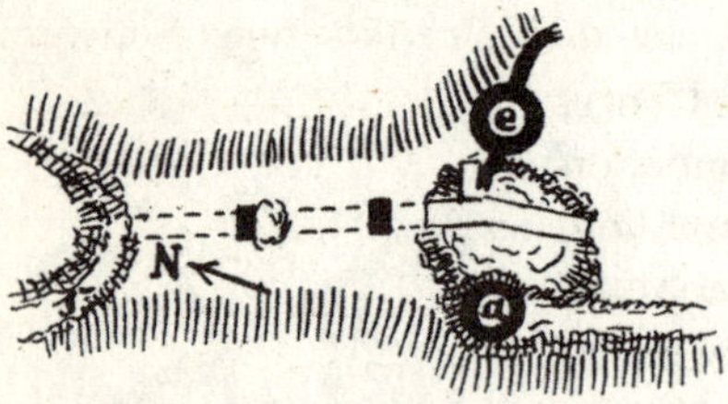

Fig. 219 Wildenstein

Die vierzehn besonders mit Senk- und Fussscharten (siehe 12. Kap.) ausgestatteten Torgebäude von Hochosterwitz[1]) sind offenbar mit Bedacht alle verschieden gestaltet, ohne dass jedoch die bei solchen vorkommenden Formen damit irgendwie erschöpft würden.

Im Gegensatze zu dieser Burg erscheint als wenig befestigt der eigentümliche Zugang zu Plixburg im Wasgau, über dem Münstertal auf einem vorgeschobenen Felskopfe belegen. Ohne Zwinger und Vorburg ist der starke auf drei Ecken abgerundete Mauerbering allseitig von einem breiten und tiefen Ringgraben umgeben, durch welchen auch der (jetzt nicht mehr erkennbare) Weg zu dem Eingange geführt haben muss. Hier aber biegt die aussen gleichfalls abgerundete Ringmauer in der Art, welche man sonst wohl nur bei alten Wallburgen findet (vgl. Fig. 37), beiderseitig nach innen ein, offenbar ohne dass dieser Eingang durch irgendwelches Torgebäude geschlossen gewesen wäre. Ein solches stand jedenfalls nur am jetzt abgebrochenen inneren Ende des so gebildeten fast zwingerartigen Raumes. Dieser konnte zwar gewiss beiderseitig von der Höhe der Mauer aus beschossen werden, und der Eingang von da in den Burghof war noch dadurch gut verteidigt, dass ihm gegenüber auf etwas erhöhter Stufe der noch von einer Zwingermauer umgebene Berchfrit sich erhebt; gleichwohl bleibt es befremdlich, dass man darauf verzichtete, den Zugang bei der Einbiegung gleichfalls schon durch einen festen Torbau zu verwahren. Eine ganz ähnliche Anordnung des Tores und der beiderseits anstossenden Ringmauer hat Calsmunt bei Wetzlar. —

[1]) Abbildungen in Oesterr. Burgen VII.

Wenn das Tor lediglich aus einer verschliessbaren Oeffnung in einer Mauer besteht, pflegt der auf der Rückseite derselben darüber hinlaufende Wehrgang (11. Kap.) nicht zu fehlen.

Bei einigen Burgen beruht die Sicherheit des Tores wesentlich auf seiner über das vorliegende Gelände erhöhten Lage. So liegt bei Stein am Ritten und Küssaburg (Fig. 207) das äussere Burgtor, auf Aggstein (Fig. **220**) das Eingangstor zur Hauptburg über einer etwa 4 bzw. 6 m hohen Felswand. (Siehe dazu S. 199.) Ebenso hoch liegt bei Festenstein (S. 285) das schmale Eingangstor unter dem darüber stehenden, unregelmässig fünfeckigen Berchfrit (Fig. **221**). Eine Aushöhlung des Felsens bietet hinter jenem den Verteidigern desselben den nötigen Raum. Durch ein zweites, gleich dem ersten mit einer Pechnase bewehrtes Tor und im ganzen vier Sperrungen windet sich dann der enge Treppenpfad im Halbkreis zu dem weiteren gleichfalls ringsum wandsteil abfallenden Burgplatze aufwärts. Hier, wie bei Stein und Küssaburg, hat eine ansteigende Holzbrücke den Zugang vermittelt. —

Fig. 220 Aggstein

Was Gestalt und Masse der Toröffnung selbst betrifft, so ist zunächst zu berücksichtigen, dass für dieselben irgendwelcher Wagenverkehr oft nicht in Frage kommen konnte. Wagen zur Beförderung von Personen wurden in Deutschland bis zum Ende des Mittelalters selbst von den Vornehmsten kaum benutzt[1]), und wenn auch gewisse, den Burgbewohnern nötige Lasten — wie besonders nach Einführung der Pulverwaffen die schweren Geschützrohre — kaum anders als auf Rädern befördert werden konnten, so gab es doch genug Burgen, zu welchen ein irgend fahrbarer Weg gar nicht hinaufführte. Dementsprechend hatten denn auch manche Burgen nur eine enge Eingangspforte. So das nicht einmal auf besonders schwierigem Gelände gelegene Schrankenfels (Fig. 209) nur eine solche von Manneshöhe und 1 m Breite, während dieselbe bei Greiffenstein in Südtirol gleichfalls in der Ring- (unten Futter-) mauer zudem noch 3 m hoch über dem äusseren Vorgelände liegt. Siehe auch Fig. 207. Bei der bedeutenden Burg Pürstein in Böhmen endete die Zufahrt vor einer schmalen und steilen, roh aus dem Felsen gehauenen Frei-

Fig. 221
Festenstein

[1]) Kaiser Friedrich III. war einer der ersten, der sich 1474 bei seinem Einzuge in Frankfurt eines Wagens bediente.

treppe, und dahinter bestand, anscheinend hinter einem einfachen Vortore, das eigentliche Eingangstor lediglich aus einer 1,10 m breiten, nur gebückt zu passierenden Pforte in der etwa 2 m starken Ringmauer.

Dies Bestreben, den Eingang durch seine Enge leichter verteidigungsfähig zu machen, kommt besonders beim Tore zur sonst stattlichen Hauptburg von Pietrapelosa[1]) auf Istrien zur Erscheinung. Aus dem nur ebenso hohen Felsen ist eine Pforte ausgehauen, welche, oben 80 cm breit, sich unten bis auf 60 cm verengt. Der Durchgang wendet sich dann sogleich in Gestalt eines nur mannshohen Gewölbes nach rechts, wo man, einige Stufen aufwärts steigend, durch eine wieder ebenso schmale Pforte in den Hofraum gelangt. Um von da aus die Eindringenden bekämpfen zu können, ist noch eine Scharte gegen den Eingang gerichtet und im Gewölbscheitel ein Loch (S. 295) ausgespart.

Andrerseits findet sich die mittlere Weite des Tores von 2—3 m Breite und etwas mehr Höhe mitunter besonders in letzterer Richtung so unzweckmässig vergrössert, dass sich das nur durch die Absicht erklären lässt, durch solche Massverhältnisse des Einganges zu imponieren. So ist das äussere Tor von Starhemberg in Niederösterreich wenigstens 7 m, ein inneres auf Grevenstein in der Rheinpfalz bei 3,7 m Breite gar etwa 12 m hoch. Beide sind nur Oeffnungen in einer Mauer.

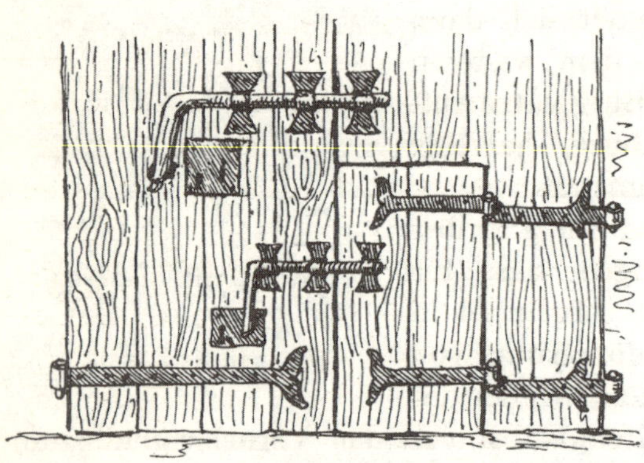

Fig. 222 Ivano

Ueber die Burgen, welche direkt eine hindurch- (oder vorüber-)führende Strasse sperrten, siehe das folgende Kapitel.

Damit nicht, zumal in unsicheren Zeiten, für jeden Fussgänger das Haupttor geöffnet bzw. dessen Zugbrücke niedergelassen werden musste, war zweckmässigerweise nicht eben selten (so auf Hohlandsberg im Elsass, Hachberg in Baden, Prozelten am Main, Hohenrechberg (Fig. 211) und Schaumburg in Oberösterreich) neben demselben ein niedrigeres und schmaleres Nebentor, der „Schlupf", das „Einlasstörle" oder „Mannsloch", angebracht, welches bei Vorhandensein eines Torgrabens durch eine eigene schmale Zugbrücke versperrt werden konnte. Mitunter, so auf Hohenwang, führte dies Nebentor in eine kleine, von der grösseren getrennte Torhalle. Sehr ausnahmsweise sind auf Thomasberg (Niederösterreich) diese zwei Tore auch auf der Burgseite des Torgebäudes vorhanden. Die Einrichtung überhaupt scheint erst in gotischer Zeit aufgekommen zu sein. In Ermangelung dieses Nebentores findet sich auch in dem einen Türflügel des grösseren zu demselben Zwecke eine kleine besondere Tür angebracht, auch wohl Nadelöhr und Katzenloch genannt, Fig. **222** von Ivano in Welschtirol. Es soll noch zur grösseren Sicherheit gegen das unerwartete Eindringen vieler dienen, wenn dieselbe, wie vorzugsweise, noch etwa 0,50 m hoch über der Schwelle des grossen Tores liegt, Fig. **223** aus Bäreneck. In einem Torflügel war mitunter ein meistens dreieckiges Guckloch ausgeschnitten. Fahrtore wurden durchaus der

[1]) Meine Oesterr. Burgen III.

Regel nach durch zwei Flügel geschlossen. Als seltene Ausnahme haben sie auf der späten Riegersburg durchweg nur einen Flügel von 3 m Breite und bis 3,5 m Höhe. Mitunter hatte — so auf Oberkapfenberg und Stein in Steiermark — die Durchfahrt in der Mitte noch ein (drittes) Tor. Bei der erstgenannten Burg, wo der zweite und dritte Torbogen nicht die halbe Breite der Durchfahrt einnehmen, sind sie zweckmässig nicht in gerader Fluchtlinie hintereinander angeordnet. Ueber andere Sperrungen in der Mitte des Torweges siehe weiterhin.

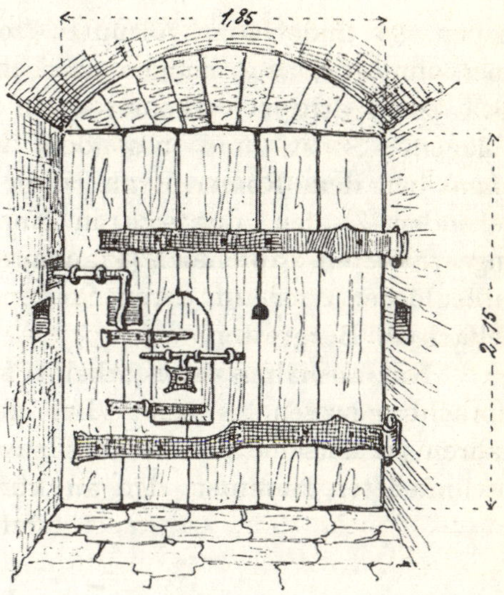

Fig. 223 Bäreneck

Durchaus der Regel nach sind die Torhallen völlig einfach und durch Fenster nicht belichtet, und es ist eine arge dichterische Uebertreibung wenn im Iwein des Hartmann von der Aue ein solcher, beiderseits durch Tore geschlossener Raum als ein solcher beschrieben wird, „daz er (Iwein) sô schoens nie niht gesach, hôch, veste unde wit, gemalet gar von golde". Ausnahmen — nie bei dem äussersten Tore — sind selten. So ist in der sonst baulich einfachen Burg Stein in Steiermark eine hohe Torhalle, deren Kreuzgewölbe auf einem granitenen achteckigen 1,70 m starken Mittelpfeiler ruhen. Die Torhalle von Gelnhausen hat Gewölbe mit hohl profilierten Rippen und Säulenkapitäle von interessanter Form[1]). In einer solchen auf Klingenberg in Böhmen wird auf jeder der beiden Seitenwände durch fünf schlanke, 1,20 m hohe Säulen, die durch genaste Spitzbogen miteinander verbunden sind, eine zusammenhängende Reihe von Nischen gebildet. Auf Neuhaus daselbst sind von einer später umgebauten Torhalle noch gekuppelte Säulen mit gedrehter Kannelierung übrig, in einer solchen auf Hochosterwitz Spuren von Wandmalerei.

Die hölzernen Torflügel waren um der grösseren Widerstandsfähigkeit gegen Stoss und Feueranlegen willen wenn nicht immer, so doch gewiss häufig aussen mit einem Ueberzug von starkem Eisenblech beschlagen, wie solche Türen noch hie und da (z. B. auf St. Annaschloss am Bodensee und Rodenegg in Tirol) erhalten sind. Die Platten pflegen in ungleichmässigen Stücken mit ungeraden Rändern mittels Nägel, die — so auf Dornsberg — bis zu 6 cm breite Köpfe haben, aufgeheftet zu sein[2]). Mitunter sind die Torflügel auch mit diagonal sich kreuzenden Eisenbändern benagelt. Auf Hochosterwitz ist da bei dem „Engeltore" in jedem Felde ein Kinderkopf mit einem Strahlenkranze gemalt[3]). Hingen die Torflügel, wie jetzt gebräuchlich, auf seitlich in dem Türgewände befestigten Angel-

[1]) Bau- u. Kunstdenkm. im Regierungsbez. Cassel. I, S. 26.

[2]) Auf Altpernstein wurden (1683) alte Rüstungen dem Schmied zu dem Zwecke übergeben.

[3]) Abb. in Oesterr. Burgen VII, Fig. 120. — Ueber die Torflügel bemerkt v. Cohausen, Befestigungsweisen S. 211 noch. dass sie im Kloster Alpirsbach und in Maulbronn gegen das Feuerlegen mit Rindshaut überzogen waren.

haspen, so findet man mitunter (so in der Burg Sermione), um ein Ausheben jener unmöglich zu machen, zwischen dem oberen und dem unteren Haspen noch einen dritten verkehrt, d. h. mit nach unten gerichtetem Haken, eingeschlagen. Sonst, und besonders in älterer Zeit, hatten die Torflügel (wie schon bei den Römern) an ihrer Hinterecke oben und unten einen vorstehenden Zapfen, der sich in einem entsprechenden, in Sturz und Schwelle eingearbeiteten Zapfenloch (Pfanne) drehte. Diese in Holz und Stein gemeisselten Zapfenlöcher oder an deren Stelle auch wohl eiserne Ringe findet man noch vielfach in Burgresten.

Nur ausnahmsweise scheint an einem Torflügel ein Türklopfer angebracht gewesen zu sein. Bei einem mittleren Tore auf Pernstein in Mähren ist derselbe anstatt des gewöhnlichen Ringes ein aus einem Eisenstück geschmiedeter Hammer, der an kurzer Kette über einem Eisenschilde (Schalltafel) hängt.

Fig. 224 Hohenberneck

Die Umrahmung der Tore war der Regel nach eine völlig schmucklose; zumal für die ältere Zeit gehört es zu den seltenen Ausnahmen, wenn der romanische Torturm der fränkischen Salzburg über dem Bogen der Oeffnung, und diesem folgend das Zickzack- und über diesem eine Abart des Klötzchenornaments zeigt. Erst gegen das Ende der gotischen und besonders während der Renaissancezeit wurde es mehr Gebrauch, die Tore durch eine Einfassung etwa mit sich schneidendem Stabwerk — Fig. **224** von Hohenberneck im Fichtelgebirge, Landstein in Böhmen — oder mit sorgfältig gemeisselten Buckelquadern[1]) (Hohlandsberg im Wasgau, Landskron in Kärnten), durch Inschrifttafeln und Wappen (siehe darüber S. 167 ff.) und figürliche Darstellungen verschiedener Art zu zieren. So sind über dem äusseren Torbogen der Wasserburg Spantekow in Pommern in einer Renaissanceumrahmung der Neuerbauer mit seiner Gemahlin in ganzer Figur ausgehauen und auf Sickingen-Hohenburg im Wasgau ist das in die Hauptburg führende Tor (1545) von einem Relief umrahmt, welches zwischen Eichen- und Weinlaub die Brustbilder von Rittern und Frauen sowie eines eine lange Nase machenden Narren enthält. Ebensolches ein Jahrhundert jüngeres Tor auf der Riegersburg ist in reichster Weise architektonisch und mit Skulpturen und Inschriften ausgestattet, wie solches auch in mannigfacher Weise bei mehreren Toren von Hochosterwitz geschehen ist. Auch Malereien religiösen Inhalts wurden in späterer Zeit über dem Tore angebracht. So in Tirol bei Persen, Bäreneck und Trostburg, auf der letztgenannten (Fig. **225**) weit über Lebensgrösse in einer tiefen Nische. Auf die Torflügel selbst wurde wohl ein Lanzknecht, ein Wappen oder nur ein Wappentier gemalt. —

[1]) Dann auch in Verbindung mit scheitrechtem Bogen, d. h. einfach wagerechtem Sturz. Beim Torbau von Taufers hat das Mannsloch sehr ausnahmsweise einen besonders mannigfach geschwungenen spätgotischen Hausteinsturz.

Dazu, das Tor[1]) unabhängig vom Schlosse zu versperren und es zugleich gegen den Stoss widerstandsfähiger zu machen, dienten Sperrbalken, welche in verschiedener Weise auf seiner Innenseite angebracht waren.

In der gewöhnlichsten Anwendung ist für diesen Balken — etwa 10 cm stark und etwas länger als die Breite des betreffenden Tores beträgt — dicht hinter dem Flügel in etwa halber Höhe desselben ein wagerechter Kanal in der in gleicher Flucht laufenden Wand ausgespart, eben lang und weit genug, um den ganzen Balken hineinschieben zu können, während diesem Kanal ein gleich weiter, aber nur etwa 20 cm langer in dem gegenüberliegenden Torgewände entspricht (Fig. 223). Zum Verschluss des Tores wird dann der Balken so weit herausgezogen, dass er mit beiden Enden in diesen Höhlungen steckt und so ein Oeffnen der nach innen aufschlagenden Flügel verhindert. Der längere Kanal pflegt zweckmässigerweise — schon für die Arbeit des Maurers sowie der geringeren Reibung bei der späteren Handhabung wegen — mit Brettern gefüttert zu sein. An der Stirnfläche und an der unteren Seite des Balkens befanden sich in der Regel Handgriffe — der letztere nicht nach aussen hervorragend —, um ein festes Anfassen beim Herausziehen und Hineinschieben zu ermöglichen.

Fig. 225 Trostburg

In der Regel begnügte man sich mit je einem Torbalken, doch findet sich die Vorrichtung auch in verschiedener Höhe zwei- und selbst dreifach an einem Tore. Letzteres z. B. bei Gutenberg in Lichtenstein.

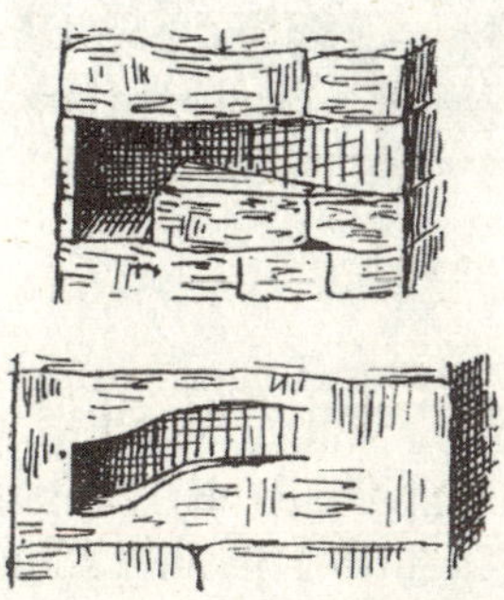

Fig. 226 Riegelbalken

Eine andere Verwendungsart des Sperrbalkens bestand darin, dass derselbe nicht an der Toröffnung vorübergezogen, sondern von innen gegen diese geschoben und da beiderseits in einer im Gewände dazu ausgesparten Vertiefung festgeklemmt wurde. Man kann die beiden Arten passend als Riegelbalken und Klemmbalken voneinander unterscheiden.

Bei dem letzteren kann die bezeichnete Vertiefung auf beiden Seiten die Form der Rinne *m* Fig. 228 haben, während eine andere Einrichtung darin besteht, dass in dem einen Gewände diese Rinne in einer Schmiege auslaufend (Fig. **226**), gegenüber aber nur das kurze Loch des „Riegelbalkens" ausgespart ist. Dieses muss so weit sein, dass der eine Balkenkopf schräg hinein und dann der andere durch Drehung des Balkens in der gegenüberliegenden Vertiefung festgelegt werden kann. Fig. 226 unten eine wohl minder

[1]) Ueber die Eingangs- und auch innere Türen besonders beim Berchfrit und Palas s. Kap. 6 und 15.

zweckmässige Art dieser Rinne aus Mägdeberg im Hegau. Auch eine nach oben auslaufende Schmiege (*f* Fig. 228) kommt da ausnahmsweise vor.

Noch eine besondere Abart der Klemmvorrichtung findet sich bei einem einfachen in einer Mauer liegenden Aussentore von Hohenklingen am Rhein, Fig. **227** senkrechter Durchschnitt durch die Mitte der Mauer (mit verschmälerter Toröffnung). Hier ist auf beiden Seiten in der Mauerdicke eine Schmiege ausgespart, die zwar auch senkrecht, aber auf der einen Seite nach unten ausläuft. Offenbar wurde hier der (nicht mehr vorhandene) Balken durch senkrechte Drehung um seinen Mittelpunkt in die beiden Aushöhlungen gebracht und dann etwas nach links geschoben, um auch hier ein festes Auflager zu haben. Vermutlich war er, wie die Figur zeigt, mittels eines länglichen Loches und eines eisernen Bolzens am Torflügel befestigt.

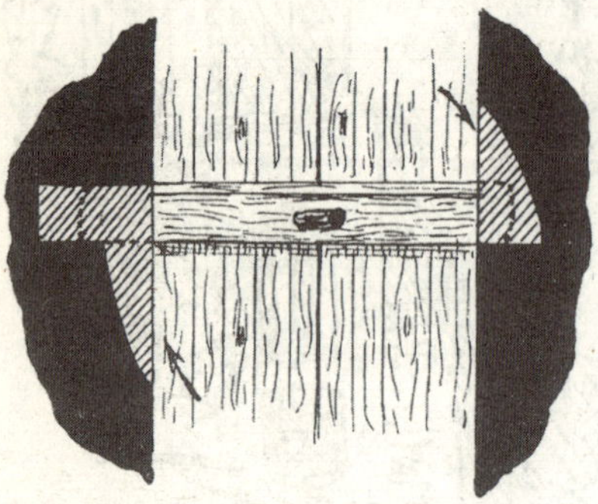

Fig. 227 Desgleichen

Eine ganz ungewöhnlich mannigfaltige Einrichtung zur Verrammelung einer Tür durch wenigstens zehn Klemmbalken zeigt das Torgewände am Eingange zum Palas von St. Annaschloss am Bodensee. Fig. **228** stellt die beiden Gewände dar, wie sie, von innen gesehen, einander gegenüber — die einander nächsten Enden nach aussen — liegen. Den in einer Schmiege auslaufenden Rinnen der rechten Seite entsprechen in gleicher Höhe der gegenüberliegenden viereckige Löcher, in welche das eine Balkenende zuerst zu stecken war, während bei den beiden mittleren Rinnen die Balken von innen gleichmässig gegen die Tür zu schieben waren und in den nicht bloss nach unten, sondern auch nach oben gehenden Ausläufern der Rinnen (ev. durch untergeschobene Keile gehalten) ihr festes Lager fanden.

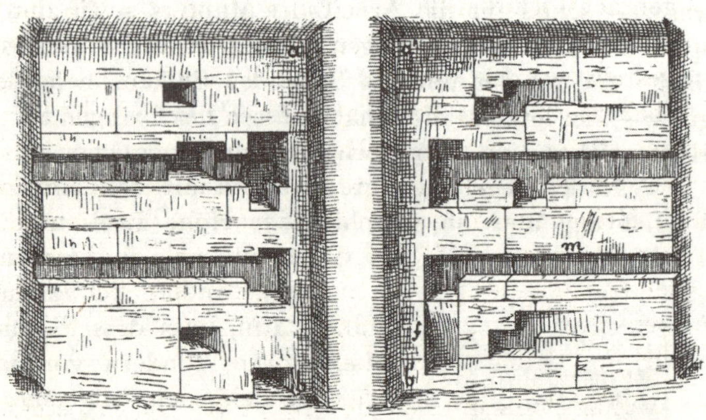

Fig. 228 Aus St. Annaschloss

Eine weitere Vorrichtung, um zwar nicht das Eingangstor selbst, wohl aber weiterhin den Torweg durch eine Anzahl von Klemmbalken sperren zu können, besteht darin, dass da in den beiden Seitenwänden einander gegenüber je eine senkrechte, etwa einen Quadratfuss weite und fast oder ganz bis zur Wölbung hinaufreichende Rinne ausgespart ist, welche die Köpfe der darin aufeinander zu legenden Balken festzuhalten hatte. So auf Dürnstein in Steiermark und Sigmundskron in Tirol. Bei letzterer Burg endigen beide Rinnen oben mit einer rechtwinklig nach innen auslaufenden Schmiege[1]). Auf Hohensalzburg

[1]) Auf Bürgstein (Böhmen) scheint solche Balkenwand unter freiem Himmel zur Sperrung einer Felsentreppe angebracht gewesen zu sein. (Meine Oesterr. Burgen I, 36.)

sind in der Torhalle mehrere solche aber niedrigere Sperrungen hintereinander angebracht. In den höheren Balkenwänden dürften auch Schiesslöcher ausgeschnitten gewesen sein.

Eine mit dem Fallgitter verwandte Vorrichtung zur Sperrung der Torflügel ist endlich noch der Fallbaum, ein Balken, welcher innen davor senkrecht herabgelassen und aufgezogen wird. Zu den seltenen Beispielen gehören Hohenkrähen im Hegau und Greiffenstein in Thüringen. Bei letzterem (Fig. **229**) handelt es sich um das innere Tor des (im übrigen nicht mehr vorhandenen) Torgebäudes. Der in der Rinne niedergelassene Balken wurde oben durch den Mauerbogen, unten durch eine vor der Schwelle eingelassene Riegelklampe gehalten. Bei einem Tore von Schweinhaus waren die beiden Flügel „durch zwei wagerechte und zwei senkrechte Balken verrammelbar"[1]).

Fig. 229 Greiffenstein

Von den verschiedenen Arten der Sperrbalken war der Fallbaum am wenigsten bequem nur von einem oberen Stockwerke aus zu handhaben und verstärkte auch nicht den Torverschluss seiner Breite nach. Ebenso setzte der Riegelbalken nach der Seite des längeren Kanals hin hinlänglich langes Mauerwerk voraus. Nicht gut konnte sowohl dieser Kanal erst nachträglich hergestellt, als auch an Stelle eines abgängig gewordenen Balkens ein neuer eingebracht werden[2]). Die Einrichtung der Klemmbalken konnte dagegen überall nachträglich durch Ausmeisselung hergestellt werden (so auf Landskron in Steiermark geschehen) und vor ihm hatte der Riegelbalken nur etwa den Vorzug, dass er immer zur einfachen Handhabung an Ort und Stelle bereit war. — Bei Römerbauten (so Amphitheater zu Verona, Porta dell arco in Volterra, Palatinus in Rom, Heidenmauer auf dem Ottilienberge) habe ich nur die Einrichtung für Klemmbalken gefunden, und zwar auch mit nach oben gerade oder im Viertelkreise auslaufenden Schmiegen. Nach Durm, Bauk. der Römer 228, wurden auch Balken schräg gegen die Torflügel gestemmt, wovon noch Widerlagsteine oder Löcher im Boden zeugen. —

Zum Verschliessen des Burgtores dienten ausser den Torflügeln auch das Fallgitter, auch „Rechen" genannt, und die Zugbrücke.

Das Fallgitter (lat. cataracta, clathra, fores clathratae, craticula, ericius, hericia, hercia restellus, porta colicia, md. schoztor, schozporte, slegetor, slegetür, valletor, valporte[3]), frz. herse, sarrasine, coulisse, afrz. porte colante,

[1]) Kunstdenkm. d. Prov. Schlesien III, 366.

[2]) Tor oder Tür mit solchem Kanal werden daher immer schon ursprüngliche sein müssen.

[3]) Diese mit val-, valle, velle- zusammengesetzten mittelhochdeutschen Ausdrücke scheinen jedenfalls nicht ausschliesslich ein Fallgitter bezeichnet zu haben. Nach Lexer Handwörterb. bedeuten dieselben vielmehr „ein von selbst zufallendes Zauntor". (Vgl. über solches Zauntor weiter unten.) In folgender, a. O. nicht angeführten Belegstelle: *Dêmantin* 10416 „*Dâr* (auf einer Brücke) *was ûf gemachet sunder wân Ein bergfred michel unde grôz. Ein valtor dâr nedir schôz. Swer obir den borggrabin quam gerant, Der wart gevangen alzuhant.*" bedeutet es indessen offenbar ein am Eingang des Brückenturmes „niederschiessendes" Fallgitter.

porte couleïce, i t a l. cateratta, saracinesca), schon bei den Römern in Gebrauch[1]), ist allem Anscheine nach bei abendländischen Burgen erst nach den Kreuzzügen (gegen die „Sarazenen") zur Anwendung gekommen, gehörte jedoch nur bei Stadttoren und den Burgbauten der dritten Periode zu den häufigeren Einrichtungen des Torgebäudes. Es war ein Gitter aus langen, unten zugespitzten, durch Querstangen verbundenen eisernen oder hölzernen und nur unten mit Eisen beschlagenen Pfählen[2]), an Stricken oder Ketten aufgehängt, während die Enden der Querstangen entweder in Falzen, welche sich in den Torlaibungen befinden, oder aber in beiderseits vor dem Tore (je etwa vier) eingemauerten, hakenförmigen „Klauensteinen" auf und ab glitten. Letzteres kam bei städtischen Toren häufiger als bei Burgtoren vor. Zu den Ausnahmen gehört hier das noch vorhandene Fallgitter von P f a l z g r a f e n s t e i n. (Fig. **230**).

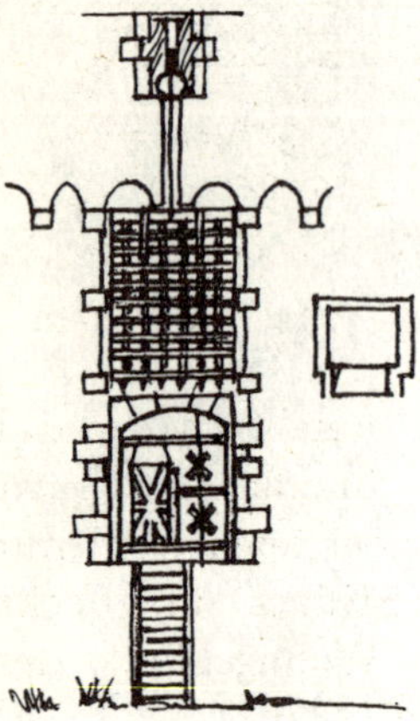

Fig. 230 Pfalzgrafenstein

Fig. 231 Trostburg

Mitunter, so noch auf B u c h l a u (Fig. 234), waren zweckmässigerweise die Gitterstäbe auch auf ihrer ganzen dem Feinde zugekehrten Seite mit Eisen benagelt.

Die unzerstörbaren, aber sehr schweren e i s e r n e n Fallgitter (deshalb mit entsprechend dünneren Stäben) kamen bei unseren Burgtoren kaum, mitunter u. a. bei norditalienischen vor[3]). Bei dem nur 1,80 m breiten Fallgitter eines inneren Eingangstores der T r o s t b u r g in Tirol, Fig. **231**, sind die Balken 9 cm stark, bei grösseren Gittern bis zu 15 cm bei meistens etwa doppeltem Abstand der Längs- und der Querhölzer voneinander[4]).

S p e c k l e beschreibt in seiner A r c h i t e c t u r a v o n V e s t u n g e n (1589) III, Kap. 2 mit Abbildung das seinerzeit gebräuchliche (?) Fallgitter, bei dem nur der untere, vierte Teil aus Holz, das übrige aus ebenso weiten rechteckigen Maschen aus Ketten besteht, die sich auf einer dicht über der Torwölbung liegenden Welle aufrollen lassen. Eine Verbesserung der späteren Zeit war gleichfalls das O r g e l w e r k (organum), bei welchem die einzelnen Balken mit Ketten an dem Wellbaum hingen, ohne fest miteinander verbunden zu sein, so dass

[1]) V e g e t i u s IV, Kap. 4. Die Gleitrinnen für Fallgitter sind u. a. noch bei den Römertoren zu Trier, Aosta, Pompeji und Nîmes vorhanden.

[2]) Vgl. D i e M i n n e b u r g (Ged. a. d. 1. Hälfte des 14. Jahrh. bei Lexer) 4 a: „*ein schosztor ob der porten hieng, dar ûsz von hartem stahel gieng viel spitzen stark gezapfet.*" — v. C o h a u s e n bemerkt B e f e s t i g u n g s w e i s e n 212, man wisse nicht immer, ob unter den Ausdrücken „porta caditoja, levatoria, porta labile" nicht eine solide Tortafel anstatt des Gitters gemeint sei. Wir haben meines Wissens keinen Anlass zu der Annahme, dass bei gemauerten Toren solche wie ein Fallgitter zu handhabenden „Tortafeln" vorgekommen seien. (Was N ä h e r „M i l i t. - A r c h. A n l a g e" 1894 S. 62 f. von solchen „Fallpritschen" bei Stadttoren angibt, ist auch schwerlich zutreffend.)

[3]) So im Kastell Verzuolo in Piemont. Auf H a i m b u r g in Kärnten ist im Torwege der untere Teil eines solchen zur stilgemässen Zierde (s. weiterhin) angebracht.

[4]) Beim Heidelberger Schloss sind die erneuerten Eichenpfähle gar 24 cm stark.

das Unterschieben eines Hemmnisses nur den oder die gerade darüber befindlichen Balken, nicht aber die übrigen hinderte, bis zum Boden hinabzufallen. Es ist mir nicht bekannt, dass diese Arten des Fallgitters bei Burgen zur Anwendung gekommen wären[1]).

War das Fallgitter — was bei Burgen immerhin die Ausnahme bildet — aussen an der Tormauer angebracht, so wurden die Gleitrinnen zum Festhalten desselben wohl in Haustein hergestellt (Fig. **232** von Eppenstein das wagerecht Schraffierte links[2]) oder auch, was ein nachträgliches Anbringen des Gitters erleichterte, in an der Mauer befestigten Balken, wie Fig. 231 links, und beiderseits bei einem auf Harburg (Bayern) erhaltenen Fallgitter. Wie oft bei den Stadttortürmen, war dann mitunter auch bei Burgtoren zur Aufnahme des Fallgitters eine Mauerblende ausgespart (Fig. 233), welche sich von derjenigen für eine Zugbrückenklappe (s. weiterhin) besonders dadurch unterschied, dass sie, um auch für das aufgezogene Gitter Raum zu gewähren, annähernd doppelt so hoch als das Tor sein musste, nebenbei auch wohl mit einem Stichbogen anstatt geraden Sturzes überdeckt war. So auch beim Eingange in das Wohngebäude des Schleglerschlosses, Fig. 423.

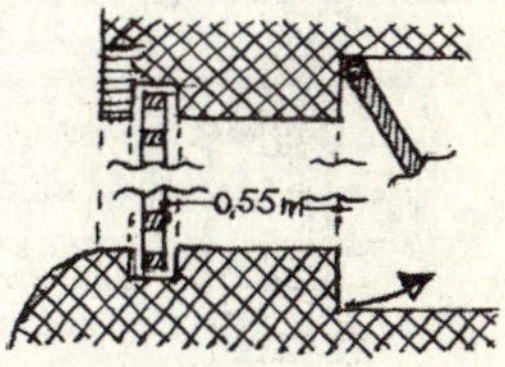

Fig. 232 Eppenstein

Fig. 233 Hülchrath

Wie die Kette, an welcher das Gitter aussen hing, u. a. bei der Martinsburg zu Oberlahnstein in eine darüber vorgekragte Pechnase hineingeführt war, so auch bei dem ursprünglichen Torbau (jetzt Scheune) von Hülchrath in der Rheinprovinz. Da hier aber (Fig. **233**) die Pechnase in Verbindung mit weiteren Gusslöchern und (nicht mehr vorhandenen) Ecktürmchen hoch oben angebracht ist, hat sehr ausnahmsweise von der Blende dahinauf noch eine ebenso tiefe und ungefähr ebenso hohe Rinne für die Kette ausgespart werden müssen[3]). Eine ebensolche Blende, über welcher die Zugkette schräg nach hinten durch die Mauer geleitet ist, wurde auf Hornberg später von der Höhe des Torbogens aufwärts durch eine dünne Ziegelwand geschlossen, hinter welcher sich das aufgezogene Fallgitter barg[4]).

[1]) In F. v. Apell, Gesch. der Befestigung von Strassb. (1902) S. 133, wird solches Orgelwerk, wie es früher im Metzgertor daselbst war, mit seinem Mechanismus beschrieben. Auf Hochosterwitz (Kärnten) befindet sich ein Modell eines solchen. (Mitteil. der k. k. Centralcomm. 1860, S. 256.)

[2]) Gegenüber springt die abgerundete Ecke der Ringmauer noch so weit vor, dass hier in ihr die Gleitrinne ausgespart werden konnte. Die letztere ist 14 cm breit und 10 cm tief. Beim Vestnertor in Nürnberg springen die aus Haustein hergestellten Gleitrinnen ganz vor die Mauerflucht vor.

[3]) Wohl nicht ganz zutreffend wird in Kunstdenkm. der Rheinprov. III 652 (wonach die obige verkleinerte Abbildung) bemerkt: „Dieselbe Rinne diente aber zugleich als Ausguss für den oben angebrachten Gusserker." Man bedurfte dazu augenscheinlich nicht dieser durch die Kette wesentlich ausgefüllten Rinne.

[4]) Wenn in der trefflichen Sonderschrift A. Zeller, Burg Hornberg (1903) S. 20, die Blende (von der doppelten Höhe des Tores) als für die Klappe einer vormaligen Zugbrücke bestimmt angenommen wird, so scheint mir solche da auch schon der Oertlichkeit nach ausgeschlossen zu sein.

Was die Handhabung des Fallgitters und die Einrichtung dazu betrifft, so bemerkt u. a. Rey, Étude S. 23, zu einem Kreuzfahrerbau: „*Audessus de la coulisse, on voit encore dans le mur des entailles qui recevaient le système de poulies destinées au jeu des contre-poids et des chaînes s'enroulant sur le treuil*“ Auch nach Viollet-Le-Duc, Dict. rais. VI, 81 „*la herse se relève au moyen de contre-poids et d'un treuil*“. Nach v. Cohausen, Befestigungsweisen 212, „ist das Gatter oben durch eine Kettenbucht an einem Tau aufgehangen; dies läuft über eine Rolle und über einen Block zu einer Winde und wird daran aufgezogen oder abgelassen“. v. Essenwein lässt auf einer Zeichnung (Kriegsbauk. Fig. 146) — ähnlich wie beim Berchfritverliess, s. S. 193 Anm. 3 — das Tau erst über eine nahe der Stockwerkdecke angebrachte Rolle zu einem unten seitwärts stehenden Haspel hinablaufen. — Jedenfalls genügte, die nötige Zugkraft vorausgesetzt, zur Handhabung des Fallgitters eine Rolle[1]) oder ein Wellbaum mit Haspelzapfen, wie solches (Fig. **234**) recht seltenerweise auf Buchlau in Mähren noch völlig erhalten ist. Wie hier, so wäre auch sonst durchaus der Regel nach für jene umständliche Einrichtung, zumal für ein *jeu de contrepoids*, gar kein Raum gewesen.

Fig. 234 Fallgitter auf Buchlau

So wohl immer, wenn — wie auf Burghausen und Harburg — das Gitter von einem darüber hinlaufenden Wehrgange aus gehandhabt wurde, und wenn es ausnahmsweise in einer blossen Ringmauer angebracht war. Eine auch bis auf die beweglichen Teile wohlerhaltene Einrichtung zeigt da die Rocca di Cassino in Mittelitalien, Fig. **235**, Ansicht der Innenseite. Der in der Mauerdicke ausgesparte Schlitz für das Gitter reicht in der über dem Tore befindlichen Nische bis zum Anfange der Wölbung. Die in gleicher Höhe an der Hinterwand angebrachten Hakensteine können bei der Enge des Raumes nur eine eiserne, wenige Zentimeter starke Welle getragen haben, über welche das Fallgitter von unten im Hofe Stehenden aufgezogen und niedergelassen worden sein muss[2]).

Fig. 235
Rocca di Cassino

[1]) So einfach nach Valturius, de re militari, Verona 1472.

[2]) In einer Ringmauer auf Helfenburg in Böhmen findet sich in gleicher Weise der Schlitz für ein Fallgitter, doch fehlt da die Nische und ist, obgleich die Mauer fast in voller Höhe erhalten ist, auch sonst nicht zu erkennen, wie das Gitter gehandhabt worden sein möge.

Ein Ausfluss dichterischer Phantasie nach Art der „ledernen Brücken“ ist es gewiss nur, wenn im Iwein 1085 ein Slegetor erwähnt wird, welches hinter dem in die Burg Kommenden von selbst niederfiel, sobald dieser dabei *uz der rehten stat* (von der rechten Stelle) abgewichen war und so durch einen Fusstritt den Mechanismus des Fallgitters berührt hatte.

Auf einem Irrtum beruht es, wenn in Kunstdenkm. im Grossh. Hessen, Kr. Erbach S. 22 bei Breuberg bemerkt wird: Man sieht innerhalb der tonnengewölbten Torhalle ... einen Wellbaum zur Hebung und Senkung des Fallgitters, das hier nicht von oben herabgelassen, sondern, da der Torbau von einem Wohnungsgeschoss überragt ist, aus der Tiefe emporgehoben wurde. Vgl. auch wegen Hohenwerfen meine Oesterr. Burgen VIII S. 47.

Als verschiedenartige Zwecke des Fallgitters kommen in Betracht 1. Schutz der dahinter befindlichen Torflügel, 2. Sperrung des Torweges, und zwar dieses entweder gegen Andringende oder um schon Eingedrungenen den Rückzug abzuschneiden.

Der letztbezeichnete Zweck kann freilich nicht gleichzeitig mit den übrigen beiden erfüllt werden, da er im Gegensatz zu ihnen ein zunächst aufgezogen gewesenes Gitter voraussetzt. Es ist der schon von Vegetius beim Fallgitter angegebene. [De re milit. IV, 4: *Amplius prodest, quod invenit antiquitas, ut ante portam addatur propugnaculum in cujus ingressu ponitur cataracta, quae annulis ferreis ac fenibus pendet, ut, si hostes intraverint, demissa eadem extinguantur inclusi*][1]). Auch die Minnesänger lassen mit Vorliebe das Fallgitter dazu dienen[2]). Die für uns mehr beachtlichen späteren Fachschriftsteller scheinen jedoch diese seine Zweckbestimmung nicht mehr zu erwähnen. So heisst es bei Aegidius Columna (Romanus), dem hochangesehenen „Vegetius des 13. Jahrh.", (De regimine principum lib. III, p. III, cap. 20): „*Ante hujusmodi portam ponenda est catheracta, pendens annullis ferreis undique eciam ferrata, prohibens ingressum hostium et incendium ignis. Nam si obsidentes vellent portas munitionis succendere, catheracta, quae est ante portam, prohibet eos. Rursus supra catheractum debet esse murus perforatus, recipiens ipsam, per quem locum poterunt projici lapides, emitti poterit aqua ad extinguendum ignum, si contigerit ipsum ad obsidentibus esse appositum.*" Ferner schreibt Speckle († 1589) in seiner Architectura von Vestungen III, Kap. 2, die Vorfahren hätten zwar das Fallgitter „*für die allererste Pforte geordnet, und das sei, da man die Armbrust noch geführt, gut und bräuchlich gewesen, auch hernach noch für gut angesehen worden, weil man nur eine eintzige Pforten gebauet hat, als aber dieselbe etliche mahl zerhauen und verbrennt worden, welche weder mit Schiessen noch mit Werffen, denn es ihn für ein Schirm und Decken gedient, können gewehrt werden, hernach haben die, so es besser verstanden, die Pforten allein forne am Thurm, und hinden am andern Thor des Thurms den Schussgatter gemacht, ... dass, obschon ihnen die äussere Pforte abgelauffen, zerhauen, verbrennt, zerschossen und gefällt wurde, die dannoch dahinder den Schussgatter zum besten hätten*". Auch hiernach hatte also das Fallgitter bis zur nachmittelalterlichen Zeit im Belagerungsfalle lediglich dem dahinter befindlichen Tore „für ein Schirm und Decken zu dienen, damit es nicht zerhauen und verbrennt werde".

Dem entspricht auch meistens (vgl. Fig. 232) die Stelle, an welcher das Gitter angebracht ist: entweder unmittelbar oder doch in ganz geringem Abstande

[1]) Bemerkenswert ist, dass die porta praetoria von Aosta und die porta nigra von Trier, welche Krieg v. H. (Milit.-Arch. 25 und 34 ff.) als Musterbeispiele der hiernach von ihm besonders betonten „trichterförmigen Verteidigung" beschreibt, augenscheinlich auf der Stadtseite keine Einrichtung für einen ständigen Verschluss, etwa durch Torflügel, gehabt haben.

[2]) Vgl. die S. 305 Anm. 3 angeführte Stelle aus Dêmantîn. So wird auch in Iwein 1076—1123, wie der gleichnamige Ritter einen Gegner bis in dessen Burg verfolgt, hinter ersterem das am Eingang hängende Slegetor herabgelassen, so dass es noch sein Ross trifft, und da hinter dem Verfolger ein am andern Ende des Torweges hängendes zweites Slegetor gleichfalls herabfällt, ist er „*zwischen den porten zwein beslôzzen und gefangen*". Ebenso wird (Perceval 36144) dem Saigremor und (Claris 11428) dem Gouvain durch ein herabgelassenes Fallgitter das Pferd getroffen, und bei Froissart, Chron. II, c. 149 heisst es: „*Quant ceux qui estoient sur la porte virent le grand meschef, ils eurent peur de perdre le château, si laissèrent avaler le grand rastel et encloirent le chevalier.*"

vor den Torflügeln. Fig. 235 zeigt die umgekehrte Anordnung, doch erlaubte da das herabgelassene Fallgitter nur ein geringes Oeffnen des Tores. Wenn Speckle a. O. angibt, dass zu seiner Zeit das Fallgitter „allenthalben" auf der Innenseite des Torbaues angebracht wurde, so kommt das bei Burgen jedenfalls nicht zur Erscheinung. Ein Beispiel bietet etwa ein Torturm des Kastells Fenis im Aostatale, der auf der Hofseite unmittelbar vor dem Ausgangstor ein Fallgitter hat. Im übrigen findet es sich in Torhallen zu Hohenwerffen und Rodenegg und im Torturm des Heidelberger Schlosses in der Mitte zwischen zwei Verschlüssen mit Torflügeln. Ausnahmsweise ist es beim Kastell Verrés im Palas und zwar am Eintritt in den Lichthof desselben angeordnet, und findet sich ein solches auf Stein in Steiermark vor einer vom Hofe zunächst in Kellerräume führenden Tür.

Mitunter findet man bei Burgresten, so Hohbarr im Wasgau und Sterrenberg am Rhein, oben unter dem Torbogen einen freiliegenden wagerechten Balken beiderseits eingemauert, der von einer Anzahl viereckiger Löcher durchbohrt ist, weit genug, um die senkrechten Balken eines Fallgitters hindurch zu lassen, während doch nach oben für solches ein freier Raum offenbar nie vorhanden gewesen ist. Es scheint, als ob hier also schon in älterer Zeit lediglich als Dekoration das untere Ende eines Fallgitters nachgeahmt worden ist, wie gerade solches als Bestandteil eines wehrhaften Tores auf mittelalterlichen, besonders Ortswappen, besonders beliebt war[1]). —

Eine eigene Art von Falltoren scheint, nach Abbildungen zu schliessen, im Mittelalter besonders in den Durchlässen der Palisaden gebräuchlich gewesen zu sein: eine starke, einflügelige Tür, welche in ihrer oberen Hälfte an den Seitenbalken durch Zapfen befestigt und so um eine wagerechte Achse drehbar war. Die Tür wurde geöffnet, indem man das obere kürzere Ende mittels Ketten herabzog und sie fiel bei einem Nachlassen derselben von selbst wieder zu[2]). —

Wo zu einem Burgtore eine Brücke führte, wird diese bzw. ihr letztes Joch durchaus der Regel nach eine Zugbrücke gewesen sein. Denn wenn auch eine feste Holzbrücke von den Burginsassen im Notfalle unschwer zu zerstören war, so war ja doch solche gewaltsame Massregel zur Aufhebung der Verbindung so wenig zweckmässig, dass man nicht oft eine dauernde Einrichtung darauf begründet haben wird. Wenn solche Brücken auch auf alten Abbildungen nicht so selten vorkommen, so wird es sich da doch durchaus der Regel nach um frühestens etwa im 16. Jahrh, vorgenommene Veränderungen handeln.

Die Zugbrücke (slagebrücke, slachprucken, zoge brükke, valbrucke, lat. pons versatilis, p. levatorius, frz. pont-levis, ital. ponte levatojo) war schon Minnesängern des 12. Jahrh. bekannt[3]), scheint jedoch bei uns aus romanischer Zeit nicht nachweisbar zu sein[4]).

[1]) Auch auf Hohenwerffen ist nur noch der in die Torhalle hineinhängende untere Teil des Fallgitters erhalten.

[2]) Vgl. Viollet-Le-Duc I, 381 ff.

[3]) So in der um 1170 geschriebenen Eneit des Heinrich v. Veldeke p. 195, 12: *„Die porten sie uf taten, Die valbrucken liezens nieder"*.

[4]) Eine ganz besondere Ausnahme würde da freilich das angeblich schon „frühromanische" Löwentor der Hohkönigsburg machen, welches für eine Zugbrücke eingerichtet war. S. darüber zu Fig. 64. In Frankreich ist nach de Caumont und Viollet-Le-Duc (Essai sur l'arch. milit. S. 114) die Zugbrücke erst im 14. Jahrh. aufgekommen. Jähns rechnet sie (Gesch. d. Kriegswesens 663) zu dem Befestigungswesen nach den Kreuzzügen.

Die hier zu behandelnden verschiedenen Arten der Zugbrücken haben durchaus der Regel nach das gemeinsame, dass der Drehbalken (Achse) mit seinen beiderseits vorstehenden starken Zapfen vor der Schwelle des zu schliessenden Torbogens in herausstehenden, oben ausgehöhlten (Haken-)steinen ruht und die aufgezogene Brückenklappe von einer dazu um den Torbogen ausgesparten rechteckigen Blende aufgenommen wird (Fig. 210 und 224). In seltenen Ausnahmefällen, so auf Madenburg (Rheinpfalz) und Rodenegg (Tirol), fehlt diese immerhin zweckmässige Blende.

Fig. 236 Meersburg

Bei den Zugbrücken der einfachsten und darum auch wohl ältesten Art, den einfachen Klappbrücken mit Ketten[1]), laufen die beiden am vorderen Ende der Brückenklappe befestigten Ketten über je eine Rolle, welche in den beiden oberen Ecken der Blende in der Wand angebracht ist. Bei schmaleren, nicht für Fuhrwerk bestimmten Toren, deren Brückenklappe von einem Menschen aufgezogen werden konnte, begnügte man sich mit einer Kette, deren Rolle wir dann zweckmässigerweise wohl näher der Mitte oder ganz in derselben angebracht finden.

Fig. 236a
Zugbrückenwinde auf Rosenburg

Auch die schwerste Klappe konnte bei Burgtoren wohl ohne eine die Arbeit erleichternde Vorrichtung von zwei Männern aufgezogen werden. Solche Erleichterung wird auch damit bezweckt worden sein, dass man ausnahmsweise die Zugketten (oder Seile) auf der Innenseite in annähernd gleicher Höhe mit den Rollen über einen zweiten sich drehenden Körper geführt hatte. Auf Schaumburg in Oberösterreich ist das je eine zweite Rolle am Ende eines kurzen, unter der ersten wagerecht aus der Wand herausstehenden Balkens, auf der Meersburg am Bodensee (Fig. **236**) eine unter der Decke der Torhalle (deren linke Seite hier durch einen anderweiten Torbogen durchbrochen ist) eingelassene Welle mit zwei Rädern, deren Kranz stark vertieft ist[2]).

Eine besondere Vorrichtung zur Handhabung der Brückenklappe ist auf Rosenburg in Niederösterreich erhalten. In der einen Seitenwand der Torhalle ist, Fig. **236a**, ebenerdig eine 2,5 m hohe, 1,5 m

---

[1]) Auf eine solche lässt es schliessen, wenn es in Heinr. von dem Türlîns Crône 14595 heisst: *Nu was er an die brucke komen. Ein Ketene sich oben entslôz* (d. h. löste), *Daz diu brücke nider schôz.*

[2]) Beim Jakobertor zu Augsburg hatte nach noch vorhandener Einrichtung eine etwa 5×5 m grosse Brückenklappe beiderseits doppelte Ketten, wie noch die beiden Zwillingsrollen in der Mauerdicke zeigen. Die Ketten wurden weiter über grosse, aus der Decke hängende Bohlenräder zu den über dem Torgewölbe liegenden Windevorrichtungen geleitet. Die aufgezogene Klappe drückte mit der Wucht des Anschlagens am Tore eingemauerte Federn nieder und fing sich mit Haken hinter einem Riegel. Wurde dieser weggezogen, so brachten die abschnellenden Federn die Klappe zum Niederfallen. (Denkmalpflege 1899, 30 mit Abb.)

breite und 1,2 m tiefe Nische ausgespart. In ihr ist in Höhe von 1,5 m ein wagerechter Balkenrahmen angebracht, und auf diesem ruht eine von vorn nach hinten gehende Welle, welche einem nahe der Hinterwand befindlichen mit Zapfen versehenen Rade als Achse dient. Das Rad und damit die Welle wurde mittels einer zweiten unter ihr angebrachten (nicht mehr vorhandenen), wohl eisernen Welle mit entsprechenden Löchern und einer geknickten Handhabe gedreht. Der Balkenrahmen steht gegen den Eingang hin so weit vor die Mauerflucht vor, dass an ihr entlang die Kette der Zugklappe sich noch um die obere Welle winden konnte[1]).

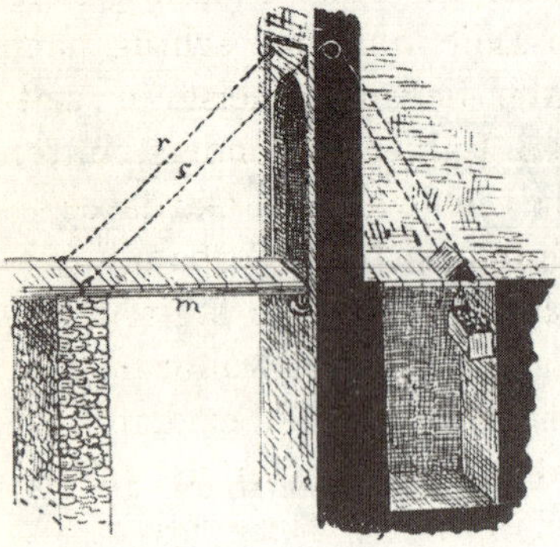

Fig. 237 Dornsberg

Im übrigen konnten ja auch Gegengewichte von fast beliebiger Schwere an die Zugketten angehängt werden. Eine umständlichere Einrichtung dafür ist (Fig. **237**, Durchschnitt) auf Dornsberg im Vintschgau erhalten. Die beiden an der äusseren Kante der Klappe *m* befestigten Ketten *r* und *s* laufen über die beiden in der Torwand steckenden Rollen auf- und dann (in spitzerem Winkel) wieder abwärts und über zwei andere Rollen bis in den unter dem Torwege ausgemauerten viereckigen Hohlraum (Brückenkeller), in welchem an denselben das Gegengewicht in Form eines länglichen, aus starken Bohlen gezimmerten und mit grossen Steinen gefüllten Kastens hängt. Der Keller ist nicht so tief als das ausserhalb des Tores befindliche Stück der Kette lang ist, und zwar mit Recht, da ja das Aufziehen der Brückenklappe um so leichter wird, je mehr sich diese dabei der senkrechten Linie nähert, und ein dann noch mit voller — oder vielmehr durch die längeren Ketten noch vermehrter — Kraft wirkendes Gegengewicht unzweckmässig sein würde.

Fig. 238 Hagenwyl

Ebenso vielfach waren die in Resten auch noch nicht selten erhaltenen Zugbrücken mit Schwungruten, Zug- oder Wippbäumen gebräuchlich. An der Stelle der in der Mauerdicke steckenden beiden Kettenrollen drehen sich hier um ungefähr ihre Mitte zwei Balken, an deren äusserem Ende dasjenige der beweglichen Brückenpritsche mittels Ketten angehängt ist (Fig. 239). Durch Herniederziehen der Balken an ihrem hinteren in der Torhalle befindlichen Ende wird aussen die Brücke mit aufgezogen. Damit dies in gleichmässiger Weise geschehe, mussten die inneren Hälften der Zugbäume durch Querbalken miteinander in feste Verbindung gebracht werden. Fig. **238** aus der Wasserburg Hagenwyl im Thurgau (Fig. 562). Wurde dadurch schon an sich der hintere

[1]) Durch diese Vorrichtung konnte freilich — wie sonst beim engeren Mannsloche — nur eine Kette der Zugbrücke auf- und abgewickelt werden, doch kann auf Thomasberg eine noch alltäglich zur Schliessung des Tores benutzte Hauptbrückenklappe auch mittels eines Strickes, wie ich gesehen habe, nur von einer Frau regiert werden.

Teil der Schwungruten als Gegengewicht schwerer gemacht, so konnten auf diesen Querbalken auch noch schwere Steine befestigt werden. Ueber der Achse der Balken ist in der Frontmauer des Tores je ein entsprechend langer senkrechter Schlitz ausgespart, um beim Aufziehen die äussere Hälfte derselben aufzunehmen (Fig. 210). Der Schlitz durchschneidet entweder bis oben hinauf gleichmässig die ganze Mauer oder bildet in seinem oberen Teile nur eine schräg nach vorn auslaufende Rille. Die Achsen der Schwungruten liegen zumeist in seitlichen Mauerlöchern, die entweder (Fig. 238) für jeden Balken besonders, unten in dem Schlitze selbst, oder — so z. B. im Kastell Sermione am Gardasee — für beide gemeinschaftlich innen davor in den Seitenmauern des Torbaues ausgespart sind. Bei schmaleren Toren, wie sie als Mannsloch neben dem breiten vorkommen, wurde (Fig. 210), wie nur eine Kette, so auch nur eine Schwungrute verwandt. Balken und Schlitze sind keineswegs immer, wie hier, dicht über dem Tore angebracht, so bei der Küssaburg in Baden (aus dem Anfang des 16. Jahrh., Fig. 207) und bei Reifenstein am Brenner; bei letzterer Burg reicht der durchgehende Schlitz bis zur Höhe der Ringmauer und ist oben ganz offen. Sehr ausnahmsweise, so bei dem Torturm von Perosa (Norditalien), stehen die Balkenschlitze nicht senkrecht, sondern gehen nach oben etwas auseinander.

Anders wie die über Rollen aufgezogene konnte die Zugbrücke mit Schwungruten natürlich nur da angebracht werden, wo die Frontmauer des Torgebäudes noch die für die Balkenschlitze nötige Höhe hatte[1]), oder aber das Tor in einer freistehenden Mauer lag und somit nach oben für die Schwungruten freier Spielraum gegeben war. (Fig. **239** die noch vorhandene Zugbrücke von Droste-Vischering in Westfalen nach Fischer, Schloss Burg.) Handelte es sich darum, eine längere Brücke schon vor ihrem Ende bei einem Mittelpfeiler durch solche Aufzugvorrichtung zu unterbrechen, so genügte es schon — wie das bei Wildenstein a. d. Donau (Fig. 609) noch zum Teil erhalten ist —, diesen Pfeiler von der Höhe des Brückenbelages ab in Gestalt zweier schmaler Seitenpfeiler weiter aufzumauern, welche letzteren dann oben nur durch die Drehachse der Schwungruten miteinander verbunden wurden. —

Fig. 239 Droste-Vischering

Handelt es sich bei der einfachen Kettenzugbrücke um nicht viel anderes als um einen Torflügel, der sich nicht um eine senkrechte, sondern um eine wagerecht an der Schwelle liegende Achse dreht, so kam ausser den beiden bisher beschriebenen Arten von Zugbrücken noch eine dritte vor, die sich von jener ersten mit Gegengewicht (Fig. 237) fast nur dadurch unterscheidet, dass dieses in einer Verlängerung der Brückenklappe über die Achse hinaus besteht. Der Brückenkeller ist dabei nicht nur oben, sondern der Regel nach auch auf der Vorderseite offen, und

[1]) Es kann sonach nicht richtig sein, wenn bei Merian mehrfach (z B. bei der Ansicht von Wildenstein a. d. Donau) unmittelbar über den herausstehenden Zugbäumen der Dachstuhl des Torbaues aufsitzt.

nach der bei aller Einfachheit sinnreichen Einrichtung solcher „Wippbrücken“ bildet (Fig. **240**, schematische Darstellung) die um ihre (annähernd in der Mitte liegende) Achse drehbare Klappe in wagerechter Lage eine Fahrbahn über die Lücke der Brücke und weiter — da wohl durch Riegel gehalten — über den offenen Brückenkeller hinweg, während sie, aufgezogen, senkrecht stehend, nach aussen zugleich die Toröffnung und den Brückenkeller schliesst. Der auf diese Wippbrücke hindeutende, nach vorn offene Keller unter dem Tore findet sich u. a., jetzt zugeschüttet, auf Thomasberg in Nieder- und Schauenburg in Oberösterreich, noch offen in den Ruinen Hohentwiel im Hegau und Stuer in Mecklenburg. Der sich im Keller auf und nieder bewegende Teil der Klappe braucht nicht (so auf Rodenegg in Tirol) dieselbe Breite und Länge zu haben wie der vordere.

Fig. 240 Wippbrücke

Wenn ausnahmsweise die Vorderwand des Torgebäudes auch den Brückenkeller nach vorn schloss, konnte für eine senkrechte Stellung der (aufgezogenen) Klappe nur dadurch Raum gewonnen werden, dass ihre Achse und ebenso die Toröffnung, vor deren Schwelle sie lag, entsprechend weit nach hinten, also in eine Nische verlegt wurde, wie das bei einem Tore auf Seebenstein (Fig. **241**) geschehen ist.

Bei hochgelegenen Eingängen in Gebäude — s. S. 199 — kommt neben der gewöhnlichen Kettenzugbrücke ganz ausnahmsweise auch diese Wippbrücke vor. So mit vorn offenem Brückenkeller beim 1402 erbauten Berchfrit von Wernerseck.

Es finden sich auch noch andere Arten von Zugbrücken angegeben. So von Speckle eine solche, welche ihren Drehpunkt an der der Torschwelle entgegengesetzten Seite hatte und mit den schon darauf befindlichen Feinden unvermutet nach unten fallen gelassen werden konnte. Es ist mir jedoch nicht bekannt, dass bei Burgen andere als die drei vorhin dargestellten Arten in Anwendung gekommen wären.

Fig. 241 Seebenstein

Eine Zugbrücke ohne vor dem Torgebäude liegenden Graben hatte auch (das jetzt ohne Berücksichtigung des Ursprünglichen restaurierte) Hochnaturus im Vintschgau. Hier lag die gesamte Einrichtung einschliesslich der grabenartigen Vertiefung innerhalb des nach aussen ganz offenen überbauten Torbogens, derart, dass die Brückenpritsche sich gegen dessen innere zum Hofe führende Toröffnung legte. Begreiflich höchst selten findet sich eine ganz innerhalb eines Gebäudes angebrachte Zugbrücke. Der zur Hauptburg von Hochosterwitz hinaufführende Weg ist an einer mittleren Stelle durch eine kurze Einbuchtung des Felsabhanges unterbrochen, und anstatt da, wie sonst, hinter einer Zugbrücke ein Torgebäude zu errichten, hat man solches, vorn und hinten durch nach aussen schlagende Torflügel geschlossen, direkt über den Abhang und die (jetzt feste) Brücke gestellt. Auf Wildeck in Niederösterreich führt in dem grossen (im wesentlichen wie jenes Tor nachmittelalterlichen) Wohngebäude vom Eingange aus zwischen zwei Wänden eine Treppe zu einem (also entsprechend höher liegenden) Binnenhofe empor, und an Stelle eines jetzigen kleinen Vorplatzes zwischen Treppe und Hof war, wie noch zu erkennen, da eine Kettenzugbrücke angebracht. Wenn nun die eisenbeschlagene und mit Schiesslöchern versehene Brückenklappe aufgezogen war, so konnte ein schon die Treppe hinaufkommender Feind immer noch erfolgreich abgewehrt werden. —

Eine Brücke (überhaupt) wurde nicht bloss da angebracht, wo es galt, eine vor dem Tore liegende Tiefe — Graben oder Schlucht — überschreitbar zu machen, sondern ausnahmsweise auch, um einen bequemeren und zugleich gut zu verteidigenden Aufstieg zu dem Burgbering zu bieten, der auf einer aus dem Vorlande steil aufsteigenden Terrainstufe lag. Ein Beispiel bietet Plain in Salzburg, wo der Zugang zum Aussentor über zwei gemauerte Pfeiler hinanführte, und zwar das, obgleich der Burgberg hinlänglich Raum und Gelegenheit geboten hätte, den Weg an anderer Stelle (südlich) ohne Vermittlung einer Brücke durch die Ringmauer zu führen.

Ueber andere ähnliche Zugänge mittels Zugbrücken besonders bei hochgelegenen Eingangstüren s. oben S. 290. Aehnlich wie da bei Aggstein vermutet wird, konnte man auf Lichtenhag der Oertlichkeit nach zu der Zugbrücke des hochgelegenen Eingangstores nur ganz von der Seite her gelangen. Der Ankommende musste so auf der Klappe eine rechtwinklige Wendung machen und war kaum imstande, die aufgezogene zu zerstören. —

Ein Torverschluss durch eine Zugbrücke (wie durch ein Fallgitter) hatte ja vor solchem durch Torflügel immerhin den Nachteil, dass er auch von den Burgbewohnern selbst von aussen nicht gehandhabt werden konnte. —

Als ein Zubehör des Tores kommt hie und da auch die Wolfsgrube[1]) vor, eine ohne Beziehung zu einer Zugbrücke auf der Innenseite angebrachte kellerförmige Vertiefung, in welche die Eindringenden unvermutet fallen sollten. Beispiele: Neudahn in der Rheinpfalz, Ellar nördlich der Lahn und Schloss Heidelberg. —

Mit dem Aussentore steht auch die Barbacane oder Barbigan in der Bedeutung eines Brückenkopfes in Beziehung.

Das uns von den Kreuzfahrern überkommene Wort gehört in besonderem Masse zu den Kunstausdrücken des mittelalterlichen Befestigungswesens, die ihrer Herleitung nach unbekannt[2]) und im Zusammenhang damit in mannigfachster Bedeutung gebraucht wurden. So findet es sich für Schiessscharte, Zinnen,

---

[1]) Beim Festungsbau versteht man darunter ein Annäherungshindernis, bestehend aus trichterförmigen Gruben, in denen unten ein spitzer Pfahl steckt.

[2]) Das Wort wird abgeleitet vom arabischen baru = Mauer, vom persischen bàtah khaneh = oberes Zimmer. Vgl. Jähns, Kriegswesen, 661, Anm.**, der den Anklang an barba = Bart hervorhebt. Nach anderen ist es keltischen Ursprunges (bar = vor und bach = schliessen). Auch die lateinische Form (barbacana, barbachanna, barbacanis, barbacenus, barbicanum etc.) steht nicht fest und zeigt, wie man sieht, sogar alle drei Geschlechter.

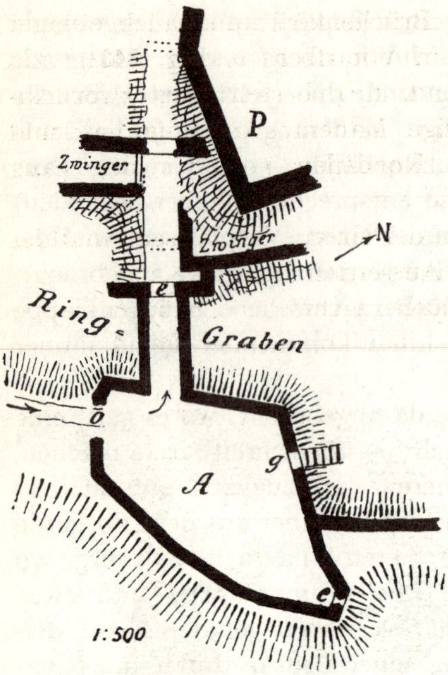

Fig. 242 Rathsamhausen

Strebepfeiler, Zwingermauer[1]) und selbst für Fallgitter gebraucht. Die gewöhnlichste Bedeutung jedoch im Mittelalter, sowie feststehend besonders in neuerer Zeit ist diejenige eines Aussenwerkes zum Schutze eines Tores oder einer zu solchem führenden Brücke.

Brückenköpfe als kleine unmittelbar vor dem äusseren Ende der Zugangsbrücke angelegte Befestigungswerke finden sich bei Burgen im ganzen selten. Einige Beispiele sind folgende:

Die Burg Rathsamhausen im Wasgau ist in ihrer grösseren südlichen Hälfte von einem breiten Walle umgeben, gebildet durch die äussere Böschung des zumeist künstlichen Ringgrabens (die Contreeskarpe) und das jenseits nach aussen abfallende Gelände. Auf diesem Walle liegt die Barbacane *A* (Fig. **242**). Der nur noch wenig erhaltene unregelmässige Mauerumzug hatte gewiss Pulverscharten, wie noch eine bei *c* vorhanden, und bei *o* ein Tor für die hier einmündende Burgstrasse. Bei *g* führt eine Pforte mit Treppenstufen in den Ringgraben. Vor dem zur Burg führenden Tore *e* ruht der Damm auf einem Mauerbogen, an dessen Stelle früher eine Zugbrücke gewesen sein mag. Die Ecke der gleich dahinter beginnenden nördlichen Zwingermauer ist hier gleichfalls mit Schiessscharten versehen. Spuren weiterer Tore scheinen bei den punktierten Linien vorhanden zu sein, und innerhalb war die felsige Böschung links des Weges gewiss ebenfalls mit einer verteidigungsfähigen Mauer bekrönt, so dass dem allem nach der Zugang zur Burg, obgleich er weder durch eine Vorburg noch durch einen Zwinger führte, hinlänglich mit Sperr- und Verteidigungseinrichtungen ausgestattet war.

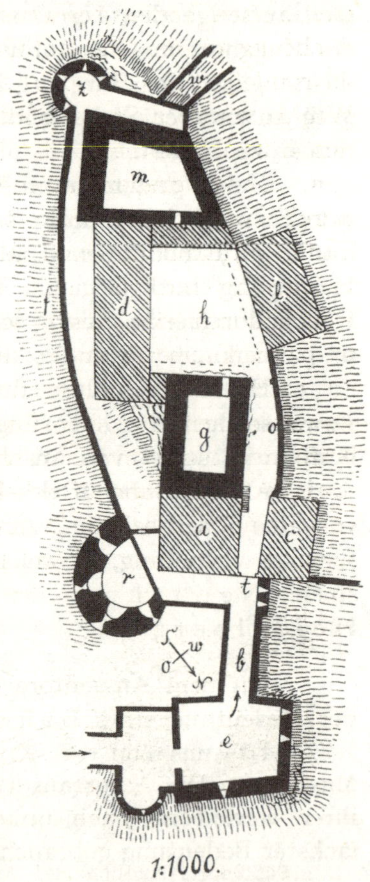

Fig. 243 Schattenburg

Einen ähnlichen Brückenkopf hat auf einer rampenartigen Aufschüttung Egerberg (Nordböhmen), sowie auf einer kleinen Bodenerhebung auf der Bergseite Ebernburg (Rheinpfalz). Ein solcher bei Pfannberg (Steiermark) unterscheidet sich von diesem dadurch, dass der Burgweg an ihm vorüber führt.

[1]) Albert. Aquensis, Hist. Hieros. III, 32 „*antemurale, quod vulgo Barbacanum vocant*" und VI, 1 „*muros exteriores, quos Barbicanas vocant*", und so ist hierfür besonders bei den deutschen Ordensburgen die verstümmelte Bezeichnung „Parcham" gebräuchlich geblieben.

Besser erhalten als die bisher angeführten Brückenköpfe und auch weniger einfach ist ein solcher der Schattenburg in Vorarlberg *e*, Fig. **243**[1]), den Zugang zur jetzt gemauerten Brücke *b* sperrend. Er besteht aus zwei Abteilungen, deren vordere noch eine rondellartige Mauerausbuchtung hat, und wurde wohl im 15. Jahrh. zugleich mit den Rondellen *r* und *z* der Burg hinzugefügt.

Die (Sickingen=) Hohenburg an der Grenze des Wasgau und des Hardtgebirges entbehrt eines Grabens. Die dem Aussentore vorgelegte Barbacane (Fig. **244**) konnte daher auch nicht als Brückenkopf angelegt sein.

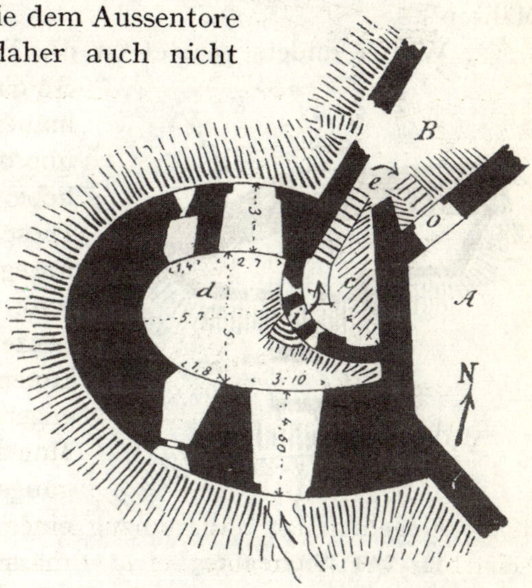

Fig. 244 Sickingen-Hohenburg

Das Gesamtwerk entstammt zwei verschiedenen Bauperioden. Schon bei der ersten Burganlage wurde der Zugang zu der Hauptburg *A* durch das Tor *o* dadurch erschwert, dass die Ringmauer der kleinen Vorburg *B* in südwestlicher Richtung auf dem hier abfallenden Terrain zu rondellartigem Abschluss weiter hinab geführt wurde, als an sich zur Erweiterung des Burgplatzes hätte dienlich sein können. Der Angreifer hatte hier das enge, durch zwei seitliche Scharten verteidigte Tor *i* und dann unter der Ringmauer der Hauptburg eine schmale Freitreppe — bei *e* noch durch eine Quermauer verengt — zu passieren, bevor er in die Vorburg gelangte. Franz v. Sickingen († 1523) liess die ererbte Burg mit neuen Bollwerken versehen, und dazu gehört jedenfalls der Erweiterungsbau *d*, der sich durch seine Mauerstärke von 3 bis 4,50 m und seinen Aufbau in nur zum Teil rechteckig zugerichteten Bruchsteinen wesentlich von den übrigen sorgfältigen Buckelquaderbauten unterscheidet. Das massige Rondell enthält nur auf beiden Langseiten ein Tor und eine für grobes Geschütz bestimmte Scharte. In etwa 3 m Höhe ebenmässig glatt abgeschnitten, war es schwerlich jemals höher oder überdacht. Unzweckmässig erscheint die Weite der beiden Tore, sowie das Vorhandensein des nördlichen überhaupt, welches nur auf die steile Böschung des Burgberges hinausführt.

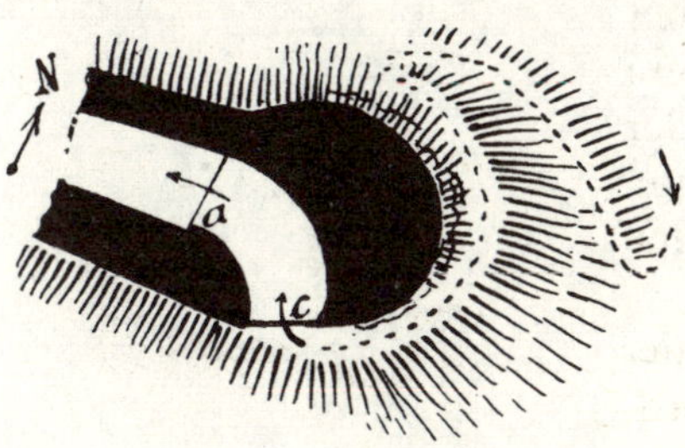

Fig. 245 Althohenems

Zu den Barbacanen wird man auch ein Vortor auf Althohenems (Vorarlberg) rechnen können. Vor dem Quergraben, welcher den Eingang zur Hauptburg sperrt, erstreckt sich der Burgfelsen in Form eines schmalen Riffes noch etwa 50 Schritte weiter, um dann ziemlich steil zu einer Einsenkung abzufallen, in welcher das äussere Burgtor liegt. An diesem äusseren Ende ist das Riff gegen die hierhin aufsteigende Burgstrasse durch ein vorgeschobenes Tor geschlossen, welches in Form einer krummen mit einem Tonnengewölbe übermauerten Torhalle (*a c* Fig. **245**) anscheinend in den Felsen

[1]) Meine Oesterr. Burgen I, III und II.

hineingehauen wurde. Ueber derselben liegt eine erweiterte Plattform, welche, vermutlich mit einer Brüstungsmauer umgeben, die tiefere Burgstrasse beherrschte. Die letztere führt jenseits der Torhalle auf dem Felsriffe vertieft und von Mauern eingefasst zu der Hauptburg weiter. Wie alle vorgeschobenen langen Torhallen gehört auch diese einer späteren Zeit an.

Eine besondere Art von Barbacane, ein der Schildmauer wie dem Rondell verwandtes Gebäude, zugleich auch Torbau, findet sich auf Pernstein in Mähren[1]).

Wieder anders geartet ist die Barbacane (im weiteren Sinne), welche bei Sterrenberg am Rhein vor die Schildmauer gelegt ist, die, den ganzen Felsrücken überquerend, die Vorburg gegen die südöstliche Bergseite deckt (Grundrissskizze Fig. **246**). Diese Schildmauer, in ihrem östlichen Teile von unregelmässigem Grundrisse, hat auf der Burgseite (durch Schraffierung und Punkte angedeutet) den hoch gelegenen Eingang zu einem Innenraum, von welchem zwei Schiessscharten gegen die Angriffsseite ausgehen. Dem die Mauer durchschneidenden spitzbogigen Eingangstore ist die zwingerartige Barbacane *A* mit einem (durch das Terrain veranlasst) unregelmässigen Mauerumzuge und je einer Schiessscharte neben ihrem Tore vorgelegt, von welchem letzteren aus eine Brücke über den Halsgraben *m* führt. Die Barbacane ist also hier nicht als Brückenkopf vor, sondern hinter diesem Graben angebracht.

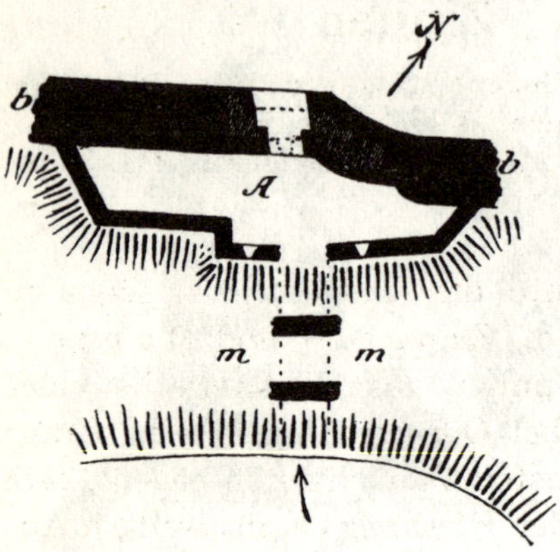

Fig. 246 Sterrenberg

Dasselbe ist der Fall bei einer noch wohlerhaltenen, mit Schiessscharten und einer Bretesche ausgestatteten auf Hohenwerffen. Etwas Aehnliches ist der Vorbau des Tores der Frauenburg, Fig. 216. Es handelt sich hier um eine Art von „Torzwingern", wie sie bei Stadttoren nicht selten waren.

---

[1]) Nähere Darstellung in Oesterr. Burgen VI.

Elftes Kapitel.

Ringmauer. Umlauf. Zinnen

(Die Ringmauer. Ausserhalb des Burgberinges. Masse. Zinnen. Masse derselben. Wehr- und Verbindungsgänge. Herstellung. Schwalbenschwanzzinnen. Geschichte der Zinnen. Fallläden. Schirmwand. Sturmpfähle. Holzwand auf der Mauer. Mauertechnik. Mauer aus gewachsenem Felsen.)

Wie im ersten Kapitel gezeigt wurde, konnte die Ringmauer — schon in alter Zeit Ringkmûr, auch Zarg[1]), Zarge, Zingel[2]) und Mantel, in neuerer auch wenig passend „Wallmauer" genannt — ausnahmsweise bei einer Burg ganz fehlen. Dies war der Fall, wo, wie bei Oberjuvalta in Graubünden, der Burgplatz nur eben für die notwendigsten Baulichkeiten engen Platz bot und auch in seiner Umgebung — hier ein steiler Uferhang — für weitere Anlagen kein Raum war, ebenso bei Höhlenburgen (Wichenstein). Umgekehrt kann durch umfängliche Zwingeranlagen, wie bei Steinsberg und dem kärntnerischen Landskron (Fig. 619), oder auch ohne solche durch eine von der Gestaltung des Geländes geforderte Weite der Burg, ev. nur der Vorburg, z. B. Freudenberg bei Ragaz (Fig. 587), den Mauern eine unverhältnismässige Ausdehnung gegeben sein. Die Mitte zwischen diesen beiden Gegensätzen halten etwa Burgen ein, bei welchen, wie bei der „Maus" am Rhein, die durch eine Zwingermauer eng umschlossene Umfassung der Hauptburg fast nur durch die Aussenseiten der in derselben stehenden Gebäude gebildet wird.

Während im letzteren Falle die Gebäude als selbständige in sich geschlossene in die Umfassung eingerückt sind (Fig. 582a), bildet sonst auch die Ringmauer einen selbständigen ununterbrochenen Bau, an welchen die Gebäude (vgl. S. 156) nur mit drei Seiten ihrer Umfassung angebaut sind. Sie pflegen dann die Ringmauer gar nicht oder nur etwa mit ihrem Dache zu überragen. Ganz besondererweise tut dies jedoch auf Münzenberg der romanische Palas (Fig. 406 und *n* Fig. 65) mit mehr als zwei Drittel seiner Höhe. Die nach aussen als Futtermauer tief hinabgehende Ringmauer hat da einen durch einen Absatz gebildeten Wehrgang, zu welchem aus dem Mittelstockwerk des Palas eine Tür führt, und auf welchem man auch ebenso an den östlich sich anschliessenden Baulichkeiten (Kapelle und Küche) aussen entlang gehen kann, während weiterhin die Mauer verfallen ist.

Wenn die Ringmauer ihrer dem Worte entsprechenden Bedeutung nach zunächst allein oder in Verbindung mit Gebäuden oder auch einem Steilhang einen

[1]) „Zarg oder ringkmûr", Grimm, Weistümer 5, 167.

[2]) Von cingulum, Gürtel. Bei mehreren Mauern hintereinander hiess so wohl immer nur die äussere, bei Städten so die weit vor die Ringmauern hinausgerückte erste Befestigung aus Palisaden oder dgl.

zur Burg gehörenden Platz ein- und umschliesst[1]), so kommt sie andrerseits auch ausserhalb dieses Beringes vor. So in den nicht seltenen Fällen, da eine Burg mit einer tiefer liegenden Stadt durch beiderseits hinabgeführte Mauern verbunden wurde. Wohlerhaltene Beispiele solcher, durch Mauertürme verstärkten u. a. Dürnstein an der Donau[2]) und Soave an der Bahn Verona-Vicenza. Eine verwandte Anlage findet sich bei der Stadt Riedenburg im Altmühltal. Hier liegen hoch auf beiden Seiten eines südlichen Zuganges zu dem Tale die Burgen Tachenstein und Rosenburg, und wurde dieser Zugang durch eine zumeist noch vorhandene, mit einem Tor versehene Verbindungsmauer zwischen beiden Burgen gesperrt. Geht in diesen Fällen die Mauer immerhin noch von einem festen Platze zu einem anderen, so ist sie kaum noch zur Ringmauer im eigentlichen Sinne da zu rechnen, wo sie sehr ausnahmsweise nur in ihrem Anfange mit solchem zusammenhängt, vom Burgberinge ab ins Freie läuft. Es kommt das zunächst vor, wo es gilt, eine neben der Burg befindliche Strasse zu sperren. So wurde bei Taufers in Tirol durch eine von da bis zu einem seinerzeit unzugänglichen Flussbett gezogene Mauer mit Tor der Eintritt in das Ahrtal versperrt, und in ähnlicher Weise durch die nicht ferne Mühlbacher Klause die Pustertaler Strasse[3]). In anderen Fällen endete die vom Burgberinge sich abzweigende Mauer an einem Steilabfalle und diente noch zum Schutze und zur Verteidigung der Burg selbst. So bei Klamm am Semmering und ähnlich bei Schreckenstein an der Elbe, oder sie lief einfach eine Strecke weit den Abhang hinab, wohl hauptsächlich, um ein leichteres Aufwärtssteigen in schräger Richtung zu verhindern (Mödling und Seebenstein)[4]). Mauern, welche gar nicht direkt mit der Burg zusammenhängen, finden sich mitunter zur Verstärkung des durch Halsgräben bereiteten Hindernisses, sowie sonst bei vorgeschobenen Wehrbauten (S. 261).

Die eigentliche Ringmauer, an sich die älteste und einfachste Form steinerner Befestigung, diente zunächst dazu, dem Feinde den unmittelbaren Zutritt zur Burg da, wo er ihm sonst offen gestanden hätte, zu versperren, in zweiter Linie dazu, den Verteidigern eine gedeckte Aufstellung zur Bekämpfung der Angreifer besonders von oben herab zu gewähren. Dementsprechend war sie wenigstens bis zur Einführung der Pulverwaffen der Regel nach völlig einfach ohne Oeffnungen aufgeführt und hatte nur oben über einem Absatz als Wehrgang eine dünnere Brüstung[5]) mit Zinnen[6]).

[1]) „Ringmauer" ist sowohl die äussere Zwingermauer als auch die, welche etwa innerhalb der Burg — was ja auch vorkam — selbst nur den Berchfrit umschliesst. Von ihr unterscheiden sich auch nicht die Mauerstücke, welche etwa einen Zwinger durchqueren u. dgl.

[2]) Meine Oesterr. Burgen III.

[3]) Es handelte sich da um eine Zollstätte und während längerer Zeit auch um eine Landesgrenze. Ottokar v. Horneck nennt solche Burg eine „Portenburc".

[4]) Ueber die vier letztgenannten Burgen meine Oesterr. Burgen I und II.

[5]) Mittelhd. *brustwer*, d. h. eine den Mann bis zur Brust deckende Erhöhung. Engl. und franz. *parapet*, ital. *para petto*.

[6]) Lat. *cranelli*, *crena*, *cresta*, *meruli*, *nima*, *pinna*, *pinnale muri*; franz. *merlon*, *creneau* (über Ableitung der beiden Ausdrücke s. v. Cohausen, Befestigungsweisen 273 und Jähns, Gesch. des Kriegsw. 657, Anm. †); ital. *merlo*, *pinacolo*; engl. *battlement*, *pinnacle*. Im Deutschen dürfte „Zinne" der einzige wehrbauliche Fachausdruck sein, welcher sowohl von alters her unverändert geblieben ist, als auch stets nur diese eine Bedeutung gehabt hat, wie andrerseits für die Sache selbst auch ein anderer Ausdruck kaum vorhanden ist. Unter dem nach dem Vorgange v. Cohausen dafür früher auch von mir gebrauchten Ausdruck Wimperg (franz. *guimberge*, engl. *guimberg*) versteht man allgemein doch nur den gotischen Ziergiebel über Tür- und Fensteröffnungen, und er ist

Wo die Ringmauer nicht — zur Deckung auf der überhöhten Angriffsseite oder zur Herstellung eines inneren Umganges um die ganze Hauptburg — die Form eines hohen Mantels hat (vgl. Kap. 9), beträgt ihre durchschnittliche Höhe etwa drei bis vier Meter. Sie kann jedoch bis zu einer Brustwehr zusammenschrumpfen, wenn sie nach aussen als Futtermauer oder — gewissermassen — durch einen Steilabfall ihre Fortsetzung findet. Wenn sie direkten Schüssen nicht ausgesetzt ist, bleibt ihre Dicke in der Regel unter 1 m, doch finden sich auch, und besonders gegen das Ende des Mittelalters, weit stärkere Masse, ohne dass es sich um „Schildmauern" handelte. So hatte die 1414 den Quitzows abgenommene Burg Plaue Mauern aus Feldsteinen von 14 Fuss Dicke, bei Novihrad in Mähren und Raby in Böhmen sind sie bis zu 4, bzw. 4,25 m, bei Hammerstein am Rhein 5 m stark. Vgl. auch weiterhin. Bei Raby handelt es sich da sehr ausnahmsweise um eine Zwingermauer. Sonst erreicht letztere durchaus der Regel nach kaum eine Stärke von einem Meter und ist sie auch wohl immer niedriger als die (häufig schon auf höherem Platze stehende) Hauptmauer[1]). Das letztere schon, um zwei Reihen von Schützen übereinander Stellung zu geben.

Ueber nachträglich verstärkte Mauern s. S. 157 f.

Was die bei den Zinnen in Betracht kommenden Masse betrifft — also Höhe der Brüstungsmauer der Zinnenlücken, Breite derselben und Höhe und Breite der darüber hinausstehenden Mäuerchen —, so kann man da durchweg rund einen Meter als das durchschnittliche bezeichnen. Im einzelnen wurden dieselben überall und allezeit nach Gutdünken gewählt, so dass aus ihnen ein nur einigermassen zuverlässiger Schluss auf die Bauzeit nicht gemacht werden kann. Es musste nur die Zinne dazu genügen, einen Mann besonders während des Aufziehens der Armbrust gegen Schüsse zu decken und die Zinnenlücke ihm gestatten, sich unbeengt zu Schuss und Wurf hinauszulehnen[2]). Auch von irgendwelchem bestimmten Verhältnisse dieser Masse zueinander haben die Erbauer unserer Burgen offenbar nichts gewusst. Die Breite der Lücken bewegt sich etwa zwischen 0,68 m (Berchfrit von Auerberg an der Bergstrasse) und 1,60 m (Ringmauer von Rafenstein bei Bozen), die Breite und Höhe der Zinnen (über der Brüstungsmauer) etwa zwischen 0,76 zu 1 m (Ringmauer von Ried bei Bozen) und 2,35 zu 2 m (Berchfrit von Burg Schwalbach), und so steht auch bei ein und demselben Zinnenkranze die Breite der Lücken zu derjenigen der Zinnen in keinem bestimmten Verhältnis, nur dass die erstere wohl nie die grössere ist[3]).

in der Bedeutung „Zinne" um so entbehrlicher, als auch der letztere Ausdruck schon immer auch in der Einzahl vorgekommen ist. Auch das Zeitwort „zinnen" = mit Zinnen versehen, ist schon altgebräuchlich.

[1]) Durchaus nicht zutreffend ist es jedoch, wenn sie nach v. Cohausen, Befestigungsweisen S. 185, immer nicht höher sein soll, als dass sie den Verteidiger gegen direkte Schüsse deckte.

[2]) Es ergibt sich daraus das Unsinnige der bei unseren modernen Burgbauten üblichen Miniaturzinnen. Wenn auf alten Bildern solche mit schlitzartig schmalen Lücken vorkommen, so beruht das nur auf Ungenauigkeit des Zeichners. Ausserdem ist da das gewöhnliche Missverhältnis in der Grösse der Bauwerke überhaupt und der Menschen zu berücksichtigen.

[3]) In bezug auf die hier behandelten Masse kann man in unseren Fachschriften mancherlei unhaltbare Behauptungen finden, darunter (nach v. Cohausen) besonders die, dass die Lücken von „Zweimannbreite" später auf „Schulterbreite" verengt worden seien (wobei freilich über den Zeitpunkt dieser Aenderung um einige Jahrhunderte verschiedenes angegeben wird). Eingehende Widerlegung in der 1. Aufl. S. 350 ff.

Die Brüstung zwischen den Zinnen musste so dünn sein — etwa 25 cm —, dass man sich über dieselbe weit genug hinausbeugen konnte, um den äusseren Mauerfuss zu sehen. Bei einem nur schmalen dahinter hinlaufenden Wehrgange konnte man auch den Zinnen selbst keine grössere, diesen zu sehr beengende Mauerdicke geben. Anders bei dem Zinnenkranze einer Wehrplatte (Fig. 60) oder da, wo ausnahmsweise wie auf H o h e n h ö w e n im Hegau, Fig. **247**, die Ringmauer burgwärts so niedrig war, dass man ohne Mühe auf einen nur in den Lücken ausgemauerten Absatz hinauftreten konnte. Die für das Auflegeholz (Kap. 12) seitlich ausgesparten Löcher zeigen, dass dieser Mauerbau der Zeit der Feuergewehre angehört. S. auch zu Fig. 279.

Fig. 247
Hohenhöwen

Nur ausnahmsweise war die Ringmauer dick genug für einen Absatz, auf welchem nötigenfalls zwei Männer aneinander vorbeikommen konnten; häufiger musste dieser noch auf besondere Weise verbreitert werden. Dazu konnte zunächst, wie auf der W i l d e n b u r g im Odenwald, bei einer hohen den Burgbering durchquerenden Mauer eine Bedeckung mit nach innen überstehenden Steinplatten genügen. Im Kastell V i l l a f r a n c a (Norditalien) werden diese von sechs übereinander vorgeschobenen Ziegelsteinlagen getragen. Aehnlich auf S e r m i o n e am Gardasee, Fig. **248**. Auf G a r s (Niederösterreich) sind die obersten Steinlagen unter dem Absatz in Form einer überhängenden Hohlkehle vorgekragt. Im Kastell Fenis (Aostatal) ist der Wehrgang nebst Aufstieg zu demselben in einfachster Weise n u r durch grosse aus der Mauer hervorstehende plattenförmige Steine hergestellt worden. In anderen Fällen wurden die Steinplatten oder Bretter von K r a g s t e i n e n getragen. So sind an der Ringmauer von S c h ö n b u r g in Thüringen (Fig. **249**) solche zu dem Zweck in gleicher Höhe mit einem Absatze eingemauert, und ist eine Plattenbedeckung auf Kragsteinen bei der Ringmauer von A l t e n s t e i n in Unterfranken noch zum Teil erhalten.

Fig. 248 Sermione

Fig. 249 Ringmauer von Schönburg

Fig. 250 Runkelstein

In der Regel aber sind diese — dann etwas tiefer eingefügten Kragsteine mittels Bogen übermauert, wie bei Fig. **250**, aus R u n k e l s t e i n bei Bozen, auf Neuscharffeneck im Hardtgebirge und der Madenburg daselbst. Hier sind — Fig. **251** (von benachbartem Höhepunkt aus) — die Kragsteine, als in eigentümlicher Form aus den Steinen *a a* gehauen, bemerkenswert. Bei Ringmauern von gewöhnlicher Höhe (vgl. Kap. 9) kommt es nur ausnahmsweise vor, dass diese Mauerverstärkung durch Strebepfeiler getragen wird, so bei Windeck an der Bergstrasse, Fig. 100 (die Brüstungsmauer ist hier bis auf ein Stück hinter der Freitreppe zum Berchfrit abgebrochen), vgl. auch Freienfels, Fig. 195.

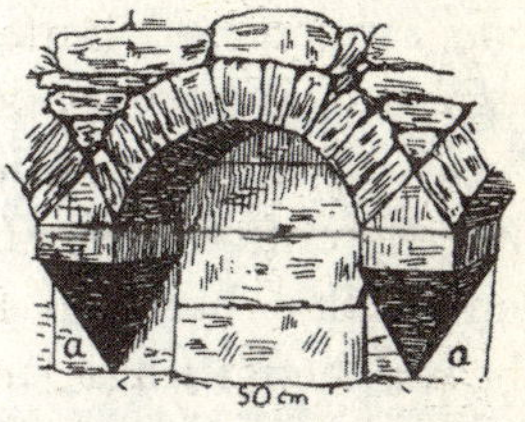

Fig. 251 Madenburg

Einen in dieser Beziehung eigentümlichen Aufbau zeigt die Ringmauer der Hauptburg der Sporkenburg unweit Bad Ems (Fig. **252**). Die rundbogige Mauerverstärkung ihres unteren Teiles reicht auf langen Kragsteinen ungewöhnlich tief hinab, darüber wird aber (s. den beigefügten Durchschnitt) der obere, mit weiteren spitzbogigen Blenden versehene Mauerteil wieder um etwas eingezogen. Der Zweck einer Verzierung der sonst einförmigen Fläche dürfte bei dieser auffallenden Anordnung wesentlich mitgespielt haben. Tiefer in die Mauerdicken eingebundene Tragbogen konnten auch bei Breschen in der Mauer gegen ihr Einstürzen gute Dienste leisten.

Fig. 252 Sporkenburg

Bei besonders dicken Mauern hatte der Wehrgang auf derselben auch wie bei den Schildmauern auf beiden Seiten eine Brüstungsmauer, so auf Sigmundskron (S. 280) und Novihrad (S. 321). In eigentümlicher, an die Zwerggalerien romanischer Kirchen erinnernder Weise ist (Fig. **253**) solcher Wehrgang auf dem Kastell von Maddaloni (Rom-Neapel) gestaltet. Auch unten konnte in solcher Mauerdicke ein Gang ausgespart sein. So führt auf Sigmundskron ein solcher, 70 cm breit und 5,85 m lang von einer ebenerdigen Kanonenscharte zu einer anderen, über dem abfallenden Hofraume höher liegenden.

Fig. 253 Maddaloni

Den Aufstieg zum Wehrgange vermittelte bei Runkelstein (Fig. 250) eine Holztreppe. Auf Fig. 248 und 249 haben wir da massiv untermauerte Steinstufen. Ueber Fenis s. vorhin. Einen solide aus Hausteinen hergestellten Aufstieg an der Stadtmauer von Trient zeigt Fig. **254**. Häufig betrat man den Wehrgang von einem anstossenden Turme oder sonstigen Gebäude aus. An einer anderen Stelle von Runkelstein ist (Fig. **255**) auch dies durch eine vorgekragte Treppe vermittelt.

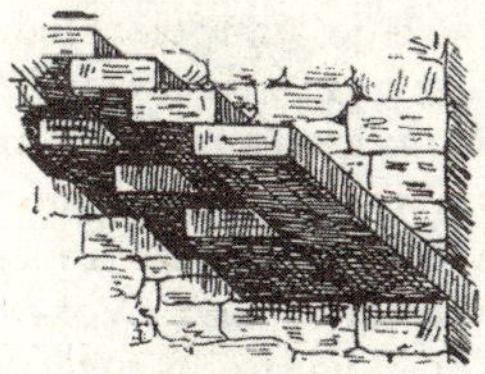

Fig. 254 Trient

Der Gang hinter den Zinnen bzw. Schiessscharten der Ringmauer — der „Umlauf" — diente aber nicht bloss

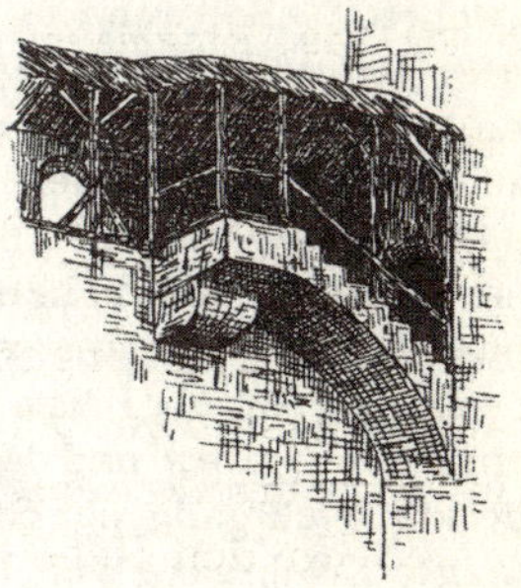

Fig. 255 Runkelstein

als „Wehrgang“[1]) den Verteidigern in dem selten, bei manchen Burgen anscheinend niemals eingetretenen Falle einer Belagerung, sondern geeigneten Falles und daher besonders bei der Hauptburg auch als alltäglicher Verbindungsgang. Wie jene Zinnen und Scharten gewissermassen eine Treppe hoch zu liegen pflegten, so begannen durchaus der Regel nach erst in gleicher Höhe die Wohnräume (nebst Zubehör) der Gebäude, und oft genug lag in derselben Linie auch der Eingang zum Berchfrit. Die Burgbewohner hatten mithin — abgesehen etwa von den in den Ställen beschäftigten Dienstpersonen — auf ebener Erde weit weniger zu tun als wir heutzutage, und diese höher gelegenen Verbindungsgänge, die geeigneten Falles auch an den Wohngebäuden und Türmen entlang liefen, waren daher zur Erleichterung des alltäglichen Verkehrs innerhalb der Burg oft sehr wesentlich.

Immer gewiss in diesem Falle waren die Mauergänge, wo sie nicht ohnehin eine bequeme Breite boten, ganz oder teilweise aus Balken und Brettern hergestellt und, um auch bei Regen und Schnee einen trockenen Weg zu bieten, sowie zum Schutze des Holzwerks mit einem Dache versehen (Fig. 255).

Ein Beispiel gewährt die wohlerhaltene Burg Hohenklingen, Kanton Schaffhausen. Ueberall an Schiessscharten vorüberführend, waren diese Gänge zugleich Wehr- und Verbindungsgänge. Zu dem einen wie zu dem anderen Zwecke handelte es sich darum, in der Höhe, in welcher sowohl die Zinnen und Scharten als auch die Wohnräume lagen, innen um die ganze (Haupt-) Burg oder doch einen wesentlichen Teil derselben gehen zu können, ohne (soweit dabei vermeidlich) Treppen auf- und absteigen zu brauchen.

Wie schon erwähnt, wurden diese Gänge geeigneten Falles auch um die ihnen in den Weg tretenden Wohngebäude und Türme herumgeführt. Beispiele sind folgende: Bei der Burg Rappers wil am Züricher See, Fig. **256**[2]), zeigen die an der Hofseite des Palas in gleicher Höhe mit dem linken (nordöstlichen) Mauergange sichtbaren Balkenlöcher die vormalige Weiterführung desselben um diesen Bau. Ebenso lief auf Egerberg (Böhmen) eine Verbindung zwischen den beiderseits sich rechtwinklig anschliessenden Mauergängen an der Front des Palas in halber Höhe desselben vorüber.

Bemerkenswert ist der ehemalige Verbindungsgang, der um fast die Hälfte der romanischen Doppelkapelle zu Eger (Kap. 19) an der etwas höher liegenden westlichen (vermauerten) Eingangstür zur Oberkapelle vorübergeführt ist. Besonders nach den über die Lisenen des Baues nur wenig hervorstehenden Kragsteinen kann es sich da nur um einen hölzernen, nach aussen auf Pfosten stehenden

---

[1]) Die *wer, were* bedeutete, ausser Waffe und Befestigung überhaupt, besonders den oberen Teil der Mauer: Brustwehr und Zinnen, von welchen aus man sich ja hauptsächlich „wehrte“. So, wenn es in Konr. v. Würzburg, Trojan. Krieg 25129 heisst: *Vil erker ûz geschozzen Wâren oben an der were.* In einem Inventar von Runkelstein von 1493 kommt aber auch eine „*vndriste*“ und eine „*obere weer*“ vor. Das Wort „Umlauf“ war auch besonders in der Schweiz sehr gebräuchlich (Zemp, Schweiz. Bilderchroniken 1897, S. 314, Anm. 5). „Mordgang“, „Rondengang“, auch „Mordgalerie“ und „Vohr“ hiessen diese Wehrgänge besonders bei Stadtmauern. Die „laufende Wehre“ wurde in Strassburg ein Rondengang zwischen Wall und Graben genannt (v. Apell, Gesch. d. Befestigg. v. Strassbg. 1902, S. 80). „Lauf“ nennt Speckle auch eine Landwehr, etwa aus Graben und Wall mit Palisaden oder Hecke bestehend (ebendas. S. 40). Der überdeckte Wehrgang der Stadtmauer von Hall heisst seit alters „Die Letz“, ein aussen vorgekragter Wehrgang von Holz um 1500 in der Schweiz „Die usswerffende wer“.

[2]) Nach Mitteil. der antiquar. Gesellsch. in Zürich VI, 4, Taf. 2, verkleinert.

Umlauf gehandelt haben, welcher nördlich mit der nahen Palasruine, südlich etwa mit einem anderen nicht mehr vorhandenen Wohngebäude in Verbindung stand.

Fig. 256 Burghof von Rapperswil

Bei H o r n b e r g am Neckar, Fig. **257**, hat der auf der äusseren (Zwinger-) Mauer *n'* entlang laufende Gang von der inneren Burg aus seinen Aufgang am Felsen der Hauptburg über die Stufen *a*, geht dann über das den Zwinger *z z* durchquerende Tor (die punktierten Linien) fort, bei der Pforte *o* durch die Brüstungsmauer, auf den Kragsteinen um einen Teil des runden Flankierungsturmes und dann, zunächst einige Stufen abwärts, auf der Mauer selbst weiter bis zum Burgtore. Bei W i n d e c k an der Bergstrasse, Fig. 100, vermittelt der Mauergang (die Brüstung ist nicht mehr vorhanden) zunächst über einigen Stufen den Zugang zu dem in der Ecke des Berings liegenden Berchfrit und ist dann weiter auf Kragsteinen (über diese Kap. 13) um denselben herumgeführt, augenscheinlich um dann über das Eingangstor hinweg weiterzulaufen. Bei K r o p f s b e r g im Inntale treten an einem Turme wieder eingemauerte Balken an Stelle der Kragsteine; in P f a n n b e r g (Steiermark) ist der Mauergang, ähnlich wie bei städtischen Befestigungen, mittels eigener Pforten d u r c h zwei viereckige Türme weitergeführt.

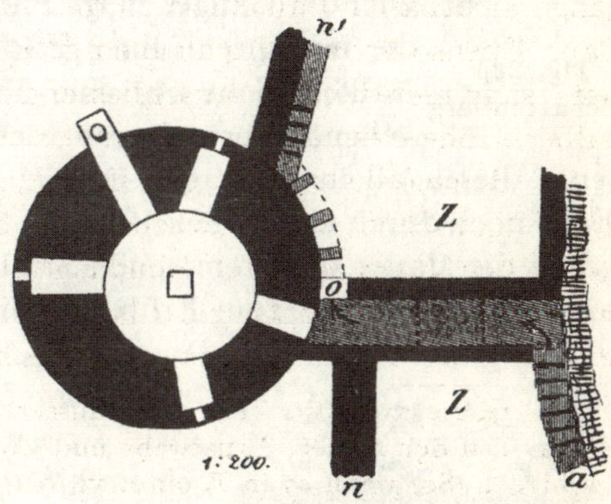

Fig. 257 Hornberg

Unter Umständen führt solcher Gang auch in der Höhe in Gestalt einer Brücke durch die freie Luft. Beispiele s. Fig. 188a und b, Fig. 532 und Fig. 417. wo deren sogar zwei übereinander hinliefen.

Bei einigen Burgen tritt übrigens der Zweck eines Verbindungsganges zum alltäglichen Gebrauch insofern wesentlich zurück, als dieser dafür zu hoch liegt,

Fig. 258 Trausnitz

Er geht dann in der Regel unmittelbar unter dem Dache des oder der mehreren mehrstöckigen Wohngebäude hin — öfter nach ihrem Innern hin durch eine Mauer abgeschlossen — (vgl. S. 280). Die den Umzug schliessende Ringmauer ist dann eben um dieses Ganges willen zu gleicher ungewöhnlicher Höhe aufgeführt. Beispiele bieten u. a. Pürnstein in Oberösterreich, die „Katz" am Rhein, die Burg Guttenberg am Neckar und die Ruine Gutenberg im Fürstentum Lichtenstein. In der Regel kommt indessen dieser hohe Umgang nur da vor, wo auf ebenem Burgterrain die Umfassung der Hauptburg schon zum guten Teile durch gleichmässig hohe Gebäude gebildet wird, so dass für den ebenso hoch aufzuführenden Mantel keine zu weite Strecken übrigblieben. Nebenbei bemerkt, hat die mit solchem inneren Umgange ausgestattete (Haupt-) Burg mit ihren weiten gleich- und einförmig hohen, vielfach fensterlosen Mauern, über welche ausser dem Berchfrit nur etwa das Palasdach hervorragte, wenig genug dem malerisch-romantischen Phantasiebilde entsprochen, welches wir uns gern von alten Ritterburgen zu machen pflegen, für welches aber ein innerhalb des Beringes ansteigendes Gelände eine der ersten Voraussetzungen war.

Fig. 259 Klamm

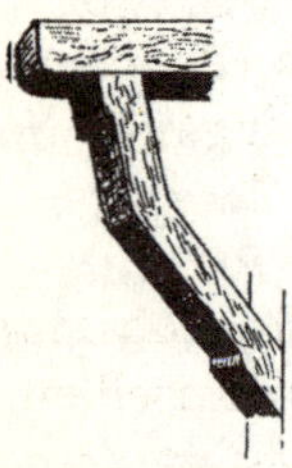

Fig. 260 Schattenburg

Gestalt und Konstruktion des hölzernen, überdachten Ganges zeigt Fig. 256. Besonders dann, wenn die mit ihrem einen Ende eingemauerten wagerechten Balken nicht nur eine über einen Mauerabsatz hinausgehende Verbreiterung des Ganges, sondern beim Fehlen jenes diesen allein zu tragen hatten, stützte man das andere freie Ende noch durch einen senkrechten Ständer oder aber durch schräge gegen die Mauer sich stemmende Streben. Auch die ersteren gehen mitunter nicht bis zum Erdboden hinab (Fig. 256 links). Für das untere Ende der Streben ist in der Regel ein entsprechend schräges Loch in der Mauer ausgespart. Auf Trausnitz bei Landshut (Fig. **258**) ist es mit einem hinteren auf einem Mauerabsatz stehenden Ständer verbunden. Eine Konstruktion, welche weder den letzteren, noch ein zweites Mauerloch benötigte (Fig. **259**), war nach sicheren Spuren auf Klamm am Semmering ausgeführt. Gern gab man den Streben auch einen stumpfwinkligen Knick (Fig. **260** von der Schattenburg in Vorarlberg). Auf alten Abbildungen sieht man dieselben, besonders auch bei balkonartigen Vorbauten, so häufig gekrümmt, dass das nicht immer auf einer Willkür der Zeichner beruht haben kann.

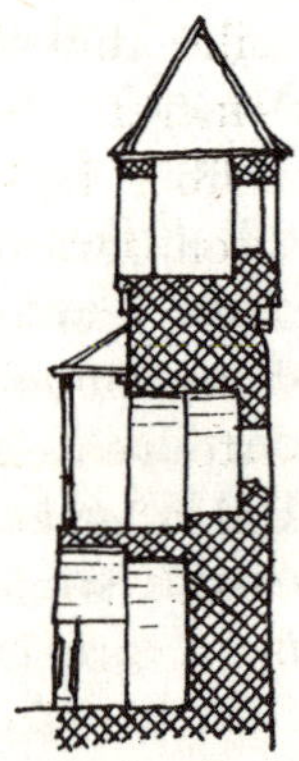

Fig. 261 Pfalzgrafenstein

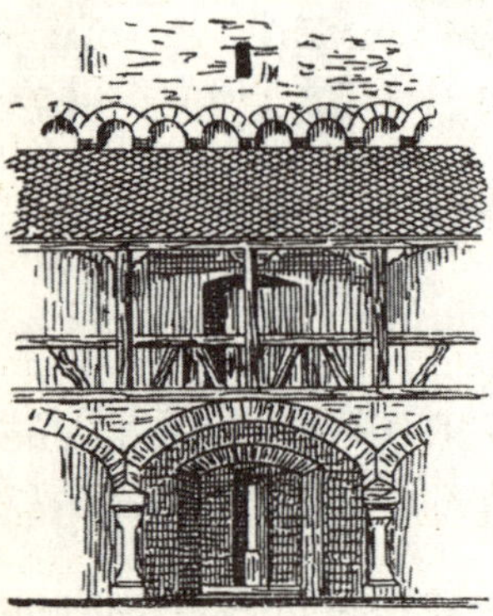

Fig. 262 Desgleichen

Bei Pfalzgrafenstein (Fig. 560 und 561) geht der Gang — hier wesentlich ein Wehrgang — von dem die südliche Spitze (*a*) einnehmenden Wohnbau aus um den ganzen Burgbering herum zu diesem zurück. Den Mauerdurchschnitt gibt Fig. **261**, eine Ansicht des Ganges vom Hof aus Fig. **262** (beide nach Bonner Jahrb. 46, Taf. 8 und 9 verkleinert). Hier ruht derselbe ausnahmsweise auf einem steinernen Unterbau, bestehend aus Pfeilern, die durch flache Wölbungen miteinander verbunden sind. Auch dieser Unterbau gestattete hinter den Pfeilern hin freien Verkehr längs der hier befindlichen untersten Schiessschartenreihe[1]). Ueber dem Pultdach des Ganges läuft auf der Mauer noch ein weiterer Wehrgang hin, dessen beiderseitige Brüstung mit einem Satteldache überdeckt ist. Durch Vorkragung ist für denselben eine lichte Weite von 1,40 m gewonnen.

Wie hier, so konnte allem Anscheine nach auch bei der Ringmauer der Vorburg von Reifenstein am Brenner die dem Angriffsfelde direkt gegenüberliegende Ausbuchtung (auf der von innen gezeichneten Ansicht Fig. **263** die linke Hälfte) von drei Schützenreihen übereinander verteidigt werden. Ausser den ebenerdigen grösstenteils für Geschütz bestimmten Scharten (von verschiedener Ausgestaltung im einzelnen) kommt über einem Mauerabsatze eine Reihe abwechselnd grösserer und kleinerer Scharten, und die darüber befindlichen Kragsteine lassen darauf schliessen, dass die Mauer hier mit Zinnen, bzw. einer dritten Schartenreihe bekrönt war. Der Absatz ist zu schmal, als dass eine Anzahl von Schützen sicher und bequem auf demselben hätte verkehren können; er wird also nur den wagerechten Balken des unteren Umlaufes zum Auflager gedient haben, wie ausnahmsweise über die Kragsteine gelegte Streichbalken denen eines oberen[2]), über welchem dann das ganze Gerüst mit einem Dache abgeschlossen war.

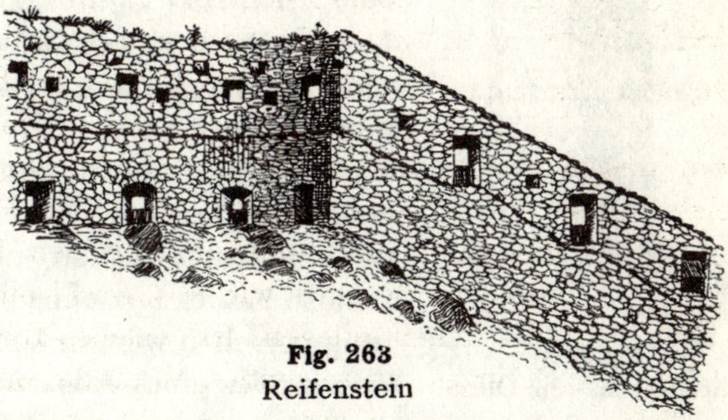

Fig. 263
Reifenstein

Es finden sich freilich bei unseren Burgresten (z. B. auf Petersberg in Kärnten) auch Ringmauern mit einfachen Zinnen- oder Schartenreihen, die so hoch liegen, dass sie vom Erdboden aus nicht zu benutzen waren, während doch (nach innen) darunter weder ein Mauerabsatz, noch Balkenlöcher für einen gezimmerten Wehrgang vorhanden sind. Man wird annehmen dürfen, dass ein solcher in diesen Fällen etwa durch Aufstellen von Rüstböcken mit darübergelegten Laufbrettern hergestellt worden war. Bei der Ringmauer von Wittingshausen (Böhmen), welche gleichfalls zum Teil drei Schiessschartenreihen übereinander hat, zieht sich nur unter der obersten ein schmaler Absatz hin, auf welchem die

[1]) Wenn dieser Gang der Zeit um 1600 angehört (Bonner Jahrb. a. O. S. 51), so kann es sich doch dabei nur um Ersetzung eines älteren durch einen Neubau gehandelt haben, da derselbe für die zweite Schiessschartenreihe notwendig war.

[2]) Wie bei Balkendecken in Gebäuden ziemlich gebräuchlich. Die Tragbalken der Umläufe pflegten ja zweckmässigerweise selbst fest in Mauerlöchern zu stecken. Mit einem Dachfirst des darunter befindlichen Umlaufes können die Kragsteine nicht wohl in Beziehung gestanden haben.

Balkenköpfe des obersten Stockwerkes eines dreistöckigen Laufgerüstes gelegen haben mögen, von welchem im übrigen an der Mauer keine Spuren sichtbar sind. Sonst mag es sich bei solchem Absatz auch lediglich um eine Verjüngung der Mauer nach oben gehandelt haben, wie sie ja auch bei Türmen etc. gebräuchlich war.

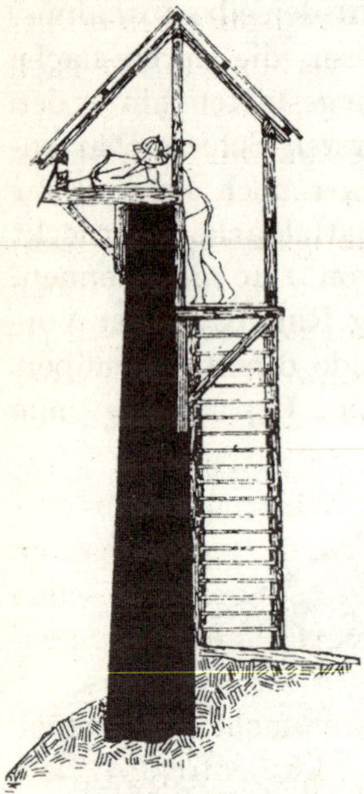

Fig. 264
St. Martin am Diex

Wie die hier angeführten Ringmauern mit mehreren Schiessschartenreihen eine Ausnahme bilden, so finden sich andere, die nicht nur der Scharten — was ja zumal vor Einführung der Pulverwaffen nichts seltenes ist — sondern auch der Zinnen entbehren (Helfenburg in Böhmen) und daher lediglich als blinder Deckungsbau erscheinen.

Uebrigens ist in St. Martin am Diex (Kärnten) bei einer schlichten, weder hohen noch starken Mauer ein mit einem Satteldach überdeckter Holzüberbau erhalten (Fig. **264**), der dem Verteidiger auf ihrer Innenseite einen Umgang und hinlänglichen Raum bietet, um gedeckt durch zwei Scharten nach aussen schiessen zu können. Könnte hier der Aufbau auf der Innenseite der Mauer erwünschten Falles ja auch durch einfache bis zum Erdboden hinabreichende senkrechte Stützen getragen werden, so haben wir damit eine Konstruktion, mittels deren jede zinnen- und schartenlose Mauer mit einer vollständigen Verteidigungseinrichtung versehen werden konnte, ohne dass es dazu der Balkenlöcher oder eines Absatzes bedurfte, und mag das auch hie und da sonst noch geschehen sein[1]).

Wie beim Pfalzgrafenstein, ist auch bei der Wartburg auf der ganzen Ringmauer der Vorburg ein mit einem Satteldache überdeckter Umlauf erhalten. Derselbe ist jedoch, beiderseits mit dünnen Holzriegelwänden geschlossen, auf die stumpfe, d. h. nicht mehr mit einer Brüstung versehene Mauer aufgesetzt, ragt beiderseits auf Balken mehr oder weniger weit über dieselbe hinaus und ist hier gutenteils durch schräge Spriessen gestützt (Fig. **265**, vor der Restauration[2]).

Fig. 265 Wartburg

[1]) Die Abbildung nach einer Veröffentlichung der „Wiener Bauhütte", von v. Essenwein, Kriegsbauk. 204, mitgeteilt. Entschieden geht dieser zu weit, wenn er a. O. meint: „Auf diese Weise wurde wohl das ganze Mittelalter hindurch jede einfache Umfassung irgend eines Raumes zur Festung umgestaltet, sobald es nötig wurde, sich dahinter zu verteidigen." Jedenfalls war auch dieser Ueberbau schon zu wenig einfach, um noch erst nach eingetretener Notwendigkeit, sich zu verteidigen, aufgezimmert werden zu können.

[2]) Nach v. Ritgens Ansicht (Wartburgführer, 2. Aufl. S. 30) sind diese Umläufe im 15. Jahrh. an Stelle der früher vorhandenen Zinnenbrüstung hergestellt, „um die Geschütze, welche mit Lunten abgefeuert wurden, gegen den Regen zu schützen". Es ist dabei indessen wohl übersehen, dass sie mit nur ungefähr 2 m lichter Breite selbst für die kürzeren mittelalterlichen Geschütze mit ihren Lafetten und dem zum Laden nötigen Raum zu eng waren, und überdies auf den beiden steil zu weiten Tälern abfallenden Langseiten der Burg ein Anlass zur Verteidigung durch Geschütz nicht vorlag. Die leicht gebauten Umläufe haben daher statt der Schiessscharten auch nur gewöhnliche, 1 m breite Fenster und keinerlei auf direkte Verteidigung hindeutende Einrichtung.

Auf der Ringmauer der Hauptburg von Pernstein in Mähren war (Fig. 417 links in der Mitte) ein nach beiden Seiten hin überstehender Gang mit bretterner Brüstung, mehrmals von erkerartigen nach aussen ganz geschlossenen Ausbauten unterbrochen. Bei der besonders wehrhaften Burg Wildenstein an der Donau (Fig. 610) sind die Berg- und die Talseite der Hauptburg beiderseits durch (nicht auf die Mauer gesetzte) Umläufe miteinander verbunden, die nach aussen nur gewöhnliche Fenster haben.

Die nur auf der Aussenseite vorgekragten Wehrgänge sind im Zusammenhang mit verwandten Bauteilen im 13. Kapitel zu behandeln. —

Nach den rechteckigen Zinnen sind am häufigsten die (übrigens gleichzeitigen) oben schwalbenschwanzförmig in krummen (Fig. 250) oder geraden Linien ausgezackten. Sie finden sich hauptsächlich in Italien[1]) und gelten — besonders auch da —, jedoch mit Unrecht, für ein Kennzeichen ghibellinischer Bauten zum Unterschied von den welfischen[2]). Ausserdem sind sie nicht eben selten im Süden Oesterreichs und der Schweiz und kommen vereinzelt auch nördlicher, so zu Memmingen im Algäu, Niederalfingen in Württemberg, ferner bis Hessen hinauf (Mauerturm in Pfeddersheim von 1511) und an der 1487 erbauten Ringmauer des Moskauer Kremls vor. Auf manchen Burgen, so den tirolischen Kastelbell, Churburg und Runkelstein finden sich beide Zinnenformen nebeneinander.

Bei ansteigenden Mauern konnte zunächst die einfache rechteckige Auszackung der Brüstung (Fig. 206), „Katzentreppe", die Stelle der Zinnen vertreten. Sonst gaben jene auch zu besonderen Zinnenformen Anlass, so Fig. **266** (z. B. am Burgturm Rore in Aarau[3]) und auf Lichtenberg im Vintschgau) und Fig. **267** von Monselice in Oberitalien.

Fig. 266
Steigende Zinnen

Fig. 267 Monselice

Zur Geschichte der Zinnen s. S. 105 und 321 Anm. 3. Rechteckige und sägeförmig ausgezackte Mauerzinnen finden wir schon auf altassyrischen Darstellungen. Bei den Römern waren die ersteren durchaus gebräuchlich. Bei dem Limeskastell Saalburg nimmt v. Cohausen den Anzeichen nach Zinnen von 1,60 m Höhe und 61 bis 115 cm Breite, Zinnenlücken von 2,60 bis 2,83 m Weite an. Die römischen Zinnen pflegten mit halbrunden oder satteldachförmigen

[1]) Mehrfach, so in Mantua, ist die Schwalbenschwanzform nur durch einen Hausteinwulst markiert, durch wenigstens zum Teil gleichzeitige Zumauerung der oberen Einkerbung aber die rechteckige Zinnenform hergestellt.

[2]) Abgesehen davon, dass auch die Schwalbenschwanzzinnen viel älter sind als der Streit der welfischen (päpstlichen) und der ghibellinischen (kaiserlichen) Partei, wäre diese Unterscheidung schon deshalb nicht durchzuführen gewesen, weil die italienischen Grossen und Städte mehrmals (freiwillig oder gezwungen) die Parteistellung zu wechseln pflegten. Uebrigens kommen die Schwalbenschwanzzinnen u. a auch mehrfach in Rom und an dem palazzo communale des päpstlichen Bologna vor, an dem beiderlei Zinnenformen zeigenden Stadthause von Florenz gerade an dem während seiner Zugehörigkeit zur päpstlichen Partei erbauten Teile und umgekehrt.

[3]) Merz, Mittelalterl. Burganlagen, 1904, Abb. 11.

Zinnendeckeln aus Haustein bedeckt zu sein und hatten öfter (so bei Kastellen diesseits der Alpen, in Trier und Rom) zum Schutz des Verteidigers auch von der Seite her nach innen rechtwinklige Ansätze, mit Unrecht (da sie auch schon in dem 72 n. Chr. zerstörten Pompeji vorkommen) auch wohl Belisar-Zinnen genannt. (Fig. **268**, Rekonstruktion der Stadtmauer von Trier nach Westd. Zeitschr. 1896, H. 4) Die Zinnendeckel, bei uns noch des öftern ausgegraben, haben bei Burgbauten fast nie Anwendung gefunden, ausnahmsweise (falls nicht ganz neu) in der Ruine Madenburg.

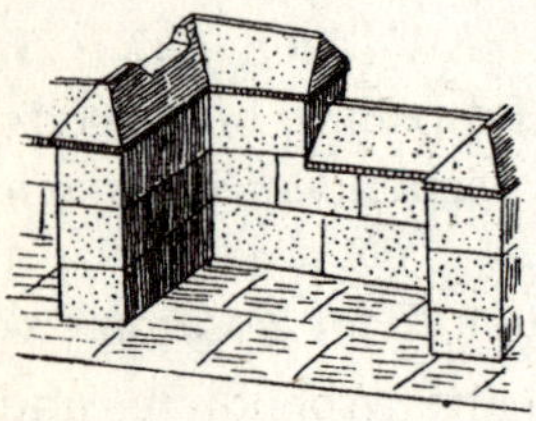

Fig. 268 Römische Zinnen

Nach den Kreuzzügen wurden die Zinnen gern (wie das auch schon bei römischen vorkommt) mit einer Scharte durchbrochen, die auch als Spähloch dienen konnte (Fig. 60 und 249). Oefter nur eine Zinne um die andere, wohl weil man doch nicht für jede einen Verteidiger hatte.

Mit allgemeiner Einführung der Pulverwaffen, für welche Schiesslöcher meistens in tieferer Lage angebracht wurden, verloren die Mauerzinnen wesentlich ihren Wert[1]). Dennoch pflegten sie, wenn auch hie und da die Lücken zugemauert wurden, auch bei Neubauten noch beibehalten zu werden. Es geschah das zunächst deshalb, weil sie den Mauern an Stelle einförmig gerader Linien einen hübscheren Abschluss gab, der zugleich ein altgewohntes Kennzeichen wehrhafter Bauten war, und kann man daher Zinnen aus dieser Zeit finden, die augenscheinlich ganz nutzlos gewesen sein müssen. So auf Reifenstein in Steiermark solche, die, dicht über dem Pultdache eines Wehrganges liegend, unzugänglich waren, und deren auf Wolkenstein daselbst und Rafenstein in Tirol bei einer Mauer auf hoher, sturmfrei aus weiter Talebene aufsteigender Felswand. Andrerseits findet man freilich auch in Fachschriften jener Zeit gezinnte Mauern noch ausdrücklich gefordert[2]).

Den veränderten Umständen entspricht es jedoch, wenn in dieser Zeit (einschliesslich der Renaissance) neben den alten Zinnenformen neue aufgekommen sind, welche fast oder völlig nur noch Zierat sein können.

Als solcher findet sich zunächst auch die alte Schwalbenschwanzform verwertet, indem es beliebt war, einzelne solche Zinnen in besonderer Grösse an den Enden eines Mauerstückes oder den Ecken von Gebäuden anzubringen. So ausser Italien auf Burghausen (Bayern) und Asparn (Niederösterreich) und zwar hier nach alter Abbildung Vischers, neben sonst rundbogigen Zinnen (s. weiterhin). Auch sonst wurde den Schwalbenschwanzzinnen öfter (Fig. 248) eine besonders hohe und schlanke Form gegeben. Ebenso auch den bei uns seltenen abgetreppten rechteckigen Zinnen, welche an sich auch schon in das Gebiet der verzierten gehören. Fig. **269**, Mauerturm 15. Jahrh. (ähnlich die Ringmauer selbst, von Wertheim am Main.

Fig. 269 Wertheim

[1]) v. Essenwein sucht (Kriegsbauk. S. 203) die gewiss unzutreffende Ansicht zu begründen, dass „schon mit dem Schlusse des 12. Jahrh. mit der Einführung der Armbrust die Zinnen eigentlich ihre Bedeutung verloren hatten". Dann wären sie fast von der ältesten Zeit ab ein so zweckloser wie trotzdem ständiger Bestandteil unserer Burgbauten gewesen.

[2]) So in einem anonymen Kriegsbuch aus der Mitte des 15. Jahrh. (Anz. f. Kunde d. deutschen Vorzeit, 1870), fol. 11: *Der zwinger der sol ouch zynnen haben.*

Von den Zierzinnen waren die einfach rundbogigen, der Regel nach ohne Lücken und öfter nur aus einer Lage Ziegeln aufgeführt, im Osten unseres Gebietes nicht besonders selten. So vornehmlich (nach Vischers Topographie) in Nieder-

Fig. 270 Kynast

Fig. 271 Neuhaus

österreich, aber auch auf Kynast in Schlesien (Fig. **270** nach alter Abbildung) und der Repser Burg in Siebenbürgen (hier vielleicht erst a. d. 18. Jahrh.). Auch sägeförmig gezackte kommen da vor. Fig. **271** Zinnen eines im Renaissancestil

Fig. 272 Italienische Zierzinnen

umgeänderten Palas von Neuhaus in Böhmen, Fig. **272** solche verschiedener Art von Bauwerken Italiens gesammelt.

Um die aus den Zinnenfenstern Schiessenden nach aussen zu decken, waren mitunter schräg nach unten geöffnete Laden angebracht. Fig. **273** zeigt (aus Dürers Holzschnitzwerk „das Marienleben") solche bei einer Ringmauer mit schrägen Spriessen festgestellt, Fig. **274** einen beweglichen im Berchfrit von Hohenklingen am Rhein noch vorhandenen. Derselbe ist um die Achse *a* drehbar, die mit ihren beiden Enden in je einem in der Seitenwand der Zinnenlücke befindlichen Loche liegt. Das Gleichgewicht der oberen und unteren Ladenhälfte gestattet wenigstens bei Windstille ein beliebig weites Aufstellen ohne besondere Befestigung. In einer Wehrgangluke des Deutschordensschlosses Reden liegen die Zapfenlöcher für den Laden so hoch, dass der untere Teil desselben schwerer war, also, nicht festgestellt oder gehalten, von selbst zufiel. Das eine der Löcher hat (wie bei Balkenriegeln und den Prellhölzern der Schiessscharten vorkommt) eine horizontale Rille, so dass man den Laden ausheben und wiedereinsetzen konnte[1]).

Fig. 273 Zinnenladen

Fig. 274 Hohenklingen

War der Klapp- oder Falladen ganz auf der Aussenseite angebracht, so lag seine Achse wohl immer an seiner Oberkante. Die beiderseits vorstehenden Enden der Welle lagen dann in aussen eingemauerten, nach oben offenen oder ringförmigen Zapfenlagern von Stein (Fig. **275** von der Trienter Stadtmauer) oder Eisen[2]).

Fig. 275 Trient

---

[1]) Steinbrecht, Preussen zur Zeit der Landmeister, S. 73.

[2]) Ringförmige Zapfenlager, anscheinend von weissem Marmor, sind in ausgiebiger Weise an dem zu einem festen Schlosse erweiterten Grabmal der Caecilia Metella bei Rom angebracht. — Nach v. Cohausen (Bergfriede S. 37) waren für die Laden statt dessen besonders bei überdeckten Fenstern des bequemen Einhängens wegen eiserne Ringe an einigen Kettengliedern aufgehängt, in welche die Ladenachsen eingeschleift werden konnten. (Für das Aufstellen der Laden ist jedenfalls eine festliegende Achse zweckmässiger gewesen.)

Fig. **276** zeigt aus dem Liber machinarum et mechanica quadam (Cod. lat. 197 der Münchener Staatsbibl.) einen Falladen, der durch Wangenstücke den Verteidiger auch von der Seite schützte. Ob nur als unbefolgt gebliebener Vorschlag, muss wohl dahingestellt bleiben. Aehnliche feste Vorrichtungen s. Kap. 13. Ueber Fensterladen bei Gebäuden Kap. 16.

Fig. 276
Alter Laden

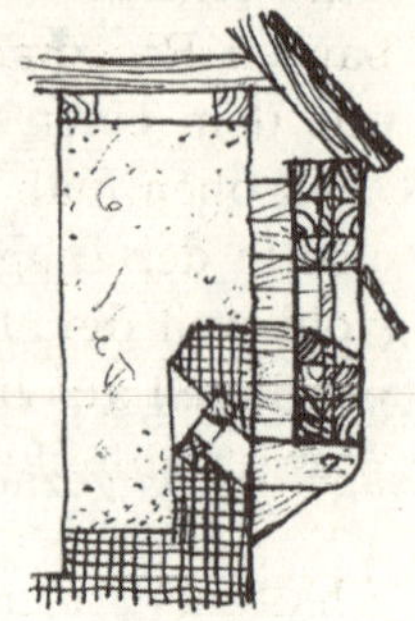

Fig. 277
Burghausen

Eine eigentümliche Vorrichtung zum Schutze der in den Zinnen Kämpfenden[1]), wie auch des Zinnenkranzes selbst ist auf dem Schlosse Burghausen (Bayern) noch auf einer schildmauerartigen hohen und 3,20 m starken Mauer vor der Hauptburg (und an einem abseits stehenden Torturme) erhalten. Vor der Brüstung und den auch hier (S. 322) dickeren 2 m hohen Zinnen ist aussen im Abstande von 22 cm der Länge nach eine auf Balkenkonsolen stehende, 27 cm starke Schutzwand angebracht, bestehend aus zwei Lagen dicker Bohlen aus Fichtenholz, getrennt durch eine 6 cm dicke Schicht von Gusswerk (S. 100). Von der Schirmwand geht zur Verstärkung ihres Widerstandes gegen feindliche Kugeln nach jeder Zinne eine entsprechend kurze hölzerne Querwand. Vor jeder Zinnenlücke ist sie abwechselnd von einem grösseren Schiessloch mit Klappladen und einem kleinen, überhöht rechteckigen durchbrochen[2]). Die Brustwehr hat eine um die andere eine nach unten gesenkte Fussscharte (über diese im folgenden Kapitel), aus welcher man unter die Schutzwand hinweg schiessen konnte. Fig. **277** Durchschnitt, **278** Ansicht von aussen, **279** dieselbe von innen. Ganz ungewöhnlicherweise verschmälern sich hier die Zinnen nach hinten von der Innenflucht der Brustwehr ab. Hinlänglichen Gründen nach handelt es sich bei den Zinnen und der Schutzwand um eine gleichzeitige, nach 1480 ausgeführte Anlage, die übrigens nach einem Modell des Münchener Nationalmuseums fast nur bei der verhältnismässig kleinen Hauptburg zur Anwendung gekommen ist[3]). —

Fig. 278
Desgleichen

Fig. 279 Desgleichen

---

1) „In eine Zinne gehen", „in" solcher stehen sind schon alte Ausdrücke.

2) Befremdlich ist, dass durch diese Löcher der Verteidiger von seinem auf der hohen Mauer zu weit zurückliegenden Standpunkte aus fast nur geradeaus in die freie Luft sehen und schiessen konnte. Es kamen also für die aktive Verteidigung fast nur die Fussscharten und die Gusslöcher in Betracht.

3) Es handelt sich hier also durchaus nicht, wie B. Ebhardt, Burgenfahrt 1901, S. 8 schreibt, um „kilometerweise Holzwehrgänge" (?). Vgl. auch mit Fig. 278, dessen letzte Abbildung Bl. 5 der Denkschrift über die Hohkönigsburg 1900 als „Studie zur Wehrgangausbildung".

In Kunstdenkm. Bayerns wird (1904, S. 2498) zu dieser Schirmwand geschrieben: „Es verdient untersucht zu werden, ob nicht die Mauerlöcher und Steinkonsolen an alten Wehrbauten, welche Viollet-Le-Duc zur Rekonstruktion hölzerner (?), den Zinnen vorgelegter Wehrgänge oder Umgänge (irrtümlich „Hurde" genannt) veranlassten, in vielen Fällen, namentlich in Verbindung mit Zinnen, lediglich zur Anbringung solcher Balkenverblendungen oder Schirme gedient haben." Dagegen ist zu bemerken, dass es sich bei der Schutzwand auf Burghausen um eine späte, offenbar nur auf Handbüchsen berechnete Vor-

Am Ausgang des Mittelalters hat man mitunter auch an der Ringmauer der Burgen eine eigenartige, sonst beim Festungsbau gebräuchlichere Wehrvorrichtung gegen die Leiterersteigung angebracht: Reihen von Sturmpfählen. Eine Anzahl solcher Sturmpfähle sind noch (Fig. 206) an der um 1510 neu erbauten Ringmauer von Heimfels wohlerhalten; etwa 10 cm stark, wagerecht, mit dem einen scharf zugespitzten Ende nach aussen und einer der vier Kanten nach oben, nahe der Oberkante der Mauer im Abstande von 15 cm eingefügt. Die also in der Diagonale stehenden Löcher für dieselben gehen ganz durch die Mauer, wohl weil die etwa zu ergänzenden Pfähle der scharfen Spitze wegen zweckmässig von innen aus hinauszutreiben waren. Bei der Trostburg laufen Reste solcher Sturmpfahlreihen tiefer an der Mauer unter den Schiessscharten derselben hin[1]).

Von diesen beiden Tiroler Burgen abgesehen, sind mir (auch wohl nicht mehr erhaltene) Sturmpfähle nur aus alten Burgansichten, und zwar lediglich aus Vischers Topographie von Niederösterreich (1672) bekanntgeworden. Sie staken da (entsprechend der hauptsächlichen Anwendung beim Festungsbau) bei den Wasserburgen Friedau und Stranzendorf in der geböscht aufgemauerten Eskarpe des Ringgrabens. Bei den Burgen Enzenfeld, Rabensburg und Steiersberg war auf der Ringmauer eine doppelte Reihe von Pfählen, an die „Spanischen Reiter" erinnernd, angebracht (Fig. **280** von der letztgenannten Burg, vergrössert.) —

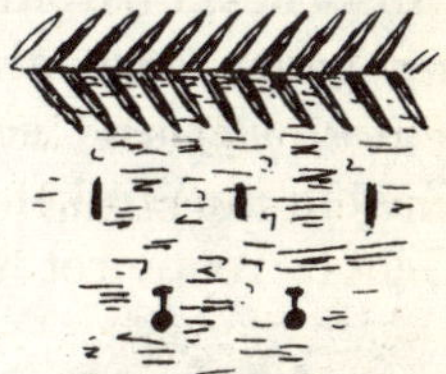

Fig. 280 Sturmpfähle

Um den Ausgang des Mittelalters hat man sicheren Anzeichen nach hie und da der Ringmauer oben einen von den gewöhnlichen ganz abweichenden Abschluss gegeben, indem man an Stelle der einzelnen Zinnen die Brüstung ihrer Länge nach durch eine niedrige aus wenigstens drei aufeinander befestigten Balken bestehende Holzwand erhöhte, in deren Mitte eine Reihe von viereckigen Schiesslöchern ausgeschnitten war. Die Brüstung nebst dem dahinter liegenden Wehrgange war dann wohl immer von einem Satteldache überdeckt.

Fig. 281 Rodenegg

Einen und zwar nur noch einen Balken hohen Rest solcher Holzwand habe ich bisher nur auf einem Ringmauerstück von Rodenegg gefunden; aber es handelt sich da allem Anscheine nach nur um die Fortsetzung einer Konstruktion, wie sie so, wie vorhin beschrieben, in dem anstossenden Torgebäude noch ganz erhalten und Fig. 309 abgebildet ist. Mit einem auch hier gleichzeitig hinzugefügten Kordonstein — s. S. 254 — wird die Ringmauer von aussen das Bild Fig. **281** geboten haben, und es entspricht das auch, soweit bei der Kleinheit des Massstabes zu erkennen, einer Ansicht von Rodenegg bei Merian („Anhang zu dess M. Z. Anno 1649 getruckter Topographia prov. Austriacarum")[2]).

richtung handelt, während die Balkenlöcher und Kragsteine unter Zinnen durchweg schon aus viel älterer Zeit, bis in die romanische zurück, stammen. Ausserdem würde dann nicht jenes Beispiel das, soviel bekannt, einzige uns erhaltene sein. Wenn in dieser Beziehung, mich berichtigend, a. O. weiter darauf hingewiesen wird, dass eine „ähnliche" Einrichtung auch auf Staufeneck bei Reichenhall noch vorhanden sei, so handelt es sich da nicht um eine Balkenwand vor Zinnen, also um eine wesentlich andere Vorrichtung, welche in Kap. 13 dargestellt wird.

[1]) Nach dem Cod. iconogr. 229a der Münchener Staatsbibliothek sollen die Sturmpfähle 2 Schuh unter der Brustwehr, 18 auf 2 Ruten nach der Länge eingelegt, 4 Zoll dick und 6—7 Schuh lang sein, so dass noch 4 Schuh herausstehen. — Wie v. Cohausen (Befestigungsw. 18) bemerkt, berichtet schon Cäsar (de b. G. II, 29) von solchen Sturmpfählen auf der Abschnittsmauer von Aduatuca. Bei Festungen pflegten sie etwas nach unten geneigt zu sein und kamen auch wohl, was freilich das Hindernis bedeutend verstärkte, als eiserne vor.

[2]) Meine Oesterr. Burgen III, 183 f.

Der nach Einführung der Pulverwaffen gemachten Erfahrung, dass bei Brustwehren „die stein oftmahls mehr schaden, als die Kuglen selber causiren“[1]), ist in jener Zeit durch Verwendung des (zudem leicht und in fast beliebig langen Stücken zu verarbeitenden) Holzes in verschiedener Weise Rechnung getragen worden. So waren, wie uns alte Abbildungen, z. B. in Bilderchroniken, zeigen, nicht nur die einzelnen schrägen Geschützblenden im Felde, sondern auch umfänglichere Bollwerke konstruiert, welche etwa die Verteidiger einer Stadt vor den Toren und am Fusse der Ringmauer herstellten (Fig. 402), desgleichen Blockhäuser („Täber“), die im Kriege an wichtigeren Punkten, wie einem Flussübergange, errichtet wurden. Ueber dicke vorgekragte Holzwände unter dem Dachanfange von Gebäuden s. Kap. 13 und 15 bei den wehrhaften Palasen, und ähnliche Holzschirme vor Mauerzinnen haben wir oben S. 332 kennen gelernt. Eine, wie bei Rodenegg, nicht vorgekragte dreifache Balkenlage mit ausgeschnittenen Maulscharten ist unter dem Dachanfange bei dem „Pulverturm“ in Steckborn, Kanton Thurgau, erhalten. Hierher gehört es auch, wenn nach einer Urkunde des Innsbrucker Archivs von 1529 empfohlen wird, dass man einen „*alten Turm bis ain gaden hoch abtragen und ain Prust Weer von gueten starrkhen Holz Remen*[2]) *darauf machen*“ solle, und 1686 auf der Repser Burg in Siebenbürgen „der Kasten im Winkel der oberen Burg wegen der rumorischen Kriegszeitungen . . . mit Gehölz renoviret und die Mauer mit Kranzhölzern versehen und gebessert“ wurde, wozu man 32 Holzstämme verwendete[3]). —

Fig. 282 Ringmauer von Baradello

In bezug auf Mauertechnik ist auf das in Kap. 2, Teil 2 und Kap. 4 Ausgeführte zu verweisen. Sie war bei den Ringmauern die verschiedenste: von sorgfältiger Verkleidung mit Buckelquadern (Wildenstein im Odenwald, Gelnhausen) bis zum freilich weitaus häufigeren rohen und flüchtigen Bruchsteinwerk. Auch spielende Verzierung kommt vor, so Fig. **282**, ein Mauerabschluss vom Kastell Baradello unweit Como. Vgl. auch Fig. 251. Gegen das Eindringen der Niederschläge wurde die nicht überdachte Ringmauer bzw. Brüstungsmauer und Zinne wohl mit mehr plattigen Steinen abgedeckt, waren sie, besonders nach aussen, abgewässert, auch mit Hohlziegeln. Solche Abwässerung, welche auch nach beiden Seiten hin (Fig. 268 und 269), seltener und unzweckmässig auch nur nach innen (Fig. 249) vorkommt, wird bei Bauten der älteren Zeit als eine schon ursprüngliche nicht nachzuweisen sein. —

Es ist eine ganz seltene Ausnahme, wenn auf Runkelstein die über senkrechten Abhängen stehende Ringmauer an zwei Stellen ebenerdig ein Fenster mit Sitzbänken hat (Fig. 250), durch welche man talauf- und abwärts blicken kann. —

Mitunter — so auf Wildenstein (Fig. 219), Hohenecken in der Rheinpfalz, Schrattenstein in Niederösterreich — findet sich die Ringmauer ganz oder doch zu ihrem unteren Teile durch den gewachsenen, mauerförmig abgearbeiteten Felsen ersetzt.

---

[1]) Manuskr. der Münchener Staatsbibliothek: Cod. iconogr. 229a (Faulhaber).

[2]) Bedeutet provinziell Balken, z. B. in Norddeutschland „Firstrehmen“.

[3]) Dr. H. Müller, Die Repser Burg, 1900, S. 23.

Zwölftes Kapitel.

Die Schiessscharten.

(Schiessscharte oder Fenster? Schiesskammer und Schartennische. Die „Stufenscharte". Scharten für Bogen und Armbrüste. Anfang und Formen der Armbrustscharte. Kennzeichen und Formen der Scharten für Pulverwaffen. Maulscharten. Schiefe Scharten. Senk- und Fussscharten. Herstellungsarten. Scharten in Holz. Rauchabzug. Auflegeholz. Schartengruppen. Hosenscharten. Röhrenscharten. Spähloch. Verschlüsse. Seitliche Abstufung. Entwicklungsgeschichte.)

Damit der Verteidiger der Burg bei möglichst vollständiger Deckung des Körpers durch eine Mauer nach aussen schiessen kann, muss diese mit einer Schiessscharte[1]) durchbrochen sein. Die letztere hat zweckmässigerweise, ohne jene Deckung zu beeinträchtigen, dem Schützen hinlänglich freies Umblicken und Zielen nach dem Feinde zu gestatten und ebenso möglichst freie Bewegung mit der Schusswaffe bei tunlichster Annäherung derselben an die äussere Schartenmündung. Zu dem Zwecke ist bei stärkeren Mauern nach innen vor der Schiessscharte eine hinlänglich weite und tiefe Nische in der Mauerdicke ausgespart.

Hiernach ist auch bei dicken Mauern in der Regel leicht zu unterscheiden, ob eine sie durchbrechende Spalte als Schiessscharte oder nur zum Einlassen von Licht und Luft bestimmt war. Ist da nur eine tiefe, sich (nach aussen) allmählich verengende Spalte vorhanden, wie sie sich besonders im Keller- und Erdgeschoss der Wohngebäude und in den unteren Stockwerken der Berchfrite finden, so könnte der Verteidiger in dieselbe nicht weit genug vordringen, um sich nach einem draussen befindlichen Feinde umzusehen, geschweige denn seine Armbrust auf ihn zu richten. Er würde nur einen gerade und nahe vor der Spalte sich Aufhaltenden treffen können, und es kann sich da also nicht um eine Schiessscharte handeln[2]), die auch in den unteren Teilen dieser Bauten nicht zu suchen sind[3]). In anderen Fällen — so bei den runden und vierpassähnlichen Oeffnungen im Erdgeschoss des Palas der Lobdaburg bei Jena und bei der viereckigen innen in eine runde Blende

[1]) Alte Ausdrücke dafür *Schutzloch, schiezloch, schiez vënster.* Der letzte doch wohl nur von einer weiteren Oeffnung, wie etwa den Zinnenfenstern (S. 221, s. auch 348), gebraucht. Der Ausdruck „Schiesszange" für die zugleich nach aussen und innen sich erweiternden Scharten war wohl nicht allgemein gebräuchlich.

[2]) Gleichwohl werden solche Licht- und Luftspalten nicht nur von Laien regelmässig für Schiessscharten gehalten, sondern man kann solchem Irrtum gelegentlich selbst in den neuen Kunst- und Altertumsinventarien begegnen.

[3]) Ausnahmen s. am Schlusse des Kapitels.

gefassten (Fig. **283**), die sich ebenso in der Neuenburg unweit Chur findet — konnten und mochten diese im Notfalle zugleich als Schiessscharten benutzt werden, und zwar um so mehr, als die alten Abbildungen belagerter Burgen, so Fig. 398 und 403, uns nicht selten zeigen, wie auch aus Fenstern von gewöhnlicher Weite geschossen und geworfen wird. Bei der Frage, ob es sich um letztere oder um ein Fenster handelt, ist auch zu berücksichtigen, dass die Ausweitung einer Spalte auf der Aussenseite der Wand nach oben, wie auf der Innenseite nach unten wohl für das vermehrte Einlassen von Licht, kaum jemals aber für das Schiessen von innen heraus zweckmässig ist, also auch bei einfach gestalteten Oeffnungen, die nur innen nach unten erweitert (abgewässert) sind, oder bei solchen, die nach allen Richtungen hin inmitten der Mauerdicke ihre grösste Enge haben, es sich zunächst jedenfalls nur um Fenster handeln kann. —

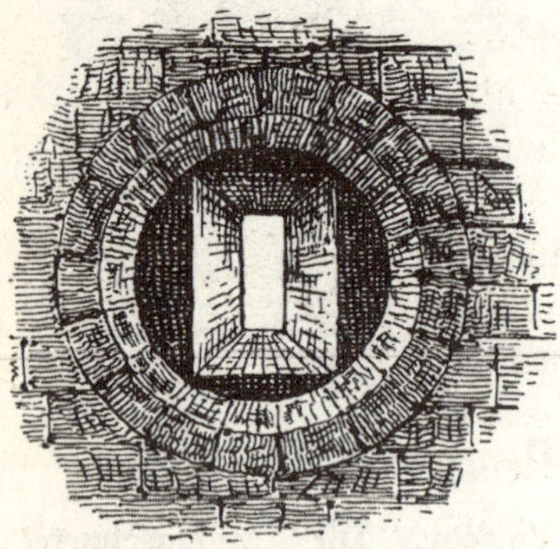

Fig. 283 Aus Neuenburg

Besonders in Berchfriten und Wohntürmen wurden die schmalen Fenster der unteren oder mittleren Geschosse zur Sicherung der darin Befindlichen und zugleich zur besseren Erhellung des Raumes fast immer der Decke mehr oder weniger nahe angebracht[1]) und dann in dicken Mauern die Fensterbrüstungen nach unten abgeschrägt. Um an das Fenster gelangen zu können, wurde öfter (so Fig. 142 und 140) diese Mauerböschung stufenförmig gestaltet[2]) und hieraus hat Krieg v. Hochfelden (a. O. S. 267) eine besondere Art von Scharten, die „Stufenscharte" gemacht, von welcher er weiter anzugeben weiss: „Diese Einrichtung hat sich ungemein schnell (?) im ganzen Abendlande verbreitet und erhielt sich bis in die Zeiten der Kreuzzüge, wo der allgemeinere Gebrauch der Armbrust die Schartennischen erweiterte, und neue von den Byzantinern überkommene Befestigungsformen sie unnötig machten". — Ueber diese Stufenscharten, ihr Verhältnis zu den Armbrustscharten u. dgl. haben dann andere Schriftsteller weiteres, zum Teil auf einem Missverstehen Kriegs Beruhendes gebracht[3]) und bei Beschreibung u. a. von Schweizerischen Burgen pflegt sie noch jetzt ihre Rolle zu spielen. Wie Schiessscharten an den bezeichneten Stellen durchaus nicht gebräuchlich waren, so ist mir auch bisher keine „Stufenscharte" bekanntgeworden, die etwas anderes wäre als vielmehr ein Fenster. Sie kommt auch, z. B. auf Kronsegg, an Stellen vor, wo eine Schiessscharte gar keinen Sinn hätte.

Die schon erwähnte, die Mauer verdünnende Nische kann zweierlei Gestalt haben: entweder sie ist, und dann zumeist bis auf Fussboden hinabreichend — Fig. **284**, Ringmauer von Gabelkhofen, 173 und 287 —, so hoch und weit,

[1]) Es kann, auch nach dem vorigen, keinen Sinn haben, wenn v. Essenwein, Kriegsbauk. Fig. 97, einem aus Rey, Étude entnommenen Schnitt durch einen Wehrturm einen Schützen hinzugefügt hat, der, unten stehend, durch solchen nur nach innen abgeböschten Schlitz mit dem Bogen schräg aufwärts in die freie Luft hinausschiesst.

[2]) Beispiele nach Krieg v. H.: ein 1842 abgebrochener Turm des Saalhofes in Frankfurt, der Berchfrit der Habsburg und der Wohnturm von Rochester. Ausserdem u. a. Hohenklingen und Langenau (vgl. oben), Hohlenfels (S. 217), Greiffensee (S. 224 Abb. in Mitteil. d. antiquar. Gesellsch. 1894, S. 317), Stolpe (S. 196).

[3]) Irrtümlich Wibel in „Kunstdenkm. Badens" IV., Abt. 1, S. 234: „Gewölbescharten mit stufenförmiger Verjüngung nach Stirn- und Brustmauer zu (sog. Stufenscharten)." In dem gleichen Missverständnis schreibt Ebhardt, Burgenfahrt 1901, auch sonst von „Stufenscharten für Geschütze". Vgl. Fig. 334.

dass der Schütze selbst in dieselbe eintreten kann (und soll), oder sie ist, die Scharte enger umrahmend, nur geeignet und dazu bestimmt, die Handhabung der Waffe tunlichst nahe der Scharte selbst zu gestatten. Wo eine Unterscheidung wünschenswert erscheint, bezeichne ich die Nische im ersteren Falle als Schiesskammer, im zweiten als Schartennische *(a,* bzw. *b* Fig. **285** von Hohenklingen, Kanton Schaffhausen). Zumeist ist nur eine Kammer (Fig. 287) oder nur eine Nische[1]) (Fig. 305) vorhanden, nicht selten (Fig. 334), besonders bei dünneren Mauern, keine von beiden. Ganz ausnahmsweise war die Schiesskammer auch wie eine Fensternische mit gemauerten Seitenbänken versehen. Beispiele: Altbodman, Fig. 347, und Stein in Steiermark[2]).

Fig. 284 Gabelkhofen

Die Scharte selbst ist der Regel nach entweder in einer die Nische nach aussen abschliessenden Steinplatte ausgemeisselt (Fig. 312 bis 316, s. auch zu Fig. 308), oder aber sie ist in der Mauer selbst als eine nach aussen, oder nach innen oder nach diesen beiden Seiten ausgeweitete Oeffnung ausgespart. Den engsten Punkt dieser Scharten nennt man die Schartenenge. —

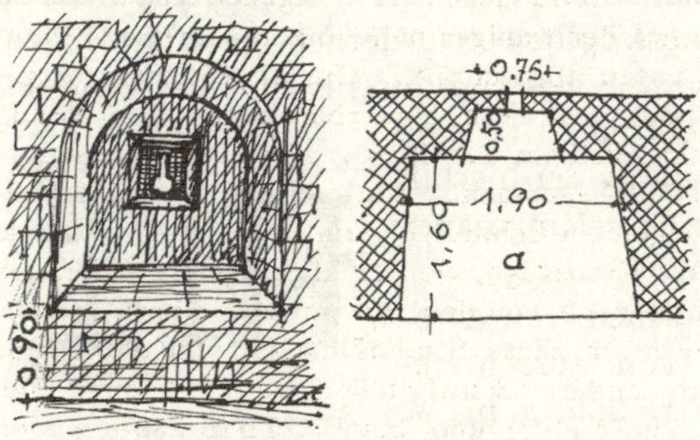

Fig. 285 Schiesskammer mit Schartennische von Hohenklingen

Die Form der Scharte hat sich im Laufe der Jahrhunderte verändert. Solche Wandlung steht im ganzen fest für die uns näher liegende Zeit des Ueberganges von der Armbrust zum Feuerrohr; es fragt sich, inwieweit sie auch durch die mit den Kreuzzügen geschehene Einführung der Armbrust an Stelle des älteren Bogens veranlasst worden ist.

Ueber Schiessscharten für Bogen und die Aenderung derselben zum Gebrauch der Armbrust ist von Fachschriftstellern mancherlei unbegründetes angegeben worden[3]). Meines Wissens sind bei uns nachweislich aus der ersten Burgbauperiode (S. 27) stammende Schiessscharten nicht vorhanden, wie denn auch der durchschnittlich manneslange Bogen zum Gebrauch hinter Scharten, und zumal bei den damals durchweg nur hoch angebrachten, wegen seiner senkrechten (nicht horizontalen) Handhabung für den Schuss nach unten wenig geeignet war. Schiessscharten werden daher bei unseren Wehrbauten erst in Anlass der Einführung der Armbrust und für diese gebräuchlich geworden sein.

[1]) In der Regel findet man „Kammer" und „Nische" als gleichbedeutend oder auch nur letzterer Ausdruck allein gebraucht. Für „Schiesskammer" kommt auch der Ausdruck „Standnische" vor.

[2]) Meine Oesterr. Burgen II, Fig. 244. Wenn Viollet-Le-Duc (Dict. rais. II, 102) schreibt: *Les meurtrières percées à la base des courtines sous grands arcs formants comme de petits chambres pouvant contenir facilement deux hommes, sont toujours garnies de bancs posés le long des deux côtes du reduit, perpendiculairement au mur en face,* so dürfte dies „toujours" auch für Frankreich nicht zutreffend sein.

[3]) Eingehende Ausführung 1. Aufl. S. 358 ff.

Fig. 286
Aurelianische Mauer

Eine jedenfalls (vom Speerwurf etwa abgesehen) für Bogen bestimmte Schiessscharte zeigt Fig. **286** von der Aurelianischen Mauer zu Rom. Die Schiesskammer bot hinlänglichen Raum auch für schräge Schüsse mit dieser Waffe, welche zur Zeit der Erbauung (3. Jahrh. n. Chr.) von den Römern hauptsächlich beim Festungskriege benutzt wurde[1]).

Fig. 287 Aus Landsberg

Als Seitenstück zeigen Fig. **287** und **288** Innenansicht und Durchschnitt einer sorgfältig gemauerten Armbrustscharte mit vorliegender Kammer (neben einer Anzahl ganz ähnlicher) aus dem wahrscheinlich im 14. Jahrh. erbauten nordöstlichen runden Eckturme von Landsberg im Wasgau. Man würde durch die weite (1,80 m hohe) Schiesskammer die Turmwandung nicht so geschwächt haben, wenn nicht die horizontal (anstatt senkrecht) gehaltene Armbrust solchen Raum neben dem Schiessschlitze erforderlich gemacht hätte. Dieser, bis auf 8 cm verengt, hat abgewässerte Sohle und durchbricht die Wandung in schräger Richtung, um eine bessere Bestrcichung der hierhin sich erstreckenden Ringmauer zu ermöglichen.

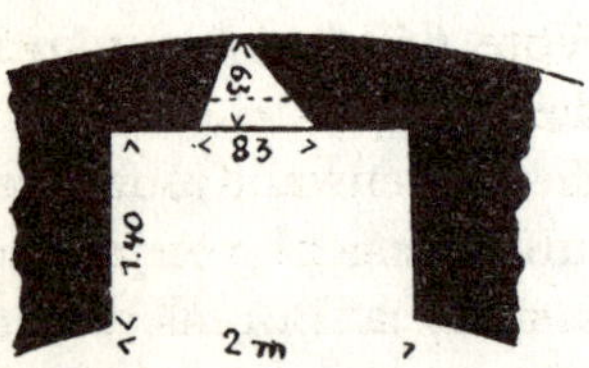

Fig. 288 Desgleichen

Fig. 289
Armbrustscharten

Weitere Formen von Armbrustscharten (von aussen gesehen) zeigt Fig. **289**, *a* bis *d*. Die erste, von geringer Grösse und durch ihre Erweiterung nur am oberen Ende auffallend, findet sich über dem äusseren Haupttore der Ortenburg im Wasgau, *b*, noch kleiner (die Masse konnte ich hier wie dort nicht nehmen), mehrfach an der äusseren Befestigung von Regensburg, *c*, zwei Meter lang, zweimal nach aussen in dem überwölbten Wehrgange der Schildmauer von Ehrenfels (Fig. 182), die letzte Scharte je einmal auf den drei Aussenseiten des Kirchturmes von Allensbach bei Konstanz. Hier sind die beiden wagerechten Schlitze 45 cm, der senkrechte 1 m lang und gegen 7 cm breit. Die Schartennische ist hier — anders als bei Fig. 287 — durch eine dünne, die Schiessschlitze enthaltende Steinplatte geschlossen und gestattete so, die Armbrust noch näher an die Mündung zu bringen. Andrerseits ist hier zwar nicht die Schartensohle abgeböscht, dafür aber auf der Innenseite der zwischen

---

[1]) Den Scharten der Aurelianischen Mauer in ihren meisten Eigentümlichkeiten — halbrunde und im Halbkreise überdeckte Schiesskammer und Ausführung in Backsteinen — ähnliche bei unseren Wehrbauten habe ich bisher erst einmal gefunden, und zwar frühestens vom Ende des Mittelalters in einem Turme von Rattenberg (meine Oesterr. Burgen II, 171 mit Abb.). Die Scharte selbst ist da freilich in Schlüssellochform aus einer starken Holzplanke geschnitten.

den beiden wagrechten Schlitzen befindliche Teil der Platte gegen diese hin abgeschrägt. Wurde es hierdurch bei dem unteren Schlitz ermöglicht, mit dem Geschosse näher an den Turmfuss heranzukommen, so konnte diese Abschrägung bei dem oberen Schlitz wohl nur den Zweck haben, mehr Licht einzulassen, da, wie schon vorhin bemerkt, es wenig Zweck haben mochte, hier in der Richtung nach oben hinauszuschiessen. Die einfach kreuzförmige Scharte, besonders bei den englischen Normannenbauten beliebt, kommt bei uns kaum vor. —

Armbrustscharten sind, wenn überhaupt, regelmässig nach aussen verengt, seltener nach innen und aussen erweitert, so dass die Schartenenge in der Mitte liegt, kaum jemals dies nur nach aussen[1]). Der (zumal auch im Gegensatz zum Feuergewehr) für die Armbrust nötige breite freie Raum nahe am Schiessschlitze bot sich von selbst besonders hinter der Brüstung der Ringmauer, und daher wurden nach den Kreuzzügen vornehmlich die Zinnen — oft nur eine um die andere — mit einer (einfachen) Armbrustscharte durchbrochen, nicht leicht dazu der untere Teil dicker Mauern, wie bei Landsberg (Fig. 287), durch weite Schiesskammern geschwächt. Es kommt da noch hinzu, dass vor Anwendung des Pulvers dem aus der Höhe gesendeten Geschoss vermehrte Weite und Kraft gegeben wurde, und daher fast die gesamte Abwehr darauf eingerichtet war.

Eine sehr bemerkenswerte Ausnahme, zu welcher mir ein Seitenstück bisher nicht bekannt geworden ist, bietet die auch sonst (s. im 6., 9. und 15. Kap.) vielfach nicht nach hergebrachter Schablone errichtete Burg Reichenberg. Hier ziehen sich vom Turme *c*, Fig. 185, nordwärts und auch durch den halbrund vorspringenden Saalbau *p* nicht unterbrochen, zwei gewölbte Gänge übereinander hin, deren Rückwand der Abhang der die Burg tragenden Felsplatte bildet und die in Reihen von Kammern geteilt sind, in deren jeder die Aussenwand eine weite Schiesskammer mit langem Schiessschlitz enthält. Fig. 186, Ansicht von aussen. Die Galerien — auch von Dilich (s. oben S. 267 Anm. 2) als „underste gewölbe, so zur defension und wehr gebauet", bezeichnet — hängen organisch mit dem darüberstehenden Saalbau aus frühgotischer Zeit zusammen, dessen Unterbau sie, wie das ähnlich auch sonst bei Palasen vorkam, zum Teil bilden[2]). Sie beherrschen (Fig. 185) den im Zwinger sich zum Burghofe hinziehenden Weg und haben schon deshalb mit der viel späteren „niederen Grabenverteidigung", s. zu Fig. 205, fast nichts gemein[3]). Ueber spätere ebenerdige Schiessscharten s. weiterhin. —

---

[1]) Nach v. Löffler, Gesch. der Festung Ulm (ebendas. 1881) S. 36, hat sogar ein dortiger vor der Mitte des 14. Jahrh. erbauter Turm (gleichzeitige) Schiessscharten, die sich nur nach aussen um ein Geringes erweitern. Danach würde es also auch Armbrustscharten dieser Form gegeben haben.

[2]) Solchen Unterbau an einem Felsabhange, zunächst zu dem Zweck, für ein da zu errichtendes Wohngebäude gewissermassen erst ein hinlänglich weites Bauplanum herzustellen, haben wir u. a. auf Klamm am Semmering (meine Oesterr. Burgen I, Fig. 155) und Hohenkrähen im Hegau (Fig. 426), bei der letzteren Burg, wie hier, einen mehrstöckigen.

[3]) Es ist sonach unbegründet, wenn B. Ebhardt zu Dilich-Michaelis S. 74 von diesen „unterirdischen Schiesskammern" meint, „man könnte einmal annehmen, dass der ganze Bau" — d. h. auch der Saalbau — „etwa um 1400, wie ähnliche Anlagen (z. B. bei der Burg Prozelten) errichtet wäre, dagegen sprechen die einfachen Schiessschartenformen, andrerseits könnte man auf Grund dieses Baues ähnliche Anlagen bedeutend älter schätzen". Ueber die „einfachen Schiessschartenformen" s. am Schluss des Kapitels. Auch an sich aber ist gewiss ebensowenig der Reichenberger Saalbau erst so spät, als man andrerseits schon „um 1400" Eskarpengalerien, wie die auf Prozelten baute.

Die Armbrust — wie vollends der Bogen — eignete sich ihrer Art und Form nach nicht dazu, beim Gebrauche irgendwo fest aufgelegt zu werden, wie wir denn auch in zahlreichen alten Abbildungen dieselbe immer nur freihändig gebraucht sehen. Die Armbrustscharte bestand daher zweckmässigerweise wesentlich aus einem senkrechten Schlitz (Fig. 338), mit kaum weniger als 7 cm weit genug, um den nahe davor abgeschossenen Pfeil leicht und sicher, und zwar nach Erfordern auch in einer etwas schräg nach rechts oder links geneigten Richtung hindurch zu lassen, der aber auch andrerseits nicht weiter, als hierzu nötig, sein durfte, um nicht den Verteidiger zu sehr durch einen von aussen hereingeschossenen Pfeil zu gefährden. Zur Erweiterung des Schussbereiches konnte dann ausser seitlicher Abschrägung (Fig. 60) dieser senkrechte Schlitz am unteren und oberen Ende und ungefähr in der Mitte durch kürzere wagerechte durchschnitten werden oder auch — desgleichen der Mittelschlitz — an den beiden Enden eine dreieckförmige Ausweitung haben.

Anders als mit Bogen und Armbrust verhielt es sich mit den älteren Handfeuerwaffen. Die Hakenbüchse, die erste Handfeuerwaffe, welche ein genaueres Schiessen gestattete und die unserer heutigen Flinte ähnlich war, hatte zum Zwecke besseren Zielens und Hemmung des Rückstosses an der unteren Seite des Laufes und dessen vorderem Ende nahe einen „Haken" zum festen Auflegen des Gewehres. Sowohl das Gewicht der Waffe als die noch wenig vollkommene Vorrichtung zur Entzündung der Pulverladung gestatteten nicht wohl ein freihändiges Schiessen[1]). Nun liegt es aber auf der Hand, dass, wenn man zum Zweck des Zielens die Büchse seitlich um den Auflagepunkt drehte, der davor befindliche Schiessschlitz sich alsbald als zu eng erweisen musste, und es vernotwendigte sich daher für die Handfeuerwaffen eine Verbreiterung der Schiessspalte, welche Verbreiterung besonders, wenn eine besondere Vorrichtung zum Auflegen nicht vorhanden, zugleich zum Durchstecken des Gewehrlaufes nötig war[2]).

Diese Erweiterung der Schiessspalte an ihrem unteren Ende und das häufig nach innen davor angebrachte

[1]) Es kam das freilich nach alten (ob der Wirklichkeit entnommenen?) Bildern schon früh vor. Andrerseits ist bekannt, dass man sich noch im 17. Jahrh. bei Gebrauch des Gewehres in freiem Felde einer Stützgabel bediente.

[2]) Diese zumeist kreisrunde Erweiterung wird regelmässig als (lediglich) zum Durchstecken des Gewehrlaufes bestimmt bezeichnet. (So auch Viollet-Le-Duc, Dict.: *L'artillerie à feu vint alors modifier de nouveau la forme des meurtrières. Celles-ci ne se composèrent plus que de trous ronds pour passer la gueule du mousquet avec une mire au-dessus.)* Wenn jedoch v. Essenwein (Kriegsbauk. 257 schreibt: „Der Rauch, der beim Schusse entstand, würde indessen im Innern hinderlich gewesen sein, und so musste unter allen Umständen die Mündung aus der Scharte herausgestreckt werden", so kann dem nicht zugestimmt werden. Es gibt Scharten (so am Torbau von Taufers, Fig. 217), durch welche der alte, plumpe Büchsenlauf gar nicht hindurchgesteckt werden konnte, bei anderen stände ihre lange, kanalförmige Gestalt (Fig. 318 ff.) entgegen, und nicht selten war jedenfalls auch sonst der Abstand des Auflegeholzes von der Mündung der Scharte weit grösser als der des Gewehrhakens von der Mündung des Laufes, wie denn mitunter der Haken sogar ganz am Ende der Büchse sass. Was endlich die Notwendigkeit betrifft, so nahm man nach v. Löffler, Gesch. d. Festung Ulm S. 160 1632 in dem mittelalterlichen „dicken Turm" in zwei Stockwerken an sämtlichen Schiessscharten von der 2,49 m dicken Mauer 1,90 m weg, damit die Geschützrohre über dieselbe hinausreichten, was also bis dahin hier selbst bei solchen nicht der Fall gewesen war.

wagerechte Holzstück (zunächst) zum Auflegen der Waffe sind daher vor allem die sicheren Kennzeichen einer Scharte für Pulvergewehre.

Was die Erweiterung betrifft, so begnügte man sich zunächst wohl hie und da — z. B. bei dem im 13. Jahrh. gebauten Mantel von Ortenburg im Wasgau — bei vorhandenen Armbrustschlitzen in Sandstein dieselbe in wenig sorgfältiger Weise mit dem Meissel zu bewerkstelligen. Bei der Herstellung neuer für Pulverwaffen bestimmter Scharten gab man der Ausweitung meistens die Form eines Kreises, auch mit mehr oder weniger Abweichung von solcher — auch Dreieck und Rechteck kommen daneben vor — sowie mit verschiedenartigen, jedoch nach

Fig. 290 Formen von Schlüsselscharten

beiden Seiten gleichmässigen Ausweitungen des Sehschlitzes. Solche Scharten werden wegen ihrer Aehnlichkeit mit einem (umgekehrten) Schlüsselloche kurz „Schlüsselscharten" genannt[1]). Besonders in der grösseren südlichen Hälfte des deutschen Sprachgebietes und meistens erst in nachmittelalterlicher Zeit sind von ihnen zahlreiche, vielfach nur spielende Formen ausgebildet, von welchen Fig. **290** *a* bis *z* Beispiele bietet[2]). Einige andere sind noch weiterhin in besonderem Anlass mitzuteilen.

[1]) Scheiger gebraucht dafür (Mitteil. der k. k. Centralcomm. 1858, 298) den Ausdruck „Kochlöffelscharte", der nur allenfalls bei der einfachsten Form von Schlitz und Kreis passen würde.

v. Cohausen, welcher in „Bergfriede" (1860) S. 34 die Scharten erst „im 16. und 17. Jahrh. (über solche Zeitbestimmung weiterhin) alle möglichen (? vgl. oben) Schlüssellochformen annehmen" lässt, bemerkt in den hinterlassenen „Befestigungsweisen" S. 275 (zunächst von der italienischen Stadtbefestigung) befremdlicherweise: „Die Armbrustscharte ist" (im Gegensatz zu dem blossen Schiessschlitz für Bogen) „durch eine Steinplatte geschlossen, die mit einem runden Loche für den Pfeil und darüber mit einem senkrechten Spalt zum Zielen versehen ist." Dass es des runden Loches bei der Armbrust im Gegensatz zum Feuergewehr nicht bedurfte, ist schon oben gezeigt worden. Natürlich konnten auch nach Einführung des letzteren die meisten der dafür eingerichteten Schiessscharten bei hinlänglichem freien Raume hinter ihnen auch für die daneben noch lange in Gebrauch gebliebene Armbrust benutzt werden.

Dr. Wibel (Die alte Bg. Wertheim, 1895, 278) meint allgemein, dass die Schlüsselscharte nicht erst durch die Feuerwaffen veranlasst worden sei, dafür hat er eine andere Unterscheidung zwischen Armbrust- und Pulverscharten gefunden und damit „die Möglichkeit einer Altersbestimmung eröffnet, die immerhin als ein sachlicher Anhaltspunkt auf diesem so unsicheren (?) Gebiete freudig zu begrüssen wäre". Bis zum Ausgange des 14. Jahrh. sollen (von ihm so genannte) „Nischenscharten" für die Armbrust, von da ab „Gewölbescharten" für Pulverwaffen gebaut worden sein. Ueber diese in nichts begründete Idee s. meine Schrift Die Burgr. Wertheim und Dr. Wibels Buch über dieselbe. Würzburg, 1896. Sie war hier nur anzuführen, weil sie danach auch in die Kunstdenkmäler des Grossherzogt. Baden (1896, 234) Eingang gefunden hat.

[2]) Herkunftsorte sind folgende: *a* Greiffenstein im Wasgau, *b* Rabeneck im Nagoldtal, *c* und *d* Wehrburg in Tirol, *e* Kammerstein in Steiermark, *l* Engelhaus in Böhmen, *m* Planta bei Meran, *n* Kropfsburg in Tirol, *o* Hohlenfels in Luxemburg, *p* Hohentwiel im Hegau, *q* Veldenstein in Franken, *r* Stetten in Württemberg, *s* und *t* Leofels daselbst, *u* Feste Coburg, *v* Castel Fenis in Oberitalien, *w* bis *z* nach alten Bildern aus der Schweiz.

Die Masse dieser Schiessscharten sind sehr verschieden. Ihre Höhe geht von etwa 30 cm bis über einen Meter hinaus, die Weite des Schlitzes wechselt zwischen 2 und 20 cm und die der Rundung (oder entsprechenden Ausweitung) zwischen 15 und 45, je nachdem sie für Handbüchsen oder für liegendes Geschütz bestimmt ist. Bei den Geschützscharten, die übrigens bis 80 cm weit vorkommen, muss, wie hier eingeschaltet werden mag, die Schiessöffnung entsprechend niedrig angebracht sein und die (in der Regel erforderliche) Schiesskammer hinlänglichen Raum zur Aufnahme des Geschützes bieten. Vgl. Fig. 165, 198 und 201.

Im übrigen ist, wenn es sich um die Scharten und ihre Bestimmung handelt, nicht ausser acht zu lassen, dass während der ersten Jahrhunderte nach Einführung

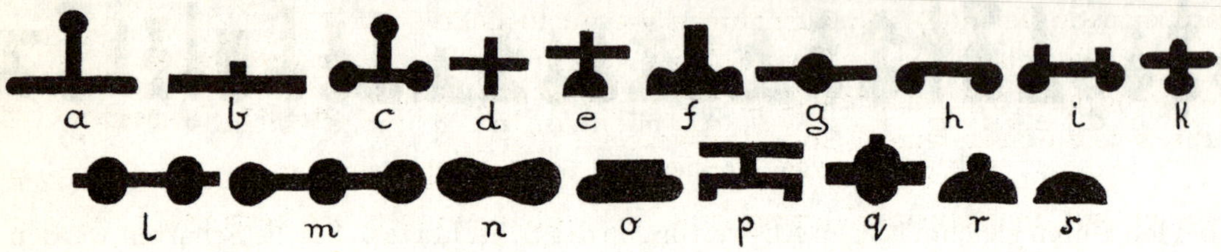

Fig. 291 Formen von Maulscharten

der Pulverwaffen keineswegs so wie heute eine Trennung nur zwischen Handwaffen und grobem Geschütz stattfand, vielmehr (Kap. 14) eine ganze Anzahl von Zwischenstufen von der einen Art zur anderen überleitete. Auch kleinkalibrige Faustpuffer (Pistolen) waren schon zeitig in Gebrauch.

Anstatt der rundlichen Ausweitung der Scharten enge selbst bei den Schlüsselscharten ist solche eine nach den Seiten hin noch viel stärkere bei den selteneren „Maulscharten", welche in ihrer gewöhnlichen einfachsten Form überhaupt nur einen wagerechten Schlitz (wie die einfachen Armbrustscharten einen senkrechten) bilden. Auch bei diesen Scharten ist jedoch, zunächst durch Hinzufügung eines Sehschlitzes, eine Anzahl anderer Formen gebildet worden, von welchen Fig. **291**

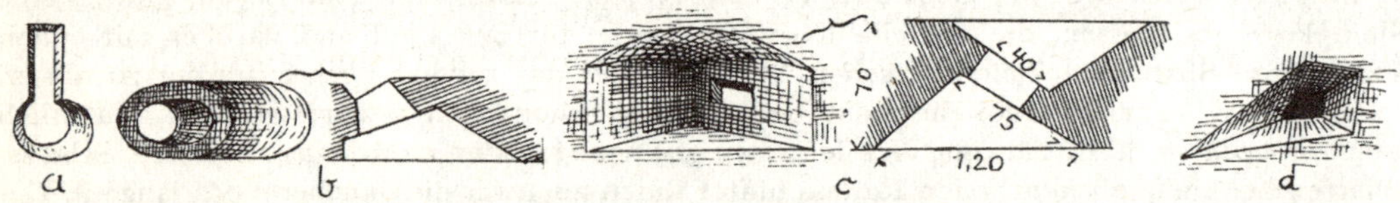

Fig. 292 Schräge Schiessscharten

a—s Beispiele zeigt[1]). Die Scharten *l* und *m* verengern sich nach innen zu einer einfachen Figur, welche die rundlichen Ausweitungen der Mündung noch nicht hat. In Rondellen auf Schramberg im Schwarzwald und Annenberg im Vintschgau kommen Scharten vor, deren auf der Innenseite des Turmes senkrechter Schlitz sich nach aussen allmählich in eine Maulscharte umwandelt. Die innere Schlitzrichtung eignete sich besser zum Visieren, während die äussere das Schussfeld erweiterte.

Soll aus einer Schiessscharte besonders nach einer Seite hin geschossen werden können, so gab man derselben wohl auch, wie schon Fig. 288 zeigt, eine entsprechend schiefe Gestalt. So Fig. **292** *a* von der Schauenburg in

[1]) Herkunftsorte: *a* und *r* Feste Coburg, *b* Bockenheimer Warte bei Frankfurt a. M., *c* Kapelle bei Berneck im Fichtelgebirg, *d* Stadtturm in Gelnhausen, *f* Ringmauer zu Halle, *l* Altdahn in der Rheinpfalz, *m* Neuwindstein im Wasgau, *o* Auerberg an der Bergstrasse, *p* Veldenstein in Franken, *q* Turm in Gelnhausen, *s* Taufers in Tirol.

Baden[1]), *b* von der Strassburger Stadtmauer[2]), *c* von einer Gebäude-Zwischenmauer auf Arva in Ungarn. Fig. **293** Innenansicht einer wie die letzte gebildeten Scharte aus einem Mauerturm in Klamm am Semmering. Fig. **294** Durchschnitt zweier Scharten vom unteren Burgtor auf Landstuhl in der Rheinpfalz. In besonderer Weise ist das bei den auf Fig. 206 dargestellten Scharten von Heimfels ausgeführt, indem öfter nur ein Teil einer Seite der Aussenmündung noch besonders erweitert ist, und sich solche teilweise Ausweitung (in Rücksicht auf das rechts ansteigende Gelände) sehr ausnahmsweise auch mehrfach bei der oberen Seite (dem Schartensturz) findet, während eine der Scharten (Fig. 292 *d*) schräg nach unten so zu einer langen Spitze ausgezogen ist.

Fig. 293 Desgleichen

Da es sich bei diesen Scharten meistens darum handelt, die Aussenseite einer Mauer mit möglichster Verringerung des toten Winkels zu bestreichen, wurde

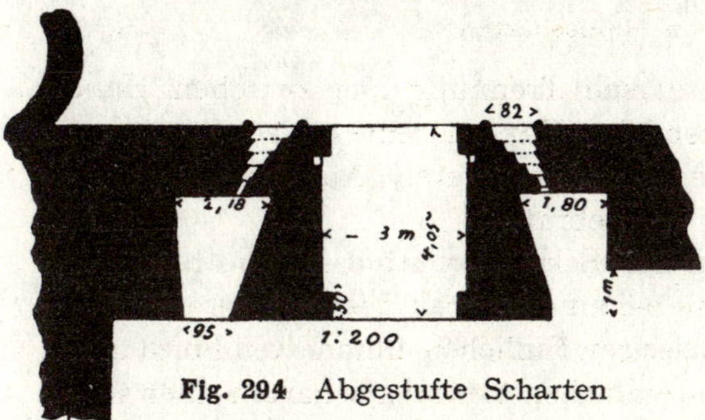

Fig. 294 Abgestufte Scharten

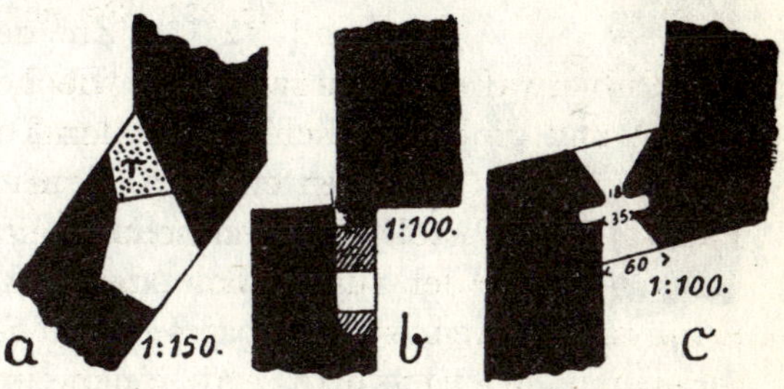

Fig. 295 Flankierende Scharten

solcher Zweck noch dadurch gefördert, dass man erstens in Fortsetzung der Scharte aus der zu bestreichenden Mauerflucht eine allmählich auslaufende Seitenrinne aussparte, vgl. Fig. 335 (ähnliches nach unten kommt bei Pechnasen vor, Fig. 343), und zweitens dem Mauerzuge einen einspringenden stumpfen Winkel gab, Fig. **295** *a*, ihn auch wohl bei der Scharte um weniger als die Mauerdicke zurückrückte, ebendas. *b* von Altbodman, oder ihn mit einem Zwischenstück zweimal brach, ebendas. *c* von Mägdeberg. Bei *a* von Reiffenstein am Brenner musste die Schiesskammer vor der Scharte *r* zu einer fünfwinkligen erweitert werden.

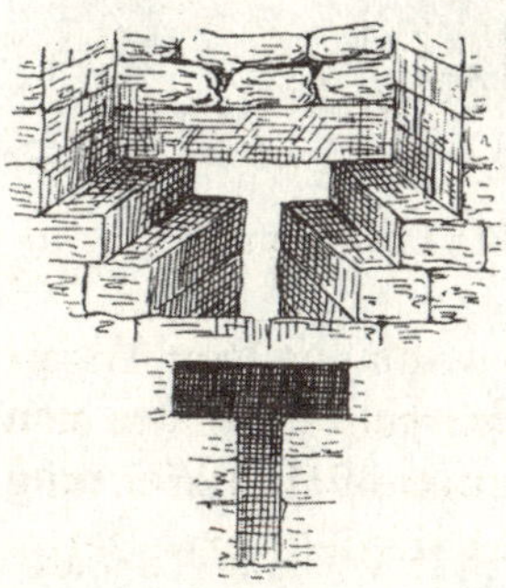

Fig. 296 Gesenkte Scharte

Da Schiessscharten fast immer mehr oder weniger hoch über dem Aussengelände liegen, wurde nicht selten zu möglichster Verringerung des toten Winkels am Mauerfusse, dem bisherigen entsprechend, ihre Sohle besonders stark gesenkt. Es kommt das zunächst, Fig. 206 und 225, bei Scharten vor, aus welchen man auch in horizontaler Richtung schiessen konnte. Bei Scharten der Ringmauer von Veldenstein, Fig. **296** (ebenso Hohenberneck

[1]) B. Ebhardt, Deutsche Burgen I, S. 185.

[2]) F. v. Apell, Gesch. der Befestigung v. Strassburg, 1902, S. 68.

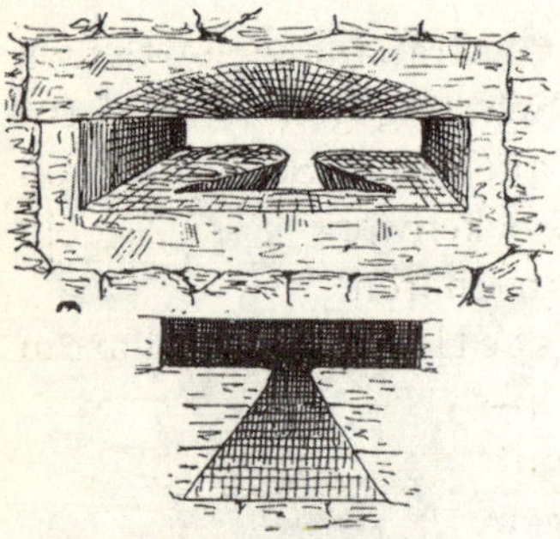

Fig. 297 Desgleichen

im Fichtelgebirge) und Fig. **297** (Innen- und Aussenansicht, diese von unten) beschränkt sich diese Abwässerung auf einen schmalen Mittelteil der Sohle.

In erhöhtem Masse entspricht dem die „Senkscharte" und vollends die „Fussscharte", bei welchen beiden Arten die gesamte Scharte, also einschliesslich der Decke, in schräg nach unten gehender Richtung die Mauer durchbricht. Während bei der ersteren der Anfang der Scharte, wie sonst, ungefähr in Brusthöhe liegt — Fig. **298** vom Wehrgang über dem Aussentore von Landskron in Kärnten[1]) —, hat die Fussscharte solchen am Fusse des Schützen. Beispiele bieten Fig. 321 und 323[2]). Zu den letzteren werden auch die Löcher zu zählen sein, die in manchen Torwegen und Berchfriten den Scheitel des Gewölbes durchbrechen.

Fig. 299 Desgleichen

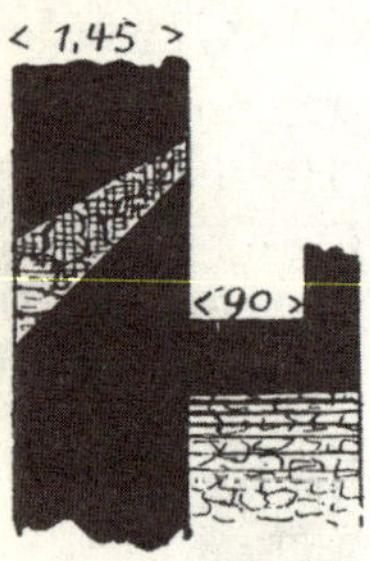

Fig. 298
Senkscharte

In besonderer Weise sind Fussscharten an einem wehrhaften Gebäude von Seebenstein in Niederösterreich ausgebildet. An einer Giebelseite, Fig. **299**, und (gleich hoch und mit Zinnenfenstern abwechselnd) einer Langseite des Baues angebracht, dienten sie zur Verteidigung des innerhalb der Burg zum bewohnbaren Berchfrit führenden Weges. Fig. **300** Ansicht des Wehrganges auf der Langseite[3]). Zu diesen durch ihre der senkrechten Linie nahe kommende Richtung sich auszeichnenden Senkscharten sind mir bisher nur wenige weit zerstreute Seitenstücke durch Aussenansichten bekannt geworden: an einem viereckigen Mauerturme des Kirchenkastells von Hamruden in Siebenbürgen, an einem ebensolchen der maurischen Wehrbauten von Granada und, etwas abweichend, am Fusse des Umzuges des von den Kreuzfahrern in Syrien erbauten „Krak des Chevaliers", Fig. **301**[4]). Während

Fig. 300 Desgleichen

---

[1]) Andere Senkscharten, nicht erweitert und (wie bei Fig. 284) von einer Schiesskammer ausgehend, in der Ringmauer auf Aggstein. Ueber beide und die fragliche Zweckmässigkeit solcher Scharten s. meine Oesterr. Burgen III zu Fig. 9 und 104.

[2]) Man hat aus so gearteten Schiessscharten wohl auch (so Mitteil. der k. k. Centralcomm. 1894, S. 33) „schräge Gusslöcher" gemacht. Ein Widerspruch in sich, s. Kap. 13. Andrerseits wären nach v. Cohausen, Befestigungsweisen S. 274 „Maschikuli" und „Fussscharten" gleichbedeutend.

[3]) Meine Oesterr. Burgen zu II, Fig. 233—236.

[4]) Nach Rey, Étude, Fig. 18.

dies letzte Beispiel noch dem 12. Jahrh. angehört, wurde Granada den Mauren im 15. entrissen, und die Befestigung zu Hamruden zum Schutz gegen die Türkeneinfälle, also im 16., erbaut. Derselben Zeit werden auch die Scharten von Seebenstein, in schlechtem Brockenwerk aus Ziegeln und Bruchsteinen ausgeführt, angehören.

Fig. 301
Vom „Krak der Ritter“

Was die bauliche Herstellung der Scharten betrifft, pflegen die einfach rechteckigen aus eben genügend mit dem Hammer zurecht geschlagenen Steinen gebildet zu werden, während naturgemäss je minder einfach das Schiessloch gestaltet ist, um so sorgsamer gemeisselter Haustein zur Verwendung kam, sei es in Zusammensetzung mehrerer, sei es in der Weise, dass eine Steinplatte — auch aus Backstein wie auf Hocheppan — mit der ausgeschnittenen Figur die Schartennische schliesst. Etwa die Mitte zwischen beiden Herstellungsarten hält die dreieckige Scharte mit Visierschlitz, Fig. **302**, von Greiffenstein in Tirol, eine besondere Ausführung in Haustein zeigen Fig. **303** von Kollenberg und **304** von Wertheim am Main. Ueber rundliche mit

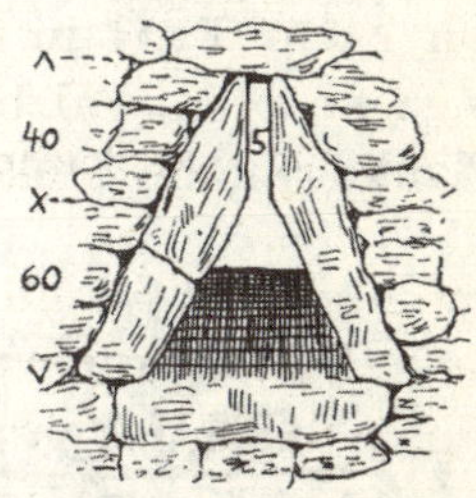

Fig. 302 Greiffenstein

Fig. 303 Kollenberg

Fig. 304 Wertheim

Fig. 305 Scharte aus Ziegeln

Ziegeln bekleidete Schartennischen s. zu Fig. 286. Eine andere in besonderer Weise gleichfalls in Ziegeln ausgeführte Nische zeigt Fig. **305** von einer Stadtbefestigung[1]). Abgesehen etwa von der Zierde, sollte durch diese stufenförmige Gestaltung der Decke gewiss die Schwächung der Mauer verringert werden, und kommt Aehnliches in einfacherer Weise auch in Burgbauten vor[2]).

Auch eine schmückende Umrahmung der Schartenmündung wurde mitunter beliebt. So auf Hohbarr, Fig. 62, in Form besonders herausgearbeiteter Buckelquadern[3]), und in Ringform Fig. **306** *b*, neben den Scharten *a* und *c* von der

[1]) Bergau, Inventar der Bau- und Kunstdenkm. der Prov. Brandenburg 1885.

[2]) So auf Seebenstein, s. meine Oesterr. Burgen II, Fig. 236. Vgl. auch hier Fig. 336.

[3]) Hier mag auch nebenbei eine Ablenkung feindlicher Kugeln beabsichtigt gewesen sein. Vgl. S. 144 f.

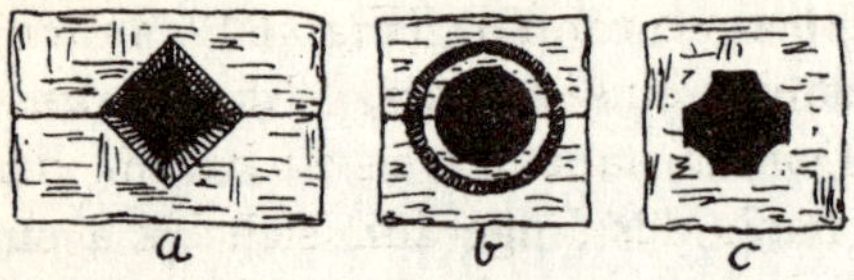

Fig. 306 Schartenformen

Ringmauer zu Veldenstein, während auf Neudahn, Fig. **307**, die Maulscharte zum Maul einer stilisierten Fratze gemacht ist.

Aus dem S. 334 angegebenen Grunde wurden in späterer Zeit Pulverscharten auch in Holz hergestellt. Die bequemere Bearbeitung dieses Materials kam unterstützend noch hinzu. Eine ausnahmsweise nur zum Teil in Holz ausgeführte Schartenenge zeigt Fig. **308** von Hohenwerfen in Salzburg. Der Regel nach trat das Holz in Form einer starken Planke an die Stelle der die Nische schliessenden Steinplatte, so auf Rattenberg und Rodenegg in Tirol und der Repser Burg in Siebenbürgen, seltener in Form von aufeinander liegenden Balkenstücken, wie auf Altbodman in Baden. Oefter als einzelne Scharten kamen in der letzteren Weise ganze Reihen von solchen in hölzernen Brüstungen vor, Fig. **309**, Innenansicht über dem ersten Tore von Rodenegg, wie ähnlich auf Eisenhart (Prov. Brandenburg). S. weiter dazu S. 336 und Kap. 13.

Fig. 307 Neudahn

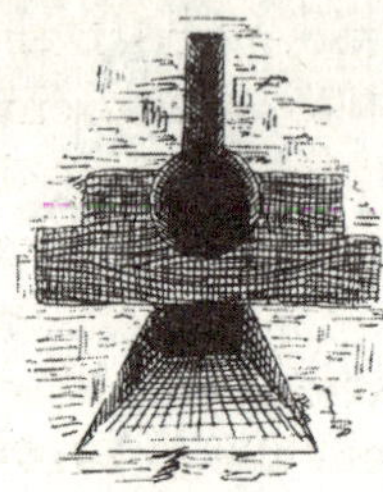

Fig. 308 Hohenwerfen

Um aus geschlossenem Raume den Pulverrauch abzuleiten, der bei den älteren Feuerwaffen in erheblicherem Masse auch aus dem Zündloche kam, wurde besonders bei Geschützscharten, jedoch nur ausnahmsweise, ein besonderes Loch in der Aussenmauer ausgespart, und zwar entweder über der Schartennische (Spantekow in Pommern) oder im Gewölbscheitel derselben (so in einer Strassburger Streichwehre von 1470).

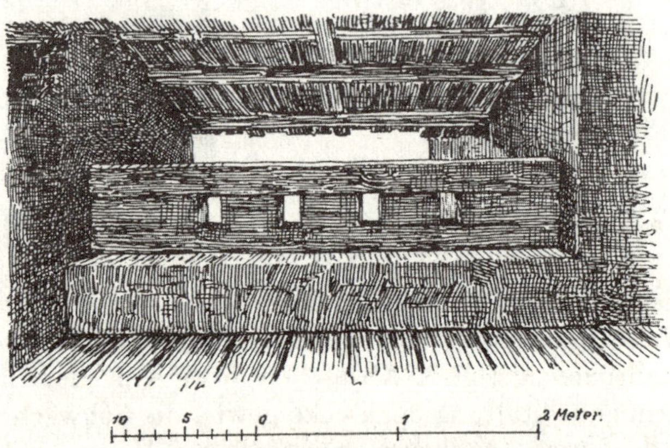

Fig. 309 Scharten aus Rodenegg

Das in Burgresten nur noch selten erhaltene Auflegeholz war in der durchschnittlichen Stärke von etwa 7 cm vor oder in der Schartenenge in der Regel fest eingemauert. Mitunter, so auf Taufers und Veldenstein, finden sich zweckmässig statt dessen in den beiden Seitenwandungen die Löcher und Schmiegen ausgespart, wie sie zur Einfügung von Klemm- oder Riegelbalken auch bei Türen und Fensterladen gebräuchlich waren. Auf Neuhöwen im Hegau ist in beide Schartenbacken eine 9 cm weite und 25 cm lange Tonröhre eingemauert, deren glatte Wandung eine willige Drehung des Auflegeholzes ermöglichte und damit ein Hin- und Herschieben der schweren Büchse erleichterte. Vereinzelt findet sich auf Taggenbrunn (Fig. **310** unten) anstatt des Holzes ein plattenförmiger Bruchstein eingemauert. Ebenso ausnahmsweise ist auf Wildenstein an der Donau nahe ausserhalb der Schartenenge in der Schartensohle ein kleines, nach der Enge hin sich bis 4 cm vertiefendes Loch ausgemeisselt, welches, damit der unten oft dreieckigen Form des Büchsenhakens entsprechend, jedenfalls zum Einstecken derselben bestimmt war. Auf Mägdeberg im Hegau soll eine in der Schartenenge auf der Sohle aufgemauerte Leiste die Stelle des Holzes vertreten. Nicht eben selten aber — so z. B. durchweg auf Felsberg in Hessen — fehlt auch bei zweifellosen Pulverscharten jede Spur einer besonderen Auflegevorrichtung. Mitunter mag man da ein Holzstück auf andere Weise eingeklemmt haben, oder man verzichtete ganz auf solche Vorrichtung, wie man denn ihrer bei der aus einer Platte geschnittenen Scharte jedenfalls nicht bedurfte.

Fig. 310
Taggenbrunn

Andrerseits kommen, wie die Figuren 310 und 311 zeigen, öfter auch zwei Auflegevorrichtungen übereinander vor, und zwar dies, auch ohne dass eine Mehrheit von Schartenausweitungen dazu Anlass gegeben hätte.

In besonderer Weise ist das in dem runden Berchfrit von Neustadt in Mecklenburg (Fig. 148) bei den Scharten des zweitobersten Geschosses der Fall, die (Fig. **311**) an sich die Form einfacher rundbogiger Fenster haben. Hier bildet die Aussenseite der unteren Bank eine stark gesenkte Sohle für nach unten gerichtete

Fig. 311 Neustadt i. M.

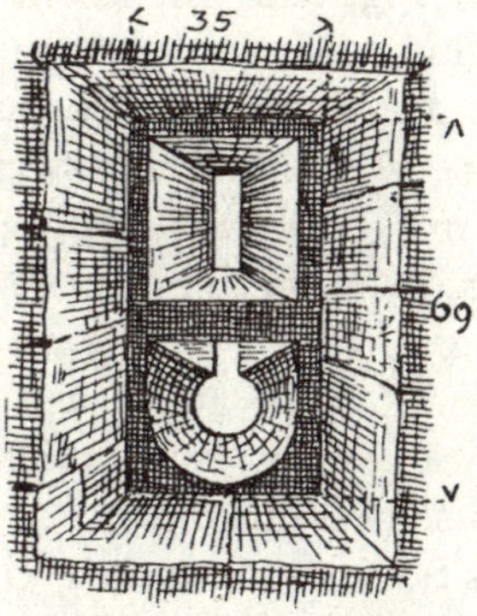

Fig. 312 Prozelten

Fig. 313 Desgleichen

Schüsse. Darüber und weiter nach aussen gerückt, bietet der (oben wagerechte) gemauerte Bogen ein zweites Auflager, und als drittes erscheint der noch darüber wieder mehr nach innen zurück eingemauerte dünne Balken, dessen Benützung als solches bei der Höhe des so zur Verteidigung eingerichteten Fensters freilich nicht unmittelbar vom Fussboden aus möglich wäre[1]).

Ausser solcher Mehrheit bloss der Auflegehölzer kommt auch in verschiedener Art eine gruppenweise Zusammengehörigkeit von Schusslöchern selbst vor. Zu-

[1]) Gleichwohl wird derselbe den angegebenen Zweck gehabt haben, da nicht anzunehmen ist, dass man etwa zur Befestigung des mehrere Meter starken Mauerwerkes einen so verhältnismässig dünnen Balken verwandt und derart offen durch das Fenster geführt haben sollte.

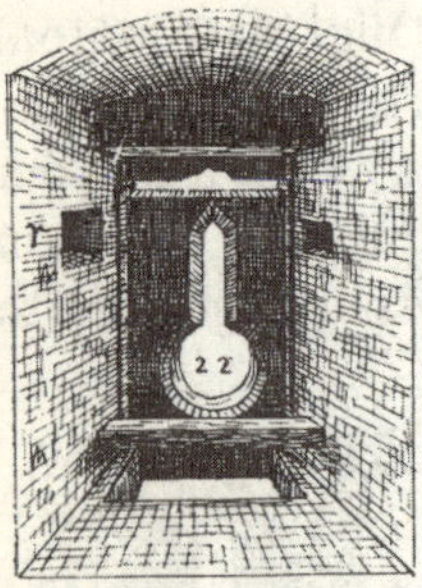

Fig. 314a Taufers

Fig. 314b Taufers

nächst von derselben Schartennische ausgehend, deren mehrere über einander. So in stets abwechselnden Schartenformen, z. B. Fig. **312** und **313**, aus der (hier besonders dicken und gegen die Schartenenge allseitig abgeschrägten) Steinplatte geschnitten in einem Mauerturme von Prozelten, und Fig. **314a** (s. dazu Fig. 328) und *b* auf Taufers, in anderer Ausführung Fig. **315** aus dem Torbau von Gabelkhofen.

Mitunter, so mit Vorliebe auf Sigmundskron und zwar sowohl auf der Ringmauer als oben in Türmen, ist eine Schlüsselscharte mit einem darüber befindlichen Viereckfenster zusammengestellt, welches letztere trotz seiner Höhe bis zu 90 und Breite bis zu 70 cm durch die Löcher eines Auflegeholzes an der Sohle als eigentliches „Schiessfenster" (S. 335 Anm. 1) gekennzeichnet ist. Auf Hardegg in Kärnten hat man in ein auf den engen Hofraum gehendes Rundbogenfenster später eine Brüstung mit zwei Schiessspalten nebeneinander eingemauert[1]).

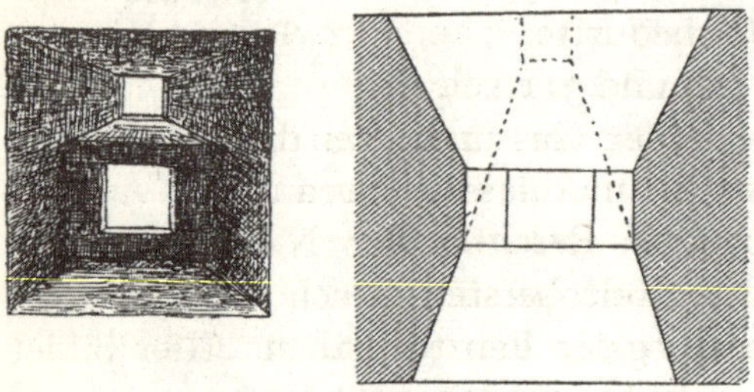

Fig. 315 Gabelkhofen

Ein seltenes Beispiel von drei neben einander aus einer Steinplatte geschnittenen Schiesslöchern bietet Fig. **316** von einem Mauerturm in Halle[2]). Häufiger, wenn auch im ganzen immer noch selten, kommen solche in der Form der sogenannten Hosenscharten vor, d. h. von zunächst zwei schief zueinander gestellten Scharten mit gemeinschaftlicher Mündung; Fig. **317** von Greiffenstein in Thüringen, **318** von Planta bei Meran. Soll man aus einer Hosenscharte, wie sonst gewöhnlich, auch geradeaus schiessen können, so kommt ein drittes Schiessloch in der Mitte hinzu; Fig. **319** von Neueberstein im Schwarzwalde[3]), **320** Grundriss und Innenansicht von einem Batterieturme der Küssaburg für Geschütz (die am tiefsten liegende Scharte auf Fig. 207).

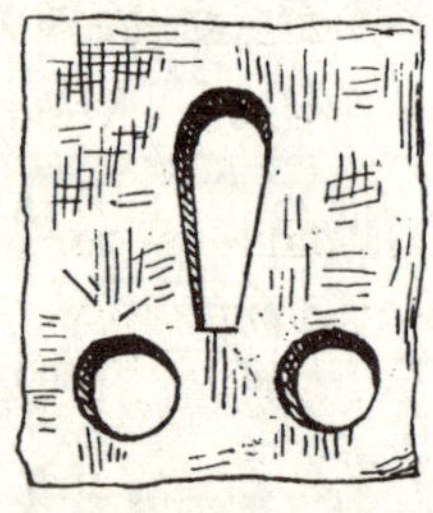

Fig. 316 Aus Halle

Fig. 317 Hosenscharte

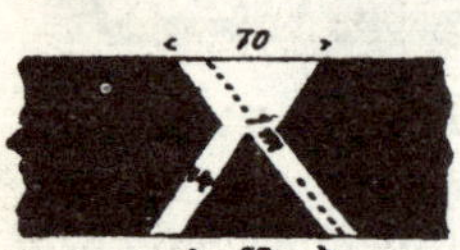

Fig. 318 Desgleichen

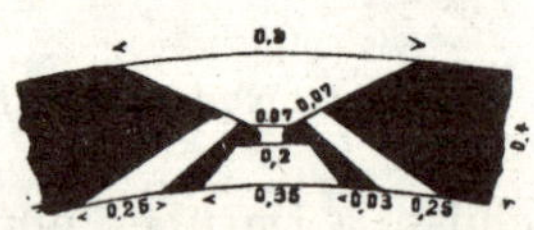

Fig. 319 Desgleichen

Auch noch in anderer verschiedener Weise kommen Zusammenstellungen von Schartengruppen vor. So, Fig. **321**[4]), in der dem 16. Jahrh. angehörenden Zwingerbastion am Hallertürlein zu Nürnberg, wo beiderseits neben der Geschütz-

---

[1]) Abbildungen dieser Scharten in meinen Oesterr. Burgen IV und III.

[2]) Bau- u. Kunstdenkm. der Prov. Sachsen S. 328.

[3]) Näher, Deutsche Burg S. 35.

[4]) Viollet-Le-Duc, Architect. Milit. 220. v. Essenwein, Kriegsbauk. 258.

scharte *c* eine solche in eigentümlicher Hakenform für Büchsen und darunter in Zusammenhang mit einer geringen Vorkragung des oberen Bauteiles eine Fussscharte, *v* (S. 344), von derselben Schiesskammer ausgehen. Eine andere Gruppe, Fig. **322**, wiederholt sich etwa sechsmal an der Umfassung des Schlosses Kirchheim u. Teck. Eine wieder ganz andere, Fig. **323**, hat oft wiederholt der Wehrgang unter dem Dache des Palas zu Moosham in Salzburg. In der stumpfwinkligen Einbuchtung der über dem Dachboden nur noch niedrigen Umfassungsmauer sind übereinander zwei Fussscharten ausgespart. Das Dach ist dann so weit vor diese Mauer hinausgerückt, dass zwischen beiden ein hinlänglich weiter Raum bleibt, um auf der Aussenseite der letzteren senkrecht nach unten werfen oder giessen zu können, und in der hinter diesem Gussloch aufsteigenden, das Dach mittragenden dreifachen Balkenlage hat der unterste Balken eine rundliche, nach innen ausgeweitete Schiessscharte. Endlich kann darüber ein Abschnitt des mittleren Balkens um Zapfen nach aussen aufgedreht werden, dass so noch zur Erweiterung dieses Schiessloches eine maulschartenartige Oeffnung entsteht[1]).

Fig. 320 Hosenscharte für Geschütz aus Küssaburg

Fig. 321 Nürnberg

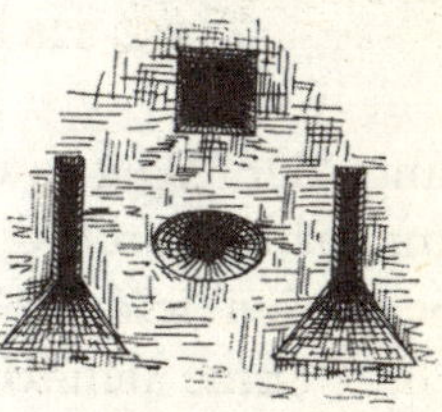

Fig. 322 Kirchheim u. Teck

Handelt es sich darum, aus einer Schiessscharte nur gerade ein bestimmtes Ziel zu treffen, so brauchte man jener nur die Gestalt einer dahin gerichteten, in der Mauerdicke ausgesparten (der einfacheren Herstellung wegen viereckigen) Röhre zu geben. Ein vereinzeltes Beispiel zeigt Fig. **324** (Innenansicht und Durchschnitt) aus einem berchfritartigen Rundturme von Plau

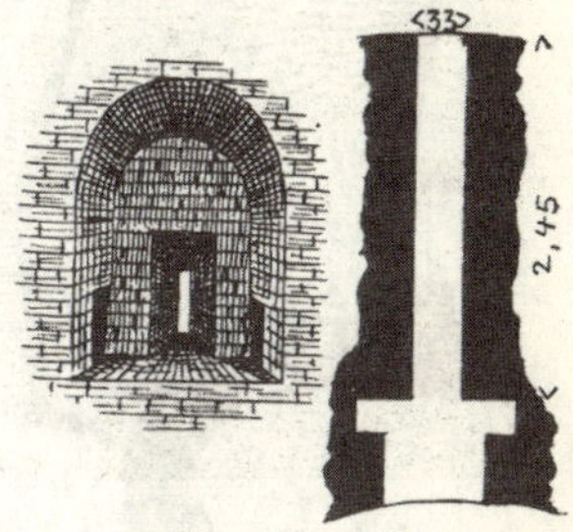

Fig. 324 Plau

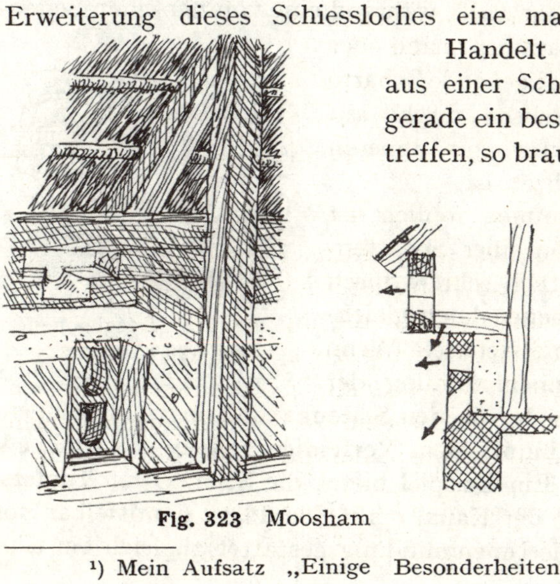

Fig. 323 Moosham

[1]) Mein Aufsatz „Einige Besonderheiten" etc. in Mitteil. der k. k. Centralcomm.

in Mecklenburg, wo die Schiessröhre auf den nahen Uebergang über den Ringgraben gerichtet ist. In besonderem Masse sind (Fig. 170) diese Scharten in zwei Stockwerken der sog. „Sternschanze" bei Sauerbrunn in Steiermark ausgebildet[1]). Die 44 cm breiten und 53 cm hohen Mauerkanäle bestreichen hauptsächlich im unteren Stockwerk die gegenüberliegenden Schenkel der stumpfen Winkel (allerdings bei der hohen Lage jener wohl nur im Hinblick auf eine Leiterersteigung), und augenscheinlich hat man nur um deswillen dem Gebäude diese Sternform gegeben. (Die Mündung der beiden Schiessröhren auf der Westseite des unteren Stockwerkes s. Fig. 169 über der ebenerdigen Tür.) Im oberen Geschoss (Fig. 170, II) münden die Röhren in der äusseren Ausweitung anderer geradeaus gerichteter Scharten. In ähnlicher Art ist das, Fig. **325** und **326**, fortlaufend auf Eppenstein bei einer Ringmauer ausgebildet, an welcher entlang der Weg zum (inneren) Burgtore führt. Wie dort, so wurde auch hier immerhin durch die (übrigens mit Auflegehölzern versehenen) Röhren der seitliche Schussbereich der gewöhnlichen Scharten erweitert.

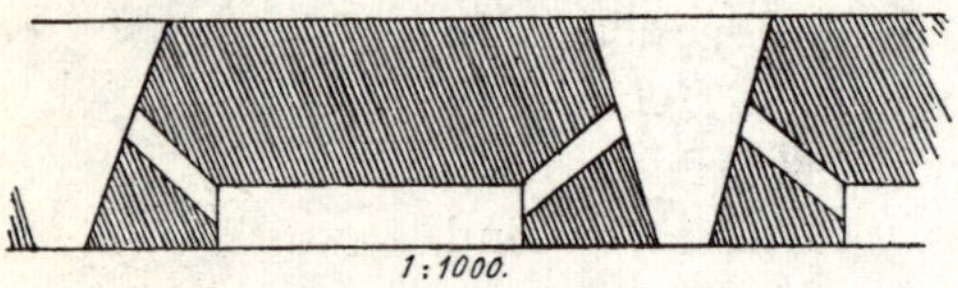

Fig. 325 Eppenstein

Fig. 326 Desgleichen

Eine den Hosenscharten verwandte Einrichtung ist die, dass mitunter von einer Kammer zugleich eine Scharte für Handfeuerwaffen und eine solche für liegendes Geschütz ausgeht. Ein Beispiel bietet der eine halbrunde Eckturm von Mägdeberg im Hegau, Fig. **327**. Hier bestreicht die Scharte *a* für grösseres Kaliber den im äusseren Zwinger *z* heraufführenden Burgweg seiner Länge nach, während eine von der einen Seitenwand der Kammer nahe der Decke schräg abgehende Scharte *c* für Handbüchsen direkt auf das Eingangstor zur inneren Burg *b* gerichtet ist.

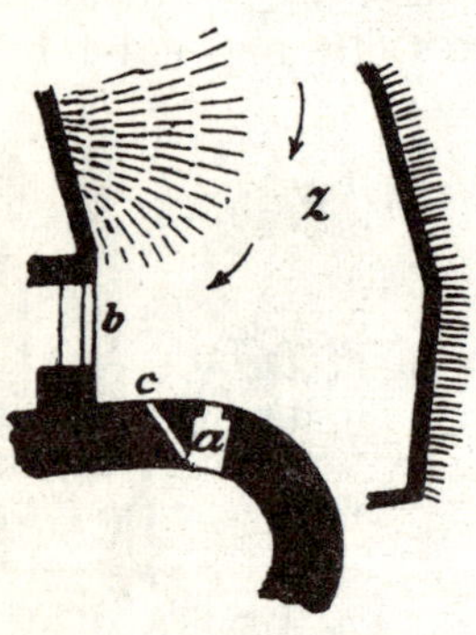

Fig. 327 Mägdeberg

Nicht immer freilich ist das zweite von einer Schartennische aus seitlich schräg durch die Mauer gehende Loch gleichfalls eine Schiessscharte. Wenn vor seiner Innenmündung der Raum zu eng ist, um von dort eine Büchse in den Seitenkanal bringen zu können, war letzterer vielmehr nur dazu bestimmt, dem Verteidiger einen Ausblick in derselben Richtung zu gewähren. Ein Beispiel bietet die Scharte von Taufers, Fig. 314 a, Aussenansicht Fig. **328**, wo der Kanal *r* auf den Platz unmittelbar vor das äussere Burgtor gerichtet ist. (Die Innenmündung gestattet zugleich ein Ein-

Fig. 328 Taufers

[1]) Meine Oesterr. Burgen II, 175.

schieben des Auflegeholzes, für welches in der gegenüberliegenden Nischenwand das kleinere Loch ausgespart ist.) Bei einem weiteren Beispiel auf Hohlandsberg im Wasgau hat der Sehkanal, etwas schräg nach unten gehend, die Richtung auf ein inneres Tor. Zwei solcher Spählöcher gehen endlich von einer ganz einfachen, jedenfalls auch zum Schiessen zu benutzenden Scharte in der Ringmauer der Burg Hausach (Schwarzwald) aus. Dieselben sind 17 cm breit, ca. 70 cm lang, 26 bzw. 40 cm hoch und mit Backsteinen ausgefuttert.

Fig. 329 Strassburg

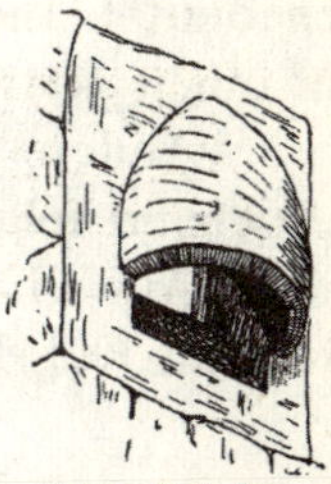

Fig. 330 Büdingen

Wie die Hosenscharte gewiss dadurch veranlasst wurde, dass man die dahinter sich aufhaltenden Verteidiger tunlichst vor feindlichen Kugeln sichern wollte, so kommt das besonders zum Ausdruck bei einer (nicht mehr vorhandenen?) Scharte am neuen Judentor zu Strassburg, Fig. **329**, bei welcher der trennende Mauerteil zum Abfangen solcher Geschosse rundlich eingekerbt war[1]). Man sann aber im Laufe der Zeit auch auf andere Vorrichtungen zu diesem Zwecke.

Eine solche bestand zunächst in einem vereinzelt vorkommenden pechnasenartig vorstehenden Steinschilde oder Schutzdeckel, der auch mit dem Fig. 276 dargestellten Laden etwas Verwandtes hat. Er kommt in ganz gleicher Art — Fig. **330** — im Grossherzogtum Hessen an der Stadtmauer und dem Schlosse von Büdingen und am Schlosse Ronneburg vor[2]). Auch der in Mauerwerk ähnlich gestaltete Bauteil auf Fig. 297 hat gewiss diese Bedeutung, zumal er der Gestaltung nach nicht als Abtritt gedient haben kann.

Eine andere Schutzvorrichtung, welche freilich nicht im Augenblick des Schiessens selbst in Wirksamkeit treten konnte, war der Verschluss der Scharte durch eine auf ihrer Innenseite angebrachte kleine Tür von Eisenblech, welche bei weiter und von aussen zugänglicher Kanonenscharte zugleich ein Einsteigen verhinderte. Die Haken zum Einhängen und Verschluss der Tür sind noch hie und da vorhanden (Heimfels und Rodenegg in Tirol). In anderen Fällen deuten (wie bei Fenstern gebräuchlicher) entsprechende Spalten in der Mauerdicke auf eine Schiebetür hin. Fig. 314a aus Taufers daselbst. Ebenso auf Rauhenstein in Niederösterreich, während in der Barbacane von Hocheppan das runde Schiessloch durch einen in der Mauerdicke vor- und zurückzuschiebenden Balken geschlossen werden konnte. Wieder anders sollten gewiss bei Scharten auf Sigmundskron, Fig. **331**, die nicht tiefen

Fig. 331 Sigmundskron

[1]) F. v. Apell, Gesch. der Befestigung v. Strassburg. (1902) S. 144

[2]) Kunstdenkm. im Grossherzogt. Hessen, S. 105.

Rillen auf beiden Seiten der Schiesskammer zu einem freilich mehr dauernden Verschlusse durch aufeinander gelegte Balken (wie bei den Torwegen, S. 304) dienen, doch wäre hier auch etwa ein zweiteiliger Vorsetzladen zu denken. Endlich deutet auch schon ein Falz auf der Innenseite der Scharte, wie auf Fig. 320, auf einen zeitweisen Verschluss hin.

Andere eigenartige Vorrichtungen zum Verschlusse nur der Schartenenge selbst sind folgende:

Auf Harburg (Bayern) ist in diese, entsprechend ausgerundete, eine hölzerne Kugel eingefügt, welche zwecks Durchsteckung des Gewehrlaufes durchbohrt ist und sich nach allen Seiten drehen lässt, so dass man überallhin schiessen und, die Kugel weiter drehend, auch die Schartenenge ganz schliessen konnte. Das Bohrloch ist natürlich weit genug, dass man noch über den Lauf hinwegzielen konnte. Eine ganz ähnliche Vorrichtung ist noch (jetzt erneuert) neben einem Tore auf Hohenwerfen, bei dem Vorwerk des Laufer Tores zu Nürnberg und auf Wörth in Bayern vorhanden, nur dass hier anstatt der Kugel eine mit einem Schlitz versehene, um ihre senkrechte Achse drehbare hölzerne Spindel in der Schartenenge angebracht ist. Jene kommt da auch mit einer Erweiterung nach unten vor. Fig. **332**, Durchschnitt. Wenn auf Moosham, Fig. 323, ja auch das wagerecht drehbare Balkenstück zum Verschlusse der oberen, maulschartenartigen Schiessöffnung diente, so haben wir wieder eine ähnliche Vorrichtung, nur mit in der Mitte liegenden Achse bei den hölzernen Scharten der Repser Burg in Siebenbürgen, Fig. **333**.

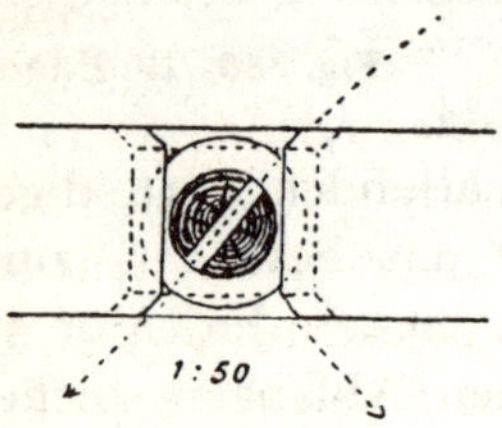

Fig. 332
Scharte in Nürnberg

Fig. 333 Repser Burg

Eine besondere, den Schiessscharten auch eigentümliche, nicht Verschluss- sondern anderweitige Schutzvorrichtung endlich besteht in einer allseitigen Abtreppung der nach aussen sich ausweitenden Wandung, um ein Abwinkeln der von da hineinschlagenden Kugeln zu veranlassen. Die Kanten der Stufen pflegen dabei zweckmässigerweise abgerundet zu sein. Die Einrichtung war besonders bei Schiesslöchern für Geschütz und von maulschartenförmiger Gestalt beliebt. So findet sich die doppelt ovale Form, Fig. **334**, u. a. auf Landstuhl (Rheinpfalz), Fleckenstein (Wasgau), Hochberg und Neueberstein (Baden). Auch bei der Scharte Fig. 291 *m* sind die drei Ausweitungen abgestuft. S. ferner Fig. 294. Seltener ist das, wie bei der eckigen Maulscharte am Rheintorturm zu Konstanz, nur auf den beiden Schmalseiten der Fall, oder die abgestufte Scharte hat, wie auf Rodenegg eine eckige, mehr hohe als breite Form. Eine besondere Ausführung zeigt da, der Form der Scharte entsprechend, eine solche am Aufgang zum Schlosse Burghausen, Fig. **335**[1]).

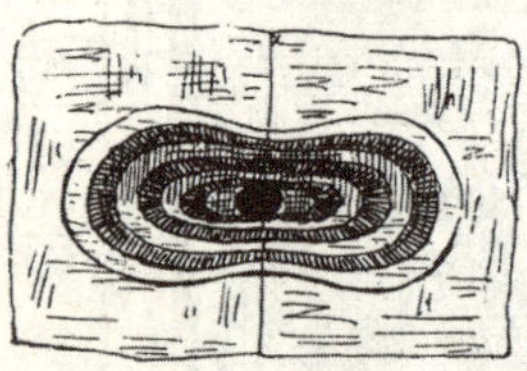

Fig. 334 Landstuhl

Fig. 335 Burghausen

[1]) Kunstdenkm. d. Königr. Bayern, S. 2467.

Was endlich die Entwicklungsgeschichte der vorstehend in ihren Einzelheiten dargestellten Schiessscharten betrifft, so ist für die älteste Zeit auf das bereits darüber Bemerkte zu verweisen; für die spätere ist, entgegen verschiedentlichen, ins einzelne gehenden Behauptungen[1]), nur etwa das Folgende festzustellen.

Wenngleich (Kap. 14) der Gebrauch der Pulvergeschütze bei uns bis in die erste Hälfte des 14. Jahrh., der Anfang der Handfeuerwaffen bis in das Ende desselben zurückzuverfolgen ist, so handelte es sich da doch erst um die vereinzelte Anwendung noch sehr unvollkommener Erzeugnisse der Waffenschmiedekunst, und bis deren brauchbarere auch bei den Burginhabern überwiegend gebräuchlich wurden, und diese dazu gelangten, für solche eigene bauliche Vorrichtungen auszuführen, hat naturgemäss noch eine längere Zeit verstreichen müssen.

So ist denn die Maulscharte Fig. 291 *b* von der 1434 erbauten Bockenheimer Warte die älteste, mir bisher bekannte sicher datierbare Pulverscharte. Aber an dem fünfeckigen „Hohen Turm" der Stadtumfassung von Neckarbischofsheim finden wir schon verschiedene Schlüsselscharten von der Form *f* und *p* Fig. 290, deren eine mit der Inschrift „Anno Domini 1448" versehen ist[2]).

Anstatt dessen, dass, wie ziemlich naheliegen würde, die Pulverscharten erst allmählich und stetig von der einfachsten bis zu den mannigfachst zusammengesetzten Formen sich entwickelt hätten, finden wir nach diesen also schon früh auftretenden Formen auf Schramberg im Schwarzwald (1459), Sigmundskron in Tirol (nach 1473), Hohkönigsburg im Wasgau (1480) und Wildenstein an der Donau (gegen 1554) — s. auch Fig. 338 und 350 — wieder einfach rechteckige Scharten entweder ausschliesslich oder gleichzeitig mit den verschiedensten Schlüsselscharten.

Ebenso kommen dann zu jeder Zeit Pulverscharten vor, welche nach aussen, nach innen und nach beiden Seiten hin ausgeweitet sind. So erstere sowohl auf der Hohkönigsburg von 1480 als auch nach der um 1630 neugebauten Fischburg in Tirol, nach aussen enge auf Schramberg von 1459 und den Neubauten von Hohbarr aus 1583, und mit in der Mauerdicke liegender Enge bei einem Turmbau 15. Jahrh. auf Grevenstein in der Rheinpfalz und einem jedenfalls viel späteren Schlossturme von Ehrenberg im Pustertale. Sogar bei ein und demselben Baustücke, der Ringmauer der in „spätgotischer" Zeit hinzugefügten nördlichen Ecke von Chillon, des „Friedhofes", wechselt der Reihe nach zunächst zweimal je eine nur nach aussen mit einer nur nach innen erweiterten Scharte ab, wonach zwei Scharten folgen, deren Enge genau in der Mauermitte liegt. Die heute noch vorhandenen Mauerscharten in Festungen pflegen freilich durchweg nach aussen zu senkrechten Schlitzen verengt zu sein.

[1]) Wie so vielfach auf dem Gebiet der Burgenkunde, fehlt es auch hier nicht an mancherlei, auf das zeitliche Vorkommen bezüglichen Angaben — so über die Länge der Scharten, ihre Ausweitung nach innen oder aussen, den Anfang und die weitere Ausgestaltung der Schlüsselscharten etc. —, aus welchen man dann wieder Schlüsse auf die Bauzeit machen können würde. Sie pflegen indessen selbst günstigeren Falles nur auf ein unzulängliches Beobachtungsmaterial gestützt zu sein.

[2]) v. Cohausen in Anz. f. Kunde der deutschen Vorzeit, Juni 1865. Er selbst lässt (und ähnlich andere) in Bergfriede S. 34 die Scharten erst „im 16. und 17. Jahrh. alle möglichen Schlüssellochformen annehmen".

Während im 15. Jahrh. die Pulverwaffen in allgemeinen Gebrauch kamen, war man bei der grossen Bedeutung, welche sie auch für den Festungskrieg hatten, eifrig bemüht, in bezug nicht nur auf die Grösse und Art dieser, sondern auch auf die zweckmässigste Ausgestaltung der dafür bestimmten Schiessscharten vielfache Versuche anzustellen. Diesen bei manchen burglichen und städtischen Wehrbauten besonders zutage tretenden Versuchen verdanken wir die ungemeine Mannigfaltigkeit der Scharten, von welchen dieses Kapitel ein Bild gibt. So wenig dabei also von einer stetigen und überall gleichmässigen Entwicklung der Scharten die Rede sein kann, darf man doch naturgemäss die von dem einfachsten Modell sich am meisten entfernenden — abgesehen von den überhaupt erst späten Scharten in Holz — einer verhältnismässig späten Zeit, etwa frühestens dem 16. Jahrh. zuschreiben. Dahin gehört also ausser den schon mitgeteilten Beispielen noch etwa die Scharte Fig. **336** (Durchschnitt und Ansicht von innen) aus der Stadtmauer von Zeitz[1]), eigentümlich besonders dadurch, dass in ihrem Hintergrunde im Rücken eines Hausteines (das nur schraffierte Stück) ein abgetreppter Holzbalken als Kugelfang eingefügt ist. Ebenso Fig. **337** von einem Rondell der Nürnberger Umfassung, an welchem die Scharten — hier freilich nicht entfernt aus Zweckmässigkeitsgründen — in ihrer ganz eigentümlichen schrägen Stellung den parallel damit von unten nach oben laufenden lisenenartigen Streifen des Mauerwerks folgen.

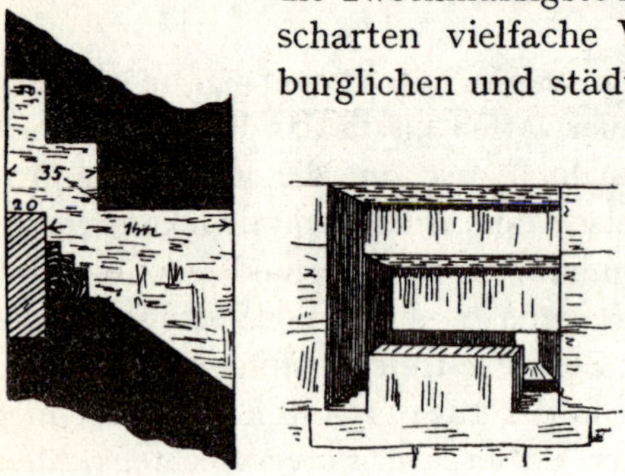

Fig. 336 Stadtmauer von Zeitz

Fig. 337 Nürnberg

Da man nach Einführung der Pulverwaffen nicht überall in der Lage war, für die nötig gewordenen, besonders auch tiefer gelegenen Scharten neue, hauptsächlich turmförmige Bauten zu errichten, wurden diese auch nachträglich in schon vorhandenem Mauerwerk angebracht, wobei man sich mit Vorliebe des bequemen und zu der Zeit ohnehin mehr in Gebrauch gekommenen Backsteinmaterials bediente. So finden sich zweifellose Pulverscharten in den S. 221 als Beispiele genannten alten Berchfriten, in dem 1342 erbauten „Götzenturm" zu Heilbronn und (mit besonders langem Visierschlitz) in der alten Ringmauer von Hohlandsberg im Wasgau. So werden auch die im Kellergeschoss des romanischen Palas von Eger ausser alten, engen Fensterschlitzen hergestellten, mit Ziegeln verblendeten weiteren (Fig. 404) wenigstens zugleich Schiessscharten gewesen sein[2]).

Ebenerdige Schiessscharten in Wohngebäuden blieben im übrigen, wie zur Zeit der Armbrust (S. 340), auch später selten. Als ein bemerkenswertes Beispiel

---

[1]) Verkleinert nach Bau- u. Kunstdenkm. d. Prov. Sachsen 1879, S. 37.

[2]) Vorstehendem nach ist es sicher unzutreffend, wenn Köhler (Entw. des Kriegswesens a. O. S. 455 ff.) die 1343 und in den folgenden Jahren errichtete Befestigung von Danzig und gleichzeitige Streichwehren zu Breslau bereits damals mit ihren Geschützscharten versehen worden sein lässt.

hat D ü r n s t e i n in Steiermark neben einer Ringmauer mit ungewöhnlich dichter Reihe von Scharten in einem Nebengebäudetrakt nicht nur deren (mit in der Mauerdicke liegender Enge) auf der nach aussen gekehrten Langseite, sondern auch ist seine auf der Bergseite liegende Giebelseite im Erdgeschoss fast ganz in solche aufgelöst. Die eigentümliche Ausführung zeigt Fig. **338.** Die einfachen Schlitzscharten sind hier, wie da auch sonst meistens, mit 9 cm dicken Ziegeln verkleidet.

Fig. 338 Dürnstein

Noch seltener kommen den Umständen nach i n m i t t e n e i n e s G e b ä u d e s Schiessscharten vor, wie wir ein Beispiel in Fig. 292c aus A r v a gesehen haben. Es handelt sich da um die Verteidigung des d u r c h das Gebäude führenden Zuganges zu einem auf noch höherem Felsen liegenden Burgteile. Dasselbe gilt von der B u r g k a p e l l e. Ausnahmsweise hat man auf P i e t r a p e l o s a (Istrien) gar den Chor einer solchen aus der Mittelachse mehr nach einer Seite gerückt, um auf der anderen daneben Platz für eine Pulverscharte zur Bestreichung der Ringmauer zu gewinnen. Andere Schlüsselscharten sind nachträglich in die Fenster einer Kapelle eingesetzt, die im Fichtelgebirge zwischen den beiden Burgen B e r n e c k steht.

Dreizehntes Kapitel.

Aussen vorgekragte wehrhafte Bauteile.

(Gusslöcher. Pechnasen. Formen und Verwendung. Vielheit solcher. Verwandte Vorbauten. Maschikulis. Verschiedene Arten. Arten der Kragsteine. Hölzerne Wehrgänge. Geschichte. Vorgeschobene Dächer.)

Um, durch Mauerwerk geschützt — also abgesehen von den mit Klappläden versehenen Zinnenlücken —, den unteren Teil einer Aussenmauer von oben her beobachten und nötigenfalls durch Guss und Wurf verteidigen zu können, brachte man verschiedene Arten von Vorbauten: entweder Pechnasen oder Gusslochreihen, „Maschikulis"[1]), an, zu welchen als drittes noch die freilich meistens nur in Holz ausgeführten, aussen vorgekragten Wehrgänge kommen.

Zunächst die beiden zuerst genannten Vorbauten haben senkrechte, also aus dem Innern des Vorbaues direkt nach unten führende Gusslöcher[2]) miteinander gemein, aber sie unterscheiden sich hauptsächlich dadurch, dass diese Gusslöcher bei den Pechnasen in meistens kleinen, zu diesem Zwecke angebrachten Erkern

---

[1]) Das franz. *mache* — oder *machicoulis* bedeutet freilich nicht die Gusslöcher selbst, sondern die diese enthaltenden „*galeries saillantes*" (Littré); doch kommen Gusslochreihen wohl nie (s. S. 358) ohne letztere vor. Bei unbekanntem ersten Teil des Wortes bedeutet *coulis (coulisse)* „*qui glisse, qui est disposé pour laisser glisser*" (ebendas.). Engl. *machicolation* = Pechnasenreihe (? Flügel). Spätlat. *machicollamentum, machicolladura* nach Du Cange „*pergulae species in superiori turrium parte, unde in oppugnatores lapides aliaque projiciebantur*".

[2]) Ein im Vorbau fallen gelassener Stein muss unbehindert am Fusse der Mauer ankommen können. „Schräge Gusslöcher" (S. 344, Anm. 2) sind also vielmehr Senkscharten. Eine da ausgeschüttete Flüssigkeit (siedendes Wasser oder Pech) würde wirkungslos an der Mauer hinabrinnen. — In einem Besichtigungsprotokoll der Hohkönigsburg von 1566 heisst es: „weil (auf dem Mantel) zwischen den steinernen Köpfen (Kragsteinen), auf denen die Brustwehr steht, feine Wurf- oder Gusslöcher zugerichtet sind, durch welche zur Zeit der Noth mit Würfen und Schiessen der rechten (d. h. eigentlichen) Mauer nah straks (d. h. gerade, unmittelbar) hinab grosse Gegenwehr bestehen möchte".

v. Essenwein nimmt — wohl einer in Viollet-Le-Duc, Dict. rais. „Machicoulis" vorgetragenen Idee folgend — bei der Hochmeisterwohnung der Marienburg auch zwischen den weiter vorgekragten Ecken (also Fig. 370 links) Gusslöcher an, aus welchen hinabgestossene „mächtige Steine", jedoch, wie auch (Kriegsbauk. Fig. 128) durch Abbildung erläutert wird, drei Stockwerke tiefer erst auf eine vorspringende Fensterbrüstung und darunter auf eine zweite noch weiter vorspringende aufprallen, um die dicht darunter im Graben befindlichen Gegner zu treffen. Gusslöcher, durch welche man den Angreifer gar nicht direkt treffen kann, würden jedoch (des unsicheren Treffens wie der wesentlich geschwächten Fallkraft wegen) derart unzweckmässig sein, dass sie schwerlich irgendwo angebracht worden sind. Ueber dem Tore der Kaiserpfalz zu Gelnhausen sind bis zu der höher angebrachten Pechnase sogar statt der sonst vorstehenden Buckel der Mauer die Steine geglättet.

liegen, während bei den Maschikulis für dieselben dadurch Raum gewonnen wurde, dass die Brüstungsmauer, oder aber die Aussenmauer eines oberen Stockwerkes — beide ganz oder zum Teil — auf Kragsteinen um mehr als ihre Dicke[1]) vor die untere Mauerflucht hinausgerückt wurde.

In bezug auf die Frage, ob vorgekragte Gusslöcher schon den Römern bekannt gewesen sind, kommt die Stelle bei Vegetius IV, 4 in Betracht: *Ita tamen supra portam murus est ordinandus, ut accipiat foramina, per quae de superiore parte effusa aqua subjectum extinguat incendium. Foramen*, von Krieg v. Hochfelden (a. O. S. 8, Anm. 1) als „Giessloch", von v. Cohausen (Bergfriede S. 37) als „Pechnase" gedeutet, bedeutet nur Loch, Oeffnung, und zumal da eine solche in der Mauer ja genügte, um Wasser in ein am Tore angelegtes Feuer zu giessen, würde Vegetius es wohl hinlänglich ausgedrückt haben, wenn er einen zu dem Zweck vorgekragten Bauteil im Sinne gehabt hätte. Pechnasen oder sonstige Gusslöcher sind denn auch meines Wissens bei den Römern nirgends nachweisbar[2]). Nur gibt v. Cohausen (Befestigungsweisen S. 95) als „wohl in der ganzen alten Fortifikation einziges Bauwerk" im Zuge der alten Ringmauer neben der Porta salara zu Rom einen aus Ziegeln halbrund vorgebauten „Erker mit fussschartenartigem Loche zwischen den Tragsteinen" an, welcher „gleichzeitig und" (was sich dann freilich von selbst verstände) „kein Abort" sei. Die Abendländer haben mit Gusslöchern versehene Vorbauten jedenfalls erst durch die Kreuzzüge kennen gelernt[3]).

Der bezeichnende Name Pechnase[4]) — also ein nasenförmiger Vorbau, aus welchem Pech herabgegossen wird — dürfte erst spät-, wenn nicht nachmittelalterlichen Ursprunges sein. Die Minnesänger kennen nur „Erker"[5]), die, regelmässig in grösserer Zahl vorkommend, neben perfrit und wîchûs genannt werden. (Vgl. die bei Schultz, Höf. Leben, Aufl. 2, I, S. 25, Anm. 2 angeführten Stellen.) Besonders bezeichnend ist des Konrad von Würzburg († 1287) Troj. 25128: *Vil erker ûz geschozzen Wâren oben an der were, Dar inne saz der schütsen here Mit armbrusten und mit bogen*[6]).

Wird man bei der Pechnase eine lichte Weite des vorgekragten Teiles (im wagerechten Durchschnitt) von 72 cm Breite und 54 cm Tiefe, wie sie eine Pechnase in Gutenberg am Neckar zeigt, für das etwa mittlere Mass annehmen können, so kommen doch auch wesentlich hiervon abweichende Massverhältnisse vor. So

---

[1]) Ausnahmen s. weiterhin S. 368.

[2]) Die festen Tore z. B. von Trier, Autun, Aosta, Rom, Pompeji, Perugia, Volterra etc. zeigen nichts derartiges.

[3]) Krieg v. H. versucht in den „Anmerkungen" zu Hefner u. Wolf, Burg Tannenberg S. 72 eine Entwicklungsgeschichte der Maschikulis und Pechnasen, die freilich dadurch nicht an Klarheit gewinnt, dass alles über die Mauerflucht vorstehende Bauwerk, und damit auch die (blinden) Bogenfriese, als „Erkerbauten" bezeichnet werden.

[4]) Franz. *moucharabi*, freilich eine Bezeichnung, die (nach de Caumont, Abécédaire, Aufl. 3, S. 545) erst durch Merimée hierfür eingeführt worden ist. So nennt man im Orient ein vor den Fenstern aussen angebrachtes, vorstehendes Holzgitterwerk.

[5]) Mhd. auch *ärker, erkaere*, neuhd. auch *Arker*. Vom lat. *arca* = Kasten. Auch das mhd. *arke, arc* (Arche) bedeutet Kiste. (Ital., franz., engl., span. nicht ähnlich, arab. *alcor*.) Unzutreffend auch (obgleich auch bei Grimm in erster Linie angegeben) von *arcus* = Bogen abgeleitet.

[6]) Das *dar inne saz* ist wohl nicht wörtlich zu nehmen. Vgl. auch S. 332 Anm. 1. Von Pechnasen, in welchen man ausnahmsweise auch sitzen konnte, s. S. 358 und 361.

findet sich über dem (talseitigen) Aussentor von Hornberg ebendaselbst ein (nicht auf Kragsteinen ruhender) so kleiner würfelförmiger — nach unten nur mit rundem Ausschnitt versehener — Vorbau, dass derselbe dem Torwächter nur dazu gedient haben kann, den Kopf hineinzustecken, um den Einlass Begehrenden sehen und mit ihm sprechen zu können (ein daneben befindliches Wappen stammt aus der Zeit von 1438—1456), während die Pechnasen von Katzenzungen (Fig. 355) im Lichten bis zu 1,80 m breit sind. In der Regel sind jedoch schon so breite Pechnasen durch Zwischenkragsteine zu mehreren Gusslöchern abgeteilt, und in dieser Richtung entwickelt sich dann — wie ähnlich fast bei allen Burgbauten und Burgbauteilen — die Pechnase zu den Maschikulis, ohne dass eine bestimmte Grenzlinie zu ziehen wäre. So wird z. B. ein Vorbau, der sich auf Grünwald erkerförmig nicht über die ganze Breite des Torgebäudes erstreckt, trotz seiner ausnahmsweise vier Gusslöcher noch zu den Pechnasen zu zählen sein, während auf Thomasberg, wo daselbst der ganze obere Teil der Vorderwand bis zum Dache vorgekragt ist, trotz ebensovieler (breiterer) Gusslöcher es sich nur um „Maschikulis“ handeln kann, und auf Kranichberg, wo eine gleiche Vorkragung (mit nur drei Gusslöchern) noch mit Schiessscharten ausgestattet ist, der Vorbau richtiger als ein vorgekragter Wehrgang aufzufassen ist, wie wir deren weiterhin noch andere kennen lernen werden.

Fig. 339 Pechnase

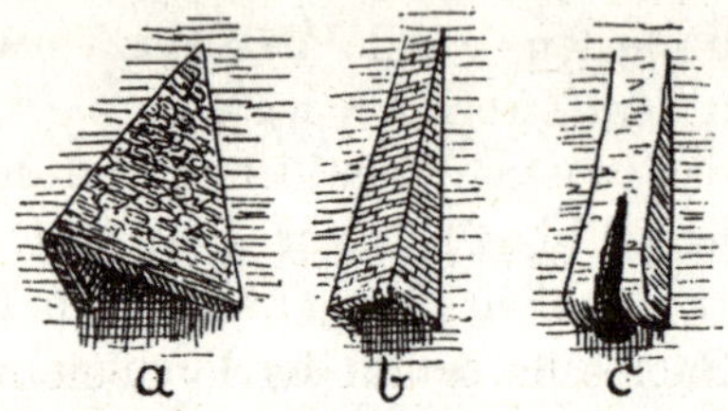

Fig. 340 Andere Formen derselben

Die am häufigsten vorkommende Form der Pechnase ist die eines mehr oder weniger flachen, unten offenen[1]) Kastens, der auf zwei nach unten abgerundeten Kragsteinen — bzw. Doppelkragsteinen — ruht und mit einem Pultdache überdeckt ist (Fig. **339**). Bei einer anderen Form ersetzt das Dach, bis auf die Kragsteine hinabgehend, zugleich die Vorderwand, so dass die Pechnase (im senkrechten Durchschnitt) als Dreieck über die Mauerfläche hinaustritt. Fig. **340***b* in besonders schlanker Form von der Feste Sta. Margherita in Rapallo. S. auch Fig. 356 von Ehrenburg in Tirol, in welchem Lande diese Pechnasenform überhaupt beliebt war.

Fig. 340d Aus Taufers

Eine dritte einfache, besonders in anderen Teilen Deutschösterreichs vorkommende Art besteht aus zwei dreieckigen, aus Bruchsteinen oder Ziegeln gemauerten Dachflächen, welche auf zwei schräg aus der Mauer herausstehenden und sich in spitzem Winkel treffenden Holzbalken ruhen. Fig. **340***a* von einem Torbau der Frauenburg in Kärnten. Die sich in gleichmässiger Erweiterung nach hinten durch die starke Mauer anschliessende Nische hat hier zuletzt noch Platz für zwei schmale Seitenbänke[2]). Auf Taufers in Tirol (Fig. **340***d*)

[1]) Eine Pechnase des Tübinger Schlosses hat einen aus einem Eisengitter bestehenden Boden, der auch erst später eingesetzt worden sein mag.

[2]) Näheres s. meine Oesterr. Burgen I, über Seebenstein (weiterhin) ebendas. II.

sind aus den von Pechnasen dieser Art fast allein noch übrigen Tragbalken drei Schiessscharten nach vorn und den beiden Seiten hin ausgeschnitten. An der Ringmauer von Liechtenstein in Niederösterreich geht je eine

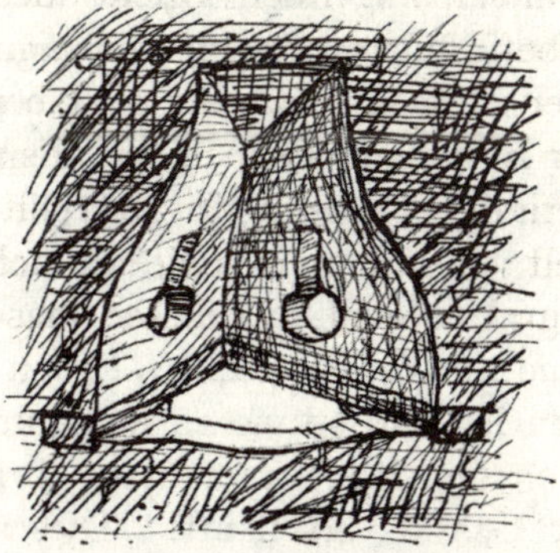

Fig. 341 Seebenstein

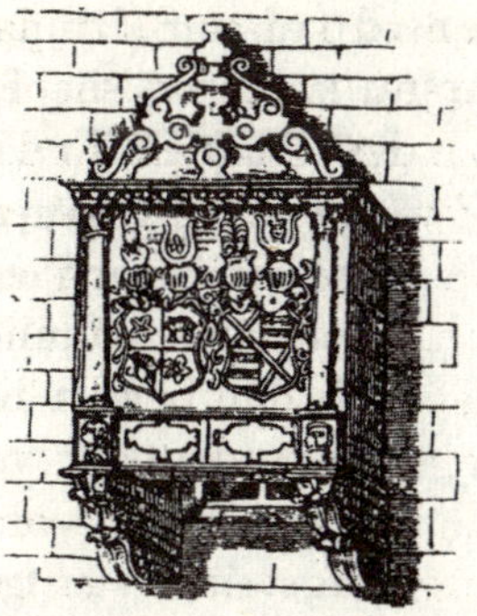

Fig. 342 Neueberstein

Fig. 343 Heimfels

Schiessscharte auf beiden Seiten der Pechnase schräg durch die Mauer[1]), während bei derjenigen von Seebenstein daselbst (Fig. **341** Innenansicht) mit nach aussen abgewässerter Sohle die Aufmauerung selbst zwei Schlüsselscharten hat.

Fig. 344 Hohlandsberg

Wohl hauptsächlich aus späterer Zeit findet sich hie und da eine Pechnase mit einem Satteldache, wie an dem äusseren Torbau von Neueberstein in Baden (Fig. **342** aus Näher, Deutsche Burg). Hier mochte der Wunsch, über dem Doppelwappen noch einen mit Renaissanceornamenten reich verzierten Giebel anzubringen, diese Form veranlasst haben. Pechnasen mit ausgehauenen Wappen aus späterer Zeit kommen auch sonst vor, z. B. auf Dhaun im Hunsrück. Eine unverzierte Pechnase mit Satteldach hat die Schönburg bei Naumburg.

Fig. 346 Seebenstein

Fig. 345 Schöneck

Vereinzelt kommen ausserdem noch andere Formen vor. So die mit drei Seiten des Achtecks vorspringende Pechnase (Fig. **343**) über dem Aussentore von Heimfels in Tirol. (Dieselbe ist ausser den drei schwärzlichen Hausteinen aus schlechten überputzten Bruchsteinen aufgeführt, das Schindeldach schon schadhaft, die Schlüsselscharte vermauert.) Die Form eines halbierten Achtecks mit verlängerter Vorderseite hat die auf vier verschieden langen Kragsteinen ruhende Pechnase von Hohlandsberg im Wasgau, deren noch vorhandenen Ueberrest Fig. **344** zeigt. Als profiliertes Türmchen erscheint eine andere (Fig. **345**)[2]) von Schöneck im Wasgau. Bei anderen, in halber Höhe der Ringmauer von Seebenstein vorgekragten Türmchen oder halbrunden Erkern (Fig. **346**)

[1]) Ob diese Pechnasen bei der jüngst ausgeführten Restaurierung so erhalten geblieben sind, ist mir nicht bekannt. Abb. der Pechnasen 1. Aufl., S. 388.

[2]) Nach Näher, Burgen in Elsass-Lothr. 1886.

scheint es wesentlich auf die Schiessscharten angekommen zu sein, deren untere wieder für sich winzige pechnasenartige Schilde aus Dachziegelstücken haben (vgl. auch Fig. 330). Eine besondere Verbindung eines pechnasenartigen Vorbaues mit einer Pulverscharte zeigt Fig. **340***c* unter dem vorspringenden Dache des Kapellenbaues auf Mauterndorf in Salzburg. Solches Dach wird auch dasjenige ersetzt haben, welches sehr ausnahmsweise bei einer Pechnase fehlt, die sich bei der Burg Hirschhorn am Neckar über dem äussern Ringmauertore befindet. Dieselbe (Fig. **347**) besteht aus einer Vorderwand von Haustein, die, von der Mauer ungewöhnlich wenig abstehend, mit dieser oberhalb der beiden Kragsteine nur durch leichtes Bruchsteinmauerwerk verbunden ist und so wesentlich nur als ein nahe vor das Fenster des Torwächters auf Kragsteinen aufgesetzter Schild erscheint. Dieser reicht im übrigen unten so wenig tief hinab, um für Schuss und Wurf auch in schräger Richtung unter ihm hindurch hinlänglich freien Raum zu lassen.

Fig. 347 Hirschhorn

Eine hier und da vorkommende besondere Art von Pechnasen hat, bei verschiedenartiger Ausgestaltung im einzelnen, das gemeinsame, dass da nur der untere Teil einer nach aussen gehenden Oeffnung nach vorn durch eine pultdachförmige Steinplatte gedeckt ist. An zwei runden Ecktürmen von Ehrenburg im Pustertale (Fig. 356) tritt (erste Fig. **348**) gewissermassen

Ehrenburg **Fig. 348** Adernó

Fig. 349 Starhemberg

dieser schräge Schild an die Stelle der senkrechten Vorderwand der Pechnase. Zum Schutze des über den Schild hinweg weiter hinausschiessenden Verteidigers konnte dann die fehlende Vorderwand zu einem unteren Teile noch durch einen Holzladen geschlossen werden. Die zweite Fig. ebendas. zeigt einen Teil des oberen Abschlusses der Rocca von Adernó, wo die pechnasenförmige Vorrichtung (vgl. auch Fig. 157) immer zwischen je zwei Zinnen angebracht war. Die Schiessscharten in der schrägen Vorderwand können (S. 341) freilich nicht mehr aus Rogers I. Zeit stammen. Soweit an dem schon stark verfallenen runden Berchfrit von Starhemberg in Niederösterreich noch zu erkennen ist, umgab ihn im wenigstens zweitobersten Stockwerke eine Reihe von etwa zwölf der Vorrichtungen, deren eine noch am meisten erhaltene Fig. **349** zeigt. Der jedenfalls auch mit einer schrägen Steinplatte gedeckt gewesene Vorsprung ist hier mehr selbständig unter einem etwas schmaleren Fenster angebracht.

Als eine weitere Ausgestaltung der Pechnase im 16. Jahrh. ist die Fig. **350** von innen dargestellte zu betrachten, wie deren mehrere auf Rodenegg in Tirol vorhanden gewesen sind. Ausser der weiten Oeffnung nach unten hat sie auf den drei freien Seiten nach aussen nicht weniger als acht einfachste Schiessscharten, zu welchen noch in der Brüstung eine neunte kommt. Eine andere dreiseitige Pechnase daselbst hat in der hölzernen Brüstung zwei Scharten nebeneinander.

Fig. 350 Rodenegg

Auch als ein Erker, der mehreren Personen Raum zum Sitzen bietet, kann die Pechnase gestaltet sein. So auf Bäreneck in Tirol, wo der auf den drei Aussenseiten mit Fenstern versehene Vorbau von 1,6 zu 2,25 m lichter Weite sich in nichts von dem Erker eines Wohnbaues unterscheiden würde, wenn nicht (wie nur noch von unten zu erkennen) in seinem Fussboden zwei Oeffnungen zur Verteidigung des darunter befindlichen Eingangstores ausgespart gewesen wären. Ein gleiches hat der bewohnbare Berchfrit von Freundsberg.

Auch die technische Ausführung der Pechnasen ist eine sehr verschiedene. Während manche, so diejenigen auf Rodenegg, nur aus 15 cm starken Ziegelwänden bestehen, andere noch dünner in Bruchstein aufgemauert sind, finden sich doch auch ausnahmsweise ungleich stärkere und damit gegen Schüsse widerstandsfähigere Anlagen. Ein Beispiel bietet die einfach wuchtige, in die Breite gezogene Pechnase über dem Aussentor des alten Schlosses Auer bei Meran. Während andrerseits eine dreiseitige Pechnase der erzbischöflichen Martinsburg zu Oberlahnstein sich durch eine reiche und gediegene gotische Steinmetzarbeit (mit drei Wappen) auszeichnet (s. auch Fig. 342), sind die eines vorgeschobenen Turmes von Falkenstein in Oberösterreich, soweit noch erhalten, bis auf die Kragsteine trotz ihrer nicht einfachen Gestalt lediglich aus ganz unbearbeiteten Bruch- und Feldsteinen mit sparsamem Mörtelgebrauch hergestellt. Fig. **351** und **352** Innen- bzw. Aussenansicht zweier derselben. —

Fig. 351 Falkenstein

Fig. 352 Desgleichen

Eine Beobachtung und (senkrechte) Verteidigung des Mauerfusses war natürlich da besonders wichtig, wo es sich um einen Eingang handelte. Darum hatte die Pechnase zunächst über solchem ihre Stelle[1]), und in erster Linie kam da wieder der Zugang zur Burg überhaupt und somit das äussere Tor in Betracht[2]).

[1]) An solcher Stelle kann es sich begreiflich nie um einen Abtritterker handeln, mit welchem sonst die Pechnase alle Aehnlichkeit haben kann.

[2]) Ueber inneren Toren findet sie sich u. a. auf Liebenfels (Kärnten), Hohenwerfen (Salzburg), Rodenegg (Tirol) und Hohkönigsburg („Löwentor" Fig. 64).

Hier besonders wurde sie nahe über dem Tore angebracht, weil der Wächter mit dem Einlass Begehrenden zu sprechen und ihn eventuell auch zu beleuchten hatte[1]). Sollte die Pechnase dagegen hauptsächlich oder allein zur Verteidigung dienen, so hatte sie besser in der Höhe, meistens unter dem Dache, ihre Stelle, da hier für den Wurf oder Guss die Fallkraft und für den Schuss der Bereich ein grösserer war. Wir finden daher die so hoch angebrachte Pechnase besonders am Palas, Berchfrit u. dgl.

In Deutschland und der Schweiz finden sich Pechnasen — im ganzen überhaupt da ziemlich selten vorkommend — kaum anders als über einem Eingange.

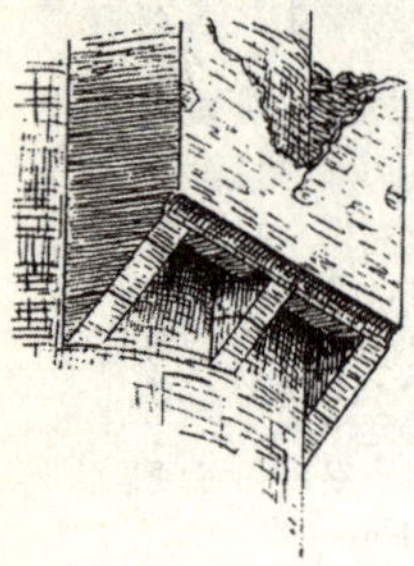

Fig. 353 Rosenberg

Die lediglich zur Verteidigung bestimmte Pechnase konnte solchem Zwecke aber auch entsprechen, ohne örtlich zu einem solchen in Beziehung zu stehen. Das war von selbst bei einer Mehrheit von Pechnasen an demselben Gebäude (darüber weiterhin) der Fall, kam aber auch bei vereinzelt angebrachten vor. So beispielsweise in halber Höhe an dem (einzigen) Eckturme von Rosenberg in Kärnten[2]), wo (Fig. **353**) zugleich zu beachten ist, dass die Pechnase trotz des dadurch verengten Raumes der runden Turmform nicht folgt. Wie S. 216 angegeben, hat auch der mächtige Berchfrit von Freudenberg am Main (Fig. 99) an seinem unteren Mauerabsatz eine und zwar nicht über dem Eingange liegende Doppelpechnase.

Nach Kunstdenkm. des Grossherzogt. Baden IV, 1, S. 106 „gelangte man mittels Leitern oder Aufzug auf diesen Umgang. Die Kragsteine, welche dem Podest, gegen welches die Leitern gestellt wurden, oder von wo der Aufzug mittels Winde erfolgte, zur Stütze dienten, stecken noch in der Mauer. Eine doppelte Pechnase, wie O. Piper annimmt, würde hier gar keinen Sinn gehabt haben". Der fragliche Vorbau entspricht völlig einer Pechnase mit zwei Gusslöchern (vgl. auch Fig. 359), und eines solchen konnte es gewiss nicht bedürfen, um eine Leiter daran zu lehnen. (Ueber den Aufstieg zu diesem Umgange s. auch S. 199.) Darüber, dass er sich zu einer Aufzugsvorrichtung möglichst wenig eignete, s. S. 196. Die letzte obige Bemerkung beruht anscheinend auf der irrtümlichen Annahme, dass eine Pechnase immer über einem Eingange liegen müsse.

Da die Pechnase nur ausnahmsweise für die Tätigkeit mehr als eines Verteidigers Raum bot, lag die Vervielfältigung dieser Erker besonders nahe. Es kommt das zunächst bei der äusseren Ringmauer vor, und bietet da das Gelobte Land selbst (vgl. S. 357) das bedeutendste mir bekannte Beispiel. Bei dem im 12. Jahrh. in der Grafschaft Tripoli erbauten Krak des Chevaliers (Kalaat-El-Hosn) war fast der ganze, ungefähr 500 m lange Umzug mit einer auch durch die vortretenden Türme nicht unterbrochenen dichten Reihe von Pechnasen ausgestattet[3]). Minder grossartige Beispiele bieten in Siebenbürgen die Ringmauern der Burgen Stolzenburg und Marienburg (1211—25 erbaut) und der Wehr-

[1]) Von einer vereinzelten besonderen Nutzbarmachung der Pechnase zum Schutze des Tores berichtet v. Löffler, Gesch. der Festung Ulm 1881, S. 157. Da wurde 1631 über einem Einlasstor an der Donau ein Erker angebracht, der als Boden eine nach unten sich öffnende Falltüre hatte. Auf dieselbe stellte man eine Kiste, die, an langer Kette befestigt, einen „wie eine Sturmkugel präparierten" Feuerwerkskörper enthielt. Wenn nun der „Petardierer" die Petarde an das Tor hängen wollte, sollte die Sturmkugel angezündet und die Falltüre geöffnet werden, so dass die Kiste auf den Petardierer hinabfiel.

[2]) Meine Oesterr. Burgen IV.

[3]) Rey, Étude, Pl. V und VII.

kirchen von Tartlan und Honigberg[1]). Mehrfach finden sich dann solche Reihen von Pechnasen im südlichen Oesterreich. So auf Seebenstein in Niederösterreich und Rodenegg in Tirol[2]). Auf Taufers daselbst springen sie (Fig. 340*d*) neben dem Wehrgange vor, der sich in Fortsetzung desjenigen auf der Ringmauer unter dem Dache des (im 14. Jahrh. schon vorhandenen) „Kornkastens" hinzieht.

In ähnlicher aber umfassenderer Weise ist das allein für sich stehende Schlossgebäude Katzenzungen in Tirol (Fig. **354**) mit Pechnasen bewehrt. Ueber die Decke des oberen bewohnten Stockwerkes ragt die Umfassungsmauer noch um Manneshöhe hinaus, so unter dem offenen Dachstuhle einen ungeteilten weiten Raum für die Verteidiger darbietend. Die Mauer selbst aber ist hier durch anderthalb Meter hohe und durchschnittlich ebenso breite Oeffnungen durchbrochen, vor welchen weite Pechnasen — die Masse wurden schon oben angegeben — vorgekragt sind, und zwar nach vorn sechs, nach den beiden Seiten hin drei bzw. zwei, während die sturmfreie Rückseite deren nicht bedurfte. Ausser den Schiessscharten, deren jede dieser Pechnasen drei ca. 35 cm lange — auf jeder Seite eine — mit geringer Ausweitung nach unten enthält, ist zwischen den Pechnasen noch jedesmal eine runde oder rundbogige Oeffnung — einmal deren

Fig. 354 Katzenzungen

Fig. 355 Desgleichen

Fig. 356 Ehrenburg

zwei — ausgespart, welche gleichfalls als Schiesslöcher benutzt werden konnten. Fig. **355** zeigt eine dieser Pechnasen (nebst Schiessloch) vom Dachraum aus.

Ein eigentliches Seitenstück zu Katzenzungen ist mir bisher nicht bekanntgeworden. (Ueber Mitterburg s. Kap. 15.) Aehnliches wie der Berchfrit von Starhemberg (S. 360) zeigt der vorgeschobene Wehrturm von Falkenstein in Oberösterreich (Fig. 172), der in etwa Zweidrittel seiner Höhe sechs Pechnasen hat. Anstatt der übrigen von besonderer Form (Fig. 351 und 352) ist da wohlbedacht über dem Eingange eine breitere der gewöhnlichen Art angebracht. Runde Mauertürme mit Pechnasen (vgl. Fig. 348) hat Ehrenburg in Tirol, Fig. **356**.

[1]) Sigerus, Siebenbürgisch-sächsische Burgen und Kirchenkastelle, 1901.

[2]) Meine Oesterr. Burgen II und III. S. auch Fig. 356 und 357.

Viereckige desgleichen kommen bei den Wehrkirchen in Siebenbürgen vor. Bei einem solchen zu Neustadt daselbst, Fig. **357**, zeichnen sich die Pechnasen durch ihre Erweiterung nach unten aus. Wenn damit der Bereich — auch wohl für Schüsse — nach den Seiten hin hat erweitert werden sollen, so entspricht dem bei den Pechnasen Fig. 343 und 352 eine entsprechende Abmeisselung der Mauer unter denselben. Den einzigen von mir bisher gefundenen Berchfrit mit wohlerhaltenen Pechnasen an der Wehrplatte hat das Schloss Valèr auf dem Nonsberg in Tirol. Der achteckige Turm hat in seinem aus späterer Zeit stammenden Abschlusse in jeder Ecke eine Schlüsselscharte und dazwischen abwechselnd eine Pechnase nach Art derjenigen von Katzenzungen (nur ohne die seitlichen Scharten), und ein Zinnenfenster, in welchen noch die Achsen der Klappläden (Fig. 274) stecken.

Fig. 357 Neustadt

Weit häufiger als solche ganz abgesondert für sich aus der Turmwand vorspringenden Pechnasen waren an der Wehrplatte oder auch dem obersten Geschoss besonders des Berchfrits pechnasenartige Vorsprünge angebracht. Ein wohlerhaltenes Beispiel bietet der Buckelquaderturm von Miltenberg am Main, Fig. **358** und **359**. Fast genau in der Mitte jeder Seite ist hier auf vier Kragsteinen eine nach oben offene dreiteilige Pechnase von 0,55 m zu (im ganzen) 2,10 m lichter Weite vorgebaut. Die Brüstung der Plattform von 8 m innerer Seitenlänge hat auf jeder Seite der Pechnase noch eine 0,58 m breite Zinnenlücke, während eine dritte über der mittleren Oeffnung der Pechnase in deren nur 17 cm starker Umrahmung ausgeschnitten ist. Um sich der letzteren bequemer und ungefährdet nähern zu können, wurde das mittelste Gussloch mit einer Steinplatte überdeckt, welche, wenn der Feind dem Fusse des Turmes näher gekommen war, leicht wieder beseitigt werden konnte. Einen ganz ähnlichen Abschluss wohl aus dem 15. Jahrh. hat der Berchfrit von Reipoltskirchen (Rheinpfalz) gehabt[1]).

Fig. 358 Miltenberg

Fig. 359 Desgleichen

Als weitere Beispiele sind etwa folgende anzuführen. Der achteckige Berchfrit von Steinsberg in Baden hat in seinem gleichfalls späteren Abschlusse immer unter einer um die andere seiner acht Zinnenlücken zwei einfache Kragsteine für erkerartige Vorbauten, wie solche hier ebenso viele der runde Berchfrit von Wachsenberg in Oberösterreich gehabt hat[2]). Bei dem Berchfrit von Thumb ebendaselbst[2]) hat jede der vier Seiten unter einer türartigen Oeffnung zwei Kragsteine, bei einem solchen von Liebenfels in Kärnten unter je zwei stichbogigen Fenstern vier Balkenlöcher[3]). Wie im Einzelfalle der Vorbau gestaltet

---

[1]) Baudenkmale der Pfalz I, Fig. 134.

[2]) Nach G. M. Vischers Topographia von 1709.

[3]) Meine Oesterr. Burgen II, 127. Aehnlich der Berchfrit von Fürstenburg in Tirol. Ebendas. VI.

war, kann man nicht mehr wissen. Alte Abbildungen, z. B. zur Weltchronik des Rudolf v. Ems, zeigen da sowohl einfache Balkone als geschlossene Häuschen. Nur übriggebliebene Kragsteine legen den Schluss auf einen nur hölzernen Aufbau nahe, wie solcher bei Balkenlöchern ein sicherer ist. Eine Ausnutzung des Vorbaues zur Anbringung von Gusslöchern ist da ja immer wahrscheinlich, wenngleich auch z. B. die oben an einem Mauerturme von Sigmundskron angebrachten Erker anscheinend nicht erst später einen durch Mauerwerk geschlossenen Boden erhalten haben[1]).

Fig. 360 Dorneck

Mit den Pechnasen sind noch andere Vor- und Ausbauten verschiedener Art verwandt, besonders in Form von Dacherkern, vorzugsweise wenn nur aus Holz bestehend, mit französischem Ausdruck auch Bretesche n[2]) und deutsch Ueberzimmer genannt. Auch die Bezeichnungen Letze und Ausschuss[3]) werden da u. a. von v. Cohausen gebraucht. Oefter vielfach und in verschiedener Art angebracht — Fig. **360**, Dorneck in der Schweiz —, dienten sie zugleich dazu, das malerische eines Burgbildes wesentlich zu heben.

Eines der besonders bei Holzbauten nur noch selten erhaltenen Beispiele bietet Fig. **361** vom Pfalzgrafenstein im Rhein. Ueber einen anderen mit Brettern verkleideten Erker zu Rothwasserstelz s. S. 242. Einige der verschiedenartigen Eckvorbauten von burglichen Wohngebäuden, wie wir sie in den österreichischen Schlossabbildungen von Vischer und Valvasor finden, s. Fig. 384 und 385. Ein vieleckiger Dacherker, wie ihn die erstere Fig. zeigt, ist, „der Bienenkorb" genannt, noch auf Hohlenfels im Nassauischen erhalten und da (nach G. A. Fischer, Schloss Burg Fig. 12) auch an der Schildmauer und an den vier Ecken des Berchfrits vorhanden gewesen. In ähnlicher Weise diagonal den Holzwehrgang überragende viereckige Dacherker

Fig. 361
Pfalzgrafenstein

[1]) Meine Oesterr. Burgen IV.

[2]) Auch dieser Ausdruck von unklarer Herkunft und in mannigfacher Form vorkommend — so u. a. bretène, brutesche, lat. baltrescha, brisega, engl. bretise, bartizan, ital. bretescha — ist ein vieldeutiger, meistens jedoch auf einen vorgekragten Holzbau sich beziehender.

[3]) Mhd. *ussschiess.* In der S. 330, Anm. 2 genannten Schrift Fol. 10: *Die ussschiesse des burghusses vnd zwingers muren süllen schusslöcher haben.*

hat noch das Kaufhaus zu Konstanz. Ein hübsches Beispiel solcher nach den Seiten, wie nach unten wehrhaften Dacherker vom (wie ich meine, nicht mehr vorhandenen) Pfennigturm zu Strassburg zeigt (nach Viollet-Le-Duc) Fig. **362**, die auch hierher gehörenden Ueberbauten über einem Tore und einer Haustüre aus der Nürnberger Burg Fig. **363** Fig. **364** zeigt einen grossen, weit vorstehenden Dacherker, der (nach einer Abbildung in Valvasors Topographia Carinthiae von 1681) zu Rabenstorff über der Eingangstür eines von einem Wassergraben umgebenen Wohngebäudes lag. Gleichfalls sind mit diesen Bauteilen die häuschenartigen Aufbauten verwandt, welche, vgl. Fig. 1, hie und da rittlings auf die Ringmauer gesetzt waren[1]). Solches Häuschen, manneshoch und 2,7 × 3,3 m weit, blockhausartig aus starken Bohlen gezimmert, mit Maulscharten versehen und nach aussen anderthalb Meter überragend, ist auf einer Ecke der Barbacanringmauer zu Hohenwerfen noch erhalten[2]). Verwandt damit sind auch die Scharwachttürmchen (S. 250), deren Aufkragung besonders über einer Ecke der Ringmauer öfter zweckmässig zur Anbringung von Gusslöchern benutzt wurde, Fig. **365** von Kinzheim im Wasgau und wahrscheinlich ebenso auf dem unfernen Hohlandsberg, wo nur noch die Kragsteine erhalten sind. Hierher gehören endlich auch noch die eigentümlichen Vorbauten, welche, in schweizerischen Chroniken nicht selten abgebildet, so weit hinausgeschoben sind, dass sie vorn durch einen gemauerten oder durch hölzerne Pfeiler gestützt werden mussten, Fig. **366**[3]).

Fig. 362 Strassburg

Fig. 363 Nürnberger Burg

Fig. 364 Rabenstorff

Fig. 365 Kinzheim

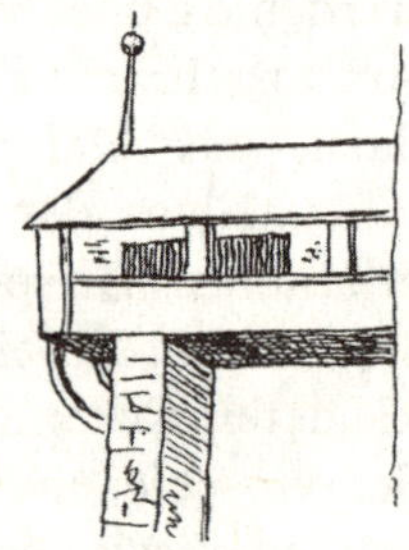

Fig. 366 Vorgeschobener Wehrbau

[1]) Ein solches Häuschen aus Fachwerk und sicher mit Gusslöchern über dem Eingangstor der Burg Winzingen (Rheinpfalz) nach Abbildung von 1578, mitgeteilt in Baudenkm. der Pfalz, IV, 141.

[2]) Meine Oesterr. Burgen VIII Fig. 47 f.

[3]) Aus J. Zemp, Schweizerische Bilderchroniken. Reste derartiger Anlagen scheinen noch auf Starhemberg und Mödling vorhanden zu sein. (Meine Oesterr. Burgen I und III.)

Mitunter hat man ein Gussloch ohne Vorkragung eines Bauteiles angebracht. So ist auf der Ordensburg Marienburg bei dem aus vier Flügeln bestehenden, zu Anfang des 14. Jahrh. erbauten „Hochschlosse" von einer Ecke des Gesamtbaues aus die gewölbte Durchfahrt schräg zur korrespondierenden Ecke des umschlossenen Hofes geführt, das Tor selbst aber, wie sonst, rechtwinklig zu dieser Durchfahrt gestellt, so dass vor demselben ein im Grundriss dreieckiger Vorraum als hohe Nische übrigbleibt, in deren Decke man zweckmässig ein Gussloch ausgespart hat.

Noch eigentümlicher ist dieselbe Einrichtung bei dem äusseren Tore der Burg Taufers in Tirol (Fig. **367**, s. auch Fig. 217) ins Werk gesetzt, indem hier der Torweg zwar das Torgebäude wie sonst rechtwinklig durchschneidet, aber in dem mit flachem Stichbogen überwölbten Torbogen (*a*) das engere spitzbogige Torgewände (*m*) schräg eingefügt ist, so dass vor dem Tore in der einen Ecke dieses Stichbogens freier Platz zu einem länglich schmalen Giessloche (*n*) bleibt. Grundriss wie Ansicht geben den oberen Teil des Tores (von unten gesehen) wieder. Ueber dem Gussloche ist übrigens in der dicken Aussenwand des Torbaues unzweckmässig nur ein so niedriger Raum ausgespart, dass man nur platt auf dem Boden liegend hinzukommen kann. Der (S. 294) daneben stehende Rundturm geht oben mittels Vorkragungen in ein Fünfeck über, und auch da sind so in jeder vorstehenden Ecke zwei Gusslöcher gebildet worden. Das Tor stammt (nach Staffler, Tirol II, 249) aus dem Jahre 1481.

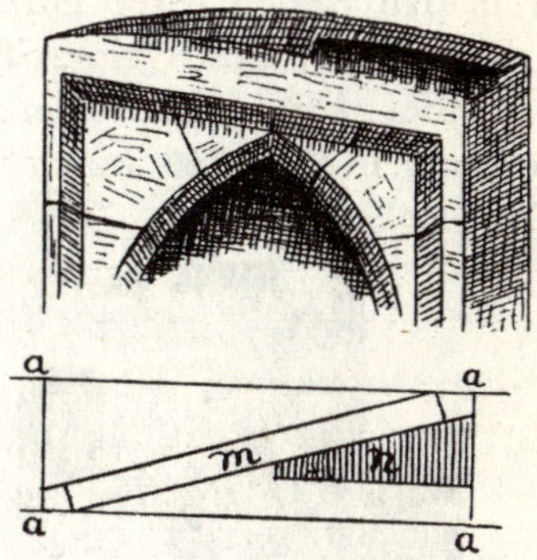

Fig. 367 Taufers

Hiernach ist zunächst das vorgekragte Mauerwerk mit Gusslöchern zu behandeln, welches als „Maschikuli" nicht zu den Pechnasen gehört.

Einige Beispiele seiner hauptsächlichen Anwendung bei Türmen, besonders Berchfriten, sind folgende:

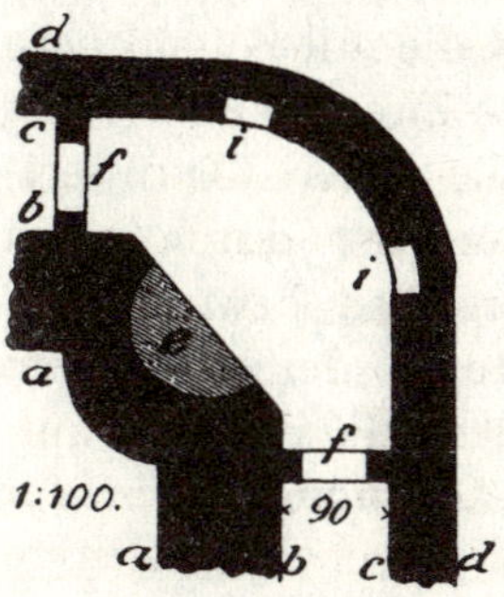

Fig. 368 Hohlenfels

Unter wesentlicher Anwendung von Gusslöchern ist bei dem späten und zumeist wohlerhaltenen Burgbau von Hohlenfels (Hollenfeltz) im Grossherzogt. Luxemburg der prachtvolle Wohnturm in hervorragender Weise zur Verteidigung von oben eingerichtet. Fig. **368** gibt den Grundriss einer Ecke der Aussenmauer desselben im obersten Geschoss. Diese 180 cm breite Mauer *a c* ist hier zu ihrer inneren Hälfte (*a b*) noch um ca. 2 m höher geführt, während nach aussen eine gleich hohe, halb so starke Parallelmauer (*c d*) auf Kragsteinen aufgesetzt ist, so dass zwischen beiden ein 90 cm breiter, um den ganzen Turm laufender Wehrgang (*b c*) gebildet ist. Zu demselben führen ringsum aus dem Innenraume dieses Geschosses sieben Türen. In der Mauer *c d* sind auf jeder Turmseite sechs oben mit einem Sturz bedeckte Gusslöcher *i* (nicht zwischen je zwei Kragsteinen eines) von nicht ganz $\frac{1}{4}$ zu $\frac{1}{2}$ m Weite ausgespart; nur über den (ebenerdigen) Eingang findet sich (vgl. S. 363) zweckmässigerweise ein solches von doppelter Breite, um für zwei Verteidiger Raum zu bieten. Ueber den Gusslöchern ist in regelmässiger Abwechslung entweder ein breites (oben offenes) Zinnenfenster oder eine Schiessscharte, unten mit viereckiger Ausweitung angebracht. Bemerkenswert ist noch der in jeder Ecke (mit Ausnahme derjenigen, in welcher die Turmtreppe mündet) vorhandene Kamin *e*, dessen runde Hinterwand auf je vier übereinander vorstehenden Kragsteinen aufgesetzt wurde, welche aus den Ecken des darunter liegenden Geschosses herauswachsen. Diese Kamine werden hauptsächlich dazu bestimmt gewesen sein, darin im Belagerungsfalle Pech, Wasser u. dgl. zu erhitzen, Kugeln zu giessen usw. Wohl zur Verstärkung der äusseren Mauer (*c d*) ist unweit der beiden Enden jeder Turmseite zwischen ihr und der inneren Mauer (*a b*) eine Verbindung in Form eines Türgewändes (*f*) hergestellt.

Bei dem runden Berchfrit von A u e r b e r g an der Bergstrasse, dessen oberen Teil Fig. **369** (nach der Wiederherstellung in neuerer Zeit) darstellt, ist der Gang hinter der äusseren (Zinnen-) Mauer *c* — hier nur 70 cm breit — gleichfalls nach innen ebenso durch eine Mauer eingefasst, welche letztere hier jedoch durch den engeren Turmaufsatz gebildet wird. Die äussere Mauer ist hier nicht, wie bei Hohlenfels, in ihrer ganzen, 60 cm betragenden Dicke vorgekragt — s. den senkrechten Durchschnitt und mussten daher die Gusslöcher (*b*) mehr in die Mitte dieser Mauerstärke verlegt werden. Dieselben, unten etwas abgeböscht, haben eine Weite von 30 bis 35 cm zu 45 cm. Die Zinnenfenster (*a*) und Schiessscharten (*d*) sind hier nicht, wie bei Hohlenfels, über den Gusslöchern, sondern in unregelmässiger Reihenfolge neben denselben angebracht. Die Verstärkung der Aussenmauer durch den Türbogen (*i*) fehlt auch hier nicht. Der Gang bzw. die mit Gusslöchern und Scharten ausgestattete Zinnenmauer führt jedoch nicht ganz um die innere Turmfortsetzung (*A*) herum, sondern ist durch einen niedrigeren Ausbau *B* derselben bzw. die daneben befindliche Mündung der aus dem unteren Stockwerk in der Mauerdicke aufsteigenden Treppe unterbrochen. Die letzte gusslochartige Oeffnung (*e*) in der durch den Ausbau gebildeten Ecke ist übrigens, wie die wesentlich weitere Oeffnung und der manneshohe Eingang in der Mauernische zeigen, kein Guss loch, sondern ein Abtritt. Derselbe liegt — was diese Zweckbestimmung weiter erkenntlich macht — gerade über einem ziemlich versteckten Mauerwinkel des Zwingers und hat auch nicht, wie die Gusslochnischen, geradeaus noch einen kleinen Sehschlitz durch die Mauer.

Fig. 369 Auerberg

Aehnlich wie bei dem Berchfrit von Auerberg ist allem Anscheine nach auch bei anderen der äussere Mauerabsatz (S. 216 f.) zu einem denselben umgebenden Kranze von Gusslöchern benutzt worden, indem man den schon an sich hinlänglich breiten, ringsum noch durch in gleicher Höhe eingelassene Konsolen verbreiterte. So sind bei den beiden Rundtürmen von L a a und K o l l m i t z in Niederösterreich und H a s e n b u r g in Böhmen da noch die Kragsteine bzw. Balkenlöcher erhalten. Um eine gleiche Benutzung handelt es sich gewiss, wenn der Stumpf des viereckigen Berchfrits der Burg R h e i n e c k am Bodensee mit fünffachen und daher ungewöhnlich weit herausstehenden Kragsteinen abschliesst. Bei dem Berchfrit von S t r a k o n i t z in Böhmen ist da die Brüstungsmauer mit Gusslöchern noch zum Teil erhalten[1]).

An dem sechs Stockwerke hohen viereckigen Berchfrit der am Rhein zu B o p p a r d gelegenen vormals bischöflich Trierschen Burg ist das oberste Geschoss auf Konsolen und flachen Bogen vorgekragt. Von diesen sieben auf jeder Turmseite vorhandenen Bogen sind jedoch nur die fünf mittleren mit Gusslöchern versehen, indem das vorgekragte Obergeschoss, an den Ecken des Baues stark abgerundet, hier so weit wieder zurücktritt, dass die beiderseits hier zunächst liegenden Bogen keinen Raum für solche mehr boten. Ueber den Gusslöchern befinden sich auf jeder Seite zwei Zinnenfenster und je eines inmitten der abgerundeten Ecken. Der Berchfrit ist[2]) in seinem unteren Teile von Kurfürst Balduin (1307—1354) errichtet, während der obere einem Wiederherstellungsbau von 1500 angehört.

Im Gegensatz zu dem Bopparder Turm pflegt bei dem überhaupt mit einem vorgekragten Abschlusse versehenen viereckigen Berchfrite dieser an den Ecken vieleckig noch weiter vorgekragt zu sein — öfter in der Art wie die Hochmeisterwohnung der M a r i e n b u r g , deren eine Ecke Fig. **370** zeigt — und wenn wir gerade da in der Regel keine Gusslöcher zu finden pflegen, so wird zu berücksichtigen sein, dass es bei andauernd in Gebrauch gebliebenen Gebäuden gewiss nahegelegen hat, die nutzlos gewordenen und nur noch Gefahr bringenden Gusslöcher später zu schliessen. Es gilt das auch von dem um 1340 erbauten Berchfrit von E l f e l d Fig. 133, wo bei dem zwischen den Ecktürmchen vorgekragten Wehrgange eine Weite von 15 cm für Gusslöcher übrig wäre. Es sind jedoch auch im unteren Rheinstromgebiet ausser Boppard noch mehrfach solche Burgtürme mit Gusslöchern zu nennen. So aus der mittleren gotischen Zeit im Schlosse F r i e d e s t r o m zu Zons der Juden- und der Torturm, sowie die Berchfrite von L i e d b e r g und H ü l c h r a t h. Gemeinsam ist ihnen, dass sie keineswegs zwischen a l l e n Kragsteinen Gusslöcher haben[3]). An der Wehrplatte des nach 1300 erbauten Berchfrits von T e s c h e n in Schlesien sind an den Ecken sowie dazwischen unüberdachte Erker mit Gusslöchern angebracht.

Fig. 370 Marienburg

Um einen Kranz von Gusslöchern handelt es sich auch gewiss bei den beiden den Palas flankierenden viereckigen Berchfriten des 1361 erbauten Karlsberg in Böhmen, wo von der mit einem gemauerten Pyramidendach überdeckten Plattform ringsum 44 Doppelkragsteine anderthalb Meter weit heraus-

[1]) Meine O e s t e r r . B u r g e n IV, III, VII und V mit Abbildungen.

[2]) Nach L e h f e l d t, B a u- u. K u n s t d e n k m. d e s R e g. - Bez. C o b l e n z S. 579.

[3]) C l e m e n , K u n s t d e n k m. d e r R h e i n p r o v i n z , III.

stehen[1]). Von sonstigen verschiedenartigen Beispielen zeigt Fig. **371** Maschikulis an einem Eckturm des Antico castello zu Locarno, Fig. **372** (aus Vischers Topographie) solche an einem Batterieturm mit einem Dacherkerkranze von Asparn in Niederösterreich, Fig. **373** auch einen Teil des Innern von einem Rondell auf Hohenrechberg. Hier ist *a b* ein Mauerabsatz, auf welchem sich die durch die Gusslöcher und die Pulverscharten Kämpfenden bewegten. Aehnliche Mauertürme haben u. a. noch die Ruine Felsberg in Hessen, die Burgen Friedberg in Tirol, Wöllan und andere.

Fig. 371 Locarno

Fig. 372 Asparn

Bei dem Wohnturm des Schlosses Anserweiler in Lothringen (Fig. **374**, nach Migette mitgeteilt in Kunst u. Altert. in Elsass-Lothr. Bd. III) ist nicht die Zinnenbekrönung, sondern das bewohnbare oberste Stockwerk[2]) auf Konsolen mit dazwischen liegenden Gusslöchern vorgekragt. Jene, mehrfach abgerundet, reichen so weit hinab, wie man solches sonst hauptsächlich nur bei den Maschikulis in romanischen Gegenden (z. B. der französischen Schweiz) zu sehen gewohnt ist. Aehnliches, jedoch mit einfachster Vorkragung und jetzt vermauerten Gusslöchern, hat das Deutschordensschloss Rössel in Ermland an seiner Eingangsfront[3]). Wehrhafte Palase hatten auch ringsum einen Abschluss von Maschikulis. So an erhaltenen Beispielen u. a. Neuenburg und Vufflens in der französischen Schweiz, Verrés im Aostatale (Fig. 414) und Mitterburg in Istrien[4]). Bei dem festen Schlosse Avenza im nordwestlichen Italien hat das Hauptgebäude zum Teil übereinander zwei vorgekragte Wehrgänge mit Gusslöchern, Scharten und Zinnen[5]).

Fig. 373
Hohenrechberg

Fig. 374 Anserweiler

Auch noch an anderen Bestandteilen der Burgen und verwandter Wehrbauten finden sich Maschikulis und zwar in verschiedener Weise angebracht. So haben wir z. B. eine ausgedehnte Anwendung bei Ring- und Sperrmauern besonders

---

[1]) Meine Oesterr. Burgen IV, mit Abbildung.

[2]) Bei der verhältnismässig geringen Höhe des Baues erscheint die Vermutung nicht ausgeschlossen, dass derselbe früher noch um ein weiteres Stockwerk höher war.

[3]) Bau- u. Kunstdenkm. der Provinz Ostpreussen IV, 215, mit Abbildung.

[4]) Meine Oesterr. Burgen II, Fig. 143.

[5]) Abb. und Beschreibung in v. Cohausen, Befestigungsweisen.

bei den um 1445 erbauten Passbefestigungen von Bellinzona und hier u. a. nach beiden Seiten einer 7 m starken und bis 12 m hoher Mauer[1]). Gusslöcher hat ein aus dem Ende des 16. Jahrh. stammendes niedriges Bollwerk am Pulverturm zu Jena, und bei der Vorburg von Altwartenburg in Oberösterreich sind in dem oberen 3—4 m hohen Teile der nach aussen gekehrten Umfassungsmauer eines Gebäudes solche nebst einfachen Schiesslöchern in besonderer Weise angebracht[2]).

Fig. 375 Heckenranspach

Fig. 376 Asparn

Eine hervorragende Rolle spielen die Gusslöcher bei den Wehrkirchen Siebenbürgens und da besonders bei dem über das übrige Schiff erhöhten Chore[3]). Der zwecks Anbringung der rings umlaufenden Gusslochreihe über den unteren hinausgerückte obere Teil der Umfassungsmauer ruht da entweder auf verschiedenartiger Vorkragung oder auf Strebepfeilern, die durch Mauerbogen miteinander verbunden sind. Bei der erst 1506 errichteten Kirche zu Bonnesdorf ruhen die Bogen immer abwechselnd auf Strebepfeilern und auf Kragsteinen, und jede der Bogenöffnungen ist noch wieder durch einen kleinen Kragstein in zwei Gusslöcher geschieden. Ueber den Gusslöchern sind dann wohl noch einfache Schiessscharten angebracht, und darüber ist für eine dritte Reihe von Verteidigern der Dachanfang (wie u. a. bei Fig. 398) über die Mauerflucht hinausgerückt.

Wie schon S. 367 bei Taufers angeführt — s. auch auf Fig. 360 den mittleren Turm —, kann der Raum für Gusslöcher auch dadurch gewonnen werden, dass die recht- oder stumpfwinkligen Ecken eines Obergeschosses über die unteren Rundungen hervorragen. In ausgedehnterem Masse ist das der Fall, wenn ein rechteckiger Oberbau auf einen kreisrunden Unterbau aufgesetzt ist, wie dies der Turm der Wehrkirche von Heckenranspach in Lothringen, Fig. **375**, zeigt. Das umgekehrte s. Fig. 365. —

Fig. 377 Tarantsberg

Wenn wir jetzt unter Maschikulis im engeren Sinne die Gusslöcher hinter einer vorgekragten Wand verstehen, welche nach oben zugleich den Abschluss des betreffenden Bauwerkes bildet (Fig. 374), während bei Berchfriten umgekehrt dasselbe hinter dem Gusslöcherkranze mit einem Mauerabsatze zurückzutreten pflegt (Fig. **376** Asparn in Niederösterreich aus Vischers Topographie), so unterscheiden sich doch im übrigen kaum davon die seltenen wehrgangartigen gemauerten Vorkragungen, bei welchen keines von beidem der Fall ist. Die Burg Tarantsberg (Dornsberg) in Südtirol (Fig. **377**) bietet davon ein gutes Beispiel.

[1]) Abb. und Beschreibung in v. Cohausen, Befestigungsweisen.
[2]) S. 370 Anm. 1.
[3]) Abbildungen in dem S. 363 Anm. 1 angeführten Werke.

Da ist der zum Teil von Wirtschaftsgebäuden umgebene vorburgartige Hof von der gleichfalls einen viereckigen Hof umgebenden Hauptburg durch einen ausgemauerten Graben getrennt, über welchen eine Zugbrücke (Fig. 237) zunächst zu einem vorspringenden torturmartigen Baue führt. Die diesen nun umgürtenden Maschikulis reichen auf der rechten Seite nur bis zu der freistehenden Mauer, welche, den Graben abschliessend, zwischen sich und dem hinterliegenden Palas noch einen kleinen Zwinger freilässt, dagegen auf der anderen Seite auch noch um einen Flügel des Torbaues und damit auf einen kurzen Teil der Aussenseite der Burg herum. Der Vorbau ist mit einem kleinen Pultdache überdeckt und — ebenso wie der Torbau, die Zwingermauer und übrigens unter dem Dache auch der Palas — mit zahlreichen einfachen Maulscharten versehen. —

Die Steinkonsolen der Maschikulis können in einfachster Weise aus in schräger Linie überhängendem Mauerwerk bestehen (so z. B. an der Engelsburg zu Rom). Sie wurden auch in verschiedener Art aus Ziegeln hergestellt (Convento di Cervara bei Rapallo, Altwartenburg in Oberösterreich). Durchaus der Regel nach aber bestehen sie aus einem Haustein in Form eines kurzen viereckigen Balkens mit einer Abrundung an Stelle der unteren Vorderkante. Sehr häufig finden sich — so auch schon bei den Kreuzfahrerbauten in Syrien — je zwei solche aufeinanderliegend, deren oberer länger ist, verwandt, um eine weitere Ausladung zu ermöglichen, auch drei und ausnahmsweise (S. 369) bis zu fünf[1]). Nicht immer jedoch hatte diese Vervielfältigung der Einzelkragsteine diesen Zweck. Besonders an den Ecken kunstreicherer Bauten angewandt, sollten besonders tief hinabgehende Konsolen neben ihrer ursprünglichen Aufgabe auch wesentlich zur Zierde dienen (vgl. Fig. 370). Eigentümlicherweise — um hier das Thema der Kragsteine überhaupt zu erledigen — kommen auf der Hohkönigsburg (unten am Berchfrit) drei Konsolen nebeneinander vor, jede (Fig. **378** *a*) aus sechs übereinander in die Wand eingefügten Kragsteinen bestehend, von welchen die drei obersten nicht mehr übereinander vorragen[2]). In ähnlicher Weise ruht auf St. Ulrich (Elsass) das 1,3 m hohe Mauerwerk, welches den Absatz der Ringmauer um 30 cm verbreitert, mittels Mauerbögen auf lisenenartigen Pfeilern, die, mit je zwei abgerundeten Kragsteinen unten, bis zu 2 m lang hinabreichen[3]). Mitunter war die Konsole aus einem Kragsteine und einem darüber eingelassenen längeren Holzbalken zusammengesetzt. Man pflegt dann über einer

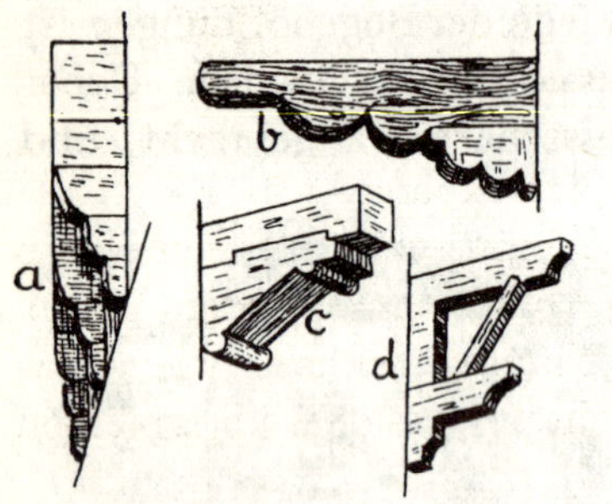

Fig. 378 Kragsteine

---

[1]) Anstatt der jeder für sich abgerundeten Kragsteine findet sich (wenigstens in Italien) auch die Gesamtheit derselben in durchlaufender Linie auf der Unterseite abgeschrägt, so dass sie zusammen ein vorspringendes Dreieck bilden. Auch andere Profilierungen kommen (so Fig. 370) anstatt der einfachen Abrundung vor. Auf Zwiretitz findet sich eine Zusammenstellung von drei Kragsteinen in der Art, dass zwei nebeneinander eingelassene von einem kürzeren in der Mitte darunter befindlichen unterstützt werden.

[2]) Dieselben gehören gewiss dem früheren romanischen Burgbau an. Jedenfalls machen sie den Eindruck, als ob sie ein ausserordentliches Gewicht zu tragen gehabt hätten, unzweifelhaft nicht einen Verbindungsgang mit dünnen Riegelwänden, wie er da bei dem jetzigen Neubau (s. Kap. 24) in gewaltsamer Weise angebracht worden ist.

[3]) Ebhardt, Deutsche Burgen 1904, Fig. 335.

kurzen Steinkonsole nur noch das Balkenloch zu finden. (So auf Hohandlau im Wasgau und am palazzo dell Podestà in Florenz, in zierlicherer Ausführung (Fig. 378 *b*) im Castello Fenis im Aostatale.) Ausnahmsweise, auch wohl nur bei Balkons, gab man den Kragsteinen besonders zierliche Formen (ebendas. *c* von Neuhaus in Böhmen, *d* von Ehrenberg am Neckar). Auf Hassenstein in Böhmen ist sehr ausnahmsweise ein von einem Erker übriger Kragstein in der Weise durch Skulptur verziert, dass an den Unterflächen der beiden obersten von seinen drei übereinander hinausragenden Steinbalken in flachem Relief ein Mann und eine Frau ausgemeisselt sind, die einander die Hände reichen[1]).

Masse der Gusslöcher sind schon gelegentlich angegeben. Fig. **379** gibt einen Schnitt durch die Maschikuli an der Ringmauer von Montalto in Oberitalien. Die lichte Weite zwischen der äusseren Mauerflucht und der vorgekragten Brüstung, hier 65 cm betragend, geht freilich anderwärts auf 25 cm, so bei Chillon, und noch etwas weniger hinab.

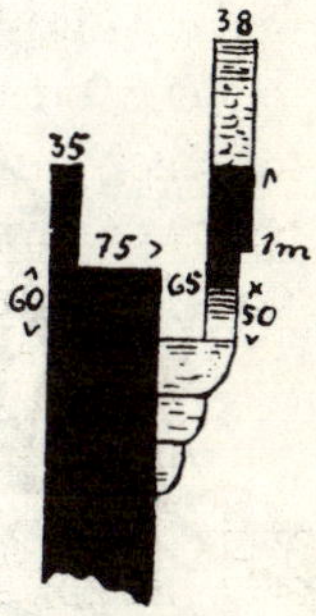

Fig. 379 Gussloch

Die Kragsteine sind dabei (s. z. B. Fig. 369, 371, 380) durchaus der Regel nach in Art eines Bogenfrieses („blinde Maschikulis") durch Mauerbogen, ganz ausnahmsweise (z. B. Fig. 365, 373) durch wagerechte Steinbalken miteinander verbunden. Die erstere Art bot neben dem hübscheren Aussehen auch die Vorteile, dass sie mit kleineren unbehauenen Steinen hergestellt werden konnte und auch (s. Fig. 379) ein Schiessen in schräger Richtung nach aussen unter den Bogen hinweg gestattete, während bei der scheitrechten Verbindung besonders dann, wenn nur kurze Kragsteine nicht oben an der Mauerkante, sondern (wie ebendaselbst) erst tiefer eingemauert sind, nur ein senkrechtes Gussloch übrigbleiben konnte[2]).

Was das örtliche Vorkommen der Gusslöcher besonders in der Form der (gemauerten) Maschikulis betrifft, so sind uns solche bei den alten Schlössern Italiens, Frankreichs[3]) und der französischen Schweiz, besonders des Waadtlandes[4]), also im romanischen Sprachgebiet, vielfach erhalten. Im Deutschen waren sie allem Anscheine nach fast nur bei österreichischen Burgen, wenn auch da im ganzen weniger als im romanischen Sprachgebiet gebräuchlich. Abgesehen von den schon gelegentlich angeführten Beispielen, findet man Abbildungen von solchen

---

[1]) Abb. in Oesterr. Burgen VII, Fig. 93. Ueber andere verzierte Kragsteine s. im 16. Kap.

[2]) Es kann daher nicht richtig sein, wenn an dem Fig. 200 abgebildeten Rondell der Hohkönigsburg bei dem jüngsten Neubau auf die angegebene Weise zwischen den Kragsteinen nur solche senkrechte Gusslöcher hergestellt worden sind, da man durch dieselben (zudem besonders engen) nur auf den mit Buckelquadern bekleideten rundlichen Absatz des Rondells treffen könnte.

[3]) So fehlen sie hier fast nie bei den zahlreichen, um das Ende der gotischen Stilperiode im Loiretale erbauten Schlössern. Meistens sind sie hier oben an den runden Türmen des Wohnbaues angebracht, häufig umgeben sie auch dieses selbst, indem ein oberstes niedriges Stockwerk, wohl ausserdem noch mit Schlüsselscharten versehen, auf solche Weise vorgekragt ist. Die ziemlich tief hinabreichenden und entsprechend gegliederten Kragsteine sind dabei häufiger scheitrecht als mit Mauerbögen überdeckt. (Gesamtansichten in gr. Fol. in Victor Petit, Chateaux de la vallée de la Loire des XVe bis XVIIe siècles. Paris. 1861.)

[4]) Ein schönes, besonders vielbekanntes Beispiel ist ja da das um die Mitte des 13. Jahrh. fast neuerbaute Chillon am Genfer See.

dutzendweise in Vischers und Valvasors Topographien von Ober- und Niederösterreich, Steiermark, Kärnten und Krain, während es sich doch da fast ausnahmslos auch nur um Abbildungen von um 1700 noch nicht verfallenen, wohl aber schon vielfach modernisierten Burgen handelt. Eine Probe aus Vischers Topographie von Oberösterreich gibt Fig. **380**, die Burg Klingenberg darstellend, deren verhältnismässig wohlerhaltene Ruine aber auch von der einst ausgedehnten Anwendung der Maschikulis nichts mehr erkennen lässt.

Fig. 380 Klingenberg

Wenn auch hier wie überall sonst, wo fast nur der obere Abschluss der Baulichkeiten in Frage kommt, wohl zu berücksichtigen ist, dass diejenigen Burgen, bei welchen wir darüber aus dem noch Erhaltenen oder aus hinlänglich genauen alten Abbildungen[1]) etwas wissen können, nur einen kleinen Bruchteil — sicher weniger als ein Zehntel — der einst vorhanden gewesenen ausmachen, kann man doch aus den vorhandenen Anhaltspunkten wohl mit hinlänglicher Sicherheit schliessen, dass die Maschikulis in Deutschland noch viel seltener als bei österreichischen Burgen angewendet worden sind. Schon die Umstände, dass fast nur bei den letzteren der „wehrhafte Palas" (Kap. 15), nur bei den reichsdeutschen der Abschluss der Gebäude in Fachwerk vorkam, unterstützen durchaus diese Annahme. —

Einfacher als die bisher behandelten vorgekragten Bauteile waren die nur aufgezimmerten äusseren Wehrgänge, wie sie besonders an Berchfriten und nicht turmförmigen Gebäuden, kaum an der Ringmauer und an Mauertürmen, vorkamen[2]).

Sehr seltene Beispiele von solchen Wehrgängen ungefähr in zwei Dritteln der Höhe der Ringmauer bieten die Wasserburg Laa in Niederösterreich und Hieburg in Salzburg. Sie waren mit dem Innern durch Türen verbunden. Bei Laa ruhte er auf einem meterbreiten Mauerabsatze.

---

[1]) Man kann bei diesen ja nicht immer ohne weiteres Maschikulis von Rundbogenfriesen unterscheiden.

[2]) Diese hölzernen Umgänge werden öfter (so auch bei v. Cohausen, Befestigungsweisen S. 274) Hurden genannt. Jedenfalls mit weniger Berechtigung, als mit welcher die Franzosen sie als *hourds* bezeichnen. Das altfranz. *hurdeis* bedeutet (nach Godefroy, Dict. de l'ancienne langue française) *en particulier ouvrage en bois dressé au sommet des courtines ou des tours et surplombant le pied de la maçonnerie,* während das deutsche *hurt* (Hürde), immer mit der Grundbedeutung eines Flechtwerks, nie etwas derartiges bezeichnet zu haben scheint. In deutschen Quellen finden sich da die allgemeineren Bezeichnungen Umlauf, Gang, Gängle, Wehr, Laube. So sind nach einer Baurkunde von Pottenstein (Niederösterr.) aus 1359 *auf daz Frawnhaus vnd an dem Tueren ze mauren vnd an der wer umb den Tueren vnd an den Stiegen verpaut hundert phunt phenning.* (Blätter d. Vereins f. Landesk. in Niederösterr. 1885.) Hier hat es sich im Gegensatz zur Maurerarbeit augenscheinlich um einen hölzernen Umlauf am Berchfrit gehandelt.

Während hier wie nahezu überall sonst nur noch ihre Spuren vorhanden sind, hat uns ein günstiges Geschick besonders an den Türmen der befestigten Kirchen Siebenbürgens noch eine Anzahl solcher Wehrgänge selbst erhalten. Fig. **381**, von Bonnesdorf, und **382**, von Deutsch-Weisskirch daselbst[1]) zeigen uns zugleich, wie auch an unseren Berchfriten dieselben entweder unmittelbar unter dem Dache oder aber für sich tiefer an der Turmwandung ihre Stelle fanden.

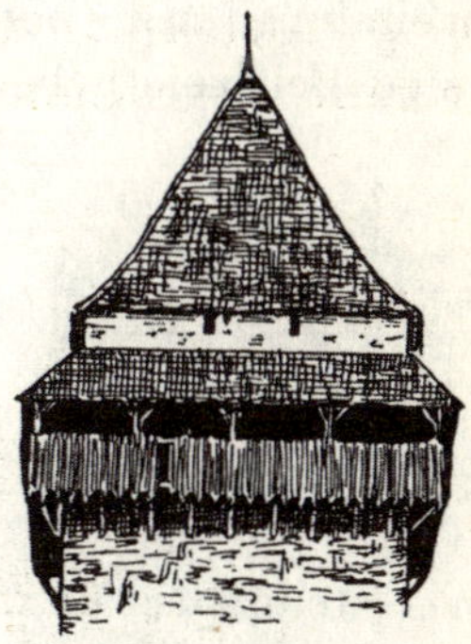

Fig. 381 **Fig. 382**
Von Siebenbürgischen Wehrkirchen

Wenn hier (wie an den bezeichneten Orten fast immer) nur der untere, etwa Zweidrittel-Teil der Vorkragung durch die Bekleidung mit Brettern geschlossen ist, so scheint das in zweckmässigerer Weise sonst, und zumal bei Türmen, nicht einmal überwiegend der Fall gewesen zu sein, vgl. Fig. 1 und 360. Luken für die Schützen, auch wohl noch mit Klappläden versehen, waren dann aus den Bretterwänden ausgeschnitten.

Wie auch bei den Wehrkirchen Siebenbürgens mehrfach vorkommt, bestand die Wandung des Wehrganges mitunter aus einer leichten überputzten Mauerung (vielleicht nur mit Lehmstaken) in Riegelwerk. Bei unseren Berchfriten scheint eine sich findende überputzte Stelle über einer Balkenlochreihe (so Fig. 383) auf ein gleiches hinzuweisen.

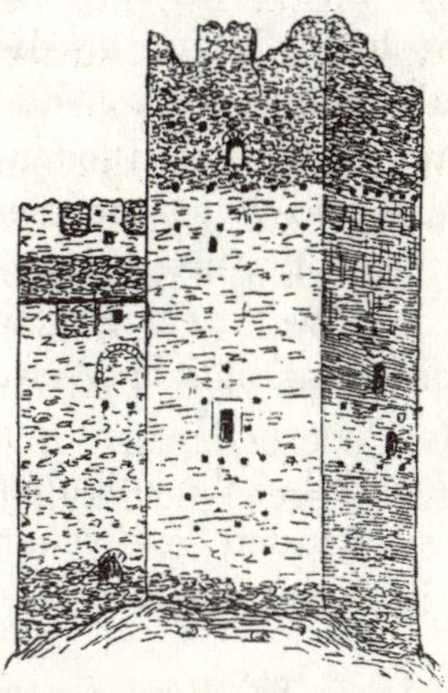

Fig. 383 Schroffenstein

Mitunter hatte ein Berchfrit auch zwei Umgänge übereinander, so auf Schroffenstein (Tirol), Fig. **383**, und ebenso auf Ziesar (Prov. Sachsen), bei beiden in Höhe des Einganges und von etwa zwei Dritteln des Turmes.

Auch bei nicht turmförmigen Gebäuden kamen solche Wehrgänge vor und zwar in der Regel unmittelbar unter dem Dache. Ein solcher, durch Streben gestützt, ist da ausnahmsweise an der Front eines Flügels des Deutschordensschlosses Allenstein erhalten[2]). Ebenso an dem „Kaufhause" zu Konstanz, während ein anderer an dem nahen Gottlieben (Fig. 626 an dem linken, nicht dem Beschauer zugekehrten Giebel) erst bei der Modernisierung des Schlosses durch Napoleon III. beseitigt wurde.

Der Palas von Rathsamhausen im Elsass hatte den vorhandenen Spuren nach ungefähr in der Mitte seiner 16 m langen Rückseite einen etwa 9 m langen hölzernen überdachten Ausbau, der, da der Bau hier ungedeckt auf der Angriffsseite liegt, gewiss zur Verteidigung eingerichtet war. Ebenso hat auf der vormaligen Wasserburg Diersfordt ein altes Backsteingebäude auf der dem Graben

---

[1]) Nach E. Sigerus, Siebenbürgisch-sächsische Burgen und Kirchenkastelle. 1901.

[2]) Bau- u. Kunstdenkm. d. Provinz Ostpreussen IV, 9.

zugekehrten Seite in halber Höhe noch die weit vorstehenden Träger eines hölzernen Wehrganges[1]).

Die alten Abbildungen österreichischer Schlösser in den Topographien von Vischer und Valvasor zeigen besonders unter dem Dache der Palase zahlreiche verschiedenartige Holzkonstruktionen, häufig mit Schiessscharten und in Verbindung mit noch weiter vorspringenden Erkern. Einige Beispiele geben Fig. **384** von Pihelhof (Pichlhofen?) in Steiermark, Fig. **385** von St. Veit und Fig. **386** von Pranthof, beide in Oberösterreich. Bei dem letzteren, jetzt ein Bauernhaus, waren offenbar zwei Gusslochreihen über- und voreinander angebracht.

Fig. 384 Pihelhof

Fig. 385 St. Veit

Zeigt uns eine alte Abbildung eines Steinbaues so unter dem Dachanfange eine vorgekragte hölzerne Wand, so kann das dreierlei verschiedenes bedeuten: entweder eine vor Zinnen angebrachte Schirmwand wie die zu Fig. 277 besprochene, oder eine Konstruktion ohne vorhandene Zinnen, wie solche in Fig. 323 dargestellt ist, oder drittens einen vollständigen Wehrgang für den Aufenthalt der Verteidiger in ihm selbst[2]). Die erstere Vorrichtung, bisher überhaupt nur aus Burghausen bekannt, ist danach für sonstige Fälle ganz unwahrscheinlich, wie ja denn auch Zinnen bei nicht turmartigen Gebäuden überhaupt selten waren. Sie erfordert auch eine tiefer hinabgehende Wand als die meistens wohl nur aus drei Balkenlagen bestehende zweite. Der vollständige Wehrgang endlich wird jedenfalls immer da anzunehmen sein, wo wir eine Bekleidung mit langen senkrechten (oft unten zugespitzten) Brettern und etwa zur weiteren Stütze schräge Streben haben, die auf eine hinlängliche Weite der Vorkragung schliessen lassen.

Fig. 386 Pranthof

Nicht selten fehlt bei Berchfriten über einer Balkenlochreihe, die offenbar mit einem Umgange in Beziehung steht, jede Spur eines vorhanden gewesenen Daches. Gegen Geschosse bedurfte man eines solchen in dieser Höhe jeden-

---

[1]) Kunst- u. Altertumsdenkm. d. Rheinprovinz, Kr. Rees, S. 19. Besonders verfehlt ist die Idee v. Essenweins, bei einem Entwurfe der „ursprünglichen Gestalt des Schlosses Ehrenfels" am Rhein auf der Aussenseite der Schildmauer (Fig. 182) unter deren Zinnen einen solchen Wehrgang anzubringen, zu welchem nicht einmal ein anderer Zugang führt als eine Luke in seinem Dache. Zudem ist Ehrenfels — s. dazu S. 266 — schon 1215 erbaut worden.

[2]) Eine hübsche Abbildung solcher (nicht mehr vorhandener) Wehrgänge auf Grüningen bietet Merians Topogr. Helvetiae. Der Palas von Hohandlau im Wasgau hatte (Fig. 66) in einer für jene Gegend seltenen Weise oben eine Reihe von Tragbalken. Auf der bis 1806 bewohnten Burg war jedoch (nach Silbermann, Beschreibg. v. Hohenburg, 1835) da ein Aufbau auf denselben nicht mehr vorhanden, sondern man konnte ausserhalb des Daches auf der mit Platten belegten Umfassungsmauer herumgehen.

falls auch kaum[1]). Vgl. das S. 364 zu den pechnasenartigen Ausbauten Bemerkte, übrigens auch die Fig. 13 dargestellte Römerwarte.

Eigentümliche Spuren hat ein Umlauf an dem aus grossen Findlingen erbauten Berchfrit des Schlosses Frauenfeld (Kanton Thurgau) in etwa drei Viertel seiner Höhe hinterlassen. Krieg v. Hochfelden schreibt darüber (Militärarch. S. 245): „Noch stehen mehrere an die Mauer befestigte senkrechte Balken als Träger der Schwellen, worauf sich ein Dach lehnte; ebenso sieht man auch noch die Löcher für seine Spriessen und Träger." Dies wörtlich ebenso Meyer v. Knonau in den Mitteil. d. antiquar. Gesellsch. XVII, 5, 98, und ebenso angeführt von Dr. Zeller-Werdmüller ebendas. XXIII, 5, 272, während J. R. Rahn, Archit.- u. Kunstdenkm. d. Kanton Thurgau 1899, 142 in einer sonst eingehenden Darstellung des Turmes darüber (ohne bezügliche Abbildung) nur bemerkt: „Vier Türen führten nach einer hölzernen Galerie, welche ehemals den Turm umgab. Reste derselben sind die senkrechten, teilweise noch mit Balken ausgesetzten Falze, die auf allen vier Seiten wahrgenommen werden ebenso sind tiefer die Löcher sichtbar, die zur Aufnahme der Traghölzer des Galeriebodens dienten." Nach einer bei Krieg v. Hochfelden beigefügten Abbildung ist in eine Turmwand um eine in der Mitte liegende Tür eine Art von hölzernem Gitter eingefügt, bestehend aus sechs geschosshohen, senkrechten Balken in 1,2 m Abstand zwischen zwei fast über die ganze Turmbreite gehenden wagerechten. Die obige Erklärung nun ist (auch soweit hinlänglich verständlich) offenbar keine genügende; denn wie hätte man hier zur Befestigung des Wehrgangdaches der besonders umständlichen Einfügung aller der senkrechten Balken bedürfen können? (Man findet dazu mitunter noch grosse eiserne Haken in der Turmwand stecken.) Eine brauchbare Erklärung dafür habe ich jedoch bisher auch nicht gefunden.

Was die vorgekragten Holzwehrgänge besonders an der Wehrplatte unserer Berchfrite betrifft, so hat (s. auch S. 332 Anm. 3) v. Essenwein (Kriegsbauk. S. 242) nicht ohne Berechtigung das Bedenken geäussert, dass, wenn man, wie Viollet-Le-Duc dies angebe, die Wehrgänge an den Zinnen aufschlagen wolle, diese, insbesondere die Brüstung, völlig bedeutungslos für die Verteidigung, aber den Verkehr der Verteidiger im Innern sehr störend, mitten in der Holzkonstruktion gestanden hätten, und er meint deshalb, dass die Wehrgänge „mindestens auf die Höhe der Brustwehr gelegt sein mussten", noch besser aber über den Zinnen angebracht wurden[2]). So habe auch keines der Gebäude, die solche Anlagen am Dache zeigten, zugleich Zinnen.

Zur tatsächlichen Widerlegung des Vorstehenden kann schon das Beispiel genügen, welches die beiden im Mauerwerk völlig erhaltenen Berchfrite des um

---

[1]) v. Cohausen spricht zwar (Befestigungsweisen S. 274) von den Hurdendächern „gegen Steinwürfe und Regen". Andrerseits schreibt Näher (Militärarchit. Anlage 1894, S. 88): „Die Bedachungen der Wehrgänge, insbesondere der Zinnengänge der Rothenburger Spitalbastei weisen darauf hin (?), dass solche bei Belagerungsgefahren abgetragen wurden. Einerseits waren sie bei Beschiessungen für die Verteidiger ein Hindernis des bequemen Verkehrs auf den Wehrgängen (?), andrerseits war die beständige Gefahr der Entzündung dieser Bedachung und der Verwundungen, welche die Trümmer derselben bei einer Beschiessung den Verteidigern verursachten, eine sehr grosse und forderte rasche Beseitigung derselben."

[2]) In eigentümlichem Widerspruch hiermit steht es freilich, wenn der Genannte nicht nur (Mitteil. der k. k. Centralcomm., Jahrg. VIII) bei dem Berchfrit von Petersberg bei Friesach bemerkt, dass, weil die Zinnen nicht ausgekragt seien, „an denselben ein hölzerner Wehrgang ausgekragt sein musste, um über das wirksamste Mittel, dem senkrechten Wurf von oben, verfügen zu können", sondern auch in Kriegsbauk. selbst mehrfach (Fig. 87 u. 94) eigene „Rekonstruktionen" gibt, bei welchen, ohne an Ort und Stelle vorhandene Anhaltspunkte, die Zinnen von Berchfrit und Ringmauer regelmässig „mitten in der Holzkonstruktion" der hinzugezeichneten Wehrgänge stehen.

1340 erbauten Hohandlau im Wasgau (Fig. 66) bieten[1]). In der Höhe des Fussbodens der mit einer gezinnten Brüstung umgebenen Wehrplatte hatten dieselben je einen Holzwehrgang, auf dessen hinlänglich weite Ausladung dadurch zu schliessen ist, dass unmittelbar unter den Balkenlöchern noch die kurzen Kragsteine zur Verstärkung der Tragbalken vorhanden sind. Gleiche Beispiele von einer städtischen Befestigung bieten die fünfstöckigen Mauertürme von Oberwesel[2]). Wenn eine alte Abbildung des Berchfrits von Prandegg, Fig. **387** aus Vischers Topographie von Oberösterreich, anscheinend einen nach v. Essenweins Idee über der Wehrplatte angebrachten Wehrgang darstellt, so zeigt doch die hinlänglich erhaltene Ruine, dass solcher in Wirklichkeit hier unter derselben lag. Uebrigens wird das Vorhandensein der Zinnen innerhalb des Holzwehrganges dadurch erklärlich und gerechtfertigt, dass, abgesehen von der grösseren Standfestigkeit des Baues, erstere den Verteidigern blieben, auch nachdem etwa der Wehrgang von den Belagerern (besonders auch durch Brandgeschosse) zerstört war. Vollends unentbehrlich würde ja da der Mauerbau gewesen sein, wenn die gewöhnliche Angabe (S. 394) begründet wäre, dass die Wehrgänge immer erst im Falle einer Belagerung aufgerichtet worden seien.

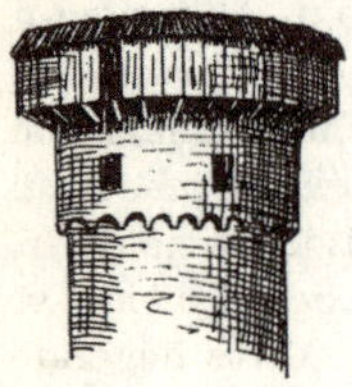

Fig. 387 Prandegg

Was die Zeit der in diesem Kapitel behandelten Bauteile betrifft, so ist wohl der breite Gusserker über dem Tore der Kaiserpfalz Gelnhausen, deren Bau frühestens 1190 begonnen wurde, einer der ältesten nachweislichen, falls nicht, wie es fast scheinen will, auch dieser, von welchem nur noch zwei Kragsteine übrig sind, erst später hinzugefügt worden sein sollte[3]). Nach v. Cohausen, Bergfriede 36 f., wären bei uns Pechnasen erst im 15. Jahrh. in allgemeinen Gebrauch gekommen und „Maschikulis in ganzen Zeilen" erst um die Mitte desselben zu finden. Auch in der Schweiz sind nach Dr. Zeller-Werdmüller (Mitteil. d. antiquar. Gesellsch. XXIII, 5, S. 290) Pechnasen erst aus „verhältnismässig sehr später Zeit", und nach Zemp, Schweiz. Bilderchroniken, treten in solchen erst im 16. Jahrh. hölzerne „Hurden" häufig auf. In einer Bauurkunde von Lenzburg daselbst aus dem Jahre 1625 spielen neben „schutzlöchern" (s. S. 335 Anm. 1) die „wurflöcher" noch damals mehrfach ihre Rolle. Auch die Kirchenkastelle Siebenbürgens sind mit ihren hölzernen Vorkragungen (in Anlass der Türkeneinfälle) am Ende des 15. Jahrh. und später hergestellt worden[4]). Immerhin sind jedoch oben — S. 374 Anm. 2 und oben

---

[1]) Zemp meint freilich (Schweiz. Bilderchroniken 316), dass diese Frage umgekehrt im Sinne v. Essenweins völlig entschieden sei, da dieser festgestellt habe (?), dass kein noch erhaltener Turm mit Hurden zugleich auch einen Zinnenkranz besitze. Vollständige „Hurden" sind freilich überhaupt nahezu nirgend mehr erhalten.

[2]) v. Cohausen, Befestigungsweisen S. 181 mit Abbildung.

[3]) Der Torturm der Salzburg in Franken, eines der wenigen uns erhaltenen romanischen Burgtore, hat keine Pechnase. Eine besondere Ausnahme würde das „Löwentor" der Hohkönigsburg (Fig. 64) bieten, wenn dieses wirklich (s. das.) aus „frühromanischer" Zeit stammte.

[4]) Francesco di Georgio Martini hat gewiss als einer der letzten in seinem (bis in die Neuzeit unbeachtet gebliebenen) Trattato di Architettura civile e militare von 1470 die gemauerten Maschikulis stets gefordert.

(Hohandlau) — solche bei uns bis zur ersten Hälfte des vierzehnten zurück nachgewiesen, und dürften auch wohl noch frühere Beispiele zu finden sein[1]). S. auch S. 410. —

Einen für eine ganze Mannschaft ausreichenden gedeckten Standpunkt zur senkrechten Verteidigung konnte man (vgl. S. 349) in der Höhe der Gebäude auf die einfachste Weise durch eine entsprechend weite Hinausrückung des Daches über die äussere Mauerflucht herstellen. Es ist das auch vielfach geschehen. Ein Beispiel an einem Berchfrit ist u. a. in der Wasserburg Hagenwyl im Kanton Thurgau und an einem Wohnbau in Schloss Rechenberg (Württ.)

Fig. 388 Lueg in Krain

Fig. 389 Rothenburg

erhalten. Eine bezügliche Konstruktion zeigt von innen Fig. **388** von einem Gebäudeflügel des Schlosses Lueg in Krain (s. auch Fig. 323). In besonderer, bei einem Burgbau wohl nicht vorgekommenen Weise ist das bei dem Spitaltore von Rothenburg ob der Tauber ausgeführt (Fig. **389**). Zur Erweiterung des freien Raumes zwischen Umfassungsmauer und Dachanfang ist da die erstere oben in rundlicher Form eingezogen, während der letztere auf einer freiliegenden, von Kragsteinen getragenen Balkenkonstruktion ruht. Bei einem starken achteckigen Turme der Wehrkirche von Grossau in Siebenbürgen ruht das Dach direkt auf einer dichten Reihe starker zusammengesetzter Kragsteine.

---

[1]) Auch danach freilich wäre uns, wenn die Angaben Viollet-Le-Ducs zuverlässig sein sollten, Frankreich da weit voraus gewesen. Er schreibt (Dict. rais. VII „Machicoulis"): *On élevait les hourds de bois sur les remparts dans les premiers (!) temps du moyenâge et jusqu'au XIIIe siècle. Mais les hourds étant souvent incendiés par les assiégeants, on les remplaca, vers la fin du XIIIe siècle par des chemins de ronde de pierre.* S. auch S. 373, Anm. 4.

Vierzehntes Kapitel.

Belagerung und Waffen.

(Griechisch-Römische Kriegsmaschinen. Einfluss der Kreuzzüge. Ueberrumpelung. Minen. Mittelalterliches Antwerk: Mauerbrecher, Wandelturm, Wurfmaschinen, Armbrüste. Aufstellung der Maschinen. Abwehrmittel der Belagerten. Aufschlagen der Wehrgänge erst in Anlass einer Belagerung? Wirksamkeit der Maschinen. Geschosse. Griechisches Feuer. Alte Beschreibung von Belagerungen. Einführung der Pulvergeschütze. Langsame Entwicklung derselben und fortgesetzter Gebrauch des Antwerkes. Arten der Geschütze und Handfeuerwaffen. Gebrauch und Aufstellung der Geschütze. Abnehmen der Dächer. Beschreibung von Belagerungen. Zerstörung eroberter Burgen.)

Anlage und Ausbau einer Burg stehen notwendig in engem Zusammenhange mit der Frage, wie und mit welchen Mitteln eine solche seinerzeit angegriffen und verteidigt zu werden pflegte; um erstere beurteilen zu können, muss man sich diese Frage zu beantworten wissen.

Die in der Entwicklung des mittelalterlichen Burgenwesens sich zeigenden drei Abschnitte — mit den Kreuzzügen und der Einführung der Pulvergeschütze als trennenden Grenzmarken (S. 27) — machen sich in erster Linie in bezug auf die dem Belagerer wie dem Verteidiger zu Gebote stehenden Kriegsmaschinen und Waffen geltend.

Von Belagerungen, die im 9. und 10. Jahrh., also zu Anfang unseres Burgenbaues, auf französischem Boden stattfanden, wissen wir, dass man sich dabei noch der alten griechisch-römischen Kriegsmaschinen bediente. So erwähnt der Mönch Abbo in seinem Gedicht von der Belagerung von Paris durch die Normannen 886 der Katapulte, Ballisten und Mangen, und er lässt — wohl nicht ohne dichterische Uebertreibung — die Mauern der Stadt gleichfalls mit 100 Katapulten bewehrt sein[1]. Nach dem Bericht des Mönches Richerus von Reims liess 938 König Ludwig IV. bei Belagerung der Burg von Laon eine starke Breschhütte in Form eines auf Rädern stehenden, mit einem Satteldache bedeckten Hauses gegen die Mauer vorschieben, unter deren Schutz diese untergraben und zerstört wurde. Dagegen konnte 987 Hugo Capet bei Belagerung derselben Stadt einen grossen, auf drei Rädern gehenden Sturmbock des ungünstigen Geländes wegen nicht zur Anwendung bringen. Von demselben Chronisten wird uns ferner eingehend beschrieben, wie 984 bei Belagerung von Verdun König Lothar einen 40 Fuss hohen Wandelturm errichten und an die Mauer bringen liess, von welchem aus ein ähnliches von den Belagerten errichtetes Gerüst umgerissen wurde.

---

[1]) Näheres bei Köhler a. O. S. 154 f.

Wurden so im Festungskriege lediglich die Vorschriften des Vegetius und des Vitruvius befolgt, soweit man das vermochte, so scheint die Belagerungskunst im 11. Jahrh. aus Mangel an Uebung noch weiter zurückgegangen zu sein. Die Ueberlieferung aus dem Altertum verblasste noch mehr, die eben bezeichneten Vorschriften wurden noch weniger verstanden, für den Bau der Maschinen fehlten spezielle und deutliche Muster[1]). Der Angriff beschränkte sich daher häufig auf einen oft nicht gehörig vorbereiteten Sturm oder eine blosse Blockade, zu deren Verstärkung — wie freilich auch vor und nach dieser Periode geschah — selbst Gegenburgen sogar aus Stein erbaut wurden, letzteres z. B. durch Wilhelm den Eroberer bei Belagerung der Burg Arques 1040 und des Donjon von Domfront 1048. Selbst noch die Belagerungen Mailands durch Kaiser Friedrich I. 1158 und 1162 liefen wesentlich in Blockaden aus[2]).

Ueber Belagerungen auf d e u t s c h e m Boden während dieser Jahrhunderte sind mir eingehendere zuverlässige Nachrichten bisher nicht bekanntgeworden. Dass es immerhin auch damals hier nicht an den Mitteln fehlte, Burgen zu bezwingen, ergibt sich u. a. daraus, dass nach der Chronik des H e r m a n n u s c o n t r a c t u s Kaiser Heinrich III. († 1056) auf einem Zuge durch Deutschland mehrere Raubschlösser brechen liess. —

Einen neuen Aufschwung nahm dann, wie angedeutet, die Kunst der Belagerung und Verteidigung durch die Kreuzzüge. Diese, den fast zweihundertjährigen Zeitraum von 1096 bis 1291 umfassend, bewegten sich naturgemäss hauptsächlich in der Form des Festungskrieges. Sie zeichnen sich bekanntlich durch zahlreiche besonders hartnäckige und mit Aufwand aller verfügbaren Mittel durchgeführte Belagerungen aus, auf welchem Wege mehrere der festen Plätze des heiligen Landes sogar wiederholt von den Christen gewonnen und wieder verloren wurden. Dauerten einzelne dieser Belagerungen, so die von Antiochia 1098 und von Akka um 1190, fast acht Monate, ja bis zu zwei Jahren, so gaben andrerseits auch die Züge z u m gelobten Lande schon unterwegs Anlass zu Belagerungen u. a. von Lissabon, Zara in Dalmatien, Adrianopel und auf Cypern. So hatten die abendländischen Kreuzfahrer mehr als hinlänglich Gelegenheit, in bezug auf Belagerung, Bau und Verteidigung fester Plätze zu lernen, nicht nur, was im Orient an Ueberlieferung aus dem Altertum erhalten und fortgebildet worden war, sondern auch, was die eigene Erfahrung und die erfinderisch machende Not weiter lehren mochten.

Ueber die Einzelheiten des Festungskrieges in der Periode von Beginn der Kreuzzüge bis zur Einführung der Pulvergeschütze haben wir eine reichhaltigere Literatur. Ausser zahlreichen Einzelbeschreibungen in den Chroniken ist uns besonders in dem um 1280 geschriebenen Werke *De regimine principum*

---

[1]) v. C o h a u s e n irrt wohl, wenn er N a s s. A n n. 1887, 28 schreibt: „Man verstand (am Rhein) im XI. Jahrh. s e h r w o h l, G e s c h o s s e v o n 1½ Z e n t n e r 300 S c h r i t t zu werfen." Die römischen Maschinen, welche ca. 60 kg warfen, waren schon seltene Monstrewerke (vgl. K ö h l e r a. O. S. 144), und selbst die erst mit den Kreuzzügen aufkommenden Wurfmaschinen mit Gegengewicht warfen 2 Zentner nur etwa 76 m oder 120 Schritte weit (vgl. weiter hinten).

[2]) 1158 hatten vorher die Belagerer u. a. auf dem vor der Porta Romana stehenden Arcus Romanus eine Wurfmaschine aufgestellt, mittels welcher sie Feldsteine gegen die hölzernen Verteidigungswerke der Brücke schleuderten, die Mailänder aber mit bestem Erfolg sich einer Maschine zur Abwehr bedient.

des Kardinals Egidio Colonna, gewöhnlich Aegidius Romanus genannt, eine ziemlich eingehende Anleitung dazu überliefert[1]). Eine Belagerung begann danach geeigneten Falles mit dem Versuche der Ueberrumpelung. Schlug dieser fehl, so folgte die Einschliessung zugleich mit dem Graben von Minen, Zerstörung der Mauer aus unmittelbarer Nähe und Beschiessung durch das „Antwerk" und zuletzt der Sturm mit Hilfe des Wandelturmes.

Was die in folgendem kurz zu erörternden Einzelheiten betrifft, so ist zunächst der Versuch der Ueberrumpelung auch bei Burgen zu allen Zeiten gebräuchlich geblieben. So trachteten 1490 die v. Werdenberg zu Sigmaringen, die v. Zimmernsche Burg Wildenstein in ihren Besitz zu bringen: „*Dieweil es aber dermassen bevestiget, das sie solchs mit kaim gwalt zu erobern getrawten, werd ir fürnemen, solchs mit lüsten und prattiken zu überkommen.*" Ein bestochener Wächter öffnete auch zu verabredeter Zeit das Tor und ein im Hinterhalt versteckter Werdenbergischer Haufe brach hervor; doch wurde der Anschlag noch vereitelt. „*Etlich alt diener zu Wildenstain wurden der prattik von geschicht* (zufällig) *gewar; also ee die Werdenbergischen auf die burgk im vorhof kammen, hetten sie die thor plossig zugeschlagen*"[2]). — Viel später, im Jahre 1709, wurde im Toggenburger Kriege Schloss Iberg durch Ueberrumpelung eingenommen, indem ein Haufe von 24 Mann bei starkem Frühnebel die Mauern der Vorburg überstieg und, als dann das Schlosstor geöffnet wurde, um den Viehknecht hinauszulassen, in dieses eindrang[3]). — Die Ueberrumpelung konnte indessen auch mit der Anwendung von Gewalt verbunden sein und gestaltete sich dann zu einem die Gegner völlig überraschenden Sturm ohne Anwendung schwer herbeizuschaffenden Gerätes. Durch Einhauen der Tore[4]), Herabreissen der Zugbrücken mittels langer Haken[5]) und Ersteigung der Mauern auf Leitern suchte man unvermutet den Platz zu gewinnen.

In ihrem um 1410 geschriebenen Livre des faicts d'armes et de chevalerie empfiehlt Christine de Pisan, allerdings für eine regelmässige Belagerung, zahlreiche doppelte Leitern mit vier Sprossenreihen, um zugleich vier Krieger in Front aufzunehmen, und mit Rollen am vorderen Ende, um besser fortzugleiten. Die grössten sollen 36 bis 40 Fuss lang sein[6]).

Handelt es sich nun um die Arbeiten einer regelmässigen Belagerung, so gibt zunächst auch zum Graben der Minen Aegidius a. O. weitschweifige Anweisung, deren Inhalt kurz folgender ist: Der unterirdische Gang ist vor allem herzustellen, ohne dass die Belagerten etwas davon merken, und er ist, um das Nachstürzen der Erde zu verhindern, mit Holz auszusteifen. Ist man damit bis unter die Mauern der Festung gekommen, so sind diese zunächst mit Holz zu stützen und letzteres dann anzuzünden, wonach die Mauer einfällt. Auch kann

---

[1]) Kap. 16—22 des dritten Buches, von welchen u. a. A. Schultz, Höf. Leben, längere Auszüge bringt.

[2]) Zimmerische Chronik I, 563.

[3]) Naef, Manuskr. a. O. IV, S. 136.

[4]) Ulr. v. Zadzikhofen, Lanzilet. 152.

[5]) Froissart, Chroniques, ed. Buchon. I, kap. 259.

[6]) In mittelalterlichen Kriegsbüchern pflegt anstatt der einfachen Leitern noch allerlei anderes abenteuerliches „Steigzeug", z. B. in Gestalt von vielgliedrigen Scheren, abgebildet zu sein, welches jedoch schwerlich jemals praktische Anwendung gefunden hat.

man anstatt dessen oder ausserdem einen unterirdischen Gang noch so weit fortführen, dass man durch ihn direkt in den belagerten Platz gelangt[1]).

Diese Minen werden schon von Vegetius (IV, 27) empfohlen und sind bekanntlich bis heute — mit gleichzeitiger Anwendung von Sprengladungen — gebräuchlich. Auch aus dem Mittelalter haben wir zahlreiche Nachrichten von ihrer Anwendung, seitens der Deutschen anscheinend zuerst 1147 bei der Belagerung von Lissabon. Die Belagerer der Burg Schöneberg im Hessischen hatten u. a. Bergknappen aus Sontra für die Erdarbeiten mitgebracht[2]). Wenn indessen Aegidius weiter bemerkt: „Es kommt aber öfter vor, dass Festungswerke auf grossen Steinmassen gegründet oder vom Wasser umgeben sind oder sehr tiefe Gräben haben oder sonst auf eine Weise befestigt sind, so dass sie durch Minen oder unterirdische Gänge gar nicht oder nur sehr schwer erobert werden können" — so liegt auf der Hand, dass dies gerade bei unseren Höhen- sowohl wie Wasserburgen besonders häufig der Fall sein musste. Der Felsen war zwar da kein unbezwingliches Hindernis, wo es sich um leicht zu bearbeitenden Sandstein handelte; allein das immerhin langwierige Aushauen eines unterirdischen Ganges konnte da schwerlich von den Belagerten unbemerkt bewerkstelligt werden[3]). In solchem Falle tat dann auch wohl ein anderweitiges Untergraben des Burgfelsens gute Dienste, wie wir aus der Belagerung von Löwenstein („Lindenschmidt") an der vogesisch-pfälzischen Grenze von 1386 ersehen. Die Elsässische Chronik Jakobs v. Königshofen berichtet darüber S. 342: *Also zogetent die von Strosburg mit dem von Liechtenberg für Löwenstein die burg vnd sturmetent die vnd undergrubent den berg vnd den veils, do die burg uffe stunt gar siere, das sich die innern entsossent* (die darin Befindlichen entsetzten). *Dovon gobent sü die burge uf vnd lies man sü enweg gon. Do zerbrach man die burg ze grunde abe, als* (man) *dervor was gelegen uf vier wuchen. Do wart uf XIIII tusend gulden verzert, vnd verlonet den gebern vnd werglüten.* (S. auch S. 400 und 404.)

Ein weiteres schon aus dem grauen Altertum überkommenes Mittel, die Mauern ohne Anwendung von Schuss und Wurf zu zerstören, war der Mauerbrecher, ein unter dem Firstbalken eines fahrbaren, niedrigen Schutzhauses an Stricken oder Ketten wagerecht angehängter starker Balken mit eisenbeschlagenem Kopfe, der, zurückgezogen und dann losgelassen, die Mauer mit wiederholtem Stosse zertrümmerte.

Das Mittelalter hatte, wie in der gesamten Kriegswissenschaft, so auch für dies Belagerungsinstrument zahlreiche Bezeichnungen. Von den gebräuchlichsten: Widder (aries) und Katze (cata) bezog sich die erstere zunächst auf den Balken, das letztere auf das Schutzhaus allein[4]). Ausserdem findet man die Namen Sau (scropha, porca, porcus, Soge), Fuchs (vulpes), Maulwurf (talpa), Krebs (cancer), Igel (erinaceus), Schildkröte,

[1]) Auch bei der Belagerung Alessandrias 1175, gegen dessen nicht aus Mauern, sondern nur aus Erde bestehende Befestigungswerke die Maschinen und Sturmböcke nichts ausrichten konnten, führte eine Mine bis in die Stadt, doch wurden die daraus Hervorkommenden zu zeitig bemerkt und getötet.

[2]) Landau, Hess. Burgen IV, S. 228.

[3]) Gleichwohl kam es auch da vor. So heisst es von der Belagerung der auf einem niedrigen Sandstein-Felskopfe belegenen Burg Greifensee (Kant. Zürich) von 1444 bei dem Chronisten Hans Frund: *Sie fiengent an graben an der zwingolf untz* (bis) *das sy hindurch kament an die rechten mur.*

[4]) Es heisst aber auch Chron. Colm. ad. ann. 1293: *cattum vel instrumentum, quo turres destruuntur.*

Priapus usw.[1]). Bei einigen dieser Instrumente scheint der Balkenkopf mehr bohrer-, haken- oder zangenartig gestaltet gewesen zu sein. Letzteres um die losgestossenen Steine damit beseitigen zu können, während der Mauerbohrer (terebra) mittels umgewickelten Seiles in den Fugen gedreht wurde. Was die Masse betrifft, so kamen im Altertum (nach Athenaios, 210 v. Chr.) Widderbalken bis zu 180 Fuss lang vor und wurden dieselben von nahezu 100 Männern angezogen. Beim Angriffe der Spanier auf Konstanz 1548 hatten nach einer alten Beschreibung dieselben „*Bruchbäum oder Arietes, so 16 bis 20 Schuh lang = aychine mit Eysen vornenher beschlagene Höltzer waren*". In der Regel waren die Balken wohl sehr gewichtig; die starke Wirkung ihrer Stösse wird mehrfach (so Chronicon Colmariense ad. ann. 1300) hervorgehoben[2]).

Die Katze, als Schutzhaus allein, wurde sonst auch dazu gebraucht, an die Mauer geschoben, Belagerer sicher zu bergen, die unter ihrem Dache mit anderen Brechwerkzeugen die Mauer zu zerstören suchten[3]).

Die gewaltigste und für die Belagerten gefährlichste der für den Nahkampf bestimmten Belagerungsmaschinen ist der Wandelturm, Bercfrit oder Ebenhoch, auch (nach Vegetius) Exostra oder Sambuca, von den Chronisten schlechthin machina oder castellum genannt. Christine von Pisan gibt a. O. davon folgende (etwas gekürzte) Beschreibung:

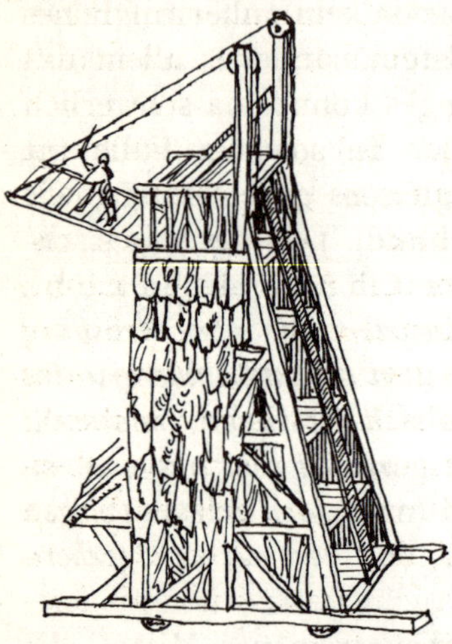

Fig. 390

„Sie ist ein aus starken Brettern und Balken errichtetes Gebäude von mehreren Stockwerken, und damit, sagt Vegetius (IV, 4), solches Bauwerk gegen Feuer gut geschützt sei, muss es mit Eisenplatten oder wenigstens ungegerbten frischen Fellen bedeckt werden. Einige dieser Maschinen sind 30, 40, auch 50 Fuss, ja manche so hoch, dass sie die höchsten Türme überragen. Die Maschine wird auf Rädern so nahe als möglich an die Mauer gebracht, und gibt es daran Zugbrücken, die man auf die Mauer werfen kann. Sie enthält in allen Stockwerken Haufen von Kriegern, von denen die obersten die auf der Mauer befindlichen bekämpfen, die in den anderen Stockwerken durchbrechen dieselbe, und so ist die Festung derart angegriffen, dass sie leicht genommen wird."

Die uns überkommenen oberflächlichen Abbildungen des Wandelturmes zeigen zumeist nur ein schwaches Balkengerüst ohne Zwischenböden als Untergestell eines kastenartigen Aufsatzes für die Verteidiger[4]). Fig. **390** (mit Benutzung einer Zeichnung Viollet-Le-Ducs) dürfte gleichzeitigen

[1]) Vgl. hierzu Schultz, Höf. Leben, Aufl. 2, 408 ff., Köhler a. O. 121 ff. u. Jähns, Handb. 635. Letzterer rechnet hierher auch den Tarant, d. h. Mauerbohrer; derselbe ist aber nach den von Köhler S. 157 Anm. 4 angeführten Quellenbelegen vielmehr ein Geschütz. Dagegen irrt Köhler entschieden, wenn er a. O. S. 122 schreibt, dass „für den Widder seit dem 13. Jahrh. der Name Tumler aufkommt". Nach zahlreichen Belegstellen (vgl. 1. Aufl. S. 404 Anm. 2) war das eine Wurfmaschine.

[2]) In einer Buchmalerei des 10. Jahrh. (Demmin, Kriegsw. S. 857) läuft der Widderbalken selbst auf zwei Rädern, und auf der Trajanssäule erscheint er als frei getragenes Handinstrument, mit welchem die Dacier ein Kastell bestürmen. Der Beschlag hat hier und auch sonst die naturgetreu ausgebildete Form eines Widderkopfes.

[3]) Bei der Belagerung von Rapperswyl am Züricher See 1388 „*machtent* (die Belagerer) *zehen Katzen, die uff klainen pflugreder giengent und mit hüten* (Fellen) *waren bedeckt, da in jeclichem zwanzig man warent und sy mit sailen zugent.* Es gelang, eine der Katzen an die Mauer zu bringen und sich von da in einen Keller durchzugraben, doch wurden die Eingedrungenen teils getötet, teils *mustent sie wider fliehen hinder sich durch das loch und mit der katzen wichen von der mur.* (Ruppert, Das alte Konstanz, 1891, S. 106.)

[4]) Vgl. Jähns, Handbuch Taf. 68.

Beschreibungen nach der gebräuchlichsten Form nahekommen. Eine altassyrische Abbildung (Jähns, a. O. Taf. 7) zeigt den rings geschlossenen Turm zugleich mit einem Widderbalken versehen. Auch das Aufstellen von Wurfmaschinen auf demselben wird im Mittelalter ausnahmsweise erwähnt.

Bei der Belagerung von Crema 1159 durch Kaiser Friedrich I. wurde ein fast 100 Fuss hoher Ebenhoch von den Belagerten mittels Wurfmaschinen durch brennende, mit Oel, Pech und Schwefel getränkte Reisigbündel beschossen, jedoch der Brand durch Wasser und Erde wieder gelöscht. Ein noch grösserer Ebenhoch hatte eine 6 Fuss breite und 40 Fuss lange Fallbrücke. Als man schon hinüberstürmte, zerstörten die Cremenser sie durch einen Steinwurf. Bei der berühmten Belagerung von Neuss durch Karl den Kühnen 1474 wurden wohl zum letzten Male der Katze und dem Wandelturm ähnliche Maschinen, jedoch ohne Erfolg, angewendet[1]).

Dazu musste natürlich immer der vor der Mauer etwa vorhandene Graben an der betreffenden Stelle zuvor mit Erde, Reisigbündeln u. dgl. ausgefüllt worden sein. —

Die aus der Ferne, d. h. durch Geschosse wirkenden Belagerungsmaschinen dieser Periode waren teils Schiess-, teils Wurfinstrumente und gleichfalls mehr oder weniger den alten griechisch-römischen nachgebildet. Dass indessen die Kunst, solche herzustellen, mit den Kreuzzügen einen neuen Aufschwung nahm, dessen ist wohl der beste Beweis, dass das lateranische Konzil vom Jahre 1189 bei Strafe des Bannes untersagte, „jene todbringende und gottverhasste Kunst des Baues von Wurf- und Pfeilgeschützen ferner gegen katholische Christen zu üben".

Im einzelnen ist dies Gebiet ein besonders schwieriges teils durch die Oberflächlichkeit und Unklarheit der uns überlieferten Abbildungen und gelegentlichen Beschreibungen, mehr noch aber durch die Mannigfaltigkeit der alten Bezeichnungen, deren Bedeutung offenbar schon im Mittelalter nicht einmal überall festgestanden hat[2]). Für unseren Zweck dürfte folgendes genügen.

Verhältnismässig klar ist zunächst das Gebiet der seit Anfang des 13. Jahrh. nachgewiesenen Wurfgeschütze, bei welchen ein zweiarmiger Hebel durch ein Gegengewicht in Bewegung gesetzt wird. Wir verdanken das einer Beschreibung des Aegidius a. O. cap. 18, wo es, frei wiedergegeben, heisst:

Die Wurfmaschinen (petrariae) zerfallen in vier Arten und bei jeder von ihnen gibt es einen Hebel oder Wagebalken (virga, eigentlich Rute), an dessen Ende sich eine Steinschleuder befindet und welche man niederzieht und mittels eines Gegengewichtes emporschleudert. Zuweilen reicht das nicht aus, sondern man muss an Stricken ziehen, um den Hebel höher emporzuschnellen. Das Gegengewicht kann fest oder beweglich oder beides zugleich sein. Ersteres, wenn ein Kasten mit Sand, Steinen, Blei oder anderen schweren Körpern unverrückbar mit dem kurzen Arm des Hebels verbunden ist. Diese Maschine, von den Alten Trabucium genannt, wirft am genauesten, weil das Gegengewicht stets gleichförmig wirkt. . . . Die zweite, von den Römern Biffa genannte Maschine mit einem beweglich an dem Hebel hängenden Gewicht,

[1]) de Molinet, Chronique, I Chap. 1 etc. Collect. Buchon VII.

[2]) Für die Aufklärung der Sache haben sich besonders bemüht Viollet-Le-Duc (Dict. rais.), General Dufour (Mémoire sur l'artillerie) und Napoleon III. (Études sur l'artillerie) sowie bei uns Jähns (Handb. 636 ff.), Schultz (Höf. Leben II, 373 ff.) und Köhler (Entwicklung a. O. 141 ff.). Ueberall unzweifelhafte und miteinander übereinstimmende Ergebnisse haben aber auch diese Forschungen keineswegs gehabt. Jähns nimmt nach den Darlegungen Köhlers seine eigenen Ansichten in der Gesch. der Kriegsw. I, S. 192 gutenteils zurück. Demmin, Kriegswaffen, begnügt sich wesentlich mit der Wiedergabe alter Abbildungen.

wirft stärker und weiter[1]), aber nicht so genau und gleichmässig. Eine dritte Maschine, Tripantium heissend, hat beide Arten des Gegengewichtes zugleich und wirft deshalb sowohl genau als weit. Eine vierte Gattung hat kein Gegengewicht, sondern wird durch Menschen an Stricken gezogen. Dieselbe wirft nicht so grosse Steine als die anderen, aber man kann sie in kürzerer Zeit schussbereit machen und deshalb öfter mit ihr werfen.

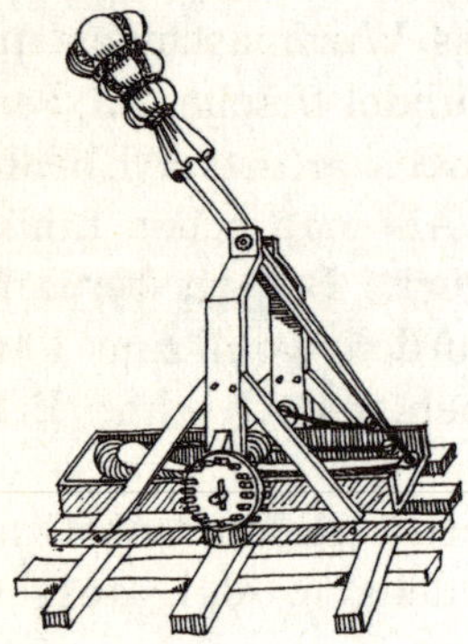

Fig. 391 Triboc

Wir wissen hiernach zunächst, dass wir unter dem seit 1212 oft genannten Triboc (franz. trébuchet, ital. trabocco) das Wurfgeschütz mit festem Gegengewicht zu verstehen haben. Fig. **391** (aus der Pyrotechnie de l'Ancelot lorrain) zeigt diese Maschine schussbereit. Der lange Arm des Hebels *a b*, an dessen Ende die Schlinge mit dem Stein *c* befestigt wurde, ist bereits mittels Welle und Rad *d* herniedergezogen. Losgelassen, schnellt ihn der mit festem Gewicht *e* beschwerte kurze Hebelarm in die Höhe, und m Bogen oben angekommen, löst sich der Stein aus der Schlinge und wird so fortgeschleudert[2]).

Andere alte Abbildungen von Wurfmaschinen, als Biffa, Buffa, Bidda bezeichnet[3]), unterscheiden sich von Fig. 391 fast nur dadurch, dass anstatt des festen Gegengewichtes *e* an den kurzen Hebelarm ein solches von verschiedener Art angehängt ist. Fig. **392** aus der Manesseschen Liederhandschrift (Bl. 84, v. Trosberg LXXIII., 255). Es entspricht das der deutschen Blide.

Eine wesentlich andere, spätere Form hat die mit einem vierräderigen Wagen verbundene Blide Fig. **393** aus dem Münchener Codex Germ. Nr. 356, welcher der 2. Hälfte des 15. Jahrh. zugeschrieben wird. Die

Fig. 392 Blide

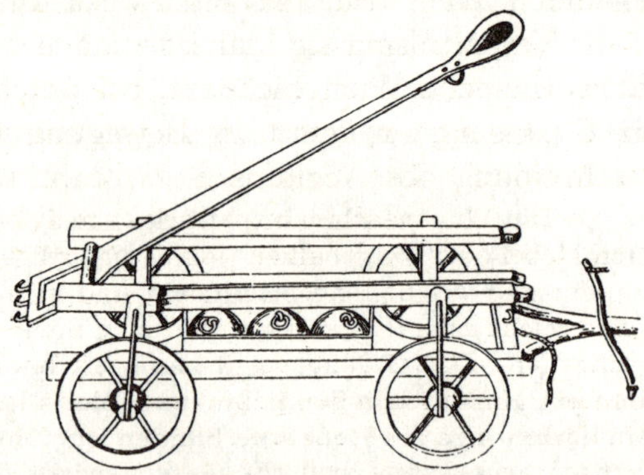

Fig. 393 Desgleichen

[1]) Köhler a. O. S. 192: indem das Gewicht den Hebelarm verlängert.

[2]) Sicher irrtümlich teilt Demmin a. O. 862 diese Abbildung als die einer „Brechmaschine mit Räderwerk" mit, wobei „der Kolben des Baumes ganze Mauerwände zertrümmerte". Um so angewendet zu werden, wäre offenbar der dicke Hebelarm zu kurz, der andere zu lang und die Schlinge mit dem Stein ohne Sinn. Köhler Taf. I, 4 bringt richtig dieselbe Abbildung als die eines Triboc.

[3]) So aus einer Pariser Handschrift Recueil d'anciens poëtes von Demmin a. O. 863 und aus dem Skizzenbuche des Villard de Honnecourt (14. Jahrh.) von Viollet-Le-Duc mitgeteilt.

Maschine wird da als „ein Fewrwagen“ bezeichnet. Auf dem Wagen liegen die eisernen Gewichte, welche zum Emporschnellen des vorne niedergezogenen Hebels an die drei Haken seines kurzen Armes angehängt wurden, während der Brandsatz mittels des Löffels fortgeschleudert wurde[1]).

Auch der Ausdruck Tripantium für die „dritte Maschine“ (s. vorhin) findet sich nur bei Aegidius. Wir haben uns dabei den beweglichen Gewichtskasten der Blide noch an das schwere Kolbenende des Triboc angehängt zu denken. An solchen Abbildungen fehlt es nicht, und anscheinend ist auch diese Maschine bei uns als Blide bezeichnet worden[2]).

Die Maschine endlich, bei welcher der kurze Hebelarm einfach durch Menschenhände niedergezogen wird, hat Aegidius nicht genannt. Man hält sie für die Pretaria (Pheter) im engeren Sinne[3]) oder die Funda balarica, deren eine 1147 vor Lissabon von 100 Mann bedient wurde.

Wenn nun Aegidius an der behandelten Stelle auch noch behauptet, dass alle Werfmaschinen den besprochenen gleich oder doch aus ihnen entstanden seien, so ist das freilich keineswegs zutreffend. Bei einer anderen Art von Wurfmaschinen beruhte die treibende Kraft auf dem Mechanismus, mit welchem noch jetzt die beiden Arme unserer Handsägen gespannt werden, d. h. auf der Kraft, mit welcher zwei durch einen dazwischen gesteckten Knebel umeinander gedrehte Seile diese Drehung rückgängig zu machen streben. Ammianus Marcellinus (390 n. Chr.) gebraucht in senem Rerum gestarum libri, 3 cap. 4 diese Erklärung bei Beschreibung des Onager. Der um 1350 geschriebene Münchener Codex Germ. 600 enthält die in Fig. **394** wiedergegebene Abbildung einer solchen Maschine. Man sieht[4]), wie der in einer Aushöhlung den Stein enthaltende lange Knebel *a* mittels einer Haspel *o* nach hinten herniedergezogen wird, um dann, losgelassen, durch die angespannten Seile *c* wieder in die Höhe geschnellt zu werden. Die Seile bei *b* dienen dazu, den Knebel aufzuhalten, nachdem er so in die senkrechte Lage zurückgekommen ist. Diese Abbildung ist ein Beweis, dass auch der aus spätrömischer Zeit stammende Onager sich noch bis in die Zeit der Pulvergeschütze erhalten hat.

Fig. 394 Onager

---

[1]) In befremdlichem Masse verkehrt deutet Köhler a. O. S. 166 das Bild nämlich als die von Menschen gezogene vierte Maschine des Aegidius mit der Erklärung (Anm. 2): „Die Munition wird auf dem Wagen selbst mitgeführt und besteht aus runden Steinen von 6 Zentnern Gewicht, wie darauf bemerkt ist (?). Sie müssen zur Aufnahme des Brandsatzes offenbar hohl gewesen sein.“ (Also zum Werfen eines Brandstoffes ausgehöhlte und doch noch sechs Zentner schwere Steinkugeln!)

[2]) Köhler a. O. Nach Jähns, Gesch. der Kriegsw. I, 235 entspricht eine im Münchener Codex Germ. 600 abgebildete Blide genau dem Tripantium des Aegidius.

[3]) Der Ausdruck wird von Aegidius a.O. für Wurfgeschütz im allgemeinen gebraucht, wie das auch sonst bei anderen Geschütznamen vorkommt.

[4]) Offenbar hat der Zeichner, um den Mechanismus deutlicher zu zeigen, zugleich das Untergestell der Maschine von vorne, den Knebel mit dem Windeseil aber von der Seite abgebildet. Eine Beschreibung des Onager in Zeitschr. f. histor. Waffenk. V, S. 52.

Bei einer dritten Art der Maschinen ist ein mittels seiner Sehne gespannter Bogen die treibende Kraft. Zu ihnen gehört ausser Mange, Mangonellus und Balliste nach Köhlers Darlegung die Katapulte, welche Pfeile, und der von Anna Comnena sogenannte Lithobol, welcher Steine (λίϑος) schoss, sowie der Tarant (Tarantel, Skorpion). Die Unsicherheit der Bezeichnungen sowie die Unklarheit besonders über die Form der einzelnen Maschinen ist indessen hier noch grösser als bei den bisher behandelten[1]). Sie hatten, wie naheliegt, im wesentlichen Bogen, Sehne und Geschossrinne der Armbrust, u. zw. auf einem festen, wagerecht oder schräg aufwärts gerichteten Untergestell. Der Bogen konnte auch, in der Mitte getrennt, aus zwei Armen bestehen, die dann an ihrem inneren Ende fest im Holze oder auch (nach dem Prinzip des Onager) in je einem Paar umeinander gedrehter Seile staken[2]).

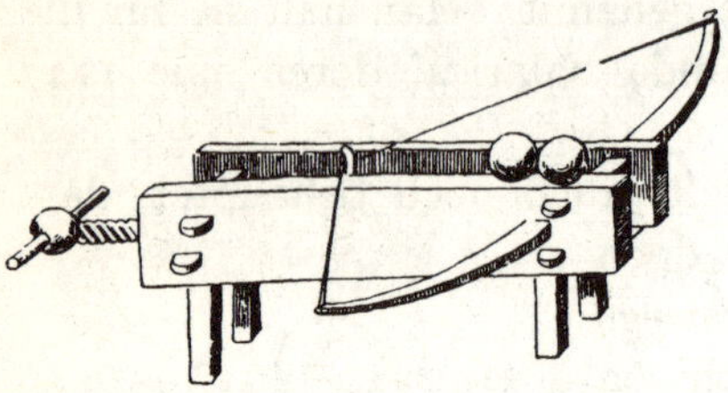

Fig. 395 Balliste

Die Bogensehne wurde durch eine Haspel oder eine Schraube angezogen. Eines der einfachsten Instrumente solcher Art (Fig. **395**) teilt Demmin, Kriegswaffen 858, mit der Bezeichnung „Balliste. Aus dem Jahre 1350 — Bibliothek von Quedlinburg" mit. Die Mange ging den Dichtern zufolge auf Rädern.

Zu diesen Maschinen gehören dann noch die verschiedenen Armbrüste selbst. Ihrer gab es besonders folgende Arten[3]):

1. Die Wind- oder Turmarmbrust[4]), auch Karrenarmbrust, Ribald, Spingarde genannt, wenn sie auf zweirädrigen, unseren Kanonenlafetten ähnlichen Karren angebracht waren.

2. Die Ruck- oder zweifüssige Armbrust, später Wipparmbrust genannt. „Zweifüssig", weil der Schütze beim Spannen beide Füsse in den am Kopf des Baumes befindlichen Bügel stemmen musste. Diese Armbrust wurde gleichfalls auf Böcke gelegt.

3. Die zu den Handwaffen gehörende Stegreif- oder einfüssige Armbrust. (Der nur mit einem Fuss betretene Bügel hatte die Form eines Steigbügels, Stegreifes.)

Ausserdem erhielten die Armbrüste — neben welchen auch der Bogen noch lange in Gebrauch blieb[5]) — noch ihre besonderen Benennungen nach den ver-

---

[1]) Näheres in 1. Aufl. S. 408 f.

[2]) Abbildung einer solchen Maschine mit aufwärts gerichteter Rinne bei Demmin, Kriegswaffen, S. 859.

[3]) Köhler a. O. S. 176 ff.

[4]) Dieser Name entstand offenbar dadurch, dass man die französische Bezeichnung arbalète à tour missverständlich von le tour, anstatt von la tour (Winde) ableitete. Italienisch heisst sie richtig balestra de torno, nicht etwa de torre. Allerdings wurde die Turmarmbrust auch auf Türmen gebraucht. Demmin will a. O. 898 den Ausdruck von dem turmähnlichen Flaschenzug, mit welchem die Sehne angezogen wurde, ableiten. Als Schussweite wird bei einem einpfündigen Steine von Köhler 500, von Dufour 832 m angegeben. 1250 beschossen die Araber das Lager Ludwigs des Heiligen mittels einer Karrenarmbrust mit griechischem Feuer. Nach San Marte (zur Waffenkunde S. 286) wurden von einem Pfeil derselben vier Mann zugleich getötet.

[5]) In der St. Gallener Weltchronik des Rudolf von Ems aus dem Anfang des 14. Jahrh. sind Bogen und Armbrust auf demselben Bilde in Gebrauch. Ungewiss, ob die Bilder nach einer älteren verlorenen Ausgabe kopiert sind.

schiedenen, in der Regel nicht an der Waffe selbst befestigten Vorrichtungen, mittels deren die Sehne gefasst und angezogen wurde. Es waren dies besonders: 1. der einfache H a k e n , 2. die W i p p e und der (kleinere) G e i s f u s s , beide hebelförmig, 3. die W i n d e, ähnlich einer Wagenwinde, und 4. der F l a s c h e n z u g.

Die in Fig. **396** wiedergegebene Maschine endlich, wohl die um 1300 erwähnte R u t t e oder Rütte, beruht noch wieder auf einem ganz eigenen Prinzip, dem direkten Schlage einer in ihre gerade Lage zurückschnellenden Feder, welche den auf einer verstellbaren Unterlage liegenden Pfeil forttreibt. Wenn die Dichter (vgl. S. 400) durch die Rutte hauptsächlich Feuer werfen lassen, so ist auch in der deutschen Ausgabe des Vegez die hier abgebildete Maschine als *„Fewrpfeil, mit solcher Form angericht“*, bezeichnet.

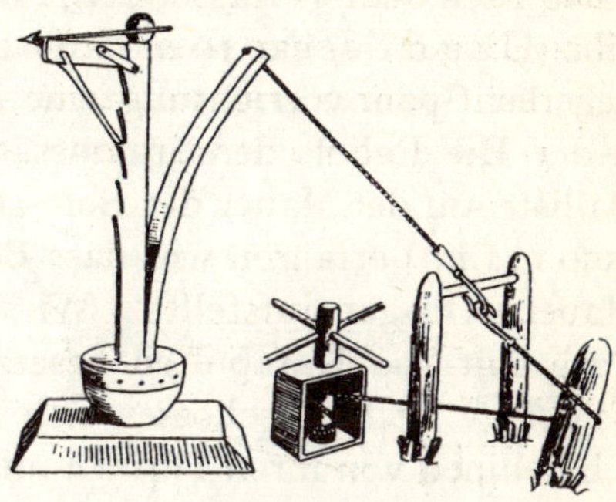

Fig. 396 Rutte

Derselben Schiess- und Werfmaschinen[1]) bedienten sich auch die Belagerten zur Abwehr, wie wir aus zahlreichen Stellen der Dichter und Chronisten ersehen. Dabei ist die Frage von besonderem Interesse, wo sie in dem zumeist enge be- und umbauten Raume dieselben aufstellten.

Wenn wir auf gleichzeitigen Abbildungen, so auch den hier wiedergegebenen, diese Maschinen als kleine, zumeist von nur einem Mann gehandhabte sehen, so entspricht das zwar dem Verhältnis zwischen Mensch und Bauwerk, welches wir auf allen Abbildungen aus alter Zeit — altägyptischen schon, wie denen der Trajanssäule — gewohnt sind, auch hier aber keineswegs der Wirklichkeit. Wie schon erwähnt, wurde die vierte Maschine des Aegidius von etwa 100 Menschen regiert, und so hat auch der von Viollet-Le-Duc rekonstruierte Triboc (nach der dabei beschäftigten Mannschaft zu urteilen) eine Höhe von mindestens 25 und eine Breite von 30 Fuss. Solches Grössenverhältnis entspricht auch einer Vorschrift aus dem Anfang des 14. Jahrh.[2]), nach welcher der Hebel der Blide 30 Fuss messen

[1]) Es kommen noch den Namen wie alten Abbildungen nach manche hier nicht erwähnte Kriegsmaschinen vor. So spielen in den niederdeutschen Urkunden besonders der Hansastädte die *„schietende“* und *„dryuende* (treibende) *werk“* eine grosse Rolle. Ersteres wird L ü b e c k e r U r k u n d e n b. III, 528 als ein „machinamentum sagittarium“, letzteres vom Herausgeber derselben als eine „Pfeil- und Wurfmaschine“ erklärt. Ebenso F o c k , R ü g e n s c h - p o m m. G e s c h. 3, 146, während K ö h l e r a. O. 189 schwerlich richtig Katze und Bercfrit für dryvende werke hält. Auch P i x i d e s kommen ebendaselbst vor. Der anderwärts mehrfach genannte P a d e r e l wird gleichzeitig als eine kleinere Schleuder für Steine und Brandstoffe erklärt. Andere Maschinen, von denen man wenig oder nichts Näheres weiss, sind B u s s e , S w e n g e l , B i b l i a , T r o j a , S c h n e l l e r usw.

Nach v. A p e l l , G e s c h. d e r B e f e s t i g u n g v. S t r a s s b u r g (1902, S. 76) bedeutete dort und auch wohl anderwärts „Werk“ überhaupt eine Wurfmaschine. Die allen hier behandelten Maschinen und Geräten gemeinsame Bezeichnung war A n t w e r k , nach Grimm = Werkzeug, Gerät, später mit *hantwerk* verwechselt, so dass von „Katzen und anderem Handwerkszeug zur Belagerung“ die Rede sein kann. Nach S c h m e l l e r = Wurfmaschine, Geschütz. „Büchsen und die dazu gehörigen Steine samt dem Antwerch.“ Bei der Belagerung von Schwanow (S. 398f.) wurden Menschen und Kot durch ein Kwotwerk (Quotwerk) in die Burg geworfen. Auch vom Bolwerk kommt vor, *„ein geruste, zu werffen, das wir heissen ein volwerch, damit man grosse stain wirft in die schlosser“*.

[2]) M a r i n o S a n u t o , g e n. T o r s e l l o , L i b e r s e c r e t o r u m f i d e l i u m , 2, 79.

soll, wovon 25 Fuss auf den langen Hebelarm kommen. In Kyesers Bellifortis heisst es gar zu einer abgebildeten Blide: „*daz antwerch soll gemacht werden in dem dryangel, und der seyten aine sol haben 48 werchschuh*". Auch die Schiessinstrumente zeigen ähnliche Masse. Nach Roquefort Lex rom. hatte ein Ribald einen Bogen von 12 bis 15 Fuss Länge und schoss einen 5 bis 6 Fuss langen Pfeil, der Bogen einer „balista" in der Burg von Freiburg (1275) hatte nach dem Verfasser der Ann. Basil. 13 Fuss Länge und Napoleon III. gibt (Études) gar 10 m dafür an. Der Schaft oder Baum musste also einschliesslich der Spannvorrichtung eine noch grössere Länge haben[1]).

Die Reliefs der Trajanssäule (Anfang 2. Jahrh. n. Chr.) zeigen uns nun die Balliste auf der Mauer der Befestigungen stehend, und aus den Historien des Procop (550 n. Chr.) erfahren wir, dass Belisar auf den Türmen Roms Ballisten und auf den Mauern Onager aufstellte. Wie ferner schon erwähnt, sollen 886 die Mauern von Paris mit 100 Katapulten besetzt gewesen sein, nach der Chronik des Giovanni Villani († 1348) beschossen sich 1248 in seiner Vaterstadt Florenz die Welfen und Ghibellinen von ihren Türmen mit Mangonellen, und ein am Lindauer Hafen stehender Turm hiess (Jähns 642) noch zu Anfang des 17. Jahrh. der „Mangenturm".

Aus diesen Beispielen ergibt sich, dass zu allen Zeiten die Belagerten solche Maschinen auf ihren Mauern und Türmen aufgestellt hatten. Gleichwohl erscheint die Sache in bezug auf unsere Burgen keineswegs so einfach. Böte sich da auch für die in hohem Bogen werfenden Maschinen nach oben hin unbeschränkter Raum, so waren doch auf einem, dachlos gedachten, Berchfrit mittleren Umfangs innerhalb der Brüstungsmauer Triböce und Bliden der grössten Art jedenfalls nicht aufzustellen. Mochte man sich aber auch hier mit kleineren Maschinen dieser Art um so mehr begnügen können[2]), als die Belagerten ja keine starken feindlichen Mauern durch entsprechend schwere Geschosse zu zerstören hatten, sondern kaum etwas anderes als die Belagerungsmaschinen, was auch — s. weiterhin — auf andere Weise geschehen konnte, so liegt doch auf der Hand, dass die Ringmauern — deren, wenn auch über den Mauerabsatz hinaus verbreiterter Wehrgang kaum jemals mehr als Zweimannbreite hatte — selbst für kleinere (natürlich querüber zu stellende) Schiess- und Wurfmaschinen keinen ausreichenden Platz boten[3]). Dasselbe gilt sogar von den gewöhnlichen Schildmauern, deren Wehrgang zwischen den beiderseitigen Zinnen nur 1,75 bis 3 m breit war. Nur weniger Grundfläche einnehmende Maschinen, wie etwa die in Fig. 394 dargestellte, mochten hier allenfalls Platz finden.

Wie aber der Berchfrit ja zunächst sein Dach hatte, auch seine Höhe ein einigermassen sicheres Zielen bei Bogenwürfen gewiss erschweren mochte, so konnte andrerseits jedenfalls bei den meisten Burgen eine etwa nicht erhöht im Innern derselben aufgestellte Maschine mit Erfolg nicht wirksam werden. Der Raum war zumeist zu eng, um zumal über einen hohen Mantel oder etwa den vor-

---

[1]) In der in Anlass der Ausstellung von 1894 in Turin erbauten Burg hat eine in einer Hofhalle aufgestellte Katapulte einen Bogen von 6 m Länge. Kleine Modelle alter Belagerungsmaschinen in der königl. Waffensammlung daselbst.

[2]) Zu Speyer standen 1376 auf den Türmen „*viel gross Block mit Armbrust, daraus man stark dicke mit Eisen angespitzte und gefiederte Pfeil geschossen*". (Lehmann, Chronika v. Speyer, 1698.)

[3]) Anderer Meinung freilich Jähns, Handb. S. 657 und 660.

liegenden Palas selbst im Bogen hinüberwerfen, geschweige denn unter solchen Umständen sicher das Ziel treffen zu können. Ausnahmsweise boten einige Burgen — so Hohkönigsburg (zu Fig. 198) und Aggstein an der Donau *t*, (Fig. 595) — auf der Angriffsseite natürliche erhöhte Plattformen, welche zur Aufstellung von Antwerk bestens geeignet waren, und auch sonst mochte es besonders da, wo auf dieser Seite der Burgberg terrassenförmig aufstieg, innerhalb der Burg an geeigneten ebenerdigen Plätzen für die Maschinen nicht fehlen.

In einzelnen Fällen wurden sie ausserhalb der Ringmauer aufgestellt. Bei der einzigen mir bisher bekanntgewordenen alten Abbildung, welche eine von Burginsassen aufgestellte Wurfmaschine zeigt — Fig. **397** nach einer Buchmalerei der Genueser Annalen vom 13. Jahrh., Pariser Handschrift —, ist dies offenbar der Fall. Auch als 1262 der Ratsherr Walsbach von Eisenach mittels einer Blide angeblich dreimal zwischen der Stadt (?) und der Wartburg hin und her geschleudert wurde, heisst es davon in alter Reimchronik: „*Ward gelegt auf ein Blieden breit, War ein Instrument wie ein Geschoss. Stand aussen vor neben dem Schloss.*" Ebenso zeigt eine von Schultz (Höf. Leben II, 381) aus der Casseler Handschrift des Wilh. von Orlens mitgeteilte Zeichnung einer von der Seeseite belagerten Festung eine in Tätigkeit gesetzte Blide frei auf dem Kai stehend[1]).

Fig. 397 Aufstellung von Antwerk

v. Essenwein, so viel ich finde, der einzige Fachschriftsteller, welcher auf diese Aufstellungsfrage näher eingeht, schreibt im Anschluss an die Besprechung der Rüdesheimer Oberburg (Kriegsbauk. 51): „Meist musste man sich begnügen, eine Burg so lange einzuschliessen, bis die Besatzung durch Hunger oder andere Zwangslagen zur Ergebung genötigt war. Wohl verwendete man auch Wurfapparate gegen die Mauer; aber diese hatten weder die Treffsicherheit, noch die Kraft unserer heutigen Geschütze. Die Besatzung, welche solche auf den Plattformen der Burg aufstellte, konnte damit den ungedeckten Angreifern und ihren provisorischen Werken gegenüber weit mehr erreichen, als diese gegen die massive Burg. Deshalb gehörten solche Plattformen stets zum Verteidigungs-Apparat jeder Burg. Insbesondere hatten alle Türme zu oberst ihre Terrasse, und wenn wir uns irgendeine Burg in gutem Verteidigungszustand denken, müssen wir uns auf allen Teilen, die verteidigt werden konnten und sollten, solche von Zinnen umgebene Plattformen denken, auf denen die Verteidiger sich frei bewegen konnten, auf denen zudem die Wurfapparate standen. Aber diese Plattformen waren schwer wasserdicht zu erhalten und der Verwitterung preisgegeben. Deshalb setzte man allenthalben, wo das Klima es gebot, Dächer darauf, welche sich leicht entfernen liessen, wenn die Not es erforderte." Ebend. S. 156 heisst es dann bezüglich des Berchfrits gleichfalls: „Man legte ein Dach darauf, welches mit der Steinkonstruktion nicht verbunden war und leicht abgenommen werden konnte, wenn eine regelrechte Belagerung der Burg vorauszusehen war. Dann auch schlug man erst die Wurfmaschinen auf. . . . Wir dürfen uns dieses Schutzdach noch für das 12. Jahrh. als einen recht

[1]) Es erscheint hiernach als nicht so unwahrscheinlich, wenn bei einer (in Spamers Konversationslex. unter „Ritterburg" gegebenen) Rekonstruktion der Schwesterburgen Rudelsburg und Saaleck von Baurat Dr. Mothes auf einer beiderseits die trennende Schlucht begrenzenden Felsstufe neben den Burgen innerhalb niedriger Mauerumfassung je eine Wurfmaschine aufgestellt ist. Jedenfalls würde bei der Saaleck das Gelände dazu sehr passend gewesen sein.

provisorischen Bau denken; denn man wusste nicht, wie bald es weggenommen werden musste. Erst später, als man sah (?), dass die Wehrplatte doch recht selten offen gebraucht wurde, gab man auch diesen Schutzdächern eine definitivere Form."

Wie bei dem S. 285 von demselben Verfasser Angeführten handelt es sich hier um etwas, das man sich wohl als zweckmässig erdenken konnte, der Wirklichkeit aber durchweg nicht entspricht. Ein „recht provisorisches, leicht abnehmbares Schutzdach" würde, zumal bei dem Berchfrit einer Höhenburg, der erste Sturm fortgeweht haben[1]), und wann konnte man eine bevorstehende Belagerung lange genug voraussehen, um bis dahin neben anderen unerlässlichen Vorbereitungen Dächer nebst den festen Dachstühlen abzutragen und statt dessen grosse Wurfmaschinen aufzuzimmern, und um, wenn etwa die Befürchtung sich als unbegründet erwiesen, wieder die umgekehrten Arbeiten zu vollbringen?[2]) (Bei den gemauerten Dachhelmen S. 223 f.) könnte davon vollends nicht die Rede sein.)

Das Phantasiebild einer alten Burg, die „auf allen Teilen, die verteidigt werden konnten oder sollten, von Zinnen umgebene Plattformen für die Wurfapparate hatte", ist überhaupt mit der Wirklichkeit schwer zu vereinen[3]), und so zeigen denn auch alte Abbildungen selbst belagerter Burgen solche dachlosen Wehrplatten mit oder ohne Maschinen nicht, und ebensowenig wird in alten Schilderungen von Belagerungen dessen erwähnt[4]), wohl aber öfter bemerkt, dass die feindlichen Maschinen die Dächer zerstörten[5]). Ueber die Frage zur Zeit der Pulvergeschütze s. weiterhin.

Wenn so die Burginsassen sich gewiss nur ausnahmsweise grösseren Antwerks bedienen konnten, so war andrerseits dasselbe auch nicht selten bei den Belagerern der Fall. Burgen, welche auf vereinzelten steilen Felsen lagen, wie zumal Hohentwiel und Hochosterwitz, waren durch Wurfmaschinen gar nicht zu erreichen, während bei anderen — so den meisten Höhlenburgen (Kap. 21) oder sonst, wie Schroffenstein und Haderburg in Tirol, inmitten steiler Felshänge gelegenen — die Umgebung keinen Platz zur Aufstellung grösseren Antwerks bot. Solches hat also bei mancher Burg auf keiner Seite in Frage kommen können[6]).

---

[1]) Beispielsweise hat aktenmässig 1562 auf der Hohkönigsburg *der übermässig grosse Wind* selbst *das Haus auf dem Mantel*, d. h. auf der nicht eben hohen Schildmauer, *darunter auch das Geschütz gestanden, niedergeworfen und zerbrochen.*

[2]) Nach den freilich oft missachteten Bestimmungen der kaiserlichen „Landfrieden" musste eine Fehde wenigstens drei Tage vorher durch „Absage" (diffidatio) angekündigt werden. Ein solcher (Fehdebrief) eines Grafen von Matsch lautete beispielsweise: „Wiss Fritschi, Burggraf von Fürstenburg, oder wer an Deiner Statt ist! Von des Saz wegen, den ich han mit Dir, dass ich Dir den Saz absag, und will damit meine Ere gegen Dir, oder wer an Deiner Statt ist, besorgt haben. Geben Uff Churburg an St. Luzistag 1394."

[3]) Vielleicht bietet ausnahmsweise die Rudelsburg ein Beispiel solcher Vorrichtung. Beim Eingang in die sehr weite Vorburg liegt da wenige Schritte hinter der Ringmauer der etwa 4 m hohe Stumpf eines ganz isolierten, starken Rundturmes, der kaum viel höher gewesen ist und auf seiner Plattform besonders zweckmässig eine Wurfmaschine getragen haben dürfte.

[4]) Es handelt sich gewiss nur um ein Turmdach, wenn es in Veldeckes Eneit 6301 ganz ausnahmsweise heisst: *Si besazten das innen Jre turmen und ir zinnen. J r d a c h s i a b e b r a c h e n; Jre vanen si ûz stachen Unde schufen ir gewer kegen dem kreftigen her.*

[5]) v. Cohausen, der stets die (feste) Bedachung aller Burgbauten betont, erklärt (Nass. Ann. XX, 28) die ausnahmsweise Einwölbung der Ober- und Niederburg zu Rüdesheim für geboten, weil dieselben den Würfen aus feindlichem Antwerk besonders (?) ausgesetzt waren.

[6]) Das Schloss Bioule z. B. wurde 1346 bei seiner Armierung mit grossen und kleinen Armbrüsten, aber nicht mit Steinschleudermaschinen versehen. (Favé, Études IV, 9 Anhang.) Wenn andrerseits in Froissart, Chroniques, chap. 259 hervorgehoben wird, dass (1346) „die in dem Schlosse (Aiguillon) auch gute Gewerfe hatten", so wird man daraus schliessen dürfen, dass dies nicht etwas Selbstverständliches war.

Nach Vorstehendem wird nun zunächst die Frage zu untersuchen sein, was der Belagerte als solcher während dieser Zeitperiode zu tun hatte bzw. welche Mittel zur Abwehr ihm zu Gebote standen.

Aegidius Colonna gibt darüber — zunächst freilich für belagerte Städte — im 21. und 22. Kapitel im Anschlusse an Vegetius eine weitschweifige Belehrung[1]), deren Inhalt folgender ist: Um nicht durch Hunger oder Durst bezwungen zu werden, ist eine entsprechende Menge von Proviant in die Festung zu schaffen und sind nötigenfalls noch Zisternen anzulegen. Ausserdem sind Vorräte zu beschaffen an Schwefel, Pech und Oel, um die feindlichen Maschinen in Brand zu stecken, an Holz und Eisen für Pfeile, Wurfspeere, Maschinen und Schutzbauten, an Sehnen und Seilen für die Bogen und Ballisten, an gepulvertem Kalk, der, in Gefässen auf die andringenden Feinde geworfen, diese blind macht, an Häuten zum Schutz der Maschinen und Bauten gegen die Brander der Feinde und an Rollsteinen, die auf den Mauern und Türmen aufzuhäufen sind. Nach begonnener Belagerung sind dann gegen etwaige Minen Gegenminen zu graben, in welchen man die Feinde bekämpfen kann, auch kann man auf die letzteren am Ausgange der Minen in grossen Tonnen bereitgehaltenes Wasser oder Urin schütten. Die Steinschleudermaschinen sucht man entweder bei einem Ausfalle oder bei heimlichem nächtlichen Heranschleichen oder durch Brandpfeile in Brand zu setzen oder auch mittels anderer Gewerfe zu zerstören. Das gleiche gilt von den an die Mauer herangebrachten Holzbauten. Ausserdem kann man den Widder mit dem „Wolfe" unschädlich machen, d. h. mit einem krummen, mit Zähnen ausgezackten Eisen, welches, an Stricken über die Mauer hinabgelassen, den Kopf des Widders packt, so dass man denselben hinaufziehen kann. Die Stelle, an welcher der Wandelturm an die Mauer gerückt wird, muss man heimlich untergraben, damit derselbe dort einbricht und umfällt. Wo eine Bresche zu besorgen ist, sind dahinter hölzerne oder wenn möglich steinerne Mauern aufzuführen, und die dann eingedrungenen Belagerer mit Steinwürfen zu überschütten.

Diese Angaben des Aegidius sind noch nicht erschöpfend. So hingen die Belagerten auch schwere Balken an Seilen über die Mauer, um erstere, wenn die Feinde an den Fuss der Mauer kamen oder dieselbe ersteigen wollten, schnell hinabzulassen und dann wieder emporzuziehen[2]). Minder zweckmässig war es wohl, wenn das Anonyme Kriegsbuch von 1540 empfiehlt, unter den Zinnen schwere Steine auf schwanken Gerten zu legen, die, von den Stürmenden berührt, auf diese hinabfallen. Ferner wurden wohl die Zinnen mit Stroh- und Wollsäcken behängt und ebenso die Mauern gegen den Stoss des Widders. In der Chronik des Duguesclin, chap. 36 wird ber chtet, dass belagerte Schlossinsassen auf die Türme und „logements" Dünger gegen die Steingeschosse aufbringen liessen, und im eben erwähnten Kriegsbuche wird sogar empfohlen, dieselben mit Balken,

---

[1]) Deutsch wiedergegeben in Schultz, Höf. Leben II, 427 ff.

[2]) Wigalois 10751 (um 1212): „*Die mûre waz behangen, Mit grôzzen blochen sinuwel* (rund), *Die wâren an der wer so snel, Sweune ieman an den Graben gie und man die bloche vallen lie, So hurten* (stiessen) *si die viende wider In den tiefen graben nieder.*" Die Wasserburg aus Kyesers Bellifortis (Fig. 557) zeigt eine solche über die Mauer gehängte „*bloche*" in Gestalt schwerer Baumstämme, die durch Aststümpfe noch gefährlicher gemacht sind.

Erde und dann einer Reisigschicht zu bedecken. Ausserdem soll man längs des Mauerfusses Lähmeisen anbringen[1]).

Bei Behandlung der aussen vorgekragten Wehrgänge pflegt in den Fachschriften die Bemerkung nicht unterlassen zu werden, dass dieselben nur im Fall erwarteten Angriffes hergestellt wurden, während für gewöhnlich nur die zugeschnittenen Hölzer in den Speichern (?) bereitgehalten wurden[2]). Worauf sich jedoch diese herkömmliche Behauptung, die anscheinend immer ein Schriftsteller vom anderen übernommen hat, ursprünglich stützen mag, ist mir nicht bekannt. Von dieser Arbeit, die nicht etwa jeder des Zimmerhandwerks Unkundige verrichten konnte und die um so mehr bei einiger Ausdehnung der Wehrgänge leicht für sich allein Wochen in Anspruch nehmen mochte, gilt gleichfalls das vorhin in bezug auf die Abtragung der Dächer Bemerkte, und die Idee wird in Verbindung mit jener nur noch um so sinnloser. So fehlt es denn auch (vgl. Kap. 13) keineswegs an alten Ansichten von Burgen, deren Bauten mit diesen hölzernen Wehrgängen umgeben sind, und hie und da ist uns überliefert, dass bei einzelnen derselben jene selbst weit über die Zeit ihrer praktischen Benutzbarkeit hinaus erhalten blieben. So bemerkt von Bürglitz in Böhmen Gottschalk a. O. Bd. VIII, dass die hölzernen Galerien, die um das ganze Schloss, um die Mauern, selbst unterm Dach der Kirche herumliefen, erst gegen Ende des 18. Jahrh. als unnötig und feuergefährlich abgenommen wurden. Auch hat es sich in dem S. 374, Anm. 2 angeführten amtlichen Berichte augenscheinlich um die Ausbesserung einer ihn permanent umgebenden hölzernen Wehre gehandelt. Ueber die noch heute erhaltenen s. S. 375. — Bonner Jahrb. XLVI, S. 53 kann man sogar lesen[3]), dass die „überkragenden Holzgeschosse über den Türmen in Friedenszeiten gewöhnlich nicht vorhanden waren". —

Es bleibt hiernach noch die Verwendung und Wirksamkeit der Maschinen und Waffen dieser Periode näher zu behandeln.

Bezüglich der Flugweite hat Dufour berechnet, dass ein Gewerf mit (im ganzen) 8 m langem Hebel bei einem Gegengewicht von 3000 kg ein Geschoss von 100 kg 76 m weit, dagegen eine Windarmbrust einen einpfündigen Stein 832 m weit schleudern könne, wogegen Köhler für letzteren Fall nur etwa 500 m zugeben will. Bei 1849 unter Favé zu Vincennes angestellten Versuchen wurde bei 10,3 m langem Hebel und 90 Zentnern Gegengewicht eine 24pfündige Kanonenkugel 175 m weit geworfen, mit Sand gefüllte Bomben von 22 cm Durchmesser 145 m, von 27 und 32 cm Durchmesser 120 m weit. (Napoleon, Études II, 38.)

Die Treffsicherheit anlangend, so gestatteten die Schiessinstrumente ein ziemlich genaues Zielen zumal, nachdem man gelernt hatte, sie auf verstellbaren Unterlagen anzubringen. So berichtet Richer (Hist. 1. IV, c. 17 ad ann. 987), dass geschickte Schützen den Pfeil der Balliste z. B. durch zwei einander gegenüberliegende Oeffnungen eines entfernten Kaufladens treiben konnten. Aber auch bei den Wurfmaschinen scheint das in höherem Masse der Fall gewesen zu sein, als man bei dem hohen Bogenwurf und der ungefügen Grösse aller Verhältnisse

[1]) d. h. Fussangeln. Dieselben bestehen in ihrer einfacheren, schon von den Römern überkommenen Form aus vier gut fingerlangen Eisenspitzen, die von einem gemeinschaftlichen Mittelpunkt derart ausgehen, dass, man mag sie werfen wie man will, immer eine Spitze senkrecht nach oben gerichtet ist. Dieselben waren sehr gebräuchlich. Beispielsweise wurde die Burg Hattstein 1442 u. a. mit 200 „Fusseisen" ausgerüstet.

[2]) So Jähns, Kriegsw., S. 659, Cori a. O. S. 37, Köhler a. O. S. 462 und 472, Frank in Picks Monatsschr. a. O. S. 122, Clemen, Tyroler Burgen, S. 111 usw. Nicht dieser Ansicht scheint v. Essenwein zu sein. Er bemerkt (Kriegsbauk. S. 83 f.), dass er bei Rekonstruktion der Nürnberger Burg überall die ausgeladenen hölzernen Wehrgänge mitgezeichnet habe, weil dieselben nun einmal zum mittelalterlichen Verteidigungssystem gehörten, und es ihm schwer werde, eine mit Luxus gebaute Burg im Schlusse des 12. Jahrh. sich ohne solche vorzustellen.

[3]) Baumeister Peters, der Pfalzgrafenstein.

erwarten sollte. Aegidius schreibt sogar a. O.: „Mit dem Trabucium (Tribok) könnte man fast eine Nadel treffen", und er fügt die Anleitung hinzu: „Wenn die Maschine rechts oder links vom gewollten Ziel trifft, ist sie entsprechend seitlich zu rücken; wenn sie aber zu hoch wirft, ist sie entweder weiter zurück zu bringen, oder man legt einen schwereren Stein, den sie nicht so hoch werfen kann, in die Schleuder. Das Gegenteil ist zu tun, wenn sie zu niedrig wirft. Bei genau bestimmtem Ziele sind immer die Steine vorher abzuwägen." Eine andere praktische Regel gibt Torsello in seinem Liber secretorum fidelium von 1321: Je nachdem man weit oder kurz werfen will, soll man die Krümmung des eisernen Hakens am Ende des Hebels, an dem sich die Schleuder befindet, entsprechend ändern, da der Abgangswinkel des Geschosses dadurch bestimmt wird[1]).

Was dann die Geschosse selbst betrifft, so bestanden dieselben der Regel nach bei den Armbrüsten und ihnen ähnlichen Schiessmaschinen aus eisenbeschlagenen Bolzen oder auch aus Steinen, bei den Wurfmaschinen nur aus letzteren. Die Bolzen konnten, wie schon erwähnt, bis 6 Fuss lang sein; die Steine waren entweder, wie bei den Mangonellen, nur faustgross (pugillares) oder, bei den grösseren Maschinen, bis zu 12 Zentnern schwer.

Steine von letzterem Gewicht wurden u. a. 1249 vor der Burg von Este, 1388 vor Nidau (am Bieler See)[2]) und 1417 vor der Schattenburg verwandt. Zwar sollen auf Cypern durch die Genuesen Steine von 900 bis 1400 kg und 1346 vor Zara solche von 1431 kg gebraucht worden sein, und Napoleon III. kommt (Études p. 48) zu dem Ergebnis, dass bei einem Hebel von 19,8 m Gesamtlänge und einem Gegengewicht von 16 400 kg ein Stein von 28 Zentnern etwa 70 m weit geworfen werden könne, doch hält Köhler (a. O. S. 202 Anm.) die Herstellung einer brauchbaren Maschine, die mehr als 12 Zentner Gewicht werfe, für unmöglich[3]). Im dicken Zwinger zu Goslar stehen zwei neukonstruierte alte Maschinen, deren eine einen 90 cm langen Pfeil über 350 m weit schiesst und einen 3 cm dicken eisernen Schild durchdringt.

Die mit den Wurfmaschinen geschleuderten Steine waren gewiss nicht, wie Schultz, Höf. Leben II, 400 hervorhebt, „sorgfältig behauen und gerundet". Verschiedentlich wird uns berichtet, dass bei einer Belagerung ihrer Tausende in die Feste geworfen worden seien[4]); warum sollte man sich die zeit- und kostspielige Mühe gemacht haben, dieselben alle sorgfältig behauen zu lassen, zumal die Art der Wurfmaschinen das keineswegs — wie etwa der Lauf eines Pulvergeschützes — erforderte? Dass die Belagerer, wenn an Ort und Stelle geeignetes Material

---

[1]) Jähns, Kriegswissensch. I, 197.

[2]) Rol. Patav. Chron. 19, 90 (*„lapides ponderis librarum 1200 et ultra"*) und Lehmann, Statistique militaire de la Suisse.

[3]) Vgl. auch Jähns, Handb. 644. In jüngster Zeit sind mehrfach, so besonders durch Oberst Schramm in Metz, alte Kriegsmaschinen nachgebildet und mit ihnen Schiessproben gemacht worden. Den früher auf diesem Gebiete allgemein als Autoritäten geltenden Köchly und Rüstow sind mancherlei Irrtümer nachgewiesen worden.

[4]) Bei der schon erwähnten Belagerung von Nidau allein 2 Trojas der Berner *projiciebant quotidie ad castrum 200 lapides et ultra.* (Justinger a. O. S. 473.) In die Burg Falkenberg (4) wurden 1299 während fünfmonatlicher Belagerung angeblich 7800 grosse Steine geworfen, deren jeder 7 Schillinge kostete. Die Steier. Reimchr. 691 berichtet dazu: *Zween und siebenzig Wagen zesamme mochten getragen bi Nachten und bi Tagen, Zwaz man Stein darzu nahm.*

war, Steinbrecher mitbrachten[1]), beweist ebensowenig etwas hiergegen, als wenn Schultz aus einem Schriftsteller (Guiart) anführen kann, dass irgendwo „gerundete Steine" (pierres arréondis) geworfen worden seien. In der Tat ist uns denn auch überliefert, dass z. B. bei Belagerung der Burg Iberg zu Ende des 13. Jahrh. „grosse Felsstücke" und 1445 bei derjenigen der Burg Rheinfelden (beide in der Schweiz) gar „Grabsteine und dergleichen Läste" geworfen wurden[2]). Auch bei Fig. 397 sind die geworfenen Steine offenbar unbehauen. Bei Parcival 568, 28 werden (unbearbeitete) „*wazzersteine, sinewel und hart*", d. h. durch Wasser gerundete Steine, verwandt.

Mit den Wurfmaschinen wurde indessen auch noch mancherlei anderes als Steine in die belagerte Feste geschleudert: mit Nägeln beschlagene Balken, Leichname, totes Vieh, mit Menschenkot gefüllte Fässer, Bienenstöcke, lebende Gefangene usw.[3])

Frönsperger schreibt noch in seinem 1573 erschienenen Kriegsb., Dritter Teil: „*Vor alten Zeiten hat man Instrument gehabt, die hat man Schleudern oder Schlengern genannt, das sind Werfzeug gewesen; mit denselbigen hat man todte Schelmen*[4]) *vnd andere Werk mehr, als Stein v. dgl. in die Befestung geworfen, solchergestalt haben die darinn wiederumb herauss gethan. Darumb sollen solche Instrument auch noch in einer Besatzung recht wol zugericht sein, damit ob mit solchem Zeug etwas hineingeworffen würde, dasselbig vnd dgl. anders mehr, so in der Befestung sterben vnd vnfletig sein möcht, wider mit dergl. rüstung hinauszuwerffen. Solches Instrument mag man auch mit grossen Wacken* (Steinen) *laden vnd in die Schantzen werffen, wie ich gesehen hab, das geschehen ist.*" —

Besondere, den Gegnern sehr gefährliche Geschosse waren endlich die Feuer bringenden. Dieselben bestanden im wesentlichen entweder aus eisernen Kugeln, auch ebensolchen mit Oel gefüllten Fässern, die, glühend gemacht, die feindlichen Bauwerke in Brand setzten, oder aber aus einer Mischung von Brennstoffen, welche Griechisches Feuer genannt wurde.

Der Ueberlieferung nach hat Kallinikos dies Griechische Feuer 673 nach Konstantinopel gebracht und dadurch den Oströmern ein wertvolles Uebergewicht über ihre Feinde verschafft. Die älteste erhaltene Schrift, welche darüber berichtet, ist des Marcus Graecus liber ignium ad comburendos hostes aus dem 9. Jahrh.[5]) Das da gegebene Rezept lautet: „Nimm reinen Schwefel,

---

[1]) So hatten die Frankfurter 1404 bei Belagerung der Burgen Rücklingen und Mermelus 12 Ober- und 6 Untersteinbrecher unter 2 Steinbrechmeistern mit einem auf 5 Karren geladenen Gezeug bei sich. (Klemm, Werkz. und Waffen, S. 339.)

[2]) Schwab, Schweiz. Ritterburgen Bd. I und Wurstisen, Basler Chronik (Basel 1765) II, 422.

[3]) Bei der Belagerung des Karlstein durch die Prager 1422 wurden angeblich 1800 mit stinkendem Aas und Menschenkot gefüllte Fässer in das Schloss geworfen, wogegen sich die Belagerten durch ungelöschten Kalk zu schützen suchten. Ebenso 1333 bei Schwanau, wo auch (vgl. S. 399) lebende Menschen in die Burg geworfen wurden. Von letzterem wurde schon oben (Wartburg) ein weiteres Beispiel erwähnt, und nach Froissart T. I p. 191 wurde 1345 bei Belagerung von Auberoche ein Bote der Belagerten aufgefangen, wie ein Knäuel in die Schlinge der Maschine gelegt und so in die Stadt zurückgeworfen. Bienenstöcke wurden u. a. (Belege bei Schultz a. O. II, 401) während der Kreuzzüge mehrfach als Wurfgeschosse verwandt.

[4]) Schelm hat hier die mhd. Bedeutung von toter Körper, Aas. Lexer, Wörterb. II. Frönsperger starb 1575.

[5]) Köhler meint freilich (a. O. 169), das Buch sei bald nach 1225 verfasst worden, doch ist schon 1866 nachgewiesen, dass der im 9. Jahrh. schreibende Araber Joan Mesue den Marcus zitierte. (Jähns, Kriegswissensch. I, 156.)

Weinstein, Sorcocolla (Baumharz), Pech, Kochsalz, Erd- und Baumöl, lass es gut zusammenkochen, tränke Werg damit und zünde es an. Nur Harn, Weinessig oder Sand vermag es zu löschen." Diese oder ähnliche Mischungen wurden in der Regel mittels eines Pfeiles geworfen. Die Kreuzfahrer erfuhren zuerst 1190 vor Accon die Wirkung des Griechischen Feuers, indem ihre Belagerungsmaschinen damit verbrannt wurden. Seitdem spielte das Feuerwerfen geeigneten Falles fast bei jeder Belagerung seine Rolle. (S. auch S. 400.) —

Nach allem vorstehend über die Belagerungsmaschinen dieses Zeitraumes Ausgeführten wird sich die für uns besonders interessante Frage, was damit gegen eine belagerte Burg ausgerichtet werden konnte, einigermassen sicher beantworten lassen.

Die Möglichkeit, mittels der Werf- und Schiessmaschinen Bresche zu legen und sonst selbst stärkeres Mauerwerk zu zerstören, pflegt von den neueren Fachschriftstellern in zu weitgehender Weise bestritten zu werden[1]). Es fehlt bei den Chronisten und Dichtern keineswegs an anders lautenden Stellen: Villehardouin (1200) erzählt[2]), dass 1206 die Mauer von Didymotica durch 16 grosse „pierriers" an vier Stellen umgeworfen worden sei, und v. Essenwein gibt an anderer Stelle[3]) selbst an, dass 1272 durch die feindlichen Wurfmaschinen ein 500 Schritte langes Stück der Stadtmauer von Friesach niedergelegt wurde. Ueber die erfolgreiche Belagerung von Martinsdorf s. weiterhin. Alexanderl. 1159 heisst es: *Unde hiez mangen richten Und tête die turme brechen Mit sturmes gewalt* usw. Vgl. auch Matthäus Paris, Ausg. 1640 S. 295 bei Belagerung des Schlosses von Lincoln 1217: *non cessantes lapides damnosos proicere ex mangonellis, ut castelli muros dissolverent.* Schon Vegez rühmt IV 2 und IX 2 die Durchschlagskraft der Ballisten und des Onager.

Damit soll freilich nicht behauptet sein, dass in allen Anwendungsfällen die Mauer durch die Maschinen habe niedergeworfen werden können; zu starkes Mauerwerk, zu schwache Gewerfe oder ungünstiger Aufstellungsort haben jedenfalls in manchen Fällen jede bezügliche Anstrengung zu einer vergeblichen

---

[1]) Napoleon III. (Études II, 50 ff.), Jähns (Handb. 646), Schultz (Höf. Leben II, 402), Köhler (a. O. 203), v. Essenwein (a. O. 51, 141) vertreten übereinstimmend die Ansicht, dass diese Maschinen wohl die Wehrgänge, Zinnen und Dächer der Burg zerstörten, höchstens die Plattform eines Befestigungsturmes durchschlagen und die Belagerten so erschrecken und belästigen, niemals aber deren Mauern zerstören konnten. Köhler gibt als Grund an, dass die Wurfgeschütze ja die Steine unter einem Winkel von etwa 45 Grad abschossen, während der Einfallwinkel noch grösser sein musste; allein es scheint mir dabei übersehen zu sein, dass in den zahlreichen Fällen, in welchen die Burg höher lag als das Angriffsgelände, bei richtig aufgestellter Maschine die Mauer auch an ihrem Fusse sehr wohl von dem Geschosse in dem Augenblick getroffen werden konnte, in welchem dessen Flugbahn sich in annähernd wagerechter Linie bewegte. Andrerseits gibt Jähns zu, dass „zuweilen die in erhöhtem Winkel fortgetriebenen Geschosse den oberen Teil der Mauer abkämmten, die Brustwehr zerstörten und sogar den Umsturz der Mauer herbeiführten, wenn diese sehr schwach war oder die Mineure schon vorgearbeitet hatten". Wenn er dies auch nicht als das heutige „brechieren" gelten lassen will, so war das Ergebnis doch schliesslich dasselbe. Wenn endlich v. Essenwein in den schon weiter oben angeführten Stellen wiederholt den „unsicheren" Schuss der Maschinen hervorhebt, so ist wohl mehr Gewicht auf die gleichfalls schon mitgeteilte Versicherung des Aegidius zu legen, dass man damit zum Teil fast eine Nadel habe treffen können.

[2]) L'Histoire. Collect. Buchon T. III, angeführt von Jähns a. O.

[3]) Mittelalterl. Baudenkm. von Friesach. Wien 1863. S. 6.

gemacht[1]). Der beste Beweis dafür liegt wohl in der gewöhnlichen Anwendung des Widders, Mauerbohrers und der Minen zugleich neben den Schiess- und Werfmaschinen.

Nur wo dies alles nicht anwendbar war, musste die Belagerung die Gestalt einer lange währenden Blockade annehmen. Wesentlich um eine solche wird es sich z. B. auch gehandelt haben, wenn 1357 ein Ritter v. Egg in der Burg Natternberg, auf ganz isoliertem etwa 70 m hohem Hügel unweit der Donau gelegen, fast ein Jahr lang die Belagerung zweier bayerischer Herzöge aushielt, bis er durch Kaiser Karl IV. entsetzt wurde. Doch konnten auch ernstliche Belagerungen noch später so lange ausgedehnt werden, wie diejenige von Hohenzollern (s. weiterhin) zeigt. —

Am Schlusse der Behandlung dieses Zeitraumes mögen einige Beispiele von Belagerungen mittels Antwerks solche anschaulicher machen.

Als 1295 König Adolf von Nassau die Kreuzburg in Thüringen belagerte, errichtete er auf einer benachbarten Höhe eine hölzerne Kemenate, die „Adolfsburg", zu seiner Wohnung und stellte daneben eine Blide auf, die grossen Schaden in der Burg tat. Ausserdem wurde zwecks Untergrabung der Burgmauern eine Katze gebaut, dieselbe aber von den Belagerten bei einem Ausfalle verbrannt. Diese litten jedoch sehr an Wassermangel, weshalb oft in der Nacht sich einzelne an Stricken aus den Fenstern hinabliessen, um Wasser zu holen. Nach vierwöchiger Belagerung musste die Burg gegen Sicherung des Lebens und Eigentums übergeben werden. Ebenso liess König Adolf bei Belagerung der nahen Stadt Treffurt und der darüber gelegenen Burg Nordmanstein „*gegen den Bergk vber ein gross Blockhauss aufschlagen; daraus thet Er dem Schloss mit werffen solchen schaden, an Gebäuen, vnnd dächern, dass es das Kriegsvolck (nach neunwöchiger Belagerung) auffgeben muste*"[2]).

Eine gewisse Berühmtheit aus dieser Zeit (1333) hat die Belagerung der Gerolzeckschen Wasserburg Schwanow, im Elsass bei Erstein am Rhein gelegen, erlangt. Aus der Zimmerischen Chronik (I, 380 ff.) teile ich nachstehend das Wesentlichere darüber mit: *Darneben so war die burg von gebewen und in sonderheit der werlichen gelegenhait halben ungewinlich, auch mit gueten kriegsleuten vom adel und sonst und mit allerhandt notturftiger profiant nach notturft versehen. Es prauchten die stett*[3]) *allerlai vorteil, mochten aber dieser befestigung nichs abbrechen. Lagen also ain lange zeit darvor.* Die Belagerten laden darauf zwei Vertreter der Städte in die Burg, um sie von der Uneinnehmbarkeit derselben zu überzeugen, *das sie dester ehe abziehen megten. Wie sie aber im schloss ingelassen*

[1]) Napoleon und Köhler führen a. O. solche Beispiele an. Ihnen könnte als weiteres hinzugefügt werden, dass selbst bei der schon erwähnten langen und kraftvollen Belagerung von Falkenberg nur „rinkmûre und turn von den würfen verlurn beidiu wer und ärker", was der Reimchronist gar nicht etwa als einen unzureichenden Erfolg andeutet. Der vermeintliche Beweis gegen die Möglichkeit der Breschelegung überhaupt kann nach dem hier Vorgetragenen damit nicht erbracht sein. Man schlug aber auch noch 1437 vor Freudenberg ein grosses Antwerk auf, nachdem die Büchsen sich nicht bewährt hatten (vgl. weiterhin).

[2]) Merian, Top. Hassiae S. 55 nach Johann Bages Thüringischer Chronik. Auch bei der Belagerung von Schwetz durch den deutschen Orden 1309 „turres ligneas in circuitu fecerunt". Köhler, Entwicklung d. Kriegsw. III, 3, S. 56.

[3]) Strassburg, Basel, Luzern, Bern, Freiburg und andere, *die von den Geroltzeckischen villeucht mehrmals waren angriffen, beraupt und verletzt worden.*

und nach aller besichtigung über die massen wol gehalten wurden, fragt sie herr Walther (v. Gerolzeck), *wie inen das schloss, die werinen und andere gebew sampt der munition gefielen, auch ob sie über das nochmals verhofften das schloss zu erobern. Darauf der ain sprach: „Herr, was die handt kan machen, das kan sie auch wider zerbrechen", damit sein sie im schloss unverletzt abgeschaiden und wider in das lager kommen. Wie sie aber von der gelegenhait des schloss, auch wie dem abzubrechen sein megte, befragt worden, sprachen sie, das Schwanow mit gewalt nit wol zu gewinnen, es were denn, das inen die profiant verderbt wurde. Darneben gaben die zween denen stetten soviel berichts, das sie ufbrachen, ir leger verenderten und das uf die andere seiten schluegen. Daselbst fiengen sie an, das schloss uf ain newes zu beschiessen, und warden die heuser und wonungen, sovil die mogten erraicht werden, abgeschossen, das mertails profiant bloss und under dem himel lag, viel auch derselbigen verfallen war. Zu dem hetten die von Strassburg die secreta und haimliche gemach in ir statt rumen und solchen wust in ain unzall tonnen und vesser thon und die ins leger fieren lassen. Die warden durch sonderliche darzu ufgerichte instrumenta sampt den stinkenden, faulen assen in das schloss geworfen, dadurch dann die profiant und früchten zugleich den bronnen aller verwüst und verderbt ward und die im schloss genett, das sie nit lenger sich enthalten kunten. Es hetten die stett den vortheil, das es in dreien monaten oder lenger nit het geregnet, darumb nit allain das wasser im schloss abname, sonder auch das leger mocht vil neher dem schloss zurucken, dann die stett hievor nie hetten gedacht, und hett auch der werkmaister ainer mit grosser geschwindigkait feur werk hinein geworfen, von dem ain schön haus, genannt das ritterhaus, ward abgebronnen, das mertails kriegsvolk vom adel und sonst, uf sechzig personnen, in ain thurn weichen muesten.* Bei der nun folgenden Uebergabeverhandlung werden nur *siben schlecht personnen mit grossem bitt aussgebeten und bei dem leben erhalten,* nachdem schon vorher zwei gefangene *geroltzeckische büchsenmaister, und darnach der dritt von stetten in schlaudern und instrumenten sampt dem Kat ins schloss zu todt geworfen.* Darauf wurde das Schloss *und was darin ward uf gnad und ungnad ufgeben.* Es wird dann auch hier, wie bei so vielen anderen eroberten Festen, die Märe wiederholt, dass die Frau v. Gerolzeck auf gleiche Weise wie angeblich die Frauen der Weibertreu bei Weinsberg ihren Mann gerettet habe. Die übrigen wurden sämtlich enthauptet bis auf die sieben „schlechten Personen", denen noch *ain alts mendle, das unschadbar, und ain junger reuter, war noch schier ain kindt,* hinzugesellt wurden. Darauf *ward das schloss mit grosem jubel und frolocken der Colmarheuslen und Kochensperger zerrissen und geschlaift, wie das der augenschain noch mit bringt. Es hetten die stett anfangs der belegerung ain brucken über den Rein gemacht, nit ferr vom schloss, darüber man fuere und rit, all dieweil das leger weret.* —

In der Reimchronik des Ottokar v. Steiermark, † nach 1300, findet sich V. 30 181 bis 30 551 eine anschauliche Beschreibung der in das Ende des 13. Jahrh. fallenden Belagerung von M a r t i n s d o r f und S t. M a r g r e t e n durch Herzog Albrecht. Der wesentliche Inhalt der etwas weitschweifigen Darstellung ist folgender:

Er liess die Katzen an den Graben bringen, um die Mauern „in den Grund zu brechen", auch ein Ebenhoch wurde so nahe herangetrieben, dass die Belagerer alles Tun und Treiben der Bewohner beobachten konnten. Die Antwerke, Tumler und Bliden warfen Tag und Nacht grosse Steine in die Burg. Leute und Rosse, manches Dach und manche Wand wurden damit vernichtet, die Estriche, welche die Belagerten schirmen sollten, durchbrochen und die ,,festen Türme" so zerstört, dass man durch sie hindurchsehen konnte. Ein hoher und starker Rundturm war mit einem festen und dicken Schindeldach gedeckt. Ebenso war Haus und alle Wehre mit Dächern überdeckt. ,,*Dô man für daz hûs kam, ein meister daz ûz nam, an der gelegenheite diser sach, swaz man wurfe ûf daz dach, daz möht niht gâhes ab gewalzen von den manicvallen valzen, die daz dach ûf im het.*" Die Belagerer warfen deshalb ,,ein Feuer von Schwefel" mittels einer Rutte auf die Dächer, die dadurch in Brand gesteckt wurden. Da wenig Wasser in der Burg war, wollten die Belagerten die brennenden Dächer ,,aufbrechen", wurden aber durch wohlgezielte Würfe des Antwerkes von der Arbeit vertrieben, so dass sie sich darauf beschränken mussten, das (darunter befindliche) Gewölbe mittels eiserner Tür zu schliessen.

Fig. 398 Altes Bild eines Angriffes auf eine Burg

Schliesslich wurde der Turm (Berchfrit) untergraben und umgeworfen und der Herzog liess ,,gar verwüsten was zu der Veste gehörte".

Die Verteidigung einer Feste in der Zeit vor Anwendung des Pulvers zeigt Fig. **398** (Miniatur aus dem Josephus des Konr. v. Schiern, Cod. Monac. 17 404, mitget. in Schultz, Höf. Leben). Von den vor dem hochgelegenen Tor haltenden Reitern scheint der vorderste mittels langen Speeres Feuer an den Bau zu legen, ein darüber postierter Verteidiger eine mit irgendwelcher Materie gefüllte Tonne auf jenen zu werfen, während ein anderer seine Armbrust auf ihn richtet. Weiterhin erklettern zwei Angreifer die Ringmauer an den vorspringenden Buckeln, indem sie sich zugleich an krummen über die Brüstung gehakten Haken emporziehen. Aus Fenstern der dahinter liegenden Burg werden sie von zwei durch Schilde gedeckten Verteidigern mit Steinen beworfen. Mehrere der letzteren haben eben die Schilde der Hinaufkletternden getroffen. —

Die unanfechtbaren Nachrichten über die Verwendung von Feuergeschützen in Mitteleuropa gehen bis in die 1. Hälfte des 14. Jahrh. zurück. Wenn eine auf die Stadt Metz bezügliche Angabe für das Jahr 1324 mit Recht bestritten wird[1]), so geht die älteste bisher bekannte, und zwar urkundliche Nachricht dahin, dass Florenz 1326 schmiedeeiserne Kugeln und Kanonen von Metall fertigen liess, während eine andere Nachricht aus 1331 bezeugt, dass damals schon die Burg von Cividale mit *vasi e schioppi* (Büchsen und Feuerwaffen) beschossen wurde[2]). Fast gleichzeitig, 1338 bis 1346, kommen im Besitz der französischen Kriegsflotte bei Belagerung des spanischen Ortes Tarifa durch die Mauren und bei Armierung eines englischen Schlosses Feuergeschütze vor[3]).

Die älteste bisher von mir gefundene Nachricht vom Gebrauch des Geschützes in Deutschland betrifft eine Belagerung von Burg und Stadt Meersburg am Bodensee durch Ludwig den Bayern im Jahre 1334[4]). Danach weisen wohl zuerst die Stadtrechnungen von Aachen[5]) 1346 Ausgaben für Büchsen und Pulver auf. 1348 bedient sich Naumburg bei Eroberung der Rudelsburg einer Büchse, und hat es wenige Jahre später mehrere derselben nebst einem Büchsenmeister[6]). Bei anderen grösseren Städten treten sie in den folgenden Jahrzehnten auf, in Lübeck erst 1370. Ueber ihre Verwendung im Festungskriege finden wir weiter, dass Herzog Stephan sich ihrer 1364 bei der Belagerung von Mühldorf in Bayern bedient, während im folgenden Jahre der Markgraf von Meissen

---

[1]) Dieselbe entstammt einer Chronik aus dem Ende des 15. Jahrh. Völlig zuverlässig sind hier aber nur gleichzeitige Urkunden und Aufzeichnungen, besonders den von späteren Schriftstellern leicht verübten Anachronismen gegenüber. So lässt die um 1565 geschriebene Zimmerische Chronik schon 1311 mittels Geschützes 6 bis 8 Pfund schwere eiserne Kugeln vor Zimmern verschossen sein, während solche (vgl. Jähns a. O. S. 809) überhaupt erst gegen das Ende des 15. Jahrh. aufgekommen sind, und nach einer späteren polnischen Chronik soll schon 1328 das Schiessen aus Büchsen mit Pulver den Preussen bekannt und üblich gewesen sein (Zeitschr. f. histor. Waffenk. V 63). Auch die zuerst für die Geschütze gebrauchten Bezeichnungen sind nicht immer völlig klar. Vgl. hierzu Köhler a. O. S. 236 und Jähns a. O. S. 775.

[2]) Köhler, S. 225. Jähns a. O. Auch Handfeuerwaffen (schiopi pizoli, schiopetti) werden bald darauf im Inventar der Burg Formizane erwähnt.

[3]) Favé, Études sur le passé et l'avenir de l'artillerie. (Paris 1862) S. 74 ff.

[4]) „*Es was och allda etlicher maister, der sant uss schütz uss ainer büchs, die ainen schutzlichen und herten don und klapf hette mit dem ussgang des schutz, also das vil menschen bayderlai geschlächt in gehör des schutz vnter den beliegern als halbtod und onmächtig vilent uff das ertrich.*" Aus einem Bericht des Chronisten Dacher, mitgeteilt in Ruppert, Das alte Konstanz (1891) S. 43. Dacher schrieb zwar mehr als ein Jahrhundert später, teilt jedoch von der Belagerung so genaue Einzelheiten mit, dass er eine gute Quelle gehabt haben muss, und die vorstehende, auch an sich keineswegs unwahrscheinliche Angabe als zuverlässig erscheint.

[5]) Veröffentlicht von Laurent, Aachen 1866, S. 182. Nach Demmin, Kriegswaffen 3. Aufl. S. 109 hätte der deutsche Orden schon 1328 grosse Kanonen angewandt. Töppen, Aelteste Nachr. über d. Geschützwesen in Preussen (Archiv f. Art.- und Ing.-Officiere LXIII), weist jedoch nach, dass dies selbst 1336 noch nicht der Fall war. Auch aus dem Vorhandensein eines „Feuerschützen" auf der Burg Ehrenfels am Rhein (Schunk, Beitr. z. Mainzer Gesch. I, 39) hat man (z. B. Jähns a. O. S. 776) geschlossen, dass dort schon 1346 Pulvergeschütze vorhanden waren. „Furschutte" hiess jedoch anscheinend der des Schiessens mit Brandpfeilen Kundige.

[6]) Aus den Naumburger Ratskämmereirechnungen mitgeteilt von W. Corssen, Die Rudelsburg S. 14 f.

die Belagerung von Schloss Eimbeck aufheben muss, weil die „*Blibuchsin*" der Verteidiger seine Maschinen zerstörten[1]).

Im 7. Jahrzehnt werden dann zuerst grosse Steinbüchsen erwähnt[2]), welche Kugeln von 50 bis zu 450 Pfund Gewicht schossen[3]). Dieselben werden alsbald auch zur Belagerung von Burgen gebraucht, während solches, wie Köhler a. O. S. 239 hervorhebt, 1362 bei Belagerung von Zwingenberg am Neckar und 1366 bei einem Kölner Zuge gegen die Burg Hemmersbach augenscheinlich noch nicht der Fall war. So stellte 1377 Magdeburg eine Büchse zur Belagerung der lauenburgischen Raubnester Pritze und Dannenberg[4]), 1380 setzte Landgraf Herrmann von Hessen der Burg Hatzfeld mit Büchsen hart zu[5]) und 1383 verpflichtete sich Markgraf Sigismund von Brandenburg mit den Mecklenburgischen Fürsten, zur gemeinschaftlichen Zerstörung der Raubburgen in ihren Landen auch die nötigen Büchsen zu liefern[6]), wie 1391 Jobst v. Brandenburg mit einer Büchse in der Mark umherzog, um seine Vasallen zu demütigen[7]).

Nach einer im Nürnberger Archiv vorhandenen Aufstellung waren 1388 zur Belagerung eines ungenannten Schlosses bestimmt: eine grosse Büchse, genannt Chriemhilde, die Steine von etwa 560 Pfund schoss[8]), zwei Zentnerbüchsen, eine Wagen-, drei Karren- und dreissig Handbüchsen. 1390 soll Herzog Albert ungeheuer grosse Steinkugeln auf Burg Leonstein im Traunkreis haben werfen lassen[9]), wie denn besonders in der ersten Zeit ein wahrer Wetteifer in der Herstellung besonders grosser Geschütze zu bemerken ist. Ein Mörser aus dem 15. Jahrh. im Arsenal zu Wien warf 1650 Pfund Stein.

Ausführlich berichtet die Limburger Chronik (Deutsche Chron. N 1, 86) von der Belagerung der Raubburg Hattstein im Nassauischen im Jahre 1393 u. a. dass da „*die stede hedden grosse bossen, der schoss eine siben oder achte centener swere*[10]). *Und do gingen die grossen bossen an, der man numme gesehen*

[1]) Rothe, Thüringische Chronik. Ausdrücklich wird hinzugefügt: „*Die war dy erste Buchse, dy in dessin Landin vornommen ward.*"

[2]) Vom Jahre 1362 berichtet der Deutschordens-Chronist Joh. v. Posilge, dass bei Belagerung des Schlosses Kowno dasselbe seitens des Hochmeisters „Tag und Nacht mit Bliden und Tummlern gestürmt wurde; denn noch waren nicht die grossen Steinbüchsen, sondern allein Lotbüchsen".

[3]) Wegen den näheren Angaben verweise ich im allgemeinen auf die von Jähns a. O. S. 956 ff. und Köhler a. O. S. 225 ff. gegebene quellenmässige Zusammenstellung.

[4]) Deutsche Städtechron. 7, 271.

[5]) Winkelmann, Beschreibung v. Hessen und Hersfeld 6, 343.

[6]) Fock Rügensch-Pommersche Gesch. Leipzig 1866, II, 98, wo dies mit Unrecht, wie das vorher angeführte Beispiel zeigt, für die älteste nachweisliche Verwendung von Pulvergeschützen im nördlichen Deutschland ausgegeben wird.

[7]) Wagner, Denkwürdigk. v. Rathenow S. 195.

[8]) Das Nähere nach den Städtechron. bei Köhler a. O. S. 275 ff.

[9]) Demmin, Kriegswaffen Aufl. 3 S. 110, der hier, wie sonst, Quellen nicht angibt. Es hängt wohl damit zusammen, wenn nach (Sartori) Burgvesten I S. 156 in dem Schlosse Freydeck eine eiserne Kugel mit der Aufschrift 1389 eingemauert war, mit welcher in dem Jahre Leonstein beschossen sein soll. Eiserne Kugeln gab es damals im Deutschen Reiche anscheinend noch nicht.

[10]) Nach der Anm. in Gottschalk, Ritterburgen VIII, 190 soll sich aus dem Chronicon Riedesel apud Kuchenbecker, Ann. Hass. III, p 37 ergeben, dass dies nicht das Gewicht der Kugeln, sondern des Geschützes selbst wäre. Es steht jedoch hinlänglich fest, dass man in dieser und der nächstfolgenden Zeit Steinbüchsen goss, welche Hunderte von Zentnern wogen und Kugeln bis zu 9 Zentnern Schwere schossen. Vgl. Köhler a. O. 291, 295.

enhatte uf ertrich von solcher grosse unde von swerde". Die beim Zuge befindlichen Frankfurter Ratsherren berichteten: „*Und visset auch, daz man mit den bussen, die man itzund had, dicke und faste durch dass huss schisset.*" Die Burg wurde gleichfalls mit Geschütz verteidigt und, gutenteils freilich infolge Uneinigkeit der Belagerer, nicht erobert.

Daneben spielten freilich die alten Wurf- und sonstigen Belagerungsmaschinen noch längere Zeit ihre Rolle. 1373 konnten bei einem Artilleriekampfe zwischen den aufsässigen Würzburgern und ihrem auf der Burg residierenden Bischofe die ersteren nur noch mit Bliden, der letztere dagegen schon mit Büchsen schiessen[1]). 1395 zogen nach der Limburger Chronik die Grafen v. Nassau und v. Katzenellenbogen vor Elkershausen an der Lahn „und schlugen gegenüber eine andere Burg Grafeneck auf und herrschten von da die Burg Elkershausen mit grossen Büchsen, mit Bleyden und andern Sachen, bis sie die Burg gewonnen". Bei der Belagerung von Tannenberg 1399, über welche eingehende urkundliche Nachrichten durch die bekannte Arbeit von Hefner und Wolf (Frankfurt 1850) gesammelt sind, hatte jeder der Verbündeten — der Erzbischof von Mainz, Pfalzgraf Rupprecht und die Stadt Frankfurt — „*sin Berfryt mit ym*" und kam ausserdem „*mit lutden, Bussen, Blyden, geschutze, werken vnd anderm gezuge als sich darizu heischet vnd noyt ist*". 1405 belagerten die St. Gallener die Burg Rheineck am Bodensee mit grobem Geschütz, Blyden und Steinschwenkeln[2]). In der Feldkircher Chronik Ulrichs im Graben ist bei der achtzehnwöchentlichen Belagerung der Schattenburg zu Feldkirch (Vorarlberg) durch die Appenzeller im Jahre 1406 sogar wieder nur von deren „aufgeführtem Wurfzeug" die Rede[3]), wohl die letzte, noch vereinzelt vorkommende Belagerung, bei welcher man sich mit den alten Wurfmaschinen allein begnügte[4]).

Bei der Belagerung Karlsteins durch die Prager 1422 hatten diese 4 grosse Büchsen, 5 Bliden und 45 Doppelhaken bei sich. Ausser Steinen wurden Fässer mit Feuer und, wie schon erwähnt, Aas und Kot geworfen.

1424 liess die Stadt Basel ein Gewerf machen, dessen Gegengewicht in einer „unsäglichen Last in einem angehenkten Kasten" bestand und das einen „viel Zentner schweren" Stein warf. Dasselbe, zunächst vor dem Spalentor aufgeschlagen und probiert, wurde dann 1445 bei der schon erwähnten Belagerung der Burg Rheinfelden verwandt[5]). 1449 wurden noch in Stralsund auf dem Markte ein paar grosse Bliden gebaut, aber als man damit die Probe machen wollte, zeigte es sich, dass niemand so recht damit Bescheid wusste, ein Zeichen, dass um diese Zeit die Wurfmaschinen bereits anfingen, aus der Uebung zu kommen[6]), doch

---

[1]) Deutsche Städtechron. Nürnberg I, 33: „*burfen die von Wirzberg mit plaiden auf den perk in die purk und teten do vil schaden. Do hat der pischof vil puchsen auf der purk und sosch* (schoss) *vast mit puchsen in die statt, und tet vil schadens, daz wert by dreyn wochen*".

[2]) Naef, Manuskr. III, 256.

[3]) Ebendas. Bd. III.

[4]) 1408 wurde freilich den Appenzellern vor Bregenz vom Grafen Montfort neben Bliden und Katzen auch eine grosse Büchse abgenommen. (Zellweger, Gesch. d. Appenzeller Volkes I, 382.)

[5]) Wurstitzen, Basler Chronik, Basel 1765 f. II, 422 mit Abb., die auch bei Jähns, Handb. Taf. 73 wiedergegeben ist.

[6]) Fock, Rügensch-Pommersche Gesch. S. 159.

zog auch noch 1463 die Stadt Görlitz gegen Tollenstein „mit puchsen und plaiden". Am längsten wurden sie noch zum Werfen von Brandgeschossen angewandt, wie denn noch 1495 der Erzbischof von Trier vor Boppard ein „Feuerwerfzeug" benutzte[1]). Wenn Frönsperger († 1575) sogar noch den Gebrauch des Antwerks zum Werfen von Aas und Steinen selbst gesehen haben will (vgl. dessen Seite 396 mitgeteilte Aeusserung), so kann es sich dabei wohl nur noch um den einen oder anderen ganz vereinzelten Fall gehandelt haben. Jedenfalls scheinen schon in der zweiten Hälfte des 15. Jahrh. Belagerungen vorzukommen, bei denen nur Feuergeschütze verwandt wurden. So wurden, als die Erfurter 1452 Apel v. Vitzthum auf der Wachsenburg belagerten, rings um den Berg fünf Batterien solcher errichtet. (Ausserdem gruben Bergleute nach den Kellern und dem Brunnen hin, wodurch ein grosses Mauerstück zum Einstürzen gebracht wurde. Die Burg fiel nach drei Wochen.) — 1485 beschoss Bremen die in einem Morast gelegene und von zwei Gräben umgebene Burg Elme heftig mit Mauerbrechern, unter welchen auch die beiden grossen Steinbüchsen „Schnelleke" und „Basilisk" waren, und eroberte sie in 13 Tagen[2]).

Mit welchem Eifer man sich hie und da schon zu Anfang des 15. Jahrh. die neue Erfindung zunutze machte, zeigt besonders der Umstand, dass die Deutschordensburgen 1410 mit ungefähr 173 Büchsen, drei Jahre später, nach Absetzung des besonders tatkräftigen Hochmeisters Heinrich von Plauen mit 676 Pulvergeschützen besetzt waren, mithin ihre Zahl sich mehr als verdreifacht hatte[3]).

Die einzige, aber hohe Bedeutung der grossen Steinbüchsen für den Angriff bestand in der Möglichkeit, mit ihrem wirksamen und weit reichenden[4]) Horizontalschusse Bresche zu schiessen, wozu die alten Gewerfe mit ihrem hohen Bogenschuss nur in günstigen Ausnahmefällen tauglich waren. In der Tat haben wir über die kräftige Wirkung der Steinbüchsen in dieser Beziehung verschiedentliche Nachrichten. Ueber die Belagerung von Hattstein vgl. vorhin, bei derjenigen von Tannenberg gab die grosse Frankfurter Büchse am ersten Tage „*einen schoss, daz der stein in dem thurm blieb stecken, der ander, daz ein groz loch in den thurm geht*". Nach sieben Tagen war hinlänglich Bresche geschossen, so dass die Burg erstürmt werden konnte. Die Magdeburger Schöppenchronik berichtet von der Belagerung der schon vorher durch eine Gegenburg eingeengten Harzburg im Jahre 1412: „*und belagerten de borch gar na und schickeden dar die grote Bussen und tschoten die muren und turme to der erden*". Nach der gleichen Quelle belagerten 1414 Burggraf Friedrich und der Erzbischof von Magdeburg die Quitzowsche Burg

---

[1]) Toll, Archiv f. Art.- und Ing.-Offiziere LX. — Bei Demmin, Kriegswaffen S. 850 findet sich der nicht ganz verständliche Satz: „Blyde und Mange kommen bis Anfang des 16. Jahrh. vor, da ja noch 1585 Herzog Albrecht von Sachsen bei Belagerung des Schlosses Ricklingen durch einen Blydensteinwurf getötet wurde." Es kann wohl nur Herzog Albrecht der Streitbare gemeint sein, der 1500 infolge von Wunden starb.

[2]) Fock a. O.

[3]) Toeppen, Archiv f. Art.- und Ing.-Offiziere LX, 160 ff.

[4]) Nach Köhler a. O. III, 79 schoss eine Steinbüchse bis 1500 Schritt weit; nach dem „Buchsenwerkch" etwa v. J. 1410 (Cod. 67 der Ambraser Sammlung) „soll eine Büchse von 7 Klotz Länge dreissig hundert Schritt tragen, die eine mehr, die andere minder, je nachdem das Pulver ist". Nach Fock, Rügensch-Pommersche Gesch. 159 liess 1451 der Rat zu Stralsund ein grosses Geschütz bauen, das 30 Schiffspfund (ca. 90 Zentner) wog und mit 26 Pfund Pulver eine bis 186 Pfund schwere Steinkugel angeblich eine halbe Meile weit schoss.

Plaue *„und schoten dar to mit grossen Bossen unde toworpen de muren, de von Zigelsteenen als dick gebawet war* (14 Fuss stark), *dat me mit einem wagen rumeliken dar up konde varen"*. Bei Belagerung der Burg Frankenstein in Schlesien 1467 warf eine 80 Zentner schwere und von 24 Pferden gezogene Donnerbüchse der Breslauer mit dem ersten Schusse ein solches Mauerstück um, dass die Besatzung sich ergab[1]). (S. auch S. 410 f.)

Andrerseits war aber auch die Verwendung dieser grossen Breschengeschütze mit wesentlichen Mängeln und Schwierigkeiten verbunden. Der zu belagernden Feste möglichst nahe[2]) war die Büchse bis zur Mitte des 15. Jahrh., d. h. bis zur Einführung des Schildzapfens, hinter einem Schirm auf ein an Ort und Stelle zusammengezimmertes Lager von Balken — Wiege, Lage oder Bock genannt — wagerecht derart fest zu betten, dass selbst der Rücklauf unmöglich gemacht wurde. So Fig. **399** aus einer Darstellung der Belagerung des Schlosses Wimmis in Schillings 1485 beendigter Chronik[3]). Es war zunächst schon beschwerlich genug — ja in manchen Fällen gewiss unmöglich —, das Geschütz mit seinem Zubehör vor die Burg zu schaffen. Aus dem schon erwähnten Nürnberger *„zug für ein sloss"* ersehen wir, dass zum Transport der Büchse Chriemhilde 12 Pferde, für ihre Wiege 16 Pferde, für den Schirm 3 zweispännige Karren, ferner ein vierspänniger Wagen für das Hebezeug, vier ebensolche für 12 Steinkugeln, und je einer desgleichen für die Bedienung von acht Knechten sowie für das Gerät und Gepäck des (berittenen) Büchsenmeisters vorgesehen waren. Ebenso wird von der Tannenberger Belagerung berichtet (a. O. S. 58): *„dan der berg zu dem Huse ist zu mal geyn vnd hoch vnd ist zumal crodeliche* (beschwerlich) *hin oft zu kommen, dann mer mohzen anne die bussen alleyne czweiyntzig* (20) *pferde vnd ane die laden czwey vnd dryszig XXXII pferde han . . . vnd gehoret werlichen grosse Erbert darzu"*.

Fig. 399 Geschützlager

Die also unbeholfenen und in älterer Zeit meistens wagerecht festliegenden Steinbüchsen waren also zunächst überhaupt nur gegen die Burgen zu verwenden, die ein annähernd gleich hoch liegendes und für einen umfänglichen Wagentross zugängliches Angriffsgelände hatten[4]). — Zu ihrer Unbeholfenheit kam dann noch die Umständlichkeit des Ladens, welche täglich nur wenige Schüsse abzugeben gestattete, so dass den Belagerten Zeit blieb, hinter der durch Bresche-

[1]) Gesch. u. Beschreibg. der Burgvesten etc. Schweidnitz 1821. S. 224. Durch die vorstehenden und andere Beispiele wird widerlegt, was Köhler a. O. S. 79 und 89 gegen die Möglichkeit, mit den älteren Steinbüchsen Bresche zu schiessen, bemerkt.

[2]) So heisst es in einem Bericht von der Tannenberger Belagerung (a. O. S. 56): *„auch bedunkt vns daz die grossen bussen dem huse wol schaden bringen, wan man sie dem huse brenget, wie nahe man wil."*

[3]) Zemp, Schweizerische Bilderchroniken (1897), S. 320.

[4]) Wenn, wie berichtet wird, 1473 bei Belagerung von Hanstein im Eichsfelde zwei Kanonen und einige Steinbüchsen nur die Dächer durchlöcherten, so kann das nicht, wie man vermuten möchte, an zu hoher Aufstellung der Geschütze gelegen haben, da die Burg nirgend überhöht wird. Die Belagerten banden übrigens danach Gefangene auf die Dächer, um dem Schiessen Einhalt zu tun.

schüsse bedrohten Stelle der Mauer einen neuen Abschnitt zu errichten[1]). So fehlte es denn auch nicht an Belagerungen, bei welchen das Geschütz wenig ausrichtete. Beispielsweise wird von derjenigen des Schlosses Baden im Aargau 1415 berichtet, dass die „Metallfeuerstuck" der Berner zwar mit grossem Gebrüll abgeschossen wurden, jedoch mehr Schrecken erregten als eigentlichen Schaden verursachten[2]).

Auch das Zerspringen der Büchsen kam nicht selten vor. So zerbrachen 1437 bei Belagerung der Burg Freudenberg bei Ragaz den Zürchern zwei grosse Büchsen, ohne dass die Burg beschädigt wurde, so dass sie noch ihre grösste Büchse von Hause kommen lassen mussten. Bezeichnenderweise fand man es aber zugleich zweckmässig, ein grosses Antwerk aufzurichten, welches die Churer mitgebracht hatten[3]). Ebenso zersprang noch 1504 bei Belagerung der Burg Weinsberg die grosse Büchse der Stadt Hall beim dritten Schusse[4]). —

Im Feuerwerksbuch wird übrigens folgende Anleitung gegeben: „Willst du schnell einen Thurm niederschiessen, so . . . musst du zwei Manneshöhe über der Erde alle Schüsse auf eine Stelle des Thurms bringen. Die Steine, die du ladest, sollst du mit guten eisernen Reifen kreuzweis binden. Dies wird den Thurm bald nieder werfen." In dem noch älteren Streyd-Buch von Pixen usw. der Ambraser Sammlung (Jähns, Kriegswissensch. I, 382 ff.) kommt ein fahrbarer Schirm mit Büchse vor, die einen 23 Schuh langen eisenbeschlagenen Bolzen gegen die Mauer schiessen soll. Deren wurden wirklich bis zu 2 Zentner Gewicht geschossen. —

Der Zweck dieses Buches erheischt noch weniger als bei dem uns unbekannt gewordenen älteren Antwerk ein näheres Eingehen auf die mittelalterlichen Arten und Formen der Pulvergeschütze, zumal auch hier die Anzahl der Bezeichnungen und ihr Wechsel nach Zeit und Ort gar gross sind[5]).

Es gab zunächst Steinbüchsen und Lot- (d. h. Bleikugeln schiessende) oder Klotzbüchsen verschiedenen Kalibers, zu welchen letzteren die kleineren, seit 1388 bei uns auftretenden Handbüchsen gehören. Nachdem im 15. Jahrh. das zuerst sehr kurze Rohr verlängert worden, treten die Terras- (Daressen-), Kammer-, Hakenbüchsen und Vögler auf[6]).

Nach einem 1504 aufgestellten Münchener Verzeichnis schoss eine Scharfmetze (mit 16 Pferden für das Rohr und 6 Pferden für das „Gefäss" zu befördern)

---

[1]) So war 1471 bei Belagerung der Leiningenschen Feste Dürkheim a. d. Hardt hinter der in Trümmer geschossenen Mauer inzwischen ein tiefer Graben aufgeworfen und spitze Pfähle und Minen, mit Stroh überdeckt, angebracht, so dass die ersten über die Bresche Hineinstürmenden dadurch ihren Tod fanden. Das nur langsame Schiessen hatte sich freilich 1523 schon so geändert, dass nach einem wohl gleichzeitigen Gedicht (mitget. in Westd. Zeitschr. 1895, S. 301) damals von den drei Landstuhl in der Rheinpfalz belagernden Fürsten binnen sechs Tagen 6464 Schüsse „gewislich" abgefeuert wurden. Freilich fügt der Dichter hinzu: *Ich glaub, das sey kein Kriegsman, Der solches Schiessenn mehr gehortt han.*

[2]) Merz, Die mittelalterl. Burganlagen u. Wehrbauten des Kantons Aargau (1904) S. 95.

[3]) Schwab, Die Schweiz in ihren Ritterburgen. Bd. II.

[4]) Zeitschr. f. Württemb. Franken VIII, 8.

[5]) Die verwickelte Materie zu entwirren, hat sich neuestens besonders Köhler a. O. viel Mühe gegeben; doch lassen hier, wie bei dem älteren Antwerk, seine Ausführungen an Klarheit und Uebersichtlichkeit zu wünschen übrig.

[6]) Vögler (Fogeler) war nach einem Verzeichnis von 1435 ein bis 8 Fuss langer Hinterlader mit beweglicher Kammer, der 10 bis 15 Pfd. Blei schoss. Die Tarras-, d. h. Wallbüchse schoss 15 Pfd. Blei, doch gab es auch viel grössere. Die Klotz- oder Klosserbüchse schoss nur 2 Pfd.

70 Pfund Eisen, eine Quarte oder Nachtigall (12 bzw. 6 Pferde) 40 Pfund, eine Notschlange 20, eine Feldschlange 11, eine Halbschlange 8, ein Falkonett 6 Pfund. Ausserdem gab es Falkaunen, Haufnitzen, Bombarden, Basilisken, Pommern, Kartaunen, Wagenbüchsen und die kleineren Karrenbüchsen, dann Bock-, Not-, Zentner- und Riegelbüchsen, zum Werfen der Geschosse die Mörser, Wurfkessel, Böller, Roller usw.[1]). Auch das Orgelgeschütz, ein Vorläufer der Mitrailleuse, tritt alsbald auf.

Die ersten Handfeuerwaffen waren lediglich eine kleinere Form der damaligen Pulvergeschütze. Die älteste sicher, und zwar noch aus dem Ende des 14. Jahrh., datierte Handbüchse, in dem Schutt der Zisterne von Tannenberg gefunden, besteht in einem 27,2 cm langen und 17 mm weiten Rohre mit einem Zündloche und einer Tülle für einen zur Handhabe dienenden Stock nach Art eines Besenstieles[2]).

Aus einer ähnlichen Handbüchse mit etwas längerem Rohr konnte man nach Anweisung des Feuerwerksbuches auch mit „einmal anzünden" mehrere Ladungen (bis zu 12) schiessen. Die Anleitung heisst (verneudeutscht): „Tue soviel Pulver in die Büchse, als einer der Klötze (von Eisen oder Blei) lang ist, schlag den Klotz auf dies Pulver, dann wieder soviel Pulver und wieder ein Klotz, bis die Büchse voll ist. Durch jeden Klotz läuft ein Röhrlein . . . dadurch wird Pulver gelassen und eine Schwefelkerze hineingesteckt. Zündet man es an, so klappt einer nach dem andern heraus[3])." Diese Büchse musste natürlich an der Mündung entzündet werden, welches auch noch im 15. Jahrh. bei anderen Handrohren vorkam[4]). Fig. **400** stellt solche Büchse, Fig. **401** eine andere dar, bei welcher das Pulver am Zündloch durch einen glühenden Eisendraht entzündet wird. (Beide aus dem der zweiten Hälfte des 14. Jahrh. entstammenden Münchener Cod. Germ. 600 nach der Wiedergabe bei Köhler a. O.)

Fig. 400 **Fig. 401**
Handbüchsen

Ueber die dann einen wesentlichen Fortschritt darstellenden Hakenbüchsen und Doppelhaken s. S. 340 f. Dieselben wurden um 1450 durch Anbringung des Luntenhahns und bald darauf des Luntenschlosses weiter verbessert.

[1]) U. a. gehören von den hier genannten die Bombarden zu den grossen, die Schlangen zu den langen, die Haufnitzen zu den kurzen Büchsen.

[2]) Gewiss mit Unrecht meint Köhler (a. O. S. 331), dass die seiner Ansicht nach erst um 1430 angefertigte Büchse auch später in die Zisterne der 1399 zerstörten und seitdem im Schutt liegen gebliebenen Burg gelangt sein könne.

[3]) Die gebräuchliche Angabe, dass ursprünglich nur die Büchse, aus welcher man auf diese Weise eine Mehrzahl von Schüssen geben konnte, „Klotzbüchse" geheissen habe, scheint mir nicht hinlänglich begründet zu sein.

[4]) Jähns Kriegswissensch. 233 f., wo auch über die umstrittene Fig. 400 Näheres.

Lange indessen stritt mit den Handfeuerwaffen die Armbrust um den Vorrang. 1432 wurde die Burg Hattstein neu ausgerüstet mit 12 Armbrüsten nebst 3000 Pfeilen, 4 Vogelerbüchsen, 400 steinernen Kugeln, 20 Hand-, 8 Daressen- (Terras-) Büchsen und 2 Tonnen Pulver. 1439 schickte Nürnberg gegen die *Armycken* nach Strassburg 80 Fussknechte mit Büchsen und Armbrüsten zu Hilfe, und 1444 bat der zu Hattstein eingesetzte Amtmann um drei gute Armbrüste zum Ersatz unbrauchbarer.

Von Nürnberg wird allerdings aus dem Jahre 1449 berichtet: *Als der krieg etwa lang gewert hat, da nam man doch eitel puchsenschützen zu den reiden oder snellern und kein Armbrustschützen*[1]); doch befinden sich wieder andrerseits noch 1492 auf der Burg Zopen (Mark Brandenburg) neben 44 Terras-, Haken- und Handbüchsen und einer eisernen Büchse auf Rädern Armbrüste, Bolzen und Pfeile[2]). Ja, noch 1547 weist das Inventar der Johanniterburg Wildenbruch in Pommern neben den Pulvergeschützen „*7 hornen und 1 stelen Bogen, sowie 6 Winden derzu*" auf[3]). Pfeile finden sich zwar nicht mehr da aufgeführt, und so mochten allerdings dort wie gleichzeitig anderwärts die Armbrüste nur noch aus früherer Zeit aufbewahrt werden; Tatsache ist jedoch, dass noch zu Ende des 16. Jahrh. die Handfeuerwaffen für den alten Bogenwaffen an Brauchbarkeit nicht gleichkommend gehalten wurden[4]). —

Ueber Gebrauch und Aufstellung der Pulvergeschütze seitens der Belagerten bemerkt Köhler a. O. Abt. 3, S. 79:

„Die Verteidigung konnte nur die kleinsten Kaliber der Steinbüchsen benutzen. Die einzige Gelegenheit, auch grössere Kaliber zu placieren, bot sich unter den Toren, wo ihre Böcke und Laden auf ebener Erde gebettet werden konnten. Erdanschüttungen hinter den Mauern waren noch nicht gebräuchlich." Ebendas. S. 64: „Nach Einführung vervollkommneter Feuergeschütze wurden die Dächer der Türme abgedeckt, um Geschütze auf den Plattformen aufzustellen."

Fig. 402 Hölzerner Geschützstand

Das „Placieren der grösseren Kaliber unter den Toren" mochte doch sein mehrfach Bedenkliches haben. Abgesehen davon, dass wenigstens bei Burgen das Tor nicht selten dem Angriffsgelände keineswegs gegenüberlag, war es wohl kaum zweckmässig, unter dem zu solchem Zweck geöffneten ein Geschütz fest einzubetten, welches im Laufe eines Tages nur wenige Schüsse abgeben konnte[5]). Zunächst bei Städten legte man, wie u. a. mehrfache Abbildungen der Schweizer Bilderchroniken — so Fig. **402** — zeigen, vor den Toren auch hölzerne Geschützstände an. Andrerseits konnte das Abnehmen der Turm-

[1]) Nürnb. Chroniken II, 271. Reiden und sneller sind (Lexer, Wörterb.) Fallgatter und Schlagbäume. Köhler (a. O. 335, Anm. 5) erklärt dieselben für Barrikaden und schliesst aus der angeführten Stelle, dass die Handrohre besser hinter Scharten zu verwenden waren.

[2]) Fock a. O. I, 57.

[3]) Baltische Studien (Stettin) 29, Heft 1.

[4]) Nachweise bei Jähns, Kriegsw. I, 664.

[5]) Ein anderes mochte es bei den „Hagelbuchsen" sein, die mehrere dünne Läufe auf einer Unterlage hatten. Von denselben heisst es in einem Codex von ungefähr 1488 (Jähns, Kriegsw. S. 800): „Man soll sie brauchen unter die Tore und wo der Feind zum Sturm anlaufen will; auch in der Wagenburg sind sie nutz."

dächer wohl nur für die mörserartigen, im Bogen werfenden Geschütze nötig sein, da für die übrigen die Zinnenfenster da waren[1]), und auf alle Fälle ist nicht wohl einzusehen, weshalb solches erst „nach Einführung vervollkommneter Feuergeschütze" geschehen sein sollte, da man gerade zu der Zeit für Geschützschiessscharten zu ebener Erde hinlänglich Sorge trug (vgl. Fig. 165, 198, 244, 263).

An sich findet sich freilich auch Wert darauf gelegt, Geschütze unter freiem Himmel aufstellen zu können. So berichtet 1569 der damalige Lehnsinhaber der Hohkönigsburg, *es stännde mit dem schloss nit wie mit anndern gemainen perkhäusern, die merer tayls nit plätz hätten, dergleichen stukh* (wie Notschlangen) *unnter dem himel abzuschiessen als da man die unndtern doch auch in oder auf gewelben abschiessen müesste, so wurde der dunst von sollichen groben stukhen daz haus erschöllen* (erschüttern, auseinandertreiben) *und in ander weg mer schedlich dann nutz oder gebreuchlichen sein (!) . . . Hochen Künigsperg habe drey plätz, darauff mann ain nottschlangen one allen schaden das haus unnter freyem hymel gebrauchen und darmit auf alle strassen . . . schiessen möchte.* (Als einer der Plätze wird dann der *manntl*, d. h. die Schildmauer, genannt.) Vgl. auch Fig. 166. Die hier in so krasser Weise geäusserte Ansicht ist auch jedenfalls nicht allgemein geteilt worden, da ja auch bei geschlossenen Batterietürmen durchaus der Regel nach die Geschützstände nur in den unteren Stockwerken angebracht wurden.

Ein Beispiel eines Dachstuhles, welcher „nach der Art der Zusammenfügung und der Aufstellung" eigens dazu bestimmt war, „im Kriegsfalle abgeschlagen und in Friedenszeit zum Schutze gegen die Witterung wieder aufgerichtet zu werden", glaubt man[2]) in dem 20 zu 30 m weiten wehrhaften Kasernbau auf Wildenstein an der Donau (Fig. 607 und 609) gefunden zu haben. Das oberste, frei unter dem Dache liegende ungeteilte Geschoss, auch als „Soldatenhalle" und „Arsenal" bezeichnet, ist nach aussen mit gewölbten, als Dachnasen vorspringenden Geschützständen ausgestattet und enthält auch die freiliegende Treppe zur anstossenden „Kommandantenwohnung". Abgesehen von den S. 391f gegen das Abnehmen der Dächer angeführten Gründen, konnte solches bei diesem gerade im Belagerungsfalle vielbenutzten Raume kaum von überwiegendem Nutzen sein, und bezweifle ich, dass der kräftige, nun seit Jahrhunderten bestehende Dachstuhl sichere darauf hinweisende Merkmale zeige. Zwar hat der mit grossen Kalksteinplatten belegte Fussboden der Soldatenhalle schwaches Gefäll und Wasserrinnen zu einem grossen Schüttstein und wohl nicht bloss für den Abfluss des Scheuerwassers; das kann aber (wie auch bei Berchfriten) auf den Fall berechnet worden sein, dass das Dach abbrannte (s. auch S. 223), und wenn in der Kommandantenwohnung eine kaum noch erkennbare Wandmalerei die Burg mit dachlosem Kasernbau zeigt, so mag dazu der Satz der Zimmerischen Chronik beachtlich sein: *Er* (Graf Gottfried) *hat vil jar allda* (auf Wildenstein) *gebawen; was er ein jar ufgericht und erbawen, so es im das nachgendt jar nit gefallen, hat er wider abgebrochen und uf ein ander manier gemacht.*

Wenn in dem anonymen Kriegsbuche von 1450 als Massregel der fortifikatorischen Armierung einer Befestigung empfohlen wird, die leichtgebauten, hochgelegenen Teile der Häuser abzutragen, damit sie nicht, zerschossen, die Besatzung beschädigen, so handelt es sich da nicht bloss um die Dächer[3]), und es

---

[1]) Dass im 16. und 17. Jahrh. Geschütze auf fest überdachten Berchfriten aufgestellt waren, steht mehrfach fest, u. a. von Hohenklingen und Sauerburg. Auf dem Berchfrit von Nordeck in Bayern waren 1522 zwei Büchsen unter einem noch darüber gelegenen Stüblein aufgestellt. Ueber einen Umbau der Plattform für Geschütze s. S. 221. Ein alter Wohnturm auf Rodenegg ist im 16. Jahrh. im obersten Stockwerk mit abgestuften Kanonenscharten ausgestattet worden. (Meine Oesterr. Burgen III, 191.)

[2]) Prof. Durm in Kunstdenkm. Badens I, 416 mit Abbildungen.

[3]) Vgl. auch die Kriegsordnung von 1542, I, 2: „*Es ist gut, dass man auch die zimmer oder holtzwerk der höchsten gepew abbreche.*" (Jähns, Kriegsw. I, 428 und 484.) So wurde auch wirklich auf Hohkönigsburg 1557 der Berchfrit „*biss in die zween landtsknechtspiess hoch abgebrochen*", und 1560 „*befunden, das die hohe des huses inallweg hoch schedlich sey, . . . und fur gut angesehen, das auch die behusung biss auf daz onnder gwelb abgehebt . . . werde*", was freilich nicht zur Ausführung gekommen ist.

findet sich daneben der Vorschlag, dass man, um auch die inneren Bauten dem direkten Schusse weniger auszusetzen, sie versenken solle, indem man „*onder sich in den berg breche vnd darnider puwe*". Also der Ratschlag eines einzelnen Schriftstellers, an dessen Befolgung auch lange nachher wohl niemand gedacht hat.

Um etwas anderes handelt es sich auch, wenn z. B. (nach dem Chronisten Dacher) bei der Belagerung von Rapperswyl am Züricher See 1388 die Städter *hattent die Hüser all endekt* (aufgedeckt), *umb dos in das für* (Feuer) *deste minder tät, so man den inwarf.* Es wurden nur die aus Schindeln und selbst gutenteils noch aus Stroh bestehenden Dachdeckungen beseitigt, wozu es ja der wehrhaften Männer nicht bedurfte.

An sich sind auf alten Abbildungen besonders von Städten, sowie auf Städtesiegeln dachlose Türme nicht besonders selten.

Auch nach allgemeiner Einführung der Pulverwaffen wurde übrigens aushilflich daneben noch die alte einfache Verteidigung durch Giessen und Steinewerfen ausgeübt. So wurden 1447 bei der Verteidigung Soests gegen das Heer des Erzbischofs von Cöln Töpfe voll ungelöschten Kalks und ätzender Flüssigkeiten, Kessel und Braupfannen voll flüssigen Pechs und siedenden Wassers, sowie die Steine des aufgerissenen Strassenpflasters auf die Mauern und Türme geschafft[1]). (S. auch S. 378.)

Auch aus dieser Zeit haben zwei mit Erfolg gekrönte Belagerungen von Burgen eine gewisse Berühmtheit erlangt, diejenigen des Hohenzollern und des Hohenkrähen.

Was den ersteren Fall betrifft, über den wieder die Zimmerische Chronik I, 270 ff. ausführlich berichtet, so hatte um 1420 Graf Friedrich von Zollern seinen jüngeren Bruder Eitelfriedrich von dem ihnen gemeinschaftlichen Hohenzollern vertrieben und auch die Städte Rottweil und Rottenburg durch Wegelagerei gegen sich aufgebracht. *Die liesen etliche raisigen im jar 1422 in den pfingstfeiertagen das schloss Zollern unversehenlichen berennen*, doch wusste Graf Friedrich dem Anschlage zu begegnen. *Darnach sammpt er sich nit lang, er raupt ohne verzug uf freundt und feindt, was er mocht ankommen. Damit speiset er das haus und liess es mit guetem kriegsvolk, auch mit proviant und aller notturft uf ain lange zeit wol versehen.* Während er dann selbst heimlich davon reiste, um in Lothringen und Burgund Hilfe zu suchen, *zogen die reichsstett (Augspurg, Ulm, Reutlingen, Ravenspurg und vil andere) mit macht daher; sie brachten mit inen ain guets geschütz, auch allerhand kriegsrustungen zum werfen. Das leger hetten si zu stetten im closter und darumb. Do kam grafe Eitelfriderrich von Zollern zu inen, der wardt in allem rathschlag, wie das schloss zu belegern, zu beschiessen und zu retten sein mecht, zaigt inen auch alle gelegenhait des schloss, wo es am schwechesten sein möcht, das doch hievor mennigclich für das werlichist het geachtet. Wie nun dieselbigen nach notturft geschanzet, do fiengen die von Rotweil usser irer schanz zu schiessen, gleichwol nit mit grosen hauptstucken. Jedoch man het das schloss usser angeben graf Eitelfriderrichs am allerschwechisten ort angrifen, das man wol befande, in die harr solche mauren nit heben wurden*[2]). . . . *Also lagent die reichstett mit vil volks zu ross und zu fuess und aim grosen uncosten vor Zollern denselbigen sommer und den nachvolgenden winter, so lang, das es über zehen tage nit felt, es het die belegerung ain ganzes jar gewehret, in welcher zeit die*

[1]) Quellen bei Jähns, Gesch. d. Kriegswesens S. 1145.

[2]) d. h. man sah, dass die Mauern sich nicht lange halten würden.

büchsenmaister alle thürn, mauren und mehrtails andere gebew im schloss, alle gar nahe biss uf den perg, hetten abgeschossen. Man het auch an der andern seiten gegen Hechingen am perg gegraben und von holzwerk und ertrich ain solch gross gebew gemacht, darauf ain pastei über die andern gebawen, das die obrist were darob umb ain guets höcher war, dann der perg und das schloss also umb ain guets überhöcht. Von solcher wer beschach dem schloss gar nahe der grost schaden und übertrang, dann als mertails gepew biss uf den boden abgeschossen, und sich das kriegsvolk mertails noch in gewelbern und underm boden konte enthalten, dorft sich kainer mer darauss lassen, und wurden nur die bösten underm zollrischen kriegsvolk von diser pastei erschossen oder verletzt und sonderlich mit werfen auser etlichen ufgerichten kriegsinstrumenten, das ain ainziger stain ain zentner oder mehr wag. Jedoch theten sie den stetten auch vil schaden und erschossen iren vil. Da aber Graf Friedrich keine Hilfe brachte, *ward das schloss den stetten ufgeben, das kriegsvolk* (noch 32 Mann), *das sich so erlichen gehalten und ganz blöd und schwach waren, die liessen die stett uf wägen gen Ulm fieren, da sie ganz erlich und wol wurden gehalten und darnach ledig gelassen; aber das schloss Zollern wardt von den stetten eingenommen, geblindert und biss in grundt zerstört und zerbrochen. Das beschach uf den nechsten freitag nach unsers herrn uffart im jar* 1423.

Der auf einem steilen Phonolithkegel des Höhgau liegende Hohenkrähen konnte wohl von alters her den Ruf der Uneinnehmbarkeit haben, da man von dem hinter ihm allmählich bis zu gleicher Höhe aufsteigenden Bergrücken ihm der weiten Entfernung wegen mit den alten Belagerungsmaschinen wenig anhaben konnte. Dass dieser Vorteil der Lage gegenüber den Pulvergeschützen in Nichts zerfiel, zeigte sich alsbald, nachdem 1512 der Schwäbische Bund unter Georg v. Freundsberg (übrigens mit 8000 Mann) vor die Burg zog. Auf der bezeichneten Berglehne wurden 12 grosse Stücke, deren zwei einen 18 Werkschuh langen Lauf hatten, aufgestellt und zunächst die Pfisterei zerschossen. Wegen gefährlicher Verwundung des Friedinger, dem hauptsächlich die Fehde galt, liessen sich am dritten Tage die vom Adel an einem Seil über die Mauer und kletterten dann mittels Fusseisen den steilen Felsen hinab. Die Hälfte der aus 36 Mann bestandenen Besatzung blieb zurück und ergab sich; doch war das unterste Burgtor derart mit Felsen verrammelt, dass es der Arbeit eines halben Tages bedurfte, um dasselbe zu öffnen[1]).

Wenn übrigens hier ein so unverhältnismässig starker Kriegshaufe vor den Hohenkrähen gezogen war, so war das schon in jener Zeit nichts seltenes. So hatten die a. 1393 vor die nicht bedeutende Raubburg Hattstein gezogenen Fürsten und Städte allein an Fahrzeug „*wol tusend wagen vnd karren oder mer*", 1434 eroberten die Dortmunder mit 700 Mann und 50 Reitern die Burg Steinhusen, 1444 der Lausitzer Sechsstädtebund mit 9000 Mann den Bürgstein[2]). Eine wohlvorbereitete Burg pflegte dagegen mit etwa 35 bis höchstens gegen 100 Streitern

---

[1]) Nach Fugger, Spiegel der Ehren des Erzhauses Oesterreich.

[2]) Auch schon vordem pflegte, wenn es sich um Belagerung von Burgen bei Gelegenheit eines Krieges oder um einen Rachezug gegen eine Raubburg handelte, die Zahl der Belagerer eine verhältnismässig starke zu sein. Entgegengesetzt freilich v. Essenwein, Kriegsbauk. S. 142: „Auch die Angriffsarmeen, welche zur Belagerung einer solchen Burg in Bewegung gesetzt werden konnten, waren so geringe, dass die paar Mann der Besatzung sich auch ohne (Mauer-) Türme ihrer erwehren konnten."

besetzt zu sein. Einige Beispiele wurden bereits angegeben. Als die Raubburg M o n t f o r t in der Rheinpfalz 1450 von den Kurfürsten von Mainz und der Pfalz erobert wurde, war sie mit 60 Edlen und Unedlen besetzt. Die dem Grafen v. Württemberg gehörige umfängliche Burg M ä g d e b e r g im Höhgau hatte bei der Belagerung von 1378 nur eine Besatzung von 34 Mann. Im 16. Jahrh. hatten die Sickingen für ihre grosse H o h k ö n i g s b u r g für kriegerische Zeiten eine Besatzung von nur ,,wenigstens 40 Mann" für nötig gehalten, und selbst während der Belagerung von 1633 scheint die Zahl der Verteidiger kaum eine grössere gewesen zu sein[1]). Während des Bauernkrieges sollten nach Befehl des Kurfürsten auf E l t v i l l e sein 20 reisige Knechte, 12 Fussknechte, 2 Zimmerknechte, 2 Schmidte, 2 Maurer und 6 Knechte *zum Offlegen der Bochsen und Handreichung des Bochsenmeisters*.

Zur Zeit des Bauernkrieges wurde für die Stadt Würzburg u. a. verordnet, längs des Mains vor den Stadtmauern einen hohen, starken Zaun zu setzen, mit kleinen vorschiessenden Streichern von Holz und Erde, 5—6 Schuh dick; auf der Brücke ein ,,zwiegespalten" Tor von leichten Balken und mit Schiesslöchern versehen, dergestalt zu errichten, dass es beim Zumachen gegen die Vorstadt schärpfe; zwischen dem Tore und der Stadt eine Brustwehre mit Pfosten oder Balken und mit Schiesslöchern versehen zu bauen für das Absteigen oder Stürmen; die Tore mit Ueberbauen und Gegentoren und mit herabfallenden spitzigen Pfatten zu befestigen und die Mauern mit sandgefüllten Säcken zu belegen. Die eine oder andere solcher Sicherungsmassregeln mag geeigneten Falles auch bei einer Burg getroffen worden sein.

Fig. 403 Altes Bild einer belagerten Burg

Fig. **403** aus der 1486 zu Ulm gedruckten C h r o n i k des L y r e r v. R a n k w y l stellt eine mit Feuerwaffen verteidigte Burg dar[2]). Es wird zumeist aus gewöhnlichen Fenstern geschossen. Die Mauern zeigen keine Bedachung oder vorgekragte Wehrgänge, nur der eine Turm einen mit Brettern bekleideten ausladenden Aufbau. —

Wie mitgeteilt, wurden S c h w a n o w und Z o l l e r n *,,geschlaift"* bzw. *,,biss in grundt zerstört und zerbrochen"*. Es fehlt nicht an anderen Beispielen einer so gründlichen Zerstörung eroberter Burgen. So *,,schleiften* (angeblich) *1416 die*

[1]) v. E s s e n w e i n meint freilich (K r i e g s b a u k. S. 144), dass die Burg für eine ,,Garnison von etwa 500 Mann" berechnet gewesen sei.

[2]) Der umfängliche, mit Kriegern, Zelten und aufgefahrenen Kanonen nichts Besonderes bietende Vordergrund ist hier fortgelassen.

Constanzer die von ihnen anfänglich in Brand gesteckte Vöstung G r i m m e n s t e i n (Kant. St. Gallen) *mit 500 stäths arbeitenden Männern in den Grund und brachten an Abbrechung der unerhört-vösten Mauren 3 bis 4 Wochen zu*"[1]).

Von der Zerstörung von A l t - R a p p e r s w y l durch die Züricher 1350 berichtet der Zeitgenosse Eberhard Müller: „*Unnd als dise ab der vesti kamend, ward sy suber geblündert, demnach undergraben mit holtz usgefüllt, angezündt und uff den boden geworffen, die verfiel so guot, daz man kum sach, daz vormals etwaz da gestanden was.*"

Wie man solche Zerstörung mit Anwendung des Pulvers bewerkstelligte, lehrt uns (wenngleich nicht überall sonderlich klar) ein Schreiben des Matthias Corvin vom Jahre 1476, betreffend die Raubburg T a l k e n s t e i n in Niederschlesien. Dasselbe lautet:

Lieber Nikolai, Euer Schreiben mir itzt gethan, hab ich vernommen, und befehlen Euch, dass Ihr von Löwenberg und Hirschberg alle Maurer und Zimmerleute fodern lasset, die Mauer unterbrecht, nachher seiner Stätte[2]) *zwei Ellen hoch, und Holz sägen von grossen Tannen oder Fichten und in die Löcher hart treiben, eine Handbreit einen von dem andern; und so das ganze Viertel untersetzt ist, so lasset die zwei Ecken aushauen und nachher den Erker auf beiden Seiten auf zwey Ellen aushauen auf halben Monden und unterspickts dann wohl mit Holze und streuet aus und innen Pulver ein und zündet es an, und dass die Mauer gearbeitet werde, da sie am äussersten auf dem Berge steht, damit sie desto leichter überfalle. Item: sagt denen von Löwenberg, das sie nit gedenken, dass zween wegkommen, das Haus Talkenstein sey denn gebrochen. Item, desgleichen schreibt auf den Schmiedeberg, dess sie zwanzig Bergknechte mit Gezeug schicken; so sie das nicht thun, wird man das ganze Heer auf sie legen. Item: schreibt das auch auf Hirschberg.*

Andrerseits beschreibt der Strassburger Stadtbaumeister D a n i e l S p e c k l e († 1589) in seiner A r c h i t e c t u r a v o n V e s t u n g e n Teil I, Kap. 3 mit Abbildung:

Die „grosse B r e c h s c h r a u b e n, *so der alte Meister Linnhart Danner zu Nürnberg erstlich erfunden und gemacht hat, welche auff 5 oder 6 Schuh lang, im Diameter auf 4 Zoll dicke, und in einem Stock wol gefast und versehen seynd, hinten zu ins Erdreich, da werden gute starcke Bäume eingelegt, oder gesetzt, und nach der Seiten auf Schrägen gelegt, oben mit einer messingen Blatten, darauf man starke Bäume wider die Mauern setzt, und also demnach mit einem oder zweyen langen Schlüsseln angezogen, so wirft es Mauren, die 10. 12. biss über die 16. Schuh dicke seynd, hernieder, wie dann er, Danner, im Fränkischen Krieg, Blassenburg, Landsperg, und andere Marggräffische Schlösser, Mauren und Thürn, so auff 16 Schuh dick gewesen, und man nicht brechen hat können, herniedergeworffen hat*".

Von einer anderen Art und Weise, speziell die Türme zu zerstören, berichtet K r i e g v. H o c h f e l d e n a. O. 292 bezüglich der durch die Städte Türkheim und Kaisersberg zerstörten D r e i E x e n:

„Am Fronleichnamstag 1466 wurden die Türme, nachdem man die hölzernen Böden ausgebrochen und sämtliche Fenster und Schlitze verstopft hatte, mit brennbarem Zeug, dürren Reisig und Pech angefüllt und dieses von unten angezündet. Eine derartige Prozedur nannte man „Ausbrennen". Die plötzliche Hitze dehnte die Luft aus, und da diese keinen schnellen Ausweg fand, sprengte sie die Mauern und warf sie um. Bei den ungeschlachten Blöcken des Wekemund und der Wahlenburg gelang dieses keineswegs vollständig, wenigstens nicht an ihrem mittleren und unteren Teile. Die westliche und die nördliche Seite des Turmes Dagsburg aber stürzte zusammen."

---

[1]) S p e t h, C o n s t a n t i n i s c h - D r e y b o g i g e E h r e n - P f o r t e. Constanz 1735, S. 258. Nach Tschud hatten dabei freilich nur 60 Männer 8 Tage genug zu tun, eine wahrscheinlichere Angabe, zumal noch jetzt hohes, wenn auch nicht umfängliches Gemäuer übrig ist.

[2]) D. h. immer vom Boden ab gemessen.

Eine Quelle hat Krieg v. Hochfelden bei dieser Angabe nicht genannt. Meines Wissens soll solches Ausbrennen der Türme[1]) von den Bauern in dem nach ihnen benannten Kriege (1513—1525) ausgeübt worden sein. Wie dieselben indessen mehrfach mit unzulänglichen Mitteln vorgehen mussten, dürfte auch dies bei dem starken Mauerwerk der Berchfrite nur selten zum Ziele geführt haben.

Solche gründliche Zerstörung bildete jedoch nur die seltene Ausnahme. Besonders dann, wenn nicht der ganze Kriegszug etwa nur der Eroberung einer einzelnen Burg galt, pflegte man sich diese bei der Festigkeit der Mauern zeit- und kostspielige Mühe nicht zu machen[2]). Soweit die Burg nicht etwa schon durch die Belagerung selbst mehr oder weniger beschädigt war, begnügte man sich nach ihrer Einnahme wohl damit, das Holzwerk an Dachstühlen und Umläufen anzuzünden und höchstens noch die dünneren Brüstungsmauern abzustossen. Beispiele bieten u. a. nach Naeffs Manuskr. die schweizerischen Burgen Rheineck, Iberg und Clanx, welche im Appenzeller Kriege (1401—1408) lediglich ausgebrannt wurden. Auch sonst bietet sich überall die ganz gewöhnliche Erscheinung, dass „zerstörte" Burgen alsbald wieder bewohnt werden, oder auch, wenn dies nicht, noch jetzt stattliches, fast unversehrtes Mauerwerk zeigen.

---

[1]) Es findet sich in anderen Büchern als eine nicht ungewöhnliche Massregel angegeben, z. B. Schultz, Höf. Leben II, 451 f.

[2]) Ein Annalist des 15. Jahrh. bemerkt, dass die Mauern an manchen Orten so fest waren, dass ein Arbeiter leicht im Schurzfell auf einmal wegtragen konnte, was er einen Tag lang mit dem Brecheisen abgelöst hatte. (Preusker, Blicke in d. vaterländ. Vorzeit. Leipzig 1843, II, 104.)

Fünfzehntes Kapitel.

Palas und Nebengebäude.

(„Palas" und „Saal" (Hofstube, Kammer). Romanische Palase. Spätere Saalbauten und Palase. Einen Hof umgebende Baukomplexe und Palase. Palas als Hauptbau. Der wehrhafte Palas. Verschiedenartige Beispiele. Kern und Rückzugsbau. Gesicherte Lage. Mehrheit von Wohnbauten (Kemenate, Mushaus, Dirnitz). Nebengebäude.)

Das Wort „Palas" wird in unseren Fachschriften seit Prof. Leo (Ueber Burgenbau etc. in Raumers Histor. Taschenb. 1837) allgemein zur Bezeichnung des Haupt- bzw. einzigen Wohngebäudes einer Burg gebraucht[1]). Wie dieses einen Saal[2]) zu haben pflegte, so kommen im Mittelalter Palas und Saal auch als gleichbedeutend vor[3]). Andrerseits wurde ein Saal auch als „Stube" — der Hauptsaal besonders als „Hofstube" — bezeichnet, während auch das Wort „Kammer" für grössere und heizbare Räume nicht ungebräuchlich war[4]).

[1]) Das Wort, gleich Pfalz und Palast, ist (nach Grimm, Wörterb.) gegen Ende des 11. Jahrh. aus dem afrz. palais und dem mlat. palacium aufgenommen. Die sich auch noch findende Schreibweise Pallas beruht also auf Unkenntnis. Auch als Neutrum vorkommend, bedeutet es zunächst ein grösseres Gebäude mit einem Hauptgemach, aber auch einzelne hallenartige Räume, wie z. B. ein mit Fallgittern beschlossener Eingang zum Burghofe, und selbst ein in einem Turme belegenes Gemach oder ein Schlafzimmer finden sich als „Palas" bezeichnet. Bei den Minnesängern besonders gebräuchlich, kommt es z. B. in der Zimmerischen Chronik (16. Jahrh.) nicht mehr vor. Ueber den Ausdruck „Ritterhaus" s. S. 21.

[2]) Die jetzt beliebte Bezeichnung „Rittersaal" dürfte erst aus der neueren Zeit, aus der Periode, in welcher die Ritterromane im Schwange waren, stammen. In der Zeit der Rittersäle selbst hat man dies Wort schwerlich gebraucht, da es Säle, die nicht für die Ritter, sondern etwa für die Frauen allein oder die Dienerschaft bestimmt waren, in Burgen kaum gab. (Auf Friedberg in Tirol hat man freilich jetzt auch einen „Knappensaal"). Ueberdies gab es ja (vgl. oben S. 3) so manche Burg, die nichts mit „Rittern" zu tun hatte. So ist bei den Minnesängern auch immer nur vom „sal" schlechtweg die Rede.

[3]) 1418 wird in einem Teilungsvertrage über Frankenstein (Rheinpfalz) der vierstöckige Palas „der Saal" genannt, und andrerseits heisst es noch in Luthers Bibel I. Könige 1618: „Da ging . . . er in den Pallast im Hause des Königs."

[4]) So heisst in dem 1530 von der Hohkönigsburg aufgenommenen Inventar der etwa 15 m lange Hauptsaal „die grosse gewelbte stubenn", ein Waffensaal „die Bogen Camer" und das Wohngemach des Burgherrn „Graf Osswaldts cammer". Zimmerische Chronik I, 303 wird in der „Hofstube" ein grosses Hochzeitsmahl gehalten. Nach Wankel u. Gurlitt, die Albrechtsburg zu Meissen (1895) S. 16 ist bei allen sächsischen Schlössern nach älteren Inventaren „der Hauptraum des ersten Obergeschosses

Seit Professor Leo bis auf die jüngste Zeit weiss man bei allgemeinen Darstellungen des Burgbauwesens in der Regel eine ganz bestimmte Beschreibung des Palas zu geben, und zwar ist derselbe danach ein langgestreckter stattlicher Bau mit einem Obergeschoss, welches allein oder doch grösstenteils von dem grossen, durch schöne gekuppelte Fenster erleuchteten „Rittersaal" eingenommen wird. Vor dem letzteren erstreckt sich auf der Hofseite häufig eine Galerie oder Laube, während eine ein- oder zweiarmige Freitreppe zu ihm hinaufführt. Als Beispiele werden wohl die Palase von Goslar, Münzenberg, Gelnhausen, Braunschweig, Wartburg, Eger, Wimpfen und Seligenstadt angeführt.

Der wesentliche Fehler bei dieser Darstellung liegt nun aber darin, dass unter den vielleicht tausend uns — bzw. aus ihren Resten hinlänglich rekonstruierbar — erhaltenen Palasbauten nicht viel mehr Beispiele, als die eben angeführten, auch immer fast allein behandelten für dies Schema zu finden sind. Dasselbe passt eben fast nur für grosse, zumeist landesfürstliche, Hofburgen der romanischen Zeit, während die sonstigen Burgpalase in Wirklichkeit fast in dem Masse voneinander verschieden waren, wie bei uns Wohngebäude (von Bauernhäusern u. dgl. abgesehen) überhaupt nur sein können. Uebersehen wird dabei freilich noch, dass wir für die innerhalb der Umfassungsmauern vor dem Saale hinlaufende Galerie lediglich in der Wartburg (s. weiterhin) ein sicheres Beispiel haben[1]). Auch wenn die Minnesänger gern von solcher „Laube" (loube) berichten, so wird kaum eine Stelle nachweislich sein, in welcher das vieldeutige Wort gerade einen solchen Korridor bezeichnen müsste[2]).

Das Kaiserhaus zu Goslar, gegen 1050 von Heinrich III. an Stelle einer älteren curtis regalis erbaut, war zugleich Teil einer umfänglichen, wehrfähigen, auf der höchsten Erhebung des Geländes angelegten Königspfalz, des einstigen „clarissimum regni domicilium". Später mehrfach beschädigt und umgebaut, ist es gegen Ausgang des 19. Jahrh. wiederhergestellt und mit Wandgemälden aus-

---

überall die Hofstube, jener Raum, in welchem sich die Verwaltung des Staates, die Sitzungen und die gemeinsamen Festlichkeiten abspielten". Nach Grimm, Wörterb., wäre es nur die „Stube eines Fürstenhofes für die Hofleute". S. auch weiterhin Dürnitz. — Stube, ahd. Stuba, Badezimmer, heizbares Gemach, hängt mit dem griechischen τνφος, Dampf, zusammen und findet sich ähnlich mit ähnlicher Bedeutung in vielen Sprachen. (Ganz verfehlt v. Cohausen, Befestigungsweisen S. 174: „Von der Erhöhung der Wohnräume über „Stufen" kommt der Ausdruck „Stube" her.) — Kammer beruht nach Kluge, Etymol. Wörterb. (1894) auf einem gemeinromanischen camara (italienisch camera, Zimmer), dies auf dem griechischen καμάρα, Raum mit gewölbter Decke. Es ist ein mittelalterliches Kulturwort, das sich durch die romanische und germanische Welt verbreitete. Nach Grimm, Wörterb., „wurde das Merkmal der Wölbung jedenfalls schon früh unwesentlich". Bedeutung hauptsächlich: Schlafgemach, Vorratskammer.

[1]) Eine solche wird nicht, wie K. Simon, Studien z. roman. Wohnbau (1902) S. 67 und 72 meint, im Palas von Eger dadurch nachgewiesen, dass nach einem Bericht über die Ermordung der Wallensteinschen Offiziere Terzky daselbst in einen „Gang" flüchtete, von welchem man nichts Näheres weiss.

[2]) Vgl. Moritz v. Craon 1701: *über die burcmûre Ein loube was gehangen.* (Schultz, Höf. Leben I, 59.) Wie hier einen Altan oder Erker, so bedeutet das Wort sonst auch eine Gerichtshalle (rihtloube) oder einen Speicher (kornloube). Vgl. Zimmerische Chronik II, 331: *Uf der Kirchen . . . hett es underm dach ain weite, grosse lauben, war ain ornschütte.*

geschmückt worden. Der Bau enthält frühromanische bis gotische Bestandteile und steht danach seine Geschichte nicht fest: Das Erdgeschoss enthält eine Anzahl Räume mit gotischen Gewölben wohl aus dem 14. Jahrh. mit viereckigen, durch Kleeblattbogen entlasteten Fenstern[1]). An einem Ende der Front vermitteln zwei grosse (neue) zu einem Vorbau hinaufführende Freitreppen den Zugang zu einem am Giebel hinlaufenden Gang und von da zum Saale, der, daneben den ganzen Oberstock einnehmend, 15 × 47 m l. W. hat. Bis zur flachen Holzdecke 6,8 m hoch, hat er ganz eigentümlicherweise in seiner Mitte ein 8,3 m breites und 10,5 m hohes, jetzt mit einer hölzernen Tonne überdecktes Querschiff. Dem entspricht in der Front zwischen zwei starken späteren Strebepfeilern und mit einem Frontispiz eine ebenso weite rundbogige Oeffnung, die, vor der Restauration mit Fachwerk zugemauert, jetzt durch ein Riesenfenster, in zwei dreilichtige überein anderstehende geteilt, geschlossen ist[2]). Ausserdem ist die Frontwand des Saales nahezu völlig in zweimal drei je dreilichtige Rundbogenfenster aufgelöst, so dass es sich um eine gegen den Hofraum fast ganz offene Halle handelte.

Der Palas der Burg zu Eger, wohl zweifellos gegen das Ende des 12. Jahrh. von Friedrich Barbarossa erbaut, hat 9×43 m l. W. Nur noch die Umfassungsmauern des Erdgeschosses sind fast ganz erhalten. Das burgwärts in der Erde steckende Untergeschoss, nach aussen mit Schlitzen versehen, diente als Kellerraum u. dgl. Darüber lagen in der westlichen Hälfte zwei Zimmer (jedes mit einem Abtritterker) und wohl vor diesen hofwärts ein später erwähnter Gang[3]), während der östliche Teil von dem 24 m langen Saale eingenommen wurde. Derselbe hat nach Norden drei fünflichtige Rundbogenfenster (s. Kap. 16) und östlich anstossend

---

[1]) Wegen dieser allerdings wohlbeachtlichen „alten" Kleeblattbögen — die sonst kaum zur Entlastung angewendet werden — kommt Stephani, Wohnbau II, 445 zu dem Ergebnis, dass es sich wesentlich um einen Bau Barbarossas handle, zu welchem vielleicht Mauerreste und Architekturstücke des Baues Heinrichs III. benutzt wurden. — Ueber den unteren „Saal" und die dortige Heizanlage s. weiterhin. Ebenso über sonstige Einzelheiten der hier behandelten Palase.

[2]) Ueber dies Doppelfenster wird in den beiden jüngsten Fachschriften bemerkt von Simon, Studien z. roman. Wohnbau (1902) S. 57: „Meines Wissens gibt es für diese Einteilung in Deutschland kein Beispiel aus romanischer Zeit," und von Stephani a. O. S. 443: „Die . . . Fassade des Mittelbaues hat nicht ihresgleichen in der romanischen Architekturwelt. Nirgend findet sich an Kirchen oder Profanbauten des XI. bis XIII. Jahrh., in Deutschland wenigstens, eine gleiche Uebereinanderstellung der Fenster." Es ist da übersehen, dass das Goslarer Doppelfenster in allem wesentlichen solchen im Aachener Münster und danach in der Essener Abteikirche aus dem X. Jahrh. gleicht. Für einen Profanbau halte ich es jedoch für undenkbar. Bezüglich der Frage, was denn sonst da gewesen sei, möchte Simon (freilich unter einer Begründung, die auf lauter unzutreffenden tatsächlichen Voraussetzungen beruht) an eine Tür denken, die zu einem Austritt oder Balkon führte, auf dem das freie Gericht des Königs und seines Vogtes gehalten wurde, während Stephani (ebenso Otte, Roman. Bauk. S. 713) einen von einem Balkon überdachten Toreingang oder Treppenaufgang annimmt, indem der seitliche Aufgang dem Charakter der unbeschränktesten (?) Oeffentlichkeit des Raumes widersprochen haben würde (?). Wahrscheinlich ist hier wohl der obere Halbkreis allein ein Fenster, und zwar von der im 16. Kap. behandelten Art gewesen.

[3]) Nach Grueber, Kaiserburg zu Eger (1364), pflegt hier ausserdem noch die Küche genannt zu werden. Dieselbe war jedoch da an den Palas angebaut. Näheres über diesen s. meine Oesterr. Burgen II, S. 53—60, woher die Abbildung.

ein zweilichtiges. Fig. **404** Ansicht von innen. Um 1450 wurde ein weitere Wohnräume enthaltendes Fachwerkgeschoss aufgesetzt an Stelle eines früheren anscheinend massiv gewesenen.

Die mit feinem ornamentalem Skulpturenschmuck besonders reich ausgestattete Burg Gelnhausen ist nach neuerer Feststellung[1]) frühestens im Sterbejahre Barbarossas, 1190, begonnen worden. Der Palas von 12,5×27,5 l. W. hat anscheinend im kellerartigen Erd- sowie im Obergeschoss die von letzterem

Fig. 404 Palas der Burg Eger

bei Eger angegebene Einteilung gehabt. Von einem steinernen zweiten ist die westliche Giebelwand und ein Ansatz der Hauptfront erhalten. Hier sind die Fenstergruppen des ersten Obergeschosses — vor dem Saale aus einer Bogenstellung mit vier Doppelsäulen, auf der andern Seite der Eingangstür aus zwei ebenso ausgestatteten dreilichtigen Fenstern bestehend — beiderseits von einem eingeblendeten Rundstabe eingefasst, der sich offensichtlich über das oberste Stockwerk fortgesetzt hat. Danach pflegt man anzunehmen, dass beide Geschosse ganz dieselbe Fassade (und auch innere Einteilung) gehabt haben. Meiner Ueberzeugung nach mit Unrecht. Dass bei romanischen Bauten der Raum auch in Blenden, zwischen Lisenen u. dgl. nicht gleichmässig mit Fenstern ausgefüllt wurde, zeigen z. B. der Wartburgpalas (Fig. 405, weiteres über die Fenster im 16. Kap.) und die Kapelle zu Eger. Ausserdem aber lässt auch schon der Baurest erkennen, dass die oberen Fenster kleiner waren. Hinter solchen, ungleichmässig verteilt (vgl. auch weiterhin), werden wir hier untergeordnete Wohnräume anzunehmen haben[2]).

In dem auf unebenem Baugrunde der Ueberlieferung nach 1067 von Ludwig dem Springer erbauten[3]), nach 1850 durch Prof. v. Ritgen wiederhergestellten

---

[1]) Bickell, Bau- u. Kunstdenkm. im Kr. Gelnhausen (1901).

[2]) Simon a. O. S. 83 vermutet hier „den grossen Reichssaal". Das Vorhandensein eines solchen in der Pfalz — die Bickell auch nur gewissermassen für ein Jagdschloss hält — ist nirgends bezeugt. Ein Reichstag wurde schon vor ihrer Erbauung (1186) in Gelnhausen gehalten, und ein Hauptsaal hatte nie die kleineren Fenster.

[3]) Die dieses berichtende um Jahrhunderte neuere Thüringische Chronik von Rothe bietet dafür freilich noch keinen Beweis. Nachweislich bestand jedoch schon 1080 an der Stelle eine landesfürstliche Burg, und es ist kein haltbarer Grund vorhanden, aus welchem dieselbe nicht schon einen einfachen steinernen Palas — dessen Oberstock ev. auch durch leichte Zwischenwände geteilt gewesen sein könnte — gehabt haben sollte. In dem neuen Wartburgwerke (s. zu Fig. 623) kommen Prof. Wenck und Prof. Weber freilich aus verschiedenen Erwägungen zu dem Ergebnis (S. 72), dass der gesamte Palasbau — wiewohl mit den beiden weiterhin erwähnten Bauabschnitten — zwischen 1205 und 1225 ausgeführt worden sei.

Wartburgpalas (Fig. **405**) enthielt das Erdgeschoss — unter welchem sich noch zum Teil ein später als Pferdestall benutzter Unterbau befand — hauptsächlich drei Räume[1]), darüber neben dem 33 zu 95 Fuss messenden „Sängersaal" ursprünglich nur das sogenannte Landgrafenzimmer, bis später[2]) von dem Saale auf der anderen Giebelseite noch die Kapelle abgezweigt wurde. Wohl in der letzten Regierungszeit Hermanns I. († 1217) wurde dem Gebäude über dem vorhandenen kräftigen Dachgesims noch ein dritter Stock aufgesetzt, welcher hinter der hofwärts sich erstreckenden Galerie nur einen zweiten 33 zu 130 Fuss messenden Festsaal enthielt. In den drei Stockwerken läuft auf der Hofseite (dieselbe Fig.) je eine (nicht überall als solche ganz erhaltene) Galerie hin, welche, geschützte Aufenthaltsorte fast im Freien[3]), darüber hinaus mit den später häufigen Hofarkaden als Verbindungsgängen (16. Kap.) nichts zu tun und noch das ganz Eigentümliche hat, dass die Aussenmauer, ganz als eine solche, mit Fenstern durchbrochene gestaltet (Fig. 405), nur 66 cm, dagegen die innere (zwischen den Galerien und den Wohnräumen) doppelt so stark ist. Diese Besonderheit, zu welcher ein Seitenstück kaum zu finden sein dürfte, ist meiner Ansicht nach nur durch die Annahme zu erklären, dass Landgraf Hermann I., als er auf den älteren Palas noch einen Festsaal aufsetzte, zugleich zur Erweiterung und Verschönerung desselben (unter entsprechender Veränderung in den Türen und Fenstern der bisherigen westlichen Aussenmauer) dieser die Galerien vorgebaut habe[4]).

Fig. 405 Palas der Wartburg

Ueber den Zugang zum Palas und die Fenster s. Kap. 16, die Wiederherstellung der Burg zu Fig. 623.

Der 1166 von Heinrich dem Löwen errichtete Saalbau der Burg Dankwarderode zu Braunschweig, uns in veränderter Gestalt überkommen, ist

[1]) Nach v. Ritgen (Führer 1868 S. 74) war der mittlere flachgedeckte Raum mit einem „Küchenkamin" das eigentliche Wohnzimmer der Burgbewohner (? es war, s. Kap. 16, wohl die Küche), während (S. 81) von den beiden übrigen Räumen mit Kreuzgewölben das nördliche „der Aufenthaltsort der Männer", das südliche „das Frauengemach" gewesen sein soll. Noch willkürlicher meint v. Essenwein (Wohnbau S. 23), dass in diesem unteren Geschoss „wie im Saale einer Kaserne die Ritterschaft des Hofes untergebracht war". S. darüber auch S. 423 Anm. 1.

[2]) Nach neuerer Forschung wohl schon gleichzeitig mit dem Festsaalbau, siehe weiterhin.

[3]) Verwandte Vorbauten an Palasen, nicht in Form von Korridoren finden sich auf Frauenburg in Steiermark und Pürnstein in Oberösterreich. (Näheres in Oesterr. Burgen I.)

[4]) Prof. Weber, der in dem ganzen Palas einen durchaus einheitlichen Bau sieht, bemerkt a. a. O. S. 77: „Die innere Mauer musste als festes Bollwerk dem Feinde entgegenstehen, falls er einmal bis in den Hof vorgedrungen sein sollte." Wenn aber der Palas überhaupt als ein wehrhafter zu einem Rückzugsbau bestimmt (und geeignet) gewesen wäre, würde dies „feste Bollwerk" (?) doch gewiss nicht so ausnahmsweise in das Innere des Gebäudes verlegt worden sein.

unlängst auf Grund sorgsamer Forschung durch Winter wiederhergestellt worden[1]). Von den Palasen zu Wimpfen und Seligenstadt sind nur ansehnliche Reste der Front erhalten[2]). Nahezu alle Palase romanischer Hofburgen zeigen da mehr oder weniger ungleichmässige gekuppelte Rundbogenfenster. Nur die lange Palasfront zu Wimpfen hat in der Mitte eine 16,5 m lange, in drei Gruppen geteilte 14 gliedrige Arkadenreihe aus gekuppelten Säulen, die vielleicht zu einem Gange gehört haben könnte. Ueber die „Barbarossapfalz" zu Kaiserswerth s. zu Fig. 532, über diejenige zu Hagenau Kap. 20.

Fig. 406 Palas auf Münzenberg

Der vielbehandelte[3]), mit schönen Fensterarkaden ausgestattete romanische Palas der Burg Münzenberg bietet einige Besonderheiten. Innen 7,5 zu 27,5 m messend, ist er durch eine Quermauer völlig in zwei Hälften geteilt, deren besser erhaltene im zweiten Obergeschoss einen 13 m langen Saal und, wie das erste, hofwärts (Fig. **406**) eine kleeblattbogige Tür hatte. Ueber den eigenartigen Anschluss an die Ringmauer s. S. 319, über Fenster und Treppen Kap. 16.

Von der 1113 in kaiserlichen Besitz gelangten Burg Trifels heisst es in Bernhard Herzogs Elsässischer Chronik (Ausg. v. 1592, S. 148) und danach in Merians Pfalz: „Auf der Höhe dieses Hauses hat es einen gewaltigen Saal, darin man durch einen Felsen, in welchen viele Staffeln gehauen, gehen muss, derselbe ist mit Marmelsteinen geblattet." Nachdem die Burg 1602 durch Blitz in Brand gesteckt war und dann die Stürme des Dreissigjährigen Krieges hatte über sich ergehen lassen, wurden 1660 64 Marmorplatten aus der Kapelle ausgebrochen und nach Annweiler gebracht. 1670 berichtete dann die herzogl. zweibrückensche Rechenkammer, dass daselbst „in dem eingefallenen Hauptbau eine marmorne Säule und in einem Gemach unterschiedliche hübsche runde Säulen, obgleich von gemeinen Steinen" vorhanden seien, die zu etwaiger anderweiter Verwendung gleichfalls nach Annweiler zu schaffen sein möchten, weil zu besorgen, dass „uffs ehest vollends zu Hauffenfallung des noch übrigen Mauerwerks solche Säullen zerschmettert werden möchten". Es sind darauf ausser der erwähnten (9 Zoll starken und 5 Zoll 10 Schuh langen) Marmorsäule an Sandsteinsäulen fünf 6 Schuh lange und 7, bzw. 8 Zoll dicke und fünfunddreissig 5½ Schuh lange und ebensoviel Zoll dicke gleichfalls fortgeschafft und dann der Ueberlieferung nach beim Bau des Schlosses Buxweiler verwendet worden.

Dies ist alles, was wir von dem heute völlig verschwundenen Palas der altberühmten Reichsburg wissen. Nur, dass derselbe nur auf der oberen Felsplatte östlich des Berchfrits gestanden haben könne (vgl. den Gesamtgrundriss Fig. 143), darf ohne weiteres als feststehend

[1]) L. Winter, die Burg Dankwarderode. Braunschw. 1883.

[2]) Kunstdenkm. im Grossherzogt. Hessen, Prov. Starkenburg. Im Zusammenhange sind die romanischen Palase auf Grund der vorhandenen Fachliteratur eingehender behandelt in K. Simon, Studien z. romanischen Wohnbau in Deutschland. Strassburg 1902.

[3]) G. Moller, Denkm. d. deutschen Baukunst Bd. III, Darmstadt 1852; Günther, Bilder aus der hessischen Vorzeit, ebendas. 1853; v. Essenwein, Wohnbau, ebendas. 1892; Kunstdenkm. im Grossherzogt. Hessen, Prov. Oberhessen; K. Simon a. O.

angenommen werden. Hier allein bot sich der zugleich durch den vorliegenden Berchfrit und allseitigen Steilabfall geschützte hinlänglich weite Raum. Wenn hier die Oberfläche des Felsens, 21 zu (im Mittel) 16 m messend, der Länge nach noch wieder in zwei Terrassen geschieden ist, deren obere westliche (s), bis etwa 8 m breit, um etwa 3 ½ m die untere, mit dem Berchfrit in gleichem Niveau liegende, überragt, so wird die letztere, erkennbar überwölbt gewesen, als Untergeschoss zu Wirtschaftsräumen gedient haben. Auf den Saal sind allem Anscheine nach die zwei nebeneinander auf der Nordseite des Berchfrits über dem Mittelgeschoss nicht tief eingehauenen beiden Bogen (Fig. **407**) zu beziehen, während das rechts daneben aufgemauert gewesene Ergänzungsstück der Giebelwand für einen dritten Platz bot. Wir haben da gewiss auf rundbogige Kreuzgewölbe zu schliessen, welche den somit dreischiffigen Saal überdeckten. Derselbe bietet dann meines Wissens ein Unikum unter den Sälen unserer romanischen Burgen, während kein Anlass vorliegt, die Gewölbe für eine spätere Aenderung zu halten. Wo und wie die Säulen verwendet waren, wird nach ihrer Zahl und ihren Massen nicht mehr festzustellen sein[1]).

Fig. 407 Trifels

Als Beispiel eines einfachen romanischen Burgpalas mag ein solcher auf Frauenburg in Steiermark, Fig. **407a**, dienen, von welchem noch die Umfassungsmauern erhalten sind. Bei 16 m Länge hat er im Mittel 8 m Breite. Von seinen über dem Keller vier Stockwerken dienten die beiden mittleren als herrschaftliche Wohnräume, das oberste lag frei unter dem Pultdache. Die Decken waren von Holz, und die leichten Zwischenwände haben nur zum Teil sichere Spuren hinterlassen. Die (spärlichen Fenster sind meistens zugemauert.) S. auch Kap. 16. —

Fig. 407a Palas von Frauenburg

Während die einfache Halle in gewissem Masse der Anfang unseres Wohnbaues war, hat man, nachdem der Palas seit lange aufgehört hatte, ein reiner Saal-

[1]) v. Essenwein, der a. O. S. 77 auch die „Burg Trifels in der ursprünglichen Gestalt" zeichnet, offenbar ohne die Ruine und den Felsen hinreichend zu kennen (als Quellen für den beigefügten Grundriss sind Näher und Krieg v. H. angegeben), lässt — was damals bei Hofburgen durchaus nicht gebräuchlich war — den Palas ohne weiteres „im Winkel angelegt" sein, und zwar derart. dass zwischen dem West- und dem Nordflügel und dem Berchfrit noch ein Hof übrigbleibt, der gegen Osten durch eine gezinnte Mauer geschlossen ist. Da die östliche Wand des Westflügels noch die aus der Mitte der drei Berchfritgeschosse ins Freie

bau zu sein, öfter, und auch auf nicht landesfürstlichen Burgen, zu seiner Ergänzung wieder Gebäude errichtet, welche über dem Erdgeschoss nur einen Saal enthielten.

Ein zierlicher Bau dieser Art aus der Uebergangszeit ist z. B. in der Ruine Rothenburg (auf einem westlichen Ausläufer des Kyffhäuserberges) im Mauerwerk ziemlich vollständig erhalten. Derselbe, zum Teil weit aus dem Burgbering heraustretend, erscheint eigentümlicherweise, obgleich keineswegs wehrhaft ausgestaltet, zugleich als der äussere Torbau der Burg. Das nur mit einigen 28 cm breiten Lichtschlitzen versehene Erdgeschoss ist durch eine dünne Längswand mit Tür in zwei Hälften geteilt. Zu dem das ganze zweite Stockwerk einnehmenden Saale (ca. 8 zu 17 m messend) führte vom Hofe aus eine Freitreppe empor, von welcher Anlage nur noch die in der Mitte der Westwand liegende Eingangstür (Fig. 438) vorhanden ist. Der Saal hat gegenüber auf der äusseren Längsseite drei dreilichtige sehr zierliche Fenster und ein gleiches auf der Giebelseite über dem Tore. Die ersteren nebst vier darunter befindlichen Strebepfeilern und den Lichtschlitzen sind völlig regelmässig angeordnet (vgl. auch Fig. 408), da die beiden Stockwerke in sich nicht zu verschiedenartigen Benutzungszwecken geteilt waren. Ueber dem Saale ruhte, wie noch zu erkennen ist, das Satteldach. Ein enges anstossendes Gebäude wird die eigentlichen Wohnräume des Burgherrn enthalten haben.

Ein noch reizvollerer kleiner Bau dieser Art und aus derselben Zeit ist die sogenannte „Münze“, auf einem beschränkten Ganerbenteile der Fränkischen Salzburg erbaut. Ueber dem fast nur eine Durchfahrt bildenden Erdgeschoss besteht das obere aus einem 7×9 m weiten Saale, der sich durch eine sechslichtige Fenstergruppe (Fig. 471) der Giebelfront auszeichnet[1]).

Weitere derartige Gebäude, zum Teil schon verfallen, finden sich auf Schlossberg bei Teplitz (meine Oesterr. Burgen IV, 189), Rodenegg in Tirol (ebendas. III, 192) und Greifenstein in Thüringen, die beiden letztbezeichneten mit Freitreppe. Als hervorragender Saalbau aus gotischer Zeit ist auch der 1311 vollendete des Schlosses zu Marburg zu nennen, dessen 13,5×36 m weiter Oberstock mit schönen Kreuzgewölben überdeckt ist. Fig. **408** Ansicht der Rückseite.

Hierhin gehört auch das „Sommerhaus“, welches 1388 Niclas der Vintler auf Runkelstein bei Bozen erbaute. 20 m lang und etwa 6 m breit, besteht es im Erdgeschoss nur aus einer gegen den Hof offenen, hier auf drei

---

führenden Türen (vgl. die Grundrisse Fig. 158—160) mit einschliesst, bleibt für diesen Hof freilich nur ein Raum, der im Süden nur etwa einen Meter breit ist. Aber auch für seinen Palasbau nimmt v. Essenwein ganz andere Verhältnisse des Bauplatzes an, als in Wirklichkeit vorhanden sind. Krieg v. H., welcher richtig (a. O. S. 308) den Palasbau die ganze nördlich des Berchfrits befindliche Felsoberfläche einnehmen lässt, hält die aus dem obersten Berchfritsstockwerk nördlich hinausführende Tür für ein Fenster und meint, dass ebendesselben wegen die östliche Hälfte des Palas nur ein Obergeschoss und darüber ein flaches Dach gehabt haben könne. Ebenso ohne Grund scheint ihm in der nordöstlichen Ecke der Platte noch ein Turm gestanden zu haben. — Ueber andere ganz verfehlte Annahmen im H. 7 der Mitteil. d. Histor. Vereins der Pfalz s. die erste Auflage.

[1]) Nach v. Essenwein (Kriegsbauk. S. 59) „könnte das Gebäude etwa als die Kapelle angesehen werden, wenn es orientiert wäre“. An nicht orientierten Kapellen fehlt es (Kap. 19) auf Burgen durchaus nicht; wohl aber widerspricht schon die Fenstergruppe ihrer Art nach durchaus dieser Annahme.

Pfeilern und vier Bögen ruhenden Halle (mit breiten Fenstern in der sturmfrei liegenden Rückwand) und einem in zwei Räume[1]) geteilten Obergeschoss (mit den berühmten Fresken, s. 16. Kap., und einer derselben mit Kamin), zu welchem man nur auf einem zunächst an der anstossenden Ringmauer, dann vor diesem Geschosse hinlaufenden Verbindungsgange gelangt.

Fig. 408 Saalbau von Marburg

Ein als Saalbau besonders bemerkenswerter Palas ist derjenige der Burg Reichenberg unweit Goarshausen. Da werden (s. Fig. 185 und 186) die sonstigen Räume des Gesamtwohnbaues ganz eigentümlicherweise durch einen besonderen, nach aussen mit rundem Abschluss weit vortretenden Saalbau (p) unterbrochen, der sich auch durch grosse Fenster mit Steinkreuzen auszeichnet. Im Lichten etwa 15,5 m lang und halb so breit, stellt er sich, nachdem die beiden Zwischendecken verschwunden sind, als ein einheitlicher

[1]) Bei der Behandlung der Palase durch v. Essenwein (Wohnbau S. 19 ff.) spielt eine besondere Rolle deren angebliches regelmässiges Bestehen aus zwei übereinanderliegenden Sälen, deren unterer der „Wohnraum für die junge Ritterschaft" war, die wie eine Leibwache die Person des Burgherrn vor aufrührerischen Vasallen u. dgl. zu schützen hatte. Es wird das allgemein zwar nur von „grösseren Fürstenburgen" so angegeben, aber so auch (S. 27) beim Palas der Münzenburg gefunden, wo schon an sich die beiden Säle gewiss nicht vorhanden waren. Der Verfasser wird hierauf durch (den von ihm auch sonst ja vielfach als Quelle benutzten) Viollet-Le-Duc gekommen sein. Dieser handelt (Dict. VIII, 80) auch neben der „grande salle" von einer „salle basse", welche Verteidigern zur Wohnung angewiesen wurde; allein es wird da weiter ausgeführt, weshalb das im bewussten Gegensatz zu der ständigen Besatzung gerade nur bei zur Aushilfe geworbenen unzuverlässigen mercenaires ou remplaçants geschah. Essenwein ist dies wohl mit Recht als Phantasie erschienen, und so hat er an die Stelle der unzuverlässigen Söldner gerade die treue „junge Ritterschaft" gesetzt. Meiner Ansicht nach handelt es sich aber auch so noch um eine unhaltbare Idee, schon deshalb, weil der „untere Saal" fast immer ein für solchen Zweck gar nicht geeigneter Raum war. Wo dann, wie auf der Wartburg, sehr ausnahmsweise einmal zwei wirkliche Säle übereinander vorkommen, liegt gar kein Anlass vor, oder ist es selbst nachweislich unrichtig, dem unteren die bezeichnete besondere Bestimmung beizumessen.

Wohl nach dieser Angabe v. Essenweins finden auch andere die mehreren Säle übereinander „sehr beliebt" und man glaubt in Brandis und Taufers (vgl. meine Oesterr. Burgen VII und VIII) sogar Palase mit deren vier anführen zu können. Auch sonst findet man in Burgbeschreibungen oft genug als grosse Säle Räume bezeichnet, aus welchen nur die leichten Zwischenwände (s. 16. Kap.) verschwunden sind.

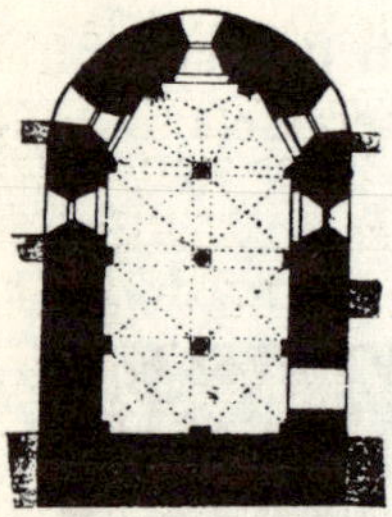

Fig. 409
Reichenberg

grosser Raum dar, in welchem nur die genau aufeinander gestellten romanischen Mittelsäulen bis zu der aus hohen Kreuzgewölben bestehenden (zum Teil schon eingestürzten) Decke hinauf sich freistehend erhalten haben. Fig. **409** Grundriss. Der kirchenartige Raum mit apsisförmig vorspringendem Abschlusse ist denn auch vielfach für eine dreigeschossige Kapelle gehalten worden[1]) und hat als solche eine gewisse Berühmtheit erlangt. Die ohnehin offenbare Unrichtigkeit dieser Deutung wird durch Dilichs Aufnahme von 1607 bestätigt, wonach das Erdgeschoss in „das vornembst und Herrngemach sampt dem Vorgemach" geteilt war und die beiden oberen Stockwerke je einen Saal enthielten. Fig. **410** Durchschnitt[2]).

Fig. 410 Palas von Reichenberg

Reichenberg ist neuerer Forschung zufolge 1320 von einem Grafen von Katzenelnbogen wesentlich neu erbaut worden. Wenige Jahrzehnte später, 1368—71, hat ein anderer dieses Geschlechts die Burg Burgschwalbach errichtet, bei welcher ähnlich vor verhältnismässig engen Wohnräumen ein 10 × 17 m messender Saalbau, jedoch viereckig und tonnengewölbt, vorspringt.

Während im mittelalterlichen Palas der Saal durchaus nur die Höhe eines gewöhnlichen Stockwerkes zu haben und daher bei grösserer Weiträumigkeit als zu niedrig zu erscheinen pflegte, liess man ihn später ausnahmsweise (so auf Neuhaus in Böhmen) durch zwei Stockwerke des betreffenden Gebäudes gehen, so dass er — schon wegen der damals für unerlässlich gehaltenen Gleichförmigkeit der Aussenfront — zwei Reihen von Fenstern übereinander hatte. Ueber bezügliche Wiederherstellungen auf der Wartburg und Hohkönigsburg s. Kap. 24.

Neben den überwiegenden Saalbauten gab es, wie wir besonders bei Eger gesehen haben, schon zu romanischer Zeit Palase, welche mehr oder weniger vollständig die zu einem herrschaftlichen Wohngebäude nötigen Räume mit umfassten.

Es gilt das gewiss auch von demjenigen des Schlosses Tirol[3]). Das nach dem Hofe hin grösstenteils unterirdisch liegende, nur durch Schlitze spärlich erleuchtete Erdgeschoss ist — wie auch vormals in Dankwarderode und Goslar — in der Mitte der Länge nach durch eine die Decke tragende Rundbogenstellung geteilt. Eine kleine Vorhalle („Laube") führt in den darüber das ganze Stockwerk einnehmenden, 12,6 × 16,9 m weiten Saal, während das oberste Geschoss sicher zu

[1]) So u. a. noch in v. Cohausen, Befestigungsweisen (1898, S. 169). Die dagegen sprechenden Gründe s. 1. Aufl. S. 445.

[2]) Nach Dilich, Rheinische Burgen, hgg. v. Michaelis (1900). Fig. 409 nach Burkart in Erbkams Zeitschrift f. Bauwesen 1853.

[3]) S. darüber meine Oesterreichische Burgen I, 211 ff.

Wohnräumen gedient hat[1]). Bei dem Palas der Frauenburg (s. vorhin) lassen die (spärlichen) Fenster gar nicht auf einen grösseren Saal schliessen. —

Ein im wesentlichen noch wohlerhaltener 1460 neugebauter Palas findet sich auf der Burg Sargans, im Rheintal über dem gleichnamigen St. Gallischen Städtchen gelegen. Von einer Seite des von Steilhängen begrenzten Beringes bis zur anderen sich erstreckend, trennt das Gebäude einen kleineren Vorhof von der Hauptburg und hat daher zur Verbindung dieser miteinander eine (gewölbte) Tordurchfahrt neben gleichfalls gewölbten Kellerräumen. In der Durchfahrt führt an der einen Seitenwand eine (jetzt nicht mehr benutzte) frei gelegene schmale Steintreppe in das obere Geschoss. Dasselbe enthält ausser der Küche zwei holzgetäfelte Zimmer, während weitere ebensolche Vorratsräume seinerzeit wohl gleichfalls als Zimmer eingerichtet waren. Eine sehr einfache Holztreppe führt in das darüber gelegene Stockwerk, welches zum grössten Teile von dem 9 zu 10 m messenden Saale eingenommen wird. Derselbe hat auf den beiden Langseiten des Gebäudes ein bzw. zwei rundbogige Fenster mittlerer Grösse mit Seitenbänken, während der obere Teil der Wände und selbst die Unterzugsbalken der einfachen Holzdecke mit vielen Wappen[2]) bemalt sind und die Wand zwischen den beiden Fenstern der Hofseite mit einer lebensgrossen Kreuzigung (auf Leinwand) bedeckt ist. In einer Ecke des Saales führt eine Tür in einen engen, in der Giebelwand ausgesparten Raum mit einer Schiessscharte und einer zweiten Tür, die auf den Umgang der Ringmauer führte. Der neben dem Saal liegende übrige Raum dieses Geschosses, nicht viel kleiner als jener, enthält die Mündung der hier hinaufführenden Treppe und eine weitere auf den Dachboden führende. Der letztere zeigt einen starken, sehr balkenreichen Dachstuhl (von der Form eines Halbwalmdaches) aus „1510" und in jeder der beiden Giebelwände zwischen zwei Schiessscharten ein Fenster mit Seitenbänken[3]). — Die Burg wurde nach einem Erdbeben 1460 wieder aufgebaut. 1499 weiter „in baulichen und wehrhaften Zustand versetzt".

Fig. 411 Burg Glopper

Ein Seitenstück zu diesem Palas bietet der ebenso fast unberührt aus dem 15. Jahrh. uns erhaltene der Burg Glopper[4]) auf dem gegenüberliegenden Vorarlberger Rheinufer (Fig. **411**). Der Burgplatz, auf seiner nördlichen Hälfte

[1]) So auch noch vor der „Wiederherstellung" um 1890, bei welcher man freilich (s. Kap. 24) für gut gehalten hat, hier eine genaue Wiederholung des unteren Saales herzustellen. Hier lag also der Saal — welcher freilich zugleich den Zugang zur Kapelle bildet — ebenerdig unter den Wohnräumen, während es sonst zweckmässigerweise durchaus umgekehrt zu sein pflegt.

[2]) Es sind das diejenigen der eidgenössischen Landvögte, welche von 1483 bis 1798 hier residierten.

[3]) So nach Besichtigung vor einer unlängst ausgeführten Restauration der Burg. Darüber Bericht in Denkmalpflege 1901, 89 ff.

[4]) Näheres über dieselbe s. meine Oesterreichische Burgen I, 127 ff.

von sturmfreiem Felsrande begrenzt, hat im Nordwesten des Beringes eine noch einige Meter hoch aufsteigende Felsstufe. Auf derselben steht der Wohnturm (*t* Fig. 155), allem Anschein nach noch ein Teil der ersten 1343 gemachten Burganlage. Nach deren „Zerstörung" im Appenzeller Kriege 1407 wurde dem Wohnturm der Palas *p* angefügt, derart, dass bei diesem das ungefüge Mauerwerk jenes in den Vorplatz jedes Geschosses hineinragt. Was nun südöstlich des Wohnturmes von der erwähnten Felsstufe noch übrig war, ist von dem Palas überbaut; letzterer reicht aber östlich noch über dieselbe hinaus, so dass hier die Hälfte des Gebäudes noch ein tieferes, als „Keller" benutztes Stockwerk hat. Zu dem um die Höhe der Felsstufe (bzw. des „Kellers") über dem Hofe liegenden Erdgeschosse führt aussen, durch zwei Mauerpfeiler gestützt, eine hölzerne überdachte Treppe hinauf, vor der Eingangstür in einem erkerartigen Podest endigend. Von dem hier zunächst betretenen Raume neben dem Wohnturm dient in allen drei Stockwerken der östliche Teil als enger Vorplatz für die rechts belegenen Wohnräume, der südlich vom Turm liegende gewissermassen als Treppenhaus, indem hier die (freilich äusserst einfachen Block-) Treppen von einem Geschosse in das andere führen. Bei der hohen Lage konnte hier ausnahmsweise auch schon das Erdgeschoss zur Wohnung dienen, doch war erst das zweite mit einer kleinen Anzahl umeinander liegender enger Wohn- und Wirtschaftsräume für den Burgherrn selbst bestimmt und ist so noch durch hübsche spätgotische Wand- und Deckenvertäfelung ausgezeichnet. Die Zwischenwände sind hier überhaupt nur aus Balken und Brettern hergestellt, während die im Erdgeschoss vorhandenen dünnen gemauerten erst aus neuer Zeit stammen. Im dritten Stockwerk liegt nur der Saal, 8 zu 10 m weit, dessen starke Balkendecke durch einen Unterzugsbalken auf dicker 2½ m hoher Mittelsäule getragen wird. Er würde lediglich als ein niedriger, schmuckloser Vorratsraum erscheinen, wenn er nicht wie auch die darunter liegenden Wohnräume mässig grosse einfache Fenster mit Seitenbänken nach den drei freiliegenden Seiten des Baues hin hätte. Der letztere ist indessen auf seiner Südseite noch durch einen halbrund ausspringenden Turm erweitert, dessen Inneres unabgeschlossen zu den anstossenden Wohnräumen gezogen ist, der aber doch zur Verteidigung (auch durch seitliche Bestreichung des Palaseinganges) gute Dienste leisten konnte.

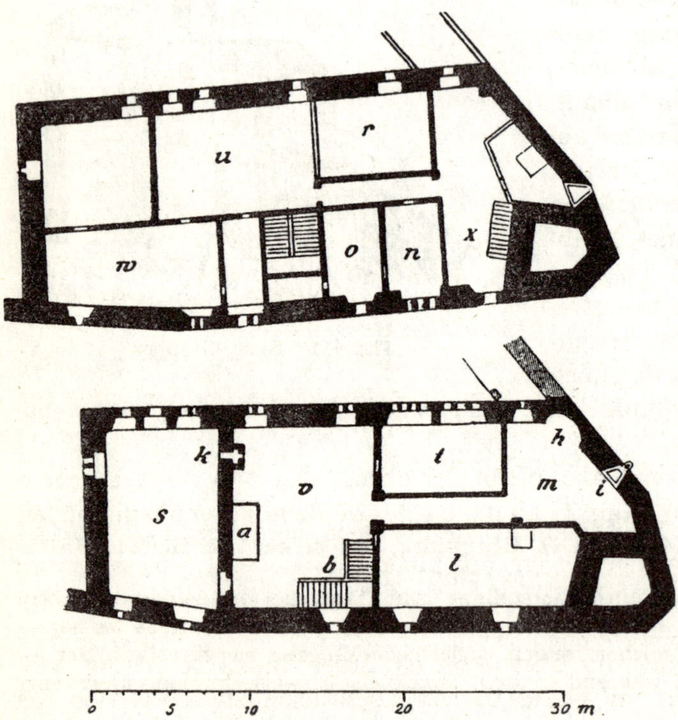

Fig. 412 Palas von Rapperswyl

Als drittes Beispiel mag der Palas der Burg Rapperswyl am Züricher See dienen[1]). Ansicht Fig. 256, Grundriss des ersten und zweiten Oberstockes Fig. **412**. Der reichliche Raum in dem vierstöckigen, 30 m langen und halb so breiten Gebäude gestattete ausnahmsweise eine gewisse Raumverschwendung, die besonders in dem 9 zu 11 m weiten Flur des Erdgeschosses und dem entsprechenden Vorraume der oberen Stockwerke zum Ausdruck kommt. Das weder selbst in den Felsboden vertiefte, noch unterkellerte Erdgeschoss enthält zu beiden Seiten des Flurs nur schwach erleuchtete Vorratsräume. Der Vorplatz *v* des zweiten Stockwerkes, in welchem die (wohl schon erneuerte) breite Holztreppe *a* ausmündet, hat auf beiden Seiten Fenster, von welchen die hofwärts gelegenen weiter als alle übrigen sind. Die in den Fenstern, sowie auch noch zum Teil an der Wand auf-

Fig. 413 Aus dem Palas von Rapperswyl

gemauerten Bänke zeigen, dass dieser weite Vorplatz allerdings auch zu längerem Aufenthalt bestimmt war, hauptsächlich wohl für die zahlreichen Untertanen der reich begüterten Grafen von Rapperswyl, deren (ersterer) Geschäfte mit der Herrschaft, Rechtshändel u. dgl. hier erledigt werden mochten. Eine Spitzbogentür führt in den durch mässig grosse Fenster unzureichend erleuchteten Saal *s*, dessen Wände und flache Decke mit Tannenholz getäfelt sind und der bei *k* einen Kamin oder Ofen hatte. Die übrigen Räume dieses Stockwerkes *t* und *l* sind, wie bei Glopper, nur durch Bretterwände abgegrenzt, die sich an die starken, die Decke tragenden eichenen Pfeiler anschliessen. Dabei hat der Raum *t* noch das Eigentümliche, dass er, wohl der leichteren Heizbarkeit wegen, mit einer besonderen 1,3 m unter der Balkendecke des Geschosses liegenden Decke — aus Brettern und einem mehrere Zoll dicken Estrich von Kalkmörtel hergestellt — überdeckt ist, so dass zwischen dieser Decke und der allgemeinen des Geschosses ein freier Raum bleibt (Fig. **413**, Ansicht von *v* aus). Eine Tür mit spätgotischen Eselsrückenbogen führt in das

[1]) Dieselbe ist auf 99 Jahre zwecks Aufstellung des „Polnischen Museums" vermietet. Vor dem leider damit verbundenen vermeintlich verschönernden Ausbau des Palas ist derselbe in seiner fast unberührten Erhaltung seit spätgotischer Zeit in den Mitteil. der antiquar. Gesellsch. in Zürich 1849, 4 eingehend beschrieben. Der Aufsatz hat mir wesentlich als Quelle gedient.

durch drei gekuppelte Fenster reichlich beleuchtete Gemach, an dessen Wänden die die Bretterfugen überdeckenden Leisten unter der Decke verzierte Spitzbogen bilden. Zwischen *t* und *l* führt ein Gang zu der Küche *m* mit dem Herd *h*, dem Ausgusse *i* und einem Ausgange zu zwei nischenartig in der anstossenden Ringmauer angebrachten Abtritten. In dem dritten Stockwerk, zu welchem die rechtwinklig gebrochene Treppe *b* hinaufführt, ist der Vorplatz *u* durch Anlegung von Zimmern auf der Südseite auf die Hälfte des Raumes beschränkt. Die vormalige Einteilung ist im übrigen aus dem Plane Fig. 412 ersichtlich. Die Zimmer *n* und *o* reichen gleichfalls nicht bis zum Boden des Geschosses; das erstere ist heizbar und mit gewölbter Decke versehen. Das Gemach *w*, wiewohl nur mit Backsteinfussboden, zeichnet sich durch reicheres Schnitzwerk vor den übrigen aus, und lagen hier oben anscheinend die aussichtsreichen Wohnzimmer der Burgherrschaft. Das frei unter dem Dache liegende oberste Geschoss, zu welchem auch die Treppe *x* emporführt, zeigt, wenngleich auch noch mit Fenstern mit Seitenbänken versehen, keine innere Einteilung, abgesehen von einem als „Folterkammer" (?) geltenden Bretterverschlage. Es steht durch einen an der Ringmauer hinlaufenden hölzernen Gang mit dem Berchfrit in Verbindung. Von der Vertäfelung der Gemächer abgesehen, ist der Palas sehr einfach ausgestattet; die Fenster sind einfach rechteckig, den Fussboden des Flurs bildet teils der nackte Fels, teils ein Steindamm, und auf den oberen Vorplätzen tritt das rohe Bruchsteinmauerwerk der Aussenwände unverputzt zutage. Was das Alter des Baues betrifft, so wurde die Burg um 1090 begründet, 1350 nach Bericht eines Zeugen „verbrannt und gänzlich geschleift", 1354 von Herzog Albr. v. Oesterreich „im vorigen Masse" wieder aufgebaut.

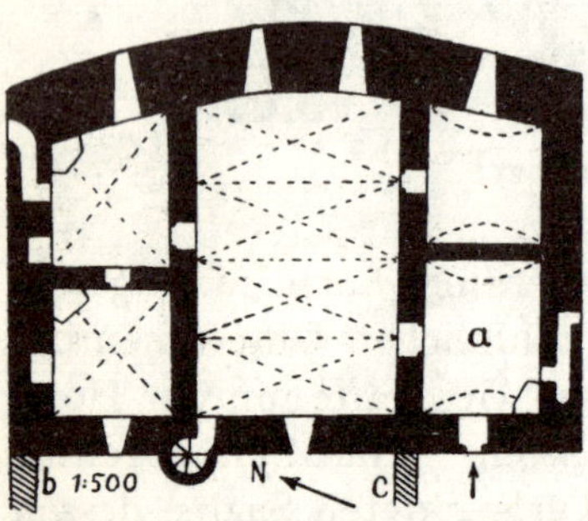

Fig. 413a Palas von Točnik

Hübsch und nicht ohne Besonderheiten ist der Palas, welchen sich vor 1409 König Wenzel IV. auf der sechs Meilen südwestlich von Prag gelegenen Burg (Ruine) T o č n i k erbauen liess. Fig. **413a** gibt den Grundriss des eigentlichen Wohngeschosses, dessen Mitte eigentümlicherweise die geräumige Kapelle einnimmt. Wenn durch diese so der einzige Zugang zu drei Wohngemächern, sowie zu der in das obere Geschoss bringenden Wendeltreppe (über diese s. Kap. 16) führte, so ist solche Anordnung nur dadurch zu erklären, dass die nicht herrschaftlichen Besucher des Gottesdienstes nun gleich aus dem Vorraume *a* in dieselbe kommen konnten. Das obere Stockwerk besteht aus zwei nördlich liegenden Zimmern und einem 11 × 14 m weiten Saale. Bei dem unebenen Bauplatze reicht der Palas zwischen den (grösstenteils Futter-) Mauern *b* und *c* ein Stockwerk tiefer hinab, während ein weiteres noch tieferes nur gegen Norden über dem Boden steht. Beide, im wesentlichen Wirtschaftsräume enthaltend, standen durch eine inmitten des Gebäudes aufgeführte Wendeltreppe miteinander, mit den beiden oberen Stockwerken aber gar nicht in Verbindung. Mit Ausnahme des obersten, jetzt frei unter einem neueren Schutzdache liegenden, haben alle Stockwerke Gewölbedecken und zum Teil reich profilierte steinerne Türrahmen und Kamine, während fast alle Fenster später in roher Weise verändert worden sind.

Selten ist der Palas, welcher als einheitlicher Bau einen Hof umschliesst. Eines der gediegensten Beispiele dieser Art ist das Kastell Verrès im Aostatale. Fig. **414** Ansicht, Fig. **415** Grundriss des Erdgeschosses. Der Hof *h*, welcher nicht grösser ist als einer der ihn mit besonderer Regelmässigkeit umgebenden Innenräume, ist nicht viel mehr als ein nicht überdachtes Treppenhaus (Fig. 432). Auf den Bau ist noch mehrfach zurückzukommen.

Fig. 414 Palas von Verrès

Nur beiläufig kann hier als verwandter aber völlig einzigartiger Bau das Castel del monte erwähnt werden, welches sich Friedrich Barbarossa um 1240 auf einem entlegenen Hügel westlich von Barletta in Apulien als Jagdschloss erbauen liess. In absoluter Regelmässigkeit und Gleichförmigkeit besteht es aus einem zweistöckigen achteckigen, ebensolchen Hof umschliessenden Gebäude, dessen Ecken von acht- (nach aussen sechs-) eckigen Türmen, zum Teil Treppen enthaltend, flankiert werden[1].

Ein besonders stattlicher Palas, welcher drei Seiten eines schmalen (auf der vierten vom Berchfrit *b* geschlossenen) Hofes, *h*, Fig. **416**, umgibt, ist derjenige der nach 1480 gutenteils neugebauten Hohkönigsburg. Zwar stand der „Küchenturm" *m* nur oben mit dem westlichen Flügel durch einen kurzen Gang in Verbindung, jedoch neben der Küche einen „Spissgaden" und darüber u. a. „Graf Oswaldts Cammer", des „vogts Cammer" und der „Bogen Cammer" (mit einer Art von Raritätensammlung) enthaltend, erscheint er durchaus auch als ein Teil des Gesamtwohnbaues, von welchem der südliche Flügel neben mehreren Gemächern die Kapelle *k* und darüber untergeordnete Räume, wie eine „Magt-, Spies-, Sattell-, Isenn- und Meel-Cammer, der westliche u. a. den Saal, „die grosse gewelbte stubenn", umfasste. (Ueber die sonstige bauliche Ausgestaltung s Kap. 16. u. a. zu Fig. 430 und 484.)

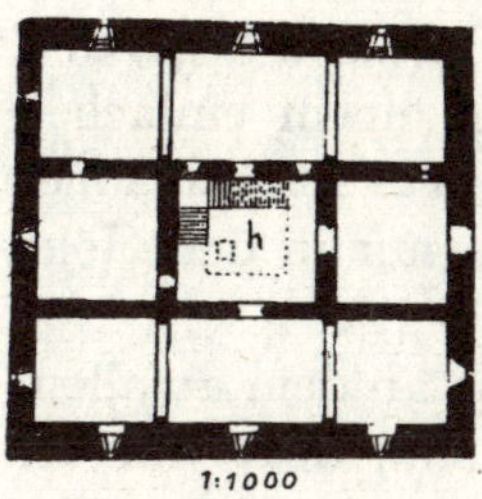

Fig. 415 Desgleichen

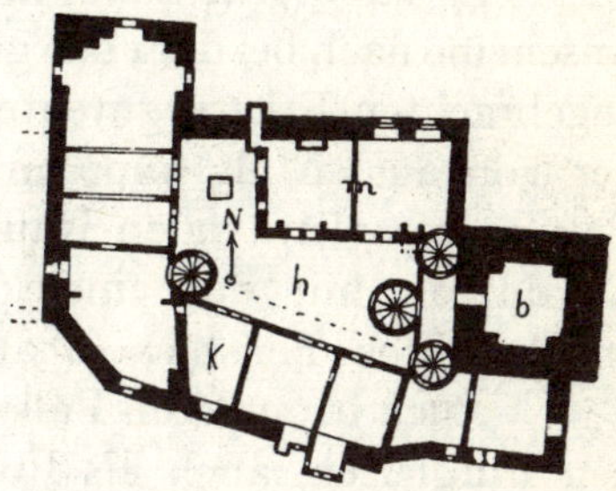

Fig. 416 Hohkönigsburg

Aehnlich sind schon auf dem spätromanischen Gutenfels am Rhein die zu einem grösseren Haushalt gehörenden Räume auf zwei an einem schmalen Hofe sich gegenüberliegende Gebäude verteilt, indem der dem Rheine zugekehrte eigentliche Palas vor allem den Saal Adolf v. Nassaus, der andere Bau die Küche und Wirtschaftsräume und solche für Waffen sowie für Knappen und Gesinde enthielt. —

[1]) Näher dargestellt in Die Baukunst, hgg. v. Borrmann u. Graul, H. 5, Serie II.

Wohlbegreiflich findet sich bei Burgen mit hinlänglich ebenem und grossen Bauplatze häufig und allerorten ein einen zumeist wenigstens annähernd rechteckigen Hof zusammenhängend umgebender Baukomplex, dessen allein nie fehlender Teil dann das herrschaftliche Wohngebäude bildet. Zu diesem kommen dann wohl ein oder selbst zwei Berchfrite, Ecktürme, eine Kapelle, Wirtschafts- und andere Nebengebäude. Nicht selten aber hebt sich von diesem, wenigstens nach aussen, ein Palas nicht oder doch nicht wesentlich ab, und es handelt sich dabei vielmehr um einen einheitlichen Gesamtbau, der eben nur zum Teil zur Wohnung des Burgherrn eingerichtet worden ist. Zumeist stammt solche Bauanlage wenigstens vom Ausgang des Mittelalters oder sie ist mit der Zeit aus Zu- und Umbauten entstanden, bei welchen wohl auch ein Berchfrit unmittelbar umbaut, oder wohl gar verkürzt, mit unter das gemeinschaftliche Dach gezogen worden ist. Solcher einen Hof umgebende Gebäudekomplex ist dann der Regel nach zugleich die Hauptburg der Gesamtanlage.

Ueber die Fälle, in welchen dabei ein Teil des Hofraumes durch einen mit den Gebäuden gleich hohen Mantel umschlossen ist, s. S. 326, und so finden sich von dem Palas mit Binnenhof des Kastels Verrès bis etwa zu der Liechtensteinschen Burg Guttenfels, auf welcher dieser hohe Mantel annähernd die Hälfte der Hofumfassung ausmacht, oder der St. Michaelsburg, wo zwei Berchfrite in dieselbe einbezogen sind, alle möglichen Zwischenstufen von Anlagen, welche nur das gemeinsame haben, von aussen als ein stattliches einheitliches Schlossgebäude zu erscheinen[1]).

Es kann sich dabei auch um eine bewusste Täuschung handeln. So allem Anscheine nach bei der eben genannten St. Michaelsburg, wo hinter den oben angebrachten Erkern gutenteils nur das nach innen abfallende Pultdach liegt, und der von aussen als imposantes Schloss erscheinende Bau einen einem einfachen Bauernhofe gleichenden Raum umschliesst[2]). Andrerseits gewährte solcher hoher Gesamtbau mit nur einem Eingange und meistens spärlichen nur in der Höhe angebrachten Fenstern ja auch vermehrte Sicherheit.

Auch in anderen Fällen, wo die Aussenmauer der Gebäude an dem abfallenden Burgfelsen, auch als Futtermauer, noch tiefer hinabgeht, sind diese auf der Hofseite viel niedriger. So auf Fürstenburg im Vintschgau und besonders Hochosterwitz, wo der nach aussen sehr hohe Palas nach innen unter dem Dache nur ein Erdgeschoss hat.

Wohl der grossartigste durch Um- und Zubauten von der spätromanischen bis in die Frührenaissancezeit entstandene Palas der bezeichneten Art dürfte derjenige von Pernstein in Mähren sein. Er schliesst einen runden Berchfrit ein und hat bei 77 m Länge und bis zu halber Breite nur einen 11 m langen und durchschnittlich 2,5 m breiten Hofraum. Bei ganz unregelmässiger äusserer Umrisslinie ist dem Gesamtbau jedoch, und besonders durch seine vielen Erker (darüber im 16. Kap.) das Aussehen eines einheitlichen Bauwerkes ge-

---

[1]) Verschiedene in meinen „Oesterr. Burgen" dargestellte Beispiele: Aggstein (II 4), Bidenegg (II, 30), Castelfondo (IV, 14), Duino (II, 18), Heidenreichstein (III, 46), Laimburg (II, 119), Mitterburg (II, 137), Pürnstein (I, 177), Rappottenstein (IV, 125) und Seebenstein (II, 215).

[2]) S., auch für die weiterhin genannten Burgen, die Ansichten in Oesterr. Burgen.

geben. Fig. **417** nach einem Bilde von 1557. Aehnliche Beispiele bieten Rappottenstein und Raabs in Niederösterreich.

Baukomplexe mit grösserem Hofraum findet man bei den da für solche vorzugsweise vorhandenen Vorbedingungen besonders häufig bei Wasser-

Fig. 417 Palas von Pernstein

burgen (Kap. 20), zu welchen ja auch die preussischen Deutschordensschlösser (s. weiterhin) der Regel nach gehören.

Ein vielbehandelter Burgbau dieser Art ist die Brömser- oder Niederburg, jener massige, dunkle und ruinenhafte Mauerwürfel, der zwischen den modernen Häusern Rüdesheims jedem Rheinreisenden sattsam auffällt.

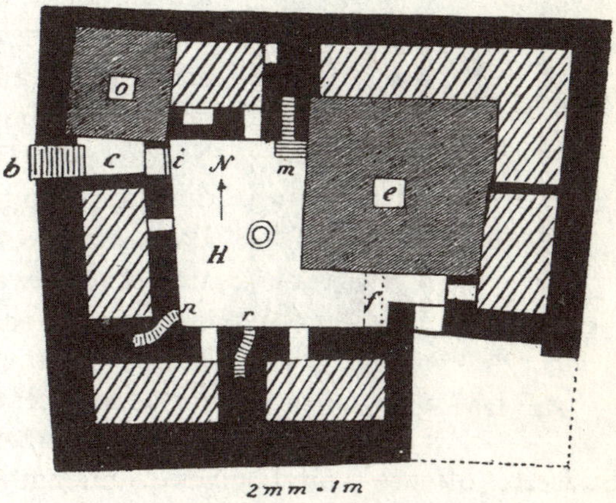

Fig. 418 Brömserburg

Aussen mit etwa 30 zu 50 cm grossen Grauwacken- und Quarzitsteinen bekleidet, wird der Bering allseitig durch gleichartige schmale (einschliesslich des bis 3 m über dem Aussengelände beginnenden Erdgeschosses) drei Stockwerke hohe Gebäudeflügel gebildet, die in der Nordwestecke durch einen ebenso breiten Turm (o. Fig. **418**, Grundriss des Erdgeschosses) in der diagonal gegenüberliegenden durch eine dort seit lange vorhandene Lücke unterbrochen sind[1]). (Fig. **419** Ansicht nach v. Cohausen mit Wiederherstellung der Brustwehr und der ursprünglichen Fenster.) In den Hofraum *h* springt ein starker Berchfrit, *e* (Fig. 110), vor, der jetzt die Plattform

[1]) Eine kleine Ansicht von Merian zeigt hier einen ganz schmalen, die Plattform überragenden Bauteil. v. Cohausen nimmt hier einen dritten, 11 zu 11 m messenden Turm, v. Essenwein die Küche mit mächtigem Schlotmantel, Krieg v. H. das Haupttor etwa mit darüber liegender Kapelle an.

nur noch um ein Stockwerk überragt. Der Durchgang *c* zum Hofe ist eigentümlicherweise nicht überdeckt, so dass die in den engen Raum eingedrungenen Feinde wehrlos von oben herab bekämpft werden konnten. Sowohl der an der Nordostecke vorhandene Keller als die drei darüber liegenden Stockwerke sind durchweg überwölbt, das oberste mit nach der Mitte ansteigenden Kreuzgewölben. Zu den Wohnräumen gehört ein (sonst kaum vorkommender, auch wohl früher geteilt gewesener) hakenförmiger Saal neben dem Berchfrit *e*. Ueber die Treppen und die Frage eines Daches s. Kap. 16.

Fig. 419 Desgleichen

Während es Burgen gibt, bei welchen der Palasbau ganz zurücktrat — so scheint z. B. Sigmundskron einen der grossartigen Anlage entsprechenden nie gehabt zu haben, andere Beispiele unter den einen Hof umschliessenden Vierecken —, so haben andere Burgen bei beschränktem Raume, wenn nicht völlig, so doch nahezu nur aus einem Wohngebäude bestanden, an welches sich nur etwa ein unbedeutender ummauerter Raum (Hof oder Zwinger), auch etwa ein Turm anschloss.

Mancher mag sich da des massigen, 30 m langen und in fünf Stockwerken 20 m hohen, äusserlich einfachen Palas von Werdenberg auf St. Gallischem Rheinufer erinnern. Ein anderes Beispiel unter den in der deutschen Schweiz nicht eben seltenen bietet Gilgenberg. S. auch Katzenzungen, Fig. 354.

Hierhin gehört auch Sporkenburg, auf dem östlichen Ufer eines unterhalb Ems in das Lahntal mündenden nördlichen Seitentales gelegen. Eigentümlich ist hier die auf der Angriffsseite hinter einem etwa 13 m tiefen und 30 m breiten Halsgraben und der Ringmauer aufsteigende Nordfront (Fig. **420**) des die Hauptburg darstellenden Baukomplexes (Fig. **421**) gestaltet. Die westliche Hälfte erscheint fast als ein schmaler Turm, der unten einen tonnengewölbten Torweg, über demselben ein nach der Südseite offenes spitzbogiges Tonnengewölbe und in beträchtlicher Höhe eine Tür und Balkenlöcher für einen Erker zur Verteidigung des gerade darunter liegenden Einganges zeigt. Neben dem letzteren und auf den beiden Aussenecken der Front steigen von unten starke runde Pfeiler auf, die in der (unzugänglichen) Höhe des Baues viereckige Türmchen tragen. (Bei dem Turme ruhen diese auf untergelegten Kragsteinen, deren Enden die Gestalt von Tierköpfen gegeben ist.) Der erwähnte Torweg führt auf einen kleinen Hof *a* (dessen Aussenmauer s. Fig. 252); alles übrige war Wohnbau, von welchem jedoch ausser der südwestlichen Ecke und der mit dem Turme einen stumpfen Winkel bildenden Nordfront

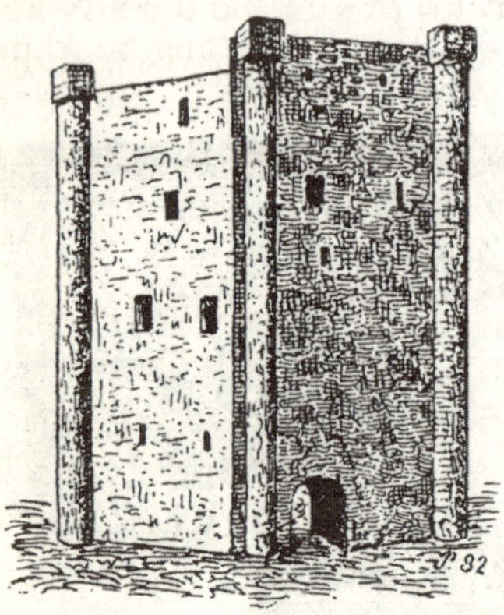

Fig. 420 Sporkenburg

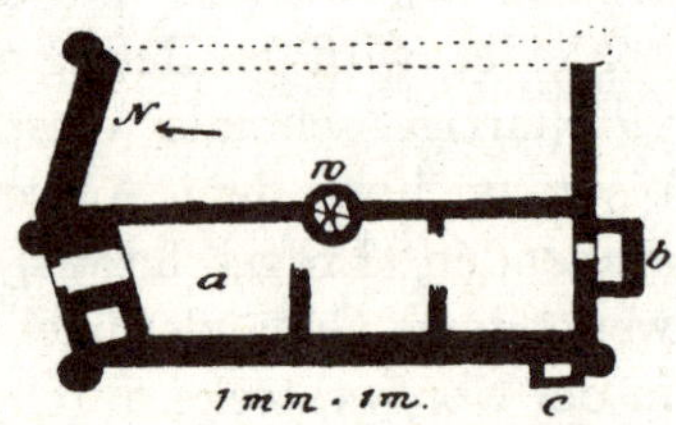

Fig. 421 Desgleichen

nur noch wenig übrig ist. *b* war ein turm- oder ein altanartiger Vorbau, *c* ein Abtrittschacht, bei *w* eine Wendeltreppe. Die runden Pfeiler, welche wohl an allen fünf Ecken vorhanden waren, erinnern an die normannischen Donjons, von welchen der von Loches gleichfalls rund heraustretende Strebepfeiler, derjenige von Beaugency über den eckigen vorgekragte Türmchen hatte. In Deutschland haben wir etwas Aehnliches wohl nur noch beim Hohen Schwarm (S. 240). Eine Ringmauer umgab in geringem Abstande den Bau auf der Nord-, Ost- und Südseite, nur auf der letzteren so weit zurücktretend, dass hier allenfalls zu kleinen Stallungen oder dgl. Raum blieb.

Fig. 422 Alte Ansicht von Pfäffikon

Ein weiteres Beispiel bot nach alter Abbildung[1]) der anscheinend mehr wohnturmartige Palas der nicht mehr vorhandenen Burg Pfäffikon am Züricher See, Fig. **422**.

Eine in gewissem Masse besondere Art dieser hervorragenden Palase sind die sogenannten Steinhäuser, meistens zu den hauptsächlich in Süddeutschland in Dörfern oder kleinen Städten belegenen Burgsitzen, gewissermassen nicht voll entwickelten Burgen, gehörend.

Fig. 423 Schleglerschloss zu Heimsheim

Ein durch seine Stattlichkeit bei gediegener Hausteinarbeit an Türen, Fenstern und Kaminen (s. Kap. 16) hervorragendes Beispiel solcher bildet das auch durch Uhland bekannt gewordene „Schleglerschloss" zu Heimsheim in Württemberg, ein im 14. Jahrh. erbauter Ganerbensitz zunächst besonders des 1366 von schwäbischen Rittern gegründeten Bundes der Schlegelkönige. (Fig. **423**.) Das Gebäude hat bei 23 m Länge und 15,6 m Breite über dem 5,4 m hohen Erdgeschoss vier 4 m hohe Stockwerke. Bis zu der im obersten Stockwerk ringsherum gehenden Reihe kleinerer Oeffnungen hinauf hat die dem Angriff entgegengestellte Rückseite des Baues keinerlei solcher, und ist hier die Mauerstärke bei

[1]) Aus einer Chronik von Schodoler mitgeteilt in Zemp, Schweiz. Bilderchroniken S. 130.

2,40 m um 60 cm stärker als die der übrigen Umfassungsmauer. Das Gebäude hatte noch ein fünftes, 1715 abgetragenes Stockwerk, welches noch irgendwie wehrhaft gestaltet gewesen sein mag. Das Innere ist nach einem Brande jetzt zum weitaus grössten Teile durch einen Holzeinbau zu Speicherräumen eingerichtet. — Solche Steinhäuser finden sich in Württemberg u. a. noch in Horkheim, Schöckingen, Leonberg und Rechenberg.

Ein ähnlicher Bau ist die „Kemte" von Orlamünde, der von der Burg der gleichnamigen Grafen fast allein übriggebliebene Palas, ein zu Anfang des 13. Jahrh. erbautes fünfstöckiges Gebäude von 11 und 23 m Seitenlänge und unten 2,10 m Mauerdicke mit wenigen verschiedenen und ungleichmässig verteilten Fenstern. Ebenso der dem ähnliche 4 km nordwestlich davon liegende Palas von Reinstädt, wohl im 15. Jahrh. erbaut, sowie ein unlängst wiederhergestellter wohnturmartiger Bau der Burg Nideggen. Er hat bei 23 und 16 m Seitenlängen Treppen und Schränke in der bis zu 5 m dicken Mauer, Fenster mit Seitenbänken und Kamine und enthält u. a. eine Kapelle. Die beiden obersten Stockwerke haben von dem anstossenden Wehrgange der Ringmauer aus einen Zugang durch einen Treppenturm. —

Wenn auch am Schlusse des Nibelungenliedes ein gewölbter Saal, zu welchem eine Freitreppe hinaufführt, der Schauplatz eines hartnäckigen Kampfes ist, so handelt es sich da doch weit mehr um den sich zufällig da abspielenden offenen Kampf vieler als etwa um die Eroberung und Verteidigung eines festen Gebäudes. Entgegen der mehrfach geäusserten Ansicht, dass schon der Palas der romanischen Hofburg zur Verteidigung eingerichtet gewesen sei[1]), war das offenbar nicht mehr der Fall, als eben jedes solide Steinhaus verteidigt werden kann, wenn die Eingangstür durch Balkenriegel versperrt und die nur in den oberen Stockwerken vorhandenen Fenster durch starke Läden, etwa mit Schiessschlitzen, geschlossen wurden[2]). Einen dauernden Schutz gegen einen Feind, der die Burg im übrigen bereits in seiner Gewalt hatte, konnte der Palas jedoch nicht bieten, und daher werden in solchem Falle die Belagerten auch kaum jemals versucht haben, sich dort noch länger zu halten.

Eine Ausnahme bildet der besonders zur Verteidigung eingerichtete, der „wehrhafte Palas"[3]), der in dieser Beziehung gewissermassen von dem Wohnturme zu dem einfachen Palas überleitet.

Die Wehrvorrichtungen sind hier mannigfach verschiedene.

Bei dem wesentlich nachmittelalterlichen dreistöckigen Palas von Wildeck in Niederösterreich, der nach aussen über steilem Felsabhange liegt, ist nur der gegen einen ebenen offenen Wirtschaftshof gekehrte Zugang auf Verteidigung eingerichtet. Das etwas erhöht liegende Eingangstor des Palas wird durch einen daneben angebauten runden Eckturm mit Schlüsselscharten für Handbüchsen flankiert, und der weitere Weg bis in den Binnenhof war dann besonders durch eine Zugbrücke, wie S. 315 beschrieben, wehrhaft gemacht.

[1]) S. besonders v. Essenwein, Wohnbau S. 18 und 24 über die Palase von Goslar und der Wartburg.

[2]) Dass nötigenfalls auch aus gewöhnlichen Fenstern geworfen und geschossen wurde, zeigen u. a. die Fig. 398 u. 403.

[3]) Sehr irrtümlich ist es, wenn Krieg v. H. (a. O. S. 86) und danach Köhler (a. O. S. 418) den wehrhaften Palas als uns auch von den Römern überkommen bezeichnen und als ein Beispiel denjenigen der Burg Badenweiler nachweisen. Der Bau hat weder mit den Römern etwas zu tun, noch ist er wehrhaft ausgestaltet. Vgl. 1. Aufl. S. 468.

Einfacher konnte der nicht erhöht liegende Binnenhof (*h*, Fig. 415) des Palas von Verrès durch ein Fallgitter abgesperrt werden. Hier hatte aber (Fig. 414) der Palas oben ringsum einen auf Tragsteinen vorgekragten Kranz von Gusslöchern.

Der so unter dem Dachrande zur Verteidigung eingerichtete Palas kann im übrigen fast als eine Besonderheit deutschösterreichischer Burgen bezeichnet werden, und sind Beispiele solcher im 13. Kapitel schon mehrfach dargestellt worden[1]). So das durch eine Reihe von Pechnasen ausgezeichnete Katzenzungen Fig. 354, Palase mit einfach und selbst doppelt vorgekragten hölzernen Wehrgängen und Dacherkern Fig. 384—86, mit gemauerten Gusslöchern Fig. 380. Grösstenteils wohlerhalten sind solche an dem vierflügeligen Palas von Mitterburg auf Ischia, in anderer Form am Wohnbau von Anserweiler in Lothringen, Fig. 374. Zu der in einer einfachen Hinausschiebung des Dachrandes bestehenden Wehrvorrichtung s. Fig. 388, über die Verbindung solcher mit Schiessscharten am Palas von Moosham Fig. 323.

In anderen Fällen begnügte man sich mit Scharten allein. So läuft oben rings um das vierflügelige Wohngebäude der Wasserburg Gabelkhofen eine Reihe von Doppelscharten (eine Schlüssel- über einer Maulscharte) im durchschnittlichen Abstande von etwa drei Metern, wozu noch je drei für die oben ausgekragten vier Ecktürmchen kommen.

Besonders beliebt war hier bei den österreichischen wehrhaften Palasen — so auf Stein (in Steiermark), Golling, Castelfondo etc. — die regelmässige Abwechslung von Schlüsselscharten und grösseren fensterartigen, wobei die letzteren wohl zugleich zur genügenderer Erhellung des Raumes dienen sollten. (Vgl. auch „schiez vënster", S. 335, Anm. 1.)

Zu den Wehrvorrichtungen gehört ja auch der Zinnenkranz, welcher (Fig. 1) ausnahmsweise vor dem Dachrande aufstieg, und so gewiss auch die Reihe kleinerer Fensteröffnungen allein, welche, nicht eben selten unter dem Dache den Palas umgebend (Fig. 423), sich von den Zinnenfenstern kaum anders als durch den meistens grösseren Zwischenraum unterscheiden. So läuft auf der bis 5,5 m dicken Umfassungsmauer des einen Hof umschliessenden Palas von Pürnstein in Oberösterreich zwischen beiderseitiger Brüstungsmauer ein nach aussen mit solchen Fenstern versehener Gang hin.

In ähnlicher Weise scheint regelmässig auch das viereckige ebensolchen Hof umschliessende Schlossgebäude (Konventshaus) der Deutschordensburgen zu den wehrhaften Palasen gehört zu haben. Die Einrichtung ist u. a. bei Meve noch wohlerhalten. Ringsum über den hohen Aussenwänden läuft unter dem Dachanfang zwischen Doppelmauern ein mit stichbogigen Schiessluken versehener Wehrgang hin. Ein zweiter (so bei Golup) auch wohl um den Hofraum, und beide sind mehrfach durch Mauergänge miteinander verbunden. Für die einzelnen Schiessluken sind Standnischen oder Schiesskammern ausgespart. Zapfenlöcher in den Laibungen für die Achse des Klappladens (wie Fig. 264) sind nicht überall vorhanden. Ueber den vier Gebäudeecken steigen meistens noch mehrstöckig schlanke Türme auf, durch welche der Wehrgang führt. Die starken Gewölbedecken des Gesamtbaues und nicht ohne weiteres zu findende enge zum

[1]) Näheres über die hier weiter angeführten mit Ansichten in meinen „Oesterr. Burgen".

Wehrgang hinaufführende Mauertreppen erhöhten die Sicherheit der dort sich Verteidigenden[1]).

Auch die Erker des Palas von Pernstein (Fig. **417**) konnten über ihren nächsten friedlichen Zweck hinaus zur Seitenbestreichung nützlich sein. Verwandt damit sind vorgekragte Türmchen. Solche in besonderer Ausbildung nur als Wehrbauten hat der nach 1380 erbaute lange Wohntrakt von Neutitschein in Mähren in der sonst beispiellosen Anzahl von achtzehn gehabt. Fig. **424** Ansicht einer Giebelseite[2]). Bei dem wohl aus dem 14. Jahrh. stammenden sechsstöckigen Wohngebäude von 20,5 × 12 m Seitenlänge auf Kriebstein in Sachsen springen am Dachanfange mit fünf Seiten aus dem Achteck sechs hölzerne Pechnasen mit schlanken Spitzdächern vor.

Fig. 424 Neutitschein

Zu den wehrhaften Palasen im engeren Sinne wird man freilich nur die zählen dürfen, deren Wehreinrichtungen auf eine Verteidigung des Gebäudes an sich gegen ein Eindringen des Feindes berechnet sind, zum Unterschied von den Vorrichtungen, welche gleich den an Ringmauer und Turm angebrachten zunächst nur zu einer Bekämpfung der aussen befindlichen Belagerer überhaupt dienen sollen. Zu den bezüglichen Einrichtungen gehört schon der bei manchen Palasen (so den böhmischen von Kostial und Kostenblatt) offenbar mit Bedacht höher als ebenerdig gelegte Eingang. Ueber die äusseren und inneren Treppen in dieser Hinsicht s. Kap. 16.

Besonders bei entsprechender Lage innerhalb des Beringes kann der wehrhafte Palas auch der eigentliche Kern- und Rückzugsbau einer Burg sein, wie bei anderen der Berchfrit oder der Wohnturm. So ist das in ausgeprägtem Masse bei der verfallenen Burg Stein in Steiermark der Fall. In einer Ecke des weiten, annähernd rechteckigen Beringes nimmt er einen besonderen steilwandigen Felskopf ein, und in ihn konnte man nur nach einem Umwege durch die Burg auf einem aussen am Felshange aufgemauerten überwölbten Gange (jetzt nach seinem Verfall gar nicht) hinaufgelangen. Das hohe Gebäude, durch drei angebaute, verschieden hohe und weite Türme flankiert, hat nur ganz oben einige grössere Fenster und darüber nach innen und aussen eine Reihe von Schlüsselscharten, mit grösseren rechteckigen abwechselnd. In ähnlicher Weise bildete auch auf Eppenstein daselbst der auf dem einen höchsten Ende des Beringes liegende Palas von ganz unregelmässiger Form, mit hochliegendem Eingang und spärlichen Fenstern den festen Rückzugsbau.

Bei einfacheren Burganlagen war das auch in der Weise der Fall, dass der Palas die Mitte des von der Ringmauer umschlossenen Platzes einnahm, gewissermassen das Umgekehrte des einen Hof umschliessenden. Ein Beispiel bietet Hohenberneck oder Neuwallenrode im Fichtelgebirge, gegen 1500 nach vorgängiger Zerstörung wiederaufgebaut. Von einem Felsrücken durch zwei schlucht-

---

[1]) Steinbrecht, Preussen zur Zeit der Landmeister (1888), S. 38, 73, 97. Ueber Rössel s. oben S. 370, über Allenstein, Bau- u. Kunstd. der Prov. Ostpreussen IV (1894), S. 13. 214.

[2]) Nach einer Photographie in Prokop, Markgrafsch. Mähren, Fig. 990. Die Türme sind 1868 bis auf drei abgetragen worden.

artige Gräben hintereinander abgeteilt, nimmt die Burg im wesentlichen nur einen 20×30 m weiten Platz ein, der von einer mit Rondellen bewehrten Ringmauer eingefasst ist. Der in der Mitte stehende Palas, ein tüchtiger und sorgfältiger Bau, hat über dem ersten Obergeschoss eine Reihe von Kragsteinen in nur etwa 50 cm Abstand voneinander, die einen äusseren Wehrgang trugen. Bei Wittinghausen in Böhmen steht inmitten eines bis zu 50 m weiten, von einer Ringmauer mit lünettenartigen Ausbuchtungen umhegten Platzes auf einer geringen felsigen Erhebung der 12×14 m grosse Palas mit wenigen unregelmässig verteilten Fenstern und einem stumpfwinkligen Vorbau, der eine erhöht liegende Eingangstür und über dem Erdgeschoss einen ungeteilten Raum mit schartenartigen Oeffnungen hat.

In besonders hervorragender Weise ist auf dem im Vintschgau hochliegenden Annenberg der inmitten einer viereckigen mit Rondellen bewehrten Ringmauer erhöht liegende Palas zugleich als Kern- und Rückzugsbau gestaltet. Er ist nicht nur ringsum unter dem Dache mit einer Reihe von Schiessscharten, sondern auch auf der sehr besondererweise ganz abgerundeten Angriffsseite mit drei Reihen solcher übereinander ausgestattet.

Eine minder einfache Anlage dieser Art zeigt das 1307 erbaute Altbodman am Bodensee. Der Palas *a* Fig. **425** ist auf die höchste Stelle des Beringes, eine Felsplatte gestellt, welche, besonders nach Osten und Süden tiefer abfallend, fast ringsum durch eine wehrhafte Mauer *(f b e r k)* eingefasst wurde, die in ihrem unteren Teile zugleich Futtermauer war. Auf der südlichen Angriffsseite war die (nur noch in Spuren vorhandene) Vorburg vorgelegt und die Hauptburg hier durch die von unten aufsteigenden Mauertürme *b* und *c* (letzterer von eigentümlich langgestreckter Form), die dazwischen liegende hohe Mauer und den sie überragenden Palas verteidigt. Dem trotzdem etwa hier bis auf die Felsplatte gekommenen Feinde versperrte zunächst die von oben und durch das Türmchen *f* verteidigte Pforte *i* den weiteren Weg. Der etwa auf der Burgstrasse und durch das Tor *H* Eingedrungene fand sich zunächst zwischen hohen Mauern und, in den Burghof gelangt, hauptsächlich unter der wehrhaften Mauer *k*, welche vor der Nordseite des Palas hier die obere Felsterrasse begrenzt. Noch durch ein oder vielleicht zwei Tore in den Zwingerraum zwischen dieser Mauer und dem Palas aufwärts vorgedrungen, fand der Angreifer endlich vor dem Eingang *d* desselben noch ein letztes seinen Weg sperrendes Tor *x*. Trotz seiner Weite von 16×18 m hat der Palas ein von Norden nach Süden aufsteigendes Pultdach, um dem Angriffsfelde nicht eine leicht zu durchschiessende und in Brand zu setzende Dachfläche zu bieten, und, unter dem Dachanfange schon vier Stockwerke hoch, gewinnt er so hierhin eine vollends turmartige Höhe. Zudem ist die Umfassungsmauer mit Zinnen bekrönt und im Süden bis auf die Westseite herum oben mit Schlüsselscharten durchbrochen.

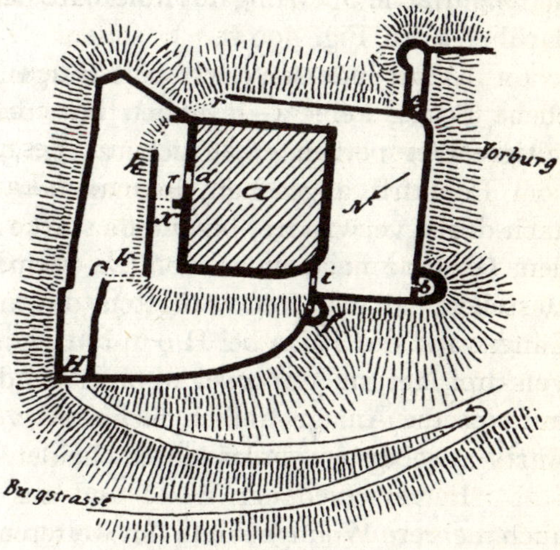

Fig. 425 Altbodman

Auch dem nicht wehrhaften Palas gab man, wie naheliegt, gern einen möglichst gesicherten Platz[1]). So beispielsweise bei Aggstein (Kap. 23) auf einem nur mittels einer Leiter zu ersteigenden Burgteile (Fig. 220), auf Hohenkrähen (*b*, Fig. **426**) über hoher, fast senkrechter Felswand und nach der entgegengesetzten Angriffsseite hin durch den Felsen *a* (welchen man im Burgberinge seitlich umgehen konnte) gegen Schüsse völlig gedeckt. Dahin gehören auch die zwischen zwei auf den Giebelseiten anstossenden Berchfriten gestellten Palase, wie die beiden S. 178 beschriebenen und Karlsberg in Böhmen.

Fig. 426 Hohenkrähen

In dem gleichen Bestreben stellte man auch, wenn der Burgplatz in ein schmales, nach aussen steilrandiges Ende auslief, den Palas dahin, so dass er ganz ausnahmsweise dem Hofraume eine Giebelseite zukehrte, so bei Frauenburg in Steiermark, Gutenstein in Nieder-, Altpernstein in Oberösterreich und Gräplang in der Schweiz. Dann pflegte auch das Gelände ein Anbringen des Einganges auf dieser Giebelseite zu vernotwendigen.

Als Ersatz einer von Natur festen Lage dient dann — oder es kommt auch noch dazu — die künstliche Erschwerung des Zuganges, besonders durch Verlängerung und mehrfache Sperrung des innerhalb des Beringes dahinführenden Weges. Näheres darüber s. zu Fig. 590 ff.

Es hat indessen auch viele Burgen gegeben, bei welchen der beschränkte und ebene Bering keine Gelegenheit bot, den Palas durch erhöhte Lage oder vervielfältigte Wegsperrungen zu sichern. Im 9. Kap. ist gezeigt worden, wie man ihn da, vom Berchfrit abgesehen, in manchen Gegenden durch eine Schildmauer, sonst auch durch verwandte, besonders starke Mauerbauten (S. 279) deckte. Wo es sonst dem Gelände nach nicht wohl zu vermeiden war, ihn direkt auf die Angriffsseite zu stellen, gab man ihm wenigstens da eine besondere Mauerdicke. So hat die äussere Längswand des Palas bei Homburg im Hegau deshalb die ungewöhnliche Dicke von drei Metern (nur zwei weniger als die lichte Tiefe des Gebäudes beträgt), womit sich die Anlage freilich nicht viel von derjenigen einer Schildmauer mit rückwärts angebautem Palas unterscheidet. —

In verschiedener Weise und aus verschiedenen Anlässen konnte eine Burg auch mehrere Wohngebäude (im weiteren Sinne) haben. Die ergänzende Aufführung eines Saalbaues, sowie die Verteilung der Räumlichkeiten eines grösseren Palas auf getrennte Gebäude haben wir bereits S. 422 ff. und 429 kennen gelernt. Mehrere Palase wurden ferner erbaut, weil mehrere Familien die Burg besassen und bewohnten (meistens bei Ganerbenburgen, s. 22. Kap.), oder untergeordnete Wohngebäude waren Burgmännern, Pflegern u. dgl. eingeräumt. Endlich gaben auch die mancherlei Unzulänglichkeiten alter Palasbauten vom Ausgange des Mittelalters ab Anlass, daneben mehr dem heutigen Herrenhause oder Schlosse entsprechende Wohngebäude zu errichten. —

Eine seit Leo[2]) bei Fachschriftstellern beliebte Angabe ist die, dass ein gewöhnlicher Bestandteil der Burgen[3]) neben dem Palas die Kemenate besonders als ein für die Frauen

[1]) Ganz haltlos sind natürlich Behauptungen wie die (v. Ritgen, Führer S. 26), dass der Palas „gewöhnlich an der Ostseite" der Burg gestanden habe.

[2]) Ueber Burgenbau etc. in Raumers histor. Taschenk. 1837 S. 165 ff.

[3]) Nach v. Essenwein, Wohnbau S. 6, sogar „ein notwendiger jeder Burg des 12. Jahrh.".

bestimmtes Wohngebäude sei. Mir ist jedoch keine Burg bekannt, in welcher solches „Frauen- oder Weiberhaus" nachzuweisen wäre, und auch diese spezielle Bedeutung des Wortes „Kemenate" scheint auf unbegründeter Annahme zu beruhen. Es stammt nach Lexer, mhd. Wörterb., von dem mlat. caminata und dieses von caminus ab und bedeutet daher zunächst ein heizbares Gemach[1]). (So auch Viollet-Le-Duc, Dict. II: Caminade. Vieux mot employé pour chambre à feu, chambre dans laquelle est une cheminée.) Danach wird es auch ganz gewöhnlich für ein Wohngebäude und so den eigentlichen Palas der Burg gebraucht[2]), wie es denn zuletzt auch für ganze Burgen (so Kemnath und Hohenkemnath in Bayern) den Namen gegeben hat.

Auch Gaden oder Gadem findet sich als Kemenate im Sinne von Frauenhaus erklärt. Es bedeutet nach Lexer ein Haus mit nur einem Gemach, ein solches selbst, oder — wohl die gebräuchlichste Anwendung — ein Stockwerk.

Eine vielfach verschieden gedeutete mittelalterliche Bezeichnung eines bürgerlichen Wohnhauses ist auch das „Mushaus" (muoshûs). Es soll ein Haus der Musse, ein Waffenhaus, ein Küchen- und Wirtschaftsgebäude und auch mit dem Söller gleichbedeutend sein[3]). Nach muos=Muss, Speise, Mahlzeit ist muoshûs (so auch Lexer) soviel wie Speisehaus, Saal, coenaculum. Mag es sonach ursprünglich ein Gebäude bezeichnet haben, welches einen Raum für eine feierliche Mahlzeit (Saal) enthielt, so ist doch im späteren Mittelalter diese engere Bedeutung zurückgetreten. So wurde im 14. Jahrh. in den Hofburgen Dankwarderode und Wartburg der Palas daneben Mushaus genannt, und der kaiserliche Palas von Gelnhausen wird in einer Urkunde von 1341 als „aula imperialis, que vulgariter numcupatur muszhusz", 1405 als „die grosse Kemenate, genannt das Musshauss" bezeichnet[4]). Auch im Schlosse Tirol wurde 1317 eine Urkunde im „neuen Musshause" ausgestellt. Im 16. Jahrh. wird ein im Erdgeschoss des Palas von Hohenwerfen liegender, als schmuckloser Vorraum erscheinender, 20 m langer und 6 m breiter Saal als „Muesshaus" bezeichnet.

Endlich soll (v. Essenwein, v. Ritgen) etwa im 14. Jahrh. auf nur einigermassen grösseren Burgen allgemein ein weiterer heizbarer Bau, die Dirnitz (Dürnitz, Turnitz, Dörntze, Dornzcin etc.) hinzugekommen sein, nach v. E. als „Speise- und Aufenthaltsraum des Gefolges und der Mannschaft", nach v. R. „bequemere Versammlungszimmer und Wohnräume" überhaupt enthaltend. Nach den zahlreichen von Schmeller, bayer. Wörterbuch, mitgeteilten Beispielen wurde jedoch mit dem Worte durchaus überwiegend nur ein Gemach bezeichnet, so ein Speisesaal, Gastzimmer, auch Badestube. Auch kommt eine Türnitzstube, in welchem Soldaten schlafen, in einem Turme vor, ein „Dirnitz- oder Frauenzimmer", ein „Rathszimmer, Dürnitz genannt" usw. So hatten oder haben eine „Türnitz", „Dornze" etc. als einzelne Halle oder Gemach u. a. die Schlösser Schwarzburg, Stolberg, Stuttgart (altes Schl.), Urach, Münsingen und Schwerin („grosse Hofdornitz"), und nur ganz ausnahmsweise wurde wohl (wie auch bei der „Kemenate") dieser Ausdruck auf das betreffende Gebäude selbst übertragen[5]).

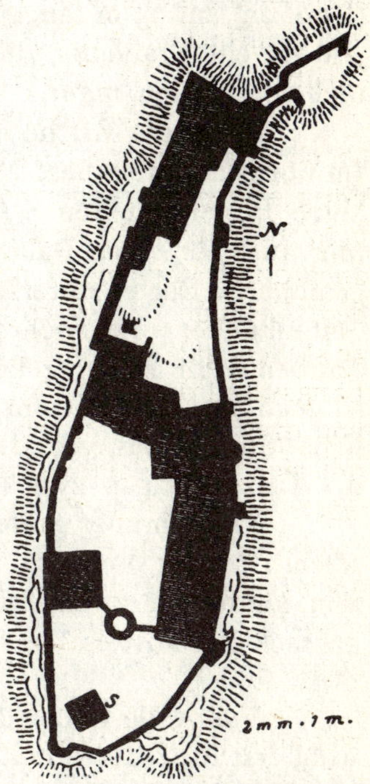

Fig. 427 Wartburg

Der am meisten bekannte deutsche Burgbau, die restaurierte Wartburg, Fig. **427**, hat zwar ausser dem Palas oder

[1]) So z. B. (Alb. v. Halberstadt) „daz hûs dri Kemenâte hâte". Auch in einem Manneskloster kommt die Kemenate vor.

[2]) So war 1346 dem Amtmann von Schwarzenfels (Reg.-Bez. Cassel) als Burgsitz „eine Kemnade in der Vorburg" überwiesen. S. auch die S. 434 erwähnte „Kempe" (aus Kempnât, Kemte entstanden) sowie S. 130.

[3]) Näheres hierüber s. 1. Aufl. S. 466.

[4]) Von Heinrich dem Löwen berichtet freilich der Chronist dagegen (zu 1172): *„buwete ock den pallas unde dat moyshus."*

[5]) 1326 erbauten die Pfalzgrafen in Amberg ein neues Schloss und eine grosse gewölbte Dürnitz, welche auf fünf Säulen stand. 1490 wurde daselbst eine Urkunde ausgestellt „im

„Musshaus“ *(p)* und einem „Ritterhause“ (*l*), welches zu Luthers Zeit die Wohnung des Amtmannes enthielt, eine „Kemenate oder Wohnung der Landgräfinnen *(k)* und eine „Dirnitz“ *(d)*; allein aus dem vom Restaurator v. Ritgen (Führer auf der Wartburg 1868) Angegebenen scheint weder hervorzugehen, dass vordem solches Frauenhaus, als „Kemenate“ bezeichnet (vgl. S. 130), noch dass da eine „Dirnitz“ als besonderer Bau vorhanden gewesen ist. Wenn es in der Chronik von Johannes Rothe heisst: *Anno 1319 do hatte Landgrafe Frederich von Doringin Warperg weder gebuwyt, das vorbrant was . . . unde legete dar uf gar eyne sschone hofedornzcin,* so scheint mir das nach dem vorhin Ausgeführten sich vielmehr auf den dem alten Palas früher aufgesetzten Festsaal, der damals verbrannt war, sich zu beziehen. Siehe über die Wartburg überhaupt zu Fig. 405 und 623.

Grössere Burganlagen haben ausser den bisher behandelten Wehr- und Wohnbauten und der Kapelle auch noch verschiedene Nebengebäude. So können ausser Stallungen für die Küche, die Badestube, Brunnen oder Zisterne mit ihrer Schöpfvorrichtung, für die Wohnung des Gesindes und anderer Angestellten besondere Gebäude errichtet sein, desgleichen für die Aufbewahrung von Pulver und Zubehör. Ferner kommt in Burgen eine Schmiede und selbst ein Wirtshaus (S. 6) vor. Anderwärts findet sich noch anderes. So auf Meyenburg ein Taubenhaus, auf Taufers ein vierstöckiger Kornspeicher, auf Aggstein (Kap. 23) ein 73 m langer späterer Trakt von „Kanzleibauten“, ebenso später hier und da ein Brauhaus, die Wartburg hatte ein Waschhaus und ein Badehaus und dergleichen mehr.

Ueber die Küche und das Bad s. Kap. 16, über das Brunnenhaus Kap. 17. Im übrigen bieten diese Nebengebäude der Regel nach als einfache Bedürfnisbauten keine Besonderheiten. Auf dem Kornspeicher von Taufers aus dem 14. Jahrh. (der auch für einen Palas gehalten wird) sind die Böden durch quer untergestellte gemauerte Bogen unterstützt. Das niedrige oberste Stockwerk hat Fenster mit Seitenbänken und nach aussen Pechnasen der Fig. **340**d dargestellten Art. Als Taubennester sind regelmässig enge quadratische Löcher in der Wand ausgespart, so auch an einer Hofmauer auf Kaldiff, wo immer der darunter befindliche Stein etwas vor die Wandflucht hinausgerückt ist[1]). Das Wirtshaus oder die Taverne lagen zweckmässig nahe beim ersten Tor.

Nicht immer waren die Stallgebäude ganz einfache Bauten. So hat ein solches in der Vorburg von Rodenegg (welches nie etwas anderes gewesen sein kann) im zweigeteilten Erdgeschoss gediegene Rippengewölbe mit je einer achteckigen Mittelsäule, wie sie sich ähnlich sonst in dem umfänglichen Schlosse nicht finden.

Viehställe haben öfter Abflussrinnen für die Jauche. Pferdeställe wurden wohl erst in späterer Zeit ebenerdig in herrschaftlichen Wohngebäuden angebracht, so auf Wertheim am Main ein solcher von 16 Ständen im „Löwensteiner Bau“ vom Ende des 16. Jahrh.[2]).

Schlosse, der Stuben darin Herzog Georg die Zeit war, ob der Türnitz“. Danach war letztere auch hier nur ein Saal.

[1]) „Taubennester waren im Hof der Burg Schönstein an der Sieg in Ziegel ausgekragt; in Altwied sind sie aus römischen Kohortensteinen aufgestellt, und in der Mantelmauer von Schönberg oder Oberwesel finden sich unter jedem Friesbogen ein bis drei mit Ziegeln umkleidete.“ (v. Cohausen. Befestigungsweisen, S. 175.)

[2]) Der Souterrain des Palas der Wartburg ist erst in demselben Jahrhundert teilweise als Pferdestall benutzt worden. Ueber Točnik s. „Oesterr. Burgen“ V.

Sechzehntes Kapitel.

Bauliche Einzelheiten besonders des Palas.

(Stockwerke. Hofhalle. Freitreppe. Treppenturm. Innere Treppe. Türen am Eingang und im Innern. Fenster. Seitenbänke. Ungleichmässigkeit. Mannigfache Gestaltung. Verschlüsse. Wandbehälter. Gewölbte und getäfelte Decken. Wände. Malerei. Küche. Heizvorrichtungen. Bad. Abtritt. Danzker. Riegelbau. Flur. Erker. Bedachung. Kaiserswerth.)

Der noch romanische Palas hatte über einem mehr oder weniger kellerartigen Erdgeschoss ein oder häufiger zwei Obergeschosse. Zu den ersteren gehört das Kaiserhaus zu Goslar (S. 416). Drei Wohngeschosse einschliesslich des später aufgesetzten Festsaales hat ausnahmsweise der Palas der Wartburg (Fig. 405). Wohl wegen seiner bis auf 5,90 m lichter Weite herabgehenden Schmalheit hatte der Palas von Frauenburg in Steiermark (Fig. 407 a) über einem Keller vier Stockwerke, deren beide mittlere herrschaftliche Wohnräume enthielten. (Ueber romanische Wohntürme s. S. 237.)

Nicht eben selten wurde, jedoch anscheinend erst seit spätgotischer Zeit, einem Teil der einen Hof umgebenden wenigstens palas artigen Gebäude ein nach diesem hin offenes und nur auf Säulen oder Pfeilern ruhendes Erdgeschoss gegeben. Zweckmässig schloss sich — so bei Hohkönigsburg, Heidenreichstein und Wildeck in Niederösterreich — dieser offene, in der Regel gewölbte Raum an den durch das Gebäude führenden Zugang zum Hofe an, anderwärts — so bei der Schattenburg, Runkelstein, Rappottenstein und Landstein — lag er auch an anderer Stelle desselben. Es war mit solcher „Hofhalle"[1]) eine überdachte und somit vor Regen und Schnee geschützte Erweiterung des Hofraumes gegeben, in welcher Arbeiten zu verrichten, auch bewegliche Stücke des Wirtschaftsinventars unterzubringen waren. Konnte die so hergestellte Erweiterung bei engen Hofräumen — Rappottenstein, Hohkönigsburg (Fig. 430 rechts) — fast notwendig sein, so kam sie doch auch bei ganz weiten (Landstein) vor.

Verwandt damit ist — nur dass es sich da vielmehr um die Vermeidung einer Verengerung des Hofraumes handelt — das Erdgeschoss der mehrstöckigen da vor einem Wohngebäude hinlaufenden Arkaden, oder wenn, wohl nur zum geschützten Aufenthalt im Freien bestimmt, hie und da — Heidenreichstein, Rodenegg, Kronburg — nur ein hallenartiges Gemach des

[1]) Diesen jetzt allgemein gebräuchlich gewordenen Ausdruck habe ich anstatt des allzu vieldeutigen „Laube" gewählt.

Erdgeschosses mit einem ebenso breiten und hohen Mauerbogen nach dem Hofe hin geöffnet ist. Mitunter — Frauenburg, Pürnstein — hat man zu dem gleichen Zwecke einem Wohngebäude auf der Hofseite einen ganz ungleichmässigen mehrstöckigen Vorbau angefügt, dessen Einzelräume dahin mit Mauerbogen ganz oder gutenteils geöffnet sind[1]). Auf Runkelstein, welches besondererweise an demselben Hofraume drei verschiedenartige Hofhallen hat, war die eine derselben (Fig. 428 rechts) hauptsächlich zur Unterbringung des Brunnens (s. auch Kap. 17) bestimmt.

Bei den Palasen von Eger und Wartburg konnte man (s. S. 417 und 419) ebenerdig in ein Wohngeschoss eintreten, bei demjenigen von Schloss Tirol (S. 424) führen nur wenige Stufen zu einem kleinen Vorbau (Laube) vor der Eingangstür hinan. Lag, was durchaus die Regel bildet, das (nicht bewohnbare) Untergeschoss ganz über dem Niveau des Hofes, so war da fast immer eine an jenem auf der Längsseite hinlaufende Freitreppe, „Grede", der da angebrachten Eingangstür[2]) des Wohngeschosses vorgebaut.

Von solchen Freitreppen aus romanischer Zeit ist uns ausser Spuren — auf Münzenberg dem Rest — eines Mauerbogens nichts erhalten, und wir sind daher hinsichtlich ihrer Gestaltung auf Vermutungen beschränkt. Bei neueren

Fig. 428 Aus Runkelstein

Wiederherstellungen hat man dem Palas der Wartburg eine einarmige, dem Goslarer Saalbau eine zweiarmige auf einen Podest führende Steintreppe gegeben. Zumal wenn, wie auf Münzenberg (Fig. 406), auch das zweite Obergeschoss eine besondere Eingangstür hatte, ist eine einigermassen sichere Rekonstuktion

[1]) Bei der Seltenheit solcher Anlagen verweise ich hinsichtlich der Einzelheiten auf die Darstellung in meinen „Oesterr Burgen" (I, 111 u. 181), in welchem Werke auch bezüglich der meisten oben vorher genannten Beispiele Näheres zu finden ist.

[2]) Ueber den Eingang auf einer Giebelseite s. S. 438, und zu Fig. 532. Aus meiner Ansicht nach keineswegs überzeugenden Gründen nimmt Prof. Weber (Wartburgwerk S. 81) an, dass auf der Wartburg der ursprüngliche Palaseingang auf der nördlichen Giebelseite gelegen habe. Da zumal der romanische Palas noch keine Verbindungsgänge kannte, war da der Eingang auf einer Giebelseite um so unzweckmässiger.

nicht möglich[1]). Eine Treppe dieser Art ist jedoch bei einem der Palasbauten von Runkelstein vorhanden, Fig. **428**. Von einigen breiten Vorstufen aus steigt rechtwinklig damit an der Front des Gebäudes eine auf zwei steigenden Mauerbogen ruhende, augenscheinlich überdacht gewesene Treppe auf. Dreifache Kragsteine tragen zugleich diese Bogen und zwei Podeste vor Türen, von welchen die untere in eine Kammer, die obere in die sicher mit Unrecht sogenannten „Kaisersäle“ (Maximilians) führt[2]).

Oft genug ist bei späteren Palasen noch die einfache (unter Umständen auch gebrochene) untermauerte Steintreppe mit einem Podest vorhanden, welche sich an die Front des Gebäudes oder auch eines bei der Eingangstür anstossenden Flügels anschliesst[3]). Der ursprünglichen Form entspricht es auch gewiss, wenn auf Glopper (Fig. 411) eine überdachte, auf Steinpfeilern ruhende Holztreppe zu einem durch schräge Spriessen gestützten Podest führt, oder auf Hohenklingen (Schweiz) eine einfache Holztreppe direkt gegen die Türschwelle gelehnt ist. Im Kastell Fenis (Aostatal) haben wir, Fig. **429**, eine halbrund in den Binnenhof vorspringende Freitreppe, hinter welcher beiderseits ein geradläufiger Arm auf den untersten der den Hof umgebenden Laufgänge führt. Auch einfachere Treppen pflegen da zugleich in den Oberstock und auf den sich anschliessenden Laufgang zu führen.

Fig. 429 Aus Fenis

Ein grossartiger, nach 1500 hergestellter Aufstieg zu der 6 bis 7 m hoch über einem Felssockel liegenden Eingangstür des Palas findet sich auf Pernstein in Mähren. Eine lange, breite und bequeme, überwölbte Steintreppe in eigenem Gebäude führt da rechtwinklig gegen die Palasfront. An sie schliesst sich eine (spätere) unbedeckte Terrasse als Plattform einer Durchfahrt und an diese eine Zugbrücke zur Eingangstür an. Die gesamte Anlage ist etwa 20 m lang. Auch grossartigere Anlagen doppelarmiger, zum Teil mehrfach gebrochener Freitreppen kommen dann vor. So auf Buchlau und Namiest, gleichfalls in Mähren.

In einfacherer Weise endete auf Raby in Böhmen eine (wie bei Pernstein an der Ringmauer entlang) aufgemauerte Freitreppe aus ungefähr derselben Zeit einige Meter weit vor der Eingangstür eines Wohngebäudes, um da einer Zugbrückenklappe Platz zu machen. Ueber die Freitreppe von Adernó s. S. 246.

[1]) Simon (Studien S. 98) lässt die untere steinerne Freitreppe „vielleicht durch eine hölzerne fortgesetzt sein“. v. Essenwein (Wohnbau S. 27) erklärt das für unmöglich und hält es für „durchaus wahrscheinlich, dass eine hölzerne Treppe vollkommen selbständig sich erhob, vielleicht sogar freistehend und nur durch eine Brücke mit dem Saalbau verbunden“ (was zu dem besonders gediegenen Palasbau doch wenig passen würde). Uebrigens hatte keineswegs, wie Simon S. 153 meint, bei den romanischen Palasen auf Burgen „jedes Geschoss seinen eigenen äusseren Eingang“.

[2]) Auf der Burg ist sicher nie eine kaiserliche Wohnung gewesen, und überdies hatte Kaiser Max († 1519) in seinen verschiedenen Tiroler Schlössern regelmässig nur eine aus Stube und Kammer bestehende Wohnung.

[3]) Zahlreiche Beispiele u. a. in meinen „Oesterr. Burgen“.

Im Kastell Cancello (Ruine an der Bahnlinie Rom-Neapel), dessen Hof von Gebäudetrakten umgeben war, führten von demselben aus drei Freitreppen in die ersten Obergeschosse, ebenso auf Mitterburg in Istrien. In der Brömserburg (Fig. 418), wo dazu kein Platz wäre, sind deshalb — ganz ausnahmsweise schon für die Zeit von 11 bis 1200 — ebensoviele Aufstiege in das Untergeschoss selbst verlegt. Die Hohkönigsburg von 1480 (Fig. 416) hat da in drei Ecken angebaute runde Wendeltreppentürme.

Wendeltreppen („Schnecken"), schon den Römern bekannt (sogenannte Römische Bäder in Trier), kommen bei unseren Berchfriten schon früh vor (Beispiele Olbrück und Laurenburg, Fig. 82 und 92, aus dem 11. Jahrh.). Abgesonderte Wendeltreppentürme („ascensus per cocleam") bei der Kirche sind schon auf dem bekannten Bauplan des Klosters St. Gallen vom 9. Jahrh. vorgesehen. Ueber den Berchfriten angebaute s. S. 201. Bei Palasen sind sie, soviel mir bisher bekannt, erst aus der mittleren gotischen Zeit nachzuweisen (Hohengeroldseck und Karlstein in Böhmen). Jedenfalls schon im 14. Jahrh. (Burg Schwalbach) auch sechs- bis achteckig vorkommend, wurden sie mit der Renaissancezeit so beliebt, dass sie öfter auch noch nachträglich angebaut und auch gern mit besonders reich skulptierten Portalen (denen wohl nie das Wappen fehlte) versehen wurden. Beispiele solcher aus der Zeit von 1550 bis 73 auf Madenburg, Wertheim und Hornberg am Neckar. Als eine Besonderheit ist anzuführen, dass am Burghofe der Hohkönigsburg (*h* Fig. 416) die beiden östlichen Treppentürme auf einem vortretenden Felssockel stehen und zu diesem erst ein weiterer, dazwischen stehender Treppenturm hinaufführte (Fig. **430** nach einem Bilde nicht mehr festzustellenden Ursprungs).

Fig. 430 Aus der Hohkönigsburg

Der auf Hornberg nachträglich in einer engen Abbuchtung des Hofraumes errichtete siebeneckige Treppenturm vermittelt zugleich den Verkehr mit einer Anzahl anstossender Bauwerke: mit dem Obergeschoss der Kapelle, dem ersten und zweiten Palasgeschoss, dem Berchfrit und zwei über dem Rest der Schildmauer liegenden kleinen Räumen, was eine stets etwas wechselnde Stufenhöhe und -breite und die Anlage kleiner Vermittelungstreppchen zu den einzelnen Räumen bedingte[1]).

Ueber einen besonders seiner Stelle nach eigenartigen Treppenturm auf der Burg Thalheim s. zu Fig. 184 a. Ein in anderer Weise eigentümlicher nicht

[1]) A. Zeller, Burg Hornberg. Leipzig 1903, S. 24.

alter Treppenturm findet sich auf Hanstein im Eichsfelde neben dem Palas. Er ist noch um einige Stockwerke über dessen Höhe hinausgebaut, und von da ab die Treppe um einen inneren, zu Gefängnissen dienenden Raum in der Mauerdicke weitergeführt. (Die gut erhaltene Ruine hat ausserdem noch vier Wendeltreppen.) Ueber ein dem fünfstöckigen Palas von Juval später angebautes Treppenhaus mit 2,25 m langen Stufen und Maulscharten s. meine „Oesterr. Burgen" VI.

Auch sonst dienten diese Treppentürme zugleich, wenn nicht wesentlich, zur Verbindung der Palasstockwerke miteinander, und auf der Innenseite der betreffenden Umfassungswand höchstens noch ein wenig — so viel wie nach aussen — vorstehend (Grevenstein, Burg Schwalbach), nahmen sie dazu also keinen nennenswerten Teil des Innenraumes in Anspruch.

Dem mittelalterlichen Palaserbauer musste das sehr willkommen sein, denn solcher betrachtete — um das Thema hier im Zusammenhang zu erledigen — innere Treppen gewissermassen als ein notwendiges Uebel, mit welchem man sich möglichst sparsam, besonders auch in bezug auf den Raum abzufinden hatte[1]). So führen in der Brömserburg (vgl. vorhin) enge Treppen in der Mauerdicke, zum Teil ohne direkte Fortsetzung, durch die Geschosse und auf die Plattform. Aehnlich wie auch sonst in den Deutschordensburgen, in welchen doch eine zahlreiche Bewohnerschaft zu verkehren hatte, hat auch der „grosse Remter" der Marienburg nur zwei enge Wendeltreppen in der Mauerdicke. Nur eine ebensolche, halb nach aussen vorgekragt, führt in dem königlichen Palas von Tocnik (S. 428) aus einer Ecke der Kapelle in die oberen Festräume. Den ganz unangemessenen Aufstieg zu dem berühmten Prachtsaale von Trifels haben wir S. 231 kennen gelernt, und ähnlich führten in Gelnhausen zu den Stockwerken des Palas 90 cm breite, abwechselnd gerad- und krummläufige („halbgewendelte") Treppen in einer Mauerverstärkung des rechtwinklig anstossenden Torbaues[2]). Wo eine hinlänglich breite Tordurchfahrt den Palas durchquert, führt auch — so auf Sargans, Fürstenburg, Welsberg — in dieser eine offenliegende Treppe in den Oberstock hinauf.

In der Regel ist bei den uns überkommenen Resten der romanischen Palase gar nicht mehr nachzuweisen, wo da eine innere Treppe gewesen sein möge. Dasselbe gilt sogar von dem ursprünglichen Aufstieg zum oberen Festsaal im Palas der Wartburg[3]).

Auch wirkliche, mit möglichster Raumersparung angelegte und etwa durch einen Schrank oder eine Falltüre verborgene Geheimtreppen kommen mitunter, jedoch wohl erst aus späterer Zeit (so auf Reifenstein am Brenner), in Palasen vor. Auf Glanegg in Kärnten hat eine gemauerte Treppe sogar in einer nur 85 cm starken Zwischenwand Platz gefunden.

Wie hier einzuschieben ist, werden die engen und nicht ohne weiteres zu findenden inneren Treppen wohl auch mit Verteidigungszwecken in

---

[1]) Vgl. auch v. Essenwein, Wohnbau S. 153: „Insbesondere im 12. und 13. Jahrh. sah man die Treppen als einen Behelf an, um in die Höhe zu kommen, wie eben eine Leiter auch. Man stellte kaum an ihre Bequemlichkeit einige Anforderungen."

[2]) Bickell, Bau- und Kunstdenkm. im Kr. Gelnhausen 1901.

[3]) Erst als dieser am Ausgange des Mittelalters durch umfassende Zumauerung der Arkaden und Teilung des Mittelstockwerkes in deren zwei zu einem einfachsten Nützlichkeitsbau degradiert wurde, hat man zugleich aussen einen hölzernen Treppenturm zu einer oben durchgebrochenen Tür hinaufgeführt.

Beziehung gebracht[1]). Es handelt sich hier jedoch wohl weit mehr um eine sich von selbst ergebende Folge einer allgemein geübten Bauweise. Wenn v. Essenwein (Kriegsbaukunst S. 171) jene Absicht eingehender an den Treppen der Brömserburg (in Verbindung mit den sich auch sonst findenden Balkenriegeln der inneren Türen) nachweist, so scheint dem offenbar der Umstand zu widersprechen, dass da der Zugang zu den Treppen vom Hofe aus von alters her völlig offen steht.

Fig. 431 Kastell Scaletta

Wie ausnahmsweise ein innerer Aufgang zur Verteidigung eingerichtet sein konnte, haben wir S. 315 bei Wildeck gesehen. In besonderer Weise finden wir solches bei dem den Normannen zugeschriebenen Kastell von Scaletta auf Sizilien. In dem erhöht gelegenen Kern- und Rückzugsbau der Burg, Fig. **431**, kommt man von dem (nordwestlichen) verteidigungsfähigen Eingange aus links in die Innenräume mit sehr hohen Geschossen, geradeaus auf die zur Plattform hinaufführende Steintreppe, welche ganz eigentümlicherweise nicht überdeckt ist und daher von oben herab unter Schuss und Wurf genommen werden konnte. Die steile Stiege tritt nach einer Kehre zuletzt in den überdachten nordwestlichen Eckteil ein und mündet bei *a* auf die Plattform des Gebäudes, welche, wie die Treppe, zum Teil eine Brüstungsmauer mit stark gesenkten Schlitzscharten hat.

Fig. 432 Hof von Verrès

Auch beim Palas von Verrès (Fig. 414) konnten die in ungewöhnlicher und besonders gediegener Weise ausgeführten Treppen und Gänge des stiegenhausartigen Hofes, Fig. **432**, jedenfalls von der Plattform aus beschossen werden.

Fig. 433 Cancello

Eine eigentümliche äussere Verbindungstreppe freilich nicht zwischen zwei Palasstockwerken findet sich, Fig. **433**, auf dem schon genannten Kastell Cancello, und zwar an einer dem Feinde zugänglichen Stelle. Die Hin- und Zurückführung der Treppe mittels der pfeilerförmigen Aufmauerung wird nur dadurch zu erklären sein, dass eine an der Wand direkt von Tür zu Tür geleitete zu steil geworden wäre.

[1]) So bezüglich Meve's Steinbrecht, Preussen zur Zeit der Landmeister (1888), S. 97.

Sehr ausnahmsweise gehen nach aussen vorspringende Wendeltreppen nicht bis auf den Boden hinab. Die auf Točnik inmitten der Palasfront nur in der einer Stockwerkhöhe gleichen Länge vorgekragte Treppe wurde bereits erwähnt. In dem S. 443 bezeichneten Wohngebäude auf Raby ist eine solche zu ihrem grössten vorspringenden Teile auf einen nur zu diesem Zwecke nach dem nahen Wohnturm hinübergeschlagenen breiten Mauerbogen gestellt[1]. —

Die älteste und einfachste Form der Holztreppen war die Blocktreppe, welche, bzw. in alter Weise erneuert, sich noch jetzt in einigen Burgen (z. B. Hohenklingen, Glopper[2]) und Reiffenstein am Brenner) findet. Auf die Treppenbäume sind dabei als Stufen einfach die Stücke eines entsprechend langen in vier Teile gespaltenen Balkens aufgenagelt, während die senkrechte Seite der Stufe, um dem Fusse mehr Platz zu bieten, wohl noch etwas ausgehöhlt wurde (Fig. **434**). Bald kamen daneben die Treppen mit bretternen Trittstufen auf, die aber erst vom 14. Jahrh. an durch die senkrecht darunter gestellten „Setzstufen" vervollständigt wurden.

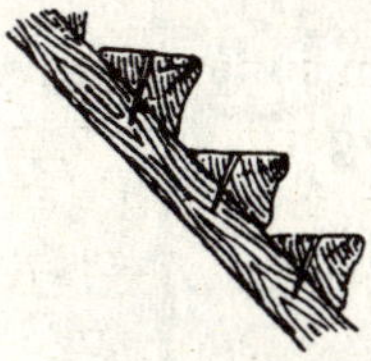

Fig. 434
Blocktreppe

Erst mit dem 15. Jahrh. kamen breitere und bequemere Treppen auch im Innern der Gebäude auf. Als Beispiel ist nicht wohl hierher zu rechnen, wenn die Treppen des 1390 erbauten Palas von Verrès (Fig. 432) schon 2 m Breite haben, da es sich da um einen von vornherein überflüssig Platz bietenden Binnenhof handelt. In der landesfürstlichen Burg zu Meran aus dem 15. Jahrh. führt eine ganz enge und steile Wendeltreppe in das zweite Obergeschoss, und in dem noch in nachgotischer Zeit umgebauten Palas der grossen und reich ausgestatteten Schaumburg (Oberösterreich) scheint bis zuletzt eine enge und dunkle Treppe in der Mauerdicke der einzige Aufgang in das Obergeschoss gewesen zu sein. Dasselbe ist u. a. der Fall in dem prächtigen gotischen Palas von Paternó auf Sizilien. Sonst brachte man, wenn tunlich, ausnahmsweise auch in einem älteren Palas später bequemere Treppen an, so auf dem bis in die Renaissancezeit bewohnten Wildenburg im Odenwalde eine noch wohlerhaltene gebrochene Steintreppe von annähernd

Fig. 435 Schloss Tirol

[1]) Meine „Oesterr. Burgen" IV, Fig. 118.

[2]) Wenn wir da, s. S. 426, gewissermassen schon ein eigenes Treppenhaus haben, so ergab sich diese Anordnung der Treppen in dem schmalen Raume fast von selbst mit Notwendigkeit.

2 m Breite[1]) und desgleichen im Ordensschlosse G o l u b nach der Eroberung durch die Polen 1466. In anderen Fällen half man sich wohl mit einem, wenn auch wenig stilgemässen Vorbau, so nach Fig. **435** bei den beiden Palasflügeln auf Schloss Tirol.

Fig. 436 Rathsamhausen

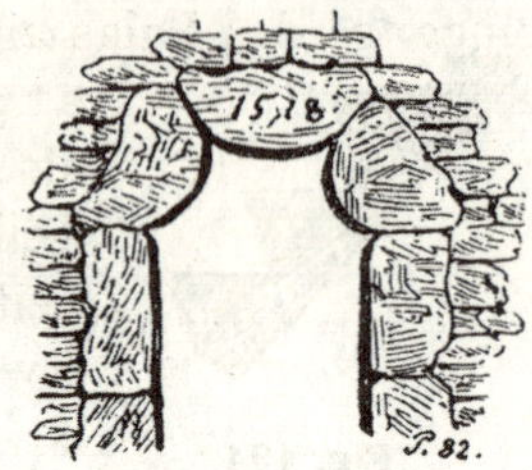

Fig. 437 Landstuhl

Von den E i n g a n g s t ü r e n in den Palas gilt wesentlich dasselbe wie von den nur grösseren Burgtoren (S. 301 ff): sie liefen der Regel nach in Zapfenlagern (Pfannen), wurden durch einen oder mehrere Balkenriegel versperrt (s. hierzu auch Fig. 228), waren nach aussen häufig mit Eisenblech beschlagen und dort mit einem mannigfach gestalteten Türklopfer versehen. Auch das „Mannsloch" (S. 300) kommt da vor und an der Schwelle ein kleines Loch für die Katzen[2]).

In der Regel war die Tür unverziert, rundbogig oder mit geradem Sturz, auch dieses mit rundbogigem Tympanon[3]), oder wenigstens Entlastungsbogen. Einen ganz flachen Stichbogen mit solchem hat M ü n z e n b e r g im Erdgeschoss (Fig. 406). Ein einfach gotisches Palastor mit nach innen nicht gewöhnlich gestaltetem Sturz zeigt (von da aus gesehen) Fig. **436** aus R a t h s a m h a u s e n im Wasgau. In eigentümlich einfacher Weise ist (Fig. **437**)[4]) auf L a n d s t u h l (Rheinpfalz) ein spätgotischer Vorhangbogen hergestellt.

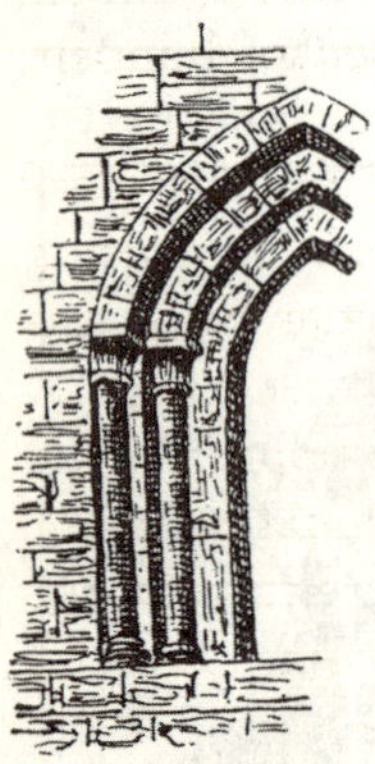

Fig. 438 Rothenburg

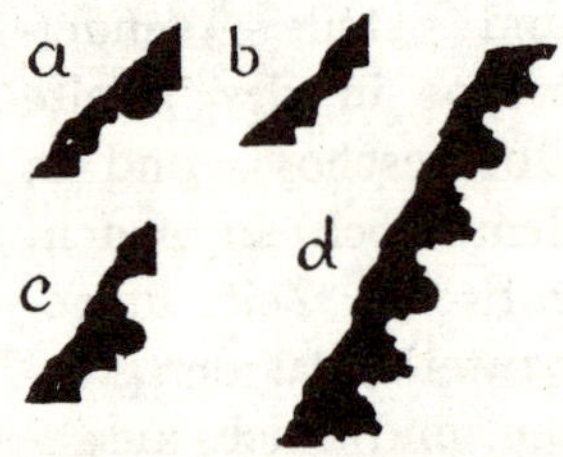

Fig. 439 Türlaibungen

Den spätromanischen Kleeblattbogen hat in einfacherer Weise v e r z i e r t gleichfalls M ü n z e n b e r g (Fig. 406), solches in reichster unter einem Rundbogen G e l n h a u s e n. Die spitzbogigen mit Rundstäben, Hohlkehlen usw. eingestuften Eingangstüren unterscheiden sich nicht von den häufigen derartigen Kirchenportalen[5]).

Die Tür des frühgotischen Saalbaues von R o t h e n b u r g beim Kyffhäuser ist (Fig. **438**) noch in einfacher Weise mit Tragsäulen abgetreppt. Fig. **439** zeigt einige spätere gotische Laibungsprofile,

[1]) K. S i m o n legt auf diese vermeintlich ursprüngliche Treppe besonderes Gewicht. So S t u d i e n a. O. S. 104 und (als Argument gegen mich in der Kaiserswerther Frage) D e n k m a l p f l e g e 1903, S. 83 (vgl. das. S. 99).

[2]) Dieses *(katzzen vensterlin)* wie der Klopfer *(rinc)* werden bei den Minnesängern erwähnt.

[3]) Romanisch mit kleiner Lichtöffnung auf T i r o l s. meine „O e s t e r r. B u r g e n" I, Fig. 249.

[4]) So nach meiner Aufnahme von 1882. In B a u d e n k m a l e i n d e r P f a l z III (1893) Fig. 56 ist der (inzwischen neueingefügte?) Schlussstein vollrund und mit Wappen dargestellt.

[5]) Im Deutschordensschlosse L o c h s t e d t ist das reich profilierte gotische Remterportal augenscheinlich mit Bedacht dem in derselben Front liegenden Kapellenportal ganz ähnlich gestaltet.

a und *b* aus Grevenstein in der Pfalz, *c* aus Heimfels in Tirol, *d* aus Schaumburg in Oberösterreich. Ein Beispiel einer anders gearteten (spät-)gotischen Verzierung bietet Fig. **440** von Liebenstein in Sachsen-Gotha.

Fig. 440 Liebenstein

Auf Türumrahmungen kamen ausgehauene Menschen- oder Tiergestalten bei romanischen Profanbauten schwerlich schon vor. (Vgl. zu Fig. 64.) Bei der Restaurierung der Wartburg ist am Haupteingange des Palas ein Tympanon mit altem Bildwerk, einen Drachen darstellend, der einen Ritter[1]) verschlingt, aus der Vorburg dahin versetzt worden. Sicher war auch nicht ursprünglich für einen Burgpalas bestimmt die für einen solchen ohne Seitenstück dastehende Umrahmung der Eingangstür auf Tirol mit romanischen offenbar auch religiös-symbolischen Skulpturen und einem den Eintretenden segnenden Engel im Tympanon (Fig. **441**). Sie finden — wie ich „Oesterr. Burgen" I, S. 220 näher dargelegt habe — ihre Erklärung in der Entstehung der Burg aus einem früheren Kloster.

Fig. 441 Von Schloss Tirol

Figürliche Skulpturen an solcher Stelle sind mir bisher vor der spätgotischen Zeit nicht bekanntgeworden. Ein Beispiel aus Sickingen-Hohenburg in der Rheinpfalz zeigt Fig. **442**. Eine feine derartige Verzierung der Gewände hat u. a. der Palas von Hornberg am Neckar aus derselben Zeit. Sehr beliebt wurde der mannigfache Schmuck der Türumrahmung in der Renaissancezeit, wie denn auf dem ebengenannten Hornberg selbst eine äussere Kellertür der Vorburg in der hübschen Weise, welche Fig. **443** zeigt, geschmückt ist. S. auch Fig. 488.

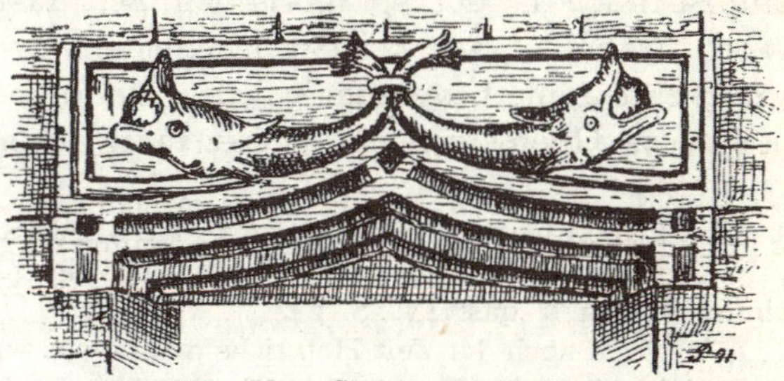

Fig. 442 Von Sickingen-Hohenburg

Wie hier, ist die Türverdachung in Form eines Gesimses in der Renaissance sehr beliebt. Einen erkerartig vortretenden Ausbau

[1]) Jetzt (Wartburgwerk S. 117) als der sagenhafte Ortnit gedeutet, der jedoch mit der Wartburg in keine entfernte Beziehung zu bringen ist. Eine andere, geschichtliche Beziehung glaubte v. Ritgen (Führer, S. 86) gefunden zu haben. Der einen Menschen verschlingende Drache war ein beliebtes religiös-symbolisches Bild.

auf zwei freistehenden starken alten Säulen hat auf Reichenberg bei Goarshausen der Zwischenbau der beiden Berchfrite. S. auch Fig. 527. Ein förmliches kleines, auf schräge Spriessen gestütztes Pultdach (selten Satteldach) findet sich öfter in der gotischen Zeit.

Fig. 443 Aus Hornberg

Was den Türflügel selbst betrifft, so soll die bis in unsere Zeit vorkommende „verdoppelte" Tür, von welcher Fig. 443 ein hübsches Beispiel bildet, schon im 11. Jahrh. aufgekommen sein[1]). Ganz eiserne Türflügel finden sich wohl nur bei Nebentüren, nicht beim Palaseingang[2]). Zum Zusammenhalten und zur Verzierung des einfachen aus Brettern zusammengesetzten Türflügels wurde er vielfach mit besonders von den Angeln aus sich verzweigenden und mannigfach gestalteten Eisenbeschlägen benagelt[3]).

Mitunter — so auf Engelhaus und Schönburg in Nordböhmen und der Brömserburg — öffnet sich die Eingangstür nach aussen anstatt nach innen. So ringsum an das Türgestell anschlagend und von diesem gehalten, war sie nicht so leicht einzustossen als eine nach innen aufgehende, während ein auch da an der Innenseite vorhandener Balkenriegel, an dem Türflügel durch eine gebogene Krampe befestigt, neben dem Schlosse ein Aufziehen desselben verhinderte.

Von den äusseren Türen des Palas unterscheiden sich die inneren zunächst durch ihre geringere Grösse. Sie pflegten entsprechend den engen Treppen bis zum Ausgange des Mittelalters nur eben breit und hoch genug zu sein, um einem Erwachsenen das Durchgehen zu gestatten[4]). Während für die nach innen gestuften Umrahmungen in der Regel die nötige Wandstärke fehlte, wurden beim Sturz neben dem gewöhnlichen rechteckigen noch mehr als bei den Aussentüren hauptsächlich in der spätgotischen Zeit fast alle möglichen Bogenformen angewandt, wobei — wie bei der kirchlichen Architektur die Nase — begreiflich die wagerechte Linie bevorzugt wurde. Bei manchen Palasen — so dem von Pürnstein in Oberösterreich — hat man augenscheinlich eine Mannigfaltigkeit der

---

1) Mothes, Ill. Baulexikon IV, S. 341.

2) Meine „Oesterr. Burgen" I, Fig. 141 und 249. Ueber einen besonderen Verschluss solcher s. das. IV, S. 244.

3) Ein noch der Zeit Heinrichs des Löwen zugeschriebener Türbeschlag ist in v. Hefner-Alteneck, Eisenwerke, 1861—87 I, Taf. 54 abgebildet. S. auch Näheres in J. v. Falke, Gesch. des d. Kunstgewerbes, 1888, S. 137. — Die halbrunden Oberlichtgitter bei Türen erinnere ich mich nicht in Burgen bisher gefunden zu haben. — Wenn nach Stephani, D. älteste d. Wohnbau, II, 262 schon in der Bibel Karls des Kahlen eine in Angeln laufende Tür dargestellt ist, so ist auf der da mitgeteilten Abbildung jedenfalls von Angeln ebensowenig zu sehen als von Zapfen.

4) Flügel- oder Doppeltüren sind daher im Profanbau wohl erst in nachmittelalterlicher Zeit aufgekommen.

Sturzformen erstrebt. Beispiele solcher aus verschiedenen Palasen gibt Fig. **444**. Besonders war im 15. und 16. Jahrh. der Eselsrückenbogen beliebt. Beispiele besonders gestalteter Türumrahmungen bieten Fig. **444a** aus dem Schlegler-schloss (Fig. 423) und **444b** aus Annenberg. Bei rechteckigen Türen und Fenstern der Hohkönigsburg ist er (Fig. 430) nur durch eine auf der Vorderseite der steinernen Sturzbalken ausgemeisselte geringe Vertiefung angedeutet.

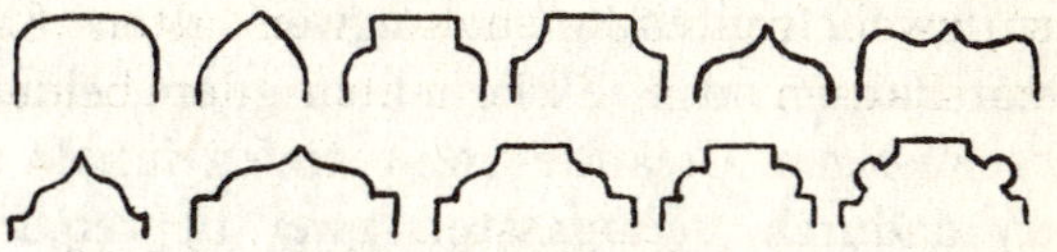

Fig. 444 Türstürze

Fig. 444a Aus dem Schleglerschloss

Bei rechteckigen, nicht aus Haustein hergestellten Türen (und Fenstern) begnügte man — wie schon die Römer, z. B. in Pompeji — sich oft mit einem Holzbalken als Sturz (Sturzbalken, Drischübel, Drischemel). Ausnahmsweise wurde solcher auch zur Entlastung noch in einen gemauerten Bogensturz eingefügt[1]).

Bei getäfelten Wohnräumen (s. weiterhin) wurde auch die Tür und besonders die Umrahmung in mannigfaltiger Weise durch Holzschnitzerei verziert. Dazu kamen kunstreiche Schlösser mit breiten verzierten Schildern[2]).

Ein auf der Innenseite zur Versperrung angebrachter Riegelbalken findet sich nur selten, so auf Hohenklingen am Rhein und in der Brömserburg (S. 445). —

In den Burgen, bei welchen ja in erster Linie auf die Sicherheit der Insassen Bedacht zu nehmen war, pflegte auch durchaus Sorge dafür getroffen zu sein, dass durch die Fenster nicht Feinde einsteigen, oder von aussen kommende Geschosse die Bewohner treffen konnten. Deshalb bestand der Regel nach die unterste Reihe von Fenstern, wenigstens soweit diese von aussen zugänglich waren, nur aus nach innen erweiterten Licht- und Luftschlitzen, wie wir solche schon (S. 181) bei den Berchfriten kennen gelernt haben. Liegen sie nicht, wie (von aussen kaum zugänglich) beim Palas von Eger (Fig. 404) nahe über dem Boden, so sind sie zweckmässig auch besonders nach unten erweitert oder überhaupt schräg dahin durch die Mauer geführt. Letzteres z. B. in besonderem Masse auf Emmerberg in Niederösterreich, wo die Lichtschachte, obgleich so etwa 6 m hoch über dem äusseren Hofraume auslaufend, da in übervorsichtiger Weise nur zu wenige

Fig. 444b Aus Annenberg

[1]) Meine „Oesterr. Burgen" II, Fig. 103.

[2]) Abbildungen von Innentüren (aus anderen Werken) in v. Essenwein, Wohnbau.

Zentimeter weiten, ausnahmsweise w a g e r e c h t e n Schlitzen verengt sind. Bei dem Palas von K o l l e n b e r g am Main geht die südliche Längswand infolge abschüssigen Geländes weit tiefer hinab als die nördliche. Gleichwohl sind in den dadurch veranlassten zwei übereinander befindlichen Kellergeschossen die Lichtöffnungen auffallenderweise nicht in der freiliegenden Südwand, sondern gegenüber angebracht (vgl. Durchschnittsskizze Fig. **445**). Die Fenster des oberen Kellers *a* münden in einem Graben *c*, der die Nordseite des Palas von dem höher liegenden Burghofe trennt, und von diesen Fenstern geht nach unten ein in der Ueberwölbung des unteren Kellers *b* ausgesparter weiter Schacht zur Erhellung des letzteren aus.

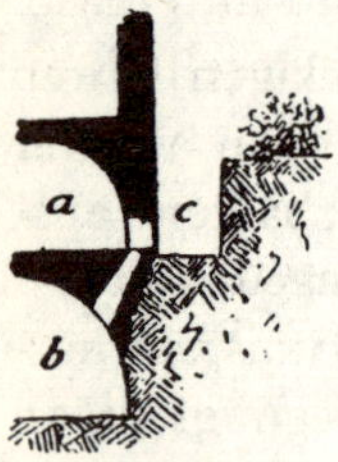

Fig. 445 Kellerfenster

Bei dicken Mauern führte natürlich auch eine nur allmähliche Erweiterung zu ganz weiter innerer Oeffnung, so in dem Palas der Ruine S c h o p f e l n (Südbaden) von aussen 10 cm auf 2 m Breite bei 1,40 m Höhe. Die letztere pflegt bei nach unten nicht erweiterten Schlitzen etwa 70 cm zu betragen. Ueber die Unterscheidung solcher von Schiessscharten s. S. 335 und 355.

Vorsichtigerweise sind in den Palasruinen von L e w e n s t e i n in der Rheinpfalz und E n g e l h a u s in Böhmen auch die Fenster des ersten Oberstockes — bei Engelhaus selbst gegen den Hof — nach aussen zu schmalen Schlitzen verengt. Bei dem Anbau des Palas von R a t h s a m h a u s e n (Wasgau) hat ein der Beschiessung ausgesetztes Fenster im Wohnraume des Erdgeschosses, im übrigen von gewöhnlicher Höhe und in der Nische mit Seitenbänken ausgestattet, nur 18 cm Breite. Im Erdgeschoss des Palas von N e u c i m b u r g hat man zur Einlassung von möglichst viel Licht bei einer Mauerdicke von anderthalb Metern 1,43 m hohe Fenster von 45 cm nach innen auf nicht weniger als 4 cm verbreitert. Uebervorsichtig hat man sich in dem Rest des Wohngebäudes auf F e l s b e r g in Hessen gegen Schüsse von aussen geschützt, indem da (Fig. **446***a*) in der Mitte der obenein sturmfrei auf einem Basaltfelsen liegenden Aussenwand mehrfach durch dieselbe ein 75 cm hoher Schlitz in zweifacher rechtwinkliger Brechung geführt ist. Solche Schlitze, nur einmal gebrochen und deshalb in schiefer Richtung angeordnet (Fig. 446*d*), finden sich auf S c h a r n s t e i n in Oberösterreich. Verwandte Einrichtungen zeigen die Schnitte *b* und *c* aus H o h e n w e r f e n in Salzburg und T a r a s p in Graubünden. In diesen beiden Fällen handelte es sich um vermehrte Sicherung von Pulvermagazinen[1]), was bei *a* und *d* allem Anscheine nach nicht der Fall ist.

Fig. 446 Fensterschlitze

Bis zum Ausgange der romanischen Zeit waren die Fenster auch der Wohnräume nahezu nur dazu bestimmt, Licht einzulassen. Die Wand ging — so in T i r o l, B o i m o n t (Fig. 455), E g e r (Fig. 404), W a r t b u r g etc. — in ihrer vollen Dicke bis zu der in Manneshöhe liegenden Fenstersohle. Die hohe Lage der

[1]) Die Pulvervorräte wurden besonders da untergebracht, wo eine etwaige Explosion tunlichst wenig Schaden anrichten konnte, so besonders in einem flankierenden Mauerturme, auch wohl der gesicherten Stelle wegen unten im Berchfrit. Solcher Mauerturm auf H o h e n w e r f e n hat burgwärts zwei Mauern hintereinander.

Fenster bot verschiedene Vorteile: eine bessere Erhellung des Raumes, Schutz vor von aussen (und ja zumeist von unten) kommenden Geschossen und bei dem mangelhaften oder ganz fehlenden Verschlusse nebenbei auch vor Wind und Zug.

Zugleich mit dem Aufkommen einigermassen genügender Verschlüsse veranlasste dann die Annehmlichkeit, nahe der Lichtöffnung sitzen und bequemer, zumal auch nach unten ausblicken zu können, dass man die Wand unterhalb des Fensters und in gleicher oder meistens noch grösserer Breite mit demselben in geringerer Stärke aufführte und dann auch wohl in der so entstandenen Fensternische Seitenbänke aufmauerte.

In den, so viel man weiss, im 12. Jahrh. entstandenen Dichtungen von König Rother, den Nibelungen, Kudrun und Parzival sitzen und stehen Personen „in den Fenstern", gehen sie in und aus denselben, und werden in ihnen auch Kranke gebettet. Es sind also damals schon Fensternischen[1]) bekannt gewesen.

Seitenbänke (welche ja freilich zumeist auch leicht nachträglich hinzugefügt werden konnten) hat schon der aus dem Anfang des 12. Jahrh. stammende bewohnbare Berchfrit von Hohenklingen, Fig. 141, aus dem Ende desselben Jahrhunderts ein Gemach des Palas von Gelnhausen[2]). Allgemeiner wurden sie erst im 13. Jahrh. gebräuchlich und blieben das bis zum Ende des 15. Sie fehlen z. B. noch in dem im Uebergangsstil erbauten Palas von Landsberg im Wasgau (Fig. 450), finden sich noch in der 1480 erbauten Hohkönigsburg und dem gleichzeitigen Herzberg, fehlen schon wieder in dem 1471 erbauten Schachenstein und den spätgotischen Palasen von Hornberg am Neckar und Finkenstein (Fig. 466a) und werden vollends schwerlich noch irgendwo in einem Renaissancebau vorkommen. Anscheinend waren jedoch (wie auf Gelnhausen) zu keiner Zeit alle Fenster eines Burgbaues mit Nischen und Seitenbänken versehen. Aus demselben Grunde, welcher es ratsam erscheinen liess, erst die Wände der oberen Geschosse überhaupt minder stark herzustellen, findet sich die Einrichtung hauptsächlich in diesen Geschossen, und zwar hier wieder vornehmlich in den herrschaftlichen Wohnräumen (Saal und Kemenaten), also beispielsweise nicht in der Kapelle[3]). Ganz ausnahmsweise sind auch mit Seitenbänken (für Wächter oder Verteidiger) die Fenster versehen, welche (je eines) in den beiden mit der Ringmauer bündigen Giebeln des Palas der Burg Sargans unmittelbar unter dem Gebälk des alten Dachstuhles und von je zwei Schiessscharten flankiert liegen. (Vgl. auch S. 337.)

Fig. 447 Bidenegg

Bei hoch liegenden Fenstern geht zweckmässig auch die Nische mit ihren Seitenbänken nicht bis auf den Fussboden hinab (Fig. **447** aus Bidenegg in

[1]) Alter Ausdruck *beie, baie* (frz. *baie*), unter welchem man aber auch das Fenster selbst versteht.

[2]) Hiernach bemerkt K. Simon a. a. O. S. 142 mit Unrecht, dass ich die Seitenbänke „zu Kennzeichen der gotischen Zeit mache".

[3]) Wo das doch der Fall ist, wie z. B. auf Sternberg in Böhmen, ist die Kapelle erst später in dem Raume eingerichtet worden.

Tirol) und führen von da mitunter selbst Stufen zu den Sitzen hinauf (H o h l e n f e l s in Luxemburg, C a n c e l l o in Italien). Bei besonderer Mauerdicke haben die bis zu 2,50 m breiten Nischen die Weite kleiner Gemächer. So auf P ü r n s t e i n in Ober- und E m m e r b e r g (Fig. **448**) in Niederösterreich. Andrerseits haben die 1,23 bis 1,34 m breiten Fenster des (jetzigen) „Rittersaales" der R u d e l s b u r g für ausnahmsweise nur je eine Seitenbank schicklichen Raum. Es finden sich indessen z w e i Seitenbänke auch bei so schmalen Fenstern, dass ein irgend bequemes gleichzeitiges Benutzen der ersteren nicht tunlich erscheint, so in dem Saal der S t. U l r i c h s b u r g und im Palas zu R a b e n e c k (Fränk. Schweiz), wo zwischen den beiden Bänken zum Teil nur ein Zwischenraum von 50 cm bleibt, und in demselben der B r u n n e n b u r g (bei Meran), dessen Bänke nur ca. 25 cm breit und tief sind. Auf P i e t r a p e l o s a ist dafür nur gar etwa 15 cm Tiefe übrig. Eigenartig ist eine nach innen erweiterte Fensternische des Kastells von C h i u s i in Mittelitalien, Fig. **449**, gestaltet.

Fig. 448 Fenster in Emmerberg

Der Regel nach bieten die Fenster die wesentlichsten Unterscheidungsmerkmale zwischen den Wohngebäuden der romanischen, der gotischen und der Renaissancezeit. Sie vor allem geben den Palasen dieser drei für unser Burgbauwesen in Betracht kommenden Stilperioden ihr kennzeichnendes äusseres Gepräge.

Für die Anordnung der Fenster ist es da bis zum Ende des Mittelalters kennzeichnend, dass keineswegs eine äusserliche Gleichförmigkeit, eine regelmässige symmetrische Fassade bezielt wurde, sondern für Lage, Grösse und sonstige Ausgestaltung der ersteren zunächst lediglich d i e V e r t e i l u n g d e r i n n e r e n R ä u m e u n d d e r e n v e r s c h i e d e n a r t i g e A n s p r ü c h e massgebend waren[1]). Charakteristische Beispiele bieten da die Palase von E g e r (Fig. 404), F r a u e n b u r g (Fig. 407a) und das S c h l e g l e r s c h l o s s (Fig. 422). S. auch Fig. 66 und 454.

Fig. 449 Chiusi

Wenn es heute als eine Forderung der Baukunst gilt, dass einem Gebäude seine Bestimmung tunlichst anzumerken, bei einem Theater Bühne und Zuschauerraum schon äusserlich zu erkennen sein sollen, so pflegte der mittelalterliche Palas — im Gegensatz zu den später beliebten Hausfronten, die uns mit ihren sym-

[1]) Vgl. die charakteristische Anekdote in der Z i m m e r i s c h e n C h r o n i k II, 293: *Das war vast ein baw, wie ainest grave Sigmundt von Lupfen ain baw zu künsaw im Elsäs thette. Daselbst lies er ain staine haus ufmauren ohne fenster und thüren, und als der dachstuel ufgericht, do lies er allererst die fenster und thüren darein brechen, wo es im eben war; war gleichwol ain mainung* (nicht ohne Sinn), *dann do konte er am bästen sehen, wo die fenster am notturftigsten.*

metrischen, ermüdend gleichförmigen Fensterreihen nichts zu sagen haben — jenem Prinzip in noch viel weitergehendem Masse zu entsprechen. Da war, etwa auch von einem Kapellenerker, einem Treppenturm und auch Bedürfnisanstalten abgesehen, schon von aussen an den Fenstern zu erkennen, wo in dem Gebäude ein Saal, ein anderweites Wohngemach und ein blosser Wirtschaftsraum lagen, und meiner Ansicht nach ist das Bild eines solchen Gebäudes nicht nur interessanter, sondern auch an sich ungleich hübscher als eben die kasernmässig einförmigen Fassaden jener Wohnbauten, wie sie später auch auf Burgen oft genug errichtet worden sind.

Die Nichtachtung der Symmetrie äusserte sich aber nicht allein in der Ungleichheit der zu den verschiedenartigen Räumen gehörenden Fenster. Wir finden solches in anderer Weise selbst bei der verhältnismässig regelmässigen Fassade des Wartburgpalas, hinter welcher grösstenteils Gänge hinlaufen[1]), sowie bei der Gelnhauser Pfalz, wo die Arkaden auf beiden Seiten der Eingangstür (ohne erkennbaren und gewiss wohl ohne zwingenden Anlass) ganz verschieden angeordnet sind. Besonders hervorstechend ist aber, dass auch noch während der gotischen Periode es offenbar mit Fleiss vermieden wurde, auch sonst gleichartige Fenster, wie heute, genau übereinander anzubringen. Ein hervorragendes Beispiel bietet da der spätromanische Palas von Boimont, wo[2]) in den beiden Obergeschossen Reihen von acht und sechs nahe beieinander stehend auf zwei Seiten verteilten dreilichtigen Fentern (Fig. 455) durchaus in dieser Weise angeordnet sind. Ein Gleiches findet sich u. a. an dem Palas von Gutenfels am Rhein aus der Mitte des 13., von Altbodman aus dem Anfang des 14. Jahrh. (S. 437), sowie dem gegen 1500 erbauten von Neuwallenrode (ebendas.). Wenn daneben freilich die Palase zu Rothenburg am Kyffhäuser (S. 422) — Uebergangsstil —, Marburg (Fig. 408) und die Hochmeisterwohnung zu Marienburg (Fig. 370) völlig regelmässige Fassaden zeigen, so erklärt sich das daraus, dass es sich da um schmale Gebäude (nebenbei mit durchlaufenden Lisenen bzw. Strebepfeilern) ohne nebeneinander liegende verschiedenartige Räume handelt[3]). Für jene Verschiebung der Fenster aber wird sich ein anderer haltbarer Grund als die Absicht grösserer Sicherung der Mauer nicht finden lassen, wie denn z. B. auf dem bis in den Dreissigjährigen Krieg bewohnten Ramburg (Rheinpfalz) das Mauerwerk zwischen Sturz und Sohle der genau übereinander gestellten Fenster grösstenteils herausgefallen ist.

Fenster mit geradem Sturz, welche über eine schlitzartige Breite hinausgehen, kommen in romanischer Zeit auf unseren Burgen wohl nicht vor. Eine Teilung des Rundbogens durch Kuppelung, schon den Römern bekannt, war auch damals so beliebt, dass wir z. B. auf Hardenberg (Prov. Hannover) solche mittels romanischer Säule einfachster Art schon bei einem insgesamt weniger als 1 m breiten Fenster haben.

---

[1]) Unter anderm sind hier die Blenden des Mittelgeschosses in ungleichmässiger Weise durch die Fenster ausgefüllt, und auch die Säulen sind — einfach, doppelt, hinter- oder nebeneinander — in den drei Stockwerken verschieden. Wir brauchen daher auch nicht ihretwegen beim Palas von Gelnhausen anzunehmen, wie allgemein geschieht, dass der fehlende Oberstock eine genaue Wiederholung des Erdgeschosses gewesen sei. Es ist das, soviel bekannt, bei einem romanischen Palas nie vorgekommen. (Ueber Schloss Tirol s. Kap. 24.)

[2]) Meine „Oesterr. Burgen“ I, Fig. 24.

[3]) Dasselbe ist ja auch der Fall bei dem erst im 14. Jahrh. erbauten Turme von Elfeld S. 234, Fig. 133, dessen übrigens später zum Teil vergrösserte Fenster genau übereinander liegen.

Nach der einfacheren und daher wohl älteren Art war die Wand beim Fenster nicht verdünnt. Wenn so auch die Kuppelbogen durch die ganze Mauerdicke

Fig. 450 Palasfenster in Landsberg

gingen, wurde dem Unterschied zwischen dieser und der dünnen tragenden Mittelsäule in verschiedener Weise begegnet. Entweder man legte quer über die letztere (nach Art des Sattelholzes bei Balkendecken) ein ausgleichendes Kämpferglied, wie wir solches besonders bei den romanischen Fenstern der Kirchtürme noch häufig, im Palas von Tirol, unten abgerundet oder eckig, mit Bildhauerei besonders verziert finden[1]), oder man stellte zwei Säulen hintereinander, wie bei den Fensterarkaden von Gelnhausen, Wartburg und Wimpfen. Andere das Missverhältnis ausgleichende Konstruktionen zeigen Fig. **450** aus Landsberg im Wasgau und Fig. **451** aus Hohengeroldseck im Schwarzwald. Solche wurden natürlich auch erforderlich, wenn trotz einer Nische die übrig-

Fig. 451 Hohengeroldseck

Fig. 452 Rudelsburg

Fig. 453 Romanischer Palas von Münzenberg

bleibende Fensterwand noch für eine Tragsäule zu stark war, Fig. **452** von der Rudelsburg in Thüringen.

Wie naheliegt, wurde vor allem der Saal durch vielfach gekuppelte Fenster ausgezeichnet. Ein achtlichtiges hat der romanische von Münzenberg (Fig. **453**), ein neunlichtiges derjenige von Wasenburg im Wasgau

[1]) Meine „Oesterr. Burgen" I, Fig. 243 f.

(Fig. **454**). Dort ist die Mitte durch eine viel stärkere, sog. „alte" Säule zwischen den „jungen" markiert, hier — ein Unikum — die Fensternische durch eine 4,50 m lange Steinplatte geschlossen, unter welcher die Säulen seit längst fehlen. In der gotischen Zeit kommen so vielfach gekuppelte Fenster nicht mehr vor. Es ist schon eine seltene Ausnahme, wenn wir auf Meistersel (Rheinpfalz) ein Fenster mit vier schlanken einfachen Spitzbogenöffnungen finden. S. auch Fig. 408.

Fig. 454 Palas der Wasenburg

Mehrere fünf- (und zwei-) lichtige Fenster hat der Saal zu Eger, Fig. 404. Eine andere gruppenförmige Einteilung finden wir auf Landsberg (Fig. 450) und Hohengeroldseck (Fig. 451). In der Uebergangszeit wird die reichliche Belichtung des Saales statt dessen auch durch eine dichtgedrängte Reihe einzelner gleichförmiger Kuppelfenster bezielt. So auf St. Ulrichsburg im Wasgau (acht zweilichtige Fenster auf eine Länge von 17 m) und Boimont in Tirol, von dessen dreilichtigen Fenstern eines in Fig. **455** abgebildet ist.

Fig. 455 Boimont

Der „Giebel"- oder „spitze Stichbogen" der Fig. 448 kommt nur äusserst selten vor, so — nach aussen wohl nie — bei der erweiterten Innenmündung eines Schlitzfensters im Hohen Schwarm. Im Erdgeschoss des bewohnbaren Berchfrits von Ehrenfels in Graubünden hat man in gleichem Falle (Fig. **456**) einen nicht ausgefüllten Entlastungsbogen dieser Form aus gegeneinander gelehnten grossen Bruchsteinplatten hergestellt.

Fig. 456 Ehrenfels

Auch der Spitzbogen ist bei Profanbauten nie in annäherndem gleichen Masse wie bei kirchlichen herrschend gewesen. Bei gotischen Fenstern war der flache Stichbogen fast nur bei den Nischen von einiger Weite gebräuchlich (vgl. Fig. 451), wie denn da der Rundbogen meistens einen unter der Decke nicht mehr vorhandenen Raum beansprucht haben würde. Einen ausnahmsweise geraden Sturz zeigt Fig. 461. Bei den Fenstern selbst, zumal einfacherer Art, blieb, wie bei den Türen, der Rundbogen ganz gebräuchlich, doch scheinen gekuppelte Rundbogenfenster nach der Uebergangszeit nicht mehr hergestellt worden zu sein.

Ausserdem kam jetzt auch bei grösseren Fenstern die rechteckige Form in Aufnahme. Wie diese bei Kuppelung durch einen gleichfalls viereckigen Steinbalken (Pfosten) geteilt wurden[1]), so wurde bei entsprechender Höhe (in

[1]) Selten geschah auch da die Teilung durch Rundsäulen.

etwa Dreifünftel dieser) ein ebensolcher als Zwischensturz eingeschoben, und das so entstandene Steinkreuz[1]), an dessen Stelle am Ausgang des 15. Jahrh. (mit der allgemeiner gewordenen Verglasung) das hölzerne zu treten begann, kann somit ebenso wie die Seitenbänke als ein Kennzeichen fast nur der gotischen Zeit gelten. Nur rechteckige Fenster zeigt z. B. das Schleglerschloss (Fig. 422) und der bewohnbare Berchfrit von Elfeld (Fig. 133), beide aus dem 14. Jahrh.

Mehr als bei den spitzbogigen (Fig. 451) liebte man es, bei den dreilichtigen rechtwinkligen Fenstern das mittlere, bei vierlichtigen die beiden mittleren durch grössere Höhe auszuzeichnen. (Palase von Werdenberg und Schramberg.)

Anscheinend den mittelalterlichen Burgbauten im Südwesten unseres Sprachgebietes eigentümlich sind besonders weite Fenster von der genauen oder annähernden Form eines Halbkreises. Sie finden sich an den Palasen der untersten Burg Dreistein und von Birkenfels, beide am Ottilienberge im Wasgau, und von Brunnenburg bei Meran, im Etschtal zwischen da und Bozen an den Berchfriten von Neuhaus, Payrsberg und Boimont, sowie am vorderen Berchfrit von Fragenstein im Inntale. Die immer unverzierten Oeffnungen erreichen bei den beiden elsässischen Burgen eine Breite von 5,50 m. Die Spur eines Verschlusses findet sich nur in der Ruine Brunnenburg, und zwar in Gestalt einer ringsum laufenden, im Scheitelpunkt durch ein viereckiges Loch unterbrochenen Rille für ein Fenstergerähme[2]). Ein derartiges Fenster in dem 1451 wiederhergestellten Palas von Pfäffikon (Fig. 422) ist durch Pfosten geteilt gewesen, ebenso auf Sargans. Vgl. auch Wasenburg Fig. 454.

Die kleinen Fenster unter dem Dachrande der wehrhaften Palase sind schon S. 435 behandelt worden.

Eine besondere Art der Fenster aus romanischer Zeit sind die kleinen kreisrunden, welche bei Profanbauten nur selten vorkommen. Ein solches findet sich in der (früher) etwa halben Höhe des Berchfrits von Starhemberg (vgl. S. 360) und in dem in das Regierungsgebäude zu Trier eingebauten Wohnturm, war da auch im abgebrochenen „Richardsturm" vorhanden[3]). Ihrer drei hat (Fig. 404) der Palas der Burg Eger auf seiner nördlichen Langseite. Nicht in gleicher Linie nahe unter der vormaligen Decke liegend, gehörten sie zu zwei sonst unzureichend belichteten Wohngemächern neben dem Saale[4]). In Trier nur aus einer Steinplatte geschnitten, sind sie in Starhemberg und Eger (so auch bei der dortigen Burgkapelle) sorgfältig aus Hausteinen hergestellt und nach innen oder aussen erweitert.

Mit der romanischen Zeit scheinen diese einfachen kleinen Rundfenster zu verschwinden, um in der Gotik nur noch verziert hie und da in Türmen — gleich-

[1]) Bei schmalen Fenstern (so auf der einen Seite des Turmes von Elfeld, Fig. 133) kommt auch solcher Zwischensturz allein vor.

[2]) Solches und nicht nur Vorsatzläden wird man bei der anscheinend noch spät bewohnt gebliebenen Burg anzunehmen haben.

[3]) Stephani, D. älteste deutsche Wohnbau II, 518 u. Fig. 273.

[4]) Die Erweiterung nach innen und aussen deutet hier (wie bei den gleichen Oeffnungen des Westgiebels der Kapelle) auf beabsichtigte Lichtzufuhr (zumal wenn etwa die unteren Fenster durch Läden geschlossen waren) hin. Gewiss mit Unrecht nimmt K. Simon (Studien S. 66) hier „Ventilationslöcher" an. Abgesehen von der Weite der Oeffnungen, brauchte man in den unverglasten romanischen Wohngebäuden sicher überhaupt nicht für Ventilation zu sorgen.

falls in deren unteren Stockwerken — vorzukommen. So als Dreischneuss (spätgot. Fischblase) in einem Treppenturm zu Hanstein im Eichsfelde und am Palas von Rosenburg am Kamp, in Form eines Vierpasses in einem der Berchfrite der fränkischen Salzburg. Fig. **457**.

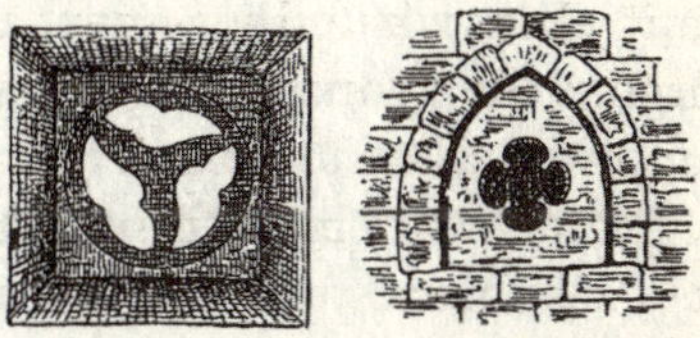

Fig. 457 Gotische Rundfenster

Später fand man es auch mehrfach schön, oben an die Stelle der Zinnenfenster ovale Ochsenaugen zu setzen, so bei den Berchfriten von Langenstein in Baden, Rafenstein in Tirol und Seebenstein in Niederösterreich.

Recht eigentümlich sind die ganz kleinen, nach aussen stark — so z. B. von 0,30 auf 1,30 m Breite — erweiterten und zumeist dreieckigen Gruppen vereinigten Fenster, welche mir bisher nur in einem Teile Oesterreichs bekanntgeworden sind. Besonders in der Gegend des oberen Murtales an Palasen und Haupttürmen vorkommend, bestehen die Gruppen aus drei oder fünf in zwei Zickzackreihen angeordneten Fenstern, öfter aussen durch eine rund- oder gedrückt spitzbogige Blende zusammengefasst. Die Fenster selbst sind rund- oder spitzbogig, mitunter einzelne von ihnen auch als kleine Rundfenster. Bei den einander naheliegenden Palasen von Frauenburg (Fig. 400a), Finstergrün und (ähnlich) Mauterndorf liegen je zwei solcher Gruppen nahe einer Ecke in den zwei da zusammenstossenden Mauern. Finstergrün hat noch eine dritte dreiteilige Gruppe auf der burgwärts gerichteten Seite des dreieckigen Berchfrits. Fig. **458** zeigt von aussen und innen eine fünfteilige Gruppe zu oberst im älteren Palas von Liebenfels in Kärnten, Fig. **459** eine sechsteilige in der Phantasiedarstellung eines gotischen Palas zu Rudolfs v. Ems Weltchronik (Cod. Germ. Monac. Nr. 6)[1]).

Fig. 458 Fenstergruppe

Fig. 459 Desgleichen

Es liegt nahe, bei den am häufigsten vorkommenden dreiteiligen Gruppen an die „Dreifaltigkeitsfenster" einer Kapelle zu denken[2]), doch scheint jedenfalls, wenn überhaupt jemals vorhanden gewesen, ein Zusammenhang auch dieser mit einem gottesdienstlichen Raume nirgend mehr nachweislich zu sein. Auch mit der Sicherung vor Schüssen oder mit der Verteidigung haben sie (häufig ihrer Lage nach und da sie gerade nach unten fast nie erweitert sind) nichts zu tun gehabt. Es bleibt nur der Schluss übrig, dass man an diesen von den anderen Fenstern sich abhebenden Gruppen sein Gefallen gefunden habe. Wie auf Baier-

[1]) Weiter finden sich dreiteilige Gruppen in abweichender Gestalt in einem isolierten Turm von Mannsberg, den Berchfriten von Glanegg und Neukraig (alle in Kärnten), dem Wohnturm von Baierdorf (Fig. 156) und eine fünfteilige im Palas von Karlsberg (Böhmen). Abbildungen in meinen Oesterr. Burgen I, VI und IV.

[2]) Näheres Oesterr. Burgen I, 103 f. Dort wie S. 109 f. und II, 128 weitere bezügliche Abbildungen, denen auch Fig. 459 und 460 entnommen sind.

dorf und Neukraig solche Fensterchen in einer Linie liegen, so finden sich weit entfernt von da, auf Hohenrechberg in der Schwäbischen Alb, deren acht an der Zahl, von welchen die drei letzten der Reihe etwas höher gerückt sind[1]). —

Wie wir bisher eine ungemeine Mannigfaltigkeit der Fensterformen bei Burgbauten kennen gelernt haben, so war auch die Verzierung (im weiteren Sinne) der Hausteinfenster eine sehr verschiedene. In Nachstehendem mögen als Beispiele noch einige Einzelheiten gezeigt werden.

Während bei den gekuppelten Fenstern von Boimont (Fig. 455) das Bogenfeld über den Lichtöffnungen einfach mit Bruchsteinmauerwerk ausgefüllt ist, liebte man es sonst, dasselbe über den Trennungssäulen mit den verschiedenartigsten Masswerköffnungen ausser dem einfachen Kreise und Viereck zu durch-

Fig. 460 Oberlicht und Fensterpfeiler

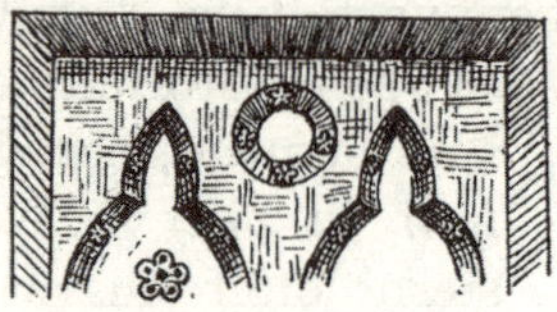

Fig. 461 Liebenzell

Fig. 462 Rathsamhausen

Fig. 463 Hardenberg

Fig. 464 Neustadt

brechen und dabei auch bei sonst gleichartigen Fenstern tunlichst verschiedene anzubringen. So auf Leofels und bei den Saalfenstern von St. Ulrich, wo das mittelste durch die Oeffnung (Fig. **460**a) ausgezeichnet ist. Solche Abwechslung wurde auch wohl sonst bei der Verzierung angestrebt, wie ebenso auch bei nebeneinander stehenden Pfosten (Lobdaburg, Wimpfen und Münzenberg, Fig. 453). In der Uebergangszeit finden sich auch Fenster mit Rosetten verziert, so im Palas von Liebenzell Fig. **461**, in einfacherer Kugelform wieder bei den Saalfenstern von St. Ulrich. Eine Umrahmung der Fenster mit dem romanischen Zickzackornament findet sich u. a. auf Wildenburg, Fig. 469, und mehrfach beim Palas von Münzenberg. In dem gleichfalls der Uebergangszeit angehörenden Palas von Rathsamhausen im Wasgau bedeckt ein durch kleine viereckige Vertiefungen hergestelltes Schachbrettornament die nach unten geneigten Flächen der ganz eigentümlichen Ueberdeckung einer Fensternische, Fig. **462**. Aus der spätgotischen Zeit zeigt Fig. **463** ein Fenster von Hardenberg mit Vorhangbogen, aussen von sich durchschneidendem Stabwerk eingefasst. In anderer Weise haben den Vorhangbogen weite dreiteilige Fenster, Fig. **464**, welche zu oberst in dem bewohnbaren Berchfrit von Neustadt

[1]) Abbild. in meinem Aufsatze in den „Blättern des Schwäb. Albvereins" 1900, Nr. 2.

(Fig. 148) später eingesetzt worden sind. Wiederum ganz andersartige Ausstattungen zeigen Fig. **465**, ein rechteckiges Fenster aus Liebenstein im Gothaischen aus der Mitte des 16. Jahrh., Fig. **466** ein Eselsrückenfenster mit sich durchschneiden-

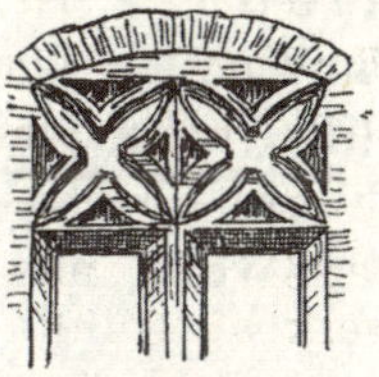

Fig. 465 Liebenstein

Fig. 466 Schreckenstein

Fig. 466a Palas von Finkenstein

dem Stabwerk aus Schreckenstein an der Elbe, Fig. **466a** andere Eselsrückenfenster aus Finkenstein in flachen Blenden von gleicher Form und von rechteckigem zierlichem Stabwerk umrahmt, Fig. **467** ein Frührenaissancefenster aus einem Wohnturm auf Arco mit Umrahmung durch Buckelquader und Fig. **468** aus Egerberg in Böhmen, wo (ebenso wie auf Schlossberg bei Teplitz) der stichbogige Sturz in Ziegelmauerung zu einem zierlichen Gratgewölbe gestaltet ist. Auch der Trennungspfeiler der Kuppelfenster zeigt eine mannigfache Bildung. So zeigt das Fenster der Wildenburg, Fig. **469**, die eingeschnittenen Ecksäulen der Uebergangszeit, einen be-

Fig. 467 Arco

Fig. 468 Egerberg

Fig. 469 Wildenburg

Fig. 470 Hohenrechberg

sonders gestalteten etwa gleichzeitigen Pfeiler ein solches aus Hohenrechberg, Fig. **470**, und Fig. **460b** und c Durchschnitte anderer Pfeiler aus gotischer Zeit.

Eine bevorzugte Schauseite der Fenster ist öfter auch auf der Aussenseite der Wand angebracht. Gekuppelte Fenster sind hier mitunter durch flache rechteckige Blenden zusammengefasst, beim Palas der Wartburg (Fig. 405) mit

Rundbogenfries, bei dem romanischen von Münzenberg mit Zickzack- und Schachbrettverzierung, bei dem gotischen daselbst sehr ausnahmsweise durch eine genast spitzbogige Blende. Bei der Fenstergruppe des Saales der „Münze" auf der fränkischen Salzburg ist, Fig. **471**, die Umrahmung der Fenstergruppe (mit besonders grossen Oberlichtern) in ungewöhnlich reicher Weise ausgestaltet.

Fig. 471 Aus der Salzburg in Franken

Das da vortretende Gesims bildet eine Verdachung der Fenster, wie sie bei italienischen Palasen in verschiedensten Formen schon in der Gotik (Fig. **472** aus Verrès im Aostatal, s. auch Fig. 431), bei uns hauptsächlich in der Renaissancezeit üblich wurden. Die dagegen am unteren Ende des Fensters vorstehende wagerechte Sohlbank scheint im 15. Jahrh. aufgekommen zu sein und zwar zunächst in Form von einer oder zwei, ausnahmsweise (auf Buchlau) auch drei Konsolen[1]) an vereinzelten Fenstern, so an der landesfürstlichen Burg zu Meran und auf Gars und Rappottenstein[2]). Eine Sohlbank von der ganzen Fensterbreite s. jedoch schon Fig. 472 aus 1390.

Fig. 472 Verrès

Wenn übrigens bei unseren gotischen Burgbauten weit mehr als bei den romanischen die ganz einfachen Fenster häufiger sind als die irgendwie verzierten aus Haustein hergestellten Umrahmungen, so erklärt sich das ebenso wie die angeblich gediegenere Mauertechnik der romanischen Bauten daraus, dass uns aus jener entlegeneren Zeit eben überwiegend nur die besseren erhalten geblieben sind. Eine so fast überreiche Ornamentik wie am Gelnhauser Palas wird in unserer Profanbaukunst freilich ohne Seitenstück sein. Ihm am nächsten kommt aus gotischer Zeit wohl das Kastell Strambino unterhalb des Aostatales.

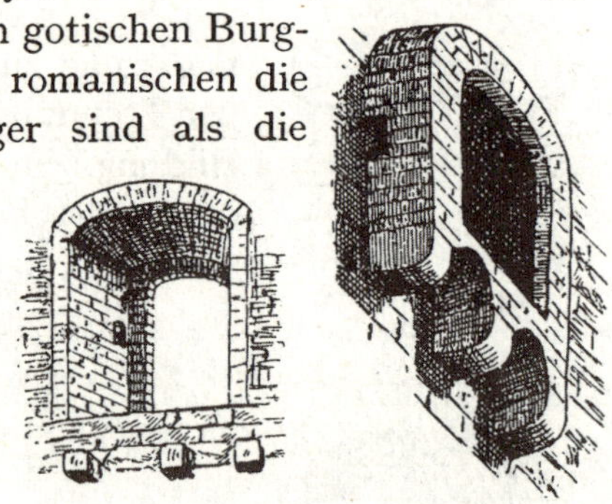

Fig. 473 Hiltgartsberg

Hier und da wurde bei einzelnen Fenstern der Umfassung über die äussere Mauerflucht hinaus eine erkerförmige Fortsetzung gegeben[3]). Fig. **473** zeigt die

[1]) Wohl nicht für Blumentöpfe, wie man auch meint.

[2]) Meine „Oesterr. Burgen" III, Fig. 39 und IV, Fig. 131.

[3]) Essenwein, welcher Wohnbau S. 205 f. von solchen „vortretenden Fenstern" reich verzierte Beispiele aus Städten mitteilt, bemerkt, dass man im 15. Jahrh., vorzugsweise in der zweiten Hälfte desselben, wenn die Dicke der Mauern nicht zureichend war, so künstliche Nischen bildete, welche im Innern des Hauses wesentlich die Behaglichkeit, aussen die malerische

Innen- und Aussenansicht eines solchen aus Ziegeln hergestellten vorgekragten Fensters aus Hiltgartsberg an der Donau. In anderen Fällen haben derartige Vorbauten nur die Bedeutung von Fensterblenden oder Windladen zum vermehrten Schutz der schlecht verwahrten Oeffnungen gegen die Unbilden der Witterung, wie solche auch aus Brettern hergestellt wurden. Fig. **474** aus Sandsteinplatten von Windeck an der Bergstrasse. In der Regel — so bei Hohenberneck im Fichtelgebirge (Fig. **475**), Neuscharffeneck in der Rheinpfalz, Neuhaus in Tirol, Hohenneufen in der Schwäbischen Alb und Karlsberg und Egerberg in Böhmen — ist an den Resten nicht mehr sicher zu erkennen, zu welcher Art dieser Vorbauten sie gehört haben mögen.

Fig. 474 Windeck

Fig. 475 Hohenberneck

Mit dem über die Mauerflucht vortretenden Fenster verwandt ist der hübsche dreieckige erkerförmige Vorsprung aus der Mitte eines Fensters, wie mir solcher nur einmal am Schleglerschloss, Fig. 423 links oben, bekannt ist. Fig. **476** gibt einen Grundriss des Fensters (nach den Kunst- und Altertumsdenkm. im Königr. Württemberg, Neckarkreis). Der nasenartige Vorsprung ruht auf einer Konsole in Form einer Tierfratze.

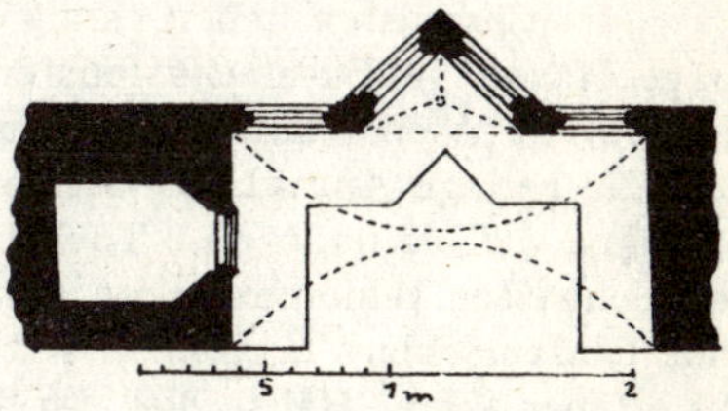

Fig. 476 Fenster im Schleglerschloss

Bezüglich des Verschlusses der Fenster ist vor allem zu beachten, dass die Verglasung derselben zumal bei Profanbauten erst gegen den Schluss der Burgenzeit eine allgemeinere wurde[1]). Wenngleich schon den Römern bekannt[2]) und ganz vereinzelt bei Kirchenbauten seit dem 5. Jahrh. vorkommend[3]),

---

Erscheinung desselben förderte. Bei Burgen sind sie jedenfalls schon aus der Mitte des 14. Jahrh. (Karlsberg in Böhmen) nachweisbar und kommen sie nicht nur bei dünneren Mauern vor.

[1]) Vgl. hierzu Jac. Falke, Ueber Fensterverglasung im Mittelalter in den Mitteil. der k. k. Commiss. 1863, 1 ff., Müller und Mothes, Archäol. Wörterbuch, Schultz, Höf. Leben, Stephani, D. älteste deutsche Wohnbau. 1903, II, 562 ff. J. v. Falke, Gesch. des Kunstgewerbes (1888) S. 64, v. Essenwein, Wohnbau S. 182 ff.

Ganz abweichend von der wohlbegründeten allgemeinen Meinung schreibt Dr. Plath, Deutsche Rundschau 1894, S. 230: „In merowingischer und karolingischer Zeit waren gläserne Fensterscheiben etwas ganz Gewöhnliches", und S. 249: „Sogar das Fenster der Einsiedlerzelle des büssenden Reclausus Ebregisil zu Bourges ist mit Glasscheiben ausgestattet: das beweist wohl am besten, dass die Fensterverglasung in der fränkischen Zeit nicht nur ein seltener Luxus war." Wie das Glasfenster in die Zelle gekommen sein mag, weiss man nicht. Die daraus gezogene weitgehende Folgerung wird durch genug positive Nachrichten vom Gegenteil widerlegt.

[2]) In Herculanum ist eine gegossene Scheibe von der ausnahmsweisen Grösse von 40×70 cm gefunden worden.

[3]) Schon Hieronymus († 420) erwähnt vitrum lignis inclusum, nach Gregor v. Tours VII, cap. 29 hatte 585 die Zelle des dortigen Abtes Glasscheiben. Die Glasfabri-

ist sie in Privathäusern erst gegen Ende des 12. Jahrh. nachzuweisen, wird dann von den Minnesängern — die es ja freilich auch besonders liebten, die Pracht (und Grösse) der Schlösser in übertreibender Weise zu schildern — zwar nicht selten, aber immer als etwas Besonderes erwähnt und war selbst im 15. Jahrh. und darüber hinaus noch nicht allgemein im Gebrauch[1]).

Fig. 478 Desgleichen

Kaum später als die unzweckmässigen Butzenscheiben[2]), jedenfalls schon im 15. Jahrh., wurden auch kleine durchsichtige in Form des Rhombus (verschobenen Quadrats), seltener auch deren rechtwinklige, alle in Blei gefasst, gebräuchlich. Beliebt waren alten Zeichnungen nach auch Zusammenstellungen von viereckigen mit Butzenscheiben (Fig. **477** aus D. Schillings Chronik nach Zemp), wie man später auch aus Rhombussen und Sechsecken verschiedene Figuren zusammen-

Fig. 477 Glasfenster

kation war bis zur gotischen Zeit gewissermassen ein Monopol der Klöster und wurde hauptsächlich für Kirchen ausgeübt.

[1]) Chronisten heben es als eine besondere Merkwürdigkeit hervor, dass im 15. Jahrh. einige Häuser in Basel Glasfenster hatten, ebenso 1428 Aeneas Silvius, dass solches in der Kaiserstadt Wien schon bei den meisten der Fall war, während sich noch 1553 Felix Plater über die geringe Anzahl der Glasfenster in Montpellier wundern konnte. In Zürich erhielten erst 1504 die bis dahin mit Tuch bespannten Fenster des Rathauses Glasscheiben. Auch in den Schweizer Bilderchroniken vom Ausgang des 15. Jahrh. (hgg. v. Zemp) sind Fenster ohne Glasverschluss noch nicht selten und der Maler Jost Amman († 1591) stellte noch solche mit offener oberer Hälfte dar. In dem Palas der jedenfalls bis in die gotische Zeit als landesherrliche Residenz dienenden Wartburg ist die Fensteranlage auf Verglasung augenscheinlich noch nirgend berechnet gewesen (Wartburgwerk S. 77), eine österreichische Fürstin hatte noch am Ende des 14. Jahrhunderts ihr Schlafzimmerfenster mit gewichster Leinwand bespannt (v. Cohausen, Befestigungsweisen S. 170), und in einer amtlichen Beschreibung des Palas von Tollenstein von 1584 werden noch mehrfach „Fenster" und „Glasfenster" unterschieden.

Entgegen solchen unanfechtbaren Tatsachen und Zeugnissen schreibt B. Ebhardt (Hohkönigsburg 1908, S. 14) von den Spitzbogenfenstern der Oedenburg: „Die Fenster sind ebenso wie die an der älteren Burg bereits für Verglasung eingerichtet, ja der Rahmen des eigentlichen Fensters war so eingesetzt, dass sogar die Ableitung des inneren Schweisswassers nach aussen ermöglicht war durch Löcher, die quer durch den harten Stein der Sohlenbank gebohrt sind. Gerade durch solche Kleinigkeiten zeigt sich auch hier wieder, wie wenig Recht die Schriftsteller haben, wenn sie einer vom anderen abschreiben, dass zur Zeit der spätromanischen und frühgotischen Burgen eine Verglasung der Fenster noch nicht vorhanden war, dass ein rauhes und hartes Leben oben auf diesen Burgen die Regel gewesen sei und dass die Kulturansprüche in bezug auf das Wohnen ausserordentlich gering gewesen seien." Dieser gewichtigen Berichtigung liegt der wesentliche Fehler zugrunde, dass E. bei den bis zu 3,5 m breiten Fenstern in einer Einrichtung für Vorsetzläden (s. weiterhin) ohne weiteres solche für eine Verglasung und ausserdem sogar dort Löcher für die Ableitung des Schweisswassers (?!) sieht, wo es sich doch nur etwa (ich erinnere mich derselben nicht) um hereingeschlagenen Regen gehandelt haben kann. Im übrigen begnügte man sich bis in die spätere Burgenzeit bekanntlich ebenda zur Beleuchtung mit Kienspänen oder trüben und qualmenden Oellampen und über die unzureichende Heizung s. weiterhin.

[2]) Rundscheiben von etwa 10 cm Durchmesser, so genannt von der nabelartigen Erhöhung in der Mitte, wo das Rohr des Glasbläsers angesetzt war.

stellte. Bei ganz verglasten Fenstern brachte man gern kleine besondere Flügel an, welche für sich in Angeln hingen oder seitwärts zurückgeschoben werden konnten (Fig. 477 und **478**). Später konnte auch, wie noch mehrfach erhalten ist[1]), das ganze „fahrende" Fenster in die Mauer zurückgeschoben werden. Bemalte Scheiben[2]), in der Regel Wappen u. dgl. enthaltend, wurden, wie dieselben Abbildungen zeigen, schon weil man nicht hindurchsehen konnte, regelmässig nur einzeln am oberen Rande des Fensters, sonst auch in der Mitte desselben angebracht.

Vor Gebrauch der Verglasung konnte man die Fenster nur mit Vorhängen, besonders aber mit Läden schliessen, in welchen letzteren allenfalls zum Einlassen spärlichen Lichtes kleinere Oeffnungen mit Hornplatten, einer Fetthaut flême), gefirnisstem Pergament, Marienglas oder dgl.[3]) bespannt waren. Die Läden bestanden, wenn nicht aus Stroh hergestellt *(„vensterschübel")*, aus Brettern zum Vorsetzen, zu deren festem Verschluss mittels Balkenriegeln man mitunter in den Seitenwänden der Fensternischen Löcher ausgespart findet, für kleinere Riegel auch im steinernen Fenstergestelle selbst[4]), bzw. in einem zu diesem Zweck dem mittleren Pfosten (bei gekuppelten Fenstern) in halber Höhe gegebenen Ansatze (Fig. **479** vom Palas in Neuwindstein im Wasgau, nach 1332 erbaut). Die Vorsetzläden setzen einen die Fenster umrahmenden Falz oder ähnliche Einrichtung voraus, was besonders in romanischer Zeit (Fig. 406, 453, 469) noch zu fehlen pflegt und, wenn später vorhanden, keineswegs (s. vorhin) zu einem Verschluss durch Glasfenster berechtigt. Die Einrichtung kann gegebenen Falles auch wohl mit nicht mehr vorhandener Wandtäfelung in Verbindung gestanden haben. Im 12. Jahrh. hatte man dann auch Klappläden mit an der Oberkante sitzenden Scharnieren[5]), im vierzehnten hie und da Schiebläden und erst im sechzehnten wurden auf Angeln oder an Bändern drehbare gebräuchlich[6]), die dann auch mit wagrecht getrennten Wappenfarben, einem Schrägkreuz und dgl. bemalt, in der zweiten Hälfte desselben Jahrh. auch aus Rahmen mit Füllungen hergestellt wurden[7]). Eiserne Fensterläden sind u. a. noch in dem bewohnbaren Berchfrit von Wachenheim erhalten.

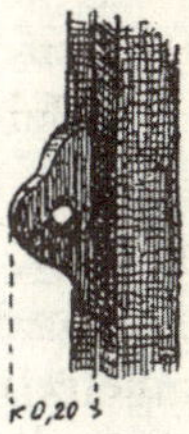

Fig. 479
Neuwindstein

1) Beispiele u. a. auf Schloss Tirol und Landskron in Kärnten.

2) Für die Glasmalerei in Deutschland, zunächst nur für kirchliche Zwecke, haben wir die älteste Nachricht gegen 1000 aus dem Kloster Tegernsee.

3) So werden u. a. Fenster mit lapis specularis vom Palas der Wartburg bezeugt. v. Ritgen, Führer, S. 78.

4) Geeignetenfalls können solche kleineren Löcher auch von Glasfenstern herrühren.

5) In dem Wohnturme von Baierdorf (meine „Oesterr. Burgen" II) ist in der 25 cm starken, nach aussen abgeschrägten Laibung des eigentlichen Fenstergerüstes beiderseits zu dem Zwecke ein Zapfenloch, das eine mit wagerechter Zuführungsrinne, ausgemeisselt. Am Palas von Maretsch sind oben an den Fenstern beiderseits eiserne Ringe angebracht.

6) Wenn nach Stephani (Der älteste deutsche Wohnbau 1903 II, 267) solche „sehr deutlich" schon auf einer Miniatur der Bibel Karls des Kahlen vorhanden sein sollen, so zeigt das (vollständige) Originalbild, veröffentlicht von Bastard, unverkennbar, dass es sich da sicher nicht um ein Fenster handelt.

7) Müller u. Mothes, Archäol. Lexikon. „Fensterladen." Nach v. Cohausen, Befestigungsweisen S. 170, „scharnierten zuweilen die Läden unter der Fensterbank und liessen, sobald sie offen standen, nur von oben das Himmelslicht ein, wie wir es noch bei Gefängnissen finden. An dem Fahrturme in Frankfurt ist das Fenster in einem kleinen Abstande vergittert, so dass hinter dem Gitter ein Laden, der tiefer unter auf zwei Tragsteinen aufruht, aufgezogen und befestigt werden kann."

Zu den Fensterverschlüssen im weiteren Sinne gehört auch das Eisengitter, welches erst in gotischer Zeit mehr aufkam, und in manchen Gegenden auf Burgen sehr gebräuchlich war. Die mit ihren Enden auf der Aussenseite des Fensters im Gewände steckenden Stäbe sind seit der romanischen Zeit und bis zum Ende des Mittelalters an den rechtwinkligen Kreuzungspunkten öfter durch verschieden gestaltete Ringe miteinander verbunden. Fig. **479a** *a* aus dem Kastell Fenis im Aostatale, *b* von Salzderhelden. Daneben wurde es weit gebräuchlicher, dass sich die an den Treffpunkten durchlöcherten Stäbe wechselseitig durcheinander schieben. Die mit der Mauerflucht bündigen oder, wie seit dem Ausgange der Gotik, vor ihr vorstehenden, auch gekrümmten und weiterhin mannigfach verzierten Gitter kommen für eigentliche Burgbauten kaum in Frage. Mitunter — so bei einem kleinen Turmfenster in Rothenburg o. d. Tauber — ist ein in Angeln hängendes Gitter mittels Schlosses zu befestigen. Obgleich die Gitter nur den Zweck haben können, ein Ein- und Aussteigen zu verhindern, findet man sie verhältnismässig häufig auch da angebracht, wo die Lage oder die Schmalheit des Fensters solches ohnehin untunlich machen würden.

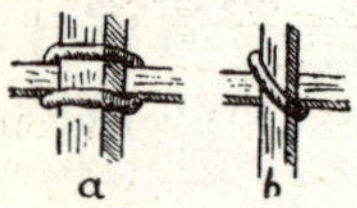

Fig. 479a Fenstergitter

Bei den zumal für die rauhere Jahreszeit und bei der meistens erhöhten Lage der Burgen ganz unzureichenden Verschlüssen erscheint es als befremdlich, dass man, und obenein gerade in der älteren, der romanischen Zeit, Fenstern (neben den Arkaden) eine ganz besondere Weite gab[1]), während meistens in Ermangelung eines rechteckigen Falzes auch nicht einmal ein Vorsatzladen anzubringen war[2]). Wenn so z. B. das Fig. 453 abgebildete Fenster von Münzenberg eine Gesamtbreite von 8 m bei 2 m Höhe hat, so scheint man es in den betreffenden Fällen gewissermassen für eine Anstandspflicht gehalten zu haben, einen so ausgestatteten Saal zu haben, wenn dann auch seine Benutzbarkeit wesentlich auf die wärmere Jahreszeit beschränkt bleiben mochte. Wie man daneben, freilich auch keineswegs überall, zweckmässigerweise sich für die Wohngemächer mit ganz winzigen Fenstern behalf, zeigt besonders Eger Fig. 404. In der gotischen Zeit kommen selbst vierlichtige Fenster kaum noch vor (vgl. S. 457), und es dürfte ein Unikum sein, wenn in dem Kastell von Paternò auf Sizilien in einem 6,30×17,50 m weiten und entsprechend hohen Saale die beiden Schmalseiten völlig von einem gewaltigen Fenster, je aus zwei durch eine Säule getrennten Spitzbogen bestehend, eingenommen wurden. Dagegen ist der 9×10 m messende Saal zu Sargans durch ein bzw. zwei mässig grosse einander gegenüberliegende Fenster nur unzulänglich erhellt. —

Mit Vorliebe in den Seitenwänden der Fensternischen, mitunter auch an anderer Stelle des Wohnraumes sind in der Mauerdicke kleine Behälter ausgespart. Sie finden sich auch in mehrere Fächer geteilt bzw. liegen ihrer mehrere über- oder nebeneinander, Fig. **480** aus dem Palas von St. Ulrich im Wasgau, im letzteren Falle auch wohl hinten in eines zusammenlaufend. Den in Fensternischen angebrachten Behältern

Fig. 480 Wandbehälter

---

[1]) Dazu auch meine „Oesterr. Burgen" I, 225 Anm. **)

[2]) Einzeluntersuchungen darüber in v. Essenwein, Wohnbau, S. 192.

Fig. 481 Desgleichen

gab man gern eine verzierte Umrahmung, so Fig. **481** aus dem Berchfrit von Hohenklingen. Eine reichere mit Wappen, Laub- und Stabwerk haben diejenigen des Berchfrits von Elfeld, von welchen eines ausnahmsweise mit 90 cm die etwa doppelte Höhe, als sonst gebräuchlich, hat[1]). Die Oeffnung ist zwar zumeist von einem Falz umgeben, zeigt aber sonst keine Spur einer in demselben angebrachten Tür. Es scheint also, als ob man den Behälter nur mit einem losen, genau in den Falz passenden und etwa mit einem Handgriffe versehenen Brett schloss, falls nicht ausnahmsweise etwa eine hier vorhandene Wandtäfelung das Anbringen einer verschliessbaren Tür in derselben gestattete[2]).

Hier mag auch angeführt werden, dass in dem Torwege des Deutschordensschlosses Reden eine zierliche kleine Wandnische mit vorspringender Sohlbank angebracht ist, jedenfalls um eine Laterne daraufzustellen[3]). —

Die Decken waren der Regel nach flache Holzdecken, seltener gemauerte Gewölbe. Es sind viele Burgen gebaut worden, welche keinen überwölbten Raum, nur ganz ausnahmsweise solche, welche deren ausschliesslich hatten. Zu ihnen gehört u. a. die Brömserburg, deren Gebäudeflügel drei, zum Teil ein-

Fig. 482 Saal der Burg Eltz

schliesslich des Kellers vier Gewölbe übereinander haben, ferner durchweg die Deutschordensburgen (13. Jahrh.), die Albrechtsburg zu Meissen (1473—81) usw.

Hauptsächlich finden sich Gewölbe über dem Keller, danach über dem Flur (soweit, s. weiterhin, solcher schon vorkommt), der Kapelle, dem Saale und der Küche. Beim Palas von Gräplang sind nur auf der einer Beschiessung ausgesetzten Giebelseite die beiden unteren Stockwerke durch starke Gewölbe gesichert.

[1]) Abgebildet in Annalen d. Nass. Vereins XXXIII, S. 119.

[2]) Bei einem bei Zemp, Schweiz. Bilderchroniken S. 342, abgebildeten Fenster steht in dem unverschliessbaren Behälter ein grosser Deckelpokal.

[3]) Abbildung in Steinbrecht, Preussen z. Z. der Landmeister, 1888.

An Burgen, die zum Schutz gegen Wurf- und Brandgeschosse gewölbte obere Stockwerke hatten, sind beispielsweise im Gebiet des unteren Rheines Reichenberg (1320), Balduinstein (1319) und Burg Schwalbach (1368) zu nennen.

Fig. 483 Balkendecken

Was die Arten der Gewölbe betrifft, so finden sich Tonnengewölbe hauptsächlich beim Keller[1]), ausnahmsweise auch beim Saal, so auf Burg Schwalbach und Eulenburg in Mähren (von 1507 und ca. 1550). Die Brömserburg hat über den Tonnengewölben nur zu oberst Kreuzgewölbe. Im ganzen unterscheiden sich die Gewölbe der Burgbauten kaum von den in den Fachschriften der Baukunst viel behandelten der Kirchen und Klöster. Schöne Gewölbe finden sich u. a. im 1288 erbauten Saal des Marburger Schlosses (hohe Kreuzgewölbe auf vier achteckigen Mittelpfeilern ruhend) und besonders in den Sälen der Marienburg (hochstrebende Fächergewölbe auf besonders schlanken Pfeilern). Der Saal auf Trifels war (S. 421) dreischiffig, ausnahmsweise vierschiffig mit 15 niedrigen Achteckpfeilern ist die 14,6×33,6 m weite, das Erdgeschoss des 1443 zu Urach erbauten Schlosses einnehmende „Türnitz". Fig. **482** zeigt das hübsche Rippengewölbe des besondererweise fünfeckigen „Fahnensaales" der Burg Eltz. S. auch Fig. 525, sowie beim Umbau Kap. 24.

Fig. 484 Aus der Hohkönigsburg

Bei Holzdecken waren in der Regel starke frei sichtbare Balken — in einem Abstande von oft kaum einem halben Meter — mit ihren Enden entweder in die Seitenmauern eingelassen oder ruhten auf einem hier vorhandenen Mauerabsatze oder aber (Fig. **483**) auf je einem hier auf Kragsteinen liegenden „Streichbalken". Recht im Gegensatz zu den einfachen Kragsteinkonstruktionen stehen die entsprechenden der Palasbauten der Hohkönigsburg. Unter ausgiebiger Verwendung behauenen Rotsandsteines sind da vielfach (Fig. **484**)[2]) nach den drei freien Seiten weit

[1]) Das Tonnengewölbe des grösstenteils oberirdischen Kellers des Palas von Oberwallsee in Oberösterreich ist bei 8 m Weite annähernd 7 m hoch und wird in der Mitte von einem aus Hausteinen sorgfältig aufgeführten Mauerbogen mit spätgotischen Steinmetzzeichen unterstützt.

[2]) Aus dem Innern des „Küchenturmes" nach einer Aufnahme der Messbildanstalt vor der „Wiederherstellung", welche natürlich diesen gross- und eigenartigen Aufbau nicht mehr zur Erscheinung kommen lässt. Viollet-Le-Duc erklärt ihn in seinem Dict. rais. für *le plus bel exemple, que nous connaissions de ces constructions civiles, dans lesquelles les encorbellements* (Vorkragung mittels Kragsteines) *jouent un rôle très-important.*

ausladende und deshalb durch Mauerpfeiler[1]) unterstützte Kragsteine angebracht, die längs der Wand durch Steinbalken und Ausmauerung miteinander verbunden sind, wodurch der mit Balkendecken bzw. Tonnengewölben zu überdeckende Raum zweckmässig verschmälert wurde.

Was dann die weitere Herstellung der Holzdecken betrifft, so war die einfachste nur ausnahmsweise vorkommende Art (auch ganze Dobeldecke oder Dippelboden genannt) die nur aus unmittelbar aneinander gelegten Balken bestehende. (Beispiele: Rothwasserstelz (Fig. 154), Eibenstein und Tarasp.) Die sonst hinzukommenden Bretter lagen nicht immer querüber auf den Balken, sondern in die dann entsprechend nahe gerückten war seitlich, ihrer Unterfläche nahe, ein Falz eingeschnitten, in welche ein starkes Brett (oder auch wohl mit Strohlehm umwickelte Staken) eingeschoben wurde. Die unteren Seitenkanten der Balken waren einfach oder verziert abgefast, jedoch in der Regel nur bis in die Nähe der Enden, welche kantig blieben. Die untere Fläche dieser Balken findet sich auch noch in mehr oder weniger künstlicher Weise durch Schnitzerei verziert[2]). In anderen Fällen nagelte man auch die Bretter nebeneinander unter die Balken und verdeckte die Zwischenfugen durch flache Leisten. So wurden auch gern, und zwar auch in kleineren Wohnräumen, tonnengewölbte Decken hergestellt[3]). Andernfalls bedurften bei weiteren Räumen die langen Deckenbalken einer Stütze in Gestalt eines in ihrer Mitte querüber untergezogenen Balkens, der dann seinerseits wohl auf einem oder mehreren Holz- oder Steinpfeilern ruhte[4]). Zur Vermehrung der Sicherheit wurde mitunter, so im obersten ungeteilten Stockwerk des Palas von Glopper (Vorarlberg), diesem Pfeiler zunächst noch ein kürzerer Unterzugsbalken (Sattelholz) aufgelegt, oder aber waren zwischen dem längeren und dem Pfeiler noch zwei schräge Streben angebracht (Fig. **485** aus dem Wohnturm von Reiffenstein in Tirol). Auf Runkelstein hat das Sattelholz die Form eines weit ausladenden Dreiecks mit hübsch profilierten Unterkanten[5]). Der am meisten in die Augen fallende Unterzugsbalken wurde gern durch Schnitzerei, aufgemalte Wappen und dgl. verziert, oder man gab ihm auch

Fig. 485 Aus Reiffenstein

[1]) Dieselben verstärkten zugleich die Wände gegen den Seitenschub der teilweisen gewölbten Decken, können aber schon ihrer geringen Stärke wegen nicht, wie Ebhardt (Die Hohkönigsburg 1908, S. 41) es tut, als eigentliche Strebepfeiler aufgefasst werden, die ausnahmsweise nicht aussen, sondern innen angebracht seien.

[2]) So besteht z. B. solche Verzierung in dem bewohnbaren Berchfrit von Hohenklingen a. Rhein nur aus einigen beim Behauen der Balken stehen gelassenen runden zolldicken Platten, in einem Saale des darunter im Städtchen Stein liegenden Georgsklosters in kunstreichsten Ranken, Arabesken und Spruchbändern.

[3]) Solche mit Holzpfeilern und krummen Unterzugbalken hat auch das weite Refektorium der Kartause zu Nürnberg. Abbild. in v. Essenwein, Wohnbau. Trostburg hat ein 4×6 m grosses getäfeltes, mit einer zweimal gebrochenen hölzernen Tonne überdecktes Gemach aus dem Anfang des 14. Jahrh.

[4]) Zwei Reihen runder Säulen hat die Decke des goldenen Saales (aus 1474) des Schlosses von Urach. Abbild. in Kunst- u. Altertumsdenkm. Württemb. Schwarzwaldkr. S. 463.

[5]) Abbild. in meinen Oesterr. Burgen VIII.

eine besondere, den Eindruck der Gediegenheit und Bausicherheit machende Stärke. So hat ein solcher Balken im Palas von Persen (Südtirol), vom Ende des Mittelalters, von oben nach unten annähernd 1 m Durchmesser, jedoch dies wesentlich nur zur Zierde, da man ihn mit Schmiegen und Hohlkehlen nach unten ganz zugespitzt und so seine Tragkraft wesentlich vermindert hat. Auch der Tragpfeiler selbst wurde mitunter mehr oder weniger reich durch Schnitzerei verziert. So ein spätgotischer auf Altschönfels, dessen Flächen auch schwarz, rot, weiss und gelb bemalt sind[1]). Ausser diesen Holzdecken einfacher Art finden sich jedoch in den Palasen kunstsinniger und reicher Grossen auch Decken, welche durch mannigfache Profilierung der Balken, Leistenwerk, Bildung mehr oder weniger tiefer Kassetten und die ganzen Flächen einnehmendes Holzschnitzwerk oder Malerei in mannigfachster und hervorragender Weise verziert sind[2]). Als Beispiele der mannigfaltigen Ausgestaltung mögen Fig. **486** und Fig. **487** aus Chillon dienen. Reiches figürliches Schnitzwerk findet sich u. a. in der 1322 erbauten Burg von Füssen (Südbayern)[3]).

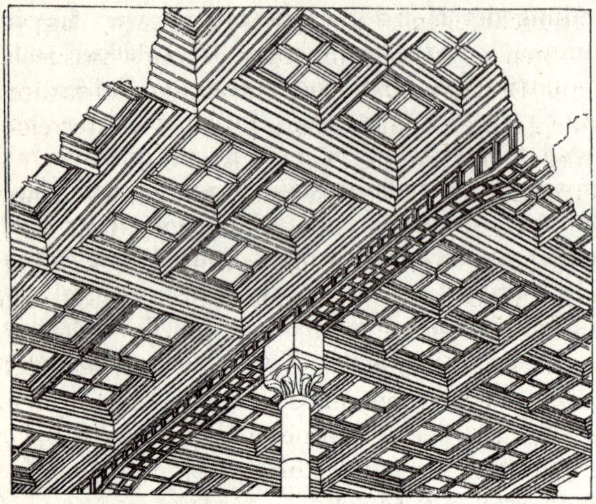

Fig. 486 Decke in Chillon

Deckentäfelung (laquear, laquearium) war schon in der Pfalz Karls des Grossen zu Aachen vorhanden[4]). Kassettendecken (Fig. 486) scheinen nur in romanischer und dann besonders wieder nach der gotischen Zeit gebräuchlich gewesen zu sein, sind allerdings bei romanischen Profanbauten wohl nicht mehr nachweisbar. Sie wurden in späterer Zeit aus Feldern in den verschiedensten mathematischen Figuren zusammengesetzt und mit reicher Ausmalung aller Art verziert. Beispiele auf Riegersburg, Trostburg, Rosenburg am Kamp[5])

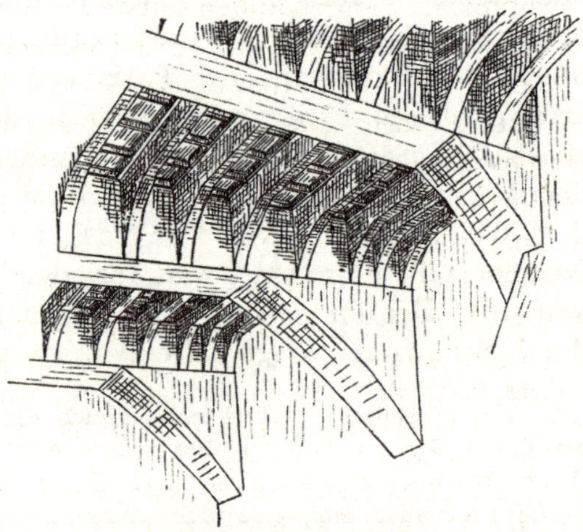

Fig. 487 Desgleichen

[1]) Abbild. im Invent. des Kgr. Sachsen H. 12.

[2]) Schon der weitgereiste Mönch Alex. Nekam († 1227) vergleicht spottend die geschnitzten Decken mit Spinnennetzen.

[3]) Andere Beispiele hat u. a. v. Essenwein, Wohnbau S. 128 ff. nach fremden Quellen dargestellt.

[4]) Nach Einhardi vita Carolimagni wurde da als Vorzeichen des Todes Karls d. Gr. ein „*assiduus laseariorum crepitus*" gehört.

[5]) Abbildungen in Oesterr. Burgen IV, VII, VIII.

und Friedberg in Tirol. Die geraden einfach weiss geputzten Decken kommen etwa am Ende des 16. Jahrh. auf, etwas später die mit Stukkatur verzierten, und in der Barockzeit die Spiegelgewölbe mit eingefügten Leinwandbildern und dergleichen. Ueber die jetzige Decke des Festsaales der Wartburg s. Kap. 24.

Eigentümlicherweise scheint es nicht eben selten gewesen zu sein, dass — vielleicht der besseren Heizbarkeit wegen — etwa 1 m unter der Geschossdecke eine besondere Zimmerdecke aus Brettern und etwa einem Estrich darüber hergestellt wurde (Tirol, Mauterndorf und Kaprun in Oesterreich, Rapperswyl, s. Fig. 413, in der Schweiz).

Durch das Aufnageln der Bretter auf die Deckenbalken entstand, wie heute, ein bretterner Fussboden, so jedenfalls zur Zeit der alten Holzbauten und auch später auf Dachböden und dgl. Im übrigen war jedoch das gewöhnliche während der Burgenzeit ein Estrich[1]) oder die Belegung mit gebrannten Ziegel- oder Tonplatten, die wohl nur ausnahmsweise durch Reliefauflagen, eingepresste Konturzeichnungen oder verschiedenfarbige Glasur verziert waren[2]). In dem bewohnbaren Berchfrit von Hohenklingen am Rhein messen diese (unverzierten) Platten 18 cm im Geviert bei 2,5 cm Stärke. Dieser unwohnliche und kalte Belag wurde jedoch, wie die Minnesänger vielfach bezeugen, durch Teppiche und bei festlichen Gelegenheiten durch aufgestreute Blumen und Gräser überdeckt.

Was die inneren Scheidewände betrifft, so waren bei einheitlich errichteten Gebäuden, und zwar schon in romanischer Zeit und bis weit über das Mittelalter hinaus, deren leichte, die, ohne Verband mit den Umfassungsmauern, dann in den Ruinen keine oder nur geringe Spuren zurückgelassen haben, ganz gewöhnlich. Sie bestanden entweder nur aus Brettern und Balken oder aus Fachwerk, welches einfach mit Stückstecken und Strohlehm (nur ausnahmsweise mit Mauerwerk) ausgefüllt war. In dem Wohngebäude von Steinegg waren sie im Oberstock sogar nur aus geflochtenem beiderseits mit Strohlehm beworfenen Buschwerk hergestellt[3]). Sie wurden öfter erst viel später in weite, ungeteilt aufgeführte Räume eingefügt[4]) und auch nach dem wechselnden Bedürfnis der Bewohner geändert.

---

[1]) Nach v. Essenwein, Wohnbau S. 135 bestand derselbe (aber gewiss nicht immer) aus Gips, mit Sand, Ziegelmehl und kleinen Ziegelbrocken vermischt. Auf dem Schlosse Koburg wurden noch im 15. Jahrh. die fürstlichen Zimmer eines Neubaues mit hellrot gefärbtem Estrich ausgegossen, der mit Wachs poliert wurde. (Heideloff, Ornamentik d. M.-A. S. 42.) Zu der Zeit wurden daneben einfache Bretterböden auch für Wohnräume gebräuchlich. S. auch S. 213.

[2]) Ueber verzierte Backsteinfliesen aus den Burgen Strassberg und Altbüron s. Anz. f. schweiz. Altertumsk. 1885, S. 113 u. 201. Im Nationalmuseum zu München sind kleine erhaben verzierte Fussbodenplatten aus der Abtei Steingaden „aus der Zeit von 1200 bis 1300". Andrerseits waren auch die bestausgestatteten Räume des Schlosses Rapperswyl mit einfachen Ziegeln ausgelegt. (Mitteil. d. antiquar. Gesellsch. VI, Heft 4.) Seit dem Ausgange des Mittelalters wurden auch durch glatte, sechseckig und anders geformte Ziegel verschiedene Figuren gebildet.

[3]) Rahn, Architektur- und Kunstdenkm. d. Kantons Thurgau 1899, S. 346.

[4]) So sind die beiden oberen Stockwerke des zu Ausgang des Mittelalters erbauten dreiflügeligen Wohnbaues von Heidenreichstein erst vom jetzigen Burgherrn zum Teil mit Zwischenwänden versehen worden, und der Palas von Kolmitz ist wieder verfallen, ohne dass (einem Inventar von 1708 nach) „ein sehr grosses Spatium" in ihm zu Zimmern ausgebaut worden ist. (Meine „Oesterr. Burgen" III, S. 50 und 104.)

Die Holzvertäfelung der Wände scheint erst am Ausgang der gotischen Zeit gebräuchlich geworden zu sein[1]). Sie war keineswegs überall, hauptsächlich in Tirol gebräuchlich. In einfachster Form wurde sie aus senkrechten glatten Brettern gebildet, deren Fugen durch profilierte Leisten verdeckt waren, während horizontale Bretter unten einen Sockel und in etwa halber oder der vollen Höhe des Raumes ein abschliessendes Gesims bildeten. Wie aber zur gotischen Zeit die Kunsttischlerei schon bei ähnlichen Aufgaben des Chorgestühls eine hohe Meisterschaft zeigt, so fehlt es auch bei Profanbauten nicht an reicherer Ausgestaltung des Täfelwerks, das dann besonders in der Renaissancezeit bei vielfacher Anwendung zu (natürlich stilgemässen) wahren Kunstwerken wird. Später kam dann auch kunstvolle Holzmosaik hinzu[2]).

Ebenso alt aber, wie bei uns der (mittelalterliche) Steinbau überhaupt, ist dessen Ausschmückung mit Wandmalereien, zumal man, und noch auf lange Zeit hinaus, zur Ausschmückung der Räume kaum etwas anderes kannte. So liess, wenn wir uns auf den Profanbau beschränken wollen, schon zu Anfang des 7. Jahrh. Königin Theodolinde in ihrem Palast zu Monza Darstellungen aus der longobardischen Geschichte ausführen. Abgesehen von unsicheren Nachrichten über Wandmalerei in Karls des Grossen Aachener Bauten, wissen wir, dass in seiner Pfalz zu Ingelheim, wenn auch erst unter Ludwig dem Frommen, vor 826 die Wände des Saales und der Kapelle mit biblischen und weltgeschichtlichen Darstellungen geschmückt wurden[3]). Heinrich I. schmückte 933 seine Pfalz zu Merseburg mit einer Darstellung der Ungarnschlacht. Der Wandgemälde in Palasen wird dann auch von den Minnesängern des 12. und 13. Jahrh. mehrfach gedacht[4]). Friedrich der Gebissene (1291—1324) liess den oberen Saal der Wartburg mit Darstellungen seiner Kriegstaten ausmalen[5]), 1342 war in Chillon das Gemach des Grafen mit solchen verziert[6]), reiche Wandmalerei meistens religiösen Inhaltes aus 1390 (jetzt von Steinbrecht veröffentlicht) ist im Deutschordensschlosse Lochstedt erhalten, und 1388 liess Niklas der Vintler die Burg Runkelstein bei Bozen in umfassender Weise mit den berühmten Fresken ausstatten, die (nach einer Wiederherstellung 1504—1508) noch zum Teil erhalten sind. Dieselben stellen bekanntlich Wappen, Turnier, Jagd, Tanz und Ballspiel, einzelne Personen und Szenen

[1]) Stephani glaubt (der älteste d. Wohnbau II, 244 f.), aus den Bildern des Evangeliars Karls d. Gr. eine Wandvertäfelung schon aus jener Zeit nachweisen zu können. In alten Akten findet man gelegentlich, dass die Wandtäfelung auch der Warmhaltung wegen geschätzt war, sowie dass sie wieder beseitigt wurde, weil sich die Mäuse dahinter einnisteten.

[2]) Das kunstreichste in dem (der Stadt Bozen vom regierenden Fürsten von Liechtenstein geschenkten) Schlosse Velturns unweit Brixen.

[3]) Vgl. Janitschek, Gesch. d. deutschen Malerei (Berlin 1887), S. 19 ff.

[4]) Vgl. Schultz, Höf. Leben I, 74 f.

[5]) v. Ritgen, Führer S. 40. Nach der Chronik von Rothe ein Brand daselbst 1317 *verderbete viel schones gemelis wunders unde kostlicher wopen der fursten unde streite.* Prof. Weber meint (Wartburgwerk S. 113), dass dafür nur an der Decke des Saales Platz gewesen wäre. „Reich mit Figuren bemalte Decken waren in romanischer Zeit allgemein üblich, in kirchlichen wie in weltlichen Gebäuden.“ „Die Decke kann dann freilich nicht in kleine quadratische Kassetten gegliedert gewesen sein, sondern muss in langgestreckten Flächen Platz für grössere Szenen dargeboten haben.“ — Deckengemälde in romanischen Wohngebäuden sind schwerlich irgendwo nachzuweisen, meiner Ansicht nach wahrscheinlich überhaupt nirgend vorgekommen.

[6]) Mitteil. d. antiquar. Gesellsch. 1887, S. 117.

aus der Geschichte und besonders aus dem Sagenkreise der Minnesänger dar. Mit ihnen wurden nicht nur der Palas und die inneren Räume des „Sommerhauses", sondern auch die offene Halle unter demselben und die dem Hofe zugekehrte Aussenwand bemalt[1]). Weitere bemerkenswerte Beispiele von Wandmalereien sind u. a. in dem Schlosse Sabionara zu Avio in Südtirol (13. und 14. Jahrh., auch im Hauptturme)[2]), auf Neuhaus in Böhmen (1338, Szenen aus der Legende des hl. Georg), auf Lichtenberg in Tirol (15. Jahrh., unter anderm auch Szenen aus der Bibel und der Tierfabel) und im Hofe von Fürstenburg daselbst (16. Jahrh.) im Hofe (berühmte Männer, Architektur, Allegorisches usw.), auf Klingenberg in Böhmen (mannigfaltig, Ende des 15., zum Teil, wie man meint, selbst 13. Jahrh.), auf Karlstein daselbst (1350, vielfach figürliches, selbst in einer gewöhnlichen Wendeltreppe) und auf dem mit Laufgängen umgebenen Hofe, sowie im Inneren des Kastells Fenis im Aostatale (Fig. 429). Der Saal der Burg Glatz wurde 1494 mit Geschichtsbildern, ein 1531 aufgeführter Wohnbau auf Rodenegg (Tirol) mit Tanzszenen, Wappen und Arabesken ausgemalt[3]).

Fig. 488 Hofarkaden in Dornsberg

Wenn so als Gegenstände der Wandmalerei fast alle erdenklichen vorkommen, so ist noch als eine dabei besonders beliebte Besonderheit die Darstellung berühmter geschichtlicher Persönlichkeiten, meistens in drei Gruppen zu je dreien zusammengestellt, zu bemerken. Auch an städtischen öffentlichen Gebäuden und über Deutschland hinaus vorkommend, finden sie sich u. a. auf Runkelstein, Valeria in der Schweiz und Lochstedt in Ostpreussen. Auf Runkelstein sind ausserdem noch Gruppen von je drei Riesen, „ungeheurigsten" Weibern, Zwergen etc. dargestellt.

Die Freude an farbiger Ausschmückung betätigte sich nicht allein in figürlichen Darstellungen, sondern auch in einem Ueberziehen der (auch hölzernen) Flächen mit einfachen Farben, nachgeahmten Quaderfugen und stilisiertem Ranken- und Ornamentwerk. Letzteres findet sich u. a. in den nach dem Hofe offenen Verbindungsgängen vor dem Palas von Dornsberg (Etschtal) Fig. **488**

---

[1]) Wiedergabe von Seelos und Zingerle (Wien, Wagner). Eine Uebersicht in Höfinger, Burg Runkelstein (Wien 1889).

[2]) Mitteil. d. k. k. Centralcomm. 1903, S. 162.

[3]) Proben der Wandmalereien aus Runkelstein, Neuhaus, Lichtenberg, Fürstenburg und Rodenegg in meinen Oesterr. Burgen.

(darunter ebenerdig weibliche Trachtenbilder) und der landesfürstlichen Burg in Meran, sowie auf Wänden und Holzdecken in den gleichfalls Tiroler Burgen Reiffenstein und Freundsberg[1]). In einem Gemache der Burg zu Nürnberg ist die flache Holzdecke auf einem Untergrunde von Arabesken mit einem die ganze Fläche einnehmenden heraldischen Doppeladler bemalt. In der Meraner Burg ist auch der Erker des „Kaiserzimmers" an den nicht vertäfelten Stellen der Wand sowohl als an der gewölbten Decke in der auf Runkelstein und Reiffenstein ausgeführten Weise bemalt, nämlich mit schwarzen Konturen und weissen Lichtern auf grünem Grunde. Ausser der ersteren werden besonders die Fenstergewände durch Malerei bevorzugt.

Wie wohl besonders bei festlichen Gelegenheiten bis etwa auf Manneshöhe Wandteppiche an wagerechten Stangen aufgehängt wurden, so findet sich das auch für die sonstige Zeit durch Malerei tunlichst nachgebildet.

In Burgresten ist die ehemalige Kapelle häufig nur noch durch die Reste der Wandmalerei, besonders wenn diese Heiligenfiguren enthält, erkennbar (z. B. in Hohenklingen am Rhein, Peggau und Pfannberg in Steiermark). Ausserdem war die bemalte Plastik beliebt. Man verzierte die Gliederungen der Holzdecke und die Schnitzerei der Wandvertäfelungen gern mit verschiedenartigen kräftigen und grell voneinander abstechenden Farben, und selbst steinerne Skulpturen und architektonische Gliederungen wurden mitunter vielfarbig bemalt, wie z. B. ein Fenster in Chillon (vgl. a. O. S. 172) und ein Kamin im „Sommerhause" von Runkelstein (Fig. 503a) zeigen.

Wenn, wie hier im Zusammenhang bemerkt werden mag, die Bemalung im besondern der Aussenflächen der Gebäude mit architektonischen Gliederungen und figürlichen Darstellungen in den Städten besonders der südlichen Hälfte unseres Gebietes — zumeist freilich in nachmittelalterlicher Zeit — vielfach beliebt war[2]), so ist solches bei Burgbauten nicht in gleichem Masse der Fall gewesen. Einfache, auf den Putz gemalte Quadrierung hat man da geschmackloserweise in späterer Zeit öfter hinzugefügt, und so selbst bei Berchfriten[3]). Ueber Arva s. S. 494 Anm. 2. Eine reichere gemalte Architektur auch in Fensterumrahmungen wurde mit Beginn der Renaissance besonders in einzelnen Gegenden beliebt. So sind nach Kunstdenkm. d. Provinz Schlesien II, 30 bei allen Schlössern des 16. Jahrh. in Böhmen und Schlesien Sgraffiten vorhanden. Besonders vollständig wurde etwa um 1600 die Trostburg mit reicher Fassadenmalerei (selbst an einer Scheune) versehen[4]). Als seltene Ausnahmen ist es immerhin zu betrachten, wenn auch die Berchfrite von Jörgenberg im Vorderrheintal und Arco am Gardasee, ein Turm des Schlosses Magliaso im Kanton Tessin und ein hoher, nach 1450 auf der Burg Hunyad in Siebenbürgen errichteter Brückenturm „dekorative Fassadenmalerei" zeigen bzw. zeigten[5]). Am Berchfrit

[1]) Abbildung in meinen Oesterr. Burgen VIII.

[2]) Z. B. das bekannte Goliathhaus in Regensburg, die bemalten Häuserfronten in Stein am Rhein und Schaffhausen, der (abgebrochene) ganz mit Wappen bedeckte „Wappenturm" in Innsbruck usw.

[3]) So z. B. der Berchfrit von Zebrak, der obere Teil desselben von Bäreneck in Tirol, nur an den Ecken auf Kammerstein in Steiermark.

[4]) Abbildungen in „Oesterr. Burgen" VII.

[5]) Anz. f. schweiz. Altertumsk. 1880, 33, Mitteil. d. antiquar. Gesellsch. XXI, 15 mit Abbild. und Erbkam, Zeitschr. f. Bauwesen 1868, S. 465.

brachte man möglichst unten öfter in grösstem Masse ein Bild des hl. Christophorus, des Beschützers vor Gefahr, an, so am Wohnturm von Bayerdorf (Steiermark, Fig. 156) und auf dem nahen Mauterndorf, früher auch zu Liebenfels im Thurgau[1]).

Auf die weitergehenden phantasiereichen Schilderungen der Minnesänger ist hier gewiss wenig Gewicht zu legen. Ein Beispiel in Runkelstein, wurde schon erwähnt. Wenn ferner die Kemenate der Wartburg nach ihrem Neubau in Fachwerk 1317 das „*gemolte hus by dem thorme*" genannt wird, so darf man diese auffallende Bezeichnung auch wohl auf äussere Bemalung beziehen.

Das aufgemalte Zifferblatt einer Sonnenuhr wurde gern mit weiterer Malerei, besonders von Wappen in Verbindung gebracht, Fig. 156 und meine „Oesterr. Burgen" IV, S. 130 (Rappottenstein). In einfacherer Weise zeigt die Ostseite des Palas von Deuerburg am Rhein am Bogenfries abwechselnd rot und weiss bemalte Keilsteine und Tierfiguren in den Feldern, während die Grundlinie jedes Bogens zugleich die obere Seite eines gleichseitig dreieckigen Schildes bildet[2]). —

Die schon von den Griechen und Römern angewendete, dann aber erst am Ende des Mittelalters wieder aufgekommene Stukkatur machte sich in bis in die Barockzeit wachsendem Masse auch in Burgen breit, und im Zusammenhange damit liebte man es, alles auch aussen in geschmackloser Weise mit weissem Putz zu überziehen, hier und da auch wenigstens die Fenster mit einem weissen Rahmen zu umpinseln. —

Als Einrichtung zum Kochen in einem geschlossenen Raume genügt (vgl. Fig. 140) eine Feuerstelle und ein Rauchabzug[3]), und so findet es sich denn auch bis zum Ende des Mittelalters, dass die bauliche Einrichtung einer Burgküche lediglich aus einem nur entsprechend grossen Kamin, wie er sonst zur Heizung diente, bestand. So ist ein solcher im Kastell Verrès (1390) bei 1,50 m Tiefe 3,60 m breit. Ueber einen ähnlich grossen (anscheinend später eingebauten) im Wohnturme von Hermannstein (1377) s. S. 239. Auf Hohkönigsburg (1480) deuten zwei aneinanderstossende gleich einfache Kamine auf die Küche hin.

Ein sicheres Anzeichen für einen als Küche benutzten Raum bildet der freilich nur ausnahmsweise vorhandene in Tischhöhe in einer Aussenwand angebrachte Ausgussstein[4]), zumeist ein an der Sohle eines Fensters durch die Mauerdicke gehender Stein, dessen Oberfläche zu einer flachen nach innen erweiterten Rinne ausgehauen ist. Beispiele: Meyenburg in Tirol, Fig. **489** und, minder einfach, Hanstein im Eichsfelde, Fig. **490**. In dem obersten Stockwerk des Berchfrits von Habsburg besteht die Sohlbank einer Fensteröffnung

[1]) „Oesterr. Burgen" II, S. 28 mit Abbild. und Rahn, Kanton Thurgau S. 250. Recht verfehlt hat man bei dem Wiederaufbau von Cochem an der Mosel dasselbe Bild oben unter den Zinnen des Berchfrits in schimmernder Mosaik angebracht. Der „Hexenturm" daselbst zeigte früher „innen und aussen Spuren von Bemalung". (Lehfeldt, Bau- und Kunstdenkm. d. Reg.-Bez. Coblenz, S. 243.) Ein Aufsatz „Ueber Aussenbemalungen" in der Denkmalpflege 1909.

[2]) Baudenkm. im Reg.-Bez. Wiesbaden, 71.

[3]) Auch dieser mag noch heutzutage in mancher ärmlichen Wohnung fehlen.

[4]) In Spessburg ist unter dem besonders hoch liegenden auf dem Fussboden ein grosser Trittstein angebracht.

ganz aus dem Gussstein, dessen flache Rinne unter dem daraufstehenden steinernen Fensterrahmen hindurchgeht[1]). Ebenda in dem Wohnturm von Baierdorf ragt 1 m über dem Fussboden nach innen aus der Wand

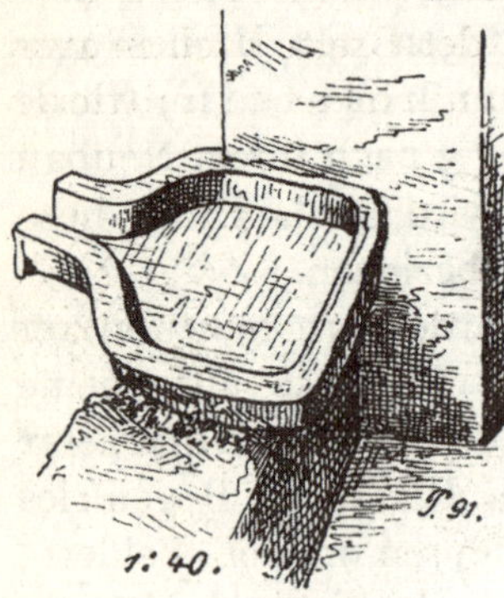

Fig. 489 Ausgussstein

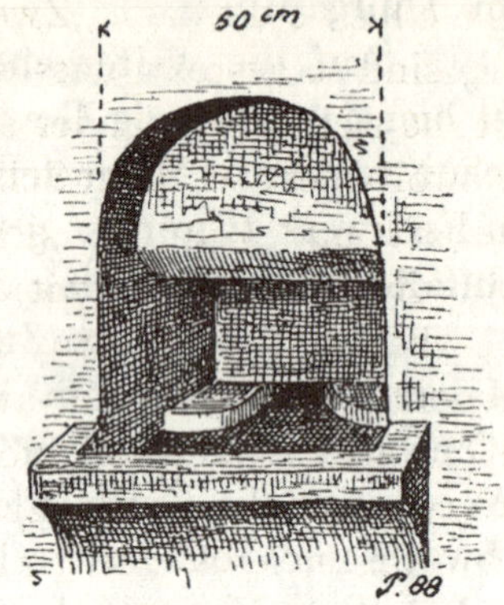

Fig. 490 Desgleichen

ein Ende eines 0,30 m starken Lärchenbalkens hervor, an dessen ausgehöhlter Oberfläche sich ein die Mauer durchquerender Kanal anschliesst.

Wenn in dem bewohnbaren Berchfrit von Hohlenfels (Luxemburg) ein Ausguss sich in dem mittleren als Saal reich ausgestatteten Stockwerk findet, so wird das zeigen, dass man wenigstens im Notfalle auch den dortigen weiten Kamin zum Kochen benutzen wollte. Im Palas der Wartburg kam für den mittleren Raum des Erdgeschosses zu dem — nach v. Ritgen erst später angeordneten (?) — Ausgussstein und dem „Küchenkamin" noch ein „grosser Herd", und wir werden da also mehr als eine (frühere) „Putzküche" und Speisesaal[2]), sondern die wirkliche Küche anzunehmen haben, neben welcher eine geradläufige Treppe zum Hinauftragen der Speisen in die oberen Geschosse zu dienen hatte.

Da ein Gussstein überhaupt im ganzen selten war, und von einem Herde in den Ruinen unserer Palase fast nie etwas zu finden ist, so fehlt in den letzteren in der Regel jede Spur der vormaligen Küche. Meistenfalles lag sie da im Erd- oder im ersten Obergeschoss (über Eger s. zu Fig. 404), in dem Palas von Hohenklingen neben dem Saale eigentümlicherweise derart, dass der Zugang zu demselben dicht am Herd und dem Ausgussstein vorüberführt. War sie in einem Nebengebäude oder Flügel untergebracht, so ist das mitunter in der Weise geschehen (Falkenstein im Harz, und die „alte Burg" von Penzlin in Mecklenburg), dass ein Zugang zu dem inneren Burghofe durch dieselbe führt.

Der Herd bestand bis in die Renaissancezeit aus einer massiven Aufmauerung, auf welcher ein offenes Feuer angemacht wurde. Ausnahmsweise besteht er in dem (bis vor kurzem bewohnt gewesenen) Bäreneck (Tirol) aus einem starken auf vier niedrigen Ständern stehenden und nur mit Mauerung ausgefüllten Holzrahmen. Anstatt des auf der Herdplatte aufzustellenden eisernen Gestells, um die Kessel und Kochtöpfe daran zu hängen oder des aus dem Rauchfange herabhängenden sägeförmigen Kesselhakens, stand in der Küche zu Pürnstein (Oberösterreich) zu beiden Seiten der Feuerstelle eine 1,50 m hohe, schlanke, achteckige Steinsäule, oben mit einem Einschnitt für eine sie verbindende Eisenstange.

Diente nicht ein Kamin als Kochstelle, so war über dem Feuer, wie überall üblich, ein Rauchfang angebracht. Einen solchen einfachster Art in dem Ein-

[1]) Es ist anzunehmen, dass da ein Kamin an der vierten, jetzt fortgebrochenen Wand vorhanden war. (Ich kenne die jetzt wieder aufgebaute Burg nur als teilweise Ruine.)

[2]) Er ist bei der Restauration als solcher, der nördlich anstossende Raum als Küche eingerichtet worden.

gangsgeschoss des Berchfrits von H o h e n k l i n g e n s. Fig. 140. Fig. **491** stellt (nach S t e i n b r e c h t , P r e u s s e n z. Zt. der L a n d m e i s t e r , S. 117 verkleinert) den Kamin einer 7×12 m weiten Küche im Deutschordensschlosse L o c h s t e d t dar. „Zwei starke Granitsäulen tragen zugleich Decken und Schlot. Sie sind so gestellt, dass der Raum der Länge nach in drei, der Breite nach in zwei Joche sich schneidender spitzbogiger Tonnen geteilt wird; auf einem der mittleren Gewölbfelder steht der Schlot. Zwischen Schaft und Kapitell der Säulen ist ein Zwischenstück mit je zwei angearbeiteten Konsolen eingeschaltet; gegen diese Konsolen spannen sich von Säule zu Säule und von Säule zur Wand profilierte Flachbogen, welche den Mantel des Schlots tragen. Darunter stand wahrscheinlich ein Herdblock aus Ziegelmauerwerk.“ In B ä r b e l s t e i n (Rheinpfalz) erhebt sich über dem Küchenraume ein gewölbartig aus dem Felsen gehauener Rauchfang mit einer seitlich ins Freie gehenden Auslassöffnung[1]). Der Herd ist hier — ähnlich in W e i s s w a s s e r s t e l z am Rhein — in einer Ecke in Gestalt eines Viertelkreises aufgemauert.

Fig. 491 Küche in Lochstedt

In anderen Fällen war die Küche auch ein b e s o n d e r e s G e b ä u d e , dessen Innenraum über dem annähernd in der Mitte stehenden offenen Herde[2]) sich in Form eines steilen aufgemauerten Zeltdaches allmählich zum Rauchloche verengte. Die Herdanlage sowie das Aufhängen von Räucherwaren machten diesen mächtigen, öfter noch mit seitlichen Rauchauslässen versehenen Mantel zweckmässig; da aber ein solcher Bau sich nicht wohl in einen anderen weiteren mit seinen senkrechten Wänden einfügte, stellte man ihn abgesondert hin.

Solche Küchengebäude waren, soweit meine bisherige Erfahrung reicht, hauptsächlich in einem Landstriche gebräuchlich, als dessen Zentrum Niederösterreich erscheint. Die da zumeist auch in Ruinen wohlerhaltenen zeigen im einzelnen manche Besonderheiten. Auf A r a b e r g ist die Lage des Gebäudes auf abfallendem Terrain dazu benutzt, unter dem Küchenraume noch einen ebenso grossen, zum Teil aus dem ansteigenden Felsen gehauenen, überwölbten Raum mit eigenem Eingange anzulegen, welcher Raum — eine jedenfalls zweckmässige Verbindung — der Ueberbau von einem jetzt zugeschütteten 50 Klafter tiefen Brunnen sein soll. In P e g g a u ist der unten mannigfaltiger gestaltete Raum über teilweiser Ueberwölbung und Ueberkragung mit einem regelmässig sechsseitigen Rauchfang überdeckt. Da der Küchenbau auf der Angriffsseite liegt, ist der Rauchfang hier durch eine in stumpfen Winkeln gebrochene aus dem Gebäude selbst herauswachsende hohe Mauer gedeckt. In A g g s t e i n ist dem unregelmässig fünfseitigen Küchenraum ein 4 m weites Halbrund wie die Apsis einer Kapelle angeschlossen. Die Küche von G u t e n s t e i n fällt, zumal für einen herzoglichen

[1]) So wenigstens in der mir nur bekannten Ruine der jetzt wiederaufgebauten Burg.
[2]) So schon auf dem Baurisse des Klosters St. Gallen vom 9. Jahrh.

Haushalt, durch ihre Kleinheit (16 qm Innenraum) und die geringe Geschlossenheit ihrer Wände auf. In der Mitte zweier Seiten der dachförmigen Verjüngung sind, ebenso wie auf Araberg, Nebenrauchlöcher angebracht. Weiter oben ist der Raum durch einen hindurchgespannten flachen Mauerbogen geteilt. Die Zweiteilung durch einen Bogen fand sich in dem jetzt zusammengefallenen Küchenbau von Geyersberg bei Friesach unten in dem Küchenraume selbst.

Fig. 492
Küchenbau in Neuhaus

Besonders eigentümlich ist solcher Bau (der sogenannte Rote Turm) im Schlosse Neuhaus in Südböhmen. Dort ist beim Anfange des Kreuzgewölbes eine Zwischendecke eingezogen, und von da aus steigen in den vier Ecken des Gebäudes ebensoviele Schornsteine auf, die, Fig. **492**[1]), nach aussen strebepfeilerartig vorstehen, zum Teile aber auch erst von diesem Punkte aus vorgekragt sind. Etwa 2 m unterhalb der Decke läuft ringsherum eine auf kräftigen Kragsteinen gemauerte Galerie, vermutlich angebracht, damit man bequemer zu den oben aufzuhängenden Räucherwaren gelangen könne. Frei in der Mitte des Erdgeschosses steht noch der grosse plumpe aufgemauerte Feuerherd. Neben der Eingangstür ist ein weites tief herabgehendes Fenster, aussen mit breiter wagerecht vorstehender Sohlbank angebracht, wie das zur Austeilung der Speisen an die Schlossbewohnerschaft zweckmässig war[2]). Das durch die Zwischendecke von dem Küchenraume abgeschnittene Gewölbe gibt dem so entstandenen oberen Geschosse eine eigentümliche zeltartige Form. Nur kurz unter dem Scheitel ist derselbe noch mit einer Decke geringen Durchmessers überdeckt. Diese, wie zwei der Seitenwände (Gewölbkappen) zeigen Reste alter Freskomalereien, deren eine einen Landtag oder eine Gerichtssitzung darstellt. Der Raum wird auch jetzt als früheres Gerichtslokal bezeichnet.

Fig. 493
Küche auf Starhemberg

Mitunter, so besonders auf Aggstein, liegt der Küchenbau so weit vom Palas entlegen, dass anzunehmen sein wird, es sei in letzterem für den Tisch des Burgherrn selbst dann noch eine besondere kleine Küche vorhanden gewesen. In Starhemberg (Niederösterreich) liegt er (Fig. **493**) zwar auf einem kleinen freien Platze, aber doch innerhalb der Umfassungsmauern eines langen Wohnbautraktes. Die Küche hat, die auf drei Seiten vorhandenen

---

[1]) Weitere Abbildungen in Oesterr. Burgen VI.

[2]) Ebensolche Oeffnungen sind bei den Küchen im Schleglerschloss und im Wohnturme von Taufers nach einem inneren Gange hin gerichtet.

weiten rundbogigen Nischen eingerechnet, eine lichte Weite von 6 m im Quadrat. Wie sich das auch sonst findet, steigt über dem steilen Pyramidendach noch ein Schornstein auf. Derselbe ist hier, aus Mauersteinen aufgeführt, besonders schlank, in der unteren Hälfte acht-, darüber viereckig und endigt mit einer zierlichen, aus ganz kleinen Steinen gebildeten Bekrönung. Auf Petersberg (hier unrichtig als „Schmelze" bezeichnet) schliesst sich der Küchenbau aussen an den Wohnbau an (so vormals auch bei Eger); bei Persen in Südtirol ist er nur zur Hälfte hinausgerückt, so dass der in der Mitte aufragende hohe Schornstein an der Aussenseite der Palaswand hinaufgeführt werden konnte.

Ausnahmsweise findet sich solcher Küchenbau jedoch auch ganz innerhalb eines anderen Gebäudes, wenn schon, soweit mir bekannt, nicht gerade in einem hauptsächlich zur herrschaftlichen Wohnung eingerichteten Bauteile, so im Deutschordensschlosse Reden. In Pürnstein (Oberösterr.) wurde, um die störende Pyramide weniger umfänglich zu machen, schon der Raum unter ihrem Anfang noch mehr als auch sonst mitunter durch Mauerbögen oder teilweise Ueberwölbung verengt. In Schachenstein (Steiermark) schliesst der hohe so verengte Raum mit einem Tonnengewölbe ab, in dessen Scheitel eine viereckige Oeffnung als Rauchauslass ausgespart ist[1]. —

Von dem Herdfeuer mit seinem Rauchabzug (über diesen s. weiterhin) ist zu dem Heizkamin ein so kleiner Schritt, dass das schon frühzeitige Vorkommen solcher fast unentbehrlichen Einrichtung zunächst in den Wohnräumen der vornehmeren Palase an sich durchaus wahrscheinlich ist.

Die älteste Nachricht in Wort und Bild über solche mittelalterlichen Heizanlagen in dem hier zu behandelnden geographischen Gebiete findet sich bekanntlich auf dem berühmten Baurisse des Klosters St. Gallen vom Jahre 820[2]. In den erklärenden Aufschriften sind dort zahlreiche Räume als camenata (Kemenate) oder pisalis (Phiesel und Phieselgadem) bezeichnet, und der Zeichnung nach besteht die Heizanlage teils aus nischenartigen Feuerstätten, teils aus solchen, die von den Ecken aus rund in den zu heizenden Raum vorspringen[3], während die beiden Refektorien, ausdrücklich als pisalis überschriebene Räume und ein „domus fornace calens" dieser Anlagen entbehren, also aller Wahrscheinlichkeit nach mit Hypokausteneinrichtung versehen sein sollten[4]. Ueber dem „caminus" aber erhebt sich der Schornstein („exitus" oder „evaporatio fumi"). Diese ebenso ausgedehnten als entwickelten Heizanlagen erklären sich einesteils durch die rauhe Höhenlage des Klosters, gestatten aber auch andrerseits den Schluss, dass man auch schon früher ähnliche Einrichtungen

---

[1]) Abbild. in meinen „Oesterr. Burgen" I, S. 180 und II, S. 183.

[2]) Ein Bericht von 812 (?) über eine Inspektion kaiserlicher Landgüter führt neben Kemenaten auch *pisiles* auf. Ob letztere jedoch nur „heizbare Gemächer" sind (Stephani, der älteste d. Wohnbau II, 98), erscheint mir zweifelhaft. So sollen deren elf im Wohngebäude zu Asnapiom (?) sein. *Pisales, piselis* (die Form *pisilis* scheint sonst nicht vorzukommen) bedeutet nach Brinckmeier, Glossarium diplom II, 1856, nur überhaupt ein Zimmer, eine Werkstatt, nach Lexer freilich „Arbeitsraum der Weiber und deshalb heizbarer Raum", wonach *Phiesel* = heizbares Frauengemach.

[3]) So in den nebeneinander liegenden *dormitorium* und *mansio abbatis* in zwei aneinander stossenden Ecken, offenbar zwecks Benutzung desselben Rauchrohres.

[4]) Ein auf dem Risse bei diesen Bauten aussen zumeist angefügtes halbrundes praefurnium (Schürofen) erhebt dies wohl zur Gewissheit. S. über Hypokausten auch weiterhin.

kannte, und so lässt sich das in der Tat bezüglich St. Gallens auch schon für das Jahr 816 feststellen[1]).

Bei der dabei am nächsten liegenden Frage, seit wann Kamine in Burgbauten angebracht wurden, pflegt nicht nur die unsichere Altersbestimmung der letzteren, sondern auch noch der Umstand das Finden einer Antwort schwierig zu machen, dass Kamine sehr wohl, wenn auch kaum anders als wenn sie mit ihrem Rauchrohr ganz ausserhalb der Wandmauer liegen, auch nachträglich einem älteren Bau hinzugefügt werden konnten und nachweislich mehrfach hinzugefügt worden sind.

Fig. 494 Hohe Schwarm

Hiernach dürften die ältesten noch vorhandenen Kamine mit nachweislicher Bauzeit die des Landgrafenzimmers und des anstossenden Sängersaales des Palas der Wartburg sein[2]). Sie liegen mit ihrem Feuerplatze zum Teil, mit ihrem Rauchrohr mitten in der Wanddicke, während der Palas, wie wir wissen, seit 1067 erbaut worden ist.

Der wohl noch dem 10. Jahrh. angehörende Hohe Schwarm hat in seinem mittleren Stockwerk die Kragsteine für einen Kaminmantel, deren auffallend rohe Zurichtung Fig. **494** kaum erlaubt, sie, als etwa nachträglich hinzugefügt, in eine spätere Zeit als diese zu setzen.

Der Kamin im Eingangsstockwerk des Berchfrits von Schönburg bei Naumburg, Fig. **495**, hat, als besonders alt, wenn nicht „der älteste bekannte in Deutschland" (Müller u. Mothes, Archäol. Wörterb. „Kamin"), eine gewisse Berühmtheit erlangt[3]). Die Burg wird jedoch erst 1137 urkundlich genannt. Auch der Berchfrit der wohl noch am Schlusse des 10. Jahrh. gegründeten

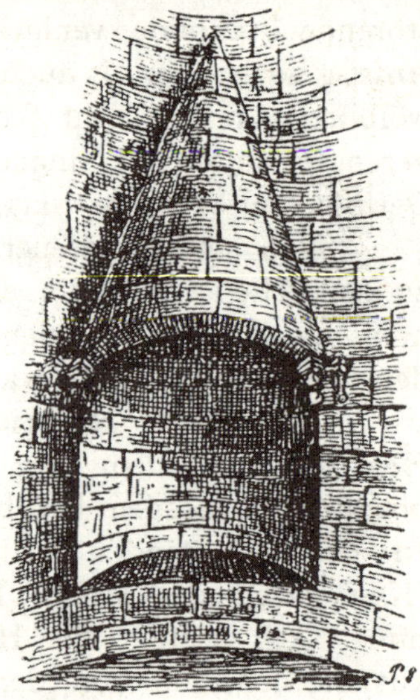

Fig. 495 Kamin aus Schönburg

[1]) Neugart, Codex diplom. Alemanniae A. 1, pag. 158: Charta Cozperti (Mai 816): „*Quando vero ad monasterium converti voluero, tunc habeam kaminatam privatim deputatam*". Gozpert war damals Abt von St. Gallen.

[2]) Jedenfalls sehr irrtümlich weiss B. Ebhardt (Deutsche Burgen I, 87) im südwestlichen Eckbau der fränkischen Salzburg noch „sehr frühromanische Kaminsäulen", also etwa 8. Jahrh., nachzuweisen. Die beigefügte Abbildung zeigt aber in rechtwinklige Pfeiler eingeschnittene Ecksäulen, die bekanntlich fast nur dem 12. Jahrh. angehören. (Den von Simon, Studien S. 198, dafür gesammelten Beispielen könnten u. a. noch Lobdaburg in Thüringen und Wildenburg im Odenwald hinzugefügt werden.)

[3]) Prof. Dehio bemerkt im Handb. der deutschen Kunstdenkm. (1905) I, 278 abweichend von der sonstigen äussersten Knappheit seiner Behandlung der Burgen: (im Berchfrit) „ein Gemach mit Kamin in den Formen, die am Naumburger Dom c. 1220 zur Erscheinung kommen, also nicht der ‚älteste Kamin Deutschlands'". Was diese „Formen des Kamins" betrifft, so heisst es in Bau- u. Kunstdenkm. d. Prov. Sachsen, H. 26, S. 209: „Der Rauchfang ruht auf Kämpfern und Würfelkelchkonsolen. deren feine Profile genau denen am Dom in Naumburg (Vorhalle, Vorkrypta) um 1220 entsprechen." Mit dem Berchfrit ist auch der Kamin (der keine nachträgliche Aenderung erkennen lässt) jedenfalls ein Jahrhundert älter.

Eckartsburg hat Spuren eines Kamines, jedoch in einem Stockwerke, welches ein Fenster erst 12. Jahrhunderts enthält, wonach der Bau überhaupt erst aus dieser Zeit zu stammen scheint.

Zu den ältesten uns erhaltenen Kaminen gehört allem Anschein nach auch der im bewohnbaren (von unten) dritten Stockwerk des nördlichen Hauptturmes von Hohenrätien (Graubünden) befindliche (Fig. **496** nach Krieg v. Hochfelden, Militärarch. S. 241). Schon um 600 bis ins 9. Jahrh. sass das rätisch-fränkische Grafengeschlecht der Victoriden hier auf einer Burg (einen gleichnamigen Ort gibt es nicht), und im 11. Jahrh. kommen wieder „Edle von Hoch-Realta" vor, denen gewiss die jetzt noch vorhandenen Baureste bis auf die neuere Johanniskapelle zuzuschreiben sind. Der Kaminmantel mit Spuren vortretender Halbsäulen oder Pfeiler ruht nach Krieg a. O.[1]) auf zwei horizontal in die Mauer eingelassenen Balken, die, fast 3 Fuss vorstehend, durch eine Pfette verbunden sind, und solche Rahmen wiederholen sich eigentümlicherweise in zunehmender Höhe und Verjüngung zur Entlastung des untersten, indem, ebenso ungewöhnlich, der Mantel sich allmählich zum Rauchrohr verengt und so das oberste Stockwerk durchziehend bis zur Brustmauer der Plattform emporstieg. Die Wände des Mantels bestehen aus dünnen und schiefrigen Platten des in der Nähe gebrochenen Materials, aus welchem fast die ganze Burg aufgebaut ist, und sind reichlich mit Lehm und Mörtel überstrichen. Die Feuerstätte liegt gutenteils in der Mauerdicke und zeigt hier dasselbe opus spicatum, welches am ganzen Burgbau vielfach vorkommt[2]).

Fig. 496 Hohenrätien

Fig. 497 Krämpelstein

Andere eigentümliche und einfache Anlagen sind folgende. In dem nahezu wohlerhaltenen Wohnturme von Krämpelstein a. d. Donau (um 1200) (Fig. **497**) ist die in einer Ecke ganz in der Mauerdicke liegende Feuerstätte oben gegen das Turminnere nur durch einen vor der Wand vorstehenden, aufsteigenden Strebebogen geschlossen, dessen tieferes Ende auf einer Konsole aufliegt. Der sehr einfach aufgemauerte Kamin Fig. **498** aus dem Palas von Salzderhelden ruht, wie der beigefügte Grundriss zeigt, mit nach unten nur wenig eingezogenem Gewände ganz auf dem die

Fig. 498 Salzderhelden

[1]) Der Bau war mir bei einem Besuch der Ruine nicht zugänglich. Ein Mitglied der alten Familie Jäcklin, welcher die Ruine seit lange gehört, hatte den Ausbau zweier der (3) Türme zu Wirtschafts- und Wohnungsräumen unternommen.

[2]) Um so weniger liegt wohl die Wahrscheinlichkeit vor, dass, wie Krieg a. O. meint, der Kamin erst später, „aber noch immer im Laufe des 12. Jahrh. in die Mauer gebrochen und der Mantel noch später hinzugefügt wurde, nachdem ein kürzerer, in älterer (?) Weise schräg durch die Mauer geführter sich als ungenügend erwiesen" (?).

beiden untersten Geschosse trennenden Absatze der fast 2 m starken Aussenmauer. Eine wieder ganz andere Form einfacher Aufmauerung zeigt Fig. **499** aus einem Wohngemach von Tarantsberg, eine andere eigentümliche Gestaltung der verzierte gleichfalls eine Ecke einnehmende Kamin Fig. **499a** aus

Fig. 499 Tarantsberg

Fig. 499a Neuhaus

Fig. 500 Burg Schwalbach

Neuhaus in Böhmen. Wenn bei den Kaminen im Eingangsstockwerk der beiden Besigheimer Berchfrite der eckige Mantel ungewöhnlicherweise in stumpfen Winkeln nach vorn verengt ist, so war das wohl durch die kreisrunde Form des Gemaches veranlasst. Einen schlank in einer Spitze zusammenlaufenden Mantel hat (Fig. **500**) ein Kamin des um 1370 erbauten Berchfrits von Burg Schwalbach.

Was die Unterstützung des Rauchmantels betrifft, so ruhen die einfachsten lediglich auf einem aus der Wand hervorstehenden Balkenrahmen (Fig. 496, auch 140). Als besondere Tragkörper haben wir dann zunächst nur entsprechend entwickelte Konsolen (Fig. 494 und 500), zu welchen dann weiter, allerdings wohl wesentlich zur Zierde, je eine Stützsäule kommt. Der Rahmen des Mantels besteht da entweder aus Holz oder aus Haustein. Ein Kamin (Fig. **501**) in dem Palas von Rathsamhausen hat zu beiden Seiten des nicht mehr vorhandenen Mantels nur ein aus romanischen Säulen und eckigen Pfeilern zusammengesetztes Bündel. Sonst, so zu Besigheim, begnügte man sich auch mit einer einfachen Rundsäule auf beiden Seiten. In dem zerfallenen romanischen Palas auf Starhemberg hatten diese Säulen Akanthuskapitäle und Eckblätter[1]).

Fig. 501 Rathsamhausen

Fig. 502 Neipperg

Die Kaminsäulen verschwinden, soweit meine Beobachtung reicht, etwa mit der reingotischen Zeit, etwas später der nur auf Konsolen ruhende Mantel.

[1]) Oesterr. Burgen I, Fig. 230.

Ungefähr von der Uebergangszeit an werden mehr und mehr die Wangen vorherrschend, welche, wie Fig. (482 und) **502** aus dem gewölbten Eingangsstockwerk des grösseren Buckelquaderberchfrits von Neipperg, unten wenig vorstehend, erst nach obenhin in verschiedener Weise bis zu der Weite des Mantels ausladen, eine Form, die zwischen den „lombardischen" oder „altdeutschen", unten ganz offenen und den „französischen" Kaminen, deren lotrechte Wangen mit dem Mantel gleich weit vorstehen, die Mitte hält. Noch seltener als die letzteren sind in unseren Burgbauten die vor der gotischen Zeit kaum vorkommenden „holländischen", ohne Mantel ganz in der Wand liegenden Kamine, Fig. **503** aus Hardenberg (Prov. Hannover). Im übrigen finden sich Kamine mit ganz vor, zum Teil und ganz in der Wand liegenden Feuerraume zu allen Zeiten, öfter auch nebeneinander in demselben Gebäude, dazu noch ein ganz aussen angebauter im Kastell Monjovet im Aostatale.

Fig. 503 Hardenberg

Während schon im Palas von Gelnhausen der reiche Skulpturenschmuck sich auch auf die (allein noch vorhandenen) achteckigen Säulen und Kragsteine eines Kamins erstreckt, wurde es doch erst in gotischer Zeit beliebt, besonders am unteren senkrechten Teile der Front des Mantels, Wappen, Ornamente und figürliche Reliefs anzubringen. So hat hier der Kamin im zweiten Geschoss des Berchfrits von Elfeld (2. Hälfte des 14. Jahrh.) fünf Wappenschilde, ein solcher vor dem „Rittersaal" in Spangenberg (südl. Kassel) ein Relief (Jagdszene) aus dem 15. oder 16. Jahrhundert. Durch Form und Verzierung (auch aufgemalte Wappen) zeichnet sich der aus dem Ende des 14. Jahrhunderts stammende Kamin, Fig. **503a**, auf Runkelstein aus. Am Rande in Haustein schön profilierte Mäntel aus dem 15. und 16. finden sich u. a. in Točnik und Maretsch. Vollends in nachmittelalterlichen Schlössern waren aufs reichste mit Skulpturenschmuck ausgestattete Kamine besonders beliebt.

Fig. 503a Runkelstein

Zeigt schon u. a. der vor 1388 auf der Deuerburg („Maus") am Rhein erbaute Wohnturm in seinen drei unteren Geschossen zwischen den gleich gelegenen zwei Fenstern je einen Kamin, so ist der gegen das Ende des folgenden Jahrhunderts errichtete umfängliche Palasbau der Hohkönigsburg in ähnlicher Weise besonders reich mit Kaminen ausgestattet, zu welchen noch mehrere Oefen gekommen sind. In solchen Fällen — auch das Kastell Ussel in Oberitalien bietet ein Beispiel — hatten die drei Kamine ein gemeinschaftliches Rauchrohr in der Mauerdicke. Bei zwei übereinander liegenden öffnete sich aber mitunter auch der Mantel des unteren einfach in der Feuerstelle des oberen Kamins. Beide konnten dann freilich nicht wohl gleichzeitig benutzt werden, und man musste, um im oberen Feuer zu machen, die Oeffnung mit einer Eisenplatte schliessen. Beispiele bieten die beiden romanischen

Berchfrite von H e i d e n r e i c h s t e i n und T r i f e l s. Bei dem ersteren verengt sich der untere runde Rauchmantel sehr allmählich, beim letzteren steigt er viereckig unverjüngt auf.

Bei den Burgen des Wasgau findet man mitunter (ausser dem Rauchabzug) die Hinterwand der Feuerstätte durch ein etwa 1 bis 2 Quadratfuss weites Loch durchbrochen. Bei einem Kamin der H o h k ö n i g s b u r g mündet diese Oeffnung in den Schornstein, der dahinter von dem ein Stockwerk tiefer belegenen Küchenkamin aufsteigt, und diente also nur dazu, einen weiteren Luftzug herzustellen. In der S p e s s b u r g und der L ü t z e l b u r g (am Odilienberge) liegt der betreffende Kamin an der Zwischenwand zweier vormals bewohnbarer Räume, und hatte hier die Oeffnung gewiss den Zweck, auch dem im Rücken der Feuerstätte liegenden erwünschten Falles einige Wärme abzugeben. In Spessburg (Fig. **504**) ist die Oeffnung, die im Falle der Nichtbenutzung durch ein Eisenblech geschlossen werden mochte, noch durch eine durchlaufende Steinplatte geteilt, in Lützelburg findet man da ähnlich zwei quadratförmige Löcher übereinander, deren unteres für einen zeitweiligen Verschluss mit einem Falz umrandet ist.

Fig. 504 Spessburg

Gleichzeitig mit den Kaminen kam auch eine dem römischen Hypokaustum[1]) mehr oder weniger nachgebildete L u f t h e i z u n g vor. Ueber St. Gallen s. S. 479[2]). Abgesehen von wohl nur so zu erklärenden Spuren im Goslarer Kaiserhause[3]) scheint das nur bei den Burgen des Deutschordens ausgedehnter der Fall gewesen zu sein. So in Sälen der M a r i e n b u r g, in P a p a u und R h e d e n[4]).

Neben die Heizung durch Kamine scheint ziemlich früh auch diejenige durch K a c h e l ö f e n getreten zu sein. In der seit 1399 zerstörten Burg T a n n e n b e r g in Hessen sind schon verschiedenartig glasierte und überraschend kunstvoll (nischenförmig) geformte Ofenkacheln[5]) ausgegraben, die auf eine vielleicht bis

---

[1]) Das in römischen Wohnräumen diesseits der Alpen regelmässig gefundene Hypokaustum bestand darin, dass unter den Fussboden, der auf 45—95 cm hohen gemauerten Säulchen ruhte (daher suspensura, schwebender Boden), heisse Luft geführt wurde, die in einem ausserhalb angebrachten Schürofen (praefurnium) erzeugt war. In der Regel war damit auch eine Erwärmung der Wände durch in denselben entlang geführte Röhren verbunden.

[2]) Im Kloster Maulbronn wurde die durch Verbrennen von Holz in einem von starken Mauerwänden eingeschlossenen Gewölbe erzeugte heisse Luft mittels Löcher in ein darüber liegendes Zimmer (Schwitzbad?) geleitet. N ä h e r, d e u t s c h e B u r g 1885, S. 17. In K u n s t - und A l t e r t u m s d e n k m. W ü r t t e m b., Neckarkreis, ist nichts davon erwähnt. Nach v. C o h a u s e n, B e f e s t i g u n g s w e i s e n S. 174, hatten auch das Stiftshaus in Hersfeld und die Rathäuser von Göttingen und Lüneburg Luftheizung.

[3]) Beschreibung u. a. in S i m o n, S t u d i e n S. 56.

[4]) Im letztgenannten Schlosse lagen unter dem Fussboden des Remters in einer Ecke zwei gewölbte Kammern übereinander. Die obere (im Erdgeschoss) zeigt dicht unter der tonnenförmigen Kappe den Rauchabzug und in ihr lagen zu erwärmende Feldsteine. Die vom Keller aus zu bedienende Feuerstelle befand sich in der unteren Kammer. S t e i n b r e c h t, P r e u s s e n z. Z. d e r L a n d m e i s t e r, 1888, S. 71.

[5]) Abgebildet in H e f n e r u. W o l f, B u r g T a n n e n b e r g und neben anderen v. E s s e n w e i n, D e r W o h n b a u S. 139.

ins 13. Jahrh. zurückgehende Entwicklung dieses Gewerbszweiges schliessen lassen[1]). Plump und rings geschlossen pflegten sie weit in das Gemach hineinzuragen. Etwa vom 16. Jahrh. an gab man in prächtiger ausgestatteten Räumen auch den Oefen in mannigfacher Weise eine kunstvolle äussere Form, wie solche besonders in Museen noch vielfach aufbewahrt werden. Verhältnismässig früh tritt daneben der Kachelofen auf, der über einem eisernen Feuerkasten auf eisernen oder tönernen Füssen steht, sowie der ganz gusseiserne Ofen. Die Eisenplatten waren vielfach mit bildlichen Darstellungen, Wappen und Inschriften verziert. Ein solcher wird schon in der Mitte des 15. Jahrh. auf der Feste Coburg genannt, während ein sehr grosser von 1529 auf Trausnitz (Landshut), andere des 16. Jahrh. noch mehrfach vorhanden sind.

Die innerhalb des Wohnraumes stets rings geschlossenen Öfen wurden von aussen geheizt. Lag solcher ausnahmsweise in einem Obergeschoss an der Hofwand, so findet sich zu dem Zweck ein eigener erkerförmiger Ausbau angebracht, so auf Riegersburg von einem Laufgange, auf Hohkönigsburg von einem Treppenturme aus zugänglich. Hier (Fig. 430 links) geht von dem Heizerker[2]) auch ein aussen an der Wand hinaufgeführtes Rauchrohr aus.

Fig. 505 **Fig. 506**
Rauchauslasse

Nicht immer wurde das letztere bis über das Dach hinausgeführt, sondern man begnügte sich damit, den Rauch schräg durch die Wand nach aussen zu leiten. Fig. **505** zeigt solche Mündung am Berchfrit von Schönburg (s. vorhin), Fig. **506** eine andere von der Schlossruine Wildon vom Ausgange des Mittelalters. Der aussen angefügte Schornstein diente mitunter zugleich zur Zierde. So bei dem Palas von Dehrn (Lahntal, 13. Jahrh.), wo die beiden Staffelgiebel mit je einem solchen versehen sind, von welchen der eine in der Mitte des Giebels nach aussen hervortretend auf zwei schön gegliederten durch einen Spitzbogen verbundenen Kragsteinen ruht[3]). Ebenso springt auf der äusseren Langseite des Palas von Gutenfels am Rhein in der Mitte zweier frontispizartiger Aufsätze je ein Schornstein auf einem Rundbogen, der noch wieder drei kleinere umfasst, vor (Fig. **507**). Das obere Ende der Schornsteine erhielt besonders in der Renaissancezeit mannigfache zierliche Ausladungen. Fig. 492 und **507***a* und *b*, letztere von Neuhaus in Böhmen. —

Fig. 507 Gutenfels

---

[1]) v. Essenwein, Wohnbau S. 139, glaubt schon auf dem Baurisse von St. Gallen eine Heizung auch durch Oefen angeordnet zu finden; die (S. 479 erwähnten) in die Ecke gezeichneten Apparate könnten nichts anderes sein als Oefen (?), andere seien durch die Beischrift fornax deutlich als solche bezeichnet. Meines Wissens haben die Römer den fornax als einen im Raum selbst stehenden nur zur Erwärmung bestimmten Ofen noch nicht gekannt, und so ist auch der „fornax", wo er auf dem Baurisse vorkommt, hier ein Herd, dort ein Backofen und (bei dem „domus fornace calens") offenbar das praefurnium für das Hypokaustum.

[2]) Von diesem waren in der Ruine nur noch die Kragsteine vorhanden.

[3]) Baudenkm. d. Reg.-Bez. Wiesbaden, S. 68. Vgl. auch v. Essenwein, Wohnbau S. 32.

Fig. 507a Schornstein

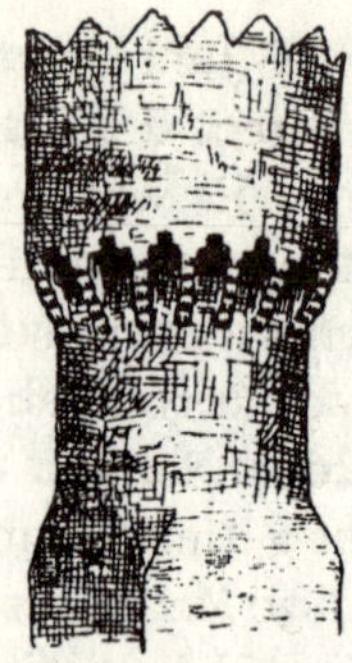

Fig. 507b Desgleichen.

Der aufmerksame Beschauer unserer (entsprechend wohlerhaltenen) mittelalterlichen Burgreste wird finden, dass trotz der damals mangelhaften Fensterverschlüsse, und obgleich Brennholz fast immer reichlich zur Verfügung gestanden haben muss, keineswegs alle Wohnräume mit einem Kamine oder Ofen versehen gewesen sind. Bei kleineren Räumen begnügte man sich da — wie auch ein Bild im Hortus deliciarum der Herrad von Landsberg (nach 1150) zeigt — wohl mit einem Kohlenbecken, während man in grösseren — selbst grosse Säle hatten höchstens einen Kamin — nötigenfalls auch frei auf dem Estrich ein offenes Feuer gemacht zu haben scheint[1]). —

Die Minnesänger berichten nicht selten, dass die Ritter (auch als Gäste) in einer Burg ein Bad nahmen. Man scheint jedoch immer nur tragbare Badewannen benutzt zu haben. Ein eigenes Badezimmer wohl mit einiger darauf bezüglicher Einrichtung[2]) scheint erst gegen das Ende des 15. Jahrhunderts in Inventarien grösserer Burgen vorzukommen, so ein „pad" 1493 auf Runkelstein[3]). Auf der Hohkönigsburg lag der Stellung in einem Inventar von 1533 nach die „badtstubenn" jedenfalls nicht im Palas, auf der Wartburg war sie, zweckmässigerweise mit einer Backstube verbunden, an demselben angebaut. Etwa vom 17. Jahrhundert ab wurden auch prunkhafte Badehäuser errichtet, so ein solches im Lustgarten der Rosenburg am Kamp mit einem etwa zehn Quadratmeter weiten Bassin und darüber einem „lustigen Rekreationszimmer". —

In unseren Burgresten sind Bedürfnisanstalten so vielfach und in so mannigfacher, dieser ihrer Zweckbestimmung nach nicht immer ohne weiteres zu erkennenden Form erhalten, dass eine nähere Behandlung dieses wenig anziehenden Gegenstandes in einem die Vollständigkeit anstrebenden Buche über den Burgenbau nicht vermieden werden kann. Naturgemäss am meisten bei den Wohngebäuden vorkommend, sind sie an dieser Stelle zugleich in ihrer Gesamtheit zu behandeln.

Die einfachste Anlage, welche man von der Römerzeit her noch in Italien findet, besteht aus dem einfachen vom Fussboden aus in die Tiefe gehenden Loche, so bei uns, ausgemauert oder aus dem Felsen gehauen, nur mitunter im Turmverliess vorkommend. Beispiele: ein Mauerturm von Bergen unweit Frankfurt a. M. und die Berchfrite von Morstein in Württemberg

---

[3]) Darüber Schultz, Höf. Leben, 1. A., S. 59 und v. Cohausen, Befestigungsweisen S. 170. Daselbst auch: „Mit dem Rauche nahm man es nicht so genau, oder aber, und das war allgemein im Gebrauch, man heizte mit Holzkohlen, deren Kohlenoxydgas man bei den schlechten Tür- und Fensterverschlüssen nicht scheute, und welche auf ungebahnten Pfaden aus dem Walde auf Eseln leichter herbeizuschaffen waren als rohes Holz." —

[2]) Wenn es in den Abenteuern des „Herzog Ernst" V. 2662 ff. von einem Badezimmer heisst: „Swederz man wolde hân Warm wazzer oder kalt, Des truogen die rôre mit gewalt Den beiden bütten gennoc", so kam solches auf unseren Burgen gewiss noch nicht vor.

[3]) Die landläufige Meinung kennt da sicher mit Unrecht (s. meine Oesterr. Burgen VIII, S. 132) einen zwei Treppen hoch gelegenen „Badesaal". —

und Steinsberg in Baden. Den Durchschnitt aus letzterem zeigt Fig. **508**[1]).

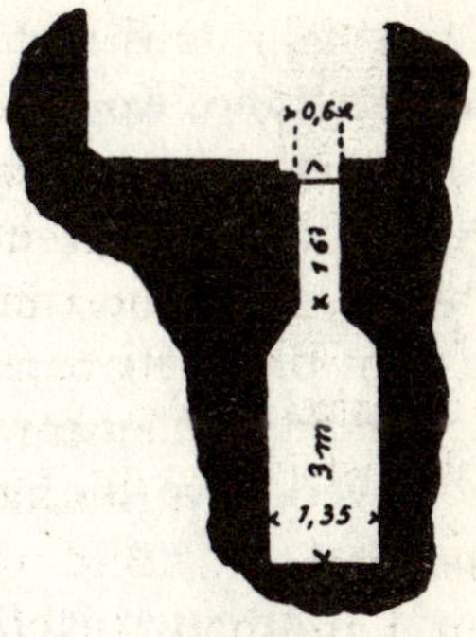

Fig. 508
Abtritt in Steinsberg

Es war in jeder Beziehung eine Verbesserung für die Gefangenen, wenn das Loch nicht in dem engen und finsteren Verliessraume selbst, sondern, mit ihm durch einen kurzen Gang verbunden, abseits in der Mauerdicke angebracht wurde. So auf Gutenfels (am Rhein) und Spessburg (im Wasgau), wo übrigens das Loch nur 24 cm weit und 30 cm tief ist.

Ueber Abtritte im Berchfrit s. im übrigen S. 210[2]) und 235. Beispiele bei Schildmauern S. 265 und 275. Bei Bauwerken von hinlänglicher Mauerdicke finden wir zunächst alle Hohlräume des Abtritts in dieser ausgespart. Fig. **509** gibt den Durchschnitt solcher Anlage aus dem fünfeckigen an den Palas angebauten Berchfrit von Birkenfels (Wasgau) aus der Mitte des 13. Jahrh. Die im Erdgeschoss befindliche Nische ist 1,70 m hoch und 1,35 m tief, wovon ein Drittel auf den Sitz entfällt. Der Berchfrit der benachbarten Burg Landsberg aus dem Anfang desselben Jahrhunderts hat eine ebenso gestaltete, vom Eingangsstockwerk ausgehende Anlage, deren äussere Mündung Fig. **510** zeigt.

Fig. 509
Birkenfels

Fig. 510
Landsberg

Bei dem Abtritt, welcher zu Liebenzell in Württemberg hinter der Schildmauer in dem Berchfrit liegt, ist der Abfluss nicht, wie in den beiden vorigen Fällen, in Form einer engen Röhre, sondern in der kürzeren und breiteren einer unmittelbar unter dem Sitze sich nach aussen öffnenden Mulde abwärts geführt. Sonst hat bei höher liegenden Abtritten der Abfluss auch die Gestalt einer entsprechend langen senkrechten Röhre in der Mauerdicke. Bei dem Berchfrit von Strasburg, Fig. 121, diente der obere Teil des am Turmfusse ausmündenden Abfallschachtes, bis zu seinem Anfange nicht zu untersuchen, wohl dem Türmer[3]). Bei der erst 1471 erbauten Burg Schachenstein (Steiermark) ist in einem äusserlich berchfritartigen Bau[4]) der Schacht unten nach einem Knick wagerecht hinausgeführt.

Auch bei Anlagen dieser Art scheint man mitunter, wie bei den Gruben im Verliesse, auf eine Entleerbarkeit von unten verzichtet zu haben, indem da eine Oeffnung

---

[1]) Nach der Aufnahme von Wilhelmi (Burg Steinsberg 1857). Die ungewöhnlichen Massverhältnisse dieser im sorgfältigen Quaderwerk hergestellten Vertiefung haben verschiedene Deutungen veranlasst. So soll sie nach Wilhelmi das eigentliche Verliess sein (der Hals wäre schon für einen auf einem Knebel Sitzenden — S. 193 — zu eng), oder nach Krieg v. H. und Näher ein Wasserbehälter oder eine Zisterne (hier für die Sammlung wie für die Benutzung des Wasservorrates gleich unzweckmässig angebracht), während v. Essenwein, Kriegsbauk. S. 64 (in der Annahme, dass die Tiefe nicht festgestellt sei), erklärt, dass sie „jedenfalls ein zur Flucht dienender geheimer Ausgang war, von welchem nach dem Fusse des Berges und darüber hinaus Gänge führten".

[2]) Den da angeführten Beispielen für einen Abtritt im Eingangsstockwerk könnten u. a. noch Eisenhart (Prov. Brandenbg.), Lützelburg im Nordwasgau, Habsburg und Bürglen in der Schweiz hinzugefügt werden.

[3]) Steinbrecht, Preussen z. Z. der Landmeister 1888, S. 79.

[4]) Meine Oesterr. Burgen II, S. 181 f.

des Abfallrohres nicht vorhanden ist. So bei dem Berchfrit von Schönburg in Thüringen, wo der Abtritt in der Seitenwandung der Eingangstür angebracht ist. So findet sich auch in dem obersten Stockwerk des noch erhaltenen Berchfrits der Deutschordensburg zu Schwetz neben der Tür ein Abtritt (noch mit Brille) über einer an die Innenseite der Turmmauer angebauten Röhre. Letztere ist aber in dem darunter befindlichen Stockwerk durch Mauerwerk geschlossen. Sie setzt sich dann — hier etwas verfallen — weiter abwärts ebenso fort bis zum Eingangsstockwerk, wo sie, aufgekragt, ihr wieder geschlossenes Ende bzw. ihren Anfang hat.

Um einen Abtritt dieser Art wird es sich auch bei einer sonst nicht erklärlichen Anlage in einer unter dem Wehrgang der Schildmauer zu Kräheneck gelegenen Kammer handeln. Diese verengt sich in der Längsrichtung der Mauer gleichfalls zu einer Nische, deren Ansicht und Grundriss in Fig. **511** und **512** gegeben sind. Der eine lichte Weite von 30 zu 35 cm zeigende Schacht *a b c d* geht in gleicher senkrechter Richtung unter den Fussboden der Kammer hinab, ist jedoch mit Laub und Steinen gefüllt[1]). Man wird bei solchen kaum entleerbaren Anstalten eine nur ausnahmsweise Benutzung vorgesehen haben. Mitunter waren im Innern von Wohngebäuden — so auf Maretsch und Cles in Südtirol und Cancello in Mittelitalien — die Anstalten so angelegt, dass die Exkremente in einen weiten Kellerraum fielen. Es scheinen da auch — Paternò auf Sizilien — in der Mauerdicke ausgesparte Räume vorzukommen, in welchen ein Nachtstuhl aufzustellen war.

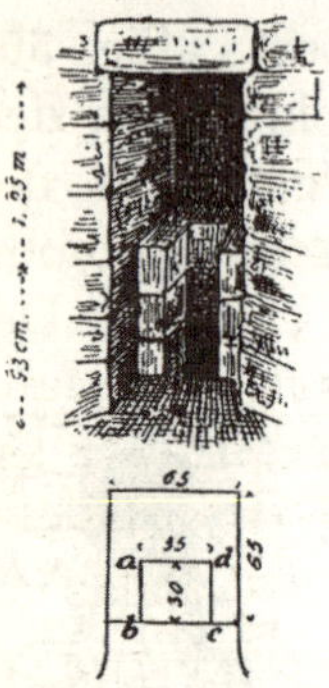

Fig. 511

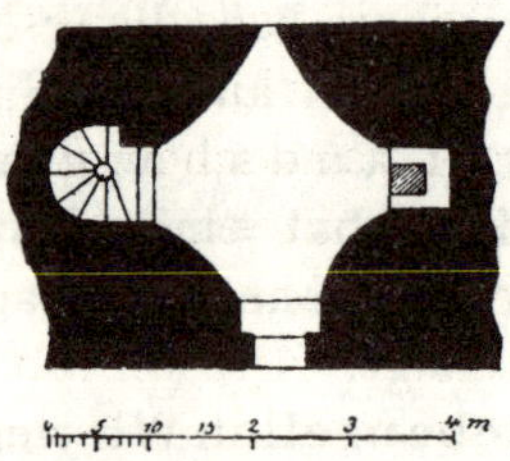

Fig. 512

Abtritt in Kräheneck

Mehr als die bisher behandelten äusseren Abflussöffnungen entsprechen den heutigen Reinlichkeitsanforderungen die, welche so weit über die äussere Wandfläche vorgekragt sind, dass die Exkremente ohne Berührung mit dieser hinabfallen können. Diese Vorkragung beschränkt sich in einigen Fällen auf den unteren Teil des Abflussrohres, während die übrige Anlage noch in der Wand selbst liegt. So zeigt die Schildmauer von Liebenzell neben der schon erwähnten muldenförmigen Abtrittsöffnung eine zweite von dem dahinter liegenden Palas zugängliche Anlage, deren unterer Teil über die Mauerfläche etwa in Form eines halben Bienenkorbes hervorragt. Fig. **513** (von unten gesehen).

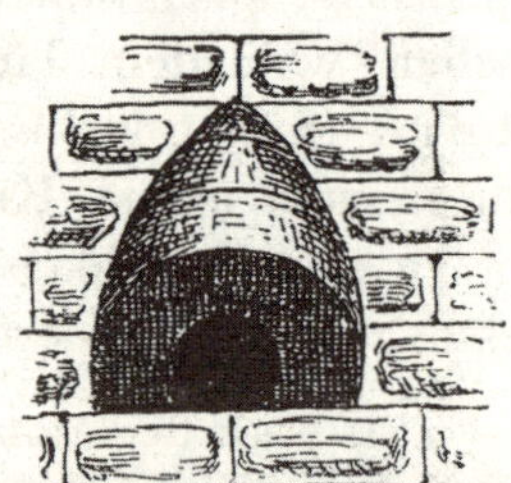

Fig. 513 Liebenzell

Die weitaus gewöhnlichste Form der Bedürfnisanstalt ist aber die, bei welcher der Sitz selbst in einem angebauten Erker liegt, der keinen Boden oder in solchem ein grosses meistens rundes Loch hat. Sonst für seinen Zweck nur eben weit

[1]) Eine Oeffnung nach aussen ist auch hier nicht zu finden. Eine besondere, schwerlich zutreffende Erklärung bei Näher, Pforzheim 1884, S. 49. Zur Vervollständigung der Anlage wird man sich einen vorderen Verschluss mit Brettern und davor etwa eine Stufe zu denken haben.

genug, findet er sich ganz ausnahmsweise auch für zwei Benutzer eingerichtet, wie v. Cohausen (Befestigungsweisen 176) noch bezeugen kann, dass an dem Festsaale der Wartburg an Stelle des bei der Restauration da angebrachten zierlichen Balkons „die Tragsteine desselben einen Abort trugen, in welchem die Sitze durch ihre eigentümlichen Ausschnitte die Geschlechter kenntlich machten, für welche sie bestimmt waren". Zwei Sitze nebeneinander hat auch der Erker Fig. **514**[1]) von einem Wehrgange zu Rothenburg o. d. Tauber, bei welchem ersteren noch, wie auch auf Kriebstein und Landeck in der Rheinpfalz, eine vor den Kragsteinen herabhängende Schutzplatte angebracht ist.

Fig. 514 Abtritterker

Nicht immer ruhte der Abtritterker auf Kragsteinen oder an ihrer Stelle eingemauerten Balkenenden, sondern, nur in Holz hergestellt, war er — wie noch im Wohnturm von Baierdorf an Resten zu erkennen ist — gewissermassen eine Fortsetzung des Türgerüstes (Blockzarge) nach aussen. So sind mithin jedenfalls der Regel nach die in Burgruinen öfter sich findenden ohne Kragsteine oder Balkenlöcher in die freie Luft hinausführenden Türen zu erklären.

Die Abtritterker findet man öfter — zur malerischen Belebung der Mauerflächen — in überraschender Menge an den Burgbauten angebracht. Fig. **515**, Ansicht von Carneid bei Bozen. Beispielsweise hatte ferner die Ganerbenburg Eltz deren vierzehn und der Palas von Verrès im Aostatal zeigt (Fig. 414) auf seiner einen Seite im Hauptgeschoss (neben zwei Fenstern) deren fünf, zu drei Schlafzimmern gehörend, und darüber noch zwei. Dieses sowie die Tatsache, dass man die Erker in unmittelbarer Verbindung mit den Wohn- und Schlafzimmern und selbst Festsälen wie auch Küchen anbrachte, hängt offenbar zunächst damit zusammen, dass der mittelalterliche Palas jedermann immer zugängliche Räume, wie Gänge und Vorplätze, fast nicht kannte. Ein Befolgen des Satzes *Naturalia non sunt turpia* und eine gewisse Vorliebe für reichliche Gelegenheit kam freilich augenscheinlich hinzu.

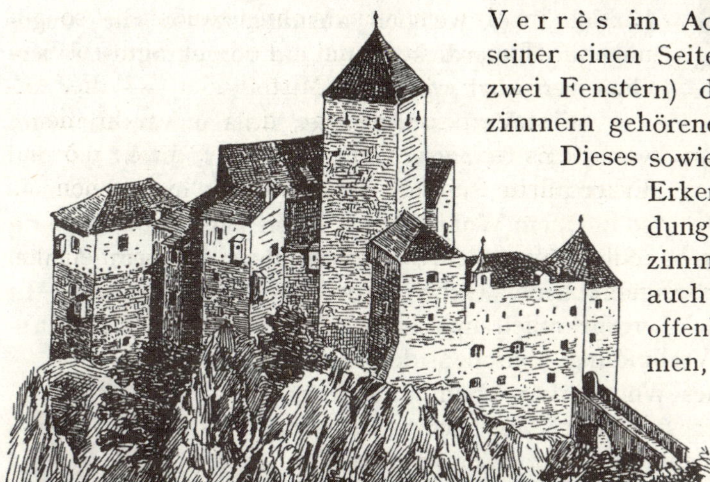

Fig. 515 Burg Carneid

So nahm man zwar darauf Bedacht, dass die Abtritte über tunlichst abgelegenen, wenn nicht ganz unzugänglichen Stellen angebracht wurden, doch finden sich andrerseits auch Beweise einer besonderen Unempfindlichkeit in dieser Beziehung. Beispielsweise sind auf der Ruine Lützelburg im nördlichen Wasgau sowohl auf der dem Ankommenden zunächst zugekehrten Seite des viereckigen, als bei

[1]) Nach Denkmalpflege I, Nr. 1.

dem anscheinend keineswegs verdeckt in der Mitte des Beringes stehenden fünfeckigen Turme noch jetzt an der Aussenwand die deutlichen Spuren der Benutzung der dort angelegten Bedürfnisanstalten sichtbar.

Nicht selten (auch in den Kunst- und Altertumsinventarien) werden die Abtritterker mit Pechnasen oder Maschikulis verwechselt. Bei noch völlig erhaltenen Anlagen werden schon die ganz verschiedenen Zwecke und daher Arten der Benutzung sicher erkennen lassen, um was es sich handelt. Ausserdem kommt da nach dem schon vorhin und S. 361 Bemerkten die Oertlichkeit entscheidend in Betracht. Zumal über einer Eingangstür war natürlich eine Pechnase ebenso an ihrer besten Stelle, als dort (wie gerade über einem Fenster) ein Abtritt undenkbar wäre. Ueber den Unterschied belehrende Abbildungen enthält das 13. Kapitel. Zur Unterscheidung von anderen Erkern s. Fig. 527.

Da, wie eingangs gezeigt worden, der Abort auch eine schräg durch die Mauer gehende Abfallöffnung haben kann, ist wenigstens bei oben nicht mehr hinlänglich erhaltenen Anlagen eine Unklarheit darüber, ob es sich um solche oder um Senkscharten handelt, möglich. Ein Beispiel bieten zwei nebeneinander liegende Anlagen in der hessischen Ruine Rauschenberg. Fig. **516** und **517** äussere Ansicht und Schnitt der besser erhaltenen. Da hier Senkscharten der Oertlichkeit nach nicht wohl anzunehmen sind, wird es sich um Abtritte handeln, bei welchen ausnahmsweise die ungenügende Mauerdicke durch ein vorgekragtes Mäuerchen vermehrt worden ist.

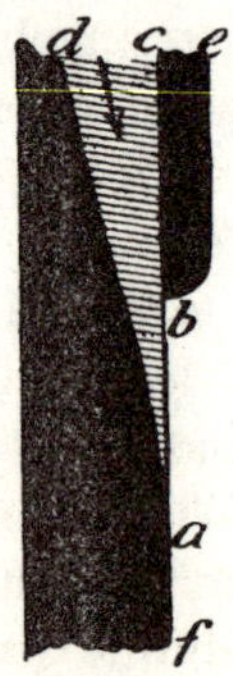

Fig. 516 **Fig. 517**
Aus Rauschenberg

Eine Verbesserung der Anlage war es, wenn von dem Gemach nicht eine Tür direkt in den Erker führte, sondern zu diesem ein einmal oder — so in einem Wohnbautrakt von Starhemberg (Niederösterreich) — zweimal in rechtem Winkel gebrochener Gang in der Mauerdicke führte. In eigentümlich umständlicher Weise ist auf Thomasberg (ebendaselbst) die Verbindung zwischen dem Erdgeschoss und dem nächstoberen eines Wohntraktes einer- mit dem Abtritt andrerseits hergestellt, der auf der Aussenseite der quer anstossenden Schildmauer angebracht ist. Von den beiden engen in der Mauerdicke der letzteren ausgesparten Zugängen besteht — Fig. **518** — der untere (*a*), zweimal in stumpfem Winkel gebrochen, aus einem kurzen Gange und einer steilen Treppe, der obere (*b*) aus einer kurzen Treppe und einem krumm geführten Gange. Offenbar hat man, um das Mauerwerk nicht zu sehr zu schwächen, beide Zugänge mit Bedacht so geführt, dass sie tunlichst wenig senkrecht übereinander liegen sollten[1]).

Fig. 518
Thomasberg

Am Ausgang der gotischen Zeit begann man doch an den Erkern der alten Art Anstoss zu nehmen. Man schloss sie mitunter wenigstens nach unten oder baute häufiger statt ihrer oder um sie von unten bis oben (etwa bis auf eine Oeffnung zur Entleerung) geschlossene Schachte an. Solchen mit einer lichten Weite von

[1]) Meine „Oesterr. Burgen“ 7, III.

0,75 zu 2,75 m hat Neuscharfeneck in der Rheinpfalz. In ihn münden aus zwei verschiedenen Stockwerken des Palas zusammen drei Zugänge, deren einer noch mit der in Haustein gefassten runden Brille versehen ist[1]). Aehnliche, zum Teil offensichtlich später angebaute Schachte finden sich u. a. auf Gemünden a. Main, Greifenstein in Thüringen, Grevenstein in der Rheinpfalz[2]) und Sporkenburg bei Ems. Bei letzterer ist dieser Schacht oben durch eine Zwischenmauer geteilt und endet aussen am Boden in einer rundbogigen Oeffnung. Bretterne Anstalten, welche zwischen Erker und Schacht etwa die Mitte hielten, waren (Fig. 435 links) später einem Flügel des Palas von Tirol angefügt. Auf Dornsberg hat man mehrfach den Zugang aus einem Wohnraum zu einem Abtritterker durch einen vorgestellten Kasten ohne Rückwand, der als ein Kleiderschrank erscheint, verdeckt. Auf Gallenstein liegt das Fallrohr, mit Brettern ausgefüttert, in der Mauerdicke.

Mitunter, so am Palas von Rapottenstein, brach man die Erker ab und mauerte die Türen zu, so dass nur noch die an der geschlossenen Wand unregelmässig verteilten Kragsteine übriggeblieben sind. In der genannten Burg und ähnlich auf Taggenbrunn wurde später ein hölzerner bzw. gemauerter Gang vom Palas über den Zwinger hinweg zu einem an der Aussenseite der Ringmauer angebrachten Abtritt hergestellt[3]).

Sehr ausnahmsweise hat das verfallene Kastell Montalto (Norditalien) in seinem vornehmsten Raume ausser einem Abtritt in der einen Ecke in einer nächsten eine eigene Einrichtung zum Wasserabschlagen in Form einer steinernen Schale[4]). Einen mit solcher Einrichtung verbundenen Abtritt teilt Viollet-Le-Duc aus dem Schlosse Coucy mit.

Bei einer nicht nur vorübergehend ungewöhnlich starken Besatzung konnten Bedürfnisanstalten der bisher besprochenen einfachen Art nicht genügen. Es musste da zugleich zweckmässig erscheinen, dieselben in besondere, nur dazu bestimmte Bauten zu verlegen, die mit den Wohngebäuden nur durch einen bedeckten Gang in Verbindung standen. Eine Anzahl von Anlagen dieser Art — als *exitus necessarius, requisitum naturae, necessaria, sedilia* bezeichnet — finden sich schon auf dem aus dem Anfang des 9. Jahrh. stammenden Baurisse des Klosters St. Gallen, und zwar hier mit Dormitorien, der Fremdenherberge, dem Novizenhause u. dgl. verbunden[5]). Von Burgen können in dieser Beziehung nur die dauernd mit einer gutenteils zahlreichen Ritterschar belegten (und darum klosterähnlichen) preussi-

[1]) v. Essenwein, der Kriegsbauk., S. 79 lediglich nach flüchtigen Näherschen Skizzen auch diese Burg „in ihrer ursprünglichen Gestalt" darstellt, hat freilich aus diesem nur 75 cm weiten Schacht einen stattlichen berchfritartigen Turm gemacht, der mit Zinnen und hohem Dache den Palas überragt. Ein solcher würde überdies an dieser Stelle auch an sich schon fast undenkbar sein.

[2]) Von Näher, Burgen der Rheinpfalz, irrtümlich für ein angebautes Verliess erklärt. S. 1. Auflage, S. 554.

[3]) Meine „Oesterr. Burgen" II, Fig. 251, und IV, Fig. 125.

[4]) *Un orinatoio per uomini, costuito da una vaschetta in pietra.* (C. Boggio, Torri case castelli nel Canavese 1890, S. 15.) Ob es sich da nicht doch vielleicht nur um einen Ausguss handelt, mit welchem die Einrichtung wohl alle Aehnlichkeit hat, muss ich dahingestellt sein lassen.

[5]) Von dem hohen Alter der Abtritte zeugt u. a. Gregor v. Tours, welchem zufolge (II cap. 23) im J. 473 in der Stadt Arvern ein Priester „auf dem Sitze im geheimen Gemach" stirbt.

schen Ordensschlösser der Deutschherren in Betracht kommen, und da haben denn die so gestalteten Abtrittanlagen, Danzke, Danziger genannt[1]), zum Teil eine eigentümliche Ausbildung erfahren. Zur Erhöhung der Reinlichkeit brachte man hier die Sitze gern über Wasser, wenn möglich fliessendem an, und da nun dieses naturgemäss tiefer lag als das Schloss und zudem der Verbindungsgang gern aus dem zweiten, die Haupträume enthaltenden Stockwerk desselben geleitet wurde, so erhielt die ganze Anlage von selbst die Gestalt eines Turmes, zu welchem ein auf hohen Pfeilern und Mauerbogen ruhender Gang hinführte.

Fig. 519 Danziger von Marienwerder

Wohl das grossartigste Bauwerk dieser Art, welches jemals errichtet wurde, ist der im wesentlichen wohlerhaltene „grosse Danziger" von Marienwerder (Fig. **519** und **520**).

Die Stadt liegt auf dem ziemlich hohen und steilen Ostufer des weiten Nogattales, und hier ist das Schloss — bis zu seinem teilweisen Abbruche 1798 einen viereckigen Hof (*a*) umschliessend — an die westliche Schmalseite der ehemaligen Ordenskirche (*b*) so angebaut, dass seine westliche Aussenwand bereits an dem Uferhang etwa 20 Fuss tiefer als die Hoffläche hinabreicht. Von dem hier (westlich) etwa 30 Fuss hoch liegenden zweiten Stockwerke, und zwar anscheinend von einem früheren grossen Saale aus, zieht sich der 176 Fuss[2]) lange Gang nach dem bis zur Spitze des Giebels 108½ Fuss hohen Turme (*c*), getragen von fünf über vier freistehenden Pfeilern gespannten Bögen. Die Pfeiler haben Seitenlängen von 10 Fuss (in Richtung des Ganges) und 15½ Fuss, die Höhe der sie verbindenden Bögen wächst mit dem abfallenden Gelände von 22 bis 56 Fuss, der darüber hinlaufende Gang hat zwischen 2 Fuss dicken Seitenmauern 10½ Fuss lichte Weite.

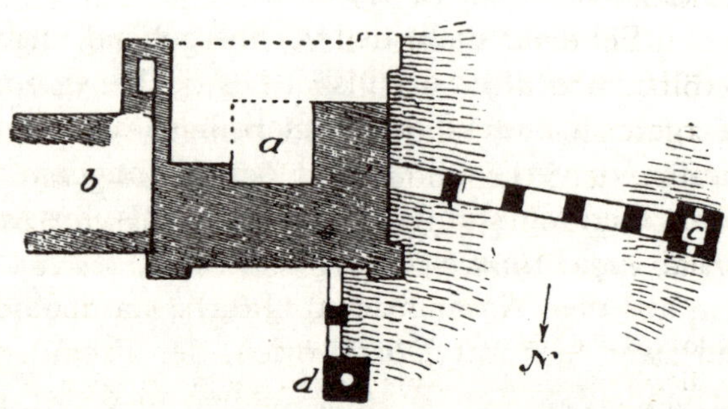

Fig. 520 Grundriss desselben

[1]) Der Name hängt jedenfalls mit der Stadt Danzig, die 1308 vom Orden erworben wurde, zusammen, aus welchem (vielleicht ganz zufälligen und nebensächlichen) Anlass, darüber fehlt jeder Anhaltspunkt. Wenn Köhler a. O. S. 453 meint, der in Danzig vor (?) dem hohen Tore stehende Stockturm habe aller Wahrscheinlichkeit nach diesen Ausdruck veranlasst, so ist diese Idee (auch in v. Essenwein, Kriegsbauk. 137 weiter verbreitet) nur durch seine fehlsame Auffassung der Danziger (vgl. weiterhin) zu erklären.

[2]) Die Masse nach Toeppen, Gesch. der Stadt Marienw. (1875) S. 186 ff. Es dürfte der Danziger Fuss gemeint sein, der nur 0,2868 m lang ist (der Rheinländische 0,3138 m). Demselben Werk sind auch (verkleinert) Ansicht und Grundriss entnommen.

Der Turm, aussen 26 zu 26½ Fuss messend und mit unten etwa 6½ Fuss dicken Mauern, ist (von neuerem Einbau abgesehen) bis zur Einmündung des Ganges in 61 Fuss Höhe völlig leer, hat hier oben über einer starken Balkendecke ein helles Gemach, aus welchem eine in der Mauerdicke liegende Treppe in ein noch darüber liegendes hinaufführt. Die Giebel des Satteldaches sind durch Blenden und noch etwas höher aufsteigende Mauerpfeiler verziert. In dem unteren Hohlraum ist die Süd- und die Nordwand durch je eine 9 Fuss breite und 12 Fuss hohe spitzbogige Toröffnung durchbrochen, deren Schwellen so tief liegen, dass ehemals die jetzt westlich fliessende Liebe (oder Alte Nogat) hindurchgegangen sein soll. Der mit dem Schlosse nördlich verbundene zweite ,,kleine Danziger" (*d*) enthält einen jetzt zugewölbten Brunnen und ist daher im 17. Kap. näher zu behandeln.

Ausserdem ist von zahlreichen (etwa 17) mehr oder weniger ähnlichen Danzkanlagen auf Deutschordensburgen, von welchen wir Nachrichten haben, nur je eine solche in Thorn und Marienburg erhalten, während sie in Rheden nur aus einem 10 m langen Gange vom Schlosse zur Ringmauer und an der Aussenseite der letzteren über dem Wassergraben angebrachten (etwa neun) Sitzen bestand. In Thorn bildet der über einem jetzt schmalen Rinnsal stehende Turm, wenn er hier noch so genannt werden kann, fast bis zur Höhe des in ihn mündenden, vom Schlosse kommenden Ganges eine nach drei Seiten offene von einem Kreuzgewölbe überdeckte Halle, indem die vier das Obergeschoss tragenden und durch einen Bogen miteinander verbundenen Pfeiler nur auf der gegen das Schloss gerichteten Seite, Fig. **521**, durch eine starke, den Abfallschlot enthaltende Wand geschlossen sind[1]).

Fig. 521 Danziger von Thorn

Besonders von Süden aus gesehen, könnte das zur grösseren Hälfte abgebrochene Schloss Marienwerder fast als ein Anhängsel des grossen Danzigers erscheinen, und das besonders bei diesem Gesamtbau ins Auge fallende Missverhältnis zwischen den beiden genannten Teilen ist denn auch wohl hauptsächlich Anlass gewesen, dass seit etwa anderthalb Jahrhunderten eine Anzahl Schriftsteller bei dem Danzk — entweder bei diesem oder denen der preussischen Ordensschlösser überhaupt — die gedachte Bestimmung bestreiten und ihnen mehr oder weniger ausschliesslich vielmehr den Zweck eines vorgeschobenen Verteidigungswerkes und Reduits zuschreiben. Es ist das jedoch nur bei Unkenntnis des urkundlichen Materials möglich, welches besonders Dr. Toeppen a.O. gesammelt hat. Durch zahlreiche Belegstellen wird da nachgewiesen, dass sowohl urkundlich von 1393 ab als auch bei älteren Schriftstellern im Ordensgebiet der allgemein gebräuchliche Ausdruck Danzke (Danziger) nichts anderes bedeutete als Abtritt, dass der letztere, und zwar auch bei dortigen innerhalb ummauerter Städte belegenen Klosterbauten, vielfach die Form eines Turmes hatte[2]), zu welchem ein auf hohen Mauerbögen ruhender Gang hinführte, und dass endlich die Anlage derselben, wenn möglich, über fliessendem Wasser derart beliebt war, dass z. B. nur für die innerhalb der Marienburger Hochmeisterwohnung angebrachten Danzke der Mühlengraben

[1]) Erschöpfend ist die Anlage in Steinbrecht, Thorn im Mittelalter 1885, behandelt.

[2]) Nach Viollet-Le-Duc, Arch. VI, 163 waren auch bei französischen Schlössern mit grösseren Garnisonen die Abtritte in besonderen Türmen angebracht.

mittelst eines 17 ½ Fuss breiten Gewölbes unter diesen Bau hindurchgeleitet war. Bei den zahlreichen Belagerungen von Deutschordensburgen hat, soviel bekannt, nur ganz ausnahmsweise auch der Danzker eine Rolle gespielt. Waren ihm, was man für mehr oder weniger wahrscheinlich halten mag, für solche Fälle noch besondere Zwecke zugeteilt, so ist uns das doch aus jener Zeit nicht irgendwie überliefert, und kommt auch in den Bauwerken selbst gar nicht zum Ausdruck, wie doch leicht zu bewerkstelligen gewesen wäre[1]). —

In den Gegenden, in welchen der Holzriegelbau besonders im Schwange war, hat er auch — so in Württemberg und dem Stromgebiet des unteren Rheines — beim Burgenbau entsprechende Anwendung gefunden, während das darüber hinaus nur vereinzelt oder auch — so in weiten Gebieten Oesterreichs — gar nicht der Fall gewesen zu sein scheint.

Dass Fachwerksbau (ungeachtet des vielfachen Holzbaues) schon in romanischer Zeit noch nachweisbar wäre, ist mir nicht bekannt[2]). Ueber vereinzelte Anwendung auf Burgen in späterer Zeit haben wir u. a. dahin Nachricht, dass die 1317 durch Blitz zerstörte Kemenate der Wartburg und der um 1440 abgetragene Oberstock des Palas von Eger in dieser Weise wiederaufgebaut wurden. Um die letztere und während der Renaissancezeit entwickelte sich der Holzriegelbau zu hoher Blüte (Beispiele Halberstadt, Hildesheim) und er diente so auch bei Burgbauten offenbar zur Zierde in reicherem Masse als man heutzutage, da fast nur noch die Steinbauten übriggeblieben sind, annehmen mag[3]). Als Beispiel diene die Feste Rheinfels am Rhein, Fig. 522 (nach einer Aufnahme Dilichs verkleinert). Wie hier, so wurden besonders die oberen Stockwerke der Wohn- und anderer

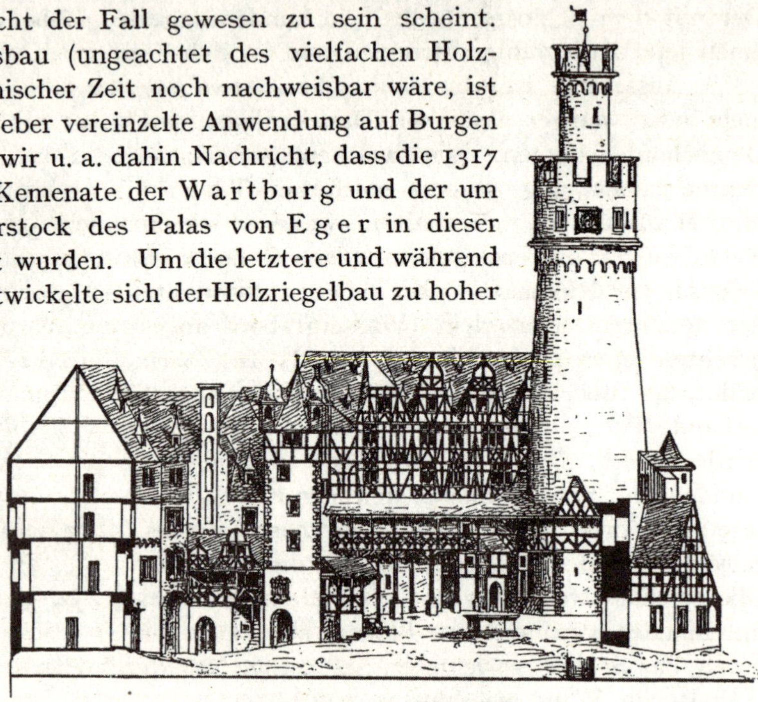

Fig. 522 Feste Rheinfels

[1]) Eingehende Begründung in der 1. Aufl., S. 505—13. Die hier vertretene Deutung der Danzker, welcher auch Steinbrecht, der beste Kenner der Deutschordensburgen (Preussen z. Z. der Landmeister 1888, Anm. 133), entschieden zustimmt — ebenso auch Bau- und Kunstd. d. Prov. Westpreussen XI, A. 154 —, wird jetzt wohl von keinem Beurteiler von Gewicht mehr angezweifelt Anders freilich Dr. Kelleter in der Rezension meines Buches Korresp.-Bl. d. Westd. Zeitschr. 1896, S. 95: „Man wird schwerlich seiner einseitigen Bestimmung der Danzker bei den Deutschordensburgen beitreten."

[2]) Die von Stephani, D. älteste d. Wohnbau II, S. 485 und 573 auf alte Münzbilder (vom 10. Jahrh. ab) gestützten Nachweise erscheinen mir nicht als zweifellose. Ebenso kann man wohl nicht, wie anscheinend Nordhoff (Holz- und Steinbau Westfalens 16 ff.) tut, den alten Holzbau ohne weiteres mit dem späteren Fachwerksbau für gleich halten.

[3]) Kennzeichnend dafür, dass man sich der hübschen Wirkung des Riegelbaues wohl bewusst war, ist es, dass auf Arva in Ungarn das auf dem höchsten Felsen belegene Gebäude durch eine (jetzt verblasste) Architekturmalerei verziert ist, welche über Quaderbau Holzriegelwerk vortäuschen soll.

Gebäude mit hohen Frontispizen, aber auch vereinzelt die Giebel, türmchenförmige Erker, Aufsätze auf Türmen usw. in Fachwerk aufgeführt (vgl. Fig. 526).

Beispiele noch erhaltener Fachwerksbauten in Burgen: Penzlin in Mecklenburg, Falkenstein im Harz, Koburg in Thüringen, Eltz an der Mosel (Fig. 582a), Altensteig, Rechenberg und andere in Württemberg. In ausgedehnter Weise ist (nach alter Abbildung) Burg in Westfalen jetzt als Riegelbau wiederhergestellt worden.

Wie schon hier zum Teil ein Aufbau von einfachen Riegelwänden offenbar aus Zweckmässigkeitsgründen dickeren Steinmauern vorgezogen worden ist, so war jene Bauweise vollends fast notwendig in den besonderen Fällen, da — entsprechend dem im Mittelalter besonders in den Städten gewöhnlichen Brauche — dieser Aufbau mehr- oder allseitig über den unterliegenden Steinbau hinausgeschoben wurde.

Eine fast gleichzeitige Beschreibung eines solchen Aufbaues, und zwar in der Burg Herrenzimmern am Neckar bietet die Zimmerische Chronik, Auflage 2, Band II, S. 28 folgendermassen: „*Es het der gross steinin stock am schloss ain hilzin haus darauf, in die rigel gemaurt und etliche schuch an allen orten ussgeladen, wie dann die alten im geprauch. Es ist aber gleichwol in sollichem werlichen stock kain gewelb gewest, sondern allain hilzin büninen und deren etliche ob ainandern, und hat man durch hülzin stegen von ainem soler zum ander uf oder ab künden kommen. Oben aber im rigelwerk, ob dem stock, so hat es die recht wonung sampt der kuchin gehapt. Derselbig boden ist eintweders mit zigln für feur besetzt gewest, oder aber, als nemichen in der kuchin, mit ainem laimin estrich beschlagen.*“ Eine schadhafte Stelle in diesem Estrich fängt dann durch vom Herd gefallene Kohlen Feuer und infolgedessen brennt das Schloss ab. Da dies im Jahre 1500 geschah, während Herrenzimmern vom *junker Hainrich von Zimbern* bewohnt wurde, ersehen wir daraus, dass diese ausgeladenen Aufbaue aus Riegelwerk jedenfalls schon im 15. Jahrh. als Wohnungen auch vornehmerer Ritter „im Gebrauch“ waren. Ein so auf schrägen Balkenspriessen ausgeladenes Wohngeschoss aus Riegelwerk ist auf deutschen Burgen sehr selten noch erhalten. So noch bei einem Steinhause des „Judenschlosses“ von Thalheim, während ein anderes auf Schülzburg erst 1884 durch Feuer zerstört wurde. S. auch das Topplerschlösschen Fig. 155a.

Fig. 523 Die Steinerburg

Ganz gebräuchlich war diese Bauweise auch bei Burgen der nordöstlichen Schweiz[1]), und zwar da wenigstens zum Teil in der eigenartigen Weise, dass der steinere Unterbau ein besonders plumper, durch Schlitze nur unzureichend erhellter ist. Fig. **523** gibt eine Ansicht der Steinerburg (Steinach) kurz

[1]) Naefs Archiv St. Gallischer Burgen, ein umfängliches in St. Gallen befindliches Manuskript, zeigt in Wort und Bild die vielfache Anwendung. Unter anderem kauften vor 1536 die Chorherren von Bischofszell den hölzernen Ueberbau der Burg Ramschwag, um ihn bei dem Schlösslein Hohenzorn, welches sie „für ein diversorium“ erworben hatten, wieder zu verwenden.

bevor sie — im zweiten Viertel des vorigen Jahrhunderts — zur Ruine wurde. Der seinerzeit zu einer wohlbefestigten Burg gehörende wehrhafte Palas, zu dessen Eingang eine wohl erst später aufgeschüttete Rampe hinaufführte, misst zwar einen Innenraum von 20 zu 21 m, doch sind seine auf der Angriffsseite 3 m starken Mauern nur durch (rundbogige) aussen 22 cm breite 1 m lange Fensterschlitze durchbrochen, so dass um so mehr ein Bedürfnis für den luft- und lichtreicheren Oberbau vorhanden war. Die Burg, wahrscheinlich um 1194 Wohnsitz des Minnesängers Blicker v. Steinach, gehörte seit 1577 der Abtei St. Gallen und enthielt seinerzeit (wohl im Oberbau) auf Holz aufgetragene Wandgemälde, Ritterspiele darstellend, die dem 15. Jahrh. zugeschrieben wurden.

Ein mit den vorigen nur verwandter Bau, bei welchem Unter- und Ueberbau in noch stärkerem Gegensatze zueinander stehen, ist etwa eine Stunde nordwestlich von der Steinerburg auf Mammertshofen (vgl. S. 88) noch wohlerhalten. Der 2,80 m starke, mit dem Erdgeschoss vier Stockwerke enthaltende Steinbau hatte ursprünglich allem Anscheine nach nur im obersten derselben zwei Eingangstüren, während die unteren nur mit schmalen Schlitzen ausgestattet waren. Die augenscheinlich zu Anfang des 16. Jahrh. aufgesetzte — ob nicht damals nur erneuerte? — hölzerne Wohnung ist, mit senkrechten Brettern verschalt, in ihren zwei Meter über den Unterbau ausladenden Teilen durch sehr unregelmässig auf die Mauer gestellte Spriessen gestützt, während im übrigen ein gleichfalls ausladender Verbindungsgang vor den Zimmern vorüberführt. Fig. **524**[1]). —

Fig. 524 Mammertshofen

Wie der Erbauer des mittelalterlichen Palas für die (innere) Treppe nur möglichst wenig Platz übrig hatte, so durchaus der Regel nach gar keinen für die sonstigen Räume, welche, nur für den allgemeinen Verkehr bestimmt, es ermöglichten, von da aus unmittelbar in die den einzelnen zugewiesenen zu gelangen. Es fehlte der Flur (nebst etwa entsprechendem Vorplatz im oberen Geschoss) und noch weniger kannte man den inneren, etwa gar inmitten des Hauses hinlaufenden Verbindungsgang[2]).

[1]) Prof. Meyer v. Knonau, Burg Mammertshofen in Mitteil. d. antiquar. Gesellsch. in Zürich, XVII. H. 5. Erschöpfende Darstellung auch in Rahn, Archit.- und Kunstdenkm. d. Kant. Thurgau 1899.

[2]) Ueber den Palas der Wartburg s. S. 419. Vereinzelt finden sich solche Korridore, jedoch noch eng und meistens unzulänglich belichtet, schon im Palas von Fürstenberg im Vintschgau aus dem Ende des 14. Jahrhunderts. Ein anderer aus derselben Zeit mit grossen Fenstern in der Hochmeisterwohnung auf Marienburg. Andrerseits hat ausnahmsweise das Schloss Neuenstein in Württemberg, um 1540 erbaut, solche noch nicht.

Wenn der 1354 neu aufgebaute Palas von Rapperswyl (S. 427 f.) schon einen geräumigen Flur und oberen Vorplatz hat, so bildet das eine für diese Zeit jedenfalls noch sehr seltene, wohl durch besondere Umstände (s. ebendas.) veranlasste Ausnahme, wie wir noch (S. 428) in Točnik aus dem Anfang des 15. Jahrh. einen königlichen Palas kennen gelernt haben, in welchem alle Räume der beiden Wohngeschosse nur durch ein heizbares Vorgemach und die Kapelle hindurch zugänglich waren. Es gehört auch noch für die spätgotische Zeit, ja überhaupt für unsere Burgbauten zu den seltenen Ausnahmen, wenn der Palas von Landeck in Tirol eine so grossartige und hübsche 18 m lange Flurhalle hat, wie sie Fig. **525** in ihrem hinteren Teile zeigt. Oertliche Umstände machten bei dem (vorkommenden Eselsrückenbogen nach) zu der Zeit an zwei Seiten des Berchfrits angebauten Palas die Anlegung solcher Halle an sich naheliegend.

Fig. 525 Flur in Landeck

Eine ähnlich hübsche 11 × 13 m weite Flurhalle aus spätgotischer Zeit hat der Palas von Persen im Valsugana. In Anlass des unebenen Baugrundes steigt man vom Eingange aus zunächst sieben breite Stufen zu dem eigentlichen Fussboden der Halle empor, deren Gewölbe auf einem 2 m starken achteckigen Mittel- und ebenso vielen Wandpfeilern ruht. Dem Eingange gegenüber führen fünf weitere Stufen zu einem geländerumgebenen Hochsitze und zugleich in die Küche, während in eine dritte Ecke die annähernd in der Mitte des Baues liegende Wendeltreppe hineinragt, die zunächst zu einem ähnlich überwölbten Vorsaale führt[1]).

Gegen das Ende des Mittelalters fing man an, die einen viereckigen Binnenhof umgebenden, besonders den Palas enthaltenden Bautrakte beziehungsweise deren einzelne Räume (ähnlich wie bei städtischen Grundstücken) durch da angebrachte Verbindungsgänge, Hofarkaden, miteinander zu verbinden[2]). Sie laufen unter Umständen nur an einem der Wohnbautrakte hin, wie auf Hohkönigsburg (Fig. 430), oder auch nur, wie auf Maretsch, an einem zwischen solchen den Hofraum schliessenden Ringmauerstück, sehr selten, wie auf Churburg und Toblino, rings um den Hof.

Auch an sich sind diese Gänge auf die denkbar verschiedenste Weise ausgestaltet. Der Vorbau beginnt entweder erst über dem Erdgeschoss (Fig. 430) und die (hölzernen) Gänge ruhen auf entsprechend grossen Kragsteinen, oder von unten auf mit einem Säulengange (Fig. 525a), oder mit Mauerbögen, die dann eine Reihe von grossen nach dem Hofe hin offenen Nischen bilden (Maretsch, Bockfliess). Oefter begnügte man sich mit einem blossen Holzbau einschliesslich der Ständer, so auf Rheinfels (Fig. 522), Fenis (Fig. 429) und Schat-

[1]) Ueber Landeck und Persen s. meine „Oesterr. Burgen“ III und I.

[2]) S. auch die verwandten S. 324 ff. behandelten Umläufe.

tenburg, oder der einfachsten gemauerten Bogenstellung (Heimfels). Auch in Fachwerk kamen solche Gänge wohl vor, oder sie wurden auch nachträglich durch Mauerung, Bretterverschalung oder grosse Glasfenster geschlossen, während man andrerseits am Ende des Mittelalters mehrfach auch alte Burgbauten durch Hofarkaden mit ornamentierten Marmorsäulen und Wandmalerei ausschmückte, so Piberstein, Dornsberg (Fig. 488) und besonders Churburg[1]). In manchen Fällen, so auf Trostburg, ist der Gang eine (ähnlich wie auf der Wartburg) ganz innerhalb des Gebäudes liegende und nur nach dem Hofe hin

Fig. 525a Hofarkaden in Matzen

Fig. 525b Lauf- und Wehrgänge in Kronburg

offene Loggia. Auf Toblino ist er über dem Erdgeschoss auf einer Hofseite so gebildet, während er auf einer anderen nur auf Kragsteinen und auf den beiden übrigen auf Säulen ruht.

Ganz ausnahmsweise hat Frauenstein in Kärnten spitzbogige Hofarkaden, und noch eigentümlichererweise sind bei solchen auf Klingenberg in Böhmen die Oeffnungen des oberen Stockwerkes durchweg mit dem Mass- und Stabwerk dreilichtiger gotischer, 3 m hoher und 2,5 m breiter (unverglaster) Fenster gefüllt, wie auch das Deutschherrenschloss Marienburg einen ganz ähnlichen zweistöckigen Laufgang mit noch mehr verzierten Fenstern hat[2]). Ausnahmsweise haben die Hofarkaden auf Matzen (Fig. **525a**), der Höhe des Wohnbaues ent-

[1]) „Ain gewelbter schöner lustig Gang mit ausgehauen sewlin." Abbildungen, wie aus Maretsch, Toblino, Schattenburg, Piberstein, Trostburg, Dornsberg in Oesterr. Burgen. Der Hof von Schalaburg von 1572 zeichnet sich besonders durch reichen Terrakottaschmuck aus, wie sich denn bei den ausgedehnten Schlossbauten der Renaissancezeit der von Arkaden umgebene Hof (cour d'honneur) zu einem fast notwendigen Hauptprunkstück derselben entwickelte.

[2]) In beiden Burgen sind die Arkaden erst in neuer Zeit nach hinlänglich vorhanden gewesenen Anhaltspunkten wiederaufgeführt worden. Die oberen Stockwerke haben so eine bei Burgen ungewöhnliche Aehnlichkeit mit den freilich nur ebenerdigen klösterlichen Kreuzgängen aus gotischer Zeit. Diese — so genannt, weil auf dem umschlossenen Hofe ein Kreuz aufgerichtet war — kamen freilich schon in frühromanischer Zeit (Bauriss von St. Gallen) vor.

sprechend, über dem Erdgeschoss noch drei Stockwerke und musste deshalb auch die schliessende Ringmauer (links) ebenso hoch aufgeführt werden. Eine besonders umfassende Aufzimmerung von Laufgängen nebst Treppen und Wehrgängen hatte der Hof von Kronburg am Inn (Fig. **525b**[1]). Damit Verwandtes in gediegenem Steinbau enthält der Palas von Verrès (Fig. 432).

Wenn schon die um 1300 erbauten Deutschordensburgen (Kap. 23) kreuzgangähnliche, den ganzen Hof umschliessende, auch mehrstöckige Verbindungsgänge hatten, so ist das wohl aus ihrer Verwandtschaft mit Klosterbauten zu erklären.

Den bisher behandelten verwandt ist der geschlossen untermauerte und so gewissermassen ein Erdgeschoss mit Plattform bildende Vorbau. Diesem wieder ähnlich ist ein solcher, der, auf einfachen 5,40 m weiten Stichbögen ruhend, frühestens am Ausgang des Mittelalters dem romanischen Palas der Wildenburg im Odenwald auf der Hofseite angefügt worden ist.

Ueber die mehr oder weniger verwandten anderweiten Umläufe in den Burgen s. S. 324 ff. —

Erker, wie man sie in unserer Zeit (vom „Jugendstil" abgesehen) an Wohnhäusern anbringt, waren jedenfalls bei Burgbauten selten, so beliebt die damit verwandten gutenteils zur Zierde oben besonders an den Hausecken vorgekragten Türmchen waren. Fig. **526**, Ortenburg in der Wetterau nach Merian. Die in mittleren Stockwerken aus der glatten Wand herauswachsenden Erker, in welchen man zu freierem Umblick sitzen konnte, sind allem Anscheine nach nicht vor der Mitte der gotischen Zeit aufgekommen. In weiterer Entwicklung wurden solche diagonal an den Ecken der Gebäude angebracht, zwei- und selbst dreistöckig (durch eine Anzahl von Simsen geteilt), aus drei Seiten des Achtecks konstruiert[2]), nach alten Abbildungen auch halbrund gestaltet. Einen Erker mit ungemein spitzem Dache zeigen von aussen und innen Fig. 528 und 482.

Fig. 526 Ortenburg

Mitunter waren Erker in besonderer Anzahl angebracht. So hatte auf St. Michaelsburg im Pustertale der Baukomplex der Hauptburg — s. S. 430 — oben ringsum sieben (bzw. acht) breite und ganz flache Erker, anscheinend wesentlich zur äusseren Zierde. Ganz ohne Seitenstück ist aber die Anzahl von 32 meistens geräumigen Erkern (bis zu 3 × 5 m Weite), die auf kräftigen Kragsteinen ringsum in verschiedener Höhe an dem Schlosse Pernstein in Mähren (Fig. 417) angebracht sind. Eine zusammenhängende Reihe von Erkern hat der Palas von Mitterburg auf Istrien. Wesentlich zur Zierde war ausnahmsweise auch ein Rondell auf Sigmundskron oben mit drei Erkern ausgestattet, Fig. **527**.

Fig. 527 Sigmundskron

Ueber die schon in romanischer Zeit vorkommenden Kapellenerker s. Kap. 19.

Noch weniger als der Erker hat der Balkon im heutigen Sinne eines nur mit einer Brüstung umgebenen Austrittes bei unseren mittelalterlichen Burgbauten

---

1) Meine Rekonstruktion nach den vorhandenen Balkenlöchern.

2) Ueber Abbildungen verschiedener Art in meinen Oesterr. Burgen s. das. VIII, S. 219.

eine Rolle gespielt. Ueber verwandte Vorbauten in der Höhe der Berchfrite und an anderen Stellen s. S. 364 f. Ein seltenes Beispiel eines eigentlichen dem ursprünglichen Bau angehörenden Balkons findet sich, mit einem Eisengitter umgeben, am Palas von Persen. Aus derselben Zeit (Ende des 16. Jahrh.) hat der Palas von Rosenburg am Kamp zwei geräumige „Altane" mit von Säulen getragenen Dächern. (Vgl. auch Kap. 24.)

Von dem spätlat. *balcones* (bemerkenswerterweise nur so in der Mehrzahl vorkommend) ist eine andere Bedeutung als *Balkons* nicht bekannt. Gleichwohl wird man, wenn nach einer Beschreibung des mittelitalienischen Klosters Farfa aus dem 11. Jahrh. das Klausurgebäude neben drei bzw. vier Fenstern auf zwei Seiten, auf einer dritten *duodecim balcones* hatte, das den Umständen nach nicht (wie geschieht) für „zwölf Balkons" nehmen können. — Etwas solchen Verwandtes muss die fast nur bei Ulrich v. Lichtenstein vorkommende „*Line*" gewesen sein. Vgl. meine „Oesterr. Burgen" I, S. 117. —

Fig. 528 Hofansicht aus Eltz

Was zunächst die Form des Daches betrifft, so hatte dieses, wie sonst, so auch bei (nicht turmartigen) Burggebäuden mit verhältnismässig seltenen Ausnahmen die des einfachen Satteldaches. Wenn da bei Kirchenbauten vom frühromanischen Stil bis zur Renaissance der Neigungswinkel des Daches im allgemeinen von 30 bis auf etwa 65° stieg, so kamen doch bei Profanbauten schon um 1200[1]) Dächer von nahezu 60° (Grundfläche und Dachflächen bilden dann ein gleichseitiges Dreieck) vor. Bis zu ausserordentlicher Steilheit wuchsen, einem Grundzuge des Stiles entsprechend, die Dächer in der gotischen Zeit. Derartige Dächer hatten z. B. die Palase von Fragenstein (Tirol), Emmerberg (Niederösterr.)[2]), Bodenlauben bei Kissingen, Hornberg am Neckar und hat noch Eltz an der Mosel. Die Hofansicht dieser Burg Fig. **528**[3]) zeigt zugleich an einem hervorragenden Beispiel, wie das Dachgeschoss durch steil bedachte, vorgekragte

[1]) Die Abbild. bei Boisserée, Denkm. d. Baukunst (1833), Taf. 34 und 35.

[2]) Bei diesen beiden Ruinen sind nur noch die Dachspuren am anstossenden Berchfrit vorhanden. Eine geringe Neigung des Daches zeigen fast ausnahmslos die Burgen im südlichen Deutschtirol und diese werden auch schon gegen Ausgang des Mittelalters (also zur Zeit der Gotik), wo hier umfassende Neubauten vorzukommen pflegten, ebenso gewesen sein, da nicht anzunehmen ist, dass man um deswillen später die Abschlüsse der zugehörigen Giebelmauern geändert haben sollte. Es zeigt sich hier schon der Einfluss des nahen Italien. Die Dächer werden erst aus weiterer Entfernung überhaupt sichtbar, wenn, was hier gleichfalls in sonst ungewohntem Masse beliebt war, noch vor denselben ein Zinnenkranz sich erhebt.

[3]) Nach Fr. Bock, Rheinlands Baudenkm. des M.-A., 3. Serie.

Ausbauten mit metallenen Aufsätzen, Dachfenster und Schornsteine ausnahmsweise belebt werden konnte.

Das Pultdach bot vor dem Satteldach den Vorteil, der Zerstörung durch schwere Wurfkörper oder auch Brandpfeile nur e i n e Dachfläche darzubieten, welche daher — vgl. S. 223 und 437 (Altbodman) — durch ihre Verlegung nach innen dem Angriffe fast ganz entzogen werden konnte und auch regelmässig w u r d e[1]). Daher finden wir, wenn, wie auf S t. M i c h a e l s b u r g und B r u c k (beide im Pustertal), der Palas mehrflügelig einen Hof umschliesst, alle Pultdächer diesem zugekehrt, was zugleich für die Sammlung des Regenwassers nützlich ist[2]). Ausnahmsweise folgten bei dem romanischen Palas von F r a u e n b u r g in Steiermark (Fig. 407a) die Umfassungsmauern nicht dem Abfall des Pultdaches. Letzteres kommt übrigens nicht nur, wie hier, bei schmalen Gebäuden vor, sondern auch bei solchen von 12 und 16 m Tiefe (Altbodman). Ganz gewöhnlich ist es natürlich bei Nebengebäuden, die sich an die höhere Ringmauer anschliessen.

Wohl nur höchst ausnahmsweise hatte unser Burgpalas gar kein oder mit anderem Ausdrucke ein „plattes" Dach. Urkundlich nachgewiesen ist das bisher wohl nur bezüglich des Neubaues der H o h k ö n i g s b u r g von 1480. Aus Aktenstücken von 1557 ff.[3]) geht hervor, dass die den Hof umgebenden Wohngebäude über den abschliessenden Tonnengewölben und aufgetragenem Bauschutt mit einem „pleyedach" gedeckt waren, welches bekanntlich nur eines sehr geringen Falles (bis 1 : 14) bedarf. Nachdem dasselbe „gar alt und mangelhafft geworden", wurde es durch ein Dach aus „dickhen, behauwen, staininen platten" ersetzt und dieses der „schweren Belastigung" wegen bald durch ein Schindeldach.

Ebenso wie hier hinter einer auf Rundbogen vorgekragten Brüstung hatten die Wohngebäude der B r ö m s e r b u r g und von R e i c h e n b e r g unweit St. Goarshausen jedenfalls schon zu M e r i a n s Zeit (um 1625), letzteres auch schon nach D i l i c h s Aufnahme von 1607 (Fig. 186), kein Dach, und es ist kein hinlänglicher Anlass vorhanden, zu bezweifeln, dass sie solches auch nie gehabt haben. Es darf schon als durchaus unwahrscheinlich bezeichnet werden, dass man auf der zu jener Zeit noch von dem alten Geschlecht der Brömser von Rüdesheim bewohnten Brömserburg sowie auf dem bis 1806 mit einer kleinen Besatzung belegten landesherrlichen Reichenberg unterlassen haben sollte, die Dächer der Hauptgebäude zu erhalten bzw. wiederherzustellen[4]). Noch weniger ist ja anzunehmen, dass die

---

[1]) Ein Pultdach auf H o h e n w e r f e n wurde daher im 16. Jahrh. einfach als „inwendiges Dach" bezeichnet. Nur wo der Palas durch seine Lage auf hohem Felsen geschützt ist, kommt — so auf H e i m f e l s — auch ein nach aussen gerichtetes Pultdach vor.

[2]) Indem hier die Aussenmauern zugleich nach unten als Futtermauern tiefer hinabsteigen, gewinnt (S. 430) der Palas so nach aussen ein täuschend stattliches Aussehen.

[3]) W i e g a n d , Z u r G e s c h. d e r H o h k ö n i g s b u r g , Strassburg, 1901.

[4]) v. C o h a u s e n bezweifelt (B e r g f r i e d e S. 40 und W e h r b a u t e n S. 50) bei beiden Burgen die stete Dachlosigkeit deshalb, „weil — angeblich, s. jedoch vorhin — alle Burgen und soweit möglich selbst die Stadtmauern in unserem Clima mit Dächern versehen waren." M e r i a n gibt ausdrücklich an, dass Reichenberg solche nie gehabt habe, und auch nach L o t z u n d S c h n e i d e r , B a u d e n k m. i m R e g. - B e z. W i e s b a d e n 369 „scheinen Dächer nie vorhanden gewesen zu sein". B. E b h a r d t beruft sich in seinen Bemerkungen zu Dilichs Aufnahmen, hgg. von Michaelis, S. 74 für seine Anzweifelung sehr mit Unrecht (s. Fig. 186 und 187) darauf, dass Dilich die Burg „zum grössten Teil als Ruine zeige". Nach E s s e n w e i n (K r i e g s b a u k. 170) hatte die Brömserburg ein Dach nicht nötig, da sie noch heute ohne solches vollkommen wasserdicht sei.

Burg, von welcher wir zufällig die Dachlosigkeit noch urkundlich feststellen können, unter den mehr als zehntausend Burgen des deutschen Sprachgebietes, über deren einstige Bedachung wir auch nur in verhältnismässig seltenen Ausnahmen etwas wissen können, gerade die einzige dieser Art gewesen sei, während es andrerseits naheliegt, dass unsere Vorfahren die auf den „Römerzügen" hinlänglich kennen gelernten platten Dächer italienischer Burgen auch daheim wenigstens hie und da nachahmten, dabei den Dachstuhl ersparend und zugleich willkommene Aufstellungsplätze für Wurf- und Schiessmaschinen gewinnend. Als Palase, welche bei uns etwa ohne Dach gewesen sein könnten, werden freilich immer nur die ausnahmsweise oben mit einem Gewölbe abschliessenden in Frage kommen können.

Schon deshalb ist bei Gebäuden, welche auf alten Ansichten ausnahmsweise ein Dach nicht haben, noch nicht ohne weiteres etwa eine Plattform anzunehmen. Hinter der Umfassungsmauer kann zunächst ein Satteldach mit geringer Neigung versteckt sein, wie denn z. B. im 16. Jahrh. auf Churburg der Palas einen erhöhten „Mantl umb Tach für den Wind und das fewr" erhalten hat, und in derselben Zeit bezüglich Tarasp empfohlen wurde, „dy mauren am Haubsloss umb ain wenig höcher zu machen alain für dy Dächer, der windt last kains gantz". Die Gebäude können aber auch ein gewissermassen umgekehrtes, nach unten geknicktes, „gesenktes Satteldach" oder „Taschendach" bzw. deren mehrere (gehabt) haben[1]. Bei solchem treffen sich die Dachflächen, anstatt über die (Längs-) Mauern aufsteigend in einem First, innerhalb derselben abfallend in einer stumpfwinkligen Dachkehle, und es vermindert so den von den Umfassungsmauern umschlossenen Raum. Den Stürmen ganz entzogen, kann es jedoch leichter hergestellt werden als ein aufsteigendes Dach. Unter anderm hat ein mit alten Priepen gedecktes, aber doch schwerlich sehr altes der Hauptturm des Schlosses Grünwald bei München. In dem noch romanischen, später umgeänderten Palas von Rathsamhausen ruhten die Dachflächen auf entsprechend absteigenden Mauerabsätzen an der Innenseite der beiden Giebelwände. Ein Wohngebäude des Schlosses Burghausen hatte nach vorhandenem Modell jedenfalls schon 1574 ein gesenktes Satteldach, ein anderer Trakt desselben zwei nebeneinander liegende. In einem Wohntrakt von Starhemberg in Niederösterreich liefen deutlichen Spuren nach sieben Dachkehlen nebeneinander von einer Langseite zur andern[2].

Verwandt damit sind die eigentlichen „Säge"- oder „Paralleldächer", welche, aus mehreren Quersatteldächern nebeneinander bestehend, wie bei Kirchen, so auch alten Abbildungen nach bei Burgen, z. B. auf Waxenberg, vorkamen.

Was die Dachdeckung betraf, so wurde dazu ja in der ältesten Zeit überall das Stroh verwendet, doch ist man bei Burgbauten, bei welchen die Brand-

[1]) Eigentümlicherweise scheint diese Dachform in keinem Architekturwerke, selbst nicht in dem die Dächer behandelnden Bande des „Handbuches der Architektur" erwähnt zu werden.

[2]) Einfache, bzw. vervielfältigte Dächer dieser Form kommen öfter als bretterne Notdächer, so in dem Berchfrit von Biedenegg am Inn und dem Palas des benachbarten Landeck vor. Sie sind auch noch jetzt hier und da bei alten Stadthäusern nicht selten, deren Front mit einer wagerechten Zinnenreihe abschliesst. Ihr Vorhandensein verrät sich da durch eine unterhalb derselben in der Mitte ausmündende Dachtraufe („Seigrinne").

legung durch Feuerpfeile u. dgl. besonders zu fürchten war, sicher schon früh zu minder feuergefährlicher Bedachung übergegangen, wie denn auch ganz alte Darstellungen einer Burg schon harte Dächer zu zeigen pflegen. Diese bestanden, wenn von Stein, aus Schiefer da, wo solcher in der Nähe zu haben war, sonst aus Dachziegeln. Eine in die gotische Zeit zurückreichende, d. h. seitdem nicht erneuerte Dachdeckung ist schwerlich auf einem Burgbau erhalten. Ueber die im Mittelalter überhaupt gebräuchlich gewesenen Formen der Dachziegel belehren uns nur einzelne in Altertumssammlungen aufbewahrte Stücke. Die in Ruinen vielfach sich findenden Bruchstücke zeigen uns jedoch, dass vor allem die noch jetzt hie und da gebräuchlichen schmalen Hohlziegel sehr beliebt waren, wobei die Stossfugen der mit der Höhlung nach oben liegenden durch umgekehrt aufgelegte bedeckt wurden. (Priependächer, „Mönch und Nonne".)

Nach Müller-Mothes, Archäol. Wörterb. („Baustein") dürften die ältesten Priependächer (Fig. **529** *a*) in Deutschland aus dem 11. Jahrh. sein, und sind seit dem 12. fast ebenso häufig die Fittich- oder Passziegel mit beiderseits umgebogenem Rande (das. *b*). Seit dem 14. Jahrh. kommen die weniger gekrümmten Dachpfannen oder Breitziegel (das. *c*) auf, im späteren Mittelalter und der Renaissancezeit die platten und eckigen Krämpziegel (das. *d*), nebenbei im Mittelalter auch vielfach (?) im südlichen Deutschland bis Oberitalien die römischen Dachpfannen oder Bortziegeln (das. *e*). Die Altersbestimmungen sind natürlich auch hier sehr unsichere. So „scheinen" nach der angeführten Quelle die plattenförmigen Ziegel mit Nase „nicht vor Ablauf des 14. Jahrh.", solche mit halbkreisförmigen Enden im 16. und 17. Jahrh. vorzukommen, während v. Essenwein, Wohnbau, S. 224 ff. Plattenziegel mit halbkreisförmigen Enden aus dem Rosgartenmuseum in Konstanz abbildet, „die dem 12. bis 13. Jahrh. entstammen mögen". Manche Einzelheiten über mittelalterliche Dachdeckung s. noch ebendaselbst. Danach scheinen u. a. Mass und Gewicht bei den ältesten Dachsteinen ein besonders beträchtliches und darum starke Dachstühle erforderndes gewesen zu sein. — Mitunter wurden auch wohl beim Dach des Palas und des Berchfrits die Ziegel mit verschiedenfarbiger Glasur (wie bei Kirchen) überzogen, so dass Wolfram v. Eschenbach (Parz. 565, 7) das Palasdach des Schastelmarveil wie Pfauengefieder geschmückt sein lässt.

Fig. 529 Dachziegel

Der Palas der Wartburg war mit Bleiplatten gedeckt, die bei dem Brande von 1317 zerschmolzen. S. auch vorhin wegen der Hohkönigsburg.

Daneben waren von alter Zeit her die noch jetzt vorkommenden Holzschindel sehr gewöhnlich. Auf Hohenwerfen waren sie im 16. Jahrh. durchweg rotbraun angestrichen. — Der Umrisslinie des voll auszunutzenden Bauplatzes folgend, wurde die Gesamtfigur des Palas mitunter eine ganz unregelmässige. Fig. **530** von Gilgenberg, **531** von Pfeffingen, beide in der Schweiz. Ein weiteres Beispiel von Schramberg Fig. 604.

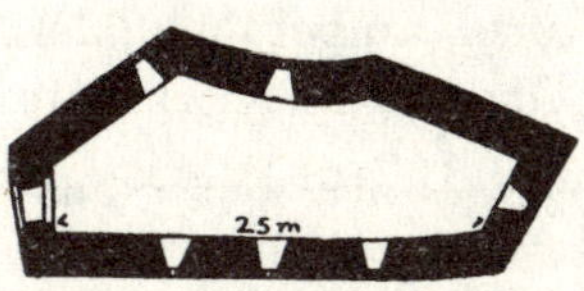

Fig. 530
Palas von Gilgenberg

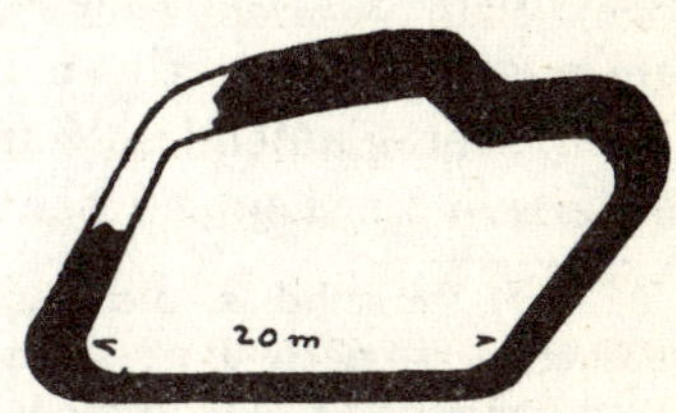

Fig. 531
Desgleichen von Pfeffingen

Ein in seinen baulichen Einzelheiten mannigfach eigentümliches bietender Palas war der nur noch als Ruine vorhandene der bei Kaiserswerth am Rheinufer stehenden angeblichen Barbarossapfalz. Fig. **532** aus Meissners Thesaurus vom Anfang des 17. Jahrh.

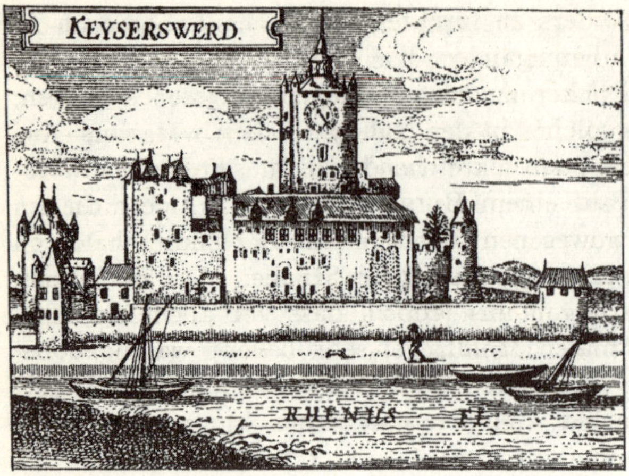

Fig. 532 Altes Schloss zu Kaiserswerth

Der völlig abgetragene starke Berchfrit (*o*, Fig. **533**) wurde auf zwei Seiten von dem sich westlich dem Strome parallel erstreckenden Palas und einem schmäleren Flügel desselben umschlossen. Zwischen diese und einem zweiten, nicht mehr vorhandenen *b*, liegt der winzige Hofraum *h*, von welchem aus so der Palas auf der Rückseite allein Licht erhalten konnte. Ganz eigenartig war der Zugang (*a*) zu demselben: in etwa 3 m Höhe durch einen nördlich in 5,5 m Abstand erbauten zweiten viereckigen Berchfrit[1]) (den „Klevischen Turm") und dann — schon an sich ganz ungewöhnlich — auf der dahin gerichteten G i e b e l s e i t e in den Palas. Noch seltsamer schliesst sich da an die Eingangstür eine nahezu 2 m breite gemauerte Treppe an, welche in ungemein geringer Steigung und durch zwei Podeste unterbrochen — man kann ihren Lauf auf Fig. 57 an den oberen schmalen und weiten Oeffnungen und weiterhin dem dünnen Eisengeländer verfolgen — sich auf der ganzen Stromseite des Gebäudes hinzieht. Von den bezeichneten, die Treppe reichlich erhellenden Oeffnungen haben die schlitzförmigen mit mehr als 2 m ungefähr das Doppelte der da sonst gewöhnlichen Höhe, während die beiden weiten Oeffnungen, wie die an ihrer Schwelle noch vorhandenen Kragsteine zeigen, zu irgendwie gestalteten Austritten führten. Ihnen an den Podesten gegenüber führten weite Türen in das Innere des Gebäudes[2]), in welchem sich auch sonst zwei Meter weite Türöffnungen mit vormaligen Flügeltüren finden. Im Südwesten des Palas ist neben einem schräglaufenden Gange ein 1,25 m weiter Brunnenturm aufgeführt, der mit einem anscheinend späteren Aufsatze bis in das zweite Obergeschoss hinauf-

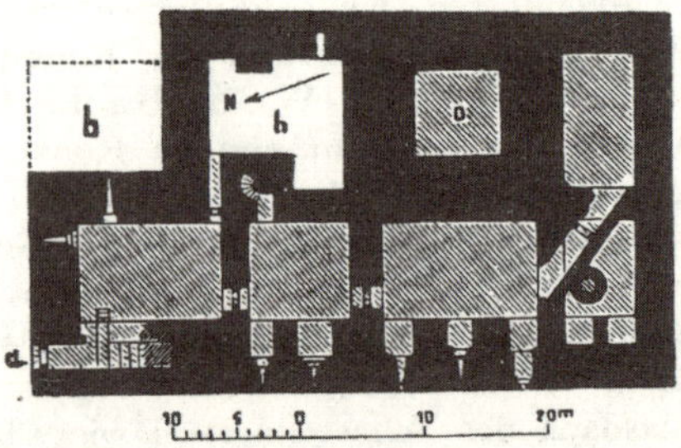

Fig. 533 Grundriss desselben

[1]) Derselbe (s. die Ansicht), unlängst bis zur Höhe des Einganges neu wieder aufgeführt, war nach B e r. ü b e r d i e T ä t i g k e i t d e r P r o v. - K o m m. f ü r d. D e n k m a l p f l. i n d. R h e i n p r o v i n z (Bonn 1900), S. 38 durch einen spätestens im 17. Jahrh. vermauerten Graben vom Palas getrennt, aber ehedem mit ihm durch zwei gemauerte Bogen in verschiedener Höhe verbunden, und sind der gleichartigen Mauertechnik nach beide Bauwerke als gleichzeitige anzusehen.

[2]) Die Aussenöffnungen hatten gewiss mit „Aufzügen" (s. dazu auch S. 197) nichts zu tun, wenngleich sie nach D e n k m a l p f l e g e 1903, S. 69 „deutlich als solche erkennbar sein" sollen. Nach ebendas. S. 70 „konnten die grossen Frachtschiffe an der Stromseite des Palas anlegen (? vgl. Fig. 532), den Zoll entrichten, wie auch Frachtgüter und Waren in Empfang nehmen oder abliefern, die dann durch die Aufzugsvorrichtung unmittelbar in die dunklen Depoträume (jenseits der Treppe) gebracht werden konnten". Eine Kaiserpfalz, wenn auch wie so manche andere Burg zur Sicherung einer Zollabgabe errichtet, war aber schwerlich ein Magazin für Kaufmanns- und sonstige Frachtgüter.

geführt war. Der Wohnbau hat nach Fig. 532 bis zum Dachanfang mehr als 20, nach einer Abbildung bei Merian gar etwa 30 m Höhe, und seine ganze danach 1500 qm grosse (allein freiliegende) Rheinfront ist nur von spärlichen schmalen Fenstern durchbrochen bis ganz zu oberst, wo in der Mitte zwischen sieben kleinen eine Reihe von ebensovielen grossen Viereckfenstern auf das eigentliche Wohnstockwerk, das (später aufgesetzte?) fünfte des Baues, hinweist. Ueber die Mauertechnik, zu welcher eine starke aushilfliche Verwendung von Ziegel im Innern kommt, s. S. 146.

Wenn dieser Bau wirklich eine „Barbarossapfalz" wäre, würde er mit seinen hier aufgeführten baulichen Einzelheiten nahezu alles auf den Kopf stellen, was wir von deutschen fürstlichen Palasen aus ungefähr jener Zeit wissen können, wie denn schon allein eine derartige Treppe im Innern eines Hauses — und eine etwaige nachträgliche Herstellung derselben ist da völlig ausgeschlossen — meines Wissens noch für Jahrhunderte später ganz unmöglich wäre[1]).

---

[1]) Die Gründe und Gegengründe bezüglich dieser Frage s. Denkmalpflege 1903, S. 51, 68, 82, 98. Ueber die Inschriften, welche für den Barbarossabau entscheidend sein sollen, s. oben S. 167 f. (auch Kelleter, Urkundenb. d. Stiftes Kaiserswerth (1904) S. XLVII ff.). Zur Sache ist noch zu bemerken: Nach einem Briefe von 1190 liess Fr. Barbarossa damals bei Kaiserswerth ein „domus insularia" errichten, welches im 13. Jahrh. und weiter als „castrum" bezeichnet wird. Bei Ausgrabungen im Jahre 1900 wurden hinter dem jetzigen Bau Reste einer grossen Anlage festgestellt, nach dem „Bericht" S. 40 „vielleicht des älteren Palas, des von den sächsischen Kaisern bewohnten Baues". Es liegt nahe, dass Architekturstücke desselben später wieder Verwendung gefunden haben. Die eine der Inschriften nennt den Bau ein „decus imperio", was auf den ganz schmucklosen jetzigen Bau, verglichen etwa gar mit Gelnhausen, offenbar gar nicht passt.

Siebzehntes Kapitel.

Wasserversorgung.

(Brunnen. Tiefe Lage inner- und ausserhalb des Burgberinges. Darüber gebaute Türme. Bauliches. Schöpfvorrichtung. Cisterne. Einfache und mit Filtrieranlage. Zuleitung des Wassers. Mehrheit von Brunnen und Zisternen. Eselsweg. Wasserleitung.)

Besonders wichtig war es natürlich für die Burgbewohner, auch im Falle einer Belagerung einem Wassermangel nicht ausgesetzt zu sein. Die Ausstattung der Burgen mit einem Ziehbrunnen (mhd. *brunne, born*, auch *putz, pütte*) bildet daher durchaus die Regel, und so wertvoll erschien der gesicherte Bezug wenn möglich reinen Quellwassers, dass man selbst bei hoch auf hartem Fels angelegten Burgen die ebenso mühevolle als kostspielige Herstellung eines bis zu mehreren hundert Fuss tiefen Brunnenschachtes bis auf einen ausreichlichen Quellspiegel hinab oft nicht scheute. So wird die Tiefe des Burgbrunnens auf Stolpen (Sachsen) zu 95,6 m, auf Neuhaus (bei Igersheim) und auf Helfenstein (bei Geisslingen) zu (früher) 100 und desjenigen auf der Harburg (a. d. Wörnitz) zu 128 m angegeben. Von einigen solchen tiefen Brunnen geht die Ueberlieferung, dass dieselben ebensoviel gekostet haben wie der ganze übrige Burgbau, und das erscheint kaum übertrieben, wenn wir wissen, dass z. B. der 1605—1607 gegrabene und mit Quadern ausgemauerte Brunnen auf Homberg (bei Fritzlar), der allerdings eine Tiefe von rund 150 m erreicht, trotz des damals noch hohen Geldwertes 25000 Gulden gekostet hat. An dem berühmten Brunnen der sächsischen Festung Königstein, dessen Tiefe bei 3,5 m Durchmesser auf 150 bis 190 m angegeben wird, ist von 1557 bis 1597 gegraben worden.

Unter solchen Umständen kann es nicht wundernehmen, wenn in nicht eben seltenen Ausnahmefällen hoch gelegene Burgen — und unter ihnen selbst eine grosse Hofburg, wie die Wartburg — sich mit einer Zisterne *(Cistern, sixtern;* lat. *cisterna)* zur Ansammlung des Regenwassers begnügten.

Der gewöhnliche Platz für den Brunnen war, wie naheliegt, der Hofraum der Hauptburg. Hier war auch am besten das Regenwasser von den Dächern in eine Zisterne zusammenzuleiten. Man kann beides jedoch auch an mancherlei anderen Stellen des Burgberinges, so in der Vorburg, im Zwinger, in einem Abschnittsgraben etc. finden. Auf der Hohkönigsburg liegt der Brunnen seitwärts an dem Wege, der zwischen Felsen und Mauer von der Vor- zur Hauptburg hinaufführt. Oefter — Aggstein, Wolkenstein in Steiermark, St. Michaelsburg, Sauerburg, Schönburg an der Saale — liegt er auch in einem Raume eines an den Hofraum anstossenden Gebäudes[1]), oder an einer sonst vor Niederschlägen geschützten Stelle. So auf Runkelstein in einer gegen den Hof offenen Vorhalle (Fig. 428), auf Churburg unter den Hofarkaden, bei Bürgstein in einer zu dem Zweck aus dem Felsen gehauenen Nische des am Fusse des Burgfelsens liegenden Vorhofes[2]). In der Wasserburg Spantekow (Pommern) findet sich ein Brunnen in den unter dem Ringwalle sich hinziehenden Geschützkasematten, auf Gutenfels am Rhein in einem für sich aus dem Felsen gehauenen kellerartigen Raume. Ebenso auf Homberg bei Fritzlar. Hier lagen[3]) eigentümlicherweise nebeneinander der schon eingangs bezeichnete tiefe Brunnen und zwei viereckige Zisternen. Auf Altpernstein steigt man von der zum inneren Hofe führenden Durchfahrt des Torgebäudes aus zwei finstere Treppen von 24 und 29 Stufen abwärts zu der Mündung des weiten und tiefen Brunnens. (Eine Wasserleitung endet ausserdem in einem laufenden Brunnen auf dem Hofe)[4]).

Nur sehr ausnahmsweise wurde der Brunnen im Palas (im weiteren Sinne) selbst angebracht. So im Kastell Scaletta (Fig. 431), Greiffensee (S. 243), Marienburg (in der Mauerdicke bis ins zweite Obergeschoss geführt), Kaiserswerth (S. 504). Im Schlosse von Tübingen „befindet sich in dem grossen Keller unter den nordwestlichen Teilen der uralte (?) runde Ziehbrunnen; er geht bis unter die Sohle des Neckars, also mehr denn 300 Fuss tief hinab, hat die bedeutende Weite von etwa 14 Fuss und ist auf das sorgsamste aus Quadern gemauert"[5]). Eine eigentümliche zweckmässige Anlage hat da der Brunnen auf der Ramburg (Rheinpfalz). Im Innern des auf Sandstein stehenden Palas ist am Fusse der einen Längswand, *a b* Fig. **534**, ein viereckiger, wenige Schritte im Quadrat messender mannestiefer Raum in den Felsen gehauen *(c d e f)* als Vorplatz für den Brunnen, dessen Schacht *i* (wahrscheinlich des unter dem Palas ausgehauenen Kellers wegen) so weit nach aussen gerückt ist, dass seine Oeffnung noch zur Hälfte unter dem Felsen liegt, der hier die Palaswand trägt. Dieser Felsen (die Aussenwand der Vertiefung) hat deshalb über der Schachtöffnung noch weiter in Form einer halbrunden Nische ausgehauen werden müssen. Aus der Vertiefung führt ausserdem ein durch den Felsen gehauener niedriger Gang *o* unter der Palaswand hindurch nach aussen, der somit die Benutzung des Brunnens auch von da aus ermöglichte.

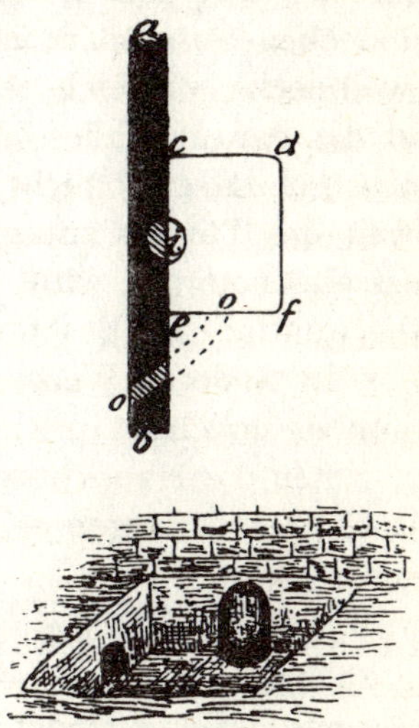

Fig. 534 Brunnen.

[1]) Auf Sauerburg ist das betr. Gebäude, in welchem der „Keller" wohnte, nicht mehr vorhanden, auf Schönburg handelt es sich um ein ganz schmales, Vor- und Hauptburg voneinander trennendes.

[2]) Meine Oesterr. Burgen I, Fig. 39.

[3]) Nach Dilichs Aufnahme von 1607 (hgg. v. Michaelis). Die Ruine ist schon völlig verfallen.

[4]) Oesterr. Burgen IV, 8.

[5]) Kunst- u. Altertumsdenkm. im Königr. Württemb. Schwarzwaldkr. 380.

Oefter gefundenen Angaben entgegen wäre ein Brunnen unten im engen, finsteren, so unbequem zugänglichen und als Gefängnis dienenden Verliesse eines Berchfrits nahezu undenkbar, während da für eine Zisterne u. a. noch die annähernde Unmöglichkeit der Wasserzuleitung hinzukäme. Auch konnte es für das Bedürfnis eines etwaigen Wächters und für den Ausnahmefall einer Belagerung einer so umständlichen Wasserversorgungsanlage im Turme selbst gar nicht bedürfen[1]).

Ein besonderer Fall ist es, wenn bei Falkenstein (Oberösterr.) ein ohne Zusammenhang mit der Burg vorgeschobener Turm über einer Quelle erbaut wurde. Man steigt dort (Fig. 171) von dem hochgelegenen Eingangsstockwerk aus in der lichtlosen Mauermasse des Turmes eine Treppe von 12 Stufen zu einem in seiner Mitte liegenden Gewölbe und von da noch 14 Stufen zu einem untersten hinab. Die Mitte seines Fussbodens nimmt ein 1,15 m weiter, 1,5 m tiefer Brunnen ein, zu dessen Sohle weitere Stufen hinabführen. Diese besteht aus einer aus dem Felsen gehauenen Vertiefung, in welche aus einer engen Röhre Quellwasser hineinläuft, während es gegenüber aus einer etwas tiefer mündenden Röhre wieder abgeführt wird. Das unterste Gewölbe liegt nicht genau in der Mitte des Turmes, aber senkrecht über dem Loche, welches (wie auch sonst häufig) in der Mitte der Gewölbdecken ausgespart ist, geht ein gleiches Loch auch durch die nächstobere Gewölbdecke, obgleich es so hier ausnahmsweise nicht in deren Mitte liegt. Es lässt das darauf schliessen, dass dadurch ein Hinaufwinden des Wassers zum Eingangsgeschoss ermöglicht werden sollte. Das abfliessende Wasser scheint jetzt unweit des Turmes zutage zu kommen und wurde auch wohl früher nicht (wie sonst angenommen wird) unterirdisch in die Burg geleitet. Das Wasser war vielmehr nur für die Besatzung des Turmes bestimmt[2]).

In anderer Weise wurde freilich auch ein Turm zum Schutze eines Brunnens errichtet.

Lag die Hauptburg für sich auf einem Felsen — wie also besonders bei den Ausgehauenen Burgen —, so machte man (falls man sich nicht überhaupt mit einer

---

[1]) Ohne erkennbaren Anlass und zweifellos irrtümlich erklärt v. Cohausen (Wehrbauten S. 37) das gewöhnliche Verliess selbst des Berchfrits von Hohlenfels im Nassauischen für „einen jetzt noch 34 Fuss tiefen wasserlosen Brunnen". Ebenso beruht es gewiss nur auf unbegründeter Annahme, wenn Rey in den Monuments de l'architecture des croisés Durchschnitte von Festungs- und isolierten Wachttürmen bringt, deren aus dem Felsen gehauener verliessartiger unterster Raum halb mit Wasser gefüllt ist. In dem sechseckigen Turme, den einer der beiden Felsen von Frundsperg (Freundsburg) im Wasgau trägt, befindet sich nach Kraus, Kunst und Altert. in Elsass-lothr. I, 67 „ein schöner in den Felsen gemeisselter Brunnen". Auf Wilenstein in der Rheinpfalz ist nach Baudenkm. d. Pfalz III, Fig. 38 auf dem Hofe ein Rundturm an die Ringmauer angebaut. Nach ebendas. S. 28 befindet sich hier „der verschüttete Brunnen, welchen ein runder Turm überdeckte, dessen Wendeltreppe zu den Zinnen der Umfassungsmauern leitete. (Die Quelle dieses Brunnens sprudelt jetzt unten im Tale aus dem Felsen.)" Nicht selten müsste dergleichen in Frankreich der Fall sein, wenn es zuverlässig ist, was Viollet-Le-Duc, Dict. rais. VII, 567 bemerkt: *Il n'est guère besoin de dire, que les tours des châteaux, les donjons, étaient munis de puits creusés et revêtus avec le plus grand soin. Le donjon de Coucy . . . beaucoup de tours de la cité de Carcasonne possèdent des puits.* Der Donjon von Coucy stammt aus dem Anfang des 13. Jahrh., und ebenso dürften mit den Stadttürmen von Carcasonne die vom hl. Ludwig erbauten gemeint sein. In den umfänglichen französischen Donjons war freilich auch eher Anlass und Raum zur Anlegung eines Brunnens gegeben als in den engen Türmen deutscher Burgen.

[2]) Nähere Begründung in meinen Oesterr. Burgen III, 247.

minder tiefen Zisterne begnügte) sich nicht immer die Mühe, einen Brunnen durch den ganzen Felsen zu graben, sondern man legte denselben — so z. B. auf Hohbarr, Hohennagold und der Trifelsburg Scharffenberg — im unteren Hofraum unmittelbar neben demselben an, führte dann aber darüber einen bis zur oberen Felsplatte reichenden Turm (bei Scharffenberg nur 1,70 m weit) auf, um so den Bewohnern der oberen Burg den Wasserbezug zu sichern.

Aehnlich ist bei der Burgruine Gerolstein in der Eifel noch ein an der senkrechten Wand des Burgfelsens angebauter, zum gleichnamigen Flecken hinabführender viereckiger, 5 m breiter Turm in Höhe von 25 m erhalten, der, bis zum Wasserspiegel der Kyll in die Erde gehend, als Brunnenschacht diente. Auf Karlstein in Böhmen ist der Burgbering in Form eines schmalen Ausläufers an dem abfallenden Ende des Burgfelsens augenscheinlich nur deshalb so tief hinabgeführt, um da den (auch an dieser Stelle noch 76 m tiefen) Brunnen mit halbturmförmig vorspringendem Brunnenhause anlegen zu können.

In einigen anderen Fällen lag solcher Brunnenturm abgesondert und war nur durch einen hochliegenden Verbindungsgang zugänglich. Hierzu gehört der (später so genannte[1]) „kleine Danziger" des Domherrnschlosses zu Marienwerder. Wahrscheinlich über einer hier früher zutage tretenden Quelle ist nahe der nordwestlichen Ecke des Schlosses auf halber Höhe des Uferhanges ein 70 Fuss hoher Turm (Fig. 519 links, Fig. 520 *d*) von 24 Fuss äusserer Seitenlänge und unten 7 Fuss Mauerdicke errichtet, der früher lediglich einen rund ausgemauerten Brunnen enthielt[1]) und mit dem zweiten Stockwerk des Schlosses durch einen 56 Fuss langen Gang verbunden ist. Der letztere, innen 4½ Fuss weit und mit einem steilen Satteldache überdeckt, ruht auf einem Mittelpfeiler und zwei Mauerbogen, deren Scheitelhöhe bis 24 Fuss ansteigt. Anscheinend ragte der Turm zur Hälfte seines Grundrisses über die hier nördlich des Schlosses und der anstossenden Kirche früher sich erstreckende Ringmauer hinaus.

An der entgegengesetzten (West-) Grenze Deutschlands finden wir eine vereinzelte durchaus ähnliche Anlage, und zwar bei der alten Reichsburg Trifels. Hier ist neben dem hohen Sandsteinklotze, auf welchem die Burg steht, ein starker Brunnenturm (*r* Fig. 143) errichtet, dessen Plattform durch eine 8 m lange einbogige Brücke (neuerdings wiederhergestellt) mit der nach dieser Seite aufgeführten Terrassenmauer verbunden ist, und welcher zugleich zur Verteidigung des Burgtors wesentliche Dienste leisten konnte[2]).

Um an der Ausschachtungsarbeit zu sparen, gab man dem Brunnen auch in einem trockenen Graben innerhalb des Burgberings seinen Platz, so auf Wädenswil (Kant. Zürich), Helfenstein (Mähren) und (deren zwei) Blankenburg (Thüringen). Es mag sich da freilich zum Teil auch um Zisternen handeln, denen das im Graben sich sammelnde Regenwasser zufloss.

War der Brunnenschacht (wie meistens bei den Wasserburgen) nicht durch Felsen getrieben, so wurde er in der Regel besonders sorgfältig ausgemauert. So

[1]) Jetzt ist derselbe zugewölbt und sind oben im Turm zwei Zimmer übereinander eingebaut. Die Massangabe nach Toeppen, Gesch. d. Stadt Marienwerder (1875) S. 186 ff. — Ueber die Bedeutung des Wortes „Danziger" s. S. 493. Das hier behandelte Bauwerk wird 1626 zuerst u. zwar als Aquaeductos erwähnt von Stein, Act. Bor. I, 229.

[2]) Natürlich hatte er seinerzeit einen ganz anderen Abschluss als die ihm bei neuerlicher „Wiederherstellung" aufgesetzten Miniaturzinnen.

hat er z. B. bei der auf einem Moränenhügel in sumpfiger Umgebung liegenden Moosburg eine Wandung von genau geschnittenen Tuffsteinquadern und hier, um das Aufquellen von Schliesand zu verhindern, einen mit Kieseln beschwerten Holzboden[1]). Wie das auch bei Türmen vorkommt (vergl. S. 268), so ist der Brunnen in Ottenstein (Niederösterr.) nach Scheiger, Burgen und Schlösser, S. 46 „oben acht-, weiter unten viereckig und gegen das Ende rund". Diese nach aussen ja nicht sichtbare Formänderung ist freilich selbst aus einer blossen Laune des Erbauers kaum erklärlich.

Der für sich im Hofe liegende Brunnen hatte mitunter ein einfaches auf Pfosten ruhendes Dach, ein einfaches gemauertes Brunnenhäuschen oder auch — so auf Neuhaus in Böhmen, Seebenstein, Riegersburg — ein kunstvolles schmiedeeisernes Gehäuse.

Mitunter wurde der aus Haustein hergestellte runde oder eckige Brunnenrand mit Wappen und Inschriften oder sonstigen Skulpturen versehen[2]).

Die durchaus gewöhnlichste Schöpfvorrichtung war die eines Zieh- oder Rollenbrunnens mit zwei an den beiden Enden einer Kette hängenden Eimern (Fig. 536)[3]). Pumpbrunnen sind viel jünger.

Bei der grossen Tiefe der Brunnen wurde später besonders da, wo man über Strafgefangene verfügte, der Wasseraufzug auch mittels grossen Tretrades (natürlich in einem überdachten Raume) bewerkstelligt, so auf Elbogen, Breuberg, Karlstein, Kufstein. Auf letzterer Feste wurde das heraufgeholte Wasser[4]) zunächst in einem Becken gesammelt, und von da in die höher liegende Hauptburg hinaufgepumpt. Auf Spangenberg in Niederhessen ist unter dem Hofe eine grossartige, vormals von zwei Eseln getriebene Schöpfanlage noch zum Teil erhalten. —

Fig. 535 Zisterne

Die Zisterne in ihrer einfachsten Art ist lediglich ein grosser, von oben zugänglicher entweder in der Erde ausgemauerter oder aus dem Felsen gehauener Behälter zur Sammlung und Aufbewahrung des Regenwassers.

Fig. **535** zeigt (die Wölbung von der jetzt offenen Seite aus von unten gesehen) eine sorgfältig gemauerte Anlage dieser Art, die, 3,45 m im Durchmesser weit, auf Hohrappoltstein im Wasgau fast vollständig erhalten ist. Das im Scheitel des Kuppelgewölbes ausgesparte viereckige Einsteigeloch ist von vier flachen Rippen eingefasst, die

[1]) Anz. f. schweiz. Altertumskunde 1897, I.

[2]) So auf Hardegg (Niederösterreich) und Wildon, hier mit den Inschriften: *Me referit illustrissimus Dominus Dominus Johannes Antonius Princeps ab Eggenberg MDCXXXX* und *Pist durschtig gehe her Und lab' dich hier.*

[3]) Ein Schwengelbrunnen — auf einem Holzpfosten bewegt sich ein langer Schwengel, dessen hinteres Ende beschwert ist und an dessen vorderem eine bis in den Brunnen reichende Stange mit einem Eimer hängt — auf Aggstein ist, noch benutzt, erst nach Verfall der Ruine so eingerichtet, da der Schwengel aus Mangel an Platz durch ein Fenster hinausgesteckt ist.

[4]) Nach Angabe des Führers brachten aus dem 103 m tief durch den Felsen getriebenen Brunnen vier Sträflinge in drei Viertelstunden einen vollen Eimer herauf.

am Rande des senkrechten aus Quadern aufgemauerten Schachtes auf unten abgerundeten Widerlagsteinen aufstehen. In gleicher Höhe mit letzterem, 75 cm tiefer als die links sichtbare Zuflussöffnung, mündet das (nicht bei allen Zisternen vorhandene) Ablaufrohr, durch welches ein höherer Wasserstand verhindert wurde, während eine engere Vertiefung im Boden zur sorgfältigen Sammlung des etwa zu Ende gehenden Wasservorrates diente. Die aus Tuffsteinen schön gemauerte Zisterne von Lichtenstein (Mittelfranken) hat etwa 4 m Tiefe. Eine Zisterne, ausgehauen in den schmalen Sandsteinblock, der die Burgruine Hohenfels (unweit Niederbronn im Elsass) trägt, ist kreisrund mit 2 m Durchmesser und noch 3 m tief. Die auf der Oberfläche des Felsens zu sammelnde nur geringe Regenmenge wurde durch ausgehauene Rinnen der Oeffnung zugeführt. Dasselbe System offener Zuleitungsrinnen findet sich auf dem Wasichenstein, Drachenfels und anderen auf Sandsteinblöcken erbauten Burgen.

Zwei (im 16. Jahrh. beseitigte) Zisternen auf Dillenburg waren von Holz, während ihnen das Regenwasser durch bleierne Dachrinnen und weiter unter dem Pflaster des Hofes durch eiserne Röhren zugeleitet wurde. Auf Cancello wurde den drei im Hofraum verteilten Zisternen das Regenwasser von den Dächern mittels in der Mauer steckender inwendig glasierter Tonröhren zugeleitet.

Eine auf Kreuzenstein ausgeräumte Zisterne hat einen 1,10 m weiten, 3,20 m tiefen Schacht, dessen Boden eine Granitplatte mit einem durchgehenden Loch in der Mitte bildet. Der Schacht ist von einer Trockenmauer, und das Ganze auch unten von einer Schicht blauer Letten umgeben. Gesamtdurchmesser 5,76 m. Auf Branzoll war eine noch zur Hälfte erhaltene Zisterne (zum Teil etwas in den Boden vertieft) in einer Ecke des Palas angebracht. Der 3×7 m weite und etwa 2,5 m hohe Raum war mit einem Tonnengewölbe überdeckt. Für das ein- und ausfliessende Wasser ist oben in der Stirnmauer und etwas tiefer in der inneren Längsmauer je ein enges Loch ausgespart. An das letztere schliesst sich eine unter dem Palas hinlaufende Tonröhre an, anscheinend um das überschüssige Wasser noch einer anderen Sammelstelle zuzuführen, da man es sonst durch die gegenüberliegende Wand einfach den Felsabhang hätte hinablaufen lassen können. Die gesamte gemauerte Wandung hat einen dicken Mörtelputz, der (nach schon von den Römern geübter Weise, vgl. S. 82 f.) durch reichliche Beimischung von Ziegelmehl hydraulisch gemacht wurde[1]).

Bei einer vollkommenen Zisternanlage musste nicht nur so gegen ein Versickern des Wassers, sondern auch für eine Reinigung desselben vor Gebrauch Fürsorge getroffen sein.

Eine noch jetzt gutes und meistens genügendes Wasser liefernde Zisterne dieser Art liegt auf Rodenegg (Tirol) in einem kleinen turmförmigen Vorbau

[1]) Ein Seitenstück zu dieser kellerartigen Zisterne ist mir bisher nicht bekanntgeworden. Jedenfalls mit Unrecht hält Wibel (Die a. Bg. Wertheim 1895, S. 80) einen gewöhnlichen aus dem Felsen gehauenen, gewölbten Keller von nicht weniger als 5 zu 10,5 m Weite und 3 m Höhe mit ebenerdigem (dann späteren) Zugange für eine ursprüngliche Zisterne. — Ueber eigentümliche ähnliche Sammelbecken auf der Burg Welhartitz in Böhmen und Selva in Weltschtirol s. meine Oesterr. Burgen I und IV.

eines Wohnbautraktes. Unter jenem ist — Fig. **536** Durchschnitt — ein rechteckiger Raum sieben Meter tief aus dem Felsen gehauen, dessen Wände etwa halb so hoch durch Bekleidung mit einer dicken Schicht tonhaltigen Lehms wasserdicht gemacht sind. In der Mitte ist eine höhere, 1,25 m weite Brunnenröhre aufgemauert, und der Raum zwischen dieser und der Lehmschicht mit Sand ausgefüllt. Die Zisterne ist mit einem Gewölbe überdeckt, dessen Rücken, in der Höhe des Hofes, als Fussboden für die Brunnenstube *r r* dient. Das Regenwasser wird durch ein (auf dem Durchschnitt nicht sichtbares) Loch des Gewölbes in den unterirdischen Raum geleitet und dringt, durch den Sand gereinigt, in die Brunnenröhre, aus welcher es in der Brunnenstube durch die gewöhnliche Schöpfvorrichtung aufgeholt wird. Die Röhre ist aus grossen Steinen aufgeführt, welche nach innen in entsprechender Rundung behauen sind, und zwar wird sie bis zur Höhe des Sandfilters nur trocken aufgeführt sein, während sie darüber mit Mörtel aufgemauert ist. In der Brunnenstube sind diese Steine auch nach aussen behauen und oben am Rande durch Eisenklammern miteinander verbunden. Der untere Raum hat neben der Brunnenstube das enge Einsteigeloch *s*[1]).

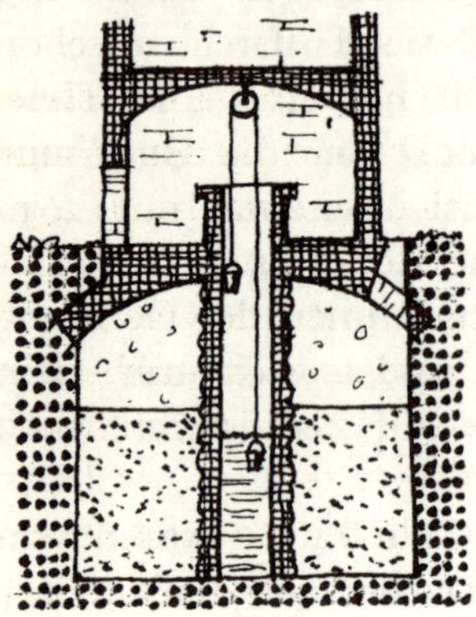

Fig. 536 Zisterne.

Bei der ähnlichen Zisterne der Wartburg ist (schon vor 1442) das Bassin 8,5, der Sammelbrunnen einen Meter weit und gegen zwölf tief.

1568 wurden der Feste Kufstein zwei Zisternen in Felsen gemacht, „aber damit weil khain kutt oder dergleichen khunst nit helfen wellen, vil vergeblich unkosten auferloffen.“ Ein anderer Meister „hats alsdann mit gemeur, tigl und laimb (Ziegel und Letten) angefüllt, auch das vor, so auf dem grundsteek, und die capell genent wirdet, von ziegl und mit von gehauten stükken oder holzwerk gemacht; zwischen denselben zieglen geet das wasser durch in den sanntcasten und ist dermassen gericht, das der sannt nit aufspritzt“.

Die weite nicht überbaute Oberfläche des Burgfelsens der Riegersburg hat wohl den Anlass dazu gegeben, dass ganz ausnahmsweise zu beiden Seiten der auf dem inneren Schlosshofe liegenden Zisterne mit 26,5 m tiefem Wasserbehälter je ein 3,8×5,7 m weiter und 15,2 m tiefer Raum in den Felsboden gehauen ist, der, bis auf eine Oeffnung im Scheitel zugewölbt, zur Vermehrung des Wassers im Winter mit Schnee vollgestopft wurde[2]). Solcher wurde übrigens auch in gewöhnliche Zisternen gebracht.

Die Anlegung einer Mehrheit von Zisternen wurde dadurch veranlasst, dass eine solche bei vielem Regen den Zufluss nicht fassen konnte, während in regenarmer Zeit ihr Wasservorrat bald verbraucht war. Die Anlegung von Zisternen ausser einem Brunnen konnte dadurch vernotwendigt werden, dass dieser nur ganz unzureichend Wasser gab. So war das auf der Hohkönigsburg bei einem 62 m tiefen Brunnen der Fall, neben welchem deshalb ausser einer einfachsten viereckigen Zisterne auf dem inneren Hofe im 16. Jahrh. in der oberen

---

1) Meine Oesterr. Burgen III, 195.

2) Ebendas. IV, 156.

Vorburg eine zweite mit besonders weitem Klärungsbecken angelegt wurde. Kynast in Schlesien hatte drei Brunnen, Gräditzberg ebenda drei Zisternen, Dillenburg im Reg.-Bez. Wiesbaden nach seinem Umbau zur Festung 1539 wohl in Rücksicht auf eine grössere Besatzung gar ausser einer von aussen herbeigeleiteten Wasserquelle vier Brunnen und zwei Zisternen, alle bis auf zwei unter Gebäuden angebracht[1]).

Flache aus dem Felsen gehauene Wasserbassins, wohl nur für die Haustiere bestimmt, finden sich u. a. auf Gutenfels am Rhein, Dahn in der Rheinpfalz, Lenzburg in der Schweiz, Riegersburg in der Steiermark, Rappottenstein in Niederösterreich und Klamm am Semmering.

Wenn auf den mit Schutt bedeckten Plätzen der Burgruinen von einem Brunnen oder einer Zisterne nichts mehr zu sehen ist, so darf man deshalb noch nicht, wie häufig geschieht, auf ein Fehlen solcher Anlage schliessen. Haben wir auf verfallenen Höhenburgen ein kreisrundes in die Tiefe gehendes Loch, welches, wie meistens der Fall, fast bis zum Rande mit Schutt angefüllt ist, so pflegt nicht ohne weiteres klar zu sein, ob es zu einem Brunnen oder zu einer Zisterne gehört. Da es sich indessen bei Brunnen darum handelte, mit möglichst wenig Arbeit eine oft tiefliegende Wasserader zu erreichen, bei der Zisterne dagegen darum, bei Regenwetter einen möglichst grossen innerhalb des Burgberinges niederfallenden Wasservorrat sammeln zu können, so deuten die, so weit man es verfolgen kann, gleich enge in die Tiefe gehenden Schachte auf ersteren, die sich alsbald erweiternden Behälter auf letztere hin, von dem immerhin seltenen Falle, dass es sich um den Sammelschacht einer Zisterne handelt, abgesehen. Mitunter kann es dabei freilich auch zweifelhaft sein, ob man es nicht vielmehr mit einem vertieft ausgehauenen Verliesse zu tun habe. Dasselbe pflegt jedoch dann die Form einer Flasche mit ganz kurzem Halse (das Einsteigeloch) zu haben, so z. B. auf Bürgstein (Nordböhmen). Auf dem Felsen von Hohenfels (Nordwasgau) sind zwei solcher kreisrunder Behälter eingehauen: der eine, 2 m weit und (noch) 3 m tief, wird schon durch seine Zuleitungsrinnen als Zisterne, der andere, 4 m tief, durch eine seitliche Lichtspalte als Verliess gekennzeichnet. Auf Felsen mit sehr geringer Oberfläche ist eine Zisterne immerhin nicht wahrscheinlich. — In friedlichen Tagen wurde den mit Quellwasser nicht versehenen Burgen solches, wenn tunlich, regelmässig von aussen zugeführt, zumeist mittels eines oder mehrerer Esel, wie denn (S. 287) bei manchen Burgen noch ein schmaler und steilerer „Eselsweg" neben der Burgstrasse erhalten ist. Die Wasserzufuhr wurde dann auch geeigneten Falles vertragsmässig geregelt. So musste 1462 der Amtmann der hessischen Burg Biedenkopf vertragsmässig einen Knecht halten, um das Wasser auf die Burg zu führen, und bei Steinsberg in Baden und Melnau (unweit Marburg) lag einer nahen Mühle die gleiche Verpflichtung ob. —

Auch Reste grösserer aufgemauerter Wasserleitungen finden sich bei Burgruinen; so bei den beiden Kärntnerischen von Neukraig und Landskron. Das auf höheren benachbarten Bergen entspringende Wasser wird bei der ersteren auf etwa 10 m hohen Bögen über ein Tal, bei der letzteren über einen ziemlich umfänglichen, die Talsenkung ausfüllenden Teich hinweg zum Burgfelsen geleitet. Anscheinend in offener Rinne; doch lagen in dieser vermutlich Röhren, in denen dann das Wasser durch eigenen Druck in den Burgbering selbst hinauf-

[1]) Nass. Annalen X, 235 ff.

gebracht wurde. Indessen wurde das bis in unser Jahrhundert bewohnte Landskron im wesentlichen 1542 neu aufgebaut, während auch die Ruine von Neukraig trotz der beiden älteren Berchfrite zum guten Teil auf ungefähr dieselbe Bauzeit hinweist. Gleichfalls um die Mitte des 16. Jahrh. wurde ferner eine Wasserleitung nach dem Schlosse Herrenzimmern am Neckar angelegt[1]), und so dürften denn überhaupt solche grösseren und vom Belagerer leicht zu zerstörenden Wasserleitungen der eigentlichen Burgenbauzeit kaum mehr angehören, wenngleich Röhrenwasserleitungen bei Klöstern schon gegen das Ende des 10. Jahrh. erwähnt werden. Eine solche mit hölzernen Röhren war 1498 auf Fürstenburg im Vintschgau vorhanden.

Nach einem Bericht von 1482 hatte die grosse und starke Burg Sigmundskron bei Bozen kein anderes Wasser, als welches vermittels eines Rades aus der Etsch heraufgezogen wurde. Der Oertlichkeit nach konnte das nur auf einer aufgezimmerten mehr als 100 m langen schiefen Ebene bewerkstelligt werden[2]).

Brunnen, Zisternen und Wasserleitungen haben bekanntlich schon die Römer bei uns hergestellt.

Ueber unterirdische Gänge, welche zu einer Wasserquelle führten, und solche, die von einem Brunnenschacht ausgingen, s. das folgende, über die Wasserversorgung in Höhlen- und Ausgehauenen Burgen das 21. Kapitel.

---

[1]) Zimmerische Chronik, 2. Aufl. IV, 97: *So hat der graf ein lebendigen bronnen in das schloss gefüert, welches im die pauren zu Zimbern mermals understanden zu sperren. Aber es hat sich erfunden, das der prun uf im entsprungen und sie im das nit fuog gehapt zu verwidern.*

[2]) Solchen schrägen Aufzug hatte im 17. Jahrh. Bösig am östlichen Ende des Burgberges. Aneinandergefügte Balken bildeten eine Rinne, auf welcher mittels eines oben befindlichen Tretrades die Lasten hinaufgezogen wurden. Einen derartigen überdachten Aufzug hat noch die Feste Geroldseck bei Kufstein und scheint auch Reifenstein in Steiermark (Oesterr. Burgen IV, S. 147) gehabt zu haben.

Achtzehntes Kapitel.

Unterirdische Gänge, versteckte Ausgänge, verborgene Räume, Gefängnisse.

(Im Altertum. Erdställe. Aehnliches unter Burgen. Epipolae. Unterirdische Gänge. Verbindung mit Wasserquellen. Neben- und Notausgänge Beispiele. Verborgene Räume. Versteck. Einmauerung. Gefängnisse ausser den Turm verliessen. Bohlkasten.

Besonders das Sicherheitsbedürfnis hat die Menschen schon seit alters, wie zu Pfahlbauten über dem Wasser und Höhlenwohnungen, so auch zur Benutzung künstlicher unterirdischer Hohlräume veranlasst. Unterirdische Aushöhlungen überhaupt gehen mit den Katakomben Aegyptens bis Jahrtausende vor Christus zurück und waren ursprünglich zumeist der Leichenbestattung und dem Kultus gewidmet. Das letztere war nach Strabo auch bei unterirdischen Höhlen der Germanen der Fall. Hunderte von Höhlenbauten sind dann bekanntlich in neuerer Zeit besonders in Niederösterreich mit Ausläufern nach Ungarn und bis in Württemberg hinein erforscht worden. Zumeist im Löss ausgegraben, bestehen dieselben in der Regel aus mehreren wenige Meter messenden Kammern, die durch niedrige bis zu 20 m lange Schlupfgänge untereinander und, in schräger Richtung geführt, mit der Erdoberfläche in Verbindung stehen, während senkrechte ganz enge Schachte für Luftzufuhr sorgen. Diese Anlagen werden hauptsächlich den in den Jahrhunderten um Christi Geburt auftretenden Quaden zugeschrieben. Bis in das 12. Jahrh. zurückreichende Aufzeichnungen bekunden, dass solche „Erdställe", „Schlufen" oder „Schrazenlöcher", wie sie vom Volke genannt werden[1]), als Zufluchtsörter für Habe und Menschen benutzt wurden[2]).

Mit ihnen verwandt sind die eigenartigen Gänge unter der Burg Pottenstein in Böhmen (Fig. **537**), über welche in den Mitteil. der k. k. Centralcomm. 1870, S. LXX berichtet wird:

„Höchst merkwürdig und in ihrer Art ganz einzig sind die unterirdischen Gänge, welche sich in verschiedenen Tiefen durch den ganzen Schlossberg ausbreiten und ein systematisches Labyrinth bilden. In der Längenrichtung von Ost nach West laufen fünf über-

[1]) Schlufen von schliefen, kriechen, Schrazenlöcher von den Schrazen oder Razeln, d. h. Alraunen, Heinzel- oder Wichtelmännchen.

[2]) In dem hessischen Dorfe Gundersheim ziehen sich unter dem befestigten Kirchhofe, also dem Rückzugsort in Kriegszeiten, lange, zumeist tonnenförmig gewölbte Gänge hin, zu welchen man auf einer Treppe tief hinabsteigt, und deren vordere Teile noch jetzt als Keller dienen. Hierhin gehört auch wohl der beim Rittergute Haus Zeitz (Anhalt) aufgedeckte Komplex unterirdischer, zeitweise bewohnt gewesener Gänge. (Mitteil. d. Vereins f. Anh. Gesch. u. Altertumsk. II, 104.)

wölbte Gänge, welche sich manchmal zu grösseren Hallen vereinigen und von Quergängen durchschnitten werden. Man hat vor etwa 30 Jahren . . die Gänge amtlich aufgenommen, wobei sich eine Gesamtlänge von zirka 2000 Schritten herausstellte. Hierauf wurden die Zugänge verschüttet. Jetzt sind die Wölbungen an vielen Stellen durchlöchert"[1]).

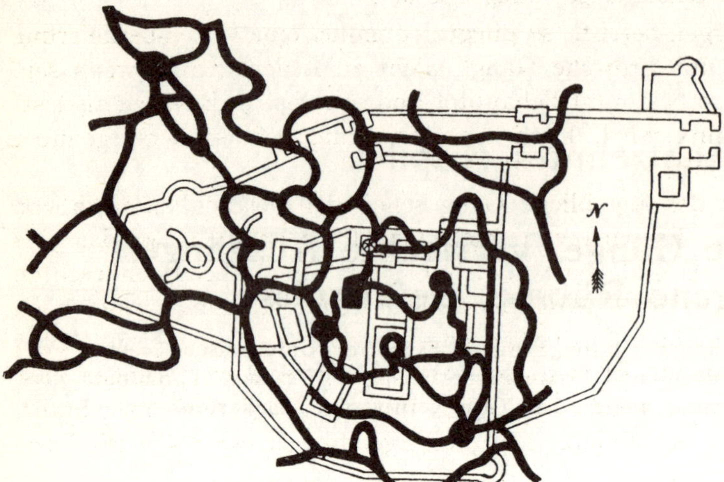

Fig. 537 Pottenstein

Zu den „Schrazenlöchern" gehören auch nicht die unter dem jetzt abgetragenen „Kastell" von Csejthe (Neutraer Komitat, Ungarn) zirka 270 Schritte lang in den verschiedensten Winkeln 2—3 Schritte breit und durchschnittlich 2,25 im hoch aus dem Lehm gegrabenen Gänge[2]). Inschriften nach schon im 14. Jahrh. im Gebrauch (?), stehen sie nach den Strafgerichtsakten über die „Blutgräfin" Elisabeth Bathory († 1614), die, hier wohnend, aus reinem Blutdurst 80 Mädchen zu Tode martern liess, damit nicht, wie man meint, in Beziehung, werden aber auch wohl nicht, wie andere meinen, Weinkeller gewesen sein.

Berücksichtigt man hiernach, dass die Germanen den Bergbau schon von den Römern gelernt hatten, dass bei manchen Burgen zahlreiche Räume aus dem weichen Felsen gehauen waren und dass unterirdische Minengänge bei Belagerungen besonders seit Beginn der Kreuzzüge eine grosse Rolle spielten, so kann nach dem allem die Idee nicht als eine abenteuerliche erscheinen, dass auch beim Burgenbau verborgene unterirdische Gänge zu geheimer und gesicherter Verbindung innerhalb des Beringes, sowie mit der Aussenwelt vorkamen.

Mit Wehrbauten in Beziehung stehende unterirdische Anlagen reichen weit in das Altertum zurück. Die älteste der mir aus eigener Anschauung bekannten ist zugleich die weitaus grossartigste: die aus dem 4. Jahrh. v. Chr. stammende von Epipolae, der höchsten, westlich landeinwärts liegenden Spitze einer vormals zur Stadt Syrakus gehörenden steilrandigen Hochfläche. Sie ist von drei aus den Felsen gehauenen Quergräben durchschnitten, deren innerster und bedeutendster etwa 15 m tief und breit ist. Von diesem gehen nach Osten unterirdisch nicht weniger als elf kurze Gänge ab, die in einen langen, dem Graben parallelen Gang münden, und von diesem laufen dann wieder nach Osten vier weitere aus, die, allmählich ansteigend, ins Freie bzw. in zwei Kastelle führen, welche, von dicken Mauern umgeben, im Norden und Süden einen Teil der Enceinte bildeten. Ausserdem sind in dem westlichen Ufer desselben Grabens Magazine und eine breite Treppe ausgehauen , die auf das westliche Plateau führt. Die Gänge, bequem von mehreren nebeneinander zu passieren, sollten

---

[1]) Wenn es a. a. O. weiter heisst: „Diese unterirdischen Räume, in welchen sich Hunderte von Menschen mit den nötigen Vorräten monatelang aufhalten konnten, hatten die Bestimmung, den Feind nach Einnahme der Burg, wenn er sich bereits sicher glaubte, zu überrumpeln und zu vernichten", so wird man solche Erklärung wohl nicht als die richtige annehmen können. Es ist nicht wohl einzusehen, in welchem Zusammenhange dies denkbar unregelmässigste Labyrinth der krummen, einander durchschneidenden Gänge mit ihrer angegebenen Bestimmung stehen sollte. Jedenfalls erstrecken sie sich ja über den Burgbering hinaus und scheinen auch verschiedene Ausmündungen ausserhalb desselben gehabt zu haben.

[2]) Grundriss in v. Elsberg, Die Blutgräfin (Breslau 941).

offenbar eine auf alle Fälle gesicherte Verbindung zwischen den Kastellen und der westlichen Angriffsseite der Befestigung herstellen. Grosse Mauerpfeiler in dem Hauptgraben zeigen, dass er auch mittels einer (leicht abzuwerfenden) Brücke überschritten werden konnte. Der längste der Gräben misst 173 m, ihre Gesamtlänge beträgt 480 m[1]).

Was nun unsere Burgen betrifft, so pflegt, wo immer eine Volksüberlieferung an sie geknüpft ist, der „unterirdische Gang" nicht zu fehlen[2]); aber wenn sein Vorhandensein auch noch so bestimmt behauptet und so selbst in Büchern als feststehende Tatsache angeführt wird, kann man erfahrungsgemäss demgegenüber kaum zu zweifelsüchtig sein[3]).

Häufig erweist sich der angebliche Gang schon der Oertlichkeit nach von vornherein als undenkbar. Es wird von solchen auch da gefabelt, wo das eine oder gar beide Enden die Gestalt eines tiefsten, ganz oder nahezu senkrechten Schachtes haben müsste[4]), oder es wird ihnen auch — unbekümmert wohl noch um dazwischen liegende Schluchten, Teiche oder Sümpfe — eine bis zu Meilen weite Länge gegeben; handelt es sich doch bei diesen Ueberlieferungen fast immer nur um solche Gänge, welche die Burg mit einer anderen, einer Stadt, Kirche oder einem Kloster verbinden, nicht nur irgendwo in der Nähe ins Freie münden sollen[5]).

Wesentlich genährt wird der Glaube an solche Verbindungsgänge jedenfalls durch den Umstand, dass die anscheinenden und so gedeuteten Anfänge solcher in Wirklichkeit nicht eben selten vorhanden sind. (Daher denn auch,

[1]) Ein Grundriss derselben im Hause des Kustoden daselbst, ein kleiner auch in Zimmermann, Sizilien 1904. I, S. 50.

[2]) Ein gleiches findet in anderen Ländern statt. So habe ich das auch in Italien gefunden, und bezüglich Frankreichs bemerkt Viollet-Le-Duc, Dict. rais. von solchen Gängen, „que les legendes semblables s'attachent aux ruines de tous les châteaux du moyen-âge".

[3]) Bezeichnend ist, dass der sonst so vorsichtige und zuverlässige Scheiger (Burgen und Schlösser S. 46) schreibt: „Unterirdische Gänge, die wirklich aus der Burg ins Freie oder wenigstens in entferntere Gebäudeteile führten, sind selten (Starhemberg, Khaja, Raabs)", während ich (nach an Ort und Stelle gewonnenen Ueberzeugung und der Erklärung anscheinend Bestunterrichteter) diese angeblichen Ausnahmen für in Wirklichkeit auch nicht vorhanden halten muss. — In der Deutschordensburg Meve führt nach Töppen (Zeitschr. d. westpreuss. Geschichtsver. H. 1, S, 40) eine Wendeltreppe bis zur Grabensohle und unter derselben hinweg bis zu einem Keller in der Stadt. Dazu bemerkt Steinbrecht (Preussen zur Zeit der Landmeister, 1888, S. 96): „Es sind sehr bestimmte Nachrichten vorhanden, dass von diesem Turme (dem eine Ecke des Schlossgebäudes bildenden Berchfrit) aus ein unterirdischer Gang nach der Stadt zu geführt habe. Unterirdische Verbindungsgänge lassen sich bei Ordensschlössern bisher nicht nachweisen, wohl aber könnte es sich um eine Kloake nach der Schlucht und weiterhin zur Verse handeln. Es bleibt freilich der Zugang vom Schloss aufzufinden!?"

[4]) Wäre solche Verbindung denkbar, so würde sie am wenigsten da fehlen, wo — wie bei Falkenstein im Schwarzwälder Bernecktal oder Unterjuvalta im Graubündner Hinterrheintal — zwei Teile einer Burg an steilem Felsufer übereinander, aber ganz voneinander getrennt liegen. Mit Unrecht wird freilich auch in diesen Fällen (Schönhuth, Württemb. Burgen I, 102 und Dr. Lechner, Thusis 1875, S. 94) das (vormalige) Vorhandensein eines unterirdischen Verbindungsganges behauptet.

[5]) So handelt es sich gewiss auch nur um eine in der Phantasie vorhandene Anlage, wenn nach Bau- u. Kunstdenkm. Ostpreussens II, 22 zwischen dem (1325 erbauten) Deutschordensschlosse Barten und der etwa 800 m entfernt liegenden Stadtkirche, „die sehr wohl als Fliehburg dienen konnte", ein unter dem dazwischen liegenden Mühlenteiche hindurchgeführter Gang besteht. Als Gewährsmann wird da ein in der Stadt Barten geborener Pfarrer, der in seiner Jugend des öfteren darin gewesen sei, genannt.

vgl. die letzte Anm., die häufigen Zeugnisse besonders von alten Leuten, die „in“ dem Gange gewesen sind.) Es handelt sich da aber jedenfalls häufig um kurze gangartige Verstecke[1]), natürliche Felsspalten[2]), einen engen Zugang zu einem Abtritt[3]), Gefängnisse, Verbindung zwischen zwei Kellern[4]), einen Abzugskanal[5]), ein angefangenes oder wieder aufgegebenes Bergwerk[6]) und dergleichen oft halb zerfallene Anlagen mehr[7]).

Dass verborgene unterirdische Ausgänge bei Burgen immer nur seltene Ausnahmen waren, ergibt sich auch daraus, dass wir aus zahlreichen uns erhaltenen Berichten kaum jemals etwas anderes erfahren, als dass mit Einnahme einer Burg auch die Insassen derselben in die Gewalt der Belagerer fielen[8]). Gegen ihr häufigeres

---

1) Ein solches ist z. B. der angebliche Ausgang eines von der Ruine Greifenstein in den Keller eines Hauses der Stadt Blankenburg hinabführenden Ganges (Haushalter, Anlage mittelalt. Burgen, Rudolst. 1881. S. 22), und dasselbe ist der Fall bei der behaupteten Verbindung der Burg Branzoll mit der Stadt Klausen. Um ein gleiches wird es sich auch bei Salzderhelden handeln, wo von einem Keller zwei gewölbte, nach wenigen Schritten verschüttete Gänge ausgehen.

2) Ein bemerkenswertes Beispiel bietet die Ruine Schauenburg in Oberbayern. Der steile, nur auf Felsstufen zugängliche Burgfelsen hat auf seiner geringen Oberfläche mehrere brunnenschachtartige Vertiefungen, die zum Teil miteinander seitlich in Verbindung stehen, jedoch ohne Ausgang nach aussen, da auch der tiefste von ihnen zu einer nicht mehr passierbaren Spalte sich verengt. Ausserdem geht seitlich an einer versteckten Stelle des Felsens ein niedriger enger Gang zunächst wagerecht in denselben hinein, der aber, sich senkend, auch in einer schmalen Spalte endigt. Der Anfang dieses Ganges war unverkennbar künstlich erweitert und auch zu einem Verschlusse eingerichtet. Wenn sich indessen eine künstliche Bearbeitung an den Schachten der Oberfläche nicht findet, so sind doch auch diese, seinerzeit jedenfalls überbaut, als Keller, Verstecke, und allenfalls Verliesse benutzt worden.

3) So im Landgrafenhause der Wartburg. Vgl. v. Ritgen, Führer (Leipzig 1868), S. 81.

4) Koch, Württemb. Ritterburgen, Ruine Zavelstein.

5) Vgl. Birlinger im Anz. d. Germ. Museums 1858 Nr. 5: „wie ja der Gang von der Weilerburg nichts anderes als ein Kanal in den Neckar laufend sein soll und noch jetzt halb mit Wasser angefüllt ist“. Auch auf der Stelle der Burg Griessenberg im Thurgau „will man kürzlich Trümmer eines unterirdisch an die Thur hinunterführenden Ganges gesehen haben“. (Pupikofer, Gesch. des Thurgau 1884, I, 428.) Nach Bau- u. Kunstdenkm. d. Prov. Sachsen 12. 112 hat auf Lohra nur ein 1,3 m weiter überwölbter, innen an der südlichen Ringmauer entlang laufender Kanal zu der Annahme eines unterirdischen Ganges Anlass gegeben. Welchen Zweck jedoch ein so weiter (Wasser-) Kanal auf dem wasserlosen Burgberge gehabt haben möge, wird nicht bemerkt.

6) So allem Anscheine nach bei einem unlängst amtlich untersuchten Gange unter der Ruine Grötzingen bei Durlach und einem anderen unter der Stadt Friesach in Kärnten.

7) So werden auch wohl die unterirdischen Gänge zu erklären sein, die man hie und da in römischen Bauwerken fand, z. B. nach Bonner Jahrb. 1878, S. 176 unter einer Villa zu Metternich bei Weilerswist. Bei den sog. römischen Bädern zu Trier ist ein ganzes System unterirdischer gewölbter Gänge freigelegt, die unter dem grössten Teile des Baues fortliefen und ins Freie ausmündeten. Sie dienten den Sklaven zum Zutritt zu den Heizkammern u. dgl. mehr.

8) Vom Gegenteil wissen schon die Minnesänger zu berichten. So rettet Renaus de Montauban, als seine Burg unhaltbar geworden ist, sich und die Seinen durch eine „bove“ (Ren. de Mont. p. 361. 12), und auch im Walewein wird (7889—8420) ein unterirdischer Fluchtausgang (duwiere) beschrieben. (Schultz, Höf. Leben.) Von solchem glücklichen Entkommen berichtet u. a. auch Merian bezüglich des 1452 belagerten Lützelstein im Wasgau, und nach Koch (Ritterburgen etc. im Königr. Württemb. 1828, II, 61) rettete sich bei Eroberung der Burg Hohenberg durch die Rottweiler 1449 der Ritter von Hornstein mit seiner Familie „durch eine Ausfallspforte (?) seines Schlafzimmers,

Vorhandensein spricht endlich auch der Umstand, dass ein solcher ja, wenn irgendwo, so im Grunde des Berchfrits als des eigentlichsten Rückzugsbaues seinen zweckmässigsten Anfang haben würde, zahlreichste Burgreste jedoch, bei welchen gerade dieser offen liegt, da keine Spur davon zeigen[1]).

Die einzige mir bisher bekanntgewordene Ausnahme bietet der aus dem 15. Jahrh. stammende von dem Schlosse zu Perchtoldsdorf bei Wien allein übriggebliebene Wohnturm. Wie Fig. **538** (Grundriss des unteren Teiles nach der Wiener Bauhütte) zeigt, erstreckt ein gewölbter Gang sich da nach beiden Seiten hin von einem kurzen Schachte aus, der vom Fussboden des Verliesses in die Tiefe geht.

Fig. 538 Perchtoldsdorf

Mir sonst als tatsächlich in Burgen vorhanden bekannte unterirdische Gänge sind — ausser den im 21. Kapitel bei den betreffenden Burgen anzuführenden — folgende.

Vom Zwinger an der westlichen Spitze der Nürnberger Burg geht eine Anzahl von gewölbten Gängen (amtlich als ,,das heimliche Werk" bezeichnet) aus, von denen ein im Rathaus mündender noch wohlerhalten ist, während die anderen, unzugänglich, weit ausserhalb der Stadt, angeblich u. a. im St. Johannisfriedhofe, enden sollen[2]).

Die Burg Plau in Mecklenburg, von der gleichnamigen Stadt nur durch einen sehr breiten und tiefen, (jetzt) trockenen Ringgraben getrennt, hat am Rande der Eskarpe den Eingang zu einem in Ziegeln ausgemauerten gewölbten Gange, der unter der Böschung in der Richtung zur Grabensohle hinabgeht und den Umständen nach gar keine andere Erklärung zulässt als die, dass er jenseits des Grabens — wie eine bestimmte örtliche Ueberlieferung weiss, in dem Keller eines der nahen dortigen Stadthäuser — mündete.

Nach Einführung der Pulverwaffen wurden mitunter — so auf Möckmühl, Ebernburg, Dhaun — zweckmässigerweise unterirdische Gänge

die zu einem unterirdischen Gange führte". Freilich mögen auch solche Angaben auf blosser Ueberlieferung beruhen.

[1]) Von den neueren Fachschriftstellern ist es besonders v. Essenwein, der (Kriegsbauk. 63 und 84) die Häufigkeit der unterirdischen Gänge und danach auch deren „grosse Wichtigkeit für das Verteidigungssystem der Burgen" sehr überschätzt. Er meint da u. a., dass ,,meist (!) mehrere Gänge von einem Schachte ausmündeten, in denen sich verirren musste, wer den Weg nicht genau kannte". Solche geheime Ausgänge sind, wie er meint, ,,jedenfalls" auch von dem Schacht im Turmverliess von Steinsberg (Fig. 508) ausgegangen, welchem Schacht er in seiner Fig. 24 eine Tiefe von annähernd 40 m gibt, und er nimmt ebenso beim Berchfrit der Brömserburg einen Gang an, der unter einem Rheinarm hindurch vielleicht zur dortigen Oberburg führte. — Ueber einen vermeintlichen Notausgang aus einem Berchfrit von Münzenberg s. S. 192.

[2]) In Städten sind auch sonst unterirdische Verbindungsgänge nachgewiesen. So ist es bekannt, dass in Regensburg die alte Judenstadt und der Neupfarrplatz noch heute von solchen Gewölben und nach allen Richtungen laufenden Gängen unterhöhlt sind. In Viechtach im bayerischen Walde ziehen sich unter mehreren Häusern des Marktes Gänge hin. In Graz (Steiermark) wurde 1872 am Burgplatze ein Stück eines 3 Fuss unter dem Strassenpflaster liegenden Ganges aufgedeckt, 3 Fuss breit und von der gepflasterten Sohle bis zum Scheitel des aus Bruchsteinen sorgfältig gemauerten Gewölbes 7 Fuss hoch. Er soll mehr als 30 Klafter lang die Burg mit dem vormaligen Jesuitenkollegium verbunden haben.

zu den untersten Stockwerken von Rondellen geführt, die, zur Umfassung gehörend, noch eine Strecke weit am Abhang des Burgberges hinabreichen. Auf Ebernburg gehen die Gänge von dem Keller *d*, Fig. **539**[1]), unter dem wohl an der Stelle des Palas stehenden Restaurationsgebäude aus zu den drei Rondellen *a*. Ein anderer Gang mit zwei Ausgängen aus dem Vorwerk *c* wird gleichfalls von der Hauptburg ausgegangen sein. Die Gebäude *b* des Planes sind in jüngerer Zeit neugebaut. In der Ruine Dhaun unweit der Nahe bringt vom Burghofe aus eine finstere Treppe zu verzweigten Gängen hinab, die ausser in zwei Rondelle zu einem Verliess (s. weiterhin), zuletzt aber in den weiten Graben führen, der die Burg von der Hochebene trennt. Zu den Gängen dieser Art gehören auch die, welche bei dem Felsen der ausgehauenen Burg Berwartstein (Rheinpfalz) in einer Vorstufe desselben 7 bzw. 50 und 45 Schritte lang eine unterirdische Verbindung mit einem ausgehauenen Gewölbe, einem halbrunden Bollwerk und einem kleinen Rundturme herstellen.

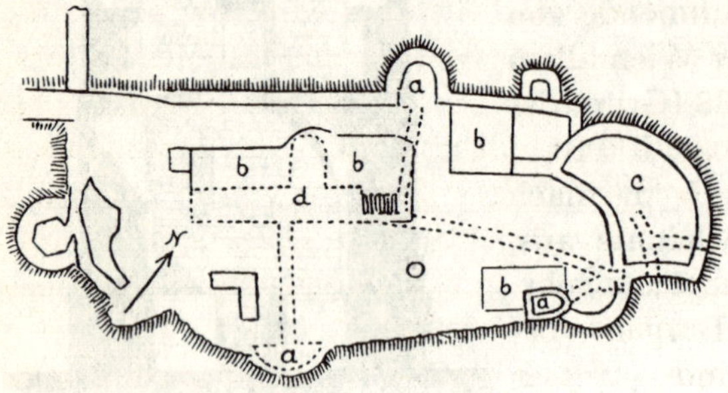

Fig. 539 Ebernburg

Auf Hohentübingen finden sich unter der nordwestlichen Bastei und einem Teile des Hofraumes mannigfache Gänge, die in frühere Rittergefängnisse münden, sowie ein grosser runder Raum mit Kugelgewölbe und einer Galerie in halber Höhe, zu dem aus dem Innern des Schlosses ein eigener Gang führte[2]). Fast ebenso führt auf Egg im bayerischen Walde aus den Kellern ein Gang unter den Burghof, wo er mit einem Rondell endet. Wie dort die Galerie, so haben hier ringsum aus dem Felsen gehauene Sitze den Glauben veranlasst, dass es sich um eine vormalige Femgerichtsstätte handle[3]). Um eine ähnliche Anlage scheint es sich auch zu handeln, wenn auf Schloss Bärenstein (Bernstein) in Sachsen (im nördlichen Flügel, dessen Unterbau dem 14. und 15. Jahrh. angehört) „eine jetzt vermauerte schlotähnliche Ausfall- und Sicherheitsvorrichtung sich befindet, welche mit einem mächtigen gewölbten Raume in Verbindung steht, in welchem sich die Bewohner des Schlosses verbergen konnten“[4]).

Bei Moschellandsberg in der Rheinpfalz „ergaben Nachgrabungen, dass im Schutte eine wohlerhaltene steinerne Wendeltreppe und die Zugänge zu zwei unterirdischen Gängen sich befinden, von welchen der eine die Richtung gegen Nordosten und der andere die Richtung gegen Süden hat. Letzterer Gang mag etwa 120 m Länge gehabt haben; sein ungefähr 15 m tiefer gelegener Ausgang wurde vor einigen Jahren zugeschüttet[5])“.

---

[1]) Nach Baudenkm. in der Pfalz V.

[2]) Kunst- u. Altertumsdenkm. im Königr. Württemb. Schwarzwaldkr. 381.

[3]) A. Müller, Bayer. Wald (1862), S. 63.

[4]) Bau- u. Kunstdenkm. Sachsens. 1883, II, S. 8. (Vielleicht auch nur auf Ueberlieferung beruhend?)

[5]) Baudenkm. in der Pfalz II, S. 99. Nach dem beigefügten Grundrisse gehen die beiden Gänge von einem Viereckturme neben dem Burgtore aus.

Eine eigentümliche Anlage ist in Dillingen in Bayern vorhanden: etwa 1 m unter dem Erdboden ein tonnengewölbter 4,7 m hoher Raum, der sich bei 4,5 m Breite 50 m lang von einem Zwinger der vormaligen Stadtbefestigung gegen das nahe Schloss hinzieht, während in etwa Zweidrittel Höhe der hier abschliessenden Stirnwand ein enger und niedriger finsterer Gang in gleicher Richtung beginnt. Der weitere Raum, vom Zwinger aus hinlänglich belichtet, wird als Zeughaus, daneben vielleicht auch als Mannschaftslogis (aus dem Ende des Mittelalters) gedient haben[1]).

Einer wohl zuverlässigen Zeitungsmeldung nach wurden 1828 und 1896 auf dem Hofe Putlos bei Oldenburg in Holstein gewölbte Gänge mit Richtung nach einem nahen Walde und nach dem ¼ Stunde entfernten Ostseestrande aufgedeckt, die wohl mit Recht mit den Vitalienbrüdern in Beziehung gebracht werden, zu deren Sitzen 1397 bis 1400 der Hof nachweislich gehörte.

Auf Seebenstein führte unter einer Falltür im inneren Schlosshofe eine nicht mehr vorhandene Treppe in die Tiefe. Ein sich anschliessender hoher und gewölbter Gang, teils gemauert, teils aus dem Felsen gehauen, mündet mit einem fenstergrossen Loche ausserhalb des Schlossgebäudes[2]).

Von der Burg Eppstein im Taunus läuft ein noch erhaltener und als Kellerräume benutzter Gang quer durch das Städtchen bis zu einem an der Stadtmauer vorüberfliessenden Bache[3]), und auf Eulenburg in Mähren ein gewölbter 90 m langer Gang mit zwei Brunnen und zwei Luftschachten bis zu einem Gehöft, dessen Insassen für den Schutz des Einganges besondere Begünstigung genossen[4]).

Auf Klingenberg in Böhmen steigt man von einem Nebenhofe zu einem ausgedehnten, etwas abwärts führend aus dem Felsen gehauenen Kellerraume hinab, und von da zweigt sich zuletzt ein gleichfalls ausgehauener finsterer Gang ab, den man nur gebückt passieren kann. Er soll bis an das Ufer der am Burgfelsen entlang strömenden Moldau geführt haben, ist jedoch nur noch ungefähr 10 m weit zu verfolgen.

In den Erdschüttungen der alten Wallburgen waren heimliche Gänge unschwer herzustellen. Ein solcher, etwa anderthalb Meter hoch, ist in dem Burghügel von Walkendorf in Mecklenburg-Schwerin — den Fundstücken nach von älterer wendischer Zeit noch bis ins Mittelalter benutzt und für die *urbs Lubekinca* des Saxo Grammaticus angesehen — zum Teil noch erhalten. Fig. **540** zeigt die Konstruktion aus Eichenbohlen[5]).

Fig. 540 Unterirdischer Gang bei Walkendorf

Auch bei Burgen ausserhalb unseres Sprachgebietes sind unterirdische Gänge nachgewiesen. So bemerkt Viollet-Le-Duc, Dict. rais. III, 112: *Autant qu'on peut le reconnaître dans la situation actuelle, le chateau de Coucy est traversé dans*

[1]) Näheres über die (bis dahin für einen sicheren Römerbau gehaltene) Anlage in meinem Aufsatze im Jahrb. d. hist. Vereins Dillingen 1898 mit Abbildungen.

[2]) Meine Oesterr. Burgen II, 229.

[3]) Burgwart 1899, S. 69.

[4]) Prokop, Mähren III 786 mit Grundriss.

[5]) Kunst- u. Geschichtsdenkm. d. Grossherzogt. Mecklenburg-Schwerin I, S. 437.

ses fondations par de nombreux et vastes souterrains, qui semblent avoir été systematiquement disposés pour établier des communications cachées entre tous les points de la défense intérieure et les dehors. La tradition va même jusqu'à prétendre qu'un de ces souterrains, dont l'entrée se voit dans les grandes caves sous les bâtiments d'habitation, se dirigeait à travers les coteaux et vallées jusqu'à l'abbaye de Prémontré. Ferner hat nach Schultz, Höf. Leben I, 663 Prof. Könyöki zu Pressburg laut brieflicher Mitteilung im Keller des Turmes der Burg Tapoltsán einen unterirdischen 140 m langen, direkt nach dem Ufer des Flusses Neutra führenden Gang entdeckt, und fügt derselbe hinzu, dass aus dem Turme in Nyitrassegh gar drei unterirdische Ausgänge ins Freie führen, und in der Burg Zolyom-Liptse aus einem 58 m tiefen Brunnen 6 m über dessen Sohle gleichfalls ein Querstollen von 2 m Höhe und 126 m Länge nach aussen gehe.

Auch sonst wird der Brunnenschacht mit Vorliebe als Ausgangspunkt für unterirdische Gänge bezeichnet, und es würde das insofern auch als zweckmässig erscheinen, als man solchem diesen seinen Nebenzweck nicht ansehen konnte, und immer ein Aufzug für die Fliehenden bereit war, der es auch zugleich gestattete, den Eingang so tief zu legen, dass der Seitenstollen fast eben weitergeführt werden konnte. Behauptet wird ein solcher — oder auch deren mehrere — unter anderm von den Brunnen auf Elnbogen und Karlstein in Böhmen, Ebernburg in der Rheinpfalz und Seebenstein in Niederösterreich[1]). Bei dem (angeblich 368 Fuss tiefen) Brunnen auf Dilsberg am Neckar (Fig. **541** nach einer älteren Zeichnung) soll (von den wohl nur vermuteten tieferen Seitengängen abgesehen) der noch in der sauberen Quaderbekleidung des oberen Teiles ausgesparte Eingang, „wie die Nachforschung erwiesen hat, weiter unterhalb der Ringmauer im Walde seinen jetzt wieder verschütteten Ausgang" haben[2]).

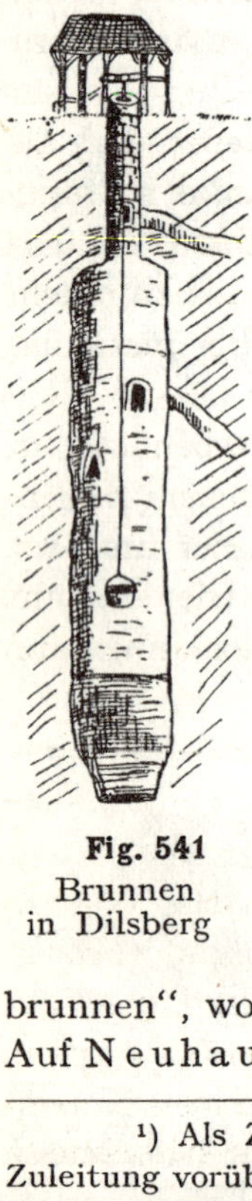

Fig. 541
Brunnen in Dilsberg

In anderen Fällen handelte es sich bei unterirdischen Gängen hauptsächlich um einen gesicherten Zugang zu Wasserquellen. So führte auf Bernstein im Wasgau aus der ersten Vorburg ein solcher zu einem in den Felsen gegrabenen Brunnen, und ebenso unweit der Ruine Merkenstein (Niederösterreich) ein gewölbter 136 Schritte langer Gang zu sieben Quellen, dem „Türkenbrunnen", wovon wahrscheinlich die Feste in älteren Zeiten ihr Wasser erhielt"[3]). Auf Neuhaus in Böhmen senkt sich ein geräumiger, teils aus Ziegeln gemauerter,

---

[1]) Als Zweck der „Seitenstollen" findet man ausser dem Fluchtwege angegeben die Zuleitung vorüberfliessenden Wassers (? der Stollen müsste ja dann unter dem Wasser liegen), die Ermöglichung eines Ausfalles (?), bequemere Reinigung des Brunnens und dergleichen. Wo ein kurzer wagerechter Stollen am Burgfelsen ins Freie führt, könnte wohl am ersten eine erleichterte Beseitigung des Materials beim Brunnenbau neben einer späteren Reinigung in Frage kommen.

[2]) Schulte vom Brühl, Deutsche Schlösser und Burgen. H. V, 155.

[3]) (Sartori) Burgvesten etc. der österr. Monarchie 1839, I, 165. Ueber eine ähnliche auf Gleiberg vermutete Anlage s. v. Ritgen, Gesch. d. Burg Gl. 1881, S. 17. Bezüglich des frühen Vorkommens derartiger Anlagen vgl. Gregor v. Tours VII, 34, wonach schon 585 die auf einem Berge liegende Stadt Convenae (Comminges) am Fusse desselben über einer Quelle einen sehr festen Turm mit unterirdischem Zugange von der Stadt aus hatte.

teils aus dem Felsen gehauener, verzweigter Gang allmählich so weit, bis er 15 m tief unter dem Hofe in dem Schacht des da liegenden Brunnens mit einer (jetzt bis auf ein viereckiges Loch zugemauerten) Türe mündet. Anscheinend hat es sich um eine Verbindung mit dem Zwinger gehandelt. Aehnlich kommt man auf Pernstein in Mähren von einem zwingerartigen Hofraume aus am Fusse des mit dem Palas überbauten Felsens in einen ausgehauenen Gang, der, etwa 15 m horizontal fortlaufend, in einen Brunnenschacht, und zwar gerade in der Höhe des Wasserspiegels mündet. Ausserdem führt da von dem engen Binnenhofe des Palas aus eine finstere Treppe abwärts und, an sie sich anschliessend, ein ausgehauener Gang weiter in die Tiefe, wo er, sich gabelnd, bei einem Vorrate von Grundwasser mündet, um dessen Erreichung es sich gehandelt haben wird, etwa bevor der naheliegende Brunnen hergestellt worden war[1]). Eine ähnliche Anlage im Puxer Loch s. Kap. 21. —

Wie auf S. 286 ausgeführt worden ist, konnte für eine Burg den örtlichen Umständen nach ein Zu- und Ausgang auf zwei verschiedenen Seiten von Wert sein. Meistens waren die zwei Eingänge als ein Haupttor und eine nur für Fussgänger passierbare Nebenpforte gestaltet, welche letztere den Burginsassen einen oft einen weiten Umweg ersparenden Ein- und Ausgang boten, sei es in die Burg überhaupt, sei es auch nur speziell in die Hauptburg, zu welcher etwa sonst innerhalb des Beringes vom eigentlichen Tore aus ein solcher Umweg führte. Ausserdem konnte sie ihnen, wenn im Belagerungsfalle das Haupttor nicht mehr frei zu passieren war, als Notausgang[2]), unter Umständen auch wohl für einen heimlichen Ausfall dienen[3]). Diese, oft an einer versteckten und von aussen nicht bequem zugänglichen Stelle angelegte Schlupfpforte wird bei Tristan (vgl. Schultz, a. O. I, 31) das *hâl türlîn*, bei französischen Minnesängern *poterne*, *fausse poterne* oder *fausse porte* genannt, und so ist auch bei uns der Ausdruck Poterne (lat. *posterna*, *poterna*) dafür gebräuchlich geworden. Sie waren meistens einfache nicht weiter befestigte Türen in der Ringmauer, die, nach innen schlagend, im Belagerungsfalle von da aus verrammelt werden konnten.

Es gibt jedoch auch minder einfache Nebenausgänge.

Bei Stargard (Mecklenbg.) schliesst sich an die Pforte noch eine kleine überwölbte Treppe an. Auf Pernstein in Mähren kann man von dem Ringgraben aus am Fusse der äusseren Ringmauer in einen unterirdischen, 0,90 m breiten und 1,30 m hohen Gang gelangen, der irgendwo am Abhange des Burgberges seinen Ausgang gehabt haben wird, aber nach ungefähr 8 m Länge zusammengefallen ist. Die Salzburg in Franken hatte ausser dem Torturm *u*, Fig. 582, noch auf jeder Seite der beiden übrigen Dreieckseiten je einen Nebenausgang; einen derselben von dem an ein Wohngebäude angebauten halbrunden

---

[1]) Näheres über Neuhaus und Pernstein s. Oesterr. Burgen IV.

[2]) Vgl. die von v. Ritgen, Wartburgführer S. 224 mitgeteilte Stelle aus einer alten Baurechnung: „*Wan man auch unvermerkt und ane grosse Kosten einen heimlichen Ausgang, weil es (die Wartburg) nit mehr dan ein Thor hat, da man zuvor konte aussen Schloss kommen, machen mögte, so sollte es aus allerlei Ursachen ganz nutzlichen sein.*“

[3]) Die Pforte pflegt regelmässig für eine „Ausfallpforte“ angesehen zu werden, würde sich aber meistens der Oertlichkeit nach wenig dazu eignen, wie denn auch die geringe Besatzung einer belagerten Burg einen Ausfall zum Kampfe in offenem Felde gewiss selten machte. Vgl. auch S. 398. — In der umfänglichen Ringmauer von Hanstein waren ausnahmsweise drei Schlupfpforten.

Turme *z* ausgehend, zu welchem eine schmale Freitreppe hinaufführt, und einen zweiten durch den Turm *h*. Letzterer hat nicht in diesem heimlichen Ausgange allein sein Besonderes. Er ist (Fig. **542**, Grundriss und Vertikalschnitt *x z*) nach aussen in eine Ecke eingefügt, die hier die Ringmauer *n n* im rechten Winkel macht, und besteht aus drei nebeneinander befindlichen Schachten, welche vom Niveau des Burginnern bis zum äusseren Fuss der Ringmauer hinabgehen. Der mittlere, weiteste ist mit einem Tonnengewölbe überdeckt, in welchem nur ein Einsteigeloch, *o*, ausgespart ist, der südlich (links) anstossende, *c*, ist fast ganz unbedeckt. Ueber beiden befindet sich ein Gemach, von der Burg aus mittels der Tür *t* zugänglich. Vor letzterer liegt noch der ganz unbedeckte Schacht *a*, dessen Ueberbau fast ganz zerstört ist. Unten vom Graben aus führt eine rundbogige Pforte nach *c* hinein, dann ein Rundbogen von der ganzen Wandbreite weiter in den mittleren Schacht und von da eine rechteckige Pforte in den dritten, *a*. Die Benutzung der Anlage geschah gewiss mittels Leiter und Haspel. Ihre Umfänglichkeit erklärt sich durch diejenige der Burg, welche sieben Ganerbensitze und damit eine ungewöhnliche Anzahl von Insassen umfasste[1]).

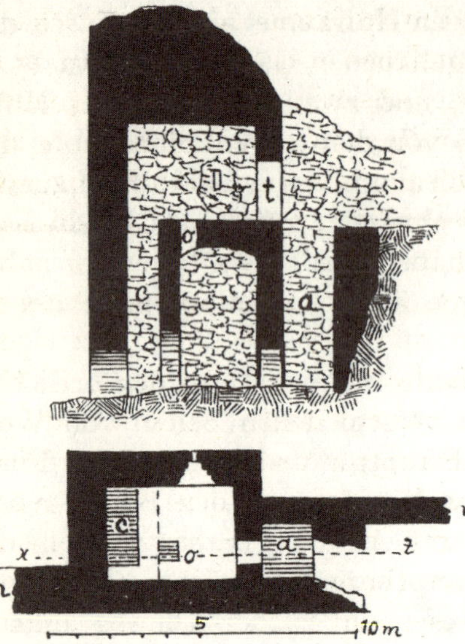

Fig. 542 Salzburg

Nur als heimlicher Ausgang ist auch auf dem T r i f e l s der senkrechte, viereckige Schacht, *i* Fig. 143, zu erklären, welcher in der nordwestlich neben dem Berchfrit *o* in den Zwingerraum *c* vorspringenden Ecke des Burgfelsens liegt und so die oberste, vordem mit dem Palas überbaute Felsplatte *s* zunächst mit diesem ca. 13 m

[1]) Erst durch Ausräumung des Schuttes, der bis vor kurzem die Anlage gutenteils ausfüllte, ist dieselbe völlig freigelegt worden. B. E b h a r d t ist durch solche Nachforschung („Deutsche Burgen" 82 und 90) zu dem Ergebnis gekommen, dass er sie „im Gegensatz zu Piper, Essenwein und Krieg v. H. für eine Abortanlage hält, die von unten gereinigt wurde und oben mehrere Aborte beherbergte". Sie hat indessen mit keiner der vielen uns in Burgen erhaltenen Bedürfnisanstalten Aehnlichkeit und wäre als eine solche auch in ihren Einzelheiten rätselhaft. Dasselbe gölte auch schon von der Umfänglichkeit der Anlage an sich, zumal da die in den einzelnen Ganerbensitzen natürlich mehrfach vorhanden gewesenen Aborte in Resten noch genug erhalten sind. Fig. 542 frei nach Ebhardt a. a. O. — Im übrigen wird der von aussen turmartige Bau gewöhnlich der „Jungfernkuss" genannt, indem das Einsteigeloch *o* mit der (fabelhaften) Hinrichtung durch die eiserne Jungfrau („die Jungfer küssen") in Beziehung gebracht wird. So selbst noch in D r. R e i n i n g e r, D i e K a i s e r b u r g S a l z b u r g (1879) S. 21: „Hatte das unglückliche Opfer ausgelitten, so nahm man den Leichnam (aus der Jungfrau) heraus und liess ihn durch eine unterhalb der Figur befindliche Falltüre in die Tiefe hinabsinken." Diese regelmässig mit der eisernen Jungfrau in Verbindung gebrachte Falltür spielt auch auf anderen Burgen ihre Rolle. So befindet sich nach (S a r t o r i) B u r g v e s t e n II (so auch nach J a n i s c h, T o p. - s t a t. L e x. v. S t e i e r m a r k 1885) auf H e r b e r s t e i n in einem Wartturm „das heimliche Gericht, das mitten durch die Felsen in den Fluss seinen Ausgang hat und wodurch die Teile des (mittels der eisernen Jungfrau) Hingerichteten den Wellen überliefert wurden". Auch auf Schloss L e n z b u r g im Kanton Aargau wird ein Turmschacht als angeblich demselben Zwecke dienend gezeigt.

tiefer liegenden Zwinger verbindet, während sonst von einem dieser Punkte zum anderen nur auf langem Umwege zu kommen ist.

Die obere Ausmündung dieses Schachtes, Fig. 407 rechts, zeigt die auffallende Besonderheit, dass sie von einem liegenden Kreuz aus Sandsteinquadern überdeckt ist, welche auf zwei sich rechtwinklig durchschneidenden, den Schacht in der Höhe überspannenden Bogen ruhen. So entstehen vier fast gleiche, u. a. 66 zu 88 cm weite Oeffnungen. Der Schacht selbst, allseitig mit glatten Quadern ausgemauert, hat (unten) 1,84 zu 2,27 m lichte Weite. Aus demselben führt eine 84 cm weite Tür, mit sorgfältig behauenen Buckelquadern umrahmt (Fig. 56), jedoch ohne eine Verschlussvorrichtung ins Freie. Die Schwelle derselben liegt etwa 2 m über dem Boden des Zwingers.

Bleibt für die Bedeutung dieser Anlage schlechthin keine andere annehmbare Erklärung als die hier gegebene übrig[1]), so ist damit doch die ganz eigentümliche Einrichtung seiner oberen teilweisen Bedeckung, die jedenfalls als für die Benutzung nicht zweckmässig erscheint, noch nicht erklärt. Um die Oeffnung etwa durch eine oder zwei Falltüren zu schliessen, würde eine Zweiteilung derselben genügt haben, oder der sonst übliche Verschluss würde eine Ueberwölbung mit im Scheitel ausgespartem Einsteigeloch gewesen sein. Vielleicht wurden die vier Oeffnungen durch Steinplatten verdeckt, die sich von dem sonstigen Belag des darüber befindlichen Saales nicht unterschieden und so den Ausgang dem Uneingeweihten versteckten. Vielleicht stammt die (sehr solide) Bedeckung auch erst aus einer Zeit, in welcher man auf die Einrichtung keinen Wert mehr legte.

Auf der Burg Liebenfels in Kärnten schneidet (entfernt vom Eingang) in dem senkrechten Absturz des Burgfelsens, etwa 12 m hoch über seinem Fusse beginnend, eine breite, von oben nach unten gehende Spalte ein. Dieselbe ist nach aussen durch eine Mauer geschlossen, welche unten eine (jetzt) unförmliche Oeffnung hat, und oben mit einem Tonnengewölbe überdeckt, dessen Rücken insoweit einen Teil des engen Hofes der Hauptburg bildet. Von diesem aus hat man dann eine überwölbte achtstufige Steintreppe zu der Spalte hinabgeführt derart, dass es noch einer ziemlich langen Leiter bedurfte, um weiter bis auf deren Grund zu kommen.

---

[1]) Man kann in Büchern für den Schacht wohl alle Erklärungen finden, auf welche mit unserem Burgbauwesen nicht hinlänglich Vertraute irgend haben verfallen können. Ausser anderen Umständen spricht schon die untere (bzw. unverschliessbare) Tür sowohl gegen einen Abort als gegen ein Verliess, und noch weniger lässt sich der Schacht mit einer Heizungsanlage in Verbindung bringen. Der richtigen Erklärung kommt Krieg v. H. wesentlich näher, wenn er (Militärarch. S. 310) in derselben einen „Aufzug für Menschen und Dinge" erblickt, um in Kriegsnöten die auf dem Trifels aufbewahrten Reichskleinodien unbemerkt ins Freie retten zu können. „In schmale Truhen verpackt, die im Wandschranke der Kapelle ihre gewöhnliche Stelle hatten (?), konnten sie durch den vierfachen Schlot schnell nach dem Zwinger gelangen und auf Saumtieren weitergebracht werden, ohne durch den Palas, die Wachtstuben des Hauptturmes über die Freitreppen hinab und durch den unteren Torbau zu gehen." Abgesehen davon, dass nicht wohl erfindlich ist, inwiefern der „vierfache Schlot" — ? richtiger die Vierteilung der Oeffnung — wie Krieg v. H. meint, „zum Behuf der Beschleunigung" beliebt worden sein könnte, ist bei dieser Erklärung übersehen, dass der Schacht gewiss schon in dem firmissimum castellum vorhanden war, als 1125, durch unvorhergesehene Umstände veranlasst, die Reichskleinodien dorthin gebracht wurden. (Nähere Ausführungen 1. Aufl. S. 548 f.)

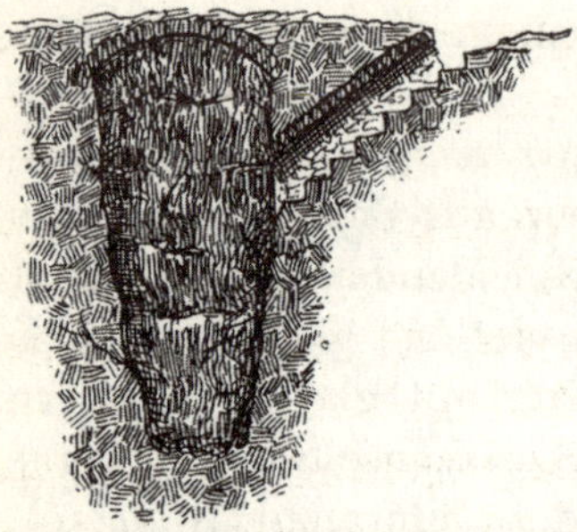

Fig. 543 Liebenfels

(Fig. **543** ungefährer Querschnitt mit Sicht von aussen.) Eine zweite Leiter brachte dann von da bis an den Fuss des Felsens[1]).

Auf Reissenstein in der Rauhen Alb ist der schmale Pfad, welcher sich zu der auf turmartigem Felsen erbauten Hauptburg hinaufzieht, an geeigneter Stelle — *m* Fig. **544** und **544**a — durch einen leicht zu beseitigenden Holzsteg und gleich darauf durch ein enges vorspringendes Felsentor unterbrochen. Um so mehr war es zweckmässig, dass unter Umgehung dieser Stelle des Zuganges eine durch den Felsen selbst gehauene Verbindung zwischen dem aufsteigenden Pfade und der Oberburg hergestellt wurde. Dies geschah durch einen allerdings nur mit mühsamem Kriechen zu passierenden, durch den Felsen steil aufwärts führenden Kanal, der oben im Fussboden des Palas bei *n* bzw. unten an der Felswand bei *z* mündete[2]).

Auf Wildenstein im badischen Donautal wird in der Kapelle die Stufe vor dem Altar zum Teil durch eine Falltür gebildet, unter welcher man auf langer Leiter in ein (nicht dunk-

Fig. 544 Reissenstein

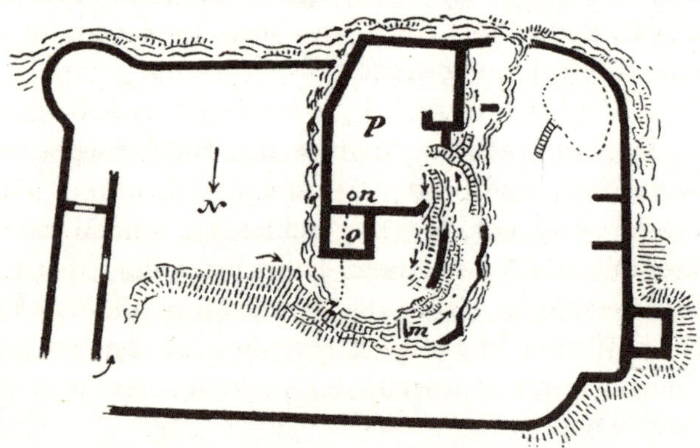

Fig. 544a Desgleichen

les) Gemach hinabsteigt. Ein hier mündender verschütteter Gang soll der Ueberlieferung nach in einer tiefer am Uferhange liegenden Höhle seinen Ausgang gehabt haben. Aehnliche, jedoch finstere und anscheinend nur zur Verbergung von Habe oder Menschen bestimmte Räume hat es in Burgen auch sonst gegeben. In St. Annaschloss am Bodensee und Prunn im Altmühltal sind beispielsweise noch solche erhalten. In letzterem Falle ist das Einsteigeloch zweckmässig nur durch eine Holzdiele des darüber befindlichen Gemaches verdeckt. In dem Wohnbau von Pürnstein ist in der Mauerdicke ein zugemauert gewesenes

---

[1]) Meine Oesterr. Burgen II, 129.

[2]) Derselbe zeigt (so wenigstens bei meiner Aufnahme vor Jahrzehnten) unten Spuren einer Vermauerung der Oeffnung, während das Loch oben mit grossem Steingeröll verstopft ist. Als Fluchtausgang hat er freilich den Mangel, dass er beim Aufstieg zur Hauptburg nicht zu übersehen ist.

Versteck, ungefähr 1,2 m hoch, 3 m lang und sich nach hinten bis zu 2 m verbreiternd, ausgespart. Auch in den Wohngebäuden der Burgen Bürglen und Forsteck gab es, wie in der Zimmerischen Chronik I, 290 erwähnt wird, „*sondere fallen und verborgne thür*" in Verbindung mit Wohngemächern.

Zu den verborgenen Räumen im weiteren Sinne kann man auch die engen überall geschlossenen Hohlräume zählen, die man mitunter in der Mauer eines Burggebäudes gefunden hat und die jedenfalls dann, wenn noch Knochen in ihnen vorhanden waren, mit Recht aus einer hier seinerzeit stattgehabten „Einmauerung" erklärt werden[1]). Ein uralter und überall verbreiteter Aberglaube, der sich auch — wie die Merlinsage in ihrer Gestaltung des 13. und 14. Jahrh. zeigt — bis zum Ausgange des Mittelalters erhielt, ging bekanntlich dahin, dass man einen Bau dadurch vor dem Einsturz oder sonstigem Schaden bewahren könne, dass man — ein den bösen Geistern dargebrachtes Opfer — ein lebendes Wesen (ein unschuldiges Kind oder auch Tiere, besonders Hund, Hahn oder Pferd) in eine Wand einmauerte oder auch unter dem Baue eingrub. Später begnügte man sich wohl mit toten Körpern oder Knochen derselben. Eine andere Einmauerung war die zur Strafe vollzogene. So wird in der Zimmerischen Chronik II, 255 noch aus dem Anfange des 16. Jahrh. berichtet, dass die wegen Ehebruches geschiedene Gemahlin des Grafen Endres von Sonnenberg „*ingemaurt ward*", wobei aus dem Zusatz „*ir lebenlang*" freilich zu schliessen ist, dass man sie damit nicht dem Hungertode überliefert hatte.

Ueber geheime Treppen s. S. 445.

Wie wir schon (S. 520) einzelne weitere unterirdische Räume in Verbindung mit Gängen kennen gelernt haben, so kommen auch unter burglichen Wohngebäuden ganze Komplexe solcher vor, die nicht zu den gewöhnlichen Kellern gehören.

Solche bisher für unerklärlich gehaltene unterirdische Räume hat die noch bewohnte Burg Liebenfels, im nordwestlichen Thurgau auf einer unbedeutenden Bergnase gelegen. Sie bilden den Unterbau eines im 16. Jahrh. der Burg hinzugefügten Wohngebäudes von 11 und 12 m Seitenlänge. Sechs an der Zahl, liegen sie bei dem ungleichmässig abfallenden Baugrunde teils in verschiedener Höhe, teils übereinander. Meistens, besonders die oberen, mit Tonnengewölben überdeckt, sind sie durch gerade und gewundene Steintreppen oder einen Gang unter sich in Verbindung gebracht. Jeder Raum enthält 63 bis 82 cm über dem Boden mehrere rundbogige Wandnischen, zum Teil gegen 2,50 m hoch noch eine zweite Reihe derselben und einmal darüber noch eine dritte. Sie erniedrigen sich nach hinten, haben wagerechte Sohlen und sind durchschnittlich etwa 70 cm hoch und tief und 80 cm breit. Wie vielfach noch zu erkennen ist, hat sich an jede Nische in ihrer Tiefe eine kleinere, jedenfalls völlig durch die Wand gehende Oeffnung — bis auf eine später vermauert — angeschlossen, und unmittelbar vor der letzteren und sie unten zum Teil versperrend, ist entweder ein Querbalken von 5 bis 11 cm Dicke fest eingemauert oder können deren zwei aufeinander liegende in Mauerkanälen vor- und zurückgeschoben werden. Es kann schwerlich bezweifelt werden, dass wir es bei diesen Balken hauptsächlich mit den die Schiessscharten für Hakenbüchsen kennzeichnenden Auflage- und Prellhölzern und somit

[1]) S. dazu Liebrecht, Zur Volkskunde 1879, Monatsbl. des Altertumsvereins zu Wien 1895, 212, und Grimm, Deutsche Mythologie S. 1095.

bei der ganzen Anlage mit einem auf der Angriffsseite liegenden kasemattenartigen Wehrbau zu tun haben[1]).

Gewiss nur ein Versteck für Menschen und Habe waren die Räume unter einem Teile des Haupttraktes des Schlosses zu Baden-Baden, Fig. **545** nach einer Aufnahme von 1867. Es handelt sich da (der linke Teil des Grundrisses) augenscheinlich um einen späteren Einbau in den zweischiffigen Keller eines wohnturmartigen Restes des älteren Baues, an dessen Stelle im 16. Jahrh. das jetzige Gebäude errichtet wurde. Der Schacht *a* scheint den einzigen Zugang zu den verborgenen Räumen gebildet zu haben, bis man später eine Verbindung mit dem weiteren, östlich sich anschliessenden Souterrain (mit einem sog. Römerbade *c*) durchgebrochen hat. Eigentümlich sind Türen aus Stein, deren eine Seite aufgerauht ist und verputzt war, um eine blosse Wand vorzutäuschen. Wie der Plan zeigt, war die Anlage sogar mit zwei Abtritten (ohne Abflussöffnung) ausgestattet. Nach Vermauerung des einzigen vormals von *e* ausgegangenen Licht- und Luftschlitzes ist sie vollends finster. Von *b*, einem ursprüng-

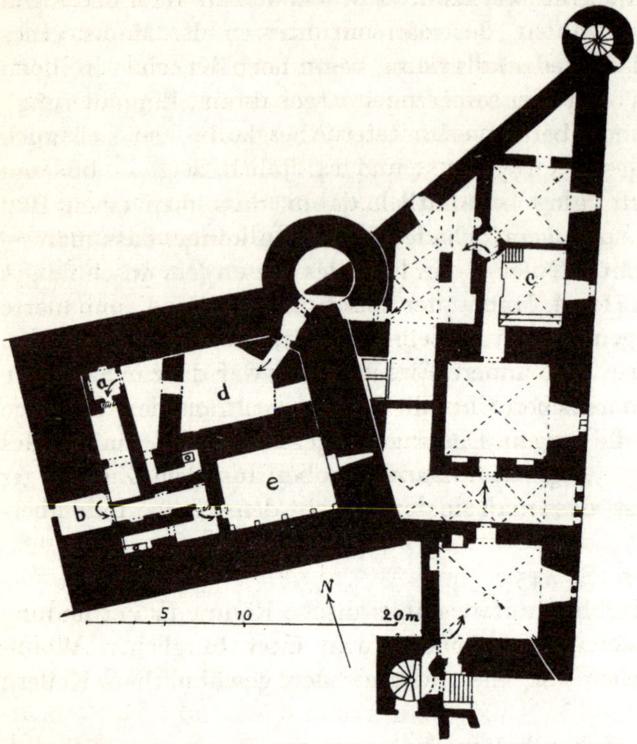

Fig. 545 Unterirdische Räume in Schloss Baden-Baden

[1]) Auch J. R. Rahn, der in den „mittelalterl. Archit.- u. Kunstdenkm. des Thurgau" (1899) S. 258—262 zuletzt eine in Wort und Bild erschöpfende (hier auch benutzte) Darstellung gebracht hat, will gleichwohl „auf die Frage nach der Bestimmung dieser viel besprochenen und rätselhaften Räume nicht zu antworten wagen". Jedenfalls könnten schon der mehrfach mangelnden Türen wegen nicht alle als Gefängnisse gedient haben, auch habe die Burg keine Gerichtsbarkeit besessen. Gegen die Benutzung als Keller sprächen die engen Durchgänge und Treppen. Der Bestimmung der Nischen als Schiessscharten widerspreche ihre Lage und Beschaffenheit und es sei da nur an Licht- und Luftöffnungen zu denken, wobei aber wieder die Doppelbalken, welche nur die untere Hälfte der in der Tiefe befindlichen Luken schlössen, unerklärlich seien. — Hierzu ist noch folgendes zu bemerken: Kellerräume sind auch ausserdem in der Burg reichlich vorhanden. Bei der Erklärung der Oeffnungen, als zum Einlassen von Licht und Luft bestimmt, ist der von Rahn a. a. O. nachgewiesenen Tatsache Rechnung getragen, dass der jetzt auf den drei Aussenseiten in angeschütteter Erde steckende Unterbau früher dahin freigelegen hat. Bei „Licht- und Luftöffnungen" wären aber auch die Nischen von dieser Form völlig unerklärlich und ebenso die grosse Anzahl. (Die einfachen, ganz anderen Formen, wie die Sparsamkeit der Licht- und Luftschlitze sind ja hinlänglich bekannt.) Wahrscheinlich sind die zugemauerten Scharten nach aussen erweitert gewesen. Auf einige nebensächliche, aber auch unschwer zu beseitigende Bedenken kann hier nicht weiter eingegangen werden. Gewiss ohne besondere Bedeutung sind die in einem der Räume in Form grosser Silhouetten auf die Wand gemalten drei nackten Männer.

lichen Kellerhalse, aus kann man durch einen beschwerlichen Schlupfgang weiter unter dem jetzigen Bau hinweg ins Freie gelangen. Den jetzigen Weg zeigen die Pfeile. Die beiden grösseren Räume *e* und *d* galten gewohntermassen für einen Sitz des Femgerichtes.

Gefängnisse in Gestalt kleiner finsterer, fast immer überwölbter Räume finden sich, an verschiedenen Stellen angebracht, besonders in österreichischen Burgen. In der Regel weist dabei noch das eine oder andere besondere Merkmal auf den angegebenen Zweck hin, so eine ganz kleine, wohl noch etwas erhöht liegende Tür. Verschliessbarkeit solcher nur von aussen, in noch erhaltenem Türflügel eine Klappe zum Verabreichen der Speise, ferner ein nach aussen gehendes Luftloch, eine etwa aus dem gewachsenen Felsen bestehende Bank und eingemauerte Krampen. Solche Gefängnisse finden sich[1]) in einer Ecke des Hofes oder eines Vorhofes auf Mayenberg (halb unterirdisch), Rauhenstein (hier nur ein 90 cm breites Felsenloch), Emmerberg, Rodenegg (hier unter der Freitreppe des Saalbaues und ein zweites daneben im Untergeschoss desselben selbst), in einem Gebäude und nur aus diesem zugänglich auf Stein in Steiermark und Frauenburg daselbst. Auf Gutenstein in Niederösterreich ist in einem kleinen Felskopfe ein nur 1,4 m langes und neben dem schräg hineinragenden Felsen unten nur 60 cm breites Gefängnis mit 50 × 65 cm weiter Tür ausgehauen. Auf Hohenwerfen sind verschiedene, zumeist ganz kleine und finstere Gefängnisse gutenteils oder ganz aus dem Felsen gehauen. Im Torbau von Altpernstein bringt die erste, S. 507 bezeichnete Treppe zu einem finsteren nur bis 1,70 m weiten und ungefähr 1 m hohen Gefängnis und eine sich da abzweigende zweite weiter hinab zu drei ähnlichen aus dem Felsen gehauenen Haftlöchern. Zu einem so hergestellten Gefängnisse führt auch auf Dhaun die S. 520 bezeichnete Treppe. Neben der Felsenbank sind eiserne Krampen und in Kopfhöhe des darauf Sitzenden ein wenige Quadratzoll weites nach aussen gehendes Luftloch angebracht. Eine ähnliche Gefängniszelle liegt in St. Annaschloss am Bodensee neben einem innerhalb des Palas in die Keller hinabführenden Gange.

Flaschenförmig aus dem Felsen gehauene Verliesse nicht unter einem Turme (S. 193) finden sich u. a. auch auf Aggstein, Bürgstein und Gross-Skal. Jedenfalls hielt man es nicht immer für nötig, solche oben zu schliessen oder auch nur zu überdachen. Nach einer Urkunde von 1464 des Baseler Archivs *leytend* die Raubritter der Hohkönigsburg zwei auf der Strasse Aufgegriffene *in die lotzschin, nempt man der frowen gefengnisz (!), darinn lagend sy fast* (sehr) *kalt, denn es reget und schnyte uff sy.*

Auf Wildenstein a. d. Donau (Baden) findet sich in dem starken aus der ersten Hälfte des 16. Jahrh. stammenden Defensivbau, welcher die Hauptburg gegen die Angriffsseite deckt (Grundriss Fig. 607), und zwar in der obersten frei unter dem Dache liegenden Halle unmittelbar über dem Fussboden ein in die hofwärts liegende Längswand hineingehendes viereckiges Loch von 45 zu 60 cm Seitenlänge und 70 cm Tiefe. Es ist das die Mündung eines darunter gleichfalls in der Mauerdicke hinabgehenden lichtlosen Raumes von angeblich 12 bis 15 Fuss Tiefe und 8—10 Fuss Breite, welcher allgemein als das „Burgverliess“ bezeichnet wird. Da die Burg bei ihrem Neubau einen eigent ichen Turm nicht erhielt, ist die Einrichtung eines dem Turmverliess ähnlichen Gefängnisses an dieser Stelle ja an sich nicht unwahrscheinlich. Um so auffallender aber ist die Enge und besonders die Niedrigkeit der seitlich ausgehenden Mündung, welche nur einem besonders Gewandten gestatten dürfte, mittels einer Leiter in

---

[1]) Näheres über die nachstehenden Beispiele in meinen „Oesterr. Burgen“ I—VIII.

die Tiefe hinabzugelangen, während man doch in der Wand sehr wohl eine höhere Oeffnung hätte aussparen können. Es darf deshalb jedenfalls als unwahrscheinlich bezeichnet werden, dass dieser Raum gewöhnlich als Gefängnis benutzt wurde; derselbe dürfte eher als schwer zugänglicher Aufbewahrungsort für wertvolle Dinge gedient haben. Die seitliche Oeffnung war, wie der vorhandene Falz zeigt, durch eine Tür verschliessbar.

Minder harte Gefängnisse konnten fast überall in den Burgbauten eingerichtet werden. Besonders eigneten sich die mittleren Stockwerke der Berchfrite dazu, falls der Aufgang zur Plattform nicht durch dieselben, sondern in der Mauerdicke fortgeführt war. Solche Gefängnisse von 2,50 m lichtem Durchmesser (und noch einer starken Tür mit kleiner Klappe[1]) finden sich u. a. (S. 445) oben in einem Rundturm von Hanstein im Eichsfelde.

Besonders in späterer Zeit begnügte man sich vielfach mit einem Blockgefängnis, einem weiten aus Balken und starken Bohlen hergerichteten Kasten, der auch in an sich nicht besonders verwahrten Räumen stehen konnte. So steht im obersten Geschoss des einen Berchfrits von Gottlieben bei Konstanz noch der Bohlkasten, in welchem (nach wohl begründeter Ueberlieferung) 1414 Johann Huss gefangen gesessen haben soll. Andere sind (oder waren) in Staufenegg unweit Reichenhall und in Greifenstein an der Donau erhalten, beide in einem Raume, der ausserdem das Einsteigeloch zu einem Verliesse enthält. Eine Konstanzer Chronik berichtet: Als 1441 die Schrotzburg zerstört und verbrannt wurde, „*hettent de ritter ouch ainen armen man darinen gefangen gehabt, der lag in ainem blockhus, der verbran in dem hus*“[2]).

---

[1]) Der Raum hat also nicht, wie es in Bau- u. Kunstdenkm. d. Prov. Sachsen, H. 28, S. 86 heisst, „anscheinend zu Wachtzwecken gedient“.

[2]) Nach Näher, Deutsche Burg 25 ständen auf Hohenklingen fünf solcher Blockhausgefängnisse nebeneinander auf einem überdachten Hofraume. Es handelt sich jedoch da um Schweinekoben. Vgl. 1. Aufl. S. 553 auch J. R. Rahn im Anz. f. Schweiz. Altertumsk. 1888, S. 129. Ueber die nach Näher (Mitteil. d. hist. Vereins der Pfalz XIV, S. 119) den „auf einem erhöhten Felsen“ stehenden Berchfriten angeblich angebauten schachtartigen Verliesse s. 1. Aufl. ebendaselbst.

Neunzehntes Kapitel.

Die Kapelle.

(Verschiedenartiger Standort, Gestalt und Ausstattung. Kapellenerker. Heilige Linie. Doppelkapelle. Erklärung. Dreistöckige Kapelle. Herrschaftschor u. dgl.)

Zu den alten Ritterpflichten gehörte auch ein fleissiges Bezeigen der Frömmigkeit durch Messehören und dergleichen. Fast jede vollständigere Burg hatte daher, und zwar nachweislich schon im 10. Jahrh., auch eine Kapelle oder wenigstens einen Raum, der zugleich zum Gottesdienst bestimmt war, und der „Burgpfaffe" gehörte in den Hofburgen zu den unentbehrlichen Bewohnern nicht nur als Geistlicher, sondern oft genug auch als der Einzige, der wenigstens in die Anfangsgründe der Wissenschaften, Lesen und Schreiben, eingedrungen war.

Die Kapelle stand von allen baulichen Bestandteilen der Burg, von Stallungen abgesehen, am wenigsten mit der Wehrhaftigkeit derselben in irgendwelcher Beziehung. Es gab daher für sie nicht wie für Palas, Berchfrit oder Ringmauer bestimmte dadurch grundsätzlich veranlasste Stellen[1]), sie wurde vielmehr überall da angebracht, wo sich dem Gelände und der Gesamtanlage nach gerade ein einigermassen schicklicher Platz für sie fand. Als selbständiger Bau stand sie ausnahmsweise ganz ausserhalb des Beringes (z. B. Ehrenberg am Neckar, Niedergundelfingen in Württemberg, Annenberg in Südtirol), sonst frei innerhalb desselben (Solavers in Graubünden, Oberburg Cobern an der Mosel, Hocheppau in Tirol), mit der Apsis aus der Ringmauer vortretend (Liebenfels in Kärnten, Schloss Tirol, Wildenstein in Baden, Schaumburg in Oberösterreich)[2]) oder an die Ringmauer oder einen anderen Bau angelehnt (Kyburg und Hohenklingen in der Nordschweiz). Sonst war die Kapelle in der Regel in dem Palas (Wartburg, Liechtenstein bei Mödling, Gräplang im Kanton St. Gallen), im Torbau über dem Tore (Gelnhausen, Münzenberg, Homberg, Boineburg)[3]) oder in einem Turme — Berchfrit, Wohnturm, Rondell — angebracht.

---

[1]) Um so mehr ist hier nach dem Plan meines Buches von den Einzelheiten abzusehen, welche nur den Baukünstler als solchen interessieren würden.

[2]) Auch wenn, wie auf Liebenfels und Schaumburg, die Steilheit des Felsabhanges ein Bauen aus grosser Tiefe herauf nötig machte. Die Kapelle sollte von weitem erkennbar sein, wie denn auf Schaumburg keineswegs Mangel an Platz zu der Hinausrückung nötigte, und man um deretwillen selbst auf die Innehaltung der „heiligen Linie" verzichtete.

[3]) Alle im (bzw. vormaligen) Hessischen, wo dies vorzugsweise beliebt war. Sonstige Beispiele Donaustauff, Geyersberg etc. Sicher unbegründet ist die Idee, man

Auf Stein in Steiermark liegt die Kapelle in dem schmalen Querbau, welcher zwei Burghöfe voneinander trennt. Auf Juval im Vintschgau ist eigentümlicherweise in einem dem Palas später angebauten weiten Treppenhause ein Podest von 4,5 m Seitenlänge zwischen zwei Treppen und deshalb wenig passend zu einer Art von Kapelle mit erkerförmig vortretender Apsis ausgestaltet worden[1]).

Als Teil eines anderen Gebäudes kommt sie in allen Stockwerken vor. So steigt man im Saalbau von Rodenegg zur vormaligen Kapelle eine enge Kellertreppe hinab, während sie im Palas von Kaprun über den beiden bewohnbaren Geschossen liegt. In Berchfriten und Wohntürmen liegt sie auf Glopper im Erdgeschoss, im zweiten auf Trifels, im dritten auf Hohlenfels (Luxemburg) und Moersburg.

Wie so die Lage der Kapelle die denkbar verschiedenste war, so gibt es auch keinen Bauteil der Burg, der an sich so verschiedenartig wie sie ausgestaltet gewesen wäre.

Während bei den einen eigenen Bau bildenden Burgkapellen die gewöhnliche aus einem rechteckigen Schiffe und stumpf- (selten recht-) eckiger oder runder Apsis bestehende Anlage freilich durchaus überwiegt, zeichnen sich doch auch manche von diesen durch besondere Eigentümlichkeit derselben aus. So ist die 1126 geweihte von Krukenberg, Regbz. Cassel, ein Rundbau von 12,87 m Durchmesser mit vier niedrigeren, rechteckigen, kreuzförmig an den Zylinder angelehnten Anbauten, ebenso auf Neukraig mit einem runden und einem rechteckigen Ausbau, eine solche auf Rineck in Unterfranken ein Quadrat mit halbkreisförmigen Apsiden auf drei Seiten, diejenige von Lahneck am Rhein ein im Achteck geschlossenes Rechteck mit zweiseitigen Ausbauten (in Form halber übereck stehender Quadrate) an den beiden Langseiten[2]). Bei der aus dem 13. Jahrh. stammenden Matthiaskapelle der Oberburg von Cobern an der Mosel wird ein sechseckiger Innenraum von 4 m Durchmesser von einem niedrigen auf sechs Säulenbündeln ruhenden Umgange umgeben, an welchen sich eine noch niedrigere runde Apsis anschliesst. Die geräumige schöne Kapelle auf Bösig hat von der umlaufenden 1,3 m breiten Empore aufwärts eine doppelte Wandung, auch die innere von Spitzbogenfenstern durchbrochen. Die Kapelle von Vianden (Luxemburg) ist zehneckig.

Ebenso ist die Aussattung die denkbar verschiedenste. Selbst bei grossen Burgen findet die Kapelle sich besonders stiefmütterlich behandelt. So war sie auf Heidenreichstein trotz weiter noch jetzt zum Teil unausgebauter Palasräume in dem fast finsteren ungewölbten Erdgeschosse eines runden Eckturmes untergebracht[3]) und auf Kaprun nur durch Bretterwände von einem Dachboden abgeteilt. Dagegen sind andere Burgkapellen durch ihre Ausstattung berühmt geworden. So durch ihre Wandgemälde die von Klingenberg in

---

habe dadurch den Feind abhalten wollen, den Torbau zu beschädigen. Bis in unsere Zeit haben ja oft genug Gotteshäuser als vielumstrittene Festen gedient. Vgl. auch „Wehrkirchen" S. 35. Nicht selten ist der Kapelle ihre Stelle offenbar in Rücksicht auf die ausserhalb der Burg wohnenden Besucher gegeben, welche nicht zu weit in diese oder gar in den Palas eindringen sollten.

[1]) Oesterr. Burgen VI, S. 74.

[2]) Ob so auch noch nach dem wenig glücklichen Wiederaufbau der Burg, ist mir nicht bekannt.

[3]) Ebenso in dem sehr engen Raume eines Rondells auf Frauenstein in Kärnten und Maretsch in Tirol.

Böhmen und der Marienburg, die letztere (neuerdings wiederhergestellt) noch mehr durch ihre edle bauliche Ausgestaltung, ihr Prachtportal: die in Ziegelbau reich verzierte „goldene Pforte", und die aussen an der Apsis angebrachte grosse Marienfigur in Relief mit glänzendem Mosaiküberzug, vor allen aber die St. Katharinen- und die hl. Kreuzkapelle von Karlstein in Böhmen[1]). Siehe auch weiterhin über Doppelkapellen.

Gewöhnlich beschränkt sich jedoch die besondere bauliche Ausstattung der Kapellen, soweit solche Ausstattung überhaupt vorhanden ist, auf einfachere Gewölbe und Wandmalereien[2]), eine wohl nach aussen als Erker vortretende Altarnische mit kleinen in der Wand ausgesparten Behältern für die Geräte (Sakramentshäuschen)[3]), einfachere Masswerkfenster[4]), eine zumeist für die Herrschaft bestimmte Empore dem Altar gegenüber u. dgl. Die „Weihekreuze", meistens auf die Wände gemalte gleichschenkelige Kreuze, wohl von einem Kreise umgeben, sind ein Zeichen dafür, dass die Kapelle geweiht ist. Mitunter deutet auch der noch erhaltene Altarstein auf die frühere Kapelle hin, so in einem Raume der St. Ulrichsburg (Wasgau). Ein eigentlicher Turm ist sehr selten vorhanden (Sigmundskron), statt dessen für eine Glocke allenfalls ein Dachreiter oder (Pietrapelosa auf Istrien) ein Aufsatz auf einer Giebelwand.

Verschiedenartig war auch die bauliche Anordnung, wenn die Kapelle ein Teil eines anderen Gebäudes war.

Betrachten wir zunächst die Turmkapellen, so nimmt auf der Marksburg am Rhein die 1437 gestiftete Markuskapelle ein Geschoss des unregelmässig sechseckigen „Markusturmes" ein, und auf gleiche Weise hat auf Rappottenstein in Niederösterreich die Kapelle eine eigentümliche fünfeckige Form erhalten, deren Breite bei reichlich 10 m Länge von nur 2 m auf den beiden Enden in der Mitte bis auf deren 5 wächst. In der Burg zu Coblenz nimmt sie einen 13,5 m weiten, nur an den Ecken etwas überstehenden achteckigen Aufbau (14. Jahrh.) eines runden Eckturmes ein. Bei Bentheim in Westfalen bildet nur das Altarhaus der Kapelle das unterste Geschoss des früher hohen Wehrturmes, während umgekehrt auf Starhemberg in Niederösterreich der Hauptraum der Kapelle im Erdgeschoss des Berchfrits, die Altarnische in Grundform eines überhöhten Halbkreises ausserhalb desselben liegt. Eine in ersterem Raum freitragend ansteigende Treppe führt dann in der Mauerdicke weiter in die oberen Stockwerke des Turmes. Bei dem Wohnturme von Angenstein (Kanton Basel) springt die von seinem Innern aus zugängliche Kapelle im Erdgeschoss nach

---

[1]) Bei der letztgenannten (und ähnlich bei der kleinen Katharinenkapelle) waren ausser 126 Gemälden die Wände mit 2267 grossen in vergoldeten Gips eingelassenen Halbedelsteinen bedeckt, und selbst die Fenster anstatt des Glases mit solchen und Bernsteinstücken in vergoldeter Verbleiung geschlossen, während die Decke grösstenteils mit hohlen gläsernen Halbkugeln bedeckt war. Ein vergoldetes Gitter trennte den Altarraum (in welchem u. a. die Kroninsignien aufbewahrt waren) ab. Diese Ausstattung ist noch zum guten Teil erhalten.

[2]) Vgl. darüber S. 474.

[3]) Wo dieses in den älteren Burgkapellen fehlt, kann man nach Weininger, Ueber mittelalterl. Burgen III, S. 330 annehmen, dass auch die Berechtigung zum Messelesen mangelte. Freistehende Tabernakel kommen nach Otte a. O. S. 244 f. erst vom Ende des 14. Jahrh. ab vor.

[4]) Ueber Fensterbänke s. S. 453.

aussen vor, bei demjenigen von Greifensee ist sie — nur 1,65 zu 2,90 m weit und 2,95 m hoch — in der Mauerdicke ausgespart[1]). Ebenso bei den Wohntürmen von Karlstein (die St. Katharinenkapelle) und Moersberg[2]).

Fig. 546
Landsberg

Nicht selten war im Palas, wie schon eingangs angedeutet, ein Raum — wohl in der Regel der Saal — zugleich zur Kapelle bestimmt und dann durch ein Chörlein, eine nach aussen wohl als Erker vortretende Altarnische, ausgezeichnet. Eine solche inmitten der Fenstergruppen des Saales von Landsberg (Wasgau) s. Fig. 450, ihre äussere Gestalt Fig. **546**. Am Palas der „Maus" am Rhein tritt dieser Erker eckig mit einem Spitzbogenfenster vor und ist inwendig mit Heiligenfiguren und Sternen bemalt. Den durch eine weitere Nische mit einem Fenster auf jeder Seite ausgezeichneten Raum auf der romanischen Lobdaburg wird man wohl für eine wirkliche Kapelle zu halten haben. Mitunter konnte die Altarnische für gewöhnlich durch Flügeltüren gegen den Wohnraum abgeschlossen werden.

Fig. **547** zeigt den besonders hübschen romanischen Erker der Kapelle des Berchfrits von Trifels, B Fig. 145, s. auch Fig. 146, sowie Fig. 482 mit 528.

Fig. 547
Trifels

Fig. 548
Wasenburg

Zu den Erkern dieser Art wird meistens auch der Fig. **548** abgebildete, auf der Hofseite des Palas von Wasenburg im Wasgau liegende gezählt. Er besteht aus 30 cm hohen Steinplatten und bietet, vgl. die genaue Abbildung, kaum für einen gebückten Menschen Raum, auch entspricht ihm auf der Innenseite der Wand nicht etwa eine weitere Nische, sondern eine niedrige Tür, die zu einem erweiterten zwischen dieser und dem Erker in der Wand liegenden (in Ermangelung einer Leiter jedoch nicht näher zu untersuchenden) Raume führt. Es liegt nun auf der Hand, dass dieser Erker nebst dem in der nur etwa 1 m starken Wand liegenden, fast finsteren Hohlraum nicht, wie Ganier und Fröhlich[3]) meinen, ein kleines „oratoire", oder, wie Näher[4]) vermutet, gar eine „Hauskapelle" gewesen sein kann. Mehrfache Gründe sprechen aber auch dagegen, in der Anlage etwa einen holländischen Kamin mit dem Erker als Rauchabzug (wie ein annähernd ähnlicher sich auf Schloss Wildon in Steiermark, Fig. 506, findet) zu sehen, und so wird nur übrig bleiben, sie für einen Ausguck zur Beobachtung des Hofes und zugleich einzigen Zuganges zum Palas anzusehen. Dafür spricht allerdings der Umstand, dass der letztere nach dieser Seite — abgesehen etwa von der früher hoch über dem Eingange vorhanden gewesenen breiten Pechnase — auffallenderweise keinerlei Fenster hat, doch bleibt dabei die Frage unbeantwortet, warum man zu solchem Zweck diesen auch nur mit einer Oeffnung nach vorn versehenen Erker ausgebaut haben möge, da ein einfaches, nach innen erweitertes Schlitzfenster denselben Zweck erfüllt hätte.

---

[1]) Mitteil. d. antiquar. Gesellsch. in Zürich XXIII, S. 316.

[2]) Wohl 13. Jahrh., 6,50 zu 3,20 m messend, mit zwei spitzbogigen, 4 m hohen Kreuzgewölben, die Kapitäle mit figürlichen, z. T. fratzenhaften Skulpturen.

[3]) Voyage aux Chateaux hist. des Vosges (Paris 1889), S. 179.

[4] Burgen in Elsass-Lothringen, S. 17.

Nach altchristlicher Sitte und späteren ausdrücklichen Vorschriften sind unsere gottesdienstlichen Gebäude von Westen nach Osten — letzteres die Altarstelle — gerichtet. Bei den Burgkapellen findet sich jedoch häufiger als bei anderen Gotteshäusern diese „heilige Linie"[1]) nicht immer genau innegehalten, und öfter kommt statt derselben geradezu die nordsüdliche Richtung vor, so bei Merkenstein und Rauheneck (Niederösterreich), Stein (Steiermark), ohne dass immer im Gelände ein zwingender Grund zu dieser Abweichung zu erkennen wäre.

Die Kapelle von Zenoburg bei Meran, der Länge nach (annähernd) nordsüdlich gerichtet, hat ganz eigentümlicherweise auf ihrer Ostseite zwei als Kreissegmente vorspringende Apsiden, deren eine doppelt so breit ist als die andere. Das (ursprünglich alleinige) Nordportal hat unter einem (späteren) Rundbogen aus abwechselnd roten und weissen Quadern figürliche Skulpturen symbolischen Inhalts, ähnlich den auf dem nahen Tirol (vgl. Fig. 441) vorhandenen[2]).

Grössere Burgen haben mitunter mehrere einzelne Kapellen, so Wehrburg in Südtirol ausser einer noch benutzten neben dem Burgtor[3]) einen Kapellenraum im Berchfrit, Rineck in Unterfranken hatte zwei Kapellen, Merkenstein in Niederösterreich soll deren drei gehabt haben, die aber anscheinend nicht alle mehr in der Ruine erkennbar sind. Diese Mehrheit der Kapellen wird zumeist aus dem Vorhandensein mehrerer die Burg bewohnender Miteigentümer zu erklären sein. Die besonderen Umstände veranlassten es, dass die böhmische Gralsburg Karlstein die sonst unerhörte Zahl von fünf Oratorien und Kapellen hat, unter welchen eine für die dortigen Stiftsgeistlichen, eine andere für den Schlosshauptmann mit seinen Rittern bestimmt war.

Fig. 549 Doppelkapelle zu Eger

Jedenfalls häufiger indessen mangelte es an verfügbarem Platz, um auch nur eine für alle Burginsassen und etwa noch die in der Vorburg Angesiedelten genügend

---

[1]) Vgl. Otte, Handb. der kirchl. Kunst-Archäologie I, S. 11.

[2]) Sicherem Anscheine nach hat man im 18. Jahrhundert die kleinere südliche Hälfte der Kapelle zum nur noch alleinigen gottesdienstlichen Gebrauch und zugleich den oberen Teil des Gebäudes zu einem Speicherraume abgetrennt, was zu verschiedenen irrtümlichen Auffassungen Anlass gegeben hat. So sieht Atz (Kunstgesch. v. Tirol, 2. A. S. 164) diese späte, rohe, noch in Resten vorhandene bauliche Einrichtung für die ursprüngliche an, und nach Prof. Stampfer (Schlösser u. Burgen in Meran etc. 1894) wäre der nördlichen Kapelle erst später die südliche angebaut worden. Die Angaben über die wahrscheinliche Bauzeit des (gewiss aus dem Anfange des 12. Jahrh. stammenden) Baues schwanken zwischen dem achten und dem Ende des dreizehnten. Näheres in meinen „Oesterr. Burgen" VIII.

[3]) Freilich erst 1633 erbaut.

geräumige Kapelle zu errichten. Dies und mitunter auch wohl die Ersparung an Baukosten bzw. Material und Arbeit sind wohl zunächst die naheliegenden Beweggründe für die Herstellung der besonders bei Burgen vorkommenden Doppelkapellen gewesen, unter welchen man im eigentlichen, engeren Sinne zwei in einem Gebäude übereinander liegende Kapellen versteht, welche durch eine Oeffnung in der Zwischendecke miteinander verbunden sind. Zu den bekannteren derselben gehört die der Burg zu Eger, deren Durchschnitt Fig. **549**, Grundriss der beiden Geschosse Fig. **550** (nach Grueber verkleinert) gibt. Die niedrigere

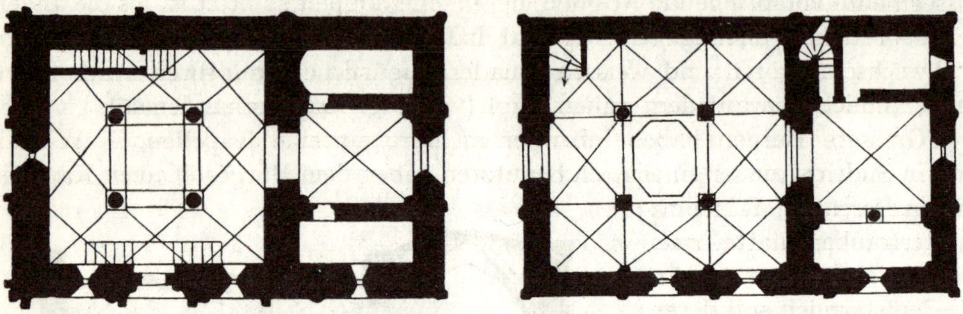

Fig. 550 Desgleichen

und einfachere noch romanische untere Kapelle hat hier, wie die obere meistenteils gotische, ihren eigenen Altarchor; beide Schiffe stehen in der Mitte durch eine 2,3 zu 2,7 m messende Oeffnung miteinander in Verbindung. Ueber den ursprünglichen Zugang zu der Oberkapelle s. S. 324. Später hat man in der Unterkapelle eine hinaufführende Steintreppe eingebaut[1]).

Die in spätromanischer Zeit erbauten Doppelkapellen zu Eger, Landsberg und Neuenburg sind auch als schöne und mit Skulpturen reich geschmückte Bauwerke berühmt. Die Landsberger hat eine innere Verbindungs-

---

[1]) Eingehendes über das Bauwerk in meinen „Oesterr. Burgen" II, S. 47 ff. Wie bei den Doppelkapellen von Neuenburg und Nürnberg ist die obere Kapelle (Fig. 549) mehr licht, hoch und zierlich gehalten als die untere. H. Bergner bemerkt dazu im „Handbuch der bürgerlichen Kunstaltertümer" 1906, S. 96: „Diese Erscheinung hat unkundige Forscher regelmässig zu dem Irrtum veranlasst, die Unterkapelle für älter und urtümlicher zu halten oder sonst die unbegreiflichsten Erklärungen unterzuschieben," und dazu als Anmerkung: „So noch Piper, der (Oesterreichische Burgen II, 53) für wahrscheinlich hält, dass Rudolf v. Habsburg die Kapelle in Eger, und zwar durch zwei aufeinanderfolgend Baumeister errichten liess, wo doch nur die Gewölbe der Oberkirche, etwa nach dem Brande von 1270, erneuert sind." Ich gestehe, dass ich keinerlei Anlass finde, in bezug auf Eger meine hier so besonders energisch zurückgewiesene, a. a. O. eingehendst begründete Ansicht zu ändern. Bergner verschweigt, dass in Eger ausnahmsweise auf einer romanischen unteren eine unbestritten, besonders in ihrem Gewölbe, gotische obere Kapelle steht, und dass ich die von ihm hier (nach v. Quast, Förster und Otte) wieder vorgebrachte Erklärung dieser Erscheinung a. a. O. als unhaltbar, wie ich glaube, nachgewiesen habe. Zu den „unkundigen Forschern" gehören ausserdem die Professoren Dehio (Strassburg) bezüglich der Doppelkapelle auf Nürnberg (Handb. d. deutschen Kunstdenkmäler III, 349) und Weber (Jena) bezüglich derjenigen auf Neuenburg (Wartburgwerk S. 122). — Ganz unbegründet ist die Behauptung Bergners (Bau- u. Kunstd. d. Prov. Sachsen, 25. H., S. 104): „Es gehört zur Eigenart der Doppelkapellen, dass sie von den Wohngemächern bequem zugänglich waren."

treppe und drei überwölbte, nach aussen rund vortretende Altarnischen nebeneinander. Bei der Neuenburger ist die Oberkapelle ausnahmsweise etwas niedriger als die untere.

Weitere (voll ausgebildete) Doppelkapellen sind noch vorhanden auf der Burg Nürnberg, deren rechteckige Chöre in dem sogenannten Heidenturme liegen, auf dem Schlosse (Burg-) Steinfurt mit angebauter Wendeltreppe, auf Lohra, um 1850 wiederhergestellt, und auf Stein in Kärnten[1]). Die letztgenannte unterscheidet sich von den sonst durchweg romanischen Bauten dadurch, dass laut Inschrift erst 1505 „das pav gemacht".

Ueber den Zweck und Gebrauch dieser Doppelkapellen ist schon viel gestritten worden, indem verschiedentlich (so von Scheiger, Essenwein, Otte, Weingärtner, Schönermark) die Meinung vertreten wurde, dass dieselben im wesentlichen Grabkapellen der Burgherrschaft gewesen seien, wobei denn (Schultz, Höf. Leben I, 111 ff.) „in der unteren Kapelle die Exequien gefeiert wurden, während die dem Toten weniger nahestehenden Leidtragenden von oben zuschauten"[2]). Die für einige Fälle nachgewiesene (in manchen unmögliche) Totenbestattung in den Doppelkapellen besagt jedoch hierfür nichts. Solche Bestattung, besonders Vornehmerer, war bekanntlich auch im Schiffe anderer Kirchen von jeher gebräuchlich und lag bei einem engen Burgbering um so näher. Dazu (bzw. für „die dem Toten weniger nahestehenden Leidtragenden" bei den immerhin selten gefeierten Exequien) brauchte man gewiss keine Doppelkapellen zu bauen. Sonach sind die durch eine Oeffnung in der Zwischendecke miteinander verbundenen Doppelkapellen jedenfalls für gewöhnlich und hauptsächlich dazu bestimmt gewesen, dass die in dem fast immer einfacher ausgestatteten unteren Raume versammelten Dienstleute an dem im oberen abgehaltenen Gottesdienste zugleich teilnehmen konnten.

Nicht zu den eigentlichen Doppelkapellen gehören also die Gebäude, welche übereinander zwei selbständige nicht miteinander in Verbindung stehende Kapellen enthalten. Solches ist u. a. auf Liebenfels in Kärnten vorhanden und zwar dieses noch mit der Besonderheit, dass die untere Kapelle direkt vom Palas aus und die obere mittels einer Aussentreppe zugänglich ist, also hier wohl ausnahmsweise jene als die herrschaftliche diente[3]). Im übrigen pflegt in Ruinen, so in Homburg an der Wern und Rineck, die Zwischendecke solcher Gebäude nicht mehr vorhanden zu sein, so dass man nicht mehr wissen kann, ob sie eine verbindende Oeffnung gehabt habe oder nicht. Gewissermassen in der Mitte zwischen den beiden so verschiedenen Gesamtanlagen stehen die, bei welchen beide Kapellen (wie auch die Doppelkapellen von Eger und Landsberg) durch eine innere Treppe miteinander verbunden sind oder waren, was ja immer da der Fall gewesen sein muss, wo — wie in der Ruine Grünburg in Kärnten — die obere Kapelle ohne eigene Eingangstür ist.

---

[1]) Darstellungen dieser Doppelkapellen s. in den im „Burgenlexikon" angegebenen Schriften.

[2]) Etwas anders Mothes, Illustr. Baulex. III, 149: „Der untere Teil, die Krypta (?), ist Begräbnisstätte, der obere Gottesdienststätte. Die Oeffnung im Fussboden diente, um von der Oberkapelle Einblick zu den Gräbern zu gestatten."

[3]) Ueber die Anlage auf Liebenfels, wie die weiterhin genannten auf Gösting, Freiberg, Hainburg, Hocheppan, Tirol, Kleinfeste, Stein, Pürnstein, Rappottenstein, Thomasberg, Bösig, Aggstein, Rodenegg, Mariastein und Heimfels näheres in meinen „Oesterr. Burgen".

Ueber eine Anzahl burglicher Gebäude, welche sich als Doppelkapellen aufgeführt finden, ist folgendes zu bemerken: Auf Gösting sind die beiden Kapellen anscheinend aus einem früheren Palas hergestellt. Sie haben jede eine halbrunde Altarapsis, und dienten zur Zeit der Reformation die obere der protestantischen Herrschaft, die untere den katholischen Untergebenen zum Kultus. Die nicht mehr vorhandene Zwischendecke hat also gewiss keine beide verbindende Oeffnung gehabt. Ebenso je ein Altarchor, aber keine Zwischendecke mehr ist auf Freiberg in Kärnten vorhanden. Von der Kapelle auf Hainburg an der Donau sind fast nur noch die beiden Längsmauern bis etwas über die Fenster hinaus erhalten. Die Otmarskapelle auf Reiffenberg ist nach Baudenkm. im Regbz. Wiesbaden 374 1631 abgetragen, und dem späteren Neubau nur „die rechteckige Gruft mit stichbogigem Tonnengewölbe“ übrig. Auf Greifenstein (Regbz. Coblenz) ist auf der umgebauten, jetzt unterirdischen gotischen Kapelle erst 1683 eine obere mit einer stuckierten Holzdecke erbaut worden. Beim runden Berchfrit der Heinrichsburg zu Abbach hat nur eine mit Lisenen zierlich ausgestattete Kuppelwölbung, in deren sich die nicht seltene Oeffnung zur Verbindung der Stockwerke miteinander befindet, Unkundige zur Annahme eines kirchlichen Baues in Form einer Doppelkapelle veranlasst. Anstatt der angeblichen Doppelkapelle im Saalhofe zu Frankfurt a. M. „mit zwei Oeffnungen“ ist in dem betreffenden Gebäude immer nur ein mittleres Stockwerk als Kapelle ausgestaltet gewesen. Auf Mainberg am Main ist die Oberkapelle als solche nicht erhalten. In einem halb achteckigen Anbau auf Hegi ist die vermeinte obere Kapelle meines Erachtens allein eine solche, da nur da ein Altarerker vorhanden ist. Ebenso ist die auf Hocheppan (nach den Mitt. der k. k. Centralcomm. 1893 S. 26) angeblich vorhandene „Doppelkapelle mit hochgewölbter Krypta“ nur eine Kapelle, die isoliert derartig an einem Abhange zu einer tieferen Geländestufe liegt, dass das Gebäude auf dieser (südlichen Längs-) Seite zweistöckig ist und man da auf ebenem Boden in ein finsteres tonnengewölbtes Untergeschoss tritt. Oben in dem ansehnlichen früheren Wohnturme von Mariastein hat man um 1600 zwei Wallfahrtskapellen übereinander hergestellt, die nur durch eine Treppe miteinander verbunden sind.

Auf Schloss Tirol entspricht die St. Pankratiuskapelle, 7,3 m breit und 13 m lang, der Höhe nach den drei Stockwerken des Palas, an dessen Giebel sie angebaut ist, und erscheint so nach aussen als eine gleich hohe, in einen halbrunden Turm, die Apsis, auslaufende Fortsetzung dieses Baues. Vom unteren Saale (über einem durchlaufenden Unterbau) führt ein Portal etwa von 1200 hinein, noch reicher mit Skulpturen ausgeschmückt als Fig. 441. Das Innere ist nicht zur vollen Konsequenz der Doppelkapellenform ausgestaltet. Die Apsis wird hinter einem Triumphbogen von einem flachen Bogen durchschnitten und das Schiff hat in gleicher Höhe einen umlaufenden hölzernen Chor, zu welchem aus dem Oberstock des Palas eine Tür führte. Die Grösse und besondere Einrichtung erklärt sich aus dem früheren Frauenkloster (S. 449)[1].

---

[1]) Meine „Oesterr. Burgen“ I, 208 ff., wo u. a. bemerkt ist, dass auch die einer Doppelkapelle verwandte, bei Frauenklöstern übliche „besondere Einrichtung“ eines eigenen Betchors für die Nonnen auf eine frühere Klosterkirche hinweise. Nach der obigen (hier unverändert aus der vorigen Auflage übernommenen) Ausführung schreibt Konservator Dr. Doering (Deutschlands mittelalt. Kunstdenkmale als Ge-

Als das einzige bekannte Beispiel einer dreistöckigen Kapelle ist häufig der Saalbau von Reichenberg (s. darüber S. 424) angeführt worden. Weniger ist bisher ein Bau bekannt geworden, von welchem es schon in Valvasors Ehre dess Hertzogthums Crain (1689) XI, 543 heisst „die dreyfache Capellen, so ehmals, nach etlicher Meinung, ein Götzen-Tempel gewesen, worinnen ein grosser Abgott gestanden". Sie liegt in der sonst wenig erhaltenen Ruine der „Kleinveste" auf einem Felsen inmitten des Städtchens Stein. Eine lange Freitreppe führt durch eine Vorhalle (beides aus späterer Zeit) und ein frühromanisches Portal in eine untere Kapelle. Von seiner runden Apsis aus bringt auf beiden Seiten je eine zurückgewendete enge Treppe in der Mauerdicke in eine obere, links eine andere Treppe in eine Krypta, in welche man auch durch ein Eisengitter in der Altarstufe hinabsieht. Wie die Kapelle auf einem nach der Apsis hin abfallenden Felsen steht, nimmt die Krypta nur einen kleineren Raum ein, und da solche ja eine Kirche nicht zur Doppelkirche macht, handelt es sich auch hier (s. oben) nicht einmal um eine eigentliche „Doppelkapelle". An die Vorhalle schliesst sich ein schmaler, überdachter um die drei anderen Seiten des Gebäude laufender Gang, dessen nur noch niedrige Brüstung früher (auch der Oertlichkeit nach) gewiss wehrhaft ausgestaltet war.

Auf der Burg Stein in Kärnten geht der turmartige Kapellenbau, fast ganz aus dem Vieleck des Palas herausspringend, an dem Abhange des Felsens, soweit er da noch nicht völlig senkrecht ist, tief hinab. Hier ist (wie auf Wildenstein S. 526) unter der Doppelkapelle noch ein unterster ebenso grosser Raum, in welchen man von der unteren aus auf einer durch eine Falltür bedeckten Treppe hinabsteigen kann.

Hiernach dürfte die einzige bekannte wirkliche dreistöckige Kapelle in einem jetzt ganz verschwundenen Burgbau vorhanden gewesen sein: der Kaiserpfalz zu Hagenau, bezüglich welcher Hieronymus Gebweiler († 1545) von *tribus capellis sibi invicem uno tecto subjectis* schreibt. In der Beschreibung von Merian heisst es darüber: „Und in dieser Burg ist die Kirche gewesen, darinn oben herumb noch feine, gegossene, steinerne, alte Säulen; es seyen da drey auffeinander in der Runde gebauet und gewölbte Capellen under einem Dach mit gebackenen Steinen underschieden". Ausgegrabene Skulpturreste zeugen von einem prächtigen Bau, in welchem auch — wie in einer Kapelle des böhmischen Karlstein und, wie man meint, in derjenigen auf Trifels — zeitweise die Kroninsignien aufbewahrt wurden. Ueber die angebliche alte Abbildung, Fig. 554, auf welcher der mittlere achteckige Turm dieser Kapellenbau gewesen sein soll, s. daselbst. —

Besonders bei den Kapellen, welche einen Teil des Palas bildeten oder an diesen angebaut waren, pflegte in ihrem oberen Teile eine Empore angebracht zu sein, welche, von der Wohnung direkt zugänglich, wohl immer für die herrschaftlichen Besucher des Gottesdienstes bestimmt war. Solcher Chor war oft in einfachster Weise aus Holz aufgezimmert (Hohenklingen, Pürnstein, Rappottenstein), sonst unterwölbt (Thomasberg, Bösig). Ueber Tirol s. vorhin. Die ungeteilt zweistöckige Kapelle im Palas von Hohkönigs-

---

schichtsquellen, 1910 S. 142) sehr ungerechtfertigterweise von der „Behauptung Pipers, die Doppelkapelle (sic) des Schlosses spreche für das ehemalige Kloster, während doch solche Kapellen vorzugsweise gerade bei Burgen in Gebrauch waren".

burg (*k* Fig. 416) hat im zweiten Stockwerk westlich eine Tür mit danebenliegendem Fenster und darunter angebrachten Kragsteinen für einen in die Kapelle hineinragenden Balkon.

Weil die Burgkapellen in der Regel nur klein sein konnten, ist nicht eben selten dafür gesorgt worden, dass man auch von ausserhalb derselben dem Gottesdienste beiwohnen konnte, und zwar indem man in der dem Altare gegenüberliegenden Wand einfache viereckige Fensteröffnungen anbrachte, die, meistens vergittert, in einen Vorraum hinausgingen. So auf Heimfels, Rodenegg und Trostburg. Bei der alleinstehenden Kapelle von Zenoberg gehen sie natürlich ins Freie. Auf Taufers besteht diese Wand selbst nur aus einem engmaschigen Holzgitter. In einem Saale auf Reifenstein am Brenner ist ein verhältnismässig geräumiger Kapellenerker von diesem durch eine gotisch hübsch geschnitzte Gitterwand abgetrennt.

In einigen Fällen handelte es sich auch nur darum, es der Burgherrschaft zu ermöglichen, ungesehen dem Gottesdienste beizuwohnen. So auf Matzen, wo ein (wie auf Trostburg) der Decke nahe angebrachtes Fenster von einem sogenannten „Oratory-Zimmer" ausgeht, und auf Aggstein, wo anstatt des Fensters in Höhe eines knienden Menschen nebeneinander zwei Löcher in Gestalt von gegen die Kapelle erweiterten Maulscharten die Wand durchbrechen.

Ueber damit verwandte Einrichtungen, besonders „Büsserzellen" in Kapellen der Deutschordensschlösser s. Steinbrecht, Preussen zur Zeit der Landmeister 1888, S. 68 u. 69. Bei der Kapelle von Bruck bei Lienz gestattete ein schiefes Fenster von einer anstossenden (jetzt abgebrochenen) Gefängniszelle aus einen Blick auf den Altar.

An Stelle des herrschaftlichen Chores findet sich auch das Schiff für herrschaftliche und niedere Besucher durch eine Schranke getrennt, entweder durch ein Holzgitter wie im Kastell von Isogne (Aostatal) oder durch eine Mauer mit drei Türöffnungen wie im St. Annaschloss oder mit Fenstern neben der Tür wie auf Rodenegg und Heimfels. In den beiden letzteren Fällen ist freilich überhaupt nur der den Altar enthaltende Teil kapellenmässig ausgestaltet.

Zwanzigstes Kapitel.

Die Wasserburg.

(Sicherung durch Höhenlage und Wasser. Anlegung der Wasserburg. Rechteck mit vorspringenden Ecktürmen. (Beispiele. Mehrgeteilte Anlagen. Beispiele. Trockene Gräben.)

In manchen Fällen war eine Burg zugleich durch Steilhang und durch Wasser geschützt. So findet sich bei der Höhenburg Stargard in Mecklenburg — und ähnlich bei Cochem an der Mosel und Kaprun in Salzburg — auf der Angriffsseite ein Teich, der vormals auch den äusseren Torgraben noch mit Wasser speiste. Das auf steilem Felsen liegende Zebrak (Böhmen) war fast ganz von einem (jetzt trocken gelegten) Teiche umgeben, ähnlich ist es bei den ausgehauenen Burgen Bürgstein daselbst und Waldeck im Wasgau. Der 1 km lange Bergrücken der bayerischen Herzogsburg Burghausen wird auf der einen Seite (jenseits des schmalen Städtchens) von der Salzach, auf der anderen von einem tief eingeschnittenen See begleitet. Auf den beiden Enden waren vom Burgbering nach beiden Seiten hin Mauern zum Wasser hinabgeführt, das somit wesentlich zur Befestigung und Sicherung hinzugezogen war. Die Ruine Schwanau liegt auf einer steilrandigen Insel im Lowerzer See, Duino (Görtz und Gradiska) im Meere auf einem hohen unersteiglichen Felsen, der mit dem Strande nur durch eine dammartige Landenge verbunden ist, die beiden Manderscheid (Eifel) auf steilen Schieferfelsen, die mitten aus dem schluchtartigen Tale der reissenden Lieser aufsteigen. Die Höhenburg Maidstein an der Moldau ist bis auf einen schmalen nicht passierbaren Felsgrat von fliessendem Wasser umgeben, und hierher ist auch Klingenberg daselbst zu zählen, welches auf allseitig steil abfallendem Rücken bis auf einen schmalen Zugang von der Moldau und der in dieselbe mündenden Wottawa umringt ist. Von seiner ähnlichen Lage am Inn hat offenbar auch das bayerische Städtchen Wasserburg (mit Rest einer Burg) diesen seinen Namen. Im allgemeinen versteht man jedoch unter „Wasserburgen" nur solche, welche in ebenem Gelände ganz oder doch fast allein durch das Wasser geschützt sind.

Ihre Lage ist im übrigen eine sehr verschiedene. Wie Manderscheid und im Rhein Pfalzgrafenstein in steilrandigen Flusstälern liegen, so liegen andere, wie Baldenau und Frauenstein (vgl. S. 4) auf Hochebenen, und fast alle norddeutschen in weithin flachen Tiefebenen. Ueber den Unterschied zwischen der Höhen- und der Wasserburg, sowie über die letztere Bezeichnung

s. ebendaselbst. Bestimmung und Gestaltung der einzelnen baulichen Bestandteile— Palas, Berchfrit, Ringmauer etc. — werden dadurch, dass es sich um die eine, oder aber um die andere dieser beiden Arten von Burgen handelt, im ganzen nicht berührt[1]). Der Unterschied besteht fast nur in der Art des von der Natur gewährten Schutzes und, immer eines aus dem anderen folgend, in der Oertlichkeit und in der Gesamtanlage.

Weil ringsum von Wasser umgebene Stücke Festlandes von der geringen Ausdehnung eines gewöhnlichen Burgplatzes sich verhältnismässig selten finden, musste bei der Wasserburg häufiger als bei der Höhenburg die menschliche Arbeit zur völligen Herstellung eines dazu brauchbaren Platzes ergänzend zur Anwendung kommen. Wo zunächst der Burgplatz halbinselförmig in ein stehendes Gewässer vorsprang oder in gleicher Form durch einen Bach oder Fluss aus dem Gelände herausgeschnitten war, da wurde er ganz ähnlich wie bei dem Halsgraben der Höhenburgen, mittels Durchstechung der Landenge vollends zu einer Insel gemacht[2]). Aber auch da, wo der Platz ursprünglich nur auf einer Seite am Wasser lag, hat man dasselbe oft genug zur Füllung eines künstlichen, um die drei übrigen Seiten herumgezogenen Grabens weiter geleitet. Ein Beispiel bietet die am Rhein gelegene Brömserburg[3]), und so sind auch bei Langenau (Fig. 196) an einem Nebenflüsschen der Lahn da, wo dasselbe an den Burgplatz hinanfliesst, noch die Reste einer Stauvorrichtung erkennbar, die hier einen Teil des Wassers zwang, seitlich in den die drei übrigen Seiten des Burgberings umgebenden Graben zu treten[4]). Wo ferner eine Teilung der Burg in Vor- und Hauptburg beliebt wurde, ist mehrfach diese Trennung nur durch einen künstlich hergestellten Wassergraben bewirkt worden[5]). Endlich war nicht selten auch umgekehrt die Aufhöhung eines zu niedrigen und deshalb sumpfigen Burgplatzes oder aber die Aufschüttung von Wällen zu vermehrtem Schutze nötig, Aufhöhungen, zu denen die aus den Gräben gehobene Erde mehr oder weniger schon von selbst den Anlass bot, und so mochte bei dem zumeist leicht zu bearbeitenden Boden der Spaten auch sonst angesetzt werden, um den Burgplatz hier zu erweitern, dort mit steileren oder schärferen Rändern zu versehen und dergleichen mehr.

Was nun die Gesamtanlage einer Wasserburg betrifft, so fällt vor allem bei ihr fast ausnahmslos die ungleiche Erhebung des Terrains fort, welche bei Höhenburgen so häufig für den Bebauungsplan im ganzen, wie im einzelnen bestimmend sein musste. Ueberdies aber haben ja die Inseln oder Halbinseln, wie sie zur Burganlage benutzt wurden, zumeist eine gleichmässig gerundete Form, oder es lag, wie wir gesehen haben, in der Hand des Bauherrn, dem Burgplatze durch den zu ziehenden Ringgraben die wünschenswerte Gestalt zu geben. So stand denn in den weitaus meisten Fällen keinerlei natürliches Hindernis entgegen, um die bauliche Anlage der Wasserburg tunlichst regelmässig, einfach und dem doppelten Zwecke — Wohnsitz und Befestigung — entsprechend zu gestalten. Die Regel-

---

[1]) Bezüglich des Berchfrits vgl. S. 175, Anm. 3, des Ringgrabens S. 289.

[2]) Beispiele s. weiterhin Chillon und Sermione. Auch Adolphseck S. 288.

[3]) Allgemeiner Annahme nach. Der Graben ist jetzt nicht mehr vorhanden.

[4]) Aehnlich war es u. a. bei der Wasserburg Arnschwang am Chambflusse in Oberfranken.

[5]) So bei Stuer in Mecklenburg, Landskron in Pommern, Hallwyl in der Schweiz.

mässigkeit der Anlage wurde noch dadurch begünstigt, dass den örtlichen Umständen nach bei der Wasserburg häufiger als bei der Höhenburg eine ausgeprägte Angriffsseite nicht vorhanden war. So bildet bei der Burg Wintereck (13. Jahrh.?) um den die Mitte einnehmenden viereckigen Berchfrit die Ringmauer ein Rechteck mit abgerundeten Ecken und ist von einem (vormals nassen) Graben und in überall gleich weitem Abstande von einer äusseren (Zwinger-) Mauer umgeben.

Fehlt hier die Gelegenheit zur Seitenbestreichung, so war eine naheliegende und daher besonders häufig angewendete Form der Wasserburg die eines Rechteckes mit vorspringenden Ecktürmen. Bei Marschlins, unweit des Ausflusses der Landquart in das Graubündner Rheintal belegen, sind,

Fig. 551 Burg Marschlins

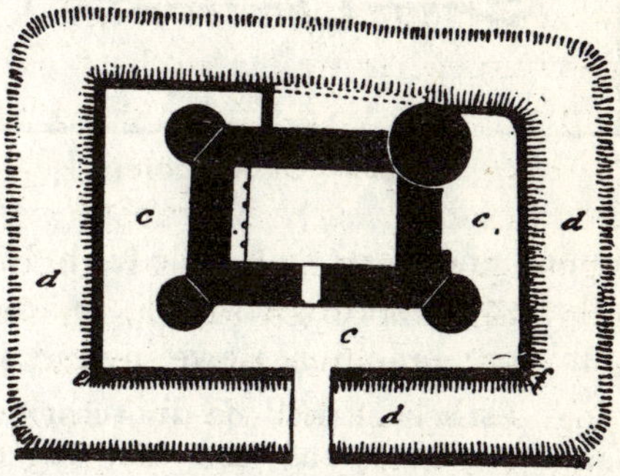

Fig. 552 Desgleichen

Fig. **551** und **552**, die vier Türme durch ebensoviele die Wohn- und Wirtschaftsräume enthaltende Gebäudeflügel miteinander verbunden. Von den übrigen gegen den Mittelpunkt des Hofraumes hin abgeschrägten Türmen unterscheidet sich der eine als vollrunder umfänglicher Wohnturm. Um den von der Ringmauer umschlossenen Zwinger *c* läuft der jetzt trockene Ringgraben *d*. Auf der Eingangsseite ist er beiderseits von Futtermauern eingefasst, und die Mauer *ef* mit Schiessscharten versehen.

Die Burg entspricht damit im wesentlichen einem so einfachen, wie zweckmässigen Modell, nach welchem jedenfalls zu Anfang des 12. Jahrh. die Kreuzfahrer im gelobten Lande (wohl nach dort gefundenen Vorbildern) gebaut haben[1]). Wilhelm von Tyrus beschreibt l. XX, cap. XIX die jetzt ganz verschwundene dortige Burg Darem folgendermassen: „*Fundaverat autem . . . dominus rex ibi castrum modicae quantitatis, vix tantum spatium intra se continens quantum est jactum lapidis, formae quadrae, quatuor turres habens angulares, quarum una grossior et munitior erat aliis; sedtamen absque vallo erat et sine antemurali.*"

Eine andere Ausführung derselben Grundform zeigt das wohl in der ersten Hälfte des 16. Jahrh. erbaute Gabelkhofen in Steiermark, indem

[1]) Wohl in Anlass des Umstandes, dass weithin keine Marschlins irgendwie ähnliche Burganlage vorhanden ist, hat die örtliche Ueberlieferung dieser ein besonders hohes Alter zugeteilt. Die drei engeren Türme sollen schon 754 von König Pipin durch einen Alemannenfürsten Marsilius erbaut und die Burg dann von Barbarossa 1154 vergrössert worden sein. Sie kommt urkundlich erst 1333 vor, während die Gebäudeflügel 1633 wesentlich erneuert worden sind.

da, Fig. **553**, die flankierenden Ecktürme in die Ringmauer verlegt sind. Diese umschliesst das in der Mitte liegende Schlossbauviereck (S. 435) und ist ihrerseits bis auf die an einen Bach stossende Seite von einem ganz schmalen Zwinger und einem weiten und tiefen ausgemauerten Graben umgeben. In dem 1476 in Hessen erbauten Friedewald haben wir dann eine weitere Variante insofern, als da unter den die Ringmauer flankierenden Ecktürmen wie auf Marschlins ein grösserer vollrund ist und die Gebäude sich auf zwei Seiten an diese Ringmauer anschliessen.

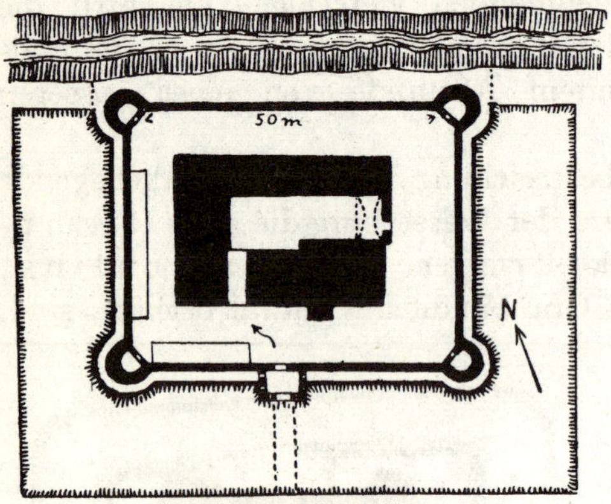

Fig. 553 Gabelkhofen

Quadratische Ecktürme hatte allgemeiner Meinung nach auch die nach 1678 ganz abgetragene Kaiserpfalz zu Hagenau im Elsass, welche (nach Hieronymus von Gebweiler), 1115 begründet und 1164 von Friedrich Barbarossa umgebaut, fast ganz von der Moder umflossen, ursprünglich frei, später innerhalb der Stadt lag. Die verschiedenen dafür vorgebrachten Beweise sind jedoch nicht stichhaltig.

Es handelt sich da zunächst um die Fig. **554** wiedergegebene, angeblich aus 1614 stammende Zeichnung aus der Vogelschau, welche als eine ausserordentlich wertvolle

Fig. 554 Angebliche Kaiserpfalz Hagenau

authentische Abbildung zuerst 1870 im Bulletin de la Société pour la conversation des monuments historiques d'Alsace veröffentlicht worden ist und danach wei er als solche in der Fachliteratur ihre Rolle gespielt hat[1]). Nachdem sie jedoch schon 1898 in Clauss, Historisch-topogr. Wörterbuch des Elsass als „eine spasshafte Fälschung" bezeichnet worden, kann es nach Hanauer in der Revue d'Alsace von 1905 und Wolff, Elsäss. Burgenlexikon 1908, S. 99 (vgl. dazu

[1]) So in K. Simon, Studien zum romanischen Wohnbau (1902), B. Ebhardt, Die Burgen des Elsass (1904), und Weitzel, Deutsche Kaiserpfalzen (1905). Auch zwei angebliche ältere Grundrisse sind mit Unrecht zunächst in dem Bulletin a. a. O. der Beschreibung zugrunde gelegt worden.

auch Bulletin a. O. p. 121) nicht zweifelhaft sein, dass es sich hier in der Tat um eine solche und zwar eine von dem (†) Landeskonservator Baurat Winkler ausgeführte handelt. Wie dieser sich jedoch bei seinem (nur falsch bezeichneten) Rekonstruktionsversuche augenscheinlich an das alte grössere Stadtsiegel Fig. **555** gehalten hat, so erklären auch die drei Vorhergenannten die Abbildung auf diesem für eine wirklich zuverlässige der Kaiserpfalz. Indessen beruht auch das gewiss auf einem Irrtum, und zwar deshalb, weil nach den in Siebmachers Wappenbuch enthaltenen Abbildungen (unter welchen übrigens dies ältere Hagenauer Siegel fehlt) nur nach Dutzenden die Stadtwappen zu zählen sind, welche wie dieses hinter einer gezinnten Ringmauer mit einem Tore in der Mitte, zwei schlanke Türme und zwischen diesen einen dickeren auch meistens turmförmigen Bau zeigen, von den ausserdem zahlreichen Wappen mit Abweichungen nur in einzelnen Punkten zu geschweigen. Es handelt sich da also nur um eine besonders beliebt gewesene und gewöhnliche schematische Darstellung eines befestigten Ortes überhaupt, welche mit einem bestimmten Burgbau nie etwas zu tun hat[1]).

Fig. 555 Stadtsiegel von Hagenau

Besonders mannigfaltig ist die Grundform der vier Ecktürme bei der schönen Wasserburg Lechenich in der Rheinprovinz ausgebildet, indem da zwei viereckige übereck stehende Türme, ein runder und ein grossartiger viereckiger Wohnturm die Ecken flankieren.

Fig. 556 Burg Gottlieben

Bei der Burg Gottlieben unweit Konstanz, von dem dortigen Bischof Eberhard 1252 auf dem flachen Rheinufer erbaut, sind, Fig. **556**, zwei Ecktürme, welche das Gebäudeviereck nur auf der Landseite flankieren, zu starken Berchfriten entwickelt[2]).

Auch da, wo es sich um einen nicht erst durch künstliche Gräben geschaffenen und daher meistens unregelmässig rundlichen ebenen Platz handelt, pflegt die Anlage einfach aus einem von Wohn- und Wirtschaftsgebäuden bzw. Mauern und Berchfrit umgebenen Hofe zu bestehen. Vgl. Fig. **557** aus Konrad Kyesers 1405 abgeschlossenen Werke Bellifortis. Die zugespitzten Pfähle im Wasser sollen

---

[1]) Hieran kann es also auch nichts ändern, wenn — worauf sich Hanauer p. 389 beruft — in einem Hagenauer Salbuche aus der Zeit gegen 1500 bemerkt ist, das Siegel sei „geformirt als die Burg".

[2]) In dem Viereck mit Ecktürmen glaubt Näher eine besondere, die „Burgundische Bauart" zu erkennen, die nach seiner oft geäusserten Idee (so nach Burgenkunde für Südwestdeutschland 1901, S. 70) „allgemein bei der Anlage der Tiefburgen in Deutschland zum Ausdruck kam". Das eine ist so unbegründet wie das andere.

Fig. 557 Altes Bild einer Wasserburg

das Fahren mit Kähnen verhindern. Daneben ist eine äussere Einfassung des Grabens mit einem Plankenzaun angedeutet. Ueber die an der Mauer hängenden Baumstämme s. S. 393. Neben dem Berchfrit steht der selbständige Küchenbau.

Noch einfacher war die kleine Burg Baldenau, welche Kurfürst Balduin von Trier im Anfang des 14. Jahrh. auf der Hochebene des Hunsrück im flachen Tale des Thronflüsschens zum Schutz seiner dortigen Jagdgebiete erbaute. Der enge halbinselartig in eine (jetzige) Wiese vorspringende Burgplatz wurde grösstenteils von dem, zugleich einen Teil der Umfassung bildenden Palas eingenommen, während ein starker runder Berchfrit mit engem Innenraum der Landseite abgekehrt stand. (Dieser, sowie die Ringmauer sind noch erhalten.)

Wie es bei den Höhenburgen zweckmässig und beliebt war, die Ringmauer bis unmittelbar an den Rand des steilen Berghanges oder selbst noch als Futtermauer an diesem hinabzuführen, so dass der Belagerer am Mauerfusse keinen festen Stand finden konnte, so entspricht es dem bei den Wasserburgen, wenn die Mauer unmittelbar aus dem Wasser aufsteigt. So finden sich u. a. in der Rheinprovinz noch zahlreiche Wasserburgen, bei welchen besonders das (wenn auch jetzt modernisierte) Wohngebäude direkt von einem meistens teichartigen Wasser umgeben ist.

Fig. 558 Torre d'Astura

Ein Beispiel einer ebenso unmittelbar aus dem Meere sich erhebenden Wasserburg bietet Torre d'Astura, Fig. **558**, bei Nettuno (südlich von Rom) im Mittelländischen Meer gelegen. Eine wohl spätere etwa 55 m lange Steinbrücke mit einer Zugklappe am Ende führt durch das seichte Wasser hinüber. Auf Treppen ersteigt man — Grundriss Fig. **559** — die Plattform der schmalen Gebäude, welche das Hauptbauwerk der Burg, einen fünfeckigen Wohnturm, umgeben. In ihn kommt man, nachdem man ihn mehr als ein volles Mal umkreist hat, von Süden über einen Holzsteg. Das südwestlich vorspringende

Gebäude besteht aus drei vormals nach dem Hofe hin offenen Tonnengewölben[1]). Das „Seeschloss" Ort im Traunsee ist mit dem gleichnamigen „Landschlosse" durch eine 130 m lange Brücke verbunden. Das im Kammersee liegende Schloss Kammer war nach Merian (vgl. Fig. 557) von drei Reihen in den See eingerammter Pfähle umgeben.

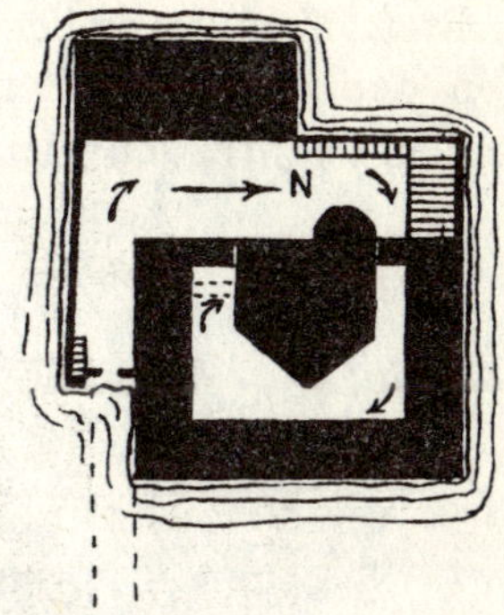

Fig. 559 Torre d'Astura

Ein fünfeckiger Berchfrit bildet, wie bei Torre d'Astura, auch das Hauptgebäude einer anderen engen Wasserburg, des Pfalzgrafensteines oder der „Pfalz", die in Anlass der örtlichen Umstände, wie ihrer besonderen Bestimmung manche Eigentümlichkeit zeigt.

Fig. 560 Pfalzgrafenstein

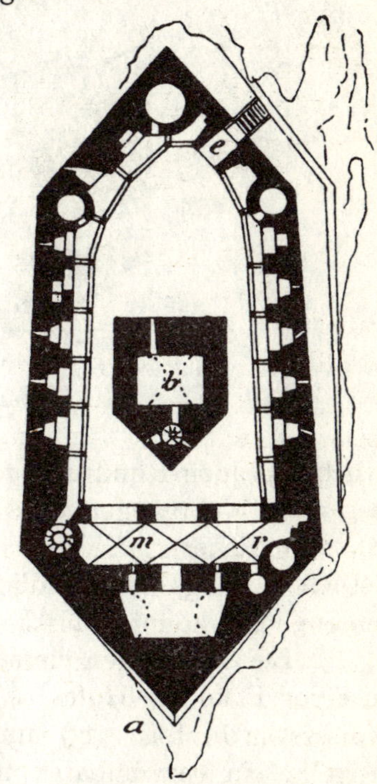

Fig. 561 Desgleichen

Fig. **560** und **561** (nach Bonner Jahrb. Bd. 46 verkleinert). Auf einer niedrigen Felsinsel des Rheines gegen 1327 von Ludwig dem Bayern zum Zweck des Zollschutzes errichtet, musste das Mauerwerk dem Hochwasser und Eisgang direkten Widerstand leisten, und wurde der Burg deshalb die Form eines (sechseckigen) Schiffes mit stromauf gerichtetem, schmalem und starkem Bug (*a*) gegeben. Ausserdem aber war der nur 47 m lange und bis zu 21 m breite Raum des von allen Seiten gleich angriffsfähigen Platzes in entsprechender Weise für Einrichtungen auszunutzen, die eine allseitige Verteidigung, hauptsächlich aber zugleich gestatteten, auf dem Strome verkehrende Fahrzeuge, die sich etwa der Zollentrichtung entziehen wollten, zu beschiessen, also dass in der engen Burg daneben für Wohnräume kaum noch Platz übrig blieb. In der Mitte des Beringes ragt hier frei mit 6 viereckigen, gewölbten Geschossen der fünfeckige Berchfrit (*b*) auf, die Spitze, welche die Wendeltreppe enthält, gleichfalls stromauf

[1]) In dem schmaleren Gebäudeviereck will man noch den Raum kennen, in welchem Konradin v. Hohenstaufen nach der Schlacht bei Tagliacozzo von dem verräterischen Burgherrn Frangipani gefangen gehalten wurde. Anscheinend ist die Burg auf noch ausserdem im Wasser sichtbaren weiten Fundamenten einer Römervilla, angeblich des Cicero, erbaut worden. Sie ist jetzt, vom Staate gemietet, mit Zollwächtern besetzt.

gerichtet. Das davor liegende sehr enge Wohngebäude enthält im Erdgeschoss eine gegen den Hof hin offene Halle (*m*) und einen in der Mauerdicke angebrachten Brunnen (*r*). In den vier stumpfen Winkeln und der hinteren Spitze des Umzuges

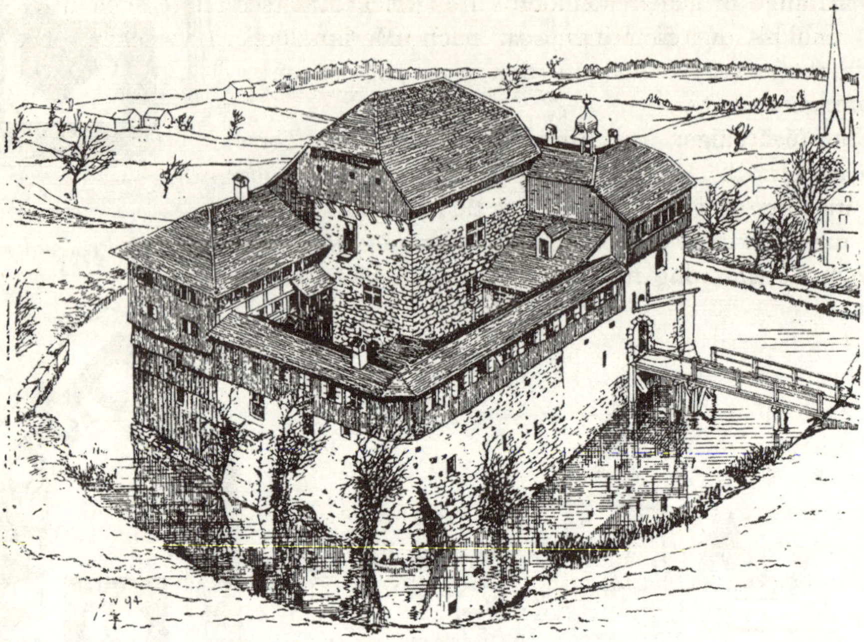

Fig. 562 Wasserburg Hagenwyl

erhebt sich je ein Rundturm von 2,2 bzw. 2,8 m lichter Weite, mit den zwei übereinander liegenden Wehrgängen der Ringmauer in Verbindung stehend. Weit vorspringende hölzerne Erker sind den Türmen im 17. Jahrh. vorgelegt worden. Die an der östlichen Langseite befindliche Eingangstür (*e*) in die Burg, nur durch eine Leiter zugänglich, konnte durch ein Fallgitter geschlossen werden. S. auch S. 327.

Bei einer engen viereckigen Anlage pflegt der gleichfalls viereckige Berchfrit in einer Ecke des Hofes zu stehen. So bei der Brömserburg, Fig. 418 (s. auch Kaiserswerth, Fig. 533) und H a g e n w y l im Thurgau, Fig. **562**[1]). Hier ist derselbe ein bewohnbarer mit 6 zu 9,5 m Innenraum und je einem 2 m breiten Fenster auf den beiden freien Seiten. Der aus Fachwerk bestehende Oberbau, auf den beiden dem Beschauer zugekehrten Seiten nur auf Holzpfosten ruhend, stammt aus dem Ende des Mittelalters und zum Teil noch späterer Zeit. (Ueber die Zugbrücken s. zu Fig. 238.)

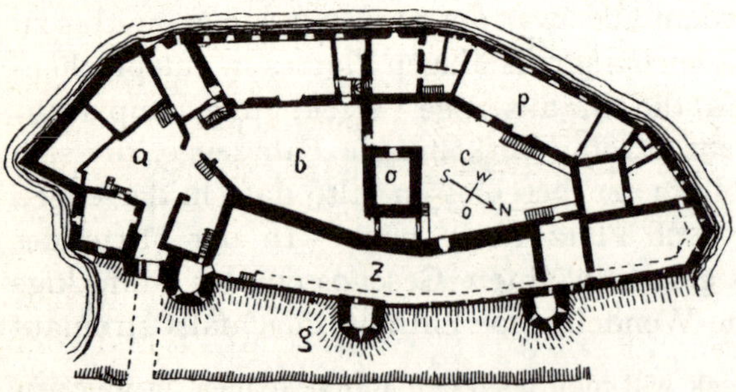

Fig. 563 Burg Chillon

Bei den Wasserburgen mit ausgeprägter Angriffsseite ist diese natürlich wie bei den Höhenburgen besonders wehrhaft ausgestaltet. Ein hervorragendes Beispiel bietet

[1]) Nach Zemp in R a h n , A r c h i t . - u n d K u n s t d e n k m . d e s K a n t . T h u r g a u 1899.

Chillon, auf einem niedrigen Felsen im Genfer See gelegen und von seinem (Ost-)Ufer nur durch einen 20 m breiten, jetzt trockenen Graben, *g* Fig. **563**, getrennt. Die drei in diesen halbrund vorspringenden Flankierungstürme sind, wie überhaupt alle gegen die Landseite gerichteten Bauteile, reich mit Schiessscharten und bis auf die Ringmauer auch mit Gusslöchern versehen. Die beiden Mauern des hier vorgelegten Zwingers *z* haben in der Höhe Wehrgänge, die sich auch noch um den am niedrigsten gelegenen ersten Hof *a* herumziehen. Von da konnte man erst durch den Hof *b* in den dritten *c* vordringen, an welchem das Hauptwohngebäude *p* liegt. Der in der Mitte des Beringes stehende starke Berchfrit *o* beherrscht zunächst die beiden letzteren Höfe. Die Burg, 1155 zuerst genannt, ist besonders im 13. Jahrh. weiter ausgebaut worden.

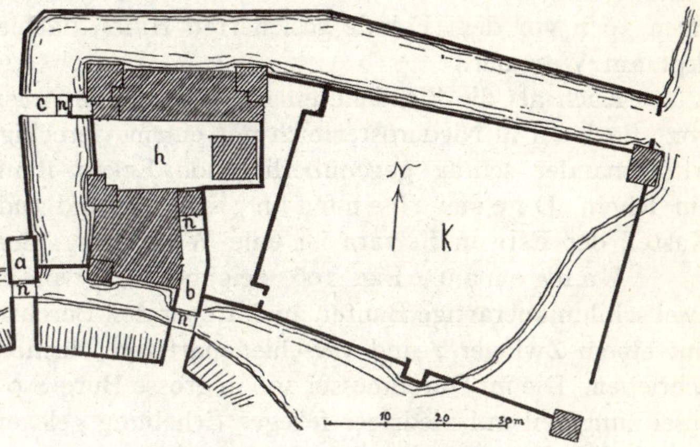

Fig. 564 Burg von Sermione

Mehrfache Besonderheiten zeigt die wohlerhaltene Wasserburg, welche die 1260—1387 in Verona herrschenden Scaliger da erbauten, wo am Südende des Gardasees eine 4 km weit in ihn hineinragende Landzunge sich zur Halbinsel Sermione erweitert. Dieselbe ist hier durch einen Quergraben abgeschnitten, hinter welchem nebeneinander, von Ufer zu Ufer reichend, westlich der gleichnamige Ort, *S* Fig. **564**, östlich die Burg liegt. Ueber die Landzunge kommt man durch das noch zum Burgbau gehörende Tor *a* in den Ort, durch *b* und vom Orte aus durch *c* in die Burg. Vor den Toren lagen — Fig. **565** Ansicht von Süden — Zugbrücken mit Schwungruten. Der am meisten zu versichernde Zugang *b* hat vor dem Hofe *h* noch einen zweiten Torbau, vormals mit Zugbrücken und Fallgitter.

Fig. 565 Ansicht derselben

(Blick von innen auf den ersten, Fig. 248.) Der die Nordseite der Burg einnehmende Palas ist (später erhöht) vierstöckig mit Spitzbogenfenstern. Der Berchfrit hat unter dem obersten Gewölbe Kamin und Abtritt. Ein 12 m breiter Wassergraben trennt Ort und Burg und ist auf der Nordseite ostwärts bis zum See weitergeführt. Ebenso bis in den See erstreckt sich von der Burg selbst aus ein mit Mauern und Türmen umgebener Platz, *k*. Allem Anscheine nach sollte er Schiffsfahrzeugen einen auch vor dem Feinde gesicherten Hafen darbieten. (Der jetzige Ortshafen liegt am Westufer.)

Auch als die Zitadelle einer Stadt kommt ausnahmsweise eine Wasserburg vor. So Laa in Niederösterreich mit einem viereckigen und einem runden Berchfrit, einander schräg gegenüberliegende Ecken flankierend[1]). Aehnlich Zons am Rhein, Dreieichenhain, Fig. 139, und andere. Auch das wohlerhaltene Kastell der Este in Ferrara ist eine Wasserburg, Sermione ähnlich.

Langenau, Fig. 196, zeichnet sich vor anderen Wasserburgen durch zwei schildmauerartige Bauten aus. Ueber den Berchfrit s. S. 228. Die Ringmauer mit einem Zwinger *z* und verschiedenartigen Türmen wird dem 14. Jahrh. zugeschrieben. Die im Durchmesser 100 m grosse Burg Spielberg, auf einer Donauinsel zum Teil auf niedriger felsiger Erhebung gelegen, hat vollends alle sonst gewöhnlichen Bestandteile einer Hofburg[2]).

Fehlt es so bei minder engen Wasserburgen nicht an der bei Höhenburgen gewohnten Mannigfaltigkeit der baulichen Anlage, so wird diese noch vermehrt durch die (bei den bisher genannten Burgen noch nicht in Betracht gekommene) verschiedene Gestalt des schützenden Gewässers.

Zunächst kommt da, vgl. Fig. 36 und 40, ein zweiter innerer Ringgraben vor, womit dann der dazwischen liegende Damm etwas dem Zwinger Verwandtes erhält. Von grösserem Belange ist die Teilung der Burg durch Wasser in mehrere nebeneinander liegende Teile, der sonstigen Vor- und Hauptburg (S. 10—13) entsprechend.

Ein Beispiel bietet da die alte Wasserburg Hallwyl, Kant. Aargau, ursprünglich am Ausfluss der Aa aus dem inzwischen zurückgetretenen Hallwyler See. Von rundlicher Gesamtform, ist sie umgeben von dem genannten Flüsschen und einem von diesem mit Wasser gespeisten, zum Teil tief eingeschnittenen Ringgraben, während noch (südnördlich) ein breiter Wassergraben den Bering in zwei Hälften teilt. Die Umfassung wird durch Gebäude bzw. die Ringmauer gebildet und ist nach der (nördlichen) Landseite durch zwei, nach der Seeseite durch einen nicht hohen Rundturm bewehrt. Vom östlichen Eingang aus wurden auf der Stirnseite jeder Burghälfte unmittelbar am Wasser (bzw. des Zwischengrabens) jedenfalls nach der Zerstörung der Burg 1415 je ein grösseres Wohngebäude errichtet, das vordere wohl, durch die Vergrösserung der Familie veranlasst, in der früheren Vorburg, während hinter dem zweiten auf etwas erhöhtem Platze noch das Erdgeschoss anscheinend des ältesten wohnturmartigen Palas übrig ist[3]).

---

1) Näheres in meinen Oesterr. Burgen IV.

2) Desgleichen.

3) An die Stelle des vorderen Wohngebäudes ist vor Jahrzehnten ein nur im Aeusseren vollendeter Neubau getreten, das Ganze aber, seitdem unbewohnt, dem schon begonnenen Verfalle preisgegeben. Die Burg gehört noch der im Mittelalter berühmten und begüterten Familie gleichen Namens.

Bei der Kaiserpfalz Gelnhausen, auf einer von der Kinzig gebildeten Insel gelegen, war nach alter Abbildung die Hauptburg auch durch einen Wassergraben von der mit Burgmännern besetzten Vorburg getrennt.

Minder einfach wurde die Anlage bei Benutzung einer weiteren natürlichen Verzweigung eines Wasserlaufes. Ein Beispiel bietet das an einem Arm der Stever belegene Lüdinghausen, dessen Grundriss in Fig. **566**[1]) mitgeteilt wird. Der Weg führt hier bis zur Hauptburg *A* über vier Brücken, deren letzte eine ungewöhnlich lange ist, und welche im Notfalle schnell unpassierbar gemacht werden konnten. Schon unmittelbar neben den beiden ersten Brücken stehen zudem Gebäude (*c* Mühle, *d* Pförtnerhaus), die — und jedenfalls in ihrer ursprünglichen Gestalt — gleichfalls zur Verteidigung der Uebergänge zu benutzen waren. Bei der Vorburg *B* mündet die dritte Brücke in ein (1570 erneuertes) Torhaus, hinter welchem eine Scheune, und der Zugang zur Hauptburg — welche die Wohngebäude aus 1570 und älterer Zeit enthält — wurde unter anderm besonders durch einen jetzt abgebrochenen vieleckigen Berchfrit *e* verteidigt. —

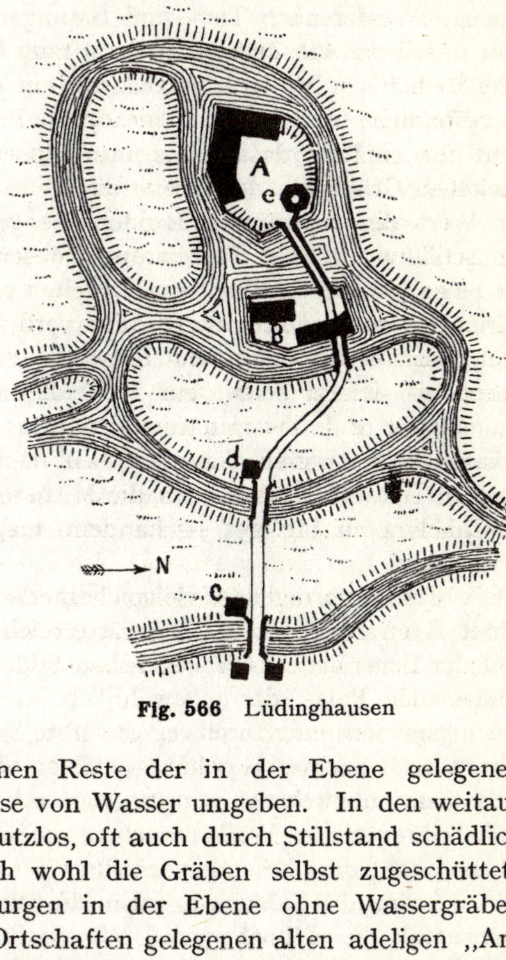

Fig. 566 Lüdinghausen

Ueber die vorwiegend als Wasserburgen angelegten Deutschordensburgen Preussens s. das 23. Kapitel.

Keineswegs alle uns überkommenen Reste der in der Ebene gelegenen Burgen zeigen sich auch nur noch teilweise von Wasser umgeben. In den weitaus meisten dieser Fälle hat man später das nutzlos, oft auch durch Stillstand schädlich gewordene Wasser versiegen lassen, auch wohl die Gräben selbst zugeschüttet; es hat jedoch auch noch wehrfähige Burgen in der Ebene ohne Wassergräben gegeben. Zunächst wurde es bei den in Ortschaften gelegenen alten adeligen „Ansitzen", wie sie besonders in Tirol noch ziemlich erhalten sind, mit dem natürlichen Schutze nicht so genau genommen, wie ja auch die festen Ritterhäuser in den Städten oft an offener Strasse lagen. Es handelt sich aber in diesen Fällen, auch wenn ein Berchfrit nicht fehlt, nicht um eigentliche, voll entwickelte Burgen[2])

---

[1]) Nach Nordhof, Holz- und Steinbau Westfalens 1873.

[2]) Vgl. A. J. Weidenbach im Rhein. Antiquarius II, Bd. 19, S. 303: „Nicht mit diesen Burgen als festen Plätzen zu verwechseln sind jene burglichen Bauten, welche sich fast in jedem Dorfe fanden, wo einer von dem niederen Adel wohnte, der sein Haus durch einen Turm oder turmartiges Aeussere von den bürgerlichen Wohnhäusern unterschieden wissen wollte. Ihre Besitzer nannten dieselben zwar auch, wie die Burgen, castra, so dass also jede Burg ein castrum ist, aber nicht jedes castrum als eine Burg angesehen werden darf; jene burglichen Baue waren indes nichts weniger als feste Plätze."

Ausserdem aber handelt das anonyme Kriegsbuch von 1450 von Burgen in der Ebene mit nassen oder trockenen Gräben[1]), und auch Albr. Dürer in seinem „*Etlichen vnderricht zu befestigung*" usw. von 1527 empfiehlt zwar bei der Anleitung zum Bau eines festen Schlosses für einen Landesherrn, dass dasselbe gegen Mittag ein grosses fliessendes Wasser habe, das durch alle Ringgräben zu leiten sei, dass man Fische darin ziehen könne, aber er fügt auch hinzu: „Will man den Graben trocken lassen, so mag man allerlei Kurzweil darin haben . . . oder auch Tier- und Baumgärten darin anlegen." Machiavelli zieht in seinem *Arte della guerra* von 1521 trockene Gräben den nassen vor. Wenn diese freilich vor Minen schützten, wären jene besser durch niedere Streichwehren zu verteidigen und könnten nie durch Frost gangbar werden. Ich halte es nun nicht für zufällig, dass so, meines Wissens, erst am Ende der Burgenzeit von trockenen Gräben in der Ebene die Rede ist und damit zu einer Zeit, in welcher der Wert der natürlichen Hindernisse gegenüber der überwiegenden Bedeutung der Artillerie und des Fernkampfes wesentlich gesunken war. Das anonyme Kriegsbuch konnte wohl auch trockene Gräben für zulässig erklären, wenn zugleich angeordnet wird, dass die Gräben in diesem Falle mit „gut vermauerten liegenden hutweren mit Schiesslöchern", d. h. durch Kaponnieren zu sichern seien, ein Verteidigungsbau, den man vor der Einführung brauchbarer Pulverwaffen nicht kannte. Wenn wir daher eine wohlbefestigte „Wasserburg" finden, deren Graben nachweislich trocken war, da wird es sich um eine schwerlich über etwa die Mitte des 15. Jahrh. zurückgehende Anlage — so Gabelkhofen Fig. 553 — handeln, mag auch der Ursprung der Burg ein viel älterer sein.

Ein hervorragendes Beispiel einer wohlerhaltenen Burg in wasserloser Ebene bildet Bockfliess in Niederösterreich in einem wesentlichen Umbau, aus der Zeit der Feuerwaffen. Den Kernbau bildet der quadratische, einen Binnenhof umschliessende Palas, der ungewöhnlich stark geböschte, unten 3,80 m dicke Umfassungsmauern und durchweg gewölbte Zwischendecken hat und oben mit Schiessscharten für leichtes Geschütz versehen war. Er steht frei innerhalb einer gleichfalls schartenbewehrten Ringmauer, und diese wieder ist grösstenteils von einem zum Teil revetierten Walle umgeben, wie ja Graben und Wall bei Burgen in trockener Ebene auch sonst besonders an ihrer Stelle waren. —

Schon der Zahl nach haben die Wasserburgen eine ungleich geringere Rolle gespielt als die Höhenburgen. War ja für friedliche Zeiten die Lage der ersteren weit bequemer und angenehmer als solche auf oft nur mühsam zugänglicher und rauher Anhöhe, so war sie dagegen auch eine erheblich weniger gesicherte. Gewerfe und später Geschütze der Belagerer waren der Regel nach unschwer heranzubringen, schützende Sümpfe trockneten in dürrer Zeit aus (vgl. S. 399), und zumal das stehende Wasser gefror im Winter[2]) und konnte unter Umständen auch abgelassen werden. Wenn aber weite Länderstrecken, so besonders die im Süden die Nord- und Ostsee begrenzenden, kaum ausnahmsweise Gelegenheit boten, andere als Wasserburgen anzulegen, so finden wir trotz ihrer erwähnten ungünstigen Eigen-

---

[1]) Vgl. Jähns, Gesch. d. Kriegswissensch. I, 426.

[2]) Im anonymen Kriegsbuche wird zweckmässig empfohlen, das Wasser, nachdem sich eine dünne Eisdecke gebildet habe, etwas abzulassen. Auch waren wohl die Hörigen verpflichtet, das sich bildende Eis fortwährend entzwei zu schlagen.

schaften deren doch auch — so die obengenannten Marschlins und Gottlieben — ganz nahe bei Anhöhen, welche für eine Höhenburg geeignet gewesen wären.

Wasserburgen kommen ebenso frühzeitig vor wie Höhenburgen (vgl. Lauffen S. 127). Ueber die spätere Zeit s. S. 29. Indessen sind in Vischers Topographie von 1672 aus dem im ganzen wenig ebenen südlich der Donau liegenden Teile von Niederösterreich noch mehr als fünfzig wohlerhaltene Wasserburgen abgebildet, und besonders im Rheinlande und Westfalen blieb auch bei Neu- und Umbauten bis in das Ende des 17. Jahrh. — so bei den Schlössern Dyk, Gracht Hardenberg und in Hessen Heusenstamm — der Charakter einer eigentlichen Wasserburg nicht selten bewahrt.

Einundzwanzigstes Kapitel.

Höhlen- und ausgehauene Burgen.

(Burgen unter überhängenden Felsen. Höhlenburgen. Allgemeines. Beispiele. Ausgehauene Burgen. Allgemeines. Beispiele. Einzelne ausgehauene Räume.)

Ausser den durch Wasser oder durch steile Abhänge geschützten Zufluchtsörtern boten sich als solche den Menschen von alters her auch die natürlichen Felsenhöhlen. Seltener als jene, hatten sie andrerseits wesentliche Vorzüge vor denselben. Sie gewährten eine schon von der Natur selbst gebildete, abgesehen von dem mangelnden Lichte, fast vollkommene Wohnung, welche gewöhnlichen Angriffsmitteln nur beim Eingang selbst ausgesetzt sein konnte, während auch selbst dieser noch wohl in den meisten Fällen durch seine Lage inmitten einer steilen Felswand mehr oder weniger sturmfrei war.

So sind denn auch, wie durch vielfache Funde festgestellt worden, in allen Teilen unserer Erde die Felsenhöhlen schon von der Urzeit her nicht nur als friedliche Wohnungen, sondern besonders auch als Zufluchtsörter benutzt worden[1]), und so hat man es auch bei uns im Mittelalter nicht verschmäht, solche zu ständig bewohnten Burgen auszubauen, zu Burgen allerdings, die mit den freiliegenden ihrer ganzen Art und Anlage nach kaum noch irgend etwas gemein haben konnten.

Den Uebergang von den letzteren zu den Höhlenburgen[2]) bilden die sehr seltenen Burgen, welche unter einem überhängenden Felsen erbaut sind. Ein Beispiel bietet in Graubünden die Ruine Ferporta oder Fragstein (Fracstein).

[1]) Im Orient sind besonders die uralten Höhlenwohnungen an der Westküste des Roten Meeres zu erwähnen. In Phrygien fand Fellow (Ausfl. nach Kleinasien. Lpzg. 1853, S. 65) in einer Felswand zwei grosse, miteinander in Verbindung stehende Höhlen, die vorn mit starken Mauern befestigt gewesen waren. Bei uns ist besonders die Höhle bei Steeten an der Lahn bemerkenswert, deren Zugang durch einen Steinwall zur Verteidigung eingerichtet ist. (Nass. Annalen XV.)

[2]) Man findet statt dessen auch die Bezeichnung „Grottenburgen". Insofern man unter einer „Grotte" die mehr breiten oder doch wenig tiefen Halb- oder Nischenhöhlen versteht (so auch bei der Gartengrotte), erscheint diese Bezeichnung als gerechtfertigt. F. Kraus, Höhlenkunde (Wien 1894, S. 70), erklärt jedoch das Wort für ganz unpassend für diese Art von Aushöhlungen und gebraucht es vielmehr nach Schmidts Vorgang zum Unterschied von den Wasserhöhlen für alle „mehr oder weniger horizontal verlaufenden trockenen Höhlen". In Wirklichkeit werden besonders fast alle Tropfsteinhöhlen als „Grotten" bezeichnet und so auch u. a. ausschliesslich (seit mehr als 300 Jahren) das viele Kilometer lange vom Poikflusse durchströmte Höhlensystem von Adelsberg. In Italien ist das Wort grotta fast nur gebräuchlich, in der Schweiz sagt man dafür häufig „Balme" (mlat. *balma* = Felsenhöhle) oder „Loch", in Oesterreich „Lueg".

In der Clus, einer Schlucht, durch welche die Landquart aus dem Prättigau in das Rheintal strömt, erhebt sich die nördliche der mehr als 1000 Fuss aufsteigenden Seitenwände über einer steil zur Talsohle abfallenden Geröllhalde, und auf dem Kamme der letzteren ist an einer Stelle, an welcher die Felswand etwas nach vorn überhängt, das im Lichten 16 m lange Hauptgebäude der Burg derart errichtet, dass die dem Felsen parallele Aussenwand, welche unten 5 m von demselben absteht, sich ihm oben, soweit erhalten, bis kaum 2 m nähert. Anscheinend war der Bau — mit dem Erdgeschoss vier Stockwerke zeigend — nicht so hoch geführt, dass der noch über denselben hinaus hängende Felsen zugleich das Dach gebildet hätte. Auffallenderweise zeigt die Felswand im Bereich des Gebäudes keinerlei Spur einer Bearbeitung, selbst keine Balkenlöcher für die Zwischendecken, während andrerseits, wie noch zu erkennen, nur das dritte Geschoss, welches allein Verputz und (talwärts) ein einigermassen breites Fenster mit Seitenbänken hatte, gegen den Felsen durch eine gemauerte Wand abgeschlossen war. Der Zugang fand, wie Fig. **567** zeigt, von der Seite mittels angestellter Leiter und niedriger Tür im zweiten Geschosse statt. — Etwas weiter talaufwärts, wo die Geröllhalde etwas weniger hoch hinaufreicht, finden sich in gleicher Lage unter der auch hier überhängenden Felswand die Reste zweier weiterer noch unbedeutenderer Burggebäude. Dieselben waren wohl durch eine parallel der Felswand hinlaufende Ringmauer mit dem oberen Gebäude, welches auf anderem Wege, namentlich direkt von der Talsohle aufwärts, kaum zugänglich war, verbunden. Ausserdem lief eine Mauer bis zur Landquart hinab, um die mittels eines sich anschliessenden Tores die daneben hinführende Strasse und damit den Pass selbst zu schliessen.

Fig. 567 Fragstein

Zu den Burgen dieser Art gehört auch wohl das ehemals den Ramelsteinern gehörige L o c h an der schwarzen Laber (Bayern, Oberpfalz), welches nach B a v a r i a II, 1 „ganz in den Felsen hineingebaut ist, der das Dach bildete" und von dem noch ein gut erhaltener Rundturm übrig ist.

Die eigentlichen Höhlenburgen haben der Regel nach dieselbe Lage wie das vorhin beschriebene Fragstein: am Fusse einer lang hingestreckten Felswand und damit zugleich auf der Höhe einer derselben vorgelagerten, mehr oder weniger steil zur Talsohle abfallenden und jetzt oft mit Bäumen oder Gestrüpp überwachsenen Geröllhalde. So liegen u. a. das P u x e r L o c h in Kärnten, K r o n m e t z in Südtirol und K r o t t e n s t e i n und W i c h e n s t e i n auf der Westseite des ostschweizerischen Rheintales. Diese Lage war daher den alten Angriffsmitteln gegenüber eine ausserordentlich günstige. Ein etwa von oben in die Höhle hinabgetriebener Schacht konnte wachsamen Verteidigern kaum irgendwie gefährlich werden, und so blieb durchaus nur der durch eine starke Mauer geschlossene Eingang als Angriffsobjekt übrig, vor dieser aber konnte der Feind des steilen Abhanges wegen nur unten auf der Talsohle festen Fuss fassen. Es kommt hinzu, dass, wenn schon bei mancher Burg der Eingang von dem Vorlande aus nur durch eine mässig hohe Leiter zu erreichen war (W i c h e n s t e i n, P u x e r L o c h), derselbe bei anderen so hoch in der Felswand liegt, dass er nur durch ein entsprechendes Gerüst (L u e g bei Rudolfswerth in Krain und C o v o l o im Brentatal) oder auf schwindelndem Kletterpfad (D o n g i o im Blegnotale, Kant. Tessin) zu ersteigen war. Auch pflegt sich, wo nicht besondere Vorkehrungen getroffen waren (Beispiele weiterhin), in den Höhlen genügend Wasser zu sammeln oder selbst (M a r m e l s , K r o t t e n s t e i n , R a p p e n s t e i n) eine Quelle zu entspringen.

Zu den Höhlenburgen sind fast nie solche Höhlen benutzt worden, welche sich mehr gangförmig tief in das Felsmassiv hineinziehen, sondern verhältnismässig flache Aushöhlungen der Felswand, die entweder die Form einer Nische oder aber die etwa eines in Richtung der Wand auf der Seite liegenden Troges haben. Zu den ersteren gehört das P u x e r L o c h und M a r m e l s in Graubünden, zu den letzteren S t e i n in Oberbayern und K r o n m e t z. Die Höhlungen der einen wie der anderen Art waren je nach ihrer Höhe entweder — so bei S t e i n und W i c h e n s t e i n — ganz durch eine Mauer geschlossen, welche die Front eines den ganzen Hohlraum einnehmenden Bauwerkes bildete, oder aber — K r o n - m e t z , P u x e r L o c h , M a r m e l s — selbständige Gebäude mit eigenem Dach standen in der Aushöhlung nebeneinander.

Hiernach näheres von einzelnen Anlagen.

Bei W i c h e n s t e i n zeigt die Abschlussmauer — Fig. **568** Ansicht von innen —, dass man den Raum zu einer wenigstens vierstöckigen Wohnung ausgebaut hatte. Durch eine Quermauer (links) ist noch ein kleiner niedrigerer Teil der Höhle abgetrennt worden. Die Wände der letzteren zeigen auffallenderweise auch hier keine Spur einer Bearbeitung oder eines Maueranschlusses.

Fig. 568 Höhlenburg Wichenstein

Ganz ungleich sorgfältiger und überhaupt von allen Höhlenburgen am reichsten ausgestaltet, zugleich auch von ihnen noch am besten erhalten ist das schon mehrfach genannte S t e i n , bei dem gleichnamigen Dorfe in der senkrechten Wand des östlichen Traunufers gelegen. Die Wand, welche den in seinem Hauptteile 50 m langen Einschnitt unter oben überhängenden Nagelfluh-Felsen schliesst, ist 2,5 m stark und aussen mit sorgfältig behauenen mittelgrossen Quadern bekleidet. Sie schliesst sich mittels eines schmalen Pultdaches nahe unter dem Ueberhang an die Felswand an. Die (zugleich um des Steinmaterials willen) noch künstlich vertiefte Grotte ist im wesentlichen zu einem dreistöckigen Wohnbau zum Teil mit zwei hintereinander liegenden Gemächern ausgestaltet. Die Geschosse sind durch eine innere ganz aus Haustein aufgeführte Wendeltreppe miteinander verbunden, während nach unten ein ungewöhnlich weiter Brunnenschacht 21 m tief aus dem Felsen gehauen ist. Ein finsteres Gefängnis hat nur einen 1 m hoch gelegenen. 50 cm im Geviert weiten Zugang. Noch vorhandene Reste von Bretterfussböden und ein Türsturz in

Gestalt eines geraden Kleebogens weisen auf eine spätere Zeit hin. Eine an der Quadermauer angebrachte Sonnenuhr hat die Inschrift „1565, renov. 1705". Nach Norden hin wird die Höhlung weniger hoch und tief, und hier ist die Aussenwand durch (zum Teil doppelte) Schlitzscharten für einen dahinter befindlichen etwa 30 m langen Wehrgang durchbrochen. Auf dem entgegengesetzten (südlichen) Ende läuft die Höhlenburg in einen Gang aus, der über mannshoch und annähernd 2 m breit sehr roh und ungleichmässig aus dem Felsen gehauen ist. Zumeist über grossen Treppenstufen führt er ungefähr 50 m lang aufwärts und endigt, zuletzt mit einer gemauerten Tonne überdeckt, in dem Hofe einer kleinen zweiten Burg, die auf der Uferhöhe hart an ihrem nach zwei Seiten steil abfallenden Rande erbaut ist, während sie landein durch einen mächtigen, wohl vorgeschichtlichen Erdwall abgeschlossen ist[1]). Zwei Türen des Ganges waren durch Balkenriegel von innen aus, also gegen einen von oben her eindringenden Feind versperrbar. Weiter unten zweigen sich von dem Gange zwei engere ab, die aber nur etwa 40 bzw. 100 Schritte weit verfolgbar sein sollen. Unter der Höhle schliesst sich an die Felswand der rings geschlossene Hof eines gegen das Ende des 16. Jahrh. erbauten Schlosses an.

Das Puxer Loch zeichnet sich zunächst dadurch aus, dass unter der Höhle aber schon hoch über der Sohle des Murtales, auf einem 15 m weit vorspringenden, zuletzt nur kletternd zu erreichenden Felsen eine Vorburg in zwei hinter- und übereinander liegenden Teilen angelegt war, über welcher am Eingang der Höhle noch wieder ein Zwinger entlang lief. Von dieser vorderen sehr hohen Höhle zweigt sich seitwärts eine noch etwa 20 m hohe ab, und von dieser geht ein Gang aus, der, durchgehbar und augenscheinlich mit dem Zweispitz ausgehauen, nach 107 m sich zu einem Tümpel mit klarem Wasser senkt. Von einigen anderen Ausläufern des Ganges führt einer aufwärts zurück und an unzugänglicher Stelle der Felswand ins Freie.

Bei Marmels, hoch am Julierpasse gelegen, erhebt sich ausnahmsweise in der flach nischenförmigen Höhle noch ein Felsen, der die Rückwand des vierstöckigen Wohngebäudes bildet und u. a. eine Kapelle mit runder Apsis trägt[2]).

Im Kant. Solothurn ist in der Wand der Balmflue 20 m hoch über dem Boden eine künstlich erweiterte Höhle, Balm, von 8 zu 20 m Ausdehnung durch eine verfallene 2 m dicke Wand geschlossen. In der Mauer und am Felsen sind Balkenlöcher sichtbar. Vor der mit Schutt und Trümmern gefüllten Höhle ist noch ein 2 m breiter früher gleichfalls ummauerter Platz.

Die jetzt unzugängliche Höhle von Kofel oder Covolo liegt inmitten einer Felswand an der Brenta. Sie enthielt nach Merian ein (noch ziemlich erhaltenes) „Schloss" für eine kleine Besatzung, „eine feine Capellen, einen frischen Wasserbronnen und in dem Felsen selbsten allerhand Kammern aufgehawen". Der Zugang wurde seinerzeit nur durch ein „grosses Sail- und Zugwerk", später allem Anscheine nach durch ein Treppengerüst vermittelt. Am Fusse des Felsens sind noch Reste einer vormals die vorüberführende Strasse sperrenden Befestigung vorhanden.

---

[1]) Nach (Sartori) Burgvesten d. österr. Monarchie I, 127 steht auch unweit Sloup in Mähren eine vormals am Eingang vermauert gewesene Höhle durch ein Loch in der Decke mit der darüber liegenden Ruine Holnstein in Verbindung.

[2]) Aufnahme mit Ansichten u. Grundr. von J. R. Rahn im Zürcher Taschenb. 1897.

Wohl die grossartigste unserer Höhlenburgen war Kronmetz an der Mündung des Val di non[1]) in das Etschtal. Die 115 m lange Anlage — deren grösseren mittleren Teil Fig. **569** zeigt — läuft gegen den zuletzt nur auf mühsamem Kletter-

Fig. 569 Höhlenburg Kronmetz

pfade zu erreichenden Eingang hin in eine zwingerförmig schmale Vorburg aus. Unter den Gebäuden, welche zuletzt Einsiedlern dienten, die Reste einer Kapelle[2]).

Besonders ist Lueg in einer 123 m hohen Felswand unweit Adelsberg in Krain bekanntgeworden. Die Höhle zieht sich ausnahmsweise (s. oben), von 8 bis auf 3 m sich verschmälernd, 60 m weit in den Berg hinein. Vorn ist sie ganz durch eine Mauer geschlossen. Zu dem spitzbogigen Eingang führte von einem davor liegenden Felsen über eine 5 m breite Spalte eine Zugbrücke. Ein 6 m tiefer Brunnen oder Zisterne hat noch hinlänglich Wasser. Aus der Mitte der Höhle führt ein zuerst gangbarer, dann nur noch zu durchkriechender Gang durch das Felsmassiv aufwärts und endet durch einen Erdtrichter in dem vormals bewaldeten Plateau über der Höhle ins Freie. Durch diesen heimlichen Ausgang mit der Aussenwelt in Verbindung stehend, konnte 1483 Erasmus Lueger hier eine längere Belagerung aushalten. Unter und vor der Höhle ist 1570 durch Graf Cobenzl unmittelbar an die Felswand ein mehrteiliges noch wohlerhaltenes Schloss angebaut worden, von dessen Turme aus man jetzt in die Höhle gelangt[3]).

Von den meisten Höhlenburgen — so Balm, Wichenstein, Marmels, Puxer Loch, Kronmetz, Lueg, Stein — wissen wir, dass sie Sitz zum Teil angesehener, sich danach nennender Geschlechter waren[4]), von einigen auch, dass sie bis über

---

[1]) In demselben weiter aufwärts liegt am Ostabhang des Brentastockes noch die Höhlenburg Corona.

[2]) Näheres über das Puxer Loch, Covolo und Kronmetz in meinen „Oesterr. Burgen" I.

[3]) Eingehendes über die gesamte Bauanlage (und das durch die Sage ausgeschmückte Ende des Luegers) hat mit Ansichten und Grundrissen A. Müllner, vormals Musealkustos in Laibach, in der von ihm verlegten Zeitschrift Argo 1894 veröffentlicht. Der Verlauf des heimlichen Ausganges ist 1887 festgestellt worden.

[4]) Von einer jetzt anscheinend nicht mehr bekannten Höhlenbuig an der Donau oberhalb Sigmaringen wird in der Zimmerischen Chronik, 2. Aufl., Bd. II, S. 363 berichtet: *Ich kann nit underlassen, zu vermelden des Weilers halb an der Tonaw, das ist vor jaren ain aigens geschlecht gewest und hat ain aigen adel gehapt . . . Iren sitz und wonung ist gewest in ainem holen felsen ob dem Weiler an einer gehen wandt, das man mit mühe kan hinauf kommen. Man*

das Mittelalter hinaus (Wichenstein noch im 18. Jahrh.) bewohnt worden sind. Covolo, gleich Fragstein eine Strassensperre, wurde erst 1793 aufgegeben. Einige Höhlenburgen mögen nur vorübergehende Zufluchtsstätten gewesen sein[1]). —

Den aus natürlichen Höhlen gebildeten Burgen sind diejenigen verwandt, welche künstlich aus dem Burgfelsen ausgehauene Hohlräume hatten. Mit tunlichst kurzem Ausdruck nenne ich dieselben ausgehauene Burgen.

Die Neigung des Sandsteines zur Schichtenbildung und senkrechten Absonderung, sowie seine leichte, durch die Natur des Bindemittels aber wieder in verschiedenem Grade begünstigte Verwitterung[2]) bewirkten bekanntlich, dass diese Gesteinsart vielfach in isolierten grotesken Formationen aller Art zutage tritt. So werden in gewissen Gebirgsgegenden sanfte Kuppen besonders häufig von ungeheuren Sandsteinblöcken bekrönt.

Da man also hiermit einen zur Aufführung wenn auch enger Gebäude hinreichend geräumigen Burgplatz hatte, der schon von Natur zur allseitigen senkrechten Verteidigung aus der Höhe wie geschaffen erschien und andrerseits ebensowenig (zunächst) ohne Leiter ersteigbar, als der Gefahr einer erfolgreichen Unterminierung ausgesetzt war, so kann es nicht wundernehmen, dass man schon in früher Zeit solche Sandsteinblöcke zur Erbauung von Burgen benutzte.

Als Wesentliches kam indessen noch der Umstand hinzu, dass die besonders leichte Haubarkeit dieser Gesteinsart es gestattete, auch das Massiv des Felsblockes selbst in erweitertem Masse nutzbar zu machen. Es lag nahe, zur Erweiterung der immerhin recht beschränkten Räumlichkeit, welche die Oberfläche dieser Burgfelsen nur boten, letztere selbst zu Gemächern, Treppen usw. auszuhöhlen, wie das ähnlich seit ältester Zeit hie und da fast auf der ganzen Erde geschehen ist[3]).

---

hats ainest für sturmfrei geachtet, als es auch noch dieser zeit mit geringem wider mögte darzu gebracht werden. Ob demselbigen burgstall ist der felsen so gehe und hoch, als ob er mit einer scheren wer beschnitten worden. Unmittelbar bei dem Dorfe Gutenstein ebenda befindet sich nicht hoch über der Chaussee eine (vielleicht mit Vorstehendem gemeinte) tiefe und hochgewölbte Grotte, Heiden- oder Teufelsloch genannt, an deren Eingang noch Reste von Mauerwerk gefunden werden, wie solche auch unterhalb derselben vorhanden gewesen sein sollen.

[1]) Wohl mit Unrecht meint Rahn, a. a. O. S. 128, dass so Grottenstein und Rappenstein ohne Zweifel Refugien waren, in welchen die Burgherren von Haldenstein bzw. Neuburg (Vorarlberg) in Kriegszeiten die Angehörigen und ihr Kostbarstes bargen. Jene wie dieses dürften doch in jeder Beziehung besser in den Burgen selbst bewahrt gewesen sein als in den nicht einmal versteckt liegenden Höhlen, mit welchen nach begonnener Belagerung auch die Verbindung abgeschnitten war. Eine ähnliche aber ungleich geeignetere Anlage zur Bergung von Wertsachen liegt (nach Argo a. a. O. S. 136) 4 km von Krainburg in dem senkrechten, zum Teil überhängenden Ufer der Kanker 5 m über dem Flusse. Die durch eine Mauer mit Tür und Fenstern geschlossene Höhle ist nur 4,5×7,5 m weit und bis 2,8 m hoch, und nur auf einem fussbreiten von oben an der Felswand hinabführenden Pfade zugänglich. Ein Wächter konnte also Ankommende leicht in den Fluss hinabstossen.

[2]) Der quarzige und eisenschüssige Sandstein ist wetterfester als der durch Ton, Kalk oder Mergel gebundene.

[3]) Die erste Herstellung ausgehauener Räume — besonders solcher, welche in halber Höhe steiler Felswände lagen — zu sicheren Wohnstätten oder nur Zufluchtsorten dürfte auch bei uns kaum viel jünger sein als die Benutzung der schon vorhandenen Höhlen zu menschlichen Wohnungen; bedurfte es doch zur Bearbeitung des weichen Sandsteines nicht einmal notwendig metallener Werkzeuge! Die bei Ueberlingen in einer Uferwand des Bodensees ausgehauenen „Heidenlöcher" (beim Bau von Strasse und Eisenbahn jetzt grösstenteils zerstört) werden wohl mit Recht für „altkeltisch" gehalten. S. auch weiterhin Buchfart und Waleczow.

Was die Verteilung der ergänzenden Mauerbauten betrifft, so verstand es sich von selbst, dass man die Vorburg mit den Stallungen etc. an den Fuss des für Tiere wohl selten ersteiglich gemachten Felsklotzes legte, während die Wohngebäude auf der Höhe des Felsens, wenn dieser einigermassen Raum dazu bot, ihren am meisten gesicherten Platz erhielten.

Die ausgehauenen Burgen bieten also zugleich zwei Besonderheiten: die Herstellung von Gemächern, Treppen etc. durch künstliche Aushöhlung eines Felsens und die abgesonderte Errichtung der Wohngebäude auf einem isolierten Felsklotz, der zu einem inneren Burghofe der Regel nach keinen Raum mehr bietet.

So mannigfaltig überhaupt die Form dieser Sandsteinblöcke ist — abgesehen von der fast allen gemeinsamen langgestreckten Grundrissfigur —, so verschieden ist die für den Oberbau sich bietende Fläche derselben. Die Breite derselben beträgt z. B. bei Fleckenstein 8—10 m bei 52 m Länge, während sie bei Falkenstein bei etwa 80 m Länge zwischen nur 8 und 2 m Breite wechselt. Der Felsen von Klein-Arnsberg steigt in fast nadelförmiger Gestalt auf, während derjenige von Bürgstein etwa 50 zu 90 m breit und lang ist. Mitunter bildet der Felsen, wie bei Trifels, mehrere Staffeln, oder er ist, wie bei Dahn, Habstein und Waleczow, in mehrere gesonderte Köpfe geteilt, die, wenn der Zwischenraum nicht allzu breit war, durch Stege (mitunter auch Ueberwölbung) miteinander verbunden wurden. In beiden Fällen war die Verteidigung noch besonders begünstigt.

Bei der regelmässig nur geringen Breite des Felsblockes konnten die ausgehauenen Gemächer nur enge sein, und da ohne die später erfundenen Sprengmittel die Aushöhlung immerhin eine mühsame Arbeit war, begnügte man sich auch durchweg damit, denselben kaum Manneshöhe zu geben. Mitunter sind diese ausgehauenen Räume so eng und niedrig, dass sie mehr Schlupflöchern als zu dauerndem Aufenthalt bestimmten Wohnräumen (was sie ja auch nicht immer waren) gleichen. Andrerseits — so auf Altwindstein im Wasgau bzw. Landstuhl in der Pfalz — kommt es freilich auch vor, dass man solche Räume, wenn sie zur Wohnung des Burgherrn gehörten, überputzte, oder später sogar mit Stukkatur verzierte.

Die ungleichmässige Abblätterung des Sandsteins und Ungeschicklichkeit der Arbeiter haben es anscheinend veranlasst, dass mitunter eine Aussenwand dieser Hohlräume unversehens ganz durchbrochen wurde, so dass ein Loch mit unregelmässigen, ganz dünn zulaufenden Rändern entstanden ist. Abgesehen von diesen schwerlich beabsichtigten Löchern, pflegte man Fenster in diesen Räumen meistens nicht auszuhauen, so dass dieselben bei verschlossener regelmässig nach aussen führender Türöffnung zumeist ganz finster waren. Ebensowenig gab man sich viel Mühe damit, den Räumen eine möglichst regelmässige kubische Form zu geben. Ziemlich häufig findet sich die Decke in der Mitte durch eine derbe von dem Felsmassiv stehen gelassene Säule gestützt (Fig. 574), und da man nirgend scharfe Ecken ausmeisselte, so ergibt sich die Form eines kunstlosen Gewölbes oft fast von selbst. Auf der Oberfläche des Felsens kommen auch vertieft ausgehauene Räume mit oder ohne stehen gelassene Felsendecke vor.

Da der Felsen mit den darauf errichteten Wohngebäuden zugleich die meisten Zweckbestimmungen eines Berchfrits, und zumeist noch in erhöhtem Masse erfüllte, so fehlte hier solcher Bau in der Regel. Zu den Ausnahmen gehört Friedstein in Böhmen und Waldeck im Wasgau, dieses mit vormals zwei

Berchfriten. Bei dem benachbarten Falkenstein ist ein solcher an dem Felsen angebaut.

In den meisten Fällen ist die (zugleich den einzigen Burghof enthaltende) Vorburg nur an der einen Längsseite des Felsklotzes angelegt und scheint dann oft der Lage wie den Bauwerken nach kein besonders starkes Verteidigungswerk gewesen zu sein. Indessen findet sich doch auch, dass diese tiefere Vorburg durch ihre Lage auf einer steilrandigen Terrasse an sich schon begünstigt, oder durch einen Graben oder durch starke (regelmässig spätere) Verteidigungswerke geschützt war, so dass bei einigen Anlagen der Schwerpunkt in der weitläufigeren unteren Burg lag, welcher der Felsen nur als Kern- und Rückzugspunkt diente. Beispiele der ersteren Art sind Hohenfels, Altwindstein, Grevendahn, der letzteren Landstuhl, Neudahn, Sickingen-Hohenburg usw. Umfängliche Burganlagen umgaben Habstein und Waleczow, beide in Böhmen. Bei letztgenanntem war auch diese zum Teil aus Sandsteinfelsen gehauen.

Der Aufstieg auf den Felsen (vgl. S. 285 und hier weiterhin) war, wie bei Hohbarr, nur mittels hoher Leitern möglich, oder aber der zumeist senkrechte Felshang war anderweitig dazu ausgenutzt, jenen zu einem leicht zu verteidigenden und fast unerzwingbaren zu machen. An geeigneten Stellen wurde er wohl durch eine vorgezogene Mauerwand vor dem Feinde verdeckt. Anderes Mauerwerk an der Seite des Felsens selbst diente dazu, ausgehauene Räume, wenn nötig, zu ergänzen oder auch bedrohlich überhängende Felsteile zu stützen.

Von den ausgehauenen Burgen ist nicht nur meines Wissens keine bewohnbar erhalten, sondern sie bieten auch fast immer das Bild besonders gründlicher Vernichtung des ergänzenden Mauerwerks. Die meistens leicht zugänglich den Fuss des Felsens umgebenden Baulichkeiten waren der Zerstörung durch Menschenhand, die auf demselben errichteten den verderblichen Unbilden der Witterung in besonderem Masse ausgesetzt. Eine seltene Ausnahme bildet Waleczow (S. 567), auf dessen Hauptfelsen, Fig. **569a**, noch die starken Umfassungsmauern eines engen dreistöckigen Wohngebäudes erhalten sind. Auch auf Helfenburg in Böhmen ist auf einer Gruppe von Sandsteinfelsen noch ziemlich hohes Mauerwerk und ausserdem völlig die starke Ringmauer und ein viereckiger Berchfrit erhalten. —

Fig. 569a Waleczow

Eine Mittelstufe zwischen Höhlen- und ausgehauenen Burgen nehmen diejenigen wenig zahlreicher ein, bei welchen in einer (nicht zu einem abgesonderten Block gehörenden) Felswand ausgehauene Räume nach aussen durch Mauerwerk geschlossen sind. Beispiele sind folgende:

Das eine Meile südlich von Weimar gelegene Buchfart enthält, nur auf schwierigem Pfade erreichbar, in Höhe von 30 m in der Felswand 14 viereckige Aushöhlungen. Vor zwei grösseren Oeffnungen, durch welche man mittels eines langen Ganges in zwei Grottensäle gelangt, erhebt sich eine gegen 10 m hohe, mit glatt behauenen Steinen bekleidete Wand[1]). Der Zutritt ist jetzt nur auf Leitern möglich. Funde deuten auf die merowingische Zeit, das Mauerwerk auf die erste Hälfte des 12. Jahrh. hin[2]). 1398 wurde die Burg den Grafen von Orlamünde verliehen.

Fig. 570 Michelsley

Gleich den Höhlenburgen über einer Böschung am Fusse einer Felswand liegen Michelsley an der Mosel (Fig. **570**), und Wolkenstein im Grödener Tal (Tirol), und handelt es sich da um Gebäude, deren Innenraum durch künstliche Aushöhlung nach hinten erweitert ist. Von beiden ist nur noch ein turmartiger Bau oder nicht viel mehr übrig[3]).

Im folgenden einige bemerkenswerte Beispiele ausgehauener Burgen.

Der Felsen der im nördlichen Wasgau unweit Bad Niederbronn gelegenen Burg Falkenstein[4]) ist etwa 21 m hoch, 118 m lang und oben zwischen 3 und 8 m breit. Der schmale Bergrücken, auf welchem er sich erhebt, fällt nur im Südwesten nicht steil ab. Hier ist am Fusse des Felsens das Torgebäude *i* (Fig. **571**) angebaut, an welches sich ein weiterer Wohnbau *f*

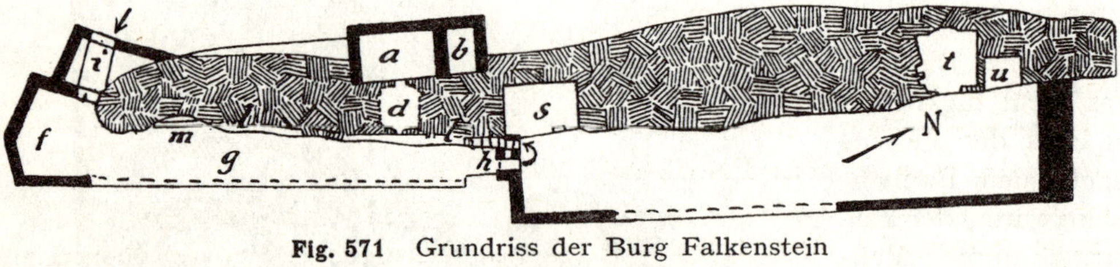

Fig. 571 Grundriss der Burg Falkenstein

anschloss. Der auf der Südostseite sich erstreckende Hof ist an seiner schmalsten Stelle durch das zweite Tor *h* gesperrt. Dieses musste erst passiert werden, um zurück durch eine westlich sich anschliessende nur 0,60 m breite und nicht mannshohe Poterne auf den schmalen von hier aus am Felsen hin auf dessen Plattform hinauf führenden Weg *l l* zu gelangen. Letzterer führt alsbald

---

[1]) H. Schwerdt, Thüringen, 1879, 155.

[2]) Bau- u. Kunstdenkm. Thüringens XVIII, S. 115. Ob die da angegebene Idee von der Entstehung der Anlage in ihrer jetzigen Gestalt zutreffend ist, muss dahingestellt bleiben.

[3]) Michelsley ist nach v. Stramberg, Moseltal, 1837, 210 ff. der Ueberrest einer im 11. Jahrh. vorkommenden und im 13. von Trierischen Burgmännern bewohnten Burg Urley, die später nach Einsiedlern so, auch Nicolausley genannt wurde.

[4]) Das Nachstehende zum Teil mit Benutzung einer Beschreibung von Ihme, u. a. in Kunst und Altert. in Elsass-Lothr. III, 118 ff. mitgeteilt.

an dem Eingang zu einem niedrigen ausgehauenen Raum *d* vorüber, der zweckmässigerweise mit dem westlich dem Felsen angebauten Berchfrit *a* in Verbindung steht, und dann, im Zickzack weiter aufwärts steigend, nochmals an zwei ebenso mit *a* verbundenen Felskammern vorbei, um zunächst auf einer Brücke *m* einen weiten Spalt zu überschreiten. Dicht vor demselben ist ein schilderhausartiger Wachtraum aus dem Felsen gehauen. Durch ein Tor führt der Aufstieg dann weiter in einen ausgehauenen oben und östlich offenen Raum, in welchem, und zwar an einem weiteren Wachtraum mit Schiessscharten vorüber zwei kurze Treppen auf die Felsplatte bringen. Diese, wenig eben, zeigt nur noch geringe Mauerreste, zwei kleine etwas vertieft ausgehauene Kellerräume, eine schön gemauerte Zisterne und auf der höchsten Nordspitze die Spur eines kleinen Wachtturmes. Wenn 1474 oben auf dem Felsen ausser einem Grafen von Saarwerden zwei Brüder v. Falkenstein ihre Behausung hatten — ein dritter am Fusse des Felsens —, so ist dabei gewiss der 11,50 m lange und unten 5 m breite (Buckelquader-) Turm *a* mitgerechnet, der, sechsstöckig, oben zwei kleine Rundbogenfenster hat und noch mit einem daneben befindlichen, um 1870 zusammengestürzten kleineren Turme *b* in Verbindung stand. Eine Anzahl in der Mitte des Felsens von der Plattform aus über dem Hofe hinausragender langer und starker Kragsteine hat überdies gewiss einen bei der Enge des Bauplatzes sehr zweckmässigen Ueberbau aus Riegelwerk getragen[1]). Ausser den schon aufgeführten Felskammern sind noch am Fusse des Felsens die drei weiteren *s*, *t* und *u* etwa 2,50 m hoch vorhanden, zum Teil mit ausgehauenen Seitenbänken versehen.

Fig. 572 Angebliche Ansicht von Fleckenstein

Der nordöstlich von Falkenstein an der Pfalzgrenze gelegene Fleckenstein ist besonders durch die phantastische angebliche Abbildung desselben bei Merian, Fig. **572**, die auch in neuerer Zeit als vermeintlich naturgetreu in Büchern öfter abgebildet ist[2]), berühmt geworden. Eine der Wirklichkeit mehr entsprechende Ansichtsskizze

[1]) Auch auf der Felsplatte der ausgehauenen Burg Löwenstein („Lindenschmidt" unweit Fleckenstein) sind noch die Einschnitte für ebensolche Kragsteine vorhanden.

[2]) Die Ansicht findet sich zuerst unter einer Anzahl anderer ebenso nur erdachten und daher auch nicht benannter Festungsbilder in Daniel Speckles Architectura von Vestungen (1589) und ist dann, willkürlich als diejenige von Fleckenstein bezeichnet, in den Merian gekommen. Zwar fügt Speckle eine Beschreibung hinzu, als ob es sich um eine wirklich vorhandene Burg handle. („Dieses ist ein wunderbarlich Haus, dann es auf eine halbe Stund Wegs kein solchen hohen Berg noch Felsen darumb hat" usw.) und in einigen Punkten fehlt auch nicht eine gewisse Aehnlichkeit mit dem Fleckenstein, doch zeigt die Form des Felsens, auf welchen „ein Schnecken 180 Drit" hinauf führen soll, die Kirche, die mehrfachen nach der Beschreibung durch den Felsen gehauenen Tore, der „ganz tiefe" Wassergraben usw., dass schwerlich eine Darstellung dieser Burg hat gegeben werden sollen.

von derselben (Nord-) Seite bietet Fig. **573**. Fleckenstein gehört zu den grossartigsten der ausgehauenen Burgen und wurde über das Mittelalter hinaus für uneinnehmbar gehalten. Der Hügelrücken, auf welchen der etwa 30 m hohe und oben 6—8 zu 52 m messende Felsen sich erhebt, fällt auf der nördlichen Längsseite des letzteren minder steil ab. Von der deshalb hier dem Fusse des Felsens vorgelegten Befestigung ist die östliche Hälfte (vgl. dieselbe Fig.) in Gestalt des festen Eingangstores und der Ringmauer mit Turm, alles aus der Zeit der Pulvergeschütze, ziemlich erhalten[1]). Dieser Vorhof deckt die mehrfachen Eingänge in den Felsen, die gleichfalls nur auf der östlichen Hälfte der Nordseite vorhanden sind. Eine hier dem Felsen noch vorliegende einige Meter hohe Stufe scheint zweckmässigerweise noch zu einem Zwinger benutzt zu sein. Am östlichen Ende desselben führt eine 16 stufige Treppe in ein ausgehauenes Gemach von 6 zu 11 m Weite hinab, dessen gegen den Vorhof gerichtete Nordwand mit Fenstern versehen und da, wo sie durch Unvorsichtigkeit bis auf eine Stärke von 10 cm fortgehauen war, durch Hintermauerung verstärkt wurde. Ferner liegt an dem gedachten Zwinger ein 5,50 zu 9 m weites Felsengemach mit ausgesparter Mittelsäule, Fig. **574**, welches zugleich einen Ausgang auf der südlichen Längsseite des Felsens hat. Hier ist indessen der etwas ausgewitterte Felsen grösstenteils in geringem Abstande mit einer grossartigen Schutzmauer (nicht eine „Verteidigungsgalerie", wie man wohl meint) bekleidet, die seitlich durch je einen halbrunden, als Strebe vertretenden Turm vermehrten Halt findet. Weiter gegen die Mitte der Nordseite ist ein Turm (*n* Fig. **575**), angebaut, der regelmässig als Brunnen erklärt wird, aber eher wohl als ein Aufzug

Fig. 573 Wirkliche Ansicht desselben

Fig. 574 Innenraum von Fleckenstein

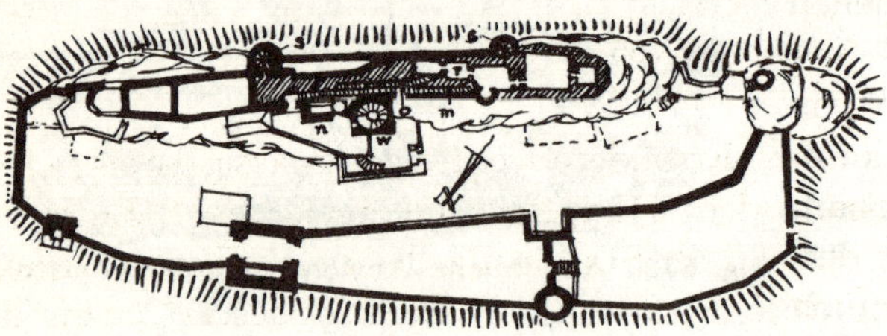

Fig. 575 Grundriss desselben

Gleichwohl teilt Krieg v. H., Militärarch. 324, Speckles Beschreibung mit, mit dem Bemerken, dass davon nicht viel mehr erhalten sei. Auch Winkler hat sich bei seiner (von Essenwein, Kriegsbauk. 145, mitgeteilten, auch sonst mehrfach anfechtbaren) Rekonstruktion der Burg wohl dadurch veranlassen lassen, an ähnlicher Stelle wie Speckle eine Kirche zu zeichnen, während hier weder eine bauliche Spur derselben noch ein rechter Platz dafür vorhanden ist. — Die Speckle-Meriansche Ansicht des Fleckenstein hat u. a. auch bei Viollet-Le-Duc und de Caumont Aufnahme gefunden.

[1]) Die übrige Befestigung der Nordseite steckt zumeist in Schutt und Gestrüpp und würde nur durch eingehende Nachforschungen noch festzustellen sein.

erscheint[1]). Ausserdem aber hatte Fleckenstein ungewöhnlicherweise noch d r e i verhältnismässig bequeme und hindernisfreie Aufgänge auf die obere Felsplatte. Im Freien liegende Stufen führen zunächst zu der an der äusseren Felswand aufwärts gehenden Treppe *(m m)*, deren oberer durch die beiden Türme nicht gedeckter Teil nach aussen mit einer Mauer bekleidet war. Von dieser Treppe geht unten links ein Zugang ab zu einer zweiten ganz im Felsen liegenden und finsteren Treppe *(o)*, die neben ihr aufwärts und zwar direkt in das auf der Felsplatte vertieft ausgehauene Gemach *r* führt. Dieselbe sollte wohl als geheimer Fluchtweg dienen, wenn der Feind schon bis auf den Felsen vorgedrungen war. In späterer Zeit wurde dann noch der stattliche Wendeltreppenturm *w* (mit jetzt ganz ausgebrochenen Stufen) angebaut. Neben *r* zeigt die Figur noch einige auf der Plattform vertieft ausgehauene Räume, in *s* die nicht bis zur Platte hinaufgehenden halbrunden Türme der erwähnten Schutzmauer. Der Palas, den geringen Mauerresten nach schön gebaut und wie fast alle noch vorhandenen Mauerbauten, aus dem 15. oder 16. Jahrh., lag auf dem östlichen Ende des Felsens. Etwa 15 m von dem westlichen Ende desselben entfernt und mit diesem durch eine starke Mauer verbunden, steigt (vgl. Fig. 573) noch ein niedrigerer turmförmiger Felsen auf. In demselben ist eine Wendeltreppe ausgehauen, die mit 49 Stufen auf seine wohl

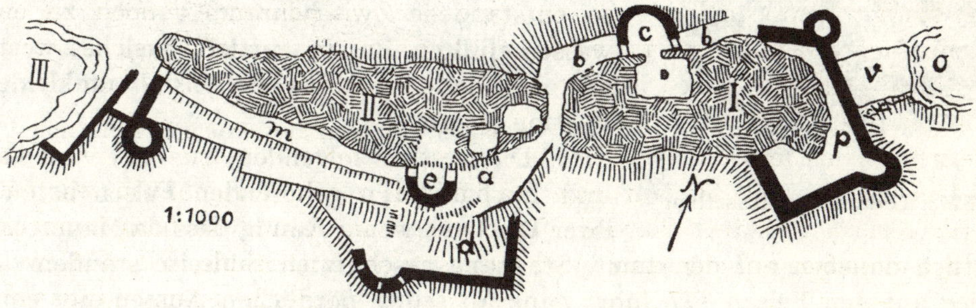

Fig. 576 Grundriss von Altdahn

früher noch überbaute Plattform führt. Er bildete wohl zweckmässigerweise einen festen Eckturm der auf der Nordseite dem Hauptfelsen vorgelegten Befestigung. — Die Burg, vom Anfang des 12. Jahrh. ab Stammsitz der mächtigen, 1720 ausgestorbenen Fleckensteiner, wurde 1674, nur mit 14 Bauern besetzt, von den Franzosen mühelos eingenommen und bald darauf zerstört.

Die D a h n e r S c h l ö s s e r in der Rheinpfalz bilden eine Gruppe (s. darüber Kap. 22) dicht nebeneinander liegender ausgehauener Burgen. Von Interesse ist bei denselben besonders die Art und Weise, in welcher der Aufgang zu der Felsplatte von A l t d a h n in späterer Zeit versperrt wurde. Der Palas dieser Burg lag auf dem Felsen *II*, Fig. **576**, welcher von dem dazugehörigen östlich letzten der Reihe, *I*, nur durch eine schmale Spalte getrennt ist. Den einzigen Aufstieg zu beiden bildet die

[1]) Der Turm hat ebenerdig eine Eingangstür. Hier ist jedenfalls nichts mehr von einem Brunnenschacht zu sehen, wohl aber noch ein seitlicher Zugang zu einer finsteren Nebenkammer. Waren solche Brunnentürme bei den auf Sandsteinblöcken erbauten Burgen zwar sonst nicht ungewöhnlich (vgl. S. 509), so hatte doch Fleckenstein einen „berühmten, bis auf die Talsohle hinabgebohrten Brunnen" (K u n s t u. A l t e r t. E l s a s s - L o t h r. S. 59), und dieser konnte nur der in seinem Anfang noch oben auf der Felsplatte vorhandene sein, der also einen zweiten daneben überflüssig machte.

Felsentreppe *a*, die also von der Nordseite her durch diese Spalte oder zwischen *II* und *III* hindurch erreicht werden konnte. Vor *I* erstreckt sich nun bis über die Spalte hinaus die von Osten zugängliche einige Meter hohe Felsstufe *bb*, die, wie bei Fleckenstein, gewiss als erhöht liegender Zwinger von einer wehrhaften Mauer eingefasst war. Ausserdem ist hier der Weg aber durch den starken halbrunden Turm *c* gesperrt. Wer aber um die Westspitze von *II* herum vordringen wollte, fand hier vor dem Eingange in den Zwinger *m* zunächst eine Zugbrücke und dann den Weg in gleicher Weise wie nördlich bei *I* durch den etwas kleineren halbrunden Turm *e* gesperrt. Südlich fällt das Gelände steil ab und war hier etwas tiefer gegen ein von hier aus versuchtes direktes Empordringen noch durch weitere Befestigung *d* versperrt. (Fig **577** Ansicht des Aufganges von Osten aus.) Der östliche Teil von *II* ist durch Treppen und Kammern noch mannigfach ausgehöhlt. Ein Steg führt oben auf den hier sehr schmalen Felsen *I*, der noch eine Zisterne und (wie Falkenstein) auf der Ostspitze einen Wachtbau enthielt. Von dem hier weiter östlich sich noch anschliessenden niedrigeren Felsrücken *O* wurde das anstossende Ende fortgehauen, der so entstandene Zwischenraum *v* noch zu einem wassergefüllten Bassin vertieft, welches westlich an eine den Fuss des Felsens *I* umkleidende Bastion *p* grenzt.

Fig. 577 Teilansicht desselben

Die westlich folgenden, zu G r e v e n d a h n und D a h n s t e i n gehörenden Felsen boten auf ihrer Platte so wenig Raum, dass da Mauerbauten wesentlich daneben auf der durch Steilhang geschützten Südseite standen. Der Aufstieg auf den Felsen *III* führt ganz an seiner nördlichen Aussenseite empor. Zwischen den 18 unteren und 11 obersten Steinstufen liegt aber, während der Felsen hier keinen betretbaren Absatz bietet, eine (jetzt erneuerte) Holztreppe von 38 Stufen, durch deren Beseitigung der (übrigens an einem ausgehauenen Raume vorüberführende) Aufstieg unmöglich gemacht wurde.

Besonders erschwert war dieser auch bei der (jetzt wiederaufgebauten) Burg B e r w a r t s t e i n. Nachdem man durch die (späteren) Verteidigungswerke bis zum Fusse des Burgfelsens vorgedrungen war, führte der weitere Weg zunächst durch zwei an der westlichen Langseite desselben angefügte enge Höfe, dann rechts durch eine an seiner Nordseite angebaute gewölbte Halle, wieder nach rechts durch zwei auf der Ostseite sich anschliessende enge Höfe und nun weiter da an der Aussenseite des Felsens selbst ein Dutzend schmale Stufen aufwärts. Im Innern des Felsens hatte man dann ein ca. 7 m weites ausgehauenes Gewölbe zu passieren und von da weiter 7 Stufen aufwärts zu steigen, dann führte der Pfad wieder an der Aussenseite weiter hinauf und endlich durch ein Torgewölbe auf die u. a. mit dem Palas überbaute oberste Platte.

Besonders ausgiebig ausgehauen ist der 100 m lange und 7—10 m breite Felsen des gleich den vorigen Burgen in der Rheinpfalz liegenden D r a c h e n f e l s. Ebenso, soweit die freilich nur beschränkte Gelegenheit es zuliess, F r i e d -

stein in Böhmen. Von einer hier ausgehauenen 2,35 m hohen Kapelle zeigt Fig. **578** die Altarseite.

Fig. 578 Aus der Burg Friedstein

Mehrfache Besonderheiten bietet die Burg Waleczow daselbst (Fig. 569a). Die spaltenförmigen Zwischenräume des Hauptfelsenzuges sind zum Teil überwölbt, die Felsen selbst wandglatt abgearbeitet. Zu dem oben stehenden Wohngebäude führen durch das Felsmassiv ganz eigenartige Aufstiege. Die dazu ausgehauenen Gänge sind nach der Basis hin oval verengt und da drei nebeneinander fortlaufende Reihen von Fusstapfen flüchtig und ungenau ausgemeisselt, von welchen die äusseren schräg zu den mittleren stehen, so dass sich etwa die Form des Fischgrätenverbandes, wie Figur 54 oben und unten, ergibt. Der Aufstieg ist zum Teil sehr steil und ebenso für Beleibte zu eng, als die Löcher solches für grosse Füsse. Da man nun auch an deren Stelle einfacher die bequemeren gewöhnlichen Stufen hätte aushauen können, so hat es sich offenbar darum gehandelt, hier den Zugang zu erschweren und damit leichter verteidigungsfähig zu machen. Kleinere Felsen, welche auf den beiden Langseiten des Hauptzuges in mässiger Entfernung stehen, sind gleichfalls in verschiedener Weise ausgearbeitet. Das ergänzende Mauerwerk ist verschwunden[1]).

Wohl die bedeutendste ausgehauene Burg als solche ist das gleich den beiden vorigen im nordöstlichen Böhmen gelegene Bürgstein. Der ringsum senkrecht aufsteigende Felsen ist annähernd 60 m hoch bei schon (S. 560) angegebenem Umfange, zudem aber beschränken sich seine Hohlräume nicht, wie sonst gewöhnlich, auf vereinzelte und unwohnliche — Fleckenstein hat deren im ganzen elf —, sondern der Felsen ist in der oberen Hälfte seines südöstlichen Teiles derart zu Treppen, Gängen und Räumen aller Art — teilweise mit ergänzendem Mauerwerk — ausgehöhlt, dass man sich da fast in ein weitläufiges, nur zum Teil etwas oder völlig finsteres Wohngebäude versetzt glauben mag. Schon die Lage ist eine ungewöhnliche, indem der Felsen nicht, wie sonst gewöhnlich — zu den seltenen Ausnahmen gehört auch Friedstein —, auf einem Hügelrücken, sondern mit einigem Vorlande auf flachem Grunde steht, der früher mit aufgestautem Wasser bedeckt war. Es war also zugleich eine Wasserburg, zu welcher der Zugang zunächst nur mittels einer Brücke möglich war. Eigentümlich ist dann auch der (ursprünglich alleinige) Aufstieg auf die Felsplatte. Eine reichlich meterbreite lange Spalte im Felsen, die in der Mitte tief hinabgeht und hier von einem unteren durch eine Einbuchtung des Felsens gebildeten Burghofe aus zugänglich ist, wurde benutzt, um in derselben die Stufen (auf der Westseite 76) einer doppelarmigen Freitreppe auszuhauen.

[1]) Meine Oesterr. Burgen V. Auch etwas entfernter anstehende Sandsteinfelsen sind vielfach zu Wohnungen ausgehöhlt, die, in ihrem Ursprung für vorgeschichtlich gehalten, noch bie 1893 von armen Leuten bewohnt worden sind.

Fig. **579**, Schnitt durch das mittlere Hauptstockwerk, unten r. Ueber die östliche Treppe kommt man durch *a* und an der „Sakristei“ *e* vorüber in die Kirche *k*, deren Chor *c* durch den Gang *l* an höherer Stelle auch von dem westlichen Treppenarm zugänglich ist. Das 13,3 m lange und ansehnlich hohe Schiff, ganz aus dem Felsen gehauen, hat im Scheitel der etwa meterdicken Decke eine lichtspendende 1,4×3 m weite Oeffnung und darüber eine allseitig um 1 m weitere aufgemauerte Laterne mit Ochsenaugenfenstern und einer Zwiebelkuppel. Der viereckige Raum *t* ist anscheinend erst später von gemauerten Wänden — alle auf dem Grundriss nicht schraffierten sind solche — gangförmig durchschnitten. Auf der Südostecke liegen gleichfalls meistens gemauerte einfachste Wohnräume späterer Einsiedler (s. weiterhin). Bei *o* mündet die Treppe eines später hergestellten Aufstieges von unten. Die Gänge *m*, *n*, *f* haben an 4 m Höhe. An die in der Höhe liegende hofartige Einbuchtung *B* stösst westlich die aus zwei Abteilungen bestehende vormalige Rüstkammer. Fig. **580** Blick vom Eingang aus in dieselbe[1]). Besonders die ausgesparten, zum Teil freistehenden Pfeiler sind mit wagerechten Rillen versehen, vordem wohl mit Holzleisten ausgefüllt, in welchen die Pflöcke und Nägel für die hier aufzuhängenden oder anzulehnenden Waffen staken. Die Seitenwände der grossen Fensternische sind — ein Unikum bei diesen Burgen — mit figürlichen Skulpturen (Löwe und Tiger) verziert.

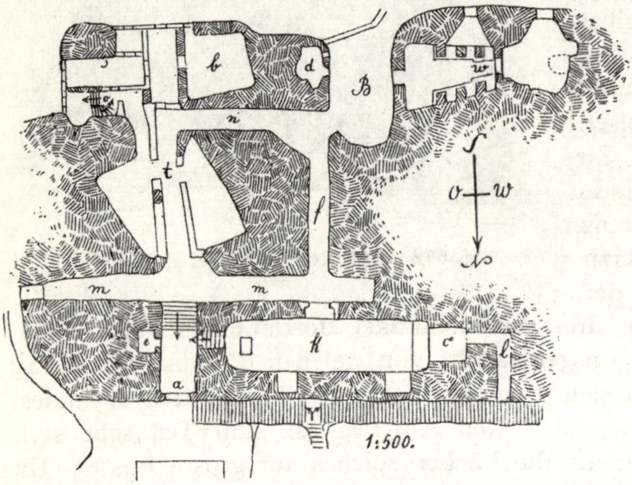

Fig. 579 Teilgrundriss von Bürgstein

Fig. 580 Rüstkammer desselben

Im Süden und Osten treten an den Burgfelsen Ausläufer des Schwoikaer Gebirges so nahe heran, dass von ihnen aus eine Beschiessung des Felsens möglich war. Dies hat zu einer weiteren eigentümlichen Anlage Veranlassung gegeben, nämlich zu drei übereinander an der südlichen Längsseite des Felsens hinlaufenden W e h r g ä n g e n , die mit 1 m hoher Brustwehr aus dem Felsen gehauen und durch Treppenstufen miteinander verbunden sind. (Auf der An-

[1]) Wie Fig. 579 aus meinen „O e s t e r r. B u r g e n“ I.

sicht Fig. **581** oben in der Mitte.) Wo oben auf der südöstlichen Ecke der Fels fehlte, ist der Wehrgang mittels Mauerwerks zu Ende geführt. Ausser einem flaschenförmig ausgehauenen Verliess sind oben noch manche künstliche Grotten vorhanden. Auch um den unteren Burghof am Fusse des Felsens sind Räume ausgehöhlt (vgl. S. 507), dagegen zeigt die weite jetzt mit Wald bewachsene Oberfläche desselben (abgesehen von zwei kleinen späteren Gebäuden) nur noch Spuren der früheren Ueberbauung. 1445 wurde die dem Mikisch Panzer gehörende Burg von dem Lausitzer Sechsstädtebund nach fünfwöchentlicher Belagerung zerstört. Im 18. Jahrh. richteten sich Einsiedler — daher der jetzt gebräuchliche Namen „Einsiedlerstein" — nicht ohne bauliche Aenderungen auf derselben ein.

Fig. 581 Ansicht desselben

Die umfänglichste Burg mit manchen ausgehauenen Räumen ist Regenstein im Harz, dessen Felsen 2,5 km lang ist. Das Verliess ist ein ausgehauener, jetzt bis 20 m Tiefe ausgeräumter Schacht, „dessen Ecken in gewissen Abständen mit dreieckigen Steinkonsolen versehen sind, um darauf Leitern stellen und mittels dieser hinabklettern zu können"[1]). Bis zum Anfange des 15. Jahrhunderts als Wohnsitz der Grafen von Blankenburg und Regenstein dienend, wurde es ausnahmsweise noch 1671 zu einer Festung mit Bastionen ausgebaut, jedoch 1758 bis auf geringe Mauerreste abgetragen.

Auf Neuscharfeneck (Rheinpfalz) sind ausnahmsweise zwei in rechtem Winkel den Burghof begrenzende Sandsteinfelsen ausgehauen. Ueber den einen, zur Schildmauer ausgebildeten s. zu Fig. 197. Der andere 35 m lange und durchschnittlich 6 m breite, gleichfalls mit Quadern verkleidet, enthält u. a. eine 11 m lange Kammer mit vormaliger auf die Plattform führender Wendeltreppe und einem Brunnen. —

Ungleich mehr als bei den bisher hauptsächlich behandelten treten bei anderen Burgen die ausgehauenen Räume zurück. So bei Trifels und den Schwesterburgen Anebos und besonders Scharffenberg. Auf der erstgenannten hat nur die oberste, nördlich bei *p* Fig. 143 endigende Staffel einige jetzt den Zwecken einer Sommerwirtschaft dienende Hohlräume. Auf Scharffenberg ist nur eine nicht lange auf die Plattform des Felsens führende Treppe aus diesem herausgehauen. Ebenso, jedoch minder einfach ist bei Habstein fast nur der Aufstieg auf den niedrigeren Felsen ausgehauen. Eine in ihrem unteren Teile durch Mauerwerk wesentlich ergänzte Wendeltreppe führt zu einer Felsenkammer und von dieser eine weitere geradläufige Treppe auf die Plattform[2]). S. auch Ramburg S. 507.

---

[1]) Bau- und Kunstdenkmäler der Prov. Sachsen, XXIII. Heft. Es mag dahingestellt bleiben, ob die (mir da nicht bekannte) Einrichtung nicht vielmehr für Zwischendecken gedient hat. Vgl. S. 214 Anm. 2.

[2]) Der fast anstossende höhere, nach oben sich zum Teil erheblich verbreiternde Felsen ist in Ermangelung einer Leiter nicht zugänglich.

Auch bei Burgfelsen, welche nicht abgesonderte Sandsteinblöcke sind, kommen einzelne ausgehauene Räume ausser den besonders schon S. 520 behandelten nicht eben selten vor. So wurde auf Neuhaus in Südtirol nur ein fast die ganze Vorburg einnehmender Felsrücken mittels eines Verbindungstunnels durchquert. Anderwärts sind in solcher Art gemauerte Gebäude hier und da ergänzt worden, und auf Točnik in Böhmen hat man an einer Seite eines Hofes in der Weise noch schmale Räume hergestellt, dass man einen ihn begrenzenden Felsen noch oben überstehend aushaute und von einer in einigem Abstande davor aufgeführten Mauer einen steigenden Gewölbteil hinüberführte. So sind bei den sächsischen Burgen Stein, Kriebstein, Gnandstein u. a. einzelne Gemächer der unteren Stockwerke ausgehauen. In besonderem Masse ist das bei Wesenstein der Fall, welches so an einem Felsen hinaufgebaut ist, dass die abgesonderten Trakte, auf einer Stelle zusammengedacht, acht Stockwerke bilden würden. Da zeigt sich bis zur Höhe in Wohn- und Wirtschaftsräumen der gewachsene Fels als Wand oder Decke und selbst auf der zu oberst liegenden Kapelle sind Altar, Kanzel und Chor aus demselben gehauen[1]).

---

[1]) v. Metzsch-Reichenbach, Die interessantesten alten Schlösser etc. Sachsens, 1906, 106.

Zweiundzwanzigstes Kapitel.

Ganerbenburgen und Burgengruppen.

(Entstehung der Ganerbenburgen. Reale Teilung. Beispiele. Rechnerische Teilung. Burgfrieden. Belehnung. Burgengruppen. Strategische Bedeutung? Beispiele. Entstehungsgründe.)

Mochten unsere Burgen durchaus der Regel nach als der befestigte Wohnsitz nur eines Burgherrn[1]) und seiner Familie gedacht und besonders bezüglich der Wohnräume nur dementsprechend angelegt sein, so kam doch vielfach, besonders erst im Laufe ihrer Geschichte eintretend, ein Mitbesitz mehrerer an denselben vor.

Solcher Mitbesitz konnte zunächst veranlasst sein entweder durch die Vererbung einer Burg auf mehrere Miterben, oder aber durch Vertrag, beispielsweise unter Bundesgenossen, die gemeinschaftlich eine Burg erobert hatten. Fehlt es im ersteren Falle auch nicht an Beispielen, dass mehrere Burgbesitzer mit ihren Familien in ungeteilten beschränkten Räumen längere Zeit einträchtig beieinander gewohnt haben[2]), so ist es doch auch da in der Regel über kurz oder lang zu einer Teilung der Burg gekommen, welches dann zumeist die Errichtung weiterer selbständiger Wohnbauten innerhalb ihres Beringes zur Folge hatte. Ausserdem kam es schon früh vor, dass Eigentümer einer Burg nur Teile derselben irgendwie veräusserten[3]).

Das beste mir bekannte Beispiels solcher Ganerbenburg (s. weiterhin), welche aus einer ganzen Anzahl einzelner vollständiger Ansitze zusammengesetzt war, bietet die fränkische Salzburg.

Im Jahre 1000 wurde der Saltzgau von Kaiser Otto III. dem Bistum Würzburg geschenkt[4]). Ob das darin begriffene *castellum et curtis Saltce* auf dem Platze der späteren Salzburg lag, mag hier dahingestellt bleiben (vgl. darüber

---

[1]) Derselbe mochte nun voller Eigentümer, nur Lehnsinhaber, Pfandbesitzer oder nur zur Hut der Feste eingesetzt sein. S. übrigens S. 4.

[2]) So wird noch auf der kleinen Burg Hohenentringen in Württemberg der Saal gezeigt, in welchem um 1417 fünf Edelleute mit zusammen gerade 100 Kindern friedlich zusammengewohnt haben sollen (Schönhuth, Württemb. Burgen III, 72), und eine verhältnismässig beschränkte Wohnung muss selbst die Wartburg geboten haben, wenn nach Friedrichs II. Tode (1349) dessen drei Söhne und Nachfolger zumeist mit ihren Familien zusammen auf derselben wohnten.

[3]) 1050 verschenkt *Erchinger . . . tertiam partem castri Chiems vocati lapideis ligneisque edificiis constructi et curtem sub eodem castro situm.* (Acta Tiroliania I, 40.) (Die Burg ist nicht mehr vorhanden. Das Dorf Kiens am Pustertale kommt 1010 als *locus kiehna* vor.)

[4]) Monum. Boica, vol. 28 p. I, 286, n. 185.

S. 122 f.). Nahezu gleichzeitig mit dem ersten urkundlichen Wiedervorkommen des Namens (1161), welcher sich dann zweifellos auf die jetzige Burg bezieht, werden da mehrere Burgmänner genannt, so 1187 neben einem Otto Advocatus de Salza oder in Salzberg ein Heinrich Scultetus de Salzburg, während dann um 1231 ein Heinrich von Sure mit einem Hofe in der Burg belehnt war. Meiner Ansicht nach kann es auch keinem Zweifel unterliegen, dass die Burg so, wie sie uns jetzt in ihren Resten erhalten ist, von vornherein als für eine Anzahl von Ganerbensitzen bestimmt angelegt worden ist. Der Bergrücken, auf welchem dieselbe liegt — Fig. **582** Grundriss —, fällt nur gegen Süden und Westen mässig steil ab, während die ganze gebrochene Nordostseite (die Bergseite) der Burg einer ebenen Fläche gegenüberliegt. Man hätte nun sicher nicht den Burgbering nach dieser Richtung hin so weit vorgeschoben und dadurch der Burg eine so überreichliche Grösse und ihrer durch die Natur nicht geschützten Angriffsseite eine so unzweckmässige Ausdehnung gegeben[1]), wenn die Feste nur einem einzelnen Burgmanne zum Sitz und zur Hut hätte anvertraut werden sollen. Ueberdies zeigt sie innerhalb ihres Mauerumzuges keine Spur einer etwa ehemaligen Einteilung in Zwinger, Vor- und Hauptburg, welche die Verteidigung begünstigende Einteilung in dem gedachten Falle bei der ungewöhnlichen Ausdehnung des Beringes sicher zweckmässig befunden sein würde.

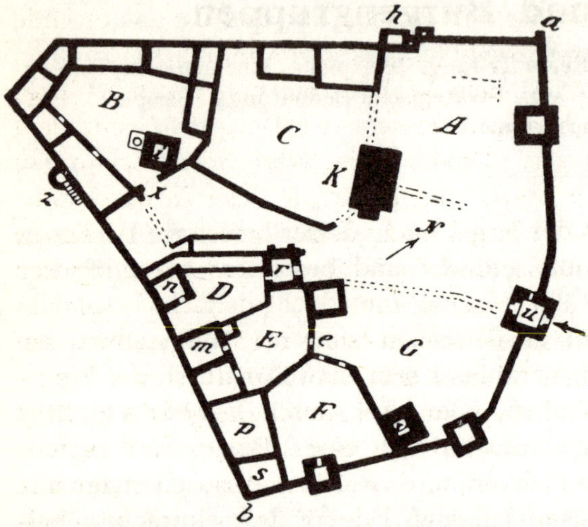

Fig. 582 Ganerbenburg Salzburg

Was nun zunächst weiter die Teilhaber der Salzburg betrifft[2]), so treten in einer Urkunde von 1279 als Zeugen auf die Castrenses in Salzberg: *Johannes Advocatus, Swigerus de Lewenhagen, Rudolfus de Heustrowe, Iringus de Brende* und *Siboto de Heustrowe*. Weiterhin ergibt sich aus Lehensurkunden, dass 1303 Iring von Brende ausser zwanzig Morgen Weinbergen einen Hof, einen Turm und seine Behausung auf dem Schlosse Salzburg, gleichzeitig Conrad v. Unsleben und seine Brüder eine Behausung und Dietrich von Lebenhan einen Hof daselbst empfangen. Dann erhalten ebenda 1373 Wolf von Hervesfeldt ein Burggut, 1385 Johannes von Brende einen Hof, einen Turm und eine Behausung, 1447 Veit von Brende einen Ansitz, den Turm mitten im Schlosse und im folgenden Jahre zwei Brüder von Steinau den dem verstorbenen Albrecht von Brende (Vetter des vorigen) verliehen gewesenen Sitz nebst der Hälfte des demselben anstossenden Turmes.

Es erhellt hieraus, dass jedenfalls schon im 13. Jahrh. wenigstens fünf Burgmänner gleichzeitig mit Behausungen, Höfen und Türmen (bzw. „halben") auf der Salzburg belehnt waren, und dem entsprechen auch die dort noch vor-

[1]) Die innere Grundfläche misst ungefähr 1 ha = 10 000 qm, die Angriffsseite (*a*, *b*) 170 m.

[2]) Vgl. Reininger, Die Kaiserburg Salzburg 1879, S. 120 und 149 ff.

handenen baulichen Reste und die Einteilung des Beringes. Der am sichersten gelegene, auch bis in die Jetztzeit allein (von einem Bauern) bewohnt gebliebene Burgsitz *B* nahm die abgestumpfte westliche Ecke bis zu dem Berchfrit *i* ein. Er gehörte immer den Flieger, die schon im 12. Jahrh. als Vögte (advocati) von Salzburg vorkommen und danach den Namen Voit von S. annahmen[1]). Jedenfalls später gehörte ihnen auch der nordöstlich anstossende Sitz *C*, bis zu der hier 1841 neuerbauten Bonifaziuskapelle *K*. Der dann in der nördlichen Ecke liegende Hof *A*, der noch an der Ringmauer die Spuren von Gebäuden und bis zur Mitte des vorigen Jahrhunderts den Rest eines Wohnbaues in der Ecke neben der Kapelle enthielt, gehörte bis 1541 den Schneberg[2]). Von dem inmitten des Beringes liegenden Berchfrit *o* wissen wir schon, dass er ein Lehen der von Brende war und die anstossende „Münze" *r* trägt am Giebel gleichfalls das Wappen (ein Hirschgeweih) dieser Familie. Dazu gehörte dann offenbar der Hof *D* mit dem Wohnturme *n*. Hieran schliesst sich weiter, durch Mauern noch deutlich abgeschlossen, der Burgsitz *E* mit dem Wohnturme *m* und dem Toreingange bei *e*. Daneben liegt dann der Eingang zu dem Sitze *F* mit den Wohngebäuden *p* und *s* und einem der vier in der Frontmauer liegenden Türme, während der noch übrige, bis zu dem Torturme *n* reichende Platz *G*, der in dem jetzt zerstörten Turme *v*[3]) und an der Frontmauer noch Spuren von Ueberbauung zeigt, als der letzte Hof erscheint.

So lagen in noch erkennbarer Weise die sieben Sitze der Burgmannen auf den beiden Seiten des gemeinschaftlichen Weges, der vom Eingangstor *u* bis *x*, dem Eingang zu dem Voitschen Anteile, den Bering in zwei annähernd gleiche Hälften teilt[4]). Es waren auch sieben Ganerben, welche 1434 einen Burgfrieden (gewiss nicht den ersten hier geschlossenen) vereinbarten, nach welchem u. a. jeder Ganerbe der Reihe nach zehn Wochen lang Schlüssel und Hut des Eingangstores zu übernehmen, während derselben Zeit das Amt eines Baumeisters zu verwalten, bei Kriegsgefahr sich in dem Schlosse zu halten und im übrigen stets zwei wehrhafte

---

[1]) Die Familie veräusserte erst 1795 ihren Anteil an dem Rittergut Salzburg und hat neuerdings die ganze Burg wieder erworben.

[2]) Dann den v. Thüngen, v. Grappendorf, v. Borie, Graf v. Haxthausen.

[3]) Derselbe wird als eine dem v. Borie verliehene Kemenate bezeichnet. (Reininger a. O. S. 28.)

[4]) Krieg v. H. ist (a. O. S. 191) der Meinung, dass die Salzburg erst im 15. Jahrh. eine Ganerbschaft wurde und infolgedessen erst damals „jeder Ganerbe seinen Besitz mit kleineren Mauern umschloss, die in verschiedensten Richtungen den inneren Raum durchziehen". Bis dahin sollen die beiden Türme *o* unb *i* den (bei ihm so beliebten) inneren Abschnitten zur Verteidigung gedient haben. v. Essenwein weiss sogar (a. O. S. 59) näher anzugeben, dass von diesen drei Abschnitten die ersten beiden durch eine Mauer gebildet wurden, die von dem Turm (? s. S. 524) *h* zur Kapelle *k* und dem Turm *o*, von hier aber „ohne Zweifel" zu dem Turm *n* (!) lief.

B. Ebhardt (Deutsche Burgen S. 96) „glaubt, dass die Burg keinenfalls zu den Zwecken einer Ganerbenburg erbaut wurde. Die Ganerbenteile wären dann nicht so eingeflickt und unpraktisch abgeteilt". Die zu beiden Seiten des Weges völlig voneinander gesondert liegenden Burgsitze müssen jedoch gerade für das Gegenteil sprechen, wenn man weiss, wie eigentümlich durcheinander gemischt die Einezlanteile da zu sein pflegten, wo eine Burg erst später unter Ganerben geteilt wurde. (Beispiele s. weiterhin.) Nach Ebhardts Meinung war die Salzburg vielmehr schon vor 1000 für „die zahlreiche Besatzung eines mächtigen Kriegsfürsten" erbaut, nach heutiger Ausdrucksweise also eine Landesfeste mit starker Garnison, und somit ein Ding, welches erst ungefähr ein halbes Jahrtausend später sich zu entwickeln begonnen hat.

Knechte, drei gute Handbüchsen, 20 Pfund Pulver, 3 Armbrüste, 1000 Pfeile und 20 Malter Mehl oder Korn haben musste, während die Burg bei eintretender Notdurft offenes Haus des Würzburger Bischofs blieb.

Anders als auf Salzburg mussten sich jedoch die auf einer Burg zusammen wohnenden Ganerben in der Regel mit einem eigenen W o h n gebäude ohne besonderen Hof begnügen. Ein noch ziemlich erhaltenes Beispiel bietet M o n t f o r t in der Rheinpfalz. Wenn von den „*sieben adeliche Personen so da zuletzt Ihren adelichen sitz vnd vnderhalt gehabt ein jeder seine sonderbare Wohnung vnd Haushaltung, so von andern abgeschieden, darauf gehalten, inmassen ein solches der augenschein noch clerlich bezeuget*", so beschränkte sich diese „sonderbare Haushaltung" räumlich eben auf ein eigenes Wohngebäude, deren sieben auf drei Seiten der nur 63 m langen und 15 bzw. 30 m breiten Hauptburg sich um den gemeinschaftlichen Hof reihten, und von welchen das engste turmartige kaum 6 m innere Seitenlänge hatte.

Zu den hervorragendsten Ganerbenburgen mit eigenen Häusern der einzelnen Familienzweige gehörten auch S c h w e i n s b e r g sowie die dem H a n s t e i n - schen Geschlechte gehörende und seinerzeit von sieben Familien desselben bewohnt gewesene gleichnamige Burg, beide in Hessen.

Eine sehr seltenerweise (nach neuerlicher Wiederherstellung) noch jetzt in allen Teilen bewohnbare Ganerbenburg ist E l t z , in einem bewaldeten Seiten-

Fig. 582a Ganerbenburg Eltz

tale der Mosel auf einem mässig hohen, auf drei Seiten vom Eltzbache umflossenen Bergvorsprunge malerisch belegen. Einen engen Hof von unregelmässiger Figur (Fig. 528) umschliessen (Fig. **582a**) vier Burghäuser von turmartiger Höhe, die als *E l t z - R o d e n d o r f*, *E l t z - K e m p e n i c h*, *E l t z - R ü b e n a c h* und *P l a t t - E l t z*, letzteres der älteste Bau und wohl ursprünglicher Berchfrit, bezeichnet werden, während ausserhalb dieses Ringes noch ein fünftes Burghaus *E l t z - O e l k e* gestanden haben soll. Die Bauten, bis auf das dem 17. Jahrh. angehörende Haus Kempenich und das schon im 13. vorhandene Platt-Eltz im 15. Jahrh. errichtet, gehörten den bezüglichen Linien der jetzt gräflichen Familie Eltz. Sie haben im Laufe der Zeit einen minder wehrhaften Charakter erhalten.

Im wesentlichen noch wohlerhalten ist auch das sogenannte „Judenschloss" zu Thalheim unweit Heilbronn. Der Hof, dessen (vormalige) Nordseite Fig. 184a darstellt, ist südlich über einem Abhange von drei ansehnlichen aneinander stoßenden Wohngebäuden begrenzt, welche von verschiedenen Eigentümern, jetzt freilich des Arbeiterstandes, bewohnt werden.

In der Regel tritt jedoch die reale Teilung von Ganerbenburgen nicht in solcher Weise äusserlich in die Erscheinung und wir wissen von solcher nur noch durch uns erhaltene darüber aufgerichtete Verträge. Solche sind auch deshalb von Interesse, weil uns in ihnen eine genaue Aufzählung der vormaligen Gebäulichkeiten etc. erhalten zu sein pflegt, wie denn auch manche minder einfache Burganlage erst durch die Kenntnis derartiger Teilungen verständlich wird.

Ein Beispiel bietet u. a. die (1453 vorgenommene) Teilung der Schwarzburg — einer Hofburg — zwischen Graf Heinrich XXVIII. von Schwarzburg v. d. Arnstadter Linie und Graf Heinrich XXVII. v. d. Leutenberger Linie. Der erstere erhielt dabei[1]) „den Teil rechts vom Eingang, nämlich 1. das leere Gemäuer, 2. das Schützenhaus, 3. die Stallung bis in die Küchenesse auf dem mittleren Chor, 4. die Hofstube samt dem Uebergebäude, 5. das Kornhaus der innersten Burg und die Kemenate darüber, 6. die kleine Kammer auf der Treppe, die ins Kornhaus führt, 7. die neue Kemenate mit ihrem ganzen Umkreise, 8. die Voigtei bis an die Mauer, wo sie sich durch einen Bruch oben und unten auseinander gegeben hatte, 9. den obersten Keller gegen die Voigtei, 10. den Keller über dem Kornhause". Heinrich XXVII. erhielt 1. den Teil links von dem Mauerstück bei dem Backhause bis an das Mitteltor, 2. die Stallung bis an das Hospital, 3. das Herrengemach, 4. die innere Burg mit den oberen und unteren Gemächern, 5. das Frauenzimmer, 6. den tiefen Keller gegen die Kapelle, 7. den Judenkeller, 8. die Harnischkammer darüber, 9. die Dachung der grossen Kemenate. Gemeinschaftlich blieben beiden 1. die Kapelle, 2. die Tore, die Torstuben, die Türme und Treppen, 3. die Zisterne, 4. der Tiergarten, 5. das Backhaus, 6. das Malzhaus, 7. die Mühle, 8. das Musshaus und der Mittelboden über demselben, 9. der Zwinger und die Wehre.

Wie hier, so blieben auch bei anderen Teilungen einer Burg regelmässig diejenigen Zubehörungen derselben, welche nur einmal vorhanden und zugleich jedem Mitbesitzer unentbehrlich waren — so besonders die Burgstrasse, Ringmauer, Torhaus, Brunnen, Berchfrit[2]) und Kapelle —, ungeteilt. Besonders dieses fortgesetzte Miteigentum an wesentlichen Teilen der Burg machte dann weitere Vertragsbestimmungen nötig.

So wurde nach einem „Burgfrieden" von Hatzfelden aus dem Jahre 1331 Burg und umliegendes Feld durch eine durch die Burg gehende Linie geteilt. Da auf der einen Hälfte noch keine Kemenate war, sollte hier der betr. Ganerbe — Kraft — eine solche ebenso hoch, weit und lang und mit ebensoviel Fenstern und Erkern bauen, als die schon vorhandene Kemenate des anderen Teils. Wenn ferner Kraft es wünsche, sollte das auf der anderen Hälfte liegende Pforthaus abgebrochen und auf gemeinschaftliche Kosten auf der Grenzlinie aufgebaut werden. Nur gemeinschaftlich sollte geschehen: ein etwaiger Turmbau, Erhöhung der Ringmauer, Erhaltung des Burgwegs, der Brücke etc.

---

[1]) Gottschalk, Ritterburgen IX, 208.

[2]) Ueber die Teilung mehrerer vorhandener s. S. 179.

Ebenso wurden in einem 1421 über die Wasserburg zu Vilbel von den Mitbesitzern geschlossenen Burgfrieden die Gebäude geteilt bis auf den Turm, die Pforte, Brücke und Wege zur Burg. Ferner wurde bestimmt, dass zwei Turmhüter, vier Wächter und ein Pförtner gemeinschaftlich unterhalten werden und jeder Ganerbe jährlich 20 Gulden zur baulichen Erhaltung der Burg zahlen sollte[1]).

Einen nicht uninteressanten Einblick endlich in die durch das gemeinschaftliche Eigentum an einer Burg hervorgerufenen Verhältnisse und die dadurch vernotwendigten wiederholten Vereinbarungen bieten uns die über die alte Vogesenburg Wasichenstein[2]) erhaltenen Urkunden[3]).

Hier wohnten zwei Stämme oder Linien des gleichnamigen Rittergeschlechts zunächst gemeinschaftlich in Frieden und Einigkeit, bis für die mit der Zeit vergrösserten Familien der Raum zu enge wurde und dies zu einer Auseinandersetzung und dem Bau einer neuen Burg im Vorhofe der alten Anlass gab. Der Ritter Fritzmann v. Wasichenstein, des seligen Herrn Semans Sohn, besass nämlich u. a. den vierten Teil an dem Turm auf der alten Burg und war zugleich berechtigt, aus der Zisterne, zu welcher ein gemeinsamer Weg führte, Wasser zu holen; dieselben Rechte hatten und genossen auch seine Vettern, Friedrich der Alte von Wasichenstein nebst seinen drei Söhnen.

Nun machte Fritzmann im Jahre 1299 aus dem Grunde: „*daz ich vnd mine vettern deste gutlicher und fridetlicher mit einander lebetent,*" denselben den Vorschlag, den bisherigen gemeinschaftlichen Besitz aufzuheben und mit manchen Gebäuden und Räumen in der Feste einen zweckmässigen Tausch zu treffen. Infolgedessen überliess Fritzmann seinen Verwandten diejenigen Rechte, die er bisher an dem Turm, an der Zisterne auf dem Felsen, an dem Graben und an dem Wege gehabt hatte, wogegen ihm letztere die an sein Haus im Vorhofe grenzende Hofstatt samt der Zisterne und allem was sich sonst in der Hofstatt befand, bis dahin, wo noch jetzt ein Kreuz in den Felsen eingehauen ist, unter folgenden besonderen Bedingungen einräumten: Kein Teil dürfe in dem Felsen des andern graben oder ein Loch darin machen, das dem Hause zu Schaden gereichen möge; dem Fritzmann und seinen Nachkommen sollte das Recht zu der alten Pforte im Vorhofe und zu dem Gebrauche des Weges zum Ein- und Ausgange, wie von alters her, vorbehalten bleiben, derselbe und die Seinen dürften jedoch kein Gebäude in der neuen Burg errichten, durch welches die alte Feste überbaut würde[4]), auch gestand Fritzmann seinen Vettern die Befugnis und das Recht zu, den Turm in der alten Burg, gegen den Graben hin, nach ihrem Willen und Gutdünken zu erhöhen oder zu bauen, und endlich sollten sie und ihre Nachkommen befugt sein, in den Waldungen Fritzmanns das zu den Burggebäuden nötige Bauholz zu fällen.

Um 1304 starb dann der alte Ritter Friedrich v. Wasichenstein, und dessen drei Söhne Dieterich, Engelhart und Fritzmann scheinen über den väterlichen Nachlass streitig geworden zu sein, weshalb sie gutwillig und nach vorheriger Beratung mit ihren Freunden den Entschluss fassten, ihre gemeinsame untere (oder alte) Burg unter sich zu teilen, was auf folgende Weise geschah: Die von zwei Seiten zur Feste führenden Wege nebst dem Turme, der Zisterne und dem neuen Graben sollten in Gemeinschaft bleiben und gebraucht werden; Engelhart fiel der an Fritzmanns Vorhof grenzende Teil mit dem Mantel, der Zisterne und dem neuen Graben zu; würden aber die beiden letzteren gereinigt oder ausgebessert, so müsse jeder Bruder den dritten Teil der Kosten tragen und bezahlen; die Brüder Dieterich und Fritzmann erhielten

---

[1]) Gottschalk, Burgen XIII, 81.

[2]) Vgl. deren Beschreibung im 2. Teil.

[3]) Lehmann, Dreizehn Burgen (Strassburg 1878), S. 199 ff.

[4]) „Ueberbauen" bedeutet hier überhöhen. Vgl. S. 8. Aehnliche Bestimmungen finden sich daher bei gemeinsamem Burgbesitz öfter. So musste, wie v. Cohausen, Bergfriede S. 13 aus Günther, Cod. Dipl. III, 288 mitteilt, der mit einem Teile der Schmidtburg belehnte Wildgraf v. Kirburg sich verpflichten: „*Auch ensollen wir noch unsere Erven den vorgenannten Torm zu Smideburg nummer höher laisen gemachen von Steinwerk wann drier getrevtze* (drei Stockwerke) *hoch, der jeclich si zwelf Fuss hoch zu meisten und nit höher und darauf mogen wir setzen ein helm von holzwerk nit dann zu einem Gedeck.*"

hingegen zu ihrem Teil den Keller und das Haus im Vorhofe, die Kapelle hinter dem Turme, den alten Graben nebst dem Gärtchen bis an die Mauer. Ferner wurde bestimmt: Wohne jener Engelhart auf dem oberen Felsen, so dürfe er und sein Gesinde den neuen Weg benutzen, um Korn, Wasser, Holz u. dgl. hinaufbringen zu können; bewohne er aber jenen oberen Sitz nicht und wolle dennoch Nahrungsmittel hinaufbringen, so müsse dies ohne Störung für Dieterich und Fritzmann durch sein Gesinde auf dem alten Wege geschehen, wobei es jedoch den zwei letzteren gestattet sein sollte, „*ir porten zu sliessen, obe sie wollent*". Würde indessen Engelhart aus seiner Wohnung auf dem Felsen, oder vielleicht ganz aus seiner väterlichen Feste verdrängt werden, so dürfe er zu seiner Hilfe den neuen Weg gebrauchen, und endlich verpflichteten sich noch die drei Brüder durch einen gestabten Eid, sowohl die Burg als auch den Berg gemeinschaftlich zu verteidigen, auch nichts davon zu veräussern oder an Fremde gelangen zu lassen, und zwar bei Verlust ihres Anteils und dazu noch eine Busse von 100 Mark lötigen Silbers an die anderen Teilhaber.

Bei diesen Teilungen blieben, wie wir gesehen haben, immer noch verschiedene Bestandteile der gesamten Burganlage im gemeinschaftlichen Besitz. Die mehreren Mitbesitzer waren also durch und in bezug auf diese Burgteile wahre Ganerben im eigentlichen ursprünglichen Wortsinne, das heisst nach altdeutschem Recht Miterben, die gemeinsam in der Gewere sitzen bleiben[1]). —

Keinerlei Teilung der Burg wurde jedoch in der Regel dann beliebt, wenn das Miteigentum an derselben nicht auf Erbschaft, sondern auf Vertrag beruhte, indem dann zumeist schon die grössere Zahl der Mitbesitzer — es kommen deren (z. B. bei Münzenberg) 48 bei ein und derselben Burg vor — eine faktische Teilung unmöglich machte. In diesem Falle war also die eine Voraussetzung eines Ganerbenverhältnisses: die Gemeinsamkeit des Besitzes, noch strenger durchgeführt. Und handelte es sich dabei auch nicht um „Ganerben" im angegebenen engeren Wortsinn, so wurde doch diese Bezeichnung auch für solche vertragsmässige Personengemeinschaft gebraucht. Das „Erbe" bedeutete hier einfach „Herr" und „Ganerben", also wörtlich „Gemeinherren"[2]).

Nach gemeinem Recht konstruiert sich dies Verhältnis als eine *communio* bezüglich einer *universitas rerum*, das heisst als das nur ideell geteilte (also nach Bruchteilen bestimmte) Miteigentum mehrerer an einer Gesamtheit von Sachen — hier der Burg mit ihrem verschiedenen Zubehör[3]).

Auch die darüber zwischen den Ganerben aufgerichteten Verträge heissen „Burgfrieden".

Die oben mitgeteilten Beispiele haben nun schon zum Teil gezeigt, wie derartige vertragsmässige Bestimmungen durch das Zusammenleben mehrerer Mit-

---

[1]) Sachsenspiegel I, 12. Verm. Ssp. I, 42 u. a. — „Gan", altdeutsch gleich „gemein" (das lat. „con-").

[2]) Es findet sich jedoch auch der Unterschied zwischen „Ganerben" im engeren und solchen im weiteren Sinne — diese dann „Gemeiner" genannt — festgehalten. So lautet der erste Artikel des 1514 über Steinkallenfels abgeschlossenen Burgfriedens: „Wenn ein Gemeiner seine Behausung oder seine Erbschaft im oberen oder unteren Schlosse verkaufen will, so soll er sie seinem Ganerben feilbieten. Ist es diesem aber nicht gelegen, solche zu kaufen oder in Pfand zu nehmen, so mag er sie einem andern Gemeiner des Schlosses verkaufen." Die stammverwandten Miterben hatten also hier ein Vorkaufsrecht vor den sonstigen Mitbesitzern der Burg. Vgl. Rhein. Antiquar. II, 19, S. 306.

[3]) Bei einigen Burgen hat sich dies (wenn auch im Laufe der Zeit auf wenige Besitzer eingeschränkte) Verhältnis bis heute erhalten, so bei Münzenberg, Breuberg und Tannenberg. Letzteres besitzen die v. Baumbach zu $^{3}/_{16}$, der Staat zu $^{13}/_{16}$. Die Ruine Schöneck (Rheinprovinz) ist zwischen dem Staate und Baron Rosenkranz örtlich geteilt.

eigentümer auf einer Burg notwendig wurden. Noch andere Punkte mussten geordnet werden, wenn die Ganerben nicht ihren Wohnsitz auf der Burg hatten.

In folgendem soll eine Uebersicht der in Burgfrieden gebräuchlichsten Bestimmungen gegeben werden.

Handelte es sich um die Erweiterung einer schon bestehenden ganerblichen Genossenschaft, so waren zunächst die Bedingungen, unter welchen die Aufnahme neuer Ganerben vor sich gehen sollte, näher zu ordnen. So wurde, als 1452 die fünf Ganerben der Steckelburg beschlossen, ihre Zahl durch Kooptation auf zweiunddreissig zu bringen, festgestellt, wie viele jeder aufnehmen dürfe, und zwar fiel dabei dem Besitzer eines halben Viertels der Burg die Wahl von drei, dem von anderthalb Vierteln die Wahl von zwölf neuen Ganerben zu. Um einer Ungleichheit der Rang- und Machtverhältnisse vorzubeugen, sollten jedoch unter den neu aufzunehmenden „weder Fürsten noch Grafen oder Herren" sein.

Wie sehr im übrigen — und zwar umgekehrt als bei dem heute die Stelle der Burg etwa einnehmenden Landsitze — das Interesse des einzelnen durch eine möglichst grosse Zahl von Mitbesitzern nur gefördert wurde, erhellt aus den Bestimmungen über die in den Burgfrieden den Ganerben regelmässig auferlegten Leistungen für die Erhaltung und Verteidigung des gemeinsamen Besitzes, der eben damals fast ausschliesslich als fester Platz in Betracht kam.

So hatte jeder Ganerbe zunächst bei seinem Eintritt in den Verband ein Einkaufsgeld und ausserdem jährlich Baugeld zu zahlen, welche Einnahmen zur Erhaltung und Befestigung der Burg zu verwenden waren[1]). Ausserdem hatte er zur Ausrüstung derselben mit Waffen und Munition, zu ihrer Besatzung und Verteidigung im Falle einer Belagerung in bestimmt bemessenem Masse zu helfen[2]).

Im übrigen wurde freilich die Sorge für die Ausrüstung, Besatzung etc. der Burg gegen eine bestimmte Abfindung dem sogenannten „Baumeister" oder „Amtmann" übertragen, deren für jede Ganerbenburg einer oder mehrere und zwar anscheinend immer nur aus der Zahl der Ganerben selbst und nur für eine je ein-

---

[1]) Nach dem eben erwähnten Burgfrieden von der Steckelburg betrug die Einkaufssumme 100, das jährliche Baugeld 5 Gulden, und wenn ein Ganerbe mit letzterem ein halbes Jahr im Rückstande war, so sollte sein Anteil verkauft und der Erlös gleichfalls zum Baugeld geschlagen werden. In dem 1453 über Falkenstein im Taunus abgeschlossenen Burgfrieden war der Einkaufspreis auf 20 Gulden und 6 Achtel Korn, sowie 1 Gulden an die Turmhüter und Pförtner festgestellt. Das nach jährlich abgelegter Rechnung am St. Martinstag zu zahlende Baugeld durfte 6 Gulden für jeden Ganerben nicht übersteigen.

[2]) Auf der Steckelburg (vgl. vorhin) sollte jeder Ganerbe haben: 4 gute Handbüchsen, eine neue Armbrust nebst einer guten Winde, 500 Pfeile, 20 Pfund Pulver und ebensoviele Pfund Blei. Halbjährlich sollte nachgesehen werden, ob diese Vorräte vorhanden seien. Im Falle einer Belagerung der Burg sollte jeder Ganerbe einen reisigen Knecht mit Harnisch und Armbrust zur Hilfe schicken. Ging die Burg verloren, so hatten alle zur Wiedereroberung zu helfen und gelang dieselbe, so sollte der Ganerbe, welcher nicht mitgeholfen, 50 Gulden Strafe zahlen.

Nach dem Burgfrieden von Buchenau aus 1406 sollte nur jeder Ganerbe, der ein Drittel der Burg besitze, 6 gute Armbrüste, 6 gute Büchsen, 1000 Stück gezähnte Pfeile und 20 Pfund Pulver, auch 13 Viertel Mehl vorrätig halten, wovon sich die Ganerben alljährlich überzeugen durften. Hörte einer derselben, dass gegen die Burg gezogen werde, so sollte er alsbald selbst dort einreiten oder zwei ehrbare Genossen zur Verteidigung senden. Auch in dem Burgfrieden von Altenstein im Baunachgrunde aus 1441 verbanden sich die Ganerben, „einander ihre Güter, Leiber und die Burg getreulich zu bewahren", und wurde bestimmt, wie es mit der Proviantierung für Kriegsfälle gehalten werden solle.

jährige Amtsdauer gewählt wurden[1]). Dieselben hatten Wohnung auf der Burg, die unmittelbare Aufsicht über dieselbe, die Rechnungsführung usw.

Auch bei den Ganerbenburgen, deren Miteigentümer bestimmte Teile der Burg für sich in abgesondertem Besitz hatten, wurden „Baumeister" bestellt, denen die Torschlüssel anvertraut waren und die auf gemeinschaftliche Rechnung für einen guten Baustand der gemeinschaftlichen Verteidigungswerke Sorge zu tragen hatten. Vgl. S. 573 den Burgfrieden der Salzburg[2]).

Zu den notwendigen Bestimmungen des Vertrages gehörte auch die Festsetzung des Gebietes, für welches derselbe gelten sollte[3]) und dieser befriedete Bezirk erhielt danach selbst die Bezeichnung „Burgfrieden". Eine fernere abgeleitete Bedeutung desselben Wortes endlich ging auf den Zustand des Friedens innerhalb dieses Bezirkes, ein Zustand, dessen Verletzung (Bruch) besonders geahndet wurde, aus demselben Gesichtspunkte etwa, aus welchem das heutige Strafrecht das Vergehen des „Hausfriedensbruches" enthält[4]). Zahlreiche Bestimmungen handeln regelmässig von den Strafen, die auf leichtere oder schwerere Fälle des Burgfriedensbruches gesetzt sind[5]). —

---

[1]) In der Regel ist in den Burgfrieden nur von einem Baumeister die Rede, doch sollten hie und da auch deren zwei, 1405 für Staden sogar deren vier bestellt werden. Anscheinend wechselte aber unter diesen mehreren auch die eigentliche Amtsführung alljährlich ab. Was nun die Besoldung dieser Baumeister und die ihnen dafür obliegenden Leistungen betrifft, so musste in Hattstein der Amtmann für jährlich 40 Gulden einen Reisigen, einen gewappneten Knecht und ein Pferd halten, während die Ganerben ausserdem auf ihre Kosten 16 Knechte, 6 Wächter usw. hielten. 1436 war daselbst der Mitganerbe Wilhelm von Staffel Amtmann und hatte gegen eine Besoldung von 250 Gulden 11 wehrhafte Männer und eine Magd zu unterhalten. Amtmann Walter von Reifenberg übernahm 1449 dieselbe Verpflichtung für 200 Gulden. 1452 wurde dem Baumeister der Steckelburg u. a. auferlegt, 4 Fuder Wein oder Bier zu kaufen und Sorge zu tragen, dass daran kein Abgang entstehe.

[2]) Es kann nur auf Unkenntnis des regelmässigen Inhaltes der Ganerbenverträge beruhen, wenn v. Essenwein, Kriegsbauk. S. 149 meint, die Wehrbauten der Ganerbenburgen seien besonders vernachlässigt worden, und bei einer Fehde Dritter mit einem der Gemeiner seien die übrigen und ihre Anteile an der Burg ganz aus dem Spiele geblieben.

[3]) So sollte der 1320 über die hessische Burg Falkenberg errichtete Burgfrieden so weit gehen, „als der Hain des Schlosses von alters her gewendet", und der Burgfrieden von 1472 über Stolzenberg, Sooden, Saalmünster und Hausen von jedem dieser Orte so weit reichen, als man mit einer Windenarmbrust von 4 Gulden Wert schiessen könne. In anderen Fällen wurde die Grenze von Punkt zu Punkt festgestellt.

[4]) Diese abgeleitete Wortbedeutung geht u. a. hervor aus Bestimmungen des in voriger Anmerkung genannten Burgfriedens von Falkenberg, wonach, wenn der Feind eines Ganerben zu einem anderen Ganerben kommt, „der soll Frieden haben im Burgfrieden und ungehindert fortreiten." „Ebenso soll der Frieden haben, der sich in den Burgfrieden flüchtet auf Gnade.

[5]) Burgfrieden von Haune 1496: Wer den andern Ganerben beleidigt oder ihn einen Lügner heisst, soll in Fulda, Hersfeld oder Vach einen Monat lang jede Nacht verweilen, dann nach Haune heimreiten und Busse tun. — Falkenstein 1453: Ermordet ein Ganerbe den andern, so verliert der Mörder seinen Anteil an der Burg, verwundet er ihn nur, so muss er mit einem Knecht und zwei reisigen Pferden in Frankfurt oder Mainz in einer Herberge ein halbes Jahr einreiten und den Verwundeten entschädigen, schlägt oder schimpft er ihn, so dauert das Einreiten wie bei Haune einen Monat. — Falkenberg 1320: Böse Worte eines Ganerben sollten mit 20, Wunden mit 100 Mark Silber gebüsst werden. Wer aber Totschlag begeht, verliert seinen Anteil an der Burg. Böse Worte eines Knechtes zu einem andern soll jener dem Herrn mit 10, Wunden mit 20, Totschlag mit 100 Mark Silber büssen. — Auch wegen Verhütung der Unzucht unter dem Gesinde wurden u. a. in einem Burgfrieden von Hatzfeld a. d. J. 1545 Bestimmungen getroffen.

Ein der Ganerbschaft einigermassen verwandtes Verhältnis: ein rechtliches Verhältnis mehrerer zu einer Burg mit oder ohne Wohnsitz auf derselben, aber wohl immer mit der Verpflichtung zu ihrer Verteidigung, konnte auch durch das „Burglehen" geschaffen werden[1]). (Vgl. S. 20.) Solches Verhältnis bestand hier jedoch zunächst nur seitens der einzelnen Lehensinhaber mit und zu dem Lehnsherrn.

Auch wenn die gesamte Burg einem oder mehreren zu Lehen (vgl darüber S. 22) oder aber, was häufig vorkam, einem Gläubiger als wiedereinlösbares Pfand eingeräumt war, pflegte sich der Eigentümer vorzubehalten, dass dieselbe ihm als „offenes Haus" verbleibe[2]).

Auch aus anderen Anlässen — so als Entgelt für ein Darlehen, als Bedingung eines Friedensschlusses u. dgl. — konnte nicht im tatsächlichen Besitz Befindlichen an einer Burg das Recht des „offenen Hauses" oder des „Einlasses" eingeräumt werden. So sollte nach einem Vertrage von 1521 der Stadt Strassburg als Gläubigerin der Grafen Thierstein von der Hohkönigsburg die Oeffnung derselben zu allen Kriegen und Geschäften, bei Tag und Nacht, mit wenig oder viel Leuten, gegen alle, ausgenommen das Haus Oesterreich (als Lehensherren, die immer ausgenommen wurden), eingeräumt werden. Während der Dauer des Oeffnungsrechts (auch die Bedingung einer „ewigen Erböffnung" kommt vor) durfte niemand anderem gegen die Stadt Oeffnung gewährt werden. Wurde die Oeffnung gefordert, so sollte allemal durch den Hauptmann versprochen werden, das Recht nicht missbrauchen, sondern sich gebührlich und freundlich verhalten zu wollen. Den Dienern der Stadt, die sie dann in der Burg brauchte, sollte die Kost „umb ein zimlich bescheiden gelt" gereicht werden. — Nürnberg hatte am Ende des 15. Jahrhunderts in nicht weniger als 57 Schlössern vertragsmässig das Oeffnungsrecht.

1480 belegte Abt Ulrich von St. Gallen die Erklärung, was ein „Burgsäss" sei, mit dem Beispiel von Rosenberg, wo ihm „zum Gezeugniss, dass diese des Abtes offenes Haus sei, Rudolf v. Munprat des Nachts, so er da zugebracht, den Schlüssel der Burg unter das Haupt gelegt". Die Bezeichnung *Burcsēz* (Burgsitz) wurde jedoch auch ohne diese besondere Bedeutung von einer Burg überhaupt gebraucht.

Noch geringer waren natürlich die dinglichen Ansprüche bezüglich der Burg (hier *jura in re aliena*) seitens derer, denen, wie vielfach geschehen, eine solche von Klöstern, Städten, Landesherren usw. nur zur Hut anvertraut war. So wurde, als 1420 von der Abtei St. Gallen dem Hainin Vischer die Burghut von Iberg übertragen wurde, bestimmt, er solle mit gewissen Ausnahmen — so der Fastnachthühner — „*alli nütz vnd gueter so zu derselben Vesten gehörent inemen*". Dagegen hatte er aber 27 Pfund Pfennige jährlich an die Abtei abzugeben. Im übrigen musste er „*selb dritt manhaffter lüt vff derselben vesten wonhafft vnd alli nacht sien vnd darzu ainen nachtwächter haben . . . vnd derselben manhafften lüt soll allweg zu dem mynsten ainer tags vff derselben vesten sien*". —

Gewissermassen das Gegenteil der Ganerbenburgen haben wir landläufiger Meinung nach in den Burgengruppen.

Während ja, wie sich von selbst versteht, nicht entfernt jeder für eine Burg wohlgeeignete Platz auch eine solche getragen hat, finden sich andrerseits nicht eben selten zwei bis vier Burgen auffallend nahe beieinander liegend und zwar

[1]) So hatten 1378 in Königstein im Taunus Burglehen: Heinrich v. Bernbach und Gerhard v. Heftersheim, Edelknecht, je 8 Pfund Heller, Henne v. Hanewisel und Anselm v. Howisel je 2 Mark Geldes, Heinrich v. Brenbach 7 und Georg v. Kungestein 8 Mark.

[2]) Abgesehen von diesem Vorbehalt des „offenen Hauses", bot die Belehnung mit einer Burg nichts von dem sonstigen Lehenswesen — so bezüglich des Afterlehens, des Heimfalles etc. — Abweichendes.

mitunter auch ohne dass eine besonders günstige Oertlichkeit dazu Anlass gegeben haben könnte. Das Volk pflegt daran eine entsprechende Sage zu knüpfen, besonders — nicht allein bei Liebenfels und Sterrenberg — solche von feindlichen Brüdern; in den Fachschriften hat man nach dem Vorgange Krieg v. Hochfeldens für diese Burgengruppen strategische Gründe gefunden.

Dem Genannten zufolge[1]) richtete schon das frühere Mittelalter in (angeblicher) Nachahmung römischer Vorbilder seine Burgen hin und wieder zu inneren Abschnitten ein. Da aber bei der Ueberlegenheit der Verteidigung über den Angriff sich letzterer oft auf eine Blockade mit einem Minimum von Mannschaften beschränkte, so baute die Verteidigung, um solche zu hindern oder doch sehr zu erschweren (in weiterer Entwicklung der obigen Idee), vor- oder seitwärts der Hauptburg, je nach dem Terrain, und zwar möglichst nahe derselben, eine oder mehrere kleinere selbständige Burgen, welche den Angriff gegen eine derselben in Flanke und Rücken nahmen, oder was bei den kleinen Heeren viel wichtiger war, den feindlichen Berennungskreis ungemein ausdehnten und die vereinzelten Abteilungen ganz isolierten, während die Besatzungen der blockierten Burgengruppe sich vereinigen und mit Uebermacht gegen eine solche Abteilung wenden konnten. Es ist dies — nach Kriegs Ansicht — die „altrömische in unsern Tagen wieder aufgenommene Idee selbständiger detachierter Forts, in Anwendung auf die kleinen Verhältnisse des Burgenkrieges". Als Beispiele werden angeführt die Trifelsburgen, Spangenberg und Erphenstein, Nassau und Stein.

Auch diese Lehre Krieg v. Hochfeldens ist von den in seine Fusstapfen tretenden Fachschriftstellern, und zwar nicht ohne übertreibende Entstellung weitergetragen worden, während General Köhler[2]) sie, wie folgt, berichtigen will: „Ueberall (?) wo diese Burgen vorkommen sind die von ihnen eingenommenen Punkte von grosser natürlicher Festigkeit und würden, vom Feinde besetzt, ohne grosse Vorbereitungen zu sogenannten Trotzburgen hergerichtet worden sein, welche die Hauptburg blockierten. Der Besitz dieser Punkte musste für den Verteidiger daher sichergestellt werden, und deshalb wurden sie befestigt."

Das Irrtümliche dieser Auffassung soll in folgendem an einer Anzahl bemerkenswerter Beispiele nachgewiesen werden.

Hauptsächlich findet sich als Muster solcher strategischen Burgengruppe Trifels nebst den damit in einer Linie liegenden Anebos und Scharfenberg behandelt[3]), wobei dann die Phantasie selbst zu einer die drei Burgen miteinander verbindenden Befestigung geführt hat. In Wirklichkeit liegt jedoch die erstere Burg, von den beiden anderen durch ein weites und tiefes Tal getrennt, so weit entfernt, und waren diese — besonders Anebos — so unbedeutend, dass durch sie eine Belagerung des Trifels nicht irgendwie von Belang hätte erschwert oder gestört werden können[4]).

---

[1]) Gesch. der Milit.-Archit. S. 263.

[2]) Entwicklung des Kriegswesens III, 1. Abt., S. 435.

[3]) Näher, Burgen der Rheinpfalz S. 13. Lehmann, Burgen der Pfalz 1858, I, 71. W. Frank in Picks Monatsschr. 1881, S. 228. Salvisberg, Kunsthist. Studien III u. IV, S. 214. Jähns, Gesch. d. Kriegswesens S. 625.

[4]) Nähere Begründung s. 1. Aufl. S. 639 ff. — Der Name Trifels wird immer von den drei Burgen hergeleitet, obgleich das im Grunde für eine derselben nicht wohl passt, auch

Nach anderer Meinung soll freilich mit der Burgengruppe des Trifels sogar noch eine andere in strategischer Beziehung gestanden haben, die, von jener durch das weite Queichtal getrennt und 6 km entfernt liegend, aus den Burgen Ramburg, Meistersel und Scharfeneck besteht. Nach Baudenkmale in der Pfalz V, S. 51 waren sie „wichtige Vorwerke der Kaiserburg. Sobald die Flagge auf Trifels aufgezogen wurde, konnten die von Scharfeneck, Meistersel und Ramburg sie sehen, mit den ihrigen aufsitzen und rasch zur Hand sein". Aber abgesehen davon, dass unsere Burgen im Mittelalter keineswegs eine Besatzung von berittenen Kriegern zu haben pflegten, haben auch die genannten offenbar in keiner etwa rechtlichen Beziehung zu Trifels gestanden. Nach der vorhin aufgeführten Quelle war besonders Meistersel eine Burg der Bischöfe von Speyer und wurde Scharfeneck überhaupt erst 1450 zu einer Burg ausgebaut.

Noch weniger als die Trifelsburgen passen die weiter von Krieg angeführten Beispiele Spangenberg und Erphenstein. Beide, durch das weite Tal des Elmsteiner Baches voneinander getrennt, waren lediglich zum Schutze der dortigen Wälder, und zwar ersteres vom Bistum Speyer, letzteres von den Leininger Dynasten errichtet. Es handelt sich dabei also eher um Gegenburgen als um eine zusammenhängende Anlage. Auch Stein und Nassau, jenes auf einem Vorsprung, dieses 10 Minuten höher auf der Spitze desselben Berges liegend, waren von Anfang an die beiden selbständigen Stammburgen der verschiedenen Geschlechter gleichen Namens. Die Stein waren freilich Vasallen der Nassau, und konnte um so mehr bei Belagerung der oberen Burg die tiefer gelegene in gewissem Masse hinderlich sein; diese vielleicht zufällige Sachlage berechtigt aber noch nicht, von „einer neuen Form befestigter Gesamtanlagen" mit „detachierten Forts" zu sprechen.

Auch die Betrachtung anderer Burgengruppen[1]) führt zu demselben Ergebnis, wie ein gleiches in bezug auf die Idee Köhlers der Fall ist. Trotzburgen wurden ja überhaupt nur höchst selten errichtet (s. S. 584), und hätte zudem ein Burgherr solche Plätze immer mit Nebenburgen befestigen müssen, so würde, man kann fast behaupten, kaum eine Höhenburg ohne letztere vorhanden gewesen sein. Wie wir sehen werden, ist es überhaupt eine fehlsame Voraussetzung, dass Burgengruppen immer, oder auch nur zumeist aus Haupt- und Nebenburgen bestanden hätten. Durchaus der Regel nach liegen sie auch so, dass von einer „Ausdehnung des feindlichen Berennungskreises" (nach Krieg v. Hochfelden) der Oertlichkeit nach nicht die Rede sein kann.

Die auch mehrfach als eine zusammenhängende Befestigung bezeichneten Burgen Lützelburg und Rathsamhausen, ursprünglich Vorder- und Hinter-Lützelburg genannt, liegen auf einem nördlichen Ausläufer des Ottilienberges (Wasgau) so nahe beieinander, dass zwischen den beiderseitigen Graben nur eine 37 m weite Fläche bleibt, und zweifellos konnte daher durch die eine die Belagerung der andern wesentlich erschwert werden. Sie sind jedoch während des ganzen Mittelalters, mit Ausnahme einiger Jahrzehnte um 1400, in verschiedenen

---

noch um so weniger, als noch mehr „Felsen" zwischen Trifels und Scharfenberg aufragen. Weit passender wäre der Name von den „drei Felsen" der Burg selbst abzuleiten, wobei dann freilich wohl (Fig. 143) die höchste Staffel als ein Felsen für sich gerechnet werden müsste.

[1]) Dieselben finden sich durchweg hier oder da als zusammenhängende Verteidigungswerke, auch wohl mit gemeinschaftlicher Umfassung, angegeben.

Händen gewesen, und gegen ein bei der Erbauung beabsichtigtes freundnachbarliches Zusammenwirken spricht der Umstand, dass sie besonders durch die Stellung der Berchfrite gerade gegeneinander besonders befestigt sind. Beide sind auch für

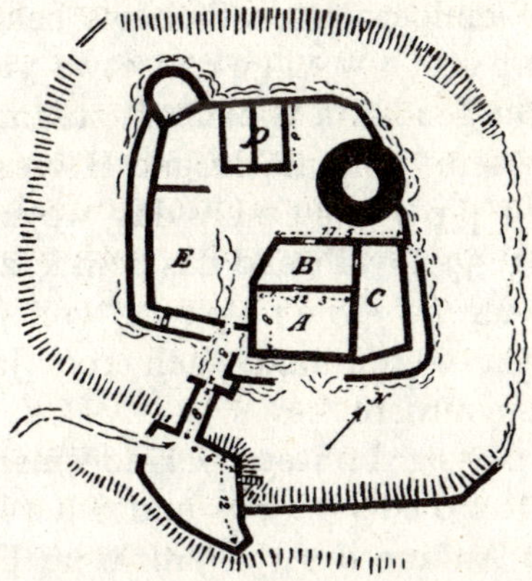

Fig. 583 Rathsamhausen

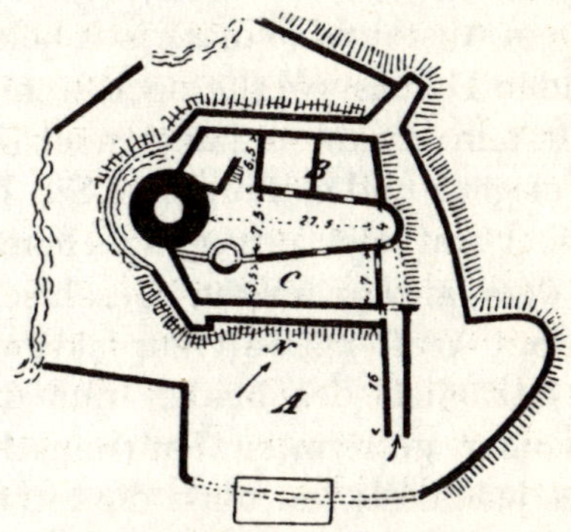

Fig. 584 Lützelburg

sich vollständige Burganlagen. Auf Rathsamhausen, Fig. **583**, waren an den vierstöckigen Palas *A* (später) noch die ebenso hohen Wohnbauten *B* und *C* angebaut, und in *p* und bei *E* genügende Nebengebäude vorhanden. (Ueber die Barbakane s. S. 316.) Lützelburg, Fig. **584**, hat eine (jetzt leere) Vorburg *A*, Zwinger und in *B* und *C* geräumige Wohngebäude.

Auch sonst bietet der burgenreiche Wasgau manches auffallende Beispiel einer Burgengruppe. Diejenige der Dreistein-Burgen nimmt zwei am westlichen Abhange des Ottilienberges mässig hoch aufsteigende Sandsteinfelsen ein. Es sind drei selbständige Miniaturburgen, ausser kleinen in ihren Grenzen nicht mehr erkennbaren Höfen oder Vorburgen nur aus je einem engen Palas mit darangebautem Turme bestehend. Die mittlere, mit der untersten auf demselben Felsklotze liegend — von Fig. **585** der östliche Teil, — entbehrt selbst des letzteren, hat sogar auf seiten, d. h. längs der dritten Burg keine eigene Mauer und ist nur durch den eigenen Eingang (bei *a*) und den Mangel jeder Verbindung mit dieser dritten, sei es auch nur durch ein Fenster, als selbständige Burg zu erkennen. Man hatte also diesem Mangel nach selbst auf die sonst naheliegende Gelegenheit zu gegenseitiger Unterstützung im Belagerungsfalle verzichtet. Geschichtlich ist nur bekannt, dass 1432 das „Schloss zu den drei Steinen" den Rathsamhausen zu Lehen gegeben wurde, die es bis zur Revolution besassen.

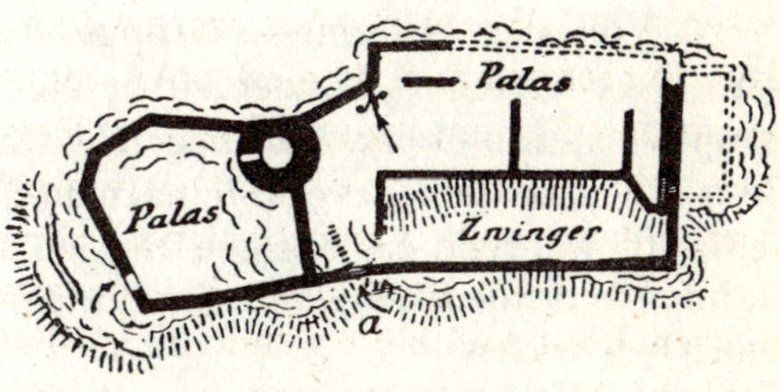

Fig. 585 Dreistein

Aehnlich sind bei Hohenegisheim, im Voldsmunde Drei-Exen genannt (s. darüber 2. Teil), zwei der Burgen, Dagsburg und Wahlenburg, unmittelbar aneinandergebaut, während die dritte, Weckmund, von diesen durch einen schluchtartigen Graben getrennt ist. Der Oertlichkeit nach konnten nur die beiden ersteren auf dem flacheren nördlichen Abhange des Burgberges eine „gemeinschaftliche Umfassung" haben, und der davon umschlossene Bering war um so mehr durch eine quer laufendeGrenzmauer wieder geteilt, als bezeichnenderweise gerade die mittlere der drei Burgen lange Zeit im Lehnbesitze der v. Hattstadt war, während die beiden äusseren den Grafen Pfirt und nachmals Oesterreich zustanden. Ueber die Baugeschichte ist nichts einigermassen Sicheres bekannt.

Bei den 15 km weiter nördlich über Rappoltsweiler in etwa viertelstündigem Abstande so malerisch belegenen drei Burgen kann von einem zusammenhängenden Defensivwerke noch weniger die Rede sein. Die mächtigen Herren von Rappoltstein erbauten lange nach dem Hohrappoltstein das wesentlich tiefer gelegene und geräumigere St. Ulrich (Fig. 597), während das dem letzteren gegenüber auf fast unzugänglichem Felsriffe belegene Giersperg von ihnen selbst dem gleichnamigen Geschlechte überlassen wurde und nach 100 Jahren (1422) mit Waffengewalt zurückerworben werden musste.

Bezüglich der beiden nur durch einen mässig breiten Geländeeinschnitt voneinander getrennten Thüringischen Burgen Rudelsburg und Saaleck steht es jedenfalls fest, dass die letztere schon zu Anfang des 13. Jahrh. im Eigenbesitz der Schenke von Saaleck war, während Rudelsburg dem Markgrafen von Meissen gehörte. Nur kurze Zeit im 14. Jahrh. besassen dann die ersteren beide Burgen.

So fehlt die notwendige Voraussetzung der angeblichen strategischen Bedeutung einer Burgengruppe: die Vereinigung des Besitzes in einer Hand, auch sonst. Ein weiteres Beispiel ist, dass die auf dem rechten bei Zabern auslaufenden Uferrücken des Zorntales (Wasgau) nahe hintereinander liegenden Burgen Hohbarr, Gross- und Klein-Geroldseck in keiner Beziehung zueinander standen. Hohbarr war stets selbstverwalteter Besitz und bevorzugte Residenz des Strassburger Bistums, Grossgeroldseck die Stammburg der im 12. Jahrh. genannten Dynasten gleichen Namens und nach deren Aussterben 1390 Besitz einer Ganerbschaft. Kleingeroldseck wurde höchstwahrscheinlich erst 1381 vom Metzer Bischof Dieterich gewissermassen als Gegenburg errichtet, um sich die Ausführung eines auf Grossgeroldseck bezüglichen Erbvertrages zu sichern.

Von der bekannten Gruppe der vier zu verschiedenen Zeiten erbauten Landschaden-Burgen, über Neckarsteinach au einem hohen steilrandigen Bergrücken hintereinander liegend, stand das „Schwalbennest" allein im freien Besitz der Landschad von Steinach und wurde 1335 an den Erzbischof von Trier verkauft, während die übrigen Burgen Lehen des Bistums Worms und bald in den Händen verschiedener Landschadlinien, bald daneben im Besitz zahlreicher anderer Ganerben waren.

Auch eine Belagerung konnte das Entstehen einer Burgengruppe veranlassen. So sollen von den Burgen Petersberg (mit dem zugehörigen Lavant), Geyersberg und Virgilienberg, welche die Stadt Friesach in Kärnten auf der Bergseite einfassen, die beiden letzteren 1131 bei Belagerung der ersteren erbaut worden sein. 1293 wurde zur Belagerung von Ortenburg im Wasgau das nahe Ramstein errichtet. 1335 erbaute Balduin von Trier bei Belagerung von Eltz auf einer nächstgelegenen Bergecke Balden- oder Trutzeltz, um dieselbe Zeit aber umgekehrt der Wildgraf von Dhaun in einer Fehde mit demselben Erzbischofe zum Schutze seiner ebengenannten Burg das niedriger gelegene Brunkenstein.

Andere Burgengruppen sind allem Anscheine nach entstanden durch eine in solcher Weise ausgeführte Erweiterung des festen Wohnsitzes etwa für eine grösser gewordene Familie. So wurde von den Rittern von Cobern 1195 zu der Altenburg die auf demselben Bergrücken etwas tiefer gelegene Neuerburg erbaut. Ebenso von den Rittern von Tane von den Dahner Schlössern nach dem ältesten Altdahn (vgl. Fig. 576) auf den westlich fast anstossenden Felsen Grevendahn und Dahnstein. Wie wenig man aber seinerzeit an den Nutzen einer „kombinierten Befestigung" dachte, erhellt daraus, dass gerade die mittlere der drei Burgen schon 50 Jahre nach ihrer Erbauung an die Grafen Sponheim verkauft wurde — und zwar ohne dass etwa, wie bei sonstigen Burgteilungen, eine Gemeinsamkeit durch einen Ganerbenvertrag (Burgfrieden) gewahrt worden wäre — auch hiernach so dauernd in fremdem Besitz blieb als die übrigen Burgen (bis 1603) bei der Familie ihrer Erbauer.

Auch bei den allen Rheinreisenden wohlbekannten „Brüderburgen" Liebenstein und Sterrenfels wird vermutet[1]), dass die v. Bolanden, die Erblasser der Sponheim und vor ihnen Lehensinhaber v. Sterrenberg auch das etwas höher liegende Liebenstein erbaut haben. Dieselben sind trotzdem wieder am stärksten gegeneinander befestigt, indem — über Sterrenberg s. S. 318 — auffallenderweise bei Liebenstein, obgleich es auf der der unteren Burg abgekehrten Bergseite durchaus seine eigentliche Angriffsseite (mit Zugang über einen Halsgraben) hat, der inmitten des Beringes erhöht gelegene Wohnturm auf der Talseite seine stärkere Wandung hat und hier ausserdem der stärkste der vorhandenen Ecktürme mit einer davorliegenden (späteren) zweistöckigen Batterie steht.

In bezug auf Ganerbenburgen und Burgengruppen sind die Hohkönigsburg nebst der „Oedenburg" von besonderem Interesse. Die älteste uns hinsichtlich der ersteren erhaltene Nachricht geht dahin, dass 1147 „imperator (Konrad III.) in castro (Estufin) turrem unam habebat et dux Fridericus (von Schwaben) aliam". Genaueres, besonders auch in örtlicher Beziehung, lässt sich darüber, was es mit diesen beiden „Türmen" auf sich hatte, nicht mehr feststellen. Nach der gebräuchlichen Darstellung schlossen dann 1267 Glieder der Familie Rathsamhausen und 1276 solche von Hohenstein Ganerbenverträge über die Burg, und es sind daran ganz unhaltbare Folgerungen geknüpft worden. In Wirklichkeit ist jedoch das in den Verträgen genannte „Königsberg" eine der zahlreichen im Elsass jetzt verschwundenen Burgen im Steintale, während das noch 1258 urkundlich vorkommende castrum Estuphin erst 1316 unter dem gleichen Namen erscheint[2]). — Zu mehrfachen Erörterungen mit verschiedenen, aber gleichfalls irrtümlichen Ergebnissen hat danach besonders

---

[1]) Lotz u. Schneider, Baudenkm. d. Reg.-Bez. Wiesbaden, s. u. Liebenstein.

[2]) B. Ebhardt, der in seinen Darstellungen der Baugeschichte der Hohkönigsburg — zuletzt Festschrift von 1908 — fast nur Unhaltbares vorbringt, kommt — offenbar in der irrtümlichen Annahme, dass Ganerbenanteile an einer Burg immer auch örtlich geteilte waren — zu dem Ergebnis, dass auf der Burg „7 oder 8 einzelne Burghäuser als ebensoviele Sitze der einzelnen Familien gedient haben". Es wäre das da obenein der Oertlichkeit nach ganz undenkbar, auch wenn nach Ebhardts Idee die Hälfte dieser Burghäuser abgesondert auf ganz kleinen Erhebungen am westlichen Ende des Felskammes gelegen hätten, die überhaupt nie überbaut gewesen sind. — Zur älteren Zeit schreibt W. Wiegand (Ztschr. f. d. Gesch. d. Oberrheins, N. F. XXVI H. 1): „Die Annahme, dass um das Jahr 1000

die „Oedenburg" Anlass gegeben, eine etwa 250 m westlich von der eigentlichen Hohkönigsburg auf demselben Bergrücken liegende kleine Burg. Viollet-Le-Duc und seine Nachfolger erklärten (Dictionnaire rais. III 169) dieselbe für ein Vorwerk, „un fortin, dont l'assiette importait à la sûreté de la place". Dem steht jedoch entgegen, dass die Oedenburg fast nur aus einem Palas besteht, der zudem gegen die grössere Burg hin durch eine (etwas gebrochene) 3 m starke Giebelmauer, und zwei Gräben nebst noch vorgeschobener starker Quermauer befestigt, während auch jene Burg gegen Westen ohnehin besonders bewehrt ist. — Befremdlich hat es dann erschienen, dass — anders als bei der grösseren Burg — von der Oedenburg nicht andere urkundliche Nachrichten vorhanden waren als eine solche von 1417, nach welcher die augenscheinlich erst in gotischer Zeit erbaute damals — unbekannt, wie — schon wieder zur Ruine geworden war. In Wirklichkeit ist aber auch die 1417 genannte „oden Burg zu Kungsberg" vielmehr jenes Königsberg im Steintale[1]). — Ich glaube danach, das die folgende einfache Geschichte der Oedenburg unanfechtbar sein wird: Sie wurde wohl im 14. Jahrhundert als eine Erweiterung, ein zweiter befestigter Wohnsitz etwa für Ganerben oder Deszendenten neben der Hohkönigsburg erbaut[2]) und als das „hintere Schloss" oder die „Hinterburg" von dieser unterschieden[3]). Als dann 1462 die Hohkönigsburg als ein Raubnest zerstört wurde, teilte die Oedenburg das Schicksal derselben[4]), und sie blieb als Ruine liegen, als 1479 die Grafen Thierstein die grössere Burg wieder aufbauten.

---

bereits eine Burg sich auf dem Königsberge erhoben habe, zudem nicht bloss eine Burg, sondern eine Gruppe von Burgen, wie Ebhardt will, widerspricht allen unseren historischen Voraussetzungen. In der nördlichen Mantelmauer will Ebhardt S. 45 sogar eine vorromanische Bautätigkeit entdecken. Dies führt ebenso wie seine Vorstellung von 4 bis 5 Bergfrieden, die um das Jahr 1000 auf dem Berge gebaut sein sollen, direkt in das Reich der Phantasie."

Was die Namensänderung betrifft, so sind wahrscheinlich Herren „von Königsburg" (im Steintale), um 1180 geschichtlich vorkommend, nach 1250 in den Besitz des castrum Estuphin gekommen und haben demselben, wie das in solchen Fällen auch sonst vorgekommen ist, auch ihren Namen gegeben.

[1]) F. Wolff, Elsäss. Burgenlexikon, 1908, S. 192 und die da angeführten Quellen. In der Urkunde von 1417 (Wiegand, Zur Gesch. d. Hohkbg. 1901, S. 5) wird „die öde Burg zu Kungsberg" zugleich mit der noch im Steintale vorhandenen Burg Stein als Lehen der dort seit lange ansässig gewesenen Ratzenhusen (Ratsamhausen) genannt. Wolff behandelt freilich die von ihm selbst a. a. O. richtig angegebene Beziehung der Urkunden von 1267, 1276 und 1417 ebendaselbst S. 148 und 252 bei der Geschichte der Hohkönigsburg und der Oedenburg versehentlich in der hergebrachten Weise wieder als auf diese Burgen bezüglich.

[2]) Nach Ebhardt a. a. O. mag nicht nur (S. 2) die Oedenburg schon der eine der „Türme" von 1147 gewesen sein, sondern sie liegt auch „offenbar" an der Stelle einer alten Ringwallanlage. Was er aber für den Rest dieses vielleicht vorgeschichtlichen Walles erklärt, ist einfach beim Burgbau auf der Südseite durch das Ausheben eines Grabens entstanden (vgl. S. 289), und zudem bietet das Innere dieses angeblichen Ringwalles kaum mehr Platz als für den da erbauten Palas.

[3]) Vgl. Urkunde von 1466 (Wiegand a. a. O. S. 11) „Hohenkunigsperg, daz sloss das da heisset das vorder sloss" und im „Burgenlexikon" unter Hinterburg und Vorderburg.

[4]) Auf diese beiden Burgen kann es sich doch gewiss nur beziehen, wenn damals (Wiegand a. a. O. S. 7) die verbündeten Rächer vereinbart hatten: „*Item für welichs sloss man auch kompt und man erobern mag, daz die on gnade und fürwort verslöufft und gebrodnen, ouch mit denen so darin gefunden gehandlet werde nach irem verdienen.*" 1504 wird dann (Wiegand S. 147) vom „alten sloss" als Ruine gehandelt.

Wie offenbar öfter eine Burgengruppe nur durch die zufällige Nachbarschaft günstiger Plätze veranlasst worden ist[1]), so finden sich auch auffallend viele, wenn auch vielleicht nicht zu eigentlichen Gruppen zusammengedrängte Burgen besonders auf den Rändern steiler Flussufer. So ist — ein besonders hervorragendes Beispiel — selbst das Tal der Grossen Lauter, auf der Rauhen Alb fernab von lebhafterem Verkehr liegend und noch heute nicht überall mit einer Fahrstrasse versehen, entlang seinem mit allen Krümmungen nur etwa zehn Stunden langen Laufe vormals nahezu mit der doppelten Anzahl von Burgen besetzt gewesen. Aehnlich beim Tale der Altmühl, und von der Donau zwischen Sigmaringen und Tuttlingen heisst es in der Zimmerischen Chronik II, 459, dass da „*der uralten schlosser gar vil gewesen, das ain billichen verwundern sollte, wie sich doch soviel adels in aim so gar kleinen Bezirk hat erhalten könden*".

Ueber Reihen von Burgen zum Schutze einer Landesgrenze oder Verkehrsstrasse s. S. 32, über die ausnahmsweise Sperrung einer Strasse durch zwei, dann wirklich auch durch eine Mauer miteinander verbundene Burgen S. 318.

---

[1]) Als Burgengruppen von strategischer Bedeutung findet man u. a. noch angegeben Schloss Tirol mit Brunnenburg und Thurnstein (diese angeblich schon „Vorwerke" aus römischer Zeit. S. darüber meine Oesterr. Burgen I, 219), Hohenrätien und Ehrenfels in Graubünden und Hohlandsberg und Pflixburg im Wasgau. Vorgenannte Burgen sind schon örtlich kaum miteinander in Beziehung zu bringen. Als wirkliche Burgengruppen könnten dagegen noch genannt werden: Steincallenfels, Manderscheid und Treis in der Rheinprovinz, Falkenstein im Württembergischen und im Badischen Schwarzwald, Kraig in Kärnten, Weitenstein in Steiermark, Kropfsberg, Lichtwer und Matzen in Tirol, Zebrak und Tocnik in Böhmen u. a. Bei allen diesen ist von einer strategischen Bedeutung auch nicht zu reden.

Dreiundzwanzigstes Kapitel.

Gesamtanlage.

Ergänzendes. Geschichtliche Entwicklung.

Einfluss des Geländes auf den Umfang der Burganlage und ihre Ausgestaltung im einzelnen. Beispiele. Deutschordensburgen. Entwicklung und Ausgang des Burgbauwesens. Beispiele.

Die Behandlung einzelner Burgteile — Berchfrit, Schildmauer, Rondelle, Palas, Burgstrasse etc. — hat bisher schon mehrfach Veranlassung geboten, die gesamte Anlage verschiedener Burgen in Bild und Wort darzustellen[1]). Es bleibt noch übrig, solche (abgesehen von den schon für sich behandelten Höhlen-, Ausgehauenen und Wasserburgen) im Zusammenhange zu behandeln und die bisherigen Ausführungen in mehrfacher Hinsicht zu ergänzen. Nur derjenige, welcher die dafür in Betracht kommenden Grundsätze kennt, wird auch aus einer wenig erhaltenen Ruine unschwer den ungefähren Grundriss der ursprünglichen Anlage erkennen können.

Für die Gestaltung einer Burg waren vor allem zwei Umstände massgebend: die Beschaffenheit des Bauplatzes und in zweiter Linie Stellung und Vermögen des Bauherrn. Beides stand in bezug auf den Umfang der Burg insofern miteinander in Verbindung, als der reiche und mächtige Herr, welcher einer Hofburg benötigte, sich nicht wohl ohne zwingende örtliche Gründe mit einer unzureichenden Raum bietenden Felsklippe als Bauplatz begnügte, während andrerseits dies der geeignetste Platz für den war, welchem Geld und Mannschaft fehlte, um eine umfängliche Burg erbauen und verteidigen zu können. Denn, wie naheliegt, erforderte es die Sicherheit der Burg, dass der gesamte (zunächst) von Natur feste Platz in ihren Bering einbezogen, mit anderen Worten bei einer Höhenburg die Ringmauer allseitig bis an den Rand des Steilhanges vorgeschoben wurde. Beide, Mauer und Abhang, wurden erst durch diese Verbindung voll ausgenutzt, und dem Angreifer wurde damit meistens zugleich ein geeigneter Platz, auf welchem er sich in unmittelbarer Nähe hätte festsetzen können, entzogen.

Dieser Grundsatz pflegte offenbar bei Anlegung einer Burg schwerer ins Gewicht zu fallen als der Umstand, dass ja eine Befestigung mit dem grösseren

[1]) Lagepläne u. a. Fig. 45, 47, 65, 139, 143, 155, 158, 159, 167, 180, 183, 185, 194, 196, 204, 243, 418, 421, 425, 427, 533, 544a, 552, 553, 559, 561, 563, 564, 566, 571, 576, 582 bis 585. S. auch die allgemeinen Ausführungen im 1. Kapitel.

Umfange ihres nicht etwa völlig sturmfreien Beringes zu ihrer Verteidigung auch einer zahlreicheren Mannschaft bedurfte. Der ungewöhnlich und unzweckmässig weit erscheinende Umfang bzw. unbebaute Innenraum einer Burg wird daher durchaus der Regel nach darin seine Erklärung finden, dass erst in diesen örtlichen Grenzen der Burgplatz von Natur geschützt war.

Weiter war für die Gesamtanlage auch die Umrissfigur des Platzes von Einfluss. Vor allem bestimmend waren dafür aber die etwaigen Erhebungen des Geländes innerhalb des Beringes.

Eines der einfachsten Beispiele für den Einfluss des Umfanges bietet das auf einem hohen Vorberge des Wasgau belegene Hohlandsberg, Fig. **586.** Die Burg erscheint, zumal jetzt als Ruine, wesentlich als ein auf ebener Hochfläche liegendes Viereck, von einer einförmigen Ringmauer umgeben, wie sie in solcher ringsum gleichmässigen (2 bzw. 2,30 m betragenden) Stärke und Höhe und zugleich in solcher Ausdehnung (von ungefähr 100 m Länge und zweidrittel Breite) kaum ein zweitesmal vorkommt. Die übrigen Baulichkeiten machen, besonders nachdem auch auf dem Felskopfe *A* nur noch eine niedrige Schuttschicht übrig ist, den Eindruck nur des Nebensächlichen[1]). Die für den Bau und die Verteidigung der Burg gleich ungünstige Ausdehnung derselben war nur in der südnördlichen Längenrichtung durch den hier beiderseits beginnenden steilen Abfall des Geländes gegeben, während östlich noch durch einen vor der Ringmauer gezogenen Graben nachgeholfen werden musste, und westlich, wie auch die hier vorhandenen Schiessscharten zeigen, dem Angreifer immer noch ein ziemlich günstiges Vorgelände blieb, welches auch noch in den Bering der Burg einzubeziehen, wohl nur deren ohnehin schon so weiter und nirgend sturmfreier Umfang verbot. Ueber die nördliche zwingerartige Vorburg s. weiterhin.

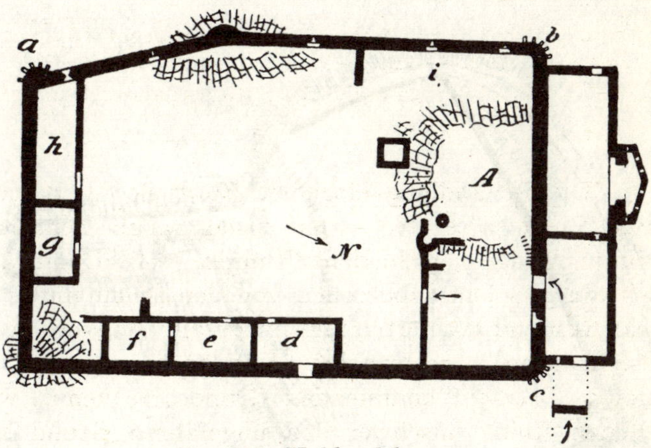

Fig. 586 Hohlandsberg

Während bei einigen Burgen gar kein tauglicher Platz für eine Vorburg da war — so bei Münzenberg (Fig. 65), Freienfels (Fig. 194), Pfalzgrafenstein (Fig. 561) und Haineck (Fig. 603) —, bei anderen — wie Schattenburg (Fig. 243), Rathsamhausen (Fig. 583) — nur ein

[1]) Von den an die Ringmauer gelehnten Gebäuden *d* (später hinzugefügt), *e*, *f*, *g*, *h* und *i* waren die ersteren vier zwei- bzw. dreistöckige Wohnbauten. Der sich bis zur Höhe der Ringmauer erhebende Felskopf *A*, auf welchem nur noch ein Brunnen und ein halbrundes Ecktürmchen erkennbar ist, war jedenfalls als bewohnbares Kern- und Rückzugswerk auch baulich ausgenutzt. (Es entspricht durchaus nicht der Wirklichkeit, wenn nach v. Essenwein, Kriegsbauk. S. 126 der angeblich bis zur Westmauer reichende Felskopf (sogar noch jetzt) ganz mit einem „regelmässig rechteckigen Bau, einer Mota nicht unähnlich", überbaut ist, aus dessen Mitte sich ein 10 m starker Berchfrit erhebt.)

für eine Barbakane ausreichender, so veranlasste in anderen Fällen die Gestaltung des Geländes, der Vorburg eine derartige Ausdehnung zu geben, dass die Hauptburg räumlich nur als ein unbedeutendes Anhängsel jener erscheint.

Eine Anlage dieser Art ist Freudenberg im St. Gallischen Rheintale (Fig. **587** Grundriss und Ansichtskizze von Süden). Nahe der westlichen Uferwand dieses Tales erhebt sich wenig hoch und mit mässig steilem Rande eine Fläche von durchschnittlich 100 Schritten Weite. Auf der Ostseite derselben, und zwar getrennt durch eine Vertiefung in Gestalt eines unregelmässigen breiten Grabens *(a)*, steigt ein zackiger schmaler Felskopf wenig höher auf und an diesen schliesst sich ein etwas breiterer Felsen an, der, rings steil zu der hier tieferen Talsohle abfallend, auf seiner Oberfläche gleichfalls bis zu etwa 10 m unter den Felskopf sich hinabsenkt. Der letztere bot nun lediglich Raum für einen Berchfrit *(n)*, dessen Breite auch noch auf den dritten Teil seiner Länge (von 11 m) beschränkt werden musste. Die dem Angriff zunächst ausgesetzte westliche Fläche war, wenngleich unzweckmässig weit, doch bis zu ihrem Rande ganz als Vorburg mit einer Mauer zu umfassen und in dem am weitesten vorspringenden Winkel mit einem kräftigen Turm (v. 8,10 m Durchmesser) zu bewehren, der zugleich die hier sich heraufziehende Burgstrasse *(m)* beherrschte. Für die Hauptburg blieb hiernach nur der östliche Ausläufer des Felsens, an dessen äusserste Spitze füglich der Palas zu setzen war. Das Terrain war hier zwar sehr beschränkt und bot den Nachteil, dass es, anstatt aufzusteigen, stark abfällt, allein es hatte den Vorzug unersteiglich steiler Ränder und wurde ja zudem durch den Berchfrit gedeckt und verteidigt, neben dem nur (nördlich) ein schmaler Zugang zu diesem Burgteil übrig war. Die Burgstrasse war so weit bis in die Nähe des Berchfrits herumzuführen, als das hier allmählich tiefer abfallende Gelände gestattete, und so nimmt hier der Berchfrit zwar ausnahmsweise eine ganz isolierte Lage zwischen Vor- und Hauptburg ein — der Gesamtbering erscheint da wie zu einer Wespentaille zusammengeschnürt —, allein diese Lage ist eine nicht nur an sich besonders sichere, sondern auch ebenso für die Verteidigung der Burg zweckmässige.

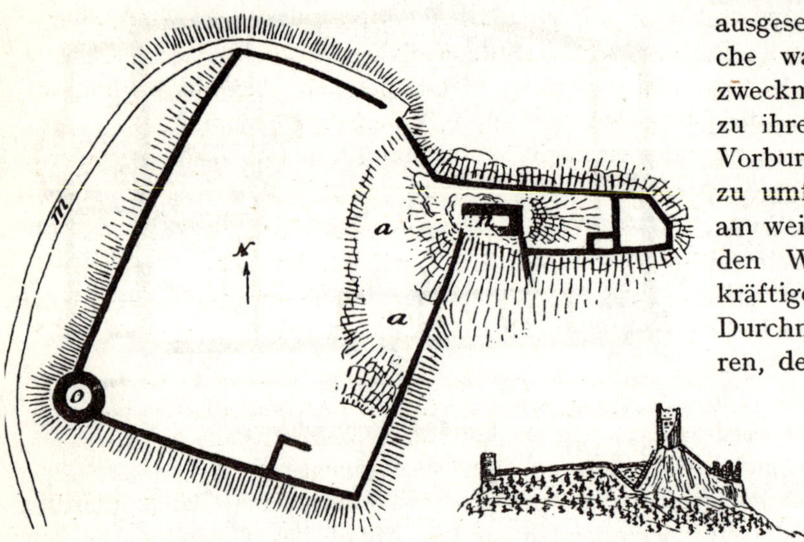

Fig. 587 Freudenberg

Ein noch eigentümlicheres Beispiel einer derartigen Anlage bietet Neideck in der Fränkischen Schweiz. Unweit Streitberg springt von dem hohen Ufer der Wiesent eine breite steilrandige Nase weit in das Tal vor, und von ihrer weiten ebenen, jetzt beackerten Oberfläche ist am letzten Ende durch einen breiten und tiefen Einschnitt ein verhältnismässig kleiner Felskopf (*m* auf der Skizze Fig. **588**) abgetrennt. Um nun nicht einem Belagerer ein für seine Zwecke so günstiges Gelände frei zu lassen, musste man die ganze Nase in das Bereich der Befestigung ziehen. Deshalb trennte man dieselbe bei ihrem Anfange (*a b*) durch Graben und Mauer ab und wiederholte diese Sperrung zweckmässigerweise weiterhin bei einer natürlichen Verengerung (*c d*) zugleich mit Verstärkung der Wehrlinie durch zwei Türme, so dass zwei ungewöhnlich weite Vorburgen entstanden. Zu der kleinen Hauptburg führte dann bei *n* eine Brücke über die Schlucht, welch letztere noch durch Mauern auf beiden Seiten von aussen abgesperrt wurde. Der wenig ebene Oberfläche enthaltende Felskopf bot im Gegensatz zu den Vorburgen anscheinend selbst für die notwendigen Wohnräume nicht genug Platz, wenigstens ist dort jetzt nur noch ein bewohnbarer Berchfrit *e* vorhanden, der zugleich das Tal weithin zu beobachten gestattete, während ein schmaler Wohnbau *w* auf tieferer Stufe Platz finden musste.

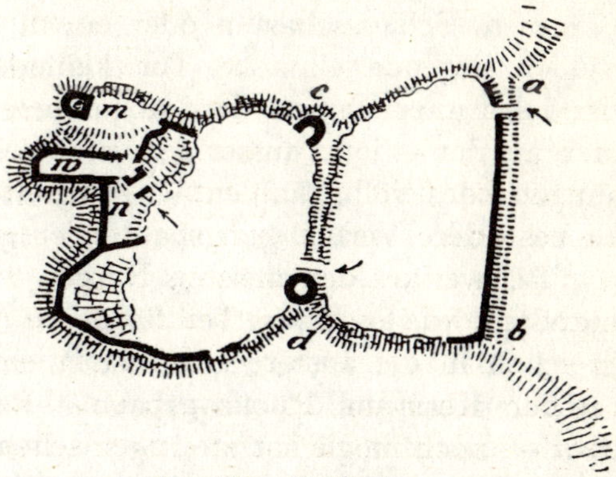

Fig. 588 Neideck

Bei anderen Burgen — so Dhaun an der Nahe, Schreckenstein an der Elbe, Wolkenstein in Steiermark — konnte ein weiter durch steilen Abhang begrenzter Platz nicht einmal zu einer die Hauptburg entsprechend deckenden Vorburg benutzt werden, da der Zugang zu ersterer nicht über ihn hinwegzuführen war. Es handelte sich da also um einen beträchtlichen Teil der Gesamtanlage, der, weil abseits gelegen, nur etwa als Garten oder Acker zunutze kommen konnte. Im grössten Masse ist das bei der Riegersburg der Fall, deren umfängliche Befestigungs- und Wohnbauten doch nur einen kleinen Teil der weiten ummauerten Oberfläche des Burgfelsens einnehmen. Auf Wachsenburg (Thüringen) umschliesst dieselbe in Gestalt eines besonders weiträumigen Zwingers die kleine Hauptburg.

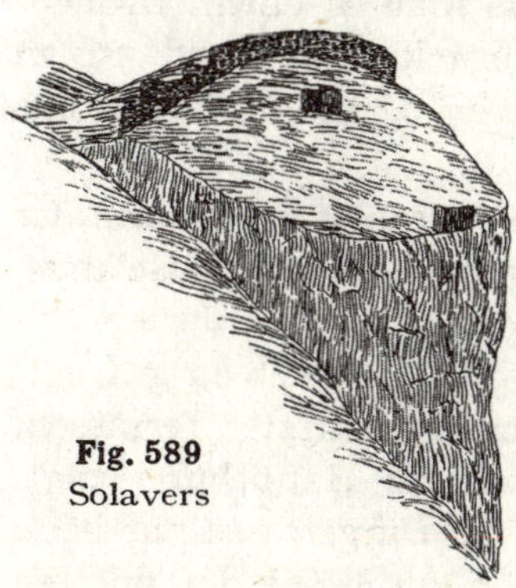
Fig. 589 Solavers

Die besondere Beschaffenheit des Platzes hat beispielsweise bei Solavers in Graubünden zu mehrfachen Abweichungen von dem sonst bei Burganlagen mit gutem Grunde Gewohnten geführt. Die grasbewachsene geräumige Oberfläche des Felsens, welcher die Ruine trägt, steigt, Fig. **589**, zu ihrer Mitte mässig steil an, während der Rand nur auf der der Bergseite abgekehrten Hälfte des Burgfelsens unersteiglich in das Landquarttal bzw. zum hier mündenden Schmittnerbache abfällt. Offenbar aus diesem Grunde hat man hier ausnahmsweise nur diese Hälfte des Felsens zur Burganlage benutzt und zu dem Behufe eine geradlinige ca. 50 m lange und 1,5 m starke Mauer quer über denselben gezogen, obgleich so in vollends seltener Weise der Burgplatz von der Angriffsseite aus durchweg abfällt, anstatt, wenn möglich, anzusteigen. Da das Gelände zu dieser Wehrmauer ansteigt und ebenso auf der die Burg tragenden Talseite wieder abfällt, brauchte die Mauer nicht besonders hoch zu sein; auffallend aber ist, dass diese einzige und ausgedehnte Verteidigungsfronte der Burg, obgleich noch ziemlich vollständig erhalten, nichts an Türmen, Schiessscharten oder einem Wehrgang mit Zinnen, wie auch das in derselben liegende einfache Tor keinerlei Verteidigungsvorrichtungen aufweist. Es ist daher anzunehmen, dass, abgesehen von der doch etwa noch höher gewesenen Mauer, auf der — jetzt ausser den vereinzelten Ruinen der Kapelle und eines kleinen Wohngebäudes völlig kahlen — Burgseite dem weiteren Vordringen des Feindes noch besondere Verteidigungsbauten entgegengestellt waren. —

Bei weitaus den meisten Burgen war für die Gesamtanlage ihrer baulichen Bestandteile wie auch zum Teil für deren Ausgestaltung das Bestreben bestimmend, dem schon in die äussere Umfassung eingedrungenen Feinde den weiteren Weg bis zu dem Kern- und Rückzugsbaue — Berchfrit oder Palas oder beides zusammengebaut — noch möglichst streitig machen zu können, indem der erstere zu einem tunlichst langen Wege genötigt wurde, auf welchem er nicht nur den Geschossen der Verteidiger ausgesetzt war, sondern auch eine Anzahl hintereinander liegender Hemmungen — Tor und Graben, auch woh steile Abhänge — überwinden musste.

Auch hierbei pflegte die Beschaffenheit des Burgplatzes von bestimmendem Einfluss zu sein. Zunächst dessen Umrissfigur, indem man bei einem schmalen und langgestreckten sich meistens damit begnügen musste — so bei Burghausen in Bayern, Hochwald in Mähren und Aggstein (s. weiterhin) —, Eingangstor und Kernbau an die beiden Enden zu verlegen und den geradeaus von dem einen zum andern führenden Weg möglichst durch Sperranlagen zu unterbrechen. Zu den seltenen Ausnahmen gehört Karlsberg in Böhmen[1]). Da liegen Eingang und Kernbau der Burg (S. 369) auf demselben Schmalende, und man könnte ohne eine sperrende Ringmauer vom einen zum andern auf mässig steilem, 30 m langem Wege gelangen. Statt dessen muss man in einem Zwinger bis zum anderen Ende der Burg und in dieser wieder zurück einen rund 350 m langen, mit den üblichen Hemmungen versehenen Weg verfolgen. S. hierzu das S. 176 zur Stellung des Berchfrits Bemerkte.

Bei, wie gewöhnlich, mehr in die Breite gehenden Burgplätzen konnte der Weg innerhalb des Beringes, zumal auf unregelmässig ansteigendem Gelände, zweckmässig mehr oder weniger im Zickzack geführt werden.

Der Phonolithkegel des Hegau, welcher die Burg Mägdeberg trägt, bietet im wesentlichen zwei ringsum durch Steilabhang geschützte Terrassen, deren obere sich zwischen *l* und *o*, Fig. **590**, erstreckend, die Hauptburg trägt. Von der im Süden sich hinziehenden Hochebene her war die Burgstrasse nur bei *a* und von hier aufsteigend allmählich bis zum Haupttore *n* zur Höhe der unteren Terrasse hinaufzuführen, südlich von einer Mauer begrenzt, die zugleich zu ihrem unteren grössten Teile Futtermauer ist. Bei *a* stand wahrscheinlich ein äusserer Torbau, zu welchem von dem Batterieturme *x* eine durch den halbrunden Turm *r* unterbrochene Mauer hinablief. Diese mit den beiden Türmen beherrschte den letzten Teil der Burgstrasse vor dem Aussentor *a*, von da ab konnte dieselbe ihrer

[1]) Lagepläne von Hochwald und Karlsberg in meinen „Oesterr. Burgen" III und IV.

ganzen Länge nach sowohl von der nördlich sich erstreckenden zunächst hoch liegenden Ringmauer, als auch von dem Turme *z* beschossen werden[1]). Der in das Haupttor *n* Eingedrungene fand sich in dem rings von Mauern eingeschlossenen zwingerartigen Raume *A* vor allem dem nicht eben hohen, aber steilen Felsen der Hauptburg *C* gegenüber, auf dessen Rande eine verteidigungsfähige Zwingermauer hinlief, überragt noch von den gleichfalls wehrhaften Bauten der Hauptburg, besonders dem mit Schiessscharten versehenen Baue *l*. Durch das mit einem Wehrgange überbaute Tor *m* führte der Weg dann in die geräumige Vorburg *B*, welche gleichfalls von der höheren Hauptburg beherrscht wurde. Auf der Felsstufe *b d*, welche diese Vorburg in zwei Hälften teilt, würde passend eine weitere Abschnittmauer mit Tor gestanden haben, doch ist wenigstens jetzt nichts mehr davon zu sehen. Der Torbau *o* mit seinem etwa 2 m über dem Boden der Vorburg gelegenen Eingange wehrte dann noch dem Eindringen in die Hauptburg. Von dem Palas, der hier gestanden hat, ist ausser dem unbedeckten Kellerraum nichts, von *l* über dem gewölbten Erdgeschoss mit Schiessscharten wenig erhalten. Am Fusse der Hauptburg ist im Westen noch der tiefer liegende Zwinger *D* mit einem halbrunden Mauerturme vorgelegt. Jenseits desselben erstreckt sich noch eine Grashalde, die allseitig mehr oder weniger steil zu dem unersteiglichen Felsrande abfällt. Dieselbe wäre der sonst befolgten Regel nach gewiss mit in den Burgbering gezogen worden, wenn dieser nicht ohnehin reichlich gross gewesen wäre, während andrerseits der nur von Osten aus mögliche Zugang zu diesem dem Angreifer nützlichen Platze durch die davor liegende Burg versperrt war. Nur bei dem Maueranschluss bei Turm *z* war etwa solcher Zugang zu erreichen. Es konnte hiernach auch keinen Zweck haben, den Platz nach aussen mit einer Ringmauer zu umgeben[2]).

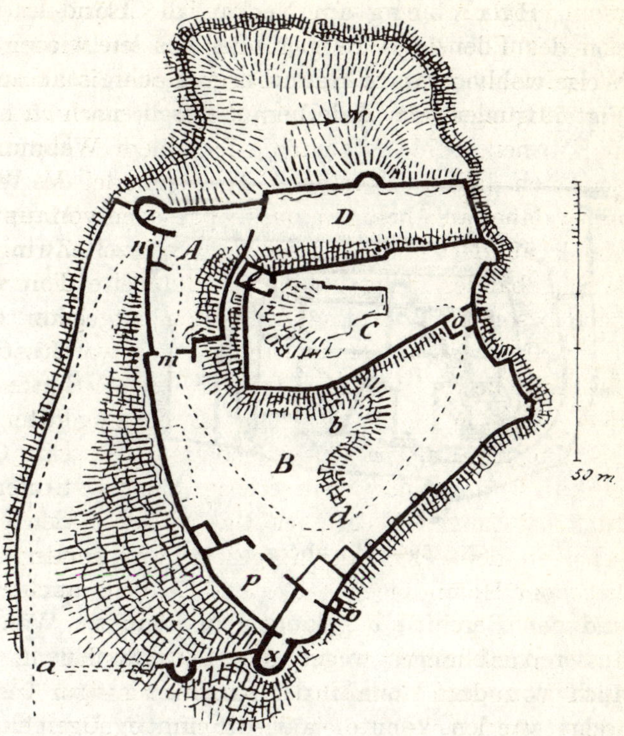

Fig. 590 Mägdeberg

Einen gleichfalls im Zickzack innerhalb des Beringes ansteigenden Weg haben wir bei Altbodman, Fig. 425, gesehen.

In anderen der Oertlichkeit nach geeigneten Fällen u m k r e i s t solcher Weg die Hauptburg bis zum Eingang in dieselbe.

---

[1]) Ueber diese Burgteile vgl. S. 135 und 350.

[2]) Nach K u n s t d e n k m. d. G r o s s h e r z o g t. B a d e n I, S. 43 sollen noch Reste solcher Mauer vorhanden sein; ich habe sie jedoch vergebens gesucht.

Hornberg am Neckar, die Burg des Götz von Berlichingen, an sich von der Ebene des Bergrückens aus leicht angreifbar, hat doch eine auf solche Weise wohlverwahrte Hauptburg. Mochte man auf der Bergseite durch das Tor *a*, Fig. **591**, oder vom Tale herauf durch eine sich nach Süden erstreckende Vorburg kommen, so führte die letzte Strecke des Weges zu dem Eingangstore *c* der Hauptburg sanft ansteigend durch den Zwinger *m*, hintereinander durch drei Tore versperrt, deren erstes und letztes von einem Wehrgang mit gezinnter Brustwehr überdeckt sind. Das Tor *c* hatte dicht vor den Torflügeln ein Fallgitter. Der Burghof war dann durch eine Quermauer mit Tor, zu welchem Stufen hinanführen, in den Teil *A* und den etwas höher gelegenen *B* geschieden, so dass jedenfalls sechs Tore zu passieren waren, um an den Palas *p-p* und den Berchfrit *o* gelangen zu können. Während nun auf der Westseite des äusseren Abhanges wegen eine Leiterersteigung nicht wohl zu befürchten war, auch von dem Umlauf der Ringmauer und besonders dem Turme *r* aus abgewehrt werden konnte, war die innere Umschliessung der Hauptburg *(o p q c)* nach den drei anderen Seiten durch übereinander aufsteigende Zwinger wohlgeschützt. Der Zwinger *l* (mit der gezinnten Brustwehr auf der gegen die Vorburg gerichteten Ecke *z*) liegt ziemlich hoch über dem übrigen Burgterrain, der Zwinger *n*, mit Mauertürmen versehen, wieder höher und der rings von Gebäuden oder hoher Mauer umschlossene Burgkern erhebt sich besonders gegen Norden, wo beim Berchfrit ein steiler Felsabhang zutage tritt, als dritte Terrasse. Zumal von der nordwestlichen Ecke aus konnte daher auch der darunter liegende Zwinger *m* wirksam verteidigt werden. Den Höhenunterschieden entsprechend sind die Zwinger an verschiedenen Stellen durch Treppenstufen miteinander in Verbindung gesetzt. (Die Pfeile bezeichnen die Richtung des Aufstieges.) Von dem Treppenturme *e* aus gelangte man auf das platte Dach der Kapelle *K* und auf den Wehrgang, der sich auf der Westseite längs des Zwingers hinzieht. Weitere Beispiele eines im Kreise geführten inneren Weges bieten Frankenburg im Wasgau, St. Michaelsburg in Tirol und besonders Rappottenstein in Niederösterreich. Bei dieser Burg liegt der Palas nach aussen auf ziemlich hohem und steilem Felsen, und der zu ihm führende Weg, innerhalb der Burg in vollem Kreise herumgeführt, ist durch sieben Tore gesperrt. Der Palas ist zwar mit seiner Giebelseite dem Angriffe zugekehrt, aber da durch einen unmittelbar vorgebauten fünfeckigen Berchfrit völlig gedeckt[1]).

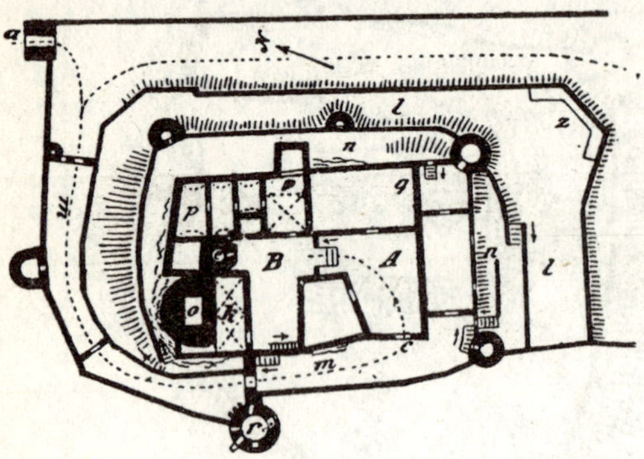

Fig. 591 Hornberg

Bei anderen Burgen gab besonders das innerhalb des Beringes fortwährend ansteigende Gelände Gelegenheit zur Anlegung eines wohlverteidigten Zuganges zu ihrem Kernbau. Zu den Beispielen gehört da das 1348—57 von Kaiser Karl IV. als böhmische Kronfeste und sicherer Aufbewahrungsort der böhmischen

---

[1]) Grundrisse von St. Michaelsburg und Rappottenstein in meinen „Oesterr. Burgen".

und deutschen Reichskleinodien, Staatsarchive und von Reliquien 30 km westlich von Prag erbaute Karlstein, Fig. **592**[1]). Auf einem steilrandigen, halbmondförmig aufsteigenden Felsen belegen, zerfällt die Burg, abgesehen von dem Zwinger *zz*, in fünf gegeneinander abgeschlossene und für sich zu verteidigende Teile. Dieselben sind: 1. der nordwestliche unterste, ein Gebäude und den halbrund vorspringenden Brunnenturm (vgl. darüber S. 509) enthaltend, 2. das als Vorburg anzusehende sogenannte „Burggrafenamt", hauptsächlich mit den Wohnungen für die beiden Burggrafen und die zwanzig Reisigen, denen die Hut des Schlosses übertragen war, 3. die Hauptburg, den langgestreckten Palas *X* enthaltend und an diese sich anschliessend noch zwei, je wieder höher gelegene Teile 4 und 5, deren Mitte je ein mächtiger turmartiger Bau, *U* und *O*, einnimmt. Die (durch Pfeile bezeichnete) Burgstrasse bzw. ihre Fortsetzung innerhalb des Beringes

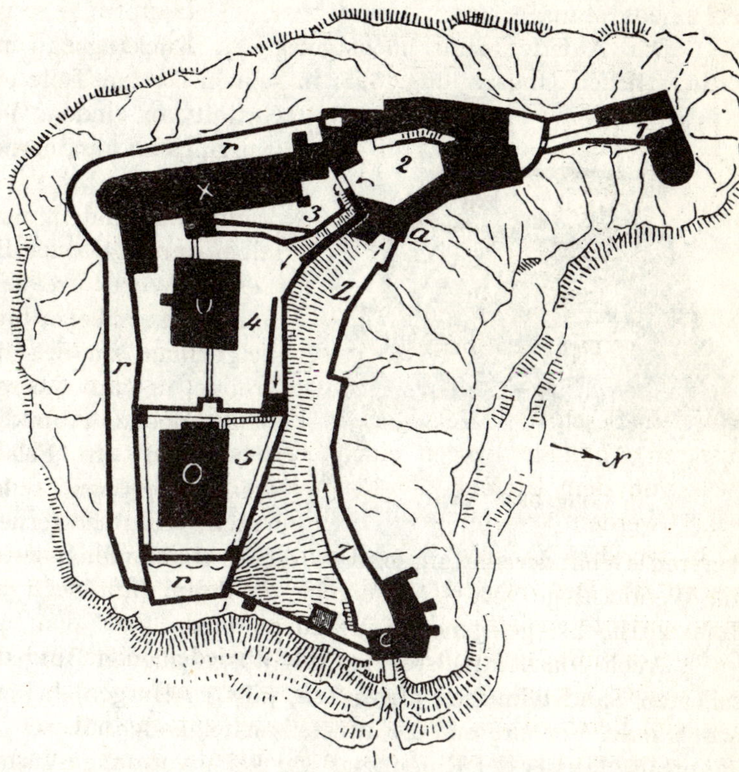

Fig. 592 Karlstein

führt, da das Gelände eine Einführung am tiefstgelegenen Teile 1 nicht gestattete, durch den Turm *C*, an welchen sich nördlich ein Wachthaus anschloss, in den Zwinger *zz*, der östlich durch eine turmbewehrte, zur höchsten Felsspitze ansteigende Mauer abgeschlossen ist, dann durch den Turm *a* in die Vorburg 2, durch eine mächtige, den Hof 3 rechtwinklig umschliessende Stützmauer in diesen, auf einer von Mauern eingefassten Freitreppe in den Burgteil 4 und auf einer ähnlichen Rampe und durch einen weiteren Torturm auf die oberste Platte 5. Abgesehen von dem Zwinger *r*, der die Burg von der Vorburg an auf den drei durch den Zwinger *z* nicht gedeckten Seiten umgibt, ist der Turm *O* durch eine Ringmauer mit Wehrgängen und vier Ecktürmen noch besonders geschützt. Der viereckige Treppenturm des Palas ist mit dem gegenüberliegenden Baue *U* und dieser auch mit der Stufe 5 durch eine hohe Brücke verbunden. Ueber den Bau *O* s. S. 237, über die Kapellen der Burg S. 533 und 535. Dem Umfange und der Wichtig-

[1]) Nach Mitteil. der k. k. Zentralkomm. VII 75 Bestand vor der jüngsten Wiederherstellung der Burg (s. Kap. 24), bei welcher manche ausserhalb der Hauptburg 3—5 belegene Baulichkeiten abgebrochen worden sind.

keit der Feste entspricht es endlich auch, dass ausser der verhältnismässig starken Friedensbesatzung von 20 Kriegsknechten, abgesehen von deren beliebiger Verstärkung im Kriegsfalle, 22 umwohnende Lehensträger — und wohl nicht allein für ihre Person — verpflichtet waren, im Falle der Gefahr sich zur Verteidigung des Schlosses einzufinden. So widerstand denn auch die Burg mehrfachen Belagerungen, besonders 1422 (vgl. S. 403) einer 24 Wochen langen durch ein Heer von 24 000 Mann[1]).

Der Aufstieg zum höchstgelegenen Rückzugsbau nimmt auf Arva im nordwestlichen Ungarn, Fig. **593**, in seinem letzten Teile eine fast abenteuerliche Gestalt an, indem jener Bau einen hohen fast ringsum annähernd wandsteilen, bei 90 m Länge nur 2 bis 11 m breiten Felsen einnimmt. Nachdem man bis zum Fusse desselben innerhalb der Burg fünf Höfe und auf diesem Wege drei Freitreppen und einen 60 m langen überwölbten Tunnel passiert hat, steigt man am Felsen auf einer 50stufigen Treppe in das Obergeschoss der mittleren Baugruppe der Abbildung[2]). Daran schliessen sich dann am Felsabhange im Zickzack weitere Treppen, teils aus dem Felsen gehauen, teils hölzerne überdachte, bis zur obersten Gebäudereihe an, und in dieser sind endlich weitere Treppen, darunter eine Wendelstiege von 55 Stufen, bis zu ihrem (mit noch 50 m über dem obersten Hofe) zu höchst gelegenen Ende zu ersteigen. —

Fig. 593 Arva

Auch von den meistens zu den ausgehauenen Burgen (Kap. 21) gehörenden isolierten Sandsteinfelsen abgesehen, gibt es Burgen, bei welchen ausnahmsweise zwischen der Vorburg und der auf steil ansteigender höherer Geländestaffel liegenden Hauptburg (ausser der Ringmauer) gar keine vormalige Verbindung zu erkennen ist.

Zu den Beispielen gehört Sigmundskron bei Bozen. Die umfängliche Burg besteht aus drei im ganzen von Süden nach Norden nebeneinander liegenden Teilen. Der mittlere, die Hauptburg tragende, fällt gegen die südliche Vorburg steil und ziemlich tief, noch steiler und tiefer gegen die nördliche ab, und kann er von jener aus jetzt über Schutt erstiegen werden, während er von dieser aus nur für Kletterer erreichbar ist. Obgleich nun die südliche Vorburg mit der Hauptburg schon eine hinlänglich geräumige Gesamtanlage bilden würde, und die nördliche zur Sicherheit derselben fast nichts beitragen kann, hat doch sicheren Anzeichen nach[3]) diese mit der Hauptburg die ursprüngliche Burg Formigar gebildet, und Herzog Sigmund hat, als er nach 1471 die dann nach ihm benannte Feste fast neu erbaute, und ringsum besonders mit starken Mauern und Rondellen bewehrte, erst die ebenso ausgestattete südliche Vorburg hinzugefügt.

---

[1]) Vorstehendem nach sehr irrtümlich bemerkt v. Essenwein, Kriegsbauk. 138 f. über die Burg: „Sie war nicht bestimmt, eine grosse Besatzung zu umfassen, hatte solche auch in der Tat nicht und bedurfte nie der Verteidigungsmassregeln. Sie sollte als ein Schmuckstück und Schatzkästlein auch aussen erscheinen und wurde nur der beiden ebengenannten Kapellen wegen errichtet.“

[2]) Dieser Teil des Aufstieges ist unlängst geändert worden.

[3]) Nähere Begründung in meinen „Oesterr. Burgen“ IV, S. 210 ff.

Auf Thierberg am Inntale[1]) und Gayen unweit Meran kann die Hauptburg von der tiefer liegenden Vorburg aus gleichfalls nur kletternd bzw. auf einer Holztreppe erreicht werden, und beide Burgteile haben daher ihren eigenen Eingang.

Aggstein, eine vom Donauufer gegen den Strom vorspringende Bergnase einnehmend, ist dadurch ungewöhnlich bevorzugt, dass auf beiden Enden des 150 m langen Burgplatzes ein ansehnlicher Felskopf sich erhebt, der noch wieder aus je zwei senkrecht aufsteigenden Staffeln besteht, und dessen Gipfel daher nur mittels je zweier hoher Leitern erreichbar ist. Wie der den Ankommenden nächstgelegene zur Verteidigung des Einganges von Wichtigkeit war, so gewährte der an der äussersten Spitze des Vorsprunges liegende, auf welchem die Hauptburg Platz fand, einen besonders gesicherten Rückzugsort, und zugleich konnte der schon dazwischen in den Burghof eingedrungene Feind beiderseits von den ihm unzugänglichen Felsen herab aufs wirksamste bekämpft werden. Fig. **594**, Längsschnitt, und **595**, Grundriss (beide nach meinen „Oesterr. Burgen" II). Auf der Angriffsseite liegt unter dem Felsen *t* etwa 4 m höher als der Hofraum *a* der Zwinger *z* und neben einer 2,6 m starken Ringmauer der massive Mauerklotz des Tores *v*. Hinter diesen zwei

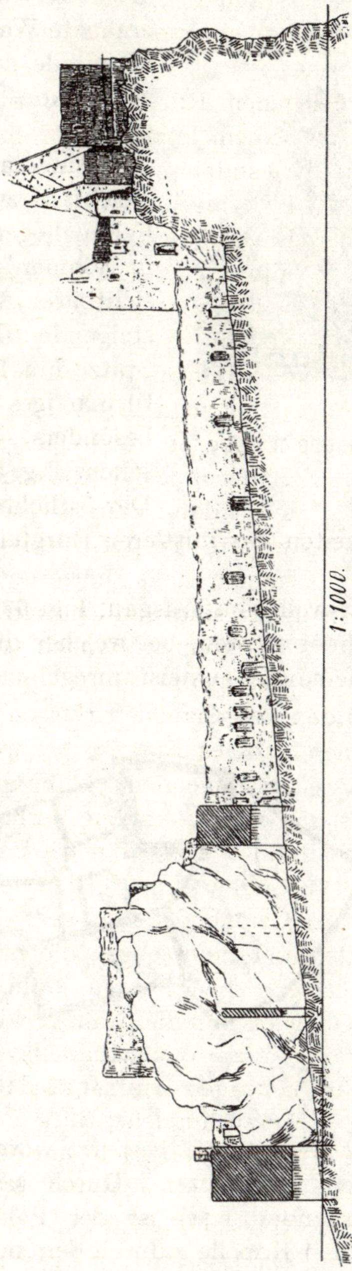

1:1000.

Fig. 594 Schnitt durch Aggstein

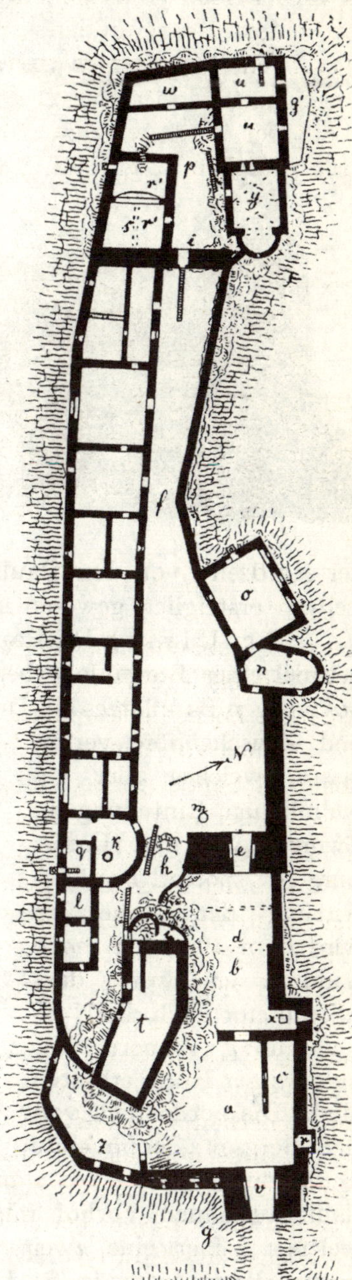

Fig. 595 Grundriss desselben

1:1000.

[1]) Meine „Oesterr. Burgen" IV, Fig. 236.

Quermauern mit Tor (die zweite, *d*, ist abgebrochen) ein zugeschütteter Graben und die schildmauerartig über 5 m dicke und etwa 12 m hohe Mauer *e*, an deren Plattform sich die ebenso hohe Felsstaffel *h* anschliesst. Die der Burg zugekehrte Seite des nordöstlichen Felskopfes bildet (vgl. Fig. 220) eine senkrecht abgearbeitete und durch Mauerwerk ergänzte Wand. (Ueber andere Bestandteile der Burg s. die im Burgenlexikon angegebenen Textstellen.)

Fig. 596 Trosky

Einer auf einem Hügelrücken gleichfalls zwischen und auf zwei Felsen liegenden Burg, T r o s k y in Böhmen, geben die auf weithin sichtbarer Anhöhe vereinzelt aufsteigenden Basaltkegel, auf ihrer Spitze nur Raum für je ein wohnturmartiges Gebäude bietend, ein besonders abenteuerliches Aussehen. Fig. **596** Ansicht aus Süden. Der östliche Felsen kann auch auf der Nordseite von den Baulichkeiten des mittleren Burgteiles aus nie ohne hohe Leitern ersteiglich gewesen sein.

S t. U l r i c h bei Rappoltsweiler im Wasgau, Fig. **597**, kann als ein Musterbeispiel einer Burganlage bezeichnet werden, bei welcher die unebene Gestaltung des felsigen Bauplatzes ein Durcheinander zumeist unregelmässig gestalteter Bauten und Zwischenhöfe veranlasste, welches aller gewöhnlichen Einteilung in Zwinger, Vor- und Hauptburg etc. spottet. Die Entwirrung der Mauerzüge wird dem Besucher noch dadurch erschwert, dass überall nur noch die U m f a s s u n g s mauern bis zu gewisser Höhe erhalten sind. Die nordöstlich von der Bergseite kommende Burgstrasse scheint bei *a* und *b* durch Tore gesperrt worden zu sein. Sie führt dann auf einen Vorhof mit dem Brunnen *c*. Durch seine Fensterreihe (über welcher früher eine zweite vorhanden war) ist der Palas *P* leicht erkennbar, ebenso die anstossende (St. Ulrichs-) Kapelle *g* durch den noch vorhandenen Altarstein und weiter der mauerumschlossene Raum *d* u. a. durch einen (romanischen) Kamin im Erdgeschoss als ein Wohnbau. Der von der übrigen Burg durch eine Mauer abgeschlossene freie Platz vor dem Berchfrit *e* besteht hauptsächlich aus der höher gelegenen Platte *f*, zu welcher Felsenstufen hinanführen. Ein starker, nicht mehr hoch erhaltener Wohnturm *h* lag am anderen Ende der Burg, neben

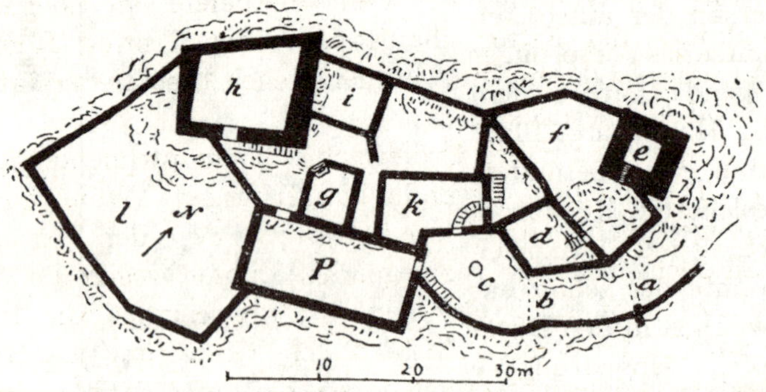

Fig. 597 St. Ulrich

ihm der unbedeutende Bau *i*. Ein Gebäude endlich war jedenfalls auch das Mauerviereck *k*, welches rings von freien Hofräumen umschlossen erscheint und nicht anders erklärbar sein würde[1]). Auf der südlichen Talseite schliesst der weite Hofraum *l*, welcher Stallungen u. dgl. enthalten haben wird, die Anlage ab. Unter dem Palas liegt am Fusse des Burgfelsens noch weiteres nicht unbedeutendes Mauerwerk zur Verteidigung des vom Tale heraufkommenden Weges. — Die Burg stammt den baulichen Einzelheiten nach spätestens aus dem Anfange des 13. Jahrh. Sitz der Rappoltsteiner Grafen und 1435 erweitert, wurde sie zu Anfang des Dreissigjährigen Krieges dem Verfall überlassen.

Besonders im Fichtelgebirge sind Gewirre grosser Felstrümmer, welche die Berggipfel krönen, für die unregelmässige Gestaltung zwischen und auf ihnen erbauter Burgen — so Luxburg, Waldstein, Weissenstein — bestimmend gewesen.

Ueber die seltsame ältere, aber auch in Kraus, Kunst u. Altert. in Elsass-Lothr. (III, 1891, S. 291) übernommene Idee, die 1523 zerstörte Sickingensche Lützelburg im Wasgau habe die Gestalt eines fünfspeichigen Rades gehabt, indem vom fünfeckigen Berchfrit ebenso viele voneinander getrennte Baulichkeiten, je mit einem viereckigen Turme abschliessend, ausgingen, s. 1. Aufl. S. 610. —

Aus dem Rahmen der bisher behandelten Burgen treten einigermassen diejenigen heraus, welche im Nordosten unseres Gebietes der Deutsche Orden im 13. und besonders im 14. Jahrh. errichtete. Sie sind nicht, wie sonst gewöhnlich, die festen Einzelwohnsitze eines ritterlichen Inhabers mit seiner Familie und den zum Haushalt und zur Besatzung gehörigen Untergebenen, sondern befestigte Ritterkasernen, deren Innenräume zugleich infolge des geistlichen Charakters der Ordensleute nach Einteilung und Zweck mit denen eines Klosters Aehnlichkeit haben. So gehörten zu diesen Räumen notwendig die Wohnung des den Oberbefehl im Schlosse führenden Komturs, die Schlafsäle der Ritter, die Kapelle, der Remter (Refektorium) und der Kapitelsaal, die letzteren drei in der Regel besonders stattlich und mit kunstreichen Gewölben überdeckt.

Der Natur des Ordensgebietes entsprechend waren diese Burgen der Regel nach in der Ebene liegende Wasserburgen. Wenn auch den da nur vorhandenen mässigen Anhöhen, soweit tunlich, der Vorzug gegeben wurde, so suchte man doch schon der anzulegenden Mühlen wegen die Verbindung mit dem Wasser, welches dann auch etwa durch Stauwerke in die Ringgräben gebracht werden konnte[2]). Da somit eine besondere Gestaltung des Baugrundes nicht, wie vorhin gezeigt, zu einer entsprechenden Anordnung der Burgbauten Anlass gab, andrerseits ungewöhnlich umfängliche Wohnräume notwendig waren, so führten beide Umstände vereint dazu, dass der Hauptteil der Ordensburgen fast immer aus einem einen annähernd quadratischen Hofraum umschliessenden Gebäudeviereck bestand, so in Papau, Marienburg, Gollub, Marienwerder usw.

---

[1]) Man muss hier um so mehr noch einen weiteren Wohnbau annehmen, als die Burg 1518 von nicht weniger als 200 (?) Personen bewohnt gewesen sein soll.

[2]) Nach Mitt. Dr. Steinbrechts. Wohl der Umstand, dass die Gräben jetzt (aus verschiedenen Ursachen) meistens trocken sind, veranlasste v. Cohausen (Befestigungsweisen S. 140) zu der Meinung, es habe bei dem Deutschen Orden als Regel gegolten, keine Wassergräben anzulegen, weil im Ordenslande vorzugsweise im Winter Krieg geführt worden sei. Beides ist unzutreffend.

Ein Beispiel dieser regelmässigen Anlagen bietet auch das Schloss R h e d e n, jetzt Ruine, 18 km östlich von Graudenz zum Schutz des Culmischen Landes auf Grundlage einer älteren Holzburg im ersten Jahrzehnt des 14. Jahrh. erbaut[1]).

Der quadratische Hauptbau ist von einem ebensolchen 10 m breiten Zwinger (*a*, Fig. **598**) und dann von einem 21 bzw. 35 m messenden Graben umgeben, der nach aussen durch eine 1,9 m starke (Futter-) Mauer eingefasst wird. Im Süden war eine Vorburg, 79 zu 154 m weit, vorgelegt, deren gleichfalls 1,9 m dicke Ringmauer zum Teil noch durch angebaute gewölbte Stallungen verstärkt war. Oestlich erstreckte sich eine kleinere Vorburg zwischen dem Ringgraben und einem See, dessen früher höheres Wasser sowohl die Vorburgen für sich als mittels des Ringgrabens die Hauptburg umgab. Der von Norden kommende Weg zog sich durch die beiden Vorburgen ins Schloss.

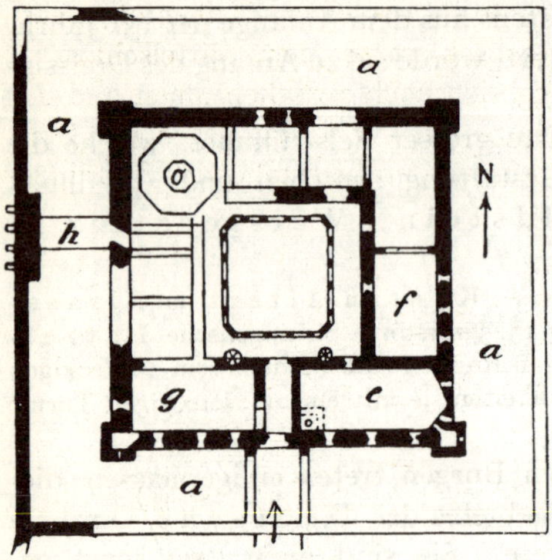

Fig. 598 Rheden

Der Palas, dessen Seiten einschliesslich der ihn flankierenden, 5,3 m starken Ecktürme 52,4 m messen, umschliesst einen Hof, auf dessen vier Seiten eine zweistöckige, gewölbte, nach innen offene Galerie dem Baue vorgelegt war. Zu dem oberen Stockwerke dieses Umganges führte auf jeder Seite der Torhalle eine Wendeltreppe hinauf. Die rechte Seite des südlichen Flügels wurde von der Kapelle *c* eingenommen, die mit Wandmalerei, hohen Fenstern und zierlichen bis in das Dach reichenden Rippengewölben ausgestattet war. Von derselben zweigt sich eine kleine im Eckturm liegende Seitenkapelle ab. Reich profilierte Portale bildeten von der oberen Galerie aus den Zugang zu der Kapelle, wie zu dem nördlich sich anschliessenden Kapitelsaale *f*, während jener gegenüber die westliche Hälfte des Südflügels anscheinend von dem Konvent-Remter *g*, 8,8 zu 18,2 m messend, eingenommen wurde. Mit demselben stand ähnlich wie bei der Kapelle das betreffende Stockwerk des Eckturmes in Verbindung. In der nordwestlichen Ecke lag ganz ausnahmsweise ein nur noch im Fundament erhaltener mächtiger achteckiger Berchfrit *o*, vom benachbarten Mauerwerk abgesondert. Unter dem Dache des Palas lief nach noch vorhandenem Rest jedenfalls ringsum ein Wehrgang. Nur die vorhin genannten drei Haupträume sind bis zu ihren Gewölbanfängen einigermassen erhalten. Unter denselben liegen der Keller und ein Erdgeschoss, beide niedrig und mit einfachen Kreuzgewölben überspannt. Das Eingangsportal hat zu beiden Seiten des Tores unter einem Spitzbogenfries eine Nische und wird besonders durch die über diesem Tore selbst hoch aufsteigende 1 m tiefe Nische zu monumentaler Wirkung gebracht. Zu wesentlichem Schmucke aber diente dem ganzen stattlichen Schlossbaue die durch schwarze Ziegel (auf rotem Grunde) hervorgebrachte netzförmige Verzierung, welche die ganze Aussenseite der 28,6 m hohen Ecktürme, sowie den oberen Teil der Hauptfassade bedeckte. Ebenso waren die hofseitigen Wände innerhalb des

[1]) Eingehende Bearbeitung in S t e i n b r e c h t, P r e u s s e n z. Z. d e r L a n d m e i s t e r, 1888, S. 54 ff.

Umganges mit abwechselnd gelb und grün glasierten Ziegeln bedeckt. Ueber die Anlage bei *h* s. S. 493.

Das weitaus grossartigste dieser Ordensschlösser war bekanntlich die M a r i e n b u r g (Fig. **599**), von welcher hier nur eine Uebersicht über ihre Gesamtanlage gegeben werden kann[1]). Die Burg bildet die bis an die Nogat reichende nördliche Spitze der zugleich eine weite Vorburg bildenden gleichnamigen Stadt und besteht im wesentlichen aus drei, auch zeitlich in derselben Reihenfolge entstandenen bzw. ausgebauten Teilen: dem Hochschloss *A*, dem Mittelschloss *B* und der Vorburg *C*. Längs dieser drei Teile zog sich noch zwischen ihnen und der Nogat eine zweite zwingerartige schmale Vorburg hin. Von der gegen die Burg offenen Stadt aus führte das Schuhtor *a* neben dem am Graben stehenden Sperlings-

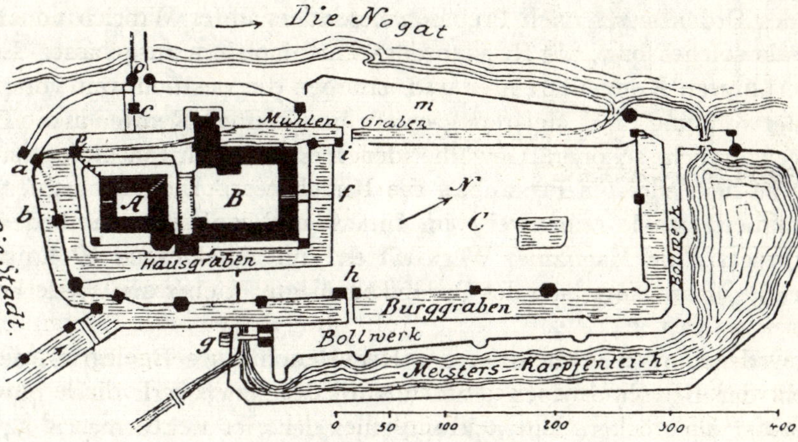

Fig. 599 Marienburg

turm (an Stelle des erst 1774 hergestellten direkten Ueberganges bei *b*) in einen kleinen mit Gebäuden besetzten Vorhof und dann durch ein weiteres Tor *c* auf den Platz, auf welchen auch durch das Wassertor *o* die damals an dieser Stelle über die Nogat geschlagene Brücke mündete[2]). Vorüber an dem nördlichen Abschnitte *m* des Zwingers, der hauptsächlich die Stallung für 400 Pferde enthielt, führte der Weg dann weiter durch turmbewehrte Tore und die Brücken *i* über den Mühlen- und *f* über den Hausgraben in die weite Vorburg *C* bzw. weiter in das Mittelschloss. Ein anderer, wohl später angelegter Zugang führte durch die Tore *g* und *h* gleichfalls dahin. Die an sich dem Angriff von der Landseite unmittelbar ausgesetzte Vorburg schützte hierhin zunächst eine mit Türmen besetzte Ringmauer, dann der herumgeführte Burggraben, drittens ein schmales, nach aussen mit halbrunden Basteien versehenes Bollwerk und endlich ein wiederum mit Mauern eingefasstes Wasser, „des Meisters Karpfenteich" genannt. Die aus Hoch- und Mittelschloss zusammengesetzte Hauptburg, zunächst durch die vorliegende Stadt bzw. die

[1]) Die Marienburg gehört noch weniger wie die übrigen Ordensburgen zu den hier zu behandelnden Ritterburgen im engeren Sinne, und auf eine eingehende Darstellung derselben, welche unverhältnismässigen Raum erfordern würde, kann noch um so eher verzichtet werden, als es ohnehin an zum Teil eingehendsten Einzelwerken über dieselbe (von Frick, v. Quast, Büsching, Witt, Voigt, Bergau, Steinbrecht) nicht fehlt. Ueber die hier anderwärts schon behandelten Einzelheiten s. Burgenlexikon.

[2]) Die jetzige Fahr-, wie die Eisenbahnbrücke liegen weiter nördlich.

sich herumziehende Vorburg gedeckt, bedurfte der beiden zuletzt genannten Anlagen (Bollwerk und Teich) nicht; sie war nur von einem, um das Hochschloss verdoppelten Zwinger — hier „Parcham" genannt — und dem (jetzt trockenen) Hausgraben umgeben, der nach Südwesten noch durch eine Längsmauer (in deren Mitte der Dietrichsturm) geteilt war. Hier befand sich dem Danzker *e* gegenüber die Stauschleuse, welche den Abfluss des Wassers durch den Mühlengraben regulierte.

Das drei Stockwerke hohe Hochschloss von 50 zu 60 m Seitenlänge, einen mit zweistöckigen Kreuzgängen umgebenen Hof umschliessend, 1280 im Bau begonnen, war hauptsächlich die Wohnung der zahlreichen Ritterschaft und enthielt ausserdem besonders die grosse auf der östlichen Ecke ausspringende Kapelle mit hohem Turm und den Kapitelsaal. Das Mittelschloss, die ursprüngliche Vorburg, durch einen breiten Trockengraben von dem Hochschlosse getrennt, wurde nach Verlegung des Ordenssitzes nach Preussen besonders unter Winrich von Kniprode (1351—82) als solches bzw. als Residenz des Hochmeisters ausgebaut. Es enthält u. a. den berühmten Konventsremter und daneben die westlich weit vorspringende „Hochmeisterwohnung" mit Meisters grossem und kleinen Remter usw. Besonders die aussergewöhnlich schönen Gewölbe der hier angeführten Säle machen die Marienburg zu dem edelsten Profanbau des Mittelalters. Die Vorburg *C* war längs ihrer Ringmauern, sowie reihenweise im Innern mit zahlreichen unbedeutenderen Gebäuden besetzt, die Magazine, Werkstätten und zugehörigen Wohnungen enthaltend, welche dieser Hauptsitz des Ordens benötigte. Ueber die Wiederherstellung des Schlosses s. Kap. 24.

Die Ordensburgen entbehrten der Regel nach eines Berchfrits, der bei der grossen Zahl der Bewohner doch jedenfalls als Rückzugswerk nicht hätte dienen können. Selbst die stärkere Entwicklung eines der vier Ecktürme (S. 543 f.) fand in der Regel — so bei Papau und Schwetz — nicht statt. Bei G o l l u b , welches (unmittelbar an der russischen Grenze) auf einem Bergrücken liegt, ist der eine der nicht starken Ecktürme des 38 m langen Gebäudevierecks um ein weniges von diesem abgerückt und war mit dem vierten Stockwerk desselben durch eine Brücke verbunden. Die fast völlig zerstörte Ordensburg auf dem Schlossberge bei G r a u d e n z scheint ihrer Anlage nach mehr anderen deutschen Höhenburgen geglichen zu haben und hatte so auch einen im Burghofe stehenden (noch erhaltenen) runden Berchfrit („Klimmek" genannt) von 3,50 m Mauerstärke bei 2,50 m lichter Weite, mit hochgelegenem Eingang, überwölbten Geschossen und einer Wendeltreppe in der Mauerdicke. Ueber dem ursprünglichen Eingange zeigt derselbe (anscheinend ganz aus Ziegeln erbaut) aussen, soweit nicht andere Bauten anstiessen, über je 10 Lagen roher Ziegeln weitere 10 Lagen, bei welchen grün glasierte mit rohen abwechseln. —

Ueber die erste Entwicklung unserer gemauerten Burgen ist im 2. bis 4. Kap. gehandelt worden. Ausserdem wurden bei Besprechung der einzelnen Burgteile auch die Aenderungen berücksichtigt, die bezüglich ihrer bis zum Ausgange des Mittelalters sich zeigen, vielfach freilich mit Unrecht nur behauptet worden sind[1]).

---

[1]) Ueber die Einführung des Zwingers s. S. 12, über Verwendung, Standort und Grundform des Berchfrits S. 175 f. und 189 f., über die Einführung der flankierenden Mauertürme und dann der Rondelle S. 248 f. und 253 f., über die Gräben S. 287 f., die Tore S. 292 f., Fallgitter 305, Zugbrücke 310, Zinnen 329, Schiessscharten 335 f., Fenster 451 f. etc.

Es wird hieraus ein Gesamtbild der allmählichen Entwicklung unserer Burgen, mit anderen Worten — unter vorsichtiger Berücksichtigung etwa auch der Mauertechnik (Kap. 2, Teil 2 und Kap. 4) und der Steinmetzzeichen (Kap. 5) — die Gesamtheit der Merkmale sich ergeben, welche mit mehr oder weniger Sicherheit einen Schluss auf die Bauzeit unserer Burgreste zulassen. Es wird das freilich — zunächst bei den Wehrbauten — immer nur in dem Masse der Fall sein können, dass wir, von den seltenen Fällen einer ausgeprägten Ornamentik abgesehen, beim Vorhandensein hinlänglich kennzeichnender Bauteile bestimmen können, ob eben diese etwa der Zeit vor oder nach den Kreuzzügen, nach Einführung der Feuerwaffen oder nach dem Ende des Mittelalters angehören. Dass es keineswegs an vermeintlich Sachverständigen fehlt, deren selten versagendes Vermögen, die Bauzeit der Burgen und einzelnen Burgteile nach angeblichen Merkmalen zu bestimmen, sehr viel weiter geht, ist wiederholt gezeigt worden[1]).

Eine einfache (schon der dazu erforderlichen Gestaltung des Geländes wegen) bei Höhenburgen seltene Anlage zeigt die Hauptburg von N e u l e i n i n g e n am Ostrande des Hardtgebirges, Fig. **600**. Sie besteht aus dem fast regelmässigen Viereck *A* von etwa 30 zu 40 m Seitenlänge, dessen bis zu 3 m starke und 20 m hohe Ringmauern an den Ecken von etwa 11 m starken Rundtürmen flankiert sind. Von den letzteren ist nur der dem Zugange durch die Tore *e* und *r* zunächst liegende südöstliche auch nach innen vollrund ausgebildet und bis zur Wehrplatte erhalten, die über drei tonnengewölbten durch Spitzbogenfenster erhellten Geschossen liegt. Der nordöstliche Turm hat einen Zugang zu dem über dem Tor *r* hinlaufenden Wehrgange. Die westliche Hälfte des Innenraumes wurde von dem Palas der Grafen Leiningen (*f*) eingenommen, von welchen sich nur noch die nördliche Giebelmauer hoch über die Ringmauer erhebt. Südöstlich schloss sich der kleinere Palas (*m*) des Bischofs von Worms an, der über einem noch vorhandenen grossen Kellergewölbe einen „schönen, gewölbten und verzierten Saal" enthielt. Von der Hauptburg war früher durch einen Graben die Vorburg *B* getrennt und diese umgibt nach aussen der Zwinger *cc*, während auf dem flacheren Südabhange des Burgberges zwischen *d* und *g* das gleichnamige Städtchen sich anschliesst. Die Hauptburg der (nach S. 24 Anm. 3) zwischen 1237 und 42 erbauten Burg entspricht (einschliesslich des schwachen Anlaufes der Turmfüsse) nach S. 543 ganz schon ein Jahrhundert früher von den Kreuzfahrern im gelobten Lande ausgeführten und bei uns besonders bei den Wasserburgen beliebt gewordenen Anlagen sowie u. a. auch der noch am Ende des 15. Jahrh. fast neugebauten Höhenburg Herzberg (S. 607)[2]). S. auch über die Deutschordensburgen S. 599 ff.

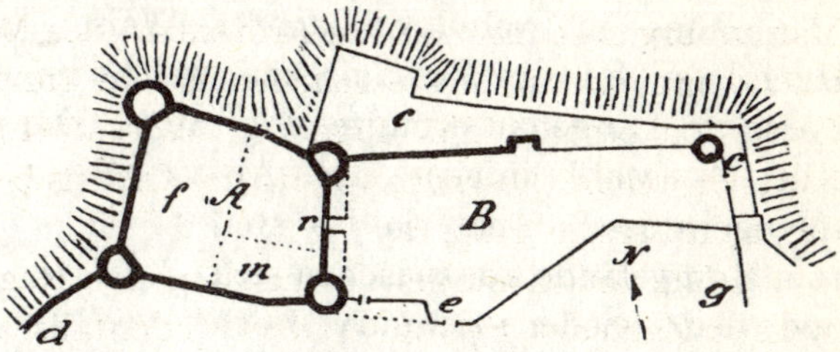

Fig. 600 Neuleiningen

[1]) Hierzu S. 26. Ueber solche angeblichen u. a. von N ä h e r, L e h f e l d t und v. E s s e n w e i n behaupteten Merkmale s. 1. Aufl. S. 318.

[2]) Um so weniger ist es begründet, wenn N ä h e r (B u r g e n d e r R h e i n p f a l z S. 34 ff.) in dem Rechteck mit Ecktürmen, deren einer stärker und höher ist, sowie in dem Anlaufe der Turmfüsse in dem Mangel von Buckeln und Steinmetzzeichen auf den sauber

Sehr ausnahmsweise ist von den vier mächtigen Ecktürmen des Schlosses Mensberg in Lothringen[1]) nur der eine rund (mit Abstumpfung gegen die Hofseite), die übrigen viereckig u. zw. mit einem nach aussen gerichteten spitzen Winkel (Fig. **601**). In den Rundturm, der eine 1439 erwähnte Kapelle enthält, führt ebenerdig eine spitzbogige Tür. Die viereckigen Türme, wenig niedriger als der runde, sind, wie die Ringmauer, aus meist grossen Bruchsteinen erbaut und mit rundbogigem Fries gekrönt, über welchen Zinnen nicht erhalten sind. Ihr wesentlich voneinander verschiedener Grundriss war nicht etwa durch das Terrain bedingt. Der Palas liegt auf der Ostseite. Bemerkenswert sind auch die zahlreichen Treppentürme. Der südwestliche Turm zeigt an dem hoch gelegenen Eingang, wie der Rundturm, das Wappen der Grafen von Sierck, die seit 1157, nach andern bereits 1093, die Burg besassen. Die Erbauung der drei bastionartigen Türme dürfte etwa in die Mitte des 16. Jahrh. fallen.

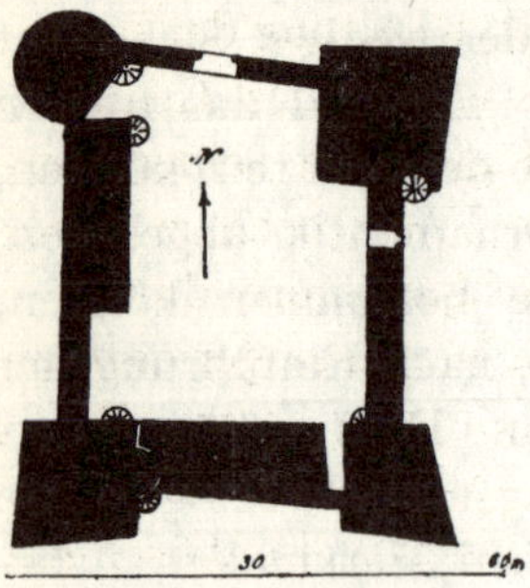

Fig. 601 Mensberg

Eine in wohldurchdachter Weise recht wehrhaft gemachte Burg war Hohlenfels im Nassauischen, welche im Auftrage Johanns v. Nassau 1353—63 Daniel v. Langenau erbaute (Fig. **602**). Die nordwestliche felsige Erhebung *(a b)* fällt — wohl infolge des Absprengens des Baumaterials — steil zum Burggelände ab, zwischen sich und dem wieder ziemlich hoch ansteigenden engeren Burgbering einen beiderseits durch Mauern geschlossenen und durch Tore *(c* und *d)* zugänglichen Raum lassend, welcher hundert Schritte lang und so breit ist, dass er, mehr als eine Vorburg denn als ein Halsgraben anzusehen, auch als Wirtschaftshof benutzt wurde. Dem Angriffsgelände *(a b)* gegenüber erheben sich als Kern der Burganlage drei übereinander aufsteigende Verteidigungslinien: die hohe und schon hochliegende zinnenbekrönte Zwingermauer *e f*, in ihrem unteren Teile Futtermauer, dahinter der ca. 20 m hohe eigentümliche, S. 280 näher behandelte Mantelbau mit seinen beiden Ecktürmen und diesen noch überragend, der mit seiner

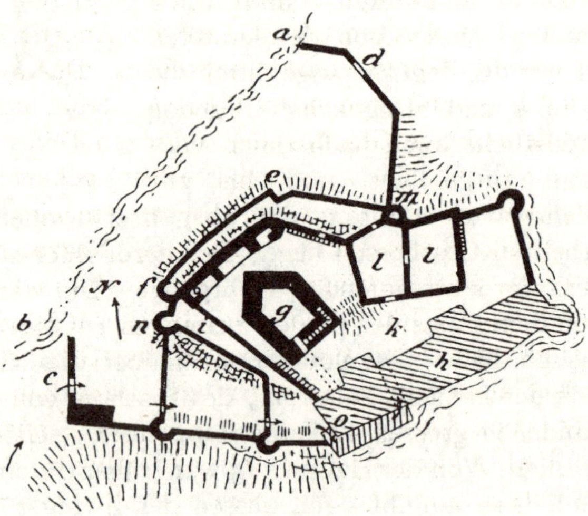

Fig. 602 Hohlenfels

bearbeiteten Verkleidungsquadern besondere Kennzeichen des angeblichen „Burgundischen Baustiles" erkennt und glaubt, dass auch Neuleiningen von einem burgundischen Baumeister erbaut worden sei. Köhler will (a. O. S. 440 und 470) wissen, dass Neuleiningen im Abendlande die erste Burg war, welche anstatt eines Berchfrits (?) „als Reduit (?) eine mehr oder weniger quadratische Ringmauer von 100—150 Fuss Seitenlänge mit stark vorspringenden Ecktürmen hatte".

[1]) Kraus, Kunst u. Altert. in Elsass-Lothr. III, 311 ff., dem auch der beigegebene Grundriss entnommen ist.

Spitze dahin gerichtete fünfeckige Berchfrit *g*[1]). Wenngleich der Mantelbau die schon durch die Masse des Berchfrits gewährte Deckung, besonders des dahinter liegenden Palases *h*, nicht wesentlich verbreiterte, so war er doch als Verteidigungswerk hier durchaus zweckmässig eingeschoben. Der Zugang (in Richtung der Pfeile) zum Burghofe *k* ist, wenig steil ansteigend, durch die Gestaltung des Geländes kaum erschwert. Um so mehr hat der Erbauer für die Möglichkeit seiner Verteidigung Sorge getragen. Nächst dem Aussentore *c* ist der Weg noch zweimal hintereinander durch eine Quermauer gesperrt, deren Durchgangstore durch je einen halbrunden Turm flankiert werden, letztere in ihrem nach aussen gerichteten Teile zugleich den äusseren von Südwesten her kommenden Zugang bestreichend. Ausserdem wird der Weg von *d* zum Palas von den beiden halbrunden Türmen *f* und *n*, dem Südwest-Eckturm des Mantelbaues, den auf einer Felsenböschung übereinander aufsteigenden beiden Mauern des Zwingers *i* und dem Berchfrit *g* bestrichen, und zuletzt kommt noch der auf der südwestlichen Ecke des Palas (bei *o*) vorgekragte Dacherker (Fig. 527) hinzu. Der Weg, welcher hier auf breiten und niedrigen Stufen (28 zwischen den beiden Quermauern) aufwärts führt, tritt auf der Südwestecke des Palas in einen demselben angefügten niedrigen Anbau ein, der ebenerdig nur den finsteren Durchgang enthält. Dieser Durchgang ist dann, links gewendet und noch durch eine Zwischenpforte gesperrt, ebenso durch das Erdgeschoss des Palas hindurchgeführt. Nach dem Aussentor *c* waren somit noch fünf Tore bis zum Burghofe *k* zu passieren. Zwinger, Mantelbau und Berchfrit waren ebenso gegen einen etwaigen Angriff im Nordosten gerichtet. Die Mauer *cm* ist mit Schiessscharten versehen. Der grössere östliche Teil des über sturmfreier Felswand stehenden Palas *h* ist ein wenig solider Fachwerksbau aus 1713. Aus dem oberen Geschoss des südlichen Teiles führt ein 5 m langer Steg zum Berchfrit hinüber[1]). Die 1427 eroberte Burg gehörte 1464 7 Ganerben. Der Bau *l* wurde 1768 von Staats wegen zur Ruine gemacht. —

Die Burg H a i n e c k (e) bei Nazza im Thüringer Walde ist deshalb von Interesse, weil sie zeigt, dass man noch am Ende des 14. Jahrh., zu einer Zeit, da die Pulvergeschütze schon im Belagerungskriege eine Rolle zu spielen begonnen hatten, eine kleine, einfache Burg, im Gegensatz zu der vorigen, ohne alle Aussenwerke, als Vorburg, Zwinger oder Barbakane erbauen konnte. Die Burg wurde 1385 vom Landgrafen Balthasar als Grenzfeste gegen die Eichsfelder errichtet und mit adligen Burgmännern besetzt. Der mitten im Walde gewählte beschränkte Platz gestattete nicht wohl, ihr eine grössere Ausdehnung als 21 zu 35 m zu geben. Ihre Form (Fig. **603**) ist die eines unregelmässigen Fünfecks, wobei der Erbauungszeit entsprechend der runde — oder nach aussen in eine Spitze auslaufende? — Berchfrit in die ausspringende Angriffsseite gerückt ist[2]), während ein schlankerer Rundturm an der Westecke vorspringt. Der letztere überragt noch um etwa 8 m die ringsum 10—11 m hoch erhaltene, gut 1½ m starke und eine treffliche Technik zeigende Mauer. Diese, an der Nord- und der Ostecke noch verstärkt, zeigt durch Fenster und Balkenlöcher für die Zwischendecken, dass Wohnräume an sie angebaut

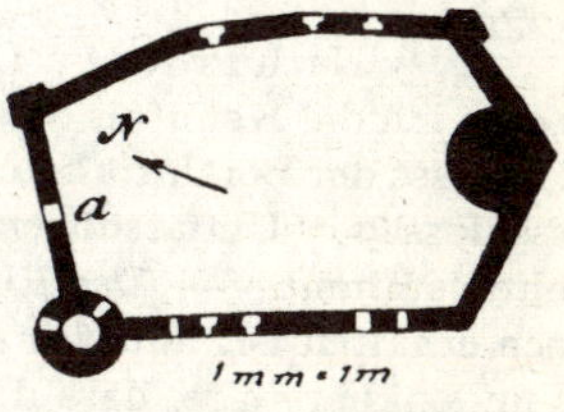

Fig. 603 Haineck

[1]) Ueber diesen s. S. 211 und 508 A. 1.

[2]) v. Cohausen, Bergfriede a. O. S. 48. Dazu hier S. 176.

waren, doch ist an ihren Innenseiten nichts von den ehemaligen Wandanschlüssen mehr zu bemerken. Der wenig verteidigte Eingang liegt bei *a*[1]).

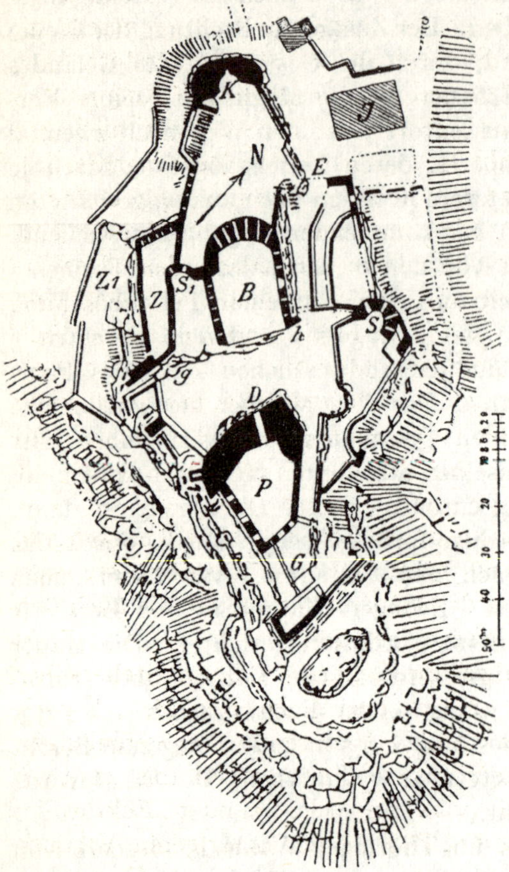

Fig. 604 Schramberg

Die ausnahmsweise noch 1495 neugebaute Burg Schramberg im Schwarzwald[2]), seit 1646 Nippenburg genannt, zeichnet sich durch die Art und Weise aus, in welcher sie bis zu ihrem der Angriffsseite abgekehrten Ende hin in der Richtung gegen jene befestigt ist.

Der Burgplatz, Fig. **604**[3]), fällt nach Süden in sturmfreier Felswand, südöstlich ziemlich steil zum Tale ab, ist aber besonders auf der nördlichen Bergseite bequem zugänglich. Auf dem südlichen, wiewohl niedriger gelegenen Felsrande hat daher der Palas *P* seine Stelle gefunden. Die Spitze der Anlage nimmt (hinter einer hier anscheinend früher noch herumgeführten Zwingermauer) der starke Turm *K* ein. Hinter ihm ist die breitere zweite Verteidigungslinie mit den Türmen *S* und S_1 und besonders dem starken Hauptwerke *B* bewehrt. Das letztere, wiewohl seinem Umfange und verhältnismässig geringen Höhe nach nicht als Turm zu bezeichnen, war, wie die am südlichen Ende auch nach innen glatt abschliessenden Mauern zeigen, hierhin völlig offen, damit der bis hierher vorgedrungene Feind sich des Baues nicht (gedeckt) gegen den Palas bedienen könne[4]). Gegen Norden ist der Bau gleich den halbrunden Türmen mit mehrfachen Reihen von Schiessscharten übereinander

[1]) Nach Prof. Dr. Lehfeldt, Bau- u. Kunstd. Thüringens XI 73, welchem Werke ich die Kenntnis dieser Burg verdanke, wäre eigentümlich und hauptsächlich interessant u. a., dass der Berchfrit keinen sichtbaren Zugang hat, sowie die vollständig ohne Unterbrechung geschlossenen Umfassungsmauern, indem der flachbogige nordwestliche Eingang aus neuesten Zeiten stamme. — Der Eingang in den Berchfrit wird eben höher gelegen haben, als derselbe noch erhalten ist, und das neue Tor nur die Wiederherstellung eines früheren gewesen sein, da es undenkbar wäre, dass die Ringmauer einer Burg einen über 10 m hoch gelegenen Eingang gehabt hätte.

[2]) Nach der Zimmerischen Chronik I, 399 wurde sie damals in zwei Jahren für die 14 000 Goldgulden erbaut, welche Hans v. Rechberg nach Schiedsspruch zum Ersatz für die ihm von Rottweil und anderen Reichsstädten in einer Fehde zerstörte Burg Ramstein erhalten hatte. Erst *„wie man den felsen abraumen lassen"*, fand sich, dass da früher schon *„ain alt Burgstall gewest"*.

[3]) Nach einer Aufnahme des Stadtgeometers Breitling in Schramberg.

[4]) Hier, wie bei den halbrunden Türmen hat selbst ein vorübergehender Schluss der Südseiten in leichtem Holzverband jedenfalls keine Spuren zurückgelassen.

versehen. Seine beiden ebenerdigen Eingangstüren tragen die Jahreszahlen 1498 und 1499. Die höchste Stufe des Burgberinges, welche sich von *K* bis zur Linie *gh* erstreckt, fällt bei letzterer etwa 3 m tief senkrecht ab. Westlich ist die Burg hier durch zwei je etwas tiefer liegende Zwinger *Z* und Z_1 geschützt. Enges, kellerartig vertieftes Mauerwerk im Südosten bei *G* ist sehr zerstört. Die sehr unregelmässige Grundform (vgl. Fig. 530 und 531) des in seinen Ringmauern noch zwei Stock hoch erhaltenen Palas ist durch die Umrisse einer niedrigen Felsstufe, auf welcher derselbe nördlich ruht, veranlasst. Auf der Angriffsseite, wo sich bei *D* ein 80 cm breiter und 1,75 cm hoher Schlupfausgang befindet, ist die Mauerdicke bis 6½ m verstärkt. Diese bei einem Wohngebäude sich kaum zum zweiten Male findende Mauerstärke lässt annehmen, dass dasselbe oben auch zur Verteidigung eingerichtet war. (Eine Buckelquaderecke desselben s. Fig. 56.) Die Schiessscharten (s. auch S. 342 und 353), wiewohl wesentlich gleichzeitig, zeigen die grösste Mannigfaltigkeit: mit oder ohne Kammern, aussen nach unten gesenkt oder seitlich schräg, auch aussen wie innen erweitert, klein und gross, quadratisch wie senkrechte oder wagerechte einfache Schlitze und Schlüsselscharten mit halb- oder vollrunder Ausweitung. Vor dem Eingange *E* liegt ein neueres Jägergehöft, *J*. —

Bei geeignetem Gelände erbaute man in dieser Zeit auch H ö h e n burgen, die, wesentlich aus einem einfachen Viereck mit ausspringenden Türmen bestehend, ihre Stärke vor allem in der Massenhaftigkeit des Mauerwerks hatten, die auch den Kanonen jener Zeit tunlichst Widerstand leisten mochten.

Ein Beispiel bietet das in den Jahrzehnten nach 1480 an Stelle einer älteren verfallenen Burg neu aufgebaute H e r z b e r g im Reg.-Bez. Kassel. Das sich nach dem einen Ende hin verschmälernde Viereck — die Seitenlängen gehen von 57 — 203 Fuss — ist von einer bis 16 Fuss dicken (bis 41 Fuss hohen) Ringmauer umschlossen und mit vorspringenden runden Ecktürmen (mit Maulscharten) bewehrt, deren zwei auf der Seite der niedrigeren Vorburg belegenen 89 bzw. 95 Fuss Durchmesser haben. Ausserdem hat diese (Angriffs-) Seite in der Mitte der Mauer noch einen 51 Fuss starken Rundturm von 10,5 Fuss Mauerstärke.

Besonders in der Zeit nach dem Bauernkriege (1525) suchte man, soweit überhaupt noch die Herstellung widerstandsfähiger Burgbauten unternommen wurde, d i e Burgen, welche auf einem zur Beschiessung mit Kanonen geeigneteren Gelände lagen, durch solche starken Mauerbauten zu schützen. An die Stelle des alten Berchfrits und der wie ein selbständiger Schild vor die Burg gestellten hohen Schildmauer, welche beide eine Verteidigung v o n d e r H ö h e h e r a b ermöglichen sollten, traten ebenso dicke, aber minder hohe Mauern, welche zumeist nicht mehr wesentlich nur als eine blinde, unzerstörbare Steinmasse in Betracht kamen, sondern schon unten, wenn auch sparsam, mit Scharten für Geschütze und Gewehre durchbrochen waren.

Ein bemerkenswertes Beispiel dieser Art haben wir in der zu dieser Zeit ausgeführten Neubefestigung der Angriffsseite der K ü s s a b u r g , von welcher schon in Fig. 207 die äussere Ansicht mitgeteilt wurde. Die Burg liegt zumeist auf einer etwas höheren Felsstufe am westlichen Ende eines breiten, ein günstiges Angriffsgelände bietenden Bergrückens. Um den sich hier festsetzenden Feind auch von gleichem Niveau aus mit Geschütz bekämpfen zu können, wurde vor diese

Felsstufe der starke Batterieturm *b*, Fig. **605**, gestellt, der schon zu ebener Erde mit Kanonenscharten (vgl. auch Fig. 320) versehen ist, und ausserdem der Fels mit einer 4,25 m starken Mauer bekleidet, in welcher die weiteren, durch die Gänge *m* und *n* mit dem Erdgeschoss des Turmes verbundenen Scharten *c* und *d* liegen. Die Oberfläche der Felsstufe (*a*) liegt (nebst dem westlich noch 150 Schritte lang dahinter liegenden Burgteile) mit dem dritten Stockwerke des Turmes gleich hoch und wird von diesem, wie von der südlich sich anschliessenden, hier oben mit weiteren Scharten versehenen Mauer noch überragt, während zu dem etwas tieferen Zwinger *z* über der Scharte *d* das Burgtor führte[1]), und der Zwinger *x* noch tiefer im Niveau des Angriffsgeländes liegt. Da auch der wehrfähige Bau *r* und die sich ihm südlich anschliessende Abschlusswand mit weiteren höherliegenden Scharten versehen waren, so starrten (vgl. Fig. 207) fünf Reihen solcher, übereinander liegend, dem Angreifer entgegen.

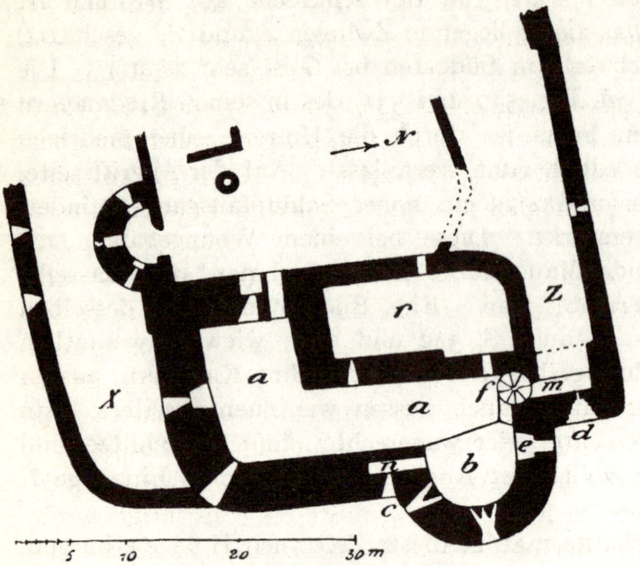

Fig. 605 Küssaburg

Bei der Schweizer Burg Dorneck wurde 1540—53 die Angriffsseite in äusserlich ähnlicher, im Grunde jedoch wesentlich abweichender Art neu befestigt. Auch hier (vgl. die Grundrissskizze Fig. **606** und die südliche Ansicht Fig. 360)[2]) wurde zum Schutze ein grosses Halbrund vorgelegt; allein, doppelt so breit und tief als das Rondell *b* der Küssaburg, erscheint es wieder seiner ganzen Höhe nach als eine blinde Mauermasse, als eine Futtermauer, die vermutlich einen vereinzelten Felskopf umschliesst, der hier ähnlich, wie ein anderer in der westlich davorliegenden Vorburg, zum Schutze der dahinterliegenden Burg stehen gelassen war. Nur seine jetzt mit lichtem Wald bewachsene Plattform war wohl jedenfalls mit einer Brustwehr und Schiessständen für Kanonen umgeben[3]).

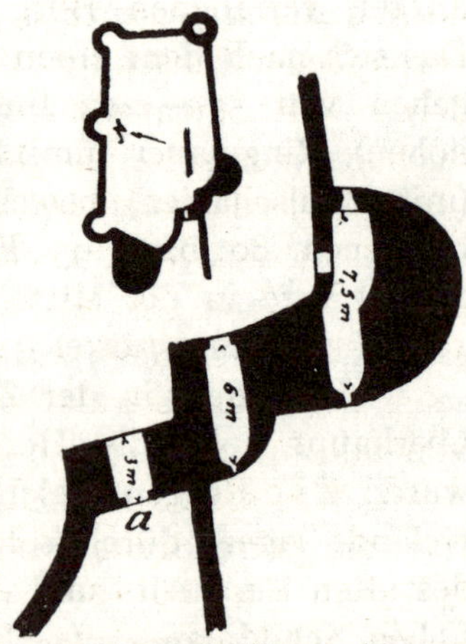

Fig. 606 Dorneck

[1]) Neuerdings ist die Scharte *e* zu einer Tür erweitert und bei *f* eine steinerne zum oberen Burgteile hinaufführende Wendeltreppe von 47 Stufen angebracht worden.

[2]) Diese Ansicht ist einer grösseren Darstellung des 1499 bei dieser Burg von den Schweizern errungenen Sieges entnommen. Nur hierauf bezieht sich offenbar die beigefügte Jahreszahl, während die Burg selbst schon die Neubauten des 16. Jahrh. (vgl. Basler Jahrbuch 1891, 84 ff.) zeigt, die Darstellung mithin jünger sein muss.

[3]) Die Schiessscharten, mit welchen man diesen Bau auf älteren Abbildungen wohl ausgestattet findet, sind in Wirklichkeit nicht vorhanden. Nur auf der mehr zerstörten geraden Innenseite scheint er unbedeutende, jetzt nicht zugängliche Hohlräume zu enthalten.

Ebenso erscheinen die beiden turmartigen Ausbauchungen auf der anderen Seite des Tores *a*, an der südwestlichen Ecke der Hauptburg, soweit erhalten, wesentlich als blinde Mauermassen, die nur sparsam mit Scharten und den nötigen Vorräumen vor denselben durchbrochen sind.

Die Burg Wildenstein an der oberen Donau (Baden) bietet uns das wohlerhaltene interessante Bild davon, wie in der ersten Hälfte des 16. Jahrh. ein selbständig denkender und mit den nötigen Mitteln ausgestatteter Burgherr den bevorzugten Stammsitz seiner Familie auch den immer gefährlicher gewordenen Angriffsmitteln gegenüber zu einem möglichst uneinnehmbaren Bollwerk auszubauen versuchte.

An verschiedenen Stellen berichtet die Zimmerische Chronik[1]), dass nachdem schon früher ein Vorfahr, *herr Wörnher von Zimbern († 1483), alda ob den zwanzigtausendt guldin verpawen*, Graf Gottfried Werner († 1554) an den ferneren Ausbau der Burg, *dohin er von jugent uf ain liebe gehapt*, abermals mehr als das Doppelte dieser Summe verwandt habe. Die Burg bedurfte freilich um so mehr der künstlichen Befestigung, als der ebene Burgplatz sich auf der Bergseite in einem unschwer zugänglichen, ebenso hoch gelegenen und flachen Felde fortsetzt, gross genug, dass darauf seinerzeit die Erbauung einer Stadt beabsichtigt wurde. Bei so breitem Angriffsfelde konnte der ohnehin nicht mehr zeitgemässe *von eiteligen quadrenstucken aufgefüerte* Berchfrit wenig nützen; er wurde abgebrochen und statt dessen die Burg mit zwei breiten hintereinander liegenden selbständigen Verteidigungswerken bewehrt, die schildmauerartig das hinter ihnen Liegende deckten. Ausserdem aber wurde die mangelhafte natürliche Festigkeit der Lage noch dadurch wesentlich ergänzt, dass nicht nur — wohl mit Benutzung schon vorhandener Einschnitte — zwei Gräben in den Sandsteinfelsen gehauen wurden, deren zweiter nicht weniger als etwa 20 m breit, 25 m tief und 40 m lang war, sondern auch besonders bei der Hauptburg ringsum unmittelbar am Rande ihres Mauerumzuges der Felsen (wieder durchschnittlich etwa 25 m tief) senkrecht abgeschnitten wurde. Berücksichtigt man hierzu, dass, wie der Chronist bemerkt, *Graf Gottfridt hat vil far alda gebawen; was er ein jar uffgericht und erbawen, so es im das nachgendt jar nit gefallen, hat er wieder abgebrochen und uf ein ander manier gemacht*, so ist es allerdings erklärlich, dass diese Arbeiten die für jene Zeit ungeheure Summe von über 40 000 Gulden gekostet haben[2]).

Was hiernach die Einzelheiten der Burganlage betrifft, so erstreckt sich quer über die ganze Breite des Angriffsfeldes zunächst ein durchschnittlich 15 m breiter Halsgraben *a* (Fig. **607**) mit nicht eben tiefen aber senkrechten Borten und dahinter die Vorburg (der „Vorhof"), die, durch die Oertlichkeit bedingt, die sehr eigentümliche Gestalt von mehr als 100 m Breite bei kaum 10 m Tiefe zeigt. Dieselbe ist auf der Bergseite durch eine von halbrunden Rondellen flankierte 3 m starke Mauer *n* begrenzt, die bis zur Grabensohle hinabgeführt, oben ihrer ganzen Länge nach einen fest bedachten Wehrgang mit 1 m starker Brüstungsmauer und

[1]) Aufl. 2, I 476, II 410 und IV 180.

[2]) Zum Vergleich werde bemerkt, dass (Z. Chronik II, S. 455) derselbe Bauherr 1516 für zusammen 4880 guldin in golt kaufte: die noch bewohnbare unweit gelegene Burg Falkenstein mit einer Wiese und einem Fischwasser, die Dörfer Kraien-Hainstetten mit dem Kirchensatz, Reinstetten und Weiler und die Mühle zu Neidingen *mit dero aller ein- und zugehörden*. Ein Goldgulden galt 3²/₃ Silbergulden.

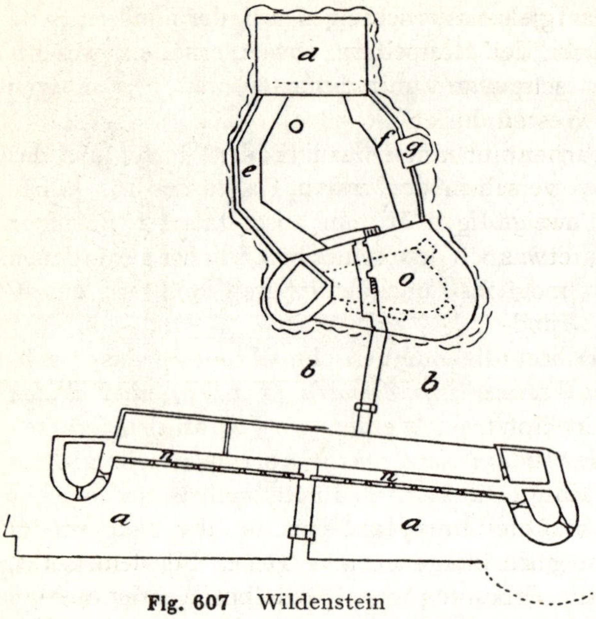

Fig. 607 Wildenstein

Scharten für Hakenbüchsen enthält. Die zum Teil mit leichten Oekonomiegebäuden besetzte Vorburg scheint auf ihrer ca. 25 m senkrecht abfallenden Rückseite nur durch eine sehr niedrige und nicht starke Brüstungsmauer mit Schiessscharten begrenzt gewesen zu sein. Dieselbe konnte als etwaige Deckung der in die Vorburg vorgedrungenen Feinde von der Hauptburg aus leicht zusammengeschossen werden, so dass es für jene um so weniger möglich erscheint, bei aufgezogener oder gar zerstörter Brücke von da aus über den 20 m breiten Abgrund weiter vorzudringen. Dieser Abschnittsgraben *b* macht bei seinen sonst unerhörten Massverhältnissen allerdings nicht sowohl mehr den Eindruck eines solchen, als vielmehr den eines weiten natürlichen Zwischenraumes zwischen zwei vereinzelt aufsteigenden Felsen[1]). Die darüber, wie über den Halsgraben führenden hölzernen Brücken waren in ihrem ersten kürzeren Teile und zwar bis zu einem aus der Grabensohle aufsteigenden Mauerpfeiler Zugbrücken. Beide sind mit Bedacht so angelegt, dass sie einander nicht in gerader Linie fortsetzen.

Die dem Vorhofe entgegengekehrte Seite der Hauptburg wird dann durch ein eigentümliches Gebäude: eine von halbrundem Eckturm flankierte wehrhafte Kaserne *(o)* unregelmässigen Grundrisses, eingenommen. Dieselbe enthält von der Höhe des Brückenüberganges ab nur zwei mit Kanonenschiessscharten versehene Stockwerke, deren oberes indessen (durch punktierte Linien bezeichnet) wesentlich enger, bereits im Dachstuhl liegt, aus dem hier die Geschützstände bzw. Scharten hervorgebaut sind. Unter diesen beiden Stockwerken befinden sich noch vom Burghofe aus zugängliche dunkle Vorrats- und Wirtschaftsräume für die Besatzung, nur auf der südwestlichen Ecke enthält der Turm und der anstossende Teil der Kaserne hinter der tief hinabgeführten Mauer untereinander noch weitere kasemattenartige Räume mit Hakenbüchsenscharten. Die beiden obersten Stockwerke des Turmes enthalten, in kleinere Gemächer geteilt, die sogenannte Kommandantenwohnung, welche der mehrgedachte Graf Gottfried Werner mit Vorliebe bewohnt haben soll.

---

[1]) Gleichwohl handelt es sich hier offenbar um den *diefen, in den felsen durch den perg hindurch gebrochenen Graben*, von welchem die Z. Chr. II 410 berichtet. Auch auf den Zeichner der bekannten phantastischen Abbildung der Burg bei Merian hat derselbe ja einen so verwirrenden Eindruck ausgeübt, dass er einen bis auf die Sohle des Donautales hinabgehenden Abgrund daraus gemacht, ihn also um etwa das Zehnfache vertieft hat. Die auch sonst mit der Wirklichkeit kaum irgendwo entfernte Aehnlichkeit zeigende Zeichnung wird gleichwohl mit dem berühmten angeblich den Fleckenstein darstellenden Phantasiebilde gerade mit Vorliebe als Abbildung deutscher Burgen wiedergegeben.

Die beiden Langseiten des Burgfelsens zwischen der Kaserne und dem den nördlichen Teil desselben einnehmenden Palas *d* sind (S. 329) mit schmalen Verbindungsbauten *e* und *f* besetzt, die gegen Westen unten noch mit Schiessscharten versehen, im wesentlichen nur als ein darüber befindlicher mit einem Pultdache versehener „Umlauf" dienen. Von dem östlichen derselben zweigt sich die auf einer Felserweiterung etwas hinausgerückte Kapelle *g* (S. 531) ab.

Fig. 608

Fig. 609

Wildenstein

Fig. **608** und **609** (nebst dem Grundriss unter wesentlicher Benützung der in Bd. 1 der Kunstdenkmäler Badens von Durm mitgeteilten umfassenderen Aufnahmen gegeben) zeigen je die südwestliche Ecke der Vor- und der Hauptburg, letztere einschliesslich der hinüberführenden Brücke. Die von Westen aufgenommene Ansicht Fig. **610** mag besonders zum Vergleich mit dem vorhin erwähnten Merianschen Bilde dienen. Die Schiessscharten, das Verliess, die als solche nicht mehr erhaltenen Zugbrücken, das angeblich abnehmbare Dach über dem Kasernenbau und ein heimlicher Ausgang unter der Kapelle sind (s. Burgenlexikon) in den betreffenden Kapiteln behandelt.

Fig. 610 Desgleichen

Eine in mehrfacher Hinsicht ganz ähnliche wohlerhaltene Anlage zeigt übrigens das Schloss Burgk in Reuss ä. L. (Fig. **611**). Besonders ist auch hier die Hauptburg (um den Hof *a*) durch eine zwingerartig langgestreckte Vorburg *b c* gedeckt, die inselartig aus weiten und tiefen (im Westen zusammenhängenden) Gräben sich erhebt. Im übrigen zeigt eine Vergleichung beider Anlagen in interessanter Weise, wie verschieden man bei gleicher Grunddisposition die Einzelheiten ausgestalten konnte. Zunächst ist hier der Zugang auf das eine (östliche) Ende verlegt, und zwar führt der Burgweg nach Ueberschreitung des äusseren Grabens auf der Brücke *e* durch ein (erneuertes) Bollwerk (Barbakan) mit Wehrgang *d*, dann durch das mit vielen rechteckigen Schiessscharten versehene Tor (jetzt Amts-) Haus *i*, auf der Brücke *e'* über den zweiten Graben und den Zwinger *f* zum Palas. Der äussere

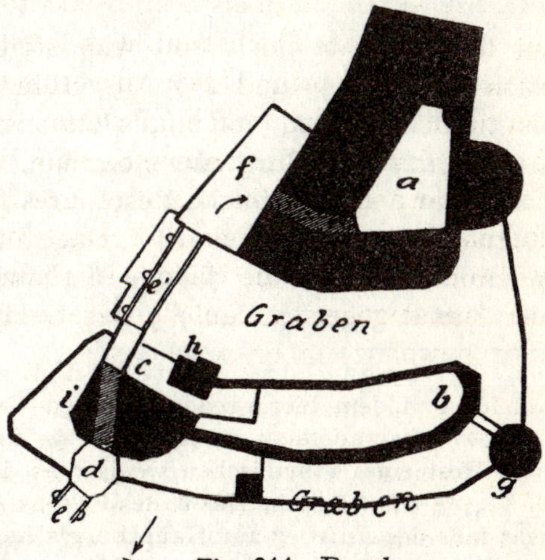

Fig. 611 Burgk

Graben ist noch der Länge nach durch eine niedrigere Mauer *d g* mit nach aussen gerichteten Scharten geteilt. Die Vorburg *c b* ist hier durch den Torbau und andrerseits durch den isoliert aus dem etwa 10 m tiefen Graben aufsteigenden Berchfrit *g* flankiert. Letzterer hat in der Niveauhöhe der Vorburg seinen alten Eingang und war hier mit derselben durch eine Zugbrücke verbunden, wie noch die Holzrollen neben der rundbogigen Pforte zeigen. Den schmalen östlichen Eingang in die Vorburg schützte noch hinter dem Torbau der Turm *h*. Die südliche Umfassungsmauer der Vorburg hat gegen den inneren Graben rechteckige Schiessscharten, die nördliche, dem Angriff entgegengesetzte und deshalb wesentlich stärkere hat in der Mauerdicke zwei westöstlich aufsteigende Treppen, auf der Innenseite rund- und spitzbogige Nischen, nach aussen zwei Schartenreihen übereinander und oben eine Holzgalerie[1]).

Die Burg wurde 1403 an Stelle einer älteren errichtet, diente Heinrich dem Beharrlichen (1509—1550) als Residenz und wurde 1553 gegen Markgraf Albrecht von Brandenburg in Verteidigungszustand gesetzt. Die beschriebenen Bauten werden also in dieselbe Zeit fallen wie die von Wildenstein.

Bei der im 12. Jahrh. zuerst genannten und nach ihrer Zerstörung 1480 von den Grafen Thierstein wieder aufgebauten H o h k ö n i g s b u r g beruht die Sicherheit der Lage, Fig. **612**, auf einem westöstlich langgestreckten, besonders

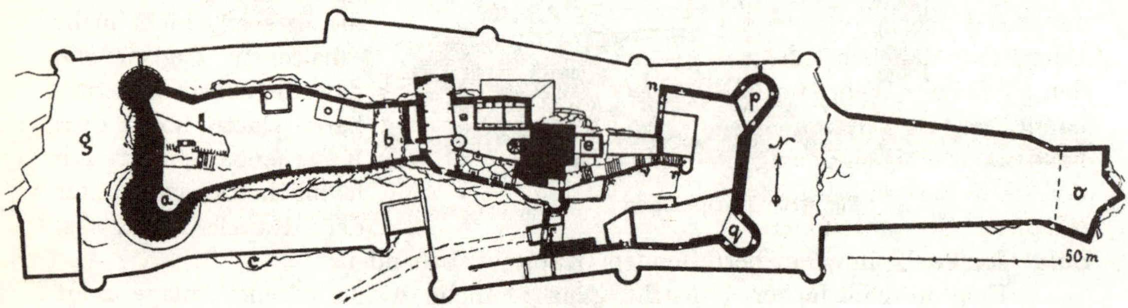

Fig. 612 Hohkönigsburg

auf der Südseite hoch und wandsteil von der Bergkuppe aufsteigenden Felsen. Nach dem S. 135 und 277 Ausgeführten wurde derselbe nach Westen ganz, d. h. bis zu dem weiten, jedenfalls zumeist künstlich hergestellten Halsgraben *g* von der romanischen Burg eingenommen, während östlich von dem Abschnittgraben *b* erkennbar noch erhebliche Reste ihres Palas und Berchfrits (Fig. 416) in den Neubau übernommen worden sind[2]). Dagegen wird sie, abgesehen etwa von einer Palisadenumzäunung, die jetzige östliche Vorburg nicht mehr umfasst haben, da hier zumal gegen Süden *f q* das Gelände einen tauglichen Abschnitt nicht bot[3]).

[1]) L e h f e l d t, Bau- und Kunstdenkm. Thüringens IX, 34 ff. mit Abbild. und dem hier wiedergegebenen Grundrisse.

[2]) Besonders zu erwähnen ist da ein in der südlichen Aussenfront des Palas vermauerter Rest eines romanischen wenigstens dreilichtigen Fensters.

[3]) Die westliche Hälfte des Felsens *(b g)* bot hinlänglich Platz für eine Vorburg. Wenn jedenfalls der Aufstieg zur Hauptburg schon der jetzige (bei *v*) war, so lag jene zwar jenseits derselben, doch wäre nicht ausgeschlossen, dass etwa am Nordende der Schildmauer (bei später noch weiter ausgearbeitetem Gelände) ein Eingang, vielleicht sogar der hauptsächliche, gewesen wäre. Vgl. auch S. 274 und (Neuscharfeneck) S. 276.

Bei dem für Pulverwaffen eingerichteten Thiersteiner Neubau wurden nun zunächst der Schildmauer die beiden eigentümlichen Eckbauten (S. 277 ff.) angefügt und zum Abschluss der auf der entgegengesetzten Seite der Hauptburg hinzugefügten Vorburg auch gegen Osten eine starke wehrhafte Front mit den beiden übereck gestellten Rondellen *p* und *q* hinter einem breiten Graben geschaffen. Endlich wurde das Ganze noch mit einer einfachen Zwingermauer mit halbrund vorspringenden Schalen umgeben und mittels solcher Mauer nach Osten noch ein langer schmaler Platz bis zu dem da beginnenden Abhange des Burgberges in die Gesamtanlage einbezogen. Der Mauer ist da (bei *o*) zur wirksameren Verteidigung nach dieser Seite hin bemerkenswerterweise ein s t e r n f ö r m i g e r Abschluss mit Schiessscharten gegeben, welche Befestigungsweise sonst zu der Zeit noch nicht üblich war.

Wie ausnahmsweise selbst ganz kleine Höhenburgen mit starken Werken neu befestigt wurden, zeigt N e u d a h n in der Rheinpfalz (Fig. **613** Grundriss, **614** Ansicht aus Südwesten).

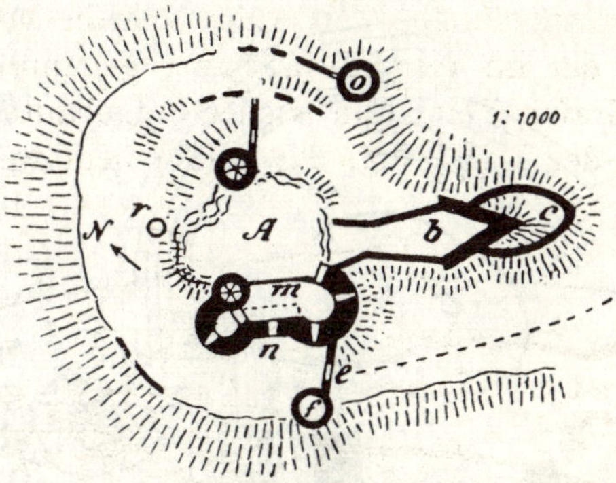

Fig. 613 Neudahn

Fig. 614 Desgleichen

Der Kern der Burg besteht aus dem allseitig senkrecht aufsteigenden Sandsteinfelsen *A*, auf welchem der enge Palas stand, während der wenig über 50 m weite Burgbering daneben ausser den reinen Wehrbauten kaum Platz zu weiteren Gebäuden von einigem Belange bot. Auf der südöstlichen Bergseite ist nun zunächst eine starke spitzwinklige Bastei *b* vorgeschoben, die durch niedrigere und dünnere Flankenmauern mit dem Burgkern (durch eine Tür auch mit *m*) verbunden ist. An ihrem Fusse ist eine schwächere ovale Bastei *c* noch weiter hinausgerückt. Die zuletzt an diesen Werken entlang führende Burgstrasse wird bei dem (zerstörten) Eingangstore *e* durch den Flankierungsturm *f*, auf der anderen Seite durch einen eigentümlichen, besonders starken Bau *m* verteidigt, letzterer den Doppelberchfriten von Kasselburg und Ehrenburg ähnlich, nur dass er nicht freisteht, sondern den Felsen *A* zur Rückwand hat. Der Bau, mit Buckelquadern sorgfältig bekleidet, besteht aus zwei ca. 24 m hohen Türmen, deren südöstlicher, auf der Angriffsseite stehender und stärkerer, 10,40 m, der andere 7,20 m Durchmesser hat, und die vorn durch eine 2 m dicke Mauer miteinander verbunden sind. Sie haben drei überwölbte Geschosse mit brillenförmigen Schiessscharten[1]). In der Verbindungsmauer führt eine Tür *n* in das Erdgeschoss des Baues, doch läuft davor inwendig noch ein in den Felsen gehauener Graben als Hindernis für die Eindringenden entlang. Zwischen den schwächeren nordwestlichen Turm und den Felsen *A* ist noch ein Treppenturm, der auf die Plattform des letzteren führt, eingeschoben. Ein zweiter Treppenturm ist auf der entgegengesetzten Seite des Felsens errichtet, hauptsächlich wohl, damit der eine zur Flucht frei bleibe, wenn der andere in die Hand des Belagerers gekommen sein sollte. Das Mauerwerk auf dieser (nordöstlichen) Seite ist sehr zerstört und lässt nur einen schmalen Zwinger mit dem Flankierungsturme *o* erkennen. Nördlich am Fusse des Felsens der Brunnen *r*. Die ihrem Namen nach nicht vor dem 13. Jahrh. begründete Burg war bis zu ihrer 1680 durch die Franzosen verübten Zerstörung bewohnt. Die beschriebenen Wehrbauten sind frühestens 16. Jahrh.

Ein Beispiel einer für die Geschützverteidigung ganz umgebauten Wasserburg bietet S p a n t e k o w im altvorpommerschen Kreise Anclam (Fig. **615**).

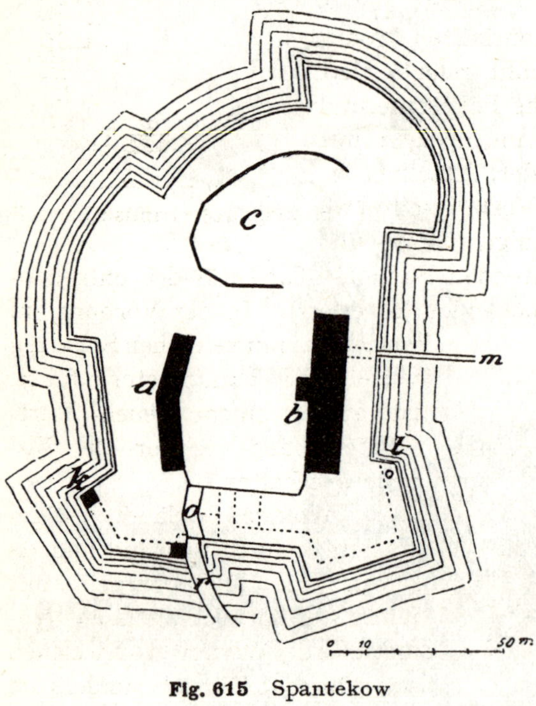

Fig. 615 Spantekow

Der mit ein- und ausspringenden Winkeln polygone Burgbering steigt ringsum aus einem etwa 45 m breiten Wassergraben, von wenig geböschten Futtermauern gehalten, etwa 6 m hoch empor, während der Hofraum der Burg (zwischen *a*, *b* und *c*) nur wenig höher liegt als der Wasserspiegel. Die innere Böschung des so gebildeten Ringwalles wird zwischen dem Wirtschaftsgebäude *a* und dem Wohngebäude *b* gleichfalls durch eine senkrechte Futtermauer, weiterhin durch diese Gebäude selbst gebildet, während sie gegen *c* hin a l l m ä h l i c h ansteigt. Der Zugang wird durch die Brücke *r* und den gewölbten, in stumpfem Winkel unter dem Walle hindurchführenden Torweg *o* gebildet. Der Wall, welcher hier eine Breite von 15 m hat, ist auf der Eingangsseite, und zwar von *k* bis *l*, nach der Aussenseite hin durch überwölbte 4 m breite und 3 m hohe Kasematten[2]) mit Geschützscharten unterhöhlt. Unweit des Endes bei *l* befindet sich in denselben ein Brunnen, während

[1]) Mit Ausnahme der beiden unten nach vorne gerichteten Scharten Fig. 307.

[2]) Das Wort (ital. casamatta, frz. casemate) — von Nichtfachleuten häufig unpassend angewendet — bedeutet, wie hier, mit einer bombensicheren Decke versehene, besonders in einem Walle angebrachte Räume für feuernde Mannschaft oder Vorräte. Eine befriedigende sprachliche Herleitung des Ausdruckes ist nicht zu finden. Wenn der erste Teil desselben gewiss das in den romanischen Sprachen „Haus" bedeutende Wort casa ist (so unnötig wie verfehlt wird er auch von χασμα = klaffende Oeffnung, Schlund abgeleitet), so kann es wenig nützen, wenn von verschiedenen Erklärern darauf hingewiesen wird, dass italienisch mattone „Backstein", matto in einigen Verbindungen das deutsche „matt", im mailändischen D i a l e k t

der links der Brücke befindliche Teil von zwei kleinen Türmen begrenzt wird, deren vorderer zur Verteid'gung des Einganges diente. Aus dem Keller des Wohngebäudes führt ein finsterer Gang unter dem Walle durch zu dem hier den Graben überspannenden Holzstege *m*. Der Rest einer polygonen Ringmauer mit Fensteröffnungen (*c*) ist ein Teil eines älteren, 1275 genannten Burgbaues. Der Neubau geschah von 1558 bis 1567 durch ein Mitglied des gräflich Schwerinschen Hauses, welches seit dem Anfange des 14. Jahrhunderts die Burg besitzt.

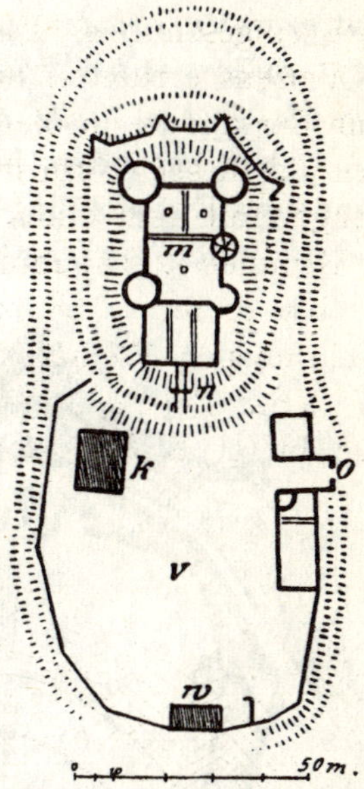

Fig. 616 Landskron

Die in der Nähe von Spantekow liegende und um dieselbe Zeit (Torinschrift 1579) erbaute gleichfalls Schwerinsche Wasserburg L a n d s k r o n (Fig. **616**), jetzt Ruine, zeigt eine wesentlich andere Anlage. Während dort die Stärke der Befestigung in der Umfassung (Enceinte), dem Graben und Wall, lag, lag sie hier besonders in der das Schloss weithin umgebenden, seinerzeit gewiss minder trockenen Wiese, sowie in dem wehrhaften Wohngebäude (*m*) selbst. Letzteres, etwas erhöht gelegen, hat ausser dem Treppenturm vier umfängliche Ecktürme und ist gegen die Vorburg *v* mit einem, im übrigen mit doppeltem Graben umgeben. Die Ränder desselben erheben sich freilich nur noch auf der Vorburgseite, wo die Zugbrücke *n* hinüberführte, zu einiger Höhe und sind, abgesehen von einer ganz unbedeutenden Bastionsanlage auf der entgegengesetzten Seite, nicht mit Mauerwerk bekleidet (revetiert). In der Vorburg, in welche das mit seitlichen Scharten versehene Renaissancetor *o* führt, ist ausser einem neuen Wirtschaftsgebäude *w* nur die Kapelle *k* erhalten.

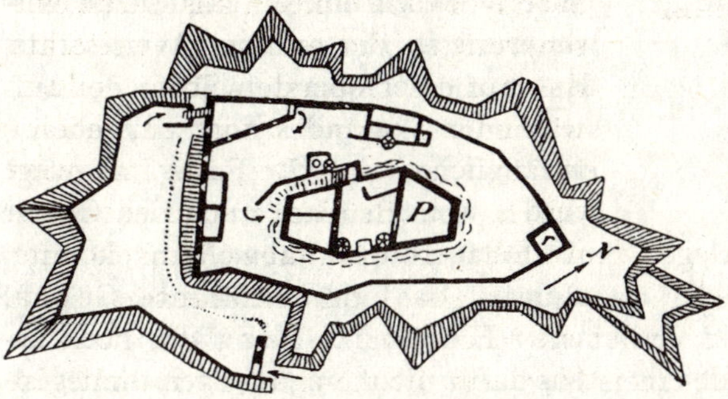

Fig. 617 Hohengeroldseck

Wo das Gelände es gestattete, umgab man hie und da selbst alte Höhenburgen mit jenen sternförmigen Aussen- (zumeist Erd-) Werken, von welchen seit Albrecht Dürer besonders im 16. und 17. Jahrh. mancherlei Systeme ausgebildet wurden. Fig. **617** zeigt (nach einem Plane von 1693) solche Neubefestigung von H o h e n g e r o l d s e c k im Schwarzwalde, von welcher

matt (?) „falsch", im sizilianischen mattu „düster" bedeute. Nach Wedgwood wäre das Wort aus dem spanischen casa und matar = töten abzuleiten, wozu D i e z , E t y m o l. W ö r t e r b. d e r r o m a n. S p r a c h e n bemerkt, dass besser das Substantiv mata = Metzelei heranzuziehen sei. Dieses bedeutet aber nach T o l h a u s e n , S p a n. W t b c h., Strauch, Baumpflanzung, während Gemetzel matacia heisst. Im Deutschen war freilich für die Kasematte auch der Ausdruck M o r d k e l l e r in Gebrauch. Casa matta wird übrigens schon von Macchiavelli († 1527) in der oben angegebenen Bedeutung gebraucht, während nach dem bei den alten kriegstechnischen Ausdrücken Gewohnten schon früher nahezu gleichlautende für ein Kriegsschiff und auch für einen Streitwagen gebraucht wurden.

man jedoch jetzt nichts mehr bemerkt. In Joh. Agricolas Sprichwörtern von 1529 heisst es (Nr. 186): *Die gröste feste war vor aller gewalt: die bergschloss, mauren und steinerne thürme. Da warden büchsen und grewlich geschoss erdacht, damit man die grossen festen ernieder würfft und zerbricht und das geschoss thut grössern schaden, weil es mauern und stein sein, dann so es blosse erde were. Bey unsern zeiten trachtet man wider das geschoss und bereitet zur gegenwehr bolwerk, gräben, welle, darin die büchsen bestecken und können nicht schaden thun.*

Ein besonders belehrendes Beispiel einer mit Erweiterung der Anlage verbundenen Entwicklung zu verschiedenen Zeiten nach der zweiten Burgbauperiode bietet Schlossberg bei Teplitz Fig. **618**. Hier entstammt die innere Umfassung mit den Rondellen jedenfalls einem nach 1478 ausgeführten wesentlichen Neubau der Burg, zu welchem dann die weitere, sternförmige — besonders noch im Nordosten aus einem kasemattierten Walle mit senkrechter Futtermauer nach innen und geböschter nach aussen bestehend — nach 1590 hinzukam. 1632 sollen dann noch als Aussenwerke neue Sternschanzen hergestellt worden sein.

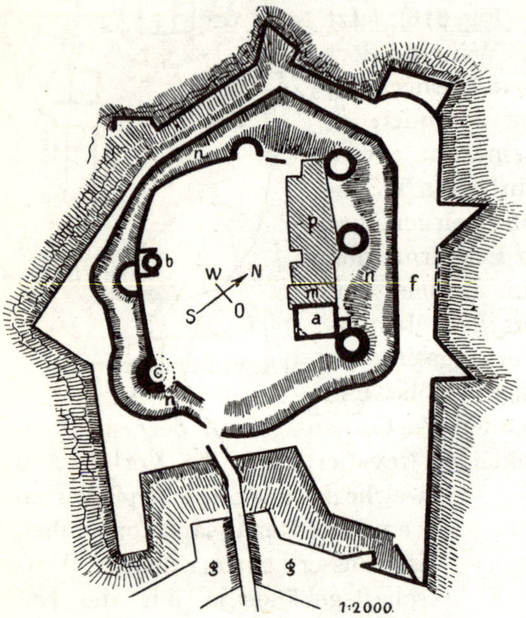

Fig. 618 Schlossberg bei Teplitz

Bei der Burg Hohentwiel, die sich zur Zeit der Herzogin Hadwig sicher auf die geräumige Oberfläche des ringsum fast senkrecht abfallenden Felsens beschränkte, fand eine Erweiterung in der seltenen Weise statt, dass auf einer obersten Stufe des aufsteigenden Vorlandes noch eine ebenso umfängliche untere Feste angelegt wurde, wonach denn auch der Oberst Widerhold im Dreissigjährigen Kriege fünf Belagerungen abwehren konnte.

Als Gegenstück dazu ist wieder anzuführen, dass der berühmte General Lazarus Schwendi auf dem ihm 1561 verliehenen Hohlandsberg der noch ursprünglichen Anlage, Fig. 586, (trotz des meistens dafür nicht ungünstigen umliegenden Geländes) allem Anscheine nach keine andere Verstärkung hinzufügte als die unbedeutende stumpfwinklige, der Vorburg im Norden vorgelegte gewölbte Bastion.

Von den Erdwerken, welche man in später Zeit hier und da (bei selten günstiger Oertlichkeit) auch ausserhalb der Burgen anlegte, ist nur noch sehr ausnahmsweise etwas erhalten. Siehe darüber S. 115. Ebenso fehlte es innerhalb des Beringes oft schon an dem nötigen Raume für eine Schütte (Rampart), d. h. einen an die Innenseite der Ringmauer angeschütteten Wall, breit genug zum Aufstellen von Geschütz[1]) und zugleich dazu bestimmt, die Mauer gegen

[1]) Wo auch für neue Rondelle kein schicklicher Platz war, half man sich auch wohl auf andere Weise. So wurde auf Karlstein (Böhmen) 1596 „vor dem grossen Turme, der Strasse gegenüber ein Bollwerk auf Pfählen aufgebaut, um darauf das grobe Geschütz aufstellen zu können".

Brescheschüsse zu verstärken. Ein Beispiel bietet Glopper (*m* Fig. 155). Solche Aufschüttung kam auch — nicht zum Zweck der Geschützaufstellung — in der Weise vor, dass man hinter einer Futtermauer, die sich nach oben als Ringmauer fortsetzte, den Burgplatz, soweit etwa neben gewachsener Erhöhung nötig, zu einem Planum aufhöhte. So ist z. B. am Ausgange des 15. Jahrh. der Bering des auf einer sanft ansteigenden Kuppe liegenden Taggenbrunn um etwa 3 m, Altenburg bei Bamberg um mehr als doppelt so viel über das Aussengelände erhöht worden.

Während es manche Burg gibt, welche nur einen geringfügigen oder gar keinen Zwinger hat — s. die Lagepläne 65, 167, 180, 194, 418, 421, 427 —, wurden noch am Ende des Mittelalters ganz ausnahmsweise burgliche Befestigungen ausgeführt, die unter Verzicht auf die da sonst gebräuchlichen starken Rondelle fast nur auf einer Vervielfältigung des Zwingers beruhen, so dass den Belagerer stellenweise drei und selbst vier auf ansteigendem Gelände hintereinander liegende Mauerzüge von der Hauptburg trennten. Beispiele bieten Steinsberg in Baden und besonders das nach 1542 fast neuerbaute Landskron in Kärnten. Fig. **619**.

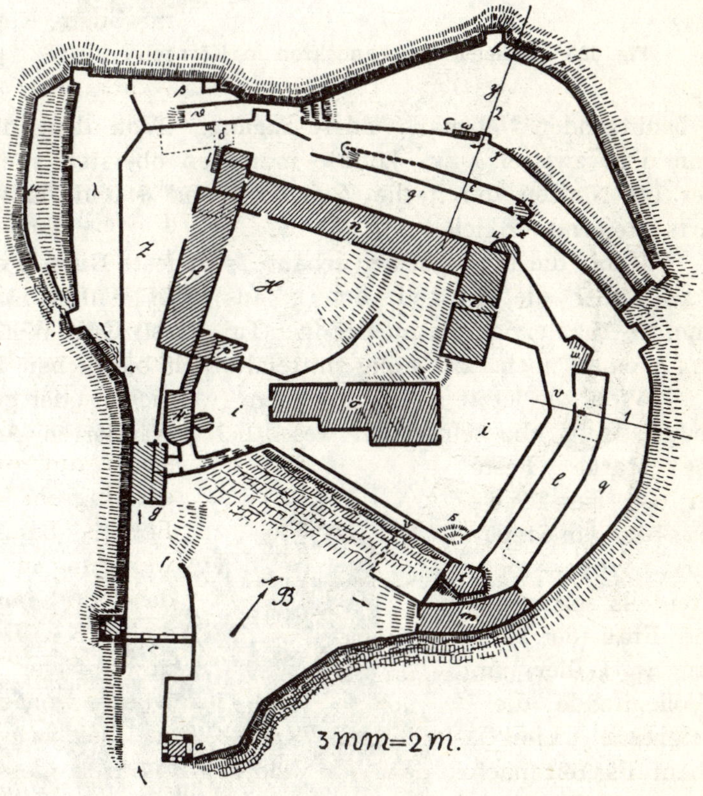

Fig. 619 Landskron in Kärnten

Den höchsten Platz des Beringes *i i* umgibt zunächst der tiefer gelegene Zwinger *v v*, der in seinem südlichen Teile aus dem Felsen gehauen ist. Von ihm aus hat man Zutritt zu der fünfeckigen Bastion *t*, zu der zweiten *w* und zu dem halbrunden Turme *u*. Die Aussenmauer des Zwingers hat einen breiten, auf einer angefügten Bogenstellung ruhenden Wehrgang. Unweit der Bastion *w* kommt man in den zweiten, kürzeren Zwinger *l*, welcher zum Teil auf kasemattenartigen Gewölben ruht und durch eine Brüstungs- und Futtermauer von dem etwa 5,50 m tiefer gelegenen dritten Zwinger *q* getrennt ist. Schnitt nach Linie 1 Fig. **620** oben. *q* steht durch die Torhalle *m* auch mit der Vorburg *B* und stand durch denselben schon zerfallenen Bau gewiss auch mit *l* in Verbindung.

Im Norden kommt man durch den überwölbten Nebeneingang bei *b* über den Platz *y* aufwärts und mittels der Mauertreppe *w* in den höheren Zwinger *γ*.

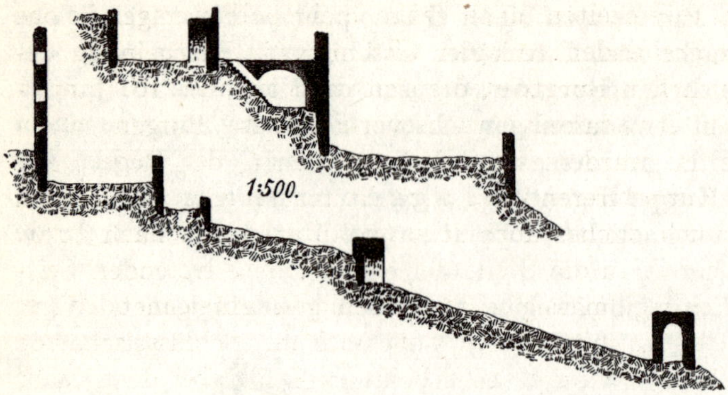

Fig. 620 Zwinger von Landskron in Kärnten

Zwischen den beiden Zwingern γ und *q'* ist noch ein anderer schmälerer, ε, eingeschoben, und von diesem aus konnte man dann in dem Turme I nach *q'* hinaufsteigen. Schnitt nach Linie 2 Fig. **620** unten.

Auf der Ostseite befindet sich ein zweiter, bei dem da steilen Abhange nur von Kletterern zu benützender Nebenaus- oder -zugang. Von dem untersten Zwinger μ und dann dem zweiten λ aus konnte man den obersten *z* entweder im Süden bei *a* oder im Norden durch die Zwinger β und ϑ und dann bei δ unterirdisch aufwärts steigend erreichen.

Ueber die 1575 fast neu erbaute, sehr feste Burg Hochosterwitz, vgl. S. 284 über die Wefelsburg aus dem Anfange des 17. Jahrh. S. 29, Anm. 2. 1622 errichtete im Grödner Tal (Tirol) Graf Wolkenstein in der Fischburg einen noch fast völlig mittelalterlich burglichen Bau.

Wohl die letzte nicht von einem (weltlichen oder geistlichen) Landesfürsten erbaute Burg, die selbst den wesentlich veränderten Angriffsmitteln gegenüber eine starke Feste war, ist die Riegersburg in Steiermark, 1619—1690, gutenteils sogar von einer Frau (der Freifrau v. Galler, im Volksmunde die „schlimme Liesl"), erbaut. Fig. **621** (nach Vischers Topogr. Ducatus Styriae von 1681 verkleinert) gibt eine im ganzen zutreffende Ansicht der den Aufstieg sperrenden Werke[1]). Den hauptsächlichen Anlass zu dem Baue scheinen die um jene Zeit immer drohenden Einfälle der Türken gegeben zu haben. — Auch der Abt des steiermärkischen Benediktinerstifts Admont errichtete noch 1655 in der Nähe desselben das durch Ringmauern und Türme befestigte Schloss Röthelstein.

Fig. 621 Riegersburg

---

[1]) Meine „Oesterr. Burgen" IV S. 148—159. Hier ist auch die besonders auf „Pasteyen" (nicht auf Rondellen) beruhende Befestigung und bei diesen das durchweg anlaufende Erdgeschoss mit dem Cordonstein (S. 254) zu beachten.

Durch solche nur noch vereinzelten, auch schon mehr oder weniger in das Gebiet der Festungen hinübergreifenden Anlagen wird nur die Erscheinung bestätigt, dass die Zeit der eigentlichen Burgbauten gegen die Mitte des 16. Jahrh. ihr Ende erreichte. Soweit die damals noch vorhandenen Burgen überhaupt als Wohnsitze beibehalten wurden, war die Entwicklung der Regel nach durchaus auf ein allmähliches Zurücktreten ihrer ohnehin unzulänglich gewordenen Wehrhaftigkeit gerichtet, wie sich solches auch schon nach aussen vielfach durch die seit Beginn der Renaissancezeit an die Stelle der engen Palase tretenden weitläufigen Wohngebäude mit ihren regelmässigen Fensterreihen kennzeichnet. Wenn diese Gebäude hie und da noch gern mit runden, wohl noch mit Schlüsselscharten ausgestatteten Ecktürmen versehen wurden, so scheint es sich dabei doch mehr nur noch um eine symbolische Bedeutung, als um die Möglichkeit einer Abwehr ernsthaften Angriffes gehandelt zu haben. Auch im Renaissancestil mehr oder weniger reich ausgestattete Tore bilden häufig ein Wahrzeichen der noch bis in diese Zeit als Herrensitze erhaltenen Burgen.

Vielfach — so besonders im östlichen Teile der deutschen Alpen — bietet dann das moderne, offene Schloss am Fusse der mit den Ruinen der alten Burg gekrönten Anhöhe das Bild der letzten Entwicklung.

Vierundzwanzigstes Kapitel.

Umbau, Verfall, Erhaltung und Wiederherstellung.

(Umbau besonders des Palas. Beispiele. Ursachen des Verfalles. Erhaltungsmassregeln bei Schonung der Ruine. Eger. Hohenrechberg. Landeck etc. Erhalten, nicht wiederherstellen. Stilpurismus. Restaurierung verwahrloster Burgen. Wartburg. Tirol. Marienburg. Karlstein etc. Wiederaufbau verfallener. U. a. Stolzenfels. Hohenzollern. Burg. Hohkönigsburg.)

Besonders im vorigen Kapitel haben wir eine Anzahl von Beispielen burglicher Umbauten kennen gelernt, die, sich auf die Gesamtanlage erstreckend, hauptsächlich während der dritten Burgbauperiode und über das Mittelalter hinaus zum Zweck der Verstärkung unternommen wurden. Nebenher liefen in mannigfacher Weise und in mancherlei Anlass Umbauten, welche die Burg wesentlich als Wohnsitz betrafen, und wie ja nach Einführung der Pulverwaffen nicht entfernt alle da überhaupt noch erhaltenen Burgen dementsprechend verstärkt worden sind, so konnte jener Umbau auch sehr wohl neben einer Entfestigung derselben hergehen. So haben wir zahlreiche noch bewohnte Schlösser, bei welchen von einer ursprünglichen wehrhaften Burg nicht mehr übrig ist als etwa der Unterbau des Herrschaftshauses und ein modernisierter Berchfrit, oder nur eines von beiden.

Wie naheliegt, war es vor allem der Palas, bezüglich dessen im Laufe der Jahrhunderte die wechselnden Bewohner nach ihrem Bedürfnis und Geschmack bauliche Aenderungen vornahmen. Es wurden zunächst nicht nur die leichten Scheidewände verändert (S. 471), sondern auch hie und da die Zwischendecken, indem man anstatt einer Balkendecke ein Gewölbe einspannte (Laudeck in Tirol), eine Decke höher oder tiefer legte (Boimont ebenda) oder selbst ein hohes Stockwerk in zwei teilte (Rathsamhausen im Wasgau, vorübergehend die Wartburg). Mit dergleichen Aenderungen waren auch öfter solche der Fenster verbunden.

Mitunter wurde ein Palas auch durch Zubauten vergrössert. Ueber Pernsteins. zu Fig. 417[1]). Wie da, so wurde auch sonst der Berchfrit von einem späteren Wohnbau umgeben. Ein hübsches Beispiel bietet die Wasserburg Zwingen in der Schweiz[2]), wo, Fig. **622**, der Zubau den ungleich verteilten Fenstern mit Seitenbänken nach noch in die gotische Zeit fällt.

---

[1]) Prokop (Die Markgrafsch. Mähren 1904, I, 101) glaubt, da noch die sechs verschiedenen Zeiten zugehörenden Bauteile nachweisen zu können.

[2]) Basler Jahrbuch 1899.

Fig. 622 Zwingen

Auch blosse Verschönerungen im Geschmack der Zeit wurden, unbekümmert um eine schlimme Stilvermengung, dem Palas angetan. So setzten in der Renaissancezeit die Polen dem strenggotischen Ordensschlosse Gollub, von sonstigen Aenderungen abgesehen, auf den vier Ecken runde Kuppeltürme auf und gaben dazwischen den Umfassungsmauern einen Aufsatz mit runden und rechteckigen Blenden und phantastisch gestalteten Zierzinnen.

Im ganzen bewegte sich bei erhaltenen Palasen bis in die neuere Zeit die Entwicklung in zwei einander entgegengesetzten Richtungen. Entweder wurden sie zu einem mehr oder weniger neugebauten modernen, auch wohl prunkhaften Schlosse — s. hierzu auch S. 454 und 474 f — oder aber zu neuen, dem ursprünglichen fremden Zwecken — Magazin, gewerbliche Betriebe, Zuchthaus, Kaserne, Obdach armer Leute u. dgl. — ausgenutzt und dann diesen in der Regel in rücksichtslosester Weise baulich angepasst[1]). —

Einen festen Baugrund immer vorausgesetzt[2]), unterliegt eine Mauer um so weniger dem Verfalle, je mehr die Steine mit wagerechten Flächen aufeinander liegen. Je weniger dies der Fall ist, um so mehr hängt die Erhaltung von der Güte des lückenlos aufgetragenen Mörtels ab.

Dementsprechend wurde nach Vitruv schon bei den Römern einer Mauer aus Ziegelsteinen eine weit grössere Dauerhaftigkeit beigemessen als einer Bruchsteinmauer, und die aus mächtigen Felsquadern aufgeführte Porta nigra zu Trier wird, von äusserer Gewalt abgesehen, sicher noch auf ganz unabsehbare Zeit unverändert dastehen. Andrerseits ist beispielsweise die erst 1765 ausgebrannte Burg Thurn in Tirol gutenteils zu wahren Bergen von Steinmaterial zerfallen, weil dies, zumeist aus den grossen rundlichen Findlingen eines nahen Bachbettes bestehend, durch einen zu sandreichen Mörtel zu ungenügend zusammengehalten war, um den Mangel eines festen Auflagers zu ersetzen, während wiederum auf der Engelburg bei Thann und Graupen in Böhmen manche kubikmetergrosse Stücke von Bruchsteinmauerwerk infolge des trefflichen steinhart gewordenen Mörtels unter freiem Himmel heute offenbar noch völlig unverändert so daliegen, wie sie im Dreissigjährigen Kriege durch Pulver abgesprengt worden sind. Auch die vielen schiefen Türme Italiens werden ihre Erhaltung wesentlich bestem Mörtel

---

[1]) So wurden selbst in der kostbaren Marienburg ausser sonstigen Verwüstungen seit dem Ausgange des 18. Jahrh. Gewölbe und Wände eingeschlagen und enge Schüttböden mit nach aussen durchgebrochenen Lukenreihen eingezimmert.

[2]) Teile von Tirol und Runkelstein sind mit dem sich lösenden Baugrunde in die Tiefe gestürzt. Auf Karlstein werden Risse in der 5 m dicken Mauer des Hauptturmes dem plattenförmigen durch Frost auseinander getriebenen Felsen zugeschrieben.

zu verdanken haben, und dasselbe wird bei dem Berchfrit von Untermontani der Fall sein, dessen eine Ecke, nachdem der aus einem lockeren Gemenge von Sand und Steinen bestehende Baugrund soweit abgestürzt ist, frei in der Luft hängt, ohne dass dadurch nur ein Riss im Mauerwerk entstanden wäre.

Der Verfall eines Gebäudes beginnt durchaus der Regel nach mit dem schadhaft werdenden Dache. Darauf faulen die Balken der Decken und diese stürzen nieder, und zuletzt zerbröckeln von oben her die nicht mehr überdachten Mauern[1]).

Es geschieht das fast nie von einer geschlossenen Seite her[2]), und aus dem Umstande ergeben sich schon die Hauptursachen des Verfalles: Regen und Schmelzwasser und der die eingedrungene Flüssigkeit ausdehnende Frost, vielfach auch die auf der Mauer wachsenden Bäume und Gesträuche, deren dicker werdende Wurzeln das Mauerwerk auseinandertreiben[3]).

Zur Erhaltung der Mauern einer Ruine ist daher vor allem das Eindringen der Niederschläge in die obersten Steinschichten zu verhindern, in der Regel dadurch, dass man nach tunlichster Beseitigung von Pflanzen, Erde und Sand die Lücken zwischen den Steinen nach oben möglichst sorgfältig mit bestem Kalkmörtel schliesst. (Gegen die äussere Verwendung des Zements sprechen verschiedene in den Eigenschaften dieses Bindemittels liegende Gründe.) Meistens wird man freilich nicht nur die obersten Steine wieder festlegen müssen. v. Cohausen bemerkt darüber (Die Altertümer im Rheinland, 1891, 80): „Alte Mauern, die man nicht unter Dach bringen kann, nimmt man 30 bis 40 cm hoch ab, mauert sie im selben Mauerverband mit Zementmörtel bis zu derselben Höhe wieder auf, so dass sie 10 bis 15 cm tiefe Mulden bilden, welche ohne Abwässerung und ohne Ausgleichung durch rauhen Zementmörtelbewurf wasserdicht gemacht

---

[1]) In Oesterreich ist bis in die neuere Zeit manche Burg dadurch zum Verfall gebracht worden, dass man, um einer hohen Haussteuer zu entgehen, die Dächer abgetragen hat.

[2]) Fehlende Bekleidsteine sind meistens abgebrochen worden. Sonst lassen sie auf ein besonders liederliches Mauerwerk mit schlechtem Mörtel schliessen. So fehlt infolgedessen auf Wolkenstein in Steiermark von dem eine Ecke einnehmenden Berchfrit eine innere Seite schon ganz und ist auch vielfach nicht nur die äussere und innere Bekleidung nebst einem guten Teil des Mauerkernes herabgefallen, sondern auch in unzugänglicher Höhe die nach aussen quaderförmigen Ecksteine für sich allein, und an dem Wohnturme auf Lobenstein (Niederösterr.) sind aussen an einer ebenso unzugänglichen Stelle einige Quadratmeter weit die Steine bis zu etwa ½ m tief aus der sonst wohlerhaltenen Wand herausgefallen. Blosses Verwittern der Steine ist bei dem durchweg dicken Mauerwerk ohne Belang. Ein schon verfallendes Ende einer Mauer ist ähnlich wie deren Oberkante zu sichern, geeignetenfalls durch einen neu aufgeführten Abschluss.

[3]) J. Scheiger, der als verständiger Burgenforscher seinen Zeitgenossen weit voraus war, hat auch schon 1824 (Ber. u. Mitteil. d. Wiener Altertumsvereins Bd. II) über „den Einfluss der Pflanzen auf die Zerstörung der Ruinen“ geschrieben und 1853 eine Schrift: „Andeutungen über Erhaltung und Herstellung alter Burgen und Schlösser“ veröffentlicht. Er empfiehlt u. a., zunächst eine volle Aufnahme des Vorhandenen und einen Bauplan auszuarbeiten, keine Phantasie- oder Theaterburg herzustellen und gibt manche praktische Anweisung, wobei jedoch die Schonung der Ruine als solcher zu kurz kommt. Von besonderem Interesse in bezug auf Verfall und Erhaltung der Ruinen sind die (Karlsruhe 1902) veröffentlichten Verhandlungen über die Heidelberger Schlossruine, die (freilich einander meistens widersprechenden) Meinungsäusserungen einer Anzahl der namhaftesten Bauverständigen enthaltend. Ich selbst habe jedenfalls bei Besichtigung einer grossen Zahl von Burgruinen mir über diese Fragen möglichst klar zu werden gesucht.

service@walbusch.de

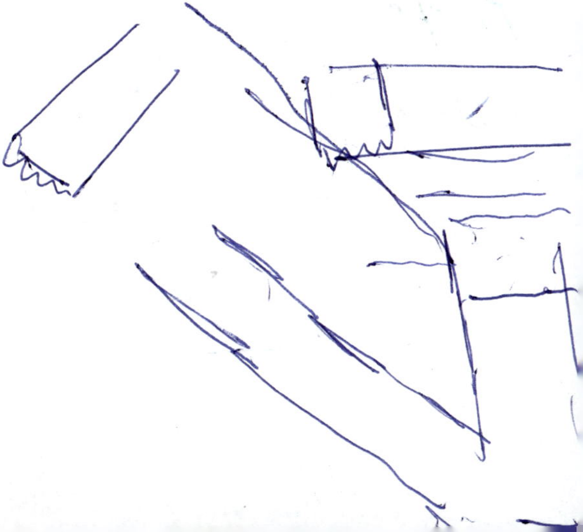

0711 765 1550
Prof.
Volker Lutz

14.05 18:31

werden, füllt diese sogleich mit guter Erde und deckt sie flach mit Rasen"[1]). Ueber die Sicherung bei bedenklich erscheinenden Rissen, Ausbauchungen etc. braucht hier nichts Besonderes bemerkt zu werden[2]).

Abhalten der Niederschläge wird, was ja nötig ist, auch die in der Mauer steckenden Wurzeln des abgeschnittenen Aufwuchses zum Absterben bringen. Im übrigen wird man die nur in ihrer Nähe aufgewachsenen Bäume meistens unbedenklich stehen lassen können. Die Wurzeln werden sich in dem Erdreich oder Schutt zu genügend ausbreiten können, um sich auch noch in etwaige Ritzen des Mauerwerks zu klemmen, wo sie natürlich auch weit weniger ausrichten könnten als in den obersten Steinschichten.

Dasselbe gilt (gewöhnlicher Meinung zuwider) vom Efeu, der neben seiner besonders malerischen Wirkung meiner vielfachen Beobachtung nach weit mehr nützlich als schädlich ist[3]). Die Wurzeln liegen auch hier nahezu immer am Fusse der Mauern, während die Ranken sich nur aussen an sie anklammern. Haben sie so eine freistehende Mauer überzogen, so halten sie selbst schon locker gewesene Steine unverrückbar fest und das dichte Blattwerk kann obenein Niederschläge und Frost in gewissem Masse abhalten.

Ohne Belang ist durchaus der Regel nach die auch wohl empfohlene Ableitung des Regenwassers von der Burgstelle. Dasselbe kann nicht wohl einen nennenswerten Schaden verursachen und wäre ohne umständliche und störende Vorkehrungen auch nur ganz unzureichend zu bewerkstelligen. Unter besonderen Umständen ist zwar unlängst auf dem Heidelberger Schlosse die Ableitung des „Grund- und Tagewassers" als nötig erkannt worden, doch hat die Ausführung nahezu 200 000 Mark gekostet. Viele Burggebäude stehen ja auch (S. 546) vom Mittelalter her direkt im Wasser, ohne dass allem Anscheine nach gegen die Feuchtigkeit der Mauern besondere Massregeln getroffen worden wären, und die Erbauer der Höhenburgen haben auch bei ihren vielen Futtermauern wohl nie an eine Entwässerung gedacht[4]).

Bei dem Otto-Heinrichsbau des Heidelberger Schlosses dreht sich der Streit, auch unter ersten Fachmännern, bekanntlich zunächst darum, ob seine hohen Umfassungsmauern durch entsprechende Abdeckungen, Verklammerungen und Versteifungen, Auswechslung von Steinen u. dgl. noch auf unbestimmt

---

[1]) Diese Massregel wird auch in einer unlängst vom badischen Ministerium erlassenen Anleitung zur Erhaltung von Ruinen empfohlen. Vgl. Denkmalpflege 1911, S. 15. Darüber noch weiterhin.

[2]) Ueber schwierige Erhaltungsarbeiten solcher Art unterrichten u. a. O. Schulz, Die Wiederherstellung der St. Sebaldkirche, Nürnberg 1905 und F. W. Fröde, Das Konservieren der Baumaterialien sowie der alten und neuen Bauwerke, Wien 1910.

[3]) In einem Aufsatze der „Woche" (1910, S. 505) kommt der Botaniker Prof. Dr. Dammer zu demselben Ergebnis eingehender Untersuchung.

[4]) In seltenen Ausnahmefällen (so auf Altenburg bei Bamberg) mag freilich der Erddruck die Futtermauer zerstört und dazu auch der Frost beigetragen haben. Dagegen würden ja aber die schon bei Etruskischen Mauern beliebten durch dieselben gehenden Löcher wenig nützen. Es gehört jedenfalls zu den besonders seltenen Ausnahmen, wenn auf Diessen die Ringmauer, welche einen 5 m unter der Hauptburg liegenden Platz begrenzt, zur Entwässerung desselben von steinernen, weit vorspringenden Wasserspeiern (wohl aus späterer Zeit) durchbrochen ist. (Zollerische Schlösser, S. 70, wo übrigens dieser fast 20 m breite Platz unrichtig als Zwinger bezeichnet wird.)

lange Zeit hinaus erhalten werden könnten, oder ob das nur durch Ueberdachung und wenigstens teilweisen inneren Wiederausbau zu erreichen sei[1]). Ich halte die (nicht überall geteilte) Meinung für richtig, dass durchaus der Regel nach bei steter Fürsorge jede überhaupt noch standfeste Mauer dauernd erhalten werden kann.

Nicht immer ist freilich ein schneller Verfall oder selbst ein plötzlicher Zusammenbruch anscheinend noch festen Mauerwerks vorherzusehen, während anderes seit Menschengedenken von Rissen durchfurchtes — so der Berchfrit der Burg auf dem Monte Cassino — sich unverändert erhält.

Das bekannteste Beispiel von ersterem aus neuer Zeit ist ja der im Juli 1902 erfolgte Einsturz des 98 m hohen, 1329 erbauten Glockenturmes von S. Marco in Venedig, nachdem sich erst unmittelbar vorher Risse gezeigt hatten. (Die Wandung soll durch bauliche Aenderung im Innern geschwächt worden sein.) Ferner stürzte 1899 ein stattlicher gotischer, äusserlich wie neugebaut erscheinender Mauerturm zu Neubrandenburg zusammen. (Hier soll zwischen einer kegelförmigen Ueberdeckung des Verliesses und der Wandung später aufgehäufter Schutt die letztere, in Ziegeln mit schlechter Füllung aufgeführte auseinander getrieben haben.) Andere Fälle, in welchen eine Erklärung nicht zu geben ist, sind folgende: 1439 stürzte der Berchfrit der Schwanenburg zu Cleve ein, nach einer plattdeutschen Inschrift *een groit toirn van grawen steen, die dar meer dan IIIC Jair vair gaids geboirte* (vor Christi Geburt) *gestaan had.* Im vorigen Jahrhundert ist eigentümlicherweise (wie in Einzelfällen öfter) von den beiden hohen fünfeckigen Berchfriten der Ruine Schaumberg (Oberösterreich) trotz soliden ungefähr 4 m starken Mauerwerkes der der Burg zugekehrte etwa halbe Teil völlig abgestürzt. Solche Halbierung der Berchfrite wird, etwa von unsicherem Baugrunde abgesehen, regelmässig, wie das auch zum Teil feststeht, wiederholten Blitzschlägen zuzuschreiben sein, welchen ja diese Türme besonders ausgesetzt waren. Wenn 1800 der schon durch Schatzgräber geschwächte runde Berchfrit von Greifenstein in Thüringen vom Sturme umgeworfen worden sein soll, so dürfte das doch nur, wie unlängst auf Stein in Steiermark, bei höheren ungeschützt freistehenden und nicht besonders soliden Einzelmauern vorkommen.

Auch sonst kann man in Ruinen manches in bezug auf den Verfall ziemlich rätselhaftes finden. So hat in der Mühlbacher Klause eine hohe Ringmauer unten eine nicht weniger als 9 m weite und etwa ebenso hohe Lücke, über welcher sich das obere Mauerwerk ohne Stützen hält, und Aehnliches findet sich auf Aggstein, Kostial und sonst. Andrerseits ist unlängst auf Obermontani ein fensterarmes, wohnturmartiges Gebäude, bis dahin, von Rissen abgesehen, in seinen Umfassungsmauern völlig erhalten, plötzlich ganz zusammengestürzt. —

Innerlich besonders durch Zerbröckeln des Mörtels schadhaft gewordenen Mauern wird nach tunlicher Beseitigung von Erde und Sand durch Ausgiessen mit einem guten Bindemittel wieder mehr Festigkeit zu geben sein.

Wenn es sich um die Erhaltung einer Ruine handelt, hat man diese Aufgabe möglichst wörtlich zu nehmen, das heisst, so viel als tunlich soll nicht nur jede Aenderung des zu Beginn der Arbeit vorhandenen Bestandes vermieden, sondern es auch nicht erkennbar gemacht werden, dass für die Erhaltung der Ruine

---

[1]) Bei der kaum ihresgleichen findenden Frührenaissancefassade des Baues kann es — den Streit über den einfachen oder den Doppelgiebel beiseite gesetzt — meines Erachtens gar nicht streitfähig sein, dass letzteres geschehen müsse, wenn es feststände, dass eine dauernde Erhaltung sonst unmöglich sei. Gleichwohl enthält eine von Heidelberger Professoren verfasste Protesterklärung den wundersamen Satz: „Warum soll es der Ruine nicht vergönnt sein, sich auszuleben, solange es ihr Geschick erlaubt?“ Dass für eine Erklärung zugunsten der ungeschmälerten Erhaltung des Heidelberger Schlosses als Ruine beliebig viele Tausende von Unterschriften zu haben waren, versteht sich von selbst, von Votanten freilich, von welchen wohl kaum einer aus den veröffentlichten Verhandlungen von 1902 die Sachlage kennen gelernt hatte.

— deren Hauptreiz als einer solchen in dem „versunken und vergessen" liegt — überhaupt etwas getan werde[1]).

Oft genug hat es freilich fast den Anschein, als ob es den für die Erhaltung Tätigen gerade auf das Gegenteil angekommen wäre. So sind bei der romanischen Palasruine von Eger (ausser einer Anzahl starker Strebepfeiler aussen und innen und ergänzten Fenstersäulen) die Umfassungsmauern in lauter verschieden hohen Abschnitten wage- und senkrecht abgeglichen und mit dicken beiderseits überstehenden Stein- und Zementplatten bedeckt, und die Sohlen der schönen Kuppelfenster haben zur Abwässerung nach innen eine dahin ebenso überstehende Bedeckung erhalten. Gleichermassen radikal hat man z. B. für die Erhaltung der schönen Ruine Hohenrechberg gesorgt. Der einstige hübsche Baumwuchs ist gründlich (bis auf einen Baum?) beseitigt worden, alle abgebröckelten Mauern, auch niedrige, oben liniengerade, wagerecht mit einem dicken Zementauftrage abgeglichen und da meistens noch eine Art von Umgang mit niedriger Brüstung und stellenweise mit eisernem Geländer hergestellt, die Fugen vielfach verschwenderisch mit blendend weissem Mörtel ausgestrichen und dgl. mehr.

Auch das malerische Bild, um dessentwillen die Ruinen zu erhalten sind, wird auf solche Weise fast ganz zerstört, während ein bautechnisches Interesse bei ihnen ja nur ganz ausnahmsweise in Frage kommt.

Nicht immer hat man sich auch nur mit solchen plumpen Erhaltungsmassregeln, die der Ruine fast das Aussehen eines nicht fertig gewordenen Neubaues geben, begnügt. Oefter — Lindenfels, Hohengerhausen, Attinghausen — sind Mauerzüge ergänzt und selbst neu hinzugefügt, andere abgebrochen und der Platz ist sauber eingeebnet worden, besonders um noch obenein — Eger, Rietburg, Landstuhl, Neuscharfeneck, Starkenburg etc. — da gezirkelte Gartenanlagen, das am wenigsten in eine Ruine gehörige, herzustellen. Man sollte wenigstens für Fremde in angemessener Entfernung vor jeder so „restaurierten" Ruine Warnungstafeln anbringen.

Besonders bei den zur Erhaltung einzelner Burgruinen gegründeten Vereinen Umwohnender pflegt es sich wesentlich darum zu handeln, einen hübschen Ausflugsort mit Gastwirtschaft zu gewinnen, und diesem Zweck entspricht dann auch vor allem das Geschaffene.

Vorzugsweise ist das bei den hübschen Ruinen am Ostrande des Hardtgebirges im Schwange, und als eines der schlimmsten Beispiele mag da Landeck angeführt werden. An Stelle des alten beschwerlichen Aufstieges führt jetzt ein bequemer, wohlgepflegter Promenadenweg hinauf, und anstatt die nur des Belages entbehrende Brücke über den Halsgraben wiederherzustellen, hat man in umständlicher Weise einen ganz neuen, für die Burganlage unverständlichen Eingang in dieselbe geschaffen. Der Berchfrit hat einen neuen Eingang

---

[1]) Dieser wohlbegründeten Forderung leistet auch nicht die von Cohausen empfohlene Erhaltungsmassregel (S. 622) volles Genüge. Man kann aber auch eine abbröckelnde Mauer oben gegen eindringende Niederschläge völlig abschliessen, ohne das Bild der unberührten Ruine zu stören. Eine zusammenhängende, wenn auch nicht gerade Abdeckung mit Mörtel oder Zement (wie in den Ruinen Prozelten am Main und Ehrenberg in Thüringen) ist nur zulässig, soweit sie dem Auge entzogen ist.

Bedenklich erscheint da auch in dem vorhin erwähnten badischen Erlasse der Satz: „Etwaige Neuherstellungen dürfen nicht etwa verfallenen Eindruck machen, sondern sollen als solche erkennbar und durch eingehauene Jahreszahlen bezeichnet sein." Freilich darf ja auch nicht ein Stück einer Phantasieruine hergestellt werden, wie solche zur Zeit unserer Romantiker beliebt waren.

mit hinaufführender Eisentreppe erhalten, und seine alte, hoch liegende Eingangstür ist durch einen eisernen Balkon geschlossen worden. Daneben ist ein kleines Gebäude, dessen Fenster Giebelbogen auch nach aussen haben (vgl. S. 457), neu aufgeführt. Zu den jetzt etwas hoch liegenden vormaligen Palasfenstern mit Seitenbänken sind von der Seite her steinerne Treppen hinaufgeführt. Ein Kellerraum hat eine moderne Decke aus Eisen und Beton erhalten. Der jetzt weite, eng mit Tischen und Bänken bestellte Hofraum wird zum Teil anstatt der Ringmauer durch eine neue, sinnwidrig niedrige, gezinnte Brüstungsmauer, welche die Aussicht nicht hindert, begrenzt, und einem Batterieturme hat man als Abschluss eine Steinbank um einen runden Tisch gegeben.

Die benachbarten Ruinen Madenburg und Trifels mit vielbesuchten Sommerwirtschaften sind kaum viel besser davongekommen. Auf der letztgenannten hat man, abgesehen von dem ungenügenden (dachlosen) neuen Abschlusse des Berchfrits, in demselben durch den Kaminmantel, s. S. 484, eine steinerne Wendeltreppe (!) hinaufgeführt. Ueber den Brunnenturm s. S. 509, Anm. 2[1]). Auf der Rietburg ist ausser sonstigen Veränderungen in sinnwidrigster Weise das eine verfallene Ende der Schildmauer in eine hinaufführende Freitreppe von 29 Stufen umgestaltet. —

Besonders im Anlass der seit über einem Jahrzehnt in löblicher Weise im Schwange befindlichen „Denkmalpflege", sowie auch der vielbehandelten Einzelfälle des Heidelberger Schlosses und der Hohkönigsburg sind in den solcher Denkmalspflege irgendwie nahestehenden Kreisen die Fragen hervorragend bedeutsam geworden, ob, und im Bejahungsfalle, wie man restaurieren solle.

Bei dem Streite darüber spielt die schönklingende, eine Prüfung auf Inhalt und Berechtigung aber nicht wohl vertragende Phrase eine grosse Rolle. Aber auch bei nüchtern praktischer Erwägung wird man sich der übergrossen Mehrheit — Ausnahmen bilden fast nur die ihres Gewerbebetriebs wegen Dissentierenden — anschliessen müssen, die zunächst den Grundsatz „Erhalten, nicht wiederherstellen" als die sachgemässe Richtschnur angenommen hat.

Wenn dieser allgemeine Satz im besonderen auch von unseren Burgbauten gilt, so wird er da vor allem durch den Umstand gerechtfertigt, dass wir fast ausnahmslos von dem, was da im Einzelfalle gewesen ist, nur höchst unzulängliche Kenntnis haben können. Nur in ganz verschwindend wenig Fällen haben wir ja eingehende Aufnahmen, wie sie Dilich 1607 von einigen Burgen angefertigt hat, und es gehört schon zu den verhältnismässig seltenen Ausnahmen, wenn uns von einer Burg eine alte Ansicht oder auf ihre Bauten bezügliche Aktenstücke erhalten sind. Selbst solche Quellen aber sind für einen getreuen Wiederaufbau von wenig Wert, da die meistens kleinen und ja nur einseitigen Abbildungen bekanntermassen fast ausnahmslos ungenau und daher unzuverlässig sind, und die Bauakten, soweit sie angesichts der vorhandenen Ruinen überhaupt verständlich sind, meistens nur aus Geldabrechnungen über Ausbesserungen oder Aenderungen bestehen, nichts aber weniger als etwa eingehendere Baubeschreibungen enthalten[2]).

Kommt hinzu, dass der Bauleiter nur ganz unzulängliche Kenntnis vom eigentlichen Burgbauwesen hat, und dass auch den neuzeitlichen Ansprüchen und Bedürfnissen des Bauherrn — von seinem Geschmack zu geschweigen — oder einem fremdartigen Nebenzweck des Neubaues (besonders Gastwirtschaft) Rechnung

---

[1]) Bemerkenswerterweise sind Landeck und Trifels bayerisches Staatseigentum.

[2]) Deshalb können auch die von Architekten mit Vorliebe veröffentlichten „Rekonstruktionen" fast immer nur von höchst zweifelhaftem Werte sein, auch wenn sie nicht, wie die meisten in v. Essenweins Kriegsbaukunst gegebenen, gar nur auf den Aufnahmen anderer (zum Teil Nähers) beruhen. Vgl. auch S. 563 Anm. 2 u. 610 Anm. 1.

getragen wird[1]), so kann es nicht wundernehmen, dass, soviel mir bekannt, unter den vielen bei uns seit etwa achtzig Jahren aus Ruinen wiederaufgebauten „Burgen“ keine dem ursprünglichen Bau oder auch nur völlig einer mittelalterlichen deutschen Burg überhaupt entspricht.

Auch im Interesse der grossen Menge nicht besonders Beteiligter kann der Wiederaufbau einer verfallenen Burg ja durchaus nicht liegen. So konnte beispielsweise vordem jeder unbehindert die schöne Ruine der Hohkönigsburg durchstreifen, von den Plattformen des Palas und der Schildmauer eine weite Rundsicht geniessen, die so grossartige wie eigentümliche Innenkonstruktion des ersteren (Fig. 484) mit einem Blick überschauen und sich das verhältnismässig wenige an dem Gesamtbau Fehlende nach seiner Weise ergänzen. Jetzt kann man die neue Burg nur zum Teil gegen Eintrittsgeld und unter der Zwangsbegleitung eines trinkgelddurstigen Führers besichtigen, die Plattformen sind mit Dächern zugedeckt, den Gesamtanblick des Palasinnern verhindern Zwischendecken, und die überall so besonders verfehlten Neubauten (S. 634 ff.) werden dem Besucher als das früher gerade so vorhanden gewesene aufgedrängt.

Schon an sich sind ja auch zahlreiche Burgen mit einförmig geraden Abschlusslinien (vgl. S. 326 und 430) und wohl auch regelmässigen Fensterfassaden (S. 454) erst durch ihren Verfall ungleich landschaftlich hübscher und selbst für den Besucher interessanter geworden als sie vordem gewesen sind. —

Besonders in nachmittelalterlicher Zeit pflegte — wie wohl der Maler die Römer in der Tracht seiner Zeit mit Kanonen schiessen liess — der Baumeister nur in dem gerade modernen Stile zu bauen und ihn für so einzig schön zu halten, dass z. B. im 18. Jahrh. selbst edelste gotische Kirchengewölbe durch Stuckarbeiten in blühendstem Zopfstil möglichst verdeckt wurden. Ueber Gollub s. oben S. 621. Mag man nun im vorigen Jahrhundert in Wiederherstellung des gediegenen Alten mitunter etwas zu gründlich und auch wohl ohne ein hinlängliches Kennen jenes vorgegangen sein, so ist in der wechselnden Tagesmeinung und besonders unter dem jüngeren Geschlecht heute wieder die obenauf, dass das Wohlgefallen an Stil-Einheit oder auch nur -Harmonie ein überwundener Standpunkt und jeder Bau so zu erhalten, nötigenfalls zu restaurieren sei, wie er im Laufe der Zeit geworden[2]). Eine der auch hier nicht fehlenden hübschen Phrasen lautet dahin, dass man sich nicht einer „Fälschung der Baugeschichte“ schuldig machen dürfe[3]), was denn ohne den Wortklang bedeutet, keine geschmacklos einen Bau entstellende Zutat — auch die gestern verübte gehört ja schon der „Baugeschichte“ an — dürfe wieder beseitigt werden[4]). Meines Erachtens ist der, welcher es tadeln würde,

[1]) Jenen Bedürfnissen könnte übrigens auch unter weit geringerer Aufopferung der Stilgemässheit entsprochen werden, als zu geschehen pflegt. S. z. B. S. 464 über Butzenscheiben etc.

[2]) So z. B. Dr. E. Renard in Westd. Zeitschr. 1903, 352: „Jener unglückselige Stil-Purismus, den wir nach langem Kampfe nun endlich bei der Herstellung alter Bauwerke glücklich überwunden zu haben glauben.“

[3]) Es wird auch wohl gern „das Selbstbewusstsein der alten Meister“ gerühmt, die eben das, was zu ihrer Zeit modern war, auch an den unpassendsten Stellen anbrachten.

[4]) Das abschreckendste mir bekannte Beispiel einer unbedingt nach diesem Grundsatze durchgeführten Wiederherstellung bietet die Kirche Jung St. Peter in Strassburg. Während das Schiff besonders auch in seiner Ausmalung in kräftigen Farben streng im romanischen und gotischen Stil gehalten ist, scheint der untere Teil des Altarchores, mit Rokoko-

wenn man um des „Stilpurismus" willen einen etwa an den Wartburgpalas angebauten Rokokoflügel abbräche, um die Unempfindlichkeit seiner Geschmacksnerven nicht zu beneiden, während z. B. ein hoher, in Deutschrenaissance verzierter Giebel auch unter älteren Burgbauten noch gut und kaum störend wirken kann.

Aus dieser Anschauung heraus wird denn auch weiter verlangt, dass heute überhaupt nicht mehr in einer der „nur noch historischen" Stilarten gebaut werde, zumal, wie hier ein beliebter Satz lautet, man das ja doch nicht mehr im Empfinden und Geist jener betreffenden Zeitperioden zu tun vermöge[1]). Abgesehen von der Frage, ob der sogenannte „Jugendstil" — bei welchem einstweilen noch das „Um jeden Preis etwas Neues" vielfach als der kaum begrenzte oberste Grundsatz erscheint — sich mit der Zeit vielleicht zu einem brauchbaren Stile unserer Zeit abklären möge, kann ja heutzutage der Baumeister bequemer hundert alte Musterbauten studieren, als deren Urheber zehn kennen lernten, und sich so sehr wohl in den Stand setzen, gotisch und selbst romanisch tadellos korrekt zu bauen, ohne nur Vorhandenes pedantisch nachzuahmen, und ohne dass der feinfühligste Kritiker jenen Mangel nachweisen könnte. Es gilt das zumal von unseren im ganzen ja einfachen Burgbauten[2]). —

Auf dem Gebiete der Restaurierungen ist von dem Wiederaufbau zerfallener Burgen die Wiederherstellung solcher zu unterscheiden, die, noch unter Dach befindlich, durch Vernachlässigung, Umbau u. dgl. in einen unwürdigen Zustand, auch wohl dem Verfalle nahe gebracht worden sind. Eine Wiederherstellung erscheint — ein seltener Ausnahmefall — als zweifellos geboten, wenn es sich dabei um baulich, nebenbei wohl auch geschichtlich wertvolle Burgen handelt, und so sind denn auch in letzter Zeit eine Anzahl solcher — ich nenne Marienburg, Wartburg, Goslar, Karlstein, Tirol und Chillon — restauriert worden. Der Umfang der Arbeit war dabei freilich ein sehr verschiedener. Während z. B. in der Hauptburg der Wartburg vieles neugebaut worden ist, war bei Chillon äusserlich nahezu nichts zu ändern.

Wenn es hier die fast selbstverständliche Aufgabe war, die Burgen möglichst getreu in der Weise ihrer baulichen Glanzzeit wiederherzustellen, so ist das freilich auch nur in ebenso verschiedenem Masse gelungen. Besonders wenig bei der Wartburg (Prof. v. Ritgen † 1889)[3]).

---

schnörkeln in hellem Graugrün und Silber getönt, direkt etwa aus dem Boudoir einer Schönen der Zeit Ludwigs XIV. dahin übertragen worden zu sein. Eine zumal nach der jetzigen Wiederauffrischung mir als völlig unerträglich erscheinende Zusammenstellung.

[1]) Als ob man nicht dann am Ende von dem merkwürdigerweise zurzeit wieder beliebt gewordenen und gepriesenen „Biedermeierstil" dasselbe sagen könnte!

[2]) Obenein beruht die Idee von den „nur noch historischen Stilarten" auf einem Irrtume. Wie Direktor G. v. Bezold (Anzeiger des German. Nationalmuseums 1908, H. 3) an einer „leicht zu vermehrenden" Anzahl von Beispielen nachgewiesen, hat es auch vor dem 19. Jahrh. keine Zeit gegeben, in welcher man nicht besonders bei Ergänzungsbauten an Kirchen — auch im romanischen wie gotischen Stile gebaut hätte, was zugleich „unwiderleglich beweise, dass das (auch von B. geteilte) Gefühl für stilistische Einheit eines Bauwerkes schon in früheren Zeiten vorhanden war". Um eine andere gewichtigste Stimme anzuführen, hat Gabriel v. Seydl (Münchener Neueste Nachr. v. 28. 6. d. J.) es für „recht unwahrscheinlich" erklärt, dass Cornelius Gurlitt „die Anwendung neuzeitlicher Formen bei Anbauten an Altes" für eine Norm erklären wolle. Nach meiner Ansicht dürfte das freilich bei irgend wertvollen Bauten überhaupt nie geschehen.

[3]) Ueber die Burg einschliesslich ihrer Baugeschichte und jüngster Wiederherstellung ist nach dem von Ritgen selbst veröffentlichten „Führer" das „Wartburgwerk"

Von den mittelalterlichen Burgbauten war da bis zur Restaurierung ausser dem Palas kaum noch viel erhalten und auch dieser nur noch mit erniedrigten Umfassungsmauern und den S. 445 Anm. 3 angegebenen Aenderungen[1]). Es handelte sich bei ihm also ausser der Wiederherstellung des „Sängersaales" (S. 419) besonders um diejenige des darüber liegenden Festsaales. Bei diesem hat man, um ihm eine seiner Weite entsprechende Höhe zu geben, ganz stilwidrig die gerade Holzdecke erst über beiderseits um die Höhe eines zweiten Stockwerkes in das Satteldach hinaufgeführte schräge gelegt. Ausserdem ist an der ganzen westlichen Längsseite der (um sieben Fuss erhöhten) Umfassungsmauern eine hölzerne Galerie angebracht worden[2]), welche, wie die sonstige Ausstattung des Saales — so tragen die Dachbinder plastische Holzfiguren, die in ihrer Gesamtheit den Sieg des Christentums versinnbildlichen sollen — und des ganzen Palas mit überreicher Ausmalung in dem besten Können des 19. Jahrh. sicher nicht dem da einst Gewesenen entsprechen.

Fig. 623 Wartburg

Von den neuen Gebäuden hat der Berchfrit Fig. **623** (zu Fig. 427), statt des Daches mit einem mächtigen Kreuz abschliessend, in den drei höchsten Stockwerken in sonst nicht vorkommender regelmässiger Erweiterung nach oben ein-, zwei- und dreibogige Fenster. Die durch eine wenig passende „Torhalle" damit verbundene „Dirnitz" *d* hat lauter ganz grosse, regelmässig verteilte Fenster. Des-

(s. Literaturverzeichnis a. E.), wohl das umfänglichste und eingehendste Werk solchen Inhaltes überhaupt, erschienen. Ueber die Burg s. oben S. 177, 196 Anm. und 213 (südlicher Berchfrit), 419 (Palas), 439 (Dirnitz, Kemenate, Lageplan), 440 und Anm. 2 (Nebengebäude), 445 (Treppe) und Anm. 3 (Umbau des Palas), 449 (Tympanon), 455 (Palasarkaden), 472 (Deckengemälde), 476 (Küche), 486 (Bad), 489 (Abtritt).

[1]) Dass solches nach dem W a r t b u r g w e r k S. 78 schon hundert Jahre nach Fertigstellung des Palas geschehen sei, erscheint mir besonders bei der rohen Zumauerung der Arkaden bis auf einfache, meistens kleine Viereckfenster als recht unwahrscheinlich. Auch wenn nach ebd. dieses durch Friedrich den Freidigen (1307—21) verübt worden sein soll, so stimmt das wenig zu der Angabe in Rothes Chronik, dass dieser „das Schloss an allen Enden befestigen und bessern liess".

[2]) Zur Rechtfertigung behauptet v. R i t g e n (a. a. O. S. 153), dass „es die Sitte des 11. und 12. Jahrh. war, dass sich die Säle zu den grossen Festlichkeiten auf Burgen . . . zur Erlangung grösstmöglicher Höhe meist noch in das Dach hinein erhoben und zugleich immer in unmittelbarer Verbindung mit einer oder mehreren Galerien zur Aufnahme der Zuschauer standen". In Wirklichkeit suchte man (s. S. 424) auch in gotischer Zeit noch nicht, dem Saal — ein solcher „zu grossen Festlichkeiten" fand sich kaum auf einer Hofburg — eine grösstmögliche Höhe zu geben, und für eine in das Dach erhöhte und vollends eine dreiseitige Decke ist mir ein Beispiel sonst nirgend bekannt. Auch erhöhte Zuschauergalerien kommen erst in nachmittelalterlicher Zeit (wie auf N e u h a u s in Böhmen) ganz ausnahmsweise vor. Nach v. Ritgens weiterer Angabe haben sich freilich auch an den beiden Giebeln „sichere Anhaltspunkte" für die vormalige „schräge offene Holzdecke mit schmaler Galerie der ganzen Länge nach gefunden"; allein meine schon frühere Anzweiflung solcher sicherer Anhaltspunkte (2. Aufl. S. 387 Anm.) findet sich auch jetzt im W a r t b u r g w e r k gerechtfertigt. Der grossherzogliche Bauherr selbst teilt da (S. 13) mit, dass, um bei der Wiederherstellung sicherer zu gehen, v. Ritgen auch Modelle einer solchen mit Tonnengewölbe angefertigt gehabt habe, aber Liszt (der Virtuose) „entschied sofort, dass die jetzige Form die einzig richtige sei, worauf die Grossherzogin zustimmte und die endgültige Wahl entschieden war". Es kann

gleichen die „Kemenate" *k* (dieselbe Fig.), die im 12. Jahrh. (welche Zeit die Hauptburg darstellen soll) meiner Ansicht nach (s. S. 494) wahrscheinlich nur ein Riegelbau war, und die, von der Plattform abgesehen, in dem überhaupt zu prächtigen Innern eine bis über Türhöhe herumlaufende eingelegte „Boiserie" (darüber S. 472) besonders aber einen für ein romanisches Gebäude vollends unmöglichen Erker (vgl. S. 499) erhalten hat. Ein da eingebautes geräumiges Treppenhaus (S. 445) steht zugleich mit dem Berchfrit und dem Palas in Verbindung. Ein an den Südgiebel angebautes Bad (vgl. S. 486), über einem Wasserbassin eine durch zwei Stockwerke gehende romanische Halle, ist ein kulturgeschichtlich unmöglicher Phantasiebau. Als ob so in verständnisloser „Wiederherstellung" der Burg nicht ohnehin schon genug gesündigt worden wäre[1]), hat dann noch der Kaiser jüngst die ganze „Kemenate der hl. Elisabeth" lückenlos mit hübsch bunt glitzernder Glasmosaik überziehen lassen[2]).

Nicht besser ist es dem Schlosse Tirol ergangen. Nachdem man da schon vorher als Eingangstor in die Hauptburg einen Dekorationsbau mit unzugänglichen Miniaturzinnen hergestellt hatte, wurde seit 1882 eine Restauration des Palas nebst angebauter Kapelle und Seitenflügel durchgeführt. Dieselbe bestand nach Abbruch der späteren Vorbauten (Fig. 435) besonders darin, dass zur Verschönerung der ehrwürdigen romanischen Gebäude eine ansehnliche Anzahl möglichst gleichartiger Rundbogenfenster und in den zwei bzw. drei Stockwerken das eine genau unter dem andern hergestellt und zwar zumeist neu ausgebrochen (eines dabei sogar zum Teil aus einem mächtigen Strebepfeiler herausgeschnitten) wurden. In dem oberen Stockwerke des Hauptbaues hat man die — in ihrer letzten Gestalt freilich nicht der ursprünglichen Anlage angehörende — „Schlosshauptmannswohnung" herausgebrochen, so dass der Palas ausser dem kellerartigen Erdgeschoss jetzt lediglich zwei einander völlig gleiche kahle Säle übereinander enthält, die durch eine neue, frei in dem unteren aufsteigende breite und bequeme Treppe (vgl. S. 445) miteinander verbunden sind[3]).

Den wohltuendsten Gegensatz zu solchen verständnislosen Misshandlungen wertvoller Baudenkmäler bilden die sehr umfänglichen Wiederherstellungsarbeiten an der Marienburg, abgesehen etwa von deren erstem, fast zugleich mit dem vorigen Jahrhundert beginnendem Abschnitte. Während man (Zentralbl. d.

---

wohl nicht zweifelhaft sein, dass (wie auch v. Essenwein, Wohnbau S. 24 meint) der Saal nur eine gerade Balkendecke mit Unterzügen und Stützen in der Mitte hatte. — Die eingebaute Zuschauergalerie war hier überhaupt um so weniger angezeigt, als ja schon der hofseitige Korridor, nach dem Saale hin mit Säulenstellungen geöffnet, bequemen Einblick in denselben darbietet.

[1]) Gewöhnlich scheint freilich die entgegengesetzte Meinung zu sein. So „bietet" nach Dohme, Gesch. der d. Baukunst (1887 S. 114) „die Wartburg heute dank der sorgfältigen Restauration das vollkommenste Bild eines romanischen Fürstensitzes", und nach A. Springer, Handb. der Kunstgesch. (4. Aufl., 1895, S. 210) ist sie „vortrefflich restauriert". Es gilt nicht nur vom Palas, dass, wie v. Essenwein, Wohnbau S. 22 schreibt, „wir durchaus nicht annehmen dürfen, dass er uns das alte Bild zeigt."

[2]) Wie sehr das durchaus in jeder Beziehung verfehlt ist, wird selbst in dem Wartburgwerk (S. 675 ff.) eingehend begründet.

[3]) Ein 1900 auftragsmässig von mir ausgearbeiteter Plan zur Wiederherstellung der ganzen Burg hat aus Mangel an bereitzustellenden Staatsmitteln bisher nicht ausgeführt werden können. Nur der Berchfrit ist inzwischen wieder aufgebaut worden.

Bauverw. 1896, S. 397 ff.) in jener ersten Zeit auch hier mit mehr Eifer als Sachkenntnis mit dem Beseitigen und Herstellen vorging und so u. a. auch „Zinnen, Türmchen, Balkone und Toranlagen schuf, die nur eine unwürdige Theatergotik genannt werden können", sind in dem zweiten, vor nun 25 Jahren begonnenen Abschnitte die sich hier allerdings in ungewöhnlich günstigem Masse bietenden Anhaltspunkte — Archivalien, Fundstücke, andere Ordensschlösser — derart mit Sorgfalt, Umsicht und Sachverständnis als Vorbild usw. ausgenutzt, dass dank besonders dem Bauleiter, Geh. Baurat Dr. Steinbrecht, diese Wiederherstellung geradezu als ein seltenes Musterbeispiel dafür zu bezeichnen ist, wie man in solchen Fällen vorgehen soll.

Fig. 624 Karlstein

Bei K a r l s t e i n , welches nach einem Brande von 1487 dem Verfalle nahe gekommen war, hat sich ein „furor restauratorius" schon ausnahmsweise früh betätigt. Gegen 1597 hat da ein Schlosshauptmann nach Herzenslust abgebrochen und neugebaut, Dächer erniedrigt und Fenster erweitert und wertvolle Wandgemälde teils verschönert, teils mit Kalk überstrichen. Bei der danach in den letzten Jahrzehnten des vorigen Jahrhunderts unter Leitung des bekannten Dombaumeisters Fr. v. Schmidt († 1891) durchgeführten gründlichen Wiederherstellung ist es wieder nicht ohne manche unnötige Aenderung abgegangen. Sie zeichnet sich vor anderen durch diejenige der hölzernen Wehrgänge der drei oberen Hauptgebäude (*X*, *U* und *O* Fig. 592) aus[1]), während das oberste Stockwerk des Burggrafengebäudes neu in Riegelwerk mit Ziegelausmauerung ausgeführt ist. Fig. **624** und **625** Ansichten aus Nordwesten.

Fig. 625 Dasselbe nach der Wiederherstellung

[1]) Bei *U* und *O* sollen davon noch Spuren vorhanden gewesen sein, während freilich nach einem Berichte Schmidts (Mitteil. d. k. k. Centralcomm. 1889, S. 205) der noch von Türmchen unterbrochene Wehrgang des Palas *X* „zum Teil mit Rücksicht auf die äussere Erscheinung der Burg" hinzugefügt wurde. Von Verfehltem im einzelnen ist zu bemerken, dass man einen bei der Restauration in der Aussenwand des Palas gefundenen gegen 5 m weiten Entlastungsbogen dazu benutzt hat, eine in der Mauerdicke liegende Loggia (auf Fig. 625 noch zum Teil sichtbar) herzustellen mit einer Brüstung nach aussen und einer fast ganz in zwei Spitzbogen aufgelösten inneren Abschlusswand.

Ueber Chillon s. J. R. Rahn, Eine Musterrestauration. Basel, 1898.

Eine ähnliche Verschönerung wie Schloss Tirol hat Gottlieben erfahren. Nachdem schon vorher die nach aussen und innen mit vorgekragten Holzwehrgängen gekrönten Mauern zwischen den beiden Berchfriten und (Fig. 556) zwischen dem südwestlichen Turme und dem nördlichen Haupttrakte bis auf Geschosshöhe abgetragen waren, hat 1837 Napoleon III. auch solchen Wehrgang an dem östlichen Flügel abgebrochen und jenem Haupttrakte ausser Modernisierung des Innern anstatt der Fassade, wie sie Fig. **626** nach einer alten Ansicht zeigt, die in Fig. **627** abgebildete gegeben. Das grosse Mittelfenster soll aus einem Kreuzgange dahin versetzt worden sein.

Fig. 626 Gottlieben

In einer Zeit (17. und 18. Jahrh.), in welcher es für schön galt, alles, wenn möglich, mit Stuck zu überziehen oder wenigstens zu überweissen, hat man besonders letzteres vielfach auch an ehrwürdigen Burgbauten verübt, etwa nachdem man vorher noch das Mauerwerk aussen unter neuem Putz versteckt hatte. Fenster- und Türöffnung wurden dabei wohl mit roter Farbe umrahmt, oder auch selbst (vgl. S. 474) ein noch romanischer Bau durch aufgemalte Quadern verschönert. Bei Restaurierung noch erhaltener Burgen sollte man — anstatt, wie leider auch geschieht, den weissen (oder auch hellgelben) Anstrich zu erneuern — jedenfalls bei noch mittelalterlichen Bauten von solidem (also nicht etwa mit Ziegelstücken ausgezwickten) Mauerwerk späteren Putz wieder beseitigen oder ihm wenigstens einen allein passenden „altersgrauen" Anstrich geben[1]). —

Fig. 627 Dasselbe in jetziger Gestalt

Ausnahmelos wenig Erfreuliches und Schlimmeres bieten aus den S. 626 angegebenen Gründen die aus Ruinen wiederaufgebauten Burgen.

Vielbekannt sind da ja besonders die zuerst am Mittelrhein von Mitgliedern des preussischen Königshauses vermeintlich stilgerecht wieder aufgebauten „Burgen" Rheinstein (1825), Sooneck (1834) und Stolzenfels (1836), Bauten, welche besonders mit ihren modernen Fensterfassaden und Miniaturzinnen um platte Dächer uns jenen unglücklichen „Rheinischen Burgenstil" ge-

[1]) S. hierzu meine „Oesterr. Burgen" III, 199 Anm.

bracht haben, der seitdem bei so manchem anderen Wiederherstellungsbau — so auch des Mäuseturmes bei Bingen — als Muster gedient zu haben scheint. Besonders Stolzenfels (Schinkel) ist vor allem ein prächtiges Königsschloss, kaum noch mit Anklängen an einen mittelalterlichen Burgbau und speziell an die frühere „Stoltze veste", welche doch auch schon als Wohnung eines Kurfürsten erbaut worden war. Fig. **628** Abbildung dieser nach Merian, Fig. **629** des Neubaues in gleichem Massstabe. Von den in diesem Stile wiederaufgebauten „Burgen" wären u. a. zu nennen: Lahneck (1854) und Schaumburg (Baurat Boas, 1850) an der Lahn, Landsberg bei Meiningen (Architekt Döbner, 1836), die Mittelburg des Freiherrn v. Dorth bei Neckarsteinach, Ortenburg am westlichen Rande des Schwarzwaldes (Professor Eisenlohr, 1836 bis 1840) und Garnstein — von und nach seinem jetzigen Besitzer Gerstein genannt — unweit Klausen am Eisack. Das fast ganz neu aufgebaute Hohenschwangau könnte als würfelförmiger, vielfenstriger Kasten mit Ecktürmen nur etwa an ein Schloss des 17. Jahrh. erinnern, während das benachbarte immerhin noch burgmässigere Neuschwanstein, bei dessen Plänen ein Theatermaler mitgewirkt hat, eher an ein phantastisches Gralsschloss als an eine deutsche Burg denken lässt.

Fig. 628 Stolzenfels

Fig. 629 Dasselbe jetzt

Wenn möglich noch weniger als Stolzenfels entspricht das prächtige Hohenzollern, als Schloss und Festung von Stüler 1850 bis 1867 „im Stile des ausgehenden 14. Jahrhunderts" wiedererbaut, der einfachen Burg aus dem 15. Jahrh., deren Bild uns gleichfalls Merian überliefert hat, oder einem Burgbau überhaupt. Zu einem solchen im Stile einer bestimmten Zeit kann es ja eben, wie wir auch schon bei der Wartburg gesehen haben, durchaus nicht genügen, dass man die Ornamentik oder sonstige stilistische Einzelheiten dieses Zeitabschnittes anwendet, sondern der Erbauer muss dabei von einem ihn nie im Stiche lassenden Wissen, was im Sinne eines wirklichen Burgbaues zulässig oder geboten sei, geleitet werden. So hat z. B. auch nichts mit einer wirklichen Burg der Phantasiebau zu tun, welcher an Stelle der einfachen Ruine Welfenstein an der Brennerbahn aufgeführt worden ist, und dem ein Uebermass der Auszierung mit kleinlichen Baugliedern etwas Tafelaufsatzmässiges gibt. Wenigstens an vielbefahrenen Völkerstrassen sollte man nicht solche Pseudoburgen aufbauen, wie sie besonders am Mittelrhein dem einigermassen Sachverständigen den Genuss der Fahrt wesentlich beeinträchtigen.

Zu den unerfreulichsten gehört da die jüngste „Wiederherstellung" der „Katz" (Schreiterer und Below), jetzt eine unglücklichste Verquickung der im Mauerwerk noch fast ganz erhalten gewesenen Burg mit einer komfortablen Villa, hergestellt durch Balkone, Glashallen, viele neu herausgebrochene Fenster und zwei bedeckte Terrassen übereinander hoch oben zwischen den beiden alten Ecktürmen.

Es würde kaum möglich und zudem zwecklos sein, hier alle beim Wiederaufbau von Ruinen verübten Verfehlungen anzuführen. Fast jede Restaurierung zeigt darin noch wieder besonderes. Es mag daher der Beschluss mit zweien aus der Jetztzeit gemacht werden, welche schon als nicht private Unternehmungen bedeutenden Umfanges besonders weitbekannt geworden sind.

Wie Karlstein durch die wieder aufgezimmerten Hürden, zeichnet sich der Wiederherstellungsbau des Schlosses Burg an der Wupper (bis 1903 G. A. Fischer, dann W. Blaue) durch reiche Anwendung des Holzriegelwerks, besonders am Oberbau des Palas (vgl. auch Fig. 522) nach alter Abbildung, aus. Die Ausnutzung des Gebäudes als vielbesuchte Gastwirtschaft hat freilich — wie unter gleichen Umständen bei Neubauten auf der Altenburg bei Bamberg und Schlossberg bei Teplitz — im übrigen zu einem eigentümlichen Zwitterbau mit grossen Fenstern, modernen Wandgemälden und angestrebten Anklängen an ein mittelalterliches Wohngebäude geführt[1]). Der neue Berchfrit widerspricht besonders mit (hölzernen) Aussichtsgalerien, welche zwei Ecken umziehen, alten Vorbildern[2]), während die gleichfalls neuaufgeführte Schildmauer, ein hofseits mit Strebepfeilern, Blenden, Rundbogenfriesen, gekuppelten Fenstern und vorgekragtem Schornstein hübsch gestalteter Bau, damit sowie mit dem ebenerdigen Eingang, der turmartigen Erhöhung nur auf einem Ende, und seiner der Länge nach vorgenommenen Aushöhlung zu zwei Geschossen unter dem Dachboden[3]) nicht eben viel Aehnlichkeit mit den plumpen, bis zur Wehrplatte nahezu oder auch völlig massiven Schildmauern unserer Burgen hat.

Zum Schlusse ist noch als die jüngste, umfänglichste und schlimmste Restaurierung einer deutschen Burg die 1900 bis 1908 von B. Ebhardt ausgeführte der Hohkönigsburg kurz zu behandeln[4]). Es sollte da eine im Privatbesitz des Kaisers befindliche Ruine ganz ausnahmsweise auf Staatskosten wieder aufgebaut werden, und zur Rechtfertigung dessen war mit besonderem Nachdruck

[1]) In besonders rücksichtsloser Weise ist die hübsche, seit 1557 den Lobkowitz gehörende Burgruine Schreckenstein an der Elbe für einen schwunghaften Gastwirtschaftsbetrieb mit Tanzboden etc. baulich eingerichtet worden.

[2]) Durch einen Wehrgang nach Art der auf S. 375 abgebildeten hätte derselbe Zweck auf ungleich korrektere Weise erreicht werden können. Leider ist es ja auch besonders beliebt, den Berchfrit, den oft allein leidlich erhaltenen, weithin sichtbaren Bau einer alten Burg in ganz stilwidriger Weise zu einem Aussichtsturm umzubauen oder „wiederherzustellen".

[3]) Der hier befindlichen „Gemächer" wegen beruft sich Fischer (Denkmalpflege 1899, S. 69) auf die „ziemlich gleichzeitigen Schildmauern in Altwied und Reichenberg". In der eingehenden Beschreibung Altwieds von Lehfeldt (Bau- u. Kunstdenkm. d. Reg.-Bez. Coblenz 1886, 470), sowie auf dem dazu freilich in keinem Teile stimmenden Lageplan in v. Cohausen, Befestigungsweisen Bl. 27, 204 ist nichts von einer solchen zu finden. Ueber die angebliche Schildmauer von Reichenberg s. oben S. 269.

[4]) Von meinen eingehenderen bezüglichen Schriften ist eine Abhandlung „Wie man nicht restaurieren soll" in der Illustr. Elsäss. Rundschau 1905 H. 3 noch im Buchhandel erhältlich, und wird ein „Schlusswort" von 1908, soweit noch vorhanden, auf etwaigen Wunsch unentgeltlich übersandt. 1908 hat auch Ebhardt eine umfängliche Schrift, „Die Hohkönigsburg, Baugeschichtliche Untersuchung und Bericht über die Wiederherstellung", veröffentlicht. Der Text enthält jedoch von der letzteren (von einigen Zeilen am Schlusse abgesehen) gar nichts, während 91 grosse Illustrationen neben vielen nutzlosen Wiederholungen von Ansichten der Ruine zum Teil auch den Neubau betreffen. Es fehlen jedoch die für die Wiederherstellung besonders charakteristischen, hier Fig. 198a, 632 und 633, mitgeteilten Ansichten, ebenso u. a. die vormalige und die jetzige Frontansicht des neuen „Mühlenturmes" (S. 637). (Zur „baugeschichtlichen Untersuchung" s. S. 585 f.)

vorher verkündigt worden (Ebhardt, Denkschrift von 1900), dass damit die Burg so, wie sie 1480 von den Grafen Thierstein erneuert worden war, in einer alle bisherigen Restaurationen, „die berühmtesten nicht ausgenommen", übertreffenden „vorbildlichen" Weise „bis ins einzelne genau" wiedererstehen werde[1]). Statt dessen entspricht das da jetzt Neugebaute in allem sicher nicht dem überhaupt zu irgendeiner Zeit dort Gewesenen und in manchen hervorragenden Einzelheiten nicht einmal einem Burgbau, der da — und zumal unter den gegebenen Umständen — statt dessen sonst etwa hätte errichtet worden sein können.

Von allen mir hinlänglich bekanntgewordenen Burgen (jedenfalls mehr als 1500) unterscheidet sich die neue Hohkönigsburg als Gesamtbau ganz wesentlich durch die (auch relative) Menge der Klappläden, durch die Art und Menge der Gusslöcher und durch die Gesamtlänge ihrer überall angebrachten Holzwehrgänge.

Während die Klappläden an jeder Mauer und an fast jedem Gebäude im ganzen hundertweise angebracht sind, waren sie ja im ganzen bei unseren Burgen so selten, dass es durchaus wahrscheinlich ist, der Thiersteiner Burgbau habe ihrer nicht einen gehabt.

Ebenso steht es mit den innen vorgekragten und überdachten, in splendider Weise mit grossen Steinplatten, Doppelkragsteinen und Hausteinscharten ausge-

Fig. 630 Alte Abbildung der Hohkönigsburg

statteten Wehrgängen, welche überall, wo nur irgend denkbar, im ganzen in der unerhörten Länge von nicht weniger als rund siebenhundert Metern angebracht worden sind. Es ist durchaus nicht nachzuweisen, dass in der alten Hohkönigsburg irgendwo auch nur ein meterlanges Stück eines solchen vorhanden gewesen sei, zumal ja auch ein Mauerabsatz oder Kragsteine noch durchaus nicht darauf hinweisen. Dagegen geht aus den Archivalien hervor (s. auch Fig. **630**, eine im ganzen genaue Ansicht von 1633), dass die Burg mehrfach Mauern mit den gewöhnlichen nicht überdachten Zinnenreihen gehabt hat, von welchen aber bei dem Neubau, Fig. **631**, nirgend etwas zu finden ist. Anstatt der jetzigen stattlichen Zwingertürme — einer ist bei *c* Fig. 612 frei hinzugefügt worden[2]) — waren früher (s. auch Fig. 630) nur einfachste Schalen.

[1]) In jüngster Zeit ist man auch an das unmögliche Unternehmen gegangen, die Burg Altena (als angebliche Hohenzollernsche Stammburg) „historisch getreu" wiederherzustellen. S. dazu Prof. Dr. H. Ehrenberg, Moderne Denkmalpflege u. die Burg A. (Münster 1907).

[2]) Ebhardt bestreitet das; siehe jedoch die alte Abbildung und ausser Ansichten und Grundrissen in seinen eigenen früheren Schriften noch Fig. 35 in „Hohkönigsburg" 1908.

Fig. 631 Hohkönigsburg nach dem Neuaufbau

Die grösste Besonderheit der neuen Burg als Gesamtbau sind aber die überall, im ganzen in einer Länge von rund vierhundert Metern angebrachten Gusslochreihen (Maschikulis). Darüber, dass diese primitive Wehrvorrichtung zur Zeit des Thiersteiner schon für Feuerwaffen eingerichteten Baues nicht mehr recht zeitgemäss war, über ihre Seltenheit bei deutschen Burgen, die notwendige Weite der Gusslöcher und die Unzweckmässigkeit der bei uns seltensten Verbindung der Kragsteine mit Steinbalken s. S. 373 ff. Die Gusslöcher der neuen Hohkönigsburg haben ausschliesslich solche Steinbalken[1]; die Breite der ersteren geht bis auf 12 cm hinab, und man könnte zudem durch dieselben fast überall nur auf die eigenen Dächer oder unzugängliche Felsen treffen. Bei dem neuen südwestlichen Rondellbau sind nach Fig. 633 sogar zwei solche unbenutzbare Gusslochreihen (s. auch S. 373 Anm. 2) übereinander angebracht worden[2].

Kennzeichnend für die Wiederherstellung der Burg als Wehrbau ist es auch, dass Ebhardt (1908, S. 36) für die jetzige Burg eine Besatzung von „150 bis 200 Mann nur an Schützen" für angemessen hält, während daselbst im 16. Jahrh. vertragsmässig „ordinari" sieben „Wächter" und ein Pförtner zu halten waren und für kriegerische Zeiten eine Besatzung von nur „wenigstens vierzig Mann" für nötig erklärt wurde.

Um hiernach noch die wesentlicheren Einzelheiten (nicht alle) anzuführen, sind die durchweg nach eigenem Gutdünken neu aufgebauten Gebäude der Vorburg der hübscheren Wirkung wegen in Riegelbau ausgeführt, welcher sicher auf der Thier-

---

[1]) Nach Ebhardt, Baugesch. d. Hkbg. 1900 S. 7 „lag am Hochschloss noch ein Stück von einem Steinbalken an Ort und Stelle". Da solche Balken immer nur von einem Kragsteine bis zum nächsten reichten, ist es ja undenkbar, dass ein Rest eines „an Ort und Stelle" (auf welche Weise?) zerstückelten trotzdem ebenda liegen geblieben sei. Einige in der Ruine auf Kragsteinen noch liegende Steinbalken hatten, wie die ebd. veröffentlichten Abbildungen 3 und 4 zeigen, augenscheinlich mit Gusslöchern nichts zu tun.

[2]) Nur an der „Brustwehr des Mantels" (der Schildmauer) — nicht, wie Ebhardt behauptet (1908 S. 45 u.), auch am Palas — werden in einem Besichtigungsprotokoll von 1566 „Wurf- oder Gusslöcher" erwähnt, „durch welche zur Zeit der Not mit Würfen und Schiessen der rechten (d. h. geraden, eigentlichen) Mauer nach stracks (d. h. gerade) hinab grosse Gegenwehr bestehen möchte."

steiner Burg nirgend vorhanden gewesen ist und auch zu dem grossartigen Steinbau übel passt[1]).

Aus dem mächtigen nordöstlichen, früher gegen den Vorhof ganz offenen Batterieturme *p* Fig. 612 ist jetzt ein „Mühlenturm" gemacht worden, ein bunter Dekorationsbau auch mit Riegelwerk, aus dessen sehr steilem Dache ein grosser Ausbau mit Aufzug und oben noch wieder ein mit Brettern verschalter Turm herauswächst[2]).

Ein nach freier Phantasie der Thiersteiner Burg hinzugefügter (natürlich auch in den Inventaren nicht vorkommender) nutzloser Dekorationsbau ist ferner der „Felsenbau", *e* Fig. 612, ein Wohngebäude mit möglichst hohem Steildach, Erker und hölzernem Balkon auf einem an sich unzugänglichen Felsen östlich neben dem Berchfrit. Ueber den seltsamen Zugang zu demselben s. S. 372 Anm. 2 und mein „Schlusswort" S. 11.

Auch die jetzige Gestalt des Berchfrits hat nicht die geringste Wahrscheinlichkeit für sich. Zur Zeit der Thierstein und bis zu seinem späteren teilweisen Abbruche überragte er die Plattform des Palas (dessen Kragsteinreihe) nur „bis in die zween Landsknechtsspiess" hoch, und er wird da wie durchaus gewöhnlich leere und halbdunkle Stockwerke mit Balkendecken[3]) und einfachen Blocktreppen wenn nicht Leitern gehabt haben. Nur unter der von einfachen Zinnen unter einem Zeltdache umgebenen Wehrplatte war nach den Akten ein notdürftig ausgestattetes Wächterzimmer mit einem (jetzt fehlenden) Aufzuge[4]). Schwerlich hat er also, wie jetzt, die besonders bei Vierecktürmen sehr seltene bis zur Spitze hinaufgeführte Treppe in der Mauerdicke (hier besondererweise mit Sitzbänken in Fensternischen) gehabt, sicher auch nicht als Abschluss diese ebenso seltene wie hässliche knopfartige Erweiterung — hier auch mit unbenutzbaren Maschikulis —, von dem aus dem Dachstuhle herausgebauten grossen Aussichtsbalkon und der tiefer gelegenen zierlich gewölbten „goldenen Kammer" zu geschweigen, die (nach dem Reichsanzeiger a. a. O.) noch mit „künstlerischen Malereien" geschmückt werden soll.

Besonders seltsam ist die jetzige Bedachung der drei Palasflügel. Hier hätte ja vor allem das (S. 501) bei deutschen Burgen so sehr seltene platte Dach des Thiersteiner Baues wiederhergestellt werden müssen. Anstatt dessen hat der Palas jetzt ein ziemlich steiles Satteldach aus Ziegeln erhalten und darunter noch seiner ganzen Ausdehnung (rund dreihundert Quadratmeter) nach ein Pultdach von dicken sorgfältig behauenen Sandstein-

[1]) Allem Anscheine nach war er im Elsass (wie überhaupt in dem weitaus grössten Teile des deutschen Sprachgebietes) bei Burgen gar nicht gebräuchlich, und gerade noch von der Hohkönigsburg hatte Ebhardt (Zur Baugeschichte der Hkbg. 1900, S. 15) selbst hervorgehoben, dass „bei der Erbauung in unerhört weitem Umfange der Stein die Anwendung des Holzes verdrängt habe".

[2]) Die erhaltenen sehr eingehenden Inventare der Burg wissen natürlich von solchem Bau nichts, wohl aber wird urkundlich erwähnt (Wiegand, Zur Gesch. d. Hohkbg. 1901 S. 64), dass „die Unterthanen zu Orschweiler zum täglichen Hausgebrauch Wein, Mehl und anderes hinauf frohnen mussten".

[3]) Die beiden in dem Stumpfe der Ruine vorhandenen Kreuzgewölbe waren augenscheinlich erst später eingespannt worden.

[4]) Ganz verfehlt ist übrigens der von Paul Heiz (Strassburg) und Dr. E. Major (Basel) unternommene Versuch, aus alten Abbildungen, die meistens mit der Burg nichts zu tun haben, nachzuweisen, dass der Berchfrit wenigstens in seiner oberen Hälfte rund gewesen sei.

platten, wie ein derartiges lange Zeit nach dem Thiersteiner Bau einige Jahre lang — und natürlich für sich allein — auf den Gebäuden gelegen hat[1]). Es ist das um so unverständlicher, als ja (s. ebd.) die noch darunter befindlichen Tonnengewölbe schon an sich wasserdicht und wetterfest hätten gemacht werden können[2]).

Auch im übrigen ist der Palas dem in allem sehr einfachen Thiersteiner Bau möglichst unähnlich gemacht worden. So hat er auch einen neuen durch zwei Stockwerke gehenden Saal, wie sie sonst frühestens in Schlössern des 17. Jahrhunderts vorkommen, mit gemalten Fenstern (s. dazu S. 465) erhalten, und ein „Hohkönigsburgverein" sorgt mit grossen Kosten für eine Ausstattung, die mit der nach den Inventaren fast ärmlichen jener Burg möglichst wenig zu tun hat, von Zentralheizung, elektrischer Beleuchtung etc. zu geschweigen.

Fig. 632 Neuer Treppenturm

Eine ganz verständnislose Wiederherstellung ist auch der Neubau des (Fig. 416) östlich am meisten in den Hof des Palas vorspringenden Treppenturmes, welcher bis auf einen geringen Fundamentrest abgetragen war. Anstatt seiner ist nun der Schmuckbau, Fig. **632**, aufgeführt, wie er mir auch nur entfernt ähnlich in keiner Burg bekannt ist, besonders neben den drei übrigen absolut schmucklosen Treppentürmen und überhaupt in dem ganzen kaum die bescheidenste Ornamentik aufweisenden Burgbau, dessen Kapelle selbst nur einfachst viereckige Türen und Fenster hatte, als völlig unmöglich erscheint und auf einigermassen Kundige geradezu erheiternd wirken muss. Im Innern „schwingt sich (nach Ebhardt 1908, S. 39) die Wendeltreppe frei um drei Säulen empor"[3]). Man vergleiche hiermit auch die gewiss im wesentlichen richtige Abbildung Fig. 430, auf welcher der einfachste Mittelturm sich in wohltuend harmonischer Weise seiner Umgebung einfügt.

Das unverantwortlichste Stück endlich der ganzen Wiederherstellung ist der Umbau des grossen westlichen Bollwerks, um ihm (Denkschrift von 1900) „die volle Umrisslinie seiner stolzen ursprünglichen Erscheinung wiederzugeben".

---

[1]) Freilich gewiss, anders als jetzt, mit der Neigung gegen den Hof, um der dort befindlichen Zisterne das Regenwasser zuzuführen.

[2]) Die grosse und kostspielige Arbeit der Neuherstellung des Plattendaches kann also in keiner Weise Sinn haben, auch wenn es wahr wäre, dass, wie Ebhardt (Hohkönigsburg 1908, S. 45) behauptet, das 1559 und 60 seiner Schwere wegen abgebrochene (s. Wiegands Urkundensammlung S. 57 und 70) 1904 „noch zum grossen Teil erhalten war". Richtig heisst es dagegen noch in Ebhardts „Führer" von 1902 (S. 28), dass „von den alten Dachsteinplatten aus Sandstein verschiedene Reste gefunden worden sind".

[3]) Nach vorstehendem ist die Behauptung Ebhardts (ebd.) zu bewerten, dass „alle wesentlichen Bestandteile dieses Baues bei den Ausgrabungen zutage kamen".

Es kann nicht zweifelhaft sein, dass da das grosse südliche Rondell der Schildmauer, *a* Fig. 612, welches der Richtung wie der Mauerstärke nach allmählich in die Ringmauer überging, bis zu der späteren Hinzufügung (S. 135) des dicken Mauerklotzes *v* Fig. 198, gegen die Burg hin weit geöffnet und

Fig. 633 Neubau des westlichen Bollwerks

so auch nach oben nicht irgendwie überdeckt war[1]), und es liegt somit auf der Hand, dass für einen engeren rings geschlossenen turmförmigen Aufbau auf dem Thiersteiner Rondell nach der Burg hin jeder Unterbau fehlte. Wie viel muss also da jetzt hinzugebaut worden sein[2]), um den neuen Aufbau, wie ihn Fig. **633** zeigt, zu ermöglichen![3]) (Ueber die Maschikulis s. weiterhin.)

---

[1]) Dieser Mauerklotz, der keineswegs bis zur Höhe der Plattform der Schildmauer hinaufreichte, diente als Unterbau eines kleinen Gebäudes, von welchem vor der Restauration noch dünne Mauerreste vorhanden waren.

[2]) Meine unlängst an das zuständige Oberhofmarschallamt gerichtete besondere Bitte, mir auch das umgebaute Bollwerk vom Kastellan zeigen lassen zu dürfen, ist abschläglich beschieden worden.

[3]) Freilich scheint auch die alte Abbildung Fig. 630 etwas Derartiges anzudeuten; allein da ist gerade dieses Rondell, zusammengehalten mit Fig. 200 und 201, so offenbar unrichtig gezeichnet — ein kreisrunder und oben erweiterter anstatt verjüngter Turm —, dass das Bild hier gar nicht massgebend sein kann.

Wie ich schon 1900 (als die Ruine noch jedermann frei zugänglich war) in einer Druckschrift hervorgehoben habe, war denn auch damals das Rondell in Höhe der Kragsteine und der Plattform der Schildmauer völlig „glatt abgeschnitten ohne die Spur eines irgendwie höher geführt gewesenen Mauerwerks". Jetzt (1908, S. 48) behauptet dagegen Ebhardt in Beziehung auf seinen Aufbau: „Oben auf dem grossen Bollwerk ist noch ein turmartiger Aufbau vorhanden gewesen, von dem nur die Fundamentreste auf unsere Tage gekommen sind. In den Urkunden wird davon gesprochen, dass sich in diesem turmartigen Aufbau die Wachtstube über dem Gewölbe auf dem Mantel befunden hat." Auch nach einer Beschreibung der neuen Burg im amtlichen Reichsanzeiger „hat jetzt

Der gewaltsame Umbau des grossen Bollwerks geht aber noch viel weiter. Ein besonderes Unikum war da ja die grosse auf die Plattform der Schildmauer führende Freitreppe Fig. 198a. Diese, von Ebhardt selbst in seinem Führer 1902, S. 36, als „die alte" bezeichnet, hat derselbe abgebrochen, um an der Stelle das grosse Phantasiegebäude, Fig. 633, zu errichten. Sein Eingang ist über einer schmalen, steilen und hohen neuen Freitreppe durch eine Zugbrücke versperrt, die also das Gegenteil des alten Aufstiegs bedeutet und, wie sie beim Zugang zu einer Schildmauer meines Wissens nie vorkam, an dieser Stelle ja auch keinen Sinn haben kann[1]).

Während in den Urkunden von der Brustwehr des Mantels die Rede ist und noch 1569 von dem „weydten platz zu obrist" auf demselben, welcher gestatte, die südöstlich davor laufende Landstrasse von Colmar nach Schlettstadt mit Geschütz zu bestreichen, ist dieser Mantel jetzt fast völlig hoch über- und besonders in der angegebenen Richtung umbaut.

Der hübscheren Silhouette wegen ist als Gegenstück zu diesem Neubau am westlichen Ende der Burg, an ihrem östlichen auf dem sternförmigen Mauerabschlusse (s. Fig. 631, auch 630 rechts) ein einigermassen ähnlicher Phantasiebau errichtet worden.

Da selbst nach dem „Reichsanzeiger" a. a. O. „die Bauten noch bis auf Dächer und Zinnen in allen Teilen aufrecht dastanden" (wenn das freilich auch nicht ganz wörtlich zu nehmen ist), so hat es nur dadurch, dass weitaus das meiste da jetzt Gebaute frei ersonnene und übersplendid ausgeführte Zutaten zu der Thiersteiner Burg sind, geschehen können, dass die Wiederherstellung die an sich ganz unverhältnismässige Summe von 2 350 000 M. gekostet hat. —

Die in der grossen Menge herrschenden Irrtümer über das Bauwesen unserer Burgen sind gewiss weitaus meistens den in der Regel gerade vielbesuchten und auch sonst vielbekannten angeblichen Wiederherstellungen solcher zuzuschreiben.

---

der Südturm in der Höhe der Plattform mächtige Gewölbe, und über diesen das Wachtstüblein mit vier Ausguckfenstern". (S. auch v. Geymüller in Zeitschr. f. Gesch. d. Archit. 1907, S. 68.) Wenn so der neue Turmaufbau auch in den „Urkunden" seine Begründung finden soll, so ist dagegen zu bemerken, dass in denselben zwar im 16. und 17. Jahrh. wiederholt von einer Wachtstube über dem Gewölbe auf dem Mantel die Rede ist (Wiegand a. a. O. S. 45, 89 und 103), aber nicht von einem „turmförmigen" (?) auf dem an den Mantel anstossenden Rondell, und dass ja auch das „Gewölbe" (s. vorhin) erst jetzt da hergestellt worden ist, wo früher keines gewesen sein kann.

[1]) Ueber die trotz allem da angebrachte Inschrift s. S. 168, Anm. 1. Die Urkunden (bei Wiegand a. a. O.) sprechen in bezug auf den Bau — der also auch viel jünger war als die wiederherzustellen gewesene Thiersteiner Burg — von einem „Anstoss", der auch kurz als das „Badehaus" bezeichnet wird, taxmässig 1000 Gulden gekostet hat, und dessen oberer Teil 1562 „vom Winde niedergeworfen und zerbrochen worden ist".

Zusätze und Berichtigungen.

S. 24 Z. 15 statt Ehrenberg lies Ehrenburg.

S. 146 zu Z. 15 v. u.: Auf Hauneck, sonst aus Basalt erbaut, sind die Hausteine an Fensterumrahmungen, Toren und Schiessscharten aus dem dazu mehr geeigneten Sandstein hergestellt.

S. 153 Z. 9 statt Ehrenfels lies Ehrenburg.

S. 169 und 585 A. 2. Neuerdings hat Ebhardt wieder (Burgwart, jetzt Ztg. f. Wohnbau, Wehrbau u. Städtebau, Jahrgang 12 Nr. 2) den Nachweis versucht, dass das Löwentor frühromanisch, und der Bergrücken der Hohkönigsburg mit 7 bis 8 getrennten Burgsitzen bebaut gewesen sei. Das da Vorgebrachte kann jedoch, wie ich an anderer Stelle nachweisen werde, nur für unkundige und oberflächliche Leser berechnet sein.

S. 170 Z. 24. Schliesslich kommt 5. noch hinzu, dass das Tor die Kragsteine einer (bei dem Neubau wiederhergestellten) Pechnase zeigt, welches es (S 357) vor den Kreuzzügen bei uns nicht gegeben hat.

S. 182 Z. 2 zu streichen: Gonobitz.

S. 228 Z. 14 v. u. statt Reisenstein lies Reisensburg.

S. 261. Wieder anders gestaltete, auf dem Wege zur Burg vorgeschobene Wehrbauten haben Kronburg, Scharnstein und Mahrenberg. S. darüber meine Oesterr. Burgen V, VI und VIII.

S. 302 Z. 21. In verwandter Weise ist das aus Fundstücken wieder aufgerichtete romanische Tor von Schlosseck verziert. Ein der zweiten Hälfte des 12. Jahrhunderts zugeschriebenes Tor auf Breuberg hat höchst ausnahmsweise auf beiden Seiten Dreiviertelsäulen, dazwischen oben einen Rundbogenfries (wie Schlosseck), dessen Konsolen zum Teil mit Maskaronköpfen ornamentiert sind.

S. 302 unten. Entweder an Toren oder doch daneben finden sich (wie auch in Städten) mitunter fratzenhafte Köpfe, besonders mit herausgesteckter Zunge, ausgehauen. Man nennt sie jetzt „Neidköpfe", als Symbole, die eine feindliche von aussen drohende Gewalt abwehren sollen. (R. Mielke im Burgwart 1900, S. 52.) Sie sollten gewiss den Angreifer verspotten. So ist auch an einem Rondell von Langenburg ein Mann ausgehauen, der den nackten Hinteren zeigt. Im Volksmunde wird solchen Skulpturen, so auf Breuberg und Ludwigstein, wohl eine besondere Deutung gegeben.

S. 353 Z. 17 v. u. statt Ehrenberg lies Ehrenburg.

S. 372 Z. 21. Von diesen jederzeit sehr gebräuchlich gewesenen einfachsten Doppelkragsteinen behauptet freilich Prof. Renard in Kunstdenkm. d. Rheinprov. Kr. Bonn S. 289, dass sie „deutlich spätromanische Formen zeigen".

S 393 A. 2. 1450 wurden bezüglich der Wartburg „Boyme mit gespitzten Zinken, die uswendig ober dy mueren hangen", angeordnet.

S 435 Z. 9 v. u. statt Golup lies Gollub.

S. 440. Nach dem Wartburgwerk S. 121 wurden freilich „in den Rechnungsbüchern des 15. und 16. Jahrhunderts alle (?) heizbaren Gebäude der Burg ‚Dorntzen' genannt".

S. 465 Z. 21 statt: „zu einem Verschlusse" lies „zu dem Schlusse auf einen Verschluss".

S. 473. Näheres über Wandmalerei in den Tiroler Burgen Cles, Churburg, Maretsch und Freundsberg siehe noch in meinen Oesterreichischen Burgen V, VII und VIII.

S. 475 unten. Wenn ein Rauchmantel erst in einer Höhe von 2 Metern und mehr über dem Fussboden anfängt, so ist daraus auf eine Einrichtung zum Kochen zu schliessen, bei welcher ja die Feuerung auf dem Herde so viel höher lag als bei einem Heizkamin. Beispiele (mit nicht mehr vorhandenem Herde) die Eingangsstockwerke der bewohnbaren Berchfrite von Haag und Hohenklingen (Fig. 140).

S. 487 Z. 11. Selten findet man, wie auf Hainburg an der Donau und Hohenwerfen, in der Ringmauer angebrachte Abtritte.

S. 491 Z. 7. Wenn also (nach dem Bayerischen Inventarwerk) der achteckige Berchfrit auf Ebermannsdorf einen Abtritt mit einem aussen vorspringenden Fallschacht hat, so ist entweder dieser nachträglich hinzugefügt worden, oder der Bau überhaupt nicht älter als aus spätgotischer Zeit.

S. 495 Z. 4 v. u. statt Fürstenberg lies Fürstenburg.

S. 502 Z. 19. Man findet dafür auch den Ausdruck „Grabendach“. Auf dem Berchfrit von Brunegg im Argau wurde 1626 das vom Sturm beschädigte Satteldach abgetragen, der Turm mit Zinnen versehen und „ein verborgener Tachstuhl innerthalb den muhren“ hergestellt.

S. 519. Ueber unterirdische Gänge, welche auf Ebermannsdorf und Haag vom Berchfrit aus in die nahen gleichnamigen Orte laufen, s. im Bayerischen Inventarwerk II BA. Amberg und I BA. Wasserburg.

S. 530. Ueber die eigentümlich ausgestatteten „Hexenkeller“ in der Burg Penzlin s. meine in Kunst- u. Geschichtsdenkm. v. Mecklenburg-Schw. V S. 247 wiedergegebene Darstellung.

S. 531 Z. 14 v. u. statt Kyberg lies Kyburg.

S. 538. Die Ulrichskapelle bei dem Kaiserhause zu Gosslar, welche über der Figur eines grichischen Kreuzes die eines Achteckes hat, ist grösstenteils neu hergestellt.

S. 585 Z. 15 statt Sterrenfels lies Sterrenberg.

S. 585 A. 2 s. Zusatz zu S. 169.

S. 625 A. 1 statt Ehrenberg lies Ehrenburg.

Verzeichnis der mit abgekürztem Titel angeführten Schriften

(Soweit die Verfasser zitiert wurden, nach diesen, im übrigen nach den Ländern geordnet.)

Mitteil. d. antiquar. Gesellsch. s. unter Z.
Die Kunstdenkmäler des Großherzogtums Baden v. Kraus u. a. 1887 f.
Das Großherzogtum Baden in geographischer etc. Hinsicht. Karlsruhe 1885.
G. Bärsch, Die Städte etc. der Eifel, 2 Bde. 1852–55 (zugleich Bd. 3 und 4 von „Eiflia illustrata").
Dr. F. Baumann, Geschichte des Allgäus, 2 Bde. 1880 f.
Bavaria. Landes- und Volkskunde des Königreichs Bayern. 1860 ff.
Das Königreich Bayern in seinen altertümlichen etc. Schönheiten. 3 Bde. München 1840.
Die Kunstdenkmäler des Königreichs Bayern. München 1895 f.
Bergau, Inventard, Bau- und Kunstdenkmäler der Provinz Brandenburg. Berlin 1885.
Topographie der histor. und Kunstdenkmäler im Königreich Böhmen. Prag 1898 f.
Jahrbücher des Vereins von Altersfreunden im Rheinlande. (Bonner Jahrbücher)
Die Kunstdenkmäler der Provinz Brandenburg. Berlin 1909 f.
Die Bau- und Kunstdenkmäler des Herzogtums Braunschweig. Wolfenbüttel 1896 f.
Der Burgwart. Zeitschrift, Berlin 1899 f.
Die Bau- und Kunstdenkmäler im Rbz. Cassel. Marburg 1901 f.
A. de Caumont, Abécédaire ou rudiment d'archéologie. 2. éd. 1851.
Mitteilungen der Centralcommission, siehe unter O.
P. Clemen, Tiroler Burgen. Wien 1894. (Separatabdr. aus den Mitteil. der k. k. Centralcomm.)
Die Bau- und Kunstdenkmäler des Rbz. Koblenz von Dr. P. Lehfeldt. Düsseldorf 1868.
v. Cohausen, Oberst, Die Bergfriede, besonders rheinischer Burgen. 1860. (Abdruck aus Heft 28 der Bonner Jahrbücher.)
– Die Wehrbauten zwischen Rhein, Main und Lahn von den Troglodyten bis zur Renaissance. (Zeitschrift für Baukunde 1880.)
– Der römische Grenzwall in Deutschland. 1884 und dazu Nachtrag 1886.
– Die Altertümer im Rheinland. 1891.
– Die Befestigungsweisen der Vorzeit und des Mittelalters. Wiesbaden 1898.
J. N. Cori, Bau und Einrichtung der deutschen Burgen im Mittelalter mit Beziehung auf Oberösterreich. Linz 1874. 2. Aufl. 1885.
Aug. Demmin, Die Kriegswaffen in ihren geschichtlichen Entwicklungen. 3. Aufl. Gera-Untermhaus 1891.
Die Denkmalpflege. Zeitschrift. Berlin 1899 f.
Dilichs Rheinische Burgen, hgg. v. C. Michaelis. Berlin 1901.
B. Ebhardt, Deutsche Burgen. Berlin 1899 ff.
Kunst und Altertum in Elsaß-Lothringen I–IV, 1876–92.
F. Wolff, Elsäßisches Burgen-Lexikon. Straßburg 1908.
Dr. von Essenwein, Die Kriegsbaukunst. 1889.
– Der Wohnbau. 1892. Beides selbständige Hefte des in Darmstadt bei Bergsträsser erschienenen Handbuches der Architektur.
G. A. Fischer, Schloß Burg und andere Burgen des Rheinlandes. Düsseldorf 1892.
Ganier et Frölich, Voyage aux châteaux hist. des Vosges. 1889. T. I.
Götz, Geographisch-historisches Handbuch von Bayern. München 1895.

Gottschalk, Die Ritterburgen etc. Deutschlands. 1815 f. 9 Bde.
Groevig, Das Großherzogtum Luxemburg. Luxemburg. 1867.
K. Haas, Notizen über ma. Baudenkmäler in Mitteil. d. histor. Vereins für Steiermark, 1858–60.
Die Kunstdenkmäler der Provinz Hannover. Hannover 1899 f.
E. Happel, Die Burgen in Niederhessen und des Werragebiet. Marburg 1903.
– Die Burgen im oberen Hessen. Daselbst 1905.
F. A. Heber, Böhmens Burgen etc. Prag 1844–49. 7 Bde.
Kunstdenkmäler im Großherzogtum Hessen. Darmstadt 1885 f.
A. Hessler, 296 Burgen und Schlösser in Unterfranken. Würzburg 1909.
Die Bau- und Kunstdenkmäler in den Hohenzollernschen Landen. Stuttgart 1896.
Jecklin, Burgen etc. in Raetin. Glarus, Vogel, 1870.
Kunsttopographie Kärntens, hggb. v. d. k. k. Centralcomm. Wien 1889.
A. Koch, Die Ritterburgen etc. im Königreich Württemberg. 1828. 2 Bde.
Generalm. G. Köhler, Die Entwicklung des Kriegswesens und der Kriegsführung in der Ritterzeit. Erste Abteilung des dritten Bandes. Breslau 1887.
Korrespondenzblatt des Gesamtvereins der deutschen Geschichts- und Altertumsvereine. 1852 f.
Krieg v. Hochfelden, Geschichte der Militärarchitectur, Stuttgart 1859.
K. Kugler, Die Altmühlalp. Ingolstadt 1868.
Dr. G. Landau, Die hessischen Ritterburgen. 4 Bde. 1832–39.
J. G. Lehmann, Urkundliche Geschichte der Burgen etc. der bayer. Pfalz. Bd. I, 1858 f.
Lehmann, Dreizehn Burgen des Unterelsaß. Straßburg 1878.
Dr. W. Lotz, Kunsttopographie Deutschlands. 2 Bde. 1862.
Die Kunst- und Geschichtsdenkmäler des Großherzogtums Mecklenburg-Schwerin. Schwerin 1896 f.
v. Metzsch-Reichenbach, Schlösser, Burgen und Ruinen Sachsens. Dresden 1902.
O. *Mothes*, Die Baukunst des Mittelalters in Italien. Jena 1882.
H. Müller, Die Maurerkunst. 2. Aufl. Leizpig 1875.
Müller und *Mothes*, Archäologisches Wörterbuch der Kunst etc. Leipzig. Spamer, 1877.
Naef, Archiv St. Gallischer Burgen, ein umfängliches in St. Gallen befindliches Manuskript.
J. Naeher, Pforzheim und Umgebung. Pforzheim, Riecker, 1884.
– Die deutsche Burg, ihre Entstehung und ihr Wesen, insbes. in Süddeutschland. Berlin, Toeche, 1885.
– Die Burgen des Kraichgaues. Karlsruhe. Gutsch, 1885.
– Die Burgen in Elsaß-Lothringen. Straßburg, Noiriel, 1886.
– Die Burgen der rheinischen Pfalz. Neustadt a. d. H., Gottschick-Witter, 1887.
– Kriegsbautechnische Erfahrungen aus der Rheinpfalz in H. 14 der Mitteil. d. histor. Vereins der Pfalz.
– Die militärarchit. Anlagen der Ritterburgen der Feudalzeit. 1893.
– u. *H. Maurer*, Die badischen Burgen des Breisgaues. Emmendingen, Dölter, 1884.
Annalen des Vereins für Nassauische Altertumskunde etc. (Nass. Annalen.)
G. Natorp, Ruhr und Lenne. Iserlohn 1874.
Topographie von Niederösterreich, hgg. v. Verein f. Landesk. in Niederösterr. Wien, bis 1893 etc.
J. B. Nordhoff, Der Holz- und Steinbau Westfalens. 2. Auflage. Münster 1873.
(Sartori), Die Burgvesten etc. der österreichischen Monarchie. Brünn 1819 etc. 6 Bde.
Die österreich-ungarische Monarchie in Wort und Bild, begr. v. Kronprinz Rudolf. Wien 1886 ff.
Mitteil. der österreichischen Centralcommission zur Erhaltung und Erforschung der Baudenkmäler. Wien.
Österreichische Kunsttopographie. Wien 1907 f.
Bau- und Kunstdenkmäler des Großherzogtums Oldenburg. 1896.
Generalm. v. Oppermann, Atlas vorgeschichtlicher Befestigungen in Niedersachsen. Hannover, Hahn, 1887.
Die Bau- und Kunstdenkmäler der Provinz Ostpreußen. Königsberg.
O. Piper, Österreichische Burgen. 8 Teile. Wien 1902 ff.
Bau- und Kunstdenkmäler der Provinz Pommern. Stettin 1898 f.
Verzeichnis der Kunstdenkmäler der Provinz Posen. Berlin 1898 f.
A. Prokop, Die Markgrafschaft Mähren in kunstgeschichtlicher Beziehung. 4 Bde. Wien 1904.
L. Puttrich, Denkmale d. Bauk. des M.A. in Sachsen. 1835 ff.

G. Rey, Étude sur les monuments de l'architecture militaire des Croisés en Syrie. Paris 1871. Impr. nat.
Die Kunstdenkmäler der Rheinprovinz. Düsseldorf 1892 f.
v. Ritgen, Der Führer auf der Wartburg. 2. Aufl. Leipzig 1868, Weber.
– Geschichte und Beschreibung von Münzenburg. Gießen 1879.
– Geschichte der Burg Gleiberg. Gießen 1881, nebst dem vorigen hgg. vom Oberhessischen Verein für Lokalgeschichte.
Rosner, Ruinen der Burgen Oberösterreichs, hggb. v. d. k. k. Centralcomm. 1903.
Bau- und Kunstdenkmäler der Provinz Sachsen und angrenzender Gebiete. Halle 1879 f.
Beschreibende Darstellungen der älteren Bau- und Kunstdenkmäler des Königreichs Sachsen. Dresden 1895 f.
Th. Schäfer, Führer durch Nord-Böhmen. 6. A. Dresden 1901
Schauinsland. Jahrbücher des gln. Vereins. Freiburg im Breisgau.
J. Scheiger, Über Burgen und Schlösser im Lande Österreich unter der Enns. Wien 1837. Becks Univ.-Buchhdlg.
Verzeichnis der Kunstdenkmäler der Provinz Schlesien. Breslau 1886 f.
Die Bau- und Kunstdenkmäler der Provinz Schleswig-Holstein. Kiel 1886 f.
Dr. Schnars, Der Bodensee. 1856.
– Schwarzwaldführer. 8. Aufl. Heidelberg 1887.
Schönhuth, Die Burgen etc. des Württembergischen Landes. 5 Bde. 1859–61.
– Die Burgen etc. von Baden und der Pfalz. 1861.
– Führer um den Bodensee. 1851.
Alwin Schultz, Das höfische Leben zur Zeit der Minnesänger. 2. Aufl. 2 Bde. Leipzig 1889.
E. Schuster, Die Burgen und Schlösser Badens. Karlsruhe 1908.
G. Schwab, Die Schweiz in ihren Ritterburgen. 1839. 3 Bde.
Schweighäuser et Golbéry, Antiquités d'Alsace. 1828. 2 Bde. fol.
Histor.-geogr.-statist. Gemälde der Schweiz. 1834 ff.
H. Schwerdt, Thüringen (Meyers Reiseb.). 3. Aufl. Leipzig 1879.
K. Simon, Studien zum romanischen Wohnbau. Straßburg 1902.
J. R. Rahn, Die mittelalterl. Kunstdenkm. d. Kantons Solothurn. Zürich 1893.
Sonne, Beschreibung des Königreichs Hannover. 1834.
J. J. Staffler, Tirol und Vorarlberg. 2 Bde. Innsbruck 1847.
C. Steinbrecht, Preußen zur Zeit der Landmeister. Berlin 1888.
Janisch, Topographisch-statistisches Lexikon von Steiermark. 1885. 2 Bde. bis R.
Chr. v. Stramberg, Rheinischer Antiquarius. 39 Bde. Koblenz 1845–71.
C. Sutter, Das Turmbuch. Berlin, Wasmuth.
Bau- und Kunstdenkmäler Thüringens. Jena 1892 f.
Viollet-Le-Duc, Dictionnaire raisonné de l'architecture française du XI.–XVI. siècle. Paris 1854–68.
Voigtländer, Pfalzführer. 2. Aufl. 1876.
Wagner, Ansichten der Burgen etc. der Schweiz. 1840.
Wartburgwerk, Das. Ein Denkmal deutscher Geschichte und Kunst, dargestellt in Monographien mit 706 Abb., herausgg. v. Max Baumgartel. Berlin 1907. 743 S. Gr.-Folio.
Die Bau- und Kunstdenkmäler von Westfalen. Münster 1899 f.
Das malerische und romantische Westfalen von L. Schücking. Paderborn 1872.
Die Bau- und Kunstdenkmäler der Provinz Westpreußen. Danzig 1884 f.
Die Bau- und Kunstdenkmäler d. Rbz. Wiesbaden. Frankfurt 1902 f.
Dr. Windhaus, Führer durch den Odenwald. Darmstadt 1886.
Kunst- und Altertumsdenkmäler im Königreich Württemberg. Stuttgart 1889 etc. (Kleinere Ausgabe).
Das Königreich Württemberg. Hgg. v. statist.-top. Bureau 1863.
Denkmäler des Altertums im Königreich Württemberg v. statist.-topogr. Bureau (Württemb. Jahrb.) 1843.
Zingeler und Buck, Zollerische Schlösser etc. in Schwaben. Berlin 1906.
G. Zoepfl, Kärnten, Klagenfurt 1906.
Mitteil. d. antiquar. Gesellsch. in Zürich. Ebendas. seit 1837.

Ortsregister